최신개정법령 완벽반영

CFP®
지식형
핵심정리문제집

홍영진 · 김인회 공저

TOMATOPASS

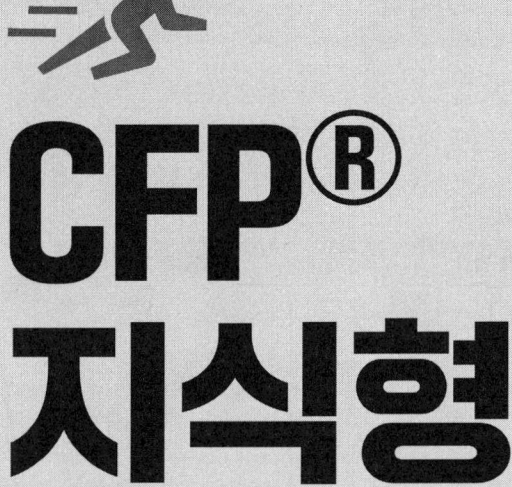

합격으로 가는 하이패스
토마토패스

저자직강 동영상강의 www.tomatopass.com

예문에듀 EDU

CFP®

자격시험 출제 기준

출제 범위

지식형, 단일사례, 복합 · 종합사례의 출제 범위는 다음과 같습니다.

구분	시험과목	출제 범위		제외되는 범위
지식형	재무설계 원론	각 과목 기본서 중심 (단, 개인재무설계 사례집 내용 포함)	교재 내용을 토대로 응용이 가능한 부분	• 재무설계사 직업윤리 「제3장(징계규정)」 및 「부록(관련 규정)」
	재무설계사 직업윤리			
	위험관리와 보험설계			
	은퇴설계			
	부동산설계			
	투자설계			
	세금설계			
	상속설계			
사례형	단일사례	각 과목 기본서 + 개인재무설계 사례집		
	복합사례(Ⅰ, Ⅱ, Ⅲ)			
	종합사례			

지식형과 사례형의 출제 형태

지식형과 사례형은 다음과 같은 출제 형태를 지니고 있습니다.

구분		출제 형태	비고
지식형		• 과목이 명시적으로 구분되어 있음 • 과목별 문항 수가 확정되어 있음	과목 구분에 따라 총 170문항
사례형	단일사례	• 과목이 명시적으로 구분되어 있지 않음 – 단, 윤리를 제외한 7과목 모두 출제 • 과목별 문항 수가 확정되어 있지 않음 – 예를 들어 어느 회차에서는 원론이 5문항, 다른 회차에서는 원론이 4문항만 출제될 수 있음 • 과목의 순서가 서로 섞여 있지 않음 – 예를 들어 원론 5문항, 보험 4문항이 해당 회차에 출제될 경우, 1번부터 5번까지는 연속적으로 원론 문항이, 6번부터 9번까지는 연속적으로 보험 문항이 출제됨 – 단, 어느 회차에서는 원론 다음 보험이 나올 수 있고, 다른 회차에서는 보험 다음 원론이 나올 수 있음	과목 구분 없이 총 30문항

구분		출제 형태	비고
	복합사례 (Ⅰ, Ⅱ, Ⅲ) 및 종합사례	• 과목이 명시적으로 구분되어 있지 않음 – **단, 윤리를 제외한 7과목 모두 출제** • 과목에 대한 문항 수가 확정되어 있지 않음 – **회차마다 시나리오에 따라 과목별 문항 수가 변경될 수 있음** • 과목의 순서가 섞여 있음 – **예를 들어 복합사례 Ⅰ에서 원론 4문항, 보험 4문항, 상속 2문항이 출제될 경우, 1번은 원론, 2번은 보험, 3번은 상속, 4번은 보험과 같이 과목의 순서가 섞여서 출제됨** • 한 문항 내에서 과목이 섞여 있을 수 있음 – **예를 들어 한 문항에서 답지 1~4번까지는 원론 과목 내용이고, 5번 답지는 보험 관련 내용일 수 있음**	과목 구분 없이 총 50문항 (복합사례 각 10문항, 종합사례 20문항)

〈복합사례 또는 종합사례 출제 형태 예시〉

고객 재무목표	문항 번호	관련 과목
〈재무목표1 : 자녀 대학 및 결혼자금 마련〉	1	원론
	2	투자
	3	원론
	4	투자
〈재무목표2 : 부부의 은퇴설계〉	5	은퇴
	6	은퇴 + 세금
	7	투자
	8	세금
〈재무목표3 : 소득세 절세방안〉	9	세금
	10	세금

지식형과 사례형의 문항 특성

CFP 자격시험에서 지식형과 사례형 형태는 다음 과정에 따라 정립되었습니다.

1단계: CFP 자격인증자의 필요 역량	
개인재무설계 관련 지식의 이해 및 구체적인 수치 계산능력	지식 및 계산능력을 바탕으로 한 고객 상담

▼

2단계 : 필요 역량을 측정하기 위한 CFP 자격시험 문제		
• 법률 및 제도의 이해를 측정할 수 있는 문제 • 공식을 이해하고 의미를 파악하고 있는지를 측정할 수 있는 문제	• 구체적인 수치 산출 여부를 측정할 수 있는 문제	• 고객 시나리오를 바탕으로 구체적인 Solution을 제시할 수 있는지를 측정할 수 있는 문제

▼

3단계 : CFP 자격시험의 구체적인 형태		
지식형	단일사례	복합사례 + 종합사례

지식형과 사례형 문항 특성은 다음과 같습니다.

1. 지식형과 단일사례

지식형의 경우 법률 및 제도의 이해와 공식의 이해 중심으로 출제됩니다.
반면, 단일사례의 경우 법률 및 제도의 이해를 바탕으로 한 계산문제 중심으로 출제됩니다.

〈지식형 문항의 예시〉

> 부동산 투자를 채택해야 하는 경우가 아닌 것은?
>
> ① PI(수익성지수) 값이 0.8로 산정된 경우

〈단일사례 문항의 예시〉

> 다음 부동산 투자 시 수익성 지수로 맞는 것은?
>
> ① 0.8

하지만, 지식형에서 계산문제가 출제될 수 있으며, 단일사례에서도 공식의 이해 문제가 출제될 수 있습니다. **지식형은 기본서에서만 출제되고, 단일사례는 개인재무설계 사례집에서만 출제되는 것이 아닙니다.** 따라서, 학습 시 **기본서와 개인재무설계 사례집을 병행하여 공부**하는 것이 필요합니다.

이론적 바탕이 없다면 계산문제를 풀 수 없으며, 계산문제 풀이를 통해 오히려 쉽게 이론에 접근할 수도 있습니다. 예를 들어, 다음 지식형 답지의 경우 실제 계산문제를 풀어봤다면 쉽게 틀린 답지라는 것을 알 수 있습니다.

〈예시〉

① 총은퇴일시금은 은퇴 전(前) 기간의 세후투자수익률이 클수록 커지게 된다.

※ 총은퇴일시금은 물가상승률과 은퇴 후(後) 세후투자수익률로 계산하기 때문에, 실제 계산문제를 풀어봤다면 은퇴 전(前) 세후투자수익률과 관계가 없다는 것을 쉽게 알 수 있음

2. 복합사례와 종합사례

하나의 복합사례 10문항에는 3개 이상의 과목이 연결되어 출제되며, 종합사례 20문항에는 5개 이상의 과목이 연결되어 출제됩니다. 그리고 복합사례와 종합사례 문항은 고객 니즈의 해결이라는 측면에서 다음과 같은 과정에 따라 개발됩니다.

1단계 : 고객 Needs의 발생

- 자녀가 자동차 사고를 당하여 장애가 발생하였음
- 장애가 발생한 자녀의 부양대책이 필요함

▼

2단계 : 고객 Needs와 관련된 다양한 Solution 시나리오 발생

- 시나리오 1. 자동차 사고에 따른 보험금이 궁금할 수 있음
- 시나리오 2. 보유하고 있는 상가를 자녀에게 증여하여 자녀 명의의 소득이 발생할 수 있도록 하는 방안을 고려해 볼 수 있음
  - 시나리오 2-1. 절세를 위해 상가의 부담부증여를 고려할 수 있으며, 부담부증여 시 발생하는 세금에 대해 궁금할 수 있음
  - 시나리오 2-2. 만약 자녀가 상가를 증여받아 소득이 발생하는 경우, 국민연금을 납부하여 자녀 노후소득을 보장받을 수 있음
  - 시나리오 2-3. 만약 자녀가 상가를 증여받아 소득이 발생하는 경우, 해당 소득으로 주식에 장기투자하여 소득을 증대시킬 수 있음

▼

5. 연결형 문제 예시

〈예시〉

1. 유언의 종류와 그에 대한 설명이 적절하게 연결된 것은?

가. 자필증서 유언
나. 공정증서 유언
다. 구수증서 유언

A. 증인이 필요 없는 유언 방식
B. 유언서 작성 시 비용이 든다는 단점이 있음
C. 질병, 기타 급박한 사유로 보통 방식에 의하여 유언할 수 없는 경우에 사용하는 방식

	가	나	다
①	A	B	C
②	A	C	B
③	B	A	C
④	B	C	A
⑤	C	B	A

3. 조합형 문제 예시

〈예시〉

1. 집합투자기구(펀드) 소득세 과세에 대한 적절한 설명으로만 모두 묶인 것은?

가. 펀드의 이익은 소득 원천에 따라 이자소득 또는 배당소득으로 구분하여 과세된다. 나. 펀드의 이익 구성 중 채권의 이자수입은 과세대상에서 제외된다. 다. 펀드에서 발생한 금융소득은 조건부 분리과세 대상이다.

① 다
② 가, 나
③ 가, 다
④ 나, 다
⑤ 가, 나, 다

4. 순서형 문제 예시

〈예시〉

1. 워크시트 접근법 6단계를 순서대로 나열한 것은?

가. 총은퇴일시금 계산 나. 추가적으로 필요한 은퇴일시금 계산 다. 은퇴시점에서 자산의 미래가치 계산 라. 공적연금 등을 차감한 은퇴 후 필요한 연간소득의 부족액 계산 마. 은퇴시점에서 자산의 순미래가치 계산 바. 연간 저축액 계산

① 가-나-다-라-마-바
② 가-나-마-라-다-바
③ 다-나-라-바-마-가
④ 다-라-나-마-가-바
⑤ 다-마-라-가-나-바

3단계 : Solution 시나리오를 바탕으로 한 구체적인 시험문항			
고객 Needs	문항번호	문항 주제	과목
〈1번부터 4번까지의 문제는 '재무목표1 : 장애인 자녀의 부양 계획'과 관련된 문제입니다.〉	1	자녀의 자동차 사고 후유장애 보험금	보험
	2	장애인 자녀에게 상가 부담부증여 시 양도소득세	세금
	3	증여받은 상가 임대소득 발생에 따른 국민연금 가입	은퇴
	4	증여받은 상가 임대소득으로 주식 투자	투자

복합사례 및 종합사례의 경우 과목의 순서가 고객 니즈에 맞게 구성되어 있고, 지식형 문항과 단일사례형 문항이 혼합되어 출제되기 때문에, **고객 니즈에 맞는 종합적인 판단이 요구**됩니다.

CFP 자격시험 문제 출제 유형

1. 긍정형 문제 예시

〈예시〉

1. A씨가 올해 말 8,000천원을 시작으로 매년 말 4%씩 투자액을 증가시켜 7년간 투자할 경우 7년 후 원리금 합계 금액은 얼마인가? (단, 투자 상품의 세후투자수익률은 연 6%임)

① 57,054천원 ② 65,707천원
③ 75,079천원 ④ 78,082천원
⑤ 79,584천원

2. 부정형 문제 예시

〈예시〉

1. 주식 포트폴리오 투자전략 중 적극적 운용전략이 **아닌** 것은?

① 시장예측에 근거하여 자산배분비율을 적극적으로 조정
② 시장이 효율적이라는 전제하에 시장평균 수준의 수익률 추구
③ 시장의 효율성에 벗어나는 이상현상을 활용하여 초과수익 획득 추구
④ 개별종목의 내재가치를 추정해 시장가치에 비해 저평가된 종목에 투자
⑤ 강세장이 예상될 때는 베타가 높은 종목, 약세장이 예상될 때는 베타가 낮은 종목에 투자

6. 응용형 문제 예시

최근 CFP 자격시험에는 다양한 응용형 문항들을 출제하고 있습니다.
단순 암기보다는 상황에 대한 종합적인 판단이 요구되는 유형의 문제입니다.

〈예시_ 그래프 해석형 문제〉

1. 다음과 같은 효용곡선을 가진 김경민씨의 특성(위험수용성향)으로 가장 적절하지 **않은** 것은?

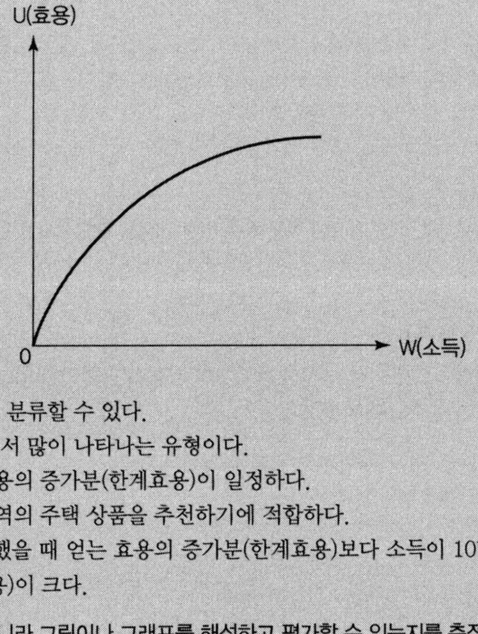

① 위험회피형 성향으로 분류할 수 있다.
② 대부분의 투자자에게서 많이 나타나는 유형이다.
③ 소득이 증가할 때 효용의 증가분(한계효용)이 일정하다.
④ 가격 변동이 적은 지역의 주택 상품을 추천하기에 적합하다.
⑤ 소득이 10만원 증가했을 때 얻는 효용의 증가분(한계효용)보다 소득이 10만원 감소했을 때 얻는 효용의 감소분(한계효용)이 크다.

※ 단순 지식의 암기가 아니라 그림이나 그래프를 해석하고 평가할 수 있는지를 측정하는 문항

〈예시_ 문제해결형 문제〉

1. 다음 사례에서 신호영씨가 행사할 수 있는 보험계약자의 권리에 대한 설명으로 적절한 것은?(단, 각 답지는 각각 별개의 사례임)

신호영씨는 보험설계사로부터 생명보험에 가입하였는데, 약관 및 청약서 부본을 받지 못하였으며 약관의 주요 내용에 대해 설명을 듣지 못하였다.

① 신호영씨가 보험료를 이미 납부했다면, 보험계약을 취소할 수 없다.
② 약관 및 청약서 부본을 받지 못한 사유로 신호영씨는 계약을 취소할 수 없다.
③ 만약 청약철회 가능기한(15일)이 지났다면, 신호영씨는 임의해지만을 할 수 있다.
④ 약관의 주요 내용에 대해 설명을 듣지 못한 경우, 보험계약은 처음부터 무효가 된다.
⑤ 신호영씨가 일정 기간 내에 계약 취소 시 이미 납입한 보험료에 일정 이자를 더한 금액을 반환받을 수 있다.

※ 사례를 제시하고, 해당 사례에 적용될 수 있는 내용을 종합적으로 판단할 수 있는지를 측정하는 문항

〈예시_ 시나리오형 문제〉

1. 현재까지 교통사고로 인한 부친과 형의 사망시점이 명확하지 않다. 다음 '가~다' 상황에 따른 민법상 상속관계에 대한 설명으로 적절한 것은?

가. 부친과 형이 동시사망한 것으로 추정되는 경우 나. 부친이 먼저 사망한 경우 다. 형이 먼저 사망한 경우

① '가~다' 모든 경우 허기찬씨의 최종 상속분은 동일하다.
② '나'의 경우 이경희(모친)씨는 허윤찬(형)씨의 재산을 상속받을 수 있다.
③ '다'의 경우 허민정(형의 자녀)은 허윤찬(형)씨의 재산을 단독으로 상속받는다.
④ '가'의 경우 서민주(형의 배우자)씨는 허정호(부친)씨의 재산을 상속받지 못한다.
⑤ '다'의 경우 김윤식(서민주의 자녀)은 허윤찬(형)씨의 재산을 상속받을 수 있다.

※ 여러 가지 시나리오 발생 상황을 고려하여 고객에게 시나리오별 Soluton을 제시할 수 있는지를 측정하는 문항

〈예시_ 종합개념형 문제〉

1. 이현구씨는 오피스텔 B를 현재시점에서 자녀들에게 증여하고자 한다. 자녀들이 아직 소득이 없는 상황이라 오피스텔 B의 증여에 따른 증여세와 취득세(부가세 포함)가 어느 정도인지 궁금해 한다. 자녀 1인의 오피스텔 B(지분 50%)에 대한 증여세 산출세액과 취득세(부가세 포함)를 올바르게 연결한 것은?

	증여세 산출세액	취득세(부가세 포함)
①	7,000천원	4,200천원
②	7,000천원	4,800천원
③	10,000천원	4,800천원
④	10,000천원	5,520천원
⑤	10,000천원	9,600천원

※ 하나의 문제에 상속(증여세) 과목과 세금(취득세) 과목을 종합하여 동시에 측정하는 문항

법률 혹은 제도가 변경된 경우의 출제

법률 혹은 제도가 변경되어 교재 내용이 현실과 상이한 경우, 다음 기준에 따라 출제가 이루어집니다.

1. 문제에 변경된 조건을 제시하여 출제

〈예시〉 (2023년 소득세법 개정 당시)

1. 홍길동씨의 종합소득세 산출세액은 얼마인가?

※ 세법 개정에 따라 세율구간이 변경되었으므로 종합소득세 세율은 다음 세율을 적용함

과세표준	세율
14,000천원 초과～50,000천원 이하	840천원+14,000천원 초과액의 15%

① 4,340천원 ② 4,750천원
③ 5,360천원 ④ 5,910천원
⑤ 6,170천원

2. **교재 내용만을 학습하였더라도 문제 풀이가 가능하도록 구성하여 출제**

〈예시〉 (2023년 주택임대차보호법 개정 당시)

주택임대차보호법상 최우선변제를 받을 권리가 있는 임차인의 범위(보증금이 일정 금액 이하인 임차인)

교재 내용	법률 변경
서울특별시 : 1억 5천만원	서울특별시 : 1억 6천 5백만원

상기와 같이 최우선변제를 받을 임차인의 범위에 대한 내용이 교재와 실제 법률 간에 서로 상이한 경우, "서울특별시 소재의 주택 임차인은 최우선변제를 받을 수 없다.", "주택임대차보호법상 최우선변제를 받을 수 있는 임차인의 범위는 서울특별시의 경우 보증금 1억원 이하이다."와 같이 **교재 내용만을 학습하였더라도 문제 풀이(틀린 지문임을 알 수 있음)가 가능하도록 출제**

3. **출제 불가**

1번 혹은 2번의 경우로도 출제가 어려운 경우 출제하지 않음

CFP 시험지에 나오는 조건문 및 정보

CFP 시험지에는 각 교시별 시험지 첫 장에 다음과 같은 조건문과 추가 정보가 들어가 있습니다.

1. **1~4교시 공통 조건문**

조건문의 경우 **모든 시험문항에 적용되는 전제조건**입니다.
개별 문항에서 따로 언급되지 않으므로 **반드시 숙지**하여 주시기 바랍니다.

- 각 문제의 일반 계산이나 TVM 계산 시 별도의 지시사항이나 지문이 없을 경우 중간 계산의 값은 참값 또는 반올림하여 사용할 것
  - 참값 계산 : 반올림, 절사, 절상하지 않고 그 전 계산의 값을 그대로 사용함
  - 반올림 계산 : 금액은 백원 단위에서, 물가상승률조정수익률(K값 또는 △%)은 소수점 5자리에서 각각 반올림(물가상승률조정수익률 이외의 이율은 참값을 사용)하여 사용함
- 투자(대출)상품의 투자수익률(대출이율) 표시 : 별도의 언급이 없는 한 연복리를 말하며 이외의 경우 별도로 표기함(예시 : 연 6% 연복리상품 – 연 6%, 연 6% 월복리상품 – 연 6% 월복리)
- 문제의 지문이나 보기에서 별다른 제시가 없으면, 모든 개인은 세법상 거주자이고, 모든 법인은 내국법인이며 모든 자산, 부채 및 소득은 국내에 있거나 국내에서 발생한 것으로 가정하고, 주식은 국내 제조법인의 주식으로서 우리사주조합원이 보유한 주식이 아니며, 소득세법상 양도소득세 세율이 누진세율(6%~45%)로 적용되는 특정주식 등 기타자산에 해당하지 않는 일반주식이라고 가정함

• 문제의 지문이나 보기에서 별다른 제시가 없으면, 나이는 만 나이이며, 기준시점은 1월 초이고 나이로 표시된 시점은 해당 나이의 기시 시점임
(예시 : 가입연령 40세 – 40세 초를 의미, 연금지급시기 60세 – 60세 초를 의미)

2. 3~4교시 추가 정보

복합사례와 종합사례 시나리오의 기준 시점은 해당 시험연도 1월 초입니다.
따라서 문제(단일사례 포함)에서 **해당 시험연도 귀속 소득세나 상속세 및 증여세 계산 요구 시 시험지 첫 장에 있는 세율을 참고**하여 계산하시기 바랍니다.

Ⅰ. 해당 시험연도의 종합소득세 및 양도소득세 기본세율

14,000천원 이하	6%
14,000천원 초과~50,000천원 이하	840천원+14,000천원 초과액의 15%
50,000천원 초과~88,000천원 이하	6,240천원+50,000천원 초과액의 24%
88,000천원 초과~150,000천원 이하	15,360천원+88,000천원 초과액의 35%
150,000천원 초과~300,000천원 이하	37,060천원+150,000천원 초과액의 38%
300,000천원 초과~500,000천원 이하	94,060천원+300,000천원 초과액의 40%
500,000천원 초과~1,000,000천원 이하	174,060천원+500,000천원 초과액의 42%
1,000,000천원 초과	384,060천원+1,000,000천원 초과액의 45%

Ⅱ. 해당 시험연도의 상속세 및 증여세 기본세율

100,000천원 이하	10%
100,000천원 초과~500,000천원 이하	10,000천원+100,000천원 초과액의 20%
500,000천원 초과~1,000,000천원 이하	90,000천원+500,000천원 초과액의 30%
1,000,000천원 초과~3,000,000천원 이하	240,000천원+1,000,000천원 초과액의 40%
3,000,000천원 초과	1,040,000천원+3,000,000천원 초과액의 50%

CONTENTS

목차

PART 01

재무설계 원론

CONTENTS

CHAPTER

01 종합재무설계의 이해

출제 비중 : 7~13% / 1~2문항

학습가이드 ■ ■

학습 목표	학습 중요도
Tip 각 이론을 비교하여 학습 필요	
1. 자격인증자의 역할과 보수 형태별 특성을 설명할 수 있다.	★
2. 재무설계와 관련된 이론을 이해하고 설명할 수 있다.	★★★

••• TOPIC 1 종합재무설계의 의미와 CFP® 자격인증자

★☆☆

01 CFP® 자격인증자의 역할에 대한 다음 설명 중 적절하지 않은 것은?

① CFP® 자격인증자는 고객의 '재무주치의'로서 고객의 재무목표와 니즈를 바탕으로 현재의 고객 재무상태를 진단하여 고객의 재무목표 달성을 위한 최적의 대안을 제시하고 고객이 이를 잘 수행할 수 있도록 돕는 역할을 해야 한다.

② 다양하고 복합적인 고객의 니즈를 반영한 재무설계를 수행하기 위해서는 정기적인 미팅을 통해 고객의 상황변화를 인지하고 그것에 맞는 대안을 제시해야 하며, 그러기 위해서는 변화하는 시장과 환경에 대한 지식과 깊이 있는 통찰을 보유할 수 있도록 지속적인 교육과 훈련을 통해서 자신의 역량을 계속 키워나가야 한다.

③ CFP® 자격인증자는 고객이 설정한 재무목표를 성취하게 함으로써 고객이 안정적으로 보다 나은 삶의 질을 누릴 수 있도록 도와주는 역할을 수행해야 한다.

④ 자격인증자는 고객의 재무목표를 달성할 수 있도록 도와주는 사람이지 상품을 판매하는 판매자가 아니다.

⑤ CFP® 자격인증자는 고객의 동의가 없는 경우라 할지라도 고객의 재무목표 달성에 도움이 되는 사항만이라면 부동산, 세무, 법률 등 다른 분야의 전문가들과 협업하여도 무방하다.

정답 | ⑤

해설 | ⑤ CFP® 자격인증자는 필요할 경우 사전에 고객으로부터의 동의를 구하고 부동산, 세무, 법률 등 다른 분야의 전문가들과 협업하여 고객의 재무목표를 달성할 수 있도록 해야 한다. 개인의 심층정보가 관리되는 만큼 고객의 개인정보가 불필요하게 사용되거나 전달되지 않도록 주의해야 하고, 고객의 동의가 없는 정보를 요청하지 않도록 주의해야 한다.

★☆☆
02 자격 인증자의 전문기술 중 소통능력을 위한 방법에 대한 설명이 적절하게 연결된 것은?

가. 다른 사람의 이야기나 의견을 경험적으로 수용하고, 이해하려고 노력하는 것을 말한다.
나. 자격인증자로서 외부에서 고객을 바라보고 판단하는 것이 아니라, 고객의 상황에 완전히 몰두하여 고객의 입장이 되어보는 것을 말한다.
다. 다른 사람의 감정을 이해하고 공유하는 능력으로, 다른 사람의 입장에서 생각하고 그들의 관점에서 사물을 볼 수 있는 것을 포함한다.
라. 다른 사람, 조직 또는 시스템에 대한 믿음 또는 확신으로, 인간관계와 상호 작용의 기본적인 측면이며, 다른 사람들과의 강력하고 긍정적인 연결을 확립하는 데 필요하다.

	가	나	다	라
①	경청	몰입	공감	신뢰
②	경청	공감	몰입	신뢰
③	몰입	신뢰	경청	공감
④	공감	몰입	경청	신뢰
⑤	공감	신뢰	경청	몰입

정답 | ①
해설 | 가. 경청에 대한 설명이다.
나. 몰입에 대한 설명이다.
다. 공감에 대한 설명이다.
라. 신뢰에 대한 설명이다.

★☆☆
03 자격인증자의 전문기술 중 소통능력을 위한 방법에 대한 적절한 설명으로 모두 묶인 것은?

가. 경청하는 것은 먼저, 상대방에게 집중하고 존중하는 태도를 나타내는데, 상대방이 전달하고자 하는 메시지를 정확하게 수신하고 이해하는 것이 중요하며, 이를 위해서는 눈으로 보이는 비언어적인 신호들도 중요하게 파악해야 한다.
나. 몰입은 고객의 상황에 완전히 몰두하여 외부에서 고객을 바라보고 판단하는 것을 말한다.
다. 공감은 다른 사람들의 감정을 인식하고, 그 감정들이 그 사람의 상황에 대해 우리에게 무엇을 말하고 있는지 이해하고, 그 감정들에 민감하고 동정심을 가지고 반응하는 능력을 포함하여 인지적이고 감정적인 요소들을 모두 필요로 한다.
라. 자격인증자로서 신뢰를 증진하는 행동을 취하고 자격인증자의 행동과 말이 CFP® 자격인증자에 대한 다른 사람들의 인식에 어떤 영향을 미칠 수 있는지를 염두에 두는 것이 중요하다.

① 가, 나
② 다, 라
③ 가, 나, 다
④ 가, 다, 라
⑤ 나, 다, 라

정답 | ④

해설 | 나. 자격인증자로서 외부에서 고객을 바라보고 판단하는 것이 아니라, 고객의 상황에 완전히 몰두하여 고객의 입장이 되어보는 것을 말한다.

★☆☆

04 종합재무설계에 대한 설명으로 적절하지 않은 것은?

① 재무설계는 "개인의 재무적 목표를 파악하고 그 목표를 달성하기 위하여 개인이 가지고 있는 재무적 자원을 적절하게 관리하는 일련의 과정"으로 정의된다.

② 단일재무설계의 경우 특정 재무목표나 특정 분야에 대해서만 이루어지기 때문에 대상이 한정적일 수 있으나, 종합재무설계는 고객의 목표, 니즈, 관심사 모두를 다루기 때문에 소득이나 자산 수준, 연령이나 성별 등에 관계없이 재무적 이슈가 있는 모든 사람을 대상으로 한다.

③ CFP® 자격인증자는 고객의 '재무주치의'로서 고객의 재무목표와 니즈를 바탕으로 현재의 고객 재무상태를 진단하여 고객의 재무목표 달성을 위한 최적의 대안을 제시하고 고객이 이를 잘 수행할 수 있도록 돕는 역할을 해야 한다.

④ 종합재무설계를 수행하는 CFP® 자격인증자는 다양하고 복합적인 고객의 니즈를 반영한 전문적인 재무설계서비스를 제공하기 위해서 전문지식과 그에 맞는 태도와 기술을 지속적으로 향상하면서 그 역량을 갖추어야 한다.

⑤ 자격인증자가 프로세스를 지키는 것은 매우 중요하며, 재무설계 프로세스는 단일, 복합, 종합재무설계에서 모두 이루어진다.

정답 | ①

해설 | ① 재무설계는 "개인의 삶의 목표를 파악하고 그 목표를 달성하기 위하여 개인이 가지고 있는 재무적 · 비재무적 자원을 적절하게 관리하는 일련의 과정"으로 정의된다.

★☆☆

05 종합재무설계에 대한 설명으로 적절하지 않은 것은?

① 종합재무설계는 보통 자산구성이 복잡하여 관리하기가 어렵고 위험을 분산하기 위한 적절한 자산배분과 투자전략이 필요한 사람, 자산이 많거나 소득이 많은 사람에게 필요하다고 판단할 수 있으나 장기적인 인생설계의 개념으로 보면 자산이 많지 않거나 소득이 적은 사람들에게도 종합재무설계는 중요하다.

② CFP® 자격인증자는 부동산, 세무, 법률 등 다른 분야의 전문가들과 협업하여 고객의 재무목표를 달성할 수 있도록 해야 하므로, 필요할 경우 고객의 동의가 없더라도 고객의 개인정보를 주고받아 고객의 재무목표 달성에 도움이 되어야 한다.

③ CFP® 자격인증자는 기본적으로 거시경제에 대한 이해, 세제를 포함한 금융, 부동산 관련 정책이나 규정에 대한 이해, 화폐의 시간가치 개념에 대한 이해가 필요하다.

④ CFP® 자격인증자의 재무설계 업무가 고객 상황을 둘러싸고 있는 복잡성과 불확실성을 관리하기 위해서는 자격인증자와 고객 간의 높은 수준의 신뢰와 상호 합의를 필요로 하므로, 자격인증자의 전문기술 중 소통능력은 대단히 중요하다.

⑤ 재무설계사가 고객에게 보이는 것은 다름 아닌 재무설계 프로세스이고 이를 통해 고객은 재무설계의 가치를 느끼게 되므로, 자격인증자가 프로세스를 지키는 것은 그만큼 중요하며, 재무설계 프로세스는 단일, 복합, 종합재무설계에서 모두 이루어진다.

정답 I ②

해설 I ② CFP® 자격인증자는 필요할 경우 사전에 고객으로부터의 동의를 구하고 부동산, 세무, 법률 등 다른 분야의 전문가들과 협업하여 고객의 재무목표를 달성할 수 있도록 해야 한다. 개인의 심층정보가 관리되는 만큼 고객의 개인정보가 불필요하게 사용되거나 전달되지 않도록 주의해야 하고, 고객의 동의가 없는 정보를 요청하지 않도록 주의해야 한다.

★☆☆

06 재무설계에 대한 보수 형태를 설명한 것으로 가장 적절한 것은?

① Salary 방식의 경우 고객은 재무설계 서비스에 대한 수수료 이외에 상품구매를 위한 수수료가 추가 지불될 수 있다.

② Salary 방식의 경우 고객의 니즈에 부합하는 보험이나 투자 관련 금융상품을 판매하는 조건으로 서비스를 제공한다.

③ Commission 방식의 경우 고객을 위해 추천하는 상품에 대해 고객과의 이해상충으로 인해 재무설계사의 객관성 유지와 독립성에 대한 문제가 발생할 수 있다.

④ Fee and Commission 방식의 경우 재무설계안 작성이나 실행에 대한 개별적인 보수는 없으며, 소속된 회사에서 지급하는 급여를 받는다.

⑤ Fee 방식은 재무설계 서비스를 제공하는 것에 대한 상담수수료를 기본으로 하되 재무설계안이 실행될 때 이루어지는 상품판매에 대한 판매수수료가 결합된 방식이다.

정답 I ③

해설 I **〈재무설계에 대한 보수 형태〉**

보수 형태	특징	내용
Fee	• 시간당 수수료 • 자산 규모의 일정 비율 • 서비스의 건수에 따른 일정 금액의 수수료	• 정해진 서비스에 대한 수수료 이외의 수수료(상품판매수수료, 리베이트, 보너스 등)를 받지 않음 • 고객을 위해 추천하는 상품에 대해 고객과의 이해상충 발생하지 않음 • 상품 추천으로 인한 다른 보상은 없음 • 고객은 재무설계 서비스에 대한 수수료 이외에 상품구매를 위한 수수료가 추가 지불될 수 있음
Commission	• 금융상품 판매에 대한 일정 비율	• 고객의 니즈에 부합하는 보험이나 투자 관련 금융상품을 판매하는 조건으로 서비스 제공 • 고객 : 상품 가입에 대한 수수료 지불 • 재무설계사 : 해당 상품 판매회사로부터 판매수수료를 받음 • 재무설계사의 객관성 유지와 독립성에 대한 문제 발생 가능
Salary	• 소속 회사로부터 급여	• 고재무설계안 작성이나 실행에 대한 개별적인 보수는 없음 • 소속된 회사에서 지급하는 급여를 받음

★☆☆
07 재무설계에 대한 보수 형태 중 Fee 방식에 대한 적절한 설명으로 모두 묶인 것은?

가. 시간당 수수료, 자산 규모의 일정 비율, 서비스의 건수에 따른 일정 금액의 수수료를 받는다.
나. 고객은 재무설계 서비스에 대한 수수료 이외에 상품구매를 위한 수수료가 추가 지불될 수 있다.
다. 고객의 니즈에 부합하는 보험이나 투자 관련 금융상품을 판매하는 조건으로 서비스를 제공한다.
라. 고객을 위해 추천하는 상품에 대해 고객과의 이해상충으로 인해 재무설계사의 객관성 유지와 독립성에 대한 문제가 발생할 수 있다.
마. 현실적으로 가장 많은 재무설계사들이 선택하는 보수방식은 Fee－Only 방식이다.

① 가, 나　　② 가, 다
③ 나, 라　　④ 다, 마
⑤ 다, 라

정답 | ①
해설 | 다. Commission 방식에 대한 설명이다.
라. Commission 방식에 대한 설명이다.
마. 현실적으로 가장 많은 재무설계사들이 선택하는 보수방식은 Fee and Commission 방식인데, 이는 재무설계 서비스를 제공하는 것에 대한 Fee를 기본으로 하되 재무설계안이 실행될 때 이루어지는 상품판매에 대한 Commission이 결합된 방식으로 Fee－based 방식이라고도 불린다.

★☆☆
08 재무설계사의 보수 형태에 대한 설명이 적절하게 연결된 것은?

가. 고객의 이해를 최우선으로 하기에 적합한 보수체계이다.
나. 재무설계사들이 이해상충의 관계에서 자유롭지 못할 수 있다.
다. 고객에게 제공하는 상담 및 상품판매에 대한 수수료를 함께 받는 보수체계이다.
라. 고객 상담 및 상품판매에 대한 수수료를 받지 않는 전문가들이 속한다.

	가	나	다	라
①	Fee－Only	Commission－Only	Fee&Commission	Salary－Only
②	Fee－Only	Commission－Only	Salary－Only	Fee&Commission
③	Fee－Only	Fee&Commission	Commission－Only	Salary－Only
④	Fee－Only	Salary－Only	Fee&Commission	Commission－Only
⑤	Salary－Only	Commission－Only	Fee&Commission	Fee－Only

정답 | ①
해설 | 가. Fee－Only에 대한 설명이다.
나. Commission－Only에 대한 설명이다.
다. Fee&Commission에 대한 설명이다.
라. Salary－Only에 대한 설명이다.

★☆☆

09 다음 재무설계사의 대화 내용에 해당하는 재무설계사의 보수 형태가 적절하게 연결된 것은?

> 가. 고객님께서는 저희 지점 한곳에서 저희가 추천하는 상품을 종류별로 모두 가입이 가능하십니다. 고객님은 투자 포트폴리오 실행을 한 곳에서 모두 하실 수 있는 장점이 있습니다. 저희는 상품판매에 대한 보상을 받지만, 그 외에 컨설팅에 대한 비용은 받지 않습니다.
> 나. 저희는 고객님께 추천하는 상품에 대하여 상품판매에 대한 어떠한 보상도 받지 않기 때문에 고객님의 이익을 최우선적으로 생각하여 상품 포트폴리오를 구성할 수 있으며, 컨설팅에 대한 비용을 받고 있습니다.

	가	나
①	Commission – Only	Fee&Commission
②	Commission – Only	Fee – Only
③	Fee&Commission	Commission – Only
④	Fee – Only	Salary – Only
⑤	Fee – Only	Commission – Only

정답 | ②

해설 | 가. Commission – Only에 대한 특성이다.
나. Fee – Only에 대한 특성이다.

★☆☆

10 CFP® 자격인증자의 보수 형태에 대한 설명으로 가장 적절한 것은?

① Salary 방식의 경우 고객은 재무설계 서비스에 대한 수수료 이외에 상품구매를 위한 수수료가 추가 지불될 수 있다.
② Fee and Commission 방식의 경우 고객을 위해 추천하는 상품에 대해 고객과의 이해상충으로 인해 재무설계사의 객관성 유지와 독립성에 대한 문제가 발생할 수 있다.
③ Fee 방식의 경우 재무설계안 작성이나 실행에 대한 개별적인 보수는 없으며, 소속된 회사에서 지급하는 급여를 받는다.
④ 현실적으로 가장 많은 재무설계사들이 선택하는 보수방식은 Fee – Only 방식이다.
⑤ 최근 우리나라에서도 Commission 위주였던 보수방식이 고객과의 관계를 더욱 중요시하는 경향이 증가하면서 Fee를 받는 사례가 많아지고 있으며, 특히 B2B 재무설계 서비스가 시작되면서 재무설계 서비스 Fee에 대한 관심이 많아지게 되었다.

정답 | ⑤

해설 | ① Fee 방식에 대한 설명이다.
② Commission 방식에 대한 설명이다.
③ Salary 방식에 대한 설명이다.
④ 현실적으로 가장 많은 재무설계사들이 선택하는 보수방식은 Fee and Commission 방식인데, 이는 재무설계 서비스를 제공하는 것에 대한 Fee를 기본으로 하되 재무설계안이 실행될 때 이루어지는 상품판매에 대한 Commission이 결합된 방식으로 Fee – based 방식이라고도 불린다.

★★★
14 개인의 의사결정을 설명하는 이론에 대한 설명으로 적절하지 않은 것은?

① 소비자선택이론에 따르면 소비자들은 한정된 예산에 대해 가장 만족감을 주는 상품과 서비스의 조합을 선택할 때 가격, 품질, 기대 이익, 상품과 서비스의 가용성과 같은 다양한 요소들을 고려한다.

② 기대효용이론에 따르면 개인은 자신의 기대효용을 극대화하는 옵션을 선택하는데, 예를 들어 보험을 구입할 때 개인은 자동차 사고의 가능한 결과와 각 결과의 관련 확률, 보험금 지급에서 받을 효용성을 고려할 수 있다.

③ 계획된 행동이론에 따르면 행동을 수행하려는 개인의 의도는 그들이 실제로 그 행동에 참여할 것인지 예측할 수 있는 가장 중요한 변수로, 단순히 행동에 대한 개인의 실제적인 통제보다 개인의 통제에 대한 인식을 이해하는 것의 중요성을 강조한다.

④ 교환이론은 직원들이 고용주로부터 승진과 임금 인상을 받기 위해 열심히 일하는 이유 또는 개인들이 사회적 관계에서 선물을 주는 행동을 하는 이유를 설명하는 데 사용될 수 있으며, 세대 간 자원이전에 대한 행위도 교환이론으로 설명된다.

⑤ 규제초점이론에 따르면 예방초점을 가진 유형의 개인은 자신의 목표를 달성하기 위해 기꺼이 위험을 감수하는 경향이 있다.

정답 | ⑤

해설 | ⑤ 향상초점은 목표를 달성할 수 있는 가능성에 의해 동기부여를 받고 긍정적인 결과를 달성하는 데 더 집중하는 것을 의미한다. 그들은 자신의 목표를 달성하기 위해 기꺼이 위험을 감수하는 경향이 있다. 반면, 예방초점은 부정적인 결과를 피할 필요성에 의해 동기부여가 되고 부정적인 결과가 발생하지 않도록 하는 데 더 집중하는 개인을 말한다. 그들은 자신의 목표를 달성하기 위해 위험을 감수하는 것을 피하고 신중한 경향이 있다.

★★★
15 재무설계의 이론적 배경 중 소비지출을 설명하는 이론에 대한 설명으로 적절하지 않은 것은?

① 절대소득가설은 개인들이 자신의 소득과 소비 수준을 주변의 다른 사람들과 비교하는 경향이 있으며, 그들의 만족도나 웰빙 수준은 이 비교에 의해 영향을 받는다고 제안한다.

② 항상소득가설에 따르면 개인이 상여금이나 임금 인상 등 일시적인 소득 증가를 경험할 경우 단기적으로 소비 소준이 높아질 가능성이 낮은 대신에, 그들은 장기간에 걸쳐 더 높은 수준의 소비를 유지할 의도로 추가 수입을 저축하거나 부채를 갚는 데 사용할 가능성이 더 높다.

③ 생애주기가설은 '개인이 평생에 걸쳐 소비와 저축을 계획할 것을 제안'하는 경제학 이론이다.

④ 생애주기가설에 따르면 개인은 소득이 변화하더라도 평생 동안 비교적 안정적인 수준의 소비를 유지하면서 시간이 지남에 따라 소비를 원활하게 하는 것을 목표로 한다.

⑤ 항상소득가설과 생애주기가설은 저축과 소비 행태에 대한 경제적 사고를 형성하는 데 영향을 미쳤으며, 경제학 문헌에서 불확실성이 소비에 미치는 영향에 대해 일부 비판과 논쟁의 대상이 되었다.

정답 | ①

해설 | 개인의 의사결정을 설명하는 이론에는 소비자선택이론, 기대효용이론, 계획된 행동이론, 교환이론, 규제초점이론이 있다.

★★★

13 개인의 의사결정을 설명하는 이론에 대한 설명이 적절하게 연결된 것은?

가. 소비자들이 제한된 자원을 고려하여 최적의 선택을 하기 위해 어떻게 행동하는지를 설명하는 이론으로, 소비자들은 한정된 예산에 대해 가장 만족감을 주는 상품과 서비스의 조합을 선택한다.
나. '경제학에서 개인이 여러 가지 가능한 결과를 가지고 불확실한 상황에 직면했을 때 내리는 선택을 고려'하는 의사결정이론으로, 각 결과와 관련된 확률과 각 결과가 개인에게 가져다줄 효용 또는 만족을 고려한다.
다. 경제적 거래, 대인관계, 조직행동 등 광범위한 사회적 상호작용에 적용되어 왔다.
라. '개인의 태도, 주관적 규범, 인지된 행동 통제가 어떻게 그들의 의도와 후속 행동에 영향을 미치는지 설명'하는 심리학 이론으로, 단순히 행동에 대한 개인의 실제적인 통제보다, 개인의 통제에 대한 인식을 이해하는 것의 중요성을 강조한다.

	소비자선택이론	기대효용이론	계획된 행동이론	교환이론
①	가	나	다	라
②	가	나	라	다
③	나	가	다	라
④	나	가	라	다
⑤	나	다	라	가

정답 | ②

해설 | 가. 소비자선택이론
나. 기대효용이론
다. 교환이론
라. 계획된 행동이론

★☆☆

11 CFP® 자격인증자의 보수 형태에 대한 적절한 설명으로 모두 묶인 것은?

가. Commission 방식의 경우 고객의 니즈에 부합하는 보험이나 투자 관련 금융상품을 판매하는 조건으로 서비스를 제공하게 되므로 재무설계사의 객관성 유지와 독립성에 대한 문제가 발생할 수 있다.
나. Fee 방식의 경우 재무설계안 작성이나 실행에 대한 개별적인 보수는 없으며, 소속된 회사에서 지급하는 급여를 받는다.
다. Fee and Commission 보수방식은 재무설계 서비스를 제공하는 것에 대한 Fee를 기본으로 하되 재무설계안이 실행될 때 이루어지는 상품판매에 대한 Commission이 결합된 방식으로 Fee-based 방식이라고도 불린다.
라. Fee-Only 방식의 경우 고객을 위해 추천하는 상품에 대해 고객과의 이해상충이 발생하지 않기 때문에 완전한 객관성을 기대할 수 있다.
마. 최근 우리나라에서도 Commission 위주였던 보수방식이 고객과의 관계를 더욱 중요시하는 경향이 증가하면서 Fee를 받는 사례가 많아지고 있으며, 특히 B2B 재무설계 서비스가 시작되면서 재무설계 서비스 Fee에 대한 관심이 많아지게 되었다.

① 가, 나, 다, 라
② 가, 나, 다, 마
③ 가, 나, 라, 마
④ 가, 다, 라, 마
⑤ 나, 다, 라, 마

정답 | ④
해설 | 나. Salary 방식에 대한 설명이다.

••• TOPIC 2 재무설계의 이론적 배경

★★★

12 개인의 의사결정을 설명하는 이론으로 모두 묶인 것은?

가. 기대효용이론	나. 교환이론
다. 규제초점이론	라. 생애주기가설
마. 전망이론	바. 심적회계

① 가, 나, 다
② 가, 마, 바
③ 나, 다, 라
④ 다, 라, 마
⑤ 라, 마, 바

정답 | ①

해설 | ① 상대소득가설에 대한 설명이다. 절대소득가설은 개인의 현재 소비 수준이 사회의 다른 사람들에 대한 상대적인 소득보다는 주로 그들의 '현재 소득 수준 자체에 의해 결정'된다는 것을 제안하는 경제학 이론이다. 이 이론은 1930년대에 경제학자 케인즈에 의해 개발되었으며 종종 개인의 소비가 사회의 다른 사람들에 비해 상대적인 소득에 의해 결정된다는 상대소득가설의 대안으로 간주된다.

★★★

16 재무설계의 이론적 배경 중 소비지출을 설명하는 이론에 대한 설명으로 적절하지 않은 것은?

① 절대소득가설, 상대소득가설, 항상소득가설, 생애주기가설이 있다.

② 절대소득가설은 개인들이 자신의 소득과 소비 수준을 주변의 다른 사람들과 비교하는 경향이 있으며, 그들의 만족도나 웰빙 수준은 이 비교에 의해 영향을 받는다고 제안한다.

③ 항상소득가설에 따르면 개인이 상여금이나 임금 인상 등 일시적인 소득 증가를 경험할 경우 단기적으로 소비 소준이 높아질 가능성이 낮은 대신에, 그들은 장기간에 걸쳐 더 높은 수준의 소비를 유지할 의도로 추가 수입을 저축하거나 부채를 갚는 데 사용할 가능성이 더 높다.

④ 생애주기가설은 '개인이 평생에 걸쳐 소비와 저축을 계획할 것을 제안'하는 경제학 이론으로, 개인은 소득이 변화하더라도 평생 동안 비교적 안정적인 수준의 소비를 유지하면서 시간이 지남에 따라 소비를 원활하게 하는 것을 목표로 한다.

⑤ 항상소득가설과 생애주기가설은 저축과 소비 행태에 대한 경제적 사고를 형성하는 데 영향을 미쳤으며, 경제학 문헌에서 불확실성이 소비에 미치는 영향에 대해 일부 비판과 논쟁의 대상이 되었다.

정답 | ②

해설 | ② 상대소득가설에 대한 설명이다. 절대소득가설은 개인의 현재 소비 수준이 사회의 다른 사람들에 대한 상대적인 소득보다는 주로 그들의 '현재 소득 수준 자체에 의해 결정'된다는 것을 제안하는 경제학 이론이다. 이 이론은 1930년대에 경제학자 케인즈에 의해 개발되었으며 종종 개인의 소비가 사회의 다른 사람들에 비해 상대적인 소득에 의해 결정된다는 상대소득가설의 대안으로 간주된다.

★★★
17 **재무설계의 이론적 배경 중 소비지출을 설명하는 이론에 대한 설명으로 가장 적절한 것은?**

① 항상소득가설에 따르면 개인의 소득이 증가함에 따라 그들의 소비 수준도 증가하지만, 증가 속도는 감소한다.

② 상대소득가설에 따르면 개인이 상여금이나 임금 인상 등 일시적인 소득 증가를 경험할 경우 단기적으로 소비 수준이 높아질 가능성이 낮은 대신에, 그들은 장기간에 걸쳐 더 높은 수준의 소비를 유지할 의도로 추가 수입을 저축하거나 부채를 갚는 데 사용할 가능성이 더 높다.

③ 항상소득가설은 '개인이 평생에 걸쳐 소비와 저축을 계획할 것을 제안'하는 경제학 이론이다.

④ 생애주기가설에 따르면 개인은 소득이 변화하더라도 평생 동안 비교적 안정적인 수준의 소비를 유지하면서 시간이 지남에 따라 소비를 원활하게 하는 것을 목표로 한다.

⑤ 절대소득가설은 개인들이 소득이 높을 때는 근무 기간 동안 저축을 하고, 소득이 낮을 때는 은퇴 기간 동안 저축을 줄일 것을 제안하는데, 이는 개인이 젊을 때 대출을 받고 나이가 들면 빚을 갚는다는 의미가 되기도 한다.

정답 I ④

해설 I ① 절대소득가설에 대한 설명이다.
② 항상소득가설에 대한 설명이다.
③ 생애주기가설에 대한 설명이다.
⑤ 생애주기가설에 대한 설명이다.

CHAPTER

02 자격인증자의 기본업무

출제 비중 : 7~13% / 1~2문항

학습가이드

학습 목표	학습 중요도
Tip 개념 이해를 중심으로 학습 필요	
1. 현금흐름 관리의 필요성을 알고 고객 목표에 적합한 재무전략을 수립할 수 있다.	★
2. 외부 경제환경을 이해하고 재무설계에 미치는 영향을 설명할 수 있다.	★★★

TOPIC 1 CFP® 자격인증자의 종합재무설계 준비

★☆☆

01 재무관리의 접목 사항 관련 재무설계 프로세스 6단계가 순서대로 나열된 것은?

가. 고객 공감을 바탕으로 고객이 재무관리를 집중해서 실행하도록 돕는다.
나. 고객에게 재무관리 관점이 적용된 제안서를 제시한다.
다. 재무관리 관점에서 고객의 상황을 분석한다.
라. 고객 상황 중 재무관리사항을 중점적으로 확인한다.
마. 고객에게 재무관리의 개념을 소개한다.
바. 고객에게 재무관리의 중요성을 상기시키며 방향성을 유지하도록 돕는다.

① 라 – 다 – 나 – 바 – 마 – 가
② 라 – 마 – 다 – 나 – 가 – 바
③ 마 – 라 – 나 – 다 – 가 – 바
④ 마 – 라 – 다 – 나 – 가 – 바
⑤ 마 – 라 – 다 – 나 – 바 – 가

정답 | ④

해설 | 마. 1단계 : 고객과의 관계 정립
라. 2단계 : 고객 관련 정보의 수집
다. 3단계 : 고객의 재무상태 분석 및 평가
나. 4단계 : 재무설계 제안서의 작성 및 제시
가. 5단계 : 재무설계 제안서의 실행
바. 6단계 : 고객 상황의 모니터링

★☆☆

02 **고객의 재무목표를 구체화하기 위한 자격인증자의 역할과 유의사항에 대한 적절한 설명으로 모두 묶인 것은?**

> 가. 자격인증자는 고객 스스로 본인의 인생목표가 무엇인지에 대하여 '구체적으로 생각해 보고 그것을 표현할 수 있도록' 도와주어야 하며, 이를 위해 폐쇄형 질문 등을 포함한 커뮤니케이션 스킬 훈련이 필요하다.
> 나. 고객이 가지고 있는 막연한 인생목표를 가능한 '실현 가능하고 정확하게 설정할 수 있도록' 도와주어야 한다.
> 다. 고객이 '미처 생각하지 못한 중요한 재무목표들을 파악할 수 있도록' 도와주는 것도 필요하다.
> 라. 자격인증자는 생애주기상 주요한 재무목표를 숙지하고 있어야 하므로, 재무목표 구체화를 어려워하는 고객을 위해 인증자의 임의적 판단으로 재무목표를 제시하는 것도 좋은 방법이다.
> 마. 고객의 비재무적 성향이 고객의 재무목표 설정에 미치는 영향도 고려해야 한다.

① 가, 나, 라
② 가, 다, 라
③ 가, 다, 마
④ 나, 다, 마
⑤ 나, 라, 마

정답 | ④

해설 | 가. 이를 위해 개방형 질문 등을 포함한 커뮤니케이션 스킬 훈련이 필요하다.
라. '고객의 공감' 없이 인증자의 임의적 판단으로 재무목표를 제시하는 것은 금물이다.

★☆☆

03 **생애주기에 따른 주요 재무이슈와 재무목표에 대한 다음 설명 중 가장 적절한 것은?**

① 사회 초년기는 결혼을 통하여 새로운 가정을 이루는 시기이므로 재무설계의 개념 확립에 있어서 중요한 시기이다.
② 첫 자녀가 출생하여 새로운 가족을 형성하는 시기인 자녀 성장기의 재무설계는 개인의 재무설계 차원이 아닌 가족재무설계의 차원으로 성장하게 된다.
③ 자녀가 성장하여 청소년기에 들어서는 시기를 가정 형성기라고 한다.
④ 가정 형성기에는 가족 혹은 가계라는 시스템에 새로운 구성원을 받아들이며, 자녀의 교육에 많은 비용이 필요한 시기이다.
⑤ 생애 전환기는 은퇴준비로 노후 생활비와 노후 의료비 기반을 마련하는 시기이다.

정답 | ⑤

해설 | **〈생애주기에 따른 주요 재무이슈와 재무목표〉**

생애주기	주요 재무이슈	주요 재무목표
사회 초년기	졸업, 취업, 결혼, 능력개발	• 본인결혼자금 마련 • 주거자금 마련 • 학자금대출상환 등
가정 형성기	결혼생활, 자녀출산, 육아, 교육	• 육아비용 마련 • 자동차 구입 • 주택 구입자금 마련 • 자녀교육자금 마련 • 대출상환 등
자녀 성장기	자녀교육, 재산 형성	• 자녀교육자금 마련 • 주택 구입 · 확장 • 자녀독립자금 마련 • 대출상환 등
생애 전환기	자녀 독립, 은퇴준비	• 노후 생활비 기반 마련 • 노후 의료비 기반 마련 • 생산적 소일거리 준비 • 자산배분 · 사전증여
노후 생활기	제2인생기, 사회적/신체적 은퇴	• 생활비 기반 • 의료비 기반 • 생산적 소일거리 • 자산배분 · 사전증여
(고객 상황별)	사업소득자 가구, 1인가구, 이혼가구, 장애 가족 부양	• 고객 상황별 재무관리 • 고객 상황별 재무전략

★☆☆

04 생애주기에 따른 주요 재무이슈와 재무목표에 대한 다음 설명 중 적절하지 않은 것은?

① 가정 형성기의 재무설계는 개인의 재무설계 차원이 아닌 가족재무설계의 차원으로 성장하게 된다.

② 결혼을 하여 가족을 형성하고 첫 자녀가 출생하여 자녀양육을 시작하는 것은 가계의 라이프사이클 상에서 새로운 국면으로 자녀 성장기에는 가족 혹은 가계라는 시스템에 새로운 구성원을 받아들인다.

③ 자녀의 소년기까지는 부모의 절대권력이 존재할 수 있는 시기라고 한다면 자녀가 청소년기에 접어들게 되면 부모의 절대권력은 유연성을 가져야 한다.

④ 자녀 성장기에는 부부 모두가 중년기에 접어들게 되므로 부부 자신에게 새로운 변화가 발생할 수 있는 시기이다.

⑤ 생애 전환기는 은퇴준비로 노후 생활비와 노후 의료비 기반을 마련하는 시기이다.

정답 | ②

해설 | ② 가정 형성기에 대한 설명이다.

★☆☆
05 생애주기에 따른 주요 재무이슈와 재무목표에 대한 적절한 설명으로 모두 묶인 것은?

가. 가정 형성기에는 자녀출산으로 재무목표 우선순위가 변할 수 있다.
나. 우리나라의 경우 자녀 성장기는 자녀교육과 부모 보조의 이중고가 발생하는 시기이다.
다. 생애 전환기는 소득과 지출의 규모가 줄어드는 시기로 사회적/신체적 은퇴 시기이다.
라. 사회 초년기는 첫 자녀가 출생하여 자녀양육을 시작하는 시기로 자녀가 가족이라는 시스템에 받아들여진다.

① 가, 나
② 나, 다
③ 나, 라
④ 다, 라
⑤ 가, 나, 다

정답 | ①

해설 | 다. 노후 생활기에 대한 설명이다. 생애 전환기는 소득과 지출의 규모가 가장 커지는 시기로 노후 생활비 및 노후 의료비 기반 마련 등 은퇴준비가 이루어지는 시기이다.
라. 가정 형성기에 대한 설명이다.

★☆☆
06 재무목표 구체화에 대한 설명으로 적절하지 않은 것은?

① 가능한 한 고객의 재무목표는 금액으로 수치화해야 하며 기간이 명시되도록 해야 한다.
② 고객의 인생관, 가치관, 돈에 대한 태도 등 '비재무적 성향도 파악'하려는 노력을 해야 한다.
③ 자격인증자는 상담하는 고객에게 일반적인 재무관심사에 대해 알려주고, 이를 통해 고객의 재무목표를 생각해보게 하는 것도 재무목표 설정의 좋은 방법이 될 수 있으며, 이는 고객이 미처 생각하지 못한 부분을 짚어주어 고객의 재무목표 우선순위 설정에 도움을 주기도 한다.
④ 각 생애주기별로 생각해볼 수 있는 여러 이슈를 고려하여 고객의 재무목표를 구체화하는 방법을 통해 고객은 미처 생각해보지 않았던 인생 전 기간에 대한 전반적인 조망을 해볼 수 있게 되며, 또한 현재 표면적으로 드러나지 않았으나 향후 가능성 있는 잠재된 재무목표도 검토해 볼 수 있게 된다.
⑤ 재무목표의 조정은 종합재무설계 프로세스 2단계에서 '고객의 재무목표 우선순위를 변경하는 것'도 포함하며, 이를 통해 고객은 재무이슈를 순차적으로 해결할 수 있음을 느끼게 된다.

정답 | ⑤

해설 | ⑤ 종합재무설계에서 재무목표의 설정은 재무설계 프로세스 2단계인 고객 관련 정보의 수집 단계에서 고객과의 협의를 통해 고객의 막연한 인생목표를 구체화해 보는 것을 말한다. 재무목표의 조정은 종합재무설계 프로세스 3단계인 고객재무상태의 분석 · 평가 단계에서 정량화 · 수치화된 재무목표가 실현 가능성을 가지도록 '목표기간, 목표금액, 달성수단 등을 변경해 보는 것'을 말한다. 또한 재무목표의 조정은 종합재무설계 프로세스 4단계인 재무설계 제안서의 작성 및 제안단계에서 고객의 동의를 거쳐, '고객의 재무목표 우선순위를 변경하는 것'도 포함한다. 종합재무설계 상담과정에서 고객의 니즈가 변화하기도 하고, 외부 경제환경도 변화하게 되므로 5단계인 실행단계와 6단계인 모니터링 단계에서도 재무목표의 조정은 이루어질 수 있다. 즉, 자격인증자는 고객의 재무목표의 구체화를 2단계 재무목표의 설정에 국한하지 않고, 고객의 목표 실현 가능성에 집중하여 재무설계 프로세스 각 단계별로 조정할 수 있음을 인지하고 있어야 한다. 단, 재무목표 조정의 대전제는 고객의 공감과 동의에 있다. 고객의 공감이나 동의 없이 자격인증자 임의로 재무목표를 조정해서는 안 된다.

★☆☆

07 현금흐름 관리의 필요성에 대한 설명으로 적절하지 않은 것은?

① 현금흐름 관리의 전반적인 목표는 현재의 소비욕구를 효율적으로 대처하면서 고객의 목적자금들에 도달하는 데 필요한 추가적인 재무관리 활동들을 위해 저축 여력을 최대화하는 것이다.

② 고객이 구체화된 재무목표를 달성하기 위해서는 가지고 있는 자산을 파악하고 현재와 미래의 수입을 관리해 나가야 한다.

③ 고객이 현금흐름의 관리 없이 지출하다 보면 정작 '목적자금을 집행해야 하는 시기에 자금부족으로 인해서 필요한 일을 못 하게 되는 경우가 발생'하기도 하는데, 이는 고객이 원하는 목표달성을 실패하게 하는 원인이 된다.

④ 고객이 필요한 목적자금을 위해서 '무리해서 부채를 발생시키면, 이는 다시 현금흐름의 제약을 초래'하여 고객이 영유하고자 하는 삶의 질을 떨어뜨리게 된다.

⑤ 현금흐름 관리가 원활하게 이루어지지 못할 경우 달성하고자 하는 재무목표와의 괴리를 야기하게 되고, 이는 결과적으로 고객이 재무이슈를 외면하게 되어 더욱 현금흐름 관리와 멀어지는 '악순환'에 빠지게 된다.

정답 | ②

해설 | ② 고객이 구체화된 재무목표를 달성하기 위해서는 가지고 있는 자산과 수입을 파악하고 현재와 미래의 지출을 관리해 나가야 한다. 이는 개인이나 가계가 가진 자원이 제한되어 있기 때문이다. 즉, '제한된 재무적 자원'의 효율적 관리가 현금흐름 관리의 기초라고 할 수 있다.

★☆☆

08 **고객 A씨는 매월 말 20만원씩 연평균 수익률 10%에 해당하는 투자를 고려하고 있고, 고객 B씨는 매월 말 100만원씩 금리 연 2%에 해당하는 정기적금을 고려하고 있다. 투자기간을 10년이라고 했을 때와 투자기간을 20년이라고 했을 때 두 고객이 모으는 금액에 대한 설명으로 적절하지 않은 것은?**

① 투자기간 10년 시 A고객 투자안의 종가는 39,973천원이다.
② 투자기간 10년 시 B고객 적금의 종가는 132,597천원이다.
③ 투자기간 20년 시 A고객 투자안의 종가는 143,652천원이다.
④ 투자기간 20년 시 B고객 적금의 종가는 294,232천원이다.
⑤ 목돈마련에 있어서 저축 여력 확보보다 수익률이 더 큰 영향을 미칠 수 있다.

정답 | ⑤

해설 | **〈투자기간 10년 시〉**

- A고객 투자안의 종가 계산 → PMT(E) : 200, N : 10×12=120, I/Y : 0.7974, FV? 39,973천원 (ICONV, EFF : 10, C/Y : 12, NOM? 연 9.569% 월복리÷12=월 0.7974%)
- B고객 적금의 종가 계산 → PMT(E) : 1,000, N : 10×12=120, I/Y : 0.1652, FV? 132,597천원 (ICONV, EFF : 2, C/Y : 12, NOM? 연 1.9819% 월복리÷12=월 0.1652%)

〈투자기간 20년 시〉

- A고객 투자안의 종가 계산 → PMT(E) : 200, N : 20×12=240, I/Y : 0.7974, FV? 143,652천원 (ICONV, EFF : 10, C/Y : 12, NOM? 연 9.569% 월복리÷12=월 0.7974%)
- B고객 적금의 종가 계산 → PMT(E) : 1,000, N : 20×12=240, I/Y : 0.1652, FV? 294,232천원 (ICONV, EFF : 2, C/Y : 12, NOM? 연 1.9819% 월복리÷12=월 0.1652%)

⑤ 목돈마련에 있어서 수익률보다 저축 여력 확보가 더 큰 영향을 미칠 수 있다.

★☆☆

09 **현금흐름 관리를 위한 일반지침에 대한 설명으로 적절하지 않은 것은?**

① 고객들은 대부분 월 단위로 수입이 발생하고 지출을 결정하기 때문에, 가장 실행하기 쉬운 현금흐름 관리 기간은 월 단위이나, 한편으로는 매월 발생하지 않고 연 단위로 발생하는 수입과 지출도 고려해야 한다.
② 조정 가능한 지출을 파악해야 한다.
③ 고객으로 하여금 변화하는 상황이나 일시적인 어려움에 대처할 수 있도록 유연성 있게 현금흐름 관리를 하여야 한다.
④ 현금흐름 관리 항목은 세부적으로 자세히 작성할수록 실행에 도움이 된다.
⑤ 양식과 항목에 일관성이 있어야 한다.

정답 | ④

해설 | ④ 단순하고 알기 쉽게 수립되어야 한다. 복잡하고 지나치게 세부적인 현금흐름 관리 항목은 정리도 어렵지만 관리도 어렵게 만든다. 현금흐름 관리는 복잡하고 정확하게 수립하기 위함이 아니라, 실행을 통해 재무목표를 달성하기 위함이라는 것을 명심해야 한다.

〈현금흐름 관리를 위한 일반지침〉

① 현금흐름 관리의 기간을 고려한다. ② 조정 가능한 지출을 파악해야 한다. ③ 유연성을 가지고 있어야 한다. ④ 단순하고 알기 쉽게 수립되어야 한다. ⑤ 양식과 항목에 일관성이 있어야 한다. ⑥ 지속성을 가지고 있어야 한다.

★☆☆

10 현금흐름 관리를 위한 일반지침에 대한 적절한 설명으로 모두 묶인 것은?

가. 고객들은 대부분 월 단위로 수입이 발생하고 지출을 결정하기 때문에, 연 단위로 발생하는 수입과 지출을 반드시 고려할 필요는 없다.
나. 제한된 월수입 내에서 현금흐름을 관리하려고 하면 지출항목의 조정 가능 여부가 매우 중요하므로, 지출항목을 중분류로 구분하여 고객 스스로 조절할 항목을 찾아내 지출을 조정하도록 유도한다.
다. 시간의 경과에 따라 재무목표도 바뀌게 되고 이에 따라 지출항목이 바뀌는 경우도 있으므로, 고객으로 하여금 변화하는 상황이나 일시적인 어려움에 대처할 수 있도록 유연성 있게 현금흐름 관리를 하여야 한다.
라. 복잡하고 지나치게 세부적인 현금흐름 관리 항목은 정리도 어렵지만 관리도 어렵게 만듦으로, 현금흐름 관리는 단순하고 알기 쉽게 수립되어야 한다.
마. 현금흐름 관리의 양식과 항목은 변화에 중점을 두어야 한다.

① 가, 나, 라　② 가, 다, 마
③ 나, 다, 라　④ 나, 라, 마
⑤ 나, 다, 라, 마

정답 I ③

해설 I 가. 현금흐름 관리의 기간을 고려한다. 고객들은 대부분 월 단위로 수입이 발생하고 지출을 결정하기 때문에, 가장 실행하기 쉬운 현금흐름 관리 기간은 월 단위이다. 한편으로는 매월 발생하지 않고 연 단위로 발생하는 수입과 지출도 고려해야 한다. 근로소득자의 경우에 발생하는 비정기적 상여 등의 연 단위 수입이나, 재산세, 자동차세 등의 연 단위 세금지출이 대표적이다.
마. 양식과 항목에 일관성이 있어야 한다. 현금흐름 관리의 가장 중요한 특징 중 하나는 시간의 흐름에 따른 변화의 정도를 측정할 수 있다는 점이다. 양식과 항목에 일관성이 없을 경우 이러한 변화의 정도를 측정하는 데 어려움을 겪게 된다.

★☆☆
11 현금흐름 관리의 방법과 절차가 순서대로 나열된 것은?

가. 월 총지출을 추정한다. 나. 수입과 지출을 비교 · 검토하여 저축 여력을 파악한다. 다. 월수입을 확인한다. 라. 현금흐름을 정기적으로 점검하고 필요할 경우 조정한다.

① 가 – 나 – 다 – 라
② 가 – 다 – 나 – 라
③ 다 – 가 – 나 – 라
④ 다 – 가 – 라 – 나
⑤ 라 – 다 – 가 – 나

정답 | ③

해설 | **〈현금흐름 관리의 방법과 절차〉**

① 월수입을 확인한다. ② 월 총지출을 추정한다. ③ 수입과 지출을 비교 · 검토하여 저축 여력을 파악한다. ④ 현금흐름을 정기적으로 점검하고 필요할 경우 조정한다.

★☆☆
12 현금흐름 관리의 방법과 절차가 순서대로 나열된 것은?

가. 개인(가계)의 모든 소득원으로부터 매월 가계에 유입되는 현금흐름을 확인한다. 나. 지출비용을 추정할 때는 본인, 배우자, 부모님, 자녀, 기타 생활비 등의 카테고리별로 구분하여 실제로 소비하는 항목을 빠짐없이 포함해야 하며, 각 지출항목 간에 중복이 없어야 한다. 다. 수입과 지출을 비교하여 저축 여력을 파악하는 것은 종합재무설계에서 재무목표 달성에 필요한 필수적인 절차이다. 라. 수입의 상승/하락, 수입구조의 변화, 소득원천별 이동, 지출항목의 변동 등을 정기적으로 점검하고 필요에 따라 현금흐름 관리 플랜을 조정하여 재무목표를 달성할 수 있도록 한다.

① 가 – 나 – 다 – 라
② 가 – 다 – 나 – 라
③ 가 – 라 – 나 – 다
④ 나 – 가 – 다 – 라
⑤ 나 – 다 – 라 – 가

정답 | ①

해설 | 가. 월수입 확인
나. 월 총지출 추정
다. 수입과 지출을 비교 · 검토하여 저축 여력 파악
라. 현금흐름을 정기적으로 점검하고 필요할 경우 조정

★☆☆

13 현금흐름 관리의 방법과 절차에 대한 적절한 설명으로 모두 묶인 것은?

가. 근로소득자의 경우 매월 가계에 들어오는 현금흐름은 총수입(세전수입)이 된다.
나. 현금흐름 관리는 계획수립이 중요하기 때문에 보수적으로 지출비용을 추정할 필요가 있다.
다. 개인사업자의 경우 수입에 세금이 포함되어 있지 않으므로, 지출항목 추정 시에 납부해야 할 세금을 고려할 필요가 없다.
라. 긍정적(+)인 현금흐름을 갖는 것은 고객에게 자녀교육자금 및 은퇴자금과 같은 장기적인 재무목표를 위해 저축할 수 있는 옵션을 제공할 것이며, 반대로, 부정적(−)인 현금흐름은 고객으로 하여금 과잉부채와 대출이자에 기인한 추가적인 비용을 유발할 수 있다.

① 라
② 나, 다
③ 가, 나, 다
④ 가, 다, 라
⑤ 가, 나, 다, 라

정답 | ①

해설 | 가. 개인사업자에 대한 설명이다. 근로소득자의 경우 매월 가계에 들어오는 현금흐름은 순수입(실수령액)이 된다. 순수입은 월별 세전소득에서 세금과 공적연금 부담액, 건강보험료 등 공제금액을 제외한 수입으로 정의된다. 이때 비정기적으로 발생하는 상여 등 기타유입도 고려해야 한다.

나. 고객으로 하여금 너무 보수적으로 지출비용을 추정하게 해서는 안 된다. 현금흐름 관리는 계획 수립이 중요한 것이 아니라 실행이 중요하기 때문에, 너무 보수적인 지출비용 추정은 실현 가능성을 낮추고 결국 현금흐름 관리에 대한 부정적인 이미지만 낳을 뿐이다. 고객이 지출부분에 대한 관심을 높이고 가계구성원 스스로 각자의 지출을 조정할 수 있는 것만으로도 재무목표 달성에 도움이 될 수 있음을 인지시킨다.

다. 개인사업자의 경우 수입에 세금이 포함되어 있으므로, 지출항목 추정 시에 납부해야 할 세금도 동시에 고려해야 한다.

★☆☆

14 저축 여력의 장단기 배분이 적절하게 연결된 것은?

> A. 가계경제의 주춧돌과 기둥역할을 하는 10년 이상의 장기플랜을 말하며, 보장자산과 연금자산으로 구분할 수 있다.
> B. 주로 투자설계와 부동산설계, 부채관리의 영역이며, 또한 저축적립액의 증대 여부가 특히 필요한 영역이기도 하다.
> C. 고객의 소득체계에 따라 월수입이 균등하지 않을 경우 '수입측면의 현금흐름 관리', 고객의 이직, 출산 등 일시적으로 월수입이 변동하거나 단절되었을 때 '수입측면의 비상상황 관리', 고객들로 하여금 간헐적으로 발생하는 변동지출을 별도로 구분하여 '지출측면의 현금흐름 관리'에 유용하게 사용되어질 수 있다.

	안정자산	투자자산	운용자산
①	A	B	C
②	A	C	B
③	B	A	C
④	C	A	B
⑤	C	B	A

정답 | ①
해설 | **〈저축 여력의 장단기 배분〉**

구분	관련 영역		투자기간
안정자산	위험관리, 은퇴설계	세금설계	10년 이상
투자자산	투자설계, 부동산설계, 부채관리		1년 이상~10년 미만
운용자산	재무관리(비상예비자금, 단기목적자금)		1년 미만

★☆☆

15 저축 여력의 장단기 배분에 대한 설명으로 적절하지 않은 것은?

① 관련 영역 중 세금설계는 안정, 투자, 운용자산으로의 장단기 배분이라는 현금흐름 관리 각 부문에서 모두 고려되어야 하는 분야라고 할 수 있다.
② 안정자산은 보장자산과 연금자산으로 구분할 수 있으며, 주로 위험관리와 보험설계, 은퇴설계의 영역이다.
③ 투자자산은 1년에서 10년 사이의 중기 재무목표 달성을 위한 플랜으로, 고객들이 인지하고 있는 자산 증식과도 관련되며 대부분의 고객들이 관심을 가지고 실행하고 있는 부분이기도 하다.
④ 비상예비자금을 저축 여력의 장단기 배분항목 간의 이동에 활용하면 아니 된다.
⑤ 저축이나 투자에 대한 기회비용이 발생할 정도로 너무 많은 자금이 비상예비자금의 용도로 사용되고 있지는 않은지 확인할 필요가 있다.

정답 | ④

해설 | ④ 비상예비자금은 저축 여력의 '장단기 배분항목 간의 이동'에도 활용될 수 있다. 고객의 재무목표기간에 따라 투자자산에 운용되어지던 자금들이 운용자산 항목으로 이동할 수도 있고, 운용자산에 있던 자금들이 투자자산 항목으로 이동할 수도 있다. 예를 들어 부동산 취득 등의 목돈 사용 시기가 도래하였을 때, 그동안 진행해 오던 주식, 펀드 등 투자자산과 예 · 적금 등 저축성 자산을 목돈 사용 시기에 맞춰 CMA 등 수시입출금이 가능한 현금성 자산으로 모을 필요가 있다. 또는 보너스 등의 일시적 수입이 발생할 경우, 일단 비상예비자금 항목에 두었다가 이를 재무목표 기간에 따라 투자자산이나 저축성 자산에 불입할 수도 있다.

★☆☆

16 현금흐름 관리와 저축 여력의 장단기 배분에 대한 적절한 설명으로 모두 묶인 것은?

가. 현금흐름 관리 항목은 세부적으로 수립할수록 실행하기가 용이하다.
나. 현금흐름 관리의 양식과 항목은 매월 변경하는 것이 좋다.
다. 운용자산인 가계비상예비자금의 활용 없이 무리한 저축 · 투자 등을 감행하다 '갑작스러운 필요자금 발생으로 계획이 무산되는 경우'가 많다.
라. 장단기 배분 없이 단기 목적자금에만 집중하면, 인생 후반기 소득의 하락 및 단절기에는 재무목표 달성에 큰 부담으로 작용하게 된다.
마. 비상예비자금은 급여계좌 또는 결제계좌 등 일반 생활자금과 별도의 계좌로 관리하는 방식은 지출내역이 분산되어 효과적이지 않다.

① 가, 나
② 나, 다
③ 다, 라
④ 라, 마
⑤ 다, 라, 마

정답 | ③

해설 | 가. 단순하고 알기 쉽게 수립되어야 한다. 복잡하고 지나치게 세부적인 현금흐름 관리 항목은 정리도 어렵지만 관리도 어렵게 만든다. 현금흐름 관리는 복잡하고 정확하게 수립하기 위함이 아니라, 실행을 통해 재무목표를 달성하기 위함이라는 것을 명심해야 한다.

나. 양식과 항목에 일관성이 있어야 한다. 현금흐름 관리의 가장 중요한 특징 중 하나는 시간의 흐름에 따른 변화의 정도를 측정할 수 있다는 점이다. 양식과 항목에 일관성이 없을 경우 이러한 변화의 정도를 측정하는 데 어려움을 겪게 된다.

마. 비상예비자금은 급여계좌 내지 결제계좌 등 일반 생활자금과 '별도의 계좌로 관리'하는 것이 필요하다. 따라서 자격인증자는 비상예비자금 용도의 금융상품을 선택할 때 그 특성을 분명하게 파악해야 한다. 고객의 비상예비자금은 현금성자산에 보관되어야 한다. 이러한 자산은 원금 손실의 위험 없이 고객이 신속하게 접근할 수 있는 자산이다. 일반적으로 보통예금, MMF 계좌, CMA 계좌, 만기 90일 이하의 CD 등을 포함한다.

★☆☆

17 현재 저축 여력이 100만원이 있는 홍명보씨는 매월 100만원씩 1년 동안 적금을 하려 한다. 매월 말 100만원씩 적금에 불입할 경우 1년 후 원금에 대한 연환산 수익률로 가장 적절한 것은? (단, 적금금리는 연리 6%를 가정한다.)

① 2.72%
② 2.8%
③ 5.84%
④ 6%
⑤ 7.2%

정답 | ①

해설 | • PMT(E) : 1,000, N : 12, I/Y : 0.4868, FV? 12,327천원
(ICONV, EFF : 6, C/Y : 12, NOM? 연 5.8411% 월복리÷12=월 0.4868%)

• 연환산 수익률 : $\left(\frac{327}{12,000}\right)\times 100 = 2.72\%$

★☆☆

18 **만기 10년, 대출금리 연 6%(고정금리), 만기일시상환인 1억원의 대출을 보유하고 있던 홍명보씨가 만약 대출을 상환하여 대출이자를 지불할 필요가 없다고 가정할 경우, 원래 지불했어야 할 대출이자로 적금(금리 6%로 가정)에 가입했다고 했을 때 1년간 발생이자로 가장 적절한 것은?**

① 163천원
② 168천원
③ 327천원
④ 336천원
⑤ 959천원

정답 | ①

해설 | • PMT(E) : 500, N : 12, I/Y : 0.4868, FV? 6,163천원
(ICONV, EFF : 6, C/Y : 12, NOM? 연 5.8411% 월복리÷12=월 0.4868%)

• 1년간 발생이자 : 163천원

★☆☆

19 **홍지윤 고객은 서울 강북 아파트에 1세대 1주택으로 1년간(13개월째) 살고 있는데 자녀 교육을 위해 이번 달에 강남으로 이사하고자 한다. 강북 아파트는 12억원에 취득하였고 현재시세 15억원에 처분한다고 가정한다. 보유한 가용금융자산은 7억원, 담보대출 2억원이 있다. 이사하고자 하는 강남 아파트는 20억원 정도의 시세를 보유하고 있을 경우 자금조달 부족액으로 가장 적절한 것은?(단, 필요경비는 없으며, 단기양도 60% 적용 세율, 지방세 복비 이사비용 등 예상액은 약 60,000천원이다.)**

① 60,000천원
② 178,500천원
③ 200,000천원
④ 238,500천원
⑤ 700,000천원

정답 | ④

해설 | • 자금조달 측면 : 1,500,000+700,000−200,000=2,000,000천원

• 세무설계 측면
  – 양도차익 : 양도가격 1,500,000−취득가격 1,200,000=300,000천원
  – 양도소득금액 : 양도차익 300,000−장기보유특별공제 0=300,000천원
  – 과세표준 : 양도소득금액 300,000−양도소득기본공제 2,500=297,500천원
  – 산출세액 : 과세표준 297,500×세율 60%=178,500천원

• 세금 및 각종 비용 고려 후 자금조달 : 2,000,000−178,500−60,000=1,761,500천원

• 자금조달 부족액 : 2,000,000−1,761,500=238,500천원

▪▪▪ TOPIC 3 재무전략

★☆☆
20 재무전략 수립 시 고려사항에 해당하지 않는 것은?

① '일관성'을 고려한 대안
② '유연성'을 고려한 대안
③ '유동성'을 고려한 대안
④ '개별성'을 고려한 대안
⑤ '통합성'을 고려한 대안

정답 I ①
해설 I **〈재무전략 수립 시 고려사항〉**

> ① '유연성'을 고려한 대안
> ② '유동성'을 고려한 대안
> ③ '개별성'을 고려한 대안
> ④ '통합성'을 고려한 대안

★☆☆
21 재무전략 수립의 내용과 유의사항에 대한 적절한 설명으로 모두 묶인 것은?

> 가. '생애주기별 각 단계의 주요 재무이슈를 파악하고 이에 대한 대응방안을 모색'하고 있어야 한다.
> 나. 자격인증자는 고객이 원하는 재무상태를 확립하기 위한 '재무목표들과 아이디어들을 우선시' 하도록 고객을 도울 수 있어야 한다.
> 다. 자격인증자는 고객이 재무전략을 따름으로써 재무목표를 달성하는 데 기여하기 위해 '수입을 사용할 수 있는 방법을 소개'해야 한다.
> 라. 자격인증자는 '부채관리의 중요성을 강조'해야 한다.
> 마. 자격인증자는 '금융, 부동산, 세무와 같은 재무의사결정의 장단점'을 다룰 수 있어야 한다.

① 가, 나, 다
② 가, 다, 라
③ 가, 나, 다, 라
④ 나, 다, 라, 마
⑤ 가, 나, 다, 라, 마

정답 I ⑤
해설 I 모두 적절한 설명이다.

★☆☆

22 재무전략 수립을 위한 일반지침에 대한 적절한 설명으로 모두 묶인 것은?

가. 고객이 설정한 재무목표 우선순위와 자격인증자가 검토한 재무목표 우선순위에 차이가 날 수 있으므로, 이를 조정해야 하는 이유와 고객의 공감과 동의를 구할 방법을 고찰해 본다.
나. 고객의 구체화된 재무목표 우선순위와 현금흐름을 고려하여 저축 여력의 금액배분을 실시할 때, '안정자산, 투자자산, 운용자산에의 금액배분'의 적정성을 고려한다.
다. 종합재무설계에서의 재무전략이라 할지라도 고객의 별도 언급이 없을 경우 재무설계의 모든 영역의 내용을 담지 않도록 주의해야 한다.
라. 정량적 조건이 동일한 고객의 경우 정성적 요소의 반영은 불필요하다.

① 가, 나
② 나, 다
③ 다, 라
④ 가, 나, 다
⑤ 나, 다, 라

정답 I ①

해설 I 다. 재무설계 '각 영역의 내용을 통합적으로 적용'하고 있는지 검토한다. 종합재무설계에서의 재무전략은 고객의 별도 언급이 없어도 재무설계의 모든 영역의 내용을 담고 있어야 한다. 특히, 부동산 관련 재무전략은 부채와 같은 자금조달전략, 세무이슈 등을 동시에 검토해야 한다.
라. 반드시 '정성적 요인도 반영'해야 한다. 정량적 조건이 동일한 고객이라고 하더라도 고객의 재무심리상태 등 정성적 요소가 다를 경우 완전히 다른 결과를 도출할 수 있다. 정성적 요소의 검토는 위험수용성향 분석만으로는 부족하며, 자격인증자는 행동재무학을 바탕으로 고객의 재무적 편향도 고려해야 한다.

••• TOPIC 4 외부 경제환경의 이해

★★★

23 인플레이션에 대한 설명으로 적절하지 않은 것은?

① 물가가 급등하게 되면 돈의 가치가 떨어져서 현금자산 보유자, 급여소득자, 고정금리 장기저축 등은 불리해진다.
② 인플레이션은 화폐의 구매력을 약화시키거나 감소시킨다.
③ 생산원가가 오르면 상품 가격도 함께 올라 전반적인 물가가 모두 오르게 되는 것을 비용견인 인플레이션이라 한다.
④ 화폐가치 하락은 부채의 가치도 떨어뜨리므로 부채를 가지고 있는 사람들은 유리해진다.
⑤ 경기활황 속에서 물가가 크게 상승하는 현상을 스태그플레이션이라 한다.

정답 I ⑤

해설 I ⑤ 스태그플레이션(stagflation)은 stagnation(불황)과 inflation(인플레이션)의 합성어로 물가가 상승하는 동시에 경제가 침체되는 현상을 의미한다. 일반적으로 인플레이션은 경기가 좋을 때 나타나는 경제 현상이지만, 스태그플레이션은 인플레이션이 경기 침체와 결합하여 발생하는 비정상적인 경제 현상이다.

★★★
24 인플레이션이 고객에게 미치는 영향에 대한 설명으로 가장 적절한 것은?

① 화폐가치의 상승으로 급여소득자의 실질임금이 증가한다.
② 소득격차가 심해지고 빈익빈 부익부 현상이 일어난다.
③ 현금이나 현금성 자산을 소유한 사람들에게 이익이 되므로, 부동산, 금과 같은 실물자산 투자는 불리하다.
④ 부채의 가치가 높아지므로 부채를 가지고 있는 사람들은 불리해진다.
⑤ 금융자산 마련을 위한 저축성향이 증가한다.

정답 | ②
해설 | ① 화폐가치의 하락으로 급여소득자의 실질임금이 하락한다.
③ 화폐가치 하락은 현금이나 현금성 자산을 소유한 사람들에게 손해가 된다. 따라서 부동산, 금과 같은 실물자산 투자가 유리하다.
④ 화폐가치 하락은 부채의 가치도 떨어뜨리므로 부채를 가지고 있는 사람들은 유리해진다. 하지만, 인플레이션은 금리인상을 유발할 가능성이 높으므로 절대적으로 유리하다고 할 수는 없다.
⑤ 장기적으로 계속 화폐가치가 떨어지면 저축을 하는 경우 손해를 볼 수 있기 때문에 금융자산 마련을 위한 저축성향이 감소한다.

★★★
25 스태그플레이션이 경제에 미치는 영향에 대한 적절한 설명으로 모두 묶인 것은?

가. 높은 인플레이션과 함께 경제성장률이 감소하면서 경제 활동이 둔화되고, 이는 생산성 감소와 실업률 상승으로 이어질 수 있다.
나. 스태그플레이션 상황에서는 소비자들의 구매력이 약화됨으로 인해 소비가 줄면서 생산과 일자리를 감소시키는 요인이 된다.
다. 고정 자산의 가치가 떨어지면 투자자들이 자신들의 자금을 보호하기 위해 리스크를 줄이는 방향으로 전환하게 되며, 이는 기업들이 새로운 프로젝트를 시도하지 않고, 생산을 줄이고, 일자리를 감소시키는 요인이 된다.
라. 정부나 중앙은행은 스태그플레이션을 줄이기 위해 금리를 인상시키거나 적극적인 금융정책을 채택한다.

① 가, 나
② 다, 라
③ 가, 나, 다
④ 나, 다, 라
⑤ 가, 나, 다, 라

정답 | ③
해설 | 라. 정부나 중앙은행은 일반적으로 인플레이션을 줄이기 위해 금리를 인상시키거나 적극적인 금융정책을 채택한다. 그러나 스태그플레이션의 경우 이러한 정책이 경제성장을 제한하고 실업을 높일 수 있으므로 정책에 대한 한계가 있다.

★★★
26 다음 경제 기사 중 (가)~(나)에 들어갈 용어가 적절하게 연결된 것은?

> • 고용악화와 제조업 불황으로 경제가 침체국면으로 접어들었다는 관측이 제기되는 가운데 국제유가 상승으로 물가인상 압박이 커지고 있다. 이에 따라 경기불황과 물가인상이 한꺼번에 덮치는 (가)이 현실화하는 것 아니냐는 우려가 나온다.
> • 국제유가 하락으로 소비자물가 상승률이 석 달 연속 1%대다. 한국 경제가 '1%대 저성장' 위기에 처하면서, 소비 부진으로 경제 전반의 물가가 둔화하는 (나)이 나타날 수 있다는 우려의 목소리도 있다.

	가	나
①	인플레이션(Inflation)	디플레이션(deflation)
②	인플레이션(Inflation)	디스인플레이션(disinflation)
③	스태그플레이션(stagflation)	디플레이션(deflation)
④	스태그플레이션(stagflation)	디스인플레이션(disinflation)
⑤	디스인플레이션(disinflation)	스태그플레이션(stagflation)

정답 | ③

해설 | 가. 스태그플레이션(stagflation)은 stagnation(불황)과 inflation(인플레이션)의 합성어로 물가가 상승하는 동시에 경제가 침체되는 현상을 의미한다. 일반적으로 인플레이션은 경기가 좋을 때 나타나는 경제 현상이지만, 스태그플레이션은 인플레이션이 경기 침체와 결합하여 발생하는 비정상적인 경제 현상이다.

나. 물가가 지속적으로 하락하는 현상을 디플레이션(deflation)이라고 한다. 디플레이션은 일반적으로 경제활동에서 발생하는 물가상승률이 0% 이하로 떨어지는 것을 의미한다. 디플레이션은 경기침체와 함께 발생할 수 있으며, 다양한 원인으로 발생할 수 있다.

★★★
27 물가에 대한 적절한 설명으로 모두 묶인 것은?

> 가. 인플레이션은 물가가 지속적으로 상승하는 현상으로, 경제 활동에서 발생하는 물가상승률이 일정 수준 이상인 현상을 말한다.
> 나. 경기가 호황이면서 물가수준이 지속적으로 하락하는 상황을 스태그플레이션이라고 한다.
> 다. 경기침체와 함께 물가가 지속적으로 하락하는 현상을 디플레이션이라고 한다.
> 라. 물가가 지속적으로 상승하고 있지만 그 상승률이 점차 낮아지는 현상을 디스인플레이션이라고 한다.

① 가, 다
② 나, 라
③ 가, 다, 라
④ 나, 다, 라
⑤ 가, 나, 다, 라

정답 | ③

해설 | 나. 스태그플레이션(stagflation)은 stagnation(불황)과 inflation(인플레이션)의 합성어로 물가가 상승하는 동시에 경제가 침체되는 현상을 의미한다. 일반적으로 인플레이션은 경기가 좋을 때 나타나는 경제 현상이지만, 스태그플레이션은 인플레이션이 경기 침체와 결합하여 발생하는 비정상적인 경제 현상이다.

★★★
28 물가에 대한 적절한 설명으로 모두 묶인 것은?

> 가. 인플레이션은 물가가 지속적으로 상승하는 현상으로, 경제 활동에서 발생하는 물가상승률이 일정 수준 이상인 현상을 말한다.
> 나. 인플레이션하에서는 부채의 실질가치가 증가하기 때문에 부채를 가지고 있는 사람에게 부담으로 작용한다.
> 다. 스태그플레이션은 물가가 상승하는 동시에 경제가 침체되는 현상을 의미한다.
> 라. 디플레이션은 일반적으로 경제활동에서 발생하는 물가상승률이 0% 이하로 떨어지는 것을 의미하는데, 경기침체와 함께 발생할 수 있으며, 다양한 원인으로 발생할 수 있다.

① 가, 다
② 나, 라
③ 가, 다, 라
④ 나, 다, 라
⑤ 가, 나, 다, 라

정답 I ③

해설 I 나. 디플레이션에 대한 설명이다. 화폐가치 하락은 부채의 가치도 떨어뜨리므로 부채를 가지고 있는 사람들은 유리해진다. 하지만, 인플레이션은 금리인상을 유발할 가능성이 높으므로 절대적으로 유리하다고 할 수는 없다.

★★★
29 디플레이션이 고객에게 미치는 영향에 대한 설명으로 가장 적절한 것은?

① 디플레이션하에서는 주가와 부동산 가격이 상승하게 된다.
② 디플레이션하에서는 현금이나 현금성 자산, 또는 안전한 채권에의 투자는 불리하다.
③ 디플레이션하에서는 부채의 실질가치가 증가하기 때문에 부채를 가지고 있는 사람에게 부담으로 작용한다.
④ 디플레이션으로 돈의 가치가 떨어지기 때문에 소비자들에게는 불리하다.
⑤ 생산자는 상품가격이 하락하므로 불리하다.

정답 I ③

해설 I ① 디플레이션하에서는 주가와 부동산 가격이 하락하게 된다.
② 디플레이션하에서는 현금이나 현금성 자산, 또는 안전한 채권에의 투자가 유리하다.
④ 디플레이션으로 돈의 가치가 올라가기 때문에 소비자들에게는 유리하다. 소비자는 동일 금액으로 디플레이션 이전과 비교하여 더 많은 상품 · 서비스를 구입할 수 있다.
⑤ 생산자는 상품가격이 하락하더라도 불리하지만은 않을 수 있다. 디플레이션은 임금과 원자재 가격도 하락시켜 기업의 생산비용도 낮아진다. 따라서 기업의 제품가격을 낮추어도 기업이윤이 반드시 감소하는 것은 아니다.

★★★
30 인플레이션이 고객에게 미치는 영향에 대한 적절한 설명으로 모두 묶인 것은?

가. 소득격차가 심해지고 빈익빈 부익부 현상이 일어난다. 나. 부동산, 금과 같은 실물자산 투자는 불리하며, 금융자산 마련을 위한 저축성향이 증가한다. 다. 인플레이션하에서는 부채의 실질가치가 증가하기 때문에 부채를 가지고 있는 사람에게 부담으로 작용한다. 라. 정부나 중앙은행은 일반적으로 인플레이션을 줄이기 위해 금리를 인상시키거나 적극적인 금융정책을 채택하나, 스태그플레이션의 경우 이러한 정책이 경제성장을 제한하고 실업을 높일 수 있으므로 정책에 대한 한계가 있다. 마. 물가상승이 예상되어 중앙은행이 기준금리를 올리면 기업은 투자를 늘리게 된다.

① 가, 다
② 가, 라
③ 나, 라
④ 나, 마
⑤ 다, 마

정답 | ②

해설 | 나. 화폐가치 하락은 현금이나 현금성 자산을 소유한 사람들에게 손해가 된다. 따라서 부동산, 금과 같은 실물자산 투자가 유리하다. 장기적으로 계속 화폐가치가 떨어지면 저축을 하는 경우 손해를 볼 수 있기 때문에 금융자산 마련을 위한 저축성향이 감소한다.

다. 화폐가치 하락은 부채의 가치도 떨어뜨리므로 부채를 가지고 있는 사람들은 유리해진다. 하지만, 인플레이션은 금리인상을 유발할 가능성이 높으므로 절대적으로 유리하다고 할 수는 없다.

마. 경기과열이나 물가상승이 예상되면 기준금리를 올리고 반대로 경기침체가 판단되면 기준금리를 낮춘다. 금리가 오르면 투자비용 증가로 인하여 기업은 투자를 줄이게 되고, 반대로 금리가 하락하면 투자를 늘린다.

★★★
31 금리(이자율)에 대한 설명으로 적절하지 않은 것은?

① 자금수요가 증가하면 금리가 올라가고, 반대로 자금공급이 증가하면 금리가 내려간다.
② 경기 호황기에는 자금수요가 감소하여 금리가 하락하게 된다.
③ 경기과열이나 물가상승이 예상되면 기준금리를 올리고 반대로 경기침체가 예상되면 기준금리를 낮춘다.
④ 금리의 변동성으로만 판단할 경우 CD금리는 시장의 움직임에 따라 변동 폭이 큰 반면, COFIX는 다양한 자금조달상품에 적용되는 금리를 가중평균해서 산출하기 때문에 변동 폭이 작다.
⑤ 금리 상승기에는 COFIX 잔액기준이나 고정금리가 유리할 수 있으나 하락기에는 COFIX 신규기준 금리가 유리할 수 있다.

정답 | ②

해설 | ② 경기 호황기에 기업들은 고용과 생산을 늘리고 시설 확충자금을 더 많이 필요로 하게 된다. 따라서 경기 호황기에는 자금수요가 증가하여 금리가 올라간다. 반대로 경기 불황기에는 투자기회가 줄어들어 자금수요가 감소하여 금리가 하락하게 된다.

★★★
32 다음과 같은 중앙은행의 결정이 시장경제에 미치는 영향으로 적절하지 **않은** 것은?

올해 물가상승률은 연 2.0%로 예상되고 있으며 글로벌 경기침체가 계속되는 가운데 중앙은행은 기준금리를 1.50%로 하향조정하는 결정을 내렸다.

① 금리가 하락하면 사람들은 소비를 늘리고 저축을 줄이게 된다.
② 금리의 하락은 가계의 소비지출 결정에 영향을 미쳐 금융회사로부터의 차입을 늘리게 만든다.
③ 금리가 하락하면 투자비용 감소로 인하여 기업은 투자를 늘리게 된다.
④ 투자자는 외국과의 금리차이을 보고 상대적으로 외국금리가 높으면 시중자금은 해외로 나갈 것이다.
⑤ 기준금리 하락으로 은행 정기예금 금리가 연 2%로 변동되었다면 정기예금 가입자의 실질금리는 0.5% 수준이 된다.

정답 | ⑤
해설 | ⑤ 실질금리 = 명목금리 − 물가상승률 = 2% − 2% = 0%

★★★
33 원화 가치 상승이 한국경제에 미치는 효과로 가장 적절한 것은?

① 원화표시 수입품 가격 상승과 외화표시 수출품 가격 하락
② 원화표시 수입품 가격 상승과 우리나라 제품 및 서비스에 대한 해외수요 감소
③ 수입품에 대한 수요 감소와 우리나라 제품 및 서비스에 대한 해외수요 증가
④ 외화표시 수출품 가격 하락과 원화표시 수입물가 하락
⑤ 원화표시 수입물가 하락과 국내 물가 하락

정답 | ⑤
해설 | 원화 가치 상승은 원화표시 수입품 가격을 하락시켜 수입품에 대한 수요를 증가시키고 외화표시 수출품 가격을 상승시켜 우리나라 제품 및 서비스에 대한 해외수요를 감소시킨다. 또한 원화 가치 상승으로 인한 원화표시 수입물가의 하락이 국내 물가를 직접적으로 하락시키는 요인으로 작용한다.

★★★
34 원화 가치 하락이 한국경제에 미치는 효과로 가장 적절한 것은?

① 수입품에 대한 수요 감소와 국내 물가 하락
② 외화표시 수출품 가격경쟁력 하락과 원화표시 수입물가 상승
③ 외화표시 수출품 가격경쟁력 상승과 원화표시 수입물가 하락
④ 우리나라 제품 및 서비스에 대한 해외수요 증가와 원화표시 수입물가 상승
⑤ 우리나라 제품 및 서비스에 대한 해외수요 증가와 원화표시 수입물가 하락

정답 | ④

해설 | 원화 가치 하락은 원화표시 수입품 가격을 상승시켜 수입품에 대한 수요를 감소시키고 외화표시 수출품 가격을 하락시켜 우리나라 제품 및 서비스에 대한 해외수요를 증가시킨다. 또한 원화 가치 하락으로 인한 원화표시 수입물가의 상승이 국내 물가를 직접적으로 상승시키는 요인으로 작용한다.

★★★

35 다음과 같은 중앙은행의 통화정책이 환율 경로에 미치는 파급효과로 가장 적절한 것은?

여타국의 금리가 변하지 않은 상태에서 중앙은행은 기준금리를 하향조정하는 결정을 내렸다.

① 국내 원화표시 자산의 수익률이 상대적으로 높아져 해외자본이 유입될 것이다.
② 원화를 사려고 하는 사람들이 많아져 원화 가치의 상승으로 이어진다.
③ 원화표시 수입품 가격을 하락시켜 수입품에 대한 수요를 증가시킨다.
④ 외화표시 수출품 가격을 상승시켜 우리나라 제품 및 서비스에 대한 해외수요를 감소시킨다.
⑤ 원화표시 수입물가의 상승이 국내 물가를 직접적으로 상승시키는 요인으로 작용한다.

정답 | ⑤

해설 | ① 여타국의 금리가 변하지 않은 상태에서 우리나라의 금리가 하락할 경우 국내 원화표시 자산의 수익률이 상대적으로 낮아져 해외자본이 유출될 것이다.
② 원화를 사려고 하는 사람들이 줄어든다는 의미이므로 원화 가치의 하락으로 이어진다.
③ 원화 가치 하락은 원화표시 수입품 가격을 상승시켜 수입품에 대한 수요를 감소시킨다.
④ 원화 가치 하락은 외화표시 수출품 가격을 하락시켜 우리나라 제품 및 서비스에 대한 해외수요를 증가시킨다.

★★★

36 다음과 같은 한국은행의 결정이 시장경제에 미치는 영향으로 가장 적절한 것은?

한국은행은 기준금리를 1.25%에서 1.50%로 상향조정하였다.

① 한국은행이 기준금리를 인상할 경우 시장금리는 하락압력을 받는다.
② 금리 상승은 가계의 소비를 증가시킨다.
③ 기준금리 상승은 외화 유출 가능성을 높인다.
④ 기준금리 인상은 기대인플레인션을 하락시키며, 이는 기업의 제품가격 및 임금근로자의 임금 결정에 영향을 미치기 때문에 결국 실제 물가상승률을 하락시키게 된다.
⑤ 물가상승률에 변화가 없다면 기준금리(명목금리) 상승은 실질금리를 하락시키는 요인이 된다.

정답 | ④

해설 | ① 한국은행이 기준금리를 인상할 경우 콜금리 등 단기시장금리는 즉시 상승하고 은행 예금 및 대출 금리도 대체로 상승하여 장기시장금리도 상승압력을 받는다.
② 금리 상승은 차입을 억제하고 저축을 늘리는 한편, 예금이자 수입 증가와 대출이자 지급 증가를 통해 가계의 소비를 감소시킨다.
③ 여타국의 금리가 변하지 않은 상태에서 우리나라의 금리가 상승할 경우 국내 원화표시 자산의 수익률이 상대적으로 높아져 해외자본이 유입될 것이다.
⑤ 실질금리 = 명목금리 − 물가상승률

★★★
37 경제 활성화를 위한 재정정책으로 모두 묶인 것은?

가. 재정지출 감소 방법	나. 재정지출 증가 방법
다. 세금 인상 방법	라. 세금 인하 방법
마. 재정흑자 정책	바. 재정적자 정책

① 가, 다, 마
② 가, 라, 바
③ 나, 다, 마
④ 나, 다, 바
⑤ 나, 라, 바

정답 | ⑤

해설 | 경제 활성화를 위한 재정정책은 다음과 같은 방법을 통해 이루어진다. 첫째, 재정지출 증가 방법으로 국가가 지출을 늘리거나 예산을 증가시켜 경제활동을 활성화한다. 둘째, 세금 인하 방법으로 국민의 소비활동을 활성화 시키며 경제 활성화를 추진한다. 셋째, 재정적자 정책으로 정부는 예산적자나 재정적자를 허용함으로써 경제에 자극을 줄 수 있다. 단, 이는 일시적으로는 경제에 활력을 줄 수 있지만, 장기적으로는 부채증가와 관련된 위험이 따른다. 넷째, 재원조달 정책으로 정부채 발행 조정, 중앙은행과의 협력 등을 통해 경제활성화를 도모한다.

★★★
38 경기침체가 판단될 경우 경제 활성화를 위한 정책으로 모두 묶인 것은?

가. 기준금리 인상	나. 지급준비율 인하
다. 재정흑자 정책	라. 중앙은행의 정부채 매입

① 가, 나
② 나, 다
③ 나, 라
④ 다, 라
⑤ 나, 다, 라

정답 | ③

해설 | 가. 기준금리 인하
다. 재정적자 정책

★★★
39 경기침체가 판단될 경우 경제 활성화를 위한 정책으로 모두 묶인 것은?

가. 지급준비율 인하	나. 재할인율 인상
다. 중앙은행이 공개시장에 국공채 매각	라. 재정적자 정책

① 가, 나
② 가, 라
③ 나, 다
④ 다, 라
⑤ 가, 다, 라

정답 | ②

해설 | 나. 재할인율 인하
다. 중앙은행이 공개시장에서 국공채 매입

★★★
40 재정정책의 영향으로 적절하지 않은 것은?

① 공공부문 재정활동은 정부와 민간부문 간 자원배분에 작용한다.
② 재정수지 특히 조세의 징수와 이전지출은 소득분배상태를 변화시킨다.
③ 재정수지는 물가수준의 단기변동과 사회 전체의 경제활동수준에 작용한다.
④ 정부지출은 일반적으로 민간지출을 자극할 뿐만 아니라, 그 자체가 총지출을 증가시켜 국민소득수준을 낮추는 효과가 있다.
⑤ 과세는 민간소비와 기업투자를 억제하여 소득수준을 감소시키는 효과가 있다.

정답 | ④

해설 | ④ 정부지출은 일반적으로 민간지출을 자극할 뿐만 아니라, 그 자체가 총지출을 증가시켜 국민 소득수준을 높이는 효과가 있다.

★★★
41 외부 경제환경에 대한 적절한 설명으로 모두 묶인 것은?

가. 비용견인 인플레이션은 시장에서 수요만큼 공급량이 받쳐주지 못하기 때문에 일어나는 인플레이션으로 시장에 유동성이 많아지면 소비가 늘어나는데 그만큼 재화 공급이 이루어지지 않을 경우 발생한다.
나. 인플레이션으로 인한 화폐가치 하락은 부채의 가치도 떨어뜨리므로 부채를 가지고 있는 사람들은 절대적으로 유리해진다.
다. 경기 호황기에 기업들은 고용과 생산을 늘리고 시설 확충자금을 더 많이 필요로 하게 되므로, 경기 호황기에는 자금수요가 증가하여 금리가 올라간다.
라. 금리가 오르면 기업은 투자를 늘리게 된다.

① 다
② 가, 나
③ 다, 라
④ 가, 나, 다
⑤ 나, 다, 라

정답 | ①

해설 | 가. 수요견인 인플레이션에 대한 설명이다. 생산원가가 오르면 상품 가격도 함께 올라 전반적인 물가가 오르게 되는 것을 비용견인 인플레이션이라고 한다. 예를 들면 수입하는 원유 가격이 오르면 석유 관련 제품가격은 모두 오르게 된다. 또한 밀 등의 국제농산물 가격이 오르면 밀을 주원료로 한 제품의 가격이 오르게 된다. 즉, 국제원자재시장의 교란은 대표적인 비용 인플레이션의 원인이다.
나. 화폐가치 하락은 부채의 가치도 떨어뜨리므로 부채를 가지고 있는 사람들은 유리해진다. 하지만, 인플레이션은 금리인상을 유발할 가능성이 높으므로 절대적으로 유리하다고 할 수는 없다.
라. 금리가 오르면 투자비용 증가로 인하여 기업은 투자를 줄이게 되고, 반대로 금리가 하락하면 투자를 늘린다.

★★★
42 외부 경제환경에 대한 적절한 설명으로 모두 묶인 것은?

가. 인플레이션은 현금이나 현금성 자산을 소유한 사람들에게 손해가 되므로, 부동산, 금과 같은 실물자산 투자가 유리하다.
나. 금리가 하락하면 투자비용 감소로 인하여 기업은 투자를 늘리게 된다.
다. GDP가 기준치인 0에서 6분기 연속 또는 최소 18개월 동안 실질 기준치가 감소한 경우를 경기침체라고 한다.
라. 금리가 상승할 경우 은행대출을 통해 자금을 조달하는 기업의 투자는 물론 대출자금을 활용한 가계의 소비도 위축시킨다.
마. 환율 상승은 원화표시 수입품 가격을 하락시켜 수입품에 대한 수요를 증가시키고 외화표시 수출품 가격을 상승시켜 우리나라 제품 및 서비스에 대한 해외수요를 감소시킨다.

① 가, 나, 라
② 가, 다, 라
③ 가, 다, 마
④ 나, 다, 마
⑤ 나, 라, 마

정답 | ①
해설 | 다. 불황에 대한 설명이다. 경기침체는 GDP가 기준치인 0에서 2분기 연속 또는 최소 6개월 동안 실질 기준치가 감소했을 때 발생한다.
마. 원화 가치 상승(환율 하락)은 원화표시 수입품 가격을 하락시켜 수입품에 대한 수요를 증가시키고 외화표시 수출품 가격을 상승시켜 우리나라 제품 및 서비스에 대한 해외수요를 감소시킨다.

★★★
43 외부 경제환경에 대한 적절한 설명으로 모두 묶인 것은?

가. 인플레이션하에서는 현금이나 현금성 자산, 또는 안전한 채권에의 투자가 유리하며, 부채의 실질가치가 증가하기 때문에 부채를 가지고 있는 사람에게 부담으로 작용한다.
나. 중앙은행이 통화량을 조절하는 방법에는 지급준비율, 재할인율, 공개시장조작 등이 있다.
다. 금리 상승으로 인한 소비, 투자, 수출 등 총수요의 감소는 물가상승 압력으로 작용하는데, 특히 환율경로에서는 원화 가치 하락으로 인한 원화표시 수입물가의 상승이 국내 물가를 직접적으로 상승시키는 요인으로 작용한다.
라. 기준금리 인상은 한국은행이 물가상승률을 낮추기 위한 조치를 취한다는 의미로 해석되어 기대인플레이션을 하락시키며, 이는 기업의 제품가격 및 임금근로자의 임금 결정에 영향을 미치기 때문에 결국 실제 물가상승률을 하락시키게 된다.

① 가, 나
② 나, 다
③ 나, 라
④ 나, 다, 라
⑤ 가, 나, 다, 라

정답 | ③

해설 | 가. 디플레이션에 대한 설명이다. 인플레이션은 화폐의 구매력을 약화시키거나 감소시킨다. 화폐가치 하락은 현금이나 현금성 자산을 소유한 사람들에게 손해가 된다. 따라서 부동산, 금과 같은 실물자산 투자가 유리하다. 화폐가치 하락은 부채의 가치도 떨어뜨리므로 부채를 가지고 있는 사람들은 유리해진다. 하지만, 인플레이션은 금리인상을 유발할 가능성이 높으므로 절대적으로 유리하다고 할 수는 없다.

다. 금리 상승으로 인한 소비, 투자, 수출 등 총수요의 감소는 물가하락 압력으로 작용한다. 특히 환율경로에서는 원화 가치 상승으로 인한 원화표시 수입물가의 하락이 국내 물가를 직접적으로 하락시키는 요인으로 작용한다.

CHAPTER

03 화폐의 시간가치

출제 비중 : 27~40% / 4~6문항

학습가이드 ■ ■

학습 목표	학습 중요도
Tip 계산 문제 중심으로 학습 필요 Tip TVM 계산은 사례형 문항에서 비중 있게 다루어지므로 이에 대비한 완벽한 학습 필요	
1. 화폐의 시간가치 개념을 알고 재무설계에 활용할 수 있다.	★★★

··· TOPIC 1 TVM 기초

★★★

01 다음의 각 상황에서 적용할 화폐의 시간가치 계산 유형이 적절하게 연결된 것은?

> 가. 5년 전 투자한 거치식 펀드의 현재 평가액이 30,000천원일 때의 투자원금
> 나. 현재 1,000천원인 물건을 5년 후에 구매할 때 필요한 금액
> 다. 매월 소득의 10%(소득 변동 없음)를 10년 동안 투자할 경우 모을 수 있는 금액

	가	나	다
①	일시금의 미래가치	일시금의 현재가치	정기적 현금흐름의 미래가치
②	일시금의 미래가치	정기적 현금흐름의 미래가치	정기적 현금흐름의 현재가치
③	일시금의 현재가치	일시금의 미래가치	정기적 현금흐름의 현재가치
④	일시금의 현재가치	일시금의 미래가치	정기적 현금흐름의 미래가치
⑤	일시금의 현재가치	정기적 현금흐름의 미래가치	일시금의 미래가치

정답 | ④

해설 | 가. 현재 일시금 30,000천원에 대한 5년 전 PV값 = 일시금의 현재가치
나. 현재 일시금 1,000천원에 대한 5년 후 FV값 = 일시금의 미래가치
다. 정기적 현금(소득의 10%)의 10년 후 FV값 = 정기적 현금흐름의 미래가치

★★★

02 **유인숙씨는 이민을 가기 전 부모님을 위하여 토마토보험에서 출시한 매년 초 25,000천원을 지급하는 일시납 즉시연금상품에 가입하려고 한다. 이 연금상품의 금리가 연 5%일 경우 유인숙씨가 이 연금상품에 가입하기 위해서 현재 필요한 일시금이 얼마인지 적절한 것을 고르시오. (단, 상품 관련 수수료 등 제비용은 없다고 가정한다.)**

① 495,000천원
② 500,000천원
③ 525,000천원
④ 550,000천원
⑤ 600,000천원

정답 | ③

해설 |
- 일반적인 방법 : $\frac{25,000}{0.05} + 25,000 = 525,000$천원
- TVM 방법 : PMT(B) : 25,000, N : 9999, I/Y : 5, PV? 525,000천원

★★★

03 **수익률에 대한 설명으로 적절하지 않은 것은?**

① 명목금리–외부로 표현되는 금리
② 실질금리–명목금리에 물가상승률을 반영한 금리
③ 연평균금리–금융회사가 금융상품에 대한 이자율을 고시할 때 사용하는 전통적인 방법으로 복리효과가 감안되어 있다.
④ 반기마다 5%의 이자를 지급하는 정기예금의 연평균금리는 10%가 된다.
⑤ 실효금리–복리적용횟수가 반영하여 실제 발생한 이자율로, 1년 안에 있는 기간을 n번만큼 복리로 이자를 부리하면 실효금리를 구할 수 있다.

정답 | ③

해설 | ③ 연평균금리(APR ; Annual Percentage Rate)는 금융회사가 금융상품에 대한 이자율을 고시할 때 사용하는 전통적인 방법으로 복리효과가 감안되어 있지 않다.

★★★

04 **다음의 명목금리를 연 단위 실효금리로 비교하였을 때, 금리가 가장 높은 것부터 낮은 순서로 나열한 것은?**

가. 연 6.00% 연복리 나. 연 5.90% 월복리 다. 연 5.95% 분기복리

① 가 > 나 > 다
② 가 > 다 > 나
③ 나 > 가 > 다
④ 나 > 다 > 가
⑤ 다 > 나 > 가

정답 | ⑤

해설 | 가. 연 6.0% 연복리

나. ICONV, NOM : 5.9, C/Y : 12, EFF? 연 6.0622% 연복리

다. ICONV, NOM : 5.95, C/Y : 4, EFF? 연 6.0841% 연복리

★★★

05 아이유씨가 올해 말 8,000천원을 시작으로 매년 말 4%씩 투자액을 증가시켜 7년간 투자할 경우 7년 후 원리금 합계 금액으로 가장 적절한 것은?(단, 투자 상품의 수익률은 연 6%이며, 세금 등 기타 비용은 없다고 가정한다.)

① 57,054천원
② 65,707천원
③ 75,079천원
④ 78,082천원
⑤ 79,584천원

정답 | ③

해설 | • 증액 저축액의 현재가치

PMT(E) : 8,000÷1.04=7,692, N : 7, I/Y : (6−4)÷1.04=1.9231, PV? 49,932천원

• 일시금의 7년 후 미래가치 : $49,932 \times 1.06^{7} = 75,079$천원

★★★

06 정명석씨가 올해 말 2,000천원을 시작으로 매년 말 5%씩 투자액을 증가시켜 10년간 투자할 경우 10년 후 원리금 합계 금액으로 가장 적절한 것은?(단, 투자 상품의 수익률은 연 8%이며, 세금 등 기타 비용은 없다고 가정한다.)

① 29,335천원
② 31,335천원
③ 33,335천원
④ 35,335천원
⑤ 37,335천원

정답 | ④

해설 | • 증액 저축액의 현재가치

PMT(E) : 2,000÷1.05=1,905, N : 10, I/Y : (8−5)÷1.05=2.8571, PV? 16,367천원

• 일시금의 10년 후 미래가치 : $16,367 \times 1.08^{10} = 35,335$천원

★★★
07 **토마토은행에 정기예금을 가입한 차범근씨는 42,304천원을 5년 동안 예치할 예정이다. 정기예금의 기대수익률이 연 7% 연복리로 분기에 한 번씩 이자가 부리될 경우 5년 후 차범근씨가 수령할 수 있는 금액으로 가장 적절한 것은?**

① 59,334천원
② 59,851천원
③ 59,998천원
④ 60,103천원
⑤ 60,400천원

정답 I ①

해설 I **〈연 7%의 분기이율(이율전환)〉**

- ICONV, EFF : 7, C/Y : 4, NOM? 연 6.8234% 분기복리÷4=분기 1.7059%
- PV : 42,304, N : 5×4=20, I/Y : 1.7059, FV? 59,334천원

★★★
08 **대기업에 근무하는 신찬용씨는 지금부터 10년 뒤 직장 퇴직 후의 사업자금을 마련하기 위해 매년 말 50,000천원씩 5년간 투자한 후 그 자금을 5년간 예치하여 사업자금을 준비하려고 한다. 사업을 위해 필요한 자금은 현재 물가기준으로 300,000천원이다. 신찬용씨가 10년 뒤 사업자금을 충당하기 위해 투자할 금융상품의 세후투자수익률로 적절한 것을 고르시오.(단, 사업자금은 매년 3%씩 증가한다고 가정한다.)**

① 6.11%
② 7.00%
③ 7.05%
④ 7.25%
⑤ 7.50%

정답 I ②

해설 I CF0 : 0, C01 : −50,000, F01 : 5, C02 : 0, F02 : 4, C03 : 300,000×1.03^{10}=403,175, F03 : 1, IRR? 6.9959%

▪▪▪ TOPIC 2 TVM의 재무설계 활용 사례

★★★

09 자녀의 교육에 대한 관심이 지대한 강형수씨는 담당 재무설계사를 찾아와 다음과 같이 문의하였다. 자녀 강애심의 연령이 10세이고, 19세부터 4년간 대학교 교육비로 매년 초 현재 물가기준 8,000천원, 그 후 2년간 외국 대학원 유학자금으로 매년 초 현재 물가기준 12,000천원이 필요하다면 지금 준비해야 할 교육자금은 얼마인지 적절한 것을 고르시오.(단, 교육비 상승률은 연 4%, 유학자금상승률은 연 5%, 세후투자수익률은 연7%이다.)

① 42,355천원 ② 50,098천원
③ 52,567천원 ④ 53,238천원
⑤ 54,234천원

정답 I ①

해설 I • 대학교 교육비 마련을 위해 필요한 오늘 일시금
CF0 : 0, C01 : 0, F01 : 8, C02 : 8,000, F02 : 4, I : (7－4)÷1.04＝2.8846, NPV? 23,751천원
• 유학자금 마련을 위해 필요한 오늘 일시금
CF0 : 0, C01 : 0, F01 : 12, C02 : 12,000, F02 : 2, I : (7－5)÷1.05＝1.9048, NPV? 18,604천원
23,751＋18,604＝42,355천원

★★★

10 최나리씨는 결혼에 필요한 자금을 마련하기 위해 자금계획을 세우고 있다. 예상하는 결혼비용은 현재 물가기준으로 80,000천원이며 지금부터 5년 후 결혼하려고 한다. 결혼자금을 마련하기 위해 적립식펀드에 지금부터 5년간 매월 말 정액 투자할 경우 얼마씩 투자해야 하는지 고르시오.(단, 물가상승률은 연 4%, 적립식펀드의 세후투자수익률은 연 6%이다.)

① 1,320~1,330천원
② 1,380~1,390천원
③ 1,400~1,410천원
④ 1,450~1,460천원
⑤ 1,490~1,500천원

정답 I ③

해설 I • 결혼자금 마련을 위해 필요한 오늘 일시금
FV : 80,000, N : 5, I/Y : (6－4)÷1.04＝1.9231, PV? 72,732천원
• 연 6%의 월이율(이율전환)
ICONV, EFF : 6, C/Y : 12, NOM? 연 5.8411% 월복리÷12＝월 0.4868%
• 매월 말 정액 저축액
PV : 72,732, N : 5×12＝60, I/Y : 0.4868, PMT(E)? 1,401천원

★★★

11 **이소라씨는 결혼에 필요한 자금을 마련하기 위해 자금계획을 세우고 있다. 예상하는 결혼비용은 현재 물가기준으로 95,000천원이며 지금부터 5년 후 결혼하려고 한다. 결혼자금을 마련하기 위해 적립식펀드에 지금부터 5년간 매월 초 정액 투자할 경우 얼마씩 투자해야 하는지 고르시오.(단, 물가상승률은 연 4.7%, 적립식펀드의 세후투자수익률은 연 6.5%이다.)**

① 1,660~1,664천원

② 1,670~1,674천원

③ 1,687~1,691천원

④ 1,695~1,699천원

⑤ 1,700~1,704천원

정답 I ③

해설 I • 결혼자금 마련을 위해 필요한 오늘 일시금

FV : 95,000, N : 5, I/Y : (6.5 − 4.7)÷1.047 = 1.7192, PV? 87,239천원

• 연 6.5%의 월이율(이율전환)

ICONV, EFF : 6.5, C/Y : 12, NOM? 연 6.314% 월복리÷12 = 월 0.5262%

• 매월 초 정액저축액

PV : 87,239, N : 5×12 = 60, I/Y : 0.5262, PMT(B)? 1,690천원

★★★

12 **퇴직 후에 커피전문점을 오픈하려고 하는 신찬용씨는 5년 뒤 사업을 위해 5년 뒤 물가기준으로 2억원의 자금이 필요한 것으로 예상하고 있다. 이 자금을 마련하기 위해 올해 말부터 시작해서 매년 4%씩 증액 저축한다면 올해 말 얼마부터 시작하여 투자해야 하는지 적절한 것을 고르시오.(단, 투자수익률은 연 7%로 가정한다.)**

① 30,164천원 ② 31,034천원

③ 32,276천원 ④ 37,758천원

⑤ 39,268천원

정답 I ③

해설 I • 2억원을 마련하기 위해 필요한 오늘 일시금

$200{,}000 \div 1.07^5 = 142{,}597$천원

• 올해 말 증액저축액

PV : 142,597, N : 5, I/Y : (7 − 4)÷1.04 = 2.8846, PMT(E)? 31,034×1.04 = 32,276천원

★★★
13 퇴직 후 카페를 개업하려고 하는 홍지윤씨는 5년 뒤 카페 개업을 위해 현재 물가기준으로 3억원의 자금이 필요할 것으로 예상하고 있다. 이 자금을 마련하기 위해 올해 말부터 시작해서 매년 물가상승률만큼씩 증액 저축한다면 올해 말 얼마부터 시작하여 투자해야 하는지 적절한 것을 고르시오.(단, 투자수익률은 연 5%, 물가상승률은 연 3%로 가정한다.)

① 49,785천원
② 51,279천원
③ 56,615천원
④ 57,715천원
⑤ 59,446천원

정답 | ⑤
해설 | • 5년 후 카페 개업을 위해 필요한 오늘 일시금
FV : 300,000, N : 5, I/Y : (5 − 3) ÷ 1.03 = 1.9417, PV? 272,496천원
• 올해 말 증액저축액
PV : 272,496, N : 5, I/Y : (5 − 3) ÷ 1.03 = 1.9417, PMT(E)? 57,715 × 1.03 = 59,446천원

★★★
14 김수빈씨는 결혼에 필요한 자금을 마련하기 위해 자금계획을 세우고 있다. 예상하는 결혼비용은 현재 물가기준으로 80,000천원이며 지금부터 8년 후 결혼하려고 한다. 결혼자금을 마련하기 위해 올해 말부터 시작해서 매년 3%씩 증액 저축한다면 올해 말 얼마부터 시작하여 투자해야 하는지 적절한 것을 고르시오.(단, 물가상승률은 연 4%, 투자수익률은 연 7%이다.)

① 9,033천원
② 9,225천원
③ 9,395천원
④ 9,419천원
⑤ 9,702천원

정답 | ⑤
해설 | • 결혼자금 마련을 위해 필요한 오늘 일시금
FV : 80,000, N : 8, I/Y : (7 − 4) ÷ 1.04 = 2.8846, PV? 63,722천원
• 올해 말 증액 저축액
PV : 63,722, N : 8, I/Y : (7 − 3) ÷ 1.03 = 3.8835, PMT(E)? 9,419 × 1.03 = 9,702천원

★★★
15 **퇴직 후에 카페를 개업하려고 하는 김지현씨는 7년 뒤 카페 개업을 위해 현재 물가기준 2억원의 자금이 필요할 것으로 예상하고 있다. 이 자금을 마련하기 위해 올해 말부터 시작해서 매년 4%씩 증액 저축한다면 올해 말 얼마부터 시작하여 투자해야 하는지 적절한 것을 고르시오.(단, 물가상승률은 연 3%, 투자수익률은 연 7%로 가정한다.)**

① 23,790~23,800천원
② 24,470~24,480천원
③ 24,740~24,750천원
④ 25,450~25,460천원
⑤ 26,050~26,060천원

정답 | ④
해설 | • 7년 후 카페 개업을 위해 필요한 오늘 일시금
FV : 200,000, N : 7, I/Y : (7－3)÷1.03＝3.8835, PV? 153,181천원
• 올해 말 증액저축액
PV : 153,181, N : 7, I/Y : (7－4)÷1.04＝2.8846, PMT(E)? 24,480×1.04＝25,459천원

★★★
16 **퇴직 후에 사업을 하려고 하는 조아라씨는 5년 뒤 사업을 위해 현재 물가기준으로 5억원의 자금이 필요할 것으로 예상하고 있다. 이 자금을 마련하기 위해 올해 말부터 시작해서 매년 연봉상승률만큼 증액 저축한다면 올해 말 얼마부터 시작하여 투자해야 하는지 적절한 것을 고르시오. (단, 물가상승률은 연 4%, 연봉상승률은 5% 투자수익률은 연 6%로 가정한다.)**

① 92,647천원
② 93,529천원
③ 95,002천원
④ 98,206천원
⑤ 107,915천원

정답 | ④
해설 | • 5년 후 현재 물가기준 5억원을 마련하기 위해 필요한 오늘 일시금
FV : 500,000, N : 5, I/Y : (6－4)÷1.04＝1.9231, PV? 454,577천원
• 올해 말 증액저축액
PV : 454,577, N : 5, I/Y : (6－5)÷1.05＝0.9524, PMT(E)? 93,529×1.05＝98,206천원

★★★

17 노찌롱씨는 토마토은행에서 주택담보대출 2억원을 받았다. 연 6.5% 월복리로 매월 말 원리금균등분할상환 조건, 대출기간은 20년 만기이다. 대출을 받고 7년이 지난 후 대출원금 상환액만큼 추가대출이 가능하다면 노찌롱씨가 추가로 대출받을 수 있는 금액으로 가장 적절한 것은?

① 41,546천원 ② 43,234천원
③ 45,486천원 ④ 46,904천원
⑤ 47,045천원

정답 | ②

해설 | • PV : 200,000, N : 20×12=240, I/Y : 6.5÷12=0.5417, PMT(E)? 1,491천원
• AMORT, P1 : 1, P2 : 7×12=84, BAL? 156,766천원, PRN? −43,234천원, INT? −82,023천원

★★★

18 토마토은행에서 만기 20년에 연 5% 월복리, 매월 말 원리금균등분할상환 조건으로 1억원을 대출받은 김보라씨는 대출을 5년간 갚았다. 5년 동안 갚은 이자로 가장 적절한 것은?

① 22,540~22,550천원
② 23,050~23,060천원
③ 25,120~25,130천원
④ 39,430~39,440천원
⑤ 39,590~39,600천원

정답 | ②

해설 | • PV : 100,000, N : 20×12=240, I/Y : 5÷12=0.4167, PMT(E)? 660천원
• AMORT, P1 : 1, P2 : 5×12=60, BAL? 83,455천원, PRN? −16,545천원, INT? −23,052천원

★★★

19 토마토은행에서 만기 20년에 연 6% 연복리, 매월 말 원리금균등분할상환 조건으로 150,000천원을 대출받은 김경호씨는 대출을 10년간 갚았다. 10년 동안 갚은 이자는 얼마인지 적절한 것을 고르시오.

① 72,480~72,490천원 ② 73,440~73,450천원
③ 73,560~73,570천원 ④ 74,630~74,640천원
⑤ 75,750~75,760천원

정답 | ③

해설 | • ICONV, EFF : 6, C/Y : 12, NOM? 연 5.8411% 월복리÷12=월 0.4868%
• PV : 150,000, N : 20×12=240, I/Y : 0.4868, PMT(E)? 1,061천원
• AMORT, P1 : 1, P2 : 120, BAL? 96,253천원, PRN? −53,747천원, INT? −73,565천원

★★★

20 **김현호씨는 150,000천원을 20년 만기로 대출받으려 한다. 현재 이율이 연 6.5% 월복리 일 때, 3년 후 만기일시상환과 매월 말 원리금균등분할상환 방식의 총 이자 납입액 차이로 가장 적절한 것은?**

① 274천원 ② 813천원

③ 1,111천원 ④ 1,118천원

⑤ 1,998천원

정답 I ③

해설 I • 만기일시상환방식

150,000×0.065×3=29,250천원

• 매월 말 원리금균등분할상환방식

PV : 150,000, N : 20×12=240, I/Y : 6.5÷12=0.5417, PMT(E)? −1,118천원

AMORT, P1 : 1, P2 : 36, BAL? 137,878천원, PRN? −12,122천원, INT? −28,139천원

• 총 이자납입액의 차이 : 29,250−28,139=1,111천원

★★★

21 **유지원씨는 모기지대출 100,000천원, 대출기간 10년, 대출이율 연 5% 월복리 조건으로 대출을 받으려고 한다. 대출금상환방식은 매월 말 원리금균등분할상환 조건(A안)과 만기일시상환 조건(B안)을 비교해보고 총 이자상환액의 차이는 얼마인지 적절한 것을 고르시오.**

① A안이 B안보다 22,261천원 작다.

② A안이 B안보다 22,721천원 작다.

③ A안이 B안보다 22,721천원 크다.

④ A안이 B안보다 22,261천원 크다.

⑤ 차이가 없다.

정답 I ②

해설 I • A안

– PV : 100,000, N : 10×12=120, I/Y : 5÷12=0.4167, PMT(E)? 1,061천원

– AMORT, P1 : 1, P2 : 120, INT? 27,279천원

• B안

– 100,000×0.05×10년=50,000천원

– 이자상환액의 차이=50,000−27,279=22,721천원

★★★
22 빌딩 구매에 900,000천원을 투자할 때 1차년도 −200,000천원, 2차년도 150,000천원, 3차년도 200,000천원, 4차년도 100,000천원, 5차년도 150,000천원의 현금흐름이 발생하게 되고, 현금유출은 연 11%로 조달하고 현금유입은 연 7%로 부리된다. 5년 후 이 빌딩을 1,350,000천원에 매각할 때의 수정 IRR은 얼마인지 적절한 것을 고르시오.(단, 세금 및 일체의 비용은 없는 것으로 가정한다.)

① 11.23%
② 12.57%
③ 13.33%
④ 14.72%
⑤ 15.13%

정답 I ③

해설 I • 현금유출의 현가
CF0 : −900,000, C01 : −200,000, F01 : 1, I : 11, NPV? −1,080,180천원
• 현금유입의 종가
CF0 : 0, C01 : 0, F01 : 1, C02 : 150,000, F02 : 1, C03 : 200,000, F03 : 1, C04 : 100,000, F04 : 1, C05 : 150,000+1,350,000=1,500,000, F05 : 1, I : 7, NPV? 1,440,044×1.07^5=2,019,736천원
• 수정 IRR
FV : 2,019,736, N5, PV : −1,080,180, I/Y? 13.3339%

★★★
23 정민선씨는 빌딩 구매에 1,200,000천원을 투자할 때 1차년도 말 −90,000천원, 2~3차년도 말에는 110,000천원, 4~5차년도 말에는 140,000천원의 현금흐름이 발생하게 되고, 현금유출은 연 12%로 조달하고 현금유입은 연 8%로 부리된다. 정민선씨가 5년 후 이 빌딩을 1,800,000천원에 매각할 때의 수정 IRR은 얼마인지 적절한 것을 고르시오.(단, 세금 및 일체의 비용은 없는 것으로 가정한다.)

① 11.06%
② 11.43%
③ 12.83%
④ 12.99%
⑤ 13.42%

정답 I ④

해설 I • 현금유출의 현가
CF0 : −1,200,000, C01 : −90,000, F01 : 1, I : 12, NPV? −1,280,357천원
• 현금유입의 종가
CF0 : 0, C01 : 0, F01 : 1, C02 : 110,000, F02 : 2, C03 : 140,000, F03 : 1, C04 : 140,000+1,800,000 =1,940,000, F04 : 1, I : 8, NPV? 1,604,864×1.08^5=2,358,072천원
• 수정 IRR
FV : 2,358,072, N : 5, PV : −1,280,357 I/Y? 12.9914%

★★★

24 신찬용씨는 상가건물을 매입하여 5년간 운영하고 나서 매각할 예정이다. 매입가는 1,200,000천원이며 5년 후 매도가는 1,700,000천원으로 예상된다. 이 기간 동안 현금유입은 연 6%로 투자되고, 현금유출은 연 11%의 이자비용이 지출된다. 5년간 매년 말 현금유출입(매도가 제외) 금액이 －400,000천원, 200,000천원, 250,000천원, 200,000천원, 300,000천원일 경우 상가건물 투자에 대한 수정내부수익률은 얼마인지 고르시오.(단, 상기는 모두 세후이다.)

① 5.51%
② 11.04%
③ 11.60%
④ 11.84%
⑤ 14.48%

정답 I ④

해설 I • 현금유출의 현가

CF0 : －1,200,000, C01 : －400,000, F01 : 1, I : 11, NPV? －1,560,360천원

• 현금유입의 종가

CF0 : 0, C01 : 0, F01 : 1, C02 : 200,000, F02 : 1, C03 : 250,000, F03 : 1, C04 : 200,000, F04 : 1, C05 : 300,000＋1,700,000＝2,000,000, F05 : 1, I : 6, NPV? 2,040,839 $\times$ 1.06^5 ＝2,731,103천원

• 수정 IRR

FV : 2,731,103, N : 5, PV : －1,560,360, I/Y? 11.8466%

CHAPTER

04 종합재무설계 프로세스

출제 비중 : 20~33% / 3~5문항

학습가이드

학습 목표	학습 중요도
Tip 프로세스 각 단계별 내용과 순서에 대한 학습 필요 Tip 고객의 재무상태표와 현금흐름표를 작성하는 문제에 대비한 학습 필요 Tip 재무비율의 정의뿐만 아니라 고객 사례에 대한 재무비율 수치를 계산하는 계산형 문제에 대비한 학습 필요	
1. 재무설계 프로세스와 단계별 업무수행 내용을 알고 실행할 수 있다.	★★★

TOPIC 1 1단계 : 고객과의 관계 정립

★★★

01 다음 내용을 재무설계 프로세스 순서대로 나열한 것은?

가. 고객의 장단기 목표를 파악한다.
나. 상품이나 서비스를 선별하고 투자 방법 및 시점 등을 결정한다.
다. 고객의 자산, 부채, 소득 및 지출 등을 분석한다.
라. 경제 및 금융 환경의 변화, 고객의 신상 변동 사항 등에 대하여 점검한다.
마. 고객에게 재무설계사의 역할을 설명한다.
바. 재무설계 제안서를 제시한다.

① 가 – 마 – 다 – 바 – 나 – 라
② 가 – 마 – 바 – 다 – 나 – 라
③ 라 – 가 – 마 – 다 – 바 – 나
④ 마 – 가 – 다 – 바 – 나 – 라
⑤ 마 – 가 – 바 – 다 – 라 – 나

정답 | ④

해설 | 마. 1단계 : 고객과의 관계 정립
가. 2단계 : 고객 관련 정보의 수집
다. 3단계 : 고객 재무상태 분석 및 평가
바. 4단계 : 재무설계 제안서 작성 및 제시
나. 5단계 : 재무설계 제안서 실행
라. 6단계 : 고객 상황 모니터링과 성과평가

★★★

02 다음 상담 내용을 토대로 재무설계 프로세스 6단계가 순서대로 나열된 것은?

가. 설정하신 목표를 이루기 위해서는 주식 70%, 채권 30%로 구성된 포트폴리오를 추천합니다.
나. 다른 고객님께서도 재무설계를 통해 인생의 목표를 차근차근 준비해 나가고 계십니다.
다. 투자상품의 성과를 점검한 결과 금융시장 악화로 재무설계 제안서의 목표치에 다소 미달하는 것으로 나타났습니다.
라. 고객님의 보험가입사항을 파악하기 위해 가입하고 있는 보험증권을 받아볼 수 있을까요?
마. 현금성 자산의 금액이나 운용방법, 저축성 자산의 만기나 예상환급금, 퇴직연금 등 기타자산의 규모 등을 파악한 결과 고객님의 재무목표에 부합하는 것으로 나타났습니다.
바. 고객님 성향에 맞는 최적의 펀드를 선정하기 위해서 관련 분야 전문가와 상담한 결과 A회사의 주식형 펀드가 가장 적합한 것으로 판단됩니다.

① 나 – 가 – 라 – 마 – 바 – 다
② 나 – 라 – 마 – 가 – 바 – 다
③ 다 – 나 – 라 – 마 – 가 – 바
④ 라 – 나 – 마 – 가 – 바 – 다
⑤ 라 – 마 – 가 – 다 – 나 – 바

정답 | ②

해설 | 나. 1단계 : 고객과의 관계 정립
라. 2단계 : 고객 관련 정보의 수집
마. 3단계 : 고객 재무상태 분석 및 평가
가. 4단계 : 재무설계 제안서 작성 및 제시
바. 5단계 : 재무설계 제안서 실행
다. 6단계 : 고객 상황 모니터링과 성과평가

★★★

03 업무수행범위를 합의한 업무수행 계약서에 포함해야 하는 사항으로 모두 묶인 것은?

가. 포함되는 서비스와 포함되지 않는 서비스의 구분
나. 재무설계 업무의 보수에 관한 사항
다. 계약당사자와 계약기간
라. 발생 가능한 이해상충 사항
마. 계약 해지 및 종료에 대한 사항

① 가, 다, 마
② 나, 다, 라
③ 가, 나, 라, 마
④ 가, 다, 라, 마
⑤ 가, 나, 다, 라, 마

정답 | ⑤

해설 | 업무수행범위를 합의한 업무수행 계약서에는 다음과 같은 사항을 포함한다.

> • 자격인증자와 고객의 역할과 책임
> • 포함되는 서비스와 포함되지 않는 서비스의 구분
> • 재무설계 업무의 보수에 관한 사항(Compensation Arrangement)
> • 고객 정보의 비밀 유지에 대한 확약
> • 계약당사자와 계약기간
> • 고객 불만 해결에 대한 사항
> • 발생 가능한 이해상충 사항
> • 계약 해지 및 종료에 대한 사항

★★★

04 자격인증자가 1단계 프로세스에서 수행해야 할 업무에 대한 설명으로 적절하지 않은 것은?

① 자격인증자는 자신의 경력, 보유자격증, 특별히 자신 있는 서비스 분야 등을 고객에게 밝히도록 하는데, 이런 내용도 가급적 문서로 작성하여 제시하는 것이 고객에게 전문가로서의 이미지를 심어주는 데 도움이 된다.

② 자격인증자는 재무설계가 1단계에서 6단계까지의 프로세스를 준수하여 이루어짐을 알리고 프로세스의 중요성과 각 단계별 업무수행과정을 고객에게 설명해야 하며, 재무설계 프로세스 자체의 이익과 한계에 대해서도 고객에게 설명해야 한다.

③ 자격인증자는 고객에게 자료수집이 왜 중요하고, 어떻게 자료수집을 하며 어떤 서류를 재무설계사에게 제출해야 하는지 고객에게 자세히 설명해야 한다.

④ 자격인증자는 본인이 제공할 수 있는 서비스에 대해 정확히 알려야 함과 동시에, 제공할 수 없는 서비스에 대해 밝히는 것도 중요한데, 이것은 고객의 니즈와 기대치를 얼마나 잘 충족시킬 수 있는지를 결정하는 데 도움이 될 것이다.

⑤ 업무수행범위를 합의한 업무수행 계약서에는 고객에게 제공할 서비스의 범위, 고객과 재무설계사와의 역할과 책임 한계, 보수 내역 등을 포함하되, 고객 불만 등이 발생 가능한 이해상충 상황을 포함하지 않도록 주의해야 한다.

정답 | ⑤

해설 | 업무수행범위를 합의한 업무수행 계약서에는 다음과 같은 사항을 포함한다.

> • 자격인증자와 고객의 역할과 책임
> • 포함되는 서비스와 포함되지 않는 서비스의 구분
> • 재무설계 업무의 보수에 관한 사항(Compensation Arrangement)
> • 고객 정보의 비밀 유지에 대한 확약
> • 계약당사자와 계약기간
> • 고객 불만 해결에 대한 사항
> • 발생 가능한 이해상충 사항
> • 계약 해지 및 종료에 대한 사항

★★★

05 **자격인증자가 1단계 프로세스에서 수행해야 할 업무에 대한 설명으로 적절하지 않은 것은?**

① 재무설계는 단순한 투자상담 혹은 상품판매가 목적이 아님을 고객에게 확실히 이해시키고, 재무관리의 기본 개념을 설명함으로써 다른 투자 전문가나 보험설계사의 역할과 어떻게 다른지 고객에게 인식시킨다.

② 자신의 경력, 보유자격증, 특별히 자신 있는 서비스 분야 등을 고객에게 밝힌다.

③ 종합재무설계가 원활하게 이루어지려면 고객의 심층정보가 필수적이므로, 자료수집의 중요성을 설명한다.

④ 고객과의 관계 정립을 좀 더 명확하게 하기 위해 업무수행 계약서를 작성하여 고객에게 제시하고 고객의 동의를 구한다.

⑤ 고객으로 하여금 막연하게 느끼는 인생목표를 구체화하여 재무목표 달성 의욕을 고취시키고, 현금흐름 관리의 필요성을 느끼게 하며, 저축 여력의 집행을 결심하게 한다.

정답 | ⑤

해설 | ⑤ 재무목표 구체화(설정)는 재무관리 항목의 확인으로 자격인증자가 2단계 프로세스에서 수행해야 할 핵심 업무에 해당한다.

▪▪▪ TOPIC 2 2단계 : 고객 관련 정보의 수집

★★★

06 **재무관리 항목의 확인 중 재무목표 구체화(설정단계)에 대한 설명으로 적절하지 않은 것은?**

① 재무목표는 금액으로 정량화되어야 하며 기간을 설정해야 한다.

② 고객의 주요 관심사항을 질문하고, 상담을 통해 해소하길 원하는 재무이슈를 설정한다.

③ 고객이 비현실적인 재무이슈 해소를 원할 경우 자격인증자의 역할과 상담영역을 다시 한 번 주지시킨다.

④ 고객으로 하여금 중요도와 시점을 고려하여 우선순위를 가늠케 하는데, 한 목표를 다른 목표보다 우선시할 때, 자격인증자는 선택의 결과로 발생하는 다른 목표에 미치는 영향을 지적해야 한다.

⑤ 부채가 존재할 경우 다른 투자대안과의 비교 개념을 언급하고, 부채상환에 사용 가능한 금융자산 총액, 부동산자산 등을 짚어본다.

정답 | ⑤

해설 | **〈재무관리 항목의 확인〉**

1) 재무목표 구체화(설정)
2) 현금흐름 관리 사항
3) 저축 여력 장단기 배분 여부
4) 통합적 자산운용 접근 여부

⑤ 통합적 자산운용 접근 여부에 대한 설명이다. 재무목표 구체화(설정)는 고객으로 하여금 막연하게 느끼는 인생목표를 구체화하게 하는 것으로 재무목표 달성 의욕을 고취시키고, 현금흐름 관리의 필요성을 느끼게 하며, 저축 여력의 집행을 결심하게 하는 중요한 단계라고 할 수 있다.

★★★

07 자격인증자가 2단계 프로세스에서 수행해야 할 핵심 업무 중 재무적 · 비재무적 정보의 수집에 대한 적절한 설명으로 모두 묶인 것은?

가. 가족 구성원의 연령을 통해 생애목적자금 분석 시 필요시기와 준비 가능 기간 등을 유추할 수 있으며, 경제활동 시작 나이를 통해 공적연금 시작시점 등을 파악할 수도 있다.
나. 정량적 정보는 크게 과거 여러 재무활동의 결과라고 할 수 있는 현재의 현금흐름 현황, 미래 재무활동의 원천이 될 수 있는 자산과 부채 현황 등으로 구분된다.
다. 재무적 정보는 고객의 막연한 추측보다는 사실자료에 입각해서 수집하여야 하며, 정확한 수집을 위해 고객으로 하여금 관련서류를 준비하도록 요청해야 하는 경우도 있다.
라. 자격인증자는 물가상승률, 세후투자수익률, 부동산 가격상승률, 교육비상승률 등 외부 경제 환경에 대한 가정치를 직접 설정하여 고객에게 설명해야 한다.
마. 정량적 정보는 각종 보험 등 보장자산 내역, 개인사업자의 경우 사업정보, 증여, 상속 내역 등을 예시로 들 수 있다.

① 가, 나, 라 ② 가, 다, 라
③ 가, 다, 마 ④ 나, 다, 마
⑤ 나, 라, 마

정답 | ③

해설 | 나. 재무적(정량적) 정보는 크게 두 종류로 구분된다. 과거 여러 재무활동의 결과라고 할 수 있는 자산과 부채 현황, 미래 재무활동의 원천이 될 수 있는 현재의 현금흐름 현황 등이 그것이다.
라. 자격인증자는 외부 경제 환경에 대한 가정치를 고객에게 설명하고 사용의 동의를 구하도록 해야 한다(예 물가상승률, 세후투자수익률, 부동산 가격상승률, 교육비상승률 등).

★★★

08 **자격인증자가 2단계 프로세스에서 수집해야 할 정보 중 비재무적(정성적) 정보로 모두 묶인 것은?**

가. 저축, 투자 내역
나. 자산과 부채의 과세 특성, 현재 또는 미래의 납세의무
다. 돈에 대한 신념이나 태도
라. 기혼가정의 경우 돈관리의 주체
마. 위험수용성향
바. 의사결정에 영향을 미칠만한 가족관계(부모, 형제관계)

① 가, 나, 다, 라
② 가, 나, 다, 바
③ 가, 나, 마, 바
④ 가, 라, 마, 바
⑤ 다, 라, 마, 바

정답 I ⑤
해설 I **〈비재무적(정성적) 정보 예시〉**

- 가치관, 꿈, 희망사항
- 돈에 대한 신념이나 태도
- 삶의 목표
- 기혼가정의 경우 돈관리의 주체
- 관심과 취미 생활
- 고용에 대한 상황 및 기대
- 위험수용성향
- 투자경험 및 금융이해력 수준
- 현재 또는 미래 라이프 스타일에서 예상되는 변화
- 의사결정에 영향을 미칠만한 가족관계(부모, 형제관계)
- 고객과 연결된 다른 전문가들에 대한 정보

▪▪▪ TOPIC 3 3단계 : 고객 재무 상태 분석 및 평가

★★★

09 자격인증자로서 생애목적자금 분석 시에 유의할 점에 대한 적절한 설명으로 모두 묶인 것은?

> 가. 산출을 위해 입력하는 경제가정치, 즉 물가상승률, 세후투자수익률, 부동산 가격상승률, 교육비상승률 등은 통계청 자료 등을 수시로 확인하여, 가장 최근의 수치를 입력한다.
> 나. 부동산 가격상승률이나 교육비상승률 등이 그 추이에 변동성이 큰 경우이거나 자료 확보가 어려운 경우에는 물가상승률 등으로 갈음할 수 있다.
> 다. 적용된 수익률 등은 반드시 고객에게 설명하고 입력 값에 따라 결과가 달라질 수 있음을 고지한다.
> 라. 20~30년 후의 총은퇴일시금 등과 같이 목적기간이 길어질수록 필요목적자금이나 필요저축액 등은 가변적이 되며, 이럴 경우 개념 위주로 설명한다.

① 가, 나
② 다, 라
③ 가, 나, 다
④ 나, 다, 라
⑤ 가, 나, 다, 라

정답 I ④

해설 I 가. 산출을 위해 입력하는 경제가정치, 즉 물가상승률, 세후투자수익률, 부동산 가격상승률, 교육비상승률 등은 통계청 자료 등을 수시로 확인하여, 고객과의 협의를 거친 후 현실성 있는 수치를 입력한다. 자격인증자는 고객이 재무설계 제안서가 어떻게 작성되었는지 이해하는 데 도움이 되는 방법으로서 '설계안 가정치들에 대한 고객의 동의'를 얻는 것이 중요하다.

★★★

10 현재 전세(보증금 6억원)를 살고 있는 고객 홍주연씨는 3년 후에 현재가치로 12억원짜리 아파트를 구입하려고 한다. 현재 가용할 수 있는 금융자산은 2억원이고 주택가격상승률은 연 5%, 물가상승률은 연 4%, 세후투자수익률은 연 3%, 담보대출 가능액은 403,470천원이라고 할 때, 지금부터 추가로 매월 말 저축해야 하는 금액으로 가장 적절한 것은?(단, 전세보증금의 상승은 없다고 가정한다.)

① 1,970천원
② 1,972천원
③ 4,434천원
④ 4,445천원
⑤ 7,783천원

정답 I ④

해설 I **〈부동산자금 분석〉**

- 3년 후 부동산 가격 : $1,200,000 \times 1.05^3 = 1,389,150$천원
- 확보된 기존재원(금융재산)의 3년 후 가치 : $200,000 \times 1.03^3 = 218,545$천원

- 부동산 매수 시점 총 준비자금 : 218,545 + 600,000(전세보증금) + 403,470(담보대출 가능액) = 1,222,015 천원
- 대출이외 필요한 부동산자금 부족액 : 1,389,150 − 1,222,015 = 167,135천원
- 취득까지 필요한 월 추가저축액
  FV : 167,135, N : 3×12 = 36, I/Y : 0.2466, PMT(E)? 4,445천원
  (ICONV, EFF : 3, C/Y : 12, NOM? 연 2.9595% 월복리÷12 = 월 0.2466%)

★★★

11 **고객의 자녀 홍상호는 현재 나이 11세이고 19세에 4년제 대학에 입학하고 싶어 한다. 현재 물가기준으로 대학교 교육비는 연간 10,000천원이며, 자녀교육비 명목으로 현재 확보된 자산은 13,600천원이다. 교육비상승률은 연 4%, 세후투자수익률은 연 6%이고 교육비 마련을 위한 저축은 매년 초에 한다고 가정할 경우 입학시점의 교육자금 부족액(필요교육자금)과 연 저축액으로 적절하게 연결된 것은?**

	교육자금 부족액(필요교육자금)	연 저축액
①	31,537천원	3,006천원
②	31,537천원	3,186천원
③	38,882천원	3,706천원
④	53,213천원	3,006천원
⑤	53,213천원	3,186천원

정답 I ①

해설 I **〈교육자금 분석〉**

- 연간 대학 교육비(현재 물가기준) : 10,000천원
- 입학시점의 연간 교육비 : 10,000 × 1.04^8 = 13,686천원
- 입학시점의 총 필요교육자금
  PMT(B) : 13,686, N : 4, I/Y : (6 − 4)÷1.04 = 1.9231, PV? 53,213천원
- 현재 확보된 자산의 입학시점 가치 : 13,600 × 1.06^8 = 21,676천원
- 입학시점의 교육자금 부족액(필요교육자금) : 53,213 − 21,676 = 31,537천원
- 입학시점까지 필요한 연 저축액
  FV : 31,537, N : 8, I/Y : 6, PMT(B)? 3,006천원

★★★
12 **교육자금 분석 시 해외 유학생 자녀를 둔 고객이나 향후 유학을 생각하는 고객과의 상담에서 환위험에 대비해 자격인증자가 고객에게 제안할 수 있는 내용에 대한 적절한 설명으로 모두 묶인 것은?**

가. 환위험을 회피하는 목적으로 외화 정기예금에 가입한다.
나. 환율 상승 시마다 조금씩 분할 매입한다.
다. 환율 하락기에는 미리 외화자금을 일시금으로 확보하도록 유도한다.
라. 유학생 자녀에게 송금하기 위해서는 거래 외국환은행을 지정해야 하고, 유학 관련 증빙서류도 갖추어 계좌개설 시와 해외 재학기간 중에 국내은행에 제출해야 한다.
마. 1회 송금한도는 USD 50,000 상당액, 연간 송금한도는 USD 200,000 상당액이며, 이때 연간지급누계액이 USD 100,000을 초과할 경우 국세청에 통보된다.

① 가, 나, 다
② 가, 나, 마
③ 가, 라, 마
④ 나, 다, 라
⑤ 다, 라, 마

정답 I ③
해설 I 나. 환율 하락 시마다 조금씩 분할 매입한다. 환율이 떨어질 때마다 조금씩 사두면 향후 환율이 오를 때에 그만큼 이익이 된다. 물론 환율이 낮은 시점을 쉽게 예측하기 어려우므로 이 방법 역시 이론에 입각한 제안이긴 하나 환율 추이를 잘 살펴볼 필요성이 있다.
다. 환율 상승기에는 미리 외화자금을 일시금으로 확보하도록 유도한다.

★★★
13 **45세 고객 홍경씨는 15세인 딸 홍정연 양과 12세인 아들 홍상호 군을 자녀로 두고 있다. 홍경씨는 자녀들을 모두 30세쯤 독립시키려고 한다. 고객은 자녀독립자금으로 각각 1억원 정도를 예상하고 있고, 본인의 은퇴를 고려하여 장녀의 독립시기까지 자녀들의 독립자금을 마련하려고 한다. 현재 자녀독립자금용으로 준비한 금융자산은 없고, 물가상승률은 연 4%, 세후투자수익률은 연 3%이라고 할 때, 장녀 독립시점 기준 필요자금 합과 지금부터 매월 말 추가로 저축해야 할 금액이 적절하게 연결된 것은?**

	필요자금 합(장녀 독립시점)	월 추가저축액
①	202,941천원	1,610천원
②	202,941천원	1,615천원
③	234,591천원	1,612천원
④	365,485천원	1,610천원
⑤	365,485천원	1,615천원

정답 | ⑤

해설 | **〈자녀독립자금 분석〉**

- 필요자금 합(장년 독립시점 기준)의 현재 물가기준 가치
  CF0 : 100,000, C01 : 0, F01 : 2, C02 : 100,000, F02 : 1, I : (3－4)÷1.04＝－0.9615, NPV? 202,941천원 가치
- 필요자금 합(장년 독립시점 기준) : 202,941천원 가치×1.04^{15}＝365,485천원
- 취득까지 필요한 월 추가저축액

FV : 365,485, N : 15×12＝180, I/Y : 0.2466, PMT(E)? 1,615천원
(ICONV, EFF : 3, C/Y : 12, NOM? 연 2.9595% 월복리÷12＝월 0.2466%)

★★★

14 30세 고객 홍창기씨는 65세 시점에 은퇴하고자 하며, 다른 연금수령액을 제외하고 희망하는 연간 은퇴필요소득은 현재 물가수준 24,000천원이다. 현재 은퇴자금용으로 준비한 금융자산은 없고, 은퇴기간은 20년, 세후투자수익률이 연 6%라고 할 때, 물가상승률이 연 4%와 연 5%의 경우 65세 시점에서 필요한 총은퇴일시금의 차이로 가장 적절한 것은?

① 36,355천원
② 37,678천원
③ 143,460천원
④ 833,163천원
⑤ 1,150,820천원

정답 | ④

해설 | **[은퇴자금 분석]**

〈물가상승률이 4%인 경우〉

- 은퇴시점에서의 총은퇴일시금의 현재가치
  CF0 : 24,000, C01 : 24,000, F01 : 19, I : (6－4)÷1.04＝1.9231, NPV? 402,966천원 가치
- 은퇴시점에서의 총은퇴일시금 : 402,966천원 가치×1.04^{35}＝1,590,141천원

〈물가상승률이 5%인 경우〉

- 은퇴시점에서의 총은퇴일시금의 현재가치
  CF0 : 24,000, C01 : 24,000, F01 : 19, I : (6－5)÷1.05＝0.9524, NPV? 439,321천원 가치
- 은퇴시점에서의 총은퇴일시금 : 439,321천원 가치×1.05^{35}＝2,423,304천원

→ 물가상승률 1% 차이에서 오는 총은퇴일시금의 차이 : 2,423,304－1,590,141＝833,163천원

★★★

15 자산의 종류별 평가방법 및 기준으로 가장 적절한 것은?

① 저축성 자산 : 작성일 기준 해지환급금
② 상장주식 : 작성일 직전 1주일 동안의 평균 종가
③ 비상장주식 : 작성일 기준 평가액
④ 채권, 펀드, 신탁, 변액보험 등 : 공정가치 평가액
⑤ 아파트 : 감정평가액

정답 | ①

해설 | 〈자산의 종류별 평가방법 및 기준〉

자산의 종류	평가방법 및 기준
저축성 자산	작성일 기준 해지환급금
상장주식	작성일 기준 종가
비상장주식	거래가 또는 공정가치 평가액
채권, 펀드, 신탁, 변액보험 등	작성일 기준 평가액
연금계좌(연금저축, DC, IRP 등)	작성일 기준 평가액
아파트	최종 실거래가(취득시기/가액 구분 표시)
단독, 다가구, 다세대 주택	탐문조사(현지중개사)에 의한 거래가격
상가 등 건물	실거래가, 감정평가액, 기준시가
토지	실거래가, 감정평가액, 개별공시지가
기타자산	공정시장가

★★★

16 자산의 종류별 평가방법 및 기준으로 가장 적절한 것은?

① 저축성 자산 : 작성일 기준 납입 원금

② 상장주식 : 작성일 기준 2개월 전후의 종가 평균액

③ 비상장주식 : 상증법에 의한 평가방법

④ 펀드, 신탁 : 작성일 기준 평가액

⑤ 다세대 주택 : 최종 실거래가(취득시기/가액 구분 표시)

정답 | ④

해설 | 〈자산의 종류별 평가방법 및 기준〉

자산의 종류	평가방법 및 기준
저축성 자산	작성일 기준 해지환급금
상장주식	작성일 기준 종가
비상장주식	거래가 또는 공정가치 평가액
채권, 펀드, 신탁, 변액보험 등	작성일 기준 평가액
연금계좌(연금저축, DC, IRP 등)	작성일 기준 평가액
아파트	최종 실거래가(취득시기/가액 구분 표시)
단독, 다가구, 다세대 주택	탐문조사(현지중개사)에 의한 거래가격
상가 등 건물	실거래가, 감정평가액, 기준시가
토지	실거래가, 감정평가액, 개별공시지가
기타자산	공정시장가

★★★

17 개인재무제표 분석 시 재무상태표의 검토에 대한 적절한 설명으로 모두 묶인 것은?

가. 골프회원권의 경우 속성이나 특성에 관계없이 투자자산으로 분류한다.
나. 정기적으로 업데이트할 때 유용하도록 항목의 일관성이 유지되어 있는지 확인한다.
다. 고객이 부채가 없는 경우에 부채항목을 삭제한다.
라. 조건부 유증, 증여, 상속, 미해결된 소송, 채무보증 등 향후 재무상태표에 영향을 줄 수 있는 요소들 주석으로 적절히 표시되었는지 확인한다.
마. 총자산 금액과 (부채총액+순자산) 금액이 일치하는지 확인한다.
바. 같은 항목에 중복하여 기입하지 않도록 재무상태표 작성 시 자산, 부채의 명의를 구분하지 않는다.

① 가, 나, 마
② 가, 라, 바
③ 나, 다, 바
④ 나, 라, 마
⑤ 다, 마, 바

정답 | ④

해설 | 가. 자산이 지닌 속성이나 특성에 따라 분류되었는지 확인한다. 예를 들어 골프회원권의 경우 고객의 보유목적이 사용에 있으면 사용자산으로, 투자에 있으면 투자자산으로 분류한다.
다. 해당 사항이 없는 항목이라도 삭제하지 않고, 재무상태표에 표시한다. 예를 들어 고객이 부채가 없는 경우에 부채항목을 삭제하지 않고 값만 표시하지 않는다.
바. 재무상태표 작성 시 자산, 부채의 명의를 구분하는 것은 중요하다. 명의별로 구분하여 필요할 경우 같은 항목이라도 중복하여 기입한다.

★★★

18 다음의 재무상태표 상 정보를 토대로 계산한 총자산 금액으로 가장 적절한 것은?

- 예금 : 납입원금 10,000천원, 이자 1,000천원, 소득세 원천징수세액 상당액 140천원
- 상장주식 : 현재시점 주가 10,000천원, 직전 3개월 평균종가 11,000천원
- 토지 : 감정평가액 1억원, 기준시가 80,000천원

① 100,000천원
② 120,860천원
③ 121,000천원
④ 121,860천원
⑤ 122,000천원

정답 | ③

해설 | 총자산=예금 11,000+상장주식 10,000+토지 100,000=121,000천원

★★★
19 다음 정보를 고려하여 권나라씨의 재무상태표에 대한 분석으로 가장 적절한 것은?

〈권나라씨의 자산부채상태표 작성을 위한 정보〉
• 금융자산 관련 현황
 – 보통예금 평가금액 : 2,250천원
 – CMA 평가금액 : 3,620천원
 – 적립식펀드 평가금액 : 8,000천원
• 부동산 관련 현황
 – 현재 거주 중인 주택 평가금액 : 500,000천원
 – 5년 전 주택 구입 시 200,000천원 대출, 작성 기준일 현재 대출잔액 163,847천원

① 재무상태표상 저축성 자산 금액은 5,870천원이다.
② 재무상태표상 투자자산 금액은 8,000천원이다.
③ 재무상태표상 총자산 금액은 350,023천원이다.
④ 재무상태표상 총부채 금액은 200,000천원이다.
⑤ 재무상태표상 순자산 금액은 313,870천원이다.

정답 | ②

해설 | ① 보통예금이나 단기금융상품인 CMA, MMF, MMDA 등은 전형적인 현금등가물이므로, 재무상태표상 현금성 자산 금액은 5,870천원이다.
③ 총자산 = 현금성 자산 5,870 + 투자자산 8,000 + 사용자산 500,000 = 513,870천원
④ 모든 부채는 작성일을 기준으로 앞으로 상환해야 하는 잔액을 기록한다.
⑤ 순자산 = 총자산 513,870 – 부채 163,847 = 350,023천원

★★★

20 아래 유지원, 정민선씨 부부의 재무상태표를 참고하여 구한 순자산금액으로 가장 적절한 것은?

재무상태표(20××년 12월 31일 현재)

(단위 : 천원)

<table>
<tr><th colspan="4">자산</th><th colspan="4">부채 및 순자산</th></tr>
<tr><th colspan="2">항목</th><th>금액</th><th>명의</th><th colspan="2">항목</th><th>금액</th><th>명의</th></tr>
<tr><td rowspan="7">금융
자산</td><td colspan="3">현금성 자산</td><td rowspan="2">유동
부채</td><td>마이너스 통장</td><td>800</td><td>유지원</td></tr>
<tr><td>MMF</td><td>50,000</td><td>유지원</td><td>신용대출</td><td>10,000</td><td>유지원</td></tr>
<tr><td colspan="3">저축성 자산</td><td rowspan="2">비유동
부채</td><td>–</td><td>–</td><td>–</td></tr>
<tr><td>청약종합저축</td><td>21,000</td><td>정민선</td><td>–</td><td>–</td><td>–</td></tr>
<tr><td colspan="3">투자자산</td><td colspan="2">총부채</td><td colspan="2">10,800</td></tr>
<tr><td>주식형 펀드[1)]</td><td>(　　)</td><td>유지원</td><td colspan="4" rowspan="9"></td></tr>
<tr><td>금융자산 총액</td><td colspan="2">(　　)</td></tr>
<tr><td rowspan="2">부동산
자산</td><td>주거용 부동산[2)]</td><td>(　　)</td><td>유지원</td></tr>
<tr><td>부동산자산 총액</td><td colspan="2">(　　)</td></tr>
<tr><td rowspan="3">사용
자산</td><td>거주 부동산</td><td>900,000</td><td>유지원</td></tr>
<tr><td>자동차 등</td><td>20,000</td><td>유지원</td></tr>
<tr><td>사용자산 총액</td><td colspan="2">920,000</td></tr>
<tr><td rowspan="2">기타
자산</td><td>보험해약환급금</td><td>30,000</td><td>정민선</td></tr>
<tr><td>기타자산 총액</td><td colspan="2">30,000</td></tr>
<tr><td colspan="2">총자산</td><td colspan="2">(　　)</td><td colspan="2">순자산</td><td colspan="2">(　　)</td></tr>
</table>

1) 보유좌수 10,000천좌, 20××년 12월 31일 기준가격은 1,000좌당 2,500원, 12월 평균기준가격은 1,000좌당 2,350원

2) 경기도 소재 아파트로 구입 당시 취득원가는 600,000천원이며, 현재 실거래가액은 550,000천원, 기준시가는 530,000천원임

① 1,565,200천원
② 1,583,700천원
③ 1,585,200천원
④ 1,633,700천원
⑤ 1,635,200천원

정답 | ③

해설 | • 주식형 펀드 : 20××년 12월 31일 종가 10,000천좌×2.5천원 = 25,000천원
• 금융자산 총액 : 50,000 + 21,000 + 25,000 = 96,000천원
• 주거용 부동산(아파트) : 현재 실거래가 550,000천원
• 총자산 : 금융자산 96,000 + 부동산자산 550,000 + 사용자산 920,000 + 기타자산 30,000 = 1,596,000천원
• 순자산 : 총자산 1,596,000 – 총부채 10,800 = 1,585,200천원

★★★
21 현금흐름표의 검토항목들과 현금흐름 관리 방향성 등에 대한 적절한 설명으로 모두 묶인 것은?

> 가. 월간 현금흐름표에서 수입은 가계에서 발생하는 모든 소득원, 즉 근로소득, 사업소득 외에도 재산소득, 연금소득, 이전소득, 기타소득 등 월 단위로 발생하는 현금흐름을 모두 포함한다.
> 나. 비정기적으로 발생하는 기타유입은 발생한 달에 운용자산으로 편입하였다가 비정기적인 가계지출에 사용하거나 재무목표에 부합하는 저축 · 투자액으로 옮긴다.
> 다. 근로소득자의 경우 매월 가계에 들어오는 현금흐름은 총수입이 되므로, 월수입에는 납부해야 할 세금이 포함되어 있음을 인지하고 있어야 한다.
> 라. 저축성보험료와 대출상환원리금은 고정지출로 분류하지만, 현금흐름 관리를 제약할 정도로 과도한 경우가 있으므로, 분석단계에서 보험설계와 부채관리를 통해 절감할 수 있는지 검토한다.
> 마. 근로소득자 연말정산에 의한 소득세추징액, 재산세, 자동차세 등과 개인사업자 종합소득세 등의 세금납부는 매월 발생하지는 않으므로, 월간 현금흐름표에서는 주석으로 표기하고 발생하는 달에 운용자산으로 해결하거나, 금액이 클 경우 저축 · 투자를 통해 해결할 수 있도록 사전에 준비하게 한다.

① 가, 나, 다
② 가, 나, 마
③ 가, 라, 마
④ 나, 다, 라
⑤ 다, 라, 마

정답 | ②

해설 | 다. 개인사업자의 경우에 대한 설명이다. 근로소득자의 경우 수입은 다시 매월 발생하는 월 순수입과 비정기적으로 발생하는 기타유입(예 보너스 등)으로 구분한다. 월간 현금흐름표에서 월 순수입이 실수령액으로 기재되었는지 확인한다. 이는 월별 세전소득에서 세금, 공적연금 부담액, 건강보험료 등을 제외한 금액을 의미한다. 동시에 고객의 연간 총수입(세전)도 주석으로 기재되었는지 확인한다.

라. 보장성보험료와 대출이자는 고정지출로 분류하지만, 현금흐름 관리를 제약할 정도로 과도한 경우가 있다. 분석단계에서 보험설계와 부채관리를 통해 절감할 수 있는지 검토한다. 부채상환원리금 중 원금상환 부분은 부채를 감소시켜 순자산의 증가를 가져오기 때문에 단순 지출로 보기 어렵다. 또한 부채관리를 통해 조기상환을 유도할 경우도 있으므로, 고정지출에는 대출이자만 표기하는 것이 바람직하다. 다만, 부채상환 비율 등 재무비율 분석에 적용하기 위해 상환금액을 원금과 이자로 분리하여 기록하거나 주석으로 설명한다.

★★★
22 개인재무제표 분석 시 현금흐름표를 통해 분석할 수 있는 것으로 모두 묶인 것은?

가. 재무상태가 바람직한 방향으로 조정될 수 있는지 검토 나. 보험 니즈와 은퇴설계 계산 다. 시간 경과에 따른 총소득의 증가 라. 순자산의 증감 파악 마. 가계 저축 여력의 파악

① 가, 나, 다, 라
② 가, 나, 다, 마
③ 가, 나, 라, 마
④ 가, 다, 라, 마
⑤ 나, 다, 라, 마

정답 | ②
해설 | 라. 상담시점에서 고객의 순자산을 파악하는 것은 고객 재무상태표 분석에서 가장 중요한 것이다.

★★★
23 현금흐름표를 통한 기본분석으로 모두 묶인 것은?

가. 부채의 규모와 구성 및 종류와 원인 등 분석 나. 순자산의 증감을 파악함으로써 가계의 재무적 성장 정도 파악 다. 수입 규모와 구성 및 소득원천의 다양성 분석 라. 유출 항목별 규모와 구성 및 지출 관리방안 마. 가계 저축 여력의 파악

① 마
② 라, 마
③ 다, 라, 마
④ 나, 다, 라, 마
⑤ 가, 나, 다, 라, 마

정답 | ③
해설 | 가. 재무상태표 기본분석에 해당한다.
나. 재무상태표를 통한 순자산 분석에 해당한다.

★★★
24 투자자산을 분석하는 기본사항으로 모두 묶인 것은?

가. 투자기간 분석 나. 고객의 위험 프로파일 분석 다. 기존 투자자산의 투자수익률 등 분석 및 검토 라. 목표수익률 계산 마. 고객 고유의 제약조건 파악

① 가, 나
② 다, 라
③ 가, 나, 다
④ 다, 라, 마
⑤ 가, 나, 다, 라, 마

정답 | ⑤
해설 | **〈투자자산을 분석하는 기본사항〉**

① 투자기간 분석 ② 위험 프로파일 분석 ③ 기존 투자자산의 수익률 등 분석 ④ 목표수익률 계산 ⑤ 고객 고유의 제약조건 파악

★★★
25 투자자산 분석에 대한 설명으로 적절하지 않은 것은?

① 투자할 수 있는 기간이 길다면 위험을 가급적 회피하고 안정적으로 수익이 확보되는 형태로 자산을 구성하는 것이 바람직하다.
② 위험수용성향, 위험수용능력, 인지된 위험 등을 합하여 고객의 위험프로파일이라고 한다.
③ 기존 투자자산 규모를 파악하면 투자자산의 총가치와 효율적 자산배분 여부, 투자수익률을 파악할 수 있으므로, 자격인증자는 기존 자산에 대한 자산군별 투자수익률을 검토하여 기존 투자가 계속될 경우 고객의 기대수익률 달성이 가능한지 검토한다.
④ 투자기간이 짧은데도 불구하고 높은 수익률이 계산된다면 재무목표를 달성하기 어려운 상황으로 판단하여 기간이나 금액 등 재무목표를 조정하는 것이 필요하다.
⑤ 자격인증자는 종교, 신념 등 고객이 가지고 있는 제약조건이나 자본시장법, 외국환거래법, 세법 등 법규상 요구되는 제약사항이 무엇인지 파악해야 한다.

정답 | ①
해설 | ① 투자할 수 있는 기간이 길다면 상대적으로 높은 위험을 감수할 수 있어 자본이득에 초점을 맞출 수 있다. 만회할 수 있는 여유가 있기 때문이다. 반면 투자기간이 짧다면 위험을 가급적 회피하고 안정적으로 수익이 확보되는 형태로 자산을 구성하는 것이 바람직하다.

★★★
26 고객이 보유하고 있는 보장자산을 분석하는 기본사항에 대한 설명으로 적절하지 않은 것은?

① 보장의 범위 – 수혜 확률
② 보장금액의 충분성 – 보험금의 상한
③ 보장의 유지 가능성 – 보험료의 상한
④ 상황에 따른 조정 가능성 – 증액/감액
⑤ 고객 고유의 플랜

정답 | ②
해설 | ② 보장금액의 충분성 – 보험료의 하한

★★★
27 고객이 보유하고 있는 보장자산을 분석하는 기본사항에 대한 설명으로 적절하지 않은 것은?

① 자격인증자는 인적위험, 재산위험, 배상책임위험 등을 고려하여 고객이 현재 보유하고 있는 기가입보험의 보장 특징을 살펴볼 필요가 있다.
② 기가입보험의 보장 특징을 점검할 때 치명적 위험, 중요한 위험, 일반적 위험별로 담보되어 있는 보장금액이 충분한지도 검토한다.
③ 보장의 유지 가능성은 고객이 내는 보험료의 하한이라고 할 수 있다.
④ 라이프사이클에 따라 개인의 재무상황은 수시로 바뀌게 되며, 보장에 대한 개인의 니즈도 그에 따라 변하게 되므로, 고객 라이프사이클에 따라 증액이나 감액을 검토해야 한다.
⑤ 저축이나 펀드, 주식 같은 다른 금융상품과는 달리 보험상품은 고객별로 서로 다른 플랜을 선택해야 하며, 고객이 현재 가입하고 있는 보험이 고객의 고유한 상황에 부합하는지 검토한다.

정답 | ③
해설 | ③ 보장의 유지 가능성은 고객이 내는 보험료의 상한이라고 할 수 있다. 고객이 필요한 보장이 장기적으로 유지되도록 하기 위해서는 감당할 수 있는 범위에서 보험료를 부담해야 하기 때문이다.

★★★
28 개인재무제표 및 금융자산 분석에 대한 설명으로 가장 적절한 것은?

① 1년 전에 주당 100천원에 구입한 모 상장회사 주식이 1년이 지난 지금 500천원의 가치를 가지고 있다고 하더라도 재무상태표에는 100천원으로 기재해야 한다.
② 부동산의 평가는 대상부동산의 국세청 기준가격을 알아봄으로써 평가할 수 있고, 국세청 기준가격을 알 수 없을 경우에는 감정평가액으로 한다.
③ 고객 소유의 주택이 현재 시가가 2억원이고 그 주택에 담보대출 잔액이 1억원이라면 재무상태표 자산 부문에 담보대출 잔액 1억원을 차감한 후 1억원을 표시한다.
④ 주거관련부채의 이자상환액은 소득공제 대상이 되는 경우가 있으므로, 주거관련 부채상환비율을 계산할 때는 세금이 포함된 총수입을 기준으로 주거관련 부채상환액이 28% 이내일 때 적정하다.
⑤ 총부채상환비율은 총부채상환액이 월 총수입 대비 40% 이내일 때 적정하다.

정답 | ④

해설 | ① 상장주식의 평가방법 및 기준은 작성일 기준 종가이므로, 1년 전에 주당 100천원에 구입한 모 상장회사 주식이 1년이 지난 지금 500천원의 가치를 가지고 있다면 재무상태표에는 100천원이 아닌 500천원으로 기재해야 한다.

② 부동산의 경우 아파트는 최종 실거래가(취득시기/가액 구분 표시)로, 단독, 다가구, 다세대 주택은 탐문조사(현지중개사)에 의한 거래가격으로, 상가 등 건물은 실거래가, 감정평가액, 기준시가 등으로, 토지는 실거래가, 감정평가액, 개별공시지가 등으로 평가한다.

③ 고객 소유의 주택이 현재 시가가 2억원이고 그 주택에 담보대출 잔액이 1억원이라면 재무상태표 자산 부문에 2억원을 기재하고 부채란에 1억원을 각각 표시한다.

⑤ 총부채상환비율은 총부채상환액이 월 총수입 대비 36% 이내일 때 적정하다. 총부채부담율은 총부채가 총자산 대비 40% 이내일 때 적정하다.

★★★

29 부채의 적정성 평가지표가 적절하게 연결된 것은?

	평가지표	재무비율	가이드라인
①	소비성 부채비율	$\frac{\text{소비성 부채상환액}}{\text{월 총수입}}$	10% 이내
②	주거관련 부채비율	$\frac{\text{주거관련 부채상환액}}{\text{월 총수입}}$	20% 이내
③	총부채상환비율	$\frac{\text{총 부채상환액}}{\text{월 총수입}}$	30% 이내
④	주거관련 부채부담율	$\frac{\text{주거관련 부채}}{\text{총자산}}$	36% 이내
⑤	총부채부담율	$\frac{\text{총부채}}{\text{총자산}}$	40% 이내

정답 | ⑤

해설 | **〈부채의 적정성 평가지표〉**

평가지표		재무비율	가이드라인
현금흐름	소비성 부채비율	$\frac{\text{소비성 부채상환액}}{\text{월 총수입}}$	20% 이내
	주거관련 부채비율	$\frac{\text{주거관련 부채상환액}}{\text{월 총수입}}$	28% 이내
	총부채상환비율	$\frac{\text{총 부채상환액}}{\text{월 총수입}}$	36% 이내
재무상태	주거관련 부채부담율	$\frac{\text{주거관련 부채}}{\text{총자산}}$	30% 이내
	총부채부담율	$\frac{\text{총부채}}{\text{총자산}}$	40% 이내

★★★
30 다음 정보를 고려할 때, 이숙씨의 현재 '주거관련 부채부담율'로 가장 적절한 것은?(단, 이숙씨는 거주하고 있는 주택 A 외에 부동산 자산은 없다.)

〈이숙씨 관련 정보(20××년 12월 31일 현재)〉
- 현재 총자산 : 800,000천원
- 주택 A 현재 평가금액 : 500,000천원
- 주택 A 관련 대출정보 : 5년 전 주택 A 구입 시 300,000천원 대출받음, 대출기간 15년, 대출이율 고정금리 연 5% 월복리, 매월 말 원리금균등분할 상환 방식, 20××년 12월 31일 현재 60회차 상환

① 약 3.56%
② 약 5.69%
③ 약 27.96%
④ 약 37.50%
⑤ 약 44.73%

정답 | ③

해설 | • 현재 담보대출잔액
PV : 300,000, N : 15×12=180, I/Y : 5÷12=0.4167, PMT(E)? 2,372천원
AMORT, P1 : 1, P2 : 60, BAL? 223,671천원
• 현재 주거관련 부채부담율 : 주거관련부채÷총자산=223,671÷800,000=27.96%

★★★
31 보유 부동산자산의 유형분석에 대한 설명으로 적절하지 않은 것은?

① 주거용 부동산에 고객이 거주할 경우 재무상태표에는 사용자산으로 분류하며, 전세의 경우 임차보증금을 사용자산으로 분류한다.
② 주거용 부동산을 고객이 거주하지 않고 투자목적으로 보유할 경우 부동산자산으로 분류하며, 임대보증금은 부채항목으로 분류한다.
③ 자격인증자는 상가, 오피스텔, 오피스 등 수익형 부동산 분석 시 상권분석과 투자수익성 분석을 수행해야 하며, 수익형 부동산은 재무상태표에서 부동산자산으로 분류한다.
④ 대, 전, 답, 임야 등 토지의 경우 필지분석을 통해 투자목적과 부합하는지 검토하며, 재무상태표에는 부동산자산으로 분류한다.
⑤ 구분건물 중 아파트의 경우 탐문조사에 의한 거래가격을, 상가의 경우 최근의 실거래가액 추이 등을 중점적으로 검토할 필요가 있다.

정답 | ⑤

해설 | ⑤ 구분건물 중 아파트의 경우 최근의 실거래가액 추이를, 단독 · 다세대 · 연립주택의 경우 탐문조사(현지 중개사)에 의한 거래가격을, 상가의 경우 임대수준에 의한 수익가격 등을 중점적으로 검토할 필요가 있다.

★★★
32 수익형 부동산의 재무비율 및 투자환경 분석에 대한 설명으로 적절하지 않은 것은?

① 수익성지수는 경상수입을 경상지출로 나눈 값으로, 비율이 1 이상이면 가계운영을 위한 차입이 필요하다.
② 부채비율은 부채총액을 순자산으로 나눈 값으로, 자산구성의 건전성을 확인하는 지표이다.
③ 순영업수익을 대출원리금으로 나누어 계산하는 부채감당률은 대출원리금 상환능력의 측정 척도로서 1 이상 필요하다.
④ 부동산 소득수익률은 순영업수익을 부동산 가격으로 나눈 값이며, 부동산의 세전자기자본수익률은 세전현금수익을 자기자본투자액으로 나눈 값으로 부동산 유형에 따라 차이가 있다.
⑤ 수익형 부동산의 경우 임대료와 공실률이 공급량을 결정하는 변수로 작용하게 되는데, 일반적으로 공실률이 5~8%에 이르면 공간에 대한 공급이 초과되었거나 임대료가 지나치게 높다는 의미로 파악된다.

정답 | ①
해설 | ① 비율이 1 미만이면 가계운영을 위한 차입이 필요하다.

★★★
33 부동산투자환경 분석에 대한 설명으로 가장 적절한 것은?

① 상업용 부동산의 입지적 특성은 상권범위 내 거주인구 및 유동인구, 상권의 형성 여부 등을 들 수 있고, 업무용 부동산의 경우 대중교통이 좋은 지역에서 가치가 높게 형성된다.
② 부동산시장에서 인구유입은 공급에 영향을 주는 핵심요소이다.
③ 정부의 주택경기안정대책은 선행적인 특성을 갖고 있으며, 부동산정책의 강도와 가격과의 상관관계는 매우 높은 것으로 분석된다.
④ 주택의 경우 소유자가 거주하는 주택의 보유세를 인상하면 이론적으로는 거래가 줄고 주택가격이 상승한다.
⑤ 양도소득세 부과로 인한 수요 감소보다 공급동결효과가 클수록 부동산 가격이 하락하고 거래량이 감소하는 것으로 분석되었다.

정답 | ①
해설 | ② 인구증가(감소)는 잠재적인 수요의 증가(감소)를 의미한다. 물론 잠재적 수요가 실질적 수요가 되기 위해선 부와 소득이 필요하지만, 부동산시장에서 인구유입은 수요에 영향을 주는 핵심요소이다. 지역 내 현재의 건축량과 재고량 및 예측공급량에 의해 부동산 공급은 영향을 받는다. 주거용 부동산의 공급분석은 인구유입과 동시에 고려되어야 한다. 인구유입이 되는 지역의 경우 공급의 증가가 매매가격에 큰 영향을 미치지 못하지만, 그렇지 않은 지역의 경우 공급의 증가는 부동산 가격에 (−)의 영향을 미친다.
③ 정부의 주택경기안정대책은 후행적인 특성을 갖고 있으며, 주택정책변수보다는 거시경제변수가 부동산경기변동에 더 큰 영향을 미친다는 연구결과가 있다. 즉, 부동산정책의 강도와 가격과의 상관관계는 높지 않은 것으로 분석된다.

④ 재산세 강화의 시장효과는 부동산 소유측면과 임대측면으로 나눌 수 있으며, 거래량을 감소시킨다는 점에서는 차이가 없다. 주택의 경우 소유자가 거주하는 주택의 보유세를 인상하면 이론적으로는 사용자 비용이 증가하여 수요가 감소하면서 거래가 줄고 주택가격이 하락한다.

⑤ 양도소득세 강화의 시장효과는 이에 따른 '주택공급의 동결효과'와 '신규수요감소효과' 중 어느 쪽이 큰가에 의해 결정된다. 양도소득세 부과로 인한 수요 감소보다 공급동결효과가 클수록 부동산 가격이 상승하고 거래량이 감소하는 것으로 분석되었다.

★★★

34 부동산자산 분석에 대한 설명으로 가장 적절한 것은?

① 자격인증자는 수익형 부동산 분석 시 상권분석과 투자수익성 분석을 수행해야 하는데, 수익형 부동산은 재무상태표에서 투자자산으로 분류한다.

② 순영업수익을 대출원리금으로 나눈 부채감당율은 대출원리금 상환능력의 측정척도로서 1.5 이상 필요하다.

③ 부동산 소득수익률은 유효총수익을 부동산 가격으로 나눈 비율이다.

④ 부동산의 세전자기자본수익률은 순영업수익을 자기자본투자액으로 나눈 비율이다.

⑤ 시장(지역) 분석을 해야 하는 이유는 부동산의 가치가 입지에 좌우되기 때문인데, 입지 선정에 영향을 주는 요인으로는 접근성, 도시성장의 방향, 주요통근형태, 제조업체의 이동, 삶의 방식 변화 등이 있다.

정답 I ⑤

해설 I ① 자격인증자는 수익형 부동산 분석 시 상권분석과 투자수익성 분석을 수행해야 하는데, 수익형 부동산은 재무상태표에서 부동산자산으로 분류한다.

② 순영업수익을 대출원리금으로 나눈 부채감당율은 대출원리금 상환능력의 측정척도로서 1 이상 필요하다.

③ $\text{부동산 소득수익률} = \dfrac{\text{순영업수익}}{\text{부동산 가격}}$

④ $\text{부동산의 세전자기자본수익률} = \dfrac{\text{세전현금수익}}{\text{자기자본투자액}}$

★★★

35 홍경씨는 얼마 전 재건축 대상 아파트를 8억원에 구입하였다. 재건축 시 부담해야 할 건축비 4억원은 4년에 걸쳐 분납하면 된다고 한다. 재건축 관리처분계획이 인가가 나면 이주비로 2억원을 무이자로 받기로 하였고, 준공될 때 상환하기로 하였다. 준공당시의 아파트의 예상가격은 20억원이다. 홍경씨의 요구수익률이 10%라고 한다면 이 투자안의 순현재가치와 내부수익률이 적절하게 연결된 것은?

날짜	내역	금액
20×1년 11월 1일	재건축 APT 구입	(800,000천원)
20×4년 11월 1일 (관리처분계획 인가)	1회분 건축비 이주비	(100,000천원) 200,000천원
20×5년 11월 1일	2회분 건축비	(100,000천원)
20×6년 11월 1일	3회분 건축비	(100,000천원)
20×7년 11월 1일	4회분 건축비	(100,000천원)
20×9년 11월 1일 (준공 및 입주)	이주비 상환 예상 아파트 시세	(200,000천원) 2,000,000천원

	순현재가치(NPV)	내부수익률
①	−151,330천원	8.96%
②	−71,996천원	8.75%
③	−71,996천원	14.53%
④	182,490천원	8.75%
⑤	182,490천원	14.53%

정답 | ②

해설 | • CF0 : −800,000, C01 : 0, F01 : 2, C02 : −100,000+200,000=100,000, F02 : 1, C03 : −100,000, F03 : 3, C04 : 0, F04 : 1, C05 : −200,000+2,000,000=1,800,000 I : 10, NPV? −71,996천원, IRR? 8.7527%

• 순현재가치(NPV)가 −71,996천원이며, 내부수익률은 8.75%로 홍경씨의 요구수익률인 10%를 충족하지 못하므로 이 투자안은 기각되어야 한다.

★★★
36 고객의 보유 토지가 수용되어 보상을 받게 되는 경우 그 적정성 평가에 대한 적절한 설명으로 모두 묶인 것은?

가. 취득하는 토지보상의 대원칙은 시가보상이다.
나. 표준지공시지가를 기준으로 당해 사업으로 인한 개발이익배제와 현황평가원칙이 주요 기준으로 적용된다.
다. 사업시행자 입장에서 지장물이라 할 수 있는 건축물 · 입목 · 공작물, 기타 토지에 정착한 물건에 대해서는 당해 물건의 취득비로 보상한다.
라. 공익사업으로 인하여 주거용 건축물을 제공함에 따라 생활의 근거를 상실하게 되는 자를 위하여 이주대책을 수립하여 실시하거나 이주정착금을 지급해야 한다.

① 가, 나, 다
② 가, 나, 라
③ 가, 다, 라
④ 나, 다, 라
⑤ 가, 나, 다, 라

정답 | ②
해설 | 다. 사업시행자 입장에서 지장물이라 할 수 있는 건축물 · 입목 · 공작물, 기타 토지에 정착한 물건에 대해서는 이전에 필요한 비용으로 보상한다. 다만, 건축물 등의 이전이 어렵거나 그 이전으로 인하여 건축물 등을 본래의 목적대로 사용할 수 없는 경우 또는 이전비가 취득비를 초과하는 경우에는 당해 물건의 취득비로 보상한다.

★★★
37 부동산자산 분석에 대한 설명으로 적절하지 않은 것은?

① 수익성지수 비율이 1 미만이면 가계운영을 위한 차입이 필요하다.
② 순영업수익을 대출원리금으로 나누어 계산하는 부채감당율은 대출원리금 상환능력의 측정 척도로서 1 이상 필요하다.
③ 부동산 소득수익률은 순영업수익을 부동산 가격으로 나눈 값이며, 부동산의 세전자기자본수익률은 세전현금수익을 자기자본투자액으로 나눈 값으로 부동산 유형에 따라 차이가 있다.
④ 시장가치평가 시 일반적으로 건물은 거래사례비교법을 참고로 기준시가와 비교하는 방법을 사용하고 있다.
⑤ 시장형태에 부합하고 다양한 투자분석에 유용한 할인현금흐름분석법은 매기의 현금흐름 및 보유기간 말 현금흐름을 각각 할인하여 부동산의 투자가치 또는 시장가치를 구하는 방법으로 현금흐름 및 부동산가치가 불규칙하게 변화하는 경우 적용하기 편리하며, 투자가치 산정에 많이 이용된다.

정답 | ④
해설 | ④ 시장가치평가 시 원칙적으로 비교방식, 원가방식, 수익방식을 모두 적용하여 평가해야 하나 실무적으로는 일반적으로 구분건물은 시장성을 반영한 거래사례비교법을, 건물은 원가를 반영한 원가법을, 토지의 경우 부동산 가격공시법에 따라 감정평가사가 적정가격으로 산정한 표준지공시지가와 비교하는 방법을 사용하고 있다.

★★★

38 **홍경씨는 20억원을 투자해서 ××지역에 있는 빌딩을 매수하였다. 이 빌딩에서 매년 말 100,000천원의 세후임대료가 발생할 것으로 예상하고 있다. 5년 후 이 빌딩의 가치가 28억원이 된다면 이 빌딩투자의 내부수익률로 가장 적절한 것은?**

① 5.98%　② 7.11%
③ 8.59%　④ 9.58%
⑤ 11.38%

정답 | ⑤

해설 | CF0 : −2,000,000, C01 : 100,000, F01 : 4, C02 : 100,000+2,800,000=2,900,000, F02 : 1, IRR? 11.3751%

★★★

39 **실무적으로 적용되고 있는 고객 관련 세무환경에 대한 설명으로 적절하지 않은 것은?**

① 국세청의 NTIS(차세대 국세행정시스템)으로 국세청이 필요한 경우 은행전산망과 신용카드 사용내역, 현금영수증 사용내역 등을 실시간으로 파악할 수 있게 되었다.
② 금융정보분석원(FIU)의 CTR(고액현금거래보고)을 통해 1일 거래일 동안 2천만원 이상의 현금을 입금하거나 출금한 경우 거래자의 신원과 거래일시, 거래금액 등 객관적 사실을 전산으로 자동 보고토록 하고 있다.
③ 금융기관의 CDD(고객확인제도)는 금융회사 등이 고객과 거래 시 고객의 신원을 확인 · 검증하고, 실제 소유자, 거래의 목적, 자금의 원천을 확인하도록 하는 등 금융거래 또는 금융서비스가 자금세탁 등 불법행위에 이용되지 않도록 고객에게 합당한 주의를 기울이도록 하는 제도를 말한다.
④ 금융거래가 이루어질 때, 해당 거래에 대한 자금출처를 확인하기 위해 금융기관은 고객의 계좌 이용 내역과 소득 정보를 수집하게 된다.
⑤ 포괄주의는 상속과 증여의 세액을 종합적으로 산정하므로, 이전에는 별도로 과세되던 재산의 가치와 상속 또는 증여자의 관계, 세대 차이 등 다양한 요소를 고려하여 공정한 세액을 산정할 수 있게 되었다.

정답 | ②

해설 | ② 금융정보분석원(FIU)의 CTR(고액현금거래보고)을 통해 1일 거래일 동안 1천만원 이상의 현금을 입금하거나 출금한 경우 거래자의 신원과 거래일시, 거래금액 등 객관적 사실을 전산으로 자동 보고토록 하고 있다.

★★★

40 실무적으로 적용되고 있는 고객 관련 세무환경에 대한 적절한 설명으로 모두 묶인 것은?

가. PCI(소득－지출 분석시스템)는 국세청에서 보유하고 있는 과세정보자료를 체계적으로 통합 관리하여 일정기간 신고소득과 재산증가, 소비지출액을 비교 · 분석하는 시스템을 말한다.
나. STR(의심거래보고)은 1천만원 이상의 금융거래와 관련하여 수수한 재산이 불법재산이라고 의심되는 합당한 근거가 있거나, 금융거래의 상대방이 자금세탁행위를 하고 있다고 의심되는 합당한 근거가 있는 경우 이를 금융정보분석원장에게 보고토록 한 제도이다.
다. EDD가 성명, 주민번호＋주소, 연락처, 실제 소유자 등을 확인하는 절차라면 CDD는 여기에 거래목적, 자금의 원천 등을 확인하여 고위험고객의 경우 더욱 강화된 확인제도를 운영한다.
라. 정부 당국은 금융기관에서 자금출처조사를 수행하는 데 필요한 규제와 지침을 제공하며, 일정액 이상의 금융자산의 증가 · 감소, 부동산 등의 등기자산 취득 시에 특히, PCI의 룰에 어긋날 경우 국세청은 자금출처조사를 진행한다.
마. 상속 · 증여 포괄주의 제도는 과세대상이 되는 상속과 증여의 범위를 확대하고, 과세 피해구제에 대한 대응책을 마련하고 있다.
바. 상속인이 상속세를 피하기 위해 사전에 재산을 소멸시키거나 양도하는 경우 이를 감시하고 법적으로 대응할 수 있는 시스템이 마련되어 있다.

① 가, 나, 다, 라
② 가, 다, 라, 바
③ 가, 라, 마, 바
④ 나, 다, 라, 마
⑤ 다, 라, 마, 바

정답 I ③

해설 I 나. STR(의심거래보고)은 금융거래(카지노에서의 칩 교환 포함)와 관련하여 수수한 재산이 불법 재산이라고 의심되는 합당한 근거가 있거나, 금융거래의 상대방이 자금세탁행위를 하고 있다고 의심되는 합당한 근거가 있는 경우 이를 금융정보분석원장에게 보고토록 한 제도이다. CTR 요건(1천만원) 미만의 입 · 출금이라고 하더라도 정기적으로 반복되면 CDD, EDD 등을 작성하게 된다.
다. CDD(고객확인제도)가 성명, 주민번호＋주소, 연락처, 실제 소유자 등을 확인하는 절차라면 EDD(강화된 고객확인제도)는 여기에 거래목적, 자금의 원천 등을 확인하여 고위험고객의 경우 더욱 강화된 확인제도를 운영한다.

▪▪▪ TOPIC 4 4단계 : 재무설계 제안서 작성 및 제시

★★★
41 **자격인증자가 수행하여야 할 재무전략 수립을 위한 일반지침에 대한 적절한 설명으로 모두 묶인 것은?**

가. 고객이 설정한 재무목표 우선순위를 검토할 경우 이를 조정해서는 안 된다. 나. 고객의 구체화된 재무목표와 현금흐름을 고려하여 고객의 주요 관심사의 해결에 도움이 되도록 안정자산, 투자자산, 운용자산에의 금액배분을 실시한다. 다. 고객의 별도 언급이 없어도 재무설계의 모든 영역의 내용이 담기도록 재무설계 각 영역의 내용을 통합적으로 적용하고 있는지 검토한다. 라. 정량적 조건이 동일할 경우 정성적 요인은 반영하지 않는다.

① 나　　② 가, 라
③ 나, 다　　④ 가, 나, 다
⑤ 가, 나, 다, 라

정답 | ③
해설 | 가. 고객이 설정한 재무목표 우선순위를 검토하고, 필요할 경우 이를 조정해야 하는 이유와 동의를 구할 방법을 고찰한다.
라. 정량적 조건이 동일하더라도 고객의 재무심리상태 등 정성적 요소가 다를 경우 완전히 다른 결과를 도출할 수 있으므로 반드시 정성적 요인도 반영한다.

★★★
42 **현금흐름표 기본분석에 따른 적절한 재무전략 수립 예시로 모두 묶인 것은?**

가. 운용자산(비상예비자금) 활용전략 수립 나. 가계 저축 여력 파악 다. 변동지출 항목별 불균형에 대한 관심 유도 라. 불필요한 지출항목 검토 유도 마. 보험료 및 대출이자 등 고정지출 조정안 수립

① 가　　② 가, 나
③ 가, 나, 다　　④ 가, 나, 다, 라
⑤ 가, 나, 다, 라, 마

정답 | ⑤

해설 | 〈재무전략 수립 예시〉

분석내용		재무전략 수립 예시
재무상태표 기본분석	자산 규모와 구성	• 부동산 포트폴리오전략 수립 • 지나친 부동산 편중 여부 확인 • 자산 구조조정 가능성과 시기 가늠 • 노후생활기 실물자산 유동화전략 수립 • 노후생활기 은퇴자산 인출전략 수립
	부채 규모와 구성	• 소비성 부채가 있는 경우 빠른 상환계획 수립 • 고금리 대출의 경우 차환 가능성 검토 • 부채 존재 시 다른 투자대안과의 비교 • 부채상환계획 수립(부채관리)
	순자산 수준	• 순자산 증가전략 수립
현금흐름표 기본분석	수입의 변동성	• 운용자산(비상예비자금) 활용전략 수립 • 저축 여력 고정화전략 수립
	수입 규모와 구성 소득원천의 다양성	• 가계 저축 여력 파악 • 소득원천이 다양한 경우 통합관리전략 수립 • 소득원천이 다양한 경우 종합과세 검토 • 소득원천이 한정적일 때 비상예비자금증대전략 수립
	기타유입의 성격	• 보너스 등 기타유입 관리방안 수립
	유출항목 규모와 구성 변동지출 관리방안 고정지출 관리방안 저축 · 투자액 배분	• 변동지출 항목별 분균형에 대한 관심 유도 • 불필요한 지출항목 검토 유도 • 보험료 및 대출이자 등 고정지출 조정안 수립 • 축소 가능한 지출이 저축 · 투자될 경우의 성장성 평가 • 저축 · 투자액 배분의 적정성 검토 및 재배분

★★★

43 **재무전략 수립 단계에 대한 설명으로 적절하지 않은 것은?**

① 재무전략이란 대안제시를 위해 고객별로 차별화되는 핵심 방향성으로, 고객의 정량화된 상황의 분석 · 평가 내용과 상담을 통해 파악한 고객의 정성적 사항을 고려하여, 자격인증자가 고객의 입장에서 그 고객 고유의 방향성을 고민하는 단계이다.

② 고객의 별도 언급이 있을 경우 재무설계의 모든 영역의 내용이 담기도록 재무설계 각 영역의 내용을 통합적으로 적용하고 있는지 검토한다.

③ 자산 규모와 구성을 분석한 내용을 바탕으로 노후생활기 실물자산 유동화전략과 은퇴자산 인출전략을 수립할 수 있다.

④ 부채 규모와 구성을 분석한 내용을 바탕으로 소비성 부채가 있는 경우 빠른 상환계획을 수립하고, 고금리 대출의 경우 차환 가능성을 검토할 수 있다.

⑤ 불필요한 지출항목을 검토하고, 보험료 및 대출이자 등 고정지출 조정안을 수립한 후, 축소 가능한 지출이 저축 · 투자될 경우의 성장성을 평가할 수 있다.

정답 | ②

해설 | ② 고객의 별도 언급이 없어도 재무설계의 모든 영역의 내용이 담기도록 재무설계 각 영역의 내용을 통합적으로 적용하고 있는지 검토한다.

★★★

44 종합재무설계의 제안서는 도입, 본론, 요약부분으로 나뉜다. 요약부분에 포함되는 사항으로 모두 묶인 것은?

가. 고객의 위험수용성향과 고객과 합의된 목표수익률의 제시 나. 재무관리 요약 다. 재무설계 각 영역별 재무설계안 제시 라. 수정재무상태표와 수정현금흐름표의 제시 마. 저축 여력의 기간 배분 제시

① 가, 나
② 가, 마
③ 나, 다
④ 다, 라
⑤ 라, 마

정답 | ⑤

해설 | **〈도입〉**

- 고객의 재무목표 우선순위
- 고객의 위험수용성향과 고객과 합의된 목표수익률의 제시
- 재무관리 요약(저축 여력의 배분 필요성 재확인)

〈본론〉

재무설계 각 영역별 재무설계안 제시

〈요약〉

- 수정재무상태표와 수정현금흐름표의 제시
- 저축 여력의 기간 배분(재무관리) 제시
- 재무설계안의 요약정리
- 고객의 실천사항(실행과제) 요약정리

★★★
45 재무설계 각 영역별 재무설계안 제시 단계에서 투자설계에 대한 설명으로 적절하지 **않은** 것은?

① 자격인증자는 투자설계에 있어서, 고객의 투자목표를 결정하고 주식, 채권, 여타 투자자산으로 어떻게 자산을 구성하는 것이 재무목표에 가장 부합되는지를 결정하는 데 많은 시간과 노력을 투입하여야 한다.

② 재테크와 달리 재무설계는 기술적 분석을 중시하고 수익률에 중점을 둔다.

③ 재테크는 종목투자, 시점투자에 중점을 두지만, 재무설계는 기법투자, 기간투자에 중점을 둔다.

④ 자격인증자는 고객에게 주식시장의 변동성을 이해시키고, 합리적 기대수익률을 갖도록 유도해야 하며, 거시경제 환경변화에 대한 이해와 이에 따른 금융시장의 변화 및 투자종목에 미치는 영향도 고객과 공유해야 한다.

⑤ 투자지침서란 투자에 대한 목표와 이 목표를 달성하기 위하여 재무설계사가 지켜야 할 규칙을 문서화한 것으로, 자격인증자는 투자지침서를 작성하고 이를 고객에게 설명하며 동의를 구하여야 한다.

정답 | ②

해설 |

재테크	재무설계
기술적 분석 중시	기본적 분석 중시
종목투자	기법투자
시점투자	기간투자
루머 · 뉴스	자산배분
수익률	지속성
일확천금	재무목표 달성

★★★
46 자격인증자로서 고객에게 제안하는 보험상품 선택의 기준으로 적절하지 **않은** 것은?

① 보장은 사망 시 보장과 생존 시 보장으로 구분한다.

② 일반적으로 보험료 납입기간이 길수록 고객에게 유리하다.

③ 순수소멸형보다 만기환급형이 고객에게 유리하다.

④ 고객의 나이가 들어감에 따라, 사망 시 보장의 니즈는 줄고 생존 시 보장의 니즈는 늘어난다.

⑤ 실손의료보험에 대한 이해가 필요하다.

정답 | ③

해설 | ③ 만기환급형보다 순수소멸형이 고객에게 유리하다.

★★★
47 **재무설계 각 영역별 재무설계안 제시 단계에서 위험관리와 보험설계에 대한 설명으로 적절하지 않은 것은?**

① 자격인증자는 각 위험 노출에 대한 위험처리방법을 고려하고 가장 적합한 옵션을 선택해야 한다.

② 상속재산이나 상속세 대납수단으로서의 니즈를 가지고 있지 않은 고객이라면, 자녀의 독립 시기까지 유사시를 대비하여 사망 시 보장을 담보하는 정기보험을 가입하는 것이 보험료 측면에서 유리하다.

③ 최근까지 각 보험사에서 CI종신보험, 유니버셜종신보험, 변액유니버셜종신보험, 저(무)해약환급금종신보험 등 다양한 종신보험 변형상품들이 출시되었는데, 자격인증자는 고객입장에서 고객의 유지 가능성과 니즈를 고려하여 신중히 검토할 필요가 있다.

④ 자격인증자는 고객이 가지고 있는 실손의료보험의 가입 시기를 고려하여, 유지, 감액, 전환을 조언하여야 하는데, 실손의료보험의 경우 과거에 가입한 상품보다는 현재 출시된 신상품의 보장이 더 좋으므로 신상품의 신규가입 등의 전략을 세워야 한다.

⑤ 자격인증자는 고객이 필요할 경우 화재보험 등의 재산위험을 담보하는 플랜과 배상책임보험 등 배상책임위험을 담보하는 플랜도 제안할 수 있어야 한다.

정답 I ④

해설 I ④ 자격인증자는 고객이 가지고 있는 실손의료보험의 가입 시기를 고려하여, 유지, 감액, 전환을 조언하여야 한다. 실손의료보험의 경우 오히려 과거에 가입한 상품의 보장이 더 좋은 경우가 있다. 고객의 유지능력을 고려하여 민영의료보험으로서 유지하도록 제안할 방법들을 고려해야 한다.

★★★
48 **재무설계 각 영역별 재무설계안 제시 단계에서 위험관리와 보험설계에 대한 설명으로 가장 적절한 것은?**

① 일반적으로 보험료 납입기간이 짧을수록 고객에게 유리하다.

② 순수소멸형보다 만기환급형이 고객에게 유리하다.

③ 고객의 나이가 들어감에 따라, 사망 시 보장의 니즈는 줄고 생존 시 보장의 니즈는 늘어난다.

④ 사망 시 보장을 담보하는 보험상품은 크게 종신보험과 정기보험 등이 있는데, 자녀의 독립시기까지 유사시를 대비하여 사망 시 보장을 담보하는 종신보험을 가입하는 것이 보험료 측면에서 유리하다.

⑤ 자격인증자는 고객이 가지고 있는 실손의료보험의 가입 시기를 고려하여, 유지, 감액, 전환을 조언하여야 하는데, 실손의료보험의 경우 과거에 가입한 상품보다는 현재 출시된 신상품의 보장이 더 좋으므로 신상품의 신규가입 등의 전략을 세워야 한다.

정답 | ③

해설 | ① 일반적으로 보험료 납입기간이 길수록 고객에게 유리하다.
② 만기환급형보다 순수소멸형이 고객에게 유리하다.
④ 상속재산이나 상속세 대납수단으로서의 니즈를 가지고 있지 않은 고객이라면, 자녀의 독립시기까지 유사시를 대비하여 사망 시 보장을 담보하는 정기보험을 가입하는 것이 보험료 측면에서 유리하다.
⑤ 자격인증자는 고객이 가지고 있는 실손의료보험의 가입 시기를 고려하여, 유지, 감액, 전환을 조언하여야 한다. 실손의료보험의 경우 오히려 과거에 가입한 상품의 보장이 더 좋은 경우가 있다. 고객의 유지능력을 고려하여 민영의료보험으로서 유지하도록 제안할 방법들을 고려해야 한다.

★★★

49 부동산설계 시 대상 물건별, 상황별 투자적기의 적절한 판단으로 모두 묶인 것은?

가. 토지의 경우 과거 약 10년 주기의 대순환과 5년 주기의 소순환 구조를 가지고 있었으나 최근에는 안정화 추세를 보이고 있는데, 순환주기상 바닥권에 진입하였을 경우 투자적기로 판단한다.
나. 주택가격보다 임대료가 빠르게 증가한 경우, 주택공급보다 주택수요가 더 빠르게 증가한 경우, 특정 지역에 광적인 수요가 발생한 경우, 부동산 가격은 떨어질 수 없다는 통념이 지배적인 경우에는 주택시장에 버블이 발생했다고 볼 수 있으며 버블의 초기 단계인 경우 투자적기로 판단한다.
다. 부동산 가격이 하방경직성을 띠면서 거래량이 급감한 경우 투자적기로 판단한다.
라. 대규모 택지개발사업 주변의 지가는 지구지정에서 착공 전 시기까지 상승하다가 착공 이후 보합을 유지한다.
마. 대규모 상업시설의 공급이 예상되면 기존 상업지역의 쇠퇴가 두드러지는 반면, 주거지역, 공업지역 등의 토지는 높은 지가상승률을 보인다.
바. 도로접면 상황을 보면 넓은 대로에 접한 필지가 높은 상승률을 보인다.

① 가, 나, 다
② 가, 나, 바
③ 가, 마, 바
④ 나, 다, 라
⑤ 다, 라, 마

정답 | ③

해설 | 나. 주택가격이 임대료보다 빠르게 증가한 경우, 주택공급이 주택수요보다 더 빠르게 증가한 경우, 특정 지역에 광적인 수요가 발생한 경우, 부동산 가격은 떨어질 수 없다는 통념이 지배적인 경우에는 주택시장에 버블이 발생했다고 볼 수 있으며 버블의 초기 단계인 경우 투자적기로 판단한다.
다. 부동산 가격이 하방경직성을 띠면서 거래량이 급증한 경우 투자적기로 판단한다.
라. 대규모 택지개발사업 주변의 지가는 지구지정에서 착공 전 시기까지보다 착공 이후 본격적으로 상승한다.

★★★

50 **자격인증자가 고려해야 할 부채관리의 기본원칙으로 모두 묶인 것은?**

가. 소비 관련 부채의 경우 레버리지 효과를 기대할 수 있으나, 자산 관련 부채의 경우 최우선순위로 상환을 결정한다.
나. 가계 월 총수입 대비 월 부채상환능력을 따져보고 원리금 부담을 하고도 생활할 수 있는 여력이 있는지 판단하여 대출 기간과 상환계획을 세운다.
다. 주택담보대출을 포함한 총부채규모는 실무적으로 개인 총자산의 30%가 넘어가면 위험수준으로 판단하며, 총부채상환액이 총수입의 40% 이상이 되면 일상생활에 미치는 영향이 중대한 것으로 본다.
라. 일반적으로 예 · 적금 담보 대출은 금리가 낮고 손쉽게 대출을 받을 수 있으므로 필요시 종종 활용하도록 유도한다.
마. 동일한 조건의 대출일 경우 보유부동산을 담보로 하는 대출이 금리 면에서 유리하다.
바. 자금용도가 주택 구입이나 전세자금인 경우 소득공제가 가능하므로 절세효과를 최대로 이용한 대출상품을 고르는 것이 유리하다.
사. 금융회사에 따라서는 대출 취급 시 거래실적에 따라 여신금리우대 등 각종 혜택이 존재하므로, 신용카드, 급여자동이체 등을 주거래 은행에 집중하여 점수를 쌓아놓으면 유리하다.

① 가, 나, 다, 마
② 가, 나, 라, 사
③ 가, 다, 바, 사
④ 나, 다, 라, 바
⑤ 나, 마, 바, 사

정답 | ⑤

해설 | 가. 대출의 목적이 주택 구입 등 자산형성이나 투자수익과 연결된 용도인지 아니면 단기간 투기나 소비를 위한 목적인지를 검토해야 한다. 자본적 지출에 해당하는 자산 관련 부채의 경우 레버리지 효과를 기대할 수 있으나, 소비적 지출에 해당하는 소비 관련 부채의 경우 최우선순위로 상환을 결정한다.
다. 주택담보대출을 포함한 총부채규모는 실무적으로 개인 총자산의 30% 이상일 때 부채로 인한 재무적 문제가 발생하는 신호로 보며, 40%가 넘어가면 위험수준으로 판단한다. 또한 총부채상환액이 총수입의 40% 이상이 되면 일상생활에 미치는 영향이 중대한 것으로 본다.
라. 손쉽게 대출을 받을 수 있다는 장점 때문에 일부 고객의 경우 예 · 적금을 담보로 대출을 일으키는 경우가 종종 있다. 일반적으로 예 · 적금 만기 이율은 대출금리보다 작기 때문에 예 · 적금을 담보로 대출하는 것은 자제하도록 유도한다.

★★★
51 대출상품 선택 시 고려해야 할 사항 중 적절하지 않은 것은?

① 일반적으로 예 · 적금 만기 이율은 대출금리보다 작기 때문에 예 · 적금을 담보로 대출하는 것은 자제하도록 유도한다.
② 금리의 변동성으로만 판단하면 CD금리는 시장 움직임에 따라 변동폭이 큰 반면, COFIX는 다양한 자금조달상품에 적용되는 금리를 가중평균해서 산출하기 때문에 변동폭이 작다.
③ 금리 상승기에는 COFIX(잔액기준)나 고정금리가 유리할 수 있으나 하락기에는 COFIX(신규기준) 금리가 유리할 수 있다.
④ 상환기간, 대출금리, 상환조건 등이 가계 현금흐름의 제약이 되는 경우 차환하는 방법을 고려해 볼 수 있다.
⑤ 단기적으로 자금이 부족해서 대출을 이용해야 하는 고객이라면 마이너스 통장이나 신용대출보다는 모기지론 등의 주택담보대출을 활용하는 것이 재무적으로 더 유리할 수도 있다.

정답 I ⑤

해설 I ⑤ 단기적으로 자금이 부족해서 대출을 이용해야 하는 고객이라면 모기지론 등의 주택담보대출보다는 마이너스 통장이나 신용대출 등을 활용하여 불필요한 수수료를 물지 않도록 하는 것이 바람직하다. 장기적으로 대출을 이용해야 하는 고객이라면 중간에 상환능력이 생겼을 때, 중도상환수수료를 물더라도 상환하는 것이 유리하다. 중도상환수수료보다 대출금리가 더 높기 때문이다.

★★★
52 대출상품 선택 시 고려해야 할 사항 중 가장 적절한 것은?

① 일반적으로 예 · 적금을 담보로 대출하는 것은 손쉽게 대출을 받을 수 있고, 현금흐름의 기회비용을 최소화할 수 있다는 장점이 있다.
② 금리의 변동성으로만 판단하면 CD금리는 시장 움직임에 따라 변동폭이 작은 반면, COFIX는 다양한 자금조달상품에 적용되는 금리를 가중평균해서 산출하기 때문에 변동폭이 크다.
③ 금리 상승기에는 COFIX(잔액기준)나 고정금리가 유리할 수 있으나 하락기에는 COFIX(신규기준) 금리가 유리할 수 있다.
④ 대출금을 상환하는 방법 중 원리금균등분할상환은 대출기간 동안 원금을 동일한 금액으로 상환하는 방법이다.
⑤ 단기적으로 자금이 부족해서 대출을 이용해야 하는 고객이라면 마이너스 통장이나 신용대출보다는 모기지론 등의 주택담보대출을 활용하는 것이 재무적으로 더 유리할 수도 있다.

정답 I ③

해설 I ① 손쉽게 대출을 받을 수 있다는 장점 때문에 일부 고객의 경우 예 · 적금을 담보로 대출을 일으키는 경우가 종종 있다. 일반적으로 예 · 적금 만기 이율은 대출금리보다 작기 때문에 예 · 적금을 담보로 대출하는 것은 자제하도록 유도한다.
② 금리의 변동성으로만 판단하면 CD금리는 시장 움직임에 따라 변동폭이 큰 반면, COFIX는 다양한 자금조달상품에 적용되는 금리를 가중평균해서 산출하기 때문에 변동폭이 작다.

④ 대출금을 상환하는 방법은 만기에 한꺼번에 원금을 상환하는 만기일시상환, 대출기간 동안 원리금을 동일한 금액으로 상환하는 원리금균등분할상환, 원금을 동일한 금액으로 상환하는 원금균등분할상환이 있는데 고객의 소득 규모와 현금흐름에 맞게 상환조건을 정하여야 한다.

⑤ 단기적으로 자금이 부족해서 대출을 이용해야 하는 고객이라면 모기지론 등의 주택담보대출보다는 마이너스 통장이나 신용대출 등을 활용하여 불필요한 수수료를 물지 않도록 하는 것이 바람직하다. 장기적으로 대출을 이용해야 하는 고객이라면 중간에 상환능력이 생겼을 때, 중도상환수수료를 물더라도 상환하는 것이 유리하다. 중도상환수수료보다 대출금리가 더 높기 때문이다.

★★★

53 홍경씨 부부는 현재 A은행의 모기지대출 1억원을 대출금리 연 6% 월복리, 만기 20년인 원리금균등분할상환 조건으로 가지고 있다. 현재 60회차 상환이 완료되었다. 그런데 B은행에서 대출금리 5%의 대환대출을 제안하였다. 홍경씨 부부가 차환할 경우 줄어드는 매월 상환금으로 가장 적절한 것은?

〈B은행 대출 조건〉
- A은행 대출 전액(대출잔액에 수수료를 가산한 금액) 상환
- 연 5% 월복리, 매월 말 원리금균등분할상환
- 신규대출에 따른 수수료 총액 : 대출 총금액의 1%
- 대출기간 15년

① 25천원　② 29천원
③ 32천원　④ 38천원
⑤ 41천원

정답 | ④

해설 | • 최초 대출원리금

PV : 100,000, N : 20×12=240, I/Y : 6÷12=0.5, PMT(E)? 716천원

• 현재 잔액

AMORT, P1 : 1, P2 : 60, BAL? 84,900천원

• 신규 대출원리금

PV : 84,900×1.01=85,749, N : 15×12=240, I/Y : 5÷12=0.4167, PMT(E)? 678천원

• 차환 후 줄어드는 매월 상환금 : 716－678=38천원

★★★
54 은퇴설계의 변화에 대한 사항들에 대한 설명으로 적절하지 **않은** 것은?

① 은퇴 이후의 시기를 크게 2단계로 나눌 필요가 있는데, 현실적 퇴직시점 이후를 '사회적 은퇴시기', 일상생활이 어려워져서 요양이 필요한 시점 이후를 '신체적 은퇴시기' 등으로 구분할 필요가 있다.
② 각 시기별로 고객의 삶은 차이가 발생하여 고정적인 연금수령액만으로는 다양한 고객의 니즈를 충족시키기 어렵다고 할 수 있으므로, 시기별 연금플랜 수립 또는 추가 소득원 마련을 고려해야 한다.
③ 보통 은퇴 전 10년부터 은퇴 후 5년까지의 생애전환기의 고객의 준비 정도에 따라 은퇴 이후의 삶의 질이 크게 달라지게 되고, 조기퇴직과 평균수명 증가 영향으로 이전보다 더 일찍 은퇴준비를 시작해야만 한다.
④ 전통적인 은퇴설계의 3층보장제도, 즉 공적연금, 퇴직연금, 개인연금 등 만으로는 은퇴 이후를 대비하는 것이 어려워졌다.
⑤ 사회적 은퇴시기에 임대사업을 영위한다거나, 신체적 은퇴시기 이후 자산의 인출전략을 사용한다거나 하는 고객의 적립자산의 활용문제가 점점 중요해지게 되었다.

정답 | ①
해설 | ① 은퇴 이후의 시기를 크게 3단계로 나눌 필요가 있다. 현실적 퇴직시점 이후를 '사회적 은퇴시기', 고객의 노화에 따라 활동이 급격히 줄어들기 시작하는 시점 이후를 '신체적 은퇴시기', 그리고 일상생활이 어려워져서 요양이 필요한 시점 이후를 '케어시기' 등으로 구분할 필요가 있다.

★★★
55 노후종합설계에서 다루어야 할 이슈에 대한 설명으로 적절하지 **않은** 것은?

① 노후생활비 기반 마련은 전통적인 연금설계에 더하여, 취업 · 창업 등의 소득활동 지속방안, 임대부동산 등 부수입원의 개발 등을 고려해야 함과 더불어, 노후생활기 실물자산 유동화전략과 은퇴자산 인출전략도 수립할 필요가 있다.
② 노후의료비는 실손의료보험이나 적립된 자산의 활용 등으로 발생하게 될 의료비용을 대비하는 플랜을 마련할 필요가 있고, 또한 고령사회의 대두로 케어시기의 요양비용 대비 중요성도 증대되고 있다.
③ '생산적 소일거리'라고 함은 취미 또는 여가생활과 비슷한 개념이다.
④ 생산적 소일거리 확보는 보람, 봉사, 사회환원, 재미와 연관된 의미가 있고, 지속가능성을 위해 소액이라도 반드시 수입이 발생되어야 하며, 자격증 취득 등 준비기간이 필요하다는 점에 집중할 필요가 있다.
⑤ 라이프사이클상 노후생활기는 보통 자녀의 독립시기와 맞물리게 되므로 이 시기에는 세대간 자산이전 등 재산분할계획을 수립 · 실행하는 것이 중요한 재무목표가 된다.

정답 | ③
해설 | ③ '생산적 소일거리'라고 함은 취미 또는 여가생활과는 구분되는 개념이다. 생산적 소일거리의 확보는 사회적 은퇴시기에 맞게 되는 소위 '무위고'를 해소하며, 노후생활비 기반형성에도 보탬이 된다.

★★★
56 부동산 임대사업자를 포함한 개인사업자의 각 단계별 주요 세금 이슈가 적절하지 않게 연결된 것은?

① 개업단계 : 개업자금의 자금출처 조사에 대한 대비
② 개업단계 : 소득공제나 세액공제가 가능한 금융상품 가입
③ 사업영위단계 : 종합소득세 절세를 위한 적절한 장부기장의 문제
④ 사업영위단계 : 세무조사 시 불이익을 방지하기 위한 세무대책 수립
⑤ 폐업단계 : 사업소득세 납세의무 종결

정답 I ②
해설 I ② 사업영위단계에서는 소득공제나 세액공제가 가능한 금융상품 가입한다.

★★★
57 부동산 임대업자를 포함한 개인사업자의 경우 개업단계, 사업영위단계, 폐업단계 시의 세금설계가 필요하다. 각 단계별 주요 세금이슈가 적절하게 연결된 것은?

① 개업단계 – 세무조사 시 불이익을 방지하기 위한 세무대책 수립
② 개업단계 – 소득공제나 세액공제가 가능한 금융상품의 가입
③ 사업영위단계 – 초기 시설투자분의 부가가치세 환급을 위한 사업자등록
④ 사업영위단계 – 종합소득세 절세를 위한 적절한 장부기장의 문제
⑤ 폐업단계 – 과점주주의 경우 취득세 납부의무와 법인세 제2차 납부의무 문제

정답 I ④
해설 I ① 사업영위단계 주요 세금이슈이다.
② 사업영위단계 주요 세금이슈이다.
③ 개업단계 주요 세금이슈이다.
⑤ 법인 형태로 사업을 영위하는 경우 발생하는 추가적인 문제이다.

★★★
58 개인사업자의 각 단계별 주요 세금이슈에 대한 연결이 적절하지 않은 것은?

① 개업단계 : 개업자금의 자금출처 조사에 대한 대비
② 개업단계 : 초기 시설투자분의 부가가치세 환급을 위한 사업자등록
③ 사업영위단계 : 종합소득세 절세를 위한 적절한 장부기장의 문제
④ 사업영위단계 : 세무조사 시 불이익을 방지하기 위한 세무대책 수립
⑤ 사업영위단계 : 세무조사 시 가지급금 등에 따른 인정상여 등의 과세문제

정답 I ⑤
해설 I ⑤ 법인 형태로 사업을 영위하는 경우 법인의 특성상 발생하는 추가적인 문제이다.

★★★
59 부동산 관련 세금설계는 부동산의 취득 · 보유 · 처분 각 단계로 나누어 진행하되, 부동산의 취득단계에서 향후 매각단계까지의 세금문제를 감안한 종합적인 세금설계를 진행해야 한다. 각 단계별 세금문제가 적절하게 연결된 것은?

① 부동산 취득 시 – 토지와 건물의 과세표준 적용 방법
② 부동산 취득 시 – 부동산 취득시기와 순서 및 양도시기와 순서를 조정 → 비과세 감면 규정 활용
③ 부동산 보유 시 – 부동산 임대소득세, 매각 시 양도소득세, 상속세 등의 최소화를 위한 명의분산
④ 부동산 보유 시 – 향후 상속에 대한 사전증여 문제
⑤ 부동산 처분 시 – 사전증여 니즈 고객의 경우 부동산 매각 후 현금증여와 부동산증여를 비교 · 검토

정답 | ⑤
해설 | ① 부동산 보유 시 세금문제이다.
② 부동산 처분 시 세금문제이다.
③ 부동산 취득 시 세금문제이다.
④ 부동산 취득 시 세금문제이다.

★★★
60 부동산 관련 세금설계전략 중 부동산 취득단계에서 진행하는 세금문제로 모두 묶인 것은?

가. 부동산 임대소득세, 매각 시 양도소득세, 상속세 등의 최소화를 위한 명의분산
나. 향후 상속에 대한 사전증여 문제
다. 주택임대소득 신고 의무화에 따른 안내
라. 부동산 취득시기와 순서 및 양도시기와 순서를 조정 → 비과세 감면 규정 활용
마. 사전증여 니즈 고객의 경우 부동산 매각 후 현금증여와 부동산증여를 비교 · 검토

① 가, 나
② 다, 라
③ 가, 나, 다
④ 다, 라, 마
⑤ 가, 나, 라, 마

정답 | ①
해설 | **〈부동산 취득 시〉**

ⓐ 부동산 취득자금의 자금출처 문제
ⓑ 취득세 중과대상의 경우 중과세 회피방안
ⓒ 부동산 임대소득세, 매각 시 양도소득세, 상속세 등의 최소화를 위한 명의분산
ⓓ 향후 상속에 대한 사전증여 문제

다. 부동산 보유 시 세금문제이다.
라. 부동산 처분 시 세금문제이다.
마. 부동산 처분 시 세금문제이다.

★★★
61 부동산 관련 세금설계전략 중 부동산의 보유 단계 세금문제에 해당하지 않는 것은?

① 부동산 임대소득세, 매각 시 양도소득세, 상속세 등의 최소화를 위한 명의분산
② 임대료 수입과 간주임대료 등의 점검
③ 주택임대소득 신고 의무화에 따른 안내
④ 토지와 건물의 과세표준 적용 방법
⑤ 보유세(재산세, 종부세 등) 및 각종 세금의 과세기준일과 납기 점검

정답 | ①
해설 | ① 부동산 취득 시 세금문제이다.

★★★
62 부동산 관련 세금설계전략 중 부동산의 취득 · 보유 · 처분 중 단계가 다른 세금문제는?

① 부동산 임대소득세, 매각 시 양도소득세, 상속세 등의 최소화를 위한 명의분산
② 양도차익 부동산과 양도차손 부동산 존재 시 동일 연도에 처분 유도
③ 양도차익 부동산 여러 개 처분 시 동일 연도에 양도 자제
④ 부동산 취득시기와 순서 및 양도시기와 순서를 조정 → 비과세 감면 규정 활용
⑤ 사전증여 니즈 고객의 경우 부동산 매각 후 현금증여와 부동산증여를 비교 · 검토

정답 | ①
해설 | **〈부동산 처분 시〉**

ⓐ 부동산 양도시기와 양도순서 결정
ⓑ 양도차익 부동산과 양도차손 부동산 존재 시 동일 연도에 처분 유도
ⓒ 양도차익 부동산 여러 개 처분 시 동일 연도에 양도 자제
ⓓ 부동산 취득시기와 순서 및 양도시기와 순서를 조정 → 비과세 감면 규정 활용
ⓔ 사전증여 니즈 고객의 경우 부동산 매각 후 현금증여와 부동산증여를 비교 · 검토

① 부동산 취득 시 세금문제이다.

★★★
63 저축 여력 배분에 대한 제안이 순서대로 나열된 것은?

가. 장단기 재무목표의 확인	나. 저축 여력의 확인
다. 재무목표별 금액의 배분	라. 관련 금융상품 제시

① 가 – 나 – 다 – 라
② 가 – 나 – 라 – 다
③ 나 – 가 – 다 – 라
④ 나 – 가 – 라 – 다
⑤ 나 – 다 – 가 – 라

정답 | ③

해설 | 저축 여력 배분에 대한 제안의 순서 예시는 다음과 같다.

① 저축 여력의 확인 ② 장단기 재무목표의 확인 ③ 재무목표별 금액의 배분(재무전략) ④ 관련 금융상품 제시

★★★

64 재무설계 제안서 작성 및 제시에 대한 설명으로 적절하지 않은 것은?

① 자격인증자는 재무설계 제안서 도입부분에서 고객이 가장 중시하고 재무설계 상담을 의뢰한 이슈를 중점적으로 고려하여, 고객의 구체화된 재무목표의 설정을 돕는다.

② 각 영역별 재무설계상의 대안을 제시할 때, 특히 고객의 주요 관심사에 해당하는 각론 부분들은 구체적이고 심도 있게 그리고 다른 영역과 서로 연결하여 통합적으로 다룬다.

③ 수정현금흐름표에서 산출된 저축 여력으로 자격인증자는 고객입장에서 고객의 재무목표에 부합하도록 안정자산, 투자자산 등에 금액을 배분하며, 이에 해당하는 금융상품도 표시하여 고객에게 제안하고, 또한 비상예비자금 등의 운용자산의 규모와 활용법을 고객에게 제안하여야 한다.

④ 자격인증자는 개별적으로 제안서의 각 항목별 실행과제요약표를 만들어 고객으로 하여금 실행 여부를 체크하게끔 하는데, 이는 고객의 역할분담을 강조하며, 고객이 스스로 구체적인 행동목표를 인지하여 실행하는 데 도움을 주는 효과가 있다.

⑤ 모든 경우에 있어, 자격인증자는 '고객의 피드백'에 따라 재무설계안을 수정하거나 조정할 준비가 되어 있어야 한다.

정답 | ①

해설 | ① 자격인증자는 재무설계 프로세스 2단계인 고객 관련 정보의 수집 단계에서 고객의 구체화된 재무목표의 설정을 도왔다면, 3단계와 4단계에서 재무목표와 우선순위의 조정을 진행한다. 이 경우 고객에게 합당한 이유와 근거를 설명하여 우선순위의 타당성에 대해 공감을 불러오는 것이 중요하다.

··· TOPIC 5 5단계 : 재무설계 제안서 실행

★★★

65 자격인증자가 5단계 프로세스에서 수행해야 할 업무로 모두 묶인 것은?

가. 재무설계 제안서의 요약
나. 안정자산, 투자자산, 운용자산별 금융상품 제안
다. 부동산 정부정책의 변화 안내
라. 현 세무환경하에서의 절세사항
마. 외부 경제환경의 변화 설명

① 가, 나, 다
② 다, 라, 마
③ 가, 나, 다, 라
④ 나, 다, 라, 마
⑤ 가, 나, 다, 라, 마

정답 | ③

해설 | 마. 자격인증자가 6단계 프로세스에서 수행해야 할 업무에 해당한다.

★★★

66 자격인증자가 5단계 프로세스에서 수행해야 할 업무에 대한 적절한 설명으로 모두 묶인 것은?

가. 실행안을 제안하기에 앞서 자격인증자는 재무설계 제안서상의 주요내용을 고객이 충분히 인지하고 공감하였는지 확인하여야 하며, 특히 실행과제요약표상의 고객의 동의 여부를 바탕으로 실행상담을 진행한다.
나. 자격인증자는 실행과정에서 준수해야 할 관련 법규에 대한 사항도 고객에게 알려서 고객이 불이익을 당하는 일이 없도록 신경 써야 하며, 다른 전문가를 소개할 때와 상품을 선택할 때, 잠재적인 그리고 인지되는 이해상충을 인식하는 것이 중요하다.
다. 무엇보다 회사의 이익보다는 고객의 이익을 우선해야 하며, 금융상품의 선택은 고객의 결정사항임을 주지시킨다.
라. 자격인증자에게 부동산 관련 자격증이 없더라도 관련자격증이 있는 다른 부동산 전문가와 협업을 통해 적극적으로 부동산 개별물건을 추천하거나 매수자 또는 매도자와 연결하여 고객의 실행을 도와야 한다.
마. 자격인증자에게 세무 관련 자격증이 없더라도 다른 세무전문가와 협업을 통해 구체적인 세금계산이나 신고 등을 대행하여 고객의 실행을 도와야 한다.

① 가, 나, 다
② 다, 라, 마
③ 가, 나, 다, 라
④ 나, 다, 라, 마
⑤ 가, 나, 다, 라, 마

정답 | ①

해설 | 라. 자격인증자에게 부동산 관련 자격증이 없을 경우 사전에 고객에게 고지하고 부동산 개별물건을 추천하거나 매수자 또는 매도자와 연결하는 행위를 하지 않으며, 고객이 원할 경우 관련 자격증이 있는 다른 부동산 전문가(중개사, 법무사 등)와 협업하도록 한다.

마. 자격인증자에게 세무 관련 자격증이 없을 경우 사전에 고객에게 고지하고 구체적인 세금계산이나 신고 등을 대행하지 않으며, 고객이 원할 경우 다른 세무전문가(회계사, 세무사, 변호사 등)와 협업하도록 한다.

★★★

67 다음 종합재무설계 프로세스 단계와 각 단계별 송지효 CFP® 자격인증자가 수행하는 업무에 대한 적절한 설명으로 모두 묶인 것은?

가. 1단계 : 송지효 CFP® 자격인증자는 고객과의 관계 정립 과정에서 고객이 상담을 원하지 않는 사항에 대해서 허용된 업무 영역 범위 내에서 다른 전문가의 도움을 받아 업무를 수행하였다.

나. 2단계 : 송지효 CFP® 자격인증자는 고객으로 하여금 막연하게 느끼는 인생목표를 구체화하여 재무목표 달성 의욕을 고취시키고, 현금흐름 관리의 필요성을 느끼게 하여, 저축 여력의 집행을 결심할 수 있도록 도와주었다.

다. 3단계 : 송지효 CFP® 자격인증자는 재무상태표 검토 시 고객의 자산 중 연금계좌에 대해 작성일 기준 평가액으로 평가하였다.

라. 4단계 : 송지효 CFP® 자격인증자는 고객의 목표, 니즈 및 우선순위를 충족시킬 수 있는 상품과 서비스는 다양하므로, 다른 자격인증자가 선별한 내용과 서로 다를 수 있음을 고객에게 설명하였다.

마. 5단계 : 송지효 CFP® 자격인증자는 자격인증자와 고객이 각각 해야 할 일이 있음과 누가 그것을 해야 할 책임이 있는지 명확히 하였다.

① 가, 나, 라
② 가, 다, 라
③ 가, 다, 마
④ 나, 다, 마
⑤ 나, 라, 마

정답 | ④

해설 | 가. 자격인증자는 업무 영역이 허용된 범위일지라도 고객이 상담을 원하지 않는 사항에 대해서는 이를 수행해선 안 된다. 자격인증자의 상담범위를 넘어서는 전문분야에 대해서는 반드시 다른 전문가의 도움을 받아야 하며, 고객에게 이를 설명하고 동의를 얻어야 한다.

라. 5단계 재무설계 제안서 실행 단계에서 안정자산, 투자자산, 운용자산별 금융상품 제안 시 수행해야 할 업무이다. 종합재무설계 프로세스의 4단계는 현 상황에서 고객의 구체화된 재무목표 달성을 위해 최적화된 방안이 무엇인지 도출하고 이의 실행이 가져올 효과까지 고려하여 최적의 대안을 마련하고 제안하는 단계이다. 즉, '고객의 입장에서 전문가의 눈으로' 바라본 방향성을 고객에게 제시하는 단계이다.

★★★

68 **다음 종합재무설계 프로세스 단계와 각 단계별 신찬용 CFP® 자격인증자가 수행하는 업무에 대한 설명으로 적절하지 않은 것은?**

① 1단계 : 신찬용 CFP® 자격인증자는 고객과의 관계 정립 과정에서 자격인증자 프로파일을 소개하는 문서에 고객에게 제공할 서비스의 범위, 고객과 재무설계사와의 역할과 책임한계, 보수 내역 등을 포함하여 제시하였다.

② 2단계 : 신찬용 CFP® 자격인증자는 고객으로 하여금 막연하게 느끼는 인생목표를 구체화할 수 있도록 도와주었다.

③ 3단계 : 신찬용 CFP® 자격인증자는 재무상태표 검토 시 고객의 자산 중 펀드, 신탁, 변액보험 등에 대해 작성일 기준 평가액으로 평가하였다.

④ 4단계 : 신찬용 CFP® 자격인증자는 '고객의 입장에서 전문가의 눈으로' 바라본 자격인증자의 견해가 포함된 재무설계 제안서를 작성하여 고객에게 제시하였다.

⑤ 5단계 : 신찬용 CFP® 자격인증자는 금융상품과 서비스 선별 과정에서 고객의 목표, 니즈 및 우선순위를 충족시킬 수 있는 상품과 서비스는 다양하므로, 다른 자격인증자가 선별한 내용과 서로 다를 수 있음을 고객에게 설명하였다.

정답 | ①

해설 | ① 업무수행 계약서에 포함하는 사항들이다. 자격인증자 프로파일에는 자신의 경력, 보유자격증, 특별히 자신있는 서비스 분야 등을 고객에게 소개한다.

▪▪▪ TOPIC 6 6단계 : 고객 상황 모니터링과 성과평가

★★★

69 **자격인증가가 6단계 프로세스에서 수행해야 할 업무 중 외부 경제환경 변화를 설명하는 기본 순서가 순서대로 나열된 것은?**

> 가. 요약 : 고객과 관련된 외부 경제환경 변화 이슈를 정리한다.
> 나. 대응 : 고객이 외부 경제환경 변화에 대응하여 수행할 재무전략, 현금흐름 관리, 저축 여력 배분 등의 조정 방향성 등을 제안한다.
> 다. 영향 : 외부 경제환경 변화 이슈가 고객에게 미치는 영향을 설명한다.
> 라. 평가 : 이슈에 대한 담당 재무설계사로서의 소견을 밝힌다.

① 가 – 라 – 나 – 다
② 가 – 라 – 다 – 나
③ 다 – 가 – 나 – 라
④ 다 – 가 – 라 – 나
⑤ 라 – 가 – 다 – 나

정답 | ②

해설 | 외부 경제환경 변화를 설명하는 기본 순서는 다음과 같다.

① 요약 : 고객과 관련된 외부 경제환경 변화 이슈를 정리한다. ② 평가 : 이슈에 대한 담당 재무설계사로서의 소견을 밝힌다. 전망이 틀릴 수 있음을 주지시킨다. ③ 영향 : 외부 경제환경 변화 이슈가 고객에게 미치는 영향을 설명한다. ④ 대응 : 고객이 외부 경제환경 변화에 대응하여 수행할 재무전략, 현금흐름 관리, 저축 여력 배분 등의 조정 방향성 등을 제안한다.

★★★

70 자격인증가가 6단계 프로세스에서 수행해야 할 업무 중 성과평가와 유료갱신의 기본사항들에 대한 적절한 설명으로 모두 묶인 것은?

가. 보통 반기 주기로 하되, 고객과의 협의에 따라 주기를 조정할 수 있다. 나. 연도별 성과평가표와 수정현금흐름표를 작성한다. 다. 모니터링에 따른 고객의 실행성과를 분석 평가한다. 라. 경제전망 등 변화된 외부 경제환경을 고객과 공유한다. 마. 변화된 외부 경제환경과 변화된 고객의 니즈를 반영하여 재무설계 제안서를 수정하고 제안한다. 바. 수정된 제안서의 내용과 부합하는 실행안을 제안하고 실행을 돕는다.

① 가, 나, 다, 라
② 다, 라, 마, 바
③ 가, 나, 다, 라, 마
④ 나, 다, 라, 마, 바
⑤ 가, 나, 다, 라, 마, 바

정답 | ④

해설 | 가. 보통 1년 주기로 하되, 고객과의 협의에 따라 주기를 조정할 수 있다.

★★★
71 종합재무설계 프로세스에 대한 다음 설명 중 가장 적절한 것은?

① 1단계는 고객으로 하여금 막연하게 느끼는 인생목표를 구체화하게 하는 것으로 재무목표 달성 의욕을 고취시키고, 현금흐름 관리의 필요성을 느끼게 하며, 저축 여력의 집행을 결심하게 하는 중요한 단계라고 할 수 있다.

② 2단계에서는 재무설계를 수행함에 있어 고객에게 제공할 서비스의 범위, 고객과 재무설계사와의 역할과 책임 한계, 보수 내역을 정하고, 업무수행 계약서를 작성하여 고객에게 제시하고 고객의 동의를 구하여야 한다.

③ 3단계에서 자산의 가치평가 시 상장주식은 작성일 기준 종가로, 연금계좌는 작성일 기준 평가액으로 한다.

④ 자격인증자가 4단계 프로세스에서 수행해야 할 업무로는 재무설계 제안서의 요약, 안정자산, 투자자산, 운용자산별 금융상품 제안, 부동산 관련 실행사항 안내, 세무 관련 실행사항 안내 등이 있다.

⑤ 대부분의 재무설계는 장기적으로 지속되기 때문에, 수시로 고객이 실행하고 있는 재무설계안을 점검하지 않으면 재무목표를 달성하는 데 차질이 발생하므로, 5단계에서 모니터링의 횟수를 고객과 협의하여 결정하고, 누가 재무적 진행상황을 모니터링할 것인지에 대해 서로 합의해야 한다.

정답 | ③

해설 | ① 2단계인 고객 관련 정보의 수집에 대한 설명이다.
② 1단계인 고객과의 관계 정립에 대한 설명이다.
④ 5단계인 재무설계 제안서 실행에 대한 설명이다. 자격인증자가 4단계 프로세스에서 수행해야 할 업무는 재무전략 수립, 재무설계 제안서 작성, 재무설계 제안서 제시이다.
⑤ 6단계인 고객 상황 모니터링과 성과평가에 대한 설명이다.

CHAPTER

05 부채관리

출제 비중 : 13~20% / 2~3문항

학습가이드 ■ ■

학습 목표	학습 중요도
Tip 사례집과 연계하여 대출 및 상환과 관련된 계산 문제 학습 필요	
1. 부채부담능력을 평가하고 부채조달 및 상환계획을 수립할 수 있다.	★★★
2. 주택 관련 대출 제도를 이해하고 설명할 수 있다.	★★

TOPIC 1 부채관리전략 수립

★★★

01 부채부담능력 평가에 대한 적절한 설명으로 모두 묶인 것은?

가. 현금흐름표상 정보를 활용한 월수입 대비 부채상환의 비율을 평가하는 방식은 부채상환으로 인한 고정지출 증가로 개인 및 가계의 원활한 현금흐름에 저해요소가 되지 않는지, 즉 현금흐름에서 부채상환에 따른 부담 정도를 평가한다.

나. 재무상태표의 정보를 활용하여 총자산에서 부채가 차지하는 비율을 평가하는 방식은 총자산 대비 총부채 비율, 총자산 대비 거주주택 마련을 위한 부채비중 등 자산과 부채의 관계로 재무건전성을 평가한다.

다. 가이드라인은 절대적 기준이므로 고객의 부채 관련 재무비율을 가이드라인의 비율과 비교 · 분석하여 가이드라인을 초과하였다면 현재 부채를 과다하게 보유하고 있다고 평가할 수 있다.

라. 주택담보대출을 받고자 하는 경우 부채부담능력은 담보로 제공되는 주택의 담보가치 또는 개인의 경제적 상황에 따라 금융감독원에서 권고하는 LTV, DTI, DSR 등을 기준으로 다르게 평가될 수도 있음에 유의해야 한다.

① 가, 나, 다　　② 가, 나, 라
③ 가, 다, 라　　④ 나, 다, 라
⑤ 가, 나, 다, 라

정답 | ②

해설 | 다. 고객의 부채 관련 재무비율을 가이드라인의 비율과 비교 · 분석하여 가이드라인을 초과하였다면 현재 부채를 과다하게 보유하고 있다고 평가할 수 있다. 물론, 가이드라인은 절대적 기준이 아니므로 추가적인 부채부담능력은 고객의 미래소득 등에 따라 그 판단이 달라질 수 있음에 유의해야 한다. 즉, 총부채상환비율과 총부채부담율이 가이드라인인 36% 이내와 40% 이내를 각각 초과한 경우에는 현재 부채가 상환능력 범위를 벗어났다고 하더라도 앞으로 승진 등으로 인해 연봉 인상에 따른 월 총수입이 증가하거나 상속이나 보유부동산의 가격상승 등으로 총자산이 늘어날 것으로 예상된다면 부채부담능력이 추가적으로 남아있다고 평가할 수도 있다. 이와 반대로 총부채상환비율과 총부채부담율이 가이드라인인 36% 이내와 40% 이내에 각각 해당한다고 하더라도 정년이나 명예퇴직을 앞두고 있어 급여소득이 중단될 가능성이 있거나 자녀 앞 증여 등으로 보유부동산이 감소할 것으로 예상된다면 오히려 현재에도 부채부담능력이 부족하다고 평가될 수도 있다.

★★★

02 홍지연씨에 대한 다음 정보를 토대로 부채관련 상담에 대한 조언으로 가장 적절한 것은?

〈홍지연(46세) 씨 인적 정보〉
- 월 총수입 : 4,000천원
- 월 순수입 : 3,300천원

〈월간 부채상환액 현황〉
- 신용카드 현금서비스 잔액 : 240천원
- 신용대출 상환액 : 350천원
- 주택담보대출 현황
  - 대출금액 : 1억원
  - 연 3.9% 월복리, 매월 말 원리금균등분할상환
  - 대출기간 : 20년

① 가이드라인상 소비성 부채상환액 적정 규모는 800천원 이내이다.
② 소비성 부채비율은 14.75%로 가이드라인상 재무건전성이 양호한 수준이다.
③ 주택담보대출로 홍지연씨가 매월 말 상환해야 하는 금액은 735천원이다.
④ 주거관련 부채비율은 가이드라인상 양호한 수준이다.
⑤ 총부채상환비율은 가이드라인을 초과하여 재무건전성이 위험할 수 있다.

정답 | ④

해설 | ① 가이드라인상 소비성 부채상환액 적정 규모는 월 순수입의 20%인 660천원 이내이다.

② 소비성 부채비율 $= \dfrac{\text{소비성 부채상환액}}{\text{월 총수입}} = \dfrac{(240+350)}{3{,}300} = 17.88\%$로 가이드라인 20% 이내이므로 재무건전성이 양호한 수준이다.

③ PV : 100,000, N : 20×12 = 240, I/Y : 3.9÷12 = 0.325, PMT(E)? 601천원

④ 주거관련 부채비율 $= \dfrac{\text{주거관련 부채상환액}}{\text{월 총수입}} = \dfrac{601}{4{,}000} = 15.02\%$로 가이드라인 28% 이내이므로 양호한 수준으로 본다.

⑤ 총부채상환비율 $= \dfrac{\text{총 부채상환액}}{\text{월 총수입}} = \dfrac{(590+601)}{4{,}000} = 29.78\%$로 가이드라인 36% 이내이므로 바람직한 것으로 평가한다.

★★★

03 **다음 정보를 고려할 때, 이연수씨의 주거관련 부채비율과 주거관련 부채부담율로 가장 적절한 것은?(단, 이연수씨는 거주하고 있는 주택A 외에 다른 부동산자산은 없다.)**

〈이연수씨 관련 정보〉

- 이연수씨 월 총수입 : 6,600천원
- 현재 시점 총자산 : 800,000천원
- 현재 시점 주택A 평가금액 : 500,000천원
- 현재 시점 주택A 담보대출 관련 정보
  - 대출금 : 5년 전 주택A 구입시 200,000천원 대출받음(대출기간 15년)
  - 대출상환액 : 연 4.2% 월복리, 매월 말 원리금균등분할상환 방식
  - 현재 60회차 상환 완료

	주거관련 부채비율	주거관련 부채부담율
①	약 18.3%	약 18.3%
②	약 18.3%	약 22.7%
③	약 22.7%	약 18.3%
④	약 22.7%	약 22.7%
⑤	약 29.3%	약 18.3%

정답 I ③

해설 I • PV : 200,000, N : 15×12=180, I/Y : 4.2÷12=0.35, PMT(E)? 1,500천원

• 주거관련 부채비율 $=\frac{\text{주거관련 부채상환액}}{\text{월 총수입}}=\frac{1,500}{6,600}=22.72\%$

• AMORT, P1 : 1, P2 : 60, 146,725천원

• 주거관련 부채부담율 $=\frac{\text{주거관련부채}}{\text{총자산}}=\frac{146,725}{800,000}=0.1834=$ 약 18.3%

★★★

04 부채조달방법 결정에 대한 적절한 설명으로 모두 묶인 것은?

> 가. 담보대출은 담보로 제공된 주택이나 토지, 건물 등의 담보가치와 차주의 신용도를 종합적으로 평가하여 대출한도가 정해진다.
> 나. 한도방식은 미리 대출한도액, 대출기간, 대출조건 등을 정해 놓고 대출기간 동안 대출한도액 내에서 자유롭게 돈을 인출해서 사용하고 상환할 수 있도록 하는 포괄계약형으로 일명 마이너스 통장이라고 한다.
> 다. 고정금리는 대출을 받을 때 금리가 확정되어 대출기간 동안 대출금리가 동일하게 적용되지만 변동금리의 경우 일정 주기를 두고 금융시장의 기준금리 변동에 따라 대출금리가 재산정된다.
> 라. 만기일시상환은 만기일까지 이자만 납부하면 되므로 대출금을 잘 활용할 수 있는 장점이 있으나 만기일에 대출금을 한꺼번에 갚아야 하므로 가계경제나 금융시장 상황에 따라 변제에 어려움을 겪을 수 있다.

① 가, 나, 다
② 가, 나, 라
③ 가, 다, 라
④ 나, 다, 라
⑤ 가, 나, 다, 라

정답 | ⑤
해설 | 모두 적절한 설명이다.

★★★

05 대출이용자들의 니즈에 맞는 부채상환방식이 적절하게 연결된 것은?

> 가. 만기일까지 이자만 납부하면 되므로 대출금을 잘 활용하여 투자수익을 내고자 한다.
> 나. 총이자부담액을 최소화하고자 한다.
> 다. 매월 동일한 금액을 갚고자 한다.

	가	나	다
①	만기일시상환	원리금균등분할상환	원금균등분할상환
②	만기일시상환	원금균등분할상환	원리금균등분할상환
③	원리금균등분할상환	만기일시상환	원금균등분할상환
④	원리금균등분할상환	원금균등분할상환	만기일시상환
⑤	원금균등분할상환	원리금균등분할상환	만기일시상환

정답 | ②

해설 | 가. 만기일시상환이란 대출기간 동안은 이자만 내다가 만기일에 원금을 모두 상환하는 방식을 말한다. 만기일시상환은 만기일까지 이자만 납부하면 되므로 대출금을 잘 활용할 수 있는 장점이 있으나 만기일에 대출금을 한꺼번에 갚아야 하므로 가계경제나 금융시장 상황에 따라 변제에 어려움을 겪을 수 있다.

나. 대출기간 전체에 대한 이자부담 측면에서 살펴보면 원금이 먼저 상환되는 방식이 이자가 먼저 상환되는 방식보다 총이자부담액이 적다. 만기일시상환의 경우 대출 만기일까지 대출원금이 그대로라서 가장 많은 이자를 부담하게 되며, 대출원금의 상환 속도가 상대적으로 더딘 원리금균등분할상환이 원금균등분할상환보다 더 많은 이자를 부담한다.

다. 원리금균등분할상환의 경우 매월 원금과 이자를 합해 동일한 금액을 갚는 방식이고, 원금균등분할상환의 경우 대출금액을 대출기간으로 나눈 금액(원금)과 대출잔액에 대한 이자를 매월 갚아나가는 방식이다.

★★★

06 원리금 상환방법에 따른 월 상환액 변화에 대한 다음 그래프에서 (가)~(나)에 들어갈 원리금 상환방법이 적절하게 연결된 것은?

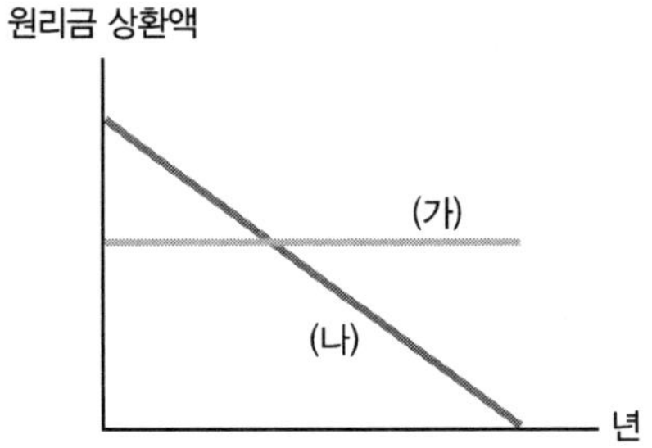

〈월 상환액 변화〉

	가	나
①	만기일시상환	원리금균등분할상환
②	만기일시상환	원금균등분할상환
③	원리금균등분할상환	만기일시상환
④	원리금균등분할상환	원금균등분할상환
⑤	원금균등분할상환	원리금균등분할상환

정답 | ④

해설 | 가. 원리금균등분할상환의 경우 매월 원금과 이자를 합해 동일한 금액을 갚는 방식이다.

나. 원금균등분할상환의 경우 대출금액을 대출기간으로 나눈 금액(원금)과 대출잔액에 대한 이자를 매월 갚아나가는 방식이다.

★★★
07 부채조달방법 결정에 대한 적절한 설명으로 모두 묶인 것은?

> 가. 주택담보대출의 경우 과도한 대출을 막기 위해 담보가치 또는 차주의 경제적 상황에 따라 금융감독원이 권고하는 LTV, DTI, DSR 등을 기준으로 대출한도가 달라진다.
> 나. 한도방식은 실제로 대출을 사용하지 않더라도 개인신용정보상으로 대출한도액 전체가 대출금으로 기록되므로 차주의 개인신용평점에 영향을 미칠 수 있다.
> 다. 일반적으로 대출기간이 3년 이하라면 고정금리를, 대출기간이 3년 이상이라면 변동금리를 선택하는 것을 권고한다.
> 라. 대출기간 전체에 대한 이자부담 측면에서 살펴보면 만기일시상환의 경우 대출 만기일까지 대출원금이 그대로라서 가장 많은 이자를 부담하게 되며, 원금균등분할상환이 원리금균등분할상환보다 더 많은 이자를 부담한다.

① 가　　② 나
③ 가, 나　　④ 나, 다
⑤ 다, 라

정답 | ③
해설 | 다. 시장금리의 향방은 금융전문가도 예측하기 힘든 측면이 있으므로 일반적으로 대출기간이 3년 이하라면 변동금리를, 대출기간이 3년 이상이라면 고정금리를 선택하는 것을 권고하기도 한다.
라. 대출기간 전체에 대한 이자부담 측면에서 살펴보면 원금이 먼저 상환되는 방식이 이자가 먼저 상환되는 방식보다 총이자부담액이 적다. 만기일시상환의 경우 대출 만기일까지 대출원금이 그대로라서 가장 많은 이자를 부담하게 되며, 대출원금의 상환 속도가 상대적으로 더딘 원리금균등분할상환이 원금균등분할상환보다 더 많은 이자를 부담한다.

★★★
08 다음 대출조건을 고려할 때, 'A~C' 상환방식의 총이자비용이 큰 순서대로 나열된 것은? (단, 'A~C' 상환방식의 대출조건은 모두 동일하다.)

> 〈대출조건〉
> • 대출금액 1억원, 대출이율 연 5% 월복리, 대출기간 10년

> A. 만기일시상환(매월 말 이자만 납부하다가 만기에 대출원금 전액 상환)
> B. 매월 말 원리금균등분할상환
> C. 매월 말 원금균등분할상환

① A > B > C　　② A > C > B
③ B > A > C　　④ B > C > A
⑤ C > B > A

정답 | ①

해설 | 대출기간 전체에 대한 이자부담 측면에서 살펴보면 원금이 먼저 상환되는 방식이 이자가 먼저 상환되는 방식보다 총이자부담액이 적다. 만기일시상환의 경우 대출 만기일까지 대출원금이 그대로라서 가장 많은 이자를 부담하게 되며, 대출원금의 상환 속도가 상대적으로 더딘 원리금균등분할상환이 원금균등분할상환보다 더 많은 이자를 부담한다.

★★★

09 부채조달방법 결정에 대한 설명으로 가장 적절한 것은?

① 담보대출은 통상적으로 신용대출에 비해 대출금리가 높다.

② 한도방식은 대체로 건별방식보다 대출금리 수준이 낮다.

③ 앞으로 시장금리가 내려갈 것으로 예상된다면 고정금리로 대출을 받는 것이 유리하고, 시장금리가 올라갈 것으로 예상된다면 변동금리로 대출받는 것이 유리하다.

④ 원금균등분할상환의 경우 매월 원금과 이자를 합해 동일한 금액을 갚는 방식이다.

⑤ 정책자금이 지원하는 대출은 금융회사가 자체 재원으로 취급하는 대출보다 대출 자격이 까다롭고 대출한도액이 적을 수 있으나 대출이자의 부담이 상대적으로 낮을 뿐만 아니라 신혼부부, 생애최초대출자, 다자녀가구 등에게 LTV, 대출한도 등에 혜택을 주고 있고 유리한 면이 많다.

정답 | ⑤

해설 | ① 통상적으로 신용대출에 비해 대출금리가 낮은데 이는 채무자가 대출금을 상환하지 않으면 담보물을 처분하여 회수할 수 있으므로 돈을 떼일 염려가 신용대출보다 적기 때문이다.

② 한도방식은 대체로 건별방식보다 대출금리 수준이 높은데 이는 한도 미사용으로 이자수입이 감소하더라도 금융회사는 차주가 언제든지 대출한도까지 사용할 수 있도록 미리 자금을 확보해 두어야 하기 때문이다.

③ 앞으로 시장금리가 내려갈 것으로 예상된다면 변동금리로 대출을 받는 것이 유리하고, 시장금리가 올라갈 것으로 예상된다면 고정금리로 대출받는 것이 유리하다.

④ 원리금균등분할상환의 경우 매월 원금과 이자를 합해 동일한 금액을 갚는 방식이고, 원금균등분할상환의 경우 대출금액을 대출기간으로 나눈 금액(원금)과 대출잔액에 대한 이자를 매월 갚아나가는 방식이다.

★★★

10 부채조달방법 중 신용대출에 대한 설명으로 적절하지 않은 것은?

① 신용대출은 금융회사가 담보나 보증인 없이 차주의 신용만으로 대출을 취급한다.

② 금융회사는 신용평가회사로부터 받은 차주의 개인신용평점과 자체적인 개인신용평가제도(CSS)를 적용하여 신용대출 대상의 직업, 소득, 해당 금융회사와의 거래실적, 재산상태 등을 종합적으로 분석한 후 대출여부와 대출한도 및 대출금리를 결정한다.

③ 대출금을 받게 되면 대출정보가 공공CB인 한국신용정보원과 민간CB인 신용평가회사에 집중되어 신용평가회사 또는 금융회사의 개인신용평가에 반영된다.

④ 개인신용평가의 평가요소는 신용평가회사 등별로 조금씩 차이가 있으나, 상환부담에 대한 리스크를 고려하여 대출금이 증가되면 개인신용평점에 부정적 요소로 활용된다.

⑤ 개인신용평점을 개선하려면 양호한 부채수준을 유지하는 것이 중요하므로, 신용카드와 단기카드대출의 잔액은 늘려야 하고, 위험대출은 상환하는 것이 좋다.

정답 | ⑤

해설 | ⑤ 개인신용평점을 개선하려면 양호한 부채수준을 유지하는 것이 중요한데, 신용카드와 단기카드대출의 잔액 증가는 줄어야 하고, 위험대출은 상환하는 것이 좋으며, 신용카드와 신용판매 위주로 지속 이용하는 것이 좋다.

★★★

11 대출별 상환 우선순위 결정에 대한 설명으로 가장 적절한 것은?

① 눈사태기술이란 대출잔액이 더 작은 것부터 먼저 상환하여 고객들이 대출상환을 성공한 것에 고무되고 계속 대출을 상환하도록 동기를 부여하는 것을 말한다.

② 신용대출보다는 담보대출을 먼저 상환하는 것이 좋다.

③ 만기일시상환대출보다 균등분할상환대출을 먼저 갚는 것이 좋다.

④ 대출을 상환할 때에는 앞으로 시장금리가 내려갈 것으로 예상된다면 변동금리로 받은 대출을 먼저 상환하는 것이 좋다.

⑤ 신용카드 현금서비스나 리볼빙, 카드론 등과 같이 고금리 대출은 이자부담이 높을 뿐만 아니라 개인신용평점에 부정적 영향이 크므로 최우선 상환 대상으로 고려해야 한다.

정답 | ⑤

해설 | ① 눈덩이기술에 대한 설명이다. 눈사태기술이란 가장 이자율이 높은 대출부터 상환하고 그 대출을 모두 상환한 후에는 그 다음 높은 이자율의 대출을 상환하는 데 집중하게 하는 것을 말한다. 고금리 대출은 갚아야 할 원리금이 많아 완전 변제까지는 더 많은 시간이 걸리지만 일단 갚고 나면 이자비용 절약 효과가 매우 크므로 이자비용을 절약할 때 성공적이라고 느끼는 고객에게 적합하다. 다만, 고금리 대출의 잔액이 많으면 완전 변제까지 오랜 시간이 걸릴 수도 있어 한건씩 대출이 완료되는 것에 더 높은 성취감을 느끼는 고객에게는 적합하지 않다.

② 담보대출보다는 신용대출을 먼저 상환하는 것이 좋다. 신용대출은 담보대출보다 금리가 높아 이자부담이 많고, 담보대출에 비해 위험대출에 속하므로 개인신용평점에 담보대출보다 부정적 영향을 주기 때문이다. 물론 담보로 제공된 부동산 등에 대한 사용(매각 등) 계획이 있다면 담보대출을 우선 상환할 수는 있다.

③ 균등분할상환대출보다 만기일시상환대출을 먼저 갚는 것이 좋다. 만기일시상환대출은 원금을 그냥 둔 채 이자만 갚아 나가기 때문에 만기 때까지 대출금을 잘 활용할 수 있는 장점이 있으나 한꺼번에 대출금을 갚아야 하므로 가계경제나 금융시장 상황에 따라 변제에 어려움을 겪을 수 있다. 균등분할상환대출은 원금 또는 원리금을 균등하게 갚아 나가기 때문에 만기일시상환대출보다 총이자부담액이 적고 시간이 지날수록 원금의 감소로 대출잔액이 줄어들어 신용도 개선에도 도움이 된다.

④ 대출을 상환할 때에는 앞으로 시장금리가 내려갈 것으로 예상된다면 고정금리로 받은 대출을 먼저 상환하고 변동금리로 받은 대출을 남겨두면 금리하락 혜택을 받아 이자부담이 적어진다.

★★★
12 대출별 상환 우선순위 결정에 대한 적절한 설명으로 모두 묶인 것은?

가. 눈덩이기술이란 가장 이자율이 높은 대출부터 상환하고 그 대출을 모두 상환한 후에는 그다음 높은 이자율의 대출을 상환하는 데 집중하게 하는 것을 말한다.
나. 담보대출 보다는 신용대출을 먼저 상환하는 것이 좋다.
다. 균등분할상환대출은 원금 또는 원리금을 균등하게 갚아 나가기 때문에 만기일시상환대출보다 총이자부담액이 적고 시간이 지날수록 원금의 감소로 대출잔액이 줄어들어 신용도 개선에도 도움이 된다.
라. 시장금리가 올라갈 것으로 예상된다면 고정금리로 받은 대출을 먼저 상환하는 것이 좋다.
마. 신용도 관리를 위해서는 신용대출, 보험계약대출, 예 · 적금 담보대출, 부동산담보대출, 카드대출 등 여러 가지 형태로 대출을 사용하여 여러 건의 대출을 받는 것이 유리하다.

① 가, 나
② 가, 마
③ 나, 다
④ 다, 라
⑤ 라, 마

정답 I ③

해설 I 가. 눈사태기술에 대한 설명이다. 눈덩이기술이란 대출잔액이 더 작은 것부터 먼저 상환하여 고객들이 대출상환을 성공한 것에 고무되고 계속 대출을 상환하도록 동기를 부여하는 것을 말한다. 대출잔액이 작은 대출금은 상환부담이 낮아 상환 성공에 따른 기쁨을 맛보기가 쉽다. 상환성공에 고무되면 불필요한 지출을 줄여서라도 대출을 계속 상환하고자 하는 의지가 높아져 조속한 대출상환을 유도할 수 있다.
라. 시장금리가 올라갈 것으로 예상된다면 변동금리로 받은 대출을 먼저 상환하고 고정금리로 받은 대출을 남겨두면 금리상승 혜택을 받을 수 있다.
마. 대출의 건수를 줄여 대출관리가 쉽도록 하는 것이 좋다. 신용대출, 보험계약대출, 예 · 적금 담보대출, 부동산담보대출, 카드대출 등 여러 가지 형태로 대출을 사용하거나 소액으로 여러 건의 대출을 받는 경우가 있다. 대출의 건수가 많으면 상환일을 놓치는 등 부채관리가 어려워서 신용도에 부정적 영향을 미칠 수 있다.

TOPIC 2 전세자금대출 및 주택담보대출

★★☆
13 주택도시기금의 버팀목전세자금대출에 대한 다음 설명 중 (가)~(나)에 들어갈 내용이 적절하게 연결된 것은?

> 소요자금에 대한 대출비율은 일반가구의 경우 전세금액의 (가) 이내, 신혼가구 · 2자녀 이상 가구의 경우 전세금액의 (나) 이내이다. 주택도시기금은 신혼부부 또는 2자녀 이상 가구, 임차주택의 소재지가 비수도권인 경우 등에 해당하면 유리하며, 한정된 정책자금 재원을 많은 서민들의 주거안정에 사용하고 있어 대출조건이나 대출한도가 여타 상품보다 까다롭지만 대출이자가 낮은 등 이점이 많다.

	가	나
①	40%	50%
②	50%	60%
③	60%	70%
④	70%	80%
⑤	80%	90%

정답 | ④

해설 | 소요자금에 대한 대출비율은 일반가구의 경우 전세금액의 70% 이내, 신혼가구 · 2자녀 이상 가구의 경우 전세금액의 80% 이내이다. 주택도시기금은 신혼부부 또는 2자녀 이상 가구, 임차주택의 소재지가 비수도권인 경우 등에 해당하면 유리하며, 한정된 정책자금 재원을 많은 서민들의 주거안정에 사용하고 있어 대출조건이나 대출한도가 여타 상품보다 까다롭지만 대출이자가 낮은 등 이점이 많다.

★★☆
14 한국주택금융공사의 일반전세자금보증서 발급기준에 대한 다음 설명 중 (가)~(나)에 들어갈 내용이 적절하게 연결된 것은?

> 보증대상자는 임차보증금이 (가)[서울, 경기, 인천 이외 소재 가구는 (나)] 이하일 것, 임차보증금의 5% 이상을 지급한 세대주일 것, 본인과 배우자(배우자예정자 포함)의 합산한 주택보유수가 1주택 이내일 것, 본인과 배우자(배우자예정자 포함)가 가격이 3억원을 초과하는 투기지역 · 투기과열지구 내 소재 아파트의 소유권을 취득하지 않을 것 및 보증대상목적물이 노인복지주택인 경우 노인복지법에서 정하는 입소자일 것이라는 4가지 조건을 모두 충족해야 한다. 보증비율은 대출금액의 90%로 부분보증 상품이다.

	가	나
①	4억원	3억원
②	7억원	5억원
③	7억원	6억원
④	9억원	5억원
⑤	9억원	6억원

정답 | ②

해설 | 보증대상자는 임차보증금이 7억원(서울, 경기, 인천 이외 소재 가구는 5억원) 이하일 것, 임차보증금의 5% 이상을 지급한 세대주일 것, 본인과 배우자(배우자예정자 포함)의 합산한 주택보유수가 1주택 이내일 것, 본인과 배우자(배우자예정자 포함)가 가격이 3억원을 초과하는 투기지역 · 투기과열지구 내 소재 아파트의 소유권을 취득하지 않을 것 및 보증대상목적물이 노인복지주택인 경우 노인복지법에서 정하는 입소자일 것이라는 4가지 조건을 모두 충족해야 한다. 보증비율은 대출금액의 90%로 부분보증 상품이다.

★★☆

15 **자격인증자는 고객 아이유씨로부터 전세자금대출에 대해 상담을 의뢰받았다. 고객의 상황이 아래와 같은 경우 해 주어야 하는 조언으로 적절하지 않은 것은?**

〈아이유씨 상황〉
- 신혼부부로 부부합산 연소득이 1억원이고 무주택자
- 전세 대상주택은 서울 지역 소재 아파트로 임차 전용면적이 85m^2, 임차보증금이 4억원
- 여타 사항은 전세자금대출 신청 조건을 충족하는 것으로 가정

① 전세자금대출은 세입자가 전세계약이 종료되었을 때 집주인으로부터 전세금을 돌려받을 권리를 확인하고, 금융회사가 세입자를 대상으로 취급하는 대출상품이다.

② 전세자금대출은 정부의 정책자금을 지원받아 취급하는 것, 은행이 한국주택금융공사의 정책자금을 지원받아 취급하는 것, 그리고 은행이 자체 재원으로 취급하는 것으로 크게 나누어진다.

③ 아이유씨 부부는 버팀목전세자금대출의 소득요건을 충족하고 있다.

④ 한국주택금융공사의 보증서 담보 전세자금대출은 소득요건이 없고 수도권의 경우 임차보증금 7억원까지 신청할 수 있으므로, 아이유씨의 전세 대상주택은 동 대출의 신청 대상에 해당한다.

⑤ 자격인증자는 아이유씨에게 한국주택금융공사의 보증서 담보 전세자금대출을 권유하는 것이 좋겠다.

정답 | ③

해설 | ③ 아이유씨 부부는 부부합산 연소득이 1억원이라서 버팀목전세자금대출의 소득요건을 충족하지 못하고 있다.

★★☆

16 전세자금대출에 대한 적절한 설명으로 모두 묶인 것은?

가. 주택도시기금은 신혼부부 또는 2자녀 이상 가구, 임차주택의 소재지가 비수도권인 경우 등에 해당하면 유리하며, 한정된 정책자금 재원을 많은 서민들의 주거안정에 사용하고 있어 대출 조건이나 대출한도가 여타 상품보다 까다롭지만 대출이자가 낮은 등 이점이 많다.
나. 한국주택금융공사의 보증서 담보 전세자금대출은 부부합산 연소득 및 순자산가액, 임차주택의 전용면적 등 기준이 대출심사에 적용되어 대출한도가 많이 나오는 등 주택도시기금의 버팀목전세자금대출과 비교할 때 유리한 면이 많다.
다. 은행 등 금융회사는 정책자금 지원 없이 자체 재원을 활용하여 다양한 방식으로 전세자금대출을 취급하고 있는데 대출자격, 대출대상주택, 대출한도, 대출금리, 대출상환방법 등이 금융회사별로 상이하다.
라. 전세보증금 상환보증은 임대차계약이 종료되었음에도 임대인이 정당한 사유 없이 임차인에게 임차보증금을 반환하지 않는 경우, 보증회사가 임차인에게 임차보증금을 돌려주는 상품으로 보증기관의 심사를 거쳐 가입되고 가입 시 임차인이 보증료를 납부한다.

① 가, 다
② 나, 라
③ 가, 나, 다
④ 나, 다, 라
⑤ 가, 나, 다, 라

정답 | ①

해설 | 나. 한국주택금융공사의 보증서 담보 전세자금대출은 부부합산 연소득 및 순자산가액, 임차주택의 전용면적 등 기준이 대출심사에 적용되지 않고 임차주택의 임차보증금도 높아 대출한도가 많이 나오는 등 주택도시기금의 버팀목전세자금대출과 비교할 때 유리한 면이 많지만, 대출이자를 더 많이 부담해야 하는 등 불리한 점도 있다.

라. 전세보증금 반환보증제도에 대한 설명이다. 전세보증금 상환보증은 임차인이 은행에 전세대출금을 상환할 수 없는 경우 보증기관이 임차인 대신 금융회사에 대출금을 상환하겠다는 보증이기 때문에 임차인이 보증기관에 해당 금액을 상환해야 하는 의무가 남아있으며, 임대인으로부터 보증금을 돌려받기 위한 법적 조치도 임차인이 해야 한다. 따라서 전세사기 피해를 당하지 않으려면 전세보증금 상환보증이 아닌 전세보증금 반환보증에 가입해야 함에 유의해야 한다.

★★☆

17 아이유씨는 아파트 구입자금이 부족하여 해당 아파트를 담보로 제공하고 대출을 받고자 한다. 아파트의 담보가치 8억원, 선순위 채권 1억원 그리고 임차보증금 1억원인 경우 LTV 60%를 적용할 때 받을 수 있는 주택담보대출 금액으로 가장 적절한 것은?

① 2.8억원 ② 3.8억원
③ 4.8억원 ④ 5.8억원
⑤ 6.8억원

정답 | ①

해설 |

- $\text{LTV} = \dfrac{\text{주택담보대출금액} + \text{선순위채권} + \text{임차보증금 등}}{\text{담보가치}} \times 100$
- $0.6 = \dfrac{(\text{주택담보대출금액} + \text{선순위채권 1억원} + \text{임차보증금 1억원})}{\text{담보가치 8억원}}$
- 주택담보대출금액 = 8억원 × 0.6 − 1억원 − 1억원 = 2.8억원

★★☆

18 연간 소득이 1억원인 아이유씨는 주택담보대출(대출잔액 3억원, 연간 원금 20,000천원과 이자 8,000천원 상환 중), 신용대출(대출잔액 1억원, 연간 원금 50,000천원과 이자 3,000천원 상환 중)을 각각 가지고 있다. 아이유씨의 DTI와 DSR이 적절하게 연결된 것은?

	DTI	DSR
①	11%	31%
②	11%	81%
③	31%	70%
④	31%	81%
⑤	70%	31%

정답 | ④

해설 |

- $\text{DTI} = \dfrac{\text{주택담보대출 연간 원리금상환액} + \text{기타부채 연간 이자상환액}}{\text{연간 소득}} = \dfrac{(28{,}000 + 3{,}000)}{100{,}000} = 31\%$
- $\text{DSR} = \dfrac{\text{금융회사 대출의 연간 원리금상환액}}{\text{연간 소득}} = \dfrac{(28{,}000 + 35{,}000)}{100{,}000} = 81\%$

★★☆

19 **한동근씨가 구매하고자 하는 주택A는 최근 정부의 부동산 규제 강화 대상이 되어 LTV와 DTI가 각각 40%씩 적용된다. 다음 정보를 고려할 때, 한동근씨가 주택A를 담보로 대출받을 수 있는 최대 대출가능금액으로 가장 적절한 것은?(단, 주택A 관련 기존 대출, 임차보증금, 기타 선순위 채권이 없다고 가정한다.)**

- 주택A의 가격 : 500,000천원
- 한동근씨 연소득 : 48,000천원
- 대출조건
  - 대출이율 연 4% 월복리, 대출기간 20년, 매월 말 원리금균등분할상환 조건
  - LTV 기준과 DTI 기준 중 작은 금액으로 최대 대출가능금액 산정

① 200,000천원
② 262,340천원
③ 264,035천원
④ 265,684천원
⑤ 384,000천원

정답 | ①

해설 | • LTV 기준 최대 대출가능금액 : 담보가치 500,000×LTV 40%=200,000천원
• DTI 기준 최대 연간 원리금 상환액 : 연소득 48,000×DTI 40%=19,200천원
• DTI 기준 최대 월간 원리금 상환액 : 19,200÷12=1,600천원
• DTI 기준 최대 대출가능금액
PMT(E) : 1,600, N : 20×12=240, I/Y : 4÷12=0.3333, PV? 264,035천원
• 최대 대출가능금액 : min(LTV 기준 200,000천원, DTI 기준 264,035천원)=200,000천원

★★☆

20 **무주택자인 고승완씨는 A주택을 매수하고자 한다. 다음 정보를 토대로 주택담보대출에 대한 설명으로 가장 적절한 것은?(단, 고승완씨는 현재 기존 대출이 없다고 가정한다.)**

> 〈A주택 및 대출 관련 정보〉
> - A주택 시세 : 500,000천원(현재 A주택에 담보된 채권 및 기임차보증금 등은 없음)
> - 고승완씨 연소득 : 64,000천원
> - 고승완씨는 현재 A주택 구입자금으로 200,000천원을 마련하였으며, 나머지는 주택담보대출을 활용하고자 한다.
> - 대출은 LTV와 DTI로 계산된 각각의 최대 대출가능금액 중 작은 금액으로 가능하며, 대출이율 연 4% 월복리, 대출기간 20년, 매월 말 원리금균등분할상환 조건이다.
> - 주택담보대출 LTV 및 DTI 규제비율 : LTV 40%, DTI 40%

① LTV로 계산된 최대 대출가능금액은 300,000천원이다.
② 고승완씨의 소득이 높을수록 DTI에서 계산된 최대 대출가능 금액이 낮아진다.
③ DTI는 A주택 담보대출금 상환액 중 이자상환액만 고려하여 계산한다.
④ DTI로만 계산된 최대 대출가능금액은 349,787천원이다.
⑤ 고승완씨는 A주택 매수를 위해 추가자금이 필요하다.

정답 | ⑤

해설 | ① LTV로 계산된 최대 대출가능 금액 : 500,000×LTV 40%=200,000천원

② 총부채상환비율(DTI)이란 차주의 원리금상환액이 연간 소득에서 차지하는 비율로 주택 등 부동산을 담보로 대출을 받을 때 차주의 부채부담능력을 측정하는 지표이다. 소득이 높을수록 DTI에서 계산된 최대 대출가능 금액이 높아진다.

③ 총부채상환비율(DTI) $= \frac{\text{(주택담보대출 연간 원리금상환액 + 기타부채 연간 이자상환액)}}{\text{연간 소득}} \times 100$

④ DTI 기준 최대 연간 원리금 상환액 : 연소득 64,000×DTI 40%=25,600천원
- DTI 기준 최대 월간 원리금 상환액 : 25,600÷12=2,133천원
- DTI 기준 최대 대출가능금액
  PMT(E) : 2,133, N : 20×12=240, I/Y : 4÷12=0.3333, PV? 352,047천원

⑤ 최대 대출가능금액 : min(LTV 기준 200,000천원, DTI 기준 352,047천원)=200,000천원

CHAPTER

06 재무설계상담과 행동재무학

출제 비중 : 7~13% / 1~2문항

학습가이드 ■■

학습 목표	학습 중요도
Tip 개념 이해를 중심으로 학습 필요	
1. 행동재무학의 핵심 이론을 이해하고 고객 상황에 대응할 수 있다.	★★★

▪▪▪ TOPIC 1 행동재무학적 접근을 통한 재무설계

★★★

01 전망이론에 대한 적절한 설명으로 모두 묶인 것은?

> 가. 사람들이 실제 어떤 선택을 할 때 기댓값 또는 기대효용이 가장 큰 대안을 선택한다고 설명한다.
> 나. 사람들은 불확실한 확률로 주어진 이득보다는 확실한 이득을 더 높게 평가한다.
> 다. 100% 확률로 100만원을 받는 계약과 10% 확률로 1,000만원을 받는 계약이 있을 때 10%의 확률로 1,000만원을 받는 대안보다는 확실하게 100만원을 받는 대안을 더 선호한다.
> 라. '불확실한 기대이익과 동일한 효용을 갖는 확실한 최소이익을 택한다'는 것이고, 이를 평가하는 과정에서 이득과 손실을 파악하기 위한 상대적인 잣대로서 기준점을 정립하게 된다.
> 마. 전망이론은 최적화된 결정을 내고자 하는 것으로 자격인증자가 재무상담 시 고객의 주관적인 가치, 확률 및 보상에 대한 태도와 행동을 이해하고 재무설계에 적용하는 데 매우 유용하다.

① 가, 나, 다　　② 가, 나, 마
③ 가, 라, 마　　④ 나, 다, 라
⑤ 다, 라, 마

정답 | ④

해설 | 가. 사람들이 실제 어떤 선택을 할 때 기댓값 또는 기대효용이 가장 큰 대안을 선택한다는 기대효용이론의 주장과 달리, 특정 대안의 기댓값보다는 해당 대안이 얼마나 확실한가를 더 중요하게 생각한다고 설명한다.
마. 전망이론은 최적화된 결정을 내고자 하는 것이 아니고 실생활의 의사결정을 설명하고자 하는 것으로 자격인증자가 재무상담 시 고객의 주관적인 가치, 확률 및 보상에 대한 태도와 행동을 이해하고 재무설계에 적용하는 데 매우 유용하다.

★★★
02 행동재무학의 주요 개념과 연구주제에 대한 적절한 설명으로 모두 묶인 것은?

> 가. 고객들은 종종 과도한 낙관이나 비관적인 감정에 영향을 받아 투자 결정을 내리며, 이러한 감정적 요인은 가격 흐름을 형성하고 시장의 불안정성을 증가시킬 수 있다.
> 나. 사람들은 주가의 상승이나 하락에 대한 반응이 다를 수 있으며, 이러한 행동은 이성적인 판단을 벗어나는 경향이 있는데, 예를 들어 심적회계, 자기통제 오류 등의 편향이 투자 결정에 영향을 미친다.
> 다. 투자자들은 종종 허위 정보나 소문에 민감하게 반응하며, 이로 인해 시장에서 과도한 변동성이 발생할 수 있다.
> 라. 다양한 고객들이 다른 심리적 특징을 가지고 있으며, 이를 이용한 투자 전략과 재무의사결정을 연구한다.

① 가, 나, 다
② 가, 나, 라
③ 가, 다, 라
④ 나, 다, 라
⑤ 가, 나, 다, 라

정답 | ③

해설 | 나. 심적회계, 자기통제 오류 등의 편향은 소비행동과 관련된 심리적 편향이다. 손실 회피 경향, 과도한 자신감, 소속감 등의 편향이 투자 결정에 영향을 미친다.

••• TOPIC 2 재무설계 영역별로 적용되는 심리적 편향 사례

★★★
03 다음 사례와 관련된 심리적 편향에 대한 설명으로 적절하지 **않은** 것은?

> 고객의 소비지출이 수입에 비해 점점 늘어나는 것을 확인하고 상담을 통해 이 문제를 해결하고자 했다. 자세히 살펴보니 소비지출성향이 대부분 온라인쇼핑몰에서 할인쿠폰을 사용하여 소핑을 하고 모든 비용은 신용카드로 결제했다. 필요 없는 물건까지 지출이 많아서 쇼핑금액이 할인쿠폰을 열심히 사용하는데도 오히려 더 늘어가는 것을 알 수 있었다.

① 심적회계는 개인이 재무적 의사결정을 할 때 상황에 따라 적용되는 내적 프레이밍이 달라지는 것으로 할인쿠폰이라는 것이 '손쉽게 번 소득계정'에 포함되기 때문에 더 많이 소비하게 된다는 것뿐 아니라 할인쿠폰을 사용해 쇼핑할 때는 평소에 구매하지 않던 상품도 구매하게 된다고 한다.

② 소비를 마음 속 회계장부 중에서 가장 보수적인 영역으로 두게 함으로써 소비를 신중하게 하는 습관을 유도하기 위해서는 신용카드 1만원과 현금 1만원이 같은 단위이며 예산을 세우고 그대로 소비하는 습관을 점검하도록 한다.

③ 자기통제는 인간의 장기적 충동이라는 합리적 본성을 통제하면서 자신의 단기적인 이익을 극대화하는 것임을 인식하도록 유도한다.

④ 자기통제 오류를 극복하기 위해서는 이자율의 개념을 이해하도록 한다.

⑤ 현재의 기쁨을 위해서 신용카드를 과도하게 사용하거나 다른 소비지출에 사용할 돈을 지출하면서 추가적으로 비용이 소요되는 것임을 인식하도록 한다.

정답 I ③

해설 I ③ 자기통제는 인간의 단기적 충동이라는 비합리적 본성을 통제하면서 자신의 장기적인 이익을 극대화하는 것임을 인식하도록 유도한다.

★★★

04 심리적 편향에 대한 설명이 적절하게 연결된 것은?

> 가. 손실로 인한 고통의 크기는 동일한 이익의 기쁨보다 더 크게 느끼는 경향이 있기 때문에, 이익이 나고 있는 주식 종목은 향후 손실이 날까봐 빨리 매도하는 반면, 손실이 나고 있는 주식 종목은 손실이 확정되는 것이 싫어서 매도하는 것을 주저하게 된다.
> 나. 자신의 능력과 지식을 과대평가하며, 자신의 판단이 틀리지 않을 것이라고 믿는 경향으로 인해 무리한 위험을 감수하거나 부적절한 투자 결정을 하게 된다.
> 다. 개미투자자들이 오히려 '하이리턴'을 위해서는 '하이리스크'를 감당해야 한다고 생각하기 때문에 기준점이 예상수익률 100%인 고객은 원금을 손해볼 확률이 예상 수익의 절반 이하면 도전할 만한 가치가 있다고 스스로 합리화시킨다는 것이다.

	가	나	다
①	손실회피 편향	자기통제 오류	기준점 효과
②	손실회피 편향	자기과신	기준점 효과
③	손실회피 편향	낙관주의 오류	닻 내리기
④	현상유지 편향	자기과신	닻 내리기
⑤	현상유지 편향	낙관주의 오류	기준점 효과

정답 I ②

해설 I 가. 손실회피 편향에 대한 설명이다.
나. 자기과신에 대한 설명이다.
다. 기준점 효과에 대한 설명이다.

★★★

05 다음 사례와 관련된 심리적 편향에 대한 설명으로 적절하지 **않은** 것은?

> 투자 상담 시 한 고객이 고수익이 예상되는 종목투자에만 집중적으로 투자를 하려고 한다. 그 고객은 개미투자자로 예상수익률이 적어도 50% 이상인 경우가 발생한다고 판단할 경우에만 가치가 있다고 생각하고, 자신이 투자한 종목은 무조건 성공할 것이라고 생각한다. 10%의 예상수익률 인덱스펀드와 같은 투자는 전혀 거들떠보지 않는다. 또한 재무설계사가 권하는 매매 타이밍은 고려하지 않고 자신의 판단대로만 환매를 진행한다.

① 손실회피 편향은 사람들이 손실을 피하려는 경향으로 확률이 50:50으로 전망될지라도 잠재적 이득이 잠재적 손실보다 최소한 두 배 이상이 되는 종목에만 투자하는 것이다.

② 자기 과신이 지나치면 자신이 가지고 있는 정보가 맞다고 확신하고 위험요소를 간과하게 되므로, 고객 중에 특정 정보를 지나치게 믿는다면 자기 과신의 경향이 높지 않은지 점검해 봐야 한다.

③ 과거수익률이 미래수익률을 예측하는 지표가 아니기 때문에 그 수익률이 지속되지 않음을 인식하게 해야 하며, 그러기 위해서는 고객이 가지고 있는 정보보다 더 질이 좋은 고급정보를 제공하는 것이 효과적이다.

④ 손실회피성향은 효용을 평가할 때 최종적으로 가지는 부의 수준을 평가하게 된다.

⑤ 이런 성향을 가진 고객들에게는 전체 수익률에 대한 부분을 명시하고 인식하도록 해야 하며 고객의 준거 틀을 확대시킬 필요가 있다.

정답 | ④

해설 | ④ 손실회피성향은 효용을 평가할 때 최종적으로 가지는 부의 수준보다는 이익과 손실의 실현을 평가하게 된다. 즉, 최종적으로 투자를 하고 내가 얻은 부가 얼마인지를 보지 않고 그 과정에서 이익이 있었는지, 손실이 있었는지만 따지고 싶어 한다. 비록 적은 돈을 가졌지만 꾸준히 이익을 보았다면 그에 따른 만족도가 높을 수 있기 때문이다.

★★★
06 심리적 편향에 대한 설명이 적절하게 연결된 것은?

가. 어떤 음료수의 가격이 8,000원인 경우 비싸다고 느끼지만, 희망소비자가격이 1만원인데 8,000원에 할인판매 한다는 사실을 알면 음료수가 싸다고 여기는 것처럼 어떤 사항에 대한 판단을 내릴 때 초기에 제시된 기준에 영향을 받는 효과를 말한다.
나. 편리함, 안정감, 익숙함 등과 관련되며, 변화에 대한 저항으로 나타날 수 있다.

	가	나
①	기준점 효과	자기통제 오류
②	기준점 효과	손실회피 편향
③	닻 내리기	현상 유지 편향
④	닻 내리기	손실회피 편향
⑤	대표성 오류	현상 유지 편향

정답 | ③
해설 | 가. 닻 내리기에 대한 설명이다.
나. 현상 유지 편향에 대한 설명이다.

★★★
07 다음 은퇴 준비와 관련된 심리적 편향으로 모두 묶인 것은?

은퇴 준비는 장기적인 과정인데 은퇴준비가 안 되는 대부분의 심리적 이유는 현재의 즉각적인 만족이나 소비에 중요성을 두고 있기 때문에 은퇴를 고려하지 않거나 미루는 경향이 생긴다. 또한 은퇴 생활은 변화를 필요로 하는데 변화에 대한 저항이나 불안감으로 인해 은퇴를 고려하지 않을 수 있다.

① 손실 회피 경향, 과도한 자신감, 소속감
② 심적회계, 자기통제 오류
③ 손실회피 편향, 자기과신, 기준점 효과
④ 닻 내리기, 현상 유지 편향
⑤ 대표성 오류, 낙관주의 오류, 소유효과

정답 | ④
해설 | 은퇴 준비와 관련된 심리적 편향은 닻 내리기, 현상 유지 편향이다.
① 투자 결정에 영향을 미치는 심리적 편향이다.
② 소비행동과 관련된 심리적 편향이다.
③ 투자행동과 관련된 심리적 편향이다.
⑤ 보험선택행동과 관련된 심리적 편향이다.

★★★

08 다음 사례와 관련된 심리적 편향에 대한 설명으로 적절하지 **않은** 것은?

> 고객의 은퇴준비 상황을 검토한 결과, 100% 채권에 자산이 집중되어 있고 그 외 저축이나 다른 자산은 없으며 자산배분을 통해 은퇴준비를 하고자 하는 의지가 없다. 시장의 하락세로 현재 가격과 기대가격에 불만을 가지고 있지만 주식으로 자산을 배분하는 것을 극도로 꺼린다. 적정한 보장성보험은 가지고 있으나 소비 씀씀이는 소득에 비해 큰 편이다. 위험수용성향을 파악한 결과 어느 정도 위험한 포트폴리오를 감당할 수 있는 유형인 것으로 파악되었다.

① 닻 내리기는 의사결정을 할 때 처음에 제시된 정보나 숫자에 과도하게 영향을 받는 경향으로, 처음에 제시된 "닻"을 기준으로 하여 그것으로부터 멀리 떨어지지 않으려는 성향이다.

② 현재 고객의 부의 수준은 적정할지 모르나 고객의 경우 현상 유지와 같은 감정적인 심리적 편향을 가지고 있어 정보나 조언을 통해 수정이 불가능하다.

③ 위험관리성향도 어느 정도 감당이 가능하므로 한 가지 자산에만 집중 투자함으로서 발생하는 위험에 대해 지속적으로 교육하고 수정했을 때 나타날 수 있는 변화를 추정하여 제시할 수 있다.

④ 닻 내리기 효과는 상당히 지속적이고 변화시키기 힘든 특성으로, 논리적 사고와 비판적 사고를 통해 이미 투자한 비용이나 처음 제시된 정보에 과도한 의존을 피하도록 유도함으로써 장착된 주어진 값이나 정보를 잊게 하고 새로운 출발을 하도록 유도해야 한다.

⑤ 고객이 스스로 닻을 만들어낸다면 그에 대한 주의를 환기시키는 것이 좋으므로, 자격인증자는 기존의 부정적이고 잘못된 닻에 대한 상반된 닻을 만들 수 있도록 유도해야 한다.

정답 | ②

해설 | ② 현재 고객의 부의 수준은 적정할지 모르나 장기적으로 불균형한 자산배분이 지속된다면 은퇴를 할 경우 충분한 은퇴생활을 하지 못할 가능성이 크다. 그러나 고객의 경우 현상 유지와 같은 감정적인 심리적 편향을 가지고 있어 정보나 조언을 통해 수정이 가능할 수 있다.

★★★

09 심리적 편향에 대한 설명이 적절하게 연결된 것은?

가. 보장성 보험이 담보하는 위험은 통계를 근거로 한 기저율을 갖고 있지만, 가입자 스스로가 위험 확률을 낮게 평가할 경우 보장성 보험에 가입할 필요성을 갖지 못한 경우이다.
나. 어떠한 사건이 발생할 확률을 알고 있더라도 나에게 그러한 위험은 발생하지 않을 것이라고 판단하는 것이다.
다. 고객에게 노트북을 판매하면서 1달간 무료로 써보게 했을 때, 무료시연기간이 지나고 반품이 높지 않은 사례가 많다. 이는 자신이 한번 소유하게 된 물건은 더 높은 가치를 부여하고 싶어 하는 인간의 특성에서 기인한다.

	가	나	다
①	자기과신	대표성 오류	심적회계
②	대표성 오류	낙관주의 오류	소유효과
③	대표성 오류	낙관주의 오류	심적회계
④	낙관주의 오류	대표성 오류	소유효과
⑤	낙관주의 오류	자기과신	심적회계

정답 | ②

해설 | 가. 대표성 오류에 대한 설명이다.
나. 낙관주의 오류에 대한 설명이다.
다. 소유효과에 대한 설명이다.

★★★

10 다음 사례와 관련된 심리적 편향에 대한 설명으로 적절하지 **않은** 것은?

> 고객이 보유하고 있는 보험상품을 검토한 결과, 위험에 대비할 수 있는 보험에 가입되어 있지 않고 위험이 발생할 경우 소유한 자산으로 이를 해결할 수 없는 재무상황이다. 보장성 보험에 가입하지 않는 이유는 보험에 가입했는데 아무런 위험이 발생하지 않아서 보험금을 받지 못하는 것은 낭비라고 생각하고 나에게 특별히 불행한 위험이 닥치지 않을 것으로 생각한다.

① 낙관주의 오류는 나에게는 다른 사람들보다 나쁜 일이 발생할 확률이 적다고 생각하는 경향으로, 자동차 사고나 질병 발생 등의 위험에 대한 심각성을 충분히 인식하지 못하고 보험에 가입하지 않을 수 있다.

② 자신이 처한 상황을 유지하고 그러한 상태가 지속될 것이라고 보고 자신이 가지고 있는 위험확률을 높이고 싶지 않은 동시에 그러한 확률을 줄이는 데 비용을 지불하고 싶어하지 않는 현상유지 편향이다.

③ 고객이 기저율에 대해 이해할 수 있도록 이에 대한 적당한 반복과 자극을 통해 최대한 장기기억체계로 전환을 유도한다.

④ 낙관주의 오류를 극복하게 하는 방법은 의사결정을 하는 데 있어서 최대한 문제를 객관적으로 바라보게 하여 자신의 상황을 평가할 수 있도록 하는 것이다.

⑤ 소유효과를 극복하게 하기 위해서는 위험을 증가시키고 그 대가로 받을 금액은 위험을 줄이기 위한 비용과 비교하면 훨씬 크다는 것을 인지시키고, 권유를 받아 상품을 선택하는 인식보다는 자신의 선택의 자유를 극대화하는 방안을 통해 보장성보험 소유에 대한 만족도를 높일 수 있도록 한다.

정답 | ②

해설 | ② 소유효과에 대한 설명이다. 이러한 성향은 필수 자동차 보험만 가입하는 등 최소한의 법적책임 보험 외에는 보험에 가입하지 않는 경향이 있다. 은퇴준비와 관련된 현상 유지 편향은 현재의 상태나 결정을 유지하려는 심리적 경향으로 이 편향은 변화나 새로운 결정을 받아들이기보다는 현재의 상태를 계속 유지하려는 우리의 자연적인 성향이다.

CHAPTER

07 재무설계 실무사례

출제 비중 : 0~13% / 0~2문항

학습가이드 ■ ■

학습 목표	학습 중요도
Tip 고객 상황별 활용 가능한 제도를 중심으로 학습 필요	
1. 다양한 고객 상황별 개인재무설계를 수행할 수 있다.	★★

▪▪▪ TOPIC 1 고객 상황별 재무설계

★★☆

01 자격인증자가 고려해야 할 개인사업자의 특징에 대한 설명으로 적절하지 않은 것은?

① 개인사업자는 근로소득자와 달리 매월의 수입이 불규칙하므로, 매출 증대에 항상 집중할 수 밖에 없다는 것이 주어진 수입에서 저축 여력을 파악하고 이를 장단기로 배분해서 재무목표를 달성해 나가는 재무관리 접근이 어려운 이유가 된다.

② 개인사업자들은 사업장관리, 마케팅, 사업자금관리, 세금관리, 인사 · 노무관리 등 단기적으로 신경 써야 할 사항들이 많기 때문에 개인적이고 장기적인 준비를 할 만한 심적 여유를 느끼지 못하게 되는 경우가 많다.

③ 개인사업자들은 본인의 사업에 집중해야 매출이 증대되므로, 본인이 사업을 통해 충분한 자산을 형성해 놓기 전에는 다른 투자대안에 대한 검토나 실행을 어려워하고, 또한 다른 투자대안보다 동일 시간, 동일 자금이면 본인의 사업을 통해 더 높은 수익을 낼 수 있다는 심리적 유인이 강한 편이다.

④ 자산의 대부분이 사업장으로 구성되어 있다 보니 부동산설계에서 말하는 포트폴리오를 구성할 엄두를 내지 못하는 경우가 있고, 세금설계와 관련해서도 사업소득 관련 세금납부 부분에만 집중하여 NTIS, PCI 등의 세무환경에 미처 대비하지 못하는 경우가 많다.

⑤ 돈에 대한 의사결정이 어렵기 때문에 개인사업자들은 재무설계의 필요성에 공감하지 못하는 편이며, 재무설계 제안서 실행에 매우 소극적인 편이다.

정답 | ⑤

해설 | ⑤ 그럼에도 불구하고 개인사업자들은 재무설계의 필요성에 더욱 공감하는 편이다. 돈에 대한 의사결정이 어렵고 자문과 도움을 받는다는 것이 중요하다는 사실을 경험으로 터득하고 있기 때문이다. 오히려 개인사업자들이 정보습득과 재무설계 제안서 실행에 더 적극적인 편이다.

★★☆

02 자격인증자로서 개인사업자의 사업장과 관련한 기본상담에 대한 적절한 설명으로 모두 묶인 것은?

가. 개인사업자 대부분이 사업용 자금과 개인자금을 혼용하고 있는 경우가 많은데, 이는 개인종합재무설계를 수행하는 데 걸림돌이 되며, 자금혼용이 시간의 경과에 따라 누적될 경우 세무조사의 원인이 되기도 한다.
나. 상권분석, 임차료 · 인건비 · 관리비 등 3대 기본경비의 업종별 비율 비교, 성수기 · 비수기의 구분, 경기순환 등의 외부 경제환경 변화도 함께 검토할 필요가 있다.
다. 현재 매출이 증대되고 있는 사업장의 경우 소득이 많을수록 개인사업자의 세 부담이 가중되는데, 수입금액 증가 이전에 자금관리가 부실할 경우 사업과 관련 없는 경비를 필요경비로 공제하는 등 세무관리 투명성이 미흡해지게 됨에 따라, 수입금액이 증가하면서 세무조사 가능성이 높아질 수 있다.
라. 사업주의 연령 증가 시 개인사업자 사업체의 가업승계 문제가 발생하는데, 사업용자산 또는 개인자산을 상속으로 이전 시 높은 상속세 부담이 발생하게 되어, 평생 일궈온 사업을 포기하는 경우도 발생하게 되므로, 적절한 가업승계전략을 통해 이를 해소할 필요가 있다.

① 가, 나
② 가, 라
③ 나, 다
④ 다, 라
⑤ 가, 나, 다, 라

정답 | ⑤
해설 | 모두 적절한 설명이다.

★★☆

03 개인사업자 개인재무설계에 대한 설명으로 적절하지 않은 것은?

① 개인사업자의 경우 재무전략을 수립할 때, 모든 의사결정의 우선순위로 현금흐름 관리를 고려할 필요가 있다.
② 먼저 사업용 자금과 가계자금을 분리하도록 유도하여, 개인사업자 스스로 지출할 때 사업자금용도인지 개인자금용도인지 구분하고, 필요경비인정항목에 해당하는 지출인 경우 사업용계좌를 기반으로 한 신용카드 결제를 할 것을 권유한다.
③ 사업장 현금흐름관리표를 작성함으로써 사업자 스스로 사업상의 성수기, 비수기를 구분할 수 있게 되고, 그것에 따른 사업장의 마케팅 플랜을 세울 수도 있게 된다.
④ 사업장 현금흐름관리표에 의해 월평균수입을 인지하면 비로소 개인재무목표 달성을 위한 현금흐름 관리에 대한 관심도 발생하게 된다.
⑤ 개인사업자의 경우 운용자산, 즉 비상예비자금 통장이 사업용 운전자금 통장과 가계비상예비자금 통장 이렇게 두 개가 필요하다.

정답 | ①
해설 | ① 개인사업자의 경우 재무전략을 수립할 때, 모든 의사결정의 우선순위로 세무관리를 고려할 필요가 있다. 고객에 대한 종합재무설계안이 사업장에 대한 세무조사를 유발하지는 않는지 여부를 항상 검토해야 한다.

★★☆
04 1인가구 특징으로 적절하지 않은 것은?

① 1인가구는 하나의 이름으로 묶어질 수 있는 동질화된 집단이다.
② 가족이 아닌 자신을 위한 소비가 주축을 이루게 된다.
③ 미래의 불확실성이 다른 일반 가구에 비해 확대될 가능성이 높다.
④ 자신의 생애 전 기간에 대한 재무적 책임을 스스로 짊어져야 한다는 부담감도 높다.
⑤ 주거비 부담을 줄이기 위한 소형임대주택 등 새로운 주거공간 수요가 증대된다.

정답 I ①
해설 I ① 1인가구는 하나의 이름으로 묶어질 수 있는 동질화된 집단이 아니다.

★★★
05 1인가구 재무전략의 수립에 대한 설명이 적절하게 연결된 것은?

가. 연령이 증가함에 따라 가계의 부재로 스스로 노후를 책임져야 한다는 부담감이 증가하므로, 비교적 일찍 노후 생활비 기반 마련, 노후 의료비 기반 마련, 생산적 소일거리 개발 등의 생애전환기 재무설계를 시작할 필요가 있다.
나. 교육자금에 매몰되어 자칫 간과할 수 있는 노후종합설계도 고려할 수 있도록 강조한다.
다. 재산분할의 결정, 이혼 관련 절세방안에 대한 재무전략을 수립한다.
라. 재산분할계획의수립 등 상속설계의 대상이 된다.

	가	나	다	라
①	골드족	이혼가구	실버 세대	기러기 가족
②	골드족	기러기 가족	이혼가구	실버 세대
③	골드족	실버 세대	기러기 가족	이혼가구
④	실버 세대	이혼가구	기러기 가족	골드족
⑤	실버 세대	기러기 가족	이혼가구	골드족

정답 I ②
해설 I 가. 골드족 재무전략의 수립 예시이다.
나. 기러기 가족 재무전략의 수립 예시이다.
다. 이혼가구 재무전략의 수립 예시이다.
라. 실버 세대 재무전략의 수립 예시이다.

★★★
06 1인가구 재무관리에 대한 설명이 적절하게 연결된 것은?

가. 생애전환기 재무설계의 개념을 인식시키고 비교적 일찍 준비를 시작해야 함을 강조한다.
나. 과도한 지출 여부를 판단하여 현금흐름 관리의 중요성을 강조한다.
다. 비재무적 요인을 더욱 중시하여 종합재무설계를 안내한다.
라. 의료비기반과 생산적 소일거리 마련을 강조한다.

	골드족	이혼가구	기러기 가족	실버 세대
①	가	나	다	라
②	가	다	나	라
③	나	가	다	라
④	나	가	라	다
⑤	다	나	라	다

정답 | ②
해설 | 가. 골드족 재무관리의 예시이다.
나. 기러기 가족 재무관리의 예시이다.
다. 이혼가구 재무관리의 예시이다.
라. 실버 세대 재무관리의 예시이다.

★★☆
07 이혼에 관한 다음 설명 중 가장 적절한 것은?

① 이혼이란 별거나 졸혼과는 유사한 개념이다.
② 부부는 상호협의에 의해 이혼을 할 수 있으며 그 원인을 묻지 않으므로, 협의이혼도 이혼의사의 합치만 있으면 유효하다.
③ 이혼숙려제도에 따라 협의 이혼하고자 하는 부부가 법원에 이혼 의사 확인을 신청한 경우 그 부부 간에 양육해야 할 자녀의 유무와 관계없이 3개월이라는 이혼 숙려 기간을 주어 그동안 이혼을 신중히 생각하고 이혼 합의를 철회할 수 있게 하고 있다.
④ 재판상 이혼의 원인은 배우자에 부정한 행위가 있었을 때, 배우자가 악의로 다른 일방을 유기한 때, 배우자 또는 그 직계존속으로부터 심히 부당한 대우를 받았을 때, 자기의 직계존속이 배우자로부터 심히 부당한 대우를 받았을 때, 배우자 생사가 3년 이상 분명하지 아니한 때 등이 있다.
⑤ 법원판례에 따른 이혼사유로 외모비하, 잠자리거부, 재산은닉, 과도한 생활비 지원 인색 등이 있으며, 이혼의 귀책사유자도 이혼청구가 가능하다.

정답 | ④

해설 | ① 이혼이란 부부가 법률상으로 부부관계를 해소하여 서로 헤어지는 것을 말하며, 별거나 졸혼과는 다른 개념이다.

② 부부는 상호협의에 의해 이혼을 할 수 있으며 그 원인을 묻지 않으나, 협의이혼도 이혼의사의 합치라는 실질적 요인과 이혼신고라는 형식적 요건을 갖추어야 유효하다.

③ 이혼숙려제도에 따라 협의 이혼하고자 하는 부부가 법원에 이혼 의사 확인을 신청한 경우 그 부부 간에 양육해야 할 자녀(또는 임신 중에 있을 때 포함)가 있을 때 3개월, 자녀가 없을 때 1개월이라는 이혼 숙려 기간을 주어 그동안 이혼을 신중히 생각하고 이혼 합의를 철회할 수 있게 하고 있다.

⑤ 이혼의 귀책사유자는 이혼청구가 불가하다.

★★☆

08 이혼 과정의 재무전략 수립 시 자녀양육비 결정 문제에 대한 적절한 설명으로 모두 묶인 것은?

가. 친권은 자녀의 신분과 재산에 관한 사항을 결정할 수 있는 권리로서, 법정대리인으로 자녀의 전학·유학, 여권 발급, 수술, 주민등록상 주소지 이전, 자녀명의 재산관리 등을 할 수 있는 권리이다.

나. 이혼하는 경우 친권자와 양육자를 부모 중 일방 또는 쌍방으로 동시에 지정할 수 있고, 각각 달리 지정할 수도 있지만, 특별한 경우를 제외하고는 실무적으로 친권자와 양육자를 일치시킨다.

다. 이혼하는 경우 친권자와 양육자가 달리 지정될 경우, 양육에 대한 내용에 충돌이 발생할 때 친권이 우선한다.

라. 이혼 시 부모의 협의로 친권자를 정하여야 하고, 협의할 수 없거나 협의가 이루어지지 아니하는 경우에는 가정법원은 직권으로 또는 당사자의 청구에 따라 친권자를 지정한다.

마. 양육환경 등 사정이 변경되어 기존에 정한 양육에 관한 내용이 적절하지 않게 된 경우 언제든지 법원에 변경신청을 할 수 있으며, 친권자 변경은 자녀의 4촌 이내 친족의 청구로, 양육자 변경은 부모, 자녀 및 검사의 청구 또는 직권으로 변경 신청을 할 수 있다.

바. 양육자가 부모의 일방일 경우 양육자가 아닌 부모가 양육비 부담자가 되며, 양육자가 제3자일 경우 부모 쌍방이 양육비를 부담한다.

사. 양육비는 이혼할 때 부모가 합의하여 정할 수 없으며, 법원에 청구해서 정할 수 있다.

아. 양육비를 지급받지 못하는 경우에는 양육비 직접지급명령제도와 담보제공 및 일시금 지급제도, 이행명령 및 강제집행의 방법으로 양육비 지급을 강제할 수 있다.

① 가, 나, 다, 라, 바, 사
② 가, 나, 라, 마, 바, 사
③ 가, 나, 라, 마, 바, 아
④ 나, 다, 마, 바, 사, 아
⑤ 다, 라, 마, 바, 사, 아

정답 | ③

해설 | 다. 불가피하게 달리 지정될 경우, 친권자는 친권만 행사할 수 있고, 양육에 대한 내용에 충돌이 발생할 때 양육권이 우선한다.

사. 양육비는 이혼할 때 부모가 합의하여 정할 수 있으며, 합의가 이루어지지 않으면 법원에 청구해서 정할 수 있다.

★★☆

09 이혼 과정의 재무전략 수립 시 양육비 강제집행 방법에 대한 적절한 설명으로 모두 묶인 것은?

가. 양육비 직접지급명령은 양육비 지급자가 근로자인 경우, 특히 대기업이나 공무원 등 안정된 직장을 가지고 있는 경우 유용하며, 양육비 직접지급명령이 있으면 고용주는 급여일에 양육비 상당액을 양육자 명의의 계좌에 바로 이체하게 된다.
나. 재판 중 양육비의 이행확보를 위해 양육비 지급자에게 담보제공을 명할 것을 법원에 신청할 수 있는데, 담보를 제공하지 않으면 법원은 2,000만원 이하의 과태료를 부과하며 양육비의 전부 또는 일부를 일시에 지급하도록 명한다.
다. 이행명령은 1회라도 지급하지 않은 경우 법원에 신청 가능하며, 담보제공 및 일시금 지급명령과 동시에 신청할 수 있다.
라. 강제집행의 방법으로 양육비 지급을 강제할 수는 없다.

① 가, 다
② 나, 라
③ 가, 나, 다
④ 나, 다, 라
⑤ 가, 나, 다, 라

정답 | ①

해설 | 나. 재판 중이거나 재판 종료 이후에도 양육비의 이행확보를 위해 양육비 지급자에게 담보제공을 명할 것을 법원에 신청할 수 있다. 담보를 제공하지 않으면 법원은 1,000만원 이하의 과태료를 부과하며 양육비의 전부 또는 일부를 일시에 지급하도록 명한다. 법원의 일시금도 지급하지 않으면 30일 범위 내에서 양육비 지급자를 구치소 등에 감치한다.
라. 집행권원(판결, 조정조서, 화해조서)을 근거로 강제집행을 할 수 있다는 집행문을 발부받아 상대방 재산에 강제집행을 신청하여 경매처분을 통해 양육비를 받을 수 있다.

★★☆

10 이혼가구 재무설계에 대한 설명으로 적절하지 않은 것은?

① 이혼숙려제도에 따라 협의 이혼하고자 하는 부부가 법원에 이혼 의사 확인을 신청한 경우 그 부부 간에 양육해야 할 자녀의 유무에 관계없이 1개월이라는 이혼 숙려 기간을 주어 그동안 이혼을 신중히 생각하고 이혼 합의를 철회할 수 있게 하고 있다.
② 이혼 시 부모의 협의로 친권자를 정하여야 하고, 협의할 수 없거나 협의가 이루어지지 아니하는 경우에는 가정법원은 직권으로 또는 당사자의 청구에 따라 친권자를 지정한다.
③ 이혼에 따른 재산분할이란 부부가 결혼 후 형성된 재산을 각자의 기여도만큼 나눠 가지는 것을 말한다.
④ 전업주부라도 재산형성과 유지에 기여한 것으로 인정받아 재산분할청구를 할 수 있으나 각자의 기여도에 따라 재산분할이 이루어지며, 부부 모두 수입이 있다면 각자의 기여도에 따라 분할된다.
⑤ 결혼 전에 소유하고 있던 재산이나 결혼 후에 취득한 재산 중 제3자로부터 증여 또는 상속받은 재산 등은 재산분할에 포함되지 않는다.

정답 | ①

해설 | ① 이혼숙려제도에 따라 협의 이혼하고자 하는 부부가 법원에 이혼 의사 확인을 신청한 경우 그 부부 간에 양육해야 할 자녀(또는 임신 중에 있을 때 포함)가 있을 때 3개월, 자녀가 없을 때 1개월이라는 이혼 숙려 기간을 주어 그동안 이혼을 신중히 생각하고 이혼 합의를 철회할 수 있게 하고 있다.

★★☆

11 이혼 과정의 재무전략의 수립 시 재산분할의 결정에 대한 설명으로 적절하지 않은 것은?

① 이혼에 따른 재산분할이란 부부가 결혼 후 형성된 재산을 각자의 기여도만큼 나눠 가지는 것을 말한다.

② 결혼 전에 소유하고 있던 재산이나 결혼 후에 취득한 재산 중 제3자로부터 증여 또는 상속받은 재산 등은 재산분할에 포함되지 않는다.

③ 소송을 통해 재산분할신청을 하려면 청구소송을 하기에 앞서 상대방의 재산에 대해 가압류나 가처분을 해두는 것이 필요하다.

④ 재산분할청구는 이혼과 동시에 하거나 이혼한 날로부터 2년 이내에 행사하여야 한다.

⑤ 재산분할로 부동산을 이전받은 배우자가 해당 부동산을 재양도할 경우 부동산 취득시기는 재산분할시점을 기준으로 한다.

정답 | ⑤

해설 | ⑤ 재산분할로 부동산을 이전받은 배우자가 해당 부동산을 재양도할 경우 부동산 취득시기는 최초로 부동산을 취득한 날을 기준으로 하므로, 조건에 따라 양도소득세 부담이 커질 수 있음을 고려해야 한다.

★★☆

12 이혼 관련 절세방안에 대한 설명으로 적절하지 않은 것은?

① 위자료의 대물변제로 부동산소유권을 이전받는 경우 양도소득세 과세대상이 되며, 양도소득세는 이혼 위자료를 지급하는 배우자가 부담하게 된다.

② 이혼 위자료로 부동산을 이전받은 배우자가 향후 부동산을 양도할 경우 취득시기는 이혼위자료를 받은 날이 된다.

③ 재산분할로 부동산을 이전받은 경우, 증여세가 과세된다.

④ 재산분할로 부동산을 이전받은 배우자가 해당 부동산을 재양도할 경우 부동산 취득시기는 최초로 부동산을 취득한 날을 기준으로 하므로, 조건에 따라 양도소득세 부담이 커질 수 있음을 고려해야 한다.

⑤ 이혼 전 증여로 부동산을 취득하는 경우, 배우자 간 증여공제인 6억원 범위 이내라면 증여세가 없지만, 증여로 취득한 취득세는 고려해야 한다.

정답 | ③
해설 | 〈이혼 시 부동산 이전에 따른 세금발생과 취득시기〉

구분	증여세	양도소득세	재양도 시 취득시기
위자료	×	○	위자료 받은 날
재산분할	×	×	최초 부동산 취득시기
이혼 전 증여	○	×	수증시점

★★☆
13 이혼으로 배우자에게 부동산을 이전받은 후 부동산을 양도하는 경우, 자격인증자가 고려하여 조정하는 절세방안으로 적절하지 않은 것은?

① 위자료로 부동산을 이전받은 경우, 증여세는 없다.
② 위자료의 대물변제로 부동산소유권을 이전받는 경우 양도소득세 과세대상이 되며, 양도소득세는 이혼 위자료를 지급받는 배우자가 부담하게 된다.
③ 재산분할로 부동산을 이전받은 경우, 증여세도 없고, 부동산을 이전하는 배우자가 내는 양도소득세도 없다.
④ 재산분할로 부동산을 이전받은 배우자가 해당 부동산을 재양도할 경우 부동산 취득시기는 최초로 부동산을 취득한 날을 기준으로 하므로, 조건에 따라 양도소득세 부담이 커질 수 있음을 고려해야 한다.
⑤ 이혼 전 증여로 부동산을 취득하는 경우, 증여세가 과세되나, 배우자 간 증여공제인 6억원 범위 이내라면 증여세가 없다.

정답 | ②
해설 | ② 양도소득세는 이혼 위자료를 지급하는 배우자가 부담하게 된다.

★★☆
14 이혼으로 배우자에게 부동산을 이전받은 후 부동산을 양도하는 경우, 자격인증자가 고려하여 조정하는 절세방안으로 가장 적절한 것은?

① 위자료의 대물변제로 부동산소유권을 이전받는 경우 증여세와 양도소득세 과세대상이 된다.
② 이혼 위자료를 받은 배우자가 향후 부동산을 양도할 경우 취득시기는 이혼위자료를 지급한 배우자의 취득시기가 된다.
③ 재산분할로 부동산을 이전받은 경우, 부동산을 이전하는 배우자가 내는 양도소득세는 없지만, 증여세가 과세된다.
④ 재산분할로 부동산을 이전받은 배우자가 해당 부동산을 재양도할 경우 부동산 취득시기는 최초로 부동산을 취득한 날을 기준으로 하므로, 조건에 따라 양도소득세 부담이 커질 수 있음을 고려해야 한다.
⑤ 이혼 직후 증여로 취득하는 경우, 6억원 범위 이내라면 증여세가 없다.

정답 | ④

해설 | ① 증여세는 없다. 하지만 위자료의 대물변제로 부동산소유권을 이전받는 경우 양도소득세 과세대상이 된다. 양도소득세는 이혼 위자료를 지급하는 배우자가 부담하게 된다.

② 이혼 위자료를 받은 배우자가 향후 부동산을 양도할 경우 취득시기는 이혼위자료를 받은 날이 된다.

③ 증여세는 없다. 부동산을 이전하는 배우자가 내는 양도소득세도 없다. 다만, 이전받은 배우자가 해당 부동산을 재양도할 경우 부동산 취득시기는 최초로 부동산을 취득한 날을 기준으로 하므로, 조건에 따라 양도소득세 부담이 커질 수 있음을 고려해야 한다.

⑤ 이혼 전 증여로 취득하는 경우, 증여세가 과세된다. 배우자 간 증여공제인 6억원 범위 이내라면 증여세가 없다. 다만, 증여로 취득한 취득세는 고려해야 한다. 재양도 시에는 부동산 취득시기는 증여받은 날을 기준으로 한다.

★★☆

15 이혼 과정의 재무전략 수립에 대한 설명으로 적절하지 않은 것은?

① 결혼 전에 소유하고 있던 재산이나 결혼 후에 취득한 재산 중 제3자로부터 증여 또는 상속받은 재산 등은 재산분할에 포함되지 않는다.

② 재산분할청구는 이혼과 동시에 하거나 이혼한 날로부터 2년 이내에 행사하여야 한다.

③ 위자료의 대물변제로 부동산소유권을 이전받는 경우 양도소득세 과세대상이 되며, 양도소득세는 이혼 위자료를 지급받는 배우자가 부담하게 된다.

④ 재산분할로 부동산을 이전받은 경우, 증여세와 양도소득세 모두 없지만, 이전받은 배우자가 해당 부동산을 재양도할 경우 부동산 취득시기는 최초로 부동산을 취득한 날을 기준으로 하므로, 조건에 따라 양도소득세 부담이 커질 수 있음을 고려해야 한다.

⑤ 이혼 전 증여로 부동산을 취득하는 경우, 재양도 시에는 부동산 취득시기는 증여받은 날을 기준으로 한다.

정답 | ③

해설 | ③ 양도소득세는 이혼 위자료를 지급하는 배우자가 부담하게 된다.

★★☆

16 장애인 특별부양신탁에 대한 설명으로 적절하지 않은 것은?

① 스스로 재산관리를 하기 어려운 장애인을 위한 맞춤형 신탁이다.

② 부모나 조부모 등 친족이 장애인에게 증여한 후 신탁회사와 신탁계약을 체결하면 신탁회사가 고객이 정한 금융상품으로 자금을 운용하여 그 수익을 장애인에게 지급하는 방식이다.

③ 장애인복지법에 의한 장애인이 신탁이익의 전부를 지급받는 수익자여야 한다.

④ 타인이 자산을 증여하고 장애인 특별부양신탁에 가입하면 최대 5억원까지 증여세를 감면받을 수 있다.

⑤ 신탁기간이 장애인의 종신까지이기 때문에, 재산을 증여받은 중증장애인이 본인의 의료비, 특수교육비를 위한 원금의 일부를 찾아 쓰게 되면 해당 금액에 대해 증여세가 부과된다.

정답 | ⑤

해설 | ⑤ 신탁기간이 장애인의 종신까지이다. 이 때문에 재산을 증여받은 장애인이 신탁을 해지하거나 원금의 일부를 찾아 쓰게 되면 해당 금액에 대해 증여세가 부과된다. 다만, 중증장애인 본인의 의료비, 특수교육비를 위한 원금의 인출은 허용된다.

★★☆

17 장애인 특별부양신탁에 대한 적절한 설명으로 모두 묶인 것은?

가. 수혜대상에는 미등록장애인도 포함된다.
나. 취급대상 자산은 금전, 유가증권으로, 부동산은 불가능하다.
다. 신탁기간은 장애인 사망 시까지이다.
라. 6억원까지 증여세가 면제된다.
마. 신탁해지, 수익자 변경 등 중도해지 시 증여로 간주하여 증여세가 추징되나, 중증장애인 본인의 의료비, 특수교육비 지출을 위한 원금인출은 허용된다.

① 가, 다
② 가, 라
③ 나, 라
④ 나, 마
⑤ 다, 마

정답 | ⑤

해설 | **〈장애인 특별부양신탁〉**

구분	내용
수혜대상	장애인복지법에 의한 장애인 등(미등록장애인 제외)
취급대상 자산	금전, 유가증권, 부동산
취급기관	자본시장법상 신탁업자
수익자	장애인 본인
신탁기간	장애인 사망 시까지
세제혜택	5억원까지 증여세 면제
중도해지	• 증여로 간주하여 증여세 추징(신탁해지, 수익자 변경 등) • 중증장애인 본인의 의료비, 특수교육비 지출을 위한 원금인출은 허용

★★☆

18 장애인을 위한 금융서비스와 금융상품 및 세제혜택에 관한 다음 설명 중 가장 적절한 것은?

① 금융감독원은 그간 언어 · 청각장애인을 위한 화상수화상담서비스 제공 외에 금융지원이 취약한 시각장애인의 애로사항을 해소하기 위해 점자민원 서비스를 제공하는 한편, 금융생활 종합안내서인 금융닥터 1332를 점자책－오디오 북으로 제작하였다.

② 장애인전용 연금보험은 장애인 사망률을 사용하고 높은 사업비를 부과하여 동일한 보험료의 일반연금에 비해 낮은 연금액을 지급도록 설계되어 있다.

③ 장애인 전용보험은 일반 보장성보험과 별도로 연간 100만원 한도 내에서 13.2%로 세액공제를 받을 수 있다.

④ 보장성보험이 기존에 일반인으로 가입이 되어 있는 경우, 장애인으로 등록이 되었다하더라도 계약 자체를 전환할 수는 없다.

⑤ 소득세법 시행령에서 인정하는 인적공제 대상 장애인의 범위는 장애인복지법에 따른 장애인으로 한정된다.

정답 | ①

해설 | ② 장애인전용 연금보험은 장애인 사망률을 사용하고 낮은 사업비를 부과하여 동일한 보험료의 일반연금에 비해 높은 연금액을 지급하며, 일반연금의 연금수급 개시 연령인 45세보다 낮은 20세, 30세, 40세 등 다양하게 적용하고 있으며, 후취형 사업비 체계로 운용하여 중도해지하는 경우에도 해약환급금이 높아지도록 설계되어 있다.

③ 일반 보장성 상품의 세액공제액은 연간 100만원 한도로 지방세 포함 13.2% 세액공제를 받을 수 있는 반면, 장애인 전용보험은 일반 보장성보험과 별도로 연간 100만원 한도 내에서 16.5%로 세액공제를 받을 수 있다.

④ 기존에 일반인으로 가입이 되어있는 경우, 장애인으로 등록이 되었다면 계약 자체를 전환할 수 있다. 소득세법상 일반인의 보장성보험 세액공제와 장애인의 납부 보험료는 각각 특별세액공제를 적용받기 때문이다.

⑤ 소득세법 시행령에서 인정하는 인적공제 대상 장애인의 범위는 장애인복지법에 따른 장애인과 장애 아동복지법에 따라 발달 재활서비스를 받고 있는 장애 아동, 국가유공자법에 따른 상이자, 항시 치료를 요구하는 중증환자 등이 해당한다. 단, 중증환자 등 비영구 장애는 장애인 증명서에 기재된 장애 기간에 한해서 세액공제 혜택이 적용된다는 점을 유의해야 한다.

★★☆

19 고객 상황별 재무설계에 관한 다음 설명 중 적절하지 않은 것은?

① 사업용자산 또는 개인자산을 상속으로 이전 시 높은 상속세 부담이 발생하게 되어, 평생 일궈온 사업을 포기하는 경우도 발생하게 되므로, 적절한 가업승계전략을 통해 이를 해소할 필요가 있다.

② 이혼 재무설계에서 자격인증자가 수집하여야 할 자료는 자산, 부채, 수입, 지출 등의 재무정보, 부동산 관련 매매계약서, 분양계약서, 등기부등본, 토지대장, 임대차계약서, 감정평가서, 근로소득원천징수영수증, 종소세신고사본, 법인사업 관련 자료, 각종 보험 및 연금 관련 증서와 서류, 계약자 및 수익자 이름, 유언장 및 신탁증서 등이 있다.

③ 이혼 후 양육비는 반드시 금전으로 자녀가 성년이 되기 전까지 지급하여야 한다.

④ 일반적으로 위자료로 부동산을 이전해 주는 것은 세법상 유상이전으로 보아 양도소득세를 과세하지만, 재산분할로 부동산을 이전해 주는 것은 증여로 보지 않으며 양도소득세도 과세되지 않는다.

⑤ 부모나 조부모 등 친족이 장애인에게 자산을 증여하고 장애인 특별부양신탁에 가입하면 최대 5억원까지 증여세를 감면받을 수 있다.

정답 | ③

해설 | ③ 양육비를 지급받는 방법과 형식에는 제한이 없다. 따라서 일시금 또는 정액으로, 금전 또는 부동산으로 받을 수 있다. 양육비는 자녀가 성년(만 19세)이 되기 전까지 지급하여야 한다.

★★☆

20 한덕수, 박미진 부부에 대한 다음 정보를 바탕으로 분석 · 평가한 소비성 부채비율과 주거관련 부채상환비율이 적절하게 연결된 것은?

- 연간 총소득(세전) : 한덕수 140,000천원, 박미진 80,000천원
- 월 순수입 : 11,000천원
- 급여통장을 마이너스 통장으로 사용. 현재 잔액은 (−)24,000천원, 대출금리 연 6%
- 주택담보대출 현황
  - 대출금액 : 250,000천원(연 4.5% 월복리)
  - 현재 잔액 : 127,700천원
  - 매월 대출상환원리금 : 1,912천원

	소비성 부채비율	주거관련 부채상환비율
①	11.56%	10.43%
②	18.18%	17.38%
③	18.18%	10.43%
④	19.27%	17.38%
⑤	19.27%	10.43%

정답 | ⑤

해설 |
- 소비성 부채 : 24,000천원 + 24,000 × 6% = 25,440천원
- 소비성 부채상환액 : 25,440 ÷ 12 = 2,120천원
- 소비성 부채비율 $= \frac{\text{소비성 부채상환액}}{\text{월 순수입}} = \frac{2,120}{11,000} = 19.27\%$
- 월 총수입 : 220,000 ÷ 12 = 18,333천원
- 주거관련 부채상환비율 $= \frac{\text{주거관련 부채상환액}}{\text{월 총수입}} = \frac{1,912}{18,333} = 10.43\%$

★★☆

21 재무설계 제안서 작성의 프레임워크에 대한 가정이 적절하게 연결된 것은?

> 가. 고객은 무제한의 욕망을 가지고 있고, 자원은 제한되고 감소할 수 있으며, 최적의 제안서는 니즈와 자원의 균형을 맞춰 정량화할 수 있다.
> 나. 금융 불평등이 표준이고, 경제적 불평등이 체계적이며, 소득과 부가 소수의 경제 엘리트에 의해 부당하게 보유되고, 특정 집단의 사람들이 그들 스스로의 의도로는 경제적 자원에 접근할 수 없다.

	가	나
①	경제적 렌즈	리소스 관리 렌즈
②	경제적 렌즈	리소스 획득 렌즈
③	치료적 렌즈	리소스 관리 렌즈
④	치료적 렌즈	리소스 획득 렌즈
⑤	리소스 획득 렌즈	행동 변화 렌즈

정답 | ②

해설 | 가. 경제적 렌즈를 사용하는 사람들의 제안서 작성 시 중요한 가정이다.
나. 리소스 획득 렌즈를 사용하여 고객과 상담하는 사람들이 공유하는 경향이 있는 믿음이다.

★★☆

22 재무설계 제안서 작성의 프레임워크와 의사결정 모델에 대한 설명이 적절하게 연결된 것은?

> 가. 자격인증자들은 주로 고객의 계획된 또는 예상치 못한 니즈를 충족하기 위해 리소스 양을 늘릴 수 있는 방법에 초점을 맞춘다. 이때 리소스는 물리적, 재무적 및 인적 자본들을 포괄하도록 광범위하게 정의된다. 이러한 광범위한 관점을 고려할 때, 자격인증자는 고객 또는 주요 가족구성원의 '건강 및 수입 능력을 구축'하고 관리하는 데 더 많은 시간과 노력을 투자할 것을 권고할 수 있다.
> 나. 문제를 철저히 나타내고, 변화하는 요소에 대한 민감성을 유지하고, 결정이 내려지는 환경을 고려하며, 제안서에 기여하는 이슈와 속성을 식별한다. 제안서의 참가자를 식별한다.

	가	나
①	리소스 관리 렌즈	전문화 모델
②	리소스 관리 렌즈	체계적 접근 모델
③	행동 변화 렌즈	전문화 모델
④	리소스 획득 렌즈	체계적 접근 모델
⑤	리소스 획득 렌즈	전문화 모델

정답 | ②

해설 | 가. 리소스 관리 렌즈(행동 변화 렌즈)에 대한 설명이다.
나. 체계적 접근 모델에 대한 설명이다.

MEMO

PART 02

재무설계사 직업윤리

CONTENTS

CHAPTER

01 재무설계사의 직업윤리

출제 비중 : 60~80% / 3~4문항

학습가이드 ■ ■

학습 목표	학습 중요도
Tip 윤리 규정의 정의와 구체적인 내용 학습 필요 Tip 사례에서 위반한 윤리규정을 찾는 문제에 대한 학습 필요 Tip 업무수행기준 단계별 내용과 프로세스 순서에 대한 학습 필요	
1. 고객에 대한 재무설계사의 의무를 이해하고 준수할 수 있다.	★★★
2. 윤리규정을 이해하고 준수할 수 있다.	★★★
3. 재무설계 업무수행기준을 이해하고 설명할 수 있다.	★★★

··· TOPIC 1 재무설계사의 고객에 대한 의무

★★★

01 다음은 CFP® 자격인증자와 고객의 대화 내용이다. 내용에 대응하는 재무설계사의 고객의 대한 의무가 적절하게 연결된 것은?

> 가. A보험상품과 B보험상품의 만기 예상 환급률을 비교해 보면 A보험상품의 환급률이 높게 나옵니다.
> 나. 원금비보장 ELS상품은 기초자산이 일정 수준 이하로 하락할 경우에는 원금 손실이 발생할 수 있습니다.

	가	나		가	나
①	충실의무	고지의무	②	충실의무	자문의무
③	고지의무	자문의무	④	자문의무	충실의무
⑤	자문의무	고지의무			

정답 | ①

해설 | 가. 충실의무 : 전문직업인이 고객을 위하여 서비스를 제공한다는 것은 선량한 관리자로서의 주의의무 외에 고객이 합법적으로 최대의 이익을 도모할 수 있도록 전문가로서 최선을 다하여 충성하여야 한다는 것을 의미하므로 재무설계사는 언제나 자신의 이익보다는 고객의 합법적 이익을 최우선순위에 두어야 한다. 따라서 투자설계에 따른 투자방안을 제안하는 경우에는 CFP® 자격인증자 자신에 대한 수입보다도 고객에 대한 서비스를 우선하여야 하며, 자산운용을 위한 투자방안 제시와 관련하여 자신과 고객 간에 이해상충의 가능성이 있는 사항은 모두 고객에게 사전에 통보하여야 한다는 것이다. 이와 같은 충실관계의 요점은 CFP® 자격인증자가 고객에게 사심 없는 공명정대한 조언을 하여야 한다는 것이다.

나. 고지의무 : 재무설계업무에서 가장 중요한 고지사항 중의 하나는 제안되는 투자방안에 내포된 위험을 고객에게 알려주는 것이다. 우리나라의 경우 자본시장과 금융투자업에 관한 법률의 규정에 따라 투자에 내포된 위험을 포함하여 주요 사항을 고객에게 미리 통보하여야 하는 의무를 강조하고 있다.

★★★

02 다음 보기에서 설명하고 있는 재무설계사의 고객에 대한 의무로 가장 적절한 것은?

- 재무설계사의 책임 중 핵심요소이다.
- 고객 관련 정보를 수집하고 분석할 때 재무설계사는 고객에게 적절한 제안을 하기 위하여 필요한 모든 사항을 이해하려고 노력하여야 한다.
- '투자자 적합성(Investor suitability)'이라는 개념이 내포되어 있다.

① 충실의무
② 고지의무
③ 진단의무
④ 자문의무
⑤ 갱신유지의무

정답 | ③

해설 | 진단의무에 대한 설명이다.

★★★

03 다음과 같이 업무를 수행한 재무설계사가 위반한 고객에 대한 의무로 가장 적절한 것은?

- 고객의 투자성향은 안정형이지만 고위험 주식형 펀드 가입을 권유하였다.
- 투자경험이 전혀 없는 고객에게 원금손실이 가능한 해외펀드상품 가입을 추천하였다.

① 충실의무
② 고지의무
③ 진단의무
④ 자문의무
⑤ 갱신유지의무

정답 | ③

해설 | 진단의무에는 '투자자 적합성'이라는 개념이 내포되어 있다. 이 개념은 투자자의 투자성향, 재무상황, 위험감수성향이 투자방안과 적절하게 조화되는지 여부를 나타내는 개념이다. 재무설계사가 고객에 대하여 투자 또는 다른 사항에 대하여 제안할 경우에는 먼저 현재의 경제적 환경, 고객의 위험수용도, 금융상황, 현재의 자산운용상태 및 고객의 목표를 분석하고 이를 바탕으로 제안을 하게 된다.

★★★

04 재무설계사가 위반한 고객의 대한 의무가 적절하게 연결된 것은?

> 가. 고객의 합법적 이익을 최우선순위에 두지 않고 자신의 이익을 추구하였다.
> 나. 투자자의 투자성향, 투자위험 감수수준에 대한 고려 없이 투자방안을 제안하였다.

	가	나
①	충실의무	고지의무
②	충실의무	진단의무
③	고지의무	자문의무
④	진단의무	자문의무
⑤	진단의무	충실의무

정답 I ②

해설 I 가. 충실의무 : 전문직업인이 고객을 위하여 서비스를 제공한다는 것은 선량한 관리자로서의 주의의무 외에 고객이 합법적으로 최대의 이익을 도모할 수 있도록 전문가로서 최선을 다하여 충성하여야 한다는 것을 의미하므로 재무설계사는 언제나 자신의 이익보다는 고객의 합법적 이익을 최우선순위에 두어야 한다. 따라서 투자설계에 따른 투자방안을 제안하는 경우에는 CFP® 자격인증자 자신에 대한 수입보다도 고객에 대한 서비스를 우선하여야 하며, 자산운용을 위한 투자방안 제시와 관련하여 자신과 고객 간에 이해상충의 가능성이 있는 사항은 모두 고객에게 사전에 통보하여야 한다는 것이다. 이와 같은 충실관계의 요점은 CFP® 자격인증자가 고객에게 사심없는 공명정대한 조언을 하여야 한다는 것이다.

나. 진단의무 : 진단의무에는 '투자자 적합성'이라는 개념이 내포되어 있다. 이 개념은 투자자의 투자성향, 재무상황, 위험감수성향이 투자방안과 적절하게 조화되는지 여부를 나타내는 개념이다. 이를 위하여 재무설계사는 투자에 대한 고객의 지식수준과 재무목표에 관한 정보를 비롯하여 고객에 대한 기본적인 정보를 모두 파악하고 있어야 한다.

★★★

05 재무설계사의 고객에 대한 의무 중 진단의무에 대한 적절한 설명으로 모두 묶인 것은?

> 가. 투자설계에 따른 투자방안을 제안하는 경우에는 CFP® 자격인증자 자신에 대한 수입보다도 고객에 대한 서비스를 우선하여야 하며, 자산운용을 위한 투자방안 제시와 관련하여 자신과 고객 간에 이해상충의 가능성이 있는 사항은 모두 고객에게 사전에 통보하여야 한다는 것이다.
> 나. 자본시장과 금융투자업에 관한 법률의 규정에 따라 투자에 내재된 위험을 포함하여 주요 사항을 고객에게 미리 통보하여야 하는 의무를 강조하고 있다.
> 다. 재무설계사가 고객에 대하여 투자 또는 다른 사항에 대하여 제안할 경우에는 먼저 현재의 경제적 환경, 고객의 위험수용도, 금융상황, 현재의 자산운용상태 및 고객의 목표를 분석하고 이를 바탕으로 제안을 하게 된다.
> 라. 고객 관련 정보를 수집하고 분석할 때 재무설계사는 고객에게 적절한 제안을 하기 위하여 필요한 모든 사항을 이해하려고 노력하여야 한다.
> 마. 투자자의 투자성향, 재무상황, 위험감수성향이 투자방안과 적절하게 조화되는지 여부를 나타내는 '투자자 적합성'이라는 개념이 내포되어 있다.
> 바. 자만심은 금물이며 항상 겸허한 자세로 전문능력 향상을 위하여 지속적으로 노력하여야 한다.

① 가, 라, 마
② 나, 다, 라
③ 다, 라, 마
④ 나, 다, 라, 바
⑤ 다, 라, 마, 바

정답 | ③

해설 | 가. 충실의무에 대한 설명이다.
나. 고지의무에 대한 설명이다.
바. 능력개발의 원칙에 대한 설명이다.

★★★
06 재무설계사의 고객에 대한 의무와 그에 관한 설명이 적절하게 연결된 것은?

> 가. 재무설계사는 선량한 관리자로서의 주의의무 외에 고객이 합법적으로 최대의 이익을 도모할 수 있도록 전문가로서 최선을 다하여 충성하여야 한다.
> 나. 재무설계사는 자신의 능력의 한계를 알고 있어야 하며, 고객이 비전문분야에 대한 서비스를 요청하는 상황에 대비하여 분야별로 다른 전문가 그룹과 네트워크를 구성하고 상호 간에 긴밀한 협조관계를 유지해야 한다.

	가	나
①	충실의무	고지의무
②	충실의무	자문의무
③	진단의무	고지의무
④	진단의무	자문의무
⑤	자문의무	충실의무

정답 I ②

해설 I 가. 충실의무에 대한 설명이다.
나. 자문의무에 대한 설명이다.

★★★
07 다음 사례와 관련된 재무설계사의 고객에 대한 의무가 적절하게 연결된 것은?

> 가. 재무설계사 A는 수수료가 높은 상품의 판매를 포기하고 수수료는 적지만 고객에게 가장 적합하다고 판단되는 상품을 제안하였다.
> 나. 재무설계사 B는 본인의 전문 분야가 아닌 법률상담이 필요한 부분은 직접 상담을 실시하지 않고 전문 변호사를 고객에게 소개시켜 주었다.

	가	나
①	충실의무	진단의무
②	충실의무	자문의무
③	고지의무	충실의무
④	고지의무	자문의무
⑤	자문의무	충실의무

정답 | ②

해설 | 가. 충실의무 : 전문직업인이 고객을 위하여 서비스를 제공한다는 것은 선량한 관리자로서의 주의의무 외에 고객이 합법적으로 최대의 이익을 도모할 수 있도록 전문가로서 최선을 다하여 충성하여야 한다는 것을 의미하므로 재무설계사는 언제나 자신의 이익보다는 고객의 합법적 이익을 최우선순위에 두어야 한다. 따라서 투자설계에 따른 투자방안을 제안하는 경우에는 CFP® 자격인증자 자신에 대한 수입보다도 고객에 대한 서비스를 우선하여야 하며, 자산운용을 위한 투자방안 제시와 관련하여 자신과 고객 간에 이해상충의 가능성이 있는 사항은 모두 고객에게 사전에 통보하여야 한다는 것이다. 이와 같은 충실관계의 요점은 CFP® 자격인증자가 고객에게 사심 없는 공명정대한 조언을 하여야 한다는 것이다.

나. 자문의무 : 재무설계사는 자신의 능력의 한계를 알고 있어야 한다. 재무설계사가 업무수행 중 어떤 사항이 자신의 개인적 능력의 한계를 넘는 사항이라는 생각이 들 때에는 해당 분야의 전문가로부터 자문을 받도록 하여야 한다. 종합적인 재무설계업무는 보험, 연금설계, 법률 및 세무회계 등 많은 분야를 포함하기 때문에 아무리 유능하다고 하더라도 어느 한 사람이 이 모든 분야에서 전문가가 될 수는 없기 때문이다. 재무설계사의 자문의무는 고객이 비전문 분야에 대한 서비스를 요청하는 경우에 원만한 업무수행을 위하여 반드시 필요한 사항이며, 이와 같은 상황에 대비하여 분야별로 다른 전문가 그룹과 네트워크를 구성하고 상호 간에 긴밀한 협조관계를 유지하는 것도 재무설계사에게 필요한 방안이 될 수 있다.

★★★

08 재무설계사의 고객에 대한 의무를 설명한 것으로 적절하지 않은 것은?

① 충성의무는 선량한 관리자로서의 주의의무와 충실의무로 구성되며, 재무설계사를 포함한 변호사, 회계사 등 모든 전문직업인에게 요구되는 고객에 대한 기본적인 의무이다.

② 재무설계업무에서 가장 중요한 고지사항 중의 하나는 제안되는 투자방안에 내포된 위험을 고객에게 알려주는 것이다.

③ 재무설계사의 진단의무는 재무설계 업무수행과정상의 모든 단계에 적용되는 중요한 요소이다.

④ 재무설계사의 자문의무는 고객이 비전문분야에 대한 서비스를 요청하는 경우에 원만한 업무수행을 위하여 반드시 필요한 사항이며, 이와 같은 상황에 대비하여 분야별로 다른 전문가 그룹과 네트워크를 구성하고 상호 간에 긴밀한 협조관계를 유지하는 것도 재무설계사에게 필요한 방안이 될 수 있다.

⑤ 금융서비스 산업은 제도와 상품의 종류와 내용이 끊임없이 변화하고 있기 때문에 재무설계사는 이러한 변화가 고객의 재무설계에 어떠한 영향을 미치게 될지 항상 유의하고 있어야 한다.

정답 | ①

해설 | ① 신인 또는 선관 의무라고도 소개되는 이 충실의무는 선량한 관리자로서의 주의의무와 충성의무로 구성되며, 재무설계사를 포함한 변호사, 회계사 등 모든 전문직업인에게 요구되는 고객에 대한 기본적인 의무이다.

★★★
09 재무설계사의 고객에 대한 의무에 관한 적절한 설명으로 모두 묶인 것은?

> 가. 재무설계사는 언제나 자신의 이익보다는 고객의 합법적 이익을 최우선순위에 두어야 한다는 충실의무가 있다.
> 나. 재무설계업무에서 가장 중요한 고지사항 중의 하나는 제안되는 투자방안에 내포된 위험을 고객에게 알려주는 것이다.
> 다. 진단의무에는 '투자자 적합성'이라는 개념이 내포되어 있다.
> 라. CFP®와 AFPK® 자격인증자는 매년마다 정해진 계속교육을 이수하여 지속적으로 변화하는 금융환경과 제도의 내용과 함께 새로 개발된 금융 및 실물 투자상품에 대한 정보 등 고객의 재무설계에 영향을 미칠 수 있는 제반 사항에 대한 전문지식을 파악하고 보강하여야 자격을 갱신할 수 있게 된다.

① 가, 나　　② 다, 라
③ 가, 나, 다　　④ 나, 다, 라
⑤ 가, 나, 다, 라

정답 | ③
해설 | 라. CFP®와 AFPK® 자격인증자는 2년마다 정해진 계속교육을 이수하여 지속적으로 변화하는 금융환경 및 제도의 내용과 함께 새로 개발된 금융 및 실물 투자상품에 대한 정보 등 고객의 재무설계에 영향을 미칠 수 있는 제반 사항에 대한 전문지식을 파악하고 보강하여야 자격을 갱신할 수 있게 된다.

★★★
10 재무설계사의 고객에 대한 의무와 그에 관한 설명이 적절하게 연결된 것은?

> A. 전문직업인이 고객을 위하여 서비스를 제공한다는 것은 선량한 관리자로서의 주의의무 외에 고객이 합법적으로 최대의 이익을 도모할 수 있도록 전문가로서 최선을 다하여 충성하여야 한다는 것을 의미하므로 재무설계사는 언제나 자신의 이익보다는 고객의 합법적 이익을 최우선순위에 두어야 한다.
> B. 재무설계 업무수행과정상의 모든 단계에 적용되는 중요한 요소이다.
> C. 제안된 투자방안에 대한 주요한 관련 정보를 모두 알려주지 못한 경우 손해배상소송의 대상이 될 수도 있으며, 기만이나 사기방지를 위한 반사기조항과 관련된 법률의 적용대상이 될 수도 있다.
> D. 재무설계사는 자신의 능력의 한계를 알고 있어야 한다.
> E. 현행의 금융제도와 정보를 파악하고 나아가 고객의 재무설계에 대한 영향을 점검하고 반영하도록 하기 위하여 한국FPSB는 국제FPSB가 제정한 CFP® 자격인증표준에서 규정하고 있는 국제기준의 계속교육표준상의 요건을 바탕으로 계속교육의 요건에 대한 기준을 제정하여 시행하고 있다.

	충실의무	고지의무	진단의무	자문의무	갱신유지의무
①	A	C	B	D	E
②	A	C	D	B	E
③	A	C	E	B	D
④	B	A	E	C	D
⑤	B	A	E	D	C

정답 | ①

해설 | A. 충실의무
B. 진단의무
C. 고지의무
D. 자문의무
E. 갱신유지의무

▪▪▪ TOPIC 2 윤리규정

★★★
11 윤리 원칙 중 객관성의 원칙에 대한 적절한 설명으로 모두 묶인 것은?

가. 고객의 이익을 최우선으로 하는 것은 전문직 종사자의 기본적인 덕목이다.
나. 자격인증자는 항상 고객이 믿음과 신뢰를 가질 수 있도록 성실하고 정직하게 업무를 수행하여야 한다.
다. 자격인증자는 업무를 수행함에 있어 합리적이고 건실한 전문가로서의 분별력과 객관성을 바탕으로 건전한 판단을 하여야 한다.
라. 자격인증자는 성실성을 기초로 전문가로서 고객에게 적절하다고 판단되는 서비스만 제공하여야 한다.
마. 자격인증자는 고객뿐만 아니라 직장상사, 동업자 및 고용주에 대하여 공정하고 합리적인 방법으로 업무를 수행하여야 하며, 이해상충이 있는 경우에는 그 사실을 밝혀야 한다.

① 다
② 가, 나
③ 다, 라
④ 가, 나, 마
⑤ 다, 라, 마

정답 | ③

해설 | 가. 고객우선의 원칙에 대한 설명이다.
나. 성실성의 원칙에 대한 설명이다.
마. 공정성의 원칙에 대한 설명이다.

★★★
12 윤리 원칙 중 객관성의 원칙에 대한 적절한 설명으로 모두 묶인 것은?

가. 지성적인 정직과 공평무사한 분별력이 바탕이 되어야 하며, 주관적인 판단이나 억지를 배제한다.
나. 이해관계의 균형을 유지하기 위하여 개인적 감정과 편견 및 욕구를 초월하여야 하며, 고객에게 중대한 이해상충의 사실을 정직하게 알려야 한다.
다. 자격인증자는 자부심과 책임감을 가지고 전문가로서 모범이 되는 태도와 방법으로 업무를 수행하여야 한다.
라. 관련 규정과 법률 및 전문가로서의 자격요건을 준수하는 것을 뜻한다.
마. 자격인증자는 전문자격자로서 고객에게 적합한 서비스를 제공할 수 있도록 전문가로서의 자질 향상을 위한 전문지식과 능력개발에 지속적으로 노력을 기울여야 한다.
바. 자격인증자는 고객의 특별한 동의가 없는 한 업무상 취득한 고객의 개인정보에 대하여 비밀을 유지하여야 한다.

① 가
② 가, 나, 마
③ 나, 다, 라
④ 다, 라, 마
⑤ 다, 라, 마, 바

정답 | ①

해설 | 나. 공정성의 원칙에 대한 설명이다.
다. 전문가 정신의 원칙에 대한 설명이다.
라. 전문가 정신의 원칙에 대한 설명이다.
마. 능력개발의 원칙에 대한 설명이다.
바. 비밀 유지의 원칙에 대한 설명이다.

★★★
13 윤리 원칙에 대한 설명이 적절하게 연결된 것은?

A. 자격인증자는 고객으로부터 믿음과 신뢰의 대상이 되어야 한다.
B. 자격인증자는 성실성을 기초로 전문가로서 고객에게 적절하다고 판단되는 서비스만 제공하여야 한다.
C. 이해관계의 균형을 유지하기 위하여 개인적 감정과 편견 및 욕구를 초월하여야 하며, 고객에게 중대한 이해상충의 사실을 정직하게 알려야 한다.
D. 자격인증자는 충분한 전문지식과 기법을 습득하고 유지하여야 하며, 또한 고객을 위하여 이를 효율적으로 적용할 수 있는 개인적인 능력을 개발하고 보존하여야 한다.

	능력개발의 원칙	성실성의 원칙	객관성의 원칙	공정성의 원칙
①	B	C	A	D
②	B	D	A	C
③	D	A	B	C
④	D	A	C	B
⑤	D	B	A	C

정답 | ③
해설 | A. 성실성의 원칙
B. 객관성의 원칙
C. 공정성의 원칙
D. 능력개발의 원칙

★★★
14 윤리 원칙에 대한 설명이 적절하게 연결된 것은?

A. 자격인증자는 독자적으로 또는 동료 전문가들과 함께 재무설계업무에 대한 일반 대중의 이미지를 제고하고 공익에 대한 봉사능력을 유지하고 향상시켜야 한다.
B. 자격인증자는 성실성을 기초로 전문가로서 고객에게 적절하다고 판단되는 서비스만 제공하여야 한다.
C. 이해관계의 균형을 유지하기 위하여 개인적 감정과 편견 및 욕구를 초월하여야 하며, 고객에게 중대한 이해상충의 사실을 정직하게 알려야 한다.
D. 정직과 솔직성을 바탕으로 개인적인 이해득실을 초월하여야 한다.
E. 소속 직원과 외부 전문가에 대한 적절한 관리와 감독을 하는 것을 포함한다.

	성실성	객관성	공정성	전문가 정신	근면성
①	A	C	E	B	D
②	B	A	C	E	D
③	C	B	D	A	E
④	D	B	C	A	E
⑤	E	D	A	B	C

정답 | ④
해설 | A. 전문가 정신의 원칙
B. 객관성의 원칙
C. 공정성의 원칙
D. 성실성의 원칙
E. 근면성의 원칙

★★★
15 다음 사례에서 홍은균 CFP® 자격인증자가 위반한 윤리 원칙으로 가장 적절한 것은?

> 홍은균 CFP® 자격인증자는 방송에 출연하여 FP협회 대변인으로 향후 FP협회 활동 방향에 대해 얘기하였다. 그러나 그는 FP협회 대변인이 아니었고 협회 일정에 관여하고 있지 않음이 밝혀졌다.

① 성실성의 원칙
② 객관성의 원칙
③ 공정성의 원칙
④ 전문가 정신의 원칙
⑤ 근면성의 원칙

정답 | ①

해설 | 홍은균 AFPK® 자격인증자는 성실성의 원칙을 위반하였다. 성실성은 정직과 솔직성을 바탕으로 개인적인 이해득실을 초월하여야 한다. 성실성의 원칙을 준수한다는 것은 윤리규정상에 서술된 규정의 내용뿐 아니라 내재된 기본적인 정신에도 충실하여야 한다. 말과 행동의 일치는 성실성의 출발점이다. 모든 거짓을 배척하여야 한다. 미국 등 서구 선진국의 경우 거짓말을 큰 잘못으로 간주하는 데 비하여 우리나라의 경우에는 거짓말에 대하여 관대한 경향이 있다.

★★★
16 다음 사례를 토대로 재무설계사인 최승진씨가 위반한 윤리 원칙이 적절하게 연결된 것은?

> 가. 최승진씨는 고객과의 상담 중 소속회사의 판매실적을 위한 상품을 제공하였다.
> 나. 최승진씨는 CFP® 자격시험에 합격하였으나, 아직 자격을 인증받지 않은 상태에서 명함에 CFP® 자격표장을 사용하였다.
> 다. 금융소득종합과세에 대한 지식이 부족한 최승진씨는 고객 김형수씨의 금융소득이 20,000천원을 초과하였음에도 불구하고 분리과세로 종결되니 걱정하지 말라고 조언하였다.

	가	나	다
①	고객우선의 원칙	전문가 정신의 원칙	성실성의 원칙
②	고객우선의 원칙	전문가 정신의 원칙	능력개발의 원칙
③	성실성의 원칙	객관성의 원칙	전문가 정신의 원칙
④	성실성의 원칙	공정성의 원칙	고객우선의 원칙
⑤	전문가 정신의 원칙	고객우선의 원칙	고객우선의 원칙

정답 | ②

해설 | 가. 고객우선의 원칙 : 자격인증자는 정직하게 업무를 수행하고 항상 자신의 개인적 이익보다 고객의 이익을 우선하여야 한다.
나. 전문가 정신의 원칙 : 전문가 정신은 관련 규정과 법률 및 전문가로서의 자격요건을 준수하는 것을 뜻한다.
다. 능력개발의 원칙 : 자격인증자는 고객에게 적합한 서비스를 제공할 수 있도록 전문가로서의 자질 향상을 위한 전문지식과 능력개발에 지속적으로 노력하여야 한다. 자격인증자는 충분한 전문지식과 기법을 습득하고 유지하여야 하며, 또한 고객을 위하여 이를 효율적으로 적용할 수 있는 개인적인 능력을 개발하고 보존하여야 한다. 자기 자신의 한계를 인식하고 적절한 시기에 다른 전문가의 자문을 구할 수 있는 지혜와 결단력이 있어야 한다. 자만심은 금물이며 항상 겸허한 자세로 전문능력 향상을 위하여 지속적으로 노력하여야 한다.

★★★
17 재무설계 자격인증자가 위반한 윤리 원칙이 적절하게 연결된 것은?

가. 제안 내용 검토 중 고객과 자기의 거래상 상호 간에 이해상충이 되는 부분을 확인하였으나 고객에게 해당 내용을 알리지 않았다.
나. 고객의 채무와 관련된 내용 상담 시 관련 자격증이 없는 부분까지 설명 및 제안을 하였다.
다. 고객정보 활용을 위해 고객의 개인정보를 팩스로 전송하였다.

	가	나	다
①	객관성의 원칙	전문가 정신의 원칙	비밀 유지의 원칙
②	객관성의 원칙	능력개발의 원칙	비밀 유지의 원칙
③	공정성의 원칙	전문가 정신의 원칙	비밀 유지의 원칙
④	공정성의 원칙	능력개발의 원칙	비밀 유지의 원칙
⑤	고객우선의 원칙	성실성의 원칙	전문가 정신의 원칙

정답 | ④

해설 | 가. 공정성의 원칙 : 공정성은 고객이 당연하게 기대하는 것을 고객에게 합리적으로 제공하는 것을 뜻한다. 이해관계의 균형을 유지하기 위하여 개인적 감정과 편견 및 욕구를 초월하여야 하며, 고객에게 중대한 이해상충의 사실을 정직하게 알려야 한다.
나. 능력개발의 원칙 : 자기 자신의 한계를 인식하고 적절한 시기에 다른 전문가의 자문을 구할 수 있는 지혜와 결단력이 있어야 한다. 자만심은 금물이며 항상 겸허한 자세로 전문능력 향상을 위하여 지속적으로 노력하여야 한다.
다. 비밀 유지의 원칙 : 비밀 유지는 적절한 권한을 가진 자에게만 고객 관련 정보의 접근을 허용하는 방법으로 고객정보를 보호하는 것을 뜻한다. 재산 보유 및 운용상태를 비롯한 고객의 모든 정보가 대외비로 취급되어 기밀이 유지된다는 믿음을 바탕으로 고객과의 신뢰관계가 형성될 수 있다.

★★★
18 재무설계 자격인증자가 위반한 윤리 원칙으로 적절하게 연결된 것은?

가. 고객과의 관계 정립 단계에서 자신이 고객의 거래처 사외이사여서 이해상충의 여지가 있음을 알게 되었으나 고객에게 해당 내용을 알리지 않았다.
나. 재무상태 분석 시 필요한 고객의 개인정보를 회사의 공용 팩스로 전송받았다.
다. 부채관리를 위한 조언을 하면서 최근 변경된 DTI제도에 대해 숙지하지 못한 채 상담을 진행하였다.

	가	나	다
①	공정성의 원칙	비밀 유지의 원칙	전문가 정신의 원칙
②	공정성의 원칙	비밀 유지의 원칙	능력개발의 원칙
③	근면성의 원칙	객관성의 원칙	전문가 정신의 원칙
④	근면성의 원칙	비밀 유지의 원칙	능력개발의 원칙
⑤	성실성의 원칙	객관성의 원칙	근면성의 원칙

정답 | ②

해설 | 가. 공정성의 원칙 : 공정성은 고객이 당연하게 기대하는 것을 고객에게 합리적으로 제공하는 것을 뜻한다. 이해관계의 균형을 유지하기 위하여 개인적 감정과 편견 및 욕구를 초월하여야 하며, 고객에게 중대한 이해상충의 사실을 정직하게 알려야 한다.

나. 비밀 유지의 원칙 : 비밀 유지는 적절한 권한을 가진 자에게만 고객 관련 정보의 접근을 허용하는 방법으로 고객정보를 보호하는 것을 뜻한다. 재산 보유 및 운용 상태를 비롯한 고객의 모든 개인정보가 대외비로 취급되어 기밀이 유지된다는 믿음을 바탕으로 고객과의 신뢰관계가 형성될 수 있다.

다. 능력개발의 원칙 : 자격인증자는 충분한 전문지식과 기법을 습득하고 유지하여야 하며, 또한 고객을 위하여 이를 효율적으로 적용할 수 있는 개인적인 능력을 개발하고 보존하여야 한다.

★★★

19 다음 자료를 토대로 김기섭 CFP® 자격인증자가 위반한 윤리 원칙이 적절하게 연결된 것은?

> 20××년 10월에 시행된 CFP® 자격시험에 합격한 ○○은행 김기섭씨는 고객 임공숙씨에게 ㉮ 최근 소속지점의 저조한 보험판매 실적을 달성코자 VUL 가입을 유도하였고, ㉯ VUL을 중도에 해지할 경우 고객의 손실이 발생할 수 있다는 사실을 설명하지 않았으며, ㉰ 자신만이 알고 있는 고객의 기밀사항을 고용주에게 제공하였을 뿐 아니라 ㉱ 자격인증 후 2년이 지났음에도 불구하고 한국FPSB에 CFP 라이선스비 납부 및 윤리규정준수서약서를 갱신하여 제출하지 않고 있다.

	가	나	다	라
①	고객우선의 원칙	객관성의 원칙	비밀 유지의 원칙	전문가 정신의 원칙
②	고객우선의 원칙	공정성의 원칙	비밀 유지의 원칙	전문가 정신의 원칙
③	고객우선의 원칙	공정성의 원칙	위반사항 없음	전문가 정신의 원칙
④	성실성의 원칙	공정성의 원칙	위반사항 없음	능력개발의 원칙
⑤	객관성의 원칙	성실성의 원칙	위반사항 없음	전문가 정신의 원칙

정답 | ②

해설 | 가. 고객우선의 원칙 : 자격인증자는 정직하게 업무를 수행하고 항상 자신의 개인적 이익보다 고객의 이익을 우선하여야 한다.

나. 공정성의 원칙 : 이해관계의 균형을 유지하기 위하여 개인적 감정과 편견 및 욕구를 초월하여야 하며, 고객에게 중대한 이해상충의 사실을 정직하게 알려야 한다.

다. 비밀 유지의 원칙 : 자격인증자는 고객의 특별한 동의가 없는 한 업무상 취득한 고객의 개인정보에 대하여 비밀을 유지하여야 한다.

라. 전문가 정신의 원칙: 전문가 정신은 관련 규정과 법률 및 전문가로서의 자격요건을 준수하는 것을 뜻한다.

★★★
20 다음 각 상황과 관련된 윤리 원칙이 적절하게 연결된 것은?

가. 재무설계사 김효정씨는 모든 고객을 차별하지 않고 동일하게 대우한다.
나. 재무설계사 박경수씨는 홍보용 책자를 통해 자신이 고현정, 장동건, 배용준 등 유명 연예인들의 자산관리를 전담한다는 과장광고를 하였다.
다. 재무설계사 김현호씨는 고객과의 민사소송에 대응하기 위해 업무상 취득한 고객의 개인정보를 활용하였다.

	가	나	다
①	성실성의 원칙	공정성의 원칙	비밀 유지의 원칙
②	객관성의 원칙	성실성의 원칙	비밀 유지의 원칙
③	객관성의 원칙	공정성의 원칙	비밀 유지의 원칙
④	공정성의 원칙	성실성의 원칙	비밀 유지의 원칙
⑤	공정성의 원칙	객관성의 원칙	전문가 정신의 원칙

정답 I ④

해설 I 가. 공정성의 원칙 : 공정성은 자신이 받기 원하는 것과 동일하게 다른 사람을 대우하는 것이다. 공정성은 고객이 당연하게 기대하는 것을 고객에게 합리적으로 제공하는 것을 뜻한다.
나. 성실성의 원칙 : 성실성은 정직과 솔직성을 바탕으로 개인적인 이해득실을 초월하여야 한다. 성실성의 원칙을 준수한다는 것은 윤리규정상에 서술된 규정의 내용뿐 아니라 제재된 기본적인 정신에도 충실하여야 한다는 것이다. 말과 행동의 일치는 성실성의 출발점이다. 모든 거짓을 배척하여야 한다. 미국 등 선진국의 경우 거짓말을 큰 잘못으로 간주하는 데 비하여 우리나라의 경우에는 거짓말에 대하여 관대한 경향이 있다.
다. 비밀 유지의 원칙 : 고객과의 법적인 분쟁이나 자기 자산의 규정위반에 대한 징계조치에 대한 변호 또는 고객과의 민사소송 등 특별히 인정되는 경우에는 예외가 인정된다.

★★★
21 재무설계사의 고객에 대한 의무와 윤리 원칙을 설명한 것으로 적절하지 않은 것은?

① 충실의무는 선량한 관리자로서의 주의의무와 충성의무로 구성되며, 재무설계사는 언제나 자신의 이익보다는 고객의 합법적 이익을 최우선순위에 두어야 한다.
② 고지의무를 이행하지 않은 경우 기만이나 사기방지를 위한 반사기조항과 관련된 법률의 적용대상이 될 수도 있다.
③ 갱신유지의무는 금융서비스산업은 제도와 상품의 종류와 내용이 끊임없이 변화하고 있기 때문에 재무설계사는 이러한 변화가 고객의 재무설계에 어떠한 영향을 미치게 될지 항상 유의하고 있어야 한다는 것이다.
④ 공정성은 자신이 받기 원하는 것과 동일하게 다른 사람을 대우하는 것이다.
⑤ 전문가 정신은 자기 자신의 한계를 인식하고 적절한 시기에 다른 전문가의 자문을 구할 수 있는 지혜와 결단력이 있어야 한다는 것을 뜻한다.

정답 | ⑤

해설 | ⑤ 능력개발의 원칙에 대한 설명이다. 전문가 정신은 업무수행과 관련하여 고객뿐만 아니라 동료 전문가 및 다른 관계자들을 존중하는 것을 뜻하며, 관련 규정과 법률 및 전문가로서의 자격요건을 준수하는 것을 뜻한다.

★★★

22 재무설계사의 고객에 대한 의무 및 윤리 원칙에 대한 설명이 적절하게 연결된 것은?

가. 충실의무	나. 진단의무
다. 객관성의 원칙	라. 전문가 정신의 원칙
마. 근면성의 원칙	

A. 자격인증자는 성실성을 기초로 전문가로서 고객에게 적절하다고 판단되는 서비스만 제공하여야 한다.
B. 이해관계의 균형을 유지하기 위하여 개인적 감정과 편견 및 욕구를 초월하여야 하며, 고객에게 중대한 이해상충의 사실을 정직하게 알려야 한다.
C. 자기 자신의 한계를 인식하고 적절한 시기에 다른 전문가의 자문을 구할 수 있는 지혜와 결단력이 있어야 한다.
D. 전문가로서 약속한 사항을 합리적인 범위 안에서 신속하고 철저하게 이행하는 것을 뜻한다.
E. 재무설계사는 언제나 자신의 이익보다는 고객의 합법적 이익을 최우선순위에 두어야 한다.
F. 재무설계사의 입장에서는 고객과의 이해상충을 완벽하게 제거한다는 것이 불가능하기 때문에 이해상충을 회피할 수 있는 가장 확실한 방안은 관련되는 모든 정보를 고객에게 미리 알려주는 것이다.
G. 재무설계 업무수행과정상의 모든 단계에 적용되는 중요한 요소이며, '투자자 적합성'이라는 개념이 내포되어 있다.

① 가 – A, 나 – C, 다 – B, 라 – D
② 가 – D, 나 – A, 다 – B, 라 – C
③ 가 – E, 나 – G, 다 – A, 마 – D
④ 가 – F, 다 – E, 라 – A, 마 – B
⑤ 나 – F, 다 – G, 라 – E, 마 – D

정답 | ③

해설 | A. 자격인증자는 성실성을 기초로 전문가로서 고객에게 적절하다고 판단되는 서비스만 제공하여야 한다. → 다. 객관성의 원칙
B. 이해관계의 균형을 유지하기 위하여 개인적 감정과 편견 및 욕구를 초월하여야 하며, 고객에게 중대한 이해상충의 사실을 정직하게 알려야 한다. → 공정성의 원칙
C. 자기 자신의 한계를 인식하고 적절한 시기에 다른 전문가의 자문을 구할 수 있는 지혜와 결단력이 있어야 한다. → 능력개발의 원칙
D. 전문가로서 약속한 사항을 합리적인 범위 안에서 신속하고 철저하게 이행하는 것을 뜻한다. → 마. 근면성의 원칙
E. 재무설계사는 언제나 자신의 이익보다는 고객의 합법적 이익을 최우선순위에 두어야 한다. → 가. 충실의무

F. 재무설계사의 입장에서는 고객과의 이해상충을 완벽하게 제거한다는 것이 불가능하기 때문에 이해상충을 회피할 수 있는 가장 확실한 방안은 관련되는 모든 정보를 고객에게 미리 알려주는 것이다. → 고지의무
G. 재무설계 업무수행과정상의 모든 단계에 적용되는 중요한 요소이며, '투자자 적합성'이라는 개념이 내포되어 있다. → 나. 진단의무

★★★

23 다음 중 자격인증자가 업무수행 계약을 맺기 전에 고객에게 제공하고 협의하여야 하는 정보로 모두 묶인 것은?

가. 업무수행에 따른 보수	나. 공급하는 서비스의 이용 조건
다. 다른 전문가의 도움을 받게 되는 조건	라. 계약해지절차
마. 고객의 불만 및 불평 해결절차	

① 가, 다, 마
② 나, 다, 라
③ 가, 나, 라, 마
④ 가, 다, 라, 마
⑤ 가, 나, 다, 라, 마

정답 | ⑤
해설 | 자격인증자는 업무수행 계약을 맺기 전에 고객에게 다음의 정보를 제공하고 협의하여야 한다.

㉠ 자료의 수집 및 제공과 재무설계 제안사항의 실행 등에 대한 계약당사자별 의무와 책임
㉡ 업무수행에 따른 보수
㉢ 공급하는 서비스의 이용조건
㉣ 다른 전문가의 도움을 받게 되는 조건
㉤ 계약해지절차
㉥ 고객의 불만 및 불평 해결절차

★★★

24 재무설계 서비스를 제공하는 경우에는 서면으로 계약을 체결하여야 한다. 다음 중 계약서에 명시하여야 하는 사항으로 모두 묶인 것은?

가. 계약 당사자	나. 계약일 및 계약기간
다. 계약종료 방법 및 조건	라. 제공되는 서비스

① 가, 나
② 다, 라
③ 가, 나, 다
④ 가, 나, 라
⑤ 가, 나, 다, 라

정답 | ⑤
해설 | 재무설계 서비스를 제공하는 경우에는 서면으로 계약을 체결하여야 하며, 계약서에는 가. 계약 당사자, 나. 계약일 및 계약기간, 다. 계약종료 방법 및 조건, 라. 제공되는 서비스의 사항을 명시하여야 한다.

★★★
25 CFP® 자격인증자를 비롯한 윤리규정 준수 의무자가 업무수행과 관련하여 준수하여야 하는 구체적인 행동규범 중 고객에게 제공해야 할 정보에 대한 적절한 설명으로 모두 묶인 것은?

가. 자격인증자는 고객에게 정확하고 이해하기 쉽게 기술한 보수체계 설명서를 서면으로 제공하여야 한다.
나. 자격인증자는 고객에게 자격인증자의 전문 분야에 대한 정보 등을 서면으로 제공하여야 한다.
다. 소속 회사를 옮기는 경우, 변경된 소속 회사에 대한 정보와 연락처를 즉시 서면으로 고객에게 알려야 한다.
라. 고객과 계약체결 이후 발생한 이해상충에 대해 고객에게 통보할 의무는 없다.

① 가, 나
② 나, 다
③ 다, 라
④ 가, 나, 다
⑤ 나, 다, 라

정답 | ④
해설 | 라. 자격인증자는 고객과 계약체결 이후 이해상충에 해당되는 사항이 발생한 경우 그 내용을 즉시 서면으로 고객 및 다른 이해관계자에게 통보하여야 한다.

★★★
26 CFP® 자격인증자를 비롯한 윤리규정 준수 의무자가 업무수행과 관련하여 준수하여야 하는 구체적인 행동규범 중 고객의 정보와 자산에 대한 적절한 설명으로 모두 묶인 것은?

가. 고객을 위한 서비스 업무수행에 필요한 경우라고 하더라도 자격인증자는 고객의 정보에 대하여 비밀을 유지하여야 한다.
나. 자격인증자는 고객의 니즈 및 목표 파악과 임무완수에 필요한 정보를 충분하게 수집하여야 하며, 필요한 정보를 충분하게 수집하지 못하여 중대한 차질이 있을 경우 이를 고객에게 알려야 한다.
다. 자격인증자는 고객의 자산을 보관하거나 관리하는 경우에는 고객별로 명확하게 구분하여야 한다.
라. 자격인증자는 고객으로부터 자금을 차입해서는 아니 된다.

① 가, 나
② 다, 라
③ 가, 나, 다
④ 나, 다, 라
⑤ 가, 나, 다, 라

정답 | ④

해설 | 자격인증자는 고객의 정보에 대하여 비밀을 유지하여야 한다. 다만 다음의 경우는 예외로 한다.

> ㉠ 법적 요건 또는 관련 규제당국의 요구가 있는 경우
> ㉡ 자격인증자가 소속된 회사에 대한 의무의 이행에 필요한 경우
> ㉢ 자격인증자 자신에 대한 소송에 대응하기 위한 경우
> ㉣ 민사소송과 관련한 경우
> ㉤ 고객을 위한 서비스 업무수행에 필요한 경우

★★★

27 CFP® 자격인증자를 비롯한 윤리규정 준수 의무자가 업무수행과 관련하여 준수하여야 하는 구체적인 행동규범 중 고객의 정보와 자산에 대한 적절한 설명으로 모두 묶인 것은?

> 가. 자격인증자는 고객의 정보에 대하여 비밀을 유지하여야 한다.
> 나. 법적 요건 또는 관련 규제당국의 요구가 있는 경우는 비밀 유지에 대한 예외로 한다.
> 다. 자격인증자는 관리 중이거나 운용권한을 위임받은 고객의 자금 및 자산의 현재 상황을 구분하여 파악할 수 있도록 기록을 유지하고 관리하여야 한다.
> 라. 고객이 자격인증자의 가족인 경우라고 하더라도 자격인증자는 고객에게 자금을 빌려주어서는 아니 된다.

① 가, 나
② 다, 라
③ 가, 나, 다
④ 나, 다, 라
⑤ 가, 나, 다, 라

정답 | ③

해설 | 라. 자격인증자는 고객에게 자금을 빌려주어서는 아니 된다. 다만, ㉠ 고객이 자격인증자의 가족인 경우, ㉡ 자격인증자의 소속 회사가 대출영업기관이며, 대출자금이 자격인증자가 아닌 소속 회사의 자금인 경우는 예외로 한다.

★★★

28 고객의 정보와 자산에 대한 행동규범 위반 사례로 모두 묶인 것은?

> 가. 박영호 재무설계사는 법원의 명령에 의해 고객의 정보를 법원에 통보하였다.
> 나. 홍은균 재무설계사는 고객인 본인의 어머니에게서 1억원의 자금을 차입하였다.
> 다. 홍성완 재무설계사는 지인인 송민호 고객에게 5천만원의 자금을 빌려주었다.
> 라. 이숙 재무설계사는 업무효율을 위해 본인 임의로 여러 명의 고객 자산을 공동으로 관리하였다.

① 가, 나
② 다, 라
③ 가, 다, 라
④ 나, 다, 라
⑤ 가, 나, 다, 라

정답 | ②

해설 | 가. 법적 요건 또는 관련 규제당국의 요구가 있는 경우는 비밀 유지에 대한 예외로 한다.

나. 자격인증자는 고객으로부터 자금을 차입해서는 아니 된다. 다만 ㉠ 고객이 자격인증자의 직계가족인 경우, ㉡ 고객이 대출영업기관이며, 자금차입이 자격인증자가 제공하는 전문 서비스와 관련이 없을 경우는 예외로 한다.

다. 자격인증자는 고객에게 자금을 빌려주어서는 아니 된다. 다만, ㉠ 고객이 자격인증자의 가족인 경우, ㉡ 자격인증자의 소속 회사가 대출영업기관이며, 대출자금이 자격인증자가 아닌 소속 회사의 자금인 경우는 예외로 한다.

라. 자격인증자는 고객의 자산을 보관하거나 관리하는 경우에는 고객별로 명확하게 구분하여야 한다. 자격인증자는 고객의 자산을 자신 또는 소속 회사나 다른 고객의 자산과 공동으로 관리해서는 아니 된다. 다만 법률이나 고객과의 서면계약에 명백하게 허용된 경우에는 예외로 한다.

★★★

29 CFP® 자격인증자를 비롯한 윤리규정 준수 의무자가 업무수행과 관련하여 준수하여야 하는 구체적인 행동규범 중 한국FPSB에 대한 의무를 위반한 것으로 모두 묶인 것은?

가. 박영호 재무설계사는 지인인 A고객에게 1억원의 자금을 차입하여 아파트 분양권을 매입하였다. 나. 이숙 재무설계사는 자신의 전문분야가 아닌 부동산투자와 관련하여 다른 전문가의 자문을 구하거나 고객을 다른 전문가에게 소개하지 않고 자신이 직접 상가투자에 대한 조언을 제공하였다. 다. 나윤권 재무설계사는 고객 자금 유용과 이에 대한 분쟁으로 인하여 재무설계 자격인증자의 명예와 신뢰를 손상시키는 행위를 하였다. 라. 홍성완 재무설계사는 국제FPSB의 명예와 신뢰를 손상시키는 행위를 하였다.

① 나, 라　　② 다, 라
③ 가, 나, 다　　④ 나, 다, 라
⑤ 가, 나, 다, 라

정답 | ②

해설 | 가. 고객의 정보와 자산에 대한 행동규범 위반 사례이다.

나. 고객에 대한 의무 위반 사례이다.

★★★
30 CFP® 자격인증자가 될 수 없는 결격사유로 모두 묶인 것은?

가. 파산자로서 복권되지 아니한 자 또는 파산신청 후 10년이 지나지 아니한 자
나. 금고 이상의 형의 선고를 받거나 금융 관련 법령에 의하여 벌금 이상의 형의 선고를 받고 그 집행이 종료되거나 면제된 후 3년이 지나지 아니한 자
다. 자금유용이나 자산유용의 죄를 범한 혐의로 사법당국의 조사를 받고 있거나 재판 중에 있는 자
라. 한국FPSB가 인증하는 자격을 사칭하거나, 자격표장을 무단으로 사용하거나 또는 고객의 이익을 침해한 사실이 확인된 후 3년이 지나지 아니한 자

① 가, 라
② 나, 다
③ 가, 나, 다
④ 나, 다, 라
⑤ 가, 나, 다, 라

정답 | ④
해설 | 가. 파산자로서 복권되지 아니한 자 또는 파산신청 후 5년이 지나지 아니한 자

★★★
31 CFP® 자격인증자가 될 수 없는 결격사유로 모두 묶인 것은?

가. 파산자로서 복권된 자
나. 피성년후견인
다. 금고 이상의 형의 선고유예의 선고를 받고 그 유예기간 중에 있는 자
라. 금융기관의 징계처분에 따라 그 직에서 파면된 후 3년이 지나지 아니한 자

① 가, 라
② 나, 다
③ 가, 나, 다
④ 나, 다, 라
⑤ 가, 나, 다, 라

정답 | ④
해설 | 가. 파산자로서 복권되지 아니한 자 또는 파산신청 후 5년이 지나지 아니한 자

··· TOPIC 3 재무설계 업무수행기준

★★★
32 재무설계 업무수행과정이 순서대로 나열된 것은?

가. 자격인증자는 확정된 고객의 목표를 달성하기 위해 가능한 전략을 준비하여야 한다.
나. 자격인증자는 고객의 재무상태에 적합하고 고객의 목표, 니즈 및 우선순위를 합리적으로 충족하는 금융상품, 서비스 또는 자산운용방식을 추천하여야 하며, 전문적인 판단으로 고객에게 이익이 되는 상품, 서비스 또는 재무 행동의 변화를 파악하여야 한다.
다. 자격인증자는 자신의 의견이 증명된 사실인 것처럼 제시하여서는 안 된다.
라. 자격인증자와 고객은 금융상품과 서비스 또는 고객의 소비 및 저축 행동 변화 등이 포함된 제안사항의 실행책임에 대하여 상호 합의하여야 한다.

① 가 – 나 – 다 – 라
② 가 – 다 – 나 – 라
③ 가 – 다 – 라 – 나
④ 가 – 라 – 다 – 나
⑤ 라 – 가 – 다 – 나

정답 I ③
해설 I 가. 업무수행내용 4 – 1 : 재무설계 대안의 파악 및 평가
다. 업무수행내용 4 – 3 : 재무설계 제안서의 제시
라. 업무수행내용 5 – 1 : 실행책임에 대한 상호 합의
나. 업무수행내용 5 – 2 : 실행을 위한 상품과 서비스의 선별 및 제시

★★★
33 업무수행 계약서에 포함하여야 하는 사항으로 모두 묶인 것은?

가. 포함되는 서비스와 포함되지 않는 서비스의 구분
나. 재무설계업무에 대한 보수체계
다. 제3자와의 보수계약과 관련한 이해상충을 포함하여 현 시점에서 존재하는 모든 이해상충 사항
라. 계약기간
마. 계약의 해지 및 종료에 대한 사항

① 가, 다, 마
② 나, 다, 라
③ 가, 나, 라, 마
④ 가, 다, 라, 마
⑤ 가, 나, 다, 라, 마

정답 | ⑤

해설 | 업무수행 계약서는 다음의 사항을 포함하여야 한다.

> • 포함되는 서비스와 포함되지 않는 서비스의 구분(예 제안사항의 실행 또는 모니터링 등의 포함 여부)
> • 재무설계업무에 대한 보수체계[고객이 지급하는 수수료(fee)를 포함한다.]
> • 제3자와의 보수계약과 관련한 이해상충을 포함하여 현 시점에서 존재하는 모든 이해상충 사항
> • 향후 추가로 발생되는 이해상충 통지의 절차와 방법에 대한 사항
> • 법적 계약관계 및 대리인 계약관계를 포함하여 계약과 관련된 특정 당사자에 대한 사항
> • 고객정보의 비밀 유지에 대한 확약
> • 계약기간
> • 고객에 대한 완전한 정보의 적시 제공을 포함하는 고객의 책임
> • 자격인증자의 책임
> • 계약의 해지 및 종료에 대한 사항
> • 자격인증자에 대한 고객의 클레임과 불만을 처리하는 절차

★★★

34 다음 재무설계 업무수행과정 중 업무수행내용 4－3에 해당하지 **않는** 것은?

① 자격인증자는 제안서를 고객과 공유할 때 고객의 현 재무상태, 제안사항의 중요한 근거가 되는 요소와 가정, 제안된 전략에 내재된 위험, 고객이 언급한 목표를 달성할 수 있는 가능성에 대하여 제안서가 갖는 효과를 고객이 이해할 수 있도록 도와주어야 한다.

② 자격인증자는 자신의 의견이 증명된 사실인 것처럼 제시하여서는 안 된다.

③ 자격인증자는 고객의 개인 신상, 경제 및 다른 일반 조건이 변동되는 경우에는 재무설계 제안서가 변경될 필요가 있다는 점을 고객에게 알려주어야 한다.

④ 자격인증자는 이 단계에서 재무설계 제안서가 고객의 기대를 충족할 수 있는지, 고객이 제안서를 받아들여 실행할 의사가 있는지, 제안서의 내용에 수정이 필요한지의 여부를 점검해 보아야 한다.

⑤ 자격인증자는 고객에게 개별 금융상품, 서비스 또는 자산운용방식에 대한 제안을 재무설계 전략 및 제안서와 함께 제시할 수 있다.

정답 | ⑤

해설 | 업무수행내용 4－3에 해당하는 것은 재무설계 제안서의 제시이다.

⑤ 업무수행내용 5－2 : 실행을 위한 상품과 서비스의 선별 및 제시

★★★
35 재무설계 업무수행과정 중 아래의 과정이 설명하는 업무수행내용으로 가장 적절한 것은?

> • 자격인증자와 고객은 금융상품과 서비스 또는 고객의 소비 및 저축 행동 변화 등이 포함된 제안사항의 실행책임에 대하여 상호 합의하여야 한다.
> • 자격인증자의 실행책임은 제안서 실행에 필요한 활동 내역을 포함할 수 있다.
> • 자격인증자가 고객에게 다른 전문가를 소개하는 경우에는 해당 전문가의 자격 내용과 소개의 근거를 설명하여야 한다.
> • 고객이 단지 제안서의 실행만을 자격인증자에게 의뢰하는 경우, 자격인증자는 업무수행범위에 그 내용을 서면으로 확실하게 표시하여야 한다.

① 업무수행내용 3－1
② 업무수행내용 3－2
③ 업무수행내용 4－1
④ 업무수행내용 5－1
⑤ 업무수행내용 5－2

정답 | ④
해설 | 업무수행내용 5－1 : 실행책임에 대한 상호 합의

★★★
36 재무설계 업무수행과정 중 5단계에 대한 설명으로 가장 적절한 것은?

① 자격인증자는 이해상충에 대해 고객에게 설명하고, 고객 정보의 비밀 유지 방법에 대해서도 고객과 협의하여야 한다.
② 전문가의 판단에는 주관성이 개입되므로 한 자격인증자가 도출한 전략이나 그 실행결과는 다른 자격인증자나 전문가들의 대응전략과 다를 수 있다.
③ 자격인증자는 자신의 의견이 증명된 사실인 것처럼 제시하여서는 안 된다.
④ 자격인증자는 고객의 재무상태에 적합하고 고객의 목표, 니즈 및 우선순위를 합리적으로 충족하는 금융상품, 서비스 또는 자산운용방식을 추천하여야 하며, 전문적인 판단으로 고객에게 이익이 되는 상품, 서비스 또는 재무 행동의 변화를 파악하여야 한다.
⑤ 재무설계업무는 고객의 개인 신상, 경제 또는 다른 조건의 변동사항을 신속히 반영하여야 하는 역동적인 과정이므로 자격인증자와 고객은 고객의 상황을 적절하게 모니터링 할 수 있도록 각자의 역할을 상호 합의하여 결정하고 이해하여야 한다.

정답 | ④
해설 | ① 업무수행내용 1－2 : 고객 니즈의 충족 가능성에 대한 결정
② 업무수행내용 4－1 : 재무설계 대안의 파악 및 평가
③ 업무수행내용 4－3 : 재무설계 제안서의 제시
④ 업무수행내용 5－2 : 실행을 위한 상품과 서비스의 선별 및 제시
⑤ 업무수행내용 6－1 : 고객 상황의 모니터링에 대한 책임 및 조건에 대한 합의

★★★
37 재무설계 업무수행과정 5단계에 해당하지 않는 것은?

① 자격인증자는 고객의 개인 신상, 경제 및 다른 일반 조건이 변동되는 경우에는 재무설계 제안서가 변경될 필요가 있다는 점을 고객에게 알려주어야 한다.
② 자격인증자의 실행책임은 자격인증자와 고객 각각의 책임에 대한 명확한 구분, 다른 전문가에게 소개, 다른 전문가와의 협력, 고객정보 공유의 허용 범위 등을 포함할 수 있다.
③ 자격인증자가 고객에게 다른 전문가를 소개하는 경우에는 해당 전문가의 자격 내용과 소개의 근거를 설명하여야 한다.
④ 자격인증자는 고객의 재무상태에 적합하고 고객의 목표, 니즈 및 우선순위를 합리적으로 충족하는 금융상품, 서비스 또는 자산운용방식을 추천하여야 하며, 전문적인 판단으로 고객에게 이익이 되는 상품, 서비스 또는 재무 행동의 변화를 파악하여야 한다.
⑤ 자격인증자는 고객에게 개별 금융상품, 서비스 또는 자산운용방식에 대한 제안을 재무설계 전략 및 제안서와 함께 제시할 수 있다.

정답 I ①
해설 I ① 업무수행내용 4－3 : 재무설계 제안서의 제시
② 업무수행내용 5－1 : 실행책임에 대한 상호 합의
③ 업무수행내용 5－1 : 실행책임에 대한 상호 합의
④ 업무수행내용 5－2 : 실행을 위한 상품과 서비스의 선별 및 제시
⑤ 업무수행내용 5－2 : 실행을 위한 상품과 서비스의 선별 및 제시

★★★
38 다음 재무설계 업무수행과정 중 5단계에 대한 적절한 설명으로 모두 묶인 것은?

가. 이 과정을 통하여 고객의 현행 자산운용방식에 대한 하나 또는 여러 가지 대안을 도출할 수도 있고, 또는 고객의 현재 자산운용방식을 그대로 이용할 수도 있다.
나. 재무설계 제안서는 고객의 피드백을 반영하여 합리적이고 실행 가능한 것으로 수정될 수 있으며, 현행 자산운용방식을 계속 유지하는 것이 될 수도 있고, 또는 현행 방식을 변경할 것을 제안하는 것이 될 수도 있다.
다. 자격인증자와 고객은 금융상품과 서비스 또는 고객의 소비 및 저축 행동 변화 등이 포함된 제안사항의 실행책임에 대하여 상호 합의하여야 한다.
라. 자격인증자는 고객의 재무상태에 적합하고 고객의 목표, 니즈 및 우선순위를 합리적으로 충족하는 금융상품, 서비스 또는 자산운용방식을 추천하여야 하며, 전문적인 판단으로 고객에게 이익이 되는 상품, 서비스 또는 재무 행동의 변화를 파악하여야 한다.
마. 재무설계업무는 고객의 개인 신상, 경제 또는 다른 조건의 변동사항을 신속히 반영하여야 하는 역동적인 과정이므로 자격인증자와 고객은 고객의 상황을 적절하게 모니터링 할 수 있도록 각자의 역할을 상호 합의하여 결정하고 이해하여야 한다.

① 가, 나
② 다, 라
③ 가, 나, 마
④ 나, 다, 라
⑤ 나, 라, 마

정답 I ②

해설 I 가. 업무수행내용 4－1 : 재무설계 대안의 파악 및 평가
나. 업무수행내용 4－2 : 재무설계 제안서의 작성
다. 업무수행내용 5－1 : 실행책임에 대한 상호 합의
라. 업무수행내용 5－2 : 실행을 위한 상품과 서비스의 선별 및 제시
마. 업무수행내용 6－1 : 고객 상황의 모니터링에 대한 책임 및 조건에 대한 합의

CHAPTER

02 CFP® 자격표장 사용기준

출제 비중 : 20~40% / 1~2문항

학습가이드 ■ ■

학습 목표	학습 중요도
Tip 올바른 자격표장 사용 용법과 틀린 사용 용법을 찾는 문제에 대한 학습 필요	
1. CFP® 자격표장 사용기준을 이해하고 준수할 수 있다.	★★★

▪▪▪ TOPIC 1 CFP® 자격표장 사용기준

★★★

01 CFP® **자격상표 사용지침에 대한 설명으로 적절하지 않은 것은?**

① 항상 대문자로 사용하여야 한다.

② 글자 사이에 생략점을 찍어서는 아니 된다.

③ 항상 "®" 심볼을 위 첨자로 사용하여야 하지만, 인쇄물이나 문장 내에서 처음 사용되는 경우가 아니거나 또는 위 첨자를 사용할 수 없는 경우에는 "®" 심볼의 사용을 생략할 수 있다.

④ 항상 한국FPSB가 승인하는 명사형으로 사용하여야 한다.

⑤ CFP® 자격상표를 이메일주소의 일부로 사용하여서는 아니 된다.

정답 | ④

해설 | ④ 항상 "자격인증자, 자격자, 인증자(certificant)", "자격인증, 자격, 인증(certification)", "자격인증서, 자격증(credential)", "자격명칭, 자격칭호(designation)", "자격인증시험, 자격시험, 시험(exam, examination)", "자격상표, 상표(mark)", "자격표장, 표장(marks)", "업무종사자(practitioner)", "전문자격자, 전문가(professional)" 등의 적절한 명사를 수식하는 형용사형으로 사용하여야 하며, 명사형으로 사용하여서는 아니 된다. 다만 CFP® 자격상표를 자격인증자의 이름 바로 다음에 표시하는 경우에는 독자적으로 사용할 수 있다.

★★★
02 CFP® 자격표장 사용지침에 대한 설명으로 적절하지 않은 것은?

① 항상 대문자로 사용하여야 한다.
② CFP® 자격상표는 글자 사이에 생략점을 찍어서는 아니 된다.
③ 한국FPSB가 승인하는 적절한 형용사를 수식하는 명사형으로 사용하여야 한다.
④ CFP®와 CERTIFIED FINANCIAL PLANNER™ 자격상표를 이메일주소의 일부로 사용하여서는 아니 된다.
⑤ 인터넷의 개별 웹사이트에 CFP® 자격표장을 사용하는 경우에는 쉽게 판별할 수 있는 적절한 위치에 태그라인을 표시하는 것을 원칙으로 한다.

정답 | ③
해설 | ③ 항상 "자격인증자, 자격자, 인증자(certificant)", "자격인증, 자격, 인증(certification)", "자격인증서, 자격증(credential)", "자격명칭, 자격칭호(designation)", "자격인증시험, 자격시험, 시험(exam, examination)", "자격상표, 상표(mark)", "자격표장, 표장(marks)", "업무종사자(practitioner)", "전문자격자, 전문가(professional)" 등의 적절한 명사를 수식하는 형용사형으로 사용하여야 하며, 명사형으로 사용하여서는 아니 된다. 다만 CFP®와 CERTIFIED FINANCIAL PLANNER™ 자격상표를 자격인증자의 이름 바로 다음에 표시하는 경우에는 독자적으로 사용할 수 있다.

★★★
03 CFP® 자격표장 사용지침으로 적절하지 않은 것은?

① CFP® 자격상표는 글자 사이에 생략점을 찍어서는 아니 된다.
② CERTIFIED FINANCIAL PLANNER™ 자격상표는 항상 대문자로 사용하여야 한다.
③ 항상 로고를 구성하는 "불꽃모양" 마크, "CFP" 및 "TM" 세 가지 요소를 같이 사용하여야 한다.
④ CFP®와 CERTIFIED FINANCIAL PLANNER™ 자격상표를 도메인 이름의 일부로 사용하여서는 아니 된다.
⑤ 인터넷의 개별 웹사이트에 CFP® 자격표장을 사용하는 경우에는 쉽게 판별할 수 있는 적절한 위치에 태그라인을 표시하는 것을 원칙으로 한다.

정답 | ③
해설 | ③ 항상 로고를 구성하는 "불꽃모양" 마크, "CFP" 및 "®" 세 가지 요소를 같이 사용하여야 한다.

★★★
04 CFP® 자격표장 사용지침에 대한 설명으로 적절하지 **않은** 것은?

① 인쇄물이나 문장 내에서 처음으로 사용되는 경우가 아니거나 또는 위 첨자를 사용할 수 없는 경우에는 "®" 심볼의 사용을 생략할 수 있다.
② 홍길동, CFP®와 같이 자격상표를 독자적으로 사용할 수 있다.
③ CERTIFIED FINANCIAL PLANNER™을 명사를 수식하는 형용사형으로 사용하여서는 아니 된다.
④ 홍길동, CERTIFIED FINANCIAL PLANNER™와 같이 자격상표를 독자적으로 사용할 수 있다.
⑤ 인터넷의 개별 웹사이트에 CFP® 자격표장을 사용하는 경우에는 쉽게 판별할 수 있는 적절한 위치에 태그라인을 표시하는 것을 원칙으로 한다.

정답 | ③
해설 | ③ 항상 적절한 명사를 수식하는 형용사형으로 사용하여야 하며, 명사형으로 사용하여서는 아니 된다.

★★★
05 CFP® 자격표장 사용지침에 따른 자격표장이 적절하게 사용된 것으로 모두 묶인 것은?

가. 명함에 "홍길동, cfp"라고 새겨 넣었다.
나. 고객에게 자신을 소개할 때 "홍길동 CFP® 자격인증자'라고 새겨진 홍보물을 제시하였다.
다. 이메일주소로 "bestcfp@ gmail.com"이라는 주소를 사용하였다.

① 가
② 나
③ 다
④ 가, 나
⑤ 나, 다

정답 | ②
해설 | **〈CFP® 자격상표〉**

(1) 항상 대문자로 사용하여야 한다.
(2) 글자 사이에 생략점을 표시하여서는 아니 된다.
(3) 항상 "®" 심볼을 위 첨자로 사용하여야 한다. 다만, 인쇄물이나 문장 내에서 처음으로 사용되는 경우가 아니거나 또는 위 첨자를 사용할 수 없는 경우에는 "®" 심볼의 사용을 생략할 수 있다.
(4) 항상 적절한 명사를 수식하는 형용사형으로 사용하여야 하며, 명사형으로 사용하여서는 아니 된다. 다만, CFP® 자격상표를 자격인증자의 이름 바로 다음에 표시하는 경우에는 독자적으로 사용할 수 있다(독자적 사용사례 : 홍길동, CFP®).

〈인터넷에서의 CFP® 자격표장의 사용기준〉

(1) 자격상표를 도메인 이름의 일부로 사용하여서는 아니 된다.
(2) 자격상표를 이메일 주소의 일부로 사용하여서는 아니 된다.
(3) 인터넷의 개별 웹사이트에 자격표장을 사용하는 경우에는 쉽게 판별할 수 있는 위치에 태그라인을 표시하는 것을 원칙으로 한다.

★★★
06 다음 명함에서 CFP® 자격표장에 대한 적절한 사용으로 모두 묶인 것은?

○○생명 (가) certified financial planner™ 김세진, (나) CFP® E－mail : (다) bestCFP@daum.net 전화 : 010－000－0000 홈페이지 : (라) CFP112.blog.naver.com

① 나 ② 가, 나
③ 나, 다 ④ 나, 다, 라
⑤ 가, 나, 다, 라

정답 I ①
해설 I 가. 항상 대문자(큰 대문자와 작은 대문자 혼용 가능)로 사용하여야 한다.
다. 자격상표를 이메일 주소의 일부로 사용하여서는 아니 된다.
라. 자격상표를 도메인 이름의 일부로 사용하여서는 아니 된다.

★★★
07 다음 명함에서 CFP® 자격표장에 대한 적절한 사용으로 모두 묶인 것은?

당신의 인생을 책임질 최고의 (가) certified financial planner™ 최민수, (나) CFP® ○○ 재무설계 / 팀장 전화 : 010－000－0000 이메일 : (다) CFP1004@daum.net 홈페이지 : (라) http://www.bestCFP.co.kr

① 나 ② 가, 나
③ 나, 다 ④ 나, 다, 라
⑤ 가, 나, 다, 라

정답 I ①
해설 I 가. 항상 대문자(큰 대문자와 작은 대문자 혼용 가능)로 사용하여야 한다.
다. 자격상표를 이메일 주소의 일부로 사용하여서는 아니 된다.
라. 자격상표를 도메인 이름의 일부로 사용하여서는 아니 된다.

★★★
08 CFP® 자격표장 사용기준에 대한 적절한 설명으로 모두 묶인 것은?

> 가. CFP® 자격표장이라 함은 CFP 상표 중 2개 이상을 집합적으로 지칭하는 용어이다.
> 나. 항상 대문자로 사용하여야 한다.
> 다. 한국FPSB가 승인하는 적절한 형용사를 수식하는 명사형으로 사용하여야 하며, 형용사형으로 사용하여서는 아니 된다.
> 라. 인터넷의 개별 웹사이트에 CFP® 자격표장을 사용하는 경우에는 쉽게 판별할 수 있는 적절한 위치에 태그라인을 표시하는 것을 원칙으로 한다.
> 마. CFP® 자격인증표장을 사용하는 경우에는 커뮤니케이션 및 마케팅자료 내의 적절한 위치에 태그라인의 국문을 적절하게 인쇄하여야 하며, 필요한 경우에는 국문을 영문 다음에 함께 인쇄할 수 있다.

① 가, 나, 다
② 가, 나, 라
③ 가, 나, 마
④ 나, 다, 라
⑤ 나, 라, 마

정답 | ②

해설 | 다. 항상 "자격인증자, 자격자, 인증자(certificant)", "자격인증, 자격, 인증(certification)", "자격인증서, 자격증(credential)", "자격명칭, 자격칭호(designation)", "자격인증시험, 자격시험, 시험(exam, examination)", "자격상표, 상표(mark)", "자격표장, 표장(marks)", "업무종사자(practitioner)", "전문자격자, 전문가(professional)" 등의 적절한 명사를 수식하는 형용사형으로 사용하여야 하며, 명사형으로 사용하여서는 아니 된다. 다만 CFP®와 CERTIFIED FINANCIAL PLANNER™ 자격상표를 자격인증자의 이름 바로 다음에 표시하는 경우에는 독자적으로 사용할 수 있다.

마. CFP® 자격인증표장을 사용하는 경우에는 커뮤니케이션 및 마케팅자료 내의 적절한 위치에 태그라인의 국문을 적절하게 인쇄하여야 하며, 필요한 경우에는 영문을 국문 다음에 함께 인쇄할 수 있다.

CHAPTER

03 재무설계 업무수행 시 유의사항

출제 비중 : 0~20% / 0~1문항

학습가이드 ■ ■

학습 목표	학습 중요도
Tip 금지행위와 법률 위반 사항에 대한 내용 중심으로 학습 필요	
1. 재무설계업무수행 시 다른 법률 규정을 준수하고 협업할 수 있다.	★

▪▪▪ TOPIC 1 재무설계 업무수행 시 유의사항

★☆☆

01 CFP® 자격인증자가 재무설계 업무수행 시 변호사와의 관계에 대한 설명으로 적절하지 않은 것은?

① 변호사법에 의하면 변호사의 자격이 없는 자가 변호사의 직무에 속하는 행위를 행하는 경우에는 영리목적의 유무 또는 유상, 무상의 구분과는 상관이 없이 처벌의 대상이 되는 것으로 해석되고 있다.

② CFP® 자격인증자가 보수를 받고 일반의 법률사건과 관련하여 법률관계 문서를 작성하거나 법률사무를 처리하여 주는 일에 관련될 경우에는 문제를 야기할 수 있는 가능성이 큰 것으로 볼 수 있다.

③ CFP® 자격인증자 등의 경우에는 종합재무설계업무 등 전문직 업무수행에 대한 보수에 법률상담에 대한 보수가 포함되어 있다는 견해도 있을 수 있으므로 유의하여야 한다.

④ 변호사가 아닌 자는 변호가 아니면 할 수 없는 업무를 통하여 보수나 그 밖의 이익을 분배받아서는 아니 된다.

⑤ 변호사는 국회의원이나 지방의회 의원 또는 상시 근무가 필요없는 공무원이 되거나 공공기관에서 위촉하는 업무를 수행하는 경우를 제외하고는 보수를 받는 공무원을 겸할 수 없다.

정답 | ①

해설 | ① 변호사법 제109조의 벌칙규정으로 이는 변호사가 아니면서 금품이나 향응 및 기타 이익을 받거나 받을 것을 약속하고 변호사의 직무를 수행하는 경우에만 적용되는 것이므로 무보수로 법률상담 등의 변호사의 직무에 속하는 업무를 제공하는 경우에는 처벌의 대상이 되지 않는 것으로 해석되고 있다.

★☆☆

02 투자자문업 및 투자일임업의 법률상의 유의사항에 대한 적절한 설명으로 모두 묶인 것은?

> 가. 투자자문업자 또는 투자일임업자는 투자자 보호 및 건전한 거래질서를 해할 우려가 없다고 시행령에서 정하는 경우를 제외하고는 계약으로 정한 수수료 외의 대가를 추가로 받는 행위를 하여서는 아니 된다.
> 나. 투자일임업자는 투자일임재산을 운용함에 있어 투자자보호 및 건전한 거래질서를 해할 우려가 없다고 시행령에서 정하는 경우를 제외하고는 자기 또는 관계인수인이 인수한 증권을 투자일임재산으로 매수하는 행위를 하여서는 아니 된다.
> 다. 투자일임업자는 투자일임재산을 운용함에 있어 투자일임재산을 각각의 투자자별로 운용하지 아니하고 여러 투자자의 자산을 합산하여 운용할 수 있다.
> 라. 투자일임업자는 투자일임보고서를 작성하여 3개월마다 1회 이상 투자일임계약을 체결한 일반투자자에게 교부하여야 한다.

① 가, 나, 다 ② 가, 나, 라
③ 가, 다, 라 ④ 나, 다, 라
⑤ 가, 나, 다, 라

정답 I ②

해설 I 다. 투자일임업자는 투자일임재산을 운용함에 있어 투자자보호 및 건전한 거래질서를 해할 우려가 없다고 시행령에서 정하는 경우를 제외하고는 투자일임재산을 각각의 투자자별로 운용하지 아니하고 여러 투자자의 자산을 집합하여 운용하는 행위를 하여서는 아니 된다.

★☆☆

03 공인중개사법상 개업공인중개사의 금지행위로 모두 묶인 것은?

> 가. 중개대상물의 매매와 중개를 업으로 하는 행위
> 나. 사례 · 증여 그 밖에 어떠한 명목으로도 조례에 따른 보수 또는 실비를 초과하여 금품을 받는 행위
> 다. 해당 중개대상물의 거래상의 중요사항에 대하여 거짓된 언행 그 밖의 방법으로 중개의뢰인의 판단을 그르치게 하는 행위
> 라. 중개의뢰인과 직접 거래를 하는 행위
> 마. 거래당사자 일방을 대리하는 행위
> 바. 탈세 등 관계 법령을 위반할 목적으로 부동산의 매매를 중개하는 등 부동산투기를 조장하는 행위

① 가, 나, 라, 바 ② 가, 다, 라, 마
③ 가, 다, 마, 바 ④ 나, 다, 라, 바
⑤ 나, 라, 마, 바

정답 I ④

해설 I 가. 중개대상물의 매매를 업으로 하는 행위
마. 중개의뢰인과 직접 거래하거나 거래당사자 쌍방을 대리하는 행위

★☆☆

04 CFP® 자격인증자의 재무설계 업무수행에 대한 적절한 설명으로 모두 묶인 것은?

가. 세무사 자격 없이 세무 관련 서류를 대신 작성해 줄 수 있다.
나. 변호사 자격이 없으나 법률관계 문서를 작성하거나 법률사무를 처리하여 줄 수 있다.
다. 증권투자에 따른 일반적인 위험을 고려하여 고객이 투자금액을 전액 손실을 볼 수 있는 부분에 대해서는 투자자문업자나 투자일임업자 등 전문가의 판단을 구하여야 할 것이다.
라. 공인중개사 자격이 없으나 부동산 매매행위에 대한 제안을 할 수 있다.

① 라　② 가, 다
③ 나, 라　④ 나, 다, 라
⑤ 가, 나, 다, 라

정답 I ①

해설 I 가. 세무사법 제22조의 규정에 의하면 세무사의 자격이 없는 자가 조세에 관한 신고나 세무 관련 서류의 작성, 조세에 관한 상담이나 자문 등 세무대리행위를 행하는 경우에는 3년 이하의 징역 또는 3,000만원 이하의 벌금에 처하도록 규정하고 있다.

나. CFP® 자격인증자가 보수를 받고 일반의 법률사건과 관련하여 법률관계 문서를 작성하거나 법률사무를 처리하여 주는 일에 관련될 경우에는 문제를 야기할 수 있는 가능성이 큰 것으로 볼 수 있다. 금품이나 향응 또는 기타 이익 없이 무보수로 법률상담을 하는 경우에는 변호사법 제109조에 의한 처벌의 대상이 되지 않는 것으로 해석되고 있으나, CFP® 자격인증자 등의 경우에는 종합재무설계업무 등 전문직 업무수행에 대한 보수에 법률상담에 대한 보수가 포함되어 있다는 견해도 있을 수 있으므로 유의하여야 한다.

다. 투자자문업자나 투자일임업자가 아닌 재무설계사는 고객이 증권의 투자판단에 대한 조언을 요청하는 경우 고객에 대한 서비스 제공 차원에서도 금융위원회에 정식으로 등록을 마친 유능한 투자자문업자나 투자일임업자를 물색하여 업무를 위임하는 방법으로 전문가의 판단을 구하여야 할 것이다. 전문가의 판단을 바탕으로 증권과 관련된 투자에 대한 조언을 하여야 하는 경우에는 증권투자에 따른 일반적인 위험을 고려하여 고객이 전액 손실을 볼 경우에도 주요 재무계획에는 별 타격이 없을 것으로 보이는 일정한 금액 범위 이내에서 제한적으로 증권 관련 투자에 임하도록 고객에게 조언하고 이를 준수하도록 하여야 할 것이다.

★☆☆

05 CFP® 자격인증자의 재무설계 업무수행이 적절하게 이루어진 것으로 모두 묶인 것은?

가. 고객이 조세에 관한 신고 관련 일을 부탁하여 서류의 작성을 대행해주었다.
나. 고객이 아파트 매매를 하면서 재산세에 관해 질문을 하여서 일반적인 세율에 관해 설명해드렸다.
다. 고객이 상속 문제에 관해 조언을 구하여서 변호사를 소개시켜 주고 그 대가를 받았다.
라. 고객이 증권과 관련된 투자에 관심을 보여서 투자 유망종목을 선정해 주고, 손실을 볼 경우에도 주요 재무계획에는 별 타격이 없을 것으로 보이는 일정한 투자금액의 범위를 계산해주었다.

① 나　② 가, 다
③ 나, 라　④ 나, 다, 라
⑤ 가, 나, 다, 라

정답 | ①

해설 | 가. 세무사법 제22조의 규정에 의하면 세무사의 자격이 없는 자가 조세에 관한 신고나 세무 관련 서류의 작성, 조세에 관한 상담이나 자문 등 세무대리행위를 행하는 경우에는 3년 이하의 징역 또는 3,000만원 이하의 벌금에 처하도록 규정하고 있다.

다. 사전에 금품, 향응 또는 그 밖의 이익을 받거나 받기로 약속하고 당사자 또는 그 밖의 관계인을 특정한 변호사나 그 사무직원에게 소개, 알선 또는 유인하는 행위, 당사자 또는 그 밖의 관계인을 특정한 변호사나 그 사무직원에게 소개, 알선 또는 유인한 후 그 대가로 금품, 향응 또는 그 밖의 이익을 받거나 요구하는 행위는 변호사법에 규정된 금지 행위이다. 변호사나 그 사무직원은 법률사건이나 법률사무의 수임에 관하여 소개, 알선 또는 유인의 대가로 금품, 향응 또는 그 밖의 이익을 제공하거나 제공하기로 약속하여서는 아니 된다.

라. 투자자문업자나 투자일임업자가 아닌 재무설계사는 고객이 증권의 투자판단에 대한 조언을 요청하는 경우 고객에 대한 서비스 제공 차원에서도 금융위원회에 정식으로 등록을 마친 유능한 투자자문업자나 투자일임업자를 물색하여 업무를 위임하는 방법으로 전문가의 판단을 구하여야 할 것이다.

★☆☆

06 CFP® 자격인증자의 재무설계 업무수행이 적절하게 이루어진 것으로 모두 묶인 것은?

> 가. 세무사 자격이 없는 자격인증자가 무보수로 고객의 세무조정계산서를 직접 작성해주었다.
> 나. 변호사 자격이 없는 자격인증자가 고객의 비송사건을 직접 처리하고 그 보수를 받아 본인에게 협력한 변호사에게 분배하였다.
> 다. 증권투자에 따른 일반적인 위험을 고려하여 고객이 전액 손실을 볼 경우에도 주요 재무계획에는 별 타격이 없을 것으로 보이는 일정한 금액 범위 이내에서 제한적으로 투자자문업자나 투자일임업자에게 위임하도록 고객에게 조언하였다.
> 라. 중개사무소의 개설등록을 하지 않고 다른 중개사의 명의를 빌려 중개업무를 하였다.

① 다
② 가, 다
③ 나, 라
④ 가, 다, 라
⑤ 가, 나, 다, 라

정답 | ①

해설 | 가. 별도로 세무사의 자격이 없는 CFP® 자격인증자의 경우 고객 등 다른 사람을 위하여 조세에 관한 상담을 포함하여 세무대리업무에 해당될 수 있는 행위를 하는 경우에는 비록 무보수라고 할지라도 세무사법에 위반되는 행위로 간주되어 처벌대상이 되므로 유의하여야 한다.

나. 변호사가 아닌 자는 변호사가 아니면 할 수 없는 업무를 통하여 보수나 그 밖의 이익을 분배받아서는 아니 된다.

라. 법에 따른 중개사무소의 개설등록을 하지 아니하고 중개업을 영위하는 자인 사실을 알면서 그를 통하여 중개를 의뢰받거나 그에게 자기의 명의를 이용하게 하는 행위는 공인중개사법상 개업공인중개사의 금지행위에 해당된다.

★☆☆

07 CFP® 자격인증자의 재무설계 업무수행이 적절하게 이루어진 것으로 모두 묶인 것은?

가. 세무사 대신 고객의 세무조정계산서를 직접 작성해주었다.
나. 변호사를 고용하여 법률사무소를 개설, 운영하였다.
다. 금융위원회에 정식으로 등록을 마친 유능한 투자자문업자를 물색하여 고객에게 소개시켜 주었다.
라. 공인중개사 대신 고객의 부동산 거래를 중개하였다.

① 다
② 가, 나
③ 다, 라
④ 가, 다, 라
⑤ 가, 나, 다, 라

정답 Ⅰ ①

해설 Ⅰ 가. 별도로 세무사의 자격이 없는 CFP® 자격인증자의 경우 고객 등 다른 사람을 위하여 조세에 관한 상담을 포함하여 세무대리업무에 해당될 수 있는 행위를 하는 경우에는 비록 무보수라고 할지라도 세무사법에 위반되는 행위로 간주되어 처벌대상이 되므로 유의하여야 한다.
나. 변호사가 아닌 자는 변호사를 고용하여 법률사무소를 개설, 운영하여서는 아니 된다.
라. 중개사무소의 개설등록을 하지 아니하고 중개업을 한 자는 3년 이하의 징역 또는 3,000만원 이하의 벌금에 처하는 등 법규를 위반하는 경우에는 벌칙이 적용되므로 유의하여야 한다.

MEMO

PART 03

위험관리와 보험설계

CONTENTS

CHAPTER

01 위험과 보험

출제 비중 : 12~20% / 3~5문항

학습가이드 ■ ■

학습 목표	학습 중요도
Tip 프로세스 각 단계별 내용에 대한 학습 필요 Tip 조기사망 위험 측정에 대한 계산형 문제가 출제될 수 있으며, 사례형에서 비중 있게 다루어짐	
1. 위험관리 프로세스와 보험수요에 대해 설명할 수 있다.	★★★
2. 위험의 유형을 파악하고 적절한 평가 방법을 적용할 수 있다.	★★★

··· TOPIC 1 위험관리

★★★

01 재무설계사의 설명 내용이 해당하는 위험관리 프로세스의 단계가 적절하게 연결된 것은?

> 가. 현재 고객님은 조기사망위험에 대한 평가가 이루어졌으므로 이제 위험관리 목표를 충족할 수 있도록 위험관리방법을 선택하셔야 합니다. 고객님의 연령이 높아서 보험으로 위험을 처리하는 경우 비용이 많이 발생할 수 있으므로 별도의 건강관리 플랜이 병행되는 것이 좋을 것 같습니다.
> 나. 고객님께서는 이미 2억원의 종신보험에 가입하고 계시므로 측정된 위험금액 5억원과 기존 보험의 가입 금액 2억원의 차액인 3억원만큼만 정기보험을 구입하시면 됩니다.

	가	나
①	위험 인식	위험 측정 및 평가
②	위험 인식	위험관리방법 선택
③	위험 측정 및 평가	선택한 위험관리방법 실행
④	위험관리방법 선택	위험 측정 및 평가
⑤	위험관리방법 선택	선택한 위험관리방법 실행

정답 | ⑤

해설 | 가. 3단계 : 위험관리방법 선택
나. 4단계 : 선택한 위험관리방법 실행

★★★
02 위험관리 프로세스에 대한 설명으로 가장 적절한 것은?

① 위험 발생 후 목표는 경제성, 불안 제거, 법적 의무 수행 등이다.
② 1단계에서는 고객의 위험을 측정하고 평가하기 위해 정보를 분석한다.
③ 2단계에서는 각 위험요인별로 위험관리방법을 검토하고 가장 적절한 방법을 선택하는데, 위험관리방법은 위험통제와 위험재무로 구분된다.
④ 4단계에서 궁극적으로는 고객이 위험관리방법을 실행하지만, 자격인증자는 고객이 정보에 입각한 합리적인 의사결정을 내릴 수 있도록 관련 서비스를 제공하고 지원해야 한다.
⑤ 5단계에서 고객이 새로운 위험을 직면하거나 누락된 위험이 발견될 경우에 한해서 위험관리방법을 검토하는 것이 바람직하다.

정답 | ④
해설 | ① 위험 발생 전 목표이다. 위험 발생 후 목표는 생활 유지, 소득의 안정성, 지속적 성장, 사회적 책임 등을 말한다.
② 2단계 위험 측정 및 평가에 대한 설명이다. 1단계는 위험 인식 단계로 고객에게 노출된 위험을 인식하기 위해 보유재산위험, 인적자산위험, 배상책임위험과 같은 정보를 수집한다.
③ 위험관리방법 선택은 3단계이다.
⑤ 5단계는 모니터링 및 피드백 단계로 시간 경과에 따라 고객 상황이 변하고, 활용 가능한 상품과 서비스도 달라질 수 있기 때문에 위험관리방법을 주기적으로 검토하는 것이 바람직하다. 모니터링 및 피드백 과정을 통해 고객이 직면한 새로운 위험을 인식하거나 누락된 위험을 보완할 수도 있다.

★★★
03 위험관리 프로세스에 대한 설명으로 적절하지 않은 것은?

① 위험관리의 가장 큰 목표는 경제주체로 하여금 특정 위험이 발생한 이후에도 이전과 동일한 상태를 유지하도록 하는 것이다.
② 고객에게 노출된 위험을 인식하기 위해 보유재산위험, 인적자산위험, 배상책임위험과 같은 정보를 수집한다.
③ 불법행위 관련 위험 유형의 경우 자산 사용, 직업 등으로 인한 손실에 대한 배상책임위험을 측정 · 평가한 후에는 고객이 보유할 수 있는 위험인지 또는 완화 방법이 필요한지 여부를 판단하고, 고객이 위험을 수용할 수 없다면 대안을 고려해야 한다.
④ 위험관리방법 중 위험재무는 손실의 빈도와 심도를 조정하는 방법으로 위험보유, 위험전가 등이 해당된다.
⑤ 시간 경과에 따라 고객 상황이 변하고, 활용 가능한 상품과 서비스도 달라질 수 있기 때문에 위험관리방법을 주기적으로 검토하는 것이 바람직하다.

정답 | ④
해설 | ④ 위험관리방법은 위험통제와 위험재무로 구분된다. 위험통제는 손실의 빈도와 심도를 조정하는 방법으로 위험회피, 손실예방, 손실감소 등이 해당된다. 위험재무는 손실이 발생하였을 경우 이를 보전하기 위한 방법으로 위험보유, 위험전가 등이 해당된다.

★★★
04 위험관리 프로세스에 관한 설명으로 적절하지 않은 것은?

① 위험관리의 가장 큰 목표는 경제주체로 하여금 특정 위험이 발생한 이후에도 이전과 동일한 상태를 유지하도록 하는 것이다.
② 자격인증자는 고객이 현 재무상태에서 용인할 수 있는 손실 규모, 고객이 직면한 일반적이고 구체적인 위험, 잠재손실과 그로 인한 결과를 손실이 발생할 가능성과 비교, 사용할 수 있는 수입 대비 보험료 지출 규모 결정과 같은 문제를 염두에 두어야 한다.
③ 위험 측정 및 평가 과정에서 자산 또는 행위와 관련하여 채권–채무 계약 불이행으로 인한 손실에 대한 배상책임은 불법행위 관련 위험 유형으로 구분하여 파악할 수 있다.
④ 3단계에서는 각 위험요인별로 위험관리방법을 검토하고 가장 적절한 방법을 선택하는데, 위험관리방법은 위험통제와 위험재무로 구분된다.
⑤ 시간 경과에 따라 고객 상황이 변하고, 활용 가능한 상품과 서비스도 달라질 수 있기 때문에 5단계 모니터링 및 피드백 단계에서는 위험관리방법을 주기적으로 검토하는 것이 바람직하다.

정답 | ③

해설 | ③ 고객의 위험을 측정하고 평가하기 위해 수집한 정보를 분석하는 과정에서 자산과 행위 관련 내용을 평가할 수 있는데, 위험 유형을 다음과 같은 세 가지로 구분하여 파악할 수 있다.

- 자산 관련 : 자산 자체의 손실, 자산의 사용 손실 및 기타 관련 손실
- 계약 관련 : 자산 또는 행위와 관련하여 채권–채무 계약 불이행으로 인한 손실에 대한 배상책임
- 불법행위 관련 : 자산 사용, 직업 등으로 인한 손실에 대한 배상책임위험을 측정 · 평가한 후에는 고객이 보유할 수 있는 위험인지 또는 완화 방법이 필요한지 여부를 판단하고, 고객이 위험을 수용할 수 없다면 대안을 고려

★★★
05 재무설계사와 고객과의 상담 내용 중 위험관리 프로세스가 순서대로 나열된 것은?

가. 고객님의 말씀은 주택화재위험이 발생하더라도 주택을 다시 짓는 데 비용상 지장이 없었으면 한다는 말씀이시죠?
나. 고객님의 상황에 대한 분석 결과 치명적인 위험에 해당하는 주택화재위험에 대한 대비로 2억원 정도의 보장이 필요한 것으로 나타났습니다.
다. 주택화재보험 가입 시 보험가입금액 2억원에, 풍수해보험 2억원을 추가적으로 설계하였으니, 이 설계안대로 가입하시면 됩니다.
라. 현재 가계의 현금흐름을 살펴보면 지금 당장 보험가입금액 2억원 정도의 보장을 가입하는 것이 가능할 것 같고, 보험을 통해 위험을 전가하더라도 소화기 설치 등을 통해 손실을 감소시키셔야 합니다.

① 가 – 나 – 다 – 라
② 가 – 나 – 라 – 다
③ 나 – 가 – 라 – 다
④ 나 – 라 – 가 – 다
⑤ 다 – 가 – 나 – 라

정답 | ②

해설 | 가. 1단계 : 위험 인식
나. 2단계 : 위험 측정 및 평가
라. 3단계 : 위험관리방법 선택
다. 4단계 : 선택한 위험관리방법 실행

▪▪▪ TOPIC 2 보험수요

★★★
06 위험수용성향 중 위험회피자에 대한 적절한 설명으로 모두 묶인 것은?

가. 불확실성을 감수하기보다 기대수익이 확실한 것을 더 선호하기 때문에 오목한 효용함수를 갖는다.
나. 불확실성이 내포된 공정한 도박과 기대수익이 확실한 현금 간 선호가 무차별하다.
다. 기대수익이 확실한 것보다 불확실성이 내포된 공정한 도박을 선호한다.
라. 위험회피 정도는 위험에 노출된 경제주체가 위험을 줄이기 위해 지출하려는 보험료를 결정한다.

① 가
② 가, 나
③ 가, 라
④ 나, 다
⑤ 다, 라

정답 | ③

해설 | 나. 위험중립자에 대한 설명이다.
다. 위험선호자에 대한 설명이다.

★★★
07 보험 미가입 상태의 기대효용으로 가장 적절한 것은?

- 가계의 보유재산(금융자산 포함) : 2.5억원
- 거주용 주택재산 : 2억원
- 화재 발생 확률 : 10%
- 보험 가입 시 공정한 보험료 : 2천만원
- 최종 재산 : 화재가 발생하지 않으면 2.5억원, 화재가 발생하면 5천만원

① 2억원
② 2.1억원
③ 2.25억원
④ 2.3억원
⑤ 2.5억원

정답 | ④

해설 | • 보험 미가입 상태의 기대효용(EUUI)은 화재가 발생할 때 기대효용[U(0.5억원)]과 화재가 발생하지 않을 때 기대효용[U(2.5억원)]에 대해 각각의 발생 확률인 10%와 90%로 가중평균하여 산출할 수 있다.

• EU_{UI} = 0.1 × U(0.5억원) + 0.9 × U(2.5억원) = 2.3억원

★★★

08 다음과 같은 효용함수를 가진 김경동씨의 위험수용성향에 대한 설명으로 적절하지 **않은** 것은?

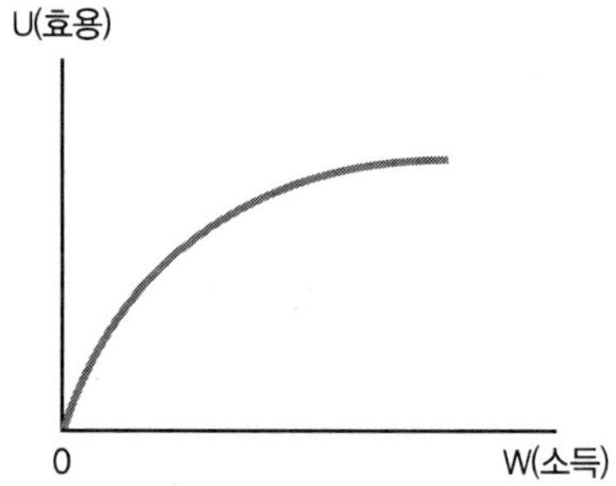

① 불확실성하에서 의사결정은 금전적 기댓값이 아닌 효용의 기댓값(기대효용)에 의해 결정된다.

② 김경동씨는 위험회피자에 해당한다.

③ 불확실성을 감수하기보다 기대수익이 확실한 것을 더 선호한다.

④ 가계가 위험에 대해 어떤 태도를 갖느냐에 따라 보험가입금액과 보험 상품 선택 유형이 달라지는데 일반적으로 위험에 대한 수용도가 높은 가계일수록 보험수요는 높아진다.

⑤ 위험회피 정도는 위험에 노출된 경제주체가 위험을 줄이기 위해 지출하려는 보험료를 결정한다.

정답 | ④

해설 | ④ 가계가 위험에 대해 어떤 태도를 갖느냐에 따라 보험가입금액과 보험 상품 선택 유형이 달라지는데 일반적으로 위험에 대한 수용도가 낮은(위험회피도가 높은) 가계일수록 보험수요는 높아진다.

▪▪▪ TOPIC 3 조기사망위험

★★★

09 조기사망위험에 대한 다음 설명 중 적절하지 않은 것은?

① 맞벌이 중 한 명이 조기사망하면 생활수준의 하락을 초래하기 때문에 먼저 사망한 사람의 상실소득을 대체하기 위해 사망보험이 필요하게 된다.

② 주택담보대출금액 상환 목적으로 사망보험에 가입할 경우 수령한 보험금으로 잔여대출금을 변제할 수 있어 유족은 기존 주택에서 계속 생활하게 된다.

③ 만약 상속재산이 부동산과 같은 유동성이 낮은 실물자산 중심일 경우 사망보험금은 상속세 납부재원으로써 적절한 대안이 될 수 있다.

④ 동업관계에 있는 사람이 사망할 경우 사업체를 지속하기 위해서는 지분 관계를 신속하게 해결해야 하는데, 자기를 위한 사망보험계약을 활용하면 사망보험금으로 사망한 동업자의 지분 매입자금을 마련할 수 있다.

⑤ 기업 수익에 기여도가 높은 직원이 갑작스럽게 사망할 경우 대체인력을 구하기 어려우므로, 핵심 종업원을 피보험자로 지정하고 기업대표 또는 법인이 보험계약자이면서 동시에 보험수익자가 되는 사망보험계약을 체결하면 사망에 따른 부정적 영향을 줄일 수 있다.

정답 | ④

해설 | ④ 동업자 간 교차 사망보험을 활용하면 사망보험금으로 사망한 동업자의 지분 매입자금을 마련할 수 있다. 이는 타인을 위한 보험계약이 된다.

★★★

10 아내와 두 자녀를 둔 가장 서홍익씨(30세)는 현재의 직장에서 54세 말까지 수입창출이 예상된다. 아래 정보를 참고하여 생애가치법을 통해 산출된 추가적인 생명보험 필요보장액으로 적절한 것은?

- 평균연봉 : 30,000천원
- 소비, 각종 사회보험료, 세금 등 지출항목 : 10,000천원
- 할인율 : 6%
- 정기보험 가입 금액 : 50,000천원

① 205,667천원
② 221,007천원
③ 255,667천원
④ 271,007천원
⑤ 305,667천원

정답 | ①

해설 | • 가계의 순소득 : 30,000 − 10,000 = 20,000천원
• 잔여 근로기간 : 55세 − 30세 = 25년

• 장래 가계 순소득의 현재가치
PMT(E) : 20,000, N : 25, I/Y : 6, PV? 255,667천원
• 추가적인 생명보험 필요보장액 : 255,667 − 50,000 = 205,667천원

★★★

11 **배우자와 자녀 1명을 두고 있는 김세진(45세)씨는 니즈분석법에 의해 조기사망 시 필요보장액을 산출하고자 한다. 다음 정보를 고려할 때 사망보험 가입 금액으로 가장 적절한 것은?**

> • 연 소득 : 70,000천원
> • 연간 필요자금 현재가치 : 500,000천원
> • 가계의 필요 일시금 : 200,000천원
> • 보유 중인 유동자산 : 100,000천원
> • 연간 물가상승률과 할인율은 4%로 동일(순할인율 0%)

① 400,000천원 ② 500,000천원
③ 600,000천원 ④ 700,000천원
⑤ 800,000천원

정답 | ③
해설 | • 총 필요자금 : 연간 필요자금 현재가치 500,000 + 필요 일시금 200,000 = 700,000천원
• 필요한 사망보험 가입 금액 : 총 필요자금 700,000 − 보유 중인 유동자산 100,000 = 600,000천원

★★★

12 **조기사망 시 필요보장액 산출방식에 대한 설명이 적절하게 연결된 것은?**

> A. 가장 사망 시 상실되는 장래소득의 현재가치를 산출하는 방식으로, 연간 소득에서 소비, 각종 사회보험료, 세금 등 지출항목을 차감하여 가계 순소득을 산출한 후 이를 기준으로 장래 가계 순소득의 현재가치를 추정한다.
> B. 보유자산은 유지한 채 생활에 필요한 소득을 수령하도록 설계된 방식으로, 보유자금의 투자수익을 통해 필요 수입을 조달하기 때문에 원본자산은 유지되어 상속자산으로 이전 가능하다.
> C. 부양가족 입장에서 가장이 사망한 이후에도 이전과 동일한 생활수준을 유지하기 위해 필요한 금액을 계산하는 방식으로, 부양가족의 현재 및 장래 경제적 필요뿐만 아니라 공적연금 수령, 이미 보유하고 있는 생명보험, 금융자산 등을 모두 고려한다.

	자본보유법	니즈분석법	생애가치법
①	A	C	B
②	B	A	C
③	B	C	A
④	C	A	B
⑤	C	B	A

정답 | ③

해설 | A. 생애가치법에 대한 설명이다.
B. 자본보유법에 대한 설명이다.
C. 니즈분석법에 대한 설명이다.

★★★
13 조기사망 시 필요보장액 산출방식에 대한 설명으로 적절하지 않은 것은?

① 필요보장액 산출은 조기사망위험을 관리하기 위해 사망보험 가입 금액을 결정하는 것이며 구체적인 방식으로는 생애가치법, 니즈분석법, 자본보유법 등이 있다.
② 생애가치법은 가장 사망 시 상실되는 장래소득의 현재가치를 산출하는 방식으로, 공적연금의 유족연금을 감안하지 않는 등 가장의 근로소득 외 기타소득을 고려하지 않는다는 한계점이 있다.
③ 니즈분석법은 사망보험금을 활용해서 상실된 가장의 소득을 대체한다는 개념에 입각한 것으로, 연간 소득에서 소비, 각종 사회보험료, 세금 등 지출항목을 차감하여 가계 순소득을 산출한 후 이를 기준으로 장래 가계 순소득의 현재가치를 추정한다.
④ 니즈분석법은 사망보험 가입 금액 결정 시 유족의 현재 및 장래 경제적 니즈, 공적연금 수령, 현재 보유 중인 유동자산 등을 모두 고려하기 때문에 일반인들이 이해하기 쉽고 자격인증자가 관련 내용을 고객에게 설명하기에도 상대적으로 수월하다.
⑤ 자본보유법은 계산방식이 단순하고 실질소득을 보전할 수 있다는 장점이 있으며, 또한 초기 투자자금을 소비하지 않고 보전하기 때문에 상속재산으로 활용할 수도 있다.

정답 | ③

해설 | ③ 생애가치법의 개념에 대한 설명이다. 니즈분석법은 부양가족 입장에서 가장이 사망한 이후에도 이전과 동일한 생활수준을 유지하기 위해 필요한 금액을 계산하는 방식이다. 이 과정에서 부양가족의 현재 및 장래 경제적 필요뿐만 아니라 공적연금 수령, 이미 보유하고 있는 생명보험, 금융자산 등을 모두 고려한다.

★★★
14 조기사망 시 필요보장액 산출방식에 대한 설명으로 가장 적절한 것은?

① 생애가치법은 현재가치를 계산하기 위해 장기간에 걸쳐 할인율을 적용하기 때문에 할인율의 역할도 매우 중요하며, 다른 조건이 동일할 경우 할인율이 높을수록 필요 금액은 높게 산출된다.
② 니즈분석법은 부양가족의 현재 및 장래 경제적 필요뿐만 아니라 공적연금 수령, 이미 보유하고 있는 생명보험, 금융자산 등을 모두 고려한다.
③ 생애가치법은 니즈분석법보다 현실에 더 부합한 방식으로 현실에서 활용도가 높은 방식이다.
④ 자본보유법은 계산방식이 복잡하고 실질소득 보전이 어렵다는 단점이 있다.
⑤ 니즈분석법은 초기 투자자금을 소비하지 않고 보전하기 때문에 상속재산으로 활용할 수도 있다.

정답 | ②

해설 | ① 생애가치법은 현재가치를 계산하기 위해 장기간에 걸쳐 할인율을 적용하기 때문에 할인율의 역할도 매우 중요하며, 다른 조건이 동일할 경우 할인율이 낮을수록 필요 금액은 높게 산출된다.

③ 니즈분석법은 가장 사망 후 유족에게 필요한 금액을 추정하기 때문에 생애가치법보다 현실에 더 부합한 방식으로 현실에서 활용도가 높은 방식이다.

④ 자본보유법은 계산방식이 단순하고 실질소득을 보전할 수 있다는 장점이 있다.

⑤ 자본보유법에 대한 설명이다.

★★★

15 조기사망 시 필요보장액 산출방식에 대한 적절한 설명으로 모두 묶인 것은?

가. 생애가치법은 가장의 근로소득 외 공적연금의 유족연금과 같은 기타소득을 고려한다는 점도 장점이다.

나. 생애가치법은 가장의 직업이나 직무 특성을 고려하고 추정기간 동안 소득규모 및 소득패턴, 생활비용 등에 인플레이션을 반영하기 때문에 니즈분석법보다 현실에 더 부합한 방식으로 현실에서 활용도가 높은 방식이다.

다. 니즈분석법은 사망보험 가입 금액 결정 시 유족의 현재 및 장래 경제적 니즈, 공적연금 수령, 현재 보유 중인 유동자산 등을 모두 고려하기 때문에 일반인들이 이해하기 쉽고 자격인증자가 관련 내용을 고객에게 설명하기에도 상대적으로 수월하다.

라. 자본보유법은 보유자산은 유지한 채 생활에 필요한 소득을 수령하도록 설계된 방식으로, 생애가치법 및 니즈분석법과 달리 보유자금의 투자수익을 통해 필요 수입을 조달하기 때문에 원본자산은 유지되어 상속자산으로 이전 가능하다.

마. 자본보유법은 계산방식이 단순하고 실질소득을 보전할 수 있다는 장점이 있으며, 또한 초기 투자자금을 소비하지 않고 보전하기 때문에 상속재산으로도 활용할 수 있다.

① 가, 다, 라
② 가, 라, 마
③ 나, 다, 라
④ 나, 라, 마
⑤ 다, 라, 마

정답 | ⑤

해설 | 가. 가장의 근로소득 외 기타소득을 고려하지 않는다는 점도 한계점이다. 공적연금은 의무가입이기 때문에 가장 사망 시 배우자는 유족연금을 수령할 수 있는데 이를 감안하지 않는다.

나. 가장의 직업이나 직무 특성을 고려하지 않고 추정기간 동안 소득규모 및 소득패턴, 생활비용 등이 일정하다는 가정은 현실과 부합하지 않는다. 니즈분석법은 가장 사망 후 유족에게 필요한 금액을 추정하기 때문에 생애가치법보다 현실에 더 부합한 방식으로 현실에서 활용도가 높은 방식이다.

★★★
16 조기사망 시 필요보장액 산출방식에 대한 적절한 설명으로 모두 묶인 것은?

가. 생애가치법은 현재가치를 계산하기 위해 할인율을 적용하기 때문에 할인율의 역할도 매우 중요하며, 다른 조건이 동일한 경우 할인율이 낮을수록 필요 금액은 높게 산출된다.
나. 생애가치법은 가장의 직업이나 직무 특성을 고려하지 않고 추정기간 동안 소득규모 및 소득패턴, 생활비용 등이 일정하다는 가정은 현실과 부합하지 않는다.
다. 생애가치법은 부양가족의 현재 및 장래 경제적 필요뿐만 아니라 공적연금 수령, 이미 보유하고 있는 생명보험, 금융자산 등을 모두 고려한다.
라. 자본보유법은 계산방식이 복잡하나 실질소득을 보전할 수 있다는 장점이 있으며, 또한 초기 투자자금을 소비하지 않고 보전하기 때문에 상속재산으로도 활용할 수 있다.
마. 자본보유법은 투자자금에 대한 예상 투자수익률이 낮을 경우 사망보험 가입 금액이 큰 규모로 감소할 수 있다.

① 가, 나　　② 가, 마
③ 나, 다　　④ 다, 라
⑤ 라, 마

정답 | ①

해설 | 다. 니즈분석법에 대한 설명이다. 생애가치법은 가장 사망 시 상실되는 장래소득의 현재가치를 산출하는 방식으로 사망보험금을 활용해서 상실된 가장의 소득을 대체한다는 개념에 입각한 것이다.
라. 자본보유법은 계산방식이 단순하고 실질소득을 보전할 수 있다는 장점이 있으며, 또한 초기 투자자금을 소비하지 않고 보전하기 때문에 상속재산으로도 활용할 수 있다.
마. 자본보유법은 투자자금에 대한 예상 투자수익률이 낮을 경우 사망보험 가입 금액이 큰 규모로 증가할 수 있다.

★★★
17 다음 정보를 토대로 자본보유법에 의한 생명보험 필요보장액으로 가장 적절한 것은?

- 유족의 연간 목표소득금액 : 30,000천원
- 현재 보유자본에서 창출 가능한 소득 : 2,857천원
- 여타 보유자산으로부터 투자소득 : 7,000천원
- 연간 보유자산의 투자수익률 : 5%

① 143,000천원　　② 173,000천원
③ 293,000천원　　④ 423,000천원
⑤ 633,000천원

정답 | ④

해설 | • 부족소득 30,000 − 2,857 − 7,000 = 20,143천원
• 부족소득을 보충하기 위해 필요한 추가 자본 : $\frac{20,143}{5\%} + 20,143 = 423,003$천원

★★★
18 재산 관련 위험에 대한 설명으로 적절하지 않은 것은?

① 직접손해는 부동산 및 동산이 물리적으로 손상 또는 분실되어 가치가 하락한 것으로 사고 발생 전의 상태로 복구하기 위한 비용을 의미한다.
② 자동차 사고로 자기 차량을 사용할 수 없다면 다른 차를 임대하거나 다른 교통수단을 이용해야 하는데 여기에 지출한 비용이 간접손해가 된다.
③ 직접손해의 발생 규모는 시간과 관련되어 나타날 수 있다.
④ 공장 화재로 사업 중단 시 사업이 지속되었을 경우 실현되었을 순이익 손실, 임대주택을 임대하지 못할 경우 해당 기간 동안 발생하는 임대수입 상실은 해당 재산을 사용할 수 없는 기간과 비례한다.
⑤ 시간과 관련되어 나타나는 유형의 손실은 사고 발생부터 손상된 재산이 수리되거나 대체되어 정상적인 작업이 재개된 시점까지 지속적으로 발생한다.

정답 I ③
해설 I ③ 간접손실의 발생 규모는 시간과 관련되어 나타날 수 있다. 직접손해로 해당 재산을 사용할 수 없을 때 사용하지 못하는 시간에 비례하여 간접손실의 규모가 증가하기 때문이다.

★★★
19 재산 관련 위험에 대한 적절한 설명으로 모두 묶인 것은?

가. 재산 관련 위험은 직접손해와 간접손해로 구분할 수 있는데, 직접손해는 사고 발생 전의 상태로 복구하기 위한 비용을 의미하며, 간접손해는 직접손해의 결과로 추가되는 수리비, 치료비 등의 손해를 의미한다.
나. 직접손실의 발생 규모는 시간과 관련되어 나타날 수 있으나, 간접손실의 발생 규모는 시간과는 관련이 없다.
다. 공장 화재로 사업 중단 시 사업이 지속되었을 경우 실현되었을 순이익 손실, 임대주택을 임대하지 못할 경우 해당 기간 동안 발생하는 임대수입 상실은 해당 재산을 사용할 수 없는 기간과 비례한다.
라. 시간과 관련되어 나타나는 유형의 손실은 사고 발생부터 손상된 재산이 수리되거나 대체되어 정상적인 작업이 재개된 시점까지 지속적으로 발생한다.

① 가, 나
② 가, 라
③ 나, 다
④ 다, 라
⑤ 가, 나, 다, 라

정답 | ④

해설 | 가. 직접손해는 부동산(건물) 및 동산이 물리적으로 손상 또는 분실되어 가치가 하락한 것으로 사고 발생 전의 상태로 복구하기 위한 비용을 의미한다. 예를 들어 화재가 발생하여 주택이 멸실되었다면 주택을 신축하는 데 소요되는 비용이고, 자동차 충돌 사고로 자동차가 파손되었다면 지출한 수리비가 해당된다. 현금이나 유가증권을 도난당한 경우 해당 금액이 직접손해가 된다. 간접손해는 직접손해의 결과로 추가되는 손해를 의미한다. 화재, 홍수, 지진 등으로 주택이 멸실되었다면 새로운 주택을 마련하는 기간 동안 임시로 생활할 수 있는 거처(모텔, 여관, 호텔)가 필요하며 여기에 소요되는 비용이 간접손해에 해당한다. 자동차 사고로 자기 차량을 사용할 수 없다면 다른 차를 임대하거나 다른 교통수단을 이용해야 하는데 여기에 지출한 비용도 간접손해가 된다.

나. 간접손실의 발생 규모는 시간과 관련되어 나타날 수 있다. 직접손해로 해당 재산을 사용할 수 없을 때 사용하지 못하는 시간에 비례하여 간접손실의 규모가 증가하기 때문이다.

★★★

20 **신축된 지 7년 경과한 신축된 아파트(철근콘크리트조 슬래브지붕, 14층, 연면적 298m^2)를 올해 화재보험에 가입하기 위하여 건물의 보험가액을 산출할 경우 간이건물신축단가표를 사용하여 계산한 것으로 가장 적절한 것은?**

구분	m^2당 신축단가(천원)	경년감가율
철근콘크리트조 슬래브지붕(5층 이하)	624.2	1%
철근콘크리트조 슬래브지붕(6~14층)	627.3	1%
철근콘크리트조 슬래브지붕(15층 이상)	642.4	1%

① 172,991천원
② 173,850천원
③ 178,034천원
④ 186,012천원
⑤ 186,935천원

정답 | ②

해설 | 연면적(m^2)×m^2당 신축단가×(1－경년감가율×경과년수)＝298m^2×627.3×(1－1%×7년)＝173,850천원

★★★
21 재산 관련 위험 평가에 대한 설명으로 적절하지 않은 것은?

① 재조달가액방식은 현재가액방식보다 주관적인 요소가 덜 개입된다는 장점이 있지만, 보험사고에 의해 중고물건이 새 물건으로 교환되는 효과가 나타나 이득금지원칙에 어긋난다.
② 건물이나 주택을 목적으로 한 재산보험에서 현재가액방식으로 보상하는 것은 보험사고 시 피보험자가 시가기준으로 수령한 보험금으로는 인플레이션, 건축자재 부족 등으로 사고 직전과 같은 피보험 목적물을 재건축할 수 없기 때문이다.
③ 현재가액방식은 시간 경과에 따른 재산가치의 하락과 상승을 감안하는 방식으로 재조달가액에서 감가상각액을 차감한 것으로 정의된다.
④ 가구와 같은 개인물품의 경우 피보험자가 시장에서 유사한 신품을 구입할 수 있도록 평가한다면, 이는 보험사고로 이득이 발생하는 것이며 실손보상원칙에 위배된다.
⑤ 원래 사용재산에 대해서는 재조달가액에서 감가공제액을 차감한 현재가액으로 보험가액을 평가하여 보상하나, 재조달가액담보 특약을 가입할 경우에는 새롭게 재조달하는 비용으로 보상받을 수 있어 사고 시 원상회복에 추가적인 비용이 들지 않을 수 있다.

정답 | ②
해설 | ② 건물이나 주택을 목적으로 한 재산보험에서 재조달가액방식으로 보상하는 것은 보험사고 시 피보험자가 시가기준으로 수령한 보험금으로는 인플레이션, 건축자재 부족 등으로 사고 직전과 같은 피보험 목적물을 재건축할 수 없기 때문이다.

★★★
22 재산 관련 위험 평가에 대한 적절한 설명으로 모두 묶인 것은?

가. 재조달가액방식은 해당 재화의 물리적 감가상각을 고려하지 않고 시장에서 신품으로 교체할 수 있는 금액으로 평가하는 것이다.
나. 재조달가액방식은 현재가액방식보다 주관적인 요소가 많이 개입된다는 단점이 있지만, 이득금지원칙에 부합한다는 장점이 있다.
다. 현재가액방식 적용 시 통상 현재가액 대비 보험가입금액 비율만큼 보상하는 부보비율조건부 실손보상조항이 활용된다.
라. 부보비율조건부 실손보상은 부보비율 80% 조건일 경우, 보험가입금액이 보험가액의 80% 해당액과 같거나 클 때의 보험금은 보험가액을 한도로 손해액 전액으로 산정된다.
마. 공제조항은 발생 손해액 중 일부 금액에 대해 피보험자에게 먼저 부담시키는 제도이다.

① 가, 나
② 가, 다
③ 가, 마
④ 다, 마
⑤ 라, 마

정답 | ③

해설 | 나. 이 방식은 현재가액방식보다 주관적인 요소가 덜 개입된다는 장점이 있지만, 보험사고에 의해 중고물건이 새 물건으로 교환되는 효과가 나타나 이득금지원칙에 어긋난다.

다. 재조달가액방식 적용 시 통상 재조달가액(보험가액) 대비 보험가입금액 비율만큼 보상하는 부보비율조건부 실손보상조항이 활용된다.

라. 보험가입금액이 보험가액의 80% 해당액과 같거나 클 때 보험가입금액을 한도로 손해액 전액(단, 보험가입금액>보험가액 : 보험가액을 한도로 함)으로 산정된다.

★★★

23 재산 관련 위험 평가에 대한 설명으로 적절하지 않은 것은?

① 건물이나 주택을 목적으로 한 재산보험에서는 시간 경과에 따른 재산가치의 하락과 상승을 감안하는 재조달가액방식으로 보상한다.

② 부보비율조건부 실손보상조항은 보험가액의 전부 또는 80%까지 보험에 가입하도록 유도하여 일부보험이 되지 않도록 하는 장치이다.

③ 공제조항은 공제금액에 미달하는 소액손해액 청구를 방지함으로써 손해사정비용, 운영관리비용 등이 감소하는 효과를 기대할 수 있다.

④ 공제금액을 높게 설정할수록 보험료는 낮아진다.

⑤ 재산보험에서 공제조항을 적용하는 방식은 정액 또는 1사고당 공제방식과 보험기간당 누적 공제 방식이 있다.

정답 | ①

해설 | ① 건물이나 주택을 목적으로 한 재산보험에서 재조달가액방식으로 보상하는 것은 보험사고 시 피보험자가 시가기준으로 수령한 보험금으로는 인플레이션, 건축자재 부족 등으로 사고 직전과 같은 피보험 목적물을 재건축할 수 없기 때문이다. 현재가액은 재조달가액에서 감가상각액을 차감한 것으로 정의된다. 재조달가액은 손상된 재산을 새로 교체하는 데 필요한 비용을 말하고, 감가상각은 성능 하락, 마모 등 경제적 가치 하락분을 의미한다. 현재가액방식은 시간 경과에 따른 재산가치의 하락과 상승을 감안하는 방식으로 주로 개인물품(TV, 에어컨, 식기세척기, 소파, 냉장고, 의류 등)에 적용된다.

★★★
24 **재산위험에 대한 설명으로 가장 적절한 것은?**

① 직접손해는 부동산 및 동산이 물리적으로 손상 또는 분실되어 가치가 하락한 것으로 사고 발생 전의 상태로 복구하기 위한 비용을 의미하며, 간접손해는 직접손해의 결과로 추가되는 손해를 의미한다.

② 공장 화재로 사업 중단 시 사업이 지속되었을 경우 실현되었을 순이익 손실, 임대주택을 임대하지 못할 경우 해당 기간 동안 발생하는 임대수입 상실은 직접손해에 해당한다.

③ 재조달가액방식은 시간 경과에 따른 재산가치의 하락과 상승을 감안하는 방식으로 주로 개인물품에 적용되며, 실손보상의 원칙에 부합한다.

④ 부보비율조건부 실손보상은 부보비율 80% 조건일 경우, 보험가입금액이 보험가액의 80% 해당액보다 작을 때의 보험금은 손해액 $\times \frac{\text{보험가입금액}}{\text{보험가액}}$을 보상한다.

⑤ 공제조항은 주로 재산보험, 건강보험, 자동차보험에서 활용되며, 사망보험과 대인배상보험에도 적용된다.

정답 I ①

해설 I ② 간접손실의 발생 규모는 시간과 관련되어 나타날 수 있다. 직접손해로 해당 재산을 사용할 수 없을 때 사용하지 못하는 시간에 비례하여 간접손실의 규모가 증가하기 때문이다. 공장 화재로 사업 중단 시 사업이 지속되었을 경우 실현되었을 순이익 손실, 임대주택을 임대하지 못할 경우 해당 기간 동안 발생하는 임대수입 상실은 해당 재산을 사용할 수 없는 기간과 비례한다. 이런 유형의 손실은 사고 발생부터 손상된 재산이 수리되거나 대체되어 정상적인 작업이 재개된 시점까지 지속적으로 발생한다.

③ 현재가액방식에 대한 설명이다. 재조달가액방식은 해당 재화의 물리적 감가상각을 고려하지 않고 시장에서 신품으로 교체할 수 있는 금액으로 평가하는 것이다. 실손보상원칙의 예외로서 주택, 건물, 개인재산 분야에서 활용된다.

④ 보험가입금액을 한도로 손해액 $\times \frac{\text{보험가입금액}}{\text{보험가액의 80\% 해당액}}$을 보상한다.

⑤ 주로 재산보험, 건강보험, 자동차보험에서 활용되며, 사망보험과 대인배상보험은 적용되지 않는다.

··· TOPIC 5 배상책임위험

★★★
25 배상책임에 대한 설명으로 적절하지 않은 것은?

① 개인과 기업 등 사회 구성원이 법을 준수해야 할 의무를 이행하지 않을 경우 법 위반에 해당하는데, 이러한 법 위반은 범죄, 계약위반, 불법행위의 세 가지 유형으로 구분된다.
② 불법행위는 고의, 절대책임, 과실로 타인에게 손해를 끼치는 행위로서 금전적 손해배상이 필요하다.
③ 우리나라 법체계는 민사절차와 형사절차를 구분하지 않고 있어 민사책임을 통해 사회의 법질서를 위반한 행위에 대한 책임을 물을 수 있다.
④ 무과실책임을 인정하는 이유는 개별 업무의 특성상 위험성을 내포하고 있는 경우에 영업자의 귀책사유가 없다고 하더라도 영업에 따른 이익을 얻고, 영업수행 과정의 관리책임을 갖는 영업자에게 위험성에 따른 손해도 책임지도록 한 것이다.
⑤ 손해배상책임의 발생요건을 완화하기 위해 입증책임을 전환하는 규정을 두기도 하는데, 피해자가 가해자의 귀책사유를 입증하기 어려운 경우 가해자에게 입증책임을 전환시켜 가해자가 자신의 귀책사유가 없음을 입증하도록 한 것이다.

정답 | ③

해설 | ③ 우리나라 법체계는 민사절차와 형사절차를 구분하여 피해자에 대한 손해배상은 민사절차, 가해자에 대한 제재는 형사절차를 거치게 된다. 불법행위에 따른 형사책임은 사회의 법질서를 위반한 행위에 대한 책임을 묻는 것으로 행위자에 대한 형벌을 그 내용으로 한다. 이에 비해 민사책임은 타인의 법익을 침해한 데 대해 행위자의 개인적 책임을 묻는 것으로 피해자에게 발생한 손해의 전보(금전적 배상)를 그 내용으로 한다.

★★★
26 배상책임에 대한 적절한 설명으로 모두 묶인 것은?

가. 계약위반은 계약상 의무를 이행하지 않거나 상대방의 이행을 방해하여 계약상의 의무를 이행하지 않는 것이다.
나. 불법행위는 타인에게 손해를 끼치는 행위로서 금전적 손해배상이 필요하다.
다. 손해배상책임이 발생하기 위해서는 손해배상책임자의 고의나 과실을 요구하는 것이 원칙이나, 개별법에서는 예외적으로 무과실책임을 인정하는 경우가 있다.
라. 자동차손해배상법의 운행자책임은 피해자가 가해자의 귀책사유를 입증하기 어려운 경우 가해자에게 입증책임을 전환시켜 가해자가 자신의 귀책사유가 없음을 입증하도록 하고 있다.
마. 정부는 자동차 사고, 전문자격증 분야와 건설업과 같이 포괄적인 업무상 주의의무가 필요한 분야에 손해배상책임에 따른 피해자 구제를 신속히 보장하기 위해 책임보험에 가입하거나 준비금을 적립하도록 규정한다.

① 가, 나, 마
② 가, 다, 라
③ 나, 다, 라
④ 가, 나, 다, 라
⑤ 가, 나, 다, 라, 마

정답 | ⑤
해설 | 모두 적절한 설명이다.

★★★
27 배상책임에 대한 설명으로 적절하지 않은 것은?

① 계약위반은 계약상 의무를 이행하지 않거나 상대방의 이행을 방해하여 계약상의 의무를 이행하지 않는 것이다.
② 불법행위는 타인에게 손해를 끼치는 행위로서 금전적 손해배상이 필요하다.
③ 제조물배상책임과 같이 개별 업무의 특성상 위험성을 내포하고 있는 경우에는 영업자의 귀책사유가 없다고 하더라도 영업에 따른 이익을 얻고, 영업수행 과정의 관리책임을 갖는 영업자에게 위험성에 따른 손해도 책임지도록 하여 무과실책임을 인정하고 있다.
④ 자동차손해배상 보장법의 운행자책임은 피해자가 가해자의 귀책사유를 입증하도록 하고 있다.
⑤ 책임보험 가입의무를 위반하는 경우 등록을 취소하거나, 징계를 명하거나, 과태료를 부과할 수 있다.

정답 | ④
해설 | ④ 자동차손해배상 보장법의 운행자책임은 피해자가 가해자의 귀책사유를 입증하기 어려운 경우 가해자에게 입증책임을 전환시켜 가해자가 자신의 귀책사유가 없음을 입증하도록 하고 있다.

★★★
28 특수불법행위에 대한 적절한 설명으로 모두 묶인 것은?

가. 미성년자나 심신상실자 등 책임무능력자가 손해를 끼쳤을 때, 부모나 교사 등 감독자가 대신 책임을 진다.
나. 타인을 사용하여 사무에 종사하게 한 사용자는 피용자가 그 사무집행에 관해 제3자에게 가한 손해를 배상할 책임을 진다.
다. 공작물의 설치 또는 보존의 하자로 인해 타인에게 손해를 가한 때에는 공작물 소유자가 손해를 배상할 책임이 있으나, 소유자가 손해방지에 필요한 주의를 게을리하지 않았다면 점유자에게 손해배상 책임이 있다.
라. 동물점유자가 동물을 돌보거나 제지하는 데 태만하여 타인의 신체 또는 재산에 손해를 입힌 경우 점유자는 과실에 대해 책임을 져야 한다.
마. 여러 사람이 공동으로 불법행위를 해서 타인에게 손해를 입힌 경우 전부가 연대하여 손해를 배상해야 하는데, 여러 사람이 불법행위에 가담했으나 누구의 행위로 그 손해가 발생한 것인지 알 수 없는 때에도 연대하여 배상하며, 교사자나 방조자는 공동 행위자로 간주한다.
바. 환경정책기본법에서는 환경오염에 대해 사업자에게 무과실책임을 지우고 있다.
사. 제조물책임법에서는 제조상 · 설계상의 결함에 의한 배상책임은 제조업자가 책임지지 아니한다.

① 가, 나, 다, 마, 바
② 가, 나, 라, 마, 바
③ 가, 나, 라, 마, 사
④ 가, 다, 라, 바, 사
⑤ 나, 다, 마, 바, 사

정답 | ②

해설 | 다. 공작물의 설치 또는 보존의 하자로 인해 타인에게 손해를 가한 때에는 공작물 점유자가 손해를 배상할 책임이 있다. 그러나 점유자가 손해방지에 필요한 주의를 게을리하지 않았다면 소유자에게 손해배상 책임이 있다.

사. 제조물책임법은 제조업자로 하여금 제조물 결함으로 생명 · 신체 또는 재산에 손해를 입은 자에게 손해를 배상하도록 한다. 제조물이란 제조되거나 가공된 동산을 의미하고, 결함이란 제조물에 제조상 · 설계상 또는 표시상의 결함이 있거나 통상적으로 기대할 수 있는 안전성이 결여되어 있는 것을 말한다.

★★★

29 배상책임위험 중 특수불법행위에 대한 설명으로 적절하지 않은 것은?

① 공작물의 설치 또는 보존의 하자로 인해 타인에게 손해를 가한 때에는 공작물 소유자가 손해를 배상할 책임이 있으나, 소유자가 손해방지에 필요한 주의를 게을리하지 않았다면 점유자에게 손해배상 책임이 있다.

② 동물점유자가 동물을 돌보거나 제지하는 데 태만하여 타인의 신체 또는 재산에 손해를 입힌 경우 점유자는 과실에 대해 책임을 져야 한다.

③ 여러 사람이 공동으로 불법행위를 해서 타인에게 손해를 입힌 경우 전부가 연대하여 손해를 배상해야 하며, 여러 사람이 불법행위에 가담했으나 누구의 행위로 그 손해가 발생한 것인지 알 수 없는 때에도 연대하여 배상한다.

④ 자동차손해배상 보장법에서는 운행자는 다른 사람을 사망하게 하거나 부상하게 한 경우 손해배상책임을 지며, 운행자에게 입증책임을 전환시켜 운행자가 자신의 귀책사유가 없음을 입증하도록 하고 있다.

⑤ 제조물책임법은 제조업자로 하여금 제조물 결함으로 생명 · 신체 또는 재산에 손해를 입은 자에게 손해를 배상하도록 하여 무과실책임을 인정하고 있다.

정답 | ①

해설 | ① 공작물의 설치 또는 보존의 하자로 인해 타인에게 손해를 가한 때에는 공작물 점유자가 손해를 배상할 책임이 있다. 그러나 점유자가 손해방지에 필요한 주의를 게을리하지 않았다면 소유자에게 손해배상 책임이 있다.

★★★
30 배상책임위험의 분류에 대한 설명으로 적절하지 않은 것은?

① 일반불법행위가 성립하려면 가해자의 고의 또는 과실, 가해자의 책임능력, 가해행위의 위법성, 가해행위에 의한 손해가 발생해야 한다.

② 공작물의 설치 또는 보존의 하자로 인해 타인에게 손해를 가한 때에는 공작물 소유자가 손해를 배상할 책임이 있으나, 소유자가 손해방지에 필요한 주의를 게을리하지 않았다면 점유자에게 손해배상 책임이 있다.

③ 동물점유자가 동물을 돌보거나 제지하는 데 태만하여 타인의 신체 또는 재산에 손해를 입힌 경우 점유자는 과실에 대해 책임을 져야 한다.

④ 여러 사람이 불법행위에 가담했으나 누구의 행위로 그 손해가 발생한 것인지 알 수 없는 때에도 공동불법행위자 책임으로 연대하여 배상하며, 교사자나 방조자는 공동 행위자로 간주한다.

⑤ 자동차손해배상 보장법에서는 운행자는 다른 사람을 사망하게 하거나 부상하게 한 경우 손해배상책임을 지는데, 승객이 사망하거나 부상한 경우 승객 자신의 고의나 자살행위임을 입증해야만 면책될 수 있다.

정답 | ②

해설 | ② 공작물의 설치 또는 보존의 하자로 인해 타인에게 손해를 가한 때에는 공작물 점유자가 손해를 배상할 책임이 있다. 그러나 점유자가 손해방지에 필요한 주의를 게을리하지 않았다면 소유자에게 손해배상 책임이 있다.

★★★
31 배상책임위험의 분류에 대한 적절한 설명으로 모두 묶인 것은?

가. 일반불법행위 관련 고의 또는 과실로 인한 위법행위로 타인에게 손해를 가한 책임능력이 없는 가해자는 그 손해를 배상할 책임이 있다.
나. 일반불법행위의 경우 손해를 입은 피해자는 가해자의 작위 또는 부작위로 인해 피해가 발생했음을 입증해야 한다.
다. 민법의 특수불법행위 중 공작물 등 점유자 · 소유자 책임은 공작물의 설치 또는 보존의 하자로 인해 타인에게 손해를 가한 때에는 공작물 소유자가 손해를 배상할 책임이 있으나, 소유자가 손해방지에 필요한 주의를 게을리하지 않았다면 점유자에게 손해배상 책임이 있다.
라. 민법의 특수불법행위 중 동물점유자 책임은 동물점유자가 동물을 돌보거나 제지하는 데 태만하여 타인의 신체 또는 재산에 손해를 입힌 경우 점유자는 과실에 대해 책임을 져야 한다.
마. 특수불법행위 관련 특별법으로는 자동차손해배상 보장법, 환경정책기본법, 제조물책임법, 금융소비자보호법 등이 있다.

① 가, 나, 다　　② 가, 나, 마
③ 가, 라, 마　　④ 나, 다, 라
⑤ 나, 라, 마

정답 | ⑤

해설 | 가. 일반불법행위 관련 고의 또는 과실로 인한 위법행위로 타인에게 손해를 가한 자는 그 손해를 배상할 책임이 있다. 일반불법행위 성립요건은 가해자의 고의 또는 과실, 가해자의 책임능력, 가해행위의 위법성, 가해행위에 의한 손해 발생을 들 수 있다. 법률상 책임을 부담할 능력을 책임능력이라 하며, 미성년자나 심신상실 등의 이유로 사물을 변별할 능력이 없거나 의사를 결정할 능력이 없는 자에 대하여는 책임을 물을 수 없어 책임무능력자라고 한다. 민법의 특수불법행위 중 책임무능력자의 감독자 책임으로 미성년자가 손해를 끼쳤을 때, 부모나 교사 등 감독할 법정의무가 있는 자가 대신 책임을 진다. 이는 피해자 구제 목적과 부모 또는 교사의 적절한 감독 및 통제를 장려하기 위함이다.

다. 공작물의 설치 또는 보존의 하자로 인해 타인에게 손해를 가한 때에는 공작물 점유자가 손해를 배상할 책임이 있다. 그러나 점유자가 손해방지에 필요한 주의를 게을리하지 않았다면 소유자에게 손해배상 책임이 있다.

★★★

32 배상책임위험 측정 시 후유장해 손해에 대한 적절한 설명으로 모두 묶인 것은?

가. 배상책임위험에서 후유장해는 상해 치료 후에도 호전가능성이 없거나, 증상이 고정되어 이전과 같은 노동력을 사용할 수 없는 상태를 말하며, 후유장해로 인한 의료비 손해 계산방식은 상해 · 질병으로 인한 경우와는 다른 방식으로 계산된다.

나. 국가배상법상 평가기준에서는 직업 등 개인적 특성을 고려하지 않고 14개 등급으로 구분하여 등급에 따라 일률적으로 상실률을 적용한다.

다. A.M.A.방식은 미국의학협회에서 전문 분야별로 작성한 것으로 우리나라 법원에서 교통사고, 근로자재해사고 및 배상책임사고에 사용한다.

라. 맥브라이드방식은 직업 등 개인적 특성을 고려하는 방식으로 신체 손상 부위에 따라 직업별 계수를 적용한다.

마. 사망 시 상실수익액과 위자료는 후유장해손해와 동일한 방식으로 계산되지만, 생활비를 공제한다는 차이가 있다.

① 가, 나, 라
② 가, 다, 라
③ 가, 다, 마
④ 나, 다, 마
⑤ 나, 라, 마

정답 | ⑤

해설 | 가. 후유장해로 인한 의료비 손해 계산방식은 상해 · 질병으로 인한 경우와 동일하다.

다. A.M.A.방식은 미국의학협회에서 전문 분야별로 작성한 것으로 최신 의학은 반영하지만, 직업이나 성별은 고려하지 않는다. 맥브라이드방식은 직업 등 개인적 특성을 고려하는 방식으로 우리나라 법원에서 교통사고, 근로자재해사고 및 배상책임사고에 사용한다.

★★★
33 배상책임위험 측정에 대한 다음 설명 중 적절하지 않은 것은?

① 배상책임으로 인한 후유장해 손해 중 상실수익액은 현재소득과 정년까지 남은 기간, 노동능력상실률을 평가하여 산출된다.

② A.M.A.방식과 맥브라이드방식은 모두 직업이나 성별을 고려하는 방식으로, 우리나라 법원에서 교통사고, 근로자재해사고 및 배상책임사고에 사용한다.

③ 사망 시 상실수익액과 위자료는 후유장해손해와 동일한 방식으로 계산되지만, 생활비를 공제한다는 차이가 있다.

④ 손익상계는 다른 곳에서 배상을 받았다면 손해배상액에서 이를 제외하는 것으로, 판례에서는 과실상계를 먼저 적용하고 그다음에 손익상계를 적용하였다.

⑤ 배상책임보험의 보험가입금액에는 법률비용도 포함되는데, 보험금 지급액은 사전에 설정한 보상한도로 제한되지만, 대물배상의 경우 발생한 비용은 보험가입금액을 초과하더라도 보상한다.

정답 | ②

해설 | ② A.M.A.방식은 미국의학협회에서 전문 분야별로 작성한 것으로 최신 의학은 반영하지만, 직업이나 성별은 고려하지 않는다. 맥브라이드방식은 직업 등 개인적 특성을 고려하는 방식으로 우리나라 법원에서 교통사고, 근로자재해사고 및 배상책임사고에 사용한다.

CHAPTER

02 보험산업

출제 비중 : 16~24% / 4~6문항

학습가이드 ■ ■

학습 목표	학습 중요도
Tip 보험료 및 보험금 책정과정에 대한 학습 필요 Tip 소비자 보호를 위한 법률 및 제도에 대한 학습 필요	
1. 보험요율 산정 및 보험금 지급절차업무를 이해할 수 있다.	★★★
2. 지급여력제도에 대해 설명할 수 있다.	★★
3. 보험소비자 보호를 위한 제도를 알고 재무설계에 활용할 수 있다.	★★★

▪▪▪ TOPIC 1 보험 상품 가격책정

★★★

01 보험업법에서 요구하는 요율산출 원칙으로 모두 묶인 것은?

가. 비과도성(공공성)	나. 충분성(적정성)
다. 공정성(비차별성)	라. 단순성
마. 안정성	바. 적응성(반응성)

① 가, 나, 다
② 가, 마, 바
③ 나, 다, 라
④ 다, 라, 마
⑤ 라, 마, 바

정답 I ①

해설 I 보험업법에서는 요율산출 원칙으로 비과도성(공공성), 충분성(적정성), 공정성(비차별성)을 요구한다.

★★★

02 토마토손해보험회사가 순보험료법으로 자동차보험 영업보험료를 산출하려고 할 경우 가장 적절한 금액은?

> • 특정 등급에 속한 자동차 가입 대수 : 10만대
> • 1년 동안 발생한 사고로 인한 손실(손해조사비용 포함) : 100억원
> • 사업비율 : 21%

① 82,645원
② 100,000원
③ 114,285원
④ 126,582원
⑤ 148,315원

정답 | ④

해설 |

• 차량 1대당 순보험료 $= \frac{\text{1년 동안 발생한 사고로 인한 손실}}{\text{특정 등급에 속한 자동차 가입 대수}} = \frac{\text{100억원}}{\text{10만대}} = \text{100천원}$

• 영업보험료 $= \frac{\text{순보험료}}{(1-\text{사업비율})} = \frac{\text{100천원}}{(1-0.21)} = \text{126,582원}$

★★★

03 손해율법에 의한 경험손해율과 예상손해율의 요율 조정으로 가장 적절한 것은?

> • 경험손해율 : 50%
> • 예상손해율 : 40%

① +25%
② +20%
③ +10%
④ −10%
⑤ −25%

정답 | ①

해설 |

요율 조정 $= \frac{\text{경험손해율} - \text{예상손해율}}{\text{예상손해율}} = \frac{0.5-0.4}{0.4} = +0.25(25\%)$

★★★
04 배상책임보험에 가입한 상점의 경험요율 적용 시 다음해 보험료로 가장 적절한 것은?

- 연간 보험료 : 30,000원
- 예상손해율 : 30%
- 실제손해율 : 20%
- 신뢰도 계수 : 0.29

① 20,010원 ② 22,890원
③ 27,090원 ④ 32,910원
⑤ 39,990원

정답 | ③

해설 |
- 보험료 조정 $= \dfrac{\text{실제손해율} - \text{예상손해율}}{\text{예상손해율}} \times \text{신뢰도 계수} = \dfrac{0.2-0.3}{0.3} \times 0.29 = -9.7\%$
- 경험요율 적용 시 다음 해 보험료 : $30{,}000 \times (1-0.097) = 27{,}090$원

··· TOPIC 2 언더라이팅

★★★
05 언더라이팅 목적에 대한 설명으로 적절하지 **않은** 것은?

① 이 업무에 종사하는 언더라이터는 피보험자의 위험을 선택하고 적절한 위험집단으로 분류하여 보험료 및 가입조건을 결정한다.
② 보험회사가 언더라이팅 업무를 두는 이유는 정보의 비대칭성으로 인한 역선택 위험을 통제하고 보험목적을 선별적으로 인수함으로써 안정적인 경영을 도모하기 위함이다.
③ 규정에 근거하여 고객을 동질적인 위험집단으로 묶고, 위험도가 높은 집단에 대해서는 보험료를 높이거나, 보험금을 삭감하거나, 위험수준이 아주 높을 경우 보험 가입을 거절한다.
④ 고위험군에 속한 가입자가 평균위험에 상응하는 보험료를 납부할 경우 실제 사고 시 보험회사가 예상보다 더 많은 보험금을 지급해서 경영부실로 이어질 수 있다.
⑤ 보험계약 청약 시 고지의무를 구현하기 위한 수단으로 계약 전 알릴 사항에 대한 질문을 두고 있으며, 고지의무를 위반할 경우 해당 보험계약은 처음부터 무효가 된다.

정답 | ⑤

해설 | ⑤ 보험회사는 고지의무 위반, 보험료 납입연체, 위험변경 · 증가 통지의무, 위험유지의무 등 보험계약자가 의무를 위반할 경우 계약을 해지할 수 있다.

★★★
06 보험금 지급절차에 대한 적절한 설명으로 모두 묶인 것은?

가. 즉각적인 통지는 보험계약상의 조건이며 의무사항으로 손해발생 통지가 정당한 이유 없이 상당한 기간 지연되면 보험금 지급을 거절하거나 지연에 따른 추가손해는 보상하지 않을 수 있다.
나. 모든 보험사고에 대해 공통으로 요구되는 서류와 함께 담보별로 손해발생을 입증할 수 있는 구체적인 증명서도 제출해야 한다.
다. 보험금 청구 서류를 접수한 보험회사는 지급 여부 결정을 위해 손해사정 절차에 착수하는데, 손해사정이란 보험사고로 인해 생긴 손해에 대해 손해액을 결정하고 보험금을 지급하는 업무를 말한다.
라. 추가 조사 및 확인을 위해 약관에서 정한 지급기일 이내에 보험금을 지급하지 못할 경우 추정 보험금의 50% 이내 금액을 먼저 지급한다.

① 가, 나
② 다, 라
③ 가, 다, 라
④ 나, 다, 라
⑤ 가, 나, 다, 라

정답 | ⑤
해설 | 모두 적절한 설명이다.

★★★
07 보험업법에서 규정하는 손해사정사의 업무로 모두 묶인 것은?

가. 손해 발생 사실 확인
나. 보험약관 및 관계 법규 적용의 적정성 판단
다. 손해액 및 보험금 사정
라. 위 업무와 관련된 서류 작성 및 제출 대행
마. 위 업무 수행과 관련된 보험회사에 대한 의견 진술

① 가, 나, 다
② 가, 라, 마
③ 나, 다, 라
④ 다, 라, 마
⑤ 가, 나, 다, 라, 마

정답 | ⑤

해설 | 보험업법에서는 손해사정사의 업무를 다음과 같이 규정한다.

> • 손해 발생 사실 확인
> • 보험약관 및 관계 법규 적용의 적정성 판단
> • 손해액 및 보험금 사정
> • 위 업무와 관련된 서류 작성 및 제출 대행
> • 위 업무 수행과 관련된 보험회사에 대한 의견 진술

··· TOPIC 4 재무건전성

★★☆

08 다음 내용을 토대로 할 때, 토마토보험회사의 K-ICS 비율(지급여력비율)로 가장 적절한 것은?

> 〈A보험회사 관련 정보〉
> • 금리하락에 따른 채권평가이익과 당기순이익 발생 등으로 가용자본은 240억원이 되었다.
> • 금리하락으로 금리위험액 등이 증가하여 요구자본이 120억원이 되었다.

① 0%
② 50%
③ 100%
④ 150%
⑤ 200%

정답 | ⑤

해설 | • K-ICS 비율은 RBC와 동일하게 요구자본 대비 가용자본으로 산출된다. 즉, 가용자본인 지급여력금액을 요구자본인 지급여력기준금액으로 나누어 산출한다.

• 지급여력비율 $= \frac{\text{가용자본}}{\text{요구자본}} \times 100 = \frac{240\text{억원}}{120\text{억원}} \times 100 = 200\%$

★★☆

09 다음 정보를 토대로 K-ICS 비율(지급여력비율)이 가장 높은 회사는?

	구분	가용자본	요구자본
①	A보험회사	90억원	100억원
②	B보험회사	100억원	80억원
③	C보험회사	120억원	110억원
④	D보험회사	130억원	75억원
⑤	E보험회사	130억원	130억원

정답 I ④

해설 I • K-ICS 비율은 RBC와 동일하게 요구자본 대비 가용자본으로 산출된다. 즉, 가용자본인 지급여력금액을 요구자본인 지급여력기준금액으로 나누어 산출한다.

• 지급여력비율 $= \frac{\text{가용자본}}{\text{요구자본}} \times 100$

구분	가용자본	요구자본	지급여력비율
A보험회사	90억원	100억원	90%
B보험회사	100억원	80억원	125%
C보험회사	120억원	110억원	109%
D보험회사	130억원	75억원	173%
E보험회사	130억원	130억원	100%

★★☆

10 다음 정보를 토대로 계산한 지급여력비율을 고려할 때, 감독당국으로부터 경영개선권고 조치를 받을 보험회사로 적절한 것은?

	구분	가용자본	요구자본
①	A보험회사	90억원	100억원
②	B보험회사	100억원	80억원
③	C보험회사	130억원	75억원
④	D보험회사	130억원	130억원
⑤	E보험회사	200억원	100억원

정답 I ①

해설 I • K-ICS 비율은 RBC와 동일하게 요구자본 대비 가용자본으로 산출된다. 즉, 가용자본인 지급여력금액을 요구자본인 지급여력기준금액으로 나누어 산출한다.

• 지급여력비율 $= \frac{\text{가용자본}}{\text{요구자본}} \times 100$

구분	가용자본	요구자본	RBC비율
A보험회사	90억원	100억원	90%
B보험회사	100억원	80억원	125%
C보험회사	130억원	75억원	173%
D보험회사	200억원	130억원	100%
E보험회사	200억원	100억원	200%

• 지급여력비율 100% 미만 경영개선권고, 50% 미만 시 경영개선요구, 0% 미만 시 경영개선명령이 취해진다.

★★☆

11 다음 정보를 고려할 때 지급여력비율에 대한 분석으로 가장 적절한 것은?

구분	지급여력비율
A보험회사	205%
B보험회사	114%

① A보험회사의 요구자본은 가용자본의 2.05배 수준이다.

② 가용자본 중 기본자본에 보험회사의 자본금은 포함되나 자본잉여금 및 이익잉여금은 포함되지 않는다.

③ 요구자본 산출 시 고려하는 금리리스크는 금리 민감부채가 존재하는 생명보험 및 장기손해보험 종목에서 발생하는데 특히 장기 확정금리계약이 많은 보험회사의 경우 중요한 리스크가 된다.

④ K-ICS는 자산 및 보험부채의 원가평가, 리스크 평가대상 다양화 및 측정방식 정교화라는 특징을 갖는다.

⑤ B보험회사의 지급여력비율은 현재 감독당국의 경영개선권고 조치에 해당한다.

정답 I ③

해설 I ① 가용자본을 요구자본으로 나누어 지급여력비율을 산출하므로, A보험회사의 가용자본은 요구자본의 2.05배 수준이다.

② 가용자본(지급여력금액)은 기본자본에 보완자본을 합한 후 자산성이 없는 차감항목을 공제하여 산출한다.

④ K-ICS는 자산 및 보험부채의 완전 시가평가, 리스크 평가대상 다양화 및 측정방식 정교화라는 특징을 갖는다.

⑤ 지급여력비율 100% 미만 경영개선권고, 50% 미만 시 경영개선요구, 0% 미만 시 경영개선명령이 취해진다.

★★☆

12 보험회사의 재무건전성에 대한 적절한 설명으로 모두 묶인 것은?

> 가. 지급여력이란 보험계약자에 대한 보험금 지급 의무 이행을 위해 필요한 계약자적립액 외에 추가로 보유한 순자산을 의미한다.
> 나. 요구자본은 보험회사에 내재된 보험 · 금리 · 시장 · 신용 · 운영리스크의 규모를 측정하여 산출된 필요 자기자본을 의미한다.
> 다. 지급여력비율은 요구자본인 지급여력기준금액을 가용자본인 지급여력금액으로 나누어 산출한다.
> 라. 감독당국은 보험회사가 지급여력비율 100% 미만일 경우 경영개선권고의 적기시정조치를 취할 수 있다.
> 마. 경영개선권고 시 점포 폐쇄 및 신설 제한, 임원진 교체 요구, 영업의 일부정지 등의 조치가 내려진다.

① 가, 나, 라
② 가, 다, 라
③ 가, 다, 마
④ 나, 다, 마
⑤ 나, 라, 마

정답 | ①

해설 | 다. 지급여력비율은 요구자본 대비 가용자본으로 산출된다. 즉, 가용자본인 지급여력금액을 요구자본인 지급여력기준금액으로 나누어 산출한다.
마. 경영개선권고 시 조직 · 인력 운영의 개선, 자본금의 증액 또는 감액, 신규업무 지출 제한 등의 조치가, 경영개선요구 시 점포 폐쇄 및 신설 제한, 임원진 교체 요구, 영업의 일부정지 등의 조치가, 경영개선명령 시 주식소각, 영업양도, 외부관리인 선임, 합병 및 계약이전 등의 조치가 내려진다.

★★☆

13 보험회사의 재무건전성에 대한 설명으로 가장 적절한 것은?

① 지급여력이란 보험료 중 장래 보험계약자에게 지급해야 하는 부채에 충당하기 위해 적립하는 것으로 통상적인 부채 이행 능력을 의미한다.
② 지급여력비율은 가용자본 대비 요구자본으로 산출된다.
③ 요구자본은 보험회사에 내재된 보험 · 금리 · 시장 · 신용 · 운영리스크의 규모를 측정하여 산출된 필요 자기자본을 의미한다.
④ 감독당국은 보험회사가 지급여력비율 100% 미만일 경우 경영개선명령의 적기시정조치를 취할 수 있다.
⑤ 경영개선명령의 경우 점포 폐쇄 및 신설 제한, 임원진 교체 요구, 영업의 일부정지 등의 조치가 내려진다.

정답 | ③

해설 | ① 지급여력이란 보험계약자에 대한 보험금 지급 의무 이행을 위해 필요한 자산(계약자적립액) 외에 추가로 보유한 순자산을 의미한다. 계약자적립액은 보험료 중 장래 보험계약자에게 지급해야 하는 부채(보험금, 환급금, 계약자배당금)에 충당하기 위해 적립하는 것으로 통상적인 부채 이행 능력을 의미한다. 이에 비해 지급여력은 계약자적립액을 초과하여 적립한 순자산으로, 예측할 수 없는 리스크 발생에 대비하는 잉여금 개념이다.

② 지급여력비율은 요구자본 대비 가용자본으로 산출된다. 즉, 가용자본인 지급여력금액을 요구자본인 지급여력기준금액으로 나누어 산출한다.

④ 지급여력비율 100% 미만 경영개선권고, 50% 미만 시 경영개선요구, 0% 미만 시 경영개선명령이 취해진다.

⑤ 경영개선권고 시 조직 · 인력 운영의 개선, 자본금의 증액 또는 감액, 신규업무 지출 제한 등의 조치가, 경영개선요구 시 점포 폐쇄 및 신설 제한, 임원진 교체 요구, 영업의 일부정지 등의 조치가, 경영개선명령 시 주식소각, 영업양도, 외부관리인 선임, 합병 및 계약이전 등의 조치가 내려진다.

··· TOPIC 5 영업행위 규제

★★★

14 영업행위 규제에 대한 적절한 설명으로 모두 묶인 것은?

가. 월 보험료가 30만원인 경우 '하루 1만원으로 보장'으로 표시하는 내용과 같은 광고 행위는 금지된다.

나. 실손의료보험 상품은 보험계약자가 보장 내용이 동일한 다수의 보험계약을 체결하더라도 중복 보상을 받을 수 있으며, 이는 중복계약 체결 확인 의무의 예외로 볼 수 있다.

다. 전화를 이용하여 보험을 모집하는 자는 보험계약 체결을 위해 필요한 사항을 질문하거나 설명하고 그에 대한 보험계약자의 답변 및 확인내용에 대한 증거자료를 확보 · 유지하기 위해 전자우편, 휴대전화 문자메시지 또는 이에 준하는 전자적 의사표시 등 전자적 방법으로 음성녹음을 대체할 수 있다.

라. 보험계약자는 보험모집채널이 부당계약전환을 했을 경우 그 보험계약의 체결 또는 모집에 종사하는 자가 속하거나 모집을 위탁한 보험회사에 대해 보험계약이 소멸한 날부터 1년 이내에 소멸된 보험계약의 부활을 청구하고 새로운 보험계약은 취소할 수 있다.

① 가, 다
② 나, 라
③ 가, 나, 다
④ 나, 다, 라
⑤ 가, 나, 다, 라

정답 | ①

해설 | 나. 손해보험 상품은 실제 발생한 손해만을 보장하기 때문에 보험계약자가 보장 내용이 동일한 다수의 보험계약을 체결하더라도 중복 보상을 받을 수 없다. 그럼에도 불구하고, 보험계약자의 착오 또는 모집인의 설명 부족 등으로 중복가입과 보험료 이중부담이 발생할 수 있다. 이에 다음과 같은 보험계약은 계약체결 전 중복계약 여부를 보험계약자에게 알려주도록 하였다.

> • 실손의료보험
> • 자동차보험에 부가 판매되는 실손형 보험
> • 벌금 관련 보험
> • 기타 : 일상생활배상책임, 민사소송법률비용, 의료사고법률비용, 홀인원비용, 6대가전제품 수리비용을 보상하는 보험계약 등

라. 보험계약자는 보험모집채널이 부당계약전환을 했을 경우 그 보험계약의 체결 또는 모집에 종사하는 자가 속하거나 모집을 위탁한 보험회사에 대해 보험계약이 소멸한 날부터 6개월 이내에 소멸된 보험계약의 부활을 청구하고 새로운 보험계약은 취소할 수 있다.

★★★

15 영업행위 규제에 대한 설명으로 적절하지 **않은** 것은?

① 보장한도, 보장 제한 조건, 면책사항 또는 감액지급사항 등을 빠뜨리거나 충분히 알리지 않고 제한 없이 보장받을 수 있는 것으로 오인하게 하는 광고 행위는 금지된다.

② 실손의료보험, 자동차보험에 부가 판매되는 실손형 보험, 벌금 관련 보험 등과 같이 중복 보상을 받을 수 없는 손해보험계약은 계약체결 전 중복계약 여부를 보험계약자에게 알려주도록 하였다.

③ 통신수단을 이용한 보험모집 규제의 경우, 보험계약자가 전화로 설명을 들은 내용과 실제 보험계약의 내용이 동일한지 확인할 수 있도록 설명서를 보험계약이 체결되기 전에 전자적 방법으로 제공해야 한다.

④ 보험계약자는 보험모집채널이 부당계약전환을 했을 경우 그 보험계약의 체결 또는 모집에 종사하는 자가 속하거나 모집을 위탁한 보험회사에 대해 보험계약이 소멸한 날부터 1년 이내에 소멸된 보험계약의 부활을 청구하고 새로운 보험계약은 취소할 수 있다.

⑤ 보험계약 모집채널은 보험계약자나 피보험자를 위한 보험료 대납과 같은 특별이익을 제공하거나 제공하기로 약속해서는 안 된다.

정답 | ④

해설 | ④ 보험계약자는 보험모집채널이 부당계약전환을 했을 경우 그 보험계약의 체결 또는 모집에 종사하는 자가 속하거나 모집을 위탁한 보험회사에 대해 보험계약이 소멸한 날부터 6개월 이내에 소멸된 보험계약의 부활을 청구하고 새로운 보험계약은 취소할 수 있다.

★★★
16 영업행위 규제에 대한 적절한 설명으로 모두 묶인 것은?

> 가. 영업행위 시 6대 판매 규제에는 적합성 원칙, 적정성 원칙, 설명의무, 불공정영업금지, 부당권유금지, 광고 규제가 있다.
> 나. 월 보험료가 30만원인 경우 '하루 1만원으로 보장'으로 표시하는 내용과 같은 광고 행위는 금지된다.
> 다. 기존보험계약이 소멸된 날부터 3개월 이내에 새로운 보험계약을 청약하게 하는 경우, 기존보험계약과 새로운 보험계약의 중요한 사항 비교 · 고지 여부에 관계없이 부당계약전환에 해당하는 행위로 본다.
> 라. 금융상품판매대리 · 중개업자로서 보험을 모집하는 채널이 수수료 · 보수나 그 밖의 대가를 지급하지 않는다면 대리 · 중개하는 업무를 제3자에게 하게 할 수 있다.

① 가, 나
② 가, 라
③ 나, 다
④ 다, 라
⑤ 가, 나, 다, 라

정답 | ①

해설 | 다. 첫째, 기존보험계약이 소멸된 날부터 1개월 이내에 새로운 보험계약을 청약하게 하거나 새로운 보험계약을 청약하게 한 날부터 1개월 이내에 기존보험계약을 소멸하게 하는 행위, 둘째, 기존보험계약이 소멸된 날부터 6개월 이내에 새로운 보험계약을 청약하게 하거나 새로운 보험계약을 청약하게 한 날부터 6개월 이내에 기존보험계약을 소멸하게 하는 경우로서 해당 보험계약자 또는 피보험자에게 기존보험계약과 새로운 보험계약의 보험기간 및 예정 이자율 등 중요한 사항을 비교하여 알리지 아니하는 행위에 해당할 경우 부당계약전환에 해당하는 행위로 본다.

라. 보험회사는 보험업법상 보험을 모집할 수 있는 자 이외의 자에게 모집을 위탁하거나 모집에 관해 수수료, 보수, 그 밖의 대가를 지급하지 못한다. 또한 금융상품판매대리 · 중개업자로서 보험을 모집하는 채널은 다음 행위가 금지된다.

> • 금융소비자로부터 투자금, 보험료 등 계약 이행으로써 급부를 받는 행위
> • 대리 · 중개하는 업무를 제3자에게 하게 하거나 그러한 행위에 관해 수수료 · 보수나 그 밖의 대가를 지급하는 행위
> • 금융상품판대 대리 · 중개 업무를 수행할 때 금융상품 직접판매업자(보험회사)로부터 정해진 수수료 외의 금품, 그 밖의 재산상 이익을 요구하거나 받는 행위

▪▪▪ TOPIC 6 보험 상품 공시제도

★★★
17 **보장내역과 가입 금액이 동일한 다음 보장성보험 상품 중 보험가격지수로 판단할 때, 보험계약자가 납부하는 보험료 수준이 가장 낮은 보장성보험 상품은?**

	보장위험	보험가입금액	보험가격지수
①	사망	1억원	151.20%
②	사망	1억원	133.80%
③	사망	1억원	116.80%
④	사망	1억원	94.00%
⑤	사망	1억원	85.45%

정답 I ⑤
해설 I 보험가격지수가 낮을수록 보험계약자가 납부하는 보험료 수준이 낮다는 의미로 해석한다.

★★★
18 **보험 상품 공시제도에 대한 설명으로 적절하지 않은 것은?**

① 보험회사는 자사 인터넷 홈페이지를 통해 보험 상품 통일공시기준에 입각하여 보험 상품안내서, 보험약관, 그리고 보험가격을 비교할 수 있는 기초정보를 공시해야 한다.
② 상품요약서는 인터넷 홈페이지의 상품공시실에 게시하며, 1년 이상 유지된 계약에 대해 연 1회 이상 계약자에게 보험계약관리내용을 제공해야 한다.
③ 보험 상품에 대한 비교공시는 생명보험협회 및 손해보험협회 홈페이지를 통해 이루어진다.
④ 보장성보험은 보험가격지수가 낮을수록 보험계약자가 납부하는 보험료 수준이 낮다는 의미로 해석한다.
⑤ 비교공시 사항은 정확성을 높이기 위해 대부분 각 보험회사별로 정한 개별 가입조건을 기준으로 작성된다.

정답 I ⑤
해설 I ⑤ 비교공시 사항은 특정 성별 및 연령(예 40세 남자)에 해당하는 표준계약자에 대한 기본예시로써 소비자의 가입조건에 따라 실제 보험료 및 보장 내용은 달라질 수 있다. 따라서, 자격인증자는 기초서류(보험약관, 상품설명서, 사업방법서)를 통해 구체적인 내용을 확인하고 고객의 상황에 최적인 보험 상품을 권유하는 것이 바람직하다.

★★★
19 보험 상품 공시제도에 대한 적절한 설명으로 모두 묶인 것은?

가. 연금저축보험계약에 대해서는 수익률보고서를 분기별 1회 이상 제공하는데, 수익률이 높을수록 장래 연금소득으로 수령할 수 있는 금액이 커진다.
나. 보험가격지수는 해당 상품의 보험료 총액을 참조순보험료 총액과 평균사업비총액을 합한 금액으로 나눈 비율인데, 보장성보험은 보험가격지수가 높을수록 보험계약자가 납부하는 보험료 수준이 낮다는 의미로 해석한다.
다. 부가보험료지수는 보장성보험 상품의 부가보험료 수준을 참고할 수 있는 지표로서 부가보험료를 영업보험료로 나눈 비율인데, 부가보험료지수가 낮을수록 사업비 비중이 낮다고 해석할 수 있다.
라. 저축성보험은 변액보험이 아닌 상품과 변액보험인 상품으로 구분하여 각종 비용항목에 해당하는 금액을 공시하므로, 여러 보험회사의 사업비 공제금액을 비교하여 가장 저렴한 상품을 선택하는 것이 바람직하다.
마. 변액보험 등과 같이 해약환급금이 투자수익률 등에 따라 변경되는 상품은 투자수익률이 평균공시이율과 동일하다고 가정하여 산출한 금액을 기재한다.
바. 비교공시 사항은 특정 성별 및 연령에 해당하는 표준계약자에 대한 기본예시로써 소비자의 가입조건에 따라 실제 보험료 및 보장 내용은 달라질 수 있으므로, 자격인증자는 기초서류를 통해 구체적인 내용을 확인하고 고객의 상황에 최적인 보험 상품을 권유하는 것이 바람직하다.

① 가, 나, 다, 라
② 가, 나, 다, 바
③ 가, 나, 마, 바
④ 가, 라, 마, 바
⑤ 다, 라, 마, 바

정답 | ⑤

해설 | 가. 변액보험계약의 경우 분기별 1회 이상, 연금저축보험계약에 대해서는 수익률보고서를 연 1회 이상 제공해야 한다.
나. 보험가격지수가 낮을수록 보험계약자가 납부하는 보험료 수준이 낮다는 의미로 해석한다.

★★★

20 **보험소비자가 외부 공신력 있는 기관을 통해서 민원을 처리하는 경우 분쟁조정에 대한 적절한 설명으로 모두 묶인 것은?**

> 가. 한국소비자원은 보험소비자에게 발생한 피해를 구제하기 위해 사실조사, 전문가 자문 등을 거쳐 양 당사자에게 합의를 권고하는데, 합의가 이루어질 경우 사건은 종결되며, 사실조사 결과 보험회사에 귀책사유가 없는 것으로 판명될 때에는 합의권고 없이 사건이 종결된다.
> 나. 금융감독원을 통한 분쟁조정절차는 분쟁이 발생하는 경우 보험계약자는 조정신청 원인 및 사실을 증명하는 자료를 기재한 분쟁조정신청서를 제출하고, 분쟁조정위원회는 안건이 회부된 날로부터 60일 이내에 이를 심의하여 조정결정을 하게 된다.
> 다. 금융감독원을 통한 분쟁조정절차의 경우 분쟁신청인과 관계 당사자는 조정안을 통보받은 후 수락 여부를 결정할 수 있는데, 일정 기간 이내에 양 당사자의 수락 의사표시가 없으면 조정이 성립된 것으로 본다.
> 라. 금융감독원 분쟁조정위원회의 조정이 성립되면 재판상 화해와 동일한 효력을 갖게 된다.
> 마. 금융감독원 분쟁조정위원회의 조정이 성립된 이후 금융회사는 소송을 제기할 수 없지만 소비자는 다시 소송 제기가 가능하다.

① 가, 나, 라
② 가, 다, 라
③ 나, 다, 마
④ 나, 라, 마
⑤ 다, 라, 마

정답 | ①

해설 | 다. 양 당사자가 모두 조정결정을 수락하는 경우에는 조정이 성립된다.
마. 조정이 성립되면 재판상 화해와 동일한 효력을 갖게 되므로 다시 소송을 제기하여 다툴 수 없다.

★★★

21 **금융감독원 분쟁조정절차에 대한 설명으로 적절하지 않은 것은?**

① 양 당사자 중 어느 한쪽이 조정결정을 수락하지 않는 경우에는 조정이 성립되지 않는다.
② 양 당사자가 조정안을 통보받은 후 일정 기간 이내에 수락 여부에 대한 의사표시가 없으면 조정이 성립된 것으로 간주된다.
③ 조정이 성립되면 재판상 화해와 동일한 효력을 갖게 된다.
④ 조정이 성립되면 다시 소송을 제기하여 다툴 수 없다.
⑤ 조정이 성립되지 않으면 법원의 소송절차를 통해 해결할 수 있다.

정답 | ②

해설 | ② 분쟁신청인과 관계 당사자는 조정안을 통보받은 후 수락 여부를 결정할 수 있으며, 양 당사자가 모두 조정결정을 수락하는 경우에는 조정이 성립되고 재판상 화해와 동일한 효력을 갖게 되므로 다시 소송을 제기하여 다툴 수 없다.

▪▪▪ TOPIC 8 보험계약자의 권리와 의무

★★★

22 보험증권을 받은 날부터 15일 이내인 다음 계약 중 청약 철회가 불가한 경우로 모두 묶인 것은?

> 가. 전문금융소비자가 체결한 보험계약
> 나. 청약일로부터 30일 이내인 계약
> 다. 65세 이상 계약자가 전화(TM)로 체결한 청약일로부터 30일 이내인 계약
> 라. 회사가 건강 상태 진단을 지원하는 계약
> 마. 보험기간이 3년 이상인 계약

① 가, 라
② 나, 라
③ 다, 마
④ 가, 다, 마
⑤ 가, 라, 마

정답 | ①

해설 | 일반금융소비자인 보험계약자는 보험증권을 받은 날부터 15일 이내에 청약을 철회할 수 있으며, 보험회사는 철회를 접수한 날부터 3영업일 이내에 납입한 보험료 전액을 지급해야 한다. 단, 아래의 계약은 청약 철회가 불가하다.

> • 전문금융소비자가 체결한 보험계약
> • 청약일부터 30일 초과된 계약(65세 이상 계약자가 전화(TM)로 체결한 계약 : 청약일로부터 45일 초과)
> • 회사가 건강 상태 진단을 지원하는 계약
> • 보험기간(보장 기간)이 90일 이내인 계약
> • 법률에 따라 가입의무 부과 및 해제 · 해약이 가능한 보험(다만, 계약자가 동종의 다른 보험에 가입한 경우는 제외)

★★★

23 보험증권을 받은 날부터 15일 이내인 다음 계약 중 청약 철회가 가능한 경우로 모두 묶인 것은?

> 가. 무진단계약 청약일로부터 15일 이내에 그 청약을 철회한 경우
> 나. 65세 이상 계약자가 전화로 체결한 계약을 청약일로부터 30일 이내에 그 청약을 철회한 경우
> 다. 진단계약을 청약하고 건강진단 후 바로 청약을 철회한 경우
> 라. 전문보험계약자가 보험계약을 청약하고 15일 이내에 그 청약을 철회한 경우

① 가, 나
② 가, 다
③ 나, 다
④ 가, 나, 다
⑤ 나, 다, 라

정답 | ①

해설 | 일반금융소비자인 보험계약자는 보험증권을 받은 날부터 15일 이내에 청약을 철회할 수 있으며, 보험회사는 철회를 접수한 날부터 3영업일 이내에 납입한 보험료 전액을 지급해야 한다. 단, 아래의 계약은 청약 철회가 불가하다.

- 전문금융소비자가 체결한 보험계약
- 청약일부터 30일 초과된 계약(65세 이상 계약자가 전화(TM)로 체결한 계약 : 청약일로부터 45일 초과)
- 회사가 건강 상태 진단을 지원하는 계약
- 보험기간(보장 기간)이 90일 이내인 계약
- 법률에 따라 가입의무 부과 및 해제 · 해약이 가능한 보험(다만, 계약자가 동종의 다른 보험에 가입한 경우는 제외)

★★★

24 보험계약 철회권에 대한 설명으로 가장 적절한 것은?

① 일반금융소비자인 보험계약자는 보험증권을 받은 날부터 60일 이내에 청약을 철회할 수 있다.

② 보험회사는 철회를 접수한 날부터 3영업일 이내에 이미 납입한 보험료를 지급하며, 보험료를 받은 기간에 대해 소정의 이자를 더하여 지급한다.

③ 65세 이상 계약자가 전화로 체결한 계약의 경우 청약일로부터 30일 초과된 계약은 청약 철회가 불가하다.

④ 회사가 건강 상태 진단을 지원하는 계약은 청약 철회가 불가하다.

⑤ 보험기간이 1년 이내인 계약은 청약 철회가 불가하다.

정답 | ④

해설 | ① 일반금융소비자인 보험계약자는 보험증권을 받은 날부터 15일 이내에 청약을 철회할 수 있다.

② 보험회사는 철회를 접수한 날부터 3영업일 이내에 납입한 보험료 전액을 지급해야 한다.

③ 청약일부터 30일 초과된 계약(65세 이상 계약자가 전화(TM)로 체결한 계약 : 청약일로부터 45일 초과)은 청약 철회가 불가하다.

⑤ 보험기간(보장 기간)이 90일 이내인 계약은 청약 철회가 불가하다.

★★★
25 **다음 사례에서 최민정씨가 행사할 수 있는 보험계약자의 권리에 대한 설명으로 적절하지 않은 것은?**

최민정씨는 생명보험 청약 시 보험설계사로부터 약관과 청약서 부본을 전달받지 못하였으며 약관의 중요한 내용을 설명받지 못하였다.

① 최민정씨가 보험계약을 취소하지 않는다면 보험계약은 유효하다.
② 최민정씨는 보험계약이 성립한 날로부터 3개월 이내에 계약을 취소할 수 있다.
③ 최민정씨가 일정 기간 내에 보험계약을 취소할 경우, 보험회사는 이미 납입한 보험료를 지급하며, 보험료를 받은 기간에 대해 소정의 이자를 더하여 지급한다.
④ 최민정씨는 약관의 중요 내용을 설명받지 못한 사유로는 보험계약을 취소할 수 있으나, 약관과 청약서 부본을 전달받지 못한 사유로는 보험계약을 취소할 수 없다.
⑤ 최민정씨가 청약서 자필서명을 하지 아니한 경우에도 일정 기간 이내에 보험계약을 취소할 수 있다.

정답 | ④
해설 | 보험계약자는 다음의 경우 계약이 성립한 날로부터 3개월 이내에 계약을 취소할 수 있다. 이 경우 보험회사는 이미 납입한 보험료를 지급하며, 보험료를 받은 기간에 대해 소정의 이자를 더하여 지급한다.

• 보험계약 청약 시 약관과 계약자 보관용 청약서(청약서 부본)를 전달받지 못한 경우 • 약관의 중요한 내용을 설명받지 못한 경우 • 청약서 자필서명(전자서명 포함)을 하지 아니한 경우

★★★
26 **다음 사례에서 신수경씨가 행사할 수 있는 보험계약자의 권리에 대한 설명으로 가장 적절한 것은?(단, 각 답지는 각각 별개의 사례이다.)**

신수경씨는 생명보험 청약 시 보험설계사로부터 약관과 청약서 부본을 전달받지 못하였으며 약관의 중요한 내용을 설명받지 못하였다.

① 신수경씨가 보험료를 이미 납부했다면, 보험계약을 취소할 수 없다.
② 만약 청약 철회 가능기한이 지났다면, 신수경씨는 임의해약만을 할 수 있다.
③ 신수경씨가 일정 기간 내에 보험계약을 취소할 경우, 보험회사는 이미 납입한 보험료를 지급하며, 보험료를 받은 기간에 대해 소정의 이자를 더하여 지급한다.
④ 신수경씨는 약관과 청약서 부본을 전달받지 못한 사유로는 보험계약을 취소할 수 없다.
⑤ 신수경씨가 약관의 중요한 내용을 설명받지 못한 경우 보험계약은 처음부터 무효가 된다.

정답 | ③

해설 | 보험계약자는 다음의 경우 계약이 성립한 날로부터 3개월 이내에 계약을 취소할 수 있다. 이 경우 보험회사는 이미 납입한 보험료를 지급하며, 보험료를 받은 기간에 대해 소정의 이자를 더하여 지급한다.

- 보험계약 청약 시 약관과 계약자 보관용 청약서(청약서 부본)를 전달받지 못한 경우
- 약관의 중요한 내용을 설명받지 못한 경우
- 청약서 자필서명(전자서명 포함)을 하지 아니한 경우

★★★

27 위법계약 해약권에 대한 다음 설명 중 (가)~(다)에 들어갈 내용이 적절하게 연결된 것은?

계약자는 '금융소비자 보호에 관한 법률' 제47조 및 관련 규정이 정하는 바에 따라 계약체결에 대한 회사의 법 위반사항이 있는 경우 계약체결일부터 (가) 이내의 범위에서 계약자가 위반사항을 안 날부터 (나) 이내에 계약해약요구서에 증빙서류를 첨부하여 위법계약의 해약을 요구할 수 있다. 보험회사는 해약 요구를 받은 날부터 (다) 이내에 수리 여부를 계약자에게 통지해야 하며, 거절할 때는 거절 사유를 함께 통지해야 한다.

	가	나	다
①	3년	3개월	10일
②	3년	1년	14일
③	5년	3개월	14일
④	5년	1년	10일
⑤	7년	6개월	1개월

정답 | ④

해설 | 계약자는 '금융소비자 보호에 관한 법률' 제47조 및 관련 규정이 정하는 바에 따라 계약체결에 대한 회사의 법 위반사항이 있는 경우 계약체결일부터 5년 이내의 범위에서 계약자가 위반사항을 안 날부터 1년 이내에 계약해약요구서에 증빙서류를 첨부하여 위법계약의 해약을 요구할 수 있다. 보험회사는 해약 요구를 받은 날부터 10일 이내에 수리 여부를 계약자에게 통지해야 하며, 거절할 때는 거절 사유를 함께 통지해야 한다.

★★★

28 다음과 같은 보험계약 시 최민정씨가 서면에 의한 동의를 얻어야 하는 대상으로 가장 적절한 것은?

최민정씨는 본인이 계약자로 남편 장민호씨 사망 시 자녀인 장기용, 장원영을 보험수익자로 지정하려고 한다.

① 장민호
② 장기용
③ 장원영
④ 장민호, 장기용, 장원영 모두
⑤ 동의를 얻어야 할 사람이 없다.

정답 | ①
해설 | 타인의 사망보험인 경우에는 보험계약자가 보험수익자를 지정 · 변경하고자 할 때 피보험자의 서면에 의한 동의를 얻어야 하며, 이를 보험회사에 통지해야 한다.

★★★
29 보험료 납입의무에 대한 적절한 설명으로 모두 묶인 것은?

> 가. 보험계약자는 계약체결 후 지체 없이 보험료의 전부 또는 제1회 보험료를 납입해야 하며, 보험계약자가 이를 납입하지 아니하는 경우에는 다른 약정이 없는 한 계약 성립 후 2개월이 지나면 그 계약은 해제된 것으로 본다.
> 나. 제2회 이후의 보험료를 납입 기일까지 납입하여야 하며, 보험계약자가 제2회 이후의 보험료를 납입 기일까지 납입하지 않아 보험료 납입이 연체 중인 경우에 회사는 14일 이상의 기간을 납입최고기간으로 정하여 서면, 전화 또는 전자문서 등으로 알린다.
> 다. 보험료 미납으로 보험계약이 해약된 경우, 해약 전에 발생한 보험금 지급 사유에 대하여 보험회사는 보상하지 않는다.
> 라. 납입최고기간이 끝나는 날까지 보험료를 납입하지 않을 경우 납입최고기간이 끝나는 날에 계약이 해약된다.

① 가, 나
② 가, 라
③ 나, 다
④ 다, 라
⑤ 가, 나, 다, 라

정답 | ①
해설 | 제2회 이후의 보험료를 납입 기일까지 납입하여야 하며, 보험계약자가 제2회 이후의 보험료를 납입 기일까지 납입하지 않아 보험료 납입이 연체 중인 경우에 회사는 14일(보험기간이 1년 미만인 경우에는 7일) 이상의 기간을 납입최고(독촉)기간[납입최고(독촉)기간의 마지막 날이 영업일이 아닌 때에는 납입최고(독촉)기간은 그다음 날까지로 함]으로 정하여 아래 사항에 대하여 서면(등기우편 등), 전화(음성녹음) 또는 전자문서 등으로 알린다. 다만, 해약 전에 발생한 보험금 지급 사유에 대하여 보험회사는 보상한다.

> - 계약자(보험수익자와 계약자가 다른 경우 보험수익자를 포함한다)에게 납입최고(독촉)기간 내에 연체보험료를 납입하여야 한다는 내용
> - 납입최고(독촉)기간이 끝나는 날까지 보험료를 납입하지 않을 경우 납입최고(독촉)기간이 끝나는 날의 다음 날에 계약이 해약된다는 내용(이 경우 계약이 해약되는 즉시 해약환급금에서 보험계약대출원금과 이자가 차감된다는 내용을 포함한다).

★★★
30 다음 각 사례에서 최민수씨가 위반한 보험계약자의 의무가 적절하게 연결된 것은?

> 가. 얼마 전 화재보험에 가입한 최민수씨는 가입 이후 소방시설이 고장난 것을 알게 되었으나 사업자금난으로 고장시설을 수리하지 않았다.
> 나. 실손의료보험에 가입한 최민수씨는 상급병실과 기준병실과의 입원의료비 차액을 보상받지 못하였다.

	가	나
①	위험 · 변경증가의 통지의무	계약 후 알릴 의무
②	위험유지의무	위험 · 변경증가의 통지의무
③	위험유지의무	손해방지의무
④	손해방지의무	위험 · 변경증가의 통지의무
⑤	손해방지의무	위험유지의무

정답 | ③

해설 | 가. 위험유지의무 : 보험기간 중 보험계약자 또는 피보험자나 보험수익자의 고의나 중과실에 의해 사고 발생의 위험이 현저하게 증가된 때에는 보험회사는 그 사실을 안 날로부터 1개월 내에 보험료의 증액을 청구하거나 계약을 해약할 수 있다. 이는 보험계약자 등에게 보험기간 동안 위험을 계약체결 시의 상태대로 유지해야 할 의무를 부과한 것이라고 할 수 있다.
나. 손해방지의무 : 손해방지의무란 손해보험에서 보험계약자에게 보험사고 발생 후 손해의 방지와 경감을 위해 노력하도록 요구하는 것을 말한다. 이 의무는 보험계약이 최대 신의성실 계약이라는 측면에서 인정된 것으로 손해방지 및 경감을 위해 필요 · 유익했던 비용은 보험회사가 부담한다. 이것은 보험계약자 등에게 손해방지의무를 부과한 것에 대응하여 그것을 장려하는 공익적 이유에 근거를 둔 것이다.

★★★
31 보험계약자의 권리와 의무에 대한 다음 설명 중 적절하지 않은 것은?

① 보험금청구권과 계약자적립액 반환청구권은 3년간 행사하지 아니하면 소멸시효의 완성으로 행사할 수 없다.
② 타인의 사망보험인 경우에는 보험계약자가 보험수익자를 지정 · 변경하고자 할 때 피보험자의 서면에 의한 동의를 얻어야 하며, 이를 보험회사에 통지해야 한다.
③ 보험계약자 또는 피보험자는 청약할 때 청약서에서 질문한 사항에 대하여 알고 있는 사실을 반드시 사실대로 알려야 한다.
④ 보험계약자가 제2회 이후의 보험료를 납입 기일까지 납입하지 않아 보험료 납입이 연체 중인 경우에도 납입최고기간 중에 발생한 보험금 지급 사유에 대하여 보험회사는 보상한다.
⑤ 보험계약자가 통지의무를 해태한 경우 보험회사는 그 사실을 안 날로부터 1개월 내에 계약을 해약할 수 있으나, 보험회사가 위험변경 · 증가의 통지를 받은 때에는 계약을 해약할 수 없다.

정답 | ⑤

해설 | ⑤ 보험계약자가 통지의무를 해태한 경우 보험회사는 그 사실을 안 날로부터 1개월 내에 계약을 해약할 수 있다. 보험회사가 위험변경 · 증가의 통지를 받은 때에는 1개월 내에 보험료의 증액을 청구하거나 계약을 해약할 수 있으며, 보험회사는 해약 이후의 보험사고에 대해서는 책임을 지지 않는다. 다만, 위험의 현저한 변경이나 증가된 사실이 보험사고의 발생에 영향을 미치지 않았음을 보험계약자가 증명한 때에는 보험회사는 보험금 지급책임을 면하지 못한다.

★★★

32 보험계약자의 권리와 의무에 대한 다음 설명 중 가장 적절한 것은?

① 생명보험에서 보험금청구권과 계약자적립액의 반환청구권은 5년간 행사하지 아니하면 소멸시효의 완성으로 행사할 수 없다.

② 보험설계사는 고지의무수령권이 있기 때문에 보험계약자가 청약서 질문 내용에 대한 답변을 보험설계사에게 구두로 알렸을 경우에는 계약 전 알릴 의무를 이행하였다고 볼 수 있다.

③ 생명보험에서 보험계약자가 계약 전 알릴 의무를 위반하였더라도 보험계약을 체결한 날로부터 1년이 경과된 경우는 보험계약이 해지되지 않는다.

④ 보험회사가 위험변경 · 증가의 통지를 받은 때에는 3개월 내에 보험료의 증액을 청구하거나 계약을 해약할 수 있으며, 보험회사는 해약 이후의 보험사고에 대해서는 책임을 지지 않는다.

⑤ 손해방지의무는 보험계약이 최대 신의성실 계약이라는 측면에서 인정된 것으로 손해방지 및 경감을 위해 필요 · 유익했던 비용은 보험회사가 부담한다.

정답 | ⑤

해설 | ① 보험금청구권과 계약자적립액의 반환청구권은 3년간 행사하지 아니하면 소멸시효의 완성으로 행사할 수 없다.

② 보험설계사는 고지를 수령할 수 있는 권한이 없으며, 보험계약자가 청약서 질문 내용에 대한 답변을 청약서에 기재하지 않고 보험설계사에게 구두로 알렸을 경우에는 계약 전 알릴 의무를 이행하였다고 볼 수 없다.

③ 보험계약자가 계약 전 알릴 의무를 위반하였더라도 다음과 같은 경우는 보험계약이 해지되지 않는다.

- 보험자가 계약 전 알릴 의무 위반사실을 안 날로부터 1개월 경과
- 보험계약을 체결한 날로부터 3년 경과
- 보험자가 계약 당시에 위반사실을 알았거나 중대한 과실로 인해 알지 못하였을 때

④ 보험회사가 위험변경 · 증가의 통지를 받은 때에는 1개월 내에 보험료의 증액을 청구하거나 계약을 해약할 수 있으며, 보험회사는 해약 이후의 보험사고에 대해서는 책임을 지지 않는다. 다만, 위험의 현저한 변경이나 증가된 사실이 보험사고의 발생에 영향을 미치지 않았음을 보험계약자가 증명한 때에는 보험회사는 보험금 지급책임을 면하지 못한다.

★★★
33 다음 사례 중 보험회사가 계약해지권을 행사할 수 없는 경우는?

① 홍성완씨는 지병이었던 당뇨병을 알리지 않고 지난달에 보험에 가입하였는데, 보험회사가 위반사실을 안 날로부터 3일이 경과되었다.
② 송강씨는 보험료 납입연체로 납입독촉을 받아 납입최고기간이 종료되었다.
③ 이숙씨는 사무용 건물로만 사용할 것을 약정하고 화재보험에 가입하였으나, 1층에 식당을 임대하였고, 이 사실을 보험회사에 알리지 않았다.
④ 얼마 전 화재보험에 가입한 최민수씨는 가입 이후 소방시설이 고장난 것을 알게 되었으나 사업자금난으로 고장시설을 수리하지 않았다.
⑤ 화재보험에 가입한 박소진씨는 자신의 건물에 화재가 발생했을 때 적극적인 대응을 하지 않아 화재로 인한 손실이 늘어났다.

정답 | ⑤
해설 | 보험회사는 계약 전 알릴 의무, 보험료 납입의무, 위험변경 · 증가의 통지의무, 위험유지의무 위반이 발생한 경우 계약을 해지할 수 있다.

★★★
34 다음 사례 중 보험회사가 계약해지권을 행사할 수 있는 경우로 모두 묶인 것은?

가. 강혜연씨는 고혈압이 있다는 사실을 알리지 않고 질병보험에 가입하였고, 보험회사가 불고지 사실을 안 날로부터 3주가 경과되었다.
나. 김세진씨는 20년 만기 정기보험에 가입한 지 5년이 지났으나 실직으로 인해 보험료 납입이 연체되었고, 보험회사로부터 보험료 납입독촉을 받았으나 결국 납입최고기간이 종료되었다.
다. 상해보험에 가입한 강다니엘씨는 사무직 근로자로 근무하다가 실직하여 건설현장의 일용직 노동자로 취업하였으나 이 사실을 보험회사에 통지하지 않았다.
라. 화재보험에 가입한 임영웅씨의 주택에 화재가 발생하였으나, 임영웅씨의 과실로 미흡하게 대처하여 화재로 인한 손실이 증가하였다.

① 가, 나
② 다, 라
③ 가, 나, 다
④ 나, 다, 라
⑤ 가, 나, 다, 라

정답 | ③
해설 | 보험회사는 계약 전 알릴 의무, 보험료 납입의무, 위험변경 · 증가의 통지의무, 위험유지의무 위반이 발생한 경우 계약을 해지할 수 있다.

CHAPTER

03 생명보험

출제 비중 : 20~25% / 5~7문항

학습가이드

학습 목표	학습 중요도
Tip 생명보험의 경우 고객 사례에 가장 적합한 보험상품, 특약 등을 선택하는 문제가 출제될 수 있음	
Tip 생명보험 약관 조항에 대한 내용과 이해를 중심으로 학습 필요	
1. 정기보험과 종신보험의 종류 및 특징을 설명할 수 있다.	★★★
2. 장애인전용보험등 기타 생명보험에 대해 이해할 수 있다.	★★
3. 저축성보험의 특징과 종류에 대해 알고 재무설계에 활용할 수 있다.	★★★
4. 생명보험약관 조항의 주요 내용을 알고 설명할 수 있다.	★★★
5. 생명보험 관련 특약을 이해할 수 있다.	★

TOPIC 1 정기보험

★★★

01 정기보험에 대한 다음 설명 중 적절하지 않은 것은?

① 주택담보대출상환보험은 주택담보대출 금액에 비례하여 사망보험금이 지급되도록 한 체감식정기보험이다.

② 연생주택담보대출상환보험은 매월 주택담보대출금 상환을 위해 두 사람의 수입이 필요한 경우에 알맞은 상품으로 수익자가 사망보험금을 반드시 주택담보대출 상환에 사용할 의무는 없다.

③ 가족수입보장보험이 체감정기보험 형태인 이유는 보험기간 경과에 따라 생활자금을 지급받는 기간이 짧아져 총 수령액이 줄어들기 때문이며, 보통 5년 정도의 최저보증지급기간을 두고 있다.

④ 신용생명보험은 대체로 대출을 취급하는 금융회사에서 채무자의 채무상환 전 사망 시 채권회수를 목적으로 판매한다.

⑤ 갱신정기보험은 보험기간 종료 시점에 적격 피보험체 여부를 증명하지 않고 보험기간을 연장할 수 있는 권리가 보험계약자에게 부여된 상품으로, 갱신 시점에 피보험자의 높아진 위험도와 증가한 나이를 이유로 보험료를 인상할 수 없다.

정답 | ⑤

해설 | ⑤ 갱신정기보험은 갱신 시점에 피보험자의 증가한 나이를 기준으로 인상된 보험료를 부과하는데, 일반적으로 사람들의 연령이 높아짐에 따라서 사망률이 증가하기 때문이다.

★★★

02 정기보험에 대한 설명으로 가장 적절한 것은?

① 정기보험의 보험료는 보험기간이 길어질수록 높아지게 되는데, 자연보험료 방식으로 매년 보험료가 연령에 따라 조정될 수도 있고, 평준보험료 방식으로 계약 초기부터 만기까지 보험료가 일정할 수도 있다.

② 정기보험은 보험기간 동안 지급이 보증되는 보험료의 변동에 따라 평준정기보험, 체감정기보험, 체증정기보험으로 구분한다.

③ 주택담보대출상환보험은 주택담보대출 금액에 비례하여 사망보험금이 지급되도록 한 체감식정기보험으로, 보험수익자는 사망보험금을 반드시 주택담보대출 상환을 위해 사용할 의무가 있다.

④ 신용생명보험은 채무자가 대출금을 상환하기 전에 사망하는 경우 대출금 잔액을 상환할 수 있도록 고안된 체감정기보험 형태의 상품으로, 피보험자가 사망하면 사망보험금을 채무자에게 직접 지급하도록 규정하고 있다.

⑤ 갱신정기보험은 보험기간 종료 시점에 적격 피보험체 여부를 증명하지 않고 보험기간을 연장할 수 있는 권리가 보험계약자에게 부여된 상품으로, 갱신 시점에 피보험자의 높아진 위험도와 증가한 나이를 이유로 보험료를 인상할 수 없다.

정답 | ①

해설 | ② 정기보험은 보험기간 동안 지급이 보증되는 보험금액의 변동에 따라 평준정기보험, 체감정기보험, 체증정기보험으로 구분한다.

③ 주택담보대출 기관은 보험계약의 당사자가 아니므로 보험수익자는 사망보험금을 반드시 주택담보대출 상환을 위해 사용할 의무는 없어 자녀의 학자금이나 생활비 등에 사용할 수도 있다. 즉, 주택담보대출 기관은 채무자에게 담보대출의 취득 조건으로서 주택담보대출 상환보험에 가입할 것을 권유할 수 있어도 이 경우에도 사망보험금은 주택담보대출 관련 채권자에게 귀속되는 것이 아니라, 수익자에게 지급되며 수익자가 대출금 상환 여부의 결정권을 갖는다.

④ 신용생명보험은 주택담보대출상환보험처럼 채무자가 대출금을 상환하기 전에 사망하는 경우 대출금 잔액을 상환할 수 있도록 고안된 체감정기보험 형태의 상품으로, 채권자인 대출금융기관이 보험계약자 및 수익자가 되고, 차입자가 피보험자인 생명보험계약이다. 즉, 피보험자가 사망하면 주택담보대출상환보험과 달리 사망보험금을 대출기관이나 채권자에게 직접 지급하도록 규정하고 있다.

⑤ 갱신정기보험은 갱신 시점에 피보험자의 증가한 나이를 기준으로 인상된 보험료를 부과하는데, 일반적으로 사람들의 연령이 높아짐에 따라서 사망률이 증가하기 때문이다.

★★★
03 정기보험에 대한 설명이 적절하게 연결된 것은?

가. 주택담보대출 금액에 비례하여 사망보험금이 지급되도록 한 체감식정기보험으로, 주택담보대출 기관은 보험계약의 당사자가 아니므로 보험수익자는 사망보험금을 반드시 주택담보대출 상환을 위해 사용할 의무는 없어 자녀의 학자금이나 생활비 등에 사용할 수도 있다.
나. 채무자가 대출금을 상환하기 전에 사망하는 경우 대출금 잔액을 상환할 수 있도록 고안된 체감정기보험 형태의 상품으로, 피보험자가 사망하면 사망보험금을 대출기관이나 채권자에게 직접 지급하도록 규정하고 있다.
다. 인플레이션에 따른 사망보장급부의 실질가치 하락을 막기 위하여 개발되었으며, 일반적으로 독립된 상품으로 판매되기보다는 특약 형태로 판매되고 있다.
라. 보험기간 종료 시점에 적격 피보험체 여부를 증명하지 않고 보험기간을 연장할 수 있는 권리가 보험계약자에게 부여된 상품으로, 건강 상태가 좋지 않은 표준체 이하의 피보험자가 다른 생명보험에 가입할 수 없어 현재 계약을 갱신할 가능성이 높기 때문에, 다른 정기보험의 보험료보다 더 높게 책정된다.

	가	나	다	라
①	주택담보대출상환보험	신용생명보험	평준정기보험	갱신정기보험
②	주택담보대출상환보험	신용생명보험	체증정기보험	갱신정기보험
③	주택담보대출상환보험	보증보험	평준정기보험	재가입정기보험
④	가족수입보장보험	보증보험	체증정기보험	갱신정기보험
⑤	가족수입보장보험	신용생명보험	체증정기보험	재가입정기보험

정답 | ②

해설 | 가. 주택담보대출상환보험
나. 신용생명보험
다. 체증정기보험
라. 갱신정기보험

★★★
04 정기보험에 대한 다음 설명 중 적절하지 않은 것은?

① 신용생명보험은 피보험자가 사망하면 주택담보대출상환보험과 달리 사망보험금을 대출기관이나 채권자에게 직접 지급하도록 규정하고 있으므로, 신용생명보험 가입을 통해 대출자는 유고 시 부채가 유족에게 대물림 되는 것을 막을 수 있고, 대출기관은 대출 미상환으로 인한 부실위험을 감소시킬 수 있다.

② 체증정기보험은 인플레이션에 따른 사망보장급부의 실질가치 하락을 막기 위하여 개발되었다.

③ 갱신정기보험은 보험기간 종료 시점에 적격 피보험체 여부를 증명하지 않고 보험기간을 연장할 수 있는 권리가 보험계약자에게 부여된 상품으로, 갱신 시점에 피보험자의 증가한 나이를 기준으로 인상된 보험료를 부과한다.

④ 재가입정기보험은 계약 연도 말에 적격 피보험체 여부를 증명해야 계약을 갱신할 수 있다.

⑤ 전환정기보험에서 전환된 종신보험 보험료는 피보험자 연령에 따른 인상을 제외하고는 어떤 종류의 증가한 사망위험 요소로도 인상할 수 없다.

정답 I ④

해설 I ④ 재가입정기보험은 갱신정기보험처럼 계약 연도 말에 적격 피보험체 여부의 증명 없이 계약을 갱신할 수 있는 상품이다. 갱신정기보험과 다른 점은 피보험자가 5년 또는 10년 등으로 주어진 연도 말에 적격 피보험체 여부에 대해 증명하고, 보험회사가 이것을 인정하면 더 낮은 보험료로 갱신할 수 있다는 점이다.

★★★
05 갱신조건에 따라 분류된 정기보험에 대한 설명으로 가장 적절한 것은?

① 갱신정기보험은 보험기간 종료 시점에 적격 피보험체 여부를 증명하지 않고 보험기간을 연장할 수 있는 권리가 보험계약자에게 부여된 상품으로, 보험료도 비갱신정기보험의 보험료보다 더 낮게 책정된다.

② 보험회사는 대부분 최초 계약 시보다 가입 금액 또는 보험기간이 증가한 갱신은 허용하지만, 감소한 경우에는 허용하지 않는다.

③ 재가입정기보험은 계약 연도 말에 적격 피보험체 여부의 증명 없이 계약을 갱신할 수 있는 상품으로, 피보험자가 5년 또는 10년 등으로 주어진 연도 말에 적격 피보험체 여부에 대해 증명하고, 보험회사가 이것을 인정하면 더 낮은 보험료로 계약을 갱신할 수 있다.

④ 전환정기보험은 피보험자가 적격 피보험체임을 증명하고 보험계약자가 정기보험을 종신보험으로 전환할 수 있는 권리가 부여된 상품으로, 비전환 정기보험보다 보험료가 낮게 책정된다.

⑤ 전환정기보험은 역선택 방지를 위해 피보험자의 특정 연령 이후로는 전환을 허용하지 않거나 최초 보장금액보다 낮은 금액으로의 전환만을 허용하는 보험회사의 전환특권 제한을 법으로 금지하고 있다.

정답 | ③

해설 | ① 갱신조항은 건강 상태가 좋지 않은 표준체 이하의 피보험자가 다른 생명보험에 가입할 수 없어 현재 계약을 갱신할 가능성이 높기 때문에, 비갱신정기보험의 보험료보다 더 높게 책정된다.

② 보험회사는 대부분 최초 계약 시보다 가입 금액 또는 보험기간이 감소한 갱신은 허용하지만, 증가한 경우에는 허용하지 않는다. 이는 역선택을 최소화하기 위해 필요한 조치이다.

④ 전환정기보험은 피보험자가 적격 피보험체임을 증명하지 않고 보험계약자가 정기보험을 종신보험으로 전환할 수 있는 권리가 부여된 상품이다. 갱신조항과 마찬가지로 전환특권도 역선택 우려가 있다. 건강 상태가 좋지 않은 피보험자가 다른 생명보험에 가입할 수 없어, 현재의 보장을 전환할 가능성이 높기 때문이다. 따라서 비전환 정기보험보다 보험료가 높게 책정된다.

⑤ 보험회사는 역선택 방지를 위해 일정한 방식으로 전환특권을 제한한다. 예를 들어 피보험자의 특정 연령(예 55세 또는 65세) 이후로는 전환을 허용하지 않거나, 최초 보장금액보다 낮은 금액으로의 전환만을 허용하는 것이다. 즉, 10년 만기 정기보험의 경우라면 가입일로부터 7년 또는 8년 이내에만 전환을 허용하거나, 5년 이내에 전환하는 경우에는 정기보험 가입 금액의 100%로 전환할 수 있고, 5년 이후에 전환할 경우에는 정기보험 가입 금액의 50%만을 전환할 수 있도록 하는 방식이다.

★★★

06 다음 중 보험계약자의 니즈에 부합하는 정기보험 상품이 적절하게 연결된 것은?

가. 저는 대출기간 동안 이자만 내다가 10년 뒤 만기에 1억원의 원금을 상환하는 대출상품에 가입하고 있어 혹시라도 중간에 제가 사망한다면 가족들이 사망보험금으로 대출금을 상환할 수 있으면 좋겠습니다.

나. 저는 60세까지 1억원 정도의 사망보장이 되었으면 하는데, 지금은 1억원이 큰 돈이지만 20년 후 1억원의 가치가 하락하는 것이 걱정입니다.

다. 보험료가 일정 기간마다 갱신되는 사망보장보험을 가입하고 싶은데 중간에 건강이 악화되었을 때 갱신이 되지 않을까 봐 걱정됩니다. 또한 건강관리를 잘하고 있다면 갱신 시 보험료를 할인받을 수 있으면 좋겠습니다.

	가	나	다
①	평준정기보험	체증정기보험	갱신정기보험
②	평준정기보험	체증정기보험	재가입정기보험
③	체감정기보험	평준정기보험	갱신정기보험
④	체감정기보험	체증정기보험	재가입정기보험
⑤	평준정기보험	체감정기보험	전환정기보험

정답 | ②

해설 | 가. 특정한 기간, 즉, 보험기간 내에 피보험자가 사망하면 동일한 사망보험금의 지급을 보장하는 평준정기보험 상품이 가장 적합하다.

나. 사망보험금이 특정 금액에서 출발하여 정해진 기간 동안 일정한 금액 또는 비율로 증가하는 체증정기보험 상품이 가장 적합하다.

다. 재가입정기보험은 갱신정기보험처럼 계약 연도 말에 적격 피보험체 여부의 증명 없이 계약을 갱신할 수 있는 상품이다. 갱신정기보험과 다른 점은 피보험자가 5년 또는 10년 등으로 주어진 연도 말에 적격 피보험체 여부에 대해 증명하고, 보험회사가 이것을 인정하면 더 낮은 보험료로 갱신할 수 있다는 점이다.

★★★

07 다음 정보를 고려할 때, 고승완씨의 생명보험 가입에 대한 설명으로 적절하지 **않은** 것은?

- 가족정보
  - 고승완씨 본인(회사원), 배우자(회사원), 자녀(2세)
- 재무정보
  - 소득 : 연간 88,000천원
  - 자산 : 아파트 300,000천원, 정기예금 2,000만원
  - 부채 : 주택담보대출 100,000천원(대출기간 20년, 매월 말 원리금균등분할상환 방식)
- 생명보험니즈
  - 본인 사망 시 18년 후 자녀 대학등록금 5,000만원
  - 본인 사망 시 주택담보대출상환
  - 가능한 저렴한 보험료로 사망보장을 받기를 원함
  - 꾸준한 운동으로 본인의 건강에 매우 자신하는 편임

① 대출상환방식은 원리금균등분할상환으로 주기적으로 원금과 이자를 상환하면 기간이 경과할수록 미상환 주택자금이 감소하게 되므로 주택담보대출상환에 대비한 보험은 체감정기보험으로 가입하는 것이 유리합니다.

② 고객님 사후에도 매월 가족을 위한 생활자금을 지급하는 상품을 원하신다면 가족수입보장보험을 가입하는 것이 좋습니다.

③ 자녀의 대학등록금의 경우 교육비 상승으로 인해 필요한 대학교육자금이 늘어날 수 있어 이에 대비한 보험은 체증정기보험으로 가입하는 것이 유리합니다.

④ 가능한 저렴한 보험료로 사망보장을 받기를 원하시는 경우 갱신하는 형태의 정기보험이 유리하고 건강에 매우 자신하는 편이시므로 갱신할 때마다 적격피보험체 여부를 증명하여 보험회사의 언더라이팅 기준을 통과한다면 예정된 보험료보다 더 낮은 보험료로 계약을 갱신할 수 있는 갱신정기보험을 가입하는 것이 좋습니다.

⑤ 종신보험을 가입하시면 종신토록 사망보장을 받아서 좋지만 가능한 저렴한 보험료를 생각하신다면 일단 정기보험으로 가입하신 다음 나중에 종신보험으로 전환할 수 있는 전환정기보험을 고려할 수 있습니다.

정답 | ④

해설 | ④ 재가입정기보험은 갱신정기보험처럼 계약 연도 말에 적격 피보험체 여부의 증명 없이 계약을 갱신할 수 있는 상품이다. 갱신정기보험과 다른 점은 피보험자가 5년 또는 10년 등으로 주어진 연도 말에 적격 피보험체 여부에 대해 증명하고, 보험회사가 이것을 인정하면 더 낮은 보험료로 갱신할 수 있다는 점이다.

★★★

08 정기보험의 장점과 단점에 대한 설명으로 적절하지 **않은** 것은?

① 최초 보험 가입 시 가장 저렴한 보험료로 사망보장을 받을 수 있다.

② 일시적 사망보장 니즈에 가장 적합한 상품으로, 보장 기간이 10년 이상 15년 미만일 경우에는 상황에 따라 정기보험이 종신보험보다 적합할 수 있다.

③ 현재 보험료 납입 여력이 부족할 때 정기보험을 통해 필요보장액만큼 가입하고, 경제적 상황이 좋아질 경우 갱신조항과 전환특약을 통해 보장 기간을 연장하거나 종신보험으로 전환할 수 있다.

④ 매년 보험료가 갱신되는 정기보험은 피보험자의 연령이 증가함에 따라 보험료 수준이 급격하게 높아지게 된다.

⑤ 소득은 높은데 작은 보장을 원하는 사람, 경제활동을 이제 막 시작한 사회초년생, 자기 재산을 전부 새로운 사업에 투자하여 사업을 막 시작한 사람에게도 아주 유용한 상품이다.

정답 I ⑤

해설 I ⑤ 소득은 적은데 높은 보장을 원하는 사람, 경제활동을 이제 막 시작한 사회초년생, 자기 재산을 전부 새로운 사업에 투자하여 사업을 막 시작한 사람에게도 아주 유용한 상품이다.

★★★

09 정기보험에 대한 적절한 설명으로 모두 묶인 것은?

가. 정기보험은 보험기간 동안 지급이 보증되는 보험금액의 변동에 따라 평준정기보험, 체감정기보험, 체증정기보험으로 구분한다.
나. 갱신정기보험은 갱신 시점에 피보험자의 증가한 나이를 기준으로 인상된 보험료를 부과한다.
다. 전환정기보험에서 전환된 종신보험 보험료는 피보험자 연령에 따른 인상을 제외하고는 어떤 종류의 증가한 사망위험 요소로도 인상할 수 없다.
라. 소득은 적은데 높은 보장을 원하는 사람에게 아주 유용한 상품이다.

① 가, 나

② 가, 라

③ 나, 다

④ 다, 라

⑤ 가, 나, 다, 라

정답 I ⑤

해설 I 모두 적절한 설명이다.

★★★
10 전통형 종신보험에 대한 적절한 설명으로 모두 묶인 것은?

> 가. 장기보험의 표준으로 평준보험료, 계약자적립액, 그리고 사망보험금과 예정이율의 보증 등의 특징을 갖고 있다.
> 나. 수정종신보험은 가입 초기 일정 기간은 평준보험료보다 낮은 보험료를 부담하다 그 이후에 평준보험료보다 보험료 수준을 높이는 종신보험이다.
> 다. 계단식보험료 종신보험은 3단계 이상에 걸쳐 다른 보험료 납입을 하게 되는 상품으로 보험료가 계약 초년도에는 상당히 낮고 일정 기간마다 보험료가 계속 상승하여 최종보험료에 이르게 되는 구조이다.
> 라. 모든 형태의 수정종신보험은 계약 초기 단계에서는 해약환급금이 평준보험료를 납입하는 경우보다 적으며, 아주 초기에는 환급금이 전혀 지급되지 않을 수도 있다.
> 마. 보험료 비교 시 계약 초기 단계에서는 계단식보험료 종신보험이 가장 낮고 수정종신보험, 전기납 종신보험의 순으로 높아진다.

① 가
② 가, 나
③ 가, 나, 다
④ 가, 나, 다, 라
⑤ 가, 나, 다, 라, 마

정답 | ⑤
해설 | 모두 적절한 설명이다.

★★★
11 다음 중 보험계약자의 니즈에 부합하는 생명보험 상품이 적절하게 연결된 것은?

> 가. 아파트를 구입하면서 은행으로부터 주택담보대출을 받은 홍은균씨는 주택자금을 차입한 후 주기적으로 원금과 이자를 상환하고 있다. 홍은균씨는 대출상환이 완료되기 전에 자신이 사망할 경우 대출 잔액으로 인해 유족이 겪을 경제적 고통이 걱정되며, 만기환급금이 없더라도 가능한 저렴한 보험료로 보장받기를 원한다.
> 나. 고객 고승완씨는 본인 계약 1건으로 본인뿐만 아니라 배우자의 사망까지 보장되는 종신보험 상품을 원하고 있다.

	가	나
①	체감정기보험	수정종신보험
②	체감정기보험	연생종신보험
③	체증정기보험	전기납 종신보험
④	체증정기보험	연생종신보험
⑤	생사혼합보험	수정종신보험

정답 | ②

해설 | 가. 체감정기보험은 특정기간 동안 보험료는 동일하지만, 연령이 증가함에 따라 사망보험금이 감소하는 상품이다. 일반적으로 사망보험금이 계단식으로 낮아진다. 이 상품은 주로 사망 시 주택대출자금을 상환할 수 있도록 판매되어 왔다. 주택자금을 차입한 후 주기적으로 원금과 이자를 상환하면, 기간이 지날수록 미상환 주택자금이 감소하게 되므로 정기보험 가입 금액을 미상환 잔액으로 설정하면 채무자가 사망할 경우 사망보험금으로 잔여 대출금을 상환할 수 있다.

나. 연생종신보험은 1개의 계약에 피보험자 2명 이상의 복수의 피보험자에 대해 사망을 보장하는 상품이다.

★★★

12 원종수씨는 비상장 중소기업인 대박기업을 운영하고 있다. 대박기업은 박다정씨와 함께 각각 10만주씩의 지분을 보유하고 있는 회사로 당초 창업 시 1주당 5천원이던 대박기업의 주식가치는 현재 1주당 7천원으로 상승하였다. 원종수씨는 창업주 사망 시 제3자가 경영에 참여하는 것이 바람직하지 않다고 생각하여 동업자 간 매매 협정(buy-sell agreement)을 체결하기로 하고, 동업자의 사망에 대비하여 동업자 지분에 해당하는 보험에 가입하기로 하였다. 다음 중 원종수씨가 가입하여야 할 보험가입금액과 보험의 종류로 적절한 것은?

① 보험가입금액 5억원의 선사망자보험에 가입한다.
② 보험가입금액 7억원의 선사망자보험에 가입한다.
③ 보험가입금액 7억원의 후사망자보험에 가입한다.
④ 보험가입금액 10억원의 후사망자보험에 가입한다.
⑤ 보험가입금액 14억원의 선사망자보험에 가입한다.

정답 | ②

해설 | • 박다정씨 보유 주식 : 10만주
• 현재 박다정씨 보유 지분 10만주×7천원=7억원
• 보험가입금액 7억원의 선사망자보험을 가입한다.

★★★

13 연생종신보험에 대한 다음 설명 중 적절하지 않은 것은?

① 선사망자보험의 남은 피보험자가 추가적인 보장을 원하는 경우에는 보험회사는 일정 기간 동안 적격 피보험체에 대한 증명 후 동일한 가입 금액으로 개인종신보험에 가입할 수 있도록 하고 있다.
② 선사망자보험의 보험료는 동일한 보험금액으로 각각 개별계약을 체결하는 경우보다 보험료가 저렴하다.
③ 생존자보험은 피보험자 중 최후의 생존자가 사망하는 경우에 사망급부를 제공하는데, 보험료는 피보험자 가운데 한 명이 사망 또는 피보험자 두 명이 모두 사망할 때까지 납입되어야 한다.
④ 후사망자보험의 보험료는 일반적으로 개별적인 복수 보험의 보험료보다는 저렴하다.
⑤ 후사망자보험은 특히 피보험자 사이에 연령 차이가 클 경우 유리하다.

정답 | ①

해설 | ① 남은 피보험자가 추가적인 보장을 원하는 경우에는 보험회사는 일정 기간(예 60일 또는 90일) 동안 적격 피보험체에 대한 증명 없이 동일한 가입 금액으로 개인종신보험에 가입할 수 있도록 하고 있다.

★★★
14 보장성보험에 대한 적절한 설명으로 모두 묶인 것은?

> 가. 가족수입보장보험이 체감정기보험 형태인 이유는 보험기간 경과에 따라 생활자금을 지급받는 기간이 짧아져 총 수령액이 줄어들기 때문이다.
> 나. 만약 피보험자가 부부일 경우, 선사망자보험의 남은 피보험자가 추가적인 보장을 원하는 경우에는 보험회사는 일정 기간 동안 적격 피보험체에 대한 증명 후 동일한 가입 금액으로 개인종신보험에 가입할 수 있도록 하고 있다.
> 다. 선사망자보험의 보험료는 동일한 보험금액으로 각각 개별계약을 체결하는 경우보다 보험료가 저렴하다.
> 라. 후사망자보험은 특히 피보험자 사이에 연령 차이가 클 경우 유리하다.

① 가, 나, 다
② 가, 나, 라
③ 가, 다, 라
④ 나, 다, 라
⑤ 가, 나, 다, 라

정답 | ③

해설 | 나. 만약 피보험자가 부부일 경우 한 사람이 사망하면 사망보험금이 지급되고 계약은 종료된다. 남은 피보험자가 추가적인 보장을 원하는 경우에는 보험회사는 일정 기간(예 60일 또는 90일) 동안 적격 피보험체에 대한 증명 없이 동일한 가입 금액으로 개인종신보험에 가입할 수 있도록 하고 있다.

★★★
15 보장성보험에 대한 설명이 적절하게 연결된 것은?

> 가. 보험기간 내에 피보험자가 사망 시 매월 가족을 위한 생활자금을 지급하는 상품으로, 생활자금은 보험기간 동안 매월 지급하되 최소 몇 년간은 지급을 보장한다는 조항이 포함되는데, 보통 5년 정도의 최저보증지급기간을 두고 있다.
> 나. 이 상품은 피보험자 중 최후의 생존자가 사망하는 경우에 사망급부를 제공하는데, 장애자나 부양해야 할 가족이 있는 경우 유용하게 활용될 수 있다.

	가	나
①	가족수입보장보험	조정생명보험
②	가족수입보장보험	후사망자보험
③	가족보장보험	후사망자보험
④	가족보장보험	선사망자보험
⑤	가족생활비보험	조정생명보험

정답 | ②

해설 | 가. 가족수입보장보험에 대한 설명이다.
나. 후사망자보험에 대한 설명이다.

★★★

16 전통형 종신보험에 대한 설명으로 가장 적절한 것은?

① 일시적으로 금전이 필요한 경우 보험계약대출이 불가하다.
② 보험 가입 초기에는 정기보험에 비해 보험료 대비 보장금액이 높다.
③ 경제적으로 여력이 없는 경우에도 적합하게 활용될 수 있다.
④ 사망보험금 및 계약자적립액에 대한 인플레이션 헤지 기능이 있다.
⑤ 피보험자 사망 시 장례비, 최후의료비, 상속세 등에 필요한 자금니즈를 충족시킬 수 있다.

정답 | ⑤

해설 | ① 일시적으로 금전이 필요한 경우 해약환급금 범위 내에서 보험계약대출이 가능하다.
② 보험 가입 초기에는 정기보험에 비해 보험료 대비 보장금액이 낮다.
③ 경제적으로 여력이 없는 경우에는 종신보험의 보험료가 부담될 수 있다.
④ 사망보험금 및 계약자적립액에 대한 인플레이션 헤지 기능이 없다.

★★★

17 전통형 종신보험에 대한 다음 설명 중 적절하지 않은 것은?

① 단기납 종신보험의 보험료는 전기납 종신보험에 비해 높지만 해약환급금은 전기납 종신보험보다 빠르게 적립된다.
② 계단식보험료 종신보험은 3단계 이상에 걸쳐 다른 보험료 납입을 하게 되는 상품으로 보험료가 계약 초년도에는 상당히 낮고 일정 기간마다 보험료가 계속 상승하여 최종보험료에 이르게 되는 구조이다.
③ 동일한 보장을 제공할 경우 보험료 비교 시 계약 초기 단계에서는 계단식보험료 종신보험이 가장 낮고 수정종신보험, 전기납 종신보험의 순으로 높아지며, 최종보험료는 전기납 종신보험이 가장 낮고 수정종신보험, 계단식보험료 종신보험 순으로 높아진다.
④ 보험 가입 초기에는 정기보험에 비해 보험료 대비 보장금액이 높다.
⑤ 핵심 종업원의 이직을 방지하기 위한 복리제도로써 활용할 수 있다.

정답 | ④

해설 | ④ 보험 가입 초기에는 정기보험에 비해 보험료 대비 보장금액이 낮다.

★★★

18 35세인 정우성 고객은 자녀교육이 끝나는 시점인 60세까지를 보장 기간으로 하는 3억원의 사망보장보험에 가입하고자 한다. 정기보험을 가입하자니 보험료는 저렴하지만 만기환급금이 없다는 것이 마음에 걸리고, 종신보험은 만기환급금은 있으나 보험료가 너무 비싸서 고민이다. 정우성 고객의 선택을 돕기 위해 정기보험의 보험료에다 종신보험의 해약환급금(25년 경과 시점)에 해당하는 금액을 수령할 수 있는 저축금액을 더하여 종신보험의 보험료와 비교해주고자 한다. 종신보험에 가입하는 방안을 A안이라고 하고, 정기보험 가입과 별도 저축을 동시에 하는 방안을 B안이라고 할 때, 아래의 정보를 참고하여 두 가지 제안을 비교한 내용으로 적절한 것은?

〈보험 관련 정보〉
- 일반사망 3억원을 보장받기 위한 종신보험(25년납)의 연간보험료는 4,223천원이며, 25년 경과 시점의 해약환급금은 68,000천원으로 예상된다.
- 일반사망 3억원을 보장받기 위한 정기보험(25년 만기 전기납)의 연간보험료는 2,806천원이며, 만기환급금은 없다.
- 비교를 위한 별도 저축은 기말급, 세후투자수익률 연 6%로 가정한다.

① A안의 납입 금액이 B안에 비해 178천원 저렴하다.
② B안의 납입 금액이 A안에 비해 178천원 저렴하다.
③ A안의 납입 금액이 B안에 비해 213천원 저렴하다.
④ B안의 납입 금액이 A안에 비해 213천원 저렴하다.
⑤ A안의 납입 금액이 B안에 비해 257천원 저렴하다.

정답 | ②

해설 | • 종신보험 해지환급금을 모으기 위한 연간 투자금액
FV : 68,000, N : 25, I/Y : 6, PMT(E)? 1,239천원
• A안의 연간 보험료 : 4,223천원
• B안의 연간 보험료 : 1,239 + 2,806 = 4,045천원

★★★

19 보장성보험에 대한 설명으로 가장 적절한 것은?

① 체감정기보험의 형태로는 주택담보대출상환보험, 연생주택담보대출상환보험, 가족수입보장보험, 신용생명보험 등이 있다.
② 체증정기보험은 인플레이션에 따른 사망보장급부의 실질가치 하락을 막아주지는 못한다.
③ 갱신정기보험은 피보험자의 연령을 포함하여 여러 종류의 증가한 사망위험 요소를 기준으로 인상된 보험료를 부과한다.
④ 재가입정기보험은 계약 연도 말에 적격 피보험체 여부의 증명 없이 갱신이 불가능하다.
⑤ 전통형 종신보험의 보험 가입 초기에는 정기보험에 비해 보험료 대비 보장금액이 높다.

정답 I ①

해설 I ② 인플레이션에 따른 사망보장급부의 실질가치 하락을 막기 위하여 개발되었다. 예를 들어 보험가입금액 1억 원에서 시작하여 전 보험기간에 걸쳐 매년 계약해당일에 5%씩 증가하는 형태의 보장을 제공하거나, 소비자물가지수와 같은 표준지수에 연동되어 상향 조정되도록 설정하는 경우도 있다. 소비자물가지수가 마이너스가 될 경우에도 사망보험금이 감액되지 않는다.

③ 갱신정기보험은 갱신 시점에 피보험자의 증가한 나이를 기준으로 인상된 보험료를 부과하는데, 일반적으로 사람들의 연령이 높아짐에 따라서 사망률이 증가하기 때문이다.

④ 갱신정기보험처럼 계약 연도 말에 적격 피보험체 여부의 증명 없이 계약을 갱신할 수 있는 상품이다. 갱신정기보험과 다른 점은 피보험자가 5년 또는 10년 등으로 주어진 연도 말에 적격 피보험체 여부에 대해 증명하고, 보험회사가 이것을 인정하면 더 낮은 보험료로 계약을 갱신할 수 있다는 점이다.

⑤ 보험 가입 초기에는 정기보험에 비해 보험료 대비 보장금액이 낮다.

★★★

20 유니버셜종신보험에 대한 적절한 설명으로 모두 묶인 것은?

가. 유니버셜종신보험은 피보험자의 사망을 종신토록 보장하고, 공시이율에 따라 사망보험금이 달라지며 추가납입, 중도인출 등의 기능 활용이 가능한 상품이다.

나. 유니버셜종신보험은 제1회 보험료가 납입되면 보험회사는 첫 번째 달의 위험보험료를 공제하고 잔액은 계약자적립액으로 이전된 후, 매월 계약자적립액에 납입보험료와 부리이자가 추가되고, 월 위험보험료가 공제되며 이를 월대체보험료라고 한다.

다. 평준형 사망급부의 경우 체감정기보험과 증가하는 계약자적립액으로 구성되는데, 계약자적립액이 증가하게 되면 순보장금액은 줄어들면서 순보장금액의 단위당 위험보험료도 감소한다.

라. 증가형 사망급부는 평준정기보험과 증가하는 계약자적립액으로 구성되는데, 최초 가입 금액에 계약자적립액을 합한 사망보장급부를 제공한다.

마. 계약 관련 정보의 완전공시로 연차보고서를 통해 계약자적립액이 어떻게 변화되어 왔는가를 정확하게 알 수 있다.

① 가, 나, 다　　② 가, 다, 라
③ 가, 라, 마　　④ 나, 다, 마
⑤ 나, 라, 마

정답 I ③

해설 I 나. 유니버셜종신보험은 제1회 보험료가 납입되면 보험회사는 사업비와 첫 번째 달의 위험보험료를 공제하고 잔액은 계약자적립액으로 이전된다. 그 후 매월 계약자적립액에 납입보험료와 부리이자가 추가되고, 월 위험보험료와 사업비가 각각 공제되며 이를 월대체보험료라고 한다.

다. 평준형 사망급부의 경우 체감정기보험과 증가하는 계약자적립액으로 구성되는데, 계약자적립액이 증가하게 되면 순보장금액은 줄어들지만 연령 증가에 따라 정기보험 코스트, 즉, 순보장금액의 단위당 위험보험료는 증가한다.

★★★
21 유니버셜종신보험에 대한 설명으로 적절하지 않은 것은?

① 보험료 자유납입은 의무 납입 기간이 지난 시점부터 납입 금액 및 납입 시기를 조절할 수 있는데, 의무 납입 기간 이후에는 보험료를 정상적으로 납입하지 못하는 경우, 기존에 납입한 주계약 보험료에서 발생한 해약환급금으로 계약을 유지하기 위한 월대체보험료를 충당할 수 있다면 계속해서 약관에 근거한 보장을 받을 수 있다.

② 유니버설보험은 각 구성요소가 개별화되어 상품 또는 계약자 연차보고서에 표시되는데, 개별화는 마케팅상 상품의 최종 성과가 예측 가능하다는 인상을 줄 수 있고, 투자 관점에서 마케팅하기가 용이하다는 이점이 있다.

③ 평준형 사망급부의 경우 체감정기보험과 증가하는 계약자적립액으로 구성되는데, 계약자적립액이 증가하게 되면 순보장금액은 줄어들지만 연령 증가에 따라 정기보험 코스트, 즉, 순보장금액의 단위당 위험보험료는 증가한다.

④ 계약 관련 정보의 완전공시로 연차보고서를 통해 계약자적립액이 어떻게 변화되어 왔는가를 정확하게 알 수 있다.

⑤ 보험계약자가 납입한 보험료의 특별계정 투입은 제1회 보험료를 납입할 경우와 제2회 보험료를 납입할 경우 처리방법에 차이가 있는데, 제1회 보험료는 청약 철회기간 내에 승낙된 경우에는 청약 철회기간이 종료된 날의 다음 날, 청약 철회기간이 경과한 후 승낙된 경우에는 승낙일에 이체한다.

정답 | ⑤
해설 | ⑤ 변액종신보험에 대한 설명이다.

★★★
22 유니버셜종신보험의 장점으로 모두 묶인 것은?

가. 경제적 상황에 따라 보험료 납입한도 내에서 자유롭게 보험료 납입이 가능하다.
나. 유니버셜종신보험은 보험계약자의 필요에 따라 적격 피보험체 여부에 대한 증명 없이 사망보장금액을 증가시키거나 감소시킬 수 있다.
다. 2개월 이상 보험료를 납입하지 못할 경우에도 월대체보험료를 충당할 수 있는 기간은 실효되지 않고 지속적으로 보장받을 수 있다.
라. 중도인출 활용 시 이자비용이 없으므로, 다소 과도한 중도인출로도 필요자금 조달이 가능하다.
마. 여유자금이 있으면 추가납입으로 더욱 유연하게 자금운용 및 수익추구가 가능하다.

① 가, 나, 라
② 가, 다, 라
③ 가, 다, 마
④ 나, 다, 마
⑤ 나, 라, 마

정답 I ③

해설 I 나. 전통형 생명보험 상품은 새로운 보장니즈가 생기면 새로운 보험 상품을 구입해야 함으로써 사업비를 다시 부담해야 하지만, 유니버셜종신보험은 보험계약자의 필요에 따라 사망보장금액을 증가(적격 피보험체 증명)시키거나 감소시킬 수 있다.

라. 이자비용 없이 중도인출을 활용하여 필요자금 조달이 가능하다. 과도한 중도인출 시 계약자적립액 감소로 인한 월대체불가로 보험계약이 조기 해지되거나, 보장금액 또는 보장 기간이 축소될 수 있다.

★★★

23 변액종신보험에 대한 다음 설명 중 적절하지 않은 것은?

① 기본보험금과 변동보험금을 합해서 사망보험금으로 지급하는 경우 투자수익률이 아무리 악화하더라도 기본보험금은 최저보증을 하여 보험으로서의 기본 역할을 유지할 수 있도록 하고 있다.

② 변동보험금은 실제 계약자적립액과 해당 보험계약의 산출이율로 계산된 기본보험계약의 예정계약자적립액과의 차액, 즉, 초과적립액을 가지고 계산된다.

③ 보험계약자가 납입한 보험료의 특별계정 투입은 제1회 보험료를 납입할 경우 청약 철회기간이 경과한 후 승낙된 경우에는 승낙일에 이체한다.

④ 보험회사가 파산할 경우 특별계정에 별도로 적립된 변액종신보험의 계약자적립액이 일반계정에 있는 타 상품의 계약자적립액에 비해 안정적이다.

⑤ 보험계약자는 투자위험을 스스로 감수하여야 하나, 사망보험금 및 계약자적립액에 대한 최저보증이 있다.

정답 I ⑤

해설 I ⑤ 계약자적립액에 대한 최저보증이 없고 보험계약자가 모든 투자위험을 스스로 감수하여야 한다. 변액종신보험의 사망보험금은 투자실적에 따라 변동한다. 따라서 투자 상황이 좋지 않을 경우 피보험자가 사망하면 사망보험금이 적을 수 있다(사망보험금에 대한 최저보증이 있기 때문에 보험가입금액에 해당하는 사망보험금은 지급받을 수 있음).

★★★

24 **고객이 다음과 사례와 같은 종신보험 상품 가입을 희망할 경우, 재무설계사가 고객에게 추천할 생명보험 상품이 적절하게 연결된 것은?**

> 가. 대기업 과장 홍주연(43세)씨는 현재 소득은 낮지만 장래 팀장으로 승진할 경우 소득이 높아질 것으로 예상하고 있어, 가입 초기 일정 기간은 낮은 보험료를 부담하다 그 이후에 보험료 수준을 높이길 원하고 있다.
>
> 나. 개인사업자 김세진(45세)씨는 본인의 조기사망 위험에 대비하여 보험에 가입하기를 원한다. 김세진씨는 본인의 직업적 특성을 고려하여 보험료 납입에 유연성이 있고, 사망보험금도 필요에 따라 조절할 수 있으며, 저금리의 지속으로 인해 공격적으로 투자하는 보험 상품을 원한다.

	가	나
①	수정종신보험	유니버셜종신보험
②	수정종신보험	변액유니버셜종신보험
③	계단식보험료 종신보험	유니버셜종신보험
④	계단식보험료 종신보험	변액유니버셜종신보험
⑤	생사혼합보험	금리연동형 연금보험

정답 I ②

해설 I 가. 수정종신보험은 가입 초기 일정 기간(3년, 5년, 10년 등)은 평준보험료보다 낮은 보험료를 부담하다 그 이후에 평준보험료보다 보험료 수준을 높이는 종신보험이다. 이 상품은 생명보험 가망고객이 종신보험을 구매하는 데 필요한 보험료 납입에 따른 저항감을 극복하려는 의도에서 개발된 상품이다. 현재 소득은 낮지만 장래 소득이 높아질 것으로 예상되는 사람들에게 적합한 상품이다.

나. 변액유니버셜종신보험은 변액보험의 장점인 실적배당과 유니버셜보험의 장점인 자유입출금을 결합한 상품이다. 보험가입금액과 보험료 납입의 유연성, 중도인출 등은 유니버셜보험의 특징이고, 투자실적에 따라 보험금과 계약자적립액이 변동할 수 있다는 것은 변액보험의 특징이다. 결국 두 상품의 결합으로 입출금 기능, 간접투자 상품의 실적배당기능, 보험의 보장기능을 하나의 상품으로 제공하는 종합금융형 보험이라 할 수 있다.

★★★
25 **고객이 다음과 사례와 같은 종신보험 상품 가입을 희망할 경우, 재무설계사가 고객에게 추천할 생명보험 상품이 적절하게 연결된 것은?**

> 가. 도시생활이 싫어 시골로 내려온 시인 김세진(45세)씨는 본인의 조기사망 위험에 대비하여 생명보험에 가입하려고 한다. 다만 본인의 직업적 특성상 수입이 일정치 못한 점을 고려하여 보험료 납입에 유연성이 있고 사망보험금도 필요에 따라 변경이 가능한 보험을 원하고 있다.
> 나. 자영업자 김세진(45세)씨는 본인의 조기사망 위험에 대비하여 보험에 가입하기를 원한다. 김세진씨는 수입이 불규칙하여 보험료 납입에 유연성이 있고, 보험 가입 이후 상황변화에 따라 보험가입금액을 증액 또는 감액할 수 있는 상품을 원하고 있다. 또한 공격적인 투자성향으로 투자위험을 부담하더라도 계약자적립액이 특별계정으로 운용되어 펀드의 주식 및 채권 등에 투자되는 보험 상품을 원하고 있다.

	가	나
①	유니버셜종신보험	수정종신보험
②	유니버셜종신보험	변액유니버셜종신보험
③	변액종신보험	유니버셜종신보험
④	변액종신보험	변액유니버셜종신보험
⑤	변액연금보험	유니버셜종신보험

정답 | ②

해설 | 가. 유니버셜종신보험은 피보험자의 사망을 종신토록 보장하고, 공시이율에 따라 사망보험금이 달라지며 추가납입, 중도인출 등의 기능 활용이 가능한 상품이다. 추가로 보험료 자유납입, 가입 금액 및 사망급부금액의 조정, 그리고 보험료 구성요소가 개별화되어 있다는 특징을 지니고 있다.
나. 변액유니버셜종신보험은 변액보험의 장점인 실적배당과 유니버셜보험의 장점인 자유입출금을 결합한 상품이다. 보험가입금액과 보험료 납입의 유연성, 중도인출 등은 유니버셜보험의 특징이고, 투자실적에 따라 보험금과 계약자적립액이 변동할 수 있다는 것은 변액보험의 특징이다. 결국 두 상품의 결합으로 입출금 기능, 간접투자 상품의 실적배당기능, 보험의 보장기능을 하나의 상품으로 제공하는 종합금융형 보험이라 할 수 있다.

★★★
26 **변액유니버셜종신보험에 대한 설명으로 가장 적절한 것은?**

① 보험계약자가 납입한 보험료 전액이 투자되어 특별계정에서 운용된다.
② 인플레이션이나 보장 니즈의 변경에 따라 사망보험금액을 변경할 수 없다.
③ 계약자적립액이 충분할 경우 보험계약대출이 아니라 중도인출을 통해 이자 부담 없이 자금을 활용할 수 있다.
④ 투자성향에 따라 다양한 펀드를 선택할 수 있고 펀드변경도 가능하며, 투자실적에 대한 위험은 모두 보험회사가 진다.
⑤ 기본보험금과 해약환급금을 최저 보증하므로, 투자실적이 악화될 경우에도 원금손실이 발생하지 않는다.

정답 | ③

해설 | ① 보험계약자가 납입한 보험료 전액이 특별계정에서 운용되지는 않는다. 특별계정에 투입되는 보험료는 순보험료와 미래에 사용해야 할 유지비인 납입 후 계약유지비용을 합한 금액이 된다.
② 인플레이션이나 보장 니즈의 변경에 따라 사망보험금액을 변경할 수 있다.
④ 보험계약자의 책임하에 투자성향에 따라 다양한 펀드를 선택할 수 있고 펀드변경도 가능하다.
⑤ 변액종신보험처럼 기본보험금을 최저 보증하지만, 해약환급금은 최저보증이율 없이 투자수익률에 따라 매일 변동되어 투자실적이 악화될 경우에는 원금손실이 발생할 수도 있다.

★★★
27 변액보험에 대한 설명으로 적절하지 않은 것은?

① 보험료는 정액이고 사망보험금과 계약자적립액은 운용수익률에 따라 변동된다.
② 보험계약자는 가입 시점에 자신의 투자성향에 맞는 펀드를 선택할 수 있으나, 시장상황에 맞게 보험기간 중 펀드의 변경은 불가하다.
③ 해약환급금은 투자수익률에 따라 매일 변동하며 최저보증이율이 없으므로, 투자실적이 악화될 경우에는 원금손실이 발생할 수도 있다.
④ 보험계약자가 납입한 보험료 전액이 특별계정에서 운용되지는 않는다.
⑤ 변액유니버셜종신보험은 납입을 중지할 경우 주계약 해약환급금에서 공제되는 각종 비용을 충당할 수 없게 되면 보험계약은 보험료 미납에 따른 납입최고 절차를 거쳐 해지 처리된다.

정답 | ②

해설 | ② 보험계약자는 가입 시점에 자신의 투자 성향에 맞는 펀드를 선택할 수 있고, 시장 상황에 맞게 보험기간 중 펀드의 변경이 가능(연 4~12회)하다.

★★★
28 종신보험에 대한 고객과 CFP®와의 상담 내용 중 가장 적절한 설명은?

① 고객 : 저는 이번에 유니버셜종신보험에 가입하려고 하는데 기존의 전통형 종신보험과 비교했을 때 어떠한 특징들이 있나요?
CFP® : 유니버셜종신보험은 공시이율에 따라 사망보험금이 달라지며 추가납입, 중도인출 등의 기능 활용이 가능한 상품으로, 보험료 자유납입, 가입 금액 및 사망급부금액의 조정, 그리고 보험료 구성요소가 개별화되어 있다는 특징을 지니고 있어요.
② 고객 : 유니버셜종신보험이 요즘과 같은 주식시장 상승기에는 전통형 종신보험보다 더 유리한가요?
CFP® : 유니버셜종신보험은 여유자금이 있으면 추가납입으로 더욱 유연하게 자금운용 및 수익추구가 가능하기 때문에 주식시장 상승기에는 매우 유리합니다.

③ 고객 : 변액종신보험과 유니버셜종신보험 중 어떤 상품을 가입할지 고민 중인데, 요즘처럼 주식시장이 침체되고 금리가 오르면 어떤 상품이 유리할까요?
CFP® : 현재 상황을 비추어 보면 변액종신보험을 가입하면 높은 수익률 달성이 가능하고 유동성이 필요할 때는 즉시 중도인출이 가능하다는 장점이 있어 수익성과 유동성을 모두 충족시킬 수 있습니다.

④ 고객 : 인플레이션 헤지를 위해서 변액종신보험에 가입했는데 사망보험금과 계약자적립액이 운용수익률에 따라 변동된다고 들었어요. 사망보험금과 계약자적립액을 최소한으로 보장받을 수 있는 방법이 있을까요?
CFP® : 변액종신보험은 사망보험금과 해약환급금 모두 최저보증되기 때문에 걱정하지 않으셔도 됩니다.

⑤ 고객 : 단기에 높은 수익률을 낼 수 있는 상품에 가입하고 싶은데요. 어떤 상품에 가입하면 좋을까요?
CFP® : 변액유니버셜종신보험에 가입하시면 변액보험의 장점인 실적배당과 유니버셜보험의 장점인 자유입출금만을 결합했기 때문에 높은 유연성과 함께 단기간 높은 수익률을 올릴 수 있습니다.

정답 | ①

해설 | ② 금리가 공시이율을 적용받기 때문에 주식시장의 상승으로 인한 혜택과도 거리가 멀다.

③ 주식시장의 강세가 이어지고 금리가 아주 낮으면 변액종신보험의 판매가 증가하는 반면, 주식시장이 침체되고 금리가 오르면 유니버셜종신보험의 판매가 증가한다. 또한 변액종신보험은 중도인출이 불가능하다.

④ 기본보험금과 변동보험금을 합해서 사망보험금으로 지급하는 경우 투자수익률이 아무리 악화되더라도 기본보험금은 최저보증을 하여 보험으로서의 기본 역할을 유지할 수 있도록 하고 있다. 이에 반해 해약환급금은 투자수익률에 따라 매일 변동되며 최저보증이율이 없다. 만약 투자실적이 악화될 경우에는 원금손실이 발생할 수도 있다.

⑤ 변액유니버셜종신보험은 가장의 경제활동기간에 불의의 사고나 질병으로 조기에 사망하거나 장해로 인하여 경제력을 상실하게 될 때를 대비하여 보장자산을 마련해 줄 수 있다. 또한 생각보다 오래 살게 된다면 은퇴 후에는 감액된 보험가입금액에 해당하는 해약환급금으로 생활자금을 수령하거나, 연금전환 기능을 활용하여 노후를 대비할 수 있다. 즉, 변액유니버셜종신보험은 단기투자상품이 아니기 때문에 일반적인 단기투자 성격의 펀드상품과는 차이가 있다. 따라서 단기투자 목적보다는 장기적 관점에서 본인의 조기사망 니즈와 투자 니즈를 종합적으로 고려할 필요가 있다.

★★★

29 종신보험에 대한 설명으로 적절하지 않은 것은?

① 종신보험 보험료는 평준보험료 방식으로 계약기간 동안 동일한 수준으로 책정되는데, 이에 따라 적립된 계약자적립액은 보험계약자 몫이기 때문에 중도해지할 때 해약환급금으로 수령하거나 자금이 필요할 때 보험계약대출로 활용할 수 있다.

② 수정종신보험은 생명보험 가망고객이 종신보험을 구매하는 데 필요한 보험료 납입에 따른 저항감을 극복하려는 의도에서 개발된 상품이다.

③ 변액종신보험의 특별계정에 투입되는 보험료는 순보험료와 미래에 사용해야 할 유지비인 납입 후 계약유지비용을 합한 금액이 된다.

④ 변액종신보험의 계약자적립액은 특별계정의 운용실적에 따라 개별 보험계약자별로 배분된 금액이며, 특별계정의 평가에 따라 매월 변동할 수 있다.

⑤ 변액종신보험은 계약자적립액에 대한 최저보증이 없고 보험계약자가 모든 투자위험을 스스로 감수하여야 한다.

정답 | ④

해설 | ④ 변액종신보험의 계약자적립액은 특별계정의 운용실적에 따라 개별 보험계약자별로 배분된 금액이며, 특별계정의 평가에 따라 매일 변동할 수 있다.

★★★

30 보장성보험에 대한 설명으로 적절하지 않은 것은?

① 갱신조항은 비갱신정기보험의 보험료보다 더 높게 책정된다.

② 모든 형태의 수정종신보험은 계약 초기 단계에서는 해약환급금이 평준보험료를 납입하는 경우보다 적으며, 아주 초기에는 환급금이 전혀 지급되지 않을 수도 있다.

③ 전통형 종신보험의 계약 초기에는 지출한 사업비를 회수하지 못해 해지수수료를 부과하게 되고, 이에 따라 납입보험료보다 해약환급금이 훨씬 작다.

④ 유니버셜종신보험은 제1회 보험료가 납입되면 보험회사는 사업비를 공제하고 잔액은 계약자적립액으로 이전된다.

⑤ 변액유니버셜종신보험은 인플레이션이나 보장 니즈의 변경에 따라 사망보장금액을 증가시킬 경우 적격 피보험체 여부를 증명해야 한다.

정답 | ④

해설 | ④ 유니버셜종신보험은 제1회 보험료가 납입되면 보험회사는 사업비와 첫 번째 달의 위험보험료를 공제하고 잔액은 계약자적립액으로 이전된다.

··· TOPIC 3 기타 생명보험

★★☆

31 보장성보험에 대한 설명으로 가장 적절한 것은?

① 선사망자보험의 보험료는 동일한 보험금액으로 각각 개별계약을 체결하는 경우보다 보험료가 비싸다.

② 후사망자보험의 보험료는 특히 피보험자 사이에 연령 차이가 작을 경우 유리하다.

③ 생사혼합보험의 장점은 정기보험의 보장기능과 생존보험의 저축기능을 동시에 가지고 있어, 정기보험에 비해 보험료가 낮고, 동일한 보험료의 저축성보험보다 계약자적립액이 많다는 것이다.

④ 소액보험은 빈곤층의 무담보 소액신용대출과 유사한 개념으로 저소득층이 아주 적은 보험료를 내고 최소한의 보장을 받을 수 있도록 한 공적부조 형태의 보험이다.

⑤ 장애인전용보험은 '장애인차별금지 및 권리구제 등에 관한 법률'에 따라 보험회사의 심사절차가 생략된다.

정답 | ④

해설 | ① 선사망자보험의 보험료는 동일한 보험금액으로 각각 개별계약을 체결하는 경우보다 보험료가 저렴하다.

② 후사망자보험의 보험료는 일반적으로 개별적인 복수 보험의 보험료보다는 저렴하다. 특히 피보험자 사이에 연령 차이가 클 경우 유리하다. 보험회사가 보험금을 지급하게 되는 마지막 생존자의 사망에 대해서만 집중적으로 계약심사를 하기 때문이다.

③ 생사혼합보험의 장점은 정기보험의 보장기능과 생존보험의 저축기능을 동시에 가지고 있다는 것이다. 단점은 정기보험에 비해 보험료가 높고, 동일한 보험료의 사망보장기능이 없는 저축성보험보다 계약자적립액이 적다는 것이다.

⑤ 장애인의 보험 가입 시 회사에서 임의로 인수를 거절하는 것을 방지하기 위하여 2005년 8월 '장애인 보험계약 인수를 위한 모범규준'을 제정하여 장애인도 비장애인과 차별 없이 동일한 심사과정을 거쳐 보험에 가입할 수 있도록 하고 있다. 정당한 사유 없이 장애인의 보험계약 청약을 거절하게 되면 '장애인차별금지 및 권리구제 등에 관한 법률'에 따라 3년 이하의 징역 또는 3,000만원 이하의 벌금에 처할 수 있다. 장애인전용보험이라고 해서 보험회사의 심사절차가 생략되는 것은 아니며, 가입당시의 건강 상태 등을 고려하여 보험가입 가능여부 및 인수조건이 결정된다.

★★☆
32 장애인전용보험에 대한 적절한 설명으로 모두 묶인 것은?

가. 장애인전용보장성보험의 보험료는 일반보장성보험료의 보험료 세액공제와 별도로 연간 200만원에 대해 12%의 세액공제를 받을 수 있다.
나. 2019년 1월부터는 장애인전용보험 제도성특약이 도입되어 일반보장성보험에 가입한 장애인도 기존계약을 해지하지 않아도 전환을 통해 장애인 세액공제를 받을 수 있다.
다. 장애인전용보험을 포함한 모든 보험 상품에 있어 장애인을 보험수익자로 하는 보험계약의 보험금은 상속세 및 증여세법에서 정한 바에 의해 연간 4,000만원 한도 내에서 증여세가 비과세된다.
라. 보험료는 보장내역이 유사한 일반보험에 비해 상대적으로 보험료가 비싸다.
마. 장애인전용보험이라고 해서 보험회사의 심사절차가 생략되는 것은 아니며, 가입당시의 건강상태 등을 고려하여 보험 가입 가능여부 및 인수조건이 결정된다.

① 가, 나, 라
② 가, 다, 라
③ 가, 다, 마
④ 나, 다, 마
⑤ 나, 라, 마

정답 | ④
해설 | 가. 장애인전용보장성보험의 보험료는 일반보장성보험료의 보험료 세액공제와 별도로 연간 100만원에 대해 세액공제(15%)를 받을 수 있다.
라. 보험료는 타 보험에 비해 사업비율과 이자율을 우대 적용하여 보장내역이 유사한 일반보험에 비해 상대적으로 보험료가 저렴하다.

★★☆
33 장애인전용보험에 대한 설명으로 가장 적절한 것은?

① 장애인전용보장성보험의 보험료는 일반보장성보험료의 보험료 세액공제와 별도로 연간 100만원에 대해 소득공제를 받을 수 있다.
② 일반보장성보험에 가입한 장애인은 기존계약을 해지하고 장애인전용보장성보험을 새로 가입해야 장애인 소득공제를 받을 수 있다.
③ 장애인전용보험을 포함한 모든 보험 상품에 있어 장애인을 보험수익자로 하는 보험계약의 보험금은 상속세 및 증여세법에서 정한 바에 의해 연간 5,000만원 한도 내에서 증여세가 비과세된다.
④ 보험료는 타 보험에 비해 사업비율과 이자율을 우대 적용하여 보장내역이 유사한 일반보험에 비해 상대적으로 보험료가 저렴하다.
⑤ 장애인전용보험은 보험회사의 심사절차가 생략된다.

정답 | ④

해설 | ① 장애인전용보장성보험의 보험료는 일반보장성보험료의 보험료 세액공제와 별도로 연간 100만원에 대해 세액공제(15%)를 받을 수 있다.

② 2019년 1월부터는 장애인전용보험 제도성특약이 도입되어 일반보장성보험에 가입한 장애인도 기존계약을 해지하지 않아도 전환을 통해 장애인 세액공제를 받을 수 있다.

③ 장애인전용보험을 포함한 모든 보험 상품에 있어 장애인을 보험수익자로 하는 보험계약의 보험금은 상속세 및 증여세법에서 정한 바에 의해 연간 4,000만원 한도 내에서 증여세가 비과세된다.

⑤ 장애인전용보험이라고 해서 보험회사의 심사절차가 생략되는 것은 아니며, 가입당시의 건강 상태 등을 고려하여 보험 가입 가능여부 및 인수조건이 결정된다.

▪▪▪ TOPIC 4 저축성보험

★★★

34 일반연금보험에 대한 설명으로 적절하지 않은 것은?

① 일반연금보험은 기본적으로 연금의 성격을 가지고 있으면서 각종 보장성 특약 가입을 통해 사망이나 질병, 상해 등의 위험에 대한 대비도 가능한 상품이다.

② 세제적격연금에 있는 세액공제혜택은 없으며, 보험차익에 대해 매년 이자소득세를 과세하는 상품이다.

③ 국내에서 판매되는 대부분의 연금보험은 금리연동형으로 판매되고 있으며 공시이율이 적용된다.

④ 연금보험은 보험계약자가 보험료를 납입하는 제1보험기간과 보험수익자가 연금액을 지급받게 되는 제2보험기간으로 구성되어 있다.

⑤ 주계약에 각종 보장성 특약을 부가할 수 있는데 제1보험기간인 계약 후부터 연금지급개시 전까지는 상해사망 또는 재해나 질병사고를 보장받을 수 있다.

정답 | ②

해설 | ② 세제적격연금에 있는 세액공제혜택은 없지만, 보험료 납입 기간이 5년 이상이고, 보험계약을 10년 이상 유지하는 등 관련 세법상 요건을 충족하는 경우에는 보험차익에 대해 비과세 혜택이 주어지는 상품이다.

★★★
35 금리연동형 연금보험에 대한 설명으로 적절하지 않은 것은?

① 금리연동형은 적용금리가 상승할 때는 예상보다 더 많은 연금액을 지급받을 수 있지만, 금리가 하락할 때는 예상보다 더 적은 연금액을 지급받게 된다.

② 금리연동형 연금보험의 대표격은 공시이율형 연금보험으로 투자형 연금보험에 비하면 연금액의 변동성이 크지 않은 편이다.

③ 금리연동형 연금보험은 변동성을 감수하며 높은 연금소득을 원하는 고객보다는 연금액을 안정적으로 지급받고 싶은 고객에게 적합하다.

④ 금리연동형 연금보험 상품에서는 최저보증이율 보장을 제공하고 있지 않기 때문에 극단적인 저금리 상황이 전개될 때 불리하다는 단점이 있다.

⑤ 연금지급방법 중 종신연금형으로 선택할 경우 연금 개시 이후에는 중도해지가 불가능하므로, 연금지급방법을 결정할 때에는 본인의 건강 상태나 노후 대비 등 연금자금 활용 계획을 세우고 결정하여야 한다.

정답 | ④

해설 | ④ 금리연동형 연금보험 상품에서 제공하고 있는 최저보증이율 보장은 극단적인 저금리 상황이 전개될 때 요긴하게 활용될 수 있다.

★★★
36 변액연금의 최저보증기능에 대한 설명이 적절하게 연결된 것은?

가. 보험 상품으로서 기본적인 위험보장을 위하여 연금 개시 전 사망 시 투자실적이 악화하여도 사망보험금은 이미 납입한 보험료 이상을 보증한다.
나. 안정적인 연금지급을 위해 투자실적에 상관없이 연금개시시점에서 연금 지급재원을 보증해주는 옵션이다.

	가	나
①	GMDB	GMAB
②	GMDB	GMIB
③	GMDB	GMWB
④	GMIB	GMAB
⑤	GMIB	GMWB

정답 | ①

해설 | 가. 최저사망보험금보증(GMDB) : 보험 상품으로서 기본적인 위험보장을 위하여 연금 개시 전 사망 시 투자실적이 악화하여도 사망보험금은 이미 납입한 보험료 이상을 보증한다.
나. 최저연금적립액보증(GMAB) : 안정적인 연금지급을 위해 투자실적에 상관없이 연금개시시점에서 연금 지급재원(최저연금적립액)을 보증해주는 옵션이다.

★★★
37 변액연금보험에 대한 설명으로 적절하지 않은 것은?

① 투자형 연금보험의 대표상품으로 연금지급을 위한 계약자적립액이 채권이나 주식에 투자되어 운용된다.
② 일반적으로 연금 개시 전 사망 시에는 '기본사망보험금+사망 당시 계약자적립액'을 지급하고, 생존 시에는 그동안 적립된 금액을 연금지급재원으로 하여 보험계약자가 선택하는 연금지급방식에 따라 연금을 지급하게 된다.
③ 연금 개시 이후의 계약자적립액 운용방법은 보험계약자의 선택에 따라 공시이율적용 연금형 또는 변액연금형으로 운영할 수 있다.
④ 보험 상품으로서 기본적인 위험보장을 위하여 연금 개시 전 사망 시 투자실적이 악화되어도 사망보험금은 이미 납입한 보험료 이상을 보증하는 최저사망보험금보증(GMDB) 기능을 적용하고 있다.
⑤ 우리나라 대부분의 보험회사에서 판매하는 변액연금보험은 기납입보험료 등을 최저보증하지 않고 있기 때문에 보험계약자가 실질적으로 원금손실 위험을 부담하게 된다.

정답 | ⑤
해설 | ⑤ 우리나라 대부분의 보험회사에서 판매하는 변액연금보험은 기납입보험료 등을 최저보증하고 있다. 결국 이러한 최저보증기능이 있기 때문에 보험계약자가 실질적으로 부담하게 되는 원금손실 위험이 보험계약을 중도에 해지하거나 최저연금적립액보증(GMAB)을 선택하지 않고 연금 개시시점까지 계약을 유지한 경우에만 발생할 수 있다.

★★★
38 자산연계형 연금보험에 대한 설명으로 적절하지 않은 것은?

① 자산연계형 연금보험은 보험료의 일부를 주식이나 채권에 직접 투자하여 발생한 수익을 연금액에 반영하여 지급하는 상품이다.
② 인플레이션 진행에 따른 공시이율형 연금보험의 구매력 하락위험과 변액연금의 원금손실 위험에 대한 대응으로 개발되었다.
③ 자산연계형 연금보험은 채권금리연계형, 주가지수연동형, 금리스왑연계형 등의 형태로 판매된다.
④ 자산연계형 연금보험의 경우 최저보증이율을 설정하고 있어 일반적으로 원금의 100%를 최저보증하는 변액연금보다 더 많은 연금액을 보증받을 수 있다.
⑤ 투자성과가 좋을 때는 높은 연금액을 기대할 수 있지만 나쁠 때에는 금리형 연금보다 더 낮은 연금액을 지급받을 수 있다.

정답 | ①
해설 | ① 자산연계형 연금보험은 보험료의 일부를 주가지수 등 특정 지표 또는 자산에 연계한 후 발생한 수익을 연금액에 반영하여 지급하는 상품이다.

★★★
39 연금보험에 대한 설명으로 적절하지 **않은** 것은?

① 즉시연금보험은 필요한 시점에 연금소득원을 확보할 수 있고, 은퇴생활에 필요한 재원 마련뿐만 아니라 금융소득종합과세 대비용 상품으로 활용된다.

② 변액연금보험은 연금 본래의 취지를 감안하여 최소한의 안정성을 부여하기 위해 최저사망보험금보증(GMDB)과 최저연금적립액보증(GMAB)의 최저보증기능을 적용하고 있다.

③ 자산연계형 연금보험은 보험료의 일부를 주식이나 채권에 직접 투자하여 발생한 수익을 연금액에 반영하여 지급하는 상품으로, 인플레이션 진행에 따른 공시이율형 연금보험의 구매력 하락위험과 변액연금의 원금손실 위험에 대한 대응으로 개발되었다.

④ 자산연계형 연금보험의 경우 최저보증이율을 설정하고 있어 일반적으로 원금의 100%를 최저보증하는 변액연금보다 더 많은 연금액을 보증받을 수 있으므로, 장래 인플레이션이 지속될 것으로 예상하거나 주식이나 채권에 직접 투자하기에는 부담스러운 가입자에게 적합하다.

⑤ 투자위험을 감안하여 향후 높은 연금액을 기대하는 고객에게는 변액연금보험이 적합할 수 있고, 변액연금보험의 투자리스크를 기피하면서 일반연금보험보다 높은 수익을 기대하는 고객에게는 자산연계형 연금이 적합하다.

정답 | ③

해설 | ③ 자산연계형 연금보험은 보험료의 일부를 주가지수 등 특정 지표 또는 자산에 연계한 후 발생한 수익을 연금액에 반영하여 지급하는 상품이다.

★★★
40 연금보험에 대한 적절한 설명으로 모두 묶인 것은?

가. 즉시연금보험은 목돈을 일시에 넣고 연금으로 나눠 받는 상품으로, 가입 이후 바로 연금이 필요하지 않은 경우에는 몇 년 동안 거치한 후 연금을 개시할 수도 있어 필요한 시점에 연금소득원을 확보할 수 있다.
나. 변액연금보험의 최저보증기능 중 GMDB는 안정적인 연금지급을 위해 투자실적에 상관없이 연금개시시점에서 연금 지급재원을 보증해 주는 옵션이다.
다. 우리나라 대부분의 보험회사에서 판매하는 변액연금보험은 기납입보험료 등을 최저보증하지 않고 있기 때문에 보험계약자가 실질적으로 원금손실 위험을 부담하게 된다.
라. 자산연계형 연금보험은 보험료의 일부를 주식이나 채권에 직접 투자하여 발생한 수익을 연금액에 반영하여 지급하는 상품이다.
마. 자산연계형 연금보험은 인플레이션 진행에 따른 공시이율형 연금보험의 구매력 하락위험과 변액연금의 원금손실 위험에 대한 대응으로 개발되었다.

① 가, 나　② 가, 마
③ 나, 다　④ 다, 라
⑤ 라, 마

정답 | ②

해설 | 나. 최저연금적립액보증(GMAB)에 대한 설명이다. 최저사망보험금보증(GMDB)은 보험 상품으로서 기본적인 위험보장을 위하여 연금 개시 전 사망 시 투자 실적이 악화되어도 사망보험금은 이미 납입한 보험료 이상을 보증한다.

다. 우리나라 대부분의 보험회사에서 판매하는 변액연금보험은 기납입보험료 등을 최저보증하고 있다. 결국 이러한 최저보증기능이 있기 때문에 보험계약자가 실질적으로 부담하게 되는 원금손실 위험을 보험계약을 중도에 해지하거나 최저연금적립액보증(GMAB)을 선택하지 않고 연금 개시 시점까지 계약을 유지한 경우에만 발생할 수 있다.

라. 자산연계형 연금보험은 보험료의 일부를 주가지수 등 특정 지표 또는 자산에 연계한 후 발생한 수익을 연금액에 반영하여 지급하는 상품이다.

★★★

41 다음 고객 니즈에 맞는 연금보험이 적절하게 연결된 것은?

- A고객 : 변동성을 감수하며 높은 연금소득을 원하기보다는 연금액을 안정적으로 지급받고 싶어한다. 특히 상품에서 제공하고 있는 최저보증이율 보장은 극단적인 저금리 상황이 전개될 때 요긴하게 활용될 수 있다고 생각한다.
- B고객 : 장래 인플레이션이 지속될 것으로 예상하거나 주식이나 채권에 직접 투자하기에는 부담스러워 한다.
- C고객 : 투자위험을 감안하여 향후 높은 연금액을 기기대하고 있다.

	금리연동형 연금보험	변액연금보험	자산연계형 연금보험
①	A	B	C
②	A	C	B
③	B	A	C
④	B	C	A
⑤	C	B	A

정답 | ②

해설 | • 금리연동형 연금보험은 변동성을 감수하며 높은 연금소득을 원하는 고객보다는 연금액을 안정적으로 지급받고 싶은 고객에게 적합하다. 특히 금리연동형 연금상품에서 제공하고 있는 최저보증이율 보장은 극단적인 저금리 상황이 전개될 때 요긴하게 활용될 수 있다.

• 자산연계형 연금보험은 장래 인플레이션이 지속될 것으로 예상하거나 주식이나 채권에 직접 투자하기에는 부담스러운 가입자에게 적합하다.

• 투자위험을 감안하여 향후 높은 연금액을 기대하는 고객에게는 변액연금보험이 적합할 수 있고, 변액연금보험의 투자리스크를 기피하면서 일반연금보다 높은 수익을 기대하는 고객에게는 자산연계형 연금보험이 적합하다.

★★★
42 저축보험에 대한 설명으로 적절하지 않은 것은?

① 저축보험은 일반적으로 금리형 보험과 투자형 보험으로 구분하며, 금리형 보험은 다시 금리확정형과 금리연동형으로 나누어진다.

② 금리연동형 상품은 보험회사에게는 금리 하락에 따른 이차역마진 리스크를 일정 부분 헤지할 수 있게 해주고, 보험 가입자는 반대로 금리 상승기에는 적립액을 증가시킬 수 있게 해준다.

③ 금리연동형 상품의 금리는 연금보험처럼 공시이율이 적용되는데 매월 변동되며, 납입한 보험료 전액에 대해서 적용된다.

④ 저축보험의 비용을 줄일 수 있는 하나의 방법은 기본보험료의 2배 이내에서 보험료를 추가로 납입하는 보험료 추가납입 기능을 활용하는 것이다.

⑤ 추가납입을 통해 계약자적립액을 더 늘릴 수 있고, 긴급하게 필요한 자금이 있으면 중도인출을 통해 큰 이자 부담 없이 편리하게 마련할 수 있다.

정답 I ③

해설 I ③ 금리연동형 상품의 금리는 연금보험처럼 공시이율이 적용되는데 매월 변동되며, 납입한 보험료 전액이 아닌 주계약(또는 적립) 보험료에서 계약체결 · 유지관리에 필요한 경비, 위험보장을 위한 보험료 등을 공제한 잔액에 대해서만 적용된다.

★★★
43 종신형 연금보험 보험차익 비과세요건으로 적절하지 않은 것은?

① 50세 이후부터 사망 시까지 연금수령계약

② 연금 외의 형태로 지급하지 아니하는 계약

③ 사망 시 보험계약 및 연금재원이 소멸할 것

④ 계약자 · 피보험자 · 수익자 동일, 연금 개시 후 사망일 전에 중도해지 불가

⑤ 매년 연금수령액이 3배 한도를 초과하지 아니할 것

정답 I ①

해설 I ① 55세 이후부터 사망 시까지 연금수령계약

★★★
44 월 적립식 저축성보험의 보험차익 비과세요건으로 모두 묶인 것은?

> 가. 보험기간 10년 이상
> 나. 납입 기간 5년 이상
> 다. 매월 납입하는 기본보험료가 균등
> 라. 계약자 1명당 매월 납입하는 보험료합계가 150만원 이하

① 가, 나, 다
② 가, 나, 라
③ 가, 다, 라
④ 나, 다, 라
⑤ 가, 나, 다, 라

정답 | ⑤
해설 | 모두 적절한 요건이다.

★★★
45 저축성보험 보험차익으로서 비과세되는 계약으로 모두 묶인 것은?(단, 언급하지 않은 다른 요건은 모두 충족한 것으로 가정한다.)

> 가. 50세 이후부터 사망 시까지 연금수령계약
> 나. 연금 외의 형태로 지급하는 종신형 연금보험 계약
> 다. 사망 시 보험계약 및 연금재원이 소멸하는 종신형 연금보험 계약
> 라. 보험기간 10년 이상, 납입 기간 5년 이상, 계약자 1명당 매월 납입하는 보험료합계가 150만원 이하인 월 적립식 저축성보험
> 마. 납입보험료의 합계가 3억원인 일시납 즉시연금보험

① 가, 나
② 가, 마
③ 나, 다
④ 다, 라
⑤ 라, 마

정답 | ④
해설 | 가. 55세 이후부터 사망 시까지 연금수령계약
나. 연금 외의 형태로 지급하지 아니하는 종신형 연금보험 계약
마. 보험기간 10년 이상으로써 계약자 1명당 납입할 보험료 합계액 1억원 이하인 저축성보험(2017.4.1. 전 체결 보험계약 2억원 이하)

TOPIC 5 생명보험 약관

★★★

46 다음 사례에서 불가쟁조항에 대한 설명으로 가장 적절한 것은?(단, 각 답지는 각각 별개의 사항이다.)

> • 최민정씨는 고의로 중요한 사실에 대하여 사실과 다르게 알린 채 생명보험(무진단계약, 보험기간 10년)에 가입하였으며, 보험계약 체결일로부터 1년 6개월이 지나 보험회사가 그 사실을 알게 되었다.
> • 보험회사는 보험계약 당시 최민정씨의 고지의무 위반사실을 중대한 과실 없이 알지 못하였다.

① 보험회사는 고지의무 위반사실을 안 날부터 1개월 내에 계약을 해지할 수 있다.
② 보험계약을 체결한 날로부터 1년 6개월이 경과하였기 때문에 보험회사는 계약을 해지할 수 없다.
③ 보험회사는 고지의무 위반사실을 사유로 보험계약을 해지할 수 없으나, 보험금 지급을 거절할 수 있다.
④ 만약 현재 보험사고가 발생한 경우, 보험계약이 유효하기 때문에 최민정씨는 어떠한 경우에도 보험금을 전액 지급받을 수 있다.
⑤ 최민정씨가 진단서 위 · 변조로 생명보험을 가입하였다면 해당 계약은 처음부터 무효가 된다.

정답 | ①

해설 | • 생명보험계약에서 보험계약자가 고지의무를 위반하고 위반한 사항이 중대한 것일 때 보험회사는 보험계약을 해지할 수 있다. 그러나 불가쟁조항의 내용은 보험계약자 및 보험수익자의 이익을 보호하기 위하여 보험계약 체결 후 일정한 기간이 지나면 보험회사는 보험계약자의 고지의무 위반을 이유로 보험계약을 해지할 수 없다는 것이다.
• 표준약관에서는 보험계약자 또는 피보험자가 고의 또는 중대한 과실로 중요한 사실에 대하여 사실과 다르게 알린 경우에도 회사가 그 사실을 안 날부터 1개월 이상 지났거나 또는 보장개시일부터 보험금 지급 사유가 발생하지 아니하고 2년(진단계약의 경우 질병에 대하여는 1년)이 지났을 때 혹은 계약체결일부터 3년이 지났을 때에는 보험계약을 해지하거나 보장을 제한할 수 없다. 또한 보험계약자 또는 피보험자가 대리진단, 약물복용을 수단으로 진단절차를 통과하거나 진단서 위 · 변조 또는 청약일 이전에 암 또는 인간면역결핍바이러스(HIV) 감염의 진단 확정을 받은 후 이를 숨기고 가입하는 뚜렷한 사기의사에 따른 계약도 보장개시일로부터 5년 이상(사기사실을 안 날부터는 1개월 이상)이 지났을 때에는 보험계약을 해지하거나 보장을 제한할 수 없다.

★★★
47 다음 사례를 토대로 보험료 납입유예기간조항과 부활조항에 대한 설명으로 가장 적절한 것은?

> 송강씨는 20×1년 1월 생명보험을 가입하여 보험료를 매월 납입하고 있던 중 사업 부진으로 인하여 20×5년 7월 보험료를 납입 기일까지 납입하지 못하였다.

① 보험계약은 20×5년 7월 보험료 납입 기일의 다음 날 자동으로 해지된다.

② 보험료 미납으로 보험계약이 해지된 경우, 해지 전에 보험금 지급 사유가 발생하였더라도 보험회사는 보상하지 않는다.

③ 보험료 미납으로 보험계약이 해지된 경우, 송강씨가 해약환급금을 받지 않았다면 해지된 날로부터 6개월 이내에 회사에 연체된 보험료와 이자를 납입하고 그 계약의 부활을 청구할 수 있다.

④ 부활은 송강씨의 청약 및 보험회사의 승낙을 요하며, 송강씨는 청약 시 고지의무를 이행하여야 한다.

⑤ 보험료 미납으로 보험계약이 해지된 후, 송강씨가 부활 청약을 하였다면 부활 전까지 발생한 사고도 보장받을 수 있다.

정답 | ④

해설 | ① 제2회 이후의 보험료를 납입 기일까지 납부하지 않으면 보험회사는 14일(보험기간이 1년 미만이면 7일) 이상의 기간을 납입최고기간으로 정하여 납입최고기간이 끝나는 날까지 보험료를 납입하지 않을 경우 납입최고기간이 끝나는 날의 다음 날(납입최고기간이 끝나는 날이 영업일이 아닌 때에는 그다음 날)에 계약이 해지된다는 내용을 보험계약자 또는 보험수익자에게 서면 등으로 통보하도록 규정하고 있다.

② 만약 납입유예기간에 보험금 지급 사유가 발생한다면 보험금이 지급되고, 보험회사는 지급보험금에서 납입되지 않은 보험료는 공제한다.

③ 보험료 미납으로 해지된 계약의 부활은 해약환급금을 받지 않은 경우 해지된 날(효력 상실 일)로부터 3년 이내에 보험계약의 부활을 청구할 수 있으며 회사가 이를 승낙하게 되면 보험계약자는 회사가 지정한 날까지 연체된 보험료와 이자를 납입하도록 규정하고 있다.

⑤ 해지에서 부활 전까지 발생한 사고는 보장받을 수 없다.

★★★

48 **다음 사례에서 보험료 미납과 보험계약의 부활에 대한 설명으로 가장 적절한 것은?(단, 각 답지는 각각 별개의 사례이다.)**

김세진씨는 20×1년 1월 생명보험을 가입하여 보험료를 매월 납입하고 있던 중 사업 부진으로 인하여 20×6년 7월 보험료를 납입 기일까지 납입하지 못하였다.

① 보험료 납입최고기간 중 보험금 지급 사유가 발생한 경우에는 보험회사가 보상한다.

② 보험료 미납으로 인한 보험계약의 해지 이후 발생한 보험사고는 보험계약의 부활을 통해 보장받을 수 있다.

③ 보험료 미납으로 보험계약이 해지된 경우 김세진씨의 보험계약 부활 청구가능 최대 기간은 해지된 날부터 1년 이내이다.

④ 보험료를 납입하지 않아 보험계약이 해지되고 김세진씨가 해약환급금을 수령하더라도 김세진씨는 보험계약의 부활을 청구할 수 있다.

⑤ 김세진씨가 보험료 미납으로 해지된 보험계약의 부활을 청약할 경우 고지의무를 이행하지 않아도 된다.

정답 | ①

해설 | ② 보험계약의 부활 시 해지에서 부활 전까지의 사고는 보장하지 않는다.
③ 부활 청구가능 최대 기간은 해지된 날로부터 3년이다.
④ 보험계약의 부활은 해약환급금을 수령하지 않은 경우에 한하여 청약할 수 있으며 해약환급금을 수령한 경우 보험계약의 부활을 청구할 수 없다.
⑤ 부활 청구 시 고지의무(계약 전 알릴 의무)를 이행하여야 한다.

★★★
49 다음 사례를 토대로 청약 철회조항에 대한 적절한 설명으로 모두 묶인 것은?

> 장민호씨는 생명보험의 종신보험계약(무진단계약)을 청약하였고, 청약과 동시에 제1회 보험료를 현금으로 납입하였다.

> 가. 청약 철회조항에 의하여 장민호씨는 정해진 기일 내에서는 아무런 조건 없이 청약 철회를 할 수 있도록 허용되고 있다.
> 나. 장민호씨는 보험증권을 받은 날부터 60일 이내에 청약을 철회할 수 있다.
> 다. 만약 장민호씨가 청약한 종신보험계약이 진단계약이라면 청약을 철회할 수 없다.
> 라. 장민호씨가 보험증권을 받은 날부터 일정 기간 내에 청약을 철회한 경우, 보험회사는 청약 철회를 접수한 날부터 3영업일 이내에 납입한 보험료를 돌려주어야 하며, 지체된 기간에 대해서는 정해진 방법에 따라 계산된 이자를 더하여 지급하도록 하고 있다.
> 마. 장민호씨가 보험증권을 받은 날부터 일정 기간 내에 청약을 철회한 경우, 청약을 철회할 당시에 이미 보험금 지급 사유가 발생하였으나 장민호씨가 그 보험금 지급 사유의 발생 사실을 알지 못했다면 청약 철회의 효력이 발생한다.

① 가, 나, 라
② 가, 다, 라
③ 가, 다, 마
④ 나, 다, 마
⑤ 나, 라, 마

정답 | ②

해설 | 나. 표준약관에서는 청약자는 보험증권을 받은 날부터 15일 이내에 청약을 철회할 수 있도록 하고 있으며, 청약일로부터는 30일 이내로 제한하고 있다.
마. 청약을 철회할 당시에 이미 보험금 지급 사유가 발생하였으나 계약자가 그 보험금 지급 사유의 발생사실을 알지 못한 경우에는 청약 철회의 효력은 발생하지 않는다. 즉, 청약 철회 이전에 이미 보험금 지급 사유가 발생하였으며 그 시점에서는 계약이 유효하므로 보험회사는 지정 수익자에게 보험금을 지급해야 한다.

★★★
50 다음 사례를 토대로 청약 철회조항에 대한 적절한 설명으로 모두 묶인 것은?

> 장원영씨는 생명보험의 종신보험계약(무진단계약)을 청약하였고, 청약과 동시에 제1회 보험료를 현금으로 납입하였다.

> 가. 장원영씨의 청약 철회는 보험회사가 승낙해야만 청약 철회를 할 수 있도록 허용되고 있다.
> 나. 장원영씨는 보험증권을 받은 날부터 60일 이내에 청약을 철회할 수 있다.
> 다. 만약 장원영씨가 청약한 종신보험계약이 진단계약이라도 청약 철회가 가능하다.
> 라. 장원영씨가 보험증권을 받은 날부터 일정 기간 내에 청약을 철회한 경우, 보험회사는 청약 철회를 접수한 날부터 3영업일 이내에 납입한 보험료를 돌려주어야 하며, 지체된 기간에 대해서는 정해진 방법에 따라 계산된 이자를 더하여 지급하도록 하고 있다.
> 마. 장원영씨의 청약 철회 이전에 이미 보험금 지급 사유가 발생하였다면 그 시점에서는 계약이 유효하므로 보험회사는 지정 수익자에게 보험금을 지급해야 한다.

① 가, 나
② 가, 마
③ 나, 다
④ 다, 라
⑤ 라, 마

정답 | ⑤

해설 | 가. 청약 철회조항에 의하여 청약자는 정해진 기일 내에서는 아무런 조건 없이 청약 철회를 할 수 있도록 허용되고 있다.
나. 표준약관에서는 청약자는 보험증권을 받은 날부터 15일 이내에 청약을 철회할 수 있도록 하고 있으며, 청약일로부터는 30일 이내로 제한하고 있다.
다. 진단계약은 청약을 철회할 수 없다.

★★★
51 생명보험약관 조항에 대한 다음 설명 중 가장 적절한 것은?

① 완전계약조항에 따라 보험설계사 등이 모집과정에서 사용한 회사 제작의 보험안내자료 내용이 약관의 내용과 다른 경우에는 보험자에게 유리한 내용으로 계약이 성립한 것으로 보고 있다.
② 제2회 이후의 보험료를 납입최고기간이 끝나는 날까지 보험료를 납입하지 않을 경우 납입최고기간이 끝나는 날에 계약이 해지된다.
③ 보험료 미납으로 해지된 계약의 부활은 해약환급금을 받지 않은 경우 해지된 날로부터 3년 이내에 연체된 보험료와 이자를 납입하면 계약심사 없이 부활이 가능하도록 규정하고 있다.
④ 표준약관에서는 보험계약자가 보험수익자를 변경할 수 있도록 하고 있으며, 수익자를 변경할 경우 회사의 승낙이 필요하지는 않지만, 회사에 통지하여야만 보험수익자로서 인정되도록 규정하고 있다.
⑤ 표준약관에서는 피보험자의 서면에 의한 동의를 얻어 변경할 수 있는 계약의 내용으로 보험종목, 보험기간, 보험료의 납입주기, 납입방법 및 납입 기간, 보험가입금액, 보험수익자, 기타 계약의 내용을 제시하고 있다.

정답 | ④

해설 | ① 생명보험계약에서 보험계약을 구성하는 것은 보험증권, 약관, 청약서뿐이며 그 밖의 어떤 서류도 보험계약의 내용을 변경시킬 수 없다는 조항이다. 이에 따라 보험설계사 등이 모집과정에서 사용한 회사 제작의 보험안내자료 내용이 약관의 내용과 다른 경우에는 보험계약자에게 유리한 내용으로 계약이 성립한 것으로 보고 있다.

② 제2회 이후의 보험료를 납입 기일까지 납부하지 않으면 보험회사는 14일(보험기간이 1년 미만이면 7일) 이상의 기간을 납입최고기간으로 정하여 납입최고기간이 끝나는 날까지 보험료를 납입하지 않을 경우 납입최고기간이 끝나는 날의 다음 날(납입최고기간이 끝나는 날이 영업일이 아닌 때에는 그 다음 날)에 계약이 해지된다는 내용을 보험계약자 또는 보험수익자에게 서면 등으로 통보하도록 규정하고 있다.

③ 보험료 미납으로 해지된 계약의 부활은 해약환급금을 받지 않은 경우 해지된 날(효력 상실 일)로부터 3년 이내에 보험계약의 부활을 청구할 수 있으며 회사가 이를 승낙하게 되면 보험계약자는 회사가 지정한 날까지 연체된 보험료와 이자를 납입하도록 규정하고 있다. 다만, 보험회사는 피보험자의 건강 상태, 직업 등에 따라 승낙여부를 결정하게 되는데 부활을 거절하거나 보장의 일부를 제한할 수 있다. 부활은 계약자의 청약 및 보험회사의 승낙을 요하며, 청약 시 고지의무를 이행하여야 하고, 해지에서 부활 전까지 발생한 사고는 보장받을 수 없다.

⑤ 표준약관에서는 보험회사의 승낙을 얻어 변경할 수 있는 계약의 내용으로 보험종목, 보험기간, 보험료의 납입주기, 납입방법 및 납입 기간, 보험가입금액, 계약자, 기타 계약의 내용을 제시하고 있다. 또한 보험수익자를 변경하고자 할 경우에는 보험금의 지급 사유가 발생하기 전에 피보험자의 서면에 의한 동의를 얻도록 하고 있다.

★★★

52 다음 사례에서 보험계약에 대한 적절한 설명으로 모두 묶인 것은?

이숙씨는 20××년 6월 생명보험의 종신보험계약(무진단계약, 수익자 : 이숙)을 청약하였고, 청약과 동시에 제1회 보험료를 현금으로 납입하였다. 이후 보험회사의 승낙으로 보험계약이 체결되었다.

가. 이숙씨의 보험계약이 금융소비자 보호에 관한 법률상 위법계약에 해당하는 경우 이숙씨는 계약체결에 대한 위반 사항을 안 날부터 6개월, 계약체결일로부터 1년 이내의 기간에 한해 계약의 해지를 요구할 수 있다.
나. 이숙씨가 중대한 과실로 중요한 사항에 대하여 사실과 다르게 알린 경우라도 계약체결일부터 3년이 지났다면 보험회사는 보험계약을 해지할 수 없다.
다. 이숙씨는 보험증권을 받은 날부터 15일 이내(청약한 날부터 30일이 초과되지 않음)에 보험계약의 청약을 철회할 수 있다.
라. 이숙씨는 청약 시 지정한 보험수익자를 계약기간 중 변경할 수 없다.

① 가, 나　　② 가, 라
③ 나, 다　　④ 다, 라
⑤ 가, 나, 다, 라

정답 | ③

해설 | 가. 계약자는 금융소비자 보호에 관한 법률에 따라 위법계약에 해당되는 경우 정해진 기간(금융소비자가 계약체결에 대한 위반사항을 안 날부터 1년 이내의 기간을 말하며, 이 경우 해당 기간은 계약체결일부터 5년 이내의 범위에 있어야 함) 내에 계약의 해지를 요구할 수 있다.

라. 인보험에서는 보험계약자가 보험수익자를 지정할 수 있으며 보험사고 발생 전에는 보험수익자를 변경할 수 있다. 단, 보험계약자가 계약체결 후 보험수익자를 지정 또는 변경할 때에는 보험자에 대해 통지해야 하며, 통지하지 않으면 보험자에 대항하지 못한다.

★★★

53 안세영씨는 남편의 사망으로 받게 될 400,000천원의 보험금을 연금형태로 수령하고자 한다. 다음 중 수익률 면에서 안세영씨에게 가장 유리한 방법부터 순서대로 나열한 것은?(단, 세금 및 기타 비용은 없다고 가정한다.)

가. 지금부터 10년간 매년 초 50,000천원씩 정액으로 수령
나. 지금부터 20년간 매년 말 30,000천원씩 정액으로 수령
다. 5년 거치 후 매년 초 45,000천원씩 정액으로 15년간 수령

① 가 – 나 – 다
② 가 – 다 – 나
③ 나 – 가 – 다
④ 나 – 다 – 가
⑤ 다 – 나 – 가

정답 | ②

해설 | 가. PV : –400,000, N : 10, PMT(B) : 50,000, I/Y? 5.3446%
또는 CF0 : –400,000 + 50,000 = –350,000, C01 : 50,000, F01 : 9, IRR? 5.3446%

나. PV : –400,000, N : 20, PMT(E) : 30,000, I/Y? 4.2166%
또는 CF0 : –400,000, C01 : 30,000, F01 : 20, IRR? 4.2166%

다. CF0 : –400,000, C01 : 0, F01 : 4, C02 : 45,000, F02 : 15, IRR? 4.6222%

★★★

54 보험금수령방법조항 중 생애수입방법에 대한 설명으로 적절하지 않은 것은?

① 생애수입 중 조건이 동일하다면 평준생애수입방법이 가장 많은 금액을 지급한다.
② 평준생애수입은 보험급부금이 수익자의 생애에 걸쳐 동일한 금액으로 분할되어 지급된다.
③ 보증부생애수입은 수익자가 사망하면 보증기간 없이 보험금 지급이 정지되는 평준생애수입의 단점을 보완한 것이다.
④ 연생 2/3 생존자방법은 두 사람이 생존할 경우 일정 금액을 지급하고, 한 사람이 사망할 경우 생존자에게 최초 지급금액의 2/3만 지급한다.
⑤ 순수연생생애수입은 두 사람이 모두 사망할 경우 일정 금액을 지급한다.

정답 | ⑤

해설 | ⑤ 순수연생생애수입은 두 사람이 살아 있을 경우 일정 금액을 지급하고, 한 사람이라도 사망하면 지급이 중단된다.

★★★

55 보험금수령방법조항 중 생애수입방법에 대한 적절한 설명으로 모두 묶인 것은?

가. 평준생애수입은 보험급부금이 수익자의 생애에 걸쳐 동일한 금액으로 분할되어 지급되는 방법으로, 수익자가 최초의 사망급부금의 원금을 다 받기 전에 죽을 경우의 잠재적 손실을 줄일 수 있다.
나. 10년 보증부생애수입의 경우 수익자가 10년 이내 사망할 경우에는 나머지 잔여기간 동안 급부를 지급하고, 10년 후에도 생존해 있으면 나머지 생존기간 동안 지급이 중단된다.
다. 보증부생애수입은 수익자가 사망하면 보증기간 없이 보험금 지급이 정지되는 평준생애수입의 단점을 보완한 것이다.
라. 연생생존자생애수입은 두 사람 중 한 사람이 살아 있다면 보험금을 계속하여 지급하는 방식으로, 평준연생생존자방법은 두 사람 중 한 사람이 살아 있는 한 일정 금액을 지급하는 방식이다.
마. 순수연생생애수입은 두 사람이 생존할 경우 일정 금액을 지급하고, 한 사람이 사망할 경우 생존자에게 최초 지급금액의 2/3 또는 1/2만 지급한다.

① 가, 나
② 가, 마
③ 나, 다
④ 다, 라
⑤ 라, 마

정답 | ④

해설 | 가. 평준생애수입은 보험급부금이 수익자의 생애에 걸쳐 동일한 금액으로 분할되어 지급된다. 수익자가 최초의 사망급부금의 원금을 다 받기 전에 죽을 경우의 잠재적 손실을 줄일 수 있는 방법은 상속생애수입이다.
나. 10년 보증부생애수입의 경우 수익자가 10년 이내 사망할 경우에는 나머지 잔여기간 동안 급부를 지급하고, 10년 후에도 생존해 있으면 나머지 생존기간 동안 지급이 지속된다.
마. 연생생존자생애수입 중 연생 2/3 생존자방법과 연생 1/2 생존자방법에 대한 설명이다. 순수연생생애수입은 두 사람이 살아 있을 경우 일정 금액을 지급하고, 한 사람이라도 사망하면 지급이 중단된다.

★★☆
56 생명보험 약관 및 특약에 대한 다음 설명 중 가장 적절한 것은?

① 부활을 통하여 실효상태에서 벗어난 보험계약은 실효 전의 보험계약과 똑같은 내용의 보험계약이 되는데, 해지에서 부활 전까지 발생한 사고는 보장받을 수 없다.

② 보험료 미납으로 해지된 계약의 부활은 해약환급금을 받지 않은 경우 해지된 날로부터 2년 이내에 보험계약의 부활을 청구할 수 있으며 회사가 이를 승낙하게 되면 보험계약자는 회사가 지정한 날까지 연체된 보험료와 이자를 납입하도록 규정하고 있다.

③ 표준약관에서는 계약의 보장개시일부터 2년이 경과한 후 자살한 경우에는 재해로 보험사고가 발생한 것으로 보고 재해사망보험금을 지급하도록 하고 있다.

④ 표준약관에서는 보험계약자가 보험수익자를 변경할 수 있도록 하고 있으며, 수익자를 변경할 경우 회사의 승낙이 필요하다.

⑤ 선지급서비스특약은 의료기관에서 전문의 자격증을 가진 자가 실시한 진단결과 피보험자의 여명이 6개월 이내로 판단한 경우에 주계약 사망보험금과 사망보장특약을 더한 금액 일부 또는 전부를 피보험자에게 선지급하는 특약을 말한다.

정답 | ①

해설 | ② 보험료 미납으로 해지된 계약의 부활은 해약환급금을 받지 않은 경우 해지된 날(효력 상실 일)로부터 3년 이내에 보험계약의 부활을 청구할 수 있으며 회사가 이를 승낙하게 되면 보험계약자는 회사가 지정한 날까지 연체된 보험료와 이자를 납입하도록 규정하고 있다.

③ 표준약관에서는 계약의 보장개시일부터 2년이 경과한 후 자살한 경우에는 재해 이외의 원인에 해당하는 보험금을 지급하도록 하고 있다.

④ 표준약관에서는 보험계약자가 보험수익자를 변경할 수 있도록 하고 있으며, 수익자를 변경할 경우 회사의 승낙이 필요하지는 않지만, 회사에 통지하여야만 보험수익자로서 인정되도록 규정하고 있다.

⑤ 선지급서비스특약은 의료기관에서 전문의 자격증을 가진 자가 실시한 진단 결과 피보험자의 여명이 12개월 이내로 판단한 경우에 주계약 사망보험금과 사망보장특약을 더한 금액 일부 또는 전부를 피보험자에게 선지급하는 특약을 말한다.

★★☆

57 생명보험 약관 및 특약에 대한 설명으로 가장 적절한 것은?

① 완전계약조항은 생명보험계약에서 보험계약을 구성하는 것은 보험증권과 청약서뿐이며 그 밖의 어떤 서류도 보험계약의 내용을 변경시킬 수 없다는 조항이다.

② 보험료 미납으로 해지된 계약의 부활은 해약환급금을 받지 않은 경우 해지된 날로부터 3년 이내에 연체된 보험료와 이자를 납입하게 되면 보험계약이 부활되도록 규정하고 있다.

③ 표준약관에서는 보험계약자가 보험수익자를 변경할 수 있도록 하고 있으며, 수익자를 변경할 경우 회사의 승낙이 필요하지는 않지만, 회사에 통지하여야만 보험수익자로서 인정되도록 규정하고 있다.

④ 보험계약대출은 납입해야 할 이자를 별도로 청구하지 않고 대출원금에 포함시키기 때문에 대출금에 보험료뿐 아니라 이자도 포함된다.

⑤ 선지급서비스특약은 의료기관에서 전문의 자격증을 가진 자가 실시한 진단결과 피보험자의 여명이 6개월 이내로 판단한 경우에 주계약 사망보험금과 사망보장특약을 더한 금액 일부 또는 전부를 피보험자에게 선지급하는 특약을 말한다.

정답 | ③

해설 | ① 생명보험계약에서 보험계약을 구성하는 것은 보험증권, 약관, 청약서뿐이며 그 밖의 어떤 서류도 보험계약의 내용을 변경시킬 수 없다는 조항이다.

② 보험료 미납으로 해지된 계약의 부활은 해약환급금을 받지 않은 경우 해지된 날(효력 상실 일)로부터 3년 이내에 보험계약의 부활을 청구할 수 있으며 회사가 이를 승낙하게 되면 보험계약자는 회사가 지정한 날까지 연체된 보험료와 이자를 납입하도록 규정하고 있다. 다만, 보험회사는 피보험자의 건강 상태, 직업 등에 따라 승낙여부를 결정하게 되는데 부활을 거절하거나 보장의 일부를 제한할 수 있다. 부활은 계약자의 청약 및 보험회사의 승낙을 요하며, 청약 시 고지의무를 이행하여야 하고, 해지에서 부활 전까지 발생한 사고는 보장받을 수 없다.

④ 보험료자동대출납입에 대한 설명이다. 보험계약대출금액은 해약환급금을 초과할 수 없으며, 미리 정해진 방법에 의하여 결정된 이자를 대출기간 동안 납입하여야 한다. 만약 이자의 미납 등으로 보험계약대출의 총액이 해약환급금을 초과할 경우에는 계약 자체가 해지되며, 이자는 1개월 단위로 후납(정해진 기간이 끝나는 날 이자를 납입)으로 납부하는 것이 일반적이다.

⑤ 선지급서비스특약은 의료기관에서 전문의 자격증을 가진 자가 실시한 진단결과 피보험자의 여명이 12개월 이내로 판단한 경우에 주계약 사망보험금과 사망보장특약을 더한 금액 일부 또는 전부를 피보험자에게 선지급하는 특약을 말한다.

★★☆
58 생명보험 약관 및 특약에 대한 설명으로 적절하지 않은 것은?

① 표준약관에서는 청약자는 보험증권을 받은 날부터 15일 이내에 청약을 철회할 수 있도록 하고 있으며, 청약일로부터는 30일 이내로 제한하고 있다.

② 평준생애수입은 보험급부금이 수익자의 생애에 걸쳐 동일한 금액으로 분할되어 지급되는데, 대부분의 경우 이 방법이 선택되면 다른 방법으로 변경이 불가능하다.

③ 지정대리청구서비스특약은 보험계약자, 피보험자 및 보험수익자가 동일하지 않아도 적용이 가능하다.

④ 양육연금지급서비스특약은 부모 사망 후 자녀의 법정대리인에게 보험금을 한꺼번에 주는 것이 아니라 보험금의 50~100%를 매년 일정하게 나눠 양육연금 형태로 지급하며 유자녀가 성년이 될 때까지 중도해지가 불가하다.

⑤ 사망보장증액특약은 보장금액이 충분하지 못할 위험에 효과적으로 대비할 수 있으므로, 새롭게 보험에 가입해 부족한 보장을 늘리는 방법도 좋지만, 이 특약을 이용해 저렴한 보험료로 사망보험금을 늘리는 것이 더 현명하다.

정답 | ③

해설 | ③ 보험계약자, 피보험자 및 보험수익자가 동일한 계약인 때에만 적용된다.

★☆☆
59 생명보험특약에 대한 적절한 설명으로 모두 묶인 것은?

가. 사망보장증액특약을 이용해 주계약 가입 후 즉시 저렴한 보험료로 사망보험금을 늘릴 수 있어 보장금액이 충분하지 못할 위험에 효과적으로 대비할 수 있다.
나. 보험료납입면제서비스특약은 전문의 진단을 통해 피보험자 여명이 6개월 이내인 경우 보험계약자가 보험료납입면제를 신청하면 사망할 때까지 별도비용 없이 보험료 납입을 면제하여 보험계약이 효력상실되지 않도록 하는 서비스 특약이다.
다. 장기간병연금전환특약은 주계약 보험기간 중 보험계약자의 별도 신청으로 부가되며, 보장 대신 주계약과 보험계약자가 선택한 특약의 해약환급금으로 연금을 수령할 수 있는 특약이다.

① 다
② 가, 나
③ 가, 다
④ 나, 다
⑤ 가, 나, 다

정답 | ①

해설 | 가. 사망보장증액특약을 이용해 저렴한 보험료로 사망보험금을 늘릴 수 있어 보장금액이 충분하지 못할 위험에 효과적으로 대비할 수 있다. 주계약 가입 후 5년 이상 지나서 부가할 수 있다. 주계약 가입 금액의 100%를 한도로 하고, 부양가족 수에 따라 보험료는 별도로 추가 납부하여야 한다.
나. 전문의 진단을 통해 피보험자 여명이 12개월 이내인 경우 보험계약자가 보험료납입면제를 신청하면 사망할 때까지 별도비용 없이 보험료 납입을 면제하여 보험계약이 효력상실되지 않도록 하는 서비스 특약이다.

★☆☆

60 다음 고객 고승완씨의 니즈에 맞는 생명보험 특약으로 적절하게 연결된 것은?

> 가. 본인 사망 후 미성년자녀를 위해 보험금을 한꺼번에 주는 것이 아니라 보험금의 50~100%를 매년 일정하게 나눠 연금 형태로 지급하기를 원하고 있다.
> 나. 사망보장에 대한 니즈가 감소하면 해약환급금을 생존연금으로 전환시켜 노후소득원으로 활용하기를 원하고 있다.

	가	나
①	선지급서비스특약	장기간병연금전환특약
②	선지급서비스특약	연금전환특약
③	양육연금지급서비스특약	장기간병연금전환특약
④	양육연금지급서비스특약	연금전환 특약
⑤	장기간병연금전환특약	특별조건부특약

정답 | ④

해설 | 가. 양육연금지급서비스특약은 사망보험금을 부양자녀의 양육연금 형태로 지급하는 특약이다.
나. 연금전환특약은 종신보험 가입자가 사망보장에 대한 필요성이 없어진 경우 주계약과 선택특약의 해약환급금을 활용하여 생존연금을 수령하는 특약이다.

CHAPTER

04 제3보험

출제 비중 : 8~16% / 2~4문항

학습가이드 ■ ■

학습 목표	학습 중요도
Tip 상해보험과 질병보험의 경우 특징, 종류, 담보위험 등에 대한 학습 필요 Tip 실손의료보험의 경우 세대별 보장내용의 차이를 중심으로 학습 필요	
1. 상해보험과 질병보험을 활용하여 고객니즈에 맞는 재무설계를 수행할 수 있다.	★★★
2. 실손의료보험의 특징 및 보장내용을 설명할 수 있다.	★★★
3. 장해소득보상보험과 장기간병보험의 특징을 이해할 수 있다.	★★

··· TOPIC 1 상해보험

★★★

01 상해보험에 대한 다음 설명 중 가장 적절한 것은?

① 고의로 자해행위를 하거나 음독으로 생긴 상해 또는 수술과 같은 경우에는 외래성이 인정되지 않는다.

② 외래성이라는 것은 보험사고의 원인과 결과가 신체의 외부로부터 작용하는 것을 말하며 신체의 내부적 원인과 결과에 기인한 것은 제외하는 개념이다.

③ 상해보험에 있어서 신체의 손상은 급격하고도 우연한 외래의 사고와 인과관계가 있어야 하며, 이를 상당인과관계라고 한다.

④ 생명보험회사의 상해보험은 재해분류표 또는 교통재해분류표, 특정재해분류표 등을 이용하여 담보위험을 열거하고 이에 해당하는 사고 발생 시 보장해주는 방법으로 상해만을 담보하는 상해보험을 판매하고 있다.

⑤ 보험회사는 피보험자가 상해의 직접 결과로써 사고 일부터 180일 이내에 완전하고도 계속적으로 무능력하게 되어 직무에 종사할 수 없게 되었을 경우에는 그 기간에 대해 52주를 한도로 휴업손해장해 특별약관의 보험가입금액을 정기적으로 지급한다.

정답 | ③

해설 | ① 우연이란 원인 또는 결과의 발생이 예견되지 않은 상태를 말하고 사고 발생의 원인과 결과가 우연한 경우와 예측 불가능한 우연한 사고로 나눌 수 있다.

② 외래성이라는 것은 보험사고의 원인이 신체의 외부로부터 작용하는 것을 말하며 신체의 내부적 원인에 기인한 것은 제외하는 개념이다.

④ 상해만을 담보하기보다는 주보험 계약에 재해사망이나 질병사망을 동시에 보장하고 재해입원특약, 장해보장특약, 교통재해특약 등 각종 상해 특약을 추가하는 형태로 질병보험과 함께 상해보험을 판매하고 있으며 보장 내용도 사망을 포함한 장해, 입원, 수술, 골절 등의 여러 가지 급부를 포괄적으로 담보하고 있다.

⑤ 보험회사는 피보험자가 상해의 직접 결과로써 사고 일부터 90일 이내에 완전하고도 계속적으로 무능력하게 되어 직무에 종사할 수 없게 되었을 경우에는 그 기간에 대해 52주를 한도로 이 특별약관의 보험가입금액(일당)을 정기적(주급)으로 지급한다.

★★★

02 상해보험에 대한 설명으로 가장 적절한 것은?

① 상해보험은 보험회사가 가해자에 대한 손해배상청구권을 대위 취득할 수 있다.

② 상해보험은 특정한 질병에 대한 확장담보특약이나 여러 가지 비용손해를 보상해 주는 특약과 패키지 형태로 판매되고 있는 것이 일반적이다.

③ 상해보험은 보험사고가 우연성, 급격성이라는 특징을 동시에 충족해야 한다.

④ 세균성 식물중독이나 상습적으로 흡입, 흡수한 결과로 발생하는 중독증상 등은 우연한 사고로 인한 상해로 보지 않으므로 상해보험에서 보상하지 않는다.

⑤ 보험회사는 피보험자가 상해의 직접 결과로써 사고 일부터 180일 이내에 완전하고도 계속적으로 무능력하게 되어 직무에 종사할 수 없게 되었을 경우에는 그 기간에 대해 52주를 한도로 휴업손해장해 특별약관의 보험가입금액을 정기적으로 지급한다.

정답 | ②

해설 | ① 상해보험은 사람의 신체를 대상으로 하므로 보험가액을 확정할 수 없으며 보험회사가 가해자에 대한 손해배상청구권을 대위 취득할 수 없다는 점에서 일반적인 손해보험과 차이가 있고, 급격하고 우연한 외래의 사고를 담보로 하며 보험사고의 발생 시기뿐만 아니라 발생 여부도 불확정되어 있다는 점에서 생명보험과도 차이가 있다.

③ 상해보험은 우연성, 급격성, 외래성 이외에도 사고와 신체 손상과의 인과관계가 있어야 한다. 즉, 상해보험에 있어서 신체의 손상은 급격하고도 우연한 외래의 사고와 인과관계가 있어야 한다. 이를 상당인과관계라고 한다.

④ 급격한 사고란 피할 수 없을 정도로 급박한 상태에서 사고가 발생하는 것을 의미하는데, 사고원인과 결과 발생이 비교적 초단시간 내에 이루어지는 것으로써 이는 돌발적으로 일어나는 상해의 속성을 표현한 것이다.

⑤ 보험회사는 피보험자가 상해의 직접 결과로써 사고 일부터 90일 이내에 완전하고도 계속적으로 무능력하게 되어 직무에 종사할 수 없게 되었을 경우에는 그 기간에 대해 52주를 한도로 이 특별약관의 보험가입금액(일당)을 정기적(주급)으로 지급한다.

★★★
03 상해보험에 대한 다음 설명 중 가장 적절한 것은?

① 급격하고 우연한 외래의 사고를 담보로 하며 보험사고의 발생 시기는 알 수 있으나 그 발생 여부는 불확정되어 있다는 점이 특징이다.
② 세균성 식물중독이나 상습적으로 흡입, 흡수한 결과로 발생하는 중독증상 등은 우연한 사고로 인한 상해로 보지 않으므로 보상하지 않는다.
③ 상해만을 담보하기보다는 주보험 계약에 재해사망이나 질병사망을 동시에 보장하고 재해입원특약, 장해보장특약, 교통재해특약 등 각종 상해 특약을 추가하는 형태로 질병보험과 함께 상해보험을 판매하고 있으며 보장 내용도 사망을 포함한 장해, 입원, 수술, 골절 등의 여러 가지 급부를 포괄적으로 담보하고 있다.
④ 보험회사는 피보험자 또는 보험수익자나 계약자가 고의 또는 중과실로 피보험자를 해친 경우로 보험금 지급 사유가 발생한 때에는 보험금을 지급하지 않는다.
⑤ 보험회사는 다른 약정이 없으면 임신, 출산이나 전문등반, 모터보트 등 피보험자가 직업, 직무 또는 동호회 활동 목적의 행위로 인하여 상해 관련 보험금 지급 사유가 발생한 때에는 해당 보험금을 지급하지 않는다.

정답 | ③

해설 | ① 상해보험은 사람의 신체를 대상으로 하므로 보험가액을 확정할 수 없으며 보험회사가 가해자에 대한 손해배상청구권을 대위 취득할 수 없다는 점에서 일반적인 손해보험과 차이가 있고, 급격하고 우연한 외래의 사고를 담보로 하며 보험사고의 발생 시기뿐만 아니라 발생 여부도 불확정되어 있다는 점에서 생명보험과도 차이가 있다.

② 급격한 사고란 피할 수 없을 정도로 급박한 상태에서 사고가 발생하는 것을 의미하는데, 사고원인과 결과발생이 비교적 초단시간 내에 이루어지는 것으로써 이는 돌발적으로 일어나는 상해의 속성을 표현한 것이다.

④ 보험회사는 피보험자가 고의로 자신을 해친 경우(다만, 피보험자가 심신상실 등으로 자유로운 의사결정을 할 수 없는 상태에서 자신을 해친 경우에는 보험금을 지급한다), 보험수익자가 고의로 피보험자를 해친 경우(다만, 그 보험수익자가 보험금의 일부 보험 수익자인 경우에는 다른 보험수익자에 대한 보험금은 지급한다), 계약자가 고의로 피보험자를 해친 경우로 보험금 지급 사유가 발생한 때에는 보험금을 지급하지 않는다.

⑤ 피보험자의 임신, 출산(제왕절개를 포함), 산후기는 일반적 면책위험에 해당한다. 보험회사는 다른 약정이 없으면 피보험자가 직업, 직무 또는 동호회 활동 목적으로 아래에 열거된 행위로 인하여 제3조(보험금의 지급 사유)의 상해 관련 보험금 지급 사유가 발생한 때에는 해당 보험금을 지급하지 않는다.

- 전문등반(전문적인 등산용구를 사용하여 암벽 또는 빙벽을 오르내리거나 특수한 기술, 경험, 사전훈련을 필요로 하는 등반), 글라이더 조종, 스카이다이빙, 스쿠버다이빙, 행글라이딩, 수상보트, 패러글라이딩
- 모터보트, 자동차 또는 오토바이에 의한 경기, 시범, 흥행(이를 위한 연습 포함) 또는 시운전(다만, 공용도로상에서 시운전을 하는 동안 보험금 지급 사유가 발생한 경우에는 보장
- 선박승무원, 어부, 사공, 그밖에 선박에 탑승하는 것을 직무로 하는 사람이 직무상 선박에 탑승하고 있는 동안

★★★
04 상해보험에 대한 설명으로 적절하지 않은 것은?

① 상해보험은 사람의 신체를 대상으로 하므로 보험가액을 확정할 수 없으며 보험회사가 가해자에 대한 손해배상청구권을 대위 취득할 수 없다는 점에서 일반적인 손해보험과 차이가 있다.
② 상해보험은 급격하고 우연한 외래의 사고를 담보로 하며 보험사고의 발생 시기뿐만 아니라 발생 여부도 불확정되어 있다는 점에서 생명보험과 공통점이 있다.
③ 상해보험의 보상방식은 실손보상을 원칙으로 하는 손해보험과 정액급부를 원칙으로 하는 생명보험과는 달리, 구체적 담보위험에 따라 정액급부방식과 실손보상방식을 별도로 적용하고 있다.
④ 손해보험회사의 대표적인 상해보험으로는 교통상해보험, 여행자보험, 레저보험, 단체상해보험이 있다.
⑤ 상해 1~5종 수술비는 동일한 상해사고를 직접적인 원인으로 두 종류 이상 또는 같은 종류의 상해 수술을 2회 이상 받은 경우에는 그 수술 중 가장 높은 지급금액에 해당하는 한 종류의 수술에 대해서만 상해 1~5종 수술비를 지급한다.

정답 | ②

해설 | ② 상해보험은 사람의 신체를 대상으로 하므로 보험가액을 확정할 수 없으며 보험회사가 가해자에 대한 손해배상청구권을 대위 취득할 수 없다는 점에서 일반적인 손해보험과 차이가 있고, 급격하고 우연한 외래의 사고를 담보로 하며 보험사고의 발생 시기뿐만 아니라 발생 여부도 불확정되어 있다는 점에서 생명보험과도 차이가 있다.

▪▪▪ TOPIC 2 질병보험

★★★
05 질병보험의 무효(상법상 무효) 조항에 해당하는 것으로 모두 묶인 것은?

가. 14세 학생의 사망을 보험사고로 하는 계약
나. 타인의 생명보험계약에 대하여 계약체결 시 피보험자의 서면동의가 이루어지지 않는 계약
다. 암보험의 경우 책임개시일 90일 이전의 암으로 진단 확정이 된 경우
라. 선천성질환
마. 청약서상 계약 전 알릴 의무에 해당하는 질병으로 과거에 진단 또는 치료를 받은 경우

① 가, 나, 다
② 가, 나, 마
③ 가, 라, 마
④ 나, 다, 라
⑤ 다, 라, 마

정답 | ①

해설 | 라. 특정 질병의 면책조항 : 선천성질환, 항문질환, 알코올중독 등에 대하여 보험금을 지급하지 않는다.
마. 계약 전 진단 확정된 질병의 5년 면책조항 : 청약서상 계약 전 알릴 의무에 해당하는 질병으로 과거에 진단 또는 치료를 받은 경우에는 해당 질병과 관련한 보험금은 5년 면책조항에 해당되어 지급하지 않는다.

★★★

06 질병보험에 대한 적절한 설명으로 모두 묶인 것은?

가. 대부분의 질병보험이 질병 모두를 담보한다. 나. 갱신계약에서는 면책기간을 적용하지 아니하나 부활 계약에서는 면책기간을 적용한다. 다. 일반적인 보험 상품은 질병의 종류만으로 보장 여부를 구분하지만, CI보험은 질병의 종류와 함께 심도에 따라서도 보장 여부를 판단하고 있다. 라. 암보험의 경우 책임개시일 90일 이전의 암으로 진단 확정이 된 경우 보험계약이 무효가 된다.

① 가, 나, 다
② 가, 나, 라
③ 가, 다, 라
④ 나, 다, 라
⑤ 가, 나, 다, 라

정답 | ④

해설 | 가. 질병보험은 질병의 위험을 담보하는 상품이지만 대부분의 질병보험이 질병 모두를 담보하는 것은 아니다. 질병 중에서 특히 심각한 피해를 야기할 수 있는 질병만 골라서 이들만 보장하고 있다.

★★★

07 질병보험에 대한 설명으로 적절하지 않은 것은?

① 암보험 가입 시 암 보장 책임개시일은 보험 가입 첫날로부터 그날을 포함하여 90일이 지난 날의 다음 날에 시작되는 상품이 일반적이며, 부활 계약에서는 면책기간을 적용하지 아니하나 갱신 계약에서는 면책기간을 적용한다.
② 보험나이 15세 미만 피보험자의 암에 대한 보장개시일은 보험계약일로 하며 보험회사별 약관에 따라 유사암인 기타피부암, 갑상선암, 제자리암 및 경계성종양에 대한 보장개시일도 보험계약일로 한다.
③ 청약서상 계약 전 알릴 의무에 해당하는 질병으로 과거에 진단 또는 치료를 받은 경우에는 해당 질병과 관련한 보험금은 5년 면책조항에 해당되어 지급하지 않는다.
④ 유병자의 경우 특정 부위 부담보, 특정 질병 부담보 등 부담보 조건으로 인수하거나 보험금 삭감, 보험료 할증 등의 방법으로 인수하고 있다.
⑤ 유병자보험은 주로 간편심사보험으로 일반심사는 5년 이내 모든 병력에 대한 치료내역을 포함한 8가지 질문을 하는 데 반하여 최근 1년 이내의 입원과 수술 치료내역을 포함한 3가지 질문을 하는 특성이 있다.

정답 | ①

해설 | ① 암 보장 책임개시일은 보험 가입 첫날로부터 그날을 포함하여 90일이 지난 날의 다음 날에 시작되는 상품이 일반적이다. 다만, 갱신계약에서는 면책기간을 적용하지 아니하나 부활 계약에서는 면책기간을 적용한다.

★★★
08 아래와 같은 의료비 구성에서 실손의료보험의 보장 대상 영역으로 가장 적절한 것은?

국민건강보험 급여		국민건강보험 비급여
국민건강보험공단 부담(A)	법정 본인부담금(B)	법정 비급여(C)

① B
② C
③ A, B
④ B, C
⑤ A, B, C

정답 | ④

해설 | **〈의료비 구성 및 실손의료보험 보장 영역〉**

국민건강보험 급여		국민건강보험 비급여
국민건강보험공단 부담(A)	법정 본인부담금(B)	법정 비급여(C)

← 국민건강보험 보장 영역 → ←——— 환자 부담 의료비 영역 ———→

실손의료보험은 공적보험인 국민건강보험의 보충적 보험으로 병 · 의원 진료비 영수증 상 국민건강보험에서 부담하지 않는 본인부담금과 비급여 항목을 부담하는 보험이다.

★★★
09 기존 실손보험 가입자가 4세대 실손보험으로 전환하는 경우에 대한 설명으로 적절하지 않은 것은?

① 기존 실손보험 가입자가 저렴한 보험료로 전환을 원하는 경우 별도 심사 없이 4세대 실손으로 전환할 수 있다.
② 전환 후 6개월 이내 보험금 수령이 없는 경우에는 계약 전환을 철회하고 기존 상품으로 돌아갈 수 있다.
③ 기존 상품으로 복귀 후 4세대 실손으로 재전환하고자 하는 경우에는 별도 전환 심사를 거쳐야 전환할 수 있다.
④ 4세대 실손으로 전환하더라도 전환 전 계약의 무사고 할인 적용을 위한 무사고 기간을 인정받을 수 있으며 직전 2년간 무사고 시 차기 1년간 보험료의 10%를 할인받을 수 있다.
⑤ 이미 전환 전 계약에서 무사고 할인을 적용받고 있는 경우에는 전환 시점부터 1년간 다시 보험료 할인을 받을 수 있다.

정답 | ①

해설 | ① 기존 실손보험 가입자가 저렴한 보험료로 전환을 원하는 경우 심사 절차를 최소화하여 아래와 같이 일부 사항을 제외하고는 별도 심사 없이 4세대 실손으로 전환할 수 있으며, 전환 후 6개월 이내 보험금 수령이 없는 경우에는 계약 전환을 철회하고 기존 상품으로 돌아갈 수 있다.

> • 보장 종목 확대 시(상해 → 상해+질병, 질병 → 상해+질병)
> • 신규로 보장 확대된 질환 중 심사가 필요하다고 예외적으로 인정된 경우[직전 1년간 정신 질환('16년부터 보장) 치료 이력 있는 경우]
> • 계약 전환 청약을 철회한 이후 재차 전환을 청약하는 경우 등

★★★

10 4세대 실손의료보험을 가입하고 있는 친절한씨에게 다음과 같은 의료비가 발생한 경우 손해보험회사에서 지급해야 할 입원의료비 보험금으로 가장 적절한 것은?

> 〈4세대 실손의료보험 기본형 · 특별약관 가입〉
> – 약관상 보장하는 질병으로 총 10일간 입원 치료
> – 입원 기간 10일 중 5일간은 기준병실, 5일간은 1인실 사용하여 병실 차액 80만원 발생
> – 병실 차액을 포함한 본인부담 총액은 170만원

① 40만원　② 72만원
③ 104만원　④ 112만원
⑤ 136만원

정답 | ④

해설 | • 상급 병실료 차액을 포함한 본인부담 총액이 170만원이고 이 중 상급 병실료 차액이 80만원이므로 상급 병실료 차액을 제외한 본인부담금 90만원의 80%를 먼저 계산한다.
– 90만원×80%=72만원
• 상급 병실료 차액의 50% 계산 : 상급 병실료 차액은 50%를 지급하되 1일 평균 금액 10만원을 한도로 보상함으로 우선 상급 병실료 차액의 50%를 계산한다.
– 80만원×50%=40만원
• 1일 평균 금액의 계산 : 1일 평균 금액은 입원 기간 동안 상급 병실료 차액 전체를 총입원일 수로 나누어 산출한다. 따라서 상급 병실료 차액 전체 금액 80만원을 총입원일 수 10일로 나누어 산출된 1일 평균 금액은 8만원이다. 따라서 상급 병실료 차액의 50% 해당액 40만원을 지급한다.
• 지급보험금 : 입원 치료로 발생한 170만원 중 상급 병실료 차액을 제외한 나머지 금액의 80% 해당액 72만원과 상급 병실료 차액의 50% 해당액 40만원을 합산한 112만원을 입원의료비 보험금으로 지급한다.
– 72만원(본인부담금의 80%)+40만원(상급 병실료 차액)=112만원

★★★
11 **다음 고객 박소진씨가 가입한 4세대 실손의료보험 정보 및 상해 통원의료비 영수증을 토대로 실손의료보험 통원의료비 보험금으로 가장 적절한 것은?(단, 박소진씨의 통원의료비는 실손의료보험의 보장 대상 의료비에 해당한다.)**

〈실손의료보험 관련 정보〉
- 박소진씨는 20××년 1월 실손의료보험 기본형 및 특별약관(1년 갱신 5년 재가입, 계약자 · 피보험자 · 수익자 모두 박소진 본인)에 가입하였으며, 보험 가입 후 금번 통원치료가 처음임
- 기본형(상해 및 질병 급여) : 회당 20만원 한도
- 특별약관(상해 및 질병 비급여) : 회당 20만원, 연간 100회 한도

〈상해 통원(외래)의료비 영수증(20××년 9월 13일)〉

국민건강보험공단 부담금	국민건강보험 본인부담금	국민건강보험 비급여
114,300원	76,200원	64,300원

※ 진료기관은 A의원임

① 95,260원
② 112,400원
③ 120,500원
④ 140,500원
⑤ 203,840원

정답 I ①

해설 I • 기본형 : 급여 보장 대상 의료비 − Max[보장 대상 의료비의 20%, 최소자기부담금]
= 76,200 − Max[76,200 × 20% = 15,240원, 1만원] = 60,960원
※ 최소자기부담금 : 병 · 의원 1만원, 상급 · 종합병원 2만원
• 특별약관 : 비급여 보장 대상 의료비 − Max[보장 대상 의료비의 30%, 최소자기부담금 3만원]
= 64,300 − Max(64,300 × 30% = 19,290원, 3만원) = 34,300원
• 통원의료비 보험금 : 60,960 + 34,300 = 95,260원

★★★
12 4세대 실손의료보험을 가입하고 있는 친절한씨에게 다음과 같은 의료비가 발생한 경우 각 사가 지급해야 할 보험금으로 가장 적절한 것은?

- 올해 1월에 A, B보험회사에 각각 4세대 실손의료보험 기본형을 동일한 조건으로 가입
- 피보험자는 5일간 기준병실에 입원하여 급여 보장 대상 본인부담금 총액 120만원 발생

① 48만원 ② 60만원
③ 75만원 ④ 96만원
⑤ 120만원

정답 | ①

해설 | • 입원 의료비 지급 내용 : 급여 보장 대상 의료비 120만원 − 공제금액(보장 대상의료비의 20%) = 96만원
• 비례분담액 = (각 계약의 보상대상 의료비 중 최고액 − 각 계약의 피보험자부담 공제금액 중 최소액) × $\frac{\text{각 계약별 보상책임액}}{\text{각 계약별 보상책임액의 합계액}}$ = 960천원 × $\frac{960\text{천원}}{960\text{천원} + 960\text{천원}}$ = 480천원
• 지급보험금 : A사와 B사가 각각 지급해야 할 입원의료비 보험금은 48만원이다.

★★★
13 다음과 같은 실손의료보험을 가입하고 있는 친절한씨에게 다음과 같은 입원의료비가 발생한 경우 각 사가 지급해야 할 보험금이 적절하게 연결된 것은?

[A계약] 4세대 실손의료보험 기본형(자기부담금 20%)
[B계약] 3세대 실손의료보험 기본형(자기부담금 10%)
• 급여 보장 대상 본인부담금 총액 100만원 발생

	A계약	B계약
①	423,529원	423,529원
②	423,529원	476,471원
③	450,000원	450,000원
④	476,471원	423,529원
⑤	476,471원	476,471원

정답 | ②

해설 | • A보험사의 보상책임 : 100만원 − 20% = 80만원
• B보험사의 보상책임은 100만원 − 10% = 90만원이다.
• 비례분담액 = (각 계약의 보상대상 의료비 중 최고액 − 각 계약의 피보험자부담 공제금액 중 최소액) × $\frac{\text{각 계약별 보상책임액}}{\text{각 계약별 보상책임액의 합계액}}$
• A계약 : 900,000원 × $\frac{800\text{천원}}{800\text{천원} + 900\text{천원}}$ = 423,529원
• B계약 : 900,000원 × $\frac{900\text{천원}}{800\text{천원} + 900\text{천원}}$ = 476,471원

★★★

14 단체 실손의료보험과 개인 실손의료보험 연계제도에 대한 적절한 설명으로 모두 묶인 것은?

가. 5년 이상 단체 실손의료보험에 가입되어 있는 소비자가 퇴직 등으로 단체 실손의료보험 종료 시 개인 실손의료보험으로 전환 가능한 제도이다. 나. 5년간 수령한 보험금이 300만원 이하여야 하며 별도 전환 심사를 거쳐야 전환이 가능하다. 다. 개인 실손의료보험 가입자가 단체 실손의료보험 가입 시 기존에 가입한 개인 실손의료보험의 보험료 납입 및 보장을 중지하고 향후 단체 실손의료보험 종료 시 중지했던 개인 실손의료보험을 재개할 수 있게 한 제도이다. 라. 개인 실손의료보험 가입 후 1년 이상 유지되어야 보험료 납입 및 보장 중지 후 단체 실손보험으로 전환이 가능하다.

① 가, 나, 다
② 가, 나, 라
③ 가, 다, 라
④ 나, 다, 라
⑤ 가, 나, 다, 라

정답 | ③

해설 | 나. 5년간 수령한 보험금이 200만원 이하여야 하며 10대 질병[암, 백혈병, 고혈압, 협심증, 심근경색, 심장판막증, 간경화증, 뇌졸중(뇌출혈, 뇌경색), 당뇨병, 에이즈(HIV보균)] 이력이 없으면 무심사로 전환이 가능한 제도이다.

★★★

15 실손의료보험에 대한 설명으로 적절하지 않은 것은?

① 실손의료보험이란 피보험자가 질병이나 상해 또는 이로 인한 간병으로 병 · 의원에서 치료를 받고 지급한 의료비를 보상해 주는 보험으로 민영의료보험 또는 의료실비보험이라고 한다.
② 4세대 실손의료보험 기본형의 경우 입원은 급여 보장 대상 의료비에서 보장 대상 의료비의 20%를 뺀 금액을 지급한다.
③ 상급 병실료 차액보장은 입원 시 실제로 사용한 병실과 기준병실의 비급여 병실료 차액에서 50%를 뺀 금액을 1일 평균 금액 10만원 한도로 지급한다.
④ 각 계약의 보상책임액 합계액이 각 계약의 보장 대상 의료비 중 최고액에서 각 계약의 피보험자부담 공제금액 중 최소액을 차감한 금액을 초과한 다수보험은 각 계약의 지급액 합이 실제로 부담한 금액을 초과하지 않도록 비례보상한다.
⑤ 피보험자가 입원하여 치료를 받던 중 보험계약이 종료되더라도 그 계속 중인 입원에 대해서는 보험계약 종료일 다음 날부터 90일까지 보상한다.

정답 | ⑤

해설 | ⑤ 피보험자가 입원하여 치료를 받던 중 보험계약이 종료되더라도 그 계속 중인 입원에 대해서는 보험계약 종료일 다음 날부터 180일까지 보상한다.

★★★
16 실손의료보험에 대한 적절한 설명으로 모두 묶인 것은?

가. 4세대 실손의료보험 특별약관의 경우 입원은 비급여 보장 대상 의료비(3대 비급여 제외)에서 보장 대상 의료비의 30%를 뺀 금액을 지급한다.
나. 정액보험은 다수계약 가입 시 중복에 관계없이 각 계약의 사전약정금액을 보상 처리한다.
다. 피보험자가 입원하여 치료를 받던 중 보험계약이 종료되더라도 그 계속 중인 입원에 대해서는 보험계약 종료일 다음 날부터 90일까지 보상한다.
라. 피보험자가 통원하여 치료를 받던 중 보험기간이 종료되더라도 그 계속 중인 통원에 대해서는 보험계약 종료일 다음 날부터 180일 이내의 통원을 보상하며 최대 80회 한도 내에서 보상한다.
마. 하나의 상해나 질병으로 인해 동일한 의료기관에서 같은 날 외래 및 처방을 함께 받은 경우도 처방 일자를 기준으로 외래 및 처방조제를 합산하지 않고 각각 보상한다.

① 가, 나
② 가, 마
③ 라, 마
④ 가, 나, 라
⑤ 다, 라, 마

정답 | ①

해설 | 다. 피보험자가 입원하여 치료를 받던 중 보험계약이 종료되더라도 그 계속 중인 입원에 대해서는 보험계약 종료일 다음 날부터 180일까지 보상한다.
라. 피보험자가 통원하여 치료를 받던 중 보험기간이 종료되더라도 그 계속 중인 통원에 대해서는 보험계약 종료일 다음 날부터 180일 이내의 통원을 보상하며 최대 90회 한도 내에서 보상한다.
마. 하나의 상해나 질병으로 인해 동일한 의료기관에서 같은 날 외래 및 처방을 함께 받은 경우 처방 일자를 기준으로 외래 및 처방조제를 합산하되 통원 1회로 보아 보상한다.

★★★
17 4세대 실손의료보험을 가입하고 있는 친절한씨에게 다음과 같은 의료비가 발생한 경우 손해보험회사에서 지급해야 할 통원의료비 보험금으로 가장 적절한 것은?

〈4세대 실손의료보험 기본형 · 특별약관 가입〉
• 보험기간 : 올해 1월 1일~12월 31일
• 약관상 보장하는 질병으로 아래와 같이 통원치료

통원일	진단명(병명)	진료기관	본인부담의료비	
			급여	비급여
3월 11일	위염	A의원	40,000원	10,000원
3월 11일	위염	B병원	200,000원	50,000원
5월 4일	위궤양	C상급 · 종합병원	250,000원	70,000원

① 104천원
② 392천원
③ 462천원
④ 496천원
⑤ 611천원

정답 | ③

해설 | • 3월 11일 외래와 처방 : 하나의 상해나 질병으로 인해 동일한 의료기관에서 같은 날 외래 및 처방을 함께 받은 경우 처방 일자를 기준으로 외래 및 처방조제를 합산하되 통원 1회로 보아 보상한다.

- 급여 보장 대상 의료비 240천원 − Max[240천원 × 20% = 48천원, 10천원] = 240천원 − 48천원 = 192천원
- 비급여 보장 대상 의료비 60천원 − Max[60천원 × 30% = 18천원, 30천원] = 60천원 − 30천원 = 30천원

• 5월 4일 외래

- 급여 보장 대상 의료비 250천원 − Max[250천원 × 20% = 50천원, 20천원] = 250천원 − 50천원 = 200천원
- 비급여 보장 대상 의료비 70천원 − Max[70천원 × 30% = 21천원, 30천원] = 70천원 − 30천원 = 40천원

• 지급보험금 : 질병의 치료로 발생한 통원의료비 보험금은 기본형 392천원과 특별약관 70천원을 합산한 462천원을 지급한다.

- 급여 : 192천원 + 200천원 = 392천원
- 비급여 : 30천원 + 40천원 = 70천원

★★★

18 **다음 고객 박소진씨가 가입한 4세대 실손의료보험 정보 및 상해 통원의료비 영수증을 토대로 실손의료보험 보장방식에 대한 설명으로 가장 적절한 것은?(단, 각 답지는 각각 별개의 사례이다.)**

〈실손의료보험 관련 정보〉

• 박소진씨는 20××년 1월 실손의료보험 기본형 및 특별약관(1년 갱신 5년 재가입, 계약자 · 피보험자 · 수익자 모두 박소진 본인)에 가입하였으며, 보험 가입 후 금번 통원치료가 처음임

〈상해 통원(외래)의료비 영수증(20××년 9월 13일)〉

국민건강보험공단 부담금	국민건강보험 본인부담금	국민건강보험 비급여
100,000원	90,500원	50,000원

※ 진료기관은 A의원임

① 박소진씨는 산출된 의료비 전액을 대상으로 실손의료보험에서 보상받을 수 있다.
② 박소진씨는 통원 진료에 대해 연간 100회를 한도로 보상받을 수 있다.
③ 실손의료보험 보상금에서 공제되는 금액(자기부담금)은 33,100원이다.
④ 박소진씨가 보상받을 수 있는 통원의료비 보험금은 92,400원이다.
⑤ 박소진씨가 고의로 자신을 해친 경우(심신상실 등의 사유 아님)에도 보상받을 수 있다.

정답 | ④

해설 | ① 실손의료보험은 보험 가입자가 질병 · 상해로 입원 또는 통원 치료 시 실제 부담한 의료비를 보험회사가 급여대상 중 본인부담액과 비급여의 합계액에서 약관에서 정한 자기부담금을 차감 후 보상 지급하는 상품이다.

② 급여 최대 20만원(무제한), 비급여 최대 20만원(100회) 한도로 보상받을 수 있다.

③ 자기부담금 : 급여 18,100 + 비급여 30,000 = 48,100원

• 기본형 : 급여 보장 대상 의료비 − Max[보장 대상 의료비의 20%, 최소자기부담금]
= 90,500 − Max[90,500 × 20% = 18,100원, 1만원] = 72,400원

※ 최소자기부담금 : 병 · 의원 1만원, 상급 · 종합병원 2만원

• 특별약관 : 비급여 보장 대상 의료비 − Max[보장 대상 의료비의 30%, 최소자기부담금 3만원] = 50,000 − Max(50,000 × 30% = 15,000원, 3만원) = 20,000원

④ 통원의료비 보험금 : 72,400 + 20,000 = 92,400원

⑤ 보험회사는 피보험자가 고의로 자신을 해친 경우로 인하여 생긴 급여 의료비는 보상하지 않는다. 다만, 피보험자가 심신상실 등으로 자유로운 의사결정을 할 수 없는 상태에서 자신을 해친 사실이 증명된 경우에는 보상한다.

★★★

19 다음 고객 김세진씨가 가입한 4세대 실손의료보험 정보 및 상해 통원의료비 영수증을 토대로 실손의료보험 보장방식에 대한 설명으로 가장 적절한 것은?(단, 각 답지는 각각 별개의 사례이다.)

〈실손의료보험 관련 정보〉

• 김세진씨는 20××년 1월 실손의료보험 기본형 및 특별약관(1년 갱신 5년 재가입, 계약자 · 피보험자 · 수익자 모두 박소진 본인)에 가입하였으며, 보험 가입 후 금번 통원치료가 처음임

〈상해 통원(외래)의료비 영수증(20××년 3월 13일)〉

국민건강보험공단 부담금	국민건강보험 본인부담금	국민건강보험 비급여
114,300원	76,200원	64,300원

※ 진료기관은 A종합병원임

① 산출된 의료비 254,800원 전액을 대상으로 실손의료보험에서 보상받을 수 있다.

② 통원의 경우 최대 20만원 한도로 무제한 보상받을 수 있다.

③ 보장금액에서 공제금액 45,240원을 차감하여 보험금이 지급된다.

④ 보상받을 수 있는 통원의료비 보험금은 90,500원이다.

⑤ 고의로 사고를 낸 경우에도 보상받을 수 있다.

정답 | ④

해설 | ① 실손의료보험은 보험 가입자가 질병 · 상해로 입원 또는 통원 치료 시 실제 부담한 의료비를 보험회사가 급여대상 중 본인부담액과 비급여의 합계액에서 약관에서 정한 자기부담금을 차감 후 보상 지급하는 상품이다.

② 급여 최대 20만원(무제한), 비급여 최대 20만원(100회) 한도로 보상받을 수 있다.

③ 자기부담금 : 급여 20,000 + 비급여 30,000 = 50,000원

• 기본형 : 급여 보장 대상 의료비 − Max[보장 대상 의료비의 20%, 최소자기부담금] = 76,200 − Max[76,200 × 20% = 15,240원, 2만원] = 56,200원

※ 최소자기부담금 : 병 · 의원 1만원, 상급 · 종합병원 2만원

• 특별약관 : 비급여 보장 대상 의료비 − Max[보장 대상 의료비의 30%, 최소자기부담금 3만원] = 64,300 − Max(64,300 × 30% = 19,290원, 3만원) = 34,300원

④ 통원의료비 보험금 : 56,200 + 34,300 = 90,500원

⑤ 보험회사는 피보험자가 고의로 자신을 해친 경우(다만, 피보험자가 심신상실 등으로 자유로운 의사결정을 할 수 없는 상태에서 자신을 해친 사실이 증명된 경우에는 보상한다), 보험수익자가 고의로 피보험자를 해친 경우(다만, 그 보험수익자가 보험금의 일부 보험수익자인 경우에는 다른 보험수익자에 대한 보험금은 지급한다), 계약자가 고의로 피보험자를 해친 경우로 인하여 생긴 급여 의료비는 보상하지 않는다.

★★★
20 제3보험에 대한 설명으로 적절하지 않은 것은?

① 상해보험은 피보험자가 급격하고도 우연한 외래의 사고로 인해 상해를 입고, 그 직접적인 결과로 신체적 위험에 관하여 의사의 치료가 필요할 때, 또는 이로 인하여 후유장해가 생기거나 사망한 때 일정한 보험금을 지급하는 보험이다.

② 상해보험의 보상방식은 실손보상을 원칙으로 하는 손해보험과 정액급부를 원칙으로 하는 생명보험과는 달리, 구체적 담보위험에 따라 정액급부방식과 실손보상방식을 별도로 적용하고 있다.

③ 상해보험은 질병보험과 마찬가지로 제3보험으로 분류되어 생명보험회사와 손해보험회사가 모두 영위하고 있는 보험으로 상품의 종류도 다양하고 고객의 선택 폭도 넓다.

④ 암보험은 일반적으로 계약일로부터 즉시 보장이 시작된다.

⑤ 실손의료보험은 보험 가입자가 질병 · 상해로 입원 또는 통원 치료 시 실제 부담한 의료비를 보험회사가 급여대상 중 본인부담액과 비급여의 합계액에서 약관에서 정한 자기부담금을 차감 후 보상 지급하는 상품이다.

정답 | ④

해설 | ④ 암 보장 책임개시일은 보험 가입 첫 날로부터 그날을 포함하여 90일이 지난 날의 다음 날에 시작되는 상품이 일반적이다. 다만, 갱신계약에서는 면책기간을 적용하지 아니하나 부활 계약에서는 면책기간을 적용한다. 또한 보험 나이 15세 미만 피보험자의 암에 대한 보장개시일은 보험계약일로 하며 보험회사별 약관에 따라 유사암인 기타피부암, 갑상선암, 제자리암 및 경계성종양에 대한 보장개시일도 보험계약일로 한다.

★★★
21 제3보험에 대한 적절한 설명으로 모두 묶인 것은?

가. 상해보험의 보상방식은 실손보상을 원칙으로 하고 있다.
나. 보험회사는 다른 약정이 없으면 피보험자가 직업, 직무 또는 동호회 활동 목적으로 스카이다이빙, 행글라이딩 등의 행위로 인하여 상해 관련 보험금 지급 사유가 발생한 때에는 해당 보험금을 지급하지 않는다.
다. 암보험의 경우 책임개시일 90일 이전의 암으로 진단 확정이 된 경우 보험계약이 무효가 된다.
라. 4세대 실손의료보험은 통원의 경우 최대 20만원 한도로 연간 90회 보상한다.

① 가, 라
② 나, 다
③ 가, 나, 다
④ 나, 다, 라
⑤ 가, 나, 다, 라

정답 | ②

해설 | 가. 상해보험의 보상방식은 실손보상을 원칙으로 하는 손해보험과 정액급부를 원칙으로 하는 생명보험과는 달리, 구체적 담보위험에 따라 정액급부방식과 실손보상방식을 별도로 적용하고 있다.
라. 급여 최대 20만원(무제한), 비급여 최대 20만원(연간 100회) 한도로 보상한다.

★★★
22 제3보험에 대한 적절한 설명으로 모두 묶인 것은?

가. 상해보험에 있어서 신체의 손상은 급격하고도 우연한 외래의 사고와 상당인과관계가 있어야 한다.
나. 상해만을 담보하기보다는 주보험 계약에 재해사망이나 질병사망을 동시에 보장하고 재해입원특약, 장해보장특약, 교통재해특약 등 각종 상해 특약을 추가하는 형태로 질병보험과 함께 상해보험을 판매하고 있으며 보장 내용도 사망을 포함한 장해, 입원, 수술, 골절 등의 여러 가지 급부를 포괄적으로 담보하고 있다.
다. 보험회사는 피보험자가 상해의 직 · 간접 결과로써 사고 일부터 90일 이내에 완전하고도 계속적으로 무능력하게 되어 직무에 종사할 수 없게 되었을 경우에는 그 기간에 대해 52주를 한도로 휴업손해장해 특별약관의 보험가입금액을 정기적으로 지급한다.
라. 실손의료보험에서 상급 병실료 차액보장은 입원 시 실제로 사용한 병실과 기준병실의 비급여 병실료 차액에서 50%를 뺀 금액을 1일 평균 금액 10만원 한도로 지급한다.
마. 실손형 보험은 입원 또는 통원 치료를 받았을 때, 실제로 본인이 지출한 의료비를 보험가입금액 한도 내에서 지급하는 보험이며, 정액형은 치료비 금액과 관계없이 보험사고가 발생하면 계약 당시 보상하기로 약정한 금액을 보험금으로 지급하는 보험이다.
바. 실손의료보험은 피보험자가 통원하여 치료를 받던 중 보험기간이 종료되더라도 그 계속 중인 통원에 대해서는 보험계약 종료일 다음 날부터 180일 이내의 통원을 보상하며 최대 90회 한도 내에서 보상한다.

① 가, 나, 다, 라, 마
② 가, 나, 다, 라, 바
③ 가, 나, 다, 마, 바
④ 가, 나, 라, 마, 바
⑤ 나, 다, 라, 마, 바

정답 | ④

해설 | 다. 보험회사는 피보험자가 상해의 직접 결과로써 사고 일부터 90일 이내에 완전하고도 계속적으로 무능력하게 되어 직무에 종사할 수 없게 되었을 경우에는 그 기간에 대해 52주를 한도로 이 특별약관의 보험가입금액(일당)을 정기적(주급)으로 지급한다.

··· TOPIC 4 장해소득보상보험

★★☆

23 장해소득보험에 대한 적절한 설명으로 모두 묶인 것은?

> 가. 우리나라에서는 주보험보다는 특약으로 부가하고 있으며, 장해 정도에 따라 직업 및 소득과 상관없이 일정한 금액의 일시금이나 연금이 지급된다.
> 나. 보험회사에 따라 약관이 정하는 기준에 의거, 피보험자의 가입연령 및 건강 상태, 직업 또는 직무 등에 따라 보험가입금액이 제한되거나 가입이 불가능할 수 있다.
> 다. 장해지급률이 상해발생 일부터 90일 이내에 확정되지 않는 경우에는 상해발생 일부터 90일이 되는 날의 의사진단에 기초하여 고정될 것으로 인정되는 상태를 장해지급률로 결정한다.
> 라. 같은 상해로 두 가지 이상의 후유장해가 생긴 경우에는 후유장해지급률을 합산하지 않고 그중 높은 지급률을 적용함을 원칙으로 한다.
> 마. 하나의 장해가 다른 장해와 통상 파생하는 관계에 있는 경우에는 그중 높은 지급률만을 적용하며, 하나의 장해로 둘 이상의 파생장해가 발생하는 경우 각 파생장해의 지급률을 합산한 지급률을 적용한다.

① 가, 나　　② 가, 마
③ 나, 다　　④ 다, 라
⑤ 라, 마

정답 | ①

해설 | 다. 장해지급률이 상해발생 일부터 180일 이내에 확정되지 않는 경우에는 상해발생 일부터 180일이 되는 날의 의사진단에 기초하여 고정될 것으로 인정되는 상태를 장해지급률로 결정한다.

라. 같은 상해로 두 가지 이상의 후유장해가 생긴 경우에는 후유장해지급률을 합산하여 지급한다. 하나의 장해가 관찰방법에 따라서 장해분류표상 2가지 이상의 신체 부위에서 장해로 평가되는 경우에는 그중 높은 지급률을 적용하며, 동일한 신체부위에 2가지 이상의 장해가 발생한 경우에는 합산하지 않고 그중 높은 지급률을 적용함을 원칙으로 한다.

마. 하나의 장해가 다른 장해와 통상 파생하는 관계에 있는 경우에는 그중 높은 지급률만을 적용하며, 하나의 장해로 둘 이상의 파생장해가 발생하는 경우 각 파생장해의 지급률을 합산한 지급률과 최초 장해의 지급률을 비교하여 그중 높은 지급률을 적용한다.

★★☆
24 장해소득보상보험에 대한 설명으로 적절하지 않은 것은?

① 국내 장해소득보상보험은 피보험자가 보험기간 중에 상해 또는 보험기간 중에 진단 확정된 질병의 직접 결과로써 장해분류표에서 정한 장해지급률이 80% 이상에 해당하는 장해상태가 되었을 때 약관에 따라 미리 정해진 후유장해보험금을 일시금이나 연금으로 지급하는 형태의 보험이다.

② 장해분류표에 해당되지 않는 후유장해는 피보험자의 직업, 연령, 신분 또는 성별 등에 관계없이 신체의 장해정도에 따라 장해분류표의 구분에 준하여 지급액을 결정한다.

③ 장해라 함은 상해 또는 질병에 대하여 치유된 후 신체에 남아 있는 영구적인 정신 또는 육체의 훼손상태 및 기능상실 상태를 말한다.

④ 영구히 고정된 증상은 아니지만 치료 종결 후 한시적으로 나타나는 장해에 대해서는 그 기간이 5년 이상인 경우 해당 장해지급률의 20%를 장해지급률로 한다.

⑤ 장해지급률이 결정되었으나 그 이후 보장받을 수 있는 기간에 장해상태가 더 악화된 때에는 그 악화된 장해상태를 기준으로 장해지급률을 결정한다.

정답 | ①

해설 | ① 국내 장해소득보상보험은 피보험자가 보험기간 중에 상해의 직접 결과로써 장해분류표에서 정한 장해지급률이 50% 이상(또는 80% 이상)에 해당하는 장해상태가 되었을 때 또는 보험기간 중에 진단 확정된 질병의 직접 결과로써 장해분류표에서 정한 장해지급률이 50% 이상(또는 80% 이상)에 해당하는 장해상태가 되었을 때 약관에 따라 미리 정해진 후유장해보험금을 일시금이나 연금으로 지급하는 형태의 보험이다.

··· TOPIC 5 장기간병보험

★★☆
25 장기간병보험에서 보험금을 지급하는 경우로 모두 묶인 것은?

가. 이학빈씨는 20×0년 1월 2일 장기간병보험에 가입한 후, 20×1년 2월 3일 교통사고로 인한 일상생활장해상태가 되었다.
나. 20×0년 4월 30일 장기간병보험에 가입한 이윤리씨는 20×1년 2월 2일 상세 불명의 치매로 진단 확정되었다.
다. 이세금씨는 20×0년 1월 3일 장기간병보험에 가입한 후, 같은 해 7월 14일 알츠하이머병이 발병한 상태에서 교통사고에 의한 뇌의 손상을 원인으로 하여 치매상태가 발생하였다.
라. 20×0년 3월 1일 장기간병보험에 가입한 이상속씨는 20×2년 5월 4일 의사의 처방에 의하지 않는 약물의 투여로 인한 인지기능의 장애가 발생하였다.

① 가　　② 나, 라
③ 가, 다, 라　　④ 나, 다, 라
⑤ 가, 나, 다, 라

정답 | ①

해설 | • 일상생활장해상태로 인한 책임개시일은 계약일로부터 그날을 포함하여 90일이 지난 날의 다음 날로 한다. 다만 재해를 직접적인 원인으로 일상생활장해상태가 되었을 경우에는 계약일을 책임개시일로 한다.
• 치매는 천천히 발병하고 행동 등에 따라 역선택 가능성이 높아 치매상태로 인한 책임개시일은 보험회사마다 계약일로부터 그날을 포함하여 만 1~2년이 지난 날의 다음 날로 한다. 다만, 재해로 인한 뇌의 손상을 직접적인 원인으로 치매상태가 발생한 경우에는 계약일을 책임개시일로 한다.
• 정신분열병이나 우울증과 같은 정신질환으로 인한 인지기능의 장애 및 알코올중독, 의사의 처방에 의하지 않는 약물의 투여로 인한 인지기능의 장애는 장기간병보험에서 담보하지 않는다.

★★☆

26 다음 장기간병보험의 보험사고 중 보상이 되지 않는 것은?

① 20×3년 3월 9일 장기간병보험 가입 후 같은 해 7월 5일 뇌병변장해로 인하여 일상생활장해상태가 된 경우
② 20×3년 10월 1일 장기간병보험 가입 후 같은 해 10월 15일 강도폭행에 의하여 이동하기와 화장실 사용하기를 스스로 할 수 없는 일상생활장해상태가 된 경우
③ 20×3년 10월 21일 장기간병보험 가입 후 같은 해 10월 22일 등산 중 실족으로 인하여 이동하기와 목욕하기를 스스로 할 수 없는 일상생활장해상태가 된 경우
④ 20×1년 1월 3일 장기간병보험 가입 후 20×3년 2월 알츠하이머병에 걸려 CDR척도 2점에 해당하는 중증치매상태가 된 경우
⑤ 20×3년 10월 10일 장기간병보험 가입 후 같은 해 10월 15일 자동차 사고로 인하여 중증의 인지기능의 장애가 발생한 상태가 된 경우

정답 | ④

해설 | ④ 중증치매상태는 CDR척도 검사 결과가 3점 이상(다만, 이와 동등하다고 국내의학계에서 일반적으로 인정되는 검사방법을 사용하여 이와 동등한 정도로 판정되는 경우를 포함한다)에 해당되는 상태를 말한다.

★★☆

27 장기요양상태에 대한 설명으로 적절하지 않은 것은?

① 65세 미만의 자라도 요건을 충족하는 경우 장기요양상태로 판정받을 수 있다.
② 거동이 현저히 불편하여 장기요양이 필요하다고 판단되어 노인장기요양보험법에 따라 등급판정위원회에서 장기요양 1등급 또는 장기요양 2등급으로 판정받은 경우를 말한다.
③ 노인장기요양보험 등급판정기준은 장기요양인정 점수를 기준으로 하여 5개 등급으로 최종적인 등급을 판정한다.
④ 2등급에 해당하는 장기요양인정 점수는 1등급에 해당하는 장기요양인정 점수보다 높다.
⑤ 장기요양상태에 대한 책임개시일은 계약일부터 그날을 포함하여 90일이 지난 날의 다음 날로 약관이 정하는 바에 따라 보장을 하지만, 재해를 직접적인 원인으로 장기요양상태가 되었을 경우에는 보험회사는 계약일을 책임개시일로 한다.

정답 | ④

해설 | ④ 노인장기요양보험 등급판정기준은 다음과 같다.

장기요양등급	심신의 기능상태
1등급	심신의 기능상태 장애로 일상생활에서 전적으로 다른 사람의 도움이 필요한 자로서 장기요양인정 점수가 95점 이상인 자
2등급	심신의 기능상태 장애로 일상생활에서 상당 부분 다른 사람의 도움이 필요한 자로서 장기요양인정 점수가 75점 이상 95점 미만인 자
3등급	심신의 기능상태 장애로 일상생활에서 일정 부분 다른 사람의 도움이 필요한 자로서 장기요양인정 점수가 60점 이상 75점 미만인 자
4등급	심신의 기능상태 장애로 일상생활에서 일정 부분 다른 사람의 도움이 필요한 자로서 장기요양인정 점수가 51점 이상 60점 미만인 자
5등급	치매환자로서(노인장기요양보험법 시행령 제2조에 따른 노인성 질병으로 한정) 장기요양인정 점수가 45점 이상 51점 미만인 자
인지지원등급	치매환자로서(노인장기요양보험법 시행령 제2조에 따른 노인성 질병으로 한정) 장기요양인정 점수가 45점 미만인 자

★★☆

28 제3보험에 대한 다음 설명 중 적절하지 않은 것은?

① 암 보장 책임개시일은 보험 가입 첫날로부터 그날을 포함하여 90일이 지난 날의 다음 날에 시작되는 상품이 일반적이다.

② 일반적인 보험 상품은 질병의 종류만으로 보장 여부를 구분하지만, CI보험은 질병의 종류와 함께 심도에 따라서도 보장 여부를 판단하고 있다.

③ 실손의료보험이란 피보험자가 질병이나 상해 또는 이로 인한 간병으로 병 · 의원에서 치료를 받고 지급한 의료비를 보상해 주는 보험으로 민영의료보험 또는 의료실비보험이라고 한다.

④ 보험기간이 10년 이상인 장해소득보상보험은 계약의 효력이 없어진 경우 상해 발생일 또는 질병의 진단확정일부터 1년 이내에 장해상태가 더 악화된 때에는 그 악화된 장해상태를 기준으로 장해지급률을 결정한다.

⑤ 장기간병보험이란 보험회사의 약관상 피보험자가 상해, 질병 등의 사고로 일상생활 장해상태 또는 치매상태로 진단이 확정될 경우 간병비용을 연금이나 일시금의 형태로 받을 수 있는 보험이다.

정답 | ④

해설 | ④ 장해지급률이 결정되었으나 그 이후 보장받을 수 있는 기간(계약의 효력이 없어진 경우 보험기간이 10년 이상인 계약은 상해 발생일 또는 질병의 진단확정일부터 2년 이내로 하고, 보험기간이 10년 미만인 계약은 상해 발생일 또는 질병의 진단확정일부터 1년 이내)에 장해상태가 더 악화된 때에는 그 악화된 장해상태를 기준으로 장해지급률을 결정한다.

★★☆

29 제3보험에 대한 설명으로 적절하지 **않은** 것은?

① 상해보험의 면책사유에는 고의, 임신, 출산, 산후기, 전쟁, 외국의 무력행사, 혁명, 내란, 사변, 폭동 등 일반적인 면책사유 외에도 피보험자가 직업, 직무 또는 동호회 활동 목적으로 전문등반, 모터보트 등의 행위로 인한 상대적인 면책사유를 두고 있다.

② 15세 미만자, 심신상실자 및 심신박약자의 사망을 보험사고로 하는 계약, 타인의 생명보험계약에 대하여 계약체결 시 피보험자의 서면동의가 이루어지지 않는 계약, 암보험의 경우 책임개시일 90일 이전의 암으로 진단 확정이 된 경우 보험계약이 무효가 된다.

③ 암보험, 뇌혈관 등의 중대한 질병보험 등은 계약일 이후 일정한 기간 내에 발병한 질병에 대하여 보험가입금액의 일부만 지급한다.

④ 일상생활장해상태는 이동하기를 스스로 할 수 없는 상태를 기본요건으로 하여 식사하기, 화장실 사용하기, 목욕하기, 옷 입기 중 한 가지가 추가로 해당하는 경우를 말한다.

⑤ 장기요양상태에 대한 책임개시일은 계약일로부터 그날을 포함하여 만 2년이 지난 날의 다음 날로 약관이 정하는 바에 따라 보장을 한다.

정답 | ⑤

해설 | ⑤ 장기요양상태에 대한 책임개시일은 계약일로부터 그날을 포함하여 90일이 지난 날의 다음 날로 약관이 정하는 바에 따라 보장을 한다. 다만, 재해를 직접적인 원인으로 장기요양상태가 되었을 경우에는 보험회사는 계약일을 책임개시일로 한다.

CHAPTER

05 손해보험

출제 비중 : 24~36% / 6~9문항

학습가이드 ■ ■

학습 목표	학습 중요도
Tip 보험가액 평가에 대한 계산형 문제가 출제될 수 있음 Tip 후유장애나 사망 시 상실수익액은 자동차보험 후유장애 보험금 및 사망보험금과 연계하여 학습 필요	
1. 화재보험의 보상범위를 알고 보험금을 계산할 수 있다.	★★★
2. 화재보험의 주요 특약의 특징을 설명할 수 있다.	★★★
3. 화재보험의 보험료 산출 방식을 이해할 수 있다.	★
4. 동산종합보험 등 기타 재산보험의 종류를 알 수 있다.	★
5. 배상책임보험의 종류와 주요 내용을 설명할 수 있다.	★★★
6. 자동차보험의 특징을 알고 지급 보험금을 계산할 수 있다.	★★★
7. 장기손해보험의 주요 특징과 상품에 대해 설명할 수 있다.	★★★
8. 통합보험의 주요 특징과 보장범위에 대해 설명할 수 있다.	★

▪▪▪ TOPIC 1 화재보험 개요

★★★

01 화재보험에 대한 다음 설명 중 가장 적절한 것은?

① 화재보험은 주택물건의 건물뿐만 아니라 수용가재를 대상으로 하며 화재보험 보통약관이 적용된다.

② 화재보험에서 보상하는 손해는 화재에 따른 인적손해와 비용손해이다.

③ 일반화재보험에서는 폭발 그 자체의 손해는 제외되지만 주택화재보험에서는 폭발, 파열의 손해도 담보하고 있다.

④ 화재보험에서는 화재가 발생했을 때 생긴 도난 또는 분실로 생긴 손해에 대해서도 보상하고 있다.

⑤ 휴업하는 경우에는 이러한 사실을 보험회사에 알리지 않았다 하더라도 보험회사에 계약해지권이 발생하지는 않는다.

정답 | ③

해설 | ① 주택화재보험은 주택물건의 건물 및 수용가재를 대상으로 하며 주택화재보험 보통약관에 의해 적용되는 반면, 화재보험은 일반물건과 공장물건을 대상으로 하여 화재보험 보통약관이 적용된다.

② 화재보험에서 보상하는 손해는 화재에 따른 재산손해와 비용손해이다.

④ 화재가 발생했을 때 생긴 도난 또는 분실로 생긴 손해는 화재보험에서 보상하지 않는 손해이다.

⑤ 계약자나 피보험자가 계약체결 시 고지의무사항을 제대로 알리지 않거나 또는 계약 후 알릴 의무사항을 제대로 이행하지 않은 경우 보험회사에 계약해지권이 발생하여 손해를 보상받지 못하는 경우가 있다. 이러한 사실이 생긴 경우에는 지체 없이 서면으로 보험회사에 알리고 보험증권에 확인을 받아야 한다. 이러한 계약 후 알릴 의무사항은 다음과 같다.

- 동일한 위험을 보장하는 계약을 다른 보험회사와 체결하고자 할 때
- 목적물을 양도할 때, 다른 곳으로 옮길 때
- 보험의 목적 또는 보험의 목적을 수용하는 건물의 구조를 변경, 개축, 증축하거나 계속하여 15일 이상 수선할 때
- 보험의 목적 건물의 용도를 변경함으로써 위험이 변경되는 경우
- 보험의 목적 또는 보험의 목적 건물을 계속하여 30일 이상 비워두거나 휴업하는 경우
- 기타 위험이 뚜렷이 변경되거나 변경되었음을 알았을 때

★★★

02 화재보험에서 보상하는 손해로 모두 묶인 것은?

가. 주택화재보험에서 폭발, 파열의 손해
나. 화재로 인하여 피난 간 곳에서의 5일 이내 화재로 인한 간접손해
다. 화재가 발생했을 때 생긴 도난 또는 분실로 생긴 손해
라. 화재에 기인하지 않은 수도관, 수관 또는 수압기 등의 파열로 생긴 손해
마. 보험가입금액을 초과하는 손해방지비용

① 가, 나
② 가, 마
③ 나, 다
④ 다, 라
⑤ 라, 마

정답 | ②

해설 | 가. 일반화재보험에서는 폭발 그 자체의 손해는 제외되지만 주택화재보험에서는 폭발, 파열의 손해도 담보하고 있다.

나. 피난손해 : 화재로 인하여 피난(다른 장소로 옮김)한 곳에서의 5일 이내 화재로 인한 직접손해, 소방손해를 보상한다. 즉, 옮긴 장소에서 다시 화재가 발생하거나 소방이나 피난의 필요한 조치로 인해 발생한 손해를 보상한다.

다. 화재가 발생했을 때 생긴 도난 또는 분실로 생긴 손해는 화재보험에서 보상하지 않는 손해이다.

라. 화재에 기인하지 않은 수도관, 수관 또는 수압기 등의 파열로 생긴 손해는 화재보험에서 보상하지 않는 손해이다.

마. 잔존물 제거 비용을 제외한 비용손해액에 대한 보험금은 보험가입금액을 초과하여도 보상받을 수 있다.

★★★
03 화재보험에 대한 설명으로 적절하지 않은 것은?

① 소유한 건물을 임대한 임대인으로서의 피보험이익과 해당 건물에 임차인으로서 영업활동을 하는 중에 발생될 위험에 대한 피보험이익이 엄연히 다르므로, 피보험이익의 개념을 명확히 알 필요가 있다.

② 소방손해는 화재의 진화를 위하여 소방주수에 따른 수침손해 및 타 건물로 옮겨 붙는 화재위험을 차단하기 위하여 일부 구조물이나 건물을 파괴하거나 또는 무너뜨려 화재의 확대를 방지하는 파괴손해를 보상한다.

③ 계약자, 피보험자 또는 이들의 법정대리인의 고의 또는 중대한 과실로 생긴 손해는 화재보험에서 보상하지 않는 손해이다.

④ 일반화재보험의 경우 재고자산을 제외한 일반물건에 대해서는 주택화재보험과 동일하게 부보비율 조건부 실손보상조항이 있어 보험가입금액이 보험가액의 80% 이상이면 전부보험과 동일하게 보험금을 지급한다.

⑤ 화재에 따른 비용손해는 잔존물 제거 비용, 손해방지비용, 대위권 보전비용, 잔존물 보전비용, 기타 협력비용으로 나누어지며, 비용손해액에 대한 보험금은 보험가입금액을 초과하여도 보상받을 수 있다.

정답 | ⑤

해설 | ⑤ 비용손해 중 기타협력비용은 비례보상이 아니라 실제 지출한 비용을 보상해 준다. 또한 잔존물제거 비용에 대한 보험금은 재산손해액의 10% 한도로 지급하며, 재산손해액에 대한 보험금과 잔존물제거 비용에 대한 보험금의 합계는 보험가입금액을 한도로 지급한다. 이에 비해 잔존물제거 비용을 제외한 비용손해액에 대한 보험금은 보험가입금액을 초과하여도 보상받을 수 있다.

★★★
04 화재보험에 대한 설명으로 가장 적절한 것은?

① 소유한 건물을 임대한 임대인으로서의 피보험이익과 해당 건물에 임차인으로서 영업활동을 하는 중에 발생될 위험에 대한 피보험이익이 엄연히 다르므로, 피보험이익의 개념을 명확히 알 필요가 있다.

② 건물인 경우 피보험자 소유인 칸막이, 대문, 담, 곳간 등 건물의 부속물과 피보험자 소유인 간판, 네온사인, 안테나 등 건물의 부착물은 보험증권에 기재하여야 담보를 받을 수 있는 명기물건에 해당된다.

③ 화재가 발생했을 때 생긴 도난 또는 분실로 생긴 손해도 보상한다.

④ 일반화재보험의 경우 재고자산을 포함한 일반물건에 대해서 주택화재보험과 동일하게 부보비율 조건부 실손보상조항이 있다.

⑤ 잔존물제거 비용에 대한 보험금은 재산손해액의 10% 한도로 지급하며, 재산손해액에 대한 보험금과 잔존물제거 비용에 대한 보험금은 보험가입금액을 초과하여도 보상받을 수 있다.

정답 I ①

해설 I ② 건물인 경우 피보험자 소유인 칸막이, 대문, 담, 곳간 등 건물의 부속물과 피보험자 소유인 간판, 네온사인, 안테나 등 건물의 부착물은 자동담보물건에 해당된다.

③ 화재가 발생했을 때 생긴 도난 또는 분실로 생긴 손해는 화재보험에서 보상하지 않는 손해이다.

④ 일반화재보험의 경우 재고자산을 제외한 일반물건에 대해서는 주택화재보험과 동일하게 부보비율 조건부 실손보상조항이 있어 보험가입금액이 보험가액의 80% 이상이면 전부보험과 동일하게 보험금을 지급한다.

⑤ 잔존물제거 비용에 대한 보험금은 재산손해액의 10% 한도로 지급하며, 재산손해액에 대한 보험금과 잔존물제거 비용에 대한 보험금의 합계는 보험가입금액을 한도로 지급한다. 이에 비해 잔존물제거 비용을 제외한 비용손해는 보험가입금액을 초과하여도 보상받을 수 있다.

★★★

05 공장물건 지급보험금 계산으로 적절하지 **않은** 것은?

	보험가액	보험가입금액	손해액	지급보험금
①	10,000천원	10,000천원	8,000천원	8,000천원
②		5,000천원	10,000천원	5,000천원
③		5,000천원	5,000천원	2,000천원
④		5,000천원	1,000천원	500천원
⑤		12,000천원	10,000천원	10,000천원

정답 I ③

해설 I ① 전부보험이므로 8,000천원 손해액만큼 지급보험금 8,000천원 보상

② 일부보험이므로 비례보상 : $10{,}000\text{천원} \times \frac{5{,}000\text{천원}}{10{,}000\text{천원}} = 5{,}000\text{천원}$

③ 일부보험이므로 비례보상 : $5{,}000\text{천원} \times \frac{5{,}000\text{천원}}{10{,}000\text{천원}} = 2{,}500\text{천원}$

④ 일부보험이므로 비례보상 : $1{,}000\text{천원} \times \frac{5{,}000\text{천원}}{10{,}000\text{천원}} = 500\text{천원}$

⑤ 보험가입금액이 12,000천원(초과보험)이더라도 손해액인 10,000천원 보상

★★★

06 **보험가입금액 1억원, 보험가액 2억원, 재산손해액 50,000천원, 잔존물 제거 비용 10,000천원, 해당 건물에 화재가 발생한 경우 물건종류에 따른 지급보험금이 적절하게 연결된 것은?**

	해당 건물이 주택인 경우	해당 건물이 공장 내 기숙사(공장물건)인 경우
①	31,250천원	30,000천원
②	36,250천원	25,000천원
③	36,250천원	30,000천원
④	37,500천원	25,000천원
⑤	37,500천원	30,000천원

정답 | ③

해설 | **〈해당 건물이 주택인 경우〉**

- 재산손해액 : $50,000 \times \frac{1억원}{(2억원 \times 80\%)} = 31,250$천원
- 비용손해액 : 잔존물 제거 비용 $10,000 \times \frac{1억원}{(2억원 \times 80\%)} = 6,250$천원

  ※ 잔존물 제거 비용 한도 = 재산손해액의 10% = 5,000천원
- 총 지급보험금 : 31,250 + 5,000 = 36,250천원

〈해당 건물이 공장 내 기숙사(공장물건)인 경우〉

- 재산손해액 : $50,000 \times \frac{1억원}{2억원} = 25,000$천원
- 비용손해액 : 잔존물 제거 비용 $10,000 \times \frac{1억원}{2억원} = 5,000$천원

  ※ 잔존물 제거 비용 한도 = 재산손해액의 10% = 5,000천원
- 총 지급보험금 : 25,000 + 5,000 = 30,000천원

··· TOPIC 2 화재보험 특별약관

07 화재보험 특별약관에 대한 설명이 적절하게 연결된 것은?

가. 법률상 특수건물 소유자에게 그 건물의 화재로 인하여 타인이 사망하거나 부상한 때에는 실화책임과 관련법률 규정에도 불구하고, 과실이 없는 경우에도 보험가입금액 범위 안에서 그 손해를 배상할 책임이 있도록 규정하고 있다.
나. 재고자산에 대해 보상한도를 설정하고 보험기간이 종료될 때 실제 재고가액으로 하여 보험료를 정산하고, 손해가 발생했을 때 실제 재고가액을 기준으로 보상받을 수 있다.

	가	나
①	신체손해배상책임담보 특별약관	재고가액통지 특별약관
②	신체손해배상책임담보 특별약관	재조달가액담보 특별약관
③	다중이용업소 화재배상책임보험 특별약관	재고가액통지 특별약관
④	다중이용업소 화재배상책임보험 특별약관	재조달가액담보 특별약관
⑤	화재배상책임보험 특별약관	실손보상 특별약관

정답 | ①
해설 | 가. 신체손해배상책임담보 특별약관에 대한 설명이다.
나. 재고가액통지 특별약관에 대한 설명이다.

★★★
08 박재고씨의 창고에는 상품 및 재고품 등을 보관하고 있으며, 판매상황에 따라 재고품은 매월 변동이 있다. 이러한 변동에도 불구하고 상품 및 재고품을 실제 재고가액으로 보상받기 위하여 화재보험에 재고가액통지특별약관을 추가하여 가입하였다. 만약 다음 지문과 같이 최종통지 재고가액 작성 당시의 실제 재고가액보다 최종통지 재고가액이 적은 상태에서 창고에 화재가 발생하였을 경우 박재고씨에게 지급될 수 있는 재고가액통지특별약관의 보험금으로 가장 적절한 것은?

- 보상한도액 : 2,000,000천원
- 손해액 : 500,000천원
- 최종통지 재고가액 : 900,000천원
- 최종통지 재고가액 작성 당시의 실제 재고가액 : 3,000,000천원
- 사고시점의 실제 재고가액 : 2,000,000천원

① 150,000천원
② 200,000천원
③ 250,000천원
④ 300,000천원
⑤ 350,000천원

정답 | ①

해설 | 정한 기일 내에 최종 통지된 재고가액이 그 가액 작성 당시의 실제 재고가액보다 적게 통지된 경우의 보험금

: $\text{Min}[\text{손해액, 보상한도액}] \times \dfrac{\text{최종통지 재고가액}}{\text{최종통지 재고가액 작성 당시의 실제 재고가액}} = \text{Min}[500{,}000,\ 2{,}000{,}000] \times \dfrac{900{,}000}{3{,}000{,}000} = 150{,}000\text{천원}$

★★★

09 화재보험 특별약관에 대한 다음 설명 중 가장 적절한 것은?

① 법률상 특수건물의 소유자에게 그 건물의 화재로 인하여 타인이 사망하거나 부상한 때에는 과실이 있는 경우에 한해 보험가입금액 범위 안에서 그 손해를 배상할 책임이 있도록 규정하고 있어, 특수건물인 경우 화재보험과 신체손해배상책임담보 특별약관의 가입이 의무화되었다.

② 신체손해배상책임담보 특별약관에서 보상하는 손해는 특수건물의 화재로 특수건물의 소유자 및 주거를 같이하는 직계가족 이외의 사람이 사망하거나 부상할 경우 사망 시 1인당 1억5,000만원, 부상 시 상해 급수별에 따라 최고 3,000만원, 후유장해 시 후유장해등급별에 따라 최고 1억5,000만원을 지급한다.

③ 재조달가액담보 특별약관은 보험가입금액이 재조달가액의 80% 미만일 경우에도 부보비율 조건부 실손보상조항이 적용된다.

④ 재조달가액담보 특별약관은 손해발생 후 90일 이내 수리복구의사를 서면통보하지 않거나 사고 장소에서 실제로 수리 또는 복구하지 않을 경우에는 재조달가액이 아니라 현재가액 기준으로 보상한다.

⑤ 화재배상책임 특별약관은 화재, 폭발, 균열로 타인의 재물을 망가트려 법률적인 배상책임을 부담함으로써 입은 손해를 보상하는 특별약관이다.

정답 | ②

해설 | ① '화재로 인한 재해보상과 보험 가입에 관한 법률' 제2조제3호와 동법 시행령 제2조제1항에서 정하는 특수건물, 즉 일정 규모 이상의 다수인이 출입 또는 근무하거나 거주하는 건물에 대해서는 특약부 화재보험의 가입이 의무화되어 있다. 이는 법률상 특수건물 소유자에게 그 건물의 화재로 인하여 타인이 사망하거나 부상한 때에는 실화책임과 관련법률 규정에도 불구하고, 과실이 없는 경우에도 보험가입금액 범위 안에서 그 손해를 배상할 책임이 있도록 규정하고 있기 때문이다. 이는 많은 사람이 사용하는 다중시설건물의 화재 시 발생할 수 있는 인명피해에 대해 적절한 보상을 통하여 국민생활의 안정을 도모하기 위해 제정되었다. 따라서 특수건물인 경우 화재보험과 신체손해배상책임담보 특별약관의 가입이 의무화되었다.

③ 지급보험금 계산은 보험가입금액이 재조달가액의 80% 이상이냐 미만이냐에 따라 달라진다. 보험가입금액이 보험의 목적의 재조달가액의 80% 이상일 경우에는 보험가입금액을 한도로 재조달가액기준 손해액 전액을 보상하지만, 보험가입금액이 재조달가액의 80% 미만일 경우에는 비례보상, 즉 '재조달가액기준의 손해액×보험가입금액/재조달가액'으로 계산된다. 따라서 보험가입금액이 재조달가액의 80% 미만일 경우에는 부보비율 조건부 실손보상조항이 적용되지 않음에 유의하여야 한다.

④ 손해발생 후 180일 이내 수리복구의사를 서면통보하지 않거나 사고 장소에서 실제로 수리 또는 복구하지 않을 경우에는 재조달가액이 아니라 현재가액 기준으로 보상한다.
⑤ 화재배상책임 특별약관[또는 실화(대물)배상 특별약관]은 화재로 타인의 재물을 망가트려 법률적인 배상책임을 부담함으로써 입은 손해를 보상하는 특별약관이다.

★★★
10 다음 고객 정보를 토대로 화재보험에 대한 설명으로 가장 적절한 것은?

〈고객 정보〉
- 화재보험 물건 : 아파트(최대 층수가 10층인 아파트이며, 단지 내 최대 층수 동일)
- 추가적인 고객 니즈 : 애장품인 골동품에 대한 보장이 가능한지 궁금해하고 있음

① 골동품의 경우 자동담보물건으로 화재보험 가입 시 보험증권에 별도 기재할 필요는 없다.
② 화재가 발생하면 화재에 따른 직접손해는 보상받을 수 있으나, 화재에 따른 소방손해와 피난손해에 대해서는 보상받을 수 없다.
③ 화재가 발생했을 때 생긴 도난 또는 분실로 생긴 손해도 보상받을 수 있다.
④ 보험가액의 결정 시 아파트와 같은 교환재의 경우에는 재조달가액을 기준으로 하고 있다.
⑤ 소유한 아파트의 최대 층수가 10층이므로 신체손해배상특약부 화재보험 가입이 의무화되어 있지 않다.

정답 | ⑤

해설 | ① 화재보험의 목적물 중 보험증권에 기재하여야 담보를 받을 수 있는 것을 명기물건이라 하고, 다른 약정이 없으면 보험의 목적에 자동적으로 포함되는 것을 자동담보물건이라 한다. 명기물건은 도덕적 해이의 우려가 있거나 또는 객관적으로 가치를 산정하기 어려워 사고 발생 시 손해사정상 분쟁의 우려가 있는 것을 주로 대상으로 하고 있다. 화재보험의 명기물건은 다음과 같다.

- 통화, 유가증권, 인지, 우표 및 이와 비슷한 것
- 귀금속, 귀중품(무게나 부피가 휴대할 수 있으며, 점당 300만원 이상), 보옥, 보석, 글 · 그림, 골동품, 조각물 및 이와 비슷한 것
- 원고, 설계서, 도안, 물건의 원본, 모형, 증서, 장부, 금형, 목형, 소프트웨어 및 이와 비슷한 것
- 실외 및 옥외에 쌓아둔 동산

② 화재보험에서 보상하는 손해는 화재에 따른 재산손해와 비용손해이다. 재산손해는 다시 화재에 따른 직접손해, 소방손해, 피난손해로 구분된다.
③ 화재가 발생했을 때 생긴 도난 또는 분실로 생긴 손해는 화재보험에서 보상하지 않는 손해이다.
④ 일반적으로 건물과 같은 계속사용재의 경우에는 재조달가액에서 감가를 공제한 현재가액을 기준으로 하고, 상품과 같은 교환재의 경우에는 재조달가액을 기준으로 하고 있다.

★★★
11 화재보험에 대한 적절한 설명으로 모두 묶인 것은?

가. 주택물건의 건물 및 수용가재를 대상으로 하는 주택화재보험뿐만 아니라 일반물건과 공장물건을 대상으로 하는 화재보험 모두 화재보험 보통약관이 적용된다. 나. 화재에 기인하지 않는 수도관, 수관 또는 수압기 등의 파열로 생긴 손해는 화재보험에서 보상하지 않는 손해이다. 다. 보험가입금액이 보험가액을 초과하는 경우를 초과보험이라 하며, 그 초과된 부분은 무효가 되며 보험금의 산출기준은 전부보험의 경우와 유사하다. 라. 실손보상 특별약관의 지급보험금은 주택화재보험의 부보비율 조건부 실손보상조항과 동일하게 계산된다.

① 가, 나, 다
② 가, 나, 라
③ 가, 다, 라
④ 나, 다, 라
⑤ 가, 나, 다, 라

정답 | ④

해설 | 가. 주택화재보험은 주택물건의 건물 및 수용가재를 대상으로 하며 주택화재보험 보통약관에 의해 적용되는 반면, 화재보험은 일반물건과 공장물건을 대상으로 하여 화재보험 보통약관이 적용된다.

★★★
12 화재보험에 대한 적절한 설명으로 모두 묶인 것은?

가. 비용손해 중 기타협력비용은 비례보상이 아니라 실제 지출한 비용을 보상해 주며, 잔존물제거비용을 포함한 비용손해액에 대한 보험금은 보험가입금액을 초과하여도 보상받을 수 있다. 나. 신체손해배상책임담보 특별약관에서 보상하는 손해는 특수건물의 화재로 특수건물의 소유자 및 주거를 같이하는 직계가족 이외의 사람이 사망하거나 부상할 경우 사망 시 1인당 1억5,000만원, 부상 시 상해 급수별에 따라 최고 3,000만원, 후유장해 시 후유장해등급별에 따라 최고 1억5,000만원을 지급한다. 다. 재고가액통지 특별약관은 정한 기일 내에 최종 통지된 재고가액이 그 가액 작성 당시의 실제 재고가액보다 적게 통지된 경우에는 '손해액 또는 보상한도액 중 적은 금액×보상한도액 또는 최종 통지 재고가액 중 높은 금액/최종 통지 재고가액 작성 당시의 실제 재고가액'으로 계산하여 보험금을 지급한다. 라. 재조달가액담보 특별약관은 보험가입금액이 보험의 목적의 재조달가액의 80% 미만일 경우에는 보험가입금액을 한도로 재조달가액기준 손해액 전액을 보상한다.

① 나
② 가, 나
③ 나, 다
④ 다, 라
⑤ 가, 나, 다, 라

정답 | ①

해설 | 가. 잔존물제거 비용에 대한 보험금은 재산손해액의 10% 한도로 지급하며, 재산손해액에 대한 보험금과 잔존물제거 비용에 대한 보험금의 합계는 보험가입금액을 한도로 지급한다. 이에 비해 잔존물제거 비용을 제외한 비용손해액에 대한 보험금은 보험가입금액을 초과하여도 보상받을 수 있다.

다. 보험사고 발생 시에는 보상한도액을 한도로 손해액 전액을 보상한다. 정한 기일 내에 최종 통지된 재고가액이 그 가액 작성 당시의 실제 재고가액보다 적게 통지된 경우에는 '손해액 또는 보상한도액 중 적은 금액×최종 통지 재고가액/최종 통지 재고가액 작성 당시의 실제 재고가액'으로 계산하여 보험금을 지급한다. 만일 정한 기일 내에 통지를 하지 않은 경우에는 '손해액 또는 보상한도액 중 적은 금액×보상한도액 또는 최종 통지 재고가액 중 높은 금액/사고 발생시점의 실제 재고가액'으로 계산한다.

라. 지급보험금 계산은 보험가입금액이 재조달가액의 80% 이상이냐 미만이냐에 따라 달라진다. 보험가입금액이 보험 목적의 재조달가액의 80% 이상일 경우에는 보험가입금액을 한도로 재조달가액기준 손해액 전액을 보상하지만, 보험가입금액이 재조달가액의 80% 미만일 경우에는 비례보상, 즉 '재조달가액기준의 손해액×보험가입금액/재조달가액'으로 계산된다. 따라서 보험가입금액이 재조달가액의 80% 미만일 경우에는 부보비율 조건부 실손보상조항이 적용되지 않음에 유의하여야 한다.

··· TOPIC 3 화재보험 보험료

★☆☆

13 화재보험 보험료에 대한 설명으로 적절하지 않은 것은?

① 화재보험 보험료는 보험가입금액에 해당 화재보험요율을 곱하여 계산한다.

② 물건의 종류에 따라 주택물건요율, 일반물건요율, 공장물건요율 등으로 구별된다.

③ 최종적용요율은 기본요율에 각종 할증 · 할인율을 곱하고 특별요율을 더하여 산출한다.

④ 한 건물에 3층에 세탁소와 사무실, 2층에 사무실과 커피전문점, 1층에 식당과 편의점 직종이 입주해 있고 층 사이에 방화구획 및 방화문이 없을 경우 상기 영위 직종 중 세탁소 요율이 가장 높으므로 건물 전체에 세탁소 요율을 적용한다.

⑤ 한 건물에 3층에 세탁소와 사무실, 2층에 사무실과 커피전문점, 1층에 식당과 편의점 직종이 입주해 있고 층 사이에 방화구획 및 방화문이 있을 경우 각 층별 가장 높은 요율의 직종으로 각 층별 요율을 적용한다.

정답 | ③

해설 | ③ 최종적용요율은 기본요율에 각종 할증 · 할인율을 곱하고 특약요율을 더하여 산출한다.

화재보험요율 = 기본요율 × 할증요율 × 할인요율 × 특별요율 × 기타요율 + 특약요율

★★☆
14 화재보험에 대한 설명으로 적절하지 않은 것은?

① 주택화재보험은 주택물건의 건물 및 수용가재를 대상으로 하며 주택화재보험 보통약관에 의해 적용되는 반면, 화재보험은 일반물건과 공장물건을 대상으로 하여 화재보험 보통약관이 적용된다.
② 건물의 부속물 및 부착물, 피보험자와 같은 세대에 속하는 사람의 소유물 등은 다른 약정이 없으면 보험의 목적에 자동적으로 포함되는 자동담보물건이다.
③ 화재보험에서 보상하는 손해는 화재에 따른 재산손해이며, 각종 비용손해에 대해서는 보상하지 않는다.
④ 재산손해는 다시 화재에 따른 직접손해, 소방손해, 피난손해로 구분된다.
⑤ 동일한 건물이라 하더라도 11층 이상, 높이가 35m 초과되는 고층건물에 대해서는 건물층수에 따라 고층건물할증이 적용되고, 한국화재보험협회의 검사에 합격한 소화설비가 있는 경우 소화설비의 종류에 따라 소화설비 할인이 적용된다.

정답 | ③
해설 | ③ 화재보험에서 보상하는 손해는 화재에 따른 재산손해와 비용손해이다.

▪▪▪ TOPIC 4 배상책임보험

★★★
15 배상책임보험에 대한 적절한 설명으로 모두 묶인 것은?

가. 전문직배상책임보험은 비행배상책임보험과 하자배상책임보험으로 구분된다.
나. 임의배상책임보험이 배상책임보험의 기능 중 피보험자의 자위수단으로서의 기능을 우선하는 반면, 의무배상책임보험은 피해자 구제수단으로서의 기능을 우선시한다.
다. 전문직배상책임보험의 대부분은 보험기간 중에 손해배상청구가 제기된 사고를 담보하는 배상청구기준 배상책임보험으로 운영된다.
라. 피보험자가 보호, 관리, 통제하는 재물에 대한 손해를 보상하는 보관자 배상책임보험은 실제 손해액을 보상한도액 이내에서 실손보상한다.

① 가, 나
② 나, 라
③ 다, 라
④ 가, 나, 다
⑤ 가, 나, 다, 라

정답 | ④

해설 | 라. 피보험자가 보호, 관리, 통제하는 재물에 대한 손해를 보상하는 보험을 보관자 배상책임보험이라 하고, 피보험자가 보호, 관리, 통제하는 재물 이외의 제3자에 대한 신체 및 재물손해를 보상하는 보험을 제3자 배상책임보험이라고 한다. 보관자 배상책임보험은 보상한도액 이내에서 비례보상하고, 제3자 배상책임보험은 실제 손해액을 보상한도액 이내에서 실손보상한다.

★★★
16 배상책임보험에 대한 설명으로 가장 적절한 것은?

① 전문직배상책임보험은 비행배상책임보험과 하자배상책임보험으로 구분된다.
② 임의배상책임보험이 배상책임보험의 기능 중 피해자 구제수단으로서의 기능을 우선하는 반면, 의무배상책임보험은 피보험자의 자위수단으로서의 기능을 우선시한다.
③ 현행법상 대표적인 의무배상책임보험은 자동차보험(대인배상Ⅰ, 자기신체사고), 가스사고배상책임보험, 유선 및 도선 사업자배상책임보험, 체육시설업자배상책임보험, 특수건물신체배상책임보험과 같은 것이 있다.
④ 전문직배상책임보험의 대부분은 손해사고기준 배상책임보험으로 운영된다.
⑤ 보관자 배상책임보험은 실제 손해액을 보상한도액 이내에서 실손보상하고, 제3자 배상책임보험은 보상한도액 이내에서 비례보상한다.

정답 | ①

해설 | ② 임의배상책임보험이 배상책임보험의 기능 중 피보험자의 자위수단으로서의 기능을 우선하는 반면, 의무배상책임보험은 피해자 구제수단으로서의 기능을 우선시한다.
③ 현행법상 대표적인 의무배상책임보험은 자동차보험(대인배상Ⅰ, 대물배상), 가스사고배상책임보험, 유선 및 도선 사업자배상책임보험, 체육시설업자배상책임보험, 특수건물신체배상책임보험, 원자력배상책임보험과 같은 것이 있다.
④ 전문직배상책임보험의 대부분은 배상청구기준 배상책임보험으로 운영된다.
⑤ 보관자 배상책임보험은 보상한도액 이내에서 비례보상하고, 제3자 배상책임보험은 실제 손해액을 보상한도액 이내에서 실손보상한다.

★★★
17 배상책임보험의 보상범위에 해당하지 않는 것은?

① 대물배상 손해배상금
② 손해방지비용
③ 소송비용
④ 변호사비용
⑤ 징벌적 손해에 대한 배상책임

정답 | ⑤

해설 | 배상책임보험의 보상은 피해자에 대한 손해배상금과 사고처리 제비용으로 나눌 수 있으며, 손해배상금은 다시 사람의 인명피해에 대한 대인배상 손해배상금과 재물피해에 대한 대물배상 손해배상금으로 구분된다. 사고처리 제비용은 손해방지비용, 대위권 보전비용, 소송비용(소송비용, 변호사비용, 중재, 화해 또는 조정에 관한 비용), 공탁보증보험료 등으로 구분된다. 벌과금 및 징벌적 손해에 대한 배상책임은 일반적으로 공통된 면책사항이다.

★★★

18 배상책임보험의 주요 내용에 대한 적절한 설명으로 모두 묶인 것은?

> 가. 배상청구설은 사고는 발생되었지만 인지하지 못하고 있거나 내재되어 있던 상태로 뒤늦게 인지되어 청구된 시점을 사고로 보는 학설로서, 주로 의사, 변호사 등 전문직배상책임보험에 반영되는 학설이다.
> 나. 피보험자가 지급한 손해방지비용, 소송비용, 변호사비용, 중재, 화해 또는 조정에 관한 비용은 전액 보상한다.
> 다. 배상책임보험은 일반손해보험과 달리 계약자, 피보험자의 고의로 생긴 손해에 대해서도 보상한다.
> 라. 모든 책임보험의 경우에 제3자의 보험회사에 대한 직접청구권을 인정하고 있다.
> 마. 보상한도액이 1사고당, 1인당 등으로 되어있을 때는 보험사고로 보험금이 지급되면 잔여보험기간에 대한 보상한도액은 보험기간 중의 사고로 보험금이 지급된 금액만큼 감액된 금액으로 한다.

① 가, 나, 라　　② 가, 다, 라
③ 가, 다, 마　　④ 나, 다, 마
⑤ 나, 라, 마

정답 | ①

해설 | 다. 계약자, 피보험자 또는 이들의 법정대리인의 고의로 생긴 손해에 대한 배상책임은 일반적으로 공통된 면책사항이다.
마. 보상한도액이 1사고당, 1인당 등으로 되어 있는 경우에는 보험사고로 보험금이 지급되면 잔여기간에 대한 보상한도액이 감액되지 않지만, 보상총액으로 제한되어 있는 경우에는 잔여보험기간에 대한 보상한도액(잔존보험가입금액)은 보험기간 중의 사고로 보험금이 지급된 금액만큼 감액된 금액으로 한다.

★★★

19 병원을 운영 중인 치과의사 신민아씨는 의료과실로 발생하는 배상책임을 보장받기 위해 보험에 가입하고자 한다. 이에 대한 적절한 분석 내용으로 모두 묶인 것은?

〈의사배상책임보험 내용〉
- 담보기준 : 배상청구기준
- 보상한도액 : 1사고당 100,000천원, 연간 총 보상한도액 200,000천원
- 자기부담금 : 20,000천원

가. 해당 보험 가입 시 보험사고가 보험기간 중 발생하더라도 보험기간 종료 후에 피해자가 배상청구를 하는 경우 보험금을 받지 못할 수 있다.
나. 보험료가 부담스러운 경우 보상한도를 지금보다 낮게 설정하면 보험료 수준이 낮아진다.
다. 1회의 보험사고로 100,000천원의 보험금이 지급될 경우에도 잔여기간에 대한 보상한도액이 감액되지 않는다.
라. 자기부담금이 20,000천원이기 때문에 1사고에 대해 손해보상금이 20,000천원을 초과하는 경우 그 초과분을 보상한다.

① 가, 나, 다　② 가, 나, 라
③ 가, 다, 라　④ 나, 다, 라
⑤ 가, 나, 다, 라

정답 | ⑤

해설 | 모두 적절한 설명이다.

★★★

20 배상책임보험에 대한 적절한 설명으로 모두 묶인 것은?

가. 임의배상책임보험이 배상책임보험의 기능 중 피보험자의 자위수단으로서의 기능을 우선하는 반면, 의무배상책임보험은 피해자 구제수단으로서의 기능을 우선시한다.
나. 보관자 배상책임보험과 제3자 배상책임보험은 실제 손해액을 보상한도액 이내에서 실손보상한다.
다. 대인배상 손해배상금은 크게 사망에 따른 손해, 후유장해에 따른 손해, 부상에 따른 손해로 구분할 수 있으며, 사망에 따른 손해는 장례비, 일실수익, 위자료를 지급한다.
라. 계약자, 피보험자 또는 이들의 법정대리인의 고의 또는 중대한 과실로 생긴 손해에 대한 배상책임은 일반적으로 공통된 면책사항이다.
마. 보상한도액이 보상총액으로 제한되어 있는 경우에는 잔여보험기간에 대한 보상한도액은 보험기간 중의 사고로 보험금이 지급된 금액만큼 감액된 금액으로 한다.

① 가, 나, 다　② 가, 다, 라
③ 가, 다, 마　④ 나, 다, 마
⑤ 다, 라, 마

정답 I ③

해설 I 나. 보관자 배상책임보험은 보상한도액 이내에서 비례보상하고, 제3자 배상책임보험은 실제 손해액을 보상한 도액 이내에서 실손보상한다.

라. 계약자, 피보험자 또는 이들의 법정대리인의 고의로 생긴 손해에 대한 배상책임은 일반적으로 공통된 면책 사항이다.

★★★
21 배상책임보험에 대한 다음 설명 중 적절하지 않은 것은?

① 임의배상책임보험이 배상책임보험의 기능 중 피보험자의 자위수단으로서의 기능을 우선하는 반면, 의무배상책임보험은 피해자 구제수단으로서의 기능을 우선시한다.

② 보관자 배상책임보험은 보상한도액 이내에서 비례보상하고, 제3자 배상책임보험은 실제 손해액을 보상한도액 이내에서 실손보상한다.

③ 손해사고설, 배상청구설, 책임부담설, 채무확정설 등 발생시점에 대한 학설 중 손해사고설이 가장 보편적 이론으로 일반적으로 보험실무에서도 손해사고설의 입장을 취하고 있다.

④ 대인배상 손해배상금 중 후유장해에 따른 손해는 사망 시와 달리 장례비를 제외하고, 생계비를 공제하지 않고 일실수익을 산출하며 사망에 따른 위자료 해당 금액에 노동능력상실률을 감안하여 위자료를 지급한다.

⑤ 보험가입금액과 보상한도액의 차이점은 보상한도액은 전액 지급 시 그 보험계약이 소멸하는 반면, 보험가입금액은 전액을 지급하더라도 계약이 유효하다는 것이다.

정답 I ⑤

해설 I ⑤ 보험가입금액과 보상한도액의 차이점은 보험가입금액은 전액 지급 시 그 보험계약이 소멸하는 반면, 보상한도액은 전액을 지급하더라도 계약이 유효하다는 것이다.

★★★
22 배상책임보험에 관한 설명으로 적절하지 않은 것은?

① 배상책임보험은 피보험자가 우연한 사고로 인하여 타인의 신체를 사상케 하거나 재산에 손해를 입힘으로써 법률상의 손해배상책임을 부담함으로 인해 입는 손해를 보험회사가 보상하는 보험이다.

② 임의배상책임보험이 배상책임보험의 기능 중 피보험자의 자위수단으로서의 기능을 우선하는 반면, 의무배상책임보험은 피해자의 구제수단으로서의 기능을 우선시한다.

③ 보관자 배상책임보험은 보상한도액 이내에서 비례보상하고, 제3자 배상책임보험은 실제 손해액을 보상한도액 이내에서 실손보상한다.

④ 보험가입금액과 보상한도액의 차이점은 보험가입금액은 전액을 지급하더라도 계약이 유효한 반면, 보상한도액은 전액 지급 시 그 보험계약이 소멸한다는 것이다.

⑤ 영업배상책임보험은 보통약관상 담보 내용이 없고 특약에 따라 담보가 설정된다.

정답 | ④
해설 | ④ 보험가입금액과 보상한도액의 차이점은 보험가입금액은 전액 지급 시 그 보험계약이 소멸하는 반면, 보상한도액은 전액을 지급하더라도 계약이 유효하다는 것이다.

★★★
23 배상책임보험에 대한 설명으로 가장 적절한 것은?

① 임의배상책임보험이 배상책임보험의 기능 중 피해자의 자위수단으로서의 기능을 우선하는 반면, 의무배상책임보험은 피보험자의 구제수단으로서의 기능을 우선시한다.
② 보험기간 중에 손해배상청구가 제기된 사고를 담보하는 배상책임보험을 손해사고기준 배상책임보험이라 한다.
③ 전문직배상책임보험에는 비행배상책임보험과 하자배상책임보험으로 구분되며, 전문직배상책임보험의 대부분은 배상청구기준 배상책임보험으로 운영된다.
④ 피보험자가 보호, 관리, 통제하는 재물에 대한 손해를 보상하는 보험을 보관자 배상책임보험이라 하며, 실제 손해액을 보상한도액 이내에서 부보비율 조건부 실손보상한다.
⑤ 영업배상책임보험은 보통약관상 담보하는 위험을 정해놓았기 때문에 보통약관에 특약이 개별적으로 첨부되지 않아도 고객이 원하는 위험에 대해 담보를 받을 수가 있다.

정답 | ③
해설 | ① 임의배상책임보험이 배상책임보험의 기능 중 피보험자의 자위수단으로서의 기능을 우선하는 반면, 의무배상책임보험은 피해자의 구제수단으로서의 기능을 우선시한다.
② 보험기간 중에 발생한 사고로 타인에게 입힌 손해에 대한 배상책임을 보상하는 배상책임보험을 손해사고기준 배상책임보험, 보험기간 중에 손해배상청구가 제기된 사고를 담보하는 배상책임보험을 배상청구기준 배상책임보험이라 한다.
④ 보관자 배상책임보험은 보상한도액 이내에서 비례보상하고, 제3자 배상책임보험은 실제 손해액을 보상한도액 이내에서 실손보상한다.
⑤ 영업배상책임보험은 보통약관상 담보 내용이 없고 특약에 따라 담보가 설정된다.

★★★
24 영업배상책임보험의 특별약관에 해당하지 **않는** 것은?

① 임원배상책임 특별약관
② 도급업자 특별약관
③ 선박수리업자 특별약관
④ 차량정비업자 특별약관
⑤ 주차장 특별약관

정답 | ①
해설 | 영업배상책임보험 특약에는 시설소유 · 관리자 특별약관, 임차자배상책임 특별약관, 도급업자 특별약관, 선박수리업자 특별약관, 차량정비업자 특별약관, 주차장 특별약관, 항만하역업자(싸이로) 특별약관, 학교경영자 특별약관, 창고업자 특별약관, 경비업자 특별약관 등이 있다.

★★★
25 영업배상책임보험의 시설소유 · 관리자 특별약관에 대한 설명으로 적절하지 **않은** 것은?

① 일반 주택에 대해서는 개인배상책임보험의 대상이 되기 때문에 이 보험의 대상이 될 수 없다.
② 피보험자의 근로자가 피보험자의 업무에 종사 중 입은 신체장해에 대한 손해배상책임도 보상받을 수 있다.
③ 담보시설의 통상적인 유지, 보수작업으로 생긴 손해에 대한 배상책임도 보상받을 수 있다.
④ 구내치료담보 추가특별약관에 가입할 경우 피보험자의 시설 구내에서 발생한 제3자의 신체장해사고에 대하여 피보험자에게 손해배상책임이 없을 경우에도 신체장해를 입은 자의 손해액 중 의료비를 보상한다.
⑤ 임차인이 건물의 일부를 임차하였을 경우 임차하지 않은 부분에 대해서는 시설소유 · 관리자 특별약관을 통해 만약에 발생할 수 있는 배상책임손해를 담보하는 것이 적절하다.

정답 I ②
해설 I ② 시설소유 · 관리자 특별약관의 주요 면책사항에 해당한다.

★★★
26 영업배상책임보험에 대한 설명으로 가장 적절한 것은?

① 영업배상책임보험은 보통약관상 담보 내용이 정해져 있으므로 특약이 개별적으로 첨부될 필요가 없다.
② 식당의 종업원이 뜨거운 그릇을 떨어뜨려 자신의 손에 생긴 화상은 시설소유 · 관리자 특별약관에서 담보하는 위험에 해당한다.
③ 시설소유 · 관리자 특별약관의 추가특별약관 중 구내치료담보 추가특별약관은 피보험자의 시설구내에서 발생한 제3자의 신체장해사고에 대하여 피보험자에게 손해배상책임이 없을 경우에도 신체장해를 입은 자의 손해액 중 의료비만을 보상한다.
④ 임차자배상책임 특별약관은 영업배상책임보험의 특별약관이기 때문에 영업용이 아닌 주거용 건물은 원칙적으로 인수대상이 아니므로, 임차건물이 '화재로 인한 재해보상과 보험 가입에 관한 법률'의 적용 대상인 특수건물인 경우에도 주거용 건물은 동 보험의 가입 대상이 될 수 없다.
⑤ 임차자배상책임 특별약관은 화재나 폭발, 균열 등 우연한 사고로 임차건물에 입힌 모든 형태의 손해를 포괄적으로 담보하며, 고의로 생긴 손해에 대해서만 면책으로 하고 있다.

정답 I ③
해설 I ① 영업배상책임보험은 보통약관상 담보 내용이 없고 특약에 따라 담보가 설정된다.
② 시설소유 · 관리자 특별약관은 사무용 빌딩, 공장, 오락장, 유흥장, 골프장, 테니스장 등 각종 스포츠시설, 여관, 호텔, 음식점 등 모든 형태의 시설 등이 가입 대상이 되며, 담보위험은 피보험자가 소유, 사용, 관리하는 시설의 설치, 보전, 사용, 관리상의 결함에 기인된 사고 및 그러한 시설을 정하여진 용도에 따라 수행하는 업무 활동상의 부주의에 기인된 사고로 제3자의 신체나 재물에 손해를 입힘으로써 법률상 배상하여야 할 책임 있는 손해이다.

④ 영업배상책임보험의 특별약관이기 때문에 영업용이 아닌 주거용 건물은 원칙적으로 인수대상이 아니나, 임차건물이 '화재로 인한 재해보상과 보험 가입에 관한 법률'의 적용 대상인 특수건물인 경우에는 동 보험의 가입 대상이 될 수 있다.

⑤ 임차자 특별약관은 고의나 중대한 과실로 생긴 손해에 대해서는 면책으로 하고 있다.

★★★

27 다음 김동빈씨의 사례에서 생산물배상책임보험에 대한 설명으로 가장 적절한 것은?(단, 보험기간 동안 보험금 지급 사유가 발생한 적이 없다.)

> 김동빈씨가 경영하는 공장에서 생산한 가스레인지에서 부품결함으로 폭발이 일어나 주부 이연수씨가 화상을 입는 사고가 발생하여, 김동빈씨에게 손해배상금액 80,000천원을 청구하였다. 김동빈씨는 생산물배상책임보험(1사고당 보상한도액 : 50,000천원, 총보상한도액 : 1억원)에 가입하고 있으며, 보상에 대한 사항을 궁금해하고 있다.

① 가입한 생산물배상책임보험의 약관이 배상청구기준이라면 보험기간 중에 사고가 발생하였다 하더라도 보험기간 이후에 손해배상청구가 이루어지면 보상되지 않는다.

② 보험기간 동안 보험금 지급 사유가 발생한 적이 없으므로, 이연수씨가 청구해 온 80,000천원 전액을 생산물책임보험으로 보상할 수 있다.

③ 이번 사고로 인하여 보상한도액의 전액이 지급되게 된다면 계약은 더 이상 유효하지 않게 된다.

④ 이번 사고로 인해 발생한 신체의 부상이나 질병으로 인한 손해는 보상해야 하지만 재물손해는 보상하지 않아도 된다.

⑤ 김동빈씨가 중대한 과실로 법령을 위반하여 부품을 제조한 경우에는 일부만 보상을 받을 수 있다.

정답 | ①

해설 | ② 1사고당 보상한도액 50,000천원 한도 내에서 보상이 가능하다.

③ 보상한도액이 1사고당, 1인당 등으로 되어 있는 경우에는 보험사고로 보험금이 지급되면 잔여기간에 대한 보상한도액이 감액되지 않지만, 보상총액으로 제한되어 있는 경우에는 잔여보험기간에 대한 보상한도액(잔존보험가입금액)은 보험기간 중의 사고로 보험금이 지급된 금액만큼 감액된 금액으로 한다. 따라서 총보상한도액에서 1사고당 보상한도액 50,000천원 만큼 차감한 금액이 남는다.

④ 생산물배상책임보험이란 피보험자가 제조, 판매 또는 제공한 생산물이 피보험자의 점유를 벗어난 후 보험기간 중에 생산물의 하자 및 결함으로 제3자에게 신체장해 또는 재물손해를 입힘으로써 법률상 배상책임을 부담하게 되었을 경우 그러한 배상책임을 담보하는 보험이다. 따라서 재물손해도 보상한다.

⑤ 계약자 또는 피보험자의 고의나 중대한 과실로 법령을 위반하여 제조, 판매, 공급 또는 시공한 생산물로 생긴 손해에 대한 배상책임은 생산물배상책임보험의 주요 면책사항에 해당한다.

★★★
28 배상책임보험 주요 상품에 대한 적절한 설명으로 모두 묶인 것은?

> 가. 임원배상책임보험은 회사의 임원이 업무수행과 관련하여 부주의로 주주 및 제3자에게 입힌 경제적 손해를 보상한다.
> 나. 의사 및 병원배상책임보험은 의사 또는 전문 의료인이 의료사고에 따른 책임 있는 손해에 대하여 보상하며, 사고 발생 후 피보험자에게 손해배상청구가 처음 제기된 시점을 사고로 본다.
> 다. 임차인이 건물의 일부를 임차하였을 경우 임차한 부분에 대해서는 시설소유 · 관리자 특별약관으로, 임차하지 않은 부분에 대해서는 임차자배상책임 특별약관을 통해 만약에 발생할 수 있는 배상책임손해를 담보하는 것이 적절하다.
> 라. 창고업자 특별약관은 창고업법에 의하여 허가받은 각종 형태의 창고업자가 가입 대상이며, 창고업자가 화주로부터 수탁받은 화물에 손해를 입힘으로써 화주에게 배상하여야 할 책임 있는 손해를 담보한다.

① 가, 나, 다
② 가, 나, 라
③ 가, 다, 라
④ 나, 다, 라
⑤ 가, 나, 다, 라

정답 I ②

해설 I 다. 임차인이 건물의 일부를 임차하였을 경우 임차한 부분에 대해서는 임차자배상책임 특별약관으로, 임차하지 않은 부분에 대해서는 시설소유 · 관리자 특별약관을 통해 만약에 발생할 수 있는 배상책임손해를 담보하는 것이 적절하다.

★★★
29 배상책임보험 주요 상품에 대한 설명으로 가장 적절한 것은?

① 임원배상책임보험은 회사의 임원이 업무수행과 관련하여 고의 및 중대한 과실로 주주 및 제3자에게 입힌 경제적 손해를 보상한다.
② 영업배상책임보험은 보통약관상 담보 내용이 없고 특약에 따라 담보가 설정된다.
③ 영업배상책임보험의 구내치료담보 추가특별약관은 피보험자의 시설 구내에서 발생한 제3자의 신체장해사고에 대하여 피보험자에게 손해배상책임이 없을 경우에도 신체장해를 입은 자의 의료비와 제반 비용을 보상해 준다.
④ 중국집 종업원이 배달 중 짬뽕을 떨어뜨려 통행인의 의복을 더럽힌 사고는 영업배상책임보험의 물적 손해확장담보 추가특별약관에서 담보하는 위험에 해당한다.
⑤ 생산물배상책임보험은 계약자 또는 피보험자의 고의나 중대한 과실로 법령을 위반하여 제조, 판매, 공급 또는 시공한 생산물로 생긴 손해에 대해서도 일부 보상하고 있다.

정답 | ②

해설 | ① 임원배상책임보험은 회사의 임원이 업무수행과 관련하여 부주의로 주주 및 제3자에게 입힌 경제적 손해를 보상한다.

③ 피보험자의 시설구내에서 발생한 제3자의 신체장해사고에 대하여 피보험자에게 손해배상책임이 없을 경우에도 신체장해를 입은 자의 손해액 중 의료비만을 보상한다.

④ 중국집 종업원이 배달 중 짬뽕을 떨어뜨려 통행인의 의복을 더럽힌 사고는 시설소유 · 관리자 특별약관에서 담보하는 위험이다. 시설소유 · 관리자 특별약관은 피보험자가 소유, 임차, 사용하거나 보호, 관리, 통제하는 재물손해에 대한 배상책임을 기본적으로 면책으로 하고 있는 바, 물적 손해확장담보 특별약관은 이와 같이 시설소유 · 관리자 특별약관에서 면책으로 하고 있는 피보험자가 보호, 관리, 통제하는 재물에 입힌 손해만을 담보한다.

⑤ 계약자 또는 피보험자의 고의나 중대한 과실로 법령을 위반하여 제조, 판매, 공급 또는 시공한 생산물로 생긴 손해에 대한 배상책임은 생산물배상책임보험의 주요 면책사항에 해당한다.

★★★
30 배상책임보험에 대한 적절한 설명으로 모두 묶인 것은?

가. 임의배상책임보험이 배상책임보험의 기능 중 피보험자의 자위수단으로서의 기능을 우선하는 반면, 의무배상책임보험은 피해자 구제수단으로서의 기능을 우선시한다.
나. 보험기간 중에 손해배상청구가 제기된 사고를 담보하는 배상책임보험을 배상청구기준 배상책임보험이라 하는데, 전문직배상책임보험의 대부분은 배상청구기준 배상책임보험으로 운영된다.
다. 임원배상책임보험은 회사의 임원이 업무수행과 관련하여 부주의로 주주 및 제3자에게 입힌 경제적 손해를 보상한다.
라. 후유장해에 따른 손해는 장례비를 제외하고, 생계비를 공제하여 일실수익을 산출하며 사망에 따른 위자료 해당 금액에 노동능력상실률을 감안하여 위자료를 지급한다.
마. 임차자 특별약관은 영업배상책임보험의 특별약관이기 때문에 영업용이 아닌 주거용 건물은 원칙적으로 인수대상이 아니므로, 임차건물이 '화재로 인한 재해보상과 보험 가입에 관한 법률'의 적용 대상인 특수건물인 경우에도 동 보험의 가입 대상이 될 수 없다.

① 가, 나, 다　　② 가, 나, 라
③ 가, 나, 마　　④ 나, 다, 마
⑤ 나, 라, 마

정답 | ①

해설 | 라. 사망 시와 달리 장례비를 제외하고, 생계비를 공제하지 않고 일실수익을 산출하며 사망에 따른 위자료 해당 금액에 노동능력상실률을 감안하여 위자료를 지급한다.

마. 영업배상책임보험의 특별약관이기 때문에 영업용이 아닌 주거용 건물은 원칙적으로 인수대상이 아니나, 임차건물이 '화재로 인한 재해보상과 보험 가입에 관한 법률'의 적용 대상인 특수건물인 경우에는 동 보험의 가입 대상이 될 수 있다.

★★★
31 계약자 또는 피보험자의 중대한 과실로 생긴 손해에 대해서도 보상하는 보험으로 가장 적절한 것은?

① 화재보험
② 화재배상책임 특별약관
③ 동산종합보험
④ 임차자배상책임 특별약관
⑤ 생산물배상책임보험

정답 | ②
해설 | ② 화재배상책임 특별약관에서 보상하지 않는 손해 중 대표적인 것은 계약자, 피보험자 또는 이들의 법정대리인의 고의로 생긴 손해에 대한 배상책임이다.

··· TOPIC 5 자동차보험

★★★
32 자동차보험 담보 내용 중 대인배상 지급보험금 기준에 대한 설명으로 적절하지 않은 것은?

① 사망보험금은 장례비, 위자료, 상실수익액을 지급 기준에 따라 지급하며, 산출된 사망보험금이 2,000만원 미만인 경우 사망보험금은 2,000만원으로 한다.
② 현실소득액의 산정방법은 유직자와 그 외의 자로 구분하여 계산하는데, 취업가능연한을 60세로 하여 취업가능월수를 산정한다.
③ 부상보험금은 구조수색비, 치료관계비, 위자료, 휴업손해액, 간병비 및 기타손해금 등이 있다.
④ 후유장해보험금으로 인정되는 위자료는 가정간호비 지급대상자인 경우 65세 미만은 8,000만원×노동능력상실률×85%를, 65세 이상은 5,000만원×노동능력상실률×85%를 지급한다.
⑤ 대인배상Ⅰ·Ⅱ, 무보험자동차에 의한 상해의 경우 과실상계한 후의 금액이 치료관계비 해당액에 미달하는 경우에는 치료관계비 해당액을 보상한다.

정답 | ②
해설 | ② 현실소득액의 산정방법은 유직자와 그 외의 자로 구분하여 계산하는데, 유직자는 급여소득자, 사업소득자, 기타유직자로 나누어 약관에 따라 산정하며, 해당 사항이 없는 경우에는 일용근로자 임금기준으로 산정한다. 단, 취업가능연한을 65세로 하여 취업가능월수를 산정한다.

★★★

33 20××년 10월 1일 24시경 A가 자신의 차량으로 시내 주행 중 교차로에서 정지신호를 무시한 채 그대로 진행하다 좌회전하는 상대 차량과 충돌하여 자신 A는 현장에서 사망하고, 상대차량 운전자 B가 중상을 입은 사고가 발생하였을 경우 사망자 A의 상실수익액과 중상자 B의 상실수익액이 적절하게 연결된 것은?(단, 보험금 지급일과 사망일 또는 노동 능력상실일이 동일한 것으로 가정한다.)

> • A의 소득기초자료
>   – 연령 : 만 35세
>   – 세금공제 후 월평균현실소득액 : 6,000천원(단, 업종별 정년은 감안하지 않음)
> • 적용 호프만계수 : 219.61
> • B의 소득기초자료
>   – 연령 : 만 45세
>   – 세금공제 후 월평균현실소득액 : 3,000천원(단, 업종별 정년은 감안하지 않음)
> • 맥브라이드식 후유장해평가율 : 29%(요추부 골절 전신장해)
> • 적용 호프만계수 : 166.11

	사망자 A의 상실수익액	중상자 B의 상실수익액
①	878,440천원	96,344천원
②	878,440천원	144,516천원
③	878,440천원	332,220천원
④	1,317,660천원	96,344천원
⑤	1,317,660천원	144,516천원

정답 | ②

해설 | • A의 상실수익액 = (월평균현실소득액 – 생활비) × 호프만계수 = 6,000 × 2/3 × 219.61 = 878,440천원

• B의 상실수익액 = 월평균현실소득액 × 노동능력상실률 × 호프만계수 = 3,000 × 29% × 166.11
= 144,515.7천원

★★★
34 자동차보험 담보 내용 중 대물배상에서 보상하지 않는 손해에 해당하지 않는 것은?

① 피보험자 또는 그 부모, 배우자나 자녀가 소유, 사용 또는 관리하는 재물에 생긴 손해
② 피보험자동차에 싣고 있거나 운송 중인 물품에 생긴 손해
③ 다른 사람의 서화, 골동품, 조각물, 그 밖에 미술품과 탑승자와 통행인의 의류나 휴대품에 생긴 손해
④ 탑승자와 통행인의 분실 또는 도난으로 인한 소지품에 생긴 손해
⑤ 1인당 200만원 한도 내의 휴대전화기, 노트북, 캠코더, 카메라, 음성재생기, 녹음기, 전자수첩, 전자사전, 휴대용라디오, 핸드백, 서류가방, 골프채 등 훼손된 소지품

정답 I ⑤
해설 I ⑤ 훼손된 소지품에 대해서는 피해자 1인당 200만원의 한도 내에서 실손보상한다.

★★★
35 자동차보험 대물배상 지급보험금에 대한 다음 설명 중 (가)~(다)에 들어갈 내용이 적절하게 연결된 것은?

- (가)은/는 원상회복이 가능한 경우 사고 직전의 상태로 원상회복하는 데 소요되는 필요 타당한 비용으로서 실제 (가)을/를 말한다.
- (나)은/는 (가)이/가 피해물의 사고 직전의 가액을 초과하여 수리하지 않고 폐차하는 경우와 원상회복이 아예 불가능한 경우 사고 직전 피해물의 가액 상당액 또는 사고 직전의 피해물과 동종의 대용품의 가액과 이를 교환하는 데 소요되는 필요 타당한 비용을 지급한다.
- 사업용 자동차(건설기계 포함)의 경우 파손 또는 오손되어 사용하지 못하는 기간에 발생하는 타당한 영업손해를 (다)으로/로 지급한다.

	가	나	다
①	수리비용	재조달가액	대차료
②	수리비용	재조달가액	휴차료
③	수리비용	교환가액	휴차료
④	재조달가액	수리비용	대차료
⑤	재조달가액	교환가액	영업손실

정답 I ③
해설 I (가) 수리비용 : 수리비용은 원상회복이 가능한 경우 사고 직전의 상태로 원상회복하는 데 소요되는 필요 타당한 비용으로서 실제 수리비용을 말한다.
(나) 교환가액 : 수리비용이 피해물의 사고 직전의 가액을 초과하여 수리하지 않고 폐차하는 경우와 원상회복이 아예 불가능한 경우 사고 직전 피해물의 가액 상당액 또는 사고 직전의 피해물과 동종의 대용품의 가액과 이를 교환하는 데 소요되는 필요 타당한 비용을 지급한다.
(다) 휴차료 : 사업용자동차(건설기계 포함)의 경우 파손 또는 오손되어 사용하지 못하는 기간에 발생하는 타당한 영업손해를 휴차료로 지급한다.

★★★
36 자동차보험 담보 내용 중 무보험자동차상해에 대한 설명으로 가장 적절한 것은?

① 무보험자동차상해는 대인배상Ⅰ, 대물배상, 자기신체사고가 모두 함께 체결된 경우에 한하여 가입할 수 있다.

② 피보험자가 무보험자동차에 의하여 생긴 사고로 사상했을 때 피보험자 1인당 최고 2억원을 한도로 대인배상Ⅱ 보험금 지급 기준에 따라 산출된 금액을 지급하는 일종의 상해보험이다.

③ 무보험자동차상해에 가입하면 기명피보험자는 다른 자동차운전담보 특별약관에 가입할 수 있다.

④ 상해가 보험금을 받을 자의 고의로 생긴 때에는 그 사람이 받을 수 있는 금액은 무보험자동차상해에서 보상하지 않는다.

⑤ 무보험자동차상해는 배상의무자가 상해를 입은 피보험자의 부모, 배우자, 자녀인 경우에도 보상한다.

정답 I ④

해설 I ① 무보험자동차상해는 대인배상II, 대물배상, 자기신체사고가 모두 함께 체결된 경우에 한하여 가입할 수 있다.

② 피보험자가 무보험자동차에 의하여 생긴 사고로 사상했을 때 피보험자 1인당 보험가입금액을 한도로 대인배상II 보험금 지급 기준에 따라 산출된 금액을 지급하는 일종의 상해보험이다.

③ 무보험자동차상해에 가입하면 기명피보험자는 다른 자동차운전담보 특별약관에 별도의 가입절차 없이 자동 가입하게 된다.

⑤ 무보험자동차상해는 배상의무자가 다음의 자에 해당하는 경우에는 보상하지 않는다. 다만, 이들이 무보험자동차를 운전하지 않은 경우로, 이들 이외에 다른 배상의무자가 있을 때는 보상한다.

- 상해를 입은 피보험자의 부모, 배우자, 자녀
- 피보험자가 사용자의 업무에 종사하고 있을 때 피보험자의 사용자 또는 피보험자의 사용자의 업무에 종사 중인 다른 피용인

★★★
37 자동차보험 담보 내용 중 자기차량손해에 대한 적절한 설명으로 모두 묶인 것은?

가. 전손사고에 따른 보상 시에는 공제금액은 공제되지 않는다.
나. 분손사고 시의 손해액은 보험가입금액에서 잔존물가액과 신부품 교환 공제액을 차감한 금액이 된다.
다. 자기부담금에는 손해액의 자기부담금 최소비율과 최대한도가 존재하며, 각 보험회사 개별약관별로 다양한 한도가 존재한다.
라. 도난에 대한 보험금의 청구는 도난일로부터 30일 이후에 하도록 하며 보험금을 지급받기 전에 도난차량이 발견된 경우 실손보상의 원칙에 따라 도난 중 피보험자동차에 생긴 손해와 비용을 보험가입금액한도 내에서 지급한다.

① 가, 다
② 나, 라
③ 가, 나, 다
④ 나, 다, 라
⑤ 가, 나, 다, 라

정답 | ①

해설 | 나. 분손사고 시의 손해액은 수리비용에서 잔존물가액과 신부품 교환 공제액을 차감한 금액이 된다.

라. 도난에 대한 보험금의 청구는 경찰관서에 신고한 날로부터 30일 이후에 하도록 하며 보험금을 지급받기 전에 도난차량이 발견된 경우 실손보상의 원칙에 따라 도난 중 피보험자동차에 생긴 손해와 비용을 보험가입금액한도 내에서 지급한다.

★★★

38 자동차보험 담보 내용 중 자기차량손해에 대한 다음 설명 중 (가)~(마)에 들어갈 내용이 적절하게 연결된 것은?

> 도난에 대한 보험금의 청구는 (가)에 신고한 날로부터 (나) 이후에 하도록 하며 보험금을 지급받기 전에 도난차량이 발견된 경우 (다)의 원칙에 따라 도난 중 피보험자동차에 생긴 손해와 비용을 보험가입금액한도 내에서 지급한다. 하지만 (가)에 신고한 후 (나)이 지나고 보험금을 청구하였으나 도난차량이 회수된 경우 보험금의 지급과 피보험차량의 반환 여부는 통상 (라)의 의사에 따른다. 다만 일부 부분품이나 부속기계만의 도난은 (마).

	가	나	다	라	마
①	보험회사	30일	비례보상	피보험자	보상한다
②	보험회사	60일	실손보상	계약자	보상하지 않는다
③	경찰관서	30일	실손보상	피보험자	보상하지 않는다
④	경찰관서	60일	실손보상	계약자	보상한다
⑤	경찰관서	30일	비례보상	피보험자	보상하지 않는다

정답 | ③

해설 | 도난에 대한 보험금의 청구는 경찰관서에 신고한 날로부터 30일 이후에 하도록 하며 보험금을 지급받기 전에 도난차량이 발견된 경우 실손보상의 원칙에 따라 도난 중 피보험자동차에 생긴 손해와 비용을 보험가입금액한도 내에서 지급한다. 하지만 경찰관서에 신고한 후 30일이 지나고 보험금을 청구하였으나 도난차량이 회수된 경우 보험금의 지급과 피보험차량의 반환 여부는 통상 피보험자의 의사에 따른다. 다만 일부 부분품이나 부속기계만의 도난은 보상하지 않는다.

★★★
39 자동차보험 담보 내용에 관한 설명으로 적절하지 않은 것은?

① 상실수익액 산정방법은 사망한 본인의 월평균 현실소득액에서 본인의 생활비를 공제한 금액에 취업가능월수에 해당하는 호프만계수를 곱하여 산정하는데, 법정이율 연 5% 월단리를 적용하여 호프만계수를 사용한다.

② 현실소득액의 산정방법은 유직자와 그 외의 자로 구분하여 계산하는데, 유직자는 급여소득자, 사업소득자, 기타유직자로 나누어 약관에 따라 산정하며, 해당 사항이 없는 경우에는 일용근로자 임금기준으로 산정한다.

③ 대물배상의 지급보험금 중 수리비용이 피해물의 사고 직전의 가액을 초과하여 수리하지 않고 폐차하는 경우와 원상회복이 아예 불가능한 경우 교환가액을 지급한다.

④ 사업용자동차의 경우 파손 또는 오손되어 사용하지 못하는 기간에 발생하는 타당한 영업손해를 휴차료로 지급하는데, 휴차기간은 수리가 불가능한 경우에는 30일로 한다.

⑤ 자동차시세하락손해는 출고 후 5년 이하인 자동차의 사고로 인한 수리비용이 사고 직전 자동차 가액의 20%를 초과하는 경우 수리비용의 10~20%의 인정기준액을 경과기간에 따라 지급한다.

정답 | ④

해설 | ④ 휴차기간은 수리가 가능한 경우에는 수리가 완료될 때까지의 기간으로 하되 30일을 한도로 하며, 여객자동차운수사업법 시행규칙에 의하여 개인택시 운송사업 면허를 받은 자가 부상으로 자동차의 수리가 완료된 후에도 자동차를 운행할 수 없는 경우에는 사고일부터 30일을 초과하지 않는 범위에서 운행하지 못한 기간으로 하며, 수리가 불가능한 경우에는 10일로 한다.

★★★
40 자동차보험 담보 내용에 대한 설명으로 가장 적절한 것은?

① 대인배상에서 보험계약자, 피보험자의 고의로 인한 손해는 보상하지 않으며, 이 경우 피해자는 보험회사에 직접청구권을 행사할 수 없다.

② 대인배상Ⅰ의 보험금 지급액의 경우 피해자 1인에 대한 보상한도는 1억5,000만원이며, 1사고당 한도는 없다.

③ 대물배상에는 음주운전에 대한 자기부담금제도가 있으나, 대인배상에는 음주운전에 대한 자기부담금제도가 없다.

④ 무보험자동차상해는 대인배상Ⅱ, 대물배상, 자기신체사고, 자기차량손해가 모두 함께 체결된 경우에 한하여 가입할 수 있으며, 무보험자동차상해에 가입하면 기명피보험자는 다른 자동차운전담보 특별약관에 별도의 가입절차 없이 자동 가입하게 된다.

⑤ 자기차량손해의 피보험자는 다른 담보와 달리 보험증권에 기재된 기명피보험자만을 말하며, 도난사고의 경우 일부 부분품이나 부속기계만의 도난은 보상하지만, 전부의 도난으로 인해 생긴 손해와 비용은 보상하지 않는다.

정답 | ②

해설 | ① 보험계약자, 피보험자의 고의로 인한 손해는 보상하지 않는다. 다만, 자동차손배법 제10조의 규정에 따라 피해자가 보험회사에 직접 청구를 한 경우 보험회사는 자동차손배법 법령에서 정한 금액을 한도로 피해자에게 손해배상금을 지급한 다음 고의로 사고를 일으킨 보험계약자나 피보험자에게 지급한 날부터 3년 이내에 그 금액의 지급을 청구한다.

③ 자동차보험은 대인배상Ⅱ와 대물배상의 음주운전, 무면허, 뺑소니, 마약 약물 등에 대한 자기부담금제도가 있으며, 피보험자가 경제적인 사유 등으로 이 사고부담금을 미납하였을 때 보험회사는 피해자에게 이 사고부담금을 포함하여 손해배상금을 우선 지급하고 피보험자에게 이 사고부담금의 지급을 청구할 수 있다.

④ 무보험자동차상해는 대인배상Ⅱ, 대물배상, 자기신체사고가 모두 함께 체결된 경우에 한하여 가입할 수 있다.

⑤ 도난에 대한 보험금의 청구는 경찰관서에 신고한 날로부터 30일 이후에 하도록 하며 보험금을 지급받기 전에 도난차량이 발견된 경우 실손보상의 원칙에 따라 도난 중 피보험자동차에 생긴 손해와 비용을 보험가입금액 한도 내에서 지급한다. 하지만 경찰관서에 신고한 후 30일이 지나고 보험금을 청구하였으나 도난차량이 회수된 경우 보험금의 지급과 피보험차량의 반환 여부는 통상 피보험자의 의사에 따른다. 다만, 일부 부분품이나 부속기계만의 도난은 보상하지 않는다.

★★★

41 자동차보험 담보 내용에 대한 다음 설명 중 (가)~(다)에 들어갈 내용이 적절하게 연결된 것은?

- 수리비용에는 수리비와 열처리 도장료가 포함되며 이 합계액이 피해물의 사고 직전가액의 (가)를 한도로 보상한다.
- 사고로 인한 자동차의 수리비용이 사고 직전 자동차 가액의 (나)를 초과하는 경우 수리비용의 20%(1년 이하) 또는 15%(1년 초과 2년 이하) 또는 10%(2년 초과 5년 이하)를 지급한다.
- 도난에 대한 보험금의 청구는 경찰관서에 신고한 날로부터 (다) 이후에 하도록 하며 보험금을 지급받기 전에 도난차량이 발견된 경우 실손보상의 원칙에 따라 도난 중 피보험자동차에 생긴 손해와 비용을 보험가입금액 한도 내에서 지급한다.

	가	나	다
①	80%	15%	30일
②	80%	20%	30일
③	120%	15%	20일
④	120%	20%	20일
⑤	120%	20%	30일

정답 | ⑤

해설 | • 수리비용에는 수리비와 열처리 도장료가 포함되며 이 합계액이 피해물의 사고 직전 가액의 120%를 한도로 보상한다.

• 자동차시세하락손해(격락손해) : 사고로 인한 자동차(출고 후 5년 이하인 자동차에 한함)의 수리비용이 사고 직전 자동차 가액의 20%를 초과하는 경우 아래의 인정액을 경과기간에 따라 지급한다.

> – 출고 후 1년 이하인 자동차 : 수리비용의 20%
> – 출고 후 1년 초과 2년 이하인 자동차 : 수리비용의 15%
> – 출고 후 2년 초과 5년 이하인 자동차 : 수리비용의 10%

• 도난에 대한 보험금의 청구는 경찰관서에 신고한 날로부터 30일 이후에 하도록 하며 보험금을 지급받기 전에 도난차량이 발견된 경우 실손보상의 원칙에 따라 도난 중 피보험자동차에 생긴 손해와 비용을 보험가입금액 한도 내에서 지급한다.

★★★
42 자동차보험 담보 내용에 대한 설명으로 가장 적절한 것은?

① 대인배상 I 의 보험금 지급액의 경우 피해자 1인에 대한 보상한도는 1억5,000만원이며, 1사고당 한도는 없다.

② 노동능력상실률 50% 이상이고, 가정간호비 지급대상자 외의 경우에는 65세 미만은 8,000만원×노동능력상실률×85%, 65세 이상은 5,000만원×노동능력상실률×85%의 위자료를 지급한다.

③ 출고 후 1년 이하인 자동차에 한해서 사고로 인한 자동차의 수리비용이 사고 직전 자동차 가액의 15%를 초과하는 경우 자동차시세하락손해를 지급한다.

④ 도난에 대한 보험금의 청구는 경찰관서에 신고한 날로부터 30일 이후에 하도록 하며, 경찰관서에 신고한 후 30일이 지나고 보험금을 청구하였으나 도난차량이 회수된 경우 보험금의 지급과 피보험차량의 반환 여부는 통상 보험자의 의사에 따른다.

⑤ 대인배상의 보험금 중 위자료와 상실수익액은 피해자의 과실에 대하여 과실상계를 실시하지만, 장례비의 경우에는 과실상계를 실시하지 않는다.

정답 | ①

해설 | ② 가정간호비 지급대상자(노동능력상실률 100%)에 대한 설명이다. 노동능력상실률 50% 이상이고, 가정간호비 지급대상자 외의 경우에는 65세 미만은 4,500만원×노동능력상실률×85%, 65세 이상은 4,000만원×노동능력상실률×85%의 위자료를 지급한다. 대인배상의 보험금은 피해자의 과실에 대하여 모두 과실상계를 실시한다.

③ 자동차시세하락손해(격락손해) : 사고로 인한 자동차(출고 후 5년 이하인 자동차에 한함)의 수리비용이 사고 직전 자동차 가액의 20%를 초과하는 경우 아래의 인정액을 경과기간에 따라 지급한다.

• 출고 후 1년 이하인 자동차 : 수리비용의 20%
• 출고 후 1년 초과 2년 이하인 자동차 : 수리비용의 15%
• 출고 후 2년 초과 5년 이하인 자동차 : 수리비용의 10%

④ 경찰관서에 신고한 후 30일이 지나고 보험금을 청구하였으나 도난차량이 회수된 경우 보험금의 지급과 피보험차량의 반환 여부는 통상 피보험자의 의사에 따른다.

⑤ 과실상계의 대상은 대인배상 I · II, 대물배상, 무보험자동차에 의해 산출한 금액에 대해 피해자 측의 과실비율에 따라 상계한다.

★★★
43 자동차보험에 대한 적절한 설명으로 모두 묶인 것은?

가. 법정 정원 12인승 개인소유 자가용 승용차는 개인용자동차보험에 가입할 수 있다.
나. 자동차를 운행하기 위해서는 자동차손배법상 대인배상Ⅰ, 대물배상, 자기신체사고를 반드시 가입해야 한다.
다. 대인배상Ⅰ은 피보험자가 피보험자동차의 운행으로 인하여 남을 죽게 하거나 다치게 하여 자동차손배법 등에 의한 손해배상책임을 짐으로써 입은 손해를 한도 없이 보상한다.
라. 대물배상의 지급보험금은 수리비용, 교환가액 등의 직접손해와 대차료, 휴차료 및 영업손실 등의 간접손해로 구분된다.

① 라
② 가, 나
③ 다, 라
④ 가, 나, 다
⑤ 나, 다, 라

정답 I ①

해설 I 가. 개인용자동차보험의 가입 대상은 법정 정원 10인승 이하의 개인소유 자가용 승용차이며, 개인용 자동차를 제외한 모든 비사업용 자동차는 업무용자동차보험을 가입해야 한다.
나. 대인배상 I (책임보험), 대물배상 2,000만원은 자동차를 운행하기 위해서는 자동차손배법상 반드시 가입할 것이 요구되는 강제보험(의무보험)이다. 자기신체사고는 임의보험에 해당한다.
다. 대인배상 I 의 보험금 지급액의 경우 피해자 1인에 대한 보상한도는 1억5,000만원이며, 1사고당 한도는 없다. 대인배상 I 을 초과하는 금액에 대하여 대인배상 II 에서 보상이 이루어진다.

★★★
44 고객 이숙씨가 가입한 자동차보험에 대한 적절한 설명으로 모두 묶인 것은?

• 이숙씨는 며칠 전 자신의 승용차로 출근하던 중 교차로에서 다른 자동차와 충돌하였고, 이 사고로 상대방 운전자는 부상을 입어 병원에 입원 중이다.
※ 이숙씨는 개인용 자동차보험의 모든 담보(대인배상Ⅰ, 대인배상Ⅱ, 대물배상, 자기신체사고, 자기차량손해, 무보험차상해)에 가입되어 있음

가. 이숙씨의 신호위반으로 인해 사고가 발생했을 경우 이숙씨는 형사처벌 대상이 된다.
나. 대인배상Ⅰ은 한도 없이 상대방 운전자에게 발생한 손해액 전액을 보상한다.
다. 이숙씨의 음주운전으로 인한 사고로 대물배상에서 보험금을 지급하는 경우 이숙씨가 음주운전에 따른 자기부담금을 보험회사에 납입하여야 한다.
라. 대물배상은 피해자동차에 발생한 직접손해에 대해서만 보상하고 간접손해에 대해서는 보상하지 않는다.
마. 자기신체사고는 형사합의금 등 형사상책임에 대해서도 보상한다.

① 가, 다
② 가, 라
③ 나, 라
④ 나, 마
⑤ 다, 마

정답 | ①

해설 | 나. 대인배상 I 의 보험금 지급액의 경우 피해자 1인에 대한 보상한도는 1억5,000만원이며, 1사고당 한도는 없다.

라. 대물배상의 지급보험금은 수리비용, 교환가액 등의 직접손해와 대차료, 휴차료 및 영업손실 등의 간접손해로 구분된다.

마. 자기신체사고는 피보험자동차를 소유, 사용, 관리하는 동안 생긴 피보험자동차의 사고로 인해 피보험자가 상해를 입었을 경우 보험금을 지급하는 보험으로 일종의 상해보험이다. 형사상 책임에 대한 보상은 운전자보험 담보위험에 해당한다. 장기운전자보험은 운전자를 주 가입 대상으로 자동차보험의 자손부분을 보완하고 자동차보험에서 보상하지 아니하는 생활 유지비, 벌금, (자동차 사고)변호사 선임비용 및 교통사고처리지원금을 보상하는 일종의 패키지 보험이다. 장기운전자보험은 보통약관상 상해위험만을 담보하기 때문에 형식적으로는 장기상해보험으로 분류되지만 특별약관으로 비용손해, 형사상의 손해 및 정신적 손해까지도 보상하는 점을 고려할 때 실적적으로 종합(패키지)보험이라고 할 수 있다.

★★★

45 고객 고승완씨가 가입한 자동차보험에 대한 설명으로 적절하지 않은 것은?

- 고승완씨는 자신의 승용차로 운전 중 맞은편에서 오던 승용차와의 사고로 차량에 손실을 입었다.
- 고승완씨는 대인배상Ⅰ, 대인배상Ⅱ, 대물배상, 자기신체사고, 무보험차상해에 가입하고 있다.

가. 고승완씨가 중앙선 침범으로 사고를 냈을 경우 자동차보험 가입과 관계없이 형사처벌 대상이 된다.
나. 자동차를 운행하기 위해서는 자동차손배법상 대인배상Ⅰ, 대인배상Ⅱ, 대물배상을 반드시 가입해야 한다.
다. 대인배상Ⅱ는 일종의 배상책임보험으로 가입 금액은 피보험자의 전 재산을 담보하므로 통상 무한으로 가입한다.
라. 고승완씨가 낸 자동차 사고로 상대방의 자동차에 발생한 손해에 대해서 대물배상 보험가입금액 한도 내에서 보상받을 수 있다.
마. 고승완씨가 법규를 위반하여 발생한 벌금에 대해서도 이 보험에서 보상받을 수 있다.

① 가, 나, 라　　② 가, 다, 라
③ 가, 다, 마　　④ 나, 다, 마
⑤ 나, 라, 마

정답 | ②

해설 | 나. 대인배상 I (책임보험), 대물배상 2,000만원은 자동차를 운행하기 위해서는 자동차손배법상 반드시 가입할 것이 요구되는 강제보험(의무보험)이다.

마. 벌금에 대한 보상은 운전자보험 담보위험에 해당한다. 장기운전자보험은 운전자를 주 가입 대상으로 자동차보험의 자손부분을 보완하고 자동차보험에서 보상하지 아니하는 생활 유지비, 벌금, (자동차 사고)변호사 선임비용 및 교통사고처리지원금을 보상하는 일종의 패키지 보험이다. 장기운전자보험은 보통약관상 상해위험만을 담보하기 때문에 형식적으로는 장기상해보험으로 분류되지만 특별약관으로 비용손해, 형사상의 손해 및 정신적 손해까지도 보상하는 점을 고려할 때 실적적으로 종합(패키지)보험이라고 할 수 있다.

★★★
46 자동차보험에 대한 적절한 설명은 모두 몇 개인지 고르시오.

가. 자동차손배법 제3조의 운행자책임은 입증책임을 자기를 위하여 자동차를 운행하는 운행자에게 전가하고, 그 입증 요건을 엄격히 하여 사실상 무과실책임에 가깝게 운영하고 있다.
나. 승낙피보험자는 기명피보험자의 승낙을 얻어 피보험자동차를 사용 또는 관리 중인 자이다.
다. 대물배상의 경우 유한으로 가입하더라도 교통사고처리특례법상 보험에 가입된 것으로 인정된다.
라. 대물배상의 피보험자의 범위는 대인배상Ⅱ와 동일하다.
마. 무보험자동차상해는 대인배상Ⅱ, 대물배상, 자기신체사고가 모두 함께 체결된 경우에 한하여 가입할 수 있다.
바. 자기차량손해의 보험가입금액은 보험가액의 범위 내에서 보험가액의 전부 또는 보험가액의 60% 이상으로 하여야 하며, 보험사고 시 피보험자가 일부를 부담하는 자기부담금제도를 운영하고 있는데, 손해액의 자기부담금 최대비율과 최소한도가 존재한다.
사. 피보험자동차에 생긴 흠, 마멸, 부식, 녹, 그 밖의 자연소모로 인한 손해는 자기차량손해에서 보상하지 않는다.

① 3개　② 4개
③ 5개　④ 6개
⑤ 7개

정답 | ④
해설 | 바. 손해액의 자기부담금 최소비율(20%, 30%)과 최대한도(50~200만원 등)가 존재하며, 각 보험회사 개별약관별로 다양한 한도가 존재한다.

★★★
47 자동차보험에 대한 적절한 설명으로 모두 묶인 것은?

가. 동력경운기, 농업용 트랙터 및 콤바인 등 농기계도 개인용자동차보험의 가입 대상이 될 수 있다.
나. 대인배상Ⅰ의 보험금 지급액의 경우 피해자 1인에 대한 보상한도는 1억5,000만원이며, 1사고당 한도는 없다.
다. 교통사고특례법의 적용을 받으려면 보험회사가 피해자에게 손해배상금 전액을 보상해 주는 보험종목에 가입해야 하므로 대물배상을 무한으로 가입하여야 한다.
라. 무보험자동차상해는 대인배상Ⅱ, 대물배상, 자기차량손해가 모두 함께 체결된 경우에 한하여 가입할 수 있다.
마. 동승자 사고 시에는 동승유형에 따라 보상액에 차이를 두게 되는데 이를 동승자 감액이라 한다.

① 가, 다　② 가, 라
③ 나, 라　④ 나, 마
⑤ 다, 마

정답 | ④

해설 | 가. 농기계보험 가입 대상이다. 개인용자동차보험은 법정 정원 10인승 이하의 개인소유 자가용 승용차가 가입 대상이다.

다. 교통사고특례법의 적용을 받으려면 보험회사가 피해자에게 손해배상금 전액을 보상해 주는 보험종목에 가입해야 하므로 대인배상Ⅱ를 무한으로 가입하여야 한다. 대물배상의 경우 유한으로 가입하더라도 교통사고처리특례법상 보험에 가입된 것으로 인정된다.

라. 무보험자동차상해는 대인배상Ⅱ, 대물배상, 자기신체사고가 모두 함께 체결된 경우에 한하여 가입할 수 있다.

★★★

48 자동차보험 특별약관에 대한 적절한 설명으로 모두 묶인 것은?

가. 운전자 범위제한 특별약관에서 운전자 범위를 기명피보험자와 가족으로 한정할 경우 기명피보험자의 가족에는 배우자의 부모가 포함되지 않는다.
나. 운전자 한정 특별약관은 피보험자가 보험증권에 기재된 자동차에 대하여 운전할 자를 만 ( )세 미만으로 한정하는 경우에 적용된다.
다. 다른 자동차 운전담보 특별약관에 가입 시 피보험자가 운전한 다른 자동차를 보통약관의 대인배상, 자기신체사고의 피보험자동차로 간주하여 보상한다.
라. 대리운전자가 운전 중 발생한 사고에 대하여 보상하는 대리운전 중 사고보상 특별약관은 운전자 한정 특별약관과 운전자 범위제한 특별약관의 적용이 배제된다.
마. 자기신체사고 시에는 보험가입금액에 따라 정액으로 지급함에 비해 자동차상해는 무보험자동차상해와 마찬가지로 대인배상Ⅱ로 지급보험금을 계산하며, 과실상계를 하지 않는다.

① 가, 나
② 가, 마
③ 나, 다
④ 다, 라
⑤ 라, 마

정답 | ⑤

해설 | 가. 이 특약에서 운전자 범위를 기명피보험자와 가족으로 한정할 경우 기명피보험자의 가족은 다음과 같다.

- 기명피보험자의 부모와 양부모, 계부모
- 기명피보험자의 배우자의 부모 또는 양부모, 계부모
- 법률상의 배우자 또는 사실혼관계에 있는 배우자
- 법률상의 혼인관계에서 출생한 자녀, 사실혼관계에서 출생한 자녀, 양자 또는 양녀, 계자녀
- 기명피보험자의 며느리 또는 사위(계자녀의 배우자 포함)

나. 피보험자가 보험증권에 기재된 자동차에 대하여 운전할 자를 만 ( )세 이상으로 한정하는 경우에 적용된다. 이 특약이 체결되면 만 ( )세 미만의 자가 피보험자동차를 운전하던 중에 발생된 사고에 대하여는 보상하지 않는다.

다. 이 특별약관에 가입 시 피보험자가 운전한 다른 자동차를 보통약관의 대인배상Ⅱ, 대물배상, 자기신체사고의 피보험자동차로 간주하여 보상한다.

★★★
49 자동차보험에 관한 다음 설명 중 적절하지 **않은** 것은?

① 사망보험금 중 장례비는 소득, 연령, 결혼여부, 자녀의 수 등에 관계없이 500만원을 지급한다.
② 현실소득액의 산정 방법은 유직자와 그 외의 자로 구분하여 계산하는데, 유직자는 급여소득자, 사업소득자, 기타유직자로 나누어 약관에 따라 산정하며, 해당 사항이 없는 경우에는 일용근로자 임금기준으로 산정한다.
③ 현실소득액 산정 시 취업가능연한을 65세로 하여 취업가능월수를 산정한다.
④ 과실상계의 대상은 대인배상Ⅰ·Ⅱ, 무보험자동차에 의해 산출한 금액에 대해 피해자 측의 과실비율에 따라 상계하며, 과실상계한 후의 금액이 치료관계비 해당액에 미달하는 경우에는 치료관계비 해당액을 보상한다.
⑤ 운전자 범위제한 특별약관에서 운전자 범위를 기명피보험자와 가족으로 한정할 경우 형제자매, 조부모, 손자녀는 가족에 포함되지 않는다.

정답 | ④
해설 | 과실상계의 대상은 대인배상Ⅰ·Ⅱ, 대물배상, 무보험자동차에 의해 산출한 금액에 대해 피해자 측의 과실비율에 따라 상계한다. 다만, 대인배상Ⅰ·Ⅱ, 무보험자동차에 의한 상해의 경우 과실상계한 후의 금액이 치료관계비 해당액에 미달하는 경우에는 치료관계비 해당액(입원환자 식대 포함)을 보상한다.

★★★
50 자동차보험에 대한 설명으로 적절하지 **않은** 것은?

① 대인배상에서 보상하는 사망보험금은 장례비, 위자료, 상실수익액을 지급 기준에 따라 지급한다.
② 부상보험금으로 인정되는 것은 위자료, 상실수익액 및 가정간호비 등이다.
③ 자기차량손해 지급보험금 중 도난에 대한 보험금의 청구는 경찰관서에 신고한 날로부터 30일 이후에 하도록 하며, 일부 부분품이나 부속기계만의 도난은 보상하지 않는다.
④ 과실상계의 대상은 대인배상Ⅰ·Ⅱ, 대물배상, 무보험자동차에 의해 산출한 금액에 대해 피해자 측의 과실비율에 따라 상계한다.
⑤ 다른 자동차 운전담보 특별약관에 가입 시 피보험자가 운전한 다른 자동차를 보통약관의 대인배상Ⅱ, 대물배상, 자기신체사고의 피보험자동차로 간주하여 보상한다.

정답 | ②
해설 | ② 후유장애보험금에 대한 설명이다. 부상보험금은 구조수색비, 치료관계비, 위자료, 휴업손해액, 간병비 및 기타손해금 등이 있다.

★★★
51 자동차보험에 대한 적절한 설명으로 모두 묶인 것은?

> 가. 보험계약자, 피보험자의 고의로 인한 손해는 보상하지 않지만, 피해자가 보험회사에 직접 청구를 한 경우 보험회사는 자동차손배법 법령에서 정한 금액을 한도로 피해자에게 손해배상금을 지급한 다음 고의로 사고를 일으킨 보험계약자나 피보험자에게 지급한 날부터 3년 이내에 그 금액의 지급을 청구한다.
> 나. 대인배상Ⅰ·Ⅱ, 무보험자동차에 의한 상해의 경우 과실상계한 후의 금액이 치료관계비 해당액에 미달하는 경우에는 치료관계비 해당액(입원환자 식대 제외)을 보상한다.
> 다. 운전자 범위제한 특별약관에서 운전자 범위를 기명피보험자와 가족으로 한정할 경우 가족의 범위에 형제자매는 포함되지 않는다.
> 라. 다른 자동차 운전담보 특별약관은 보통약관의 무보험자동차에 의한 상해담보에 가입한 사람에게 자동적으로 적용되는 특별약관이다.

① 가, 나, 다 ② 가, 나, 라
③ 가, 다, 라 ④ 나, 다, 라
⑤ 가, 다, 다, 라

정답 I ③
해설 I 나. 대인배상Ⅰ·Ⅱ, 무보험자동차에 의한 상해의 경우 과실상계한 후의 금액이 치료관계비 해당액에 미달하는 경우에는 치료관계비 해당액(입원환자 식대 포함)을 보상한다.

★★★
52 개인용자동차보험에 대한 적절한 설명으로 모두 묶인 것은?

> 가. 법정 정원 12인승 개인소유 자가용 승용차는 가입할 수 없다.
> 나. 자동차를 운행하기 위해서는 자동차손배법상 대인배상Ⅰ과 대물배상 1,000만원을 반드시 가입해야 한다.
> 다. 운전자 범위제한 특약에서 운전자 범위를 기명피보험자와 가족으로 한정할 경우 세대를 달리하는 장인, 장모는 기명피보험자의 가족에서 제외된다.
> 라. 다른 자동차 운전담보 특별약관은 기명피보험자 또는 배우자가 다른 자동차를 운전 중 발생한 사고에 대하여 보상하는 것을 내용으로 한다.

① 가, 나 ② 가, 라
③ 나, 다 ④ 다, 라
⑤ 가, 나, 다, 라

정답 | ②

해설 | 나. 대인배상 I (책임보험), 대물배상 2,000만원은 자동차를 운행하기 위해서는 자동차손배법상 반드시 가입할 것이 요구되는 강제보험(의무보험)이다.

다. 이 특약에서 운전자 범위를 기명피보험자와 가족으로 한정할 경우 기명피보험자의 가족은 다음과 같다.

• 기명피보험자의 부모와 양부모, 계부모 • 기명피보험자의 배우자의 부모 또는 양부모, 계부모 • 법률상의 배우자 또는 사실혼관계에 있는 배우자 • 법률상의 혼인관계에서 출생한 자녀, 사실혼관계에서 출생한 자녀, 양자 또는 양녀, 계자녀 • 기명피보험자의 며느리 또는 사위(계자녀의 배우자 포함)

★★★

53 자동차보험 보험료에 대한 설명으로 적절하지 않은 것은?

① 자동차보험료는 각 담보종목별로 별도의 기본보험료가 책정되는데, 여기에 특약요율, 가입자특성요율, 할인할증률 등이 감안되어 적용보험료가 산출된다.

② 기본보험료는 차량의 종류, 배기량, 용도, 보험가입금액, 성별, 연령 등에 따라 미리 정해놓은 기본적인 보험료이다.

③ 가입자특성요율은 보험 가입 기간이나 법규위반 경력에 따라 적용하는 요율이다.

④ 특약요율은 자동차의 구조나 운행 실태가 같은 종류의 차량과 다른 경우 적용하는 요율이다.

⑤ 우량할인 · 불량할증요율은 사고 발생 실적에 따라 적용하는 요율이다.

정답 | ④

해설 | ④ 특별요율에 대한 설명이다. 특약요율은 운전자의 연령범위를 제한하는 특약, 가족으로 운전자를 한정하는 특약 등 가입 시에 적용하는 요율이다.

▪▪▪ TOPIC 6 장기손해보험

★★★

54 일반손해보험과 장기손해보험의 차이점에 대한 설명으로 가장 적절한 것은?

① 우리나라에서 판매하고 있는 일반손해보험이 주로 개인의 일상생활에서 발생하는 보험사고를 보장하는 가계성 보험인 반면, 장기손해보험은 개인이 아닌 특정 기업이 기업 활동을 수행하는 과정에서 발생하는 다양한 위험을 담보하는 기업성 보험이라는 점에서 차이가 있다.

② 일반손해보험은 가입 후 3년이 경과하면 계약이 소멸하는 3년 만기보험이 대부분이다.

③ 일반손해보험의 보험가입금액은 비록 상품의 종류 및 개개의 계약에 따라 차이가 있다 하더라도 그 규모는 제한적이라 할 수 있으나, 장기손해보험의 경우에는 보험가입금액을 상대적으로 높게 책정할 수 있다.

④ 자동복원제도는 1회의 보험사고에 의하여 지급받은 보험금이 가입 시 최대지급보험금의 80% 미만인 경우에는 가입 시의 보험가입금액으로 원상회복되는 일반손해보험에만 존재하는 제도로서, 일반손해보험 가입자의 경우 보험기간 중 80% 미만의 보험사고가 여러 번 발생하더라도 계속 보장을 받을 수 있다.

⑤ 장기손해보험의 보험료는 생명보험과 마찬가지로 예정위험률, 예정이율, 예정사업비율 등의 예정기초율을 이용하여 수지상등의 원칙에 입각하여 산출한다.

정답 | ⑤

해설 | ① 장기손해보험과 자동차보험이 주로 개인의 일상생활에서 발생하는 보험사고를 보장하는 가계성 보험인 반면, 우리나라에서 판매하고 있는 일반손해보험은 개인이 아닌 특정 기업이 기업 활동을 수행하는 과정에서 발생하는 다양한 위험을 담보하는 기업성 보험이라는 점에서 차이가 있다.

② 일반손해보험의 보험기간은 3년 이내이며, 가입 후 1년이 경과하면 계약이 소멸하는 1년 만기보험이 대부분이며, 특히 일반손해보험은 자동차보험처럼 매년 보험계약이 갱신되는 형태가 일반적이다.

③ 개인의 일상생활 중에 발생하는 위험을 보장하는 장기손해보험과 자동차보험의 보험가입금액은 비록 상품의 종류 및 개개의 계약에 따라 차이가 있다 하더라도 그 규모는 제한적이라 할 수 있다. 그러나 일반손해보험은 기업을 주된 가입 대상으로 하고 기업 활동 과정에서 발생하는 보험사고를 담보하고 있으므로 경우에 따라서는 보험사고의 발생이 보험회사의 경영에 치명적인 영향을 미칠 수 있다. 따라서 일반손해보험의 경우에는 보험가입금액을 상대적으로 높게 책정할 수 있다. 일반손해보험은 보험회사의 위험을 축소하기 위하여 재보험 출재가 매우 중요하며, 재보험 출재방식도 장기손해보험과 자동차보험에 비해 훨씬 다양화되어 있다.

④ 자동복원제도는 1회의 보험사고에 의하여 지급받은 보험금이 가입 시 최대지급보험금의 80% 미만인 경우에는 가입 시의 보험가입금액으로 원상회복되는 장기손해보험에만 존재하는 제도로서, 장기손해보험 가입자의 경우 보험기간 중 80% 미만의 보험사고가 여러 번 발생하더라도 계속 보장을 받을 수 있다.

★★★
55 일반손해보험과 장기손해보험에 대한 적절한 설명으로 모두 묶인 것은?

가. 장기손해보험과 자동차보험은 주로 개인의 일상생활에서 발생하는 보험사고를 보장하는 가계성 보험이다.
나. 일반손해보험과 자동차보험의 보험가입금액은 비록 상품의 종류 및 개개의 계약에 따라 차이가 있다 하더라도 그 규모는 제한적이라 할 수 있다.
다. 자동복원제도는 1회의 보험사고에 의하여 지급받은 보험금이 가입 시 최대지급보험금의 80% 미만인 경우에는 가입 시의 보험가입금액으로 원상회복되는 일반손해보험에만 존재하는 제도로서, 일반손해보험 가입자의 경우 보험기간 중 80% 미만의 보험사고가 여러 번 발생하더라도 계속 보장을 받을 수 있다.
라. 장기손해보험의 보험료는 생명보험과 마찬가지로 예정위험률, 예정이율, 예정사업비율 등의 예정기초율을 이용하여 수지상등의 원칙에 입각하여 산출한다.
마. 일반손해보험은 사고 발생에 의하여 보험료를 산출하기보다는 전 세계적인 위험의 분산을 목표로 하는 요율체계를 갖는다.

① 가, 나, 다 ② 가, 나, 라
③ 가, 나, 마 ④ 가, 라, 마
⑤ 나, 라, 마

정답 I ④

해설 I 나. 개인의 일상생활 중에 발생하는 위험을 보장하는 장기손해보험과 자동차보험의 보험가입금액은 비록 상품의 종류 및 개개의 계약에 따라 차이가 있다 하더라도 그 규모는 제한적이라 할 수 있다. 그러나 일반손해보험은 기업을 주된 가입 대상으로 하고 기업 활동 과정에서 발생하는 보험사고를 담보하고 있으므로 경우에 따라서는 보험사고의 발생이 보험회사의 경영에 치명적인 영향을 미칠 수 있다. 따라서 일반손해보험의 경우에는 보험가입금액을 상대적으로 높게 책정할 수 있다. 일반손해보험은 보험회사의 위험을 축소하기 위하여 재보험 출재가 매우 중요하며, 재보험 출재방식도 장기손해보험과 자동차보험에 비해 훨씬 다양화되어 있다.

다. 자동복원제도는 1회의 보험사고에 의하여 지급받은 보험금이 가입 시 최대지급보험금의 80% 미만인 경우에는 가입 시의 보험가입금액으로 원상회복되는 장기손해보험에만 존재하는 제도로서, 장기손해보험 가입자의 경우 보험기간 중 80% 미만의 보험사고가 여러 번 발생하더라도 계속 보장을 받을 수 있다. 반면, 자동차보험 및 일반손해보험의 경우에는 보험사고로 인하여 지급받은 보험금만큼 남은 보험기간에 보험가입금액이 감액되어 이후에 다른 보험사고가 발생한 경우에는 남아 있는 금액 한도 내에서만 보상을 받게 된다.

★★★

56 손해보험 가입니즈에 따른 손해보험 상품의 분류가 적절하게 연결된 것은?

가. 화재보험에 가입하고자 하는데 보험료가 매년 변하는 것보다는 가입 기간 내내 일정했으면 합니다.
나. 저는 화재보험에 가입하고자 하는데 보험료가 가능한 저렴했으면 합니다.
다. 건설공사보험에 가입하고자 하는데 시공일로부터 완공일까지(1년간)만 보장이 되었으면 합니다.
라. 배상책임보험에 가입하고자 하는데 중간에 해지할 경우 납입한 보험료가 너무 아까우므로 일정 부분 환급이 가능한 보험에 가입하고자 합니다.
마. 화재보험에 가입하고자 하는데 80% 정도의 화재가 발생하더라도 그 이후 몇 번이고 화재 발생 시 잔여기간의 보험가입금액이 감액되지 않고 최초 가입 금액 기준으로 보상받았으면 합니다.

	일반손해보험	장기손해보험
①	가, 나	다, 라, 마
②	가, 나, 다	라, 마
③	나, 다	가, 라, 마
④	나, 다, 라	가, 마
⑤	다, 라, 마	가, 나

정답 | ③

해설 | **〈장기손해보험과 일반손해보험의 차이〉**

구분	장기손해보험	일반손해보험
보험기간	3년 이상	3년 이내
보험료 구성	• 순보험료 : 위험보험료+저축보험료 • 부가보험료(예정사업비) : 예정신계약비+예정유지비+예정수금비	• 순보험료 : 위험보험료 • 부가보험료 : 사업경비+기업이윤
환급금	납입보험료 또는 보험가입금액의 일정액을 중도, 만기에 환급	없음
자동복원제도	있음	없음

★★★
57 장기손해보험과 일반손해보험의 차이로 적절하지 **않은** 것은?

	구분	장기손해보험	일반손해보험
①	보험기간	3년 이상	3년 이내
②	순보험료	위험보험료 + 저축보험료	위험보험료
③	부가보험료	사업경비 + 기업이윤	예정사업비
④	환급금	납입보험료 또는 보험가입금액의 일정액을 중도, 만기에 환급	없음
⑤	자동복원제도	있음	없음

정답 I ③

해설 I 〈장기손해보험과 일반손해보험의 차이〉

구분	장기손해보험	일반손해보험
보험기간	3년 이상	3년 이내
보험료 구성	• 순보험료 : 위험보험료 + 저축보험료 • 부가보험료(예정사업비) : 예정신계약비 + 예정유지비 + 예정수금비	• 순보험료 : 위험보험료 • 부가보험료 : 사업경비 + 기업이윤
환급금	납입보험료 또는 보험가입금액의 일정액을 중도, 만기에 환급	없음
자동복원제도	있음	없음

★★★
58 손해보험에 대한 설명으로 가장 적절한 것은?

① 손해보험은 그 담보 범위가 생명보험에 비해 좁다.
② 우리나라에서 판매하고 있는 일반손해보험은 기업성 보험으로, 보험가입금액은 비록 상품의 종류 및 개개의 계약에 따라 차이가 있다 하더라도 그 규모는 제한적이라 할 수 있다.
③ 자동차보험과 장기손해보험은 매년 보험계약이 갱신되는 형태가 일반적이다.
④ 장기손해보험은 자동복원제도가 적용되지 않는다.
⑤ 장기손해보험의 보험료는 생명보험과 마찬가지로 예정위험률, 예정이율, 예정사업비율 등의 예정기초율을 이용하여 수지상등의 원칙에 입각하여 산출한다.

정답 I ⑤

해설 I ① 생명보험은 인간의 신체에 관한 불확실성만을 취급함에 비해, 손해보험은 인간의 신체에 발생한 손해뿐만 아니라, 사고로 인한 재산상의 손해 그리고 과실로 인하여 타인에게 부담해야 할 배상책임의 손해까지 보장하는 등 그 담보 범위가 생명보험에 비해 넓다.

② 개인의 일상생활 중에 발생하는 위험을 보장하는 장기손해보험과 자동차보험의 보험가입금액은 비록 상품의 종류 및 개개의 계약에 따라 차이가 있다 하더라도 그 규모는 제한적이라 할 수 있다. 그러나 일반손해보험은 기업을 주된 가입 대상으로 하고 기업 활동 과정에서 발생하는 보험사고를 담보하고 있으므로 경우에 따라서는 보험사고의 발생이 보험회사의 경영에 치명적인 영향을 미칠 수 있다. 따라서 일반손해보험의 경우에는 보험가입금액을 상대적으로 높게 책정할 수 있다. 일반손해보험은 보험회사의 위험을 축소하기 위하여 재보험 출재가 매우 중요하며, 재보험 출재방식도 장기손해보험과 자동차보험에 비해 훨씬 다양화되어 있다.

③ 일반손해보험의 보험기간은 3년 이내이며, 가입 후 1년이 경과하면 계약이 소멸하는 1년 만기보험이 대부분이며, 특히 일반손해보험은 자동차보험처럼 매년 보험계약이 갱신되는 형태가 일반적이다. 이에 반해 장기손해보험의 보험기간은 최소 3년 이상 최대 15년 이내이다. 다만, 보장성 장기손해보험 중 상해, 질병 및 배상책임을 모두 포함한 종합보험은 15년 이상으로 할 수 있다.

④ 자동복원제도는 1회의 보험사고에 의하여 지급받은 보험금이 가입 시 최대지급보험금의 80% 미만인 경우에는 가입 시의 보험가입금액으로 원상회복되는 장기손해보험에만 존재하는 제도로서, 장기손해보험 가입자의 경우 보험기간 중 80% 미만의 보험사고가 여러 번 발생하더라도 계속 보장을 받을 수 있다.

★★★

59 다음 정보를 고려할 때 한블리씨가 증여받은 상가A와 관련된 화재보험 및 배상책임보험 가입에 대한 설명으로 적절하지 않은 것은?

〈상가A 관련 정보〉
- 한블리씨가 증여받아 소유 중인 상가A는 '화재로 인한 재해보상과 보험 가입에 관한 법률'에 따른 특수건물에 해당함
- 한블리씨 소유 상가A의 임차인은 상가A에서 식당을 운영하고 있으며, 해당 식당은 '다중이용업소의 안전관리에 관한 특별법'에 따른 다중이용업소에 해당함

① 한블리씨가 상가A에 대해 특수건물화재보험 보통약관 가입 시 화재로 인한 소방손해나 피난손해에 대해 보상받을 수 있다.
② 한블리씨는 상가A에 대해 신체손해배상책임담보 특약부 화재보험에 가입할 의무가 있다.
③ 상가A 임차인은 다중이용업소 화재배상책임보험에 가입할 의무가 있다.
④ 상가A 임차인이 임차자배상책임 특별약관에 가입한 경우 임차한 부동산의 화재로 인해 부동산 소유자에게 법률상 배상책임을 부담해야 하는 위험을 보장받을 수 있다.
⑤ 한블리씨가 상가A에 대해 장기화재보험 가입 시 1회의 사고로 지급되는 보험금이 보험가입금액의 80% 미만이면 몇 번의 사고가 발생하더라도 보험가입금액이 감액되지 않을 수 있다.

정답 | ③

해설 | ③ '다중이용업소의 안전관리에 관한 특별법'에 따른 다중이용업소가 '화재로 인한 재해보상과 보험 가입에 관한 법률'에 따른 특수건물에 입점해 있는 경우에는 다중이용업소 화재배상책임보험 의무가입 대상에서 제외된다.

★★★

60 친절한씨가 가입한 A, B회사 운전자보험의 교통사고처리지원금 보험금으로 적절한 것은?

〈계약내용〉

보험회사	보험종목	보험기간	가입 금액(담보 내용)
A보험회사	장기운전자보험	2020.10.1.~2035.10.1.	교통사고처리지원금 3,000만원 한도
B보험회사	장기운전자보험2	2020.11.1.~2030.11.1.	교통사고처리지원금 2,000만원 한도

〈사고내용〉

자동차를 운전하던 중에 졸음운전으로 중앙선을 침범한 급격하고도 우연한 자동차 사고로 인하여 타차와 충돌하여 타차에 탑승한 타인을 사망하게 함. 동 사고로 피해자 유가족과 교통사고 형사합의서(합의금이 명시됨)를 작성하여 경찰서에 제출하고 형사합의서에 명시된 대로 타인의 유가족에게 형사합의금 4,000만원을 지급함

	A보험회사	B보험회사
①	1,600만원	2,400만원
②	2,000만원	2,000만원
③	2,000만원	3,000만원
④	2,400만원	1,600만원
⑤	3,000만원	2,000만원

정답 | ④

해설 | • 교통사고처리지원금을 지급하는 다수계약(각종 공제계약 포함)이 체결되어 있는 경우 각 계약의 보상책임액에 따라 각 계약의 비례분담액을 보상책임액으로 지급한다.

• A보험회사의 비례분담액 : $4,000\text{만원} \times \frac{3,000\text{만원(A사)}}{3,000\text{만원(A사)} + 2,000\text{만원(B사)}} = 2,400\text{만원}$

• B보험회사의 비례분담액 : $4,000\text{만원} \times \frac{2,000\text{만원(B사)}}{3,000\text{만원(A사)} + 2,000\text{만원(B사)}} = 1,600\text{만원}$

TOPIC 7 통합보험

★☆☆

61 통합보험에 대한 설명으로 적절하지 않은 것은?

① 통합보험은 하나의 독립된 상품 명칭이 아니라 가계에 대한 재산위험, 배상책임위험, 질병과 상해위험, 자동차 관련 위험을 하나의 증권으로 포괄하여 담보하는 장기종합보험을 일컫는 명칭이다.

② 통합보험은 개별적으로 구입할 수 있는 여러 상품을 하나의 상품으로 일괄하여 구입할 수 있는 장점뿐만 아니라 개인의 일상생활 중 배상책임위험이나 주택의 소유, 관리에 따른 배상책임위험을 담보하는 상품이라는 장점이 있다.

③ 재산위험에 대해서는 주택화재보험의 보험금계산과 면책사항이 준용되고, 배상책임위험에 대해서는 배상책임보험의 보험금계산과 면책사항이 적용된다.

④ 장기손해보험이기 때문에 해약환급금, 만기보험금, 자동복원제도가 적용되나, 보험계약대출은 적용되지 않는다.

⑤ 재산위험에 대한 담보를 살펴보면 주택화재보험과 동일하게 주택과 가재도구에 대한 화재가 발생할 경우 화재 및 폭발, 파열에 따른 직접손해, 소방손해, 피난손해를 담보하고 있다.

정답 | ④

해설 | ④ 장기손해보험이기 때문에 해약환급금, 만기보험금, 보험계약대출, 자동복원제도가 적용된다.

★☆☆

62 통합보험에 대한 설명으로 가장 적절한 것은?

① 장기손해보험이기 때문에 해약환급금, 만기보험금, 자동복원제도가 적용되나 보험계약대출은 적용되지 않는다.

② 재물위험의 경우 주택화재보험과 같이 도난에 대해서 담보하지 않고 있다.

③ 재산위험에 대한 담보를 살펴보면 주택화재보험과 동일하게 주택과 가재도구에 대한 화재가 발생할 경우 화재 및 폭발, 파열에 따른 직접손해, 소방손해, 피난손해를 담보하고 있다.

④ (가족)일상생활배상책임의 면책사항은 배상책임보험의 공통 면책사항과 동일하기 때문에, 거주하고 있는 소재지 즉, 살고 있는 주택 이외에서 발생한 배상책임에 대해서도 보상된다.

⑤ 임차자배상책임의 보험금 지급은 실제 손해액을 보상한도액 이내에서 실손보상한다.

정답 | ③

해설 | ① 장기손해보험이기 때문에 해약환급금, 만기보험금, 보험계약대출, 자동복원제도가 적용된다.
② 재물위험의 경우 주택화재보험과 달리 도난에 대해서도 담보하고 있다.
④ (가족)일상생활배상책임의 면책사항은 배상책임보험의 공통 면책사항과 동일하다. 다만, 거주하고 있는 소재지 즉, 살고 있는 주택 이외에서 발생한 배상책임에 대해서 면책된다.
⑤ 임차자배상책임의 보험금 지급은 보상한도액과 보험가액에 따라 비례보상된다.

CHAPTER

06 보험설계

출제 비중 : 4~8% / 1~2문항

학습가이드

학습 목표	학습 중요도
Tip 사례집과 연계하여 생명보험 필요보장액 등 계산문제 학습 필요	
1. 고객 상황을 고려한 생명보험 가입금액을 산출할 수 있다.	★★★
2. 손해보험설계 프로세스를 통해 고객에게 적합한 보험 상품을 선택할 수 있다.	★★

TOPIC 1 생명보험 설계

★★★

01 사망 시 유동자산 평가에 대한 적절한 설명으로 모두 묶인 것은?

가. 사망 시 쉽게 현금화할 수 있는 자산을 공정하게 시장가치대로 모두 평가한다.
나. 가입하고 있는 모든 생명보험계약의 순일반사망보험금, 예금 등 금융권에 적립하고 있는 자산, 주식, 채권, MMF 및 쉽게 현금화할 수 있는 각종 투자자산은 유동자산으로 분류해야 할 자산이다.
다. 일시금으로 지급받게 될 연금, 상속받게 될 자산, 부동산, 미술품이나 골동품 등의 수집품은 유동자산으로 분류될 수도, 되지 않을 수도 있는 자산이다.
라. 결제용 계좌, 특정한 목적에 사용하기로 되어 있는 자산, 자동차, 보석 등과 같은 동산은 유동자산이나 비유동자산 어느 쪽으로도 분류할 수 없는 자산이다.

① 가, 나, 다 ② 가, 나, 라
③ 가, 다, 라 ④ 나, 다, 라
⑤ 가, 나, 다, 라

정답 | ②

해설 | **〈유동자산으로 분류될 수도 되지 않을 수도 있는 자산〉**

- 일시금으로 지급받게 될 연금(지급받기까지 1~2년이 걸리는 것)
- 개인연금(배우자가 은퇴 시까지 계속 납입할 수도 있음)
- 부동산
- 미술품이나 골동품 등의 수집품

다. 상속받게 될 자산(아직 받지 않은 자산)은 유동자산이나 비유동자산 어느 쪽으로도 분류할 수 없는 자산이다.

★★★
02 생명보험 필요보장액 결정에 대한 적절한 설명으로 모두 묶인 것은?

> 가. 고객의 재무적 문제를 해결해 줄 수 있는 보험가입금액을 제시하는 것만이 유일한 목표가 된다.
> 나. 고객의 나이, 수입, 건강 상태 등 고객의 중요정보는 보험 상품을 고를 때 반드시 반영되어야 한다.
> 다. 일시금으로 지급받게 될 연금, 개인연금, 부동산, 미술품이나 골동품 등의 수집품은 유동자산이나 비유동자산 어느 쪽으로도 분류할 수 없는 자산이다.
> 라. 사업상 또는 은행거래상의 신용확보를 목적으로 대출을 상환하지 않고 그대로 유지하기를 원하는 경우에도 대출금은 상환해야 할 부채에 포함시킨다.

① 나
② 가, 나
③ 가, 라
④ 나, 다
⑤ 다, 라

정답 | ①

해설 | 가. 생명보험 필요보장액을 결정하는 모든 접근방법의 본질적 목표는 단순히 보험가입금액만을 제시하는 것은 아니다. 고객이 인생의 시기별로 특정 목표(주택구입, 자녀결혼, 자녀교육 등)가 있다는 것을 인지하도록 지원하는 것이다.
다. 일시금으로 지급받게 될 연금(지급받기까지 1~2년이 걸리는 것), 개인연금(배우자가 은퇴 시까지 계속 납입할 수도 있음), 부동산, 미술품이나 골동품 등의 수집품은 유동자산으로 분류될 수도, 되지 않을 수도 있는 자산이다. 유동자산이나 비유동자산 어느 쪽으로도 분류할 수 없는 자산은 결제용 계좌(단, 통상 결제금액을 초과한 금액은 유동자산에 포함될 수도 있음), 특정한 목적(자녀 교육과 결혼자금 등)에 사용하기로 되어 있는 자산, 자동차, 상속받게 될 자산(아직 받지 않은 자산), 보석 등과 같은 동산이 있다.
라. 사업상 또는 은행거래상의 신용확보를 목적으로 대출금 상환을 원하지 않을 수도 있는데 이런 경우의 대출금은 상환해야 할 부채에서 제외한다.

★★★
03 생명보험 필요보장액 결정에 대한 설명으로 적절하지 않은 것은?

① 생명보험 필요보장액을 결정하는 모든 접근방법의 본질적 목표는 단순히 보험가입금액만을 제시하는 것은 아니며, 고객이 인생의 시기별로 특정 목표가 있다는 것을 인지하도록 지원하는 것이다.
② 사망 시 유동자산 평가는 사망 시 쉽게 현금화할 수 있는 자산을 공정하게 시장가치대로 모두 평가한다.
③ 일시금으로 지급받게 될 연금, 개인연금, 부동산, 미술품이나 골동품 등의 수집품은 유동자산으로 분류해야 할 자산이다.
④ 결제용 계좌, 특정한 목적에 사용하기로 되어 있는 자산, 자동차, 상속받게 될 자산, 보석 등과 같은 동산은 유동자산이나 비유동자산 어느 쪽으로도 분류할 수 없는 자산이다.
⑤ 사업상 또는 은행거래상의 신용확보를 목적으로 대출금 상환을 원하지 않을 수도 있는데 이런 경우의 대출금은 상환해야 할 부채에서 제외한다.

정답 | ③

해설 | **〈유동자산으로 분류해야 할 자산〉**

- 가입하고 있는 모든 생명보험계약의 순일반사망보험금(일반사망보험금에서 보험계약대출이나 보험금 지급 시 공제되는 금액을 제외한 금액)
- 예금 등 금융권에 적립하고 있는 자산
- 주식, 채권, MMF 및 쉽게 현금화할 수 있는 각종 투자자산. 단, 특정한 목적(자녀의 교육과 결혼자금, 부채 상환자금 등)에 사용하기로 되어 있지 않은 자산

③ 일시금으로 지급받게 될 연금(지급받기까지 1~2년이 걸리는 것), 개인연금(배우자가 은퇴 시까지 계속 납입할 수도 있음), 부동산, 미술품이나 골동품 등의 수집품은 유동자산으로 분류될 수도, 되지 않을 수도 있는 자산이다.

★★★

04 생명보험 상품 선택 시 고려사항에 대한 설명으로 적절하지 않은 것은?

① 기존에 가입한 보험 내용을 확인하기보다는 고객의 다양한 니즈를 충족시키기 위해 여러 종류의 보험 상품을 다양하게 구입하는 것이 바람직하다.

② 필요한 상품이 보장성이라면 질병, 상해, 사망의 사고 중 어떤 사고에 중점을 두어야 할 것인지를 가려야 하는데, 이는 성별에 따른 다발성 질환, 연령에 따른 위험 유형별 발생빈도, 가족의 병력 등을 고려해서 선택할 수 있다.

③ 변액보험을 포함한 저축성보험은 유사기능의 은행상품과는 달리 보험계약자가 납입하는 보험료에서 차감되는 사업비 부분이 있기 때문에 납입원금을 회복하는 데까지 일정 기간을 유지해야 하는 점을 고려하고 선택해야 한다.

④ 보험계약은 피보험자의 연령이 낮은 경우 저렴하고 한 보험이 만기가 되어 재가입하는 것 보다는 장기의 보험계약을 계속 유지하는 것이 여러모로 보험계약자에게 유리하다.

⑤ 본인의 소득수준을 고려해서 적합한 보험료 수준을 결정해야 한다.

정답 | ①

해설 | ① 기존에 가입한 보험 내용을 확인한다. 가입된 보험을 제대로 파악하지 못하고 추가로 보험에 가입하게 되면 불필요한 보장을 중복되고, 정작 필요한 보장은 누락될 수도 있다.

★★★

05 **직장인 홍길동씨는 생명보험 상품 선택을 위해 홍길순 CFP® 자격인증자와 상담 중이다. 다음 중 생명보험 설계와 관련된 홍길순 CFP® 자격인증자의 설명으로 적절하지 않은 것은?**

① 홍길동 : 제가 소득이 적은 편이라 경제적으로 여력이 없어 정기보험을 구입하려고 하는데 괜찮을까요?
홍길순 : 정기보험은 해약환급금이 없기 때문에 조금 무리가 되더라도 종신보험을 가입하시는 것이 좋습니다. 종신보험은 정기보험에 비해 보험료 대비 보장금액이 높고, 사망보험금 및 계약자적립액에 대한 인플레이션 헤지 기능이 있어 매우 유리합니다.

② 홍길동 : 투자기능이 있는 저축성보험도 있습니까?
홍길순 : 저축성보험의 경우 투자기능을 겸비한 변액보험을 선택할 수 있습니다. 다만, 변액보험을 포함한 저축성보험은 유사기능의 은행상품과는 달리 고객님이 납입하는 보험료에서 차감되는 사업비 부분이 있기 때문에 납입원금을 회복하는 데까지 일정 기간을 유지해야 하는 점을 고려하고 선택해야 합니다.

③ 홍길동 : 보장 기간이 너무 긴 건 싫은데, 그냥 만기가 짧은 상품을 가입하는 것은 어떨까요?
홍길순 : 일반적으로 보험기간은 되도록 장기인 것이 유리합니다. 왜냐하면 보험계약은 고객님처럼 피보험자의 연령이 낮은 경우 저렴하고 한 보험이 만기가 되어 재가입하는 것보다는 장기의 보험계약을 계속 유지하는 것이 여러모로 고객님에게 유리하기 때문입니다.

④ 홍길동 : 종신보험은 보험료가 너무 비싼데 좀 무리해서라도 종신보험을 가입하는 것이 좋을까요?
홍길순 : 고객님의 소득수준을 고려해서 적합한 보험료 수준을 결정해야 합니다. 보험은 납입 기간이 장기이므로 가입 당시의 무리한 보험료 책정은 보험계약을 끝까지 유지하지 못하고 해지하는 결과를 초래하여 금전적 손해가 발생할 수 있습니다.

⑤ 홍길동 : 연말정산에 대비해서 세액공제 관련 상품을 가입하고 싶은데요?
홍길순 : 보장성보험의 경우 연간 납입 금액 중 100만원까지 세액공제가 가능합니다. 또한 세제적격 연금저축보험에 가입하시면 연간 납입보험료 중 최대 600만원까지 세액공제를 받을 수 있습니다.

정답 | ①

해설 | ① 현재 보험료 납입 여력이 부족할 때 정기보험을 통해 필요보장액만큼 가입하고, 경제적 상황이 좋아질 경우 갱신조항과 전환특약을 통해 보장 기간을 연장하거나 종신보험으로 전환할 수 있다. 전통형 종신보험은 보험 가입 초기에는 정기보험에 비해 보험료 대비 보장금액이 낮고, 경제적으로 여력이 없는 경우에는 종신보험의 보험료가 부담될 수 있으며, 사망보험금 및 계약자적립액에 대한 인플레이션 헤지 기능이 없다.

★★★
06 보험 상품의 조정이 필요한 적절한 상황으로 모두 묶인 것은?

> 가. 보장 내용 대비 보험료가 과다하게 설계된 경우
> 나. 가입하고 있는 보험 중 고객이 중요한 보장으로 인지하고 중복선택을 한 경우
> 다. 질병과 같이 발생가능성이 높은 위험에 과도하게 보장금액이 설정된 경우
> 라. 재해와 같이 발생가능성이 낮은 위험에 보장이 부족한 경우
> 마. 유형별 위험에 대한 보장 기간이 적절하지 않은 경우

① 가, 나
② 가, 마
③ 나, 다
④ 다, 라
⑤ 라, 마

정답 I ②

해설 I 나. 가입하고 있는 보험 중 중복된 보장이 있는 경우(단, 고객이 중요한 보장으로 인지하고 중복선택을 한 경우 고객의 선택을 고려하여 평가한다.)
다. 발생가능성이 낮은 위험(예 재해)에 과도하게 보장금액이 설정된 경우
라. 발생가능성이 높은 위험(예 질병)에 보장이 부족한 경우

★★★
07 벨쓰방식에 대한 설명으로 적절하지 않은 것은?

① 기존 계약의 적정성을 평가하는 가장 기본적인 접근으로 각 상품의 보험료 부담을 비교하는 것이다.
② 자격인증자가 특정 회사와 비교대상 회사의 보험금액 10만원당 생명보험 코스트를 평가하는 데 사용하는 방법의 하나이다.
③ 각 보험계약의 사망보험금액을 결정한다.
④ 사망보험금액을 결정할 때는 재해사망보험금은 포함해야 하고, 해약환급금을 결정할 때는 보험계약대출금을 감안한다.
⑤ 직전 보험년도 말의 해약환급금을 결정한다.

정답 I ④

해설 I ④ 사망보험금액을 결정할 때는 재해사망보험금은 제외해야 하고, 해약환급금을 결정할 때는 보험계약대출금은 감안하지 않는다.

★★★

08 **다음 단위 보험금액 당 코스트를 계산하는 벨쓰방식의 공식에 대한 설명으로 적절하지 않은 것은?**

$$\text{단위 보험금액당 코스트} = \frac{(CVP+P)(1+i)-(CV+D)}{(DB-CV)} \times 100{,}000$$

① P = 연간 보험료

② CVP = 직전 보험연도 말의 해약환급금

③ CV = 당해 보험연도 말의 해약환급금

④ i = 보험회사에서 정한 공시이율

⑤ D = 배당금

정답 | ④

해설 | ④ i = 재무설계사와 고객이 합의한 이자율

09 **종신보험에 가입한 고객의 기준정보가 다음과 같다면 단위 보험금액 10만원당 코스트로 가장 적절한 것은?(단, 세후투자수익률은 연 5%로 합의한다.)**

구분	금액
주계약 사망보험금	200,000천원
당해 보험년도 말의 해약환급금	54,000천원
직전 보험년도 말의 해약환급금	52,000천원
연간보험료	2,200천원
배당금	1,200천원

① 411원

② 685원

③ 855원

④ 1,171원

⑤ 1,993원

정답 | ④

해설 |

$$\text{단위 보험금액 당 코스트} : \frac{(CVP+P)(1+i)-(CV+D)}{(DB-CV)} \times 100{,}000$$

$$= \frac{(52{,}000+2{,}200)\times 1.05-(54{,}000+1{,}200)}{(200{,}000-54{,}000)} \times 100{,}000 = 1{,}171\text{원}$$

★★★
10 다음 보험가격지수 비교공시 내용에 대한 설명으로 적절하지 **않은** 것은?

회사명	상품명	보험가격지수	가입 금액	보험료		
				나이	남자	여자
A생명	종신보험	107.60%	1억원	40세	?	?
B생명	종신보험	115.40%	1억원	40세	?	?

① 우리나라에서는 보험소비자가 보험 상품을 선택할 때 회사별 보험료 내역 및 수준을 생명보험협회 홈페이지의 보험 상품 비교공시를 통해 비교할 수 있다.
② 보험가격지수는 보험 상품의 보험료총액을 참조순보험료 총액과 평균사업비총액을 합한 금액으로 나눈 비율이다.
③ 동일한 위험보장을 하는 종신보험의 보험료지수로 볼 때, B사의 종신보험이 더 저렴하므로 B사에 종신보험을 가입하는 것이 유리하다고 판단한다.
④ 보험료지수는 주계약 또는 특약의 보험료가 상대적으로 높은지, 낮은지를 나타내고, 위험보장별 연간보험료는 주계약 내의 해당 담보 또는 해당 담보특약의 보험료가 높은지, 낮은지를 나타내고 있기 때문에, 위험보장들이 서로 정확히 일치하지 않은 경우에는, 추가로 위험보장별 연간 보험료도 가격비교에 활용할 필요가 있다.
⑤ 가입설계서와 상품요약서는 대표계약 기준으로 보험료 공시자료가 제공되고 있어 실제 가입연령 기준과는 차이가 있을 수 있고, 또한 보험 상품은 장기간에 걸쳐 지속적으로 이루어지는 거래이므로 단순히 가격을 비교하기보다 종합적으로 고려하여 판단해야 한다.

정답 I ③

해설 I ③ 보험가격지수가 낮을수록 보험계약자가 납부하는 보험료 수준이 낮다는 것을 의미한다. 예를 들어 동일한 위험보장을 하는 종신보험의 보험료지수가 A사가 107.6%이고 B사가 115.4%라 하면 A사의 종신보험이 더 저렴하므로 A사에 종신보험을 가입하는 것이 유리하다고 판단하는 것이다.

★★★
11 일반적으로 기존 계약을 새로운 계약으로 대체하는 것이 고객의 이익에 합치되는 경우는 많지 않다. 기존 계약 대체에 대한 설명으로 적절하지 **않은** 것은?

① 오래된 계약일수록 현재 상품의 조건보다 유리한 경향이 있다.
② 신규 계약은 제척기간, 면책기간을 다시 거쳐야 하며, 신계약 비용을 추가로 부담해야 한다.
③ 배당부상품의 경우 신규계약은 기계약에 비해 배당금이 훨씬 적다.
④ 대체된 신규계약이 고객의 니즈를 모두 충족시키지 못할 수도 있다.
⑤ 계약 대체에 대해 기존의 보험설계사 및 새롭게 보험제안을 낸 보험설계사와 상의하기보다는 보험회사의 재무적인 안정성과 신용평가등급을 확인한다.

정답 I ⑤

해설 I ⑤ 계약 대체에 대해 기존의 보험설계사 및 새롭게 보험제안을 낸 보험설계사와 상의하며, 보험회사의 재무적인 안정성과 신용평가등급을 확인한다.

★★★
12 기존 계약을 새로운 계약으로 대체하는 경우 고려사항에 대한 설명으로 적절하지 않은 것은?

① 부적절한 보험계약은 해지하거나 일부 중복보장이 많거나 월 소득에 비해 보험료의 지출이 많은 보험은 조정할 필요가 있다.

② 기존 계약을 해지하고 필요에 따라 새로운 보험계약에 가입할 때는 기존 보험과 새로운 보험을 잘 비교하여 어떤 선택이 유리한 것인지 신중하게 결정할 필요가 있다.

③ 고객을 둘러싼 환경이 변함에 따라 고객의 보험 포트폴리오도 변해야 할 필요가 생기고, 보험회사가 고객의 새로운 니즈에 적합한 새로운 상품을 개발할 수도 있으며, 상품개발 환경의 변화로 인해 대체된 신규계약이 오히려 비용을 줄이고 더 적절한 보장을 제공해주는 경우도 있다.

④ 기존계약을 대체하려면 대체계약을 청약할 때까지 기존 계약을 먼저 해지하지 않는다.

⑤ 보험계약의 대체는 언제나 심사숙고해야 할 주제이며 장기적으로 고객에게 최선의 선택이라고 자격인증자가 확신할 수 있을 때만 계약을 대체하여야 한다.

정답 | ④
해설 | ④ 대체계약이 성립될 때까지 기존 계약을 먼저 해지하지 않는다.

★★★
13 기존 계약을 새로운 계약으로 대체하는 경우 고려사항에 대한 설명으로 적절하지 않은 것은?

① 부적절한 보험계약은 해지하거나 일부 중복보장이 많거나 월 소득에 비해 보험료의 지출이 많은 보험은 조정할 필요가 있다.

② 대체된 신규 계약이 고객의 니즈를 모두 충족시키지 못할 수도 있다.

③ 보험비용, 즉 보험료를 비교하고, 대체계약이 성립될 때까지 기존 계약을 먼저 해지하지 않는다.

④ 기존의 보험설계사는 배제하고 계약 대체에 대해 새롭게 보험제안을 낸 보험설계사와만 상의한다.

⑤ 보험계약의 대체는 언제나 심사숙고해야 할 주제이며 장기적으로 고객에게 최선의 선택이라고 자격인증자가 확신할 수 있을 때만 계약을 대체하여야 한다.

정답 | ④
해설 | ④ 계약 대체에 대해 기존의 보험설계사 및 새롭게 보험제안을 낸 보험설계사와 상의한다.

★★★
14 보험계약을 해지하고자 결정하였을 경우 고려해야 하는 해지할 상품순서가 적절한 사항으로 모두 묶인 것은?

> 가. 저축성 상품보다는 보장성보험부터 해지한다.
> 나. 이자율이 높은 상품보다 낮은 상품부터 해지하며, 이자율이 유사한 계약이라면, 보험 가입일로부터 가까운 계약을 선택한다.
> 다. 세제지원 상품보다는 세제지원이 없는 일반 상품부터 해지한다.
> 라. 보장 내용이 중복되어 가입된 상품부터 해지한다.
> 마. 최근 판매 중인 상품보다는 최근 판매되지 않는 상품부터 해지한다.

① 가, 나
② 가, 마
③ 나, 다
④ 다, 라
⑤ 라, 마

정답 | ④

해설 | 가. 보장성보험보다는 저축성(투자형) 상품부터 해지한다. 보장성보험의 경우 중도에 해지한 경우 재가입이 어렵고 보험료도 비싸지기 때문이며, 경제적으로 어려울 때 필요하기 때문이다.
나. 이자율이 높은 상품(과거 가입)보다 낮은 상품부터 해지한다. 이자율이 유사한 계약이라면, 보험 가입일로부터 7년(해약공제가 없는 시점) 이상 지나고 만기가 가까운 계약을 선택한다.
마. 최근 판매되지 않는 상품보다는 최근 판매 중에 있는 상품부터 해지한다. 암보험 등은 최근 많은 회사가 판매하고 있지 않으므로 유지가 유리할 수 있다.

··· TOPIC 2 손해보험 설계

★★☆
15 위험 측정방법에 대한 다음 설명 중 (가)~(라)에 들어갈 내용이 적절하게 연결된 것은?

> 손해의 심각성에 대한 평가에 있어서 프리드랜더는 화재에 의한 손해의 심각성을 (가)시설의 작동 여부에 따라 다음과 같이 구분하였다. 일반손실은 개인 소화장치 및 공공 소방시설이 제대로 작동하였을 경우 예상되는 손해금액을 말한다. (나)은 중요한 개인 소화장치, 예를 들어 스프링클러와 같은 소방시설이 제대로 작동하지 않은 상황에서 예상되는 손해금액을 의미한다. (다)은 개인 소화장치가 전혀 가동하지 않은 상황에서의 예상 손해금액이다. 마지막으로 (라)은 개인 소화장치 및 공공 소방시설이 전혀 작동하지 않은 상황에서의 예상 손해금액이다.

	가	나	다	라
①	위험축소	추정최대손실	최대가능손실	예상 가능한 최대손실
②	위험축소	추정최대손실	예상 가능한 최대손실	최대가능손실
③	위험축소	예상 가능한 최대손실	추정최대손실	최대가능손실
④	위험회피	추정최대손실	최대가능손실	예상 가능한 최대손실
⑤	위험회피	예상 가능한 최대손실	추정최대손실	최대가능손실

정답 | ②

해설 | 손해의 심각성에 대한 평가에 있어서 프리드랜더는 화재에 의한 손해의 심각성을 위험축소시설의 작동 여부에 따라 다음과 같이 구분하였다. 일반손실은 개인 소화장치 및 공공 소방시설이 제대로 작동하였을 경우 예상되는 손해금액을 말한다. 추정최대손실은 중요한 개인 소화장치, 예를 들어 스프링클러와 같은 소방시설이 제대로 작동하지 않은 상황에서 예상되는 손해금액을 의미한다. 예상 가능한 최대손실은 개인 소화장치가 전혀 가동하지 않은 상황에서의 예상 손해금액이다. 마지막으로 최대가능손실은 개인 소화장치 및 공공 소방시설이 전혀 작동하지 않은 상황에서의 예상 손해금액이다.

★★☆
16 손실 규모평가에 있어서 프로우티의 제안 내용에 대한 설명으로 적절하지 **않은** 것은?

① 최대가능손실은 최악의 상황에서 일어날 수 있는 손실의 최대금액을 의미한다.
② 추정최대손실은 주어진 상황에서 평균적으로 일어날 수 있는 손실의 최대금액을 의미한다.
③ 일반적으로 재물보험에 있어서는 각 재산에 대하여 추정최대손실을 평가하는 경향이 높다.
④ 손해보험의 위험관리에 있어서는 개인 또는 기업의 한정된 자원의 효율적 활용이라는 측면과 주요 손해에 효율적으로 집중할 수 있다는 측면에서 최대가능손실을 위험평가의 기본원칙으로 하는 것이 일반적이다.
⑤ 극단적인 위험회피형인 경우 최대가능손실로 재산상의 손실 규모를 측정하여 이에 대한 위험처리방법을 강구하여야 하며, 반대로 위험감수형인 경우 추정최대손실로 이를 대체할 수 있다.

정답 | ④

해설 | ④ 손해보험의 위험관리에 있어서는 개인 또는 기업의 한정된 자원의 효율적 활용이라는 측면과 주요 손해에 효율적으로 집중할 수 있다는 측면에서 추정최대손실을 위험평가의 기본원칙으로 하는 것이 일반적이다. 다만 한정된 재산을 소유하거나 또는 일부 재산의 손해가 개인 또는 기업의 미래에 치명적인 영향을 미치는 부분에 대해서는 추정최대손실보다 최대가능손실로 위험을 평가하는 것이 바람직하다.

★★☆

17 위험관리상태 분석 및 평가 시 고려사항에 대한 적절한 설명으로 모두 묶인 것은?

가. 프로우티는 손해의 심각성을 거의 0, 약간, 중간, 확정의 4단계로 구분하였다.
나. 일반적으로 손해발생확률은 일반손실에서 최대가능손실로 이동함에 따라 높아진다.
다. 최대가능손실은 최악의 상황에서 일어날 수 있는 손실의 최대금액을 의미하며, 추정최대손실은 주어진 상황에서 평균적으로 일어날 수 있는 손실의 최대금액을 의미한다.
라. 한정된 재산을 소유하거나 또는 일부 재산의 손해가 개인 또는 기업의 미래에 치명적인 영향을 미치는 부분에 대해서는 추정최대손실보다 최대가능손실로 위험을 평가하는 것이 바람직하다.
마. 극단적인 위험회피형인 경우 최대가능손실로 재산상의 손실 규모를 측정하여 이에 대한 위험처리방법을 강구하여야 한다.

① 가, 다, 라
② 가, 라, 마
③ 나, 다, 라
④ 나, 라, 마
⑤ 다, 라, 마

정답 | ⑤

해설 | 가. 프로우티는 확률을 4개의 단계로 구분하여 사용하는 것을 제안하였다. 4개의 단계는 거의 0, 약간, 중간, 확정이다.
나. 일반적으로 손해발생확률은 일반손실에서 최대가능손실로 이동함에 따라 낮아진다.

★★☆
18 손해보험설계 프로세스 중 위험관리상태 분석 및 평가 시 고려사항에 대한 적절한 설명으로 모두 묶인 것은?

> 가. 프로우티는 개별적인 수치적 손실확률을 사용하는 것보다 확률을 4개의 단계로 구분하여 사용하는 것을 제안하였는데, 4개의 단계는 거의 0, 약간, 중간, 확정이며, 손실발생확률을 고려해야 하는 것은 '중간, 확정' 단계에 속한 위험이다.
> 나. 프리드랜더는 화재에 의한 손해의 심각성을 위험축소시설의 작동 여부에 따라 구분하였는데, 일반적으로 손해발생확률은 일반손실에서 최대가능손실로 이동함에 따라 높아진다.
> 다. 손해의 심각성에 대한 평가에 있어서 프로우티는 최대가능손실과 추정최대손실로 나눌 것을 제안했는데, 추정최대손실은 최악의 상황에서 일어날 수 있는 손실의 최대금액을 의미하며, 최대가능손실은 주어진 상황에서 평균적으로 일어날 수 있는 손실의 최대금액을 의미한다.
> 라. 손해보험의 위험관리에 있어서는 개인 또는 기업의 한정된 자원의 효율적 활용이라는 측면과 주요 손해에 효율적으로 집중할 수 있다는 측면에서 최대가능손실을 위험평가의 기본원칙으로 하는 것이 일반적이다.

① 가　② 가, 나
③ 가, 라　④ 나, 다
⑤ 다, 라

정답 | ①
해설 | 나. 일반적으로 손해발생확률은 일반손실에서 최대가능손실로 이동함에 따라 낮아진다.
다. 최대가능손실은 최악의 상황에서 일어날 수 있는 손실의 최대금액을 의미하며, 추정최대손실은 주어진 상황에서 평균적으로 일어날 수 있는 손실의 최대금액을 의미한다.
라. 손해보험의 위험관리에 있어서는 개인 또는 기업의 한정된 자원의 효율적 활용이라는 측면과 주요 손해에 효율적으로 집중할 수 있다는 측면에서 추정최대손실을 위험평가의 기본원칙으로 하는 것이 일반적이다.

★★☆
19 손해보험설계 프로세스 3단계 고객의 재무상태와 위험관리 상태분석 및 평가에 대한 적절한 설명으로 모두 묶인 것은?

> 가. 프로우티가 제안한 손실발생확률을 고려해야 하는 것은 '약간, 중간' 단계에 속한 위험이다.
> 나. 일반적으로 손해발생확률은 일반손실에서 최대가능손실로 이동함에 따라 높아진다.
> 다. 손해보험의 위험관리에 있어서는 개인 또는 기업의 한정된 자원의 효율적 활용이라는 측면과 주요 손해에 효율적으로 집중할 수 있다는 측면에서 추정최대손실을 위험평가의 기본원칙으로 하는 것이 일반적이다.
> 라. 보험부보 시 재산의 종류에 따라 보상방법의 차이가 있지만, 위험평가 시에는 손해발생 후 실손보상이라는 관점에서 현재가액으로 평가하는 것이 바람직하다.

① 다　② 가, 나
③ 가, 라　④ 나, 다
⑤ 다, 라

정답 | ①

해설 | 가. 손실발생확률에서 고려해야 하는 것은 '중간, 확정' 단계에 속한 위험이다.

나. 일반적으로 손해발생확률은 일반손실에서 최대가능손실로 이동함에 따라 낮아진다.

라. 보험부보 시 재산의 종류에 따라 보상방법의 차이가 있지만, 위험평가 시에는 손해발생 후 원상회복이라는 관점에서 재조달가액으로 보수적으로 평가하는 것이 바람직하다.

★★☆

20 손해보험설계 프로세스 중 3단계에 대한 설명으로 가장 적절한 것은?

① 프로우티는 손해의 심각성에 대해 거의 0, 약간, 중간, 확정 등 4개의 단계로 구분하여 사용하는 것을 제안하였다.

② 프리드랜더는 화재에 의한 손해의 심각성을 위험축소시설의 작동 여부에 따라 구분하였는데, 예상 가능한 최대손실은 중요한 개인 소화장치의 고장이나 제대로 작동하지 않음에 따라 예상되는 손해금액을 의미한다.

③ 프로우티가 제안한 손해의 심각성에 대한 평가에 있어서 추정최대손실은 최악의 상황에서 일어날 수 있는 손실의 최대금액을 의미한다.

④ 한정된 재산을 소유하거나 또는 일부 재산의 손해가 개인 또는 기업의 미래에 치명적인 영향을 미치는 부분에 대해서는 추정최대손실보다 최대가능손실로 위험을 평가하는 것이 바람직하다.

⑤ 보험부보 시 재산의 종류에 따라 보상방법의 차이가 있지만, 위험평가 시에는 손해발생 후 실손보상이라는 관점에서 현재가액으로 보수적으로 평가하는 것이 바람직하다.

정답 | ④

해설 | ① 프로우티는 개별적인 수치적 손실확률을 사용하는 것보다 확률을 거의 0, 약간, 중간, 확정 등 4개의 단계로 구분하여 사용하는 것을 제안하였다.

② 추정최대손실은 중요한 개인 소화장치, 예를 들어 스프링클러와 같은 소방시설의 고장이나 제대로 작동하지 않음에 따라 예상되는 손해금액을 의미한다. 예상 가능한 최대손실은 개인 소화장치가 전혀 가동하지 않을 경우 예상되는 손해금액이다. 이 경우 화재는 소방차가 도착하기 전이나 또는 방화벽이 설치되어 있는 지점까지 확대될 것이다.

③ 최대가능손실은 최악의 상황에서 일어날 수 있는 손실의 최대금액을 의미하며, 추정최대손실은 주어진 상황에서 평균적으로 일어날 수 있는 손실의 최대금액을 의미한다.

⑤ 위험평가 시에는 손해발생 후 원상회복이라는 관점에서 재조달가액으로 보수적으로 평가하는 것이 바람직하다.

★★☆

21 손해보험설계 프로세스 중 5단계에서 제안서 실행 시 주의사항으로 모두 묶인 것은?

> 가. 자격인증자는 고객의 잠재적 위험과 위험수용성향 그리고 지출 가능한 보험료 수준 등을 고려하여 적절한 상품을 권유하여야 한다.
> 나. 필요보장에 대한 효율성, 즉 최소 비용으로 필요 보장액을 구입하여야 한다는 것이다.
> 다. 개인이나 조직이 직면한 위험 중 보험으로 부보 가능하지 않거나 보험으로 부보할 경우 코스트가 높은 위험에 대해 보험 이외의 위험처리방법을 고려하여야 한다.
> 라. 필요보장의 선택 시 보장금액은 위험평가에서 재무적 손실로 평가한 금액과 동등하게 설정하여야 한다.
> 마. 필요보장의 선택 시 보장금액이 예상되는 추정최대손실이나 최대가능손실에 미달될 경우 부족분에 대한 위험처리방법이 강구되어야 한다.

① 가, 나, 다　　② 가, 라, 마
③ 나, 다, 라　　④ 다, 라, 마
⑤ 가, 나, 다, 라, 마

정답 I ⑤
해설 I 모두 적절한 설명이다.

★★☆

22 손해보험설계 프로세스 중 위험관리 제안서의 실행 단계에 대한 적절한 설명으로 모두 묶인 것은?

> 가. 필요보장에 대한 효율성, 즉 최소 비용으로 필요 보장액을 구입하여야 한다는 것이다.
> 나. 개인이나 조직이 직면한 위험 중 보험으로 부보 가능하지 않거나 보험으로 부보할 경우 코스트가 높은 위험에 대해 보험 이외의 위험처리방법을 고려하여야 한다.
> 다. 보험을 재무적 영향에 따른 위험분류에 맞게 분류하여야 하는데, 일반적 위험에 대해서는 중요보장으로 분류하여야 한다.
> 라. 고객의 현금흐름상 필수보장을 구입할 자금이 부족할 경우에는 공제액의 설정이 적은 상품을 구입하는 것도 고려될 수 있다.
> 마. 공제의 경우 저렴한 비용뿐만 아니라 손해발생 시 일반적으로 가입자에게 구상권을 행사하지 않는다는 장점이 있다.

① 가, 나　　② 가, 마
③ 나, 다　　④ 다, 라
⑤ 라, 마

정답 I ①
해설 I 다. 치명적 위험에 대해서는 필수보장, 중요한 위험에 대해서는 중요보장, 일반적 위험에 대해서는 선택보장으로 각각 분류하여야 한다.

라. 공제액의 설정이 많을수록 보험료는 저렴해진다.
마. 손해보험의 경우 손해발생 시 일반적으로 구상권을 행사하지 않지만, 공제의 경우 저렴한 비용 대신 가입자에게 구상권을 행사하는 경우가 많아 손해발생 시 위험은 그대로 잔존할 가능성이 높다.

★★★
23 다음과 같은 사례의 경우 실제 비례보상금액 산정이 적절하게 연결된 것은?

• 가입사항
 – A사 4세대 실손(개인가입) : 입원 50,000천원, 통원 200천원(급여, 비급여), 비급여 3종
 – B사 4세대 실손(단체가입) : 입원 30,000천원, 통원 200천원(급여, 비급여), 비급여 3종
• 의료비 발생 사항
 등산 중 낙상으로 발목골절 사고로 입원 치료비로 본인부담액 급여 1,000천원, 비급여 1,000천원 총 2,000천원을 병원에 지불하고, 해당 보험사 A, B에 각각 청구하였다.

	A사	B사
①	937,500원	562,500원
②	937,500원	750,000원
③	1,250,000원	562,500원
④	1,250,000원	750,000원
⑤	1,500,000원	1,500,000원

정답 | ①

해설 | • 각각 타사에 실손의료보험이 없는 것으로 간주하여 보험금 산정
 – A사 : (급여 1,000천원×80%)+(비급여 1,000천원×70%)=1,500천원
 – B사 : (급여 1,000천원×80%)+(비급여 1,000천원×70%)=1,500천원
• 비례분담액=(각 계약의 보상대상 의료비 중 최고액−각 계약의 피보험자부담 공제금액 중 최소액)×$\frac{\text{각 계약별보상책임액}}{\text{각 계약별보상책임액의 합계액}}$
 – A사 : 1,500천원×$\frac{\text{50,000천원}}{\text{50,000천원}+\text{30,000천원}}$=937,500원
 – B사 : 1,500천원×$\frac{\text{30,000천원}}{\text{50,000천원}+\text{30,000천원}}$=562,500원

MEMO

PART 04

은퇴설계

CONTENTS

CHAPTER

01 은퇴설계 개요

출제 비중 : 4~8% / 1~2문항

학습가이드 ■ ■

학습 목표	학습 중요도
Tip 각 이론을 비교하며 학습 필요 Tip 은퇴설계 실행절차를 중심으로 각 내용에 대한 이해 필요	
1. 은퇴설계와 관련된 이론을 이해할 수 있다.	★★
2. 은퇴소득의 의미와 실행절차를 파악할 수 있다.	★★

··· TOPIC 1 은퇴설계 이론

★★☆

01 소비자선택이론에 대한 설명이 적절하게 연결된 것은?

A. 여러 상품 가운데 최적의 소비조합을 선택하여 구매한다는 이론으로, 많이 소비하면 효용도 늘어난다는 기본 가정이 전제되지만, 소비자에게는 예산이라는 제약이 존재하기 때문에 예산 범위 내에서 만족을 극대화하는 상품들의 조합을 선택하게 된다고 설명한다.
B. 소비자가 재화의 가격이나 이자율, 소득 등과 상관없이 어느 시점에 소비하는 것을 더 선호하는지에 따라 소비패턴이 결정된다고 본다.
C. 소비자가 완전한 정보를 갖지 못한 불확실한 상황에서 어떠한 선택을 하는지 설명하는 이론으로, 어떤 것으로부터 기대되는 심리적인 효용의 크기를 극대화하는 것이 소비자의 선택을 결정짓는다고 본다.
D. 소비자가 효용극대화를 위해 전 생애에 발생하는 소득을 이용한다는 것이다.

	효용이론	기간 간 소비자선택이론	생애주기가설	기대효용이론
①	A	B	C	D
②	A	B	D	C
③	B	A	C	D
④	B	A	D	C
⑤	B	C	D	A

정답 | ②

해설 | A. 효용이론
B. 기간 간 소비자선택이론
C. 기대효용이론
D. 생애주기가설

★★☆
02 소비자선택이론에 대한 설명으로 적절하지 않은 것은?

① 한계효용이론에서는 소비자가 선택할 수 있는 재화가 1개인 경우 이 재화를 소비할수록 추가 소비로 인해 느끼는 한계효용은 감소하게 되고, 한계효용이 0이 되면 총효용이 더 이상 증가하지 않기 때문에 합리적인 소비자는 동일한 재화에 대한 추가소비를 하지 않는다고 설명한다.
② 서수적 효용이론에서는 소비자가 일정한 예산 범위 내에서 동일한 만족을 얻을 수 있는 소비조합이 다양하게 존재하고, 그러한 소비조합들을 연결한 선인 무차별곡선 중 가장 큰 만족을 주는 무차별곡선상에서 소비자선택이 이루어진다고 설명한다.
③ 기간 간 소비자선택이론에서는 현재소비를 미래소비보다 선호하는 소비자는 차용을 통해 현재소비를 증가시키는 차용자로, 미래소비를 현재소비보다 선호하여 저축을 통해 미래소비를 증가시키는 소비자는 저축자로 분류한다.
④ 이자율의 변화가 기간 간 소비자선택에 미치는 영향은 대체효과와 소득효과로 구분되는데, 소득효과는 이자율 변화로 인하여 현재소비와 미래소비의 가치가 변화하기 때문에 나타나는 효과이다.
⑤ 기대효용이론은 돈에 대해 느끼는 심리적 가치가 실제로 가지고 있는 돈의 가치와 다르다는 데서 출발하고, 부가 증가할수록 기대효용이 증가하기는 하지만 그 증가율은 점차 감소한다고 하였으나, 이러한 모양은 위험수용성향이 높은 소비자들에게서는 다르게 나타날 수 있다.

정답 | ④

해설 | ④ 대체효과에 대한 설명이다. 즉, 이자율이 높아지면 현재소비가 줄고 미래소비가 증가하게 되는데, 이는 이자율 상승으로 저축의 가치가 증가하기 때문에 소비자는 현재소비를 줄여 저축을 증가시키며, 대출이자율도 증가하기 때문에 차용 행동을 줄이기 때문이다. 소득효과는 이자율 변화로 인해 실질소득이 변화하기 때문에 나타나는 효과로, 저축자와 차용자에게 다르게 작용한다. 저축자의 경우 이자가 증가하여 미래의 실질소득이 증가하기 때문에 소득변화에서와 마찬가지로 현재소비와 미래소비가 모두 증가하게 되지만, 차용자의 경우에는 차용비용(대출이자)이 증가하기 때문에 실질소득이 감소하여 현재소비와 미래소비 모두 감소하는 효과로 나타난다.

★★☆

03 항상소득가설에 대한 설명으로 가장 적절한 것은?

① 항상소득가설의 내용은 은퇴자금을 위해 저축을 늘려야 하는 경우 불필요한 지출통제도 필요하지만, 소득을 증가시킬 수 있는지에 대한 대안을 검토하는 것도 필요하다는 점을 설명할 수 있다.

② 명절상여금은 예측이 가능하고 정기적으로 지급이 된다 하여도 항상소득으로 볼 수 없다.

③ 은퇴자들은 일정한 소비수준을 유지하려고 하기 때문에 항상소득에 의해 소비가 결정되고 임시소득은 임시소비와 저축의 증가로 이어지게 된다.

④ 항상소득가설은 은퇴저축의 필요성을 설명하는 가장 적합한 이론이라고 할 수 있다.

⑤ 항상소득가설은 은퇴자들이 은퇴 후 소득 수준에 맞추어 생활하는 것을 어려워하는 이유를 설명할 수 있는 가설이기도 한다.

정답 I ③

해설 I ① 절대소득가설에 대한 설명이다.

② 근로자의 연봉은 항상소득에 해당하고 연말 성과급은 임시소득에 해당한다. 명절상여금은 예측이 가능하고 정기적으로 지급이 된다면 항상소득으로 볼 수 있다.

④ 생애주기가설에 대한 설명이다.

⑤ 상대소득가설에 대한 설명이다.

★★☆

04 은퇴설계와 소득가설에 대한 다음 설명 중 적절하지 않은 것은?

① 절대소득가설에 의하면 현재소득이 증가하면 현재소비와 저축도 증가하게 되며, 소득이 증가할수록 현재소비를 증가시키는 정도는 점차 증가하고 저축증가율은 더 작아지게 된다.

② 사람들은 일정한 소비 수준을 유지하려고 하기 때문에 항상소득에 의해 소비가 결정된다고 하는 항상소득가설은 일반적인 경우 은퇴 이전까지 유지해 오던 생활수준을 크게 변화시키지 않기 때문에 항상소득의 개념을 반영하는 것은 의미가 있다.

③ 은퇴저축의 필요성을 설명하는 가장 적합한 이론이라고 할 수 있는 생애주기가설은 가계가 전 생에에 걸쳐 일정한 수준의 소비를 유지하기 위해 전 생애에 걸쳐 획득하고 이용할 수 있는 평생소득을 이용한다는 것이다.

④ 상대소득가설은 소비가 현재소득 뿐만 아니라 과거의 최고소득 그리고 자신이 속한 사회계층의 소득에도 영향을 받는다는 가설이다.

⑤ 개인의 심적회계에 따라 소비성향이 다르게 나타난다는 행동학적 생애주기가설은 생애소득을 쉽게 현금화하여 현재지출에 이용할 수 있는지에 따라 현재소득, 자산소득, 미래소득 등 3개의 심적회계로 구분하여 각 심적회계의 소비성향을 살펴보았다.

정답 I ①

해설 I ① 절대소득가설에 의하면 현재소득은 현재소비와 저축으로만 배분되기 때문에 현재소득이 증가하면 현재소비와 저축도 증가하게 된다. 그러나 소득이 증가할수록 현재소비를 증가시키는 정도는 점차 감소되고(한계소비성향) 저축증가율이 더 커지게 된다.

05 은퇴설계와 소득가설에 대한 다음 설명 중 적절하지 않은 것은?

① 절대소득가설에 의하면 현재소득은 현재소비와 저축으로만 배분되기 때문에 현재소득이 증가하면 현재소비와 저축도 증가하게 되나, 소득이 증가할수록 현재소비를 증가시키는 정도는 점차 감소되고 저축증가율이 더 커지게 된다.

② 항상소득가설에서는 소비도 항상소비와 임시소비로 구성되는데, 은퇴자들은 일정한 소비수준을 유지하려고 하기 때문에 항상소득에 의해 소비가 결정되고 임시소득은 임시소비와 저축의 증가로 이어지게 된다.

③ 생애주기가설은 소득이 소비지출보다 높은 시기에 저축을 늘려서 소득이 부족한 시기를 대비해야 하며, 이는 은퇴 이후 소득감소에 대비하여 은퇴 이후 소비수준을 낮추기 보다는 은퇴 이후에도 은퇴 전과 유사한 생활수준을 유지할 수 있도록 은퇴소득 확보 노력이 필요함을 설명하는 근거가 된다.

④ 축적기 은퇴설계에서는 상대소득가설을 이해하고 은퇴 후 지나치게 낮은 목표를 잡고 은퇴설계를 실행하는 것을 주의하여야 하며, 인출기 은퇴설계에서 역시 은퇴 후 인출전략에 따른 지속가능한 생활수준을 평가하여 고객이 지나치게 초과지출을 하지 않도록 안내하고 조언해야 할 것이다.

⑤ 행동학적 생애주기가설은 생애소득을 쉽게 현금화하여 현재지출에 이용할 수 있는지에 따라 현재소득, 자산소득, 미래소득 등 3개의 심적회계로 구분하여 각 심적회계의 소비성향을 살펴본 결과, 현재소득을 사용할 때 소비성향이 가장 낮고 미래소득을 사용해야 할 때 소비성향이 가장 높다는 것을 밝혔다.

정답 | ⑤

해설 | ⑤ 그 결과 현재소득을 사용할 때 소비성향이 가장 높고 미래소득을 사용해야 할 때 소비성향이 가장 낮다는 것을 밝혔다.

★★☆

06 은퇴설계와 소득가설에 대한 설명으로 적절하지 않은 것은?

① 절대소득가설은 특히, 은퇴저축의 필요성을 인식하고 있고 불필요한 지출도 없으며 합리적인 은퇴목표를 세웠음에도 불구하고 은퇴자금 준비가 충분히 이루어지지 못하고 있는 경우 추가적인 소득원을 확보할 필요가 있음을 설명할 수 있다.

② 명절상여금은 예측이 가능하고 정기적으로 지급이 된다면 항상소득으로 볼 수 있다.

③ 생애주기가설에서는 생애기간 동안의 소비는 현재소득을 통한 소비, 미래소득의 차용을 통한 소비, 자산으로부터의 인출을 통한 소비로 이루어진다.

④ 상대소득가설은 은퇴자들이 은퇴 후 소득 수준에 맞추어 생활하는 것을 어려워하는 이유를 설명할 수 있는 가설이기도 한다.

⑤ 행동학적 생애주기가설에서는 각 심적회계의 소비성향이 현재소득을 사용할 때 소비성향이 가장 낮고 미래소득을 사용해야 할 때 소비성향이 가장 높다는 것이다.

정답 | ⑤
해설 | ⑤ 현재소득을 사용할 때 소비성향이 가장 높고 미래소득을 사용해야 할 때 소비성향이 가장 낮다는 것이다.

★★☆
07 은퇴설계와 소득가설에 대한 설명으로 가장 적절한 것은?

① 절대소득가설에 의하면 현재소득이 증가하면 현재소비는 증가하게 되나, 저축은 감소하게 된다.

② 항상소득가설에서는 소득이 항상소득과 임시소득으로 구성되는 것과 같이 소비도 항상소비와 임시소비로 구성된다고 보았는데, 우수한 성과로 얻은 임시소득이 증가하게 되면 평균소비성향도 증가하게 된다는 것이다.

③ 노후에 어떠한 생활을 하고자 하는지에 따라 생활비 수준이 달라질 수는 있겠지만 일반적인 경우 은퇴 이전까지 유지해 오던 생활수준을 크게 변화시키지 않기 때문에 생애주기가설의 개념을 반영하는 것은 의미가 있다.

④ 상대소득가설은 소비가 현재소득 뿐만 아니라 과거의 최고소득에도 영향을 받으나, 자신이 속한 사회계층의 소득에는 영향을 받지 않는다.

⑤ 행동학적 생애주기가설은 현재소득, 자산소득, 미래소득 등 3개의 심적회계로 구분하여 각 심적회계의 소비성향을 살펴본 결과, 현재소득을 사용할 때 소비성향이 가장 높고 미래소득을 사용해야 할 때 소비성향이 가장 낮다는 것을 밝혔다.

정답 | ⑤
해설 | ① 절대소득가설에 의하면 현재소득은 현재소비와 저축으로만 배분되기 때문에 현재소득이 증가하면 현재소비와 저축도 증가하게 된다. 그러나 소득이 증가할수록 현재소비를 증가시키는 정도는 점차 감소되고(한계소비성향) 저축증가율이 더 커지게 된다.
② 연봉이 상승하여 항상소득이 증가하면 평균소비성향도 증가한다는 것이다. 그러나 우수한 성과로 얻은 임시소득이 증가하게 되면 저축이 증가하여 전체 소득에서 소비가 차지하는 평균소비성향은 감소하게 된다.
③ 노후에 어떠한 생활을 하고자 하는지에 따라 생활비 수준이 달라질 수는 있겠지만 일반적인 경우 은퇴 이전까지 유지해 오던 생활수준을 크게 변화시키지 않기 때문에 항상소득의 개념을 반영하는 것은 의미가 있다.
④ 상대소득가설은 소비가 현재소득 뿐만 아니라 과거의 최고소득 그리고 자신이 속한 사회계층의 소득에도 영향을 받는다는 가설이다.

★★☆

08 전망이론에 대한 적절한 설명으로 모두 묶인 것은?

가. 행동재무학의 근간이 되는 이론으로 불확실한 상황에서의 소비자행동에 관한 대표적인 이론이기도 하다.
나. 소비자의 합리성을 가정한 기대효용에서는 이익과 손해의 판단 준거점이 0이지만 전망이론에서는 개인마다 자신이 정한 준거점이 있어서 이익과 손해를 서로 다르게 평가한다.
다. 작년에 200만원(A)과 50만원(B)의 수익을 올린 두 사람이 올해는 동일하게 100만원의 수익을 얻었다면, 전망이론에서는 A는 올해 수익 100만원에 대해서는 손실로 인식을 하고, B는 올해 수익 100만원에 대해 이득을 보았다고 느낀다는 것이다.
라. 기대효용이론에서는 이익과 손해의 크기가 같다면 만족감의 크기도 같지만, 전망이론에서는 동일한 크기라고 하더라도 이익보다 손해에 대해 더 민감하게 느낀다.

① 가
② 가, 나
③ 가, 나, 다
④ 가, 나, 라
⑤ 가, 나, 다, 라

정답 | ⑤
해설 | 모두 적절한 설명이다.

★★☆

09 은퇴설계와 행동재무학에 대한 설명이 적절하게 연결된 것은?

A. 개인마다 자신이 정한 준거점이 있어서 이익과 손해를 서로 다르게 평가하며, 동일한 크기라고 하더라도 이익보다 손해에 대해 더 민감하게 느낀다.
B. 소비자가 어떠한 행동에 대한 태도와 주관적 규범이 세워져 있기 때문에 행동을 하고 싶어도 상황이 여의치 않다면 행동의도가 실제 행동으로 이어질 가능성은 낮다는 점을 강조하는 개념이다.
C. 동일한 현상을 어떠한 틀에서 보는지 또는 관련 정보를 어떻게 제공하는지에 따라 소비자들이 보이는 태도나 행동이 달라지는 것을 말한다.
D. 개인이 가지고 있는 현재와 미래의 자산과 소득을 그 출처와 용도에 따라 개별적이고 대체할 수 없는 각각의 그룹으로 나누어 생각하는 성향이다.

	계획적 행동이론	전망이론	프레이밍 효과	심적회계
①	A	B	C	D
②	A	B	D	C
③	B	A	C	D
④	B	A	D	C
⑤	B	C	D	A

정답 | ③

해설 | A. 전망이론
B. 계획적 행동이론
C. 프레이밍 효과
D. 심적회계

★★☆

10 은퇴설계와 행동재무학에 대한 설명으로 적절하지 않은 것은?

① 현실적으로 소비자가 합리적인 의사결정을 하기에는 주어지는 정보가 완전하지 못하고, 주어진 정보를 완벽하게 이해하기 쉽지 않으며, 광고나 주변 환경에 의해 소비자선호가 일관적이지 않을 수 있기에, 소비자의 심리적 요인이 반영되어 합리적인 의사결정을 하지 못하는 행동을 설명한 행동경제학이 제시되었다.

② 기대효용이론에서는 이익과 손해의 크기가 같다면 만족감의 크기도 같지만, 전망이론에서는 동일한 크기라고 하더라도 이익을 손해보다 더 민감하게 느낀다.

③ 현재소득에서 1만원을 지출하는 것보다 자산에서 1만원을 인출하여 지출하는 것이 더 적게 소비했다고 생각하는 것은 심적회계가 다르기 때문인 것이다.

④ 긍정적 프레임에서는 대체로 확실한 것을 선택하여 위험회피적 선택을 하고, 반대로 부정적 프레임에서는 불확실한 것, 즉 위험선호적인 것을 선택한다는 것이다.

⑤ 계획적 행동이론은 은퇴준비를 해야 한다고 인식하고 있음에도 불구하고 자녀를 위한 과도한 사교육비나 고급 승용차 구입 또는 현재 인생을 즐기기 위한 지출을 통제하지 못하면 은퇴준비행동은 일어나지 않는 상황을 이해할 수 있는 이론이다.

정답 | ②

해설 | ② 기대효용이론에서는 이익과 손해의 크기가 같다면 만족감의 크기도 같지만, 전망이론에서는 동일한 크기라고 하더라도 이익보다 손해에 더 민감하게 느낀다. 예를 들어 1만원 이득으로 인한 기쁨과 1만원의 손해로 인한 슬픔이 있을 때, 기대효용이론에서는 기쁨과 슬픔이 동일하다고 보지만, 전망이론에서는 기쁨보다 슬픔을 더 큰 감정으로 느낀다는 것이다.

★★☆

11 생애주기가설에 대한 적절한 설명으로 모두 묶인 것은?

> 가. 생애주가가설은 소비자가 효용극대화를 위해 전 생애에 발생하는 소득을 이용한다는 것이다.
> 나. 이 가설은 현재와 미래의 두 시점만 존재한다고 가정한 기간 간 소비자선택이론을 생애기간으로 확장한 것이기 때문에 소비자의 만족도 생애예산제약을 받게 된다.
> 다. 이 가설은 소득활동을 하는 시기에 자산을 모아두었다가 은퇴기간에 자산을 인출하여 사용하는 은퇴설계를 설명할 수 있는 이론이기도 하다.
> 라. 행동학적 생애주기가설은 현재소득, 자산소득, 미래소득 등 3개의 심적회계의 소비성향을 살펴본 결과, 현재소득을 사용할 때 소비성향이 가장 낮고 미래소득을 사용해야 할 때 소비성향이 가장 높다는 것을 밝혔다.
> 마. 심적회계 관련 연구결과들은 은퇴자금을 준비할 때 연금 형태로 준비하기 보다는 목돈 형태로 준비하는 것이 더 적절하다는 점을 설명하는 근거가 된다.

① 가, 나, 다 ② 가, 나, 라
③ 가, 다, 라 ④ 나, 다, 라
⑤ 나, 라, 마

정답 | ①

해설 | 라. 그 결과 현재소득을 사용할 때 소비성향이 가장 높고 미래소득을 사용해야 할 때 소비성향이 가장 낮다는 것을 밝혔다.
마. 심적회계 관련 연구결과들은 은퇴자금을 준비할 때 목돈 형태로 준비하기 보다는 사망하기 전까지의 지속적으로 소득이 발생할 수 있는 연금 형태로 준비하는 것이 더 적절하다는 점을 설명하는 근거가 된다.

▪▪▪ TOPIC 2 은퇴설계에 대한 접근

★★☆
12 은퇴설계에 대한 설명으로 적절하지 않은 것은?

① 은퇴설계는 도입 초기 노후에 필요한 자금 계산과 자금 마련을 위한 금융상품 추천 등 재무적인 문제에 관심을 두는 협의의 은퇴설계가 주를 이루었으나 이제는 은퇴 후 어떤 삶을 살 것인지, 이를 위해 무엇을 어떻게 준비할 것인지 등 은퇴생활 전반에 대해 종합적이고 다차원적으로 접근하는 추세이다.

② 은퇴 후 생활에서 재무적 준비가 중요한 것이기는 하지만 모든 것이 돈으로만 해결될 수는 없기 때문에 자격인증자들은 고객의 은퇴생활에 영향을 줄 수 있는 건강관리, 여가활동관리, 대인관계관리, 일에 대한 관리, 주거관리 등의 비재무적 영역을 포함하는 것이 필요하다.

③ 여전히 은퇴자금 축적에만 관심이 있거나 은퇴자금은 안전자산으로만 운영해야 한다는 인식을 가진 고객들에게 은퇴자금을 분산투자를 통해 일정 수준의 수익률을 높일 수 있도록 관리할 필요가 있으며, 그러한 과정에서 자격인증자의 역할이 얼마나 중요한지를 알려줄 필요가 있다.

④ 이미 은퇴를 하였거나 은퇴가 얼마 남지 않은 고령자들이 점점 늘면서 기존에 축적한 은퇴자산을 어떻게 잘 운용하고 효과적으로 인출하여 안정적으로 은퇴생활을 유지할 것인지에 대한 은퇴자산 인출 문제가 중요한 화두로 떠오르고 있다.

⑤ 전문적인 은퇴설계가 필요하다고 인식한다면 투자설계나 보험설계에 집중된 재무설계로 접근할 필요가 있다.

정답 | ⑤

해설 | ⑤ 많은 소비자들은 노후자금을 마련해야 한다는 점을 인식하면서도 왜 체계적이고 장기적인 은퇴설계가 필요하고 중요한지에 대해서 정확하게 알지 못한다. 또한 전문적인 은퇴설계가 필요하다고 인식함에도 불구하고 투자설계나 보험설계에 집중된 재무설계로만 접근하는 경우가 적지 않다. 물론 투자설계나 보험설계가 은퇴설계 과정에 포함되어야 하는 것은 맞으나 체계적이고 성공가능성을 높이는 은퇴설계를 위해서는 종합적인 관점에서 은퇴설계를 진행하는 전문가와 함께해야 한다는 점을 고객들에게 인식시킬 필요가 있다.

★★☆
13 은퇴설계에 대한 적절한 설명으로 모두 묶인 것은?

가. 구체적인 수치와 데이터를 통한 재무적 접근의 은퇴설계를 넘어 고객의 삶 속에서 인생의 가치나 의미를 발견하고, 비전과 목표를 수립한 비재무적 설계까지도 포함하는 종합적 개념의 은퇴설계가 이루어지고 있다.
나. 비재무적 영역은 재무적 영역과는 완전히 별개의 영역이다.
다. 자격인증자들은 은퇴에 대한 개념을 과정, 연장의 개념으로 받아들이고 고객이 일로부터 은퇴한 것이지 삶으로부터 은퇴한 것이 아니라는 점을 인식하여 은퇴설계를 진행하여야 한다.
라. 은퇴시기와 준비를 스스로 결정해야 하는 자영업자들에게는 전문성 개발, 경력전환, 창업 등에 대한 준비 필요성을 조언해 주고, 근로자들에게는 체계적인 은퇴자금 관리와 위험보장에 대한 대책을 제공해 줄 수 있어야 한다.
마. 은퇴설계의 핵심목표 중 하나는 필요한 노후자금을 마련하여 은퇴기간 중 정기적이고 지속적으로 안정적인 생활이 가능한 소득이 발생하도록 하는 것이다.
바. 은퇴생활 적응 단계인 활동기, 회상기, 간병기의 특성을 참고하여 각 단계에서 발생할 것으로 예측되는 내용을 참고하여 은퇴설계에 반영할 수 있을 것이다.

① 가, 나, 다, 마
② 가, 나, 라, 바
③ 가, 다, 라, 마
④ 가, 다, 마, 바
⑤ 나, 다, 라, 바

정답 | ④

해설 | 나. 고령자의 건강관리의 경우 보험설계와 밀접하게 연계되어 있고 생애말기설계의 경우 일부분 상속과 관련이 되어 있어 세금설계와도 연계가 된다. 또한 주거계획의 경우 자가 부동산에 대한 관리에 있어 부동산설계와 관련이 된다. 즉, 비재무적 영역은 재무적 영역과 완전히 별개의 영역이 아니다. 따라서 재무적 영역의 은퇴설계와 비재무적 영역의 은퇴설계는 상호보완적이며 조화를 이루면서 진행하여야 한다.
라. 근로자들에게는 전문성 개발, 경력전환, 창업 등에 대한 준비 필요성을 조언해 주고, 은퇴시기와 준비를 스스로 결정해야 하는 자영업자들에게는 체계적인 은퇴자금 관리와 위험보장에 대한 대책 및 사업체처분과 관련된 정보도 제공해 줄 수 있어야 한다.

★★☆
14 은퇴설계에 대한 적절한 설명으로 모두 묶인 것은?

가. 은퇴 후 생활에서 재무적 준비가 가장 중요한 것이므로 비재무적 영역보다는 자산축적과 소득인출로 구분되는 재무적 영역에 집중하는 것이 필요하다.
나. 자격인증자들은 은퇴에 대한 개념을 과정, 연장의 개념으로 받아들이고 고객이 삶으로부터 은퇴한 것이지 일로부터 은퇴한 것이 아니라는 점을 인식하여 은퇴설계를 진행하여야 한다.
다. 은퇴설계 시 은퇴생활비를 어느 수준으로 결정하는 것이 적절한지에 대해 자격인증자들은 고객들이 합리적이고 객관적인 결정할 수 있도록 도와주어야 한다.
라. 은퇴생활 적응 단계인 활동기, 회상기, 간병기의 특성을 참고하여 각 단계에서 발생할 것으로 예측되는 내용을 참고하여 은퇴설계에 반영할 수 있을 것이다.
마. 지금까지의 은퇴설계는 은퇴필요자금과 부족한 자금을 충당하기 위한 계획에 지나치게 편중된 경향이 있었지만 점차적으로 길어진 은퇴기간에 대한 안정적인 은퇴소득원을 확보하고, 생애말기까지 균형 있는 소비지출을 하기 위한 은퇴자산 인출전략과 모니터링의 중요성이 높아지고 있다.

① 가, 나, 다　　② 가, 나, 마
③ 가, 라, 마　　④ 나, 다, 라
⑤ 다, 라, 마

정답 I ⑤

해설 I 가. 은퇴설계에서 비재무적 영역은 재무적 영역과 함께 균형 있고 성공적인 노후설계를 위해 중요하다. 은퇴 후 생활에서 재무적 준비가 중요한 것이기는 하지만 모든 것이 돈으로만 해결될 수는 없기 때문에 자격인증자들은 고객의 은퇴생활에 영향을 줄 수 있는 건강관리, 여가활동관리, 대인관계관리, 일에 대한 관리, 주거관리 등의 비재무적 영영을 포함하는 것이 필요하다.
나. 자격인증자들은 은퇴에 대한 개념을 과정, 연장의 개념으로 받아들이고 고객이 일로부터 은퇴한 것이지 삶으로부터 은퇴한 것이 아니라는 점을 인식하여 은퇴설계를 진행하여야 한다

▪▪▪ TOPIC 3 은퇴설계 실행절차

★★☆

15 은퇴자산 축적기의 은퇴설계 실행절차가 순서대로 나열된 것은?

가. 추가로 필요한 은퇴일시금 계산 나. 연간 은퇴저축액 계산 다. 은퇴설계를 위한 정보 수집 및 경제적 가정조건 결정 라. 현재 준비하고 있는 은퇴자산의 은퇴시점 기준 일시금 평가 및 목표은퇴소득 충족가능성 평가 마. 연간 목표은퇴소득 설정 및 은퇴기간 중 필요한 총은퇴일시금 산정 바. 은퇴저축(투자) 계획 수립

① 가 – 나 – 다 – 라 – 마 – 바
② 가 – 나 – 마 – 라 – 다 – 바
③ 다 – 나 – 라 – 바 – 마 – 가
④ 다 – 라 – 나 – 마 – 가 – 바
⑤ 다 – 마 – 라 – 가 – 나 – 바

정답 I ⑤

해설 I 다. 1단계 : 은퇴설계 정보수집 : 은퇴설계를 위한 정보 수집 및 경제적 가정조건 결정
마. 2단계 : 총은퇴일시금 산정 : 연간 목표은퇴소득 설정 및 은퇴기간 중 필요한 총은퇴일시금 산정
라. 3단계 : 은퇴자산 평가 : 현재 준비하고 있는 은퇴자산의 은퇴시점 기준 일시금 평가 및 목표은퇴소득 충족 가능성 평가
가. 4단계 : 추가로 필요한 은퇴일시금 계산 : 목표은퇴소득 마련을 위한 추가 필요은퇴일시금 계산
나. 5단계 : 연간 은퇴저축액 계산 : 추가 필요은퇴일시금 마련을 위한 연간 저축액 계산
바. 6단계 : 은퇴저축(투자) 계획 수립 : 추가 필요은퇴일시금 마련을 위한 저축(투자)계획 수립

★★☆
16 은퇴설계 질문표 작성에 대한 설명으로 적절하지 않은 것은?

① 만약 고객이 대면상담을 어려워하거나 피로감을 호소할 때에는 질문표를 직접 작성하도록 하는 것이 바람직하다.

② 현재 은퇴자산 평가는 은퇴설계 시 가장 우선적으로 이루어져야 하며, 비상예비자금, 자녀교육자금 등 다른 목적을 위해 사용될 예정인 자산은 제외해야 한다.

③ 기본적으로 은퇴생활비는 고객이 희망하는 라이프스타일을 고려하여 결정하도록 하지만, 통계청이나 국민연금공단 등의 자료를 제시하여 참고할 수 있도록 한다.

④ 투자수익률은 우선적으로는 고객이 희망하는 수익률을 기록하되, 은퇴설계 진행 과정에서 고객의 위험수용성향 등을 고려하여 조정될 수 있음을 고려하여야 하며, 특히, 고객이 자신의 위험수용성향 대비 지나치게 높은 수익률을 제시할 경우에는 자격인증자가 적정한 세후 투자수익률을 제시할 필요가 있다.

⑤ 동일한 위험수용성향을 가진 고객이라도 다른 형태의 투자유형을 보일 수 있으며, 하나의 투자자산이 가지고 있는 속성은 여러 가지 형태를 띠게 된다.

정답 | ①

해설 | ① 만약 고객이 질문표를 직접 작성하는 것을 어려워하거나 피로감을 호소할 때에는 대면방식을 취하는 것이 바람직하다. 대면방식을 취할 경우에는 정보수집을 위해 확인해야 하는 서류들을 미리 준비하도록 해야 하며, 온라인 접속으로 확인이 가능한 경우도 있으므로 금융인증서나 공동인증서를 준비하도록 안내하는 것이 좋다.

★★☆
17 은퇴설계 질문표 작성에 대한 설명으로 가장 적절한 것은?

① 만약 고객이 대면상담을 어려워하거나 피로감을 호소할 때에는 질문표를 직접 작성하도록 하는 것이 바람직하다.

② 현재 은퇴자산 평가는 은퇴설계 시 가장 우선적으로 이루어져야 하며, 비상예비자금, 자녀교육자금, 현재까지의 퇴직급여는 제외해야 한다.

③ 원금확보와 인플레이션 방어 그리고 은퇴 이후 유동성 확보 니즈가 강한 경우 부동산 등 실물투자자산에 대한 조언을 할 수 있고, 원금확보와 인플레이션 방어에 강한 반응을 보이는 고객이라면 연금상품에 대한 관심이 많을 것이다.

④ 은퇴자들의 자산 중 70~80%가 주택 중심으로 되어 있는 우리나라 현실을 감안하여 소유주택을 담보로 주택연금을 이용할 의사가 있는지 파악하는 것이 좋다.

⑤ 은퇴 이후 일을 하는 것은 정신적으로나 경제적으로 바람직하므로 준비되지 않았을 경우라고 하더라도 은퇴 후 일을 할 필요가 있음을 인식하도록 도와주어야 한다.

정답 | ④

해설 | ① 만약 고객이 질문표를 직접 작성하는 것을 어려워하거나 피로감을 호소할 때에는 대면방식을 취하는 것이 바람직하다.

② 비상예비자금, 자녀교육자금 등 다른 목적을 위해 사용될 예정인 자산은 제외하고, 현재까지의 퇴직급여(또는 DC형의 경우 평가액)는 반드시 기입하여 퇴직급여가 다른 용도로 전용되는 것을 방지해야 한다.

③ 원금확보와 인플레이션 방어 그리고 은퇴 이후 유동성 확보 니즈가 강한 경우 연금상품에 대한 조언을 할 수 있고, 원금확보와 인플레이션 방어에 강한 반응을 보이는 고객이라면 부동산 등 실물투자자산에 대한 관심이 많을 것이다.

⑤ 은퇴 이후 일을 하는 것은 정신적으로나 경제적으로 바람직하지만 준비되지 않았을 경우에는 은퇴 후 일이 오히려 부정적인 영향을 줄 수 있다. 따라서 일을 원한다면 어떤 종류의 일을 할 수 있을지 생각해보고 미리 준비할 필요가 있음을 인식하도록 도와주어야 하며, 언제까지 할 수 있는지에 대해서도 생각해보도록 하는 것이 좋다.

★★☆

18 은퇴설계 실행절차가 순서대로 나열된 것은?

가. 연간 저축액은 저축가능기간 동안 가정한 은퇴자산의 세후투자수익률을 적용하여 계산하고, 이를 고객의 저축여력과 비교하여 은퇴준비를 위한 추가저축이 가능한지 평가한다.

나. 추가로 필요한 은퇴일시금은 총은퇴일시금에서 은퇴자산 평가금액을 차감하는 방식으로 계산된다.

다. 은퇴설계에 필요한 정보와 그 정보를 수집할 질문표를 작성한 후 은퇴설계정보요약표를 작성한다.

라. 은퇴자산 평가는 은퇴자산별로 은퇴시점에서의 순미래가치로 평가를 하며 이는 공적연금과 현재 저축 · 투자하고 있는 은퇴자산만으로 목표은퇴소득을 충족할 수 있는지를 판단하기 위해서이다.

마. 수집한 정보를 활용하여 은퇴기간 중 필요한 총은퇴일시금을 산정하는 단계로, 은퇴설계가 장기간에 걸쳐 이루어지는 점을 고려하여 물가와 수익률에 따른 변화를 반영한 화폐의 시간가치를 반드시 고려하여야 한다.

① 가 – 마 – 다 – 라 – 나
② 가 – 라 – 나 – 마 – 가
③ 다 – 마 – 나 – 라 – 가
④ 다 – 마 – 라 – 나 – 가
⑤ 마 – 다 – 나 – 가 – 라

정답 | ④

해설 | 다. 1단계 : 은퇴설계 정보수집 : 은퇴설계를 위한 정보 수집 및 경제적 가정조건 결정

마. 2단계 : 총은퇴일시금 산정 : 연간 목표은퇴소득 설정 및 은퇴기간 중 필요한 총은퇴일시금 산정

라. 3단계 : 은퇴자산 평가 : 현재 준비하고 있는 은퇴자산의 은퇴시점 기준 일시금 평가 및 목표은퇴소득 충족 가능성 평가

나. 4단계 : 추가로 필요한 은퇴일시금 계산 : 목표은퇴소득 마련을 위한 추가 필요은퇴일시금 계산

가. 5단계 : 연간 은퇴저축액 계산 : 추가 필요은퇴일시금 마련을 위한 연간 저축액 계산

CHAPTER

02 은퇴소득

출제 비중 : 4~8% / 1~2문항

학습가이드 ■ ■

학습 목표	학습 중요도
Tip 계산문제가 출제될 수 있으므로 '제6장 은퇴자산 축적을 위한 투자관리'와 연계하여 학습 필요	
1. 적정 은퇴소득 수준을 산출할 수 있다.	★★★
2. 은퇴소득의 유형을 구분하고 은퇴소득 확보계획을 수립할 수 있다.	★

··· TOPIC 1 적정 은퇴소득

★★★

01 적정 은퇴소득 수준에 대한 설명으로 적절하지 않은 것은?

① 일반적으로 생애주기가설의 관점에서 전 생애에 걸친 소비수준을 비슷하게 유지하려는 경향이 있으므로 은퇴설계를 수립하는 시점의 생활을 기준으로 은퇴 후 적정 은퇴소득을 가늠해볼 수 있다.

② 소득대체율이란 은퇴 후 소득 대비 은퇴 전 소득의 비중이다.

③ 은퇴설계를 일찍 시작할 경우에는 설계 시점의 소득을 기준으로 임금상승률 등을 반영하여 은퇴시점의 예상소득으로 추정하여 사용하기도 하지만, 고객의 근로소득이나 사업소득 특성을 고려하여 조정할 필요가 있다.

④ OECD에서는 65~75%, World Bank에서는 70~80%를 안정적인 노후생활을 위한 소득대체율로 권고하고 있다.

⑤ 자격인증자가 고객의 적정 은퇴소득 수준을 결정하기 위해서는 통계자료나 공신력 있는 기관에서 권고하는 소득대체율 등을 참고하되, 고객의 소비성향과 재정상태, 직업 특성 등을 고려하여 판단하여야 한다.

정답 | ②

해설 | ② 소득대체율이란 은퇴 전 소득 대비 은퇴 후 소득의 비중으로, 은퇴 후 소득이 은퇴 전 소득을 어느 정도 대체하는지를 의미한다.

★★★
02 다음 정보를 토대로 계산한 송강씨의 소득대체율로 가장 적절한 것은?

〈송강씨 관련 정보〉
- 은퇴 전 소득 : 3,000천원
- 은퇴 후 소득
  - 개인연금 : 종신연금으로 월 1,000천원 정액 수령 예상
  - 국민연금 : 조기퇴직이 예상되어 연금수급개시연령 5년 전부터 조기노령연금을 수령할 계획임(조기노령연금 계산을 위한 기본연금 산정액은 월 1,000천원이라고 가정함)
  - 국민연금의 부양가족연금액은 없다고 가정하며, 개인연금과 국민연금 조기노령연금 수령시점은 동일함

① 53.3% ② 56.7%
③ 60.0% ④ 66.7%
⑤ 70.0%

정답 | ②

해설 | • 조기노령연금 지급율 : 연금수급개시연령 5년 전 청구 시 기본연금의 70% 적용
• 은퇴 후 소득수준 : 개인연금 1,000천원 + 국민연금 조기노령연금 700천원(1,000천원×70%) = 1,700천원
• 소득대체율 = $\frac{\text{은퇴 후 소득(소비)}}{\text{은퇴 전 소득(소비)}} \times 100 = \frac{\text{1,700천원}}{\text{3,000천원}} \times 100 = 56.7\%$

★★★
03 목표은퇴소득 결정에 대한 설명으로 적절하지 않은 것은?

① 고객이 추구하는 라이프스타일을 충분히 반영하여 목표은퇴소득을 결정하여야 하는데, 고객의 재무적 상황에 비추어 현실적이지 않은 경우에는 목표소득대체율을 제시함으로써 고객이 현실적으로 조정할 수 있도록 도와주어야 한다.
② 은퇴 후 희망하는 생활에 필요한 소득은 고객의 은퇴 전 소비패턴을 참고하여 예측할 수 있으며, 은퇴 이후에는 정기적인 소득활동을 하지 않고 근로기간 동안 축적된 자산을 이용하여 은퇴생활을 영위하기 위한 소비행동이 주요 경제활동이 된다는 측면에서 소득을 소비로 대체하여 산출하는 것이 일반적이다.
③ 은퇴 후 희망소득은 라이프스타일 등을 고려하여 고객이 목표로 하는 생활수준을 반영하고 있어 은퇴 전 생활수준과 비교하여 얼마나 현실적인지 평가할 수 있다.
④ 목표소득대체율을 적정 은퇴소득 수준을 판단하고 적용하는 가이드 역할을 한다.
⑤ 목표소득대체율과 은퇴소득대체율의 차이를 파악하여 은퇴 전 생활수준을 유지하기 위해 추가로 어느 정도의 저축을 해야 하는지 평가할 수 있다.

정답 | ④

해설 | **은퇴소득 수준과 소득대체율**

의미	산정식	의미와 활용
소득대체율	$\frac{\text{은퇴 후 소득}}{\text{은퇴 전 소득}}$	• 은퇴 후에 은퇴 전 생활수준 대비 어느 정도의 수준을 유지할 수 있는지를 파악 • 적정 소득대체율(70~80%)을 적용하면 은퇴 전 소비수준을 유지하기 위해 확보해야 하는 적정 은퇴소득 수준을 결정할 수 있음 • 적정 은퇴소득 수준을 판단하고 적용하는 가이드 역할
목표소득대체율 (필요소득대체율)	$\frac{\text{은퇴 후 희망소득}^{\text{주)}}}{\text{은퇴 전 소득}}$	• 은퇴 전 소득에 비해 은퇴 후 필요(희망)로 하는 소득이 어느 정도 되는지를 파악 • 은퇴 후 희망소득은 라이프스타일 등을 고려하여 고객이 목표로 하는 생활수준을 반영하고 있어 은퇴 전 생활수준과 비교하여 얼마나 현실적인지 평가할 수 있음 • 개인이 희망하는 은퇴생활 수준 판단

주) 은퇴 후 희망하는 생활을 위해 필요한 소득수준 또는 은퇴 전 소비패턴으로부터 예측된 은퇴 후 소비수준

★★★
04 은퇴소득 수준 결정 시 고려사항에 대한 설명으로 적절하지 않은 것은?

① 은퇴소득 수준을 결정할 때 고객의 라이프스타일을 반영하는 것은 고객이 희망하는 생활 유형에 따라 목표은퇴소득 수준을 추정하기 위해서이다.

② 현재 거주하는 곳에서 계속 거주할 것인지 아니면 도시 근교나 전원지역으로 이주를 할 것인지, 귀농이나 귀촌을 할 것인지 혹은 전문서비스가 제공되는 실버타운 등의 시설에 입주할 것인지 등 은퇴 후 주거에 대한 여러 가지 대안을 검토할 때 은퇴소득 수준에 대해서도 반드시 검토가 이루어져야 한다.

③ 건강상태는 은퇴소득 수준을 결정하는 데 직접적으로 영향을 미칠 뿐 아니라 은퇴시기와 사망연령을 예상하는 데에도 영향을 미치며, 이는 곧 은퇴기간에도 영향을 미치게 된다.

④ 만약 보험상품을 통해 의료비 지원방법을 고려해두었을 경우 납부해야 하는 보험료가 있다면 은퇴소득 수준을 낮추는 것이 바람직하다.

⑤ 축적기의 은퇴설계에서 은퇴기간은 고객이 희망하는 은퇴소득 수준을 위해 필요한 자금을 계산하는 데 적용되지만, 인출기의 은퇴설계에서는 축적된 은퇴자금을 사망하기 전까지 지속가능하게 나누어 사용하는 전략을 세워야 하기 때문에 은퇴소득 수준을 결정하는 것에 영향을 주게 된다.

정답 | ④

해설 | ④ 만약 보험상품을 통해 의료비 지원방법을 고려해두었다고 하더라도 납부해야 하는 보험료가 있는 경우 은퇴소득 수준을 낮추는 것은 바람직하지 않다.

▪▪▪ TOPIC 2 은퇴소득 확보

★☆☆
05 은퇴소득 유형에 대한 설명이 적절하게 연결된 것은?

A. 은퇴 이후 발생하는 사적이전소득이나 근로소득 등
B. 일정 조건에 따라 납부기간을 거치고 수급 조건에 부합될 경우 종신 또는 확정기간 동안 연금을 받을 수 있도록 설계된 제도나 금융상품으로부터 발생하는 은퇴소득 유형
C. 목돈 형태로 보유할 것을 목적으로 축적하게 되는 비연금 금융자산과 매매차익을 목표로 하거나 거주나 사업 목적으로 보유하고 있는 실물자산을 활용하여 확보할 수 있는 은퇴소득 유형

	연금소득	자산소득	기타소득
①	A	C	B
②	B	A	C
③	B	C	A
④	C	A	B
⑤	C	B	A

정답 I ③
해설 I A. 기타소득에 대한 설명이다.
B. 연금소득에 대한 설명이다.
C. 자산소득에 대한 설명이다.

★☆☆
06 은퇴소득 유형에 대한 적절한 설명으로 모두 묶인 것은?

가. 연금소득은 수령방법에 상관없이 기초연금과 국민연금, 직역연금 등의 공적연금과 퇴직연금, 개인연금 등 3층 연금체제에 의한 은퇴소득을 포함한다.
나. 자산소득은 은퇴설계정보요약표에서 저축 및 투자자산, 퇴직급여, 부동산자산, 기타자산에 해당하는 소득원으로부터 발생하게 된다.
다. 목돈 형태의 금융자산 즉, 비연금 금융자산은 저축성자산이나 금융투자자산, 상속받은 자산 등이 포함된다.
라. 실물자산으로부터 확보할 수 있는 대표적인 은퇴소득 유형으로 주택연금이나 농지연금은 바람직한 은퇴소득이 갖추어야 하는 종신지급 조건에 부합하고, 동시에 거주주택에서 평생 거주할 수 있거나 농사짓는 것을 유지할 수 있다는 큰 장점이 있다.
마. 기타소득은 은퇴자금을 모으는 축적기보다는 인출기 단계에 있는 은퇴자 가계의 은퇴소득 유형으로 보는 것이 타당할 것이며, 항상소득가설에서 항상소득에 해당한다고 볼 수 있다.

① 가, 나
② 가, 마
③ 나, 다
④ 다, 라
⑤ 라, 마

정답 | ④

해설 | 가. 연금소득은 일정 조건에 따라 납부기간을 거치고 수급 조건에 부합될 경우 종신 또는 확정기간 동안 연금을 받을 수 있도록 설계된 제도나 금융상품으로부터 발생하는 은퇴소득 유형으로, 기초연금과 국민연금, 직역연금 등의 공적연금과 퇴직연금, 개인연금 등 3층 연금체제에 의한 은퇴소득을 포함한다. 다만, 국민연금과 직역연금 중 연금수급 조건에 부합되지 않거나 직역연금 중 선택에 의해 일시금을 받는 경우, 그리고 퇴직연금과 개인연금 중 일시금 형태로 받게 되는 퇴직금이나 퇴직수당 또는 일시금 형태로 받을 경우에는 수령받은 목돈의 금융자산을 고객의 선택에 의해 연금화 또는 자가인출 등으로 선택할 수 있기 때문에 연금소득보다는 자산소득 유형에 포함하는 것이 더 바람직할 것이다.

나. 자산소득은 은퇴설계정보요약표에서 저축 및 투자자산, 부동산자산, 기타자산에 해당하는 소득원으로부터 발생하게 된다. 은퇴설계정보요약표에서 공적연금, 퇴직급여, 세제적격연금 등에 기재되는 것은 연금소득이다.

마. 기타소득은 은퇴자금을 모으는 축적기보다는 인출기 단계에 있는 은퇴자 가계의 은퇴소득 유형으로 보는 것이 타당할 것이며, 항상소득가설에서 임시소득에 해당한다고 볼 수 있다.

★☆☆

07 은퇴소득 확보 수준 점검에 대한 설명으로 가장 적절한 것은?

① 소득대체율은 고객의 라이프스타일 등이 반영된 은퇴 희망 소비수준이 은퇴 전 소비수준에 비해 어느 정도 되는지를 파악하여 은퇴목표가 얼마나 현실적인지, 실현가능한지 등을 파악하는데 활용할 수 있다.

② 소득대체율 산식에서 분자에 해당하는 은퇴 후 소득을 현재 노후자금 확보를 위해 실행하고 있는 방법을 은퇴 시까지 유지하여 확보할 수 있는 예상 은퇴소득을 적용하면 현재 진행하고 있는 은퇴준비가 은퇴 전 생활을 유지하는 데에 충분한지를 파악할 수 있다.

③ 은퇴소득대체율에서 목표소득대체율을 뺀 값이 (−)라면 은퇴 후 희망생활수준을 유지하는 데에 문제는 없으나 너무 낮은 희망생활수준을 가정한 것은 아닌지 점검할 필요가 있으며, 현재 실행하고 있는 은퇴자금 준비에 변동이 없도록 유지해야 한다.

④ 은퇴소득대체율과 목표소득대체율과의 차이를 통해 은퇴 전 소득에 대한 정보 없이 은퇴준비 수준을 알 수 있다.

⑤ 은퇴 후 예상소득을 은퇴 후 희망소득으로 나눈 값이 1 이상이면 은퇴 후 예상소득이 희망소득에 미치지 못하는 것이므로 추가적인 은퇴저축이 필요하다는 것을 의미한다.

정답 | ②

해설 | ① 목표소득대체율에 대한 설명이다. 소득대체율은 은퇴 후에 은퇴 전 생활수준 대비 어느 정도의 수준을 유지할 수 있는지를 파악하는 지표로, 적정 소득대체율(70~80%)을 적용하면 은퇴 전 소비수준을 유지하기 위해 확보해야 하는 적정 은퇴소득 수준을 결정할 수 있기 때문에 적정 은퇴소득 수준을 판단하고 적용하는 가이드 역할을 한다.

③ 은퇴소득대체율에서 목표소득대체율을 뺀 값이 (−)라면 목표소득대체율이 더 큰 것이므로 은퇴 후 희망생활수준을 낮추거나 추가저축을 통해 실현소득대체율을 높여야 하는 것을 의미한다. 반대로 (+)인 경우에는 은퇴소득대체율이 더 큰 것이므로 은퇴 후 희망생활수준을 유지하는 데에 문제는 없으나 너무 낮은 희망생활수준을 가정한 것은 아닌지 점검할 필요가 있으며, 현재 실행하고 있는 은퇴자금 준비에 변동이 없도록 유지해야 한다.

④ 은퇴소득대체율(실현소득대체율)과 목표소득대체율과의 차이를 통해 고객이 희망하는 은퇴생활을 위해 추가로 준비해야 하는 수준을 판단할 수 있다. 은퇴 후 예상소득을 은퇴 후 희망소득(소비)으로 나누면 은퇴 전 소득(소비)에 대한 정보 없이 은퇴준비 수준을 알 수 있다.

⑤ 은퇴 후 예상소득을 은퇴 후 희망소득으로 나눈 값이 1 이상이면 은퇴 후 예상소득이 은퇴 후 희망소득보다 많은 것이므로 은퇴준비를 잘 하고 있다고 평가할 수 있고, 1 미만이면 은퇴 후 예상소득이 희망소득에 미치지 못하는 것이므로 추가적인 은퇴저축이 필요하다는 것을 의미한다.

★☆☆

08 은퇴소득 확보계획 수립 절차에 대한 설명으로 적절하지 않은 것은?

① 은퇴 전 가계이건 은퇴자 가계이건 소득 대비 지출액이 과도하다고 판단되면 변동지출과 고정지출을 점검하여 소득대비 지출액을 적정 수준으로 조정하고 은퇴를 위한 추가 저축 여력을 확보하여야 한다.

② 축적기 과정에서의 비상예비자금은 소득 중단 상황 등이 발생했을 때 장기적인 계획을 갖고 진행 중인 은퇴저축을 방해하지 않는 역할을 할 수 있다.

③ 은퇴소득 확보의 기본원칙은 은퇴 후 정기적인 소득이 발생할 수 있도록 하는 것이며, 이를 위해 연금 형태로 일정 금액을 정기적으로 수령하는 방식이 바람직하다.

④ 먼저 기초연금, 국민연금, 퇴직연금, 개인연금 등 다층 보장제도 중 연금소득을 확보할 수 있는지를 확인하고, 현재 보유하고 있는 자산이나 저축 중 은퇴자금 용도로 활용할 수 있는 것이 무엇인지 점검한다.

⑤ 현재 가입되어 있는 보험상품 분석을 통해 과도한 보장이나 중복보장 상품이 있는지 파악하여야 하며, 특정 재무목표를 위해 투자하고 있는 자산은 가장 우선적으로 은퇴를 위한 자산으로 조정할 필요가 있다.

정답 | ⑤

해설 | ⑤ 현재 가입되어 있는 보험상품 분석을 통해 과도한 보장이나 중복보장 상품이 있는지 파악하여야 하며, 특정 목적 없이 저축되고 있는 상품이 있다면 은퇴소득 목적의 자산으로 조정을 하는 것이 바람직할 것이다.

★☆☆
09 은퇴소득 확보계획 수립 절차에 대한 설명이 적절하게 연결된 것은?

가. 은퇴소득 확보의 기본원칙은 은퇴 후 정기적인 소득이 발생할 수 있도록 하는 것이다.
나. 은퇴소득 확보 수준을 평가한 결과 추가 은퇴저축이 필요하다고 판단될 경우 재무상태 평가 결과를 바탕으로 추가저축 여력이 어느 정도 되는지 판단한다.
다. 인출기에는 소득 중단 상황보다는 갑작스럽게 목돈이 필요한 경우 한정적인 연금소득 이외의 자금출처 역할을 할 수 있다는 데에 의의가 있다.

	가	나	다
①	은퇴소득원 점검	추가저축 여력 분석	비상예비자금 점검
②	은퇴소득원 점검	비상예비자금 점검	추가저축 여력 분석
③	추가저축 여력 분석	은퇴소득원 점검	비상예비자금 점검
④	추가저축 여력 분석	비상예비자금 점검	은퇴소득원 점검
⑤	은퇴소득 확보 수준 분석	추가저축 여력 분석	부채부담 점검

정답 | ①
해설 | 가. 은퇴소득원 점검
나. 추가저축 여력 분석
다. 비상예비자금 점검

★☆☆
10 은퇴소득 확보계획 수립 절차에 대한 설명이 적절하게 연결된 것은?

A. 정기적인 일정 소득은 물가변화에 대처할 수 있도록 매년 조정되도록 하는 것이 좋다.
B. 축적기 과정에서는 소득 중단 상황 등이 발생했을 때 장기적인 계획을 갖고 진행중인 은퇴저축을 방해하지 않는 역할을 할 수 있으며, 인출기에는 갑작스럽게 목돈이 필요한 경우 한정적인 연금소득 이외의 자금출처 역할을 할 수 있다는 데에 의의가 있다.
C. 자격인증자는 고객과 함께 변동지출과 고정지출 모두에서 줄일 수 있는 항목을 꼼꼼히 체크하여야 한다.
D. 현금흐름표를 통해 현재 총소득과 총지출 구성이 어떻게 되어 있는지 확인하고 가계수지상태 지표를 통해 소비성향을 파악할 수도 있다.

	은퇴소득원 점검	비상예비자금 점검	추가저축 여력 분석	소득대비 지출 점검
①	A	B	C	D
②	A	D	C	B
③	B	C	D	A
④	C	B	A	D
⑤	D	C	B	A

정답 | ①

해설 | A. 은퇴소득원 점검
B. 비상예비자금 점검
C. 추가저축 여력 분석
D. 소득대비 지출 점검

★☆☆

11 연령대별로 은퇴소득 확보방안에 대한 적절한 설명으로 모두 묶인 것은?

> 가. 30대에는 은퇴저축기간이 상대적으로 많은 연령대이므로 기대수익률을 높일 수 있는 주식형 펀드 등을 선택하여 장기투자를 고려할 수 있으며, 직접 투자포트폴리오를 구성하기 어렵거나 투자관리에 자신이 없는 고객을 위해 은퇴시기에 초점을 맞춘 TDF를 추천할 수 있다.
> 나. 40대에는 다양한 장 · 단기 재무목표가 생기고 이를 구체화하여 실행하는 시기이기 때문에 은퇴저축의 우선순위가 후순위로 밀릴 수 있다.
> 다. 50대에는 이전 연령대에 비해 은퇴를 현실적으로 받아들이는 시기로, 은퇴계획과 은퇴 후 라이프스타일을 구체적으로 정하고 있는지 점검하고 목표은퇴소득을 명확하게 설정하도록 해야 한다.
> 라. 50대에 가장 먼저 진행해야 할 사항은 기존의 은퇴자산을 재검토하는 일이며, 이를 위해 현재까지 저축한 은퇴자산의 규모를 추정해 보고 은퇴목표를 달성할 수 있는지 평가해 보는 것이 필요하다.

① 가, 나　　② 가, 라
③ 나, 다　　④ 다, 라
⑤ 가, 나, 다, 라

정답 | ②

해설 | 나. 30대에 대한 설명이다.
다. 40대에 대한 설명이다.

★☆☆
12 연령대별 은퇴소득 확보방안에 대한 설명으로 적절하지 않은 것은?

① 20대는 하루라도 빨리 은퇴를 위한 저축계좌를 개설하고 정기적으로 실행하도록 하여 은퇴저축 습관을 갖도록 하는 것이 좋으며, 특히 준비할 수 있는 기간이 길기 때문에 위험자산의 비중을 높여 장기투자를 하기 좋으나 한편으로는 지나치게 위험한 투자는 주의하여야 한다.

② 30대에는 은퇴저축기간이 상대적으로 많은 연령대이므로 기대수익률을 높일 수 있는 주식형펀드 등을 선택하여 장기투자를 고려할 수 있으며, 직접 투자포트폴리오를 구성하기 어렵거나 투자관리에 자신이 없는 고객을 위해 은퇴시기에 초점을 맞춘 TDF를 추천할 수 있다.

③ 40대에는 은퇴까지의 기간이 대략 20여 년 정도 남아있어 현실적인 은퇴목표를 정하고 저축을 해나간다면 은퇴자산을 충분히 축적할 수 있기 때문에 자격인증자의 역할이 더욱 중요해지는 시기이기도 하다.

④ 50대에 속하는 고객을 위해서는 은퇴계획과 은퇴 후 라이프스타일을 구체적으로 정하고 있는지 점검하고 목표은퇴소득을 명확하게 설정하도록 해야 하며, 지금까지 은퇴저축을 하지 않은 상태라면 자격인증자의 도움을 받아 체계적으로 은퇴저축을 실행할 수 있도록 도움을 주어야 한다.

⑤ 50대에는 현재의 은퇴자산 포트폴리오를 은퇴시기에 초점을 맞추어 재배분하는 것을 검토하고, 은퇴기간 중 정기적으로 필요한 은퇴소득을 어디에서, 얼마를, 어떻게 인출할 것인지 가상의 시나리오를 만들어 보는 것도 의미가 있다.

정답 | ④

해설 | ④ 40대에 대한 설명이다.

★☆☆
13 고객 상황별 은퇴소득 확보방안에 대한 적절한 설명으로 모두 묶인 것은?

가. 정년보장 가능성이 큰 직장의 근로자는 공적연금 및 퇴직연금의 예상 수령액 계산이 비교적 용이하므로 3층보장의 기본 전제하에 소득대체율을 70~80%로 맞출 수 있는 수준의 개인연금 가입 등을 고려한다.
나. 고용환경이 불안하여 조기은퇴 할 가능성이 높은 경우에는 근로기간 단축으로 인한 소득감소는 물론 국민연금, 퇴직연금 감소 등 이중의 손해 가능성이 있고, 현금흐름이 불규칙해질 수 있으므로 개인연금의 경우 인출기능이 없는 확정금리부 상품으로 선택한다.
다. 자영업자의 경우 별도로 정해진 은퇴시기가 없어 오랫동안 사업소득을 얻을 수 있어 근로자와 비교할 때 매우 유리하다는 장점이 있다.
라. 만약 증여를 계획하고 있다면 일찍부터 단계적으로 증여하는 전략이 효과적이므로 자산규모나 세금적 측면에서 증여에 적합한 자산을 일정 간격으로 증여하거나 현금으로 증여 시에는 자녀 명의로 적립식펀드를 가입하여 증여세 면세 범위 내에서 납입을 하는 것도 효과적이다.

① 가, 나
② 가, 라
③ 나, 다
④ 다, 라
⑤ 가, 나, 다, 라

정답 | ②

해설 | 나. 고용환경이 불안하여 조기은퇴 할 가능성이 높은 경우에는 은퇴 이후 현금흐름이 불규칙해질 수 있으므로 개인연금의 경우 유동성 기능이 충분히 있는 상품으로 선택한다. 또한 조기은퇴 시에는 근로기간 단축으로 인한 소득감소는 물론 국민연금, 퇴직연금 감소 등 이중의 손해 가능성이 있으므로 이를 반영한 계획이 수립되어야 한다.

다. 자영업자의 경우 근로자와 비교할 때 은퇴소득 확보를 위해 국민연금 이외에는 모두 개별적인 준비가 이루어져야 한다. 근로자의 경우에는 퇴직급여가 보장되지만 자영업자는 스스로 개인형 퇴직연금계좌를 준비하는 등 사적연금을 최대한 활용하여 준비하여야 한다.

★☆☆

14 다음은 김세진씨(35세)의 은퇴소득원이다. 김세진씨는 은퇴소득원을 현행대로 운용할 경우 소득대체율이 낮아 은퇴 후 삶이 불안하다고 한다. 은퇴소득원 확보방안에 대한 적절한 설명으로 모두 묶인 것은?

- 국민연금(사업장가입자)
- DB형 퇴직연금
- 개인연금저축(세제적격)

가. 국민연금의 노령연금 연기제도를 활용한다.
나. DB형 퇴직연금에 추가납입을 통해 추가적인 연금보장을 확보한다.
다. 개인형 퇴직연금(IRP)은 가입이 안 되므로 추가 저축 여력은 DB형 퇴직연금을 활용한다.
라. 개인연금저축에서 연금저축펀드로 연금계좌 이체가 가능하지만, 위험성이 존재한다.

① 가　　② 가, 나
③ 가, 라　　④ 나, 다
⑤ 다, 라

정답 | ①

해설 | 나. DB형 퇴직연금을 가입한 근로자는 사용자부담금에 추가하여 기여할 수 없다.
다. DB형 퇴직연금 가입자도 개인형 퇴직연금(추가형IRP) 추가 설정이 가능하다.
라. 2001년 이전에 가입한 개인연금저축은 연금저축으로 연금계좌 이체가 불가능하다.

★☆☆

15 다음 근로소득자 송해(45세)씨의 은퇴소득원 분석 결과 목표로 하는 소득대체율에 비해 은퇴 후 소득이 부족한 상황이다. 다음 정보를 고려하여 은퇴 후 소득을 늘리기 위한 방안에 대한 적절한 설명으로 모두 묶인 것은?

〈송해씨가 현재 준비 중인 은퇴소득원〉
- 국민연금(사업장가입자)
- 현재 근무하고 있는 회사에서 가입한 확정급여형 퇴직연금
- 연금저축신탁(세제적격)

가. 국민연금 납부예외기간에 대한 추납보험료를 납부한 경우 그에 상응하는 기간을 기존 가입기간에 합산할 수 있으며, 추납보험료는 분할하여 납부할 수 있다.
나. DB형 퇴직연금의 경우 사용자 부담금 외에 송해씨가 추가로 납입할 수 있으므로 DB형 퇴직연금 계좌에 추가납입을 고려해야 한다.
다. DB형 퇴직연금 가입자는 개인형 퇴직연금을 설정할 수 없기 때문에 연금계좌세액공제 효과를 높이기 위해서는 연금저축신탁 납입금액을 증액시켜야 한다.
라. 연금저축신탁의 수익률이 저조한 경우 연금저축펀드로의 이체를 고려해 볼 수 있으나 이에 세제상 불이익이 발생하기 때문에 신중하게 결정하여야 한다.

① 가　　② 가, 나
③ 가, 라　　④ 나, 다
⑤ 다, 라

정답 I ①

해설 I 나. DB형 퇴직연금은 가입자기여금 납입이 불가하다.
다. DB형 퇴직연금 가입자도 개인형 퇴직연금(추가형 IRP)을 설정할 수 있다.
라. 연금계좌를 다른 금융기관으로 이체하는 것은 기존의 연금계좌를 해지하는 것이 아니기 때문에 세제상 불이익이 없다.

★☆☆

16 개인사업자 한소희(40세, 사업소득금액 80,000천원)씨의 다음 은퇴소득원 자료에 대한 적절한 분석내용으로 모두 묶인 것은?

A. 국민연금 노령연금 : 월 1,000천원(현재가치로 계산한 예상 연금액)
B. 개인형 퇴직연금(IRP) : 월 100천원 납입 중
C. 연금저축신탁(세제적격) : 월 300천원 납입 중
D. 변액연금보험(세제비적격) : 월 200천원 납입 중

가. 'A'는 전국 소비자물가변동률에 따라 연금액이 변동되기 때문에 연금액의 실질가치가 유지될 수 있다.
나. 'B'는 운용실적에 따라 적립금 규모가 달라질 수 있기 때문에 적립금 운용에 대한 지속적인 관리가 필요하다.
다. 'C'의 경우 연금계좌세액공제는 근로소득자만 받을 수 있기 때문에 해당 금액을 다른 은퇴상품에 투자하는 것이 좋다.
라. 'D'의 경우 최저적립금보증(GMAB)이 되어있다면, 연금개시시점에 연금적립금이 약정된 보증금액(기납입보험료 등)보다 적더라도 약정된 보증금액만큼은 보장받을 수 있다.

① 가, 나, 다
② 가, 나, 라
③ 가, 다, 라
④ 나, 다, 라
⑤ 가, 나, 다, 라

정답 | ②
해설 | 다. 연금계좌세액공제는 근로소득자가 아니어도 종합소득이 있는 경우 적용받을 수 있다.

★☆☆
17 생애주기별 은퇴소득 확보방안에 대한 설명이 적절하게 연결된 것은?

A. 자산 및 수익률 증대를 위해 모든 자산을 공격적으로 운용하는 것은 위험하며 이전에 축적해 온 은퇴자산을 효과적으로 보존하는 동시에 원하는 소비수준을 유지할 수 있도록 수익을 창출하는 것이 중요하다.
B. 가계의 다양한 중단기 재무목표를 달성하는 데 초점을 맞추기 때문에 자칫하면 은퇴자금 마련이라는 장기 재무목표에 소홀할 수 있으므로, 이 시기에는 연금저축 등의 연금성상품을 가입하여 소액이라도 장기적으로 꾸준히 저축하는 것이 바람직하다.
C. 자금의 여유가 있으나 가계의 소비지출 수준이 높아지고, 자녀 교육 및 결혼 등에 대한 부담이 커지고 노후준비에 대한 관심을 본격화해야 하는 시기이므로, 연금성상품을 금융회사별로 다양하게 보유하여 은퇴 소득을 마련할 필요가 있다.

	축적기	가속기	보존기
①	A	B	C
②	A	C	B
③	B	A	C
④	B	C	A
⑤	C	A	B

정답 | ④
해설 | A. 보존기
B. 축적기
C. 가속기

★☆☆

18 **은퇴소득 확보방안에 대한 설명으로 가장 적절한 것은?**

① 고용환경이 불안하여 조기은퇴 할 가능성이 높은 경우에는 근로기간 단축으로 인한 소득감소는 물론 국민연금, 퇴직연금 감소 등 이중의 손해 가능성이 있고, 현금흐름이 불규칙해질 수 있으므로 개인연금의 경우 인출기능이 없는 확정금리부 상품으로 선택한다.

② 자영업자의 경우 별도로 정해진 은퇴시기가 없어 오랫동안 사업소득을 얻을 수 있어 근로자와 비교할 때 매우 유리하다는 장점이 있다.

③ 은퇴설계 진행 시기에 따른 은퇴소득 확보방안은 축적기, 가속기, 보존기의 세 단계로 구분할 수 있다.

④ 가속기에는 위험부담이 낮은 안정성 자산을 보유하는 동시에 적립식펀드, 인덱스펀드 등의 금융상품을 활용하여 예적금 이자보다 높은 수익을 지속적으로 낼 수 있도록 하는 한편, 일부는 수익률의 변동성 위험이 높지만 고수익을 추구할 수 있는 주식형펀드 등에 투자하여 은퇴자산 포트폴리오를 다양하게 운영하는 것이 필요하다.

⑤ 인출기에 은퇴자산 포트폴리오를 구성하는 방법 자체는 은퇴 직전과 유사하지만 만일 예상치 못한 큰 손실이 발생할 경우 시간이 부족하여 회복하기가 힘들기 때문에 위험관리에 더욱 주의해야 한다.

정답 | ⑤

해설 | ① 고용환경이 불안하여 조기은퇴 할 가능성이 높은 경우에는 은퇴 이후 현금흐름이 불규칙해질 수 있으므로 개인연금의 경우 유동성 기능이 충분히 있는 상품으로 선택한다. 또한 조기은퇴 시에는 근로기간 단축으로 인한 소득감소는 물론 국민연금, 퇴직연금 감소 등 이중의 손해 가능성이 있으므로 이를 반영한 계획이 수립되어야 한다.

② 자영업자의 경우 근로자와 비교할 때 은퇴소득 확보를 위해 국민연금 이외에는 모두 개별적인 준비가 이루어져야 한다. 근로자의 경우에는 퇴직급여가 보장되지만, 자영업자는 스스로 개인형 퇴직연금계좌를 준비하는 등 사적연금을 최대한 활용하여 준비하여야 한다.

③ 생애주기별 은퇴소득 확보방안에 대한 설명이다. 은퇴설계 진행 시기에 따른 은퇴소득 확보방안은 축적기와 인출기의 두 시기로 나누어볼 수 있다.

④ 보존기에 대한 설명이다.

CHAPTER

03 공적연금

출제 비중 : 28~40% / 7~10문항

학습가이드 ■ ■

학습 목표	학습 중요도
Tip 지식형 및 사례형에서 응용형 문제가 출제될 가능성이 높으므로 제도에 대한 깊이 있는 학습 필요 Tip 고객 사례 제시 후 고객에게 적용될 수 있는 국민연금 제도에 대한 문제가 출제될 수 있으므로 이에 대한 학습 필요	
1. 기초연금의 수급자와 연금액 산정 방식을 설명할 수 있다.	★★★
2. 국민연금 가입자를 구분하고 그 특징을 설명할 수 있다.	★★★
3. 국민연금 보험료 산정절차를 이해하고 납부에 대해 설명할 수 있다.	★★★
4. 국민연금 급여 종류별 수급요건과 산정액에 대해 설명할 수 있다.	★★★
5. 공적연금을 활용하여 효과적인 은퇴설계를 수행할 수 있다.	★★★
6. 국민연금과 직역연금 간 연계제도에 대해 설명할 수 있다.	★★★

TOPIC 1 기초연금

★★★

01 다음 자료를 토대로 계산한 기초연금의 월 소득평가액이 적절하게 연결된 것은?

가. 단독가구에 월 2,000천원의 근로소득이 있고, 매달 국민연금 300천원을 수급하는 경우
나. 부부가구에 본인 2,000천원 및 국민연금 300천원, 배우자 1,500천원의 근로소득이 있는 경우

	가	나
①	280천원	916천원
②	280천원	1,182천원
③	916천원	1,182천원
④	916천원	1,600천원
⑤	1,182천원	1,600천원

정답 I ③

해설 I 가. 단독가구에 월 2,000천원의 근로소득이 있고, 매달 국민연금 300천원을 수급하는 경우 : 월 소득평가액 = 0.7×(2,000천원 − 1,120천원) + 300천원 = 916천원

나. 부부가구에 본인 2,000천원 및 국민연금 300천원, 배우자 1,500천원의 근로소득이 있는 경우 : 월 소득평가액 = 본인소득분[0.7×(2,000천원 − 1,120천원) + 300천원] + 배우자소득분[0.7×(1,500천원 − 1,120천원)] = 1,182천원

★★★

02 **서울시에 거주하는 만 68세의 은퇴생활자가 기초연금 수급대상자가 될 수 있는지를 판단할 때 다음과 같은 재산 및 소득, 직계가족의 상황을 반영하여 산출되는 소득인정액으로 가장 적절한 것은?**

• 국민연금 수령액 320천원 • 거주 주택(시가표준액 400,000천원) • 금융자산 30,000천원 • 부채(주택 담보) 50,000천원 • 아들 보유 자산 500,000천원 ※ 지역별 기본재산액 : 대도시 135,000천원(서울특별시 기준)

① 1,070천원
② 1,136천원
③ 1,236천원
④ 1,770천원
⑤ 1,820천원

정답 | ①

해설 | • 재산의 월 소득환산액 : [{(일반재산 − 기본재산액) + (금융재산 − 20,000천원) − 부채} × 0.04 ÷ 12개월] + 고급 자동차 및 회원권의 가액 = [{(400,000 − 135,000) + (30,000 − 20,000) − 50,000} × 4% ÷ 12] = [{265,000 + 10,000 − 50,000} × 4%] ÷ 12 = [225,000 × 4% ÷ 12] = 9,000 ÷ 12 = 750천원
• 소득인정액 = 월 소득평가액 + 재산의 월 소득환산액 = 320 + 750 = 1,070천원

★★★

03 **기초연금에 대한 설명으로 가장 적절한 것은?**

① 기초연금은 65세 이상 노인의 60%에게 기준연금액으로 2014년 7월부터 20만원을 지급하다가 2021년 1월부터는 30만원을 지급하고 있다.
② 신청은 대리인이 할 수도 있다.
③ 공적연금의 유족연금이나 장애연금을 받고 있는 자는 기초연금 수급대상에서 제외된다.
④ 국민연금 월급여액이 기준연금액의 150% 이하인 분은 소득역전방지 감액이 적용된다.
⑤ 국민연금 수급자는 연금액 및 가입기간 등에 따라 최소로 기준연금액을 최대로 부가연금액을 지급받는다.

정답 | ②

해설 | ① 기초연금은 65세 이상 노인의 70%에게 기준연금액으로 2014년 7월부터 20만원을 지급하다가 2021년 1월부터는 30만원을 지급하고 있다.
③ 공무원연금, 사립학교교직원연금, 군인연금, 별정우체국직원연금 등 직역연금 수급권자 및 그 배우자는 기초연금 수급대상에서 제외된다.
④ 선정기준에 해당되는 자 중 기준연금액을 전액 받는 자는 아래와 같다. 다만, 소득수준이 상대적으로 높아 소득역전방지 감액이 적용되거나, 부부 모두 기초연금을 받을 경우에는 감액될 수 있다.

- 국민연금을 받고 있지 않고 계신 분(무연금자)
- 국민연금 월급여액(부양가족연금액 제외)이 기준연금액의 150% 이하인 분
- 국민연금의 유족연금이나 장애연금을 받고 계신 분
- 국민기초생활보장 수급권자, 장애인연금을 받고 계신 분 등

⑤ 국민연금 수급자는 연금액 및 가입기간 등에 따라 최대로 기준연금액을 최소로 부가연금액을 지급받는다. 국민연금의 A급여액에 따라 기초연금이 감액될 수는 있으나 100% 감액하는 것이 아니라 부가연금액 만큼은 보장하는 장치를 두고 있다.

★★★

04 기초연금에 대한 설명으로 적절하지 않은 것은?

① 기초연금을 신청할 수 있는 분은 대한민국의 국적을 가진 자로서 신청일이 속하는 달에 주민등록법에 의한 주민등록 생년월일이 만 65세 이상인 자이다.

② 신청자격이 있는 노인 중 가구의 소득인정액이 선정기준액 이하인 분이 수급자로 선정된다.

③ 공무원연금, 사립학교교직원연금, 군인연금, 별정우체국직원연금 등 직역연금 수급권자 및 그 배우자는 기초연금 수급대상에서 제외된다.

④ 소득인정액이란 월 소득평가액과 재산의 월 소득환산액을 합산한 금액을 말한다.

⑤ 부부가 모두 기초연금을 받는 경우 각각에 대한 감액 없이 산정된 기초연금액의 100%가 지급된다.

정답 | ⑤

해설 | ⑤ 부부가 모두 기초연금을 받는 경우에는 각각에 대하여 산정된 기초연금액의 20%를 감액한다.

★★★

05 기초연금에 대한 적절한 설명으로 모두 묶인 것은?

가. 기초연금을 신청할 수 있는 분은 대한민국의 국적을 가진 자로서 신청일이 속하는 달에 주민등록법에 의한 주민등록 생년월일이 만 70세 이상인 자이다.
나. 공무원연금, 사립학교교직원연금, 군인연금, 별정우체국직원연금 등 직역연금 수급권자 및 그 배우자는 기초연금 수급대상에서 제외된다.
다. 소득인정액은 월 소득평가액만을 고려하여 산정하며, 재산은 고려하지 않는다.
라. 기초연금의 기준연금액은 전년도 기준연금액에 전국소비자물가변동률을 반영하여 보건복지부 장관이 매년 고시한다.
마. 부부가 모두 기초연금을 받는 경우에는 각각에 대하여 산정된 기초연금액의 50%를 감액한다.

① 가, 다
② 가, 라
③ 나, 라
④ 나, 마
⑤ 다, 마

정답 | ③

해설 | 가. 기초연금을 신청할 수 있는 분은 대한민국의 국적을 가진 자로서 신청일이 속하는 달에 주민등록법에 의한 주민등록 생년월일이 만 65세 이상인 자이다.

다. 소득인정액이란 월 소득평가액과 재산의 월 소득환산액을 합산한 금액을 말한다.

마. 부부가 모두 기초연금을 받는 경우에는 각각에 대하여 산정된 기초연금액의 20%를 감액한다.

★★★

06 기초연금에 대한 설명으로 가장 적절한 것은?

① 기초연금을 신청할 수 있는 분은 대한민국의 국적을 가진 자로서 신청일이 속하는 달에 주민등록법에 의한 주민등록 생년월일이 만 70세 이상인 자이다.

② 공적연금의 유족일시금 또는 유족연금을 받는 사람은 기초연금 수급대상에서 제외된다.

③ 근로소득이 있는 경우 기초연금 대상자가 될 수 없다.

④ 선정기준액은 매년 정부가 고시하는 금액인데 단독가구와 부부가구의 선정기준액은 서로 다르다.

⑤ 부부가 모두 기초연금을 받는 경우에는 그중 한 명에게만 지급한다.

정답 | ④

해설 | ① 기초연금을 신청할 수 있는 분은 대한민국의 국적을 가진 자로서 신청일이 속하는 달에 주민등록법에 의한 주민등록 생년월일이 만 65세 이상인 자이다.

② 공무원연금, 사립학교교직원연금, 군인연금, 별정우체국직원연금 등 직역연금 수급권자 및 그 배우자는 원칙적으로 기초연금 수급대상에서 제외된다.

③ 월 소득평가액 산정 시 근로소득에서 기본공제액인 110만원을 공제한 금액에서 30%를 추가로 공제한 금액에 기타소득을 더하여 산정한다. 근로를 지속하는 경우에도 기초연금 대상자가 될 수 있다.

⑤ 부부가 모두 기초연금을 받는 경우에는 각각에 대하여 산정된 기초연금액의 20%를 감액한다.

★★★

07 기초연금에 대한 적절한 설명으로 모두 묶인 것은?

가. 기초연금을 신청할 수 있는 분은 대한민국의 국적을 가진 자로서 신청일이 속하는 달에 주민등록법에 의한 주민등록 생년월일이 만 70세 이상인 자이다.
나. 국민연금 수급권자는 기초연금 수급대상에서 제외된다.
다. 소득인정액이란 월 소득평가액과 재산의 월 소득환산액을 합산한 금액을 말한다.
라. 산정된 기초연금액은 가구 유형, 소득인정액 수준에 따라 감액될 수 있다.
마. 부부가 모두 기초연금을 받는 경우에는 각각에 대하여 산정된 기초연금액의 50%를 감액한다.

① 가, 나
② 가, 라
③ 나, 다
④ 다, 라
⑤ 라, 마

정답 | ④

해설 | 가. 기초연금을 신청할 수 있는 분은 대한민국의 국적을 가진 자로서 신청일이 속하는 달에 주민등록법에 의한 주민등록 생년월일이 만 65세 이상인 자이다.

나. 공무원연금, 사립학교교직원연금, 군인연금, 별정우체국직원연금 등 직역연금 수급권자 및 그 배우자는 원칙적으로 기초연금 수급대상에서 제외된다. 그러나 국민연금의 경우에는 국민연금을 수급받는다고 해서 기초연금을 받지 못하는 것은 아니다. 소득인정액이 선정기준액에 미치지 못하여 기초연금 대상자로 선정되면, 국민연금액과 국민연금 가입기간이 반영된 국민연금 소득재분배급여(A급여액) 등에 따라 기초연금액이 감액될 수는 있다.

마. 부부가 모두 기초연금을 받는 경우에는 각각에 대하여 산정된 기초연금액의 20%를 감액한다

TOPIC 2 국민연금 가입자

★★★

08 근로자이더라도 국민연금 사업장가입자가 될 수 없는 경우로 적절하지 않은 것은?

① 60세 이상인 사용자 및 근로자
② 1개월간 근로일수가 8일 이상인 단기 근로자
③ 1개월간 근로시간이 60시간 미만인 단시간 근로자
④ 직역연금 가입자 및 퇴직연금 등 수급권자
⑤ 1년 이상 행방불명된 자

정답 | ②

해설 | ② 일용근로자 또는 1개월 미만의 기한을 정하여 사용되는 근로자 중 1개월 이상 계속 사용되면서, 1개월간 근로일수가 8일 이상 또는 근로시간이 60시간 이상이거나 1개월 동안 소득이 보건복지부 장관이 정하여 고시하는 금액 이상일 경우는 당연히 적용 가입대상이다.

★★★

09 국민연금 가입이 강제되는 의무가입자로 모두 묶인 것은?

가. 18세 미만의 근로자
나. 1인 기업으로 영업하는 프리랜서
다. 퇴직연금 등 수급권자가 일반 사기업에 임직원으로 취직하여 공적연금 연계 신청을 한 경우
라. 18세 이상 27세 미만인 학생으로서 현재 소득이 없는 자(과거 국민연금을 납부한 적이 없음)
마. 국민기초생활보장법에 의한 생계급여 수급자 중 본인이 희망하지 않는 경우

① 가, 나
② 가, 라
③ 나, 다
④ 다, 라
⑤ 라, 마

정답 | ①

해설 | 아래와 같은 경우에는 가입대상에서 제외된다.

• 공무원연금법 · 군인연금법 · 사립학교교직원연금법 및 별정우체국법의 적용을 받는 공무원 · 군인 · 사립학교교직원 및 별정우체국직원 • 노령연금 수급권을 취득한 자 중 60세 미만의 특수직종근로자 • 조기노령연금 수급권을 취득한 자(다만, 조기노령연금의 지급이 정지 중인 자는 제외) • 다음에 해당하는 자의 배우자로서 별도의 소득이 없는 자 – 국민연금법 제6조 단서규정에 의한 가입대상 제외자 – 사업장가입자, 지역가입자 및 임의계속가입자 – 노령연금 수급권자 및 퇴직연금 등 수급권자 • 퇴직연금 등 수급권자(다만, 퇴직연금 등 수급권자가 '국민연금과 직역연금의 연계에 관한 법률'에 따라 연계 신청을 한 경우에는 그러하지 아니함) • 18세 이상 27세 미만인 자로서 학생이거나 군 복무 등의 이유로 소득이 없는 자(연금보험료를 납부한 사실이 있는 자는 가입대상) • 국민기초생활 보장법에 따른 생계급여 수급자 또는 의료급여 수급자 • 1년 이상 행방불명된 자

★★★

10 국민연금 가입자에 대한 설명으로 가장 적절한 것은?

① 국내 국민연금 적용사업장에 근무하는 프랑스 국적을 가진 로버트할리(35세)씨는 외국인이므로 가입대상이 아니다.

② 미국의 애플사 프랑스현지법인에 근무하는 한국 국적인 박현명(49세)씨는 국민연금 가입대상이다.

③ 17세 근로자 이용성씨는 사업장가입자로 적용하나 본인의 희망에 의하여 당연적용대상에서 제외될 수 있다.

④ 군인연금법 적용을 받는 직업군인 정원석(38세)씨는 국민연금 가입대상이다.

⑤ 국민연금의 조기노령연금 수급권자인 이정수(57세)씨는 국민연금 가입대상이다.

정답 | ③

해설 | ① 국내에 거주하는 국민으로서 18세 이상 60세 미만인 자는 국민연금 가입대상이다. 국민연금 적용사업장에 종사하는 18세 이상 60세 미만의 근로자와 사용자는 외국인도 사업장가입자이다.

② 국민연금 적용사업장에 종사하는 18세 이상 60세 미만의 근로자와 사용자는 사업장가입자이다. 한국 국적인 사람이 미국의 애플사 프랑스현지법인에 근무하면 국민연금 적용사업장에 근무하는 것이 아니므로 가입대상이 아니다.

④ 공무원연금법 · 군인연금법 · 사립학교교직원연금법 및 별정우체국법의 적용을 받는 공무원 · 군인 · 사립학교교직원 및 별정우체국직원의 경우에는 가입대상에서 제외된다.

⑤ 조기노령연금 수급권을 취득한 자(다만, 조기노령연금의 지급이 정지 중인 자는 제외)는 가입대상에서 제외된다.

★★★
11 국민연금 가입자에 대한 설명으로 가장 적절한 것은?

① 국내 국민연금 적용사업장에 종사하더라도 외국인인 경우 가입대상에서 제외된다.
② 한국 국적인 사람이 미국의 애플사 LA지사에 근무하면 국민연금 가입대상이다.
③ 17세인 미성년 근로자가 국민연금 가입을 원하고 사용자가 동의하더라도 국민연금 가입이 불가능하다.
④ 노령연금 수급권을 취득한 자 중 60세 미만의 특수직종근로자는 가입대상에서 제외된다.
⑤ 퇴직연금 등 수급권자가 일반 사기업에 임직원으로 취직한 경우 국민연금 가입대상이다.

정답 I ④

해설 I ① 국내에 거주하는 국민으로서 18세 이상 60세 미만인 자는 국민연금 가입대상이다. 국민연금 적용사업장에 종사하는 18세 이상 60세 미만의 근로자와 사용자는 외국인도 사업장가입자이다.
② 국민연금 적용사업장에 종사하는 18세 이상 60세 미만의 근로자와 사용자는 사업장가입자이다. 한국 국적인 사람이 미국의 애플사 LA지사에 근무하면 국민연금 적용사업장에 근무하는 것이 아니므로 가입대상이 아니다.
③ 18세 미만의 근로자도 사업장가입자로 적용하나 본인의 희망에 의하여 당연적용대상에서 제외될 수 있다.
⑤ 퇴직연금 등 수급권자(다만, 퇴직연금 등 수급권자가 '국민연금과 직역연금의 연계에 관한 법률'에 따라 연계 신청을 한 경우에는 그러하지 아니함)는 가입대상에서 제외된다.

★★★
12 국민연금 가입자에 대한 설명으로 가장 적절한 것은?

① 국외에 거주하는 국민도 18세 이상 60세 미만인 자는 국민연금 가입대상이다.
② 임의가입자와 임의계속가입자는 탈퇴가 불가능하다.
③ 사업장 가입자는 국민연금 적용사업장에 종사하는 18세 이상 60세 미만의 근로자이다.
④ 국민연금 적용사업장에 종사하는 18세 미만의 근로자도 무조건적으로 사업장가입자로 가입해야만 한다.
⑤ 노령연금 수급권자 및 퇴직연금 등 수급권자의 배우자로서 별도의 소득이 없는 자는 지역가입자로 가입할 수 없다.

정답 I ⑤

해설 I ① 국내에 거주하는 국민으로서 18세 이상 60세 미만인 자는 국민연금 가입대상이다.
② 임의가입자와 임의계속가입자는 본인의 신청에 의해 가입하는 임의가입자로, 가입과 탈퇴가 자유롭다.
③ 국민연금 적용사업장에 종사하는 18세 이상 60세 미만의 근로자와 사용자는 사업장가입자이다.
④ 18세 미만의 근로자도 사업장가입자로 적용하나 본인의 희망에 의하여 당연적용대상에서 제외될 수 있다.

★★★
13 국민연금 가입자가 적절하게 연결된 것은?

> 가. 남편이 공무원이고, 보험모집인으로 활동하는 35세의 김세진씨
> 나. 상시근로자 3명을 두고 도소매업을 운영하는 50세의 이채원씨
> 다. 10년 전부터 중소기업 전문경영인으로 근무하는 63세의 최민수씨
> 라. 남편이 사업장가입자이며, 국민연금보험료를 납부한 적이 없고 현재 소득이 없는 42세의 전업주부 정호연씨

	가	나	다	라
①	지역가입자	사업장가입자	임의가입자	임의계속가입자
②	지역가입자	사업장가입자	임의계속가입자	임의가입자
③	임의가입자	사업장가입자	임의계속가입자	지역가입자
④	임의계속가입자	지역가입자	사업장가입자	임의가입자
⑤	임의계속가입자	임의가입자	사업장가입자	지역가입자

정답 | ②

해설 | 가. 국내에 거주하는 국민으로서 18세 이상 60세 미만인 자 중 사업장가입자가 아닌 사람은 당연히 지역가입자가 된다.
나. 국민연금 적용사업장에 종사하는 18세 이상 60세 미만의 근로자와 사용자는 사업장가입자이다.
다. 납부한 국민연금 보험료가 있는 가입자 또는 가입자였던 자로서 60세에 달한 자가 65세에 달할 때까지 신청에 의하여 임의계속가입자가 될 수 있다.
라. 국내에 거주하는 국민으로서 18세 이상 60세 미만인 자 중 사업장가입자와 지역가입자가 될 수 없는 사람도 60세 이전에 본인의 희망에 의해 가입신청을 하면 임의가입자가 될 수 있다.

★★★
14 국민연금 가입자가 적절하게 연결된 것은?

> 가. 남편이 공무원이고 본인은 보험모집인으로 활동하는 35세의 갑－사업장가입자
> 나. 10년 전부터 중소기업 전문경영인으로 일하는 61세의 을－지역가입자
> 다. 사업장을 운영하는 남편을 둔 국민연금 가입이력이 없는 52세의 전업부부 병－임의가입자
> 라. 2명의 직원을 두고 공인중개사로 활동하는 50세의 정－임의계속가입자

① 가
② 나
③ 다
④ 라
⑤ 모두 적절하지 않음

정답 I ③

해설 I 가. 국내에 거주하는 국민으로서 18세 이상 60세 미만인 자 중 사업장가입자가 아닌 사람은 당연히 지역가입자가 된다.

나. 납부한 국민연금 보험료가 있는 가입자 또는 가입자였던 자로서 60세에 달한 자가 65세에 달할 때까지 신청에 의하여 임의계속가입자가 될 수 있다.

라. 국민연금 적용사업장에 종사하는 18세 이상 60세 미만의 근로자와 사용자는 사업장가입자이다.

★★★

15 국민연금 가입자에 대한 적절한 설명으로 모두 묶인 것은?

> 가. 국내에 거주하는 국민으로서 20세 이상 60세 미만인 자는 국민연금 가입대상이다.
> 나. 한국 국적인 사람이 미국의 애플사 LA지사에 근무하더라도 국민연금 가입대상이다.
> 다. 조기노령연금 수급권을 취득한 자는 임의가입 신청이 가능하다.
> 라. 납부한 국민연금 보험료가 있는 가입자 또는 가입자였던 자로서 60세에 달한 자가 65세에 달할 때까지 신청에 의하여 임의계속가입자가 될 수 있다.
> 마. 임의가입자와 임의계속가입자는 본인의 신청에 의해 가입하는 임의가입자로, 6개월 이상 계속 연금보험료를 체납한 때는 최종 납부마감일의 다음날에 자격이 상실된다.

① 가, 나
② 가, 마
③ 나, 다
④ 다, 라
⑤ 라, 마

정답 I ⑤

해설 I 가. 국내에 거주하는 국민으로서 18세 이상 60세 미만인 자는 국민연금 가입대상이다.

나. 국민연금 적용사업장에 종사하는 18세 이상 60세 미만의 근로자와 사용자는 사업장가입자이다. 한국 국적인 사람이 미국의 애플사 LA지사에 근무하면 국민연금 적용사업장에 근무하는 것이 아니므로 가입대상이 아니다.

다. 타공적연금 가입자, 사업장가입자, 지역가입자 및 임의계속가입자, 노령연금 및 퇴직연금 등 수급권자의 배우자로서 별도의 소득이 없는 자는 임의가입 신청이 가능하다. 그러나 타공적연금가입자, 조기노령연금 수급권을 취득한 자, 외국인 등은 임의가입자가 될 수 없다.

▪▪▪ TOPIC 3 국민연금 연금보험료

★★★

16 **기준소득월액이 955천원인 경우 사업장가입자와 지역가입자 본인이 부담하는 국민연금 연금보험료가 적절하게 연결된 것은?**

	사업장가입자	지역가입자
①	42,970원	42,970원
②	42,970원	85,950원
③	44,880원	89,770원
④	85,950원	42,970원
⑤	85,950원	85,950원

정답 | ②

해설 | • 사업장가입자

– 기여금 및 부담금 : 955천원×4.5%＝42,975(10원 미만 절사) → 42,970원

– 보험료＝기여금 42,970원＋부담금 42,970원＝85,940원

• 지역가입자의 보험료 : 955천원×9%＝85,950원

★★★

17 **국민연금 연금보험료에 대한 적절한 설명으로 모두 묶인 것은?**

가. 연금보험료는 가입자의 기준소득월액에 보험료율 9%를 곱하여 산정한다.
나. 사업장가입자의 경우 기여금은 사용자가 기준소득월액의 4.5%에 해당하는 금액을 부담한다.
다. 국민연금 보험료는 월납이 원칙이며, 연금보험료의 납부기한은 해당 월의 다음 달 10일이다.
라. 연금보험료는 선납이 불가능하다.
마. 농어업인 지역가입자는 보험료를 분기별로 납부할 수 있다.

① 가, 나, 라
② 가, 다, 라
③ 가, 다, 마
④ 나, 다, 마
⑤ 나, 라, 마

정답 | ③

해설 | 나. 사업장가입자의 경우 기여금은 본인이, 부담금은 사용자가 각각 반반씩 부담하되 그 금액은 각각 기준소득월액의 4.5%에 해당하는 금액이다.

라. 연금보험료는 선납이 가능하다. 선납기간은 1년 이내로 하되 선납신청 당시 50세 이상인 사람에 대해서는 5년 이내까지 가능하다. 선납 시 신청년도의 1년 만기 정기예금이자율로 보험료를 할인해 준다.

★★★
18 국민연금 연금보험료에 대한 적절한 설명으로 모두 묶인 것은?

가. 기준소득월액은 국민연금 보험료 부과의 기준이 되는 금액을 말하며 상한액과 하한액의 범위 내에서 결정하는데, 가입자 본인의 소득이 변동하는 비율을 반영하여 매년 3월 말까지 보건복지부 장관이 고시하여 해당 연도 7월부터 1년간 적용한다.
나. 사업장가입자의 기준소득월액은 가입자 자격취득시의 신고 또는 가입기간 중 정기 결정에 의하여 당해 연도 7월부터 그 다음 연도 6월까지 적용한다.
다. 기준소득월액이 같다면 사업장가입자와 지역가입자 모두 본인이 납부하는 보험료는 동일하다.
라. 연금보험료의 납부기한은 해당 월의 다음 달 10일이며, 소득이 불규칙한 도시지역 자영업자는 보험료를 분기별로 납부할 수 있다.
마. 선납기간은 1년 이내로 하되 선납신청 당시 50세 이상인 사람에 대해서는 5년 이내까지 가능하며, 선납 시 신청년도의 1년 만기 정기예금이자율로 보험료를 할인해 준다.

① 가, 다
② 가, 라
③ 나, 라
④ 나, 마
⑤ 다, 마

정답 | ④

해설 | 가. 기준소득월액 상한액과 하한액은 국민연금 사업장가입자와 지역가입자 전원(납부예외자 제외)의 평균소득월액의 3년간 평균액이 변동하는 비율을 반영하여 매년 3월 말까지 보건복지부 장관이 고시하여 해당 연도 7월부터 1년간 적용한다.
다. 사업장가입자의 경우 기여금은 본인이, 부담금은 사용자가 각각 반반씩 부담하되 그 금액은 각각 기준소득월액의 4.5%에 해당하는 금액이다. 지역가입자, 임의가입자 및 임의계속가입자의 연금보험료는 본인이 전액 부담하되 그 금액은 기준소득월액의 9%에 해당하는 금액이다.
라. 농어업인인 지역가입자는 보험료를 분기별로 납부할 수 있다.

★★★
19 국민연금 가입자가 아니었던 전업주부 이숙(52세)씨가 국민연금 임의가입자로 가입하고자 할 경우, 이에 대한 적절한 설명으로 모두 묶인 것은?

가. 임의가입자는 노령연금 수급개시 연령에 도달하는 경우, 임의계속가입자로 가입하여 가입을 연장할 수 있다.
나. 이숙씨가 부담해야 하는 연금보험료는 기준소득월액의 4.5%에 해당하는 금액이다.
다. 이숙씨는 5년 이내까지 연금보험료 선납이 가능하며, 선납 시 1년 만기 정기예금이자율로 보험료를 할인해 준다.
라. 이숙씨는 보험료를 분기별로 납부할 수 있다.

① 다
② 가, 나
③ 가, 라
④ 나, 다
⑤ 다, 라

정답 I ①

해설 I 가. 납부한 국민연금 보험료가 있는 가입자 또는 가입자였던 자로서 60세에 달한 자가 65세 달할 때까지 신청에 의하여 임의계속가입자가 될 수 있다. 임의계속가입 하는 이유는 노령연금을 받을 수 있는 최소가입기간인 10년을 채우기 위해서이고, 또한 가입기간을 연장하여 더 많은 연금을 받기를 원해서이다.

나. 지역가입자, 임의가입자 및 임의계속가입자의 연금보험료는 본인이 전액 부담하되 그 금액은 기준소득월액의 9%에 해당하는 금액이다.

라. 국민연금 보험료는 월납이 원칙이다. 농어업인인 지역가입자는 보험료를 분기별로 납부할 수 있다.

★★★

20 국민연금 연금보험료에 대한 적절한 설명으로 모두 묶인 것은?

가. 선납기간은 1년 이내로 하되 선납신청 당시 50세 이상인 사람에 대해서는 5년 이내까지 가능하며, 선납 시 신청년도의 1년 만기 정기예금이자율로 보험료를 할인해 준다.
나. 납부기한은 법정기한이므로 기한 내 연금보험료를 납부하지 아니한 때에는 연체금이 가산되는데, 납부기한 경과 후 1일 경과마다 1/1,500를 가산하여 최대 5%를 부과한다.
다. 지역가입자 및 임의(계속)가입자의 연금보험료를 징수할 권리는 1년이 경과하면 소멸하며, 징수권이 소멸된 미납월에 대하여는 고지 및 수납처리가 불가능하다.
라. 국민연금을 많이 받는 방법은 많은 보험료를 길게 내는 것으로, 반환일시급 반납, 연금보험료 추후납부 등의 제도를 활용할 수 있다.
마. 반환일시금 반납은 반환일시금을 수령한 후에 다시 가입자의 자격을 취득한 경우 그 지급받았던 금액만 다시 납부하면 가입기간을 복원시켜 더 많은 연금급여 혜택을 받을 수 있도록 하는 제도이다.

① 가, 다
② 가, 라
③ 나, 라
④ 나, 마
⑤ 다, 마

정답 I ②

해설 I 나. 납부기한은 법정기한이므로 기한 내 연금보험료를 납부하지 아니한 때에는 연체금이 가산된다. 납부기한 경과 후 30일까지는 1일 경과마다 1/1,500를 가산하여 최고 2%를 부과하고, 납부기한 경과 후 31일부터는 1일 경과마다 1/6,000을 가산하여 최대 5%를 부과한다.

다. 지역가입자 및 임의(계속)가입자의 연금보험료를 징수할 권리는 3년이 경과하면 소멸한다. 징수권이 소멸된 미납월에 대하여는 고지 및 수납처리가 불가능하다.

마. 반환일시금을 수령한 후에 다시 가입자의 자격을 취득한 경우 그 지급받았던 금액에 반납금 납부신청 시까지의 이자를 가산하여 다시 납부함으로써 가입기간을 복원시켜 더 많은 연금급여 혜택을 받을 수 있도록 하는 제도이다.

★★★
21 국민연금 연금보험료에 대한 적절한 설명으로 모두 묶인 것은?

가. 가입자가 신고한 소득월액이 하한액보다 적은 경우, 그 신고한 소득월액을 기준소득월액으로 한다.
나. 사업장가입자인 A씨의 기준소득월액이 200만원인 경우, 급여에서 공제되는 국민연금 월보험료는 9만원이다.
다. 연금보험료는 선납이 가능하며, 선납 시 신청년도의 1년 만기 정기예금이자율로 보험료를 할인해 준다.
라. 농어업인 지역가입자는 보험료를 분기별로 납부할 수 있으며, 보험료의 50%에 해당하는 금액을 지원받을 수 있다.
마. 연금보험료 추후납부는 가입기간 중 실직 등으로 보험료를 납부할 수 없었던 기간 전부에 대하여 추후 납부능력이 있을 때 연금보험료 추후납부를 신청하여 납부함으로써 가입기간을 늘려 연금급여 혜택을 받을 수 있도록 하는 제도로, 납부방법에는 일시납부만 가능하다.

① 가, 나, 다
② 가, 나, 마
③ 가, 라, 마
④ 나, 다, 라
⑤ 다, 라, 마

정답 | ④

해설 | 가. 기준소득월액은 국민연금 보험료 부과의 기준이 되는 금액을 말하며 상한액과 하한액의 범위 내에서 결정한다. 따라서 신고한 소득월액이 하한액보다 적으면 그 하한액을, 상한액보다 많으면 그 상한액을 기준소득월액으로 한다.
마. 연금보험료 추후납부는 가입기간 중 실직 등으로 보험료를 납부할 수 없었던 기간에 대하여 추후 납부능력이 있을 때 10년 미만의 범위 내에서 연금보험료 추후납부를 신청하여 납부함으로써 가입기간을 늘려 연금급여 혜택을 받을 수 있도록 하는 제도이다. 납부방법에는 일시납부와 분할납부가 있다. 분할납부 횟수는 최대 60회 범위 내에서 추후납부 대상기간 개월 단위로 신청이 가능하다.

★★★
22 국민연금 연금보험료에 대한 설명으로 가장 적절한 것은?

① 임의가입 후 6개월 이상 계속 연금보험료를 체납한 때는 보건복지부 장관의 승인을 얻어 가입자 재산을 압류한 후 매각 처분하여 연체보험료를 징수할 수 있다.
② 기준소득월액은 국민연금 보험료 부과의 기준이 되는 금액을 말하며 상한액과 하한액의 범위 내에서 결정한다.
③ 지역가입자의 기준소득월액은 중위수 기준소득월액 이상으로 본인의 희망에 따라 결정한다.
④ 연금보험료는 선납이 불가능하다.
⑤ 반환일시금 반납은 반환일시금을 수령한 후에 다시 가입자의 자격을 취득한 경우 그 지급받았던 금액만 다시 납부하면 가입기간을 복원시켜 더 많은 연금급여 혜택을 받을 수 있도록 하는 제도이다.

정답 I ②

해설 I ① 임의가입 후 6개월 이상 계속 연금보험료를 체납한 때는 최종 납부마감일의 다음날에 자격이 상실된다.
③ 임의가입자에 대한 설명이다. 지역가입자는 사업장가입자와 달리 정기적인 소득신고를 받지 않고 과세자료 등에 의거 조사 · 확인 후 결정한다.
④ 연금보험료는 선납이 가능하다. 선납기간은 1년 이내로 하되 선납신청 당시 50세 이상인 사람에 대해서는 5년 이내까지 가능하다. 선납 시 신청년도의 1년 만기 정기예금이자율로 보험료를 할인해 준다.
⑤ 반환일시금을 수령한 후에 다시 가입자의 자격을 취득한 경우 그 지급받았던 금액에 반납금 납부신청 시까지의 이자를 가산하여 다시 납부함으로써 가입기간을 복원시켜 더 많은 연금급여 혜택을 받을 수 있도록 하는 제도이다.

TOPIC 4 국민연금 연금급여

★★★
23 국민연금 연금급여 중 부양가족연금액을 지급하지 아니하는 경우로 모두 묶인 것은?

가. 가입기간 20년 이상인 경우의 노령연금
나. 가입기간 20년 미만인 경우의 노령연금
다. 소득활동에 따른 노령연금
라. 분할연금
마. 장애연금

① 가, 다
② 나, 라
③ 다, 라
④ 다, 마
⑤ 라, 마

정답 I ③

해설 I 소득활동에 따른 노령연금, 분할연금, 장애일시보상금에는 부양가족연금액을 지급하지 아니한다.

★★★
24 국민연금 기본연금액에 대한 설명으로 적절하지 않은 것은?

① 국민연금의 소득대체율은 1988년부터 1998년까지는 가입자 평균소득월액의 70% 수준으로 적용된 후 1999년부터는 60% 수준이 되도록 개정되었고 2008년에는 50%, 2009년부터 매년 0.5%씩 급여수준을 낮추어 2028년 이후 소득대체율이 40%가 되도록 개정된 바 있다.
② A는 연금수급 전 3년간의 평균소득월액의 평균액인데 이는 매년 12월 31일 현재의 사업장가입자 및 지역가입자 전원의 기준소득월액 총액을 사업장가입자 및 지역가입자 전원의 수로 나누어 산정한 금액이다.
③ B는 가입자 개인의 가입기간 중 기준소득월액의 평균액이다.
④ P는 전체 가입월수, P1~P23은 연도별 가입월수, n은 30년 초과 가입월수를 의미한다.
⑤ 가입자 개인의 가입기간 중 기준소득월액의 평균액은 가입자 개인의 가입기간 중 매년의 기준소득월액을 연도별 재평가율에 의해 연금수급 전년도의 현재가치로 환산한 후 이를 합산한 금액을 총가입기간으로 나눈 금액이다.

정답 | ④
해설 | ④ P는 전체 가입월수(가입기간), P1~P23은 연도별 가입월수, n은 20년 초과 가입월수를 의미한다.

★★★
25 국민연금 기본연금액에 대한 설명으로 가장 적절한 것은?

① 국민연금의 소득대체율은 일정 기간까지 2009년부터 매년 0.5%씩 급여수준을 높여서 적용하도록 개정된 바 있다.
② A는 연금수급 전 10년간의 평균소득월액의 평균액인데 이는 매년 12월 31일 현재의 사업장가입자 및 지역가입자 전원의 기준소득월액 총액을 사업장가입자 및 지역가입자 전원의 수로 나누어 산정한 금액이다.
③ B는 가입자 개인의 가입기간 중 기준소득월액의 평균액이다.
④ P는 전체 가입월수, P1~P23은 연도별 가입월수, n은 30년 초과 가입월수를 의미한다.
⑤ 국민연금은 최초 산정된 연금액으로 평생 동안 동일한 액수를 지급하고 있다.

정답 | ③
해설 | ① 국민연금의 소득대체율은 1988년부터 1998년까지는 가입자 평균소득월액의 70% 수준으로 적용된 후 1999년부터는 60% 수준이 되도록 개정되었고 2008년에는 50%, 2009년부터 매년 0.5%씩 급여수준을 낮추어 2028년 이후 소득대체율이 40%가 되도록 개정된 바 있다.
② A는 연금수급 전 3년간의 평균소득월액의 평균액인데 이는 매년 12월 31일 현재의 사업장가입자 및 지역가입자 전원의 기준소득월액 총액을 사업장가입자 및 지역가입자 전원의 수로 나누어 산정한 금액이다.
④ P는 전체 가입월수(가입기간), P1~P23은 연도별 가입월수, n은 20년 초과 가입월수를 의미한다.
⑤ 국민연금은 최초 산정된 연금액으로 평생 동안 동일한 액수를 지급하지 않고 연금액 조정이라는 제도적 장치를 마련하여 인플레이션에 대한 연금액의 실질가치를 보장하고 있다.

★★★
26 국민연금 연금액 구성 및 산정에 대한 적절한 설명으로 모두 묶인 것은?

가. 국민연금의 소득대체율은 1988년부터 1998년까지는 가입자 평균소득월액의 70% 수준으로 적용된 후 1999년부터는 60% 수준이 되도록 개정되었고 2008년에는 50%, 2009년부터 매년 0.5%씩 급여수준을 낮추어 2028년 이후 소득대체율이 40%가 되도록 개정된 바 있다.
나. 부양가족연금액은 수급권자를 기준으로 하는 배우자, 자녀 또는 부모로서 수급권자에 의해 생계를 유지하고 있는 자에 대하여 지급하는 일종의 가족수당 성격의 부가급여이다.
다. 모든 급여에 부양가족연금액을 지급하는 것이 아니라 소득활동에 따른 노령연금, 분할연금, 장애일시보상금, 반환일시금, 사망일시금의 경우는 지급하지 않는다.
라. 부양가족연금액도 전국소비자물가변동률을 기준으로 하여 그 실질가치를 유지시킨다.
마. 국민연금은 나이가 들거나 장애 또는 사망으로 인해 소득이 감소할 경우 일정한 급여를 지급하여 소득을 보장하는 사회보험으로서, 지급받게 되는 급여의 종류는 노령연금, 장애연금, 유족연금, 반환일시금, 사망일시금이 있다.

① 가, 나, 다
② 가, 라, 마
③ 나, 다, 라
④ 다, 라, 마
⑤ 가, 나, 다, 라, 마

정답 I ⑤
해설 I 모두 적절한 설명이다.

★★★
27 출생연도별 국민연금 노령연금 수급개시연령이 적절하지 **않은** 것은?

① 1956년생 : 61세
② 1959년생 : 62세
③ 1962년생 : 63세
④ 1965년생 : 64세
⑤ 1968년생 : 65세

정답 I ⑤
해설 I **〈노령연금 수급개시연령〉**

출생연도	52년생 이전	53~56년생	57~60년생	61~64년생	65~68년생	69년생 이후
수급연령	60세	61세	62세	63세	64세	65세

★★★
28 국민연금 연금급여에 대한 설명으로 적절하지 **않은** 것은?

① 기본연금액은 모든 연금액 산정의 기초가 되며, 가입자 본인의 소득과 가입자 전체의 소득 및 가입기간에 의해 결정되는데, B는 연금수급 전 3년간의 평균소득월액의 평균액인데 이는 매년 12월 31일 현재의 사업장가입자 및 지역가입자 전원의 기준소득월액 총액을 사업장가입자 및 지역가입자 전원의 수로 나누어 산정한 금액이다.

② 부양가족연금액 대상자 중 자녀는 19세 미만 또는 국민연금법상 장애등급 2급 이상 또는 장애인복지법상 장애의 정도가 심한 장애에 해당하는 자녀(양자, 배우자가 혼인 전에 얻은 자녀 포함)를 말한다.

③ 국민연금은 나이가 들거나 장애 또는 사망으로 인해 소득이 감소할 경우 일정한 급여를 지급하여 소득을 보장하는 사회보험으로서, 지급받게 되는 급여의 종류는 노령연금, 장애연금, 유족연금, 반환일시금, 사망일시금이 있다.

④ 노령연금 수급개시연령은 60세(조기노령연금의 경우 55세)에서 점차 상향되어 1969년 이후 출생자부터는 65세(조기노령연금의 경우 60세)에 연금을 받도록 규정하고 있다.

⑤ 노령연금은 가입기간이 10년 이상이고 수급개시연령이 된 때에 기본연금액과 부양가족연금액을 합산하여 평생 동안 지급하는 연금이다.

정답 | ①

해설 | ① 기본연금액은 모든 연금액 산정의 기초가 되며, 가입자 전체의 소득(균등부분, A값)과 가입자 본인의 소득(소득비례부분, B값) 및 가입기간에 의해 결정된다. 가입자 개인의 평균소득(B값)이 가입자 전체 평균소득(A값)과 동일하고 가입기간이 40년인 자의 연금급여 수준을 소득대체율이라 하고, 이는 기본연금액 산정식의 비례상수에 따라 결정된다. A는 연금수급 전 3년간의 평균소득월액의 평균액인데 이는 매년 12월 31일 현재의 사업장가입자 및 지역가입자 전원의 기준소득월액 총액을 사업장가입자 및 지역가입자 전원의 수로 나누어 산정한 금액이다. B는 가입자 개인의 가입기간 중 기준소득월액의 평균액이다.

★★★
29 국민연금 연금급여에 대한 적절한 설명으로 모두 묶인 것은?

가. 기본연금액은 모든 연금액 산정의 기초가 되며, 가입자 본인의 소득과 가입자 전체의 소득 및 가입기간에 의해 결정되는데, A는 가입자 개인의 가입기간 중 기준소득월액의 평균액이다.
나. 부양가족연금액 대상자 중 부모는 60세(출생연도별 지급연령 상향조정) 이상 또는 국민연금법상 장애등급 2급 이상 또는 장애인복지법상 장애의 정도가 심한 장애에 해당하는 부모(배우자의 부모 포함)이다.
다. 국민연금은 나이가 들거나 장애 또는 사망으로 인해 소득이 감소할 경우 일정한 급여를 지급하여 소득을 보장하는 사회보험으로서, 지급받게 되는 급여의 종류는 노령연금, 장애연금, 유족연금, 반환일시금, 사망일시금이 있다.
라. 출산크레딧, 군복무크레딧 및 실업크레딧에 따른 추가 산입기간은 노령연금의 기본연금액에 반영하고 장애 · 유족연금의 기본연금액에는 반영하지 아니한다.

① 가, 나, 다
② 가, 나, 라
③ 가, 다, 라
④ 나, 다, 라
⑤ 가, 나, 다, 라

정답 | ④

해설 | 가. 기본연금액은 모든 연금액 산정의 기초가 되며, 가입자 전체의 소득(균등부분, A값)과 가입자 본인의 소득(소득비례부분, B값) 및 가입기간에 의해 결정된다. 가입자 개인의 평균소득(B값)이 가입자 전체 평균소득(A값)과 동일하고 가입기간이 40년인 자의 연금급여 수준을 소득대체율이라 하고, 이는 기본연금액 산정식의 비례상수에 따라 결정된다. A는 연금수급 전 3년간의 평균소득월액의 평균액인데 이는 매년 12월 31일 현재의 사업장가입자 및 지역가입자 전원의 기준소득월액 총액을 사업장가입자 및 지역가입자 전원의 수로 나누어 산정한 금액이다. B는 가입자 개인의 가입기간 중 기준소득월액의 평균액이다.

★★★

30 **박소진씨는 본인의 국민연금 연금개시 시점에도 본인이 운영하는 식당에서 수입이 발생할 것으로 예상하고 있다. 이에 따른 노령연금 연기제도 활용방안에 대한 설명으로 적절하지 않은 것은?**

① 박소진씨가 운영하는 식당에서 발생하는 소득이 일정 수준을 초과하는 경우 수급개시연령부터 5년 동안은 소득수준에 따라 감액된 금액으로 노령연금이 지급되며, 이때 부양가족연금액은 지급되지 않는다.

② 박소진씨가 희망하는 경우 연금 수급권을 취득한 이후부터 5년이 될 때까지의 기간동안 연금 지급의 연기를 신청할 수 있다.

③ 박소진씨가 노령연금 연기제도를 활용할 경우, 연금액의 일부에 대해서만 지급의 연기를 신청할 수 있다.

④ 박소진씨가 노령연금 연기제도를 활용할 경우, 연금을 다시 받게 될 때는 연기를 신청하기 전 원래의 노령연금 기본연금액에 대하여 연기된 매 1년당 7.2%의 연금액을 더 올려서 지급한다.

⑤ 소득이 있는 업무에 종사하여 노령연금액이 감액되는 경우는 노령연금의 연기를 신중하게 고려해 볼 필요가 있다.

정답 | ③

해설 | ③ 노령연금 수급자가 희망하는 경우 연금 수급권을 취득한 이후부터 65세(지급연령 상향규정 적용 65~7세)가 될 때까지의 기간 동안(최대 5년) 연금액의 전부 또는 일부에 대해 지급의 연기를 신청할 수 있다. 이를 노령연금 연기제도라고 한다. 연기비율은 50%, 60%, 70%, 80%, 90%, 전부 중 수급권자가 선택할 수 있다.

★★★

31 **국민연금 노령연금에 대한 적절한 설명으로 모두 묶인 것은?**

가. 가입기간이 10년인 경우 기본연금액 100%를 지급한다.
나. 수급개시연령에 도달하여 노령연금을 받고 계시는 분이 일정 수준을 초과하는 소득이 있는 업무에 종사하는 경우 수급개시연령부터 5년 동안은 기본연금액은 지급되지 아니하고 부양가족연금액만 지급된다.
다. 노령연금 수급자가 희망하는 경우 연금 수급권을 취득한 이후부터 최대 3년까지의 기간 동안 연금액의 전부 또는 일부에 대해 지급의 연기를 신청할 수 있다.
라. 조기노령연금의 경우 65세 수급개시 기준으로 보면, 60세부터 5년 일찍 받으면 70%, 61세 76%, 62세 82%, 63세 88%, 64세부터 1년 일찍 받으면 94%를 지급한다.

① 라
② 가, 나
③ 다, 라
④ 가, 나, 다
⑤ 나, 다, 라

정답 | ①

해설 | 가. 노령연금의 지급률 : 가입기간 10년 50%+늘어나는 1개월마다 5/12%씩 증가

나. 수급개시연령에 도달하여 노령연금을 받고 계시는 분이 일정 수준을 초과하는 소득이 있는 업무에 종사하는 경우 수급개시연령부터 5년 동안은 소득수준에 따라 감액된 금액(노령연금액의 1/2을 초과할 수 없음)으로 지급되며, 이때 부양가족연금액은 지급되지 않는다. 5년 이후에는 소득액에 상관없이 전액 지급된다.

다. 노령연금 수급자가 희망하는 경우 연금 수급권을 취득한 이후부터 65세(지급연령 상향규정 적용 65~70세)가 될 때까지의 기간 동안(최대 5년) 연금액의 전부 또는 일부에 대해 지급의 연기를 신청할 수 있다. 이를 노령연금 연기제도라고 한다.

★★★

32 국민연금 노령연금에 대한 설명으로 적절하지 않은 것은?

① 가입기간이 15년인 경우에는 기본연금액의 75%에 부양가족연금액을 더하여 산정한다.

② 노령연금은 국민연금의 기초가 되는 급여로 국민연금 가입자가 나이가 들어 소득활동에 종사하지 못할 경우 생활안정과 복지증진을 위하여 지급되는 급여로서 가입기간이 10년 이상이면 수급개시연령 이후부터 평생 동안 매월 지급받을 수 있다.

③ 수급개시연령에 도달하여 노령연금을 받고 계시는 분이 일정 수준을 초과하는 소득이 있는 업무에 종사하는 경우 수급개시연령부터 5년 동안은 소득수준에 따라 감액된 금액으로 부양가족연금액과 함께 지급된다.

④ 노령연금 수급자가 희망하는 경우 연금 수급권을 취득한 이후부터 최대 5년의 기간 동안 연금액의 전부 또는 일부에 대해 지급의 연기를 신청할 수 있는데, 이를 노령연금 연기제도라고 한다.

⑤ 분할연금제도는 혼인기간 동안 배우자의 정신적 · 물질적 기여를 인정하고 그 기여분을 분할하여 지급함으로써 이혼한 배우자의 안정적인 노후생활을 보장하기 위한 제도이다.

정답 | ③

해설 | ③ 수급개시연령에 도달하여 노령연금을 받고 계시는 분이 일정 수준을 초과하는 소득이 있는 업무에 종사하는 경우 수급개시연령부터 5년 동안은 소득수준에 따라 감액된 금액(노령연금액의 1/2을 초과할 수 없음)으로 지급되며, 이때 부양가족연금액은 지급되지 않는다. 5년 이후에는 소득액에 상관없이 전액 지급된다.

★★★
33 국민연금 분할연금에 대한 설명으로 적절하지 않은 것은?

① 분할연금제도는 혼인기간 동안 배우자의 정신적 · 물질적 기여를 인정하고 그 기여분을 분할하여 지급함으로써 이혼한 배우자의 안정적인 노후생활을 보장하기 위한 제도이다.
② 배우자의 가입기간 중 혼인 기간이 5년 이상인 자가 이혼, 배우자였던 사람이 노령연금 수급권자, 본인이 60세(지급연령 상향규정 적용) 이상의 요건을 모두 갖추면 분할연금을 지급한다.
③ 분할연금청구권은 지급사유발생일로부터 5년이 경과한 때 소멸한다.
④ 배우자였던 자가 소득이 있는 업무에 종사하여 감액된 연금액을 지급받더라도 감액 전의 노령연금액을 기준으로 혼인기간에 해당하는 연금액을 나눈 금액을 분할연금액으로 지급한다.
⑤ 분할연금 수급권자가 재혼하면 기존의 분할연금은 지급이 중지된다.

정답 | ⑤
해설 | ⑤ 분할연금 수급권자의 재혼 여부는 수급요건에 영향을 미치지 아니하므로 분할연금을 계속 지급한다.

★★★
34 국민연금 노령연금에 대한 설명으로 가장 적절한 것은?

① 노령연금의 지급률은 가입기간이 20년 50%+늘어나는 1년마다 5%씩 증가한다.
② 가입기간이 20년 이상이고 수급개시연령이 된 때에 기본연금액과 부양가족연금액을 합산하여 평생 동안 지급하는 연금이다.
③ 수급개시연령에 도달하여 노령연금을 받고 계시는 분이 일정 수준을 초과하는 소득이 있는 업무에 종사하는 경우 소득수준에 따라 감액된 금액으로 평생 동안 지급되며, 이때 부양가족연금액은 지급되지 않는다.
④ 조기노령연금을 신청하여 지급받다가 노령연금 수급개시연령 전에 소득이 있은 업무에 종사할 경우는 반환일시금이 지급된다.
⑤ 분할연금 수급권자의 재혼 여부는 수급요건에 영향을 미치지 아니하므로 분할연금을 계속 지급한다.

정답 | ⑤
해설 | ① 노령연금의 지급률 : 가입기간 10년 50%+늘어나는 1개월마다 5/12%씩 증가
② 가입기간이 10년 이상이고 수급개시연령이 된 때에 기본연금액과 부양가족연금액을 합산하여 평생 동안 지급하는 연금이다.
③ 수급개시연령에 도달하여 노령연금을 받고 계시는 분이 일정 수준을 초과하는 소득이 있는 업무에 종사하는 경우 수급개시연령부터 5년 동안은 소득수준에 따라 감액된 금액(노령연금액의 1/2을 초과할 수 없음)으로 지급되며, 이때 부양가족연금액은 지급되지 않는다. 5년 이후에는 소득액에 상관없이 전액 지급된다.
④ 조기노령연금을 신청하여 지급받다가 노령연금 수급개시연령 전에 소득이 있는 업무에 종사할 경우는 그 소득이 있는 기간 동안 연금지급이 정지된다.

★★★
35 국민연금 연금급여에 대한 적절한 설명으로 모두 묶인 것은?

가. 가입자 개인의 가입기간 중 기준소득월액의 평균액은 가입자 개인의 가입기간 중 매년의 기준소득월액을 연도별 재평가율에 의해 연금수급 전년도의 현재가치로 환산한 후 이를 합산한 금액을 총가입기간으로 나눈 금액이다.
나. 장애연금과 유족연금의 경우는 부양가족연금액을 지급하지 않는다.
다. 1969년 출생자의 노령연금 수급개시연령은 65세이다.
라. 조기노령연금의 지급률은 수급개시연령 기준으로 5년 일찍 받으면 기본연금액의 50%를 지급한다.
마. 유족연금 수급권자에게 본인의 노령연금 수급권이 생기는 경우 본인의 노령연금 선택 시 중복급여 조정에 따라 노령연금+유족연금액의 20%를 지급받게 된다.

① 가, 다
② 나, 라
③ 다, 마
④ 가, 다, 라
⑤ 나, 다, 마

정답 | ①

해설 | 나. 소득활동에 따른 노령연금, 분할연금, 장애일시보상금, 반환일시금, 사망일시금의 경우는 부양가족연금액을 지급하지 않는다. 장애연금과 유족연금 모두 부양가족연금액이 지급된다.
라. 조기노령연금의 경우 65세 수급개시 기준으로 보면, 60세부터 5년 일찍 받으면 70%, 61세 76%, 62세 82%, 63세 88%, 64세부터 1년 일찍 받으면 94%를 지급한다.
마. 노령연금+유족연금액의 30%와 유족연금 중 선택한 급여를 지급한다.

★★★
36 국민연금 장애연금 급여수준이 적절하게 연결된 것으로 모두 묶인 것은?

가. 1급 – 기본연금액 100% + 부양가족연금액
나. 2급 – 기본연금액 80% + 부양가족연금액
다. 3급 – 기본연금액 50% + 부양가족연금액
라. 4급 – 기본연금액의 200% (일시보상금)

① 가, 나
② 다, 라
③ 가, 나, 다
④ 나, 다, 라
⑤ 가, 나, 다, 라

정답 | ①

해설 | 〈장애연금 급여수준〉

장애등급	급여수준
1급	기본연금액 100%+부양가족연금액
2급	기본연금액 80%+부양가족연금액
3급	기본연금액 60%+부양가족연금액
4급	기본연금액의 225%(일시보상금)

★★★

37 **국민연금 장애연금에 대한 설명으로 적절하지 않은 것은?**

① 초진일 당시 5년 전부터 초진일까지의 기간 중 연금보험료를 낸 기간이 3년 이상이라 하더라도 가입대상기간 중 체납기간이 3년 이상인 경우에는 급여를 지급하지 않는다.

② 초진일로부터 1년 6개월 경과 후에도 완치되지 아니한 경우에는 초진일로부터 1년 6개월이 경과한 날을 기준으로 장애정도를 결정한다.

③ 장애등급 1급의 경우 기본연금액의 100%+부양가족연금액이 지급된다.

④ 장애등급 4급의 경우 기본연금액의 225%를 일시보상금으로 지급한다.

⑤ 장애연금을 받고 있는 사람이 노령연금 수급권자가 될 경우 노령연금+장애연금액의 30%와 장애연금 중 선택한 급여를 지급한다.

정답 | ⑤

해설 | 〈중복급여 조정 사례별 적용〉

선발급여	후발급여	지급할 급여
노령연금	유족연금	노령연금+유족연금액의 30%와 유족연금 중 선택
장애연금	노령연금	선택한 하나의 급여
유족연금	노령연금	노령연금+유족연금액의 30%와 유족연금 중 선택

★★★
38 국민연금 연금급여에 대한 적절한 설명으로 모두 묶인 것은?

가. 가입기간이 13년인 경우의 노령연금은 기본연금액의 65%에 부양가족연금액을 더하여 산정한다.
나. 노령연금은 국민연금의 기초가 되는 급여로 국민연금 가입자가 나이가 들어 소득활동에 종사하지 못할 경우 생활안정과 복지증진을 위하여 지급되는 급여로서 가입기간이 10년 이상이면 수급개시연령 이후부터 평생 동안 매월 지급받을 수 있다.
다. 분할연금 수급권자 본인이 노령연금 수급조건이 되어 노령연금을 받게 되면 분할연금 지급은 종료된다.
라. 국민연금법상 유족이란 사망자에 의하여 생계를 유지하고 있던 가족으로 일정 요건을 충족하는 배우자, 자녀, 부모, 손자녀, 조부모 순위 중 최우선 순위자에게 유족연금을 지급한다.
마. 노령연금 수급권자가 사망한 경우 유족연금액은 최대 기본연금액의 100%를 지급한다.

① 가, 나, 라
② 가, 다, 라
③ 가, 다, 마
④ 나, 다, 마
⑤ 나, 라, 마

정답 | ①

해설 | 다. 분할연금제도는 혼인기간 동안 배우자의 정신적 · 물질적 기여를 인정하고 그 기여분을 분할하여 지급함으로써 이혼한 배우자의 안정적인 노후생활을 보장하기 위한 제도이다. 분할연금 수급권자 본인이 노령연금 수급조건이 되어 노령연금을 받게 되더라도 분할연금 지급은 종료되지 않는다.

마. 유족연금 급여수준은 다음과 같다.

가입기간	연금액
10년 미만	기본연금액 40%+부양가족연금액
10년 이상 20년 미만	기본연금액 50%+부양가족연금액
20년 이상	기본연금액 60%+부양가족연금액

★★★
39 국민연금법상 유족연금을 지급하는 유족의 범위가 순서대로 나열된 것은?

가. 사실혼배우자
나. 장애등급 2급의 성인 자녀
다. 65세인 배우자의 부모
라. 19세 미만인 손자녀
마. 65세인 조부모

① 가 – 나 – 다 – 라 – 마
② 가, 나(동순위) – 다 – 라 – 마
③ 가, 나(동순위) – 라 – 다 – 마
④ 나 – 다 – 라 – 마
⑤ 나 – 라 – 다 – 마

정답 | ①

해설 | 국민연금법상 유족이란 사망자에 의하여 생계를 유지하고 있던 가족으로 아래의 요건을 충족하는 배우자(사실혼배우자 포함), 자녀, 부모, 손자녀, 조부모 순위 중 최우선 순위자에게 유족연금을 지급한다.

- 배우자(사실혼배우자 포함)
- 자녀 : 25세 미만이거나, 장애등급 1급 또는 2급 및 장애인복지법 제2조에 따른 장애의 정도가 심한 장애인으로서 대통령령으로 정하는 장애 정도에 해당하는 상태
- 부모(배우자의 부모 포함) : 60세(지급연령 상향규정 적용) 이상이거나, 장애등급 1급 또는 2급 및 장애인복지법 제2조에 따른 장애의 정도가 심한 장애인으로서 대통령령으로 정하는 장애 정도에 해당하는 상태
- 손자녀 : 19세 미만이거나, 장애등급 1급 또는 2급 및 장애인복지법 제2조에 따른 장애의 정도가 심한 장애인으로서 대통령령으로 정하는 장애 정도에 해당하는 상태
- 조부모(배우자의 조부모 포함) : 60세(지급연령 상향규정 적용) 이상이거나, 장애등급 1급 또는 2급 및 장애인복지법 제2조에 따른 장애의 정도가 심한 장애인으로서 대통령령으로 정하는 장애 정도에 해당하는 상태

★★★

40 국민연금 유족연금에 대한 적절한 설명으로 모두 묶인 것은?

가. 유족연금은 국민연금에 10년 미만의 가입기간이 있는 사람 또는 노령연금이나 장애등급 2급 이상의 장애연금을 받던 사람이 사망하면 그에 의하여 생계를 유지하던 유족에게 가입기간에 따라 일정률의 기본연금액에 부양가족연금액을 합한 금액을 지급하여 남아있는 가족들이 안정된 삶을 살아갈 수 있도록 하기 위한 연금이다.

나. 현재 가입기간이 15년이었던 자가 2년 동안 보험료 납부예외 중에 사망하였다면 기본연금액의 60%에 부양가족연금액을 가산한 유족연금을 유족에게 지급한다.

다. 국민연금법상 유족이란 사망자에 의하여 생계를 유지하고 있던 가족으로 일정 요건을 충족하는 배우자, 자녀, 부모, 손자녀, 조부모 순위 중 최우선 순위자에게 유족연금을 지급한다.

라. 유족연금은 수급권자가 사망한 때, 배우자인 수급권자가 재혼한 때, 자녀나 손자녀인 수급권자가 파양된 때, 장애등급 2급 이상에 해당하지 아니한 자녀인 수급권자가 25세가 된 때 등의 경우 그 수급권은 소멸된다.

마. 유족연금을 받는 유족이 수급개시연령이 되어 노령연금을 수급하면 유족연금액은 30%만 지급한다.

① 가, 다, 라
② 가, 라, 마
③ 나, 다, 라
④ 나, 다, 마
⑤ 다, 라, 마

정답 | ⑤

해설 | 가. 다음에 해당하는 자가 사망한 때 유족연금을 지급한다.

- 노령연금 수급권자
- 장애등급 2급 이상의 장애연금 수급권자
- 가입기간 10년 이상인 가입자(였던 자)
- 연금보험료를 낸 기간이 가입대상 기간의 1/3 이상인 가입자(였던 자)
- 사망일 5년 전부터 사망일까지의 기간 중 3년 이상 연금보험료를 낸 가입자(였던 자) 단, 전체 가입대상기간 중 체납기간이 3년 이상인 경우는 유족연금을 지급하지 않음

나. 유족연금 급여수준은 다음과 같다.

가입기간	연금액
10년 미만	기본연금액 40%+부양가족연금액
10년 이상 20년 미만	기본연금액 50%+부양가족연금액
20년 이상	기본연금액 60%+부양가족연금액

★★★
41 국민연금 유족연금 수급권이 소멸되는 경우로 모두 묶인 것은?

가. 수급권자가 사망한 때
나. 배우자인 수급권자가 재혼한 때
다. 자녀나 손자녀인 수급권자가 파양된 때
라. 장애등급 2급에 해당하는 자녀인 수급권자가 25세가 된 때

① 가, 나
② 다, 라
③ 가, 나, 다
④ 나, 다, 라
⑤ 가, 나, 다, 라

정답 | ③

해설 | 라. 장애등급 2급 이상에 해당하지 아니한 자녀인 수급권자가 25세가 된 때 또는 장애등급 2급 이상에 해당하지 아니한 손자녀인 수급권자가 19세가 된 때

★★★
42 국민연금 유족연금에 대한 적절한 설명으로 모두 묶인 것은?

> 가. 국민연금법상 유족이란 사망자에 의하여 생계를 유지하고 있던 가족으로 일정 요건을 충족하는 배우자, 자녀, 부모, 손자녀, 조부모 순위 중 최우선 순위자에게 유족연금을 지급한다.
> 나. 노령연금 수급권자가 유족연금 수급권이 발생하는 경우 노령연금+유족연금액의 30%와 유족연금 중 선택한 급여를 지급한다.
> 다. 유족연금 수급권자가 노령연금 수급권이 발생하는 경우 노령연금+유족연금액의 30%와 유족연금 중 선택한 급여를 지급한다.
> 라. 유족연금 수급권자가 해당 연금의 지급사유와 같은 사유로 근로기준법, 산업재해보상보험법, 선원법, 어선원 및 어선재해보상보험법에 의해 유족보상을 받을 수 있는 경우에 그 유족연금액의 30%에 해당하는 금액을 지급받게 된다.
> 마. 제3자의 가해행위로 유족연금을 지급할 사유가 발생하고 가해자로부터 손해배상액을 수령한 경우 그 유족연금액의 1/2에 해당하는 금액을 지급받게 된다.

① 가, 나, 다
② 가, 나, 라
③ 가, 다, 라
④ 가, 다, 마
⑤ 나, 다, 라

정답 | ①

해설 | 라. 장애연금 또는 유족연금 수급권자가 해당 연금의 지급사유와 같은 사유로 근로기준법, 산업재해보상보험법, 선원법, 어선원 및 어선재해보상보험법에 의해 장애보상 또는 유족보상을 받을 수 있는 경우에 그 장애 또는 유족연금액의 1/2에 해당하는 금액을 지급받게 된다.
마. 제3자의 가해행위로 장애 또는 유족연금을 지급할 사유가 발생하고 가해자로부터 손해배상액을 수령한 경우 그 배상액의 범위 안에서 연금지급이 정지된다.

★★★
43 국민연금 반환일시금을 지급받을 수 있는 경우로 모두 묶인 것은?

> 가. 가입기간 10년 미만인 자가 60세가 된 경우
> 나. 가입자 또는 가입자였던 자가 사망하였으나 유족연금에 해당되지 않는 경우
> 다. 국적을 상실하거나 국외로 이주한 경우

① 다
② 가, 나
③ 가, 다
④ 나, 다
⑤ 가, 나, 다

정답 | ⑤

해설 | 모두 반환일시금 지급사유에 해당된다.

★★★
44 국민연금 반환일시금에 대한 설명으로 적절하지 않은 것은?

① 반환일시금은 가입기간 10년 미만인 자가 60세가 된 경우, 가입자 또는 가입자였던 자가 사망하였으나 유족연금에 해당되지 않는 경우, 국적을 상실하거나 국외로 이주한 경우에 지급된다.

② 국외 이주 목적이 아닌 취업, 학업 등 기타 사유로 외국에 체류하는 경우에는 반환일시금이 지급되지 않는다.

③ 반환일시금은 가입기간 중 본인이 납부한 연금보험료에 소정의 이자를 더하여 받게 되는데, 적용 이자율은 연금보험료를 낸 날이 속하는 달의 다음 달부터 지급연령도달 등 지급사유 발생일이 속하는 달까지의 기간에 대하여 해당 기간의 1년 만기 정기예금이자율을 적용한다.

④ 반환일시금 반납은 반환일시금을 수령한 후에 다시 가입자의 자격을 취득한 경우 그 지급받았던 금액에 반납금 납부신청 시까지의 이자를 가산하여 다시 납부함으로써 가입기간을 복원시켜 더 많은 연금급여 혜택을 받을 수 있도록 하는 제도이다.

⑤ 반환일시금 반납은 반환일시금을 수령한 자로서 가입 자격을 다시 취득한 자가 해당되며, 납부예외자도 신청 가능하고 60세 이후에도 가입 중이면 신청 가능하다.

정답 | ③

해설 | ③ 반환일시금은 가입기간 중 본인이 납부한 연금보험료에 소정의 이자를 더하여 받게 된다. 적용 이자율은 연금보험료를 낸 날이 속하는 달의 다음 달부터 지급연령도달 등 지급사유 발생일이 속하는 달까지의 기간에 대하여 해당 기간의 3년 만기 정기예금이자율을 적용한다.

★★★
45 국민연금 반환일시금에 대한 적절한 설명으로 모두 묶인 것은?

가. 가입기간 10년 미만인 자가 퇴직 후 공무원으로 취직하게 되면 그때까지 납입한 국민연금 보험료는 지급을 보류하였다가 연금수급연령이 되었을 때 일시금으로 지급받는다.
나. 반환일시금은 수급권이 발생한 날로부터 5년 안에 청구하지 않으면 소멸시효가 완성되어 지급받을 수 없다.
다. 반환일시금 반납은 반환일시금을 수령한 후에 다시 가입자의 자격을 취득한 경우 그 지급받았던 금액에 반납금 납부신청 시까지의 이자를 가산하여 다시 납부함으로써 가입기간을 복원시켜 더 많은 연금급여 혜택을 받을 수 있도록 하는 제도이다.
라. 반환일시금 반납은 반환일시금을 수령한 자로서 가입 자격을 다시 취득한 자가 해당되며, 납부예외자도 신청 가능하고 60세 이후에도 가입 중이면 신청 가능하다.
마. 반환일시금 반납은 일시납부만 가능하고 분할납부는 불가능하다.

① 가, 나 ② 가, 마
③ 나, 다 ④ 다, 라
⑤ 라, 마

정답 | ④

해설 | 가. 반환일시금은 가입기간 10년 미만인 자가 60세가 된 경우(단, 특례노령연금 수급권자는 해당되지 않음), 가입자 또는 가입자였던 자가 사망하였으나 유족연금에 해당되지 않는 경우, 국적을 상실하거나 국외로 이주한 경우에 지급한다.

나. 2018.1.25. 이후 지급연령에 도달하고 이를 사유로 발생한 반환일시금 수급권의 소멸시효는 10년으로 연장되었다.

마. 반납방법에는 일시납부와 분할납부가 있다. 일시납부 및 분할납부 금액을 계산하는 데 적용하는 이자율은 해당 기간 중에 적용되었던 1년 만기 정기예금이자율이다. 분할납부 횟수는 아래에 해당하는 횟수의 범위에서 가입기간에 산입되는 개월 단위로 신청 가능하다.

- 가입기간 1년 미만인 경우 : 3회
- 가입기간 1년 이상 5년 미만인 경우 : 12회
- 가입기간 5년 이상인 경우 : 24회

★★★

46 다음 정보를 토대로 20××년 4월 퇴직한 김세진씨가 가입하고 있는 국민연금에 대한 설명으로 가장 적절한 것은?

〈김세진씨 관련 정보〉
- 생년월일 : 1964년 4월 25일(60세)
- 국민연금 가입기간 : 25년
- 부양가족 : 배우자, 부친(86세), 모친(82세)

※ 김세진씨의 배우자, 부친, 모친은 모두 소득이 없으며, 김세진씨에 의해 생계를 유지하고 있음

① 김세진씨의 국민연금 가입기간에 따른 노령연금의 지급률은 75%이다.
② 만약 김세진씨의 배우자가 60세 미만인 경우 부양가족연금액을 지급받을 수 있는 부양가족의 범위에 해당하지 않는다.
③ 노령연금은 김세진씨 나이 60세부터 수령할 수 있다.
④ 김세진씨 사망 시 유족연금은 김세진씨의 배우자와 부모에게 민법상 상속지분대로 나누어서 지급된다.
⑤ 김세진씨의 생일이 4월이므로 노령연금은 해당연도의 5월부터 지급된다.

정답 | ⑤

해설 | ① 노령연금의 지급률 : 가입기간 10년 50%+늘어나는 1개월마다 5/12%씩 증가 → 가입기간 25년 125%

② 배우자는 나이와 장애요건 없이 부양가족의 범위에 포함된다.

③ 출생연도 1961~1964년생의 노령연금 수급개시연령은 63세이다.

출생연도	52년생 이전	53~56년생	57~60년생	61~64년생	65~68년생	69년생 이후
수급연령	60세	61세	62세	63세	64세	65세

④ 국민연금법상 유족이란 사망자에 의하여 생계를 유지하고 있던 가족으로 일정 요건을 충족하는 배우자(사실혼배우자 포함), 자녀, 부모, 손자녀, 조부모 순위 중 최우선 순위자에게 유족연금을 지급한다. 따라서 배우자가 유족연금을 수령하게 된다.

★★★

47 **유족연금 수급권자에게 노령연금 수급권이 발생하여 수급권자가 노령연금을 선택할 경우 중복급여 조정 내용으로 가장 적절한 것은?**

① 노령연금

② 노령연금+유족연금 10%

③ 노령연금+유족연금 20%

④ 노령연금+유족연금 30%

⑤ 노령연금+유족연금 50%

정답 | ④

해설 | **〈중복급여 조정 사례별 적용〉**

선발급여	후발급여	지급할 급여
노령연금	유족연금	노령연금+유족연금액의 30%와 유족연금 중 선택
장애연금	노령연금	선택한 하나의 급여
유족연금	노령연금	노령연금+유족연금액의 30%와 유족연금 중 선택

★★★

48 **국민연금 연금급여에 대한 설명으로 적절하지 않은 것은?**

① 조기노령연금의 경우 부양가족연금액은 지급되지 않는다.

② 분할연금 수급권자의 재혼 여부는 수급요건에 영향을 미치지 아니하므로 분할연금을 계속 지급한다.

③ 장애연금은 초진일로부터 1년 6개월 경과 후에도 완치되지 아니한 경우에는 초진일로부터 1년 6개월이 경과한 날을 기준으로 장애정도를 결정한다.

④ 노령연금 수급권자가 사망한 경우 유족연금액은 사망한 자가 지급받던 노령연금액을 초과할 수 없으며, 가입자 또는 가입자였던 자의 태아가 출생한 경우 가입자 또는 가입자였던 자에 의해 생계를 유지하고 있던 자녀로 인정하므로, 자녀보다 후순위로 유족연금을 받던 자의 수급권은 소멸된다.

⑤ 장애연금 수급권자가 장애연금을 받다가 노령연금 수급권이 발생하면 둘 중에 선택한 하나의 급여만 지급하나, 유족연금 수급권자 유족연금을 받다가 노령연금 수급권이 발생하면 노령연금+유족연금액의 30%와 유족연금 중 선택한 급여를 지급한다.

정답 | ①

해설 | ① 수급개시연령에 도달하여 노령연금을 받고 계시는 분이 일정 수준을 초과하는 소득이 있는 업무에 종사하는 경우 수급개시연령부터 5년 동안은 소득수준에 따라 감액된 금액(노령연금액의 1/2을 초과할 수 없음)으로 지급되며, 이때 부양가족연금액은 지급되지 않는다. 조기노령연금은 가입기간이 10년 이상이고 55세(지급연령 상향규정 적용 : 55~60세) 이상인 사람이 소득 있는 업무에 종사하지 않는 경우에 본인이 신청하면 60세(노령연금 수급개시연령 상향규정 적용 : 60~65세) 전이라도 지급받을 수 있는 연금이다. 이 경우 처음 연금을 받는 연령에 따라 일정률의 기본연금액에 부양가족연금액을 합산하여 평생 동안 지급받게 된다.

★★★
49 국민연금 연금급여에 대한 설명으로 가장 적절한 것은?

① 장애연금은 가입자나 가입자였던 자가 질병이나 부상으로 신체적 또는 정신적 장애가 남았을 때 이에 따른 소득 감소부분을 보전함으로써 본인과 가족의 안정된 생활을 보장하기 위한 급여로서 장애정도에 따라 일정한 급여를 지급하며, 초진일 요건 또는 국민연금 보험료 납부요건 중 하나가 충족되어야 한다.

② 사망일 5년 전부터 사망일까지의 기간 중 3년 이상 연금보험료를 낸 가입자가 사망한 때에는 체납기간 여부와 관계없이 유족연금을 지급한다.

③ 가입기간 10년 미만인 자가 60세가 된 경우, 가입자 또는 가입자였던 자가 사망하였으나 유족연금에 해당되지 않는 경우에는 사망일시금을 지급한다.

④ 반환일시금은 가입지간 중 본인이 납부한 연금보험료에 소정의 이자를 더하여 받게 되는데, 적용 이자율은 연금보험료를 낸 날이 속하는 달의 다음 달부터 지급연령도달 등 지급사유 발생일이 속하는 달까지의 기간에 대하여 해당 기간의 1년 만기 정기예금이자율을 적용한다.

⑤ 유족연금 수급권자가 노령연금 수급권자가 되면 노령연금＋유족연금액의 30%와 유족연금 중 선택한 급여를 지급한다.

정답 | ⑤

해설 | ① 초진일 요건과 국민연금 보험료 납부요건이 모두 충족되어야 한다.

② 전체 가입대상기간 중 체납기간이 3년 이상인 경우는 유족연금을 지급하지 않는다.

③ 반환일시금은 가입기간 10년 미만인 자가 60세가 된 경우(단, 특례노령연금 수급권자는 해당되지 않음), 가입자 또는 가입자였던 자가 사망하였으나 유족연금에 해당되지 않는 경우, 국적을 상실하거나 국외로 이주한 경우에 지급한다. 사망일시금은 가입자 또는 가입자였던 사람이 사망하였으나 국민연금법 제73조에 의한 유족이 없어 유족연금 또는 반환일시금을 지급받을 수 없는 경우 배우자, 자녀, 부모, 손자녀, 조부모, 형제자매 또는 사망자에 의하여 생계를 유지하고 있던 4촌 이내의 방계혈족 순위 중 최우선 순위자에게 지급하는 장제부조적 · 보상적 성격의 급여이다.

④ 반환일시금은 가입지간 중 본인이 납부한 연금보험료에 소정의 이자를 더하여 받게 된다. 적용 이자율은 연금보험료를 낸 날이 속하는 달의 다음 달부터 지급연령도달 등 지급사유 발생일이 속하는 달까지의 기간에 대하여 해당 기간의 3년 만기 정기예금이자율을 적용한다.

★★★
50 국민연금 연금보험료 추후납부에 대한 설명으로 가장 적절한 것은?

① 가입기간 중 실직 등으로 보험료를 납부할 수 없었던 기간에 대하여 추후 납부능력이 있을 때 20년 미만의 범위 내에서 연금보험료 추후납부를 신청하여 납부함으로써 가입기간을 늘려 연금급여 혜택을 받을 수 있도록 하는 제도이다.

② 납부예외자도 신청 가능하고 60세 이후에도 가입 중이면 신청 가능하다.

③ 납부방법에는 일시납부와 분할납부가 있으며, 분할납부 횟수는 최대 24회 범위 내에서 추후납부 대상기간 개월 단위로 신청이 가능하다.

④ 임의가입자 및 기타임의계속가입자가 추후납부를 신청하면 해당 가입자의 현 기준소득월액을 그대로 적용한다.

⑤ 임의계속가입, 반납금 납부와 함께 추후납부 보험료 납부는 가입기간을 늘려 노령연금액을 증가시키는 효과가 있다.

정답 I ⑤

해설 I ① 가입기간 중 실직 등으로 보험료를 납부할 수 없었던 기간에 대하여 추후 납부능력이 있을 때 10년 미만의 범위 내에서 연금보험료 추후납부를 신청하여 납부함으로써 가입기간을 늘려 연금급여 혜택을 받을 수 있도록 하는 제도이다.

② 반환일시금 반납에 대한 설명이다. 연금보험료 추후납부는 60세 이후에도 계속 가입 중이면 신청 가능하다. 자격상실자, 납부예외자, 노령연금 수급권자는 신청대상이 될 수 없다.

③ 반환일시금 반납에 대한 설명이다. 연금보험료 추후납부의 분할납부 횟수는 최대 60회 범위 내에서 추후납부 대상기간 개월 단위로 신청이 가능하다.

> • 추납가능기간(납부예외+적용제외) 55개월, 추납신청기간 55개월 → 분할납부 가능 횟수 55회
> • 추납가능기간(납부예외+적용제외) 90개월, 추납신청기간 80개월 → 분할납부 가능 횟수 60회

④ 임의가입자 및 기타임의계속가입자가 추후납부를 신청하면 해당 가입자의 현 기준소득월액을 그대로 적용하는 것이 아니라 매년 정해지는 상한 기준소득월액과 비교하여 결정한다. 즉, 추후 납부를 신청한 달의 기준소득월액이 상한 기준소득월액을 초과하는 경우에는 상한 기준소득월액의 연금보험료를 적용하여 금액을 산정한다. 이때 적용되는 상한 기준소득월액은 해당 연도 A값의 천원 미만을 절사한 금액이다.

★★★
51 지역가입자 연금보험료 지원 대상이 되는 사업중단, 실직, 휴직 사유의 국민연금 납부예외자 유형으로 모두 묶인 것은?

가. 사업자등록이 있더라도 사실상 사업을 운용하지 않거나 사업소득이 전혀 발생하지 않는 경우 나. 종사 직종에서 완전히 은퇴하여 현재 소득 활동에 종사하지 않는 경우 다. 직장퇴사, 사업장 부도 · 휴폐업 등으로 소득이 없는 경우 라. 학교 졸업 또는 군 제대 후 취업 준비 중인 자로서 부모로부터 생활비를 지원받아 생활하는 경우 마. 고용보험 실업급여 수급자로서 실업크레딧을 지원받는 경우

① 가, 나, 다, 라
② 가, 나, 다, 마
③ 가, 나, 라, 마
④ 가, 다, 라, 마
⑤ 나, 다, 라, 마

정답 | ①
해설 | 마. 고용보험 실업급여 수급자(단, 실업크레딧을 지원받는 경우는 중복지원 불가)

★★★
52 국민연금 활용에 대한 설명으로 가장 적절한 것은?

① 지역가입자 연금보험료 지원은 1회에 한하여 1인당 최대 12개월까지 지원하며 실업크레딧, 농어업인 연금보험료 보조와 중복지원도 가능하다.
② 출산크레딧의 자녀 수에 따른 추가가입기간 인정은 자녀가 두 명인 경우 12개월, 두 명의 자녀를 초과하는 경우 초과 한 명마다 18개월을 추가하되 최대 60개월을 초과할 수 없다.
③ 출산크레딧의 추가로 산입되는 가입기간의 기준소득월액은 A값의 1/2로 정하여 수급권 취득 시점의 소득으로 보며, 이에 소요되는 재정은 전액 국가가 부담한다.
④ 군복무크레딧은 병역의무를 이행한 자에게 12개월의 가입기간을 추가로 인정하여 노령연금의 기본연금액 산정 시 가입기간 계산에 포함한다.
⑤ 실업크레딧의 추가가입기간은 구직급여 수급기간으로서 1인당 생애 최대 12개월까지 지원한다.

정답 | ⑤
해설 | ① 지역가입자 연금보험료 지원은 1인당 생애 최대 12개월까지 지원(지원 횟수 제한 없음)하며 실업크레딧, 농어업인 연금보험료 보조와 중복지원은 불가하다.
② 자녀가 두 명인 경우 12개월, 두 명의 자녀를 초과하는 경우 초과 한 명마다 18개월을 추가하되 최대 50개월을 초과할 수 없다.
③ 군복무크레딧에 대한 설명이다. 출산크레딧의 경우 추가로 산입되는 가입기간의 기준소득월액은 A값으로 정하여 수급권 취득 시점의 소득으로 본다. 이에 소요되는 재정은 국가가 전부 또는 일부를 부담한다.
④ 병역의무를 이행한 자에게 6개월의 가입기간을 추가로 인정하여 노령연금의 기본연금액 산정 시 가입기간 계산에 포함한다.

★★★
53 국민연금 연금급여에 대한 적절한 설명으로 모두 묶인 것은?

가. 노령연금 수급권자가 사망한 경우 유족으로 배우자와 자녀가 있다면 배우자에게만 유족연금을 지급한다.
나. 가입기간 8년인 자가 60세가 된 경우 반환일시금을 지급받을 수 있다.
다. 출산크레딧은 자녀가 세 명인 경우 24개월의 가입기간을 추가로 인정해 준다.
라. 실업크레딧의 추가가입기간은 구직급여 수급기간으로서 1인당 생애 최대 60개월까지 지원한다.

① 가, 나
② 다, 라
③ 가, 나, 다
④ 나, 다, 라
⑤ 가, 나, 다, 라

정답 | ①
해설 | 다. 자녀 수에 따른 추가가입기간 인정은 다음과 같다.

자녀수	2자녀	3자녀	4자녀	5자녀 이상
추가가입기간	12개월	30개월	48개월	50개월

라. 추가가입기간은 구직급여 수급기간으로서 1인당 생애 최대 12개월까지 지원한다.

★★★
54 박소진(34세, 미혼)씨는 5년간 재직한 A회사를 퇴직하고 1년간 실직상태(5개월간 실업급여 수급)였으나 최근 B회사에 재취업하였다. 이 경우 박소진씨의 국민연금에 대한 설명으로 적절하지 않은 것은?

① 박소진씨는 실직을 사유로 반환일시금을 지급받을 수 없다.
② 박소진씨는 실직기간 동안 이를 사유로 보험료 납부예외를 신청할 수 있다.
③ 박소진씨는 실직기간 중 구직급여를 받지 못한 7개월만큼 국민연금 가입기간에 추가 산입할 수 있다.
④ 실업크레딧은 연금보험료의 25%를 박소진씨가 부담하는 경우에 한해 연금보험료의 75%를 지원하여 가입기간을 추가 산입한다.
⑤ 재취업 후 박소진씨의 기준소득월액이 200만원인 경우, 급여에서 공제되는 국민연금 월보험료는 9만원이다.

정답 | ③
해설 | ③ 추가가입기간은 구직급여 수급기간으로서 1인당 생애 최대 12개월까지 지원한다. 따라서 추가가입기간은 구직급여 수급기간인 5개월이다.

★★★
55 **다음 고객이 의료비 용도로 2,000만원이 필요하여 국민연금 실버론을 활용할 경우 대출가능한 대부금액과 노령연금 수급개시연령이 적절하게 연결된 것은?**

> • 출생연도 : 1958년생
> • 가입기간 : 20년
> • 노령연금 월간 연금수령액 : 월 100만원

	노후긴급자금 대부(실버론) 대부금액	노령연금 수급개시연령
①	600만원	61세
②	1,000만원	62세
③	1,200만원	63세
④	2,000만원	62세
⑤	2,400만원	63세

정답 | ②

해설 | • 만 60세 이상 국민연금 수급자에게 전 · 월세보증금, 의료비, 배우자 장제비, 재해복구비의 긴급한 자금이 필요한 경우 일정 한도 내에서 낮은 금리로 대출하여 안정적인 노후생활 지원과 실질적인 복지 혜택을 제공하고 있다. 대부금액은 연간 연금수령액의 2배 이내에서 실 소요비용(최고 1,000만원 한도)이다.
• 노령연금 수급개시연령은 다음과 같다.

출생연도	52년생 이전	53~56년생	57~60년생	61~64년생	65~68년생	69년생 이후
수급연령	60세	61세	62세	63세	64세	65세

★★★
56 공적연금 연계법에 의한 급여 지급대상에 해당하지 **않는** 것은?

	국민연금 가입기간	직역연금 재직기간
①	19년	공무원연금 17년
②	29년	사학연금 7년
③	9년	공무원연금 17년
④	9년	사학연금 7년
⑤	19년	군인연금 17년

정답 | ①

해설 | **〈연계법에 의한 급여 지급대상 여부〉**

연계기간		총 연계기간	연계법에 의한 급여 지급대상
국민연금 가입기간	직역연금 재직기간		
10년 이상	10년 이상	–	×
10년 이상	10년 미만	10년 이상	○
10년 미만	10년 이상	10년 이상	○
10년 미만	10년 미만	10년 이상	○

※ 2016.1.1.일 이후 직역기관 퇴직자는 재직기간 10년 이상이면 퇴직연금수급권 취득. 다만, 군인연금은 현행 20년 유지

★★★
57 공적연금 연계에 대한 설명으로 적절하지 **않은** 것은?

① 공적연금 연계는 국민연금 가입기간과 직역연금 재직기간 부족으로 연금수급권을 취득하지 못하는 경우 각각의 기간을 연계하여 10년(군인연금은 20년) 이상이 되면 연금으로 지급한다.

② 퇴직일시금 수급권을 취득한 경우 일시금을 수령하지 않았다면 퇴직일로부터 5년 이내에 연계신청이 가능하고, 퇴직일시금을 수령하였다면 그 일시금을 지급받은 연금기관에 반납하고 연계신청을 하여야 한다.

③ 퇴직연금, 퇴직연금일시금, 퇴직연금공제일시금 수령자는 연계신청 대상이 아니지만, 퇴직연금 수급권을 취득하였더라도 연금 수급 전이면 연계신청이 가능하다.

④ 국민연금법에 따른 가입기간 여부를 확인하여 국민연금 연계대상기간을 확인하는데, 임의계속가입기간은 연계대상기간에 포함하지만, 보험료 납부와 관계없는 출산 · 군복무 크레딧은 연계대상기간에서 제외한다.

⑤ 국민연금제도의 장애연금과 다른 공적연금제도의 장해연금 간에는 연계급여가 없다.

정답 | ④

해설 | ④ 임의계속가입기간, 출산 · 군복무 크레딧은 연계대상기간에서 제외한다.

★★★

58 공적연금 연계에 대한 다음 설명 중 (가)~(나)에 들어갈 내용이 적절하게 연결된 것은?

> • 직역연금에서 국민연금으로 이동하여 국민연금 가입자가 된 때에는 퇴직일시금을 수령한 경우라면 퇴직일시금을 받은 연금관리기관에 반납 후 연계신청이 가능하고, 퇴직일시금을 수령하지 않은 경우에는 퇴직일로부터 (가) 이내 연계신청이 가능하다.
> • 연계기간이 10년 이상인 자 중 국민연금 또는 직역연금의 가입(재직)기간이 (나) 미만인 경우에는 연금이 아닌 일시금으로 지급한다.

	가	나
①	3년	1년
②	3년	3년
③	5년	1년
④	5년	3년
⑤	10년	5년

정답 | ③

해설 | • 직역연금에서 국민연금으로 이동하여 국민연금 가입자가 된 때에는 퇴직일시금을 수령한 경우라면 퇴직일시금을 받은 연금관리기관에 반납 후 연계신청이 가능하고, 퇴직일시금을 수령하지 않은 경우에는 퇴직일로부터 5년 이내 연계신청이 가능하다.
• 연계기간이 10년 이상인 자 중 국민연금 또는 직역연금의 가입(재직)기간이 1년 미만인 경우에는 연금이 아닌 일시금으로 지급한다.

★★★

59 공적연금 연계에 대한 설명으로 가장 적절한 것은?

① 국민연금 가입기간과 직역연금 재직기간 부족으로 연금수급권을 취득하지 못하는 경우 각각의 기간을 연계하여 20년 이상이 되면 연금으로 지급한다.
② 각각의 가입기간을 연결통산하는 방식이기 때문에 각 연금 간의 재정이전이 발생한다.
③ 국민연금 출산 · 군복무 크레딧 기간도 연계대상기간에 포함한다.
④ 연계노령연금, 연계퇴직연금, 연계노령유족연금, 연계퇴직유족연금 등 4종이 있다.
⑤ 연계기간을 충족하는 자 중 경우라도 국민연금 또는 직역연금의 가입(재직)기간이 1년 미만인 경우에는 해당 연계연금의 60%만을 지급한다.

정답 I ④

해설 I ① 국민연금 가입기간과 직역연금 재직기간 부족으로 연금수급권을 취득하지 못하는 경우 각각의 기간을 연계하여 10년(군인연금은 20년) 이상이 되면 연금으로 지급한다.
② 각 연금 간의 재정이전 없이 각각의 연금제도에서 가입기간과 재직기간에 비례하여 연금을 지급한다.
③ 임의계속가입기간, 출산 · 군복무 크레딧은 연계대상기간에서 제외한다.
⑤ 연계기간이 10년 이상인 자 중 국민연금 또는 직역연금의 가입(재직)기간이 1년 미만인 경우에는 연금이 아닌 일시금으로 지급한다.

★★★

60 공적연금 연계에 대한 설명으로 가장 적절한 것은?

① 국민연금 임의계속가입 후 반납금을 납부하여 가입기간이 늘어나는 경우 해당 기간은 연계대상기간에 포함하는데, 반납방법에는 일시납부와 분할납부가 있으며, 분할납부 횟수는 최대 60회의 범위에서 가입기간에 산입되는 개월 단위로 신청 가능하다.
② 국민연금 임의계속가입 후 추납보험료를 납부하여 가입기간이 늘어나는 경우 해당 기간은 연계대상기간에 포함하는데, 납부방법에는 일시납부와 분할납부가 있으며, 분할납부 횟수는 최대 24회 범위 내에서 추후납부 대상기간 개월 단위로 신청이 가능하다.
③ 퇴직일시금을 수령하지 않고 직역연금에서 국민연금으로 이동하여 국민연금 가입자가 된 때에는 퇴직일로부터 3년 이내 연계신청이 가능하다.
④ 연계기간을 충족한 자 중 국민연금 또는 직역연금의 가입(재직)기간이 5년 미만인 경우에는 연금이 아닌 일시금으로 지급한다.
⑤ 국민연금 노령연금 수급자 및 연기연금 신청자는 공적연금 연계 신청을 할 수 없다.

정답 I ⑤

해설 I ① 분할납부 횟수는 최대 24회 범위에서 가입기간에 산입되는 개월 단위로 신청 가능하다.
② 분할납부 횟수는 최대 60회 범위 내에서 추후납부 대상기간 개월 단위로 신청이 가능하다.
③ 직역연금에서 국민연금으로 이동하여 국민연금 가입자가 된 때에는 퇴직일시금을 수령한 경우라면 퇴직일시금을 받은 연금관리기관에 반납 후 연계신청이 가능하고, 퇴직일시금을 수령하지 않은 경우에는 퇴직일로부터 5년 이내 연계신청이 가능하다.
④ 연계기간이 10년(군인연금의 경우 20년) 이상인 자 중 국민연금 또는 직역연금의 가입(재직)기간이 1년 미만인 경우에는 연금이 아닌 일시금으로 지급한다.

★★★

61 **고승완씨는 일반기업에서 근무하다가 퇴사한 후 사립대학교 교직원으로 채용되어 사학연금 가입자가 된 지 2년이 되었다. 다음 정보를 토대로 고승완씨의 공적연금 연계에 대한 적절한 설명으로 모두 묶인 것은?**

- 1964년생
- 국민연금 가입이력 : 33년
- 2년째 사립대학교 교직원으로 재직 중
- 현재 사학연금 가입자로 보험료 납부, 향후 3년간 추가 근무 예상

가. 고승완씨는 국민연금을 만 63세부터 수급할 수 있다.
나. 고승완씨는 국민연금을 수급할 수 있는 시기 이후에도 사립대학교 교직원으로서 사학연금에 계속 가입할 수 있다.
다. 고승완씨는 국민연금을 먼저 받다가 사립대학교 교직원 퇴직 후 연계제도에 따라서 사학연금을 추후에 별도로 신청해서 받을 수 있다.
라. 고승완씨는 사립대학교 교직원 퇴직시점까지 국민연금 노령연금 수급을 늦추는 연기연금을 신청하고, 사립대학교 교직원 퇴직 시 공적연금 연계제도에 따라서 사학연금과 국민연금을 동시에 받을 수 있다.

① 가, 나
② 다, 라
③ 가, 나, 다
④ 나, 다, 라
⑤ 가, 나, 다, 라

정답 | ①
해설 | 다. 공적연금 연계제도를 활용하려면 국민연금만 먼저 신청하면 안 되고, 국민연금 연기 신청도 하면 안 된다.
라. 공적연금 연계제도에 따라서 국민연금과 사학연금을 모두 받기 위해서는 국민연금의 연기연금을 신청하면 안 되고, 우선 연금관리기관 두 곳 중 한 곳에 연계신청을 하고, 수급사유 발생일이 될 때 연계노령연금과 연계퇴직연금을 신청해야 한다.

★★★
62 김세진(39세)씨는 일반기업에서 근무하다가 퇴사한 후 공무원시험에 합격하여 올해 공무원연금 가입자가 되었다. 김세진씨의 공적연금 연계에 대한 적절한 설명으로 모두 묶인 것은?

가. 김세진씨가 공적연금 연계 신청을 하지 않는다면 공무원연금 가입자가 되는 즉시 국민연금 반환일시금을 지급받을 수 있다. 나. 김세진씨가 공적연금 연계 신청을 하는 경우 국민연금의 출산크레딧 기간은 연계대상기간에서 제외한다. 다. 김세진씨가 공적연금 연계 신청을 하는 경우 연계기간이 20년 이상이고 연계급여수급연령이 된 날 연계노령연금 수급권 및 연계퇴직연금 수급권이 발생한다.

① 나
② 다
③ 가, 나
④ 가, 다
⑤ 가, 나, 다

정답 I ①

해설 I 가. 반환일시금은 가입기간 10년 미만인 자가 60세가 된 경우(단, 특례노령연금 수급권자는 해당되지 않음), 가입자 또는 가입자였던 자가 사망하였으나 유족연금에 해당되지 않는 경우, 국적을 상실하거나 국외로 이주한 경우에 지급된다.
다. 연계급여 지급사유 발생일은 다음과 같다.

• 연계기간이 10년 이상인 자가 연계급여수급연령이 된 날 • 연계급여수급연령 이후 연계기간이 10년이 된 날 • 임의계속가입 중 반 · 추납으로 연계기간이 10년이 된 후 임의계속 탈퇴일 • 연계노령(퇴직)유족연금은 연계노령(퇴직)연금 수급권자의 사망일

★★★
63 국민연금에 대한 설명으로 적절하지 않은 것은?

① 연금은 지급사유가 발생한 날이 속하는 달의 다음 달부터 수급권이 소멸한 날이 속하는 달까지 지급하며, 매월 정기지급되는 연금은 노령, 분할, 장애, 유족연금이며 지급일은 매월 25일로 그 달의 연금액을 지급한다.
② 장애연금 또는 유족연금 수급권자가 해당 연금의 지급사유와 같은 사유로 근로기준법, 산업재해보상보험법, 선원법, 어선원 및 어선재해보상보험법에 의해 장애보상 또는 유족보상을 받을 수 있는 경우에 그 장애 또는 유족연금액의 30%에 해당하는 금액을 지급받게 된다.
③ 공적연금 연계는 국민연금 가입기간과 직역연금 재직기간 부족으로 연금수급권을 취득하지 못하는 경우 각각의 기간을 연계하여 10년(군인연금은 20년) 이상이 되면 연금으로 지급한다.
④ 국민연금법에 따른 가입기간 여부를 확인하여 국민연금 연계대상기간을 확인하는데, 임의계속가입기간, 출산 · 군복무 크레딧은 연계대상기간에서 제외한다.
⑤ 직역연금에서 국민연금으로 이동하여 국민연금 가입자가 된 때에는 퇴직일시금을 수령한 경우라면 퇴직일시금을 받은 연금관리기관에 반납 후 연계신청이 가능하고, 퇴직일시금을 수령하지 않은 경우에는 퇴직일로부터 5년 이내 연계신청이 가능하다.

정답 | ②

해설 | ② 장애연금 또는 유족연금 수급권자가 해당 연금의 지급사유와 같은 사유로 근로기준법, 산업재해보상보험법, 선원법, 어선원 및 어선재해보상보험법에 의해 장애보상 또는 유족보상을 받을 수 있는 경우에 그 장애 또는 유족연금액의 1/2에 해당하는 금액을 지급받게 된다.

★★★

64 국민연금에 대한 적절한 설명으로 모두 묶인 것은?

가. 장애연금 또는 유족연금 수급권자가 해당 연금의 지급사유와 같은 사유로 근로기준법, 산업재해보상보험법, 선원법, 어선원 및 어선재해보상보험법에 의해 장애보상 또는 유족보상을 받을 수 있는 경우에 그 장애 또는 유족연금액의 30%에 해당하는 금액을 지급받게 된다.
나. 제3자의 가해행위로 장애 또는 유족연금을 지급할 사유가 발생하고 가해자로부터 손해배상액을 수령한 경우 그 배상액의 범위 안에서 연금지급이 정지된다.
다. 공적연금 연계는 국민연금 가입기간과 직역연금 재직기간 부족으로 연금수급권을 취득하지 못하는 경우 재정이전을 통해 10년 이상이 되면 연금으로 합산 지급한다.
라. 퇴직일시금 수급권을 취득한 경우 일시금을 수령하지 않았다면 퇴직일로부터 5년 이내에 연계신청이 가능하고, 퇴직일시금을 수령하였다면 그 일시금을 지급받은 연금기관에 반납하고 연계신청을 하여야 한다.
마. 퇴직연금, 퇴직연금일시금, 퇴직연금공제일시금 수령자는 연계신청 대상이 아니지만, 퇴직연금 수급권을 취득하였더라도 연금 수급 전이면 연계신청이 가능하다.
바. 국민연금법에 따른 가입기간 여부를 확인하여 국민연금 연계대상기간을 확인하는데, 임의계속가입기간은 연계대상기간에 포함하지만, 보험료 납부와 관계없는 출산 · 군복무 크레딧은 연계대상기간에서 제외한다.

① 가, 나, 마
② 가, 라, 바
③ 나, 다, 바
④ 나, 라, 마
⑤ 다, 마, 바

정답 | ④

해설 | 가. 장애연금 또는 유족연금 수급권자가 해당 연금의 지급사유와 같은 사유로 근로기준법, 산업재해보상보험법, 선원법, 어선원 및 어선재해보상보험법에 의해 장애보상 또는 유족보상을 받을 수 있는 경우에 그 장애 또는 유족연금액의 1/2에 해당하는 금액을 지급받게 된다.
다. 공적연금 연계는 국민연금 가입기간과 직역연금 재직기간 부족으로 연금수급권을 취득하지 못하는 경우 각각의 기간을 연계하여 10년(군인연금은 20년) 이상이 되면 연금으로 지급한다.
바. 임의계속가입기간, 출산 · 군복무 크레딧은 연계대상기간에서 제외한다.

CHAPTER

04 퇴직연금

출제 비중 : 20~28% / 5~7문항

학습가이드 ■ ■

학습 목표	학습 중요도
Tip 제도별 특징과 상호비교 중심으로 학습 필요 Tip 고객 사례와 연계된 활용방안에 대한 학습 필요	
1. 퇴직급여제도별 특징에 대하여 설명할 수 있다.	★★★
2. 퇴직연금의 종류별 특징을 비교하여 설명할 수 있다.	★★★
3. 퇴직연금 적립금의 운용방법을 설명할 수 있다.	★★
4. 고객 상황에 적합한 퇴직연금 및 운용방법을 선택할 수 있다.	★

▪▪▪ TOPIC 1 퇴직급여제도 개요

★★★

01 퇴직급여제도에 대한 설명으로 적절하지 않은 것은?

① 퇴직금제도의 문제점을 해결하고 근로자들의 안정적인 은퇴소득 확보를 위해 2005년 12월부터 근로자퇴직급여보장법이 시행되면서 퇴직급여를 연금으로 수령할 수 있는 퇴직연금제도가 도입되었다.

② 2021년 4월부터 근퇴법에 중소기업퇴직연금기금제도와 관련한 규정을 신설하여 30인 이하의 중소기업 근로자들을 대상으로 한 기금형 퇴직연금기금제도가 도입되어 시행 중에 있다.

③ 근퇴법에서는 퇴직급여제도를 퇴직금제도, 확정급여형 퇴직연금, 확정기여형 퇴직연금, 중소기업퇴직연금기금제도로 규정하고 있으며, 사용자는 근로자에게 퇴직급여제도 중 하나 이상의 제도를 설정해야 한다.

④ 기존의 퇴직금제도가 적용되고 있는 사업장의 사용자는 근로자대표의 동의를 얻어 퇴직금제도를 퇴직연금제도로 변경할 수 있다.

⑤ 하나의 사업장에 DB형 퇴직연금과 DC형 퇴직연금을 함께 설정할 수 없다.

정답 | ⑤

해설 | ⑤ 하나의 사업장에 DB형 퇴직연금과 DC형 퇴직연금의 설정비율의 합이 1 이상이 되도록 설정한 혼합형퇴직연금을 도입할 수 있다. 또한 DB형 퇴직연금과 DC형 퇴직연금을 동시에 도입하고 근로자가 그중 하나를 선택하여 가입할 수 있는 퇴직연금제도를 도입하는 것도 가능하다.

★★★
02 퇴직급여제도에 대한 설명으로 적절하지 않은 것은?

① 퇴직금제도의 문제점을 해결하고 근로자들의 안정적인 은퇴소득 확보를 위해 2005년 12월부터 근로자퇴직급여보장법이 시행되면서 퇴직급여를 연금으로 수령할 수 있는 퇴직연금제도가 도입되었다.
② 근퇴법에서는 퇴직급여제도를 퇴직금제도, 확정급여형 퇴직연금, 확정기여형 퇴직연금, 중소기업퇴직연금기금제도로 규정하고 있다.
③ 사용자는 근로자에게 퇴직급여제도 중 하나 이상의 제도를 설정해야 한다.
④ 퇴직연금제도는 사외적립을 강제하지 않는다.
⑤ 기존의 퇴직금제도가 적용되고 있는 사업장의 사용자는 근로자대표의 동의를 얻어 퇴직금제도를 퇴직연금제도로 변경할 수 있다.

정답 | ④
해설 | ④ 퇴직연금제도는 근로자의 퇴직급여를 연금으로 지급받을 수 있는 제도로 퇴직급여 지급재원을 사외의 금융회사 등 퇴직연금사업자에게 적립하도록 하여 근로자의 퇴직급여 수급권을 보호하고 있다.

★★★
03 근로자 홍경씨는 올해 9월 16일에 퇴직을 하였다. 퇴직 시 월급여 및 퇴직 전 1년간 상여금 및 연차수당이 다음과 같은 경우 퇴직금 산정 시 적용되는 1일 평균임금으로 가장 적절한 것은?

월기본급	기타수당(월)	연간상여금	연차수당
2,000천원	360천원	4,000천원	300천원

※ 퇴직 전 3개월간 총일수 : 92일

① 65,217원
② 72,391원
③ 76,902원
④ 77,772원
⑤ 88,641원

정답 | ⑤
해설 | • 3개월간 임금총액 : (2,000 + 360) × 3 = 7,080천원
• 3개월간 상여금 : 4,000 × 3/12 = 1,000천원
• 3개월간 연차수당 : 300 × 3/12 = 75천원
• 1일 평균임금 $= \frac{(\text{월 통상임금} + \text{연간상여금} \times 3/12 + \text{연차수당} \times 3/12)}{\text{3개월간의 총일수}} = \frac{(7{,}080 + 1{,}000 + 75)}{92}$
$= 88{,}641$천원

★★★

04 올해 초에 ㈜토마토전자에 입사한 홍경씨의 올해 퇴직금 산정기초인 30일 평균임금은 3,000천원이다. 예상되는 근속기간은 20년이며 급여는 매년 초에 3.0%씩 인상된다. 퇴직연금 적립금을 연 5.0%로 운용한다고 가정하였을 경우 퇴직 시 퇴직급여 종류별 퇴직급여(세전)가 적절하게 연결된 것은?

	DB형 퇴직연금	DC형 퇴직연금
①	105,210천원	127,078천원
②	105,210천원	130,890천원
③	108,367천원	127,078천원
④	108,367천원	130,890천원
⑤	127,078천원	105,210천원

정답 I ①

해설 I

퇴직급여 종류	퇴직급여액	퇴직급여 수준
퇴직금	105,210천원	30일분의 평균임금×근속연수
DB형 퇴직연금		
DC형 퇴직연금 기업형IRP 중소기업퇴직연금	127,078천원	퇴직시점 근로자 퇴직연금계좌 평가액 (근로자 추가납입 적립금 평가액 제외)

〈퇴직금 및 DB형 퇴직연금〉

- 평균임금 : $3{,}000 \times 1.03^{19} = 5{,}261$천원
- 퇴직급여 : 5,261×근속연수 20년 = 105,210천원

〈DC형 퇴직연금 등〉

- PMT(E) : 3,000÷1.03, N : 20, I/Y : (5−3)÷1.03, PV? 47,894천원$\times 1.05^{20} = 127{,}078$천원

★★★

05 퇴직금 중간정산 사유로 가장 적절한 것은?

① 1세대 1주택자인 근로자가 본인 명의로 주택을 구입하는 경우

② 무주택자인 근로자가 주거를 목적으로 월세자금을 부담하는 경우

③ 근로자 본인, 그 배우자, 근로자 또는 그 배우자의 부양가족이 3개월 이상 요양을 필요로 하는 경우

④ 퇴직금 중간정산을 신청하는 날로부터 역산하여 5년 이내에 파산신청을 한 경우

⑤ 사용자가 기존의 정년을 연장하거나 보장하는 조건으로 단체협약 및 취업규칙 등을 통하여 임금피크 제도를 시행하는 경우

정답 | ⑤

해설 | **〈퇴직금 중간정산 사유〉**

- 무주택자인 근로자가 본인 명의로 주택을 구입하는 경우
- 무주택자인 근로자가 주거를 목적으로 전세금 또는 보증금을 부담하는 경우(근로자가 하나의 사업장에 근로하는 동안 1회로 한정됨)
- 근로자 본인, 그 배우자, 근로자 또는 그 배우자의 부양가족이 6개월 이상 요양을 필요로 하는 경우로서 근로자가 본인 연간 임금총액의 12.5%를 초과하여 의료비를 부담하는 경우
- 퇴직금 중간정산을 신청하는 날로부터 역산하여 5년 이내에 파산선고 또는 개인회생절차개시의 결정을 받은 경우
- 사용자가 기존의 정년을 연장하거나 보장하는 조건으로 단체협약 및 취업규칙 등을 통하여 임금피크 제도를 시행하는 경우
- 사용자가 근로자와의 합의에 따라 소정근로시간을 1일 1시간 또는 1주 5시간 이상 단축함으로써 단축된 소정근로시간에 따라 근로자가 3개월 이상 계속 근로하기로 한 경우
- 근로시간의 단축으로 근로자의 퇴직금이 감소하는 경우
- 재난으로 피해를 입은 경우로서 고용노동부 장관이 정하여 고시하는 사유에 해당하는 경우

★★★

06 퇴직연금 적립금의 담보제공 사유에 해당하지 않는 것은?

① 무주택자인 근로자가 배우자 명의로 주택을 구입하는 경우

② 무주택자인 근로자가 주거를 목적으로 전세금 또는 보증금을 부담하는 경우

③ 근로자 본인과 소득세법상 기본공제대상자인 근로자의 배우자 및 근로자 또는 그 배우자의 부양가족이 6개월 이상 요양을 필요로 하는 사람의 의료비를 가입자가 본인 연간 임금총액의 12.5%를 초과하여 부담하는 경우

④ 담보를 제공하는 날로부터 역산하여 5년 이내에 파산선고 또는 개인회생절차개시의 결정을 받은 경우

⑤ 사업장주의 휴업 실시로 근로자의 임금이 감소하거나 재난으로 피해를 입은 경우

정답 | ①

해설 | ① 무주택자인 근로자가 본인 명의로 주택을 구입하는 경우

★★★
07 퇴직연금 적립금의 담보제공 사유로 가장 적절한 것은?

① 무주택자인 근로자가 배우자 명의로 주택을 구입하는 경우
② 1주택자인 근로자가 주거를 목적으로 보유 중인 주택 외의 주택에 대한 전세금을 부담하는 경우
③ 근로자 본인이 3개월 이상 요양을 필요로 하여 의료비를 본인 연간 임금총액의 12.5%를 초과하여 부담하는 경우
④ 담보를 제공하는 날로부터 역산하여 10년 이내에 파산선고를 받은 경우
⑤ 배우자의 장례비를 가입자가 부담하는 경우

정답 | ⑤
해설 | ① 무주택자인 근로자가 본인 명의로 주택을 구입하는 경우
② 무주택자인 근로자가 주거를 목적으로 전세금 또는 보증금을 부담하는 경우(근로자가 하나의 사업장에 근로하는 동안 1회로 한정됨)
③ 근로자 본인과 소득세법상 기본공제대상자인 근로자의 배우자 및 근로자 또는 그 배우자의 부양가족이 6개월 이상 요양을 필요로 하는 사람의 의료비를 가입자가 본인 연간 임금총액의 12.5%를 초과하여 부담하는 경우
④ 담보를 제공하는 날로부터 역산하여 5년 이내에 파산선고 또는 개인회생절차개시의 결정을 받은 경우

★★★
08 퇴직연금 가입 근로자 중 현재 퇴직연금 적립금에 대한 담보대출이 가능한 사람으로 모두 묶인 것은?

가. 가족 명의로 주택을 구입한 무주택자인 근로자 나. 회사 입사 후 처음으로 주거 목적의 전세를 계약한 무주택 근로자 다. 질병으로 4개월째 요양자 라. 7년 전 법원으로부터 개인회생절차개시 결정을 받은 자 마. 자녀(21세)의 대학등록금을 부담하는 가입자

① 가, 다
② 가, 라
③ 나, 라
④ 나, 마
⑤ 다, 마

정답 | ④
해설 | 가. 무주택자인 근로자가 본인 명의로 주택을 구입하는 경우
다. 근로자 본인과 소득세법상 기본공제대상자인 근로자의 배우자 및 근로자 또는 그 배우자의 부양가족이 6개월 이상 요양을 필요로 하는 사람의 의료비를 가입자가 본인 연간 임금총액의 12.5%를 초과하여 부담하는 경우
라. 담보를 제공하는 날로부터 역산하여 5년 이내에 파산선고 또는 개인회생절차개시의 결정을 받은 경우

★★★
09 퇴직연금 적립금의 중도인출 사유에 해당하지 않는 것은?

① 무주택자인 근로자가 배우자 명의로 주택을 구입하는 경우
② 무주택자인 근로자가 회사 입사 후 처음으로 주거 목적 전세금을 부담하는 경우
③ 6개월 이상 요양을 필요로 하는 근로자 부양가족의 의료비를 가입자가 본인 연간 임금총액의 12.5%를 초과하여 부담하는 경우
④ 중도인출을 신청하는 날로부터 역산하여 5년 이내에 파산선고 또는 개인회생절차개시의 결정을 받은 경우
⑤ 퇴직연금 적립금을 담보로 제공하고 대출을 받은 가입자가 그 대출 원리금을 상환하기 위한 경우

정답 | ①
해설 | ① 무주택자인 근로자가 본인 명의로 주택을 구입하는 경우

★★★
10 퇴직급여 지급방법에 대한 다음 설명 중 (가)~(나)에 들어갈 내용이 적절하게 연결된 것은?

> 근로자가 퇴직한 경우 사용자는 그 지급사유가 발생한 날부터 (가) 이내에 퇴직급여를 지급하여야 한다. 특별한 사정이 있는 경우에는 당사자 간의 합의에 따라 지급기일을 연장할 수 있다. 사용자가 퇴직급여를 지급기일까지 지급하지 않고 지연하여 지급하는 경우에는 퇴직급여액에 연 (나)의 지연이자를 가산하여 지급한다.

	가	나
①	14일	10%
②	14일	20%
③	15일	30%
④	30일	10%
⑤	30일	20%

정답 | ②
해설 | 근로자가 퇴직한 경우 사용자는 그 지급사유가 발생한 날부터 14일 이내에 퇴직급여를 지급하여야 한다. 특별한 사정이 있는 경우에는 당사자 간의 합의에 따라 지급기일을 연장할 수 있다. 사용자가 퇴직급여를 지급기일까지 지급하지 않고 지연하여 지급하는 경우에는 퇴직급여액에 연 20%의 지연이자를 가산하여 지급한다.

★★★
11 퇴직급여 지급방법에 대한 설명으로 적절하지 않은 것은?

① 퇴직금제도가 적용되는 사업장의 근로자와 DB형 퇴직연금을 가입한 근로자의 퇴직급여는 퇴직일을 기준으로 계속근로연수 1년에 대하여 30일분 이상의 평균임금이 지급된다.
② 퇴직금을 중간정산하여 지급받은 후의 퇴직금 산정을 위한 계속근로기간은 중간정산 다음 날부터 새로이 계산하게 된다.
③ 중소기업퇴직연금에 가입한 근로자의 경우 퇴직급여는 중소기업퇴직연금 가입자계좌 또는 근로자 명의의 IRP로 이전하는 방식으로 지급하지만, 퇴직금 중간정산이나 DC형 퇴직연금 등의 중도인출금은 근로자 명의의 예금통장으로 지급할 수 있다.
④ 근로자가 퇴직한 경우 사용자는 그 지급사유가 발생한 날부터 14일 이내에 퇴직급여를 지급하여야 한다.
⑤ 근로자가 55세 이후에 퇴직하는 경우, 퇴직급여가 100만원 이하인 경우 등 퇴직급여의 IRP 이전 예외 사유에 해당하는 경우에는 현금으로 지급할 수 있다.

정답 | ⑤
해설 | **〈퇴직급여의 IRP 이전 예외 사유〉**

- 근로자가 55세 이후에 퇴직하는 경우
- 퇴직급여가 300만원 이하인 경우
- 근로자가 사망한 경우
- 외국인이 국내에서 근로를 제공하고 퇴직 후 국외로 출국한 경우
- 퇴직급여를 담보로 받은 대출 상환금액(상환 후 잔액은 IRP로 이전)

★★★
12 퇴직급여 세제에 대한 다음 설명 중 (가)~(다)에 들어갈 내용이 적절하게 연결된 것은?

퇴직급여를 IRP(또는 중소기업퇴직연금 가입자계좌)로 이전 · 지급받아 소득세법상 '연금수령' 요건을 갖추어 연금으로 수령하는 경우 (가)가 과세되며, 이 경우 연금수령연차가 1년차부터 10년차까지는 이연퇴직소득세의 (나)를, 11년차 이후에는 (다)가 과세된다.

	가	나	다
①	연금소득세	80%	70%
②	연금소득세	70%	60%
③	퇴직소득세	80%	70%
④	퇴직소득세	70%	60%
⑤	기타소득세	60%	50%

정답 | ②
해설 | 퇴직급여를 IRP(또는 중소기업퇴직연금 가입자계좌)로 이전 · 지급받아 소득세법상 '연금수령' 요건을 갖추어 연금으로 수령하는 경우 연금소득세가 과세되며, 이 경우 연금수령연차가 1년차부터 10년차까지는 이연퇴직소득세의 70%를, 11년차 이후에는 60%가 과세된다.

★★★
13 퇴직 시에 받을 수 있는 회사적립금으로 구성된 퇴직연금을 일시금의 형태로 수령할 경우 부과되는 퇴직소득세가 16,000천원이라면, 수령방법을 '연금수령' 요건을 갖추어 연금의 형태로 10년간 분할해서 수령할 경우 부과되는 세목과 납부세액의 총액이 적절하게 연결된 것은?

	세목	납부세액의 총액
①	연금소득세	9,600천원
②	연금소득세	11,200천원
③	퇴직소득세	9,600천원
④	퇴직소득세	11,200천원
⑤	기타소득세	12,800천원

정답 | ②

해설 | • 퇴직급여를 IRP(또는 중소기업퇴직연금 가입자계좌)로 이전 · 지급받아 소득세법상 '연금수령' 요건을 갖추어 연금으로 수령하는 경우 연금소득세가 과세되며, 이 경우 연금수령연차가 1년차부터 10년차까지는 이연퇴직소득세의 70%를, 11년차 이후에는 60%가 과세된다.
• 납부세액 = 퇴직소득세 16,000천원 × 70% = 11,200천원

★★★
14 소득세법상 '연금수령' 요건에 대한 설명으로 적절하지 **않은** 것은?

① 가입자가 55세 이후 연금계좌 취급자에게 연금수급개시를 신청한 후 인출할 것
② 연금계좌의 가입일로부터 5년이 경과된 후에 인출할 것
③ 이연퇴직소득이 있는 경우에는 가입일로부터 10년이 경과할 것
④ 과세기간 게시일 현재 연금수령한도 이내에서 인출할 것
⑤ 2013년 3월 1일 전에 가입한 DB형 퇴직연금에 가입한 사람이 퇴직하여 퇴직소득 전액이 새로 설정된 연금계좌로 이체되는 경우는 연금수령연차를 6년차를 적용

정답 | ③

해설 | ③ 이연퇴직소득이 있는 경우에는 5년의 경과규정을 적용하지 않음

★★★

15 소득세법상 '연금수령' 요건에 해당하는 연금수령한도 계산식이다. (가)~(나)에 들어갈 내용이 적절하게 연결된 것은?

$$\text{연금수령한도} = \frac{\text{연금 계좌 평가액}}{((\text{가}) - \text{연금수령연차})} \times \frac{(\text{나})}{100}$$

	가	나
①	6	70
②	11	100
③	11	120
④	15	100
⑤	15	120

정답 | ③

해설 |

- $\text{연금수령한도} = \frac{\text{연금계좌평가액}}{(11 - \text{연금수령연차})} \times \frac{120}{100}$

★★★

16 퇴직급여제도에 대한 적절한 설명으로 모두 묶인 것은?

가. 퇴직금제도의 문제점을 해결하고 근로자들의 안정적인 은퇴소득 확보를 위해 2005년 12월부터 근로자퇴직급여보장법이 시행되면서 퇴직급여를 연금으로 수령할 수 있는 퇴직연금제도가 도입되었다.

나. 기존의 퇴직금제도가 적용되고 있는 사업장의 사용자는 근로자대표의 동의를 얻어 퇴직금제도를 퇴직연금제도로 변경할 수 있다.

다. 근로자대표의 동의는 노동조합의 동의를 받은 것을 의미한다.

라. 30인 미만의 근로자를 사용하는 사업장에서 개별 근로자의 동의를 얻거나 근로자의 요구에 따라 IRP를 설정하는 경우 해당 근로자에 대하여 퇴직급여제도를 설정한 것으로 본다.

마. 퇴직급여를 IRP로 이전 · 지급받아 소득세법상 '연금수령' 요건을 갖추어 연금으로 수령하는 경우 연금소득세가 과세되며, 이 경우 연금수령연차가 1년차부터 10년차까지는 이연퇴직소득세의 70%를, 11년차 이후에는 60%가 과세된다.

바. 퇴직연금계좌에서 55세 이전에 인출하거나, IRP에서 소득세법에 정한 사유 이외의 사유로 연금수령한도를 초과하여 인출하는 이연퇴직소득에 대해서는 이연퇴직소득세의 100%가 다른 종합소득과 합산과세 된다.

① 가, 나, 마　　② 가, 다, 라

③ 나, 다, 바　　④ 나, 라, 마

⑤ 다, 마, 바

정답 | ①

해설 | 다. 근로자대표의 동의는 근로자의 과반수가 가입한 노동조합이 있는 경우에는 그 노동조합, 근로자의 과반수가 가입한 노동조합이 없는 경우에는 근로자 과반수의 동의를 받은 것을 의미한다.

라. 10인 미만의 근로자를 사용하는 사업장에서 개별 근로자의 동의를 얻거나 근로자의 요구에 따라 IRP를 설정하는 경우 해당 근로자에 대하여 퇴직급여제도를 설정한 것으로 본다.

바. 퇴직연금계좌에서 55세 이전에 인출하거나, IRP에서 소득세법에 정한 사유 이외의 사유로 연금수령한도를 초과하여 인출하는 이연퇴직소득에 대해서는 이연퇴직소득세의 100%가 분리과세 된다.

★★★

17 퇴직급여제도에 대한 설명으로 적절하지 않은 것은?

① 새로 성립된 사업장의 사용자는 근로자에게 퇴직급여제도 중 하나 이상의 제도를 설정해야 한다.

② 기존의 퇴직금제도가 적용되고 있는 사업장의 사용자는 근로자대표의 동의를 얻어 퇴직금제도를 퇴직연금제도로 변경할 수 있는데, 근로자대표의 동의는 근로자의 과반수가 가입한 노동조합이 있는 경우에는 그 노동조합, 근로자의 과반수가 가입한 노동조합이 없을 경우에는 근로자 과반수의 동의를 받은 것을 의미한다.

③ 하나의 사업장에 DB형 퇴직연금과 DC형 퇴직연금의 설정비율의 합이 1 이상이 되도록 설정한 혼합형퇴직연금을 도입할 수 있다.

④ 무주택자인 근로자가 본인 명의로 주택을 구입하는 경우 대통령령에서 정하는 한도 내에서 퇴직연금 적립금을 담보로 제공할 수 있다.

⑤ DB형 퇴직연금을 설정한 사용자는 급여 지급능력을 확보하기 위해 매 사업장연도 말 기준 기준책임준비금의 100%를 최소적립금으로 적립하여야 한다.

정답 | ①

해설 | ① 근퇴법에서는 퇴직급여제도를 퇴직금제도, 확정급여형 퇴직연금(DB형 퇴직연금), 확정기여형 퇴직연금(DC형 퇴직연금), 중소기업퇴직연금기금제도로 규정하고 있다. 사용자는 근로자에게 퇴직급여제도 중 하나 이상의 제도를 설정해야 한다. 새로 성립된 사업장의 사용자는 근로자대표의 의견을 들어 사업성립 후 1년 이내에 DB형 또는 DC형 퇴직연금을 도입하여야 한다.

★★★

18 퇴직급여제도에 관한 적절한 설명으로 모두 묶인 것은?

가. 근로계약이 만료됨과 동시에 근로계약기간을 갱신하거나 동일한 조건의 근로계약을 반복하여 체결한 경우에는 갱신 또는 반복한 계약기간을 모두 합산하여 계속근로년수를 계산한다.
나. 퇴직급여 산정에 적용되는 평균임금은 근로자의 퇴직 사유가 발생한 날 이전 3개월 동안에 그 근로자에게 지급된 임금의 총액을 그 기간의 총일수로 나눈 금액을 말한다.
다. DC형 퇴직연금을 도입한 사업장에서 정년연장을 조건으로 임금피크제를 도입하게 되는 상황이라면 임금피크 시점에서 퇴직금 중간정산을 하여 중간정산금을 IRP로 납입하고, 이후 기간에는 DB형 퇴직연금으로 전환하면 과거 근무기간에 대한 퇴직급여 수준을 유지할 수 있다.
라. 퇴직금을 중간정산하여 지급받은 후의 퇴직금 산정을 위한 계속근로기간은 중간정산한 날부터 새로이 계산하게 된다.
마. 퇴직연금계좌에서 55세 이전에 인출하거나, IRP에서 소득세법에 정한 사유 이외의 사유로 연금수령한도를 초과하여 인출하는 이연퇴직소득에 대해서는 이연퇴직소득세의 100%가 분리과세된다.
바. 경영평가성과급을 DC형 퇴직연금계좌에 납입하고, 55세 이후에 연금으로 수령할 경우, 경영평가성과급에 대해 근로소득세를 과세한다.

① 가, 나, 다 ② 가, 나, 마
③ 가, 라, 바 ④ 나, 다, 마
⑤ 다, 마, 바

정답 I ②

해설 I 다. 퇴직금제도가 적용되거나 DB형 퇴직연금을 도입한 사업장에서 정년연장을 조건으로 임금피크제를 도입하게 되면 임금피크 시점 이후에 퇴직하는 근로자는 퇴직금 산정기초인 평균임금이 낮아지게 되어 퇴직급여 수준이 감소할 수 있다. 이러한 상황이라면 임금피크 시점에서 퇴직금 중간정산을 하여 중간정산금을 IRP로 납입하고, 이후 기간에는 DC형 퇴직연금으로 전환하면 과거 근무기간에 대한 퇴직급여 수준을 유지할 수 있다.

라. 퇴직금을 중간정산하여 지급받은 후의 퇴직금 산정을 위한 계속근로기간은 중간정산 다음 날부터 새로이 계산하게 된다.

바. 퇴직연금규약에 경영평가성과급을 DC형 퇴직연금계좌에 납입할 수 있다는 규정을 정하면 경영평가성과급을 DC형 퇴직연금계좌에 납입하고, 55세 이후에 연금으로 수령할 수 있다. 이 경우 경영평가성과급에 대해 근로소득세를 과세하지 않고 인출 시 연금소득세가 과세되어 절세효과를 얻을 수 있다.

★★★
19 퇴직급여제도에 대한 설명으로 가장 적절한 것은?

① 퇴직금제도가 적용되는 근로자는 무주택자인 근로자가 본인 명의로 주택을 구입하는 경우, 임금피크 제도를 시행하는 경우 등 대통령령이 정하는 일정한 사유가 있는 경우 사용자의 승인을 얻어 퇴직금을 중간정산하여 지급받을 수 있다.
② 퇴직소득세는 근속연수가 길수록, 퇴직소득금액이 적을수록 실효세율이 높아진다.
③ 퇴직연금계좌에서 55세 이전에 인출하거나, IRP에서 소득세법에 정한 사유 이외의 사유로 연금수령한도를 초과하여 인출하는 이연퇴직소득에 대해서는 연금수령연차 10년차까지는 이연퇴직소득세의 70%, 11년차 이후에는 이연퇴직소득세의 60%를 연금소득세로 과세한다.
④ 소득세법상 연금수령 요건을 충족하지 못하는 인출을 할 경우 IRP의 운용수익에 대해서는 연금소득세가 연령대별로 차등하여 과세된다.
⑤ 퇴직급여를 퇴직일시금으로 지급받은 근로자의 경우 퇴직급여를 IRP에 납입하고 연금으로 수령하기 위해서는 퇴직일시금을 지급받은 날로부터 30일 이내에 퇴직금의 전부 또는 일부를 IRP에 납입해야 한다.

정답 | ①

해설 | ② 퇴직소득세는 근속연수가 짧을수록, 퇴직소득금액이 많을수록 실효세율이 높아진다.
③ 퇴직급여를 IRP(또는 중소기업퇴직연금 가입자계좌)로 이전 · 지급받아 소득세법상 '연금수령' 요건을 갖추어 연금으로 수령하는 경우 연금소득세가 과세되며, 이 경우 연금수령연차가 1년차부터 10년차까지는 이연퇴직소득세의 70%를, 11년차 이후에는 60%가 과세된다. 퇴직연금계좌에서 55세 이전에 인출하거나, IRP에서 소득세법에 정한 사유 이외의 사유로 연금수령한도를 초과하여 인출하는 이연퇴직소득에 대해서는 이연퇴직소득세의 100%가 분리과세된다. 다만, 의료목적 또는 부득이한 인출사유에 해당되는 경우에는 연금수령연차 10년차까지는 이연퇴직소득세의 70%, 11년차 이후에는 이연퇴직소득세의 60%를 연금소득세로 과세한다.
④ 퇴직급여가 이전된 이후 IRP에서 발생한 운용수익을 원천으로 연금을 수령하는 경우 연금소득세가 연령대별로 차등하여 과세된다. 만일 소득세법상 연금수령 요건을 충족하지 못하는 인출을 할 경우 IRP의 운용수익에 대해서는 16.5%(지방소득세 포함)의 기타소득세가 과세되며, 소득세법에 정한 부득이한 사유에 해당하여 '연금외수령'을 하는 경우에는 연금소득세가 과세된다.
⑤ 퇴직급여를 퇴직일시금으로 지급받은 근로자의 경우 퇴직급여를 IRP에 납입하고 연금으로 수령하기 위해서는 퇴직일시금을 지급받은 날로부터 60일 이내에 퇴직금의 전부 또는 일부를 IRP에 납입해야 한다. 퇴직일시금을 IRP에 납입하면 금융회사에서 가입자의 사업장에 퇴직소득원천징수세액 환급을 요청하며, 사업장에서는 퇴직소득원천징수세액을 근로자의 IRP계좌로 입금하게 된다.

▪▪▪ TOPIC 2 퇴직연금 종류

★★★
20 DB형 퇴직연금규약 주요 사항에 해당하지 않는 것은?

① 사용자 부담금 산정 및 납입에 관한 사항
② 급여의 종류 및 수급요건에 관한 사항
③ 급여수준에 관한 사항 및 운용현황의 통지에 관한 사항
④ 가입자의 퇴직 등 급여지급사유 발생과 급여의 지급절차에 관한 사항
⑤ 적립금의 운용에 관한 사항, 적립금의 운용방법 및 정보의 제공 등에 관한 사항

정답 | ⑤
해설 | ⑤ DC형 퇴직연금규약 주요 사항에 해당한다.

★★★
21 확정급여형 퇴직연금에 대한 적절한 설명으로 모두 묶인 것은?

가. DB형 퇴직연금은 근로자가 받을 급여의 수준이 사전에 결정되어 있는 퇴직연금으로 사용자가 적립금에 대한 운용지시를 한다.
나. 사용자는 적립금 운용결과에 대해 책임을 지며, 적립금 수준에 따라 차회 이후의 사용자부담금 수준이 변동될 수 있다.
다. DB형 퇴직연금규약에 사용자부담금과 별도로 가입자가 스스로 추가부담금을 납입할 수 있다는 내용을 규정하게 되면 가입자의 추가납입도 가능하다.

① 가
② 가, 나
③ 가, 라
④ 나, 다
⑤ 가, 나, 다

정답 | ②
해설 | 다. 확정기여형 퇴직연금에 대한 설명이다.

★★★
22 확정급여형 퇴직연금에 대한 적절한 설명으로 모두 묶인 것은?

> 가. DB형 퇴직연금에 가입한 근로자는 일정한 사유와 요건을 갖춘 경우 퇴직연금 적립금을 인출할 수 있다.
> 나. DB형 퇴직연금을 설정한 사용자는 급여 지급능력을 확보하기 위해 매 사업장연도 말 기준 기준책임준비금의 100%를 최소적립금으로 적립하여야 한다.
> 다. DB형 퇴직연금의 적립금은 '원리금보장상품'과 '투자위험을 낮춘 운용방법' 등의 안전자산에만 투자할 수 있고, 위험자산에는 투자할 수 없다.
> 라. DB형 퇴직연금의 퇴직급여 수준은 법정퇴직금 이상이다.

① 가, 다
② 나, 라
③ 가, 나, 다
④ 나, 다, 라
⑤ 가, 나, 다, 라

정답 | ②

해설 | 가. DC형 퇴직연금, IRP 및 중소기업퇴직연금에 가입한 근로자는 일정한 사유와 요건을 갖춘 경우 퇴직연금 적립금을 인출할 수 있다.
다. DB형 퇴직연금의 적립금은 '원리금보장상품'과 '투자위험을 낮춘 운용방법' 등의 안전자산뿐만 아니라 상장주식, 다양한 유형의 펀드, 상장지수펀드(ETF), 리츠(REITs) 등 위험자산에도 투자할 수 있다. 안전자산에는 적립금 전액을 운용할 수 있고, 위험자산에는 적립금의 70%까지 투자할 수 있다. 다만, 비상장주식, 비상장증권예탁증권(DR), 투자부적격 채권, 사모펀드, 위험평가액이 집합투자기구 자산의 40% 이상인 집합투자증권, 상환금액의 최대손실이 원금의 40% 이상인 파생결합증권 등에는 투자할 수 없다.

★★★
23 확정급여형 퇴직연금에 대한 설명으로 적절하지 않은 것은?

① DB형 퇴직연금을 설정한 사용자는 급여 지급능력을 확보하기 위해 매 사업장연도 말 기준 기준책임준비금의 100%를 최소적립금으로 적립하여야 한다.
② 가입자 입장에서 보면 DB형 퇴직연금의 사외적립금 수준은 퇴직급여수급권 확보 차원에서 중요한 점검사항이다.
③ 사용자는 적립금 운용결과에 대해 책임을 지며, 적립금 수준에 관계없이 차회 이후의 사용자 부담금 수준은 변동되지 않는다.
④ 근퇴법에서는 퇴직연금의 급여종류를 연금 또는 일시금으로 하되, 연금수급요건은 55세 이상으로서 가입기간이 10년 이상인 가입자에게 지급하도록 되어 있다.
⑤ 퇴직급여 수준은 법정퇴직금 이상이다.

정답 | ③

해설 | ③ 사용자는 적립금 운용결과에 대해 책임을 지며, 적립금 수준에 따라 차회 이후의 사용자부담금 수준이 변동될 수 있다. 재정검증 결과 적립금이 최소적립금의 150%를 초과하는 경우 사용자는 그 초과분을 한도로 반환요청을 할 수 있다. 반대로 적립금이 최소적립금의 95%에 미달하는 경우에는 사용자는 근퇴법상 정한 방식으로 적립금 부족을 해소하여야 한다.

★★★
24 확정급여형 퇴직연금에 대한 설명으로 적절하지 않은 것은?

① DB형 퇴직연금은 근로자가 받을 급여의 수준이 사전에 결정되어 있는 퇴직연금으로 사용자가 적립금 운용에 책임을 진다.

② DB형 퇴직연금을 설정한 사용자는 급여 지급능력을 확보하기 위해 매 사업장연도 말 기준 기준책임준비금의 100%를 최소적립금으로 적립하여야 한다.

③ 사용자는 적립금 운용결과에 대해 책임을 지며, 적립금 수준에 따라 차회 이후의 사용자부담금 수준이 변동될 수 있다.

④ DB형 퇴직연금의 적립금은 안전자산뿐만 아니라 상장주식, 다양한 유형의 펀드, 상장지수펀드, 리츠 등 위험자산에도 투자할 수 있는데, 안전자산에는 적립금 전액을 운용할 수 있고, 위험자산에는 적립금의 70%까지 투자할 수 있다.

⑤ DB형 퇴직연금을 설정한 경우 사용자부담금은 가입자별 연간 임금총액의 1/12 이상이며, 사용자는 매년 1회 이상 정기적으로 사용자부담금을 가입자의 퇴직연금계좌에 납입하여야 한다.

정답 | ⑤

해설 | ⑤ 확정기여형 퇴직연금에 대한 설명이다.

★★★
25 확정급여형 퇴직연금에 대한 적절한 설명으로 모두 묶인 것은?

가. DB형 퇴직연금은 퇴직급여의 지급을 위하여 사용자가 부담하여야 할 부담금의 수준이 사전에 결정되어 있는 퇴직연금이다.
나. DB형 퇴직연금을 설정한 사용자는 급여 지급능력을 확보하기 위해 매 사업장연도 말 기준 기준책임준비금의 100%를 최소적립금으로 적립하여야 한다.
다. 사용자는 적립금 운용결과에 대해 책임을 지며, 적립금 수준에 따라 차회 이후의 사용자부담금 수준이 변동될 수 있다.
라. 펀드 등 위험자산에는 적립금의 70%를 한도로 투자할 수 있는 한편, 주식에는 직접투자를 할 수 없다.
마. DB형 퇴직연금을 설정한 경우 사용자부담금은 가입자별 연간 임금총액의 1/12 이상이며, 사용자는 매년 1회 이상 정기적으로 사용자부담금을 가입자의 퇴직연금계좌에 납입하여야 한다.
바. 퇴직연금사업자는 가입자에게 퇴직연금 적립금 운용방법으로 원리금보장상품, 증권형펀드, ETF, TDF, MP 등을 다양하게 제공하며, 가입자는 퇴직연금사업자가 제시한 적립금 운용방법 중 하나를 선택하거나 또는 둘 이상의 운용방법으로 투자포트폴리오를 구성하여 운용하게 된다.

① 나, 다
② 라, 마
③ 가, 나, 바
④ 나, 다, 라
⑤ 라, 마, 바

정답 | ①

해설 | 가. DC형 퇴직연금에 대한 설명이다. DB형 퇴직연금은 근로자가 받을 급여의 수준이 사전에 결정되어 있는 퇴직연금으로 사용자가 적립금 운용에 책임을 진다.

라. DC형 퇴직연금에 대한 설명이다. DB형 퇴직연금의 적립금은 안전자산뿐만 아니라 상장주식, 다양한 유형의 펀드, 상장지수펀드, 리츠 등 위험자산에도 투자할 수 있다. 안전자산에는 적립금 전액을 운용할 수 있고, 위험자산에는 적립금의 70%까지 투자할 수 있다. 다만, 비상장주식, 비상장 증권예탁증권(DR), 투자부적격 채권, 사모펀드, 위험평가액이 집합투자기구 자산의 40% 이상인 집합투자증권, 상환금액의 최대손실이 원금의 40% 이상인 파생결합증권 등에는 투자할 수 없다.

마. DC형 퇴직연금에 대한 설명이다.

바. DC형 퇴직연금에 대한 설명이다.

★★★

26 확정기여형 퇴직연금에 대한 설명으로 적절하지 않은 것은?

① DC형 퇴직연금은 퇴직급여의 지급을 위하여 사용자가 부담하여야 할 부담금의 수준이 사전에 결정되어 있는 퇴직연금으로 가입한 근로자가 적립금 운용에 대한 책임을 진다.

② DC형 퇴직연금을 설정한 경우 사용자부담금은 가입자별 연간 임금총액의 1/12 이상이며, 사용자는 매년 1회 이상 정기적으로 사용자부담금을 가입자의 퇴직연금계좌에 납입하여야 한다.

③ 안전자산에는 적립금 전액을 운용할 수 있고, 위험자산에는 적립금의 70%까지 투자할 수 있지만, 비상장주식, 비상장 증권예탁증권, 투자부적격채권, 사모펀드, 위험평가액이 집합투자기구 자산의 40% 이상인 집합투자증권, 상환금액의 최대손실이 원금의 40% 이상인 파생결합증권 등에는 투자할 수 없다.

④ DC형 퇴직연금 가입자는 퇴직연금사업자가 제시하는 적립금 운용방법 중에서 직접 운용방법을 선택하여 운용지시를 하는 방식으로 퇴직연금 적립금을 운용하게 된다.

⑤ DC형 퇴직연금 가입자가 퇴직을 하게 되면 사용자는 퇴직근로자의 DC형 퇴직연금 적립금을 가입자가 설정한 IRP계좌로 이전하는 방식으로 지급하게 된다.

정답 | ③

해설 | ③ DB형 퇴직연금에 대한 설명이다. DC형 퇴직연금의 적립금 운용대상 상품은 DB형과 마찬가지로 은행예금 등 '원리금보장상품'과 TDF 등 '투자위험을 낮춘 운용방법' 등에는 적립금의 100%를 운용할 수 있다. 펀드 등 위험자산에는 적립금의 70%를 한도로 투자할 수 있다. 한편, DC형 퇴직연금의 투자금지대상은 DB형 퇴직연금과 대부분이 동일하지만, DB형 퇴직연금과 달리 주식에는 직접투자를 할 수 없다는 점이 DB형 퇴직연금과 차이가 난다.

★★★
27 퇴직연금에 대한 적절한 설명으로 모두 묶인 것은?

가. 퇴직연금규약에 경영평가성과급을 DB형 퇴직연금계좌에 납입할 수 있다는 규정을 정하면 경영평가성과급을 DB형 퇴직연금계좌에 납입하고, 55세 이후에 연금으로 수령할 수 있으며, 이 경우 경영평가성과급에 대해 인출 시 근로소득세가 과세된다.
나. DC형 퇴직연금의 적립금 운용대상 상품은 DB형과 마찬가지로 은행예금 등 '원리금보장상품'과 TDF 등 '투자위험을 낮춘 운용방법' 등에는 적립금의 100%를 운용할 수 있고, 펀드 등 위험자산에는 적립금의 70%를 한도로 투자할 수 있다.
다. DC형 퇴직연금의 투자금지대상은 DB형 퇴직연금과 대부분 동일하지만, DB형 퇴직연금과 달리 주식에는 직접투자를 할 수 없다는 점이 DB형 퇴직연금과 차이가 난다.
라. 퇴직연금 가입자가 퇴직을 하게 되면 사용자는 퇴직근로자의 퇴직연금 적립금을 가입자가 설정한 IRP계좌로 이전하는 방식으로 지급하게 되며, 가입자는 IRP 전부를 해지하여 일시금으로 받거나 55세부터 연금으로 지급받을 수 있다.

① 가, 나, 다
② 가, 나, 라
③ 가, 다, 라
④ 나, 다, 라
⑤ 가, 나, 다, 라

정답 | ④

해설 | 가. 퇴직연금규약에 경영평가성과급을 DC형 퇴직연금계좌에 납입할 수 있다는 규정을 정하면 경영평가성과급을 DC형 퇴직연금계좌에 납입하고, 55세 이후에 연금으로 수령할 수 있다. 이 경우 경영평가성과급에 대해 근로소득세를 과세하지 않고 인출 시 연금소득세가 과세되어 절세효과를 얻을 수 있다.

★★★
28 퇴직연금에 대한 적절한 설명으로 모두 묶인 것은?

가. 하나의 사업장에 DB형 퇴직연금과 DC형 퇴직연금의 설정비율의 합이 1이상이 되도록 설정한 혼합형퇴직연금을 도입할 수 있다.
나. DB형 퇴직연금과 DC형 퇴직연금을 동시에 도입하고 근로자가 그중 하나를 선택하여 가입할 수 있는 퇴직연금제도를 도입하는 것도 가능하다.
다. 소득세법에서는 퇴직급여가 이전된 IRP계좌에서는 가입기간과 관계없이 60세 이후에 '연금수령'하는 이연퇴직소득에 대한 소득세 경감규정을 두고 있으므로, 퇴직연금 가입자는 퇴직 시 퇴직급여를 본인 명의의 IRP계좌로 지급받게 되며, 퇴직연금 가입기간과 관계없이 지급받은 퇴직급여를 연금 또는 일시금으로 수령할 수 있다.
라. DC형 퇴직연금은 가입한 근로자가 운용지시를 하고 운용결과에 대해 근로자가 책임을 지는데, 적립금 운용대상 상품은 '원리금보장상품'에는 운용할 수 없다.

① 가, 나
② 가, 라
③ 나, 다
④ 다, 라
⑤ 가, 나, 다, 라

정답 | ①

해설 | 다. 소득세법에서는 퇴직급여가 이전된 IRP계좌에서는 가입기간과 관계없이 55세 이후에 '연금수령'하는 이연 퇴직소득에 대한 소득세 경감규정을 두고 있다. 따라서 퇴직연금 가입자는 퇴직 시 퇴직급여를 본인 명의의 IRP계좌로 지급받게 되며, 퇴직연금 가입기간과 관계없이 지급받은 퇴직급여를 연금 또는 일시금으로 수령할 수 있다.

라. 적립금 운용대상 상품은 DB형과 마찬가지로 은행예금 등 '원리금보장상품'과 TDF 등 '투자위험을 낮춘 운용방법' 등에는 적립금의 100%를 운용할 수 있다. 펀드 등 위험자산에는 적립금의 70%를 한도로 투자할 수 있다.

★★★

29 확정기여형 퇴직연금에 대한 설명으로 적절하지 않은 것은?

① DC형 퇴직연금을 설정한 경우 사용자부담금은 가입자별 연간 임금총액의 1/12 이상이다.

② 사용자는 매년 1회 이상 정기적으로 사용자부담금을 가입자의 퇴직연금계좌에 납입하여야 한다.

③ DC형 퇴직연금규약에 사용자부담금과 별도로 가입자가 스스로 추가부담금을 납입할 수 있다는 내용을 규정하게 되면 가입자의 추가납입도 가능하다.

④ DC형 퇴직연금은 가입한 근로자가 운용지시를 하고 운용결과에 대해 근로자가 책임을 진다.

⑤ 퇴직연금사업자는 가입자에게 매년 1회 이상 디폴트옵션을 포함한 위험과 수익구조가 서로 다른 세 가지 이상의 적립금 운용방법을 제시하고, 운용방법별 이익 및 손실의 가능성에 관한 정보 등 가입자가 적립금의 운용방법을 선정하는 데 필요한 정보를 제공하도록 근퇴법에 규정하고 있다.

정답 | ⑤

해설 | ⑤ 퇴직연금사업자는 가입자에게 반기마다 1회 이상 디폴트옵션을 포함한 위험과 수익구조가 서로 다른 세 가지 이상의 적립금 운용방법을 제시하고, 운용방법별 이익 및 손실의 가능성에 관한 정보 등 가입자가 적립금의 운용방법을 선정하는 데 필요한 정보를 제공하도록 근퇴법에 규정하고 있다.

★★★
30 김세진씨가 퇴직연금 선택 시 고려사항에 대한 설명으로 적절하지 않은 것은?

김세진씨가 근무하는 회사는 확정급여형(DB형) 퇴직연금과 확정기여형(DC형) 퇴직연금을 동시에 도입하여 근로자의 희망에 따라 선택하여 가입할 수 있도록 함

① DC형 퇴직연금을 선택할 경우, 퇴직연금의 수수료는 기본적으로 김세진씨가 부담해야 한다.
② 일반적으로 임금상승률보다 DC형 퇴직연금계좌의 운용수익률이 높은 경우에는 DC형 퇴직연금의 퇴직급여 수준이 DB형 퇴직연금보다 많아진다.
③ DB형 퇴직연금을 선택할 경우, 김세진씨는 적립금 운용에 대한 책임을 지지 않는다.
④ DC형 퇴직연금규약에 사용자부담금과 별도로 가입자가 스스로 추가부담금을 납입할 수 있다는 내용을 규정하게 되면 김세진씨의 추가납입도 가능하다.
⑤ 김세진씨는 퇴직연금사업자가 반기마다 1회 이상 제시한 디폴트옵션을 포함한 위험과 수익구조가 서로 다른 세 가지 이상의 적립금 운용방법 중 선정하여 포트폴리오를 변경할 수 있다.

정답 | ①
해설 | ① DC형 퇴직연금의 수수료는 기본적으로 사용자가 부담해야 한다.

★★★
31 IRP 설정 가능자로 모두 묶인 것은?

가. 퇴직금제도에서 근로자가 퇴직급여를 수령하려는 사람 나. 퇴직연금제도에서 퇴직급여를 수령하려는 사람 다. DB형 또는 DC형 퇴직연금 및 중소기업퇴직연금 가입자 라. 자영업자 또는 프리랜서 등 사업장소득이 있는 사람 마. 10인 미만 고용 사업장의 근로자

① 가, 나, 다, 라
② 가, 나, 다, 마
③ 가, 다, 라, 마
④ 나, 다, 라, 마
⑤ 가, 나, 다, 라, 마

정답 | ⑤

해설 | **〈IRP 설정 가능자〉**

- 퇴직금제도에서 근로자가 퇴직급여를 수령하려는 사람
- 퇴직연금제도에서 퇴직급여를 수령하려는 사람
- DB형 또는 DC형 퇴직연금 및 중소기업퇴직연금 가입자
- 공무원, 군인, 사립학교 교직원, 별정우체국직원 등 직역연금 가입자
- 자영업자 또는 프리랜서 등 사업장소득이 있는 사람
- 기타 근로소득이 있는 단기근로자
  - 계속근로기간이 1년 미만인 근로자
  - 4주간 평균하여 1주간의 소정근로시간이 15시간 미만인 근로자
- 10인 미만 고용 사업장의 근로자

★★★

32 퇴직급여제도 설정에 대한 다음 설명 중 적절하지 않은 것은?

① 근퇴법에서는 퇴직급여제도를 퇴직금제도, 확정급여형 퇴직연금, 확정기여형 퇴직연금, 중소기업퇴직연금기금제도로 규정하고 있으며, 사용자는 근로자에게 퇴직급여제도 중 하나 이상의 제도를 설정해야 한다.

② 새로 성립된 사업장의 사용자는 근로자대표의 의견을 들어 사업성립 후 1년 이내에 DB형 또는 DC형 퇴직연금을 도입하여야 한다.

③ 하나의 사업장에 DB형 퇴직연금과 DC형 퇴직연금의 설정비율의 합이 1이상이 되도록 설정한 혼합형퇴직연금을 도입할 수 있다.

④ 중소기업 사용자는 근로복지공단의 '중소기업퇴직연금기금 표준계약서'에서 정하고 있는 사항에 대하여 근로자대표의 동의를 얻거나 의견을 들어 공단과 계약을 체결함으로써 중소기업퇴직연금을 가입할 수 있다.

⑤ 퇴직금제도에서 퇴직급여를 수령하려는 근로자나 퇴직연금제도에서 퇴직급여를 수령하려는 사람은 IRP 설정이 가능하나, DB형 또는 DC형 퇴직연금 및 중소기업퇴직연금 가입자는 IRP 설정이 불가능하다.

정답 | ⑤

해설 | **〈IRP 설정 가능자〉**

- 퇴직금제도에서 근로자가 퇴직급여를 수령하려는 사람
- 퇴직연금제도에서 퇴직급여를 수령하려는 사람
- DB형 또는 DC형 퇴직연금 및 중소기업퇴직연금 가입자
- 공무원, 군인, 사립학교 교직원, 별정우체국직원 등 직역연금 가입자
- 자영업자 또는 프리랜서 등 사업장소득이 있는 사람
- 기타 근로소득이 있는 단기근로자
  - 계속근로기간이 1년 미만인 근로자
  - 4주간 평균하여 1주간의 소정근로시간이 15시간 미만인 근로자
- 10인 미만 고용 사업장의 근로자

★★★
33 퇴직급여제도에 대한 적절한 설명으로 모두 묶인 것은?

가. 새로 성립된 사업장의 사용자는 근로자대표의 의견을 들어 사업성립 후 1년 이내에 DB형 또는 DC형 퇴직연금을 도입하여야 한다.
나. 중소기업퇴직연금은 근로복지공단에서 운영하며, 상시 30인 이하의 중소기업이 가입할 수 있다.
다. 퇴직금제도가 적용되는 근로자는 무주택자인 근로자가 본인 명의로 주택을 구입하는 경우 등 대통령령이 정하는 일정한 사유가 있는 경우 사용자의 승인을 얻어 퇴직금을 중간정산하여 지급받을 수 있다.
라. DB형 퇴직연금제도 설정은 근로자대표의 동의를 받아 퇴직연금규약을 작성하고, 고용노동부 장관에게 신고함으로써 이루어진다.
마. DB형 퇴직연금을 설정한 사용자는 급여 지급능력을 확보하기 위해 매 사업장연도 말 기준 기준책임준비금의 90%를 최소적립금으로 적립하여야 한다.
바. 근퇴법에서는 퇴직연금사업자에게 매 사업연도 종료 후 1년 이내에 DB형 퇴직연금 적립금 수준에 대한 재정검증을 하여 적립금이 최소적립금 기준을 충족하는지 여부를 확인하고 그 결과를 사용자에게 알리도록 규정하고 있다.
사. 퇴직금제도에서 퇴직급여를 수령하려는 근로자나 퇴직연금제도에서 퇴직급여를 수령하려는 사람뿐만 아니라 DB형 또는 DC형 퇴직연금 및 중소기업퇴직연금 가입자도 IRP 설정이 가능하다.

① 가, 나, 다, 라, 사
② 가, 나, 라, 마, 바
③ 가, 다, 마, 바, 사
④ 나, 다, 라, 마, 바
⑤ 다, 라, 마, 바, 사

정답 I ①

해설 I 마. DB형 퇴직연금을 설정한 사용자는 급여 지급능력을 확보하기 위해 매 사업장연도 말 기준 기준책임준비금의 100%를 최소적립금으로 적립하여야 한다. 퇴직금제도에서 DB형 퇴직연금을 도입하면서 과거기간을 소급하여 적용하기로 한 경우 경과기간별 최소적립금 비율은 다음과 같다.

구분	2012.7.26~ 2013.12.31	2014.1.1.~ 2015.12.31	2016.1.1.~ 2018.12.31	2019.1.1.~ 2021.12.31	2022.1.1.~
최소적립비율	60%	70%	80%	90%	100%

※ 각 최소적립비율은 해당 기간 경과 이후에 반드시 유지되어야 함

바. 근퇴법에서는 퇴직연금사업자에게 매 사업연도 종료 후 6개월 이내에 DB형 퇴직연금 적립금 수준에 대한 재정검증을 하여 적립금이 최소적립금 기준을 충족하는지 여부를 확인하고 그 결과를 사용자에게 알리도록 규정하고 있다.

★★★
34 개인형 퇴직연금에 대한 적절한 설명으로 모두 묶인 것은?

가. IRP는 가입자의 선택에 따라 가입자가 납입한 퇴직일시금이나 사용자 또는 가입자가 납입한 부담금을 적립 · 운용하기 위하여 설정하는 퇴직연금으로 가입자가 적립금 운용에 대한 책임을 진다.
나. DB형 또는 DC형 퇴직연금 및 중소기업퇴직연금 가입자도 IRP 설정이 가능하다.
다. 공무원, 군인, 사립학교 교직원, 별정우체국직원 등 직역연금 가입자도 IRP 설정이 가능하다.
라. IRP는 기본적으로 DB형 퇴직연금의 성격을 갖고 있으며, 적립금 운용방법, 투자대상 및 투자한도 등은 DB형 퇴직연금과 동일하다.
마. 10인 미만 사업장 IRP특례(기업형IRP)의 근로자는 사용자가 부담하는 부담금 외에 본인의 부담으로 부담금을 추가로 납입할 수 없다.
바. DB형, DC형 퇴직연금은 퇴직급여를 IRP로 이전받아 60세 이후 연금수령이 가능하다.

① 가, 나, 다
② 가, 나, 바
③ 가, 마, 바
④ 나, 다, 라
⑤ 다, 라, 마

정답 I ①
해설 I 라. IRP는 기본적으로 DC형 퇴직연금의 성격을 갖고 있으며, 적립금 운용방법, 투자대상 및 투자한도 등은 DC형 퇴직연금과 동일하다.
마. 근로자는 사용자가 부담하는 부담금 외에 본인의 부담으로 부담금을 추가로 납입할 수 있다.
바. DB형, DC형 퇴직연금은 퇴직급여를 IRP로 이전받아 55세 이후 연금수령이 가능하다.

★★★
35 확정기여형 퇴직연금과 개인형 퇴직연금에 대한 설명으로 적절하지 않은 것은?

① DC형 퇴직연금은 퇴직급여의 지급을 위하여 사용자가 부담하여야 할 부담금의 수준이 사전에 결정되어 있는 퇴직연금으로 가입한 근로자가 적립금 운용에 대한 책임을 진다.
② DC형 퇴직연금의 적립금 운용대상 상품은 DB형과 마찬가지로 은행예금 등 '원리금보장상품'과 TDF 등 '투자위험을 낮춘 운용방법' 등에는 적립금의 100%를 운용할 수 있으며, 펀드 등 위험자산에는 적립금의 60%를 한도로 투자할 수 있다.
③ DC형 퇴직연금의 투자금지대상은 DB형 퇴직연금과 대부분이 동일하지만, DB형 퇴직연금과 달리 주식에는 직접투자를 할 수 없다는 점이 DB형 퇴직연금과 차이가 난다.
④ DC형 퇴직연금 가입자가 퇴직급여를 IRP로 이전받은 경우 IRP 전부를 해지하여 일시금으로 받거나 55세부터 연금으로 지급받을 수 있다.
⑤ 상시 10명 미만의 근로자를 사용하는 사업장의 경우 사용자가 개별 근로자의 동의를 받거나 근로자의 요구에 따라 IRP를 설정하는 경우 해당 근로자에 대하여 퇴직급여제도를 설정한 것으로 본다.

정답 | ②

해설 | ② DC형 퇴직연금의 적립금 운용대상 상품은 DB형과 마찬가지로 은행예금 등 '원리금보장상품'과 TDF 등 '투자위험을 낮춘 운용방법' 등에는 적립금의 100%를 운용할 수 있다. 펀드 등 위험자산에는 적립금의 70%를 한도로 투자할 수 있다.

★★★
36 중소기업퇴직연금기금에 대한 설명으로 가장 적절한 것은?

① 중소기업퇴직연금은 소득세법상 연금계좌세액공제 및 저율의 연금소득세 과세 혜택 등 다른 퇴직연금과 동일한 성격이 있다.

② 근퇴법상 퇴직급여제도 중의 하나이며, 퇴직연금으로 분류되어 있다.

③ DB형 퇴직연금과 같이 가입자의 퇴직급여가 미리 정해져 있다.

④ DC형 퇴직연금과 같이 가입자가 적립금 운용지시를 한다.

⑤ 퇴직연금과 달리 가입 초기 1년간 사용자와 근로자에게 사용자부담금의 30%씩을 현금으로 지원한다.

정답 | ①

해설 | ② 근퇴법상 퇴직급여제도 중의 하나이며, 퇴직연금으로 분류되어 있지 않다.
③ DB형 퇴직연금과 달리 가입자의 퇴직급여가 미리 정해져 있지 않다.
④ DC형 퇴직연금과 달리 가입자가 적립금 운용지시를 하지 않는다.
⑤ 퇴직연금과 달리 가입 초기 3년간 사용자와 근로자에게 사용자부담금의 10%씩을 현금으로 지원한다.

★★★
37 중소기업퇴직연금의 사용자부담금에 대한 설명이 적절하게 연결된 것은?

A. 가입자의 연간 임금총액의 1/12 이상에 해당하는 금액이며, 사용자는 매년 1회 이상 정기적으로 가입자의 사용자부담금계좌에 현금으로 납입하여야 한다.
B. 중소기업퇴직연금 가입 이후 가입자의 연간 임금총액의 변경 또는 퇴직으로 인하여 부담금을 추가 납입하거나 반환하는 부담금이다.
C. 퇴직금제도가 적용된 과거근로기간을 중소기업퇴직연금 가입기간에 포함하기 위해 납입하는 금액으로, 가입자의 입사일부터 중소기업퇴직연금 적용일 전일까지의 근로기간에 해당하는 퇴직급여액이다.
D. 중소기업퇴직연금으로 전환하기 전 가입한 퇴직연금의 적립금을 중소기업퇴직연금으로 이전할 금액을 말한다.

	정기부담금	정산부담금	일시전환부담금	제도이전부담금
①	A	B	C	D
②	A	B	D	C
③	B	A	C	D
④	B	A	D	C
⑤	B	C	A	D

정답 | ①

해설 | A. 기본부담금 중 정기부담금
B. 기본부담금 중 정산부담금
C. 일시전환부담금
D. 제도이전부담금

★★★

38 중소기업퇴직연금기금에 대한 설명으로 적절하지 않은 것은?

① 중소기업퇴직연금의 사용자부담금은 기본부담금, 일시전환부담금, 제도이전부담금의 3가지 유형으로 구분되며, 각각의 부담금 수준은 공단에서 가입자의 연간 (예상)임금총액을 기초로 산출하여 사용자에게 안내하고 있다.

② 정기부담금은 가입자의 연간 (예상)인금총액의 1/12 이상에 해당하는 금액이며, 정산부담금은 정기부담금이 해당 기간에 납입하여야 할 법정부담금과 차이가 날 경우 재정산하면서 발생한다.

③ 일시전환부담금은 퇴직금제도가 적용된 과거근로기간을 중소기업퇴직연금 가입기간에 포함하기 위해 납입하는 금액이며, 제도이전부담금은 중소기업퇴직연금으로 전환하기 전 가입한 퇴직연금의 적립금을 중소기업퇴직연금으로 이전할 금액을 말한다.

④ 근로자가 추가로 납부하는 부담금은 근로자 명의의 중소기업퇴직연금 가입자계좌에서 운용되며, 소득세법상 연금계좌세액공제, 운용수익에 대한 과세이연, 연금수령 시 저율의 연금소득세 과세 등 연금계좌 세제혜택이 적용된다.

⑤ 공단은 중소기업퇴직연금을 설정한 사업장과 가입자가 일정한 요건을 충족하는 경우 사용자가 기한 내에 납입한 해당 연도 정기부담금의 10%에 해당하는 금액을 5년간 사용자와 근로자에게 각각 지원한다.

정답 | ⑤

해설 | ⑤ 공단은 중소기업퇴직연금을 설정한 사업장과 가입자가 일정한 요건을 충족하는 경우 사용자가 기한(매년 12월 31일) 내에 납입한 해당 연도 정기부담금의 10%에 해당하는 금액을 3년간 사용자와 근로자에게 각각 지원한다.

★★★
39 중소기업퇴직연금에 대한 설명으로 가장 적절한 것은?

① 30인 이하 사업장은 중소기업퇴직연금을 반드시 도입해야 한다.
② 중소기업퇴직연금에 가입한 근로자는 사용자부담금과 별도로 근로자의 부담으로 부담금을 추가로 납부할 수 있으며, IRP와 같이 해당 사업장에서 퇴직을 한 이후에도 추가로 납부할 수 있다.
③ 중소기업퇴직연금은 사용자 또는 가입한 근로자가 적립금에 대한 운용지시를 할 수 있다.
④ 중소기업퇴직연금에 가입한 근로자가 퇴직 시 지급받게 되는 퇴직급여 수준은 사용자부담금을 기초로 한 적립금 운용결과에 따라 달라진다.
⑤ 중소기업퇴직연금 수수료는 일반적으로 DB형 또는 DC형 퇴직연금의 수수료보다 상대적으로 높은 수준이다.

정답 | ④

해설 | ① 30인 이하 사업장은 중소기업퇴직연금을 반드시 도입해야 하는 것은 아니다.
② 중소기업퇴직연금에 가입한 근로자는 사용자부담금과 별도로 근로자의 부담으로 부담금을 추가로 납부할 수 있다. IRP와 다른 점은 가입자부담금은 해당 사업장에서 근무하는 동안에만 가능하고, 해당 사업장에서 퇴직을 한 이후에는 추가로 납부할 수 없다는 점이다.
③ 중소기업퇴직연금의 적립금은 근로자의 노후소득보장강화를 목표로 하여 전문자산운용기관의 체계적 자산운용을 통해 안정적이면서 보다 높은 수익을 창출할 수 있도록 운용한다. 중소기업퇴직연금은 사용자 또는 가입한 근로자가 적립금에 대한 운용지시를 하지 않는다. 중소기업퇴직연금의 기금운용은 전담운용기관체제(OCIO)를 통한 근로복지공단 자체운용을 기본으로 하고, 기금의 일부는 외부 전문자산운용기관에 위탁운용을 한다.
⑤ 중소기업퇴직연금 수수료는 일반적으로 DB형 또는 DC형 퇴직연금의 수수료보다 상대적으로 낮은 수준이다.

★★★
40 중소기업퇴직연금에 대한 설명으로 적절하지 않은 것은?

① 현재 DB형 또는 DC형 퇴직연금 및 기업IRP를 설정하고 있는 사업장은 중소기업퇴직연금으로 전환할 수 없다.
② 중소기업퇴직연금에 가입한 근로자가 퇴직하는 경우에 퇴직급여는 근로자 명의의 가입자부담금계좌나 근로자명의의 IRP로 이전하는 방식으로 지급한다.
③ 가입자는 근퇴법에 정한 DC형 퇴직연금의 중도인출 사유에 해당하는 경우 적립금의 일정한 한도 범위 내에서 세제상 불이익이 없이 인출할 수 있다.
④ 중소기업퇴직연금의 적립금에서 연금을 수령하기 위해서는 10년 이상 가입하고, 55세 이후 5년 이상의 기간을 정하여야 한다.
⑤ 공단은 중소기업퇴직연금을 설정한 사업장과 가입자가 일정한 요건을 충족하는 경우 사용자가 기한 내에 납입한 해당 연도 정기부담금의 10%에 해당하는 금액을 3년간 사용자와 근로자에게 각각 지원한다.

정답 | ①

해설 | ① 현재 DB형 또는 DC형 퇴직연금 및 기업IRP를 설정하고 있는 사업장도 중소기업퇴직연금으로 전환할 수 있다.

★★★

41 개인형 퇴직연금에 대한 설명으로 가장 적절한 것은?

① 소득세법에서는 퇴직급여가 이전된 IRP계좌에서 10년 이상 가입하고 55세 이후에 5년 이상의 기간을 정하여 '연금수령'하는 이연퇴직소득에 대한 소득세 경감규정을 두고 있다.

② IRP는 여러 금융회사에 계좌를 개설할 수 있으나 동일 금융회사에는 하나의 계좌만을 설정할 수 있다.

③ IRP는 납입액의 소득원천에 따라 적립IRP와 퇴직IRP로 구분하기 때문에, 설정된 하나의 IRP계좌에 퇴직급여와 가입자부담금을 같이 운용할 수 없다.

④ IRP 가입자가 55세 이전에는 근퇴법에 정한 중도인출 사유에 해당하더라도 적립금 일부를 인출하는 것은 허용되지 않으며, IRP를 해지하여 전액 인출하는 방법만 가능하다.

⑤ 퇴직연금사업자는 가입자에게 매년 1회 이상 디폴트옵션을 포함한 위험과 수익구조가 서로 다른 세 가지 이상의 적립금 운용방법을 제시하고, 운용방법별 이익 및 손실의 가능성에 대한 정보 등 가입자가 적립금의 운용방법을 선정하는 데 필요한 정보를 제공하도록 근퇴법에서 규정하고 있다.

정답 | ②

해설 | ① 소득세법에서는 퇴직급여가 이전된 IRP계좌에서는 가입기간과 관계없이 55세 이후에 '연금수령'하는 이연퇴직소득에 대한 소득세 경감규정을 두고 있다.

③ IRP는 납입액의 소득원천에 따라 적립IRP와 퇴직IRP로 구분하기도 하지만, 설정된 하나의 IRP계좌에 퇴직급여와 가입자부담금을 같이 운용할 수 있다.

④ IRP 가입자가 55세 이전에는 근퇴법에 정한 중도인출 사유에 해당하지 않는 경우 적립금 일부를 인출하는 것은 허용되지 않으며, IRP를 해지하여 전액 인출하는 방법만 가능하다. 55세 이후에도 소득세법에 정한 사유가 아닌 경우 일부인출을 허용되지 않기 때문에 전부해지를 하여야만 적립금을 인출할 수 있다.

⑤ 퇴직연금사업자는 가입자에게 반기마다 1회 이상 디폴트옵션을 포함한 위험과 수익구조가 서로 다른 세 가지 이상의 적립금 운용방법을 제시하고, 운용방법별 이익 및 손실의 가능성에 대한 정보 등 가입자가 적립금의 운용방법을 선정하는 데 필요한 정보를 제공하도록 근퇴법에서 규정하고 있다.

★★★

42 개인형 퇴직연금에 대한 적절한 설명으로 모두 묶인 것은?

가. 근로자가 퇴직 시 퇴직급여는 근로자가 지정한 근로자 명의의 IRP 계좌로 이전하는 방식으로 지급하는데, 사용자는 그 지급사유가 발생한 날부터 15일 이내에 퇴직급여를 지급하여야 한다.
나. 퇴직급여를 IRP로 이전 · 지급받아 소득세법상 '연금수령' 요건을 갖추어 연금으로 수령하는 경우 연금소득세가 과세되며, 소득세법에 정한 사유 이외의 사유로 연금수령한도를 초과하여 인출하는 이연퇴직소득에 대해서는 이연퇴직소득세의 100%가 분리과세된다.
다. IRP는 가입자의 선택에 따라 가입자가 납입한 퇴직일시금이나 사용자 또는 가입자가 납입한 부담금을 적립 · 운용하기 위하여 설정하는 퇴직연금으로 DC형 퇴직연금과 동일하게 가입자가 적립금 운용에 대한 책임을 진다.
라. IRP는 기본적으로 DC형 퇴직연금의 성격을 갖고 있으며, 적립금 운용방법, 투자대상 및 투자한도 등은 DC형 퇴직연금과 동일하다.
마. 상시 10명 미만의 근로자를 사용하는 사업장의 경우 사용자가 개별 근로자의 동의를 받거나 근로자의 요구에 따라 IRP를 설정하는 경우 해당 근로자에 대하여 퇴직급여제도를 설정한 것으로 본다.
바. 기업형IRP의 경우 근로자는 사용자가 부담하는 부담금 외에 본인의 부담으로 부담금을 추가로 납입할 수 없다.
사. 퇴직급여를 IRP로 이전받는 경우에는 가입기간이 10년 이상이어야 55세 이후 연금수령이 가능하다.

① 가, 나, 다, 라
② 가, 나, 바, 사
③ 나, 다, 라, 마
④ 라, 마, 바, 사
⑤ 다, 라, 마, 바, 사

정답 | ③

해설 | 가. 근로자가 퇴직한 경우 사용자는 그 지급사유가 발생한 날부터 14일 이내에 퇴직급여를 지급하여야 한다.
바. 기업형IRP의 경우 근로자는 사용자가 부담하는 부담금 외에 본인의 부담으로 부담금을 추가로 납입할 수 있다.
사. 퇴직급여를 IRP로 이전받는 경우에는 가입기간 관계없이 55세 이후 연금수령이 가능하다.

★★★
43 개인형 퇴직연금에 대한 설명으로 적절하지 않은 것은?

① 퇴직급여를 IRP로 이전 · 지급받아 소득세법상 '연금수령' 요건을 갖추어 연금으로 수령하는 경우 연금소득세가 과세되며, IRP에서 소득세법에 정한 사유 이외의 사유로 연금수령한도를 초과하여 인출하는 이연퇴직소득에 대해서는 이연퇴직소득세의 100%가 분리과세된다.
② IRP 가입자가 55세 이전에는 근퇴법에 정한 중도인출 사유에 해당하지 않는 경우 적립금 일부를 인출하는 것은 허용되지 않으며, IRP를 해지하여 전액 인출하는 방법만 가능하다.
③ 기업형IRP의 경우 근로자는 사용자가 부담하는 부담금 외에 본인의 부담으로 부담금을 추가로 납입할 수 있다.
④ 퇴직급여를 IRP로 이전받는 경우 가입기간이 10년 이상이어야 55세 이후 연금수령이 가능하다.
⑤ 퇴직연금사업자는 가입자에게 반기마다 1회 이상 디폴트옵션을 포함한 위험과 수익구조가 서로 다른 세 가지 이상의 적립금 운용방법을 제시하고, 운용방법별 이익 및 손실의 가능성에 대한 정보 등 가입자가 적립금의 운용방법을 선정하는 데 필요한 정보를 제공하도록 근퇴법에서 규정하고 있다.

정답 | ④
해설 | ④ 퇴직급여를 IRP로 이전받는 경우에는 가입기간과 관계없이 55세 이후 연금수령이 가능하다.

★★★
44 퇴직연금제도 변경에 관한 설명으로 적절하지 않은 것은?

① DB형 퇴직연금과 DC형 퇴직연금을 병행 도입한 사업장의 근로자는 기존 가입한 퇴직연금을 다른 퇴직연금으로 변경할 수 있다.
② DC형 퇴직연금을 유지하면서 DB형 퇴직연금을 추가로 도입하려면 사용자는 관할 지방고용노동관서에 근로자대표의 동의를 받은 DB형 퇴직연금규약을 신고하여야 하는 동시에, DB형 퇴직연금에 가입하는 시점부터 DC형 퇴직연금에 부담금 납입을 중단한다는 내용을 명시하여 DC형 퇴직연금규약도 변경신고를 해야 한다.
③ DC형 퇴직연금을 폐지하고 DB형 퇴직연금으로 변경하는 경우는 DC형 퇴직연금의 성격상 DB형 퇴직연금으로 변경한 이후의 근무기간에 대해서만 가입기간으로 정할 수 있다.
④ 기존의 DB형 퇴직연금만을 도입한 사업에서 DC형 퇴직연금을 추가로 도입한 경우, DB형 퇴직연금 가입자는 DC형 퇴직연금으로 변경 시 과거 근로기간을 소급하여 변경할 수 없다.
⑤ DB형 퇴직연금을 폐지하고 DC형 퇴직연금으로 변경되는 경우 DB형 폐지일을 기준으로 퇴직급여를 산정하여 근로자명의의 IRP로 퇴직급여를 이전하여야 한다.

정답 | ④
해설 | ④ DB형 퇴직연금 가입자는 DC형 퇴직연금으로 변경 시 과거 근로기간을 소급하여 변경할 수 있다. 이 경우 사용자는 DC형 퇴직연금으로 변경하기 직전 연간 임금총액의 1/12 이상에 해당하는 부담금을 기준으로 소급기간에 해당하는 퇴직급여를 근로자 명의의 DC형 퇴직연금 계좌로 납입하여야 한다. DC형 퇴직연금으로 변경하면서 변경 전 기간 중 소급적용하지 않는 기간에 대한 퇴직급여는 근로자 명의의 IRP계좌로 이전 · 지급한다.

★★★
45 **DB형 퇴직연금과 DC형 퇴직연금에 대한 설명으로 가장 적절한 것은?**

① DB형 퇴직연금은 퇴직급여 수준이 사전에 결정되며, DC형 퇴직연금은 사용자의 부담금이 사전에 결정된다.
② DB형 퇴직연금은 근로자, DC형 퇴직연금은 사용자가 제도운영의 주체가 된다.
③ 사용자부담금은 DB형 퇴직연금의 경우 근로자 연간 임금총액의 1/12로 고정되나, DC형 퇴직연금은 적립금 운용결과에 따라 변동된다.
④ DB형 퇴직연금은 적립금 운용책임이 근로자에게 있으며, DC형 퇴직연금은 적립금 운용책임이 사용자에게 있다.
⑤ 근퇴법에서 정한 담보제공(대출) 또는 인출 사유에 해당하는 경우 DB형 퇴직연금과 DC형 퇴직연금 모두 담보제공이나 중도인출이 가능하다.

정답 | ①
해설 | **〈퇴직연금 종류별 주요항목 비교〉**

구분	DB형 퇴직연금	DC형 퇴직연금, IRP	중소기업퇴직연금
특성	퇴직급여 수준이 사전에 결정	사용자의 부담금이 사전에 결정	사용자의 부담금이 사전에 결정
제도운영주체	사용자	근로자	근로복지공단
퇴직연금규약	노사합의 작성 · 신고	노사합의 작성 · 신고 (IRP는 작성 · 신고의무 없음)	작성 · 신고의무 없음
퇴직급여 수준	법정퇴직금 이상	퇴직시점 적립금	퇴직시점 기금지분
사용자부담금	적립금 운용결과에 따라 변동	근로자 연간 임금총액의 1/12로 고정	근로자 연간 임금총액의 1/12로 고정
근로자 추가납입	납입 금지	납입 가능주1)	납입 가능주2)
적립금 운용책임	사용자	근로자	중소기업퇴직연금기금
담보제공주3)	가능	가능	가능
중도인출주3)	불가능	가능	가능
연금수령 요건	• DB형, DC형 퇴직연금은 퇴직급여를 IRP로 이전받아 55세 이후 연금수령 가능 • 중소기업퇴직연금은 기금제도 가입기간이 10년 이상이어야 연금수령 가능 – 단, 퇴직급여를 IRP로 이전받는 경우에는 가입기간 관계없이 55세 이후 연금수령 가능		

주1) IRP는 연금수급개시 전까지 납입이 가능하지만, DC형 퇴직연금의 근로자부담금 납입은 해당 사업에서 퇴직한 이후에는 허용되지 않음
주2) 가입자가 해당 중소기업에서 퇴직한 이후에는 근로자부담금을 납입할 수 없음
주3) 근퇴법에 정한 담보제공(대출) 또는 인출 사유에 해당하여야 함

★★★
46 퇴직연금 종류별 주요항목에 대한 설명이 적절하게 연결된 것은?

> A. 퇴직급여를 이전받아 55세 이후 연금수령이 가능하다.
> B. 사용자부담금은 근로자 연간 임금총액의 1/12로 고정된다.
> C. 제도운영주체는 근로복지공단이며, 적립금 운용책임은 중소기업퇴직연금기금에 있다.
> D. 퇴직급여 수준은 법정퇴직금 이상이다.

	DB형 퇴직연금	DC형 퇴직연금	IRP	중소기업퇴직연금
①	A	B	C	D
②	B	C	D	A
③	C	D	A	B
④	D	A	B	C
⑤	D	B	A	C

정답 | ⑤

해설 | A. IRP에 대한 설명이다.
B. DC형 퇴직연금, IRP, 중소기업퇴직연금에 대한 설명이다.
C. 중소기업퇴직연금에 대한 설명이다.
D. DB형 퇴직연금에 대한 설명이다.

★★★
47 퇴직연금에 관한 적절한 설명으로 모두 묶인 것은?

> 가. 근로자가 퇴직 시 퇴직급여는 근로자가 지정한 근로자 명의의 IRP 계좌로 이전하는 방식으로 지급하는데, 사용자는 그 지급사유가 발생한 날부터 30일 이내에 퇴직급여를 지급하여야 한다.
> 나. DB형 퇴직연금은 근로자가 받을 급여의 수준이 사전에 결정되어 있는 퇴직연금으로 사용자가 적립금 운용에 책임을 진다.
> 다. 퇴직금제도에서 DB형 퇴직연금을 도입하면서 장래의 근무분에 대하여 산정하는 것이 원칙이므로 과거기간을 소급하여 적용할 수 없다.
> 라. DB형 퇴직연금의 적립금은 안전자산뿐만 아니라 다양한 유형의 펀드, 상장지수펀드, 리츠 등 위험자산에도 투자할 수 있지만, 주식에는 직접 투자할 수 없다.
> 마. DC형 퇴직연금의 적립금 운용대상 상품은 '원리금보장상품'과 '투자위험을 낮춘 운용방법' 등에는 적립금의 100%를 운용할 수 있으며, 펀드 등 위험자산에는 적립금의 70%를 한도로 투자할 수 있는 한편, 주식에는 직접투자를 할 수 없다.
> 바. IRP는 연금수급개시 전까지 근로자 추가납입이 가능하지만, DC형 퇴직연금의 근로자부담금 납입은 해당 사업에서 퇴직한 이후에는 허용되지 않는다.

① 가, 나, 라
② 가, 다, 바
③ 나, 다, 마
④ 나, 마, 바
⑤ 다, 라, 바

정답 | ④

해설 | 가. 근로자가 퇴직한 경우 사용자는 그 지급사유가 발생한 날부터 14일 이내에 퇴직급여를 지급하여야 한다.
다. 퇴직금제도에서 DB형 퇴직연금을 도입하면서 과거기간을 소급하여 적용하기로 한 경우 경과기간별 최소 적립금 비율은 다음과 같다.

구분	2012.7.26~ 2013.12.31	2014.1.1.~ 2015.12.31	2016.1.1.~ 2018.12.31	2019.1.1.~ 2021.12.31	2022.1.1.~
최소적립비율	60%	70%	80%	90%	100%

※ 각 최소적립비율은 해당 기간 경과 이후에 반드시 유지되어야 함

라. DB형 퇴직연금의 적립금은 '원리금보장상품'과 '투자위험을 낮춘 운용방법' 등의 안전자산뿐만 아니라 상장주식, 다양한 유형의 펀드, 상장지수펀드, 리츠 등 위험자산에도 투자할 수 있다. 안전자산에는 적립금 전액을 운용할 수 있고, 위험자산에는 적립금의 70%까지 투자할 수 있다. 다만, 비상장주식, 비상장 증권예탁증권(DR), 투자부적격 채권, 사모펀드, 위험평가액이 집합투자기구 자산의 40% 이상인 집합투자증권, 상환금액의 최대손실이 원금의 40% 이상인 파생결합증권 등에는 투자할 수 없다.

TOPIC 3 DC형 퇴직연금 및 IRP 적립금 운용

★★☆

48 DC형 퇴직연금 및 IRP 적립금 운용방식에 대한 설명으로 적절하지 않은 것은?

① 퇴직연금사업자는 DC형 퇴직연금 또는 IRP 가입자에게 퇴직연금 적립금 운용방법으로 원리금보장상품, 증권형펀드, ETF, TDF, MP 등을 다양하게 제공한다.

② 가입자는 퇴직연금사업자가 제시한 적립금 운용방법 중 하나를 선택하는 방법으로 운용하게 된다.

③ 퇴직연금 적립금에 대한 별도의 운용지시를 하지 않는 가입자에게는 가입자가 사전에 선택한 디폴트옵션으로 운용하게 된다.

④ 퇴직연금사업자는 가입자에게 반기마다 1회 이상 디폴트옵션을 포함한 위험과 수익구조가 서로 다른 세 가지 이상의 적립금 운용방법을 제시하도록 근퇴법에서 규정하고 있다.

⑤ 퇴직연금사업자가 제시하는 적립금 운용방법 유형은 위험자산과 안전자산으로 구분된다.

정답 | ②

해설 | ② 가입자는 퇴직연금사업자가 제시한 적립금 운용방법 중 하나를 선택하거나 또는 둘 이상의 운용방법으로 투자포트폴리오를 구성하여 운용하게 된다.

★★☆

49 디폴트옵션이 적용되는 사유에 대한 적절한 설명으로 모두 묶인 것은?

> 가. 신규가입자가 최초 부담금을 납입한 후 일정 기간 내에 운용지시를 하지 않은 경우
> 나. 가입자가 적립금 중 만기가 도래한 원금보장형 상품의 만기상환금에 대해 일정 기간 이내에 운용지시를 하지 않은 경우
> 다. 가입자가 운용중인 상품을 해지한 후 일정 기간 이내에 운용지시를 하지 않은 경우
> 라. 둘 이상의 퇴직연금사업자와 DC형 퇴직연금계약을 한 사업장에서 가입자가 퇴직연금사업자를 변경하여 퇴직연금 적립금을 이전한 후 일정한 기간 이내에 운용지시를 하지 않은 경우

① 가, 나, 다
② 가, 나, 라
③ 가, 다, 라
④ 나, 다, 라
⑤ 가, 나, 다, 라

정답 | ⑤
해설 | 모두 디폴트옵션이 적용되는 사유에 해당된다.

★★☆

50 DC형 퇴직연금 및 IRP 적립금 투자금지 대상 상품에 해당하지 않는 것은?

① 상장 및 비상장 주식, 투자부적격등급 채권
② CB, BW, EB, 후순위채권 등 특수채권
③ 원자재 선물가격지수를 추종하는 ETF, 레버리지 및 인버스 ETF
④ 사모펀드, 사모로 발행되거나 최대손실이 원금의 40%를 초과하는 파생결합증권 등
⑤ 퇴직연금사업자와 동일 계열기업군에 속한 부동산집합투자기구가 발행한 집합투자증권

정답 | ⑤
해설 | ⑤ 부동산집합투자기구가 발행한 집합투자증권(퇴직연금사업자 및 동 사업자와 동일 계열기업군에 속한 자가 발행한 경우는 제외)

★★☆

51 DC형 퇴직연금 및 IRP 적립금 운용 시 집중투자로 인한 위험을 방지하기 위해 동일 법인 및 동일 계열기업군에 속한 기업이 발행한 증권(집합투자증권 제외)에 대한 투자한도가 적절하게 연결된 것은?

> • 동일 법인이 발행한 증권
>   – DB형 퇴직연금 : 사용자별 적립금의 (가) 이내
>   – DC형 퇴직연금 및 IRP : 가입자별 적립금의 (나) 이내
> • 동일 계열기업군에 속한 기업이 발행한 증권
>   – DB형 퇴직연금 : 사용자별 적립금의 (다) 이내
>   – DC형 퇴직연금 및 IRP : 가입자별 적립금의 (라) 이내

	가	나	다	라
①	10%	30%	15%	40%
②	10%	40%	15%	30%
③	15%	30%	10%	40%
④	15%	40%	10%	30%
⑤	20%	30%	25%	40%

정답 | ①

해설 | • 동일 법인이 발행한 증권
– DB형 퇴직연금 : 사용자별 적립금의 10% 이내
– DC형 퇴직연금 및 IRP : 가입자별 적립금의 30% 이내
• 동일 계열기업군에 속한 기업이 발행한 증권
– DB형 퇴직연금 : 사용자별 적립금의 15% 이내
– DC형 퇴직연금 및 IRP : 가입자별 적립금의 40% 이내

★★☆

52 퇴직연금 적립금으로 운용할 수 있는 안전자산 중 원리금보장상품에 대한 적절한 설명으로 모두 묶인 것은?

가. 은행 등의 예 · 적금은 가입시점의 이율로 확정이자가 지급되며 예금자보호가 된다.
나. 보험회사의 이율보장형보험은 가입시점에 확정된 이자율을 적용하며, 가입자가 납입한 보험료 전액에 대해 원리금을 보장한다.
다. 증권회사의 원금보장형 파생결합사채는 운용기간 중 연계된 주가지수가 일정한 범위에서 머물 경우 가입 시 정해진 약정수익률을 적용하는 상품으로, 예금자보호가 된다.
라. 원리금보장상품은 시장 상황과 관계없이 원리금이 보장된다는 장점이 있는 반면에 위험자산에 비해 기대수익률이 상대적으로 낮은 수준이어서 장기간에 걸쳐 인플레이션이 진행되면 적립금의 실질가치가 하락할 수 있다는 단점이 있다.
마. 원리금보장상품은 만기가 대부분 짧아서 만기도래 시마다 적립금 운용지시를 다시 해야 하는 번거로움이 있으며, 운용하고 있는 원리금보장상품의 만기가 도래하기 전에 중도해지를 하면 가입 시 약정된 이율이 보장되지 않는다.

① 가, 나, 다
② 가, 나, 마
③ 가, 라, 마
④ 나, 다, 라
⑤ 다, 라, 마

정답 | ③

해설 | **〈주요 원리금보장상품 비교〉**

구분	원금보장	이율보장	예금자보호
은행 등의 예 · 적금	○	○	○
보험회사의 GIC	○주1)	○	○
증권회사의 ELB	○	○주2)	×

주1) GIC의 원금보장 대상은 가입자가 실제 납입한 보험료에서 사업비를 공제한 순보험료임
주2) 연계된 주가지수가 사전에 정해진 일정한 범위 이내에서 머물 때만 보장됨

★★☆

53 은퇴저축(투자)의 관점에서 TDF의 특징에 대한 설명으로 적절하지 않은 것은?

① 은퇴저축에 최적화된 초장기 투자상품이다.
② TDF는 투자기간 경과에 따라 가입자의 위험수용성향 변화에 적합하도록 자산배분조정을 한다.
③ 투자목표시점이 가까워질수록 채권 등 안전자산의 투자 비중은 축소하고 주식 등 위험자산의 투자 비중은 늘려가면서 운용한다.
④ TDF는 안전자산뿐만 아니라 국내 및 해외의 다양한 펀드와 ETF 등으로 포트폴리오를 구성하여 운용한다.
⑤ TDF는 투자운용전문가 그룹이 설계하고 운용하므로, 가입자는 본인의 은퇴예상시기와 위험수용성향을 반영한 TDF를 선택하기만 하면 된다.

정답 | ③

해설 | ③ 투자목표시점(은퇴시기)이 가까워질수록 주식 등 위험자산의 투자 비중은 축소하고 채권 등 안전자산의 투자 비중은 늘려가면서 운용한다.

★★☆

54 적격TDF 요건에 대한 적절한 설명으로 모두 묶인 것은?

가. 은퇴예상시기 등 투자목표시점이 다가올수록 위험자산의 비중을 점차 줄여나가는 생애주기형 자산배분전략을 통하여 투자위험을 낮추는 운용방법 및 운용지침 등을 갖출 것 나. 투자목표시점을 펀드 설정일로부터 3년 이후로 하고, 집합투자증권의 명칭에 기재할 것 다. 주식의 투자한도는 투자목표시점까지는 펀드자산 총액의 70% 이내로 하고, 투자목표시점 이후에는 펀드자산 총액의 40% 이내로 할 것 라. 투자적격등급 이외의 채권 투자한도는 펀드자산 총액의 20% 이내로 하고, 채권 총투자액의 50% 이내로 할 것

① 가, 나
② 가, 라
③ 나, 다
④ 다, 라
⑤ 가, 나, 다, 라

정답 | ②

해설 | 나. 투자목표시점을 집합투자기구(펀드) 설정일로부터 5년 이후로 하고, 집합투자증권의 명칭에 기재할 것
다. 주식의 투자한도는 투자목표시점까지는 펀드자산 총액의 80% 이내로 하고, 투자목표시점 이후에는 펀드자산 총액의 40% 이내로 할 것

★★☆

55 TDF 운용방식에 대한 적절한 설명으로 모두 묶인 것은?

가. TDF의 운용역은 직접 주식이나 채권 등을 매매하지 않는다. 나. TDF의 대부분은 해외의 자산운용사에 위탁하여 운용하는 등 재간접투자 방식으로 운용하고 있다. 다. 모자형 운용방식의 TDF는 포트폴리오에 다양한 다른 자산운용사가 설정한 펀드에 투자가 가능하여 재간접투자 방식보다 투자대상의 확장성이라는 측면에서 장점이 있다고 할 수 있다. 라. 모자형 운용방식은 선정된 투자대상 펀드보수와 TDF 자체 보수를 모두 부담하게 되어 비용 측면에서 단일보수만 부담하는 재간접투자 방식보다 불리할 수 있다. 마. 재간접투자 방식은 편입된 타사 펀드 관련 운용정보를 공유하는 데 제약이 있다.

① 가, 나, 다
② 가, 나, 마
③ 가, 라, 마
④ 나, 다, 라
⑤ 다, 라, 마

정답 | ②

해설 | 〈모자형과 재간접투자 방식 비교〉

구분	모자형 운용	재간접투자
투자대상 확장성	동일회사의 모펀드로 제한됨	타회사 펀드에 투자 가능
운용정보 접근성	모펀드와 TDF가 공유	타회사 운용정보 공유 제약
운용보수	단일보수 (모펀드 보수는 없음)	이중보수 (투자펀드 보수+TDF 보수)

★★☆

56 TDF 자산배분 조정에 대한 적절한 설명으로 모두 묶인 것은?

가. TDF의 글라이드 패스에 임금인상률을 반영하는 이유는 TDF의 운용수익률이 임금인상률보다 낮다면, TDF를 선택하여 퇴직급여를 운용한 근로자의 퇴직급여가 DB형 퇴직연금의 퇴직급여보다 낮은 수준이 되기 때문이다.

나. TDF는 투자목표시점까지는 투자기간 경과에 따라 위험자산의 비중을 점차 축소해 나가면서 운용하지만, 연금개시 이후에는 연금개시 시점의 위험자산 투자 비중을 유지하는 to－방식과 연금수령 기간경과에 따라 지속적으로 위험자산의 비중을 축소하여 운용하는 through－방식이 있다.

다. 일반적으로 TDF의 투자목표시점 이전 기간 중 위험자산의 비중은 through－방식이 to－방식보다 낮은 수준이다.

라. 투자목표시점을 지나 일정 기간이 경과한 후부터 위험자산의 비중은 through－방식이 to－방식보다 높아진다.

마. 공격투자형 또는 적극투자형의 가입자라면 자산배분 유형과 투자목표시점이 동일한 TDF라 하더라도 투자목표시점까지는 위험수준이 상대적으로 높은 to－방식이 수익률 측면에서 유리할 수 있다.

① 가, 나
② 가, 라
③ 나, 다
④ 다, 라
⑤ 라, 마

정답 | ①

해설 | 〈to－방식과 through－방식의 글라이드 패스 비교〉

구분	to－방식	through－방식
투자기간 중 위험자산 비중	상대적으로 낮음	상대적으로 높음
투자목표시점 위험자산 비중	낮음(20~30%)	높음(40~50%)
위험자산 비중 조정기간	투자목표시점까지 조정	투자목표시점 이후에도 조정
가입자 선택기준	안정적으로 적립금을 관리하고자 하는 가입자에게 적합	적극적으로 적립금을 관리하고자 하는 가입자에게 적합

★★★
57 적격디폴트옵션 상품 유형이 적절하게 연결된 것은?

> 가. 투자목표시점이 사전에 결정되고 운용기간이 경과함에 따라 투자위험이 낮은 자산의 비중을 증가시키는 방향으로 자산배분을 변경하거나 위험수준을 조절하는 운용방법이다.
> 나. 투자위험이 상이한 다양한 자산에 분산투자하고 금융시장 상황 및 각 집합투자재산의 가치변동 등을 고려하여 주기적으로 자산배분을 조정함으로써 집합투자재산의 위험을 관리하고 장기간에 걸쳐 가치상승을 추구하는 운용방법이다.
> 다. 적립금을 MMF 등 1년 미만 단기금융상품 등에 투자하여 손실 가능성을 최소화하고 단기 안정적인 수익을 추구하는 운용방법이다.
> 라. 국가 및 지자체가 추진하는 공공투자계획, 사업장에 따른 사회기반시설사업 등에 투자하는 펀드를 말한다.

	가	나	다	라
①	타겟데이트펀드	밸런스드펀드	단기금융펀드	사회간접자본펀드
②	타겟데이트펀드	밸런스드펀드	사회간접자본펀드	단기금융펀드
③	밸런스드펀드	타겟데이트펀드	단기금융펀드	사회간접자본펀드
④	밸런스드펀드	타겟데이트펀드	사회간접자본펀드	단기금융펀드
⑤	단기금융펀드	사회간접자본펀드	타겟데이트펀드	밸런스드펀드

정답 | ①

해설 | 가. 타겟데이트펀드(TDF ; Target Date Fund)
나. 밸런스드펀드(BF ; Balance Fund)
다. 단기금융펀드(SVF ; Stable Value Fund)
라. 사회간접자본펀드(SOC펀드 ; Social Overhead Capital Fund)

★★☆
58 디폴트옵션의 상품구성이 다음과 같은 경우 위험도 평가로 가장 적절한 것은?

> • 토마토은행퇴직연금디폴트옵션 정기예금(위험도 5) : 50%
> • 토마토증권TDF2040증권투자신탁(채권혼합)(위험도 3) : 40%
> • 토마토증권TDF2040증권투자신탁(주식혼합)(위험도 2) : 10%

① 3
② 3.5
③ 3.6
④ 3.9
⑤ 4

정답 | ④

해설 | 〈투자위험도에 따른 디폴트옵션상품 분류〉

위험구분 (위험도 범위)	초저위험 (4.3~5)	저위험 (3.5~4.2)	중위험 (2.7~3.4)	고위험 (1.9~2.6)
단일상품 (투자위험도)	원리금보장형 (5)	단기금융펀드 (4)	밸런스드펀드 (3)	타겟데이트펀드(2) SOC펀드(2)
포트폴리오상품	포트폴리오 위험도=(편입 단일상품 위험도×투자 비중)의 가중평균 값			

- 포트폴리오 위험도 : 5×0.5+3×0.4+2×0.1=3.9
- 투자위험도는 3.9로 저위험 디폴트옵션에 해당됨

★★★

59 사전지정운용제도의 적용에 대한 설명으로 적절하지 않은 것은?

① 디폴트옵션은 근로자가 신규로 가입했거나, 기존 가입자의 운용상품의 만기가 도래했음에도 일정 기간 내에 운용지시를 하지 않거나 사전지정운용방법으로 본인의 적립금을 바로 운용하기를 원할 경우에 적용된다.

② 2022년 7월 11일 이전에 DC형 퇴직연금 및 IRP를 가입한 자가 최초 부담금 납입 이후 2주간 운용지시가 없을 경우 사전에 지정한 디폴트옵션으로 자동 매수 처리된다.

③ 만기일에 자동으로 상환되는 원리금보장상품은 만기 상환 후 4주간 운용지시가 없을 경우 퇴직연금사업자는 가입자에게 운용하지 않고 있는 현금성자산에 대한 운용지시 및 디폴트옵션 매수 관련 내용을 SMS 등으로 안내하며, 통지 이후 2주 동안 운용지시가 없을 경우 사전에 지정한 디폴트옵션으로 자동 매수 처리된다.

④ 디폴트옵션으로 적립금을 운용하고 있지 않은 가입자는 언제든지 디폴트옵션으로 본인의 적립금을 운용하는 것을 선택할 수 있다.

⑤ 사전지정운용방법으로 운용 중에도 가입자의 의사에 따라 언제든지 원하는 다른 방법으로 운용지시가 가능하다.

정답 | ②

해설 | 〈사전지정운용방법의 적용〉

구분		2022.7.11. 이전 가입자	2022.7.11. 이후 신규가입자
요건	운용지시 안한 기간	만기일로부터 4주	신규가입 후 1회 부담금 납입일로부터 2주
	대기기간	2주	없음
옵트인(OPT-IN)		디폴트옵션으로 운용하고 있지 않은 근로자는 언제든지 디폴트옵션으로 운용할 수 있음	
옵트아웃(OPT-OUT)		디폴트옵션으로 운용하고 있는 근로자라도 언제든지 다른 적립금 운용방법으로 운용할 수 있음	

★★☆

60 **DC형 및 IRP의 적립금 운용을 위한 포트폴리오를 구성하는 과정에서 고려해야 할 사항으로 모두 묶인 것은?**

가. 가입자의 위험수용성향을 반영한다. 나. 유연성 있는 투자원칙을 수립하고 장기투자를 한다. 다. 국내외의 다양한 자산군별 펀드로 분산투자를 한다. 라. 위험자산의 투자한도를 고려하지 않는다.

① 가, 다
② 나, 라
③ 가, 나, 다
④ 나, 다, 라
⑤ 가, 나, 다, 라

정답 I ①

해설 I 나. 일관성 있는 투자원칙을 수립하고 장기투자를 한다.
라. 위험자산의 투자한도를 고려한다.

★★☆

61 **DC형 및 IRP의 적립금 운용을 위한 포트폴리오를 구성하는 과정에서 고려해야 할 사항으로 적절하지 않은 것은?**

① 일반적으로 알려져 있는 연령과 성별, 투자기간 등에 따라 구분한 투자자의 위험수용성향을 반영하여 포트폴리오를 구성한다.
② 일관성 있는 장기투자를 지속하기 위해서는 명확한 투자목적과 투자원칙을 수립해야 한다.
③ 투자원칙 수립 시 목표수익률은 너무 과도하게 설정하지 않아야 한다.
④ 국내뿐만 아니라 해외의 다양한 자산으로 포트폴리오를 구성하면 시장이나 경기가 급변할 때 발생하는 개별 자산의 위험을 줄일 수 있으며, 포트폴리오 구성 시 자산을 배분하는 방법은 상관관계가 낮은 자산군을 대상으로 포트폴리오를 구성한다.
⑤ 포트폴리오를 구성할 경우에는 위험자산 투자한도를 고려하여야 한다.

정답 I ①

해설 I ① 일반적으로 투자자의 위험수용성향은 연령과 성별, 그리고 투자기간 등에 따라 구분할 수 있다고 알려져 있다. 그러나 동일한 성별 및 연령대라 하더라도 투자자 개인의 환경, 투자에 대한 전문성, 투자경험, 투자자금의 규모와 성격, 투자기간 등에 따라 위험수용성향은 천차만별 다르게 나타날 수 있다. 퇴직연금 적립금 운용을 위한 포트폴리오 구성 시 가입자 스스로 본인의 위험수용성향을 객관적으로 평가를 할 필요가 있다. 가입자가 본인의 위험수용성향을 고려하지 않고 포트폴리오를 구성하게 되면 시장상황이 급변하여 퇴직연금 적립금의 자산가치가 하락할 때 기존 포트폴리오를 유지하지 못하거나 운용방법을 변경하게 될 것이다. 퇴직연금과 같은 장기투자 시 이러한 상황이 반복되면 손실이 누적되고 결과적으로 목표로 하는 수익률 달성은 어렵게 된다.

▪▪▪ TOPIC 4 은퇴저축을 위한 DC형 퇴직연금 및 IRP 활용

★☆☆

62 김세진씨가 퇴직연금 선택 시 고려사항에 대한 설명으로 적절하지 **않은** 것은?

김세진씨가 근무하는 회사는 확정급여형(DB형) 퇴직연금과 확정기여형(DC형) 퇴직연금을 동시에 도입하여 근로자의 희망에 따라 선택하여 가입할 수 있도록 함

① DC형 퇴직연금을 통한 장기투자 시 적립식투자 방식의 가장 큰 장점은 매입단가평준화효과로 안정적인 수익률을 달성할 수 있으며, 장기간에 걸친 복리효과로 목표금액을 달성할 수 있다는 점이다.

② 김세진씨가 비교적 경제적 여유가 많아 퇴직급여가 아니더라도 은퇴기간 중 필요한 은퇴소득을 확보할 수 있어 사용자가 부담하는 퇴직급여 원금을 잘 보존하는 것에 목표를 두는 유형의 근로자라면 DB형 퇴직연금보다는 DC형 퇴직연금을 선호할 수 있다.

③ 김세진씨가 30~40년간으로 예상되는 은퇴기간 중 필요한 은퇴소득을 확보하기 위해 퇴직급여를 적극적으로 운용하여 일정 수준의 목표금액을 마련하고 싶은 유형의 근로자라면 DB형 퇴직연금보다 DC형 퇴직연금을 선택하여 적립금을 운용하는 것이 필요하다.

④ 김세진씨가 DC형 퇴직연금을 가입한 경우 장기간 동안 직장에서 근무하면서 매년 납입되는 퇴직급여는 적립식투자 방식의 은퇴저축 성격을 갖는다.

⑤ 김세진씨가 DC형 퇴직연금을 가입한 경우 퇴직연금 가입기간 중 장기간 동안 복리효과를 얻을 수 있도록 적정 수익률 실현을 목표로 안정성과 수익성을 균형 있게 유지할 수 있는 운용방식을 선택한다.

정답 | ②

해설 | ② 근로자가 비교적 경제적 여유가 많아 퇴직급여가 아니더라도 은퇴기간 중 필요한 은퇴소득을 확보할 수 있다면, 사용자가 부담하는 퇴직급여 원금을 잘 보존하는 것에 목표를 둘 수 있다. 이러한 유형의 근로자라면 DC형 퇴직연금보다는 DB형 퇴직연금을 선호할 수 있다. 또한 DC형 퇴직연금을 가입하였더라도 적립금 운용은 원금손실 가능성이 없는 원리금보장형 상품으로 운용한다.

★☆☆
63 IRP 특성에 대한 설명으로 가장 적절한 것은?

① 소득이 있는 자, 퇴직급여를 지급받는 자를 가입대상으로 한다.
② 연금계좌 합산 연간 900만원을 한도로 납입이 가능하나, 퇴직일시금, ISA 만기금, 기준시가 12억원 이하 1주택을 소유한 55세 이상 고령가구가 기존 주택을 양도한 후 더 낮은 가격의 주택을 취득한 경우 그 차액은 납입한도와 관계없이 납입이 가능하다.
③ 연금을 수령하기 위해서는 가입기간 10년 이상, 55세 이후 연금수령한도 내 금액으로 연금수령해야 한다.
④ 세액공제 적용 납입액 한도는 연 600만원이다.
⑤ 적립금 운용 시 원리금보장상품은 운용이 불가하다.

정답 | ①
해설 | **〈IRP와 연금저축펀드 특성 비교〉**

구분	IRP	연금저축펀드
가입대상	• 소득이 있는 자 • 퇴직급여를 지급받는 자	소득기준 없음
납입한도	• 연금계좌 합산 연간 1,800만원 • 납입한도와 관계없이 납입 가능한 유형 – 퇴직일시금 – ISA 만기금 또는 3년 이상 경과한 해약금 – 1주택(기준시가 12억원 이하)을 소유한 고령가구(부부 중 1인이 60세 이상)가 기존 주택을 양도한 후 더 낮은 가격의 주택을 취득한 경우 그 차액(한도 1억원)	
연금수령조건	가입 후 5년 경과 및 55세 이후 연금수령한도 내 금액으로 연금수령 (이연퇴직소득은 가입기간 규정 미적용)	가입기간 5년 이상, 55세 이후 연금수령한도 내 금액으로 연금수령
세액공제 적용 납입액 한도	연 900만원	연 600만원 (ISA 전환금의 10% 300만원 한도, 고령자 주택축소자금 1억원 한도로 추가납입 가능)
적립금 운용	원리금보장상품 및 실적배당형 상품 등 다양한 상품에 투자 가능	원리금보장상품은 운용불가
중도인출(해지)	• 근퇴법상 사유 해당 시 중도인출 가능 • 근퇴법상 사유에 해당하지 않는 경우 전부 해지해야만 인출 가능	• 자유롭게 중도인출 가능 – 법정 사유 해당 시 연금소득세 과세 – 법정 사유 미해당 시 기타소득세 과세

★☆☆

64 DC형 퇴직연금 및 IRP 적립금 분산투자를 위한 단계별 주요 내용에 대한 설명으로 적절하지 않은 것은?

① DC형 퇴직연금 및 IRP의 위험자산 투자한도는 적립금 60%까지이므로, 가입자는 원리금보장상품이나 채권형펀드 등 투자위험을 낮춘 상품에 40% 이상을 투자해야 하며 적립금 전액을 투자할 수 있다.

② 개별 운용자산과 자산별 매수 비중을 결정한다.

③ 펀드, ELB, 실시간 매매 상품 등 개별상품을 매수한다.

④ 위험수용성향 분석결과에 따라 선택하고 싶은 상품을 매수할 수 없는 상황이 있기 때문에 선택한 상품의 위험등급이 본인의 위험수용성향에 적합한지를 확인한다.

⑤ 투자경험이 부족하거나 적립금 투자관리에 시간적 여우가 없는 가입자의 경우 TDF를 선택하여 활용하면 보다 안정적인 수익을 창출하면서 분산투자의 효과를 얻을 수 있다.

정답 | ①

해설 | ① DC형 퇴직연금 및 IRP의 위험자산 투자한도는 적립금 70%까지이므로, 가입자는 원리금보장상품이나 채권형펀드 등 투자위험을 낮춘 상품에 30% 이상을 투자해야 하며 적립금 전액을 투자할 수 있다.

★☆☆

65 퇴직연금 가입자의 상황별 디폴트옵션 적용에 대한 설명으로 적절하지 않은 것은?

① 이미 등록된 디폴트옵션 상품은 언제든지 변경할 수 있으며, 기존에 운용 중이던 디폴트옵션 상품은 그대로 운용하고, 추가로 납입하는 금액부터 새로운 디폴트옵션 상품으로 운용할 수도 있다.

② 적립금을 디폴트옵션으로 운용 중이라도 가입자는 언제든지 디폴트옵션을 해지하고 다른 운용방법으로 적립금을 운용할 수 있다.

③ IRP 적립금 중 일부만 디폴트옵션으로 운용하고 싶은 경우, 가입자가 디폴트옵션으로 운용할 적립금 이외의 금액을 운용지시하고, 나머지 금액에 대해 언제든지 디폴트옵션 상품으로 운용할 수 있다.

④ 디폴트옵션으로 원리금보장형 상품을 선택한 경우, 선택한 원리금보장형 상품이 만기가 되었을 때 자동으로 다시 원리금보장형 상품으로 운용된다.

⑤ 적립금은 디폴트옵션 이외의 운용방법으로 운용하고, 추가로 납입되는 부담금에 대해서만 디폴트옵션으로 운용할 수 있다.

정답 | ④

해설 | ④ 선택한 원리금보장형 상품이 만기가 되었을 때 자동으로 다시 원리금보장형 상품으로 운용되지는 않는다. 만기일 도래 일부터 4주간 동안 만기금에 대해 별도의 운용지시를 하지 않으면, 퇴직연금사업자가 2주간의 대기기간을 두고 대기기간 동안 운용지시를 하지 않으면 사전에 선택한 디폴트옵션 상품(원리금보장형 상품)으로 운용된다는 통지를 하게 된다.

★☆☆
66 퇴직금을 연금소득으로 활용하는 방법에 대한 설명으로 적절하지 않은 것은?

① 퇴직급여를 퇴직일시금으로 지급받은 근로자의 경우 퇴직급여를 IRP에 납입하고 연금으로 수령하기 위해서는 퇴직일시금을 지급받은 날로부터 60일 이내에 퇴직금의 전부 또는 일부를 IRP에 납입해야 한다.
② 퇴직일시금을 IRP에 납입하면 금융회사에서 가입자의 사업장에 퇴직소득원천징수세액 환급을 요청하며, 사업장에서는 퇴직소득원천징수세액을 근로자의 IRP계좌로 입금하게 된다.
③ IRP에 추가납입이 가능하며, 이 경우 세액공제 적용 납입액 한도는 연 900만원이다.
④ IRP에서 연금으로 수령하기 위해서는 55세 이후 연금수령한도 내 금액으로 연금수령하여야 한다.
⑤ 퇴직급여를 55세 이후에 연금으로 수령하게 되면 인출된 이연퇴직소득에 대해서는 5%~3%의 연금소득세로 과세되므로 절세효과를 누리면서 은퇴기간 중 연금소득을 확보하는 효과적인 방법이 된다.

정답 I ⑤
해설 I ⑤ 퇴직급여를 55세 이후에 연금으로 수령하게 되면 이연퇴직소득세의 70% 또는 60%가 연금소득세로 과세되므로 절세효과를 누리면서 은퇴기간 중 연금소득을 확보하는 효과적인 방법이 된다.

★☆☆
67 김세진(56세)씨는 직장에서 퇴직하면서 지급받은 퇴직일시금을 IRP에 납입하여 운용한 후 은퇴기간 동안 연금을 수령하는 방안을 고려하고 있다. 다음 정보를 고려할 때, 이에 대한 설명으로 적절하지 않은 것은?

• 퇴직일 및 퇴직금 수령일 : 올해 2월 1일

① 김세진씨가 IRP에 가입하여 적립금 운용을 위한 투자포트폴리오 구성 시 자산배분을 도와주는 제도적 장치들을 활용하면 좀 더 쉽게 분산투자를 실행할 수 있다.
② IRP에 가입한 김세진씨가 투자경험이 부족하거나 적립금 투자관리에 시간적 여유가 없는 경우 TDF를 선택하여 활용하면 보다 안정적인 수익을 창출하면서 분산투자의 효과를 얻을 수 있다.
③ 퇴직급여를 퇴직일시금으로 지급받은 김세진씨의 경우 퇴직급여를 IRP에 납입하고 연금으로 수령하기 위해서는 올해 6월 30일까지 퇴직금의 전부 또는 일부를 IRP에 납입해야 한다.
④ 김세진씨가 퇴직일시금을 IRP에 납입하면 금융회사에서 김세진씨의 사업장에 퇴직소득원천징수세액 환급을 요청하며, 사업장에서는 퇴직소득원천징수세액을 김세진씨의 IRP계좌로 입금하게 된다.
⑤ 김세진씨가 퇴직급여를 55세 이후에 연금으로 수령하게 되면 이연퇴직소득세의 70% 또는 60%가 연금소득세로 과세되므로 절세효과를 누리면서 은퇴기간 중 연금소득을 확보하는 효과적인 방법이 된다.

정답 I ③

해설 I ③ 퇴직급여를 퇴직일시금으로 지급받은 근로자의 경우 퇴직급여를 IRP에 납입하고 연금으로 수령하기 위해서는 퇴직일시금을 지급받은 날로부터 60일 이내에 퇴직금의 전부 또는 일부를 IRP에 납입해야 한다.

★★☆

68 이숙씨가 직장에서 퇴직하면서 지급받은 퇴직일시금을 IRP에 납입하여 운용한 후 은퇴기간 동안 연금을 수령하는 방안을 고려하고 있을 경우, IRP 관련 세제에 대한 적절한 설명으로 모두 묶인 것은?

> 가. 이숙씨가 퇴직급여를 즉시 IRP로 이전한 후 소득세법상 '연금수령' 요건을 갖추어 연금으로 수령하는 경우 연금소득세가 과세되며, 이 경우 이연퇴직소득세의 50%가 과세된다.
> 나. 이숙씨가 퇴직급여를 즉시 IRP로 이전한 후 소득세법상 연금수령 요건을 충족하지 못하는 인출을 할 경우 이자소득세가 과세된다.
> 다. 이숙씨가 퇴직급여를 즉시 IRP로 이전한 경우, 가입기간이 5년 이상 경과하지 않아도 55세 이후 연금수령한도 내 금액으로 연금수령이 가능하다.
> 라. 퇴직급여를 퇴직일시금으로 지급받은 이숙씨의 경우 퇴직급여를 IRP에 납입하고 연금으로 수령하기 위해서는 퇴직일시금을 지급받은 날로부터 90일 이내에 퇴직금의 전부 또는 일부를 IRP에 납입해야 한다.
> 마. 이숙씨가 퇴직일시금을 IRP에 납입하면 금융회사에서 이숙씨의 사업장에 퇴직소득원천징수세액 환급을 요청하며, 사업장에서는 퇴직소득원천징수세액을 이숙씨의 IRP계좌로 입금하게 된다.

① 가, 다
② 가, 라
③ 나, 라
④ 나, 마
⑤ 다, 마

정답 I ⑤

해설 I 가. 이 경우 연금수령연차가 1년차부터 10년차까지는 이연퇴직소득세의 70%를, 11년차 이후에는 60%가 과세된다.

나. 소득세법상 연금수령 요건을 충족하지 못하는 인출을 할 경우 IRP의 운용수익에 대해서는 16.5%(지방소득세 포함)의 기타소득세가 과세되며, 이연퇴직소득에 대해서는 이연퇴직소득세의 100%가 분리과세 된다.

라. 퇴직급여를 퇴직일시금으로 지급받은 근로자의 경우 퇴직급여를 IRP에 납입하고 연금으로 수령하기 위해서는 퇴직일시금을 지급받은 날로부터 60일 이내에 퇴직금의 전부 또는 일부를 IRP에 납입해야 한다.

CHAPTER

05 개인연금

출제 비중 : 16~24% / 4~6문항

학습가이드 ■ ■

학습 목표	학습 중요도
Tip 세제혜택과 관련한 문제가 빈번히 출제되며, 「세금설계」와 연계하여 학습 필요 Tip 고객 사례와 연계하여 가장 적합한 개인연금 컨설팅에 대한 문제가 출제될 수 있음	
1. 개인연금의 연금지급유형에 대해 설명할 수 있다.	★★
2. 세제적격연금의 종류와 세제혜택을 설명할 수 있다.	★★★
3. 세제비적격연금의 특징을 설명할 수 있다.	★★★
4. 고객 니즈에 적합한 개인연금상품을 선택할 수 있다.	★

TOPIC 1 개인연금 개요

★★☆

01 세제적격연금에 대한 적절한 설명으로 모두 묶인 것은?

가. 18세 이상 거주자가 가입대상이다.
나. 연간 납입한도 제한이 없다.
다. 연금수령 요건은 최소가입기간 5년 이상, 연금개시연령 55세 이후 연금수령한도 내에서 연금을 수령해야 한다.
라. 연금저축은 과세이연에 따른 절세와 안정적인 연금소득을 확보할 수 있다는 장점이 있다.

① 가, 라
② 나, 다
③ 다, 라
④ 가, 다, 라
⑤ 가, 나, 다, 라

정답 | ③

해설 | **〈세제적격연금과 세제비적격연금 비교〉**

구분	세제적격연금	세제비적격연금
상품유형	연금저축펀드, 연금저축보험, 연금저축신탁	금리연동형 연금보험, 변액연금보험
가입대상	거주자 (나이, 소득 제한 없음)	거주자 및 비거주자 (나이, 소득 제한 없음)
납입한도	연금계좌 합산 연간 1,800만원	납입한도 제한 없음

납입액에 대한 세액(소득)공제	일정 금액을 한도로 공제 가능	세액(소득)공제 없음
연금수령 요건	최소가입기간 : 5년 이상 연금개시연령 : 55세 이후	최소가입기간 : 5년 이상(적립식) 연금개시연령 : 45세 이후[주)]

주) 취급하는 보험회사별로 연금지급개시연령에 대한 기준이 다양함

★★☆
02 보증부종신연금의 장단점에 대한 적절한 설명으로 모두 묶인 것은?

가. 보증옵션에 따른 추가비용이 발생한다.
나. 납입원금 대비 최소의 수입이 발생한다.
다. 일반 종신연금과 비교하여 정기적으로 지급받는 단위당 연금액이 많다.
라. 보증기간 중 지급될 연금을 일시금으로 수령할 수 없다.
마. 인플레이션 진행에 따라 연금의 실질가치가 하락할 위험이 존재한다.
바. 보증기간이 종료되기 전에 피보험자가 사망하는 경우 잔여보증기간에 해당하는 연금적립금이 상속되지 않는다.
사. 연금수급개시 후에도 해약이 가능하다.

① 가, 라
② 가, 마
③ 나, 마
④ 나, 바
⑤ 다, 사

정답 | ②
해설 | **〈보증부종신연금의 장단점〉**

장점	단점
• 납입원금 대비 최대의 수입 발생 • 보증기간이 종료된 이후에도 피보험자 생존 시 연금 지급 • 보증기간이 종료되기 전에 피보험자가 사망하는 경우 잔여보증기간에 해당하는 연금적립금은 상속 • 보증기간 중 지급될 연금을 일시금으로도 수령 가능	• 보증옵션에 따른 추가비용 발생 • 일반 종신연금과 비교하여 정기적으로 지급받는 단위당 연금액이 적음 • 인플레이션 진행에 따라 연금의 실질가치가 하락할 위험 존재 • 연금수급개시 후에는 해약 불가능

★★☆
03 연금지급 유형에 대한 설명으로 가장 적절한 것은?

① 단생종신연금은 다른 유형의 종신연금과 비교하여 동일한 연금적립금이라면 정기적으로 지급하는 단위당 연금수준이 가장 낮다.
② 부부형 종신연금은 대표적인 연생종신연금으로 일방배우자 사망 시에는 부부 모두 생존 시 지급되는 연금액에서 일정 수준 감액하여 연금을 지급한다.
③ 보증부종신연금은 일반 종신연금과 비교하여 정기적으로 지급받는 단위당 연금액이 많다.
④ 확정기간연금은 연금상품 적립금의 운용수익률과 관계없이 매년 지급되는 연금액이 고정된다.
⑤ 확정금액연금은 연금적립금의 운용수익률이 저조할 경우 연금지급기간이 상대적으로 길어지며, 반대의 경우에는 연금지급기간이 짧아지게 된다.

정답 | ②

해설 | ① 단생종신연금은 다른 유형의 종신연금과 비교하여 동일한 연금적립금이라면 정기적으로 지급하는 단위(월, 분기, 년)당 연금수준이 가장 높다. 그 이유는 피보험자의 조기사망에 따른 원금손실에 대한 높은 위험이 있기 때문이다. 즉, 종신형연금은 연금수급개시 이후 피보험자가 사망하게 되면 연금보험 계약은 종료가 되고 잔여 연금적립금은 소멸이 된다.

③ 보증옵션을 부가하는 경우 보증에 따른 비용이 발생하기 때문에 일반 종신연금과 비교하여 정기적으로 지급받는 단위당 연금액이 적다.

④ 확정기간연금은 연금지급기간이 확정되어 있기 때문에 연금상품 적립금의 운용수익률에 따라 매년 지급되는 연금액이 변동이 된다.

⑤ 확정금액연금은 연금액이 고정되어 있기 때문에 연금적립금의 운용수익률이 저조할 경우 연금지급기간이 짧아지게 되며, 반대의 경우에는 연금지급기간이 상대적으로 길어진다.

★★☆

04 연금지급 유형에 대한 적절한 설명으로 모두 묶인 것은?

가. 종신형연금의 장점은 피보험자가 사망할 때까지 연금이 지급됨으로써 장수위험에 대비할 수 있고, 저금리가 지속되는 경우 일반 금융상품에 비해 상대적으로 연금의 가치가 높아진다는 점인 반면, 인플레이션이 진행되는 경우 연금의 실질구매력이 하락할 위험이 있다.

나. 확정연금은 피보험자가 연금을 지급받고 있는 중에 사망하면 잔여 연금적립금은 상속되지 않는다.

다. 확정기간연금은 우리나라 대부분의 개인형퇴직연금, 중소기업퇴직연금 및 연금저축펀드 등에서 채택하고 있다.

라. 상속연금은 연금적립금에서 발생하는 이자 등을 연금으로 지급하지 않고, 피보험자가 사망을 하면 연금적립금은 상속인에게 상속되는 연금으로 대부분 세제적격 연금보험에 적용되고 있다.

마. 체증형연금은 정한 기간 단위로 가입자가 선택한 증액율로 연금액이 증액되어 지급되도록 설계된 연금으로, 아직까지 우리나라 개인연금은 국민연금 등 공적연금과 같은 소비자물가 상승률에 연계되어 있는 연금을 지급하는 형태는 없다.

① 가, 나
② 가, 마
③ 나, 다
④ 다, 라
⑤ 라, 마

정답 | ②

해설 | 나. 확정연금은 피보험자가 연금을 지급받고 있는 중에 사망하면 잔여 연금적립금은 상속된다.

다. 확정금액연금은 우리나라 대부분의 개인형퇴직연금(IRP), 중소기업퇴직연금 및 연금저축펀드 등에서 채택하고 있다. 확정기간연금은 개인연금 상품의 기본적인 연금지급형태로 세제적격연금인 연금저축계좌 및 세제비적격연금인 연금보험에 모두 적용되고 있다.

라. 상속연금은 연금적립금에서 발생하는 이자 등을 연금으로 지급하고, 피보험자가 사망하면 연금적립금은 상속인에게 상속되는 연금으로 대부분 세제비적격 연금보험에 적용되고 있다.

★★☆
05 개인연금 가입 시 고려사항으로 적절하지 않은 것은?

① 개인연금 가입목적
② 가입자의 위험수용성향
③ 개인연금 수익률
④ 상속 가능 여부
⑤ 취급 금융회사의 재무건전성

정답 | ④

해설 | 가입 시 고려사항 : 개인연금 가입목적, 가입자의 위험수용성향, 개인연금 수익률, 은퇴자산 포트폴리오에 미치는 영향, 취급 금융회사의 재무건전성

★★☆
06 개인연금 가입 시 고려사항에 대한 적절한 설명으로 모두 묶인 것은?

가. 연금소득 확보가 목적인 사람은 어떤 금융상품보다 연금상품을 선택하는 것이 합리적이다.
나. 은퇴기간에 연금소득뿐만 아니라 다양한 용도의 목적자금을 병행하여 준비하려는 사람은 연금저축 상품에 가입하고 세액공제 한도를 초과하여 납입하거나, 세제비적격연금인 연금보험을 선택하는 것도 한 방법이다.
다. 시간적 여유나 투자전문성이 부족한 가입자라면 연금보험의 공시이율 이상의 수익률을 얻을 수 있도록 연금저축펀드나 변액연금보험을 선택한다.
라. 연금상품별 수익률을 비교할 때 세제적격연금이 납입액에 대한 연금계좌세액공제를 받을 수 있기 때문에 세제비적격연금보다 유리하다는 점을 고려한다.
마. 연금상품은 적립기간과 연금지급 기간을 고려하면 매우 장기적인 계약이며, 종신연금 형태를 선택하는 경우에는 길게는 50~60년 이상의 계약기간이 지속될 수 있으므로, 개인연금을 취급하는 금융회사의 재무건전성에 대해 검토한다.

① 가, 나, 다
② 가, 나, 마
③ 가, 라, 마
④ 나, 다, 라
⑤ 다, 라, 마

정답 | ②

해설 | 다. 보수적인 성향을 갖고 있는 가입자라면 공시이율로 부리하는 연금저축보험이나 연금보험이 적절하지만, 연금보험의 공시이율 이상의 수익률을 얻고자 한다면 연금저축펀드나 변액연금보험을 선택한다. 또한 가입자에 따라서는 시간적 여유나 투자전문성이 부족하여 연금상품의 적립금을 직접 운용하는 것을 부담스러워 할 수 있다. 이러한 유형의 가입자라면 연금저축보험이나 연금보험을 선택한다.

라. 일반적으로 수익률 측면에서 세제적격연금이 납입액에 대한 세액공제를 받을 수 있기 때문에 세제비적격연금 보다 유리하다고 알려져 있다. 그러나 세제적격연금은 인출 시 연금소득세 또는 기타소득세가 과세되는 반면 세제비적격연금은 일정한 요건을 갖추면 인출 시 과세를 하지 않아 세제상 불이익 없이 인출하여 사용할 수 있다. 연금상품별 수익률을 비교할 때 단순히 세제적격연금이 연금계좌세액공제혜택이 있기 때문에 세제비적격연금보다 비교우위에 있다고 단정해서는 안 된다. 연금상품 유형별로 과세되는 세금을 반영한 실질수익률을 산출하여 비교하여야 한다.

★★☆

07 개인연금 가입 시 고려사항에 대한 설명으로 적절하지 않은 것은?

① 종신형연금의 장점은 피보험자가 사망할 때까지 연금이 지급됨으로써 장수위험에 대비할 수 있고, 저금리가 지속되는 경우 일반 금융상품에 비해 상대적으로 연금의 가치가 높아진다는 점이다.

② 종신형연금은 인플레이션이 진행되는 경우 연금의 실질구매력이 하락할 위험이 있으므로, 변액연금보험이나 연금저축펀드를 선택하여 종신형연금의 장점을 극대화하는 것이 바람직하다.

③ 부부형 종신연금은 대표적인 연생종신연금으로 일방배우자 사망 시에는 부부 모두 생존 시 지급되는 연금액에서 일정 수준 감액하여 연금을 지급한다.

④ 연금소득 확보가 목적인 사람은 어떤 금융상품보다 연금상품을 선택하는 것이 합리적이며, 은퇴기간에 사용할 연금소득 확보가 개인연금 가입목적이라는 것이 분명할수록 겨객 상황이나 시장환경 변화가 있을 경우에도 은퇴저축을 장기간 지속할 수 있다.

⑤ 세제비적격연금인 연금보험은 세액공제 혜택은 없지만, 비과세요건을 충족하는 경우 세금 부담 없이 인출하여 다양한 목적자금으로 활용할 수 있다.

정답 | ②

해설 | ② 생명보험회사의 연금저축보험 및 (변액)연금보험에만 적용되며, 세제적격연금의 하나인 연금저축펀드나 연금저축신탁에는 적용되지 않는다.

★★☆

08 개인연금 가입 시 고려사항에 대한 설명으로 적절하지 않은 것은?

① 종신형연금의 장점은 피보험자가 사망할 때까지 연금이 지급됨으로써 장수위험에 대비할 수 있고, 저금리가 지속되는 경우 일반 금융상품에 비해 상대적으로 연금의 가치가 높아진다는 점이다.

② 가입자에 따라서는 단순히 세제 혜택을 받으면서 장기저축 수단으로 연금저축 상품을 가입하는 경우도 있으나, 연금저축 상품은 해지 시에 세액공제 받은 금액 전부에 대해 기타소득세가 과세되어 세액공제 효과가 없어질 수 있다는 점에 유의한다.

③ 적극적인 성향을 갖고 있는 가입자라면 공시이율로 부리하는 연금저축보험이나 연금보험이 적절하다.

④ 연금상품별 수익률을 비교할 때 단순히 세제적격연금이 연금계좌세액공제혜택이 있기 때문에 세제비적격연금보다 비교우위에 있다고 단정해서는 안 되며, 연금상품 유형별로 과세되는 세금을 반영한 실질수익률을 산출하여 비교하여야 한다.

⑤ 연금상품의 수익률을 검토할 때 최근의 운용수익률뿐만 아니라 과거 3년, 5년, 10년 등 장기간 동안 실현한 운용수익률을 살펴보아야 한다.

정답 | ③

해설 | ③ 보수적인 성향을 갖고 있는 가입자라면 공시이율로 부리하는 연금저축보험이나 연금보험이 적절하지만, 연금보험의 공시이율 이상의 수익률을 얻고자 한다면 연금저축펀드나 변액연금보험을 선택한다. 또한 가입자에 따라서는 시간적 여유나 투자전문성이 부족하여 연금상품의 적립금을 직접 운용하는 것을 부담스러워 할 수 있다. 이러한 유형의 가입자라면 연금저축보험이나 연금보험을 선택한다

▪▪▪ TOPIC 2 세제적격연금

★★☆

09 연금저축 가입 시 고려사항에 대한 적절한 설명으로 모두 묶인 것은?

가. 세제적격연금은 신탁이나 펀드, 보험 모두 종신연금 적용이 가능하기 때문에, 피보험자가 사망할 때까지 연금이 지급됨으로써 장수위험에 대비할 수 있다.
나. 은퇴기간에 연금소득뿐만 아니라 다양한 용도의 목적자금을 병행하여 준비하려는 사람은 연금저축 상품에 가입하고 세액공제 한도를 초과하여 납입한 후, 연금저축 납입액 중 세액공제 받지 않은 금액을 인출하는 경우 과세하지 않는다는 점을 활용한다.
다. 연금상품은 적립기간과 연금지급 기간을 고려하면 매우 장기적인 계약이므로, 개인연금을 취급하는 금융회사의 재무건전성에 대해 검토해야 하는데, 금융회사의 재무건전성에 관한 정보는 금융감독원 통합연금포탈 홈페이지를 통해 확인할 수 있다.
라. 가입자의 위험수용성향이 안정적일 경우 기대수익률이 상대적으로 높은 연금저축펀드를 선택하여 운용할 수 있다.
마. 연금저축은 연금저축펀드, 연금저축보험, 연금저축신탁 중 하나만 선택하여 가입할 수 있기 때문에 가입자의 위험수용성향을 고려하여 선택하여야 한다.

① 가, 나
② 가, 마
③ 나, 다
④ 다, 라
⑤ 라, 마

정답 | ③

해설 | 가. 생명보험회사의 연금저축보험 및 (변액)연금보험에만 적용되며, 세제적격연금의 하나인 연금저축펀드나 연금저축신탁에는 적용되지 않는다.
라. 가입자의 위험수용성향이 안정적일 경우 원리금보장을 하는 연금저축보험을 선택하고, 만약 공격적 위험수용성향을 갖고 있다면 기대수익률이 상대적으로 높은 연금저축펀드를 선택하여 운용할 수 있다.
마. 거주자는 IRP와 달리 나이나 소득과 관계없이 연금저축을 가입할 수 있으며, 동일한 금융회사에 하나 또는 둘 이상의 연금저축 상품을 선택하여 가입할 수 있다. 또한 여러 금융회사에 연금저축 상품을 가입할 수도 있다.

★★★
10 연금저축 납입한도 및 추가납입에 대한 다음 설명 중 (가)~(다)에 들어갈 내용이 적절하게 연결된 것은?

> • 연금저축계좌에 납입할 수 있는 금액은 모든 금융기관에 설정되어 있는 연금계좌 납입액을 합산하여 연간 (가)이다.
> • 종합자산관리계좌(ISA) 만기금이나 가입기간이 (나) 이상 경과한 이후 해지하여 연금저축계좌에 납입할 수 있다.
> • 고령자(부부 중 1인이 60세 이상)가 거주주택을 매각하고, 종전 주택보다 낮은 주택을 구입하는 경우 그 차액((다) 한도)을 연금저축에 납입하고 요건을 갖추면 연금을 수령할 수 있다.

	가	나	다
①	1,200만원	2년	5,000만원
②	1,500만원	3년	1억원
③	1,500만원	5년	2억원
④	1,800만원	3년	1억원
⑤	1,800만원	5년	2억원

정답 | ④

해설 | • 연금저축계좌에 납입할 수 있는 금액은 모든 금융기관에 설정되어 있는 연금계좌 납입액을 합산하여 연간 1,800만원이다.
• 종합자산관리계좌(ISA) 만기금이나 가입기간이 3년 이상 경과한 이후 해지하여 연금저축계좌에 납입할 수 있다.
• 고령자(부부 중 1인이 60세 이상)가 거주주택을 매각하고, 종전 주택보다 낮은 주택을 구입하는 경우 그 차액(1억원 한도)을 연금저축에 납입하고 요건을 갖추면 연금을 수령할 수 있다.

★★★
11 세제적격연금에 대한 설명으로 적절하지 **않은** 것은?

① 거주자는 IRP와 달리 나이나 소득과 관계없이 연금저축을 가입할 수 있으며, 동일한 금융회사에 하나 또는 둘 이상의 연금저축 상품을 선택하여 가입할 수 있고, 여러 금융회사에 연금저축 상품을 가입할 수도 있다.

② 연금저축에 대한 세제 혜택은 근로소득자 뿐만 아니라 종합소득이 있는 자영업자 등도 연금저축에 납입한 금액의 일정 한도 내에서 연금계좌세액공제를 받을 수 있다.

③ 적립금 운용에 따른 운용수익에 대해서는 적립금을 인출하기 전까지 과세하지 않고 인출 시 일정한 요건을 충족하는 경우 저율의 연금소득세를 과세한다.

④ 연금저축의 세제적격요건은 10년 이상 가입하고 55세 이후에 연금수령한도 내에서 연금수령을 하여야 한다.

⑤ 연금저축계좌에 납입할 수 있는 금액은 모든 금융기관에 설정되어 있는 연금계좌 납입액을 합산하여 연간 1,800만원이다.

정답 | ④
해설 | ④ 연금저축의 세제적격요건은 5년 이상 가입하고 55세 이후에 연금수령한도 내에서 연금수령을 하여야 한다.

★★★
12 소득세법상 규정하고 있는 연금계좌에서 중도인출 시 인출되는 순서로 가장 적절한 것은?

가. 세액공제를 받지 않은 납입금액
나. 이연퇴직소득
다. 세액공제를 받은 납입금액과 연금저축 운용수익

① 가 – 나 – 다
② 나 – 가 – 다
③ 나 – 다 – 가
④ 다 – 가 – 나
⑤ 다 – 나 – 가

정답 | ①
해설 | 소득세법에서는 연금계좌에서 중도인출 시 [세액공제를 받지 않은 납입금액 → 이연퇴직소득 → 세액공제를 받은 납입금액과 연금저축 운용수익]의 순서로 인출되는 것으로 규정하고 있다.

★★★
13 연금계좌 계좌이체에 대한 설명으로 적절하지 않은 것은?

① 연금저축 가입자는 가입한 금융회사의 운용수익률이 낮아 불만이 많은 등의 사유로 다른 금융회사의 연금저축이나 IRP로 적립금을 이전하기를 원하는 경우, 연금저축에서 연금을 수령하기 전까지는 연금저축을 이전할 수 있다.
② 개인연금저축은 연금저축으로 이체가 가능하다.
③ 연금수령 중인 연금저축계좌는 연금수령 전인 다른 연금저축계좌로 전액 계좌이체할 수 있으나, 반대의 경우는 계좌이체가 허용되지 않는다.
④ 종신연금을 수령 중인 연금저축계좌는 상품의 특성상 계좌이체가 불가능하다.
⑤ 압류 · 가압류 · 질권 등이 설정된 연금저축도 다른 연금저축으로 이체를 할 수 없다.

정답 | ②
해설 | ② 2000년 12월 31일 이전 가입한 개인연금저축은 연금저축으로 이체가 불가능하다(이 경우는 개인연금저축 상호 간 이체는 가능함. 금융회사 변경 등).

★★★

14 연금계좌 계좌이체에 대한 설명으로 적절하지 않은 것은?

① 연금계좌 계좌이체제도는 연금계좌에 있는 금액을 연금수령이 개시되기 전의 다른 연금계좌로 이체를 할 수 있도록 한 제도를 말하며, 계좌이체 시 이체되는 금액은 인출로 보지 않기 때문에 과세하지 않는다.

② 2013. 3. 1. 이전 가입한 (구)연금저축은 연금저축으로 이체가 가능한데, 적립금의 일부이체는 불가능하고 전액이체만 가능하다.

③ 연금저축과 IRP 상호 간 이체는 적립기간이 5년 이상 경과하고, 만 55세가 경과한 가입자의 경우 전액이체만 가능하다.

④ IRP 상호 간 이체는 적립금의 일부이체와 전액이체 모두 자유롭게 가능하다.

⑤ 종신연금을 수령 중인 연금저축계좌는 상품의 특성상 계좌이체가 불가능하며, 압류 · 가압류 · 질권 등이 설정된 연금저축도 다른 연금저축으로 이체를 할 수 없다.

정답 | ④

해설 | ④ IRP 상호 간 이체는 2013. 3. 1. 이후 설정된 IRP를 다른 금융회사의 IRP로 계좌이체 가능(이 경우 적립금의 일부이체는 허용이 안 되며 전액이체만 가능함)

★★★

15 연금계좌 계좌이체에 대한 재무설계사의 조언으로 적절하지 않은 것은?

자영업자인 김세진(46세)씨는 은퇴자금 마련을 위해 20××년에 가입한 연금저축신탁 상품에 꾸준히 납입하고 있으나, 최근 해당 상품의 운용수익률이 매우 낮아 불만이 많아 연금계좌 계좌이체를 고민 중이다.

① 다른 금융회사의 연금저축이나 IRP로 적립금을 이전하기를 원하는 경우 연금저축에서 연금을 수령하기 전까지는 연금저축을 이전할 수 있습니다.

② 계좌이체 시 이체되는 금액은 인출로 보지 않기 때문에 과세하지 않으니 세제상 불이익에 대한 걱정은 하지 않으셔도 됩니다.

③ 연금저축보험이나 연금저축펀드로 이체를 원하실 경우 적립금의 일부 계좌이체는 불가하며, 전부 계좌이체만 가능합니다.

④ 연금저축계좌에서 IRP로 계좌이체를 원하실 경우 적립기간이 5년 이상 경과하고, 만 55세가 경과한 가입자의 경우 전액이체만 가능합니다.

⑤ 연금저축펀드로 이체하여 운영할 경우 금융회사가 제공하는 펀드 등 다양한 운용방법 중에서 단일상품을 선택하거나, 여러 투자상품으로 포트폴리오를 구성하여 운용할 수 있지만, 투자위험을 가입자가 부담하기 때문에 원금손실위험이 있으며, 예금자보호가 안 됩니다.

정답 | ③

해설 | ③ 연금저축(신탁, 보험, 펀드) 상호 간 이체 : 연금저축은 금융회사 상호 간 적립금의 전부 또는 일부 계좌이체가 가능하다.

★★★
16 연금저축 납입단계 세제에 대한 설명으로 적절하지 않은 것은?

① 종합소득이 있는 연금저축 가입자가 연금저축에 납입한 금액에 대해 종합소득 신고 시 연금저축세액공제를 받을 수 있도록 하고 있다.
② 연금저축에 납입한 전액(연간 600만원 한도)이 세액공제 대상이다.
③ 종합소득금액 4,500만원 이하 가입자의 세액공제율은 15%이다.
④ 근로소득만 있는 경우 근로소득금액 5,500만원 이하 가입자의 세액공제율은 15%이다.
⑤ 종합소득금액 4,500만원 초과 가입자의 세액공제율은 12%이다.

정답 | ④
해설 | **〈연금저축 납입단계 세액공제〉**

소득기준	세액공제 적용 납입액 한도	세액공제율
종합소득금액 4,500만원 이하 (근로소득만 있는 경우 총급여액 5,500만원 이하)	연 600만원 [ISA납입액의 10%(300만원 한도) 추가공제 가능]	15%
종합소득금액 4,500만원 초과 (근로소득만 있는 경우 총급여액 5,500만원 초과)		12%

★★★
17 다음 정보를 고려할 때 박소진(49세)씨의 20××년 귀속 종합소득 신고 시 연금저축세액공제를 최대한 적용받을 수 있는 납입액 한도와 세액공제율이 적절하게 연결된 것은?

• 박소진씨 20××년 귀속 근로소득(총급여액) : 50,000천원
• 박소진씨 20××년 귀속 연금저축계좌 납입액 : 연금저축펀드 9,000천원

	세액공제 적용 납입액 한도	세액공제율
①	4,000천원	15%
②	6,000천원	12%
③	6,000천원	15%
④	9,000천원	12%
⑤	9,000천원	15%

정답 | ③
해설 | **〈연금저축 납입단계 세액공제〉**

소득기준	세액공제 적용 납입액 한도	세액공제율
종합소득금액 4,500만원 이하 (근로소득만 있는 경우 총급여액 5,500만원 이하)	연 600만원 [ISA납입액의 10%(300만원 한도) 추가공제 가능]	15%
종합소득금액 4,500만원 초과 (근로소득만 있는 경우 총급여액 5,500만원 초과)		12%

★★★
18 다음 정보를 고려할 때 박소진(49세)씨의 20××년 귀속 종합소득세 계산시 연금계좌세액공제를 최대한 적용받을 수 있는 납입액 한도와 세액공제율이 적절하게 연결된 것은?

> • 박소진씨 20××년 귀속 근로소득(총급여) : 150,000천원
> • 박소진씨 20××년 귀속 연금계좌 납입액
>   – 연금저축펀드 : 7,000천원
>   – 개인형 퇴직연금 : 3,000천원

	세액공제 적용 납입액 한도	세액공제율
①	6,000천원	15%
②	9,000천원	12%
③	9,000천원	15%
④	10,000천원	12%
⑤	10,000천원	15%

정답 | ②

해설 | **〈연금저축 납입단계 세액공제〉**

소득기준	세액공제 적용 납입액 한도	세액공제율
종합소득금액 4,500만원 이하 (근로소득만 있는 경우 총급여액 5,500만원 이하)	연 600만원 [ISA납입액의 10%(300만원 한도) 추가공제 가능]	15%
종합소득금액 4,500만원 초과 (근로소득만 있는 경우 총급여액 5,500만원 초과)		12%

★★★
19 다음의 연금저축보험을 해지할 경우 지급되는 금액에 대해 적용되는 세금(지방소득세 포함)으로 적절하게 연결된 것은?

> 〈보험내용〉
> • 4년 전 연금저축 가입, 현재까지 4년간 매년 4,000천원을 납입
> • 매년 4,000천원씩 세액공제를 받음(총 16,000천원)
> • 현재 적립금은 17,000천원(납입금액 16,000천원, 운용수익 1,000천원)
> • 소득세법상 부득이한 사유가 아님

	세목	금액
①	이자소득세	2,380천원
②	이자소득세	2,550천원
③	연금소득세	2,805천원
④	기타소득세	2,550천원
⑤	기타소득세	2,805천원

정답 | ⑤

해설 | • 대상금액 : 세액공제금액＋운용수익＝17,000천원
• 기타소득세율 : 16.5%(지방소득세 포함)
• 기타소득세액 : 17,000천원×16.5%＝2,805천원

★★★

20 연금저축계좌 연금수령 시 과세되는 세금이 적절하게 연결된 것은?

구분	연금수령
연금계좌세액공제를 받지 않은 금액	(가)
연금수령한도 내 금액	(나)
연금수령한도 초과금액	(다)

	가	나	다
①	비과세	연금소득세	기타소득세
②	비과세	연금소득세	연금소득세
③	연금소득세	연금소득세	비과세
④	기타소득세	비과세	연금소득세
⑤	기타소득세	연금소득세	비과세

정답 | ①

해설 | **〈연금수령 시 세금〉**

<table>
<tr><th rowspan="2">연금수령 연령</th><th colspan="2">확정연금형</th><th colspan="2">종신연금형</th></tr>
<tr><th>한도 내 금액
(연금소득세)</th><th>한도 초과금액
(기타소득세)</th><th>한도 내 금액
(연금소득세)</th><th>한도 초과금액
(기타소득세)</th></tr>
<tr><td>55~69세</td><td>5%</td><td rowspan="3">15%</td><td rowspan="2">4%</td><td rowspan="3">15%</td></tr>
<tr><td>70~79세</td><td>4%</td></tr>
<tr><td>80세 이상</td><td>3%</td><td>3%</td></tr>
</table>

※ 연금계좌세액공제를 받지 않은 금액을 인출하는 경우에는 비과세

★★★
21 **연금저축을 가입하여 올해까지 매년 4,000천원을 납입(5년 유지)하면서 매년 4,000천원씩 세액공제 혜택을 받아왔는데(총 20,000천원), 현재 적립금은 21,250천원(납입원금 20,000천원, 운용수익 1,250천원)인 상황이다. 60세부터 10년간 연금으로 균등수령할 경우 과세되는 총 연금소득세(지방소득세 포함)로 가장 적절한 것은?(단, 연금수령기간에 발생할 운용수익은 고려하지 않으며, 모두 연금수령 한도 내 금액이다.)**

① 0원
② 약 638천원
③ 약 850천원
④ 약 1,063천원
⑤ 약 1,169천원

정답 | ⑤
해설 | • 과세대상금액 : 세액공제 받은 금액＋운용수익＝21,250천원
• 과세대상금액 21,250천원 10년 균등수령, 연 2,125천원
• 55~69세의 기간 중 연금소득세율 5.5% 적용
• 매년 연금소득세 : 2,125천원×5.5%＝116,875원
• 총연금소득세 116,875원×10년＝1,168,750원

★★★
22 **연금계좌에서 인출 시 과세되는 세금의 종류에 해당하지 않는 것은?**

① 퇴직소득세
② 기타소득세
③ 연금소득세
④ 지방소득세
⑤ 이자소득세

정답 | ⑤
해설 | 이자소득세는 세제비적격연금에서 과세되는 세금에 해당한다.

★★★
23 **연금저축 세제 내용이 적절하게 연결된 것은?**

① 납입단계 : 소득공제
② 연금수급개시 전 중도해지 시 과세(소득세법에서 정한 부득이한 사유) : 기타소득세
③ 연금계좌세액공제를 받지 않은 금액 인출 : 비과세
④ 연금수령 시 세금(한도 내 금액) : 비과세
⑤ 연금수령 시 세금(한도 초과금액) : 이자소득세

정답 | ③
해설 | ① 납입단계 : 세액공제
② 연금수급개시 전 중도해지 시 과세(소득세법에서 정한 부득이한 사유) : 연금소득세
④ 연금수령 시 세금(한도 내 금액) : 연금소득세
⑤ 연금수령 시 세금(한도 초과금액) : 기타소득세

★★★
24 세제적격연금에 대한 설명으로 가장 적절한 것은?

① 연금저축은 나이, 소득 제한 없이 거주자는 모두 가입할 수 있으나, 연금수령 시 세제혜택을 받으려면 10년 이상 가입하여야 한다.
② 소득세법에서는 연금계좌에서 중도인출 시 [세액공제를 받은 납입금액과 연금저축 운용수익 → 이연퇴직소득 → 세액공제를 받지 않은 납입금액]의 순서로 인출되는 것으로 규정하고 있다.
③ 소득세법상 의료목적, 천재지변, 그 밖의 부득이한 사유로 인출하는 금액에 대해서는 소득세가 비과세된다.
④ 연금저축 납입액 전액(연간 400만원 한도)이 세액공제 대상이다.
⑤ 세액공제율은 가입자의 소득수준에 따라 12% 또는 15%를 적용한다.

정답 | ⑤
해설 | ① 연금저축의 세제적격요건은 5년 이상 가입하고 55세 이후에 연금수령한도 내에서 연금수령을 하여야 한다.
② 소득세법에서는 연금계좌에서 중도인출 시 [세액공제를 받지 않은 납입금액 → 이연퇴직소득 → 세액공제를 받은 납입금액과 연금저축 운용수익]의 순서로 인출되는 것으로 규정하고 있다.
③ 소득세법상 의료목적, 천재지변, 그 밖의 부득이한 사유로 인출하는 금액에 대해서는 연금소득세가 과세된다.
④ 연금저축 납입액 전액(연간 600만원 한도)이 세액공제 대상이다.

★★★
25 세제적격연금에 대한 설명으로 적절하지 않은 것은?

① 연금저축을 단순히 납입액에 대한 세액공제 혜택을 받을 목적으로 가입하는 경우가 많지만, 은퇴 후 필요한 연금소득을 확보하도록 세제상 지원을 하는 금융상품이므로, '연금소득 확보'라는 가입목적을 명확하게 정하면 장래 고객 상황이나 시장 상황의 변화에도 은퇴저축을 지속하게 하는 동기부여가 된다.
② 연금저축보험은 공시이율을 적용하는 상품으로 기대수익률은 낮지만, 원금보장이 된다는 장점이 있고, 연금저축펀드는 금융회사가 제공하는 펀드 등 다양한 운용방법 중에서 단일상품을 선택하거나, 여러 투자상품으로 포트폴리오를 구성하여 운용할 수가 있다.
③ 적립금 운용에 따른 운용수익에 대해서는 적립금을 인출하기 전까지 과세하지 않고 인출 시 일정한 요건을 충족하는 경우 저율의 연금소득세를 과세한다.
④ 세액공제 받은 금액과 운용수익의 인출금액에 대해서는 15.4%(지방소득세 포함)의 이자소득세가 징수되어 세액공제 효과가 상쇄된다.
⑤ 연금저축계좌에서 소득세법상 요건을 충족하는 연금을 수령하는 경우 연금수령연령에 따라 연금소득세가 차등 과세되는데, 연금수령 시 세금은 55~69세는 5%, 70~79세는 4%, 80세 이상은 3%, 종신형연금은 4%이다.

정답 | ④
해설 | ④ 세액공제 받은 금액과 운용수익의 인출금액에 대해서는 16.5%(지방소득세 포함)의 기타소득세가 징수되어 세액공제 효과가 상쇄된다.

★★★
26 세제적격연금에 대한 설명으로 적절하지 않은 것은?

① 연금저축펀드는 가입자가 금융회사가 제공하는 펀드 등 운용방법을 선택하여 운용지시를 하는 실적배당형 상품이고, 연금저축보험은 생명보험회사 및 손해보험회사에서 취급하는 연금저축상품으로 원리금보장 및 예금자보호가 된다.

② 중도해지 및 인출 시 세제상 불이익을 받지 않으려면 해지하는 당해 연도에 납입한 금액과 세액공제를 받지 않은 금액을 한도로 인출하면 된다.

③ 연금계좌 계좌이체제도는 연금계좌에 있는 금액을 연금수령이 개시되기 전의 다른 연금계좌로 이체할 수 있도록 한 제도를 말하며, 계좌이체 시 이체되는 금액은 인출로 보지 않기 때문에 과세하지 않는데, 개인연금저축은 연금저축으로 이체가 불가능하다.

④ 연금저축에 납입한 전액(연간 600만원 한도)이 세액공제 대상이다.

⑤ 중도해지 하거나 일부 인출을 하는 경우 사유와 관계없이 기타소득세가 과세된다.

정답 | ⑤

해설 | **〈중도해지 시 과세〉**

구분	연금수급개시 전	연금수급개시 후	
		연금수령한도 내 금액	연금수령한도 초과금액
소득세법에서 정한 부득이한 사유 (소득세법상 연금수령)	연금소득세	연금소득세	연금소득세
그 외의 사유 (소득세법상 연금외수령)	기타소득세	연금소득세	기타소득세

⑤ 소득세법상 부득이한 사유 이외의 사유로 중도해지 하거나 일부 인출을 하는 경우 세액공제 받은 납입액과 운용수익에 대해서는 기타소득세가 과세된다

★★★
27 세제적격연금에 대한 설명으로 가장 적절한 것은?

① 거주자는 IRP와 달리 나이나 소득에 관계없이 연금저축을 가입할 수 있으며, 동일한 금융회사에 하나 또는 둘 이상의 연금저축 상품을 선택하여 가입할 수 있고, 여러 금융회사에 연금저축 상품을 가입할 수도 있다.

② 연금저축의 세제적격요건은 10년 이상 가입하고 60세 이후에 연금수령한도 내에서 연금수령을 하여야 한다.

③ 연금저축계좌에 납입할 수 있는 금액은 모든 금융기관에 설정되어 있는 연금계좌 납입액을 합산하여 연간 1,500만원이다.

④ 연금저축계좌에서 소득세법상 요건을 충족하는 연금을 수령하는 경우 비과세된다.

⑤ 연금저축계좌에서 소득세법상 한도를 초과한 금액은 연금외수령으로 보아 14%의 이자소득세가 부과된다.

정답 | ①

해설 | ② 연금저축의 세제적격요건은 5년 이상 가입하고 55세 이후에 연금수령한도 내에서 연금수령을 하여야 한다.

③ 연금저축계좌에 납입할 수 있는 금액은 모든 금융기관에 설정되어 있는 연금계좌 납입액을 합산하여 연간 1,800만원이다.

④ 연금저축계좌에서 소득세법상 요건을 충족하는 연금을 수령하는 경우 연금수령연령에 따라 3~5%의 연금소득세가 차등 과세된다.

⑤ 연금저축계좌에서 소득세법상 한도를 초과한 금액은 연금외수령으로 보아 15%의 기타소득세가 부과된다.

★★★

28 연금계좌 승계제도에 대한 설명으로 가장 적절한 것은?

① 연금계좌 가입자가 사망한 경우 배우자에 한해서 연금계좌를 승계할 수 있어 유족배우자의 생활보장을 위한 연금으로 활용될 수 있다.

② 연금계좌를 승계하고자 하는 자는 가입자가 사망한 날이 속하는 달의 말일부터 3개월 이내에 승계신청을 하여야 한다.

③ 연금계좌를 승계한 자는 본인 나이가 55세에 달하지 않았더라도 해당 연금계좌에서 연금수령이 가능하다.

④ 원천세율은 가입자를 기준으로 하며 연금계좌를 승계한 자가 연금수령을 개시하기 전인 경우에도 추가납입은 할 수 없다.

⑤ 연금수령을 개시할 때 최소납입요건 판정을 위한 가입일은 승계한 날이 되기 때문에 승계한 날부터 5년이 지나야 연금수령이 가능하다.

정답 | ①

해설 | ② 연금계좌를 승계하고자 하는 배우자는 가입자가 사망한 날이 속하는 달의 말일부터 6개월 이내에 승계신청을 하여야 한다.

③ 배우자가 연금계좌를 승계한 경우 승계한 날에 배우자가 새로이 가입한 것으로 간주한다. 따라서 배우자 나이가 55세에 달하지 않았다면 55세부터 연금개시를 하여야 한다.

④ 원천세율은 배우자를 기준으로 하며 피상속인이 이미 연금수령을 개시한 경우에도 배우자가 연금수령 전까지 추가납입을 할 수 있다.

⑤ 연금수령을 개시할 때 최소납입요건 판정을 위한 가입일과 연금수령연차 산정을 위한 기산연도는 피상속인 기준을 적용한다.

★★★
29 연금계좌 승계제도에 대한 설명으로 적절하지 않은 것은?

① 연금계좌 가입자인 A씨가 사망한 경우, 그의 배우자 B씨와 외동딸 C씨는 법정 상속지분에 따라 연금계좌를 나누어 승계할 수 있다.

② 연금계좌를 승계하고자 하는 자는 가입자가 사망한 날이 속하는 달의 말일부터 6개월 이내에 승계신청을 하여야 한다.

③ 연금계좌를 승계한 경우 승계한 날에 새로이 가입한 것으로 간주한다.

④ 원천세율은 승계한 자를 기준으로 하며 피상속인이 이미 연금수령을 개시한 경우에도 승계한 자가 연금수령 전까지 추가납입을 할 수 있다.

⑤ 연금수령을 개시할 때 최소납입요건 판정을 위한 가입일과 연금수령연차 산정을 위한 기산연도는 피상속인 기준을 적용한다.

정답 | ①

해설 | ① 연금계좌 가입자가 사망한 경우 배우자에 한해서 연금계좌를 승계할 수 있어 유족배우자의 생활보장을 위한 연금으로 활용될 수 있다.

★★★
30 다음 사례에서 연금계좌 승계제도에 대한 적절한 설명으로 모두 묶인 것은?

> 김세진(사망, 56세)씨는 연금저축계좌에서 연금수령 중 올해 8월 6일 사망하였다. 김세진씨의 유족으로는 배우자 이숙(52세)씨 및 자녀가 있다.

> 가. 이숙씨나 자녀 중 한 사람을 선택하여 연금계좌 승계가 가능하다.
> 나. 연금계좌를 승계하고자 하는 경우 김세진씨가 사망한 날이 속하는 달의 말일부터 6개월 이내에 승계신청을 하여야 한다.
> 다. 이숙씨가 연금계좌를 승계한 경우 승계 즉시 연금수령이 가능하다.
> 라. 이숙씨가 연금계좌를 승계한 경우 이숙씨는 연금계좌에 추가납입을 할 수 있다.

① 나　　② 가, 다
③ 나, 라　　④ 가, 다, 라
⑤ 가, 나, 다, 라

정답 | ③

해설 | 가. 연금계좌 가입자가 사망한 경우 배우자에 한해서 연금계좌를 승계할 수 있어 유족배우자의 생활보장을 위한 연금으로 활용될 수 있다.
다. 배우자가 연금계좌를 승계한 경우 승계한 날에 배우자가 새로이 가입한 것으로 간주한다. 따라서 배우자 나이가 55세에 달하지 않았다면 55세부터 연금개시를 하여야 한다.

★★★
31 다음 사례에서 연금계좌 승계제도에 대한 설명으로 가장 적절한 것은?

> 김세진(사망, 56세)씨는 연금저축계좌에서 연금수령 중 올해 8월 6일 사망하였다. 김세진씨의 유족으로는 배우자 이채원(52세)씨 및 자녀가 있다.

① 이채원씨나 자녀 중 한 사람을 선택하여 연금계좌 승계가 가능하다.
② 연금계좌를 승계하고자 하는 경우 김세진씨가 사망한 날이 속하는 달의 말일부터 6개월 이내에 승계신청을 하여야 한다.
③ 이채원씨가 연금계좌를 승계한 경우 승계 즉시 연금수령이 가능하다.
④ 이채원씨가 연금계좌를 승계한 경우 이채원씨는 연금계좌에 추가납입을 할 수 없다.
⑤ 연금수령을 개시할 때 최소납입요건 판정을 위한 가입일은 승계한 날이 되기 때문에 이채원씨는 연금계좌를 승계한 날부터 최소 5년이 지나야 연금수령이 가능하다.

정답 | ②
해설 | ① 연금계좌 가입자가 사망한 경우 배우자에 한해서 연금계좌를 승계할 수 있어 유족배우자의 생활보장을 위한 연금으로 활용될 수 있다.
③ 배우자가 연금계좌를 승계한 경우 승계한 날에 배우자가 새로이 가입한 것으로 간주한다. 따라서 배우자 나이가 55세에 달하지 않았다면 55세부터 연금개시를 하여야 한다.
④ 피상속인이 이미 연금수령을 개시한 경우에도 배우자가 연금수령 전까지 추가납입을 할 수 있다.
⑤ 연금수령을 개시할 때 최소납입요건 판정을 위한 가입일과 연금수령연차 산정을 위한 기산연도는 피상속인 기준을 적용한다.

★★★

32 금융권역별 연금저축 상품의 특성에 대한 적절한 설명으로 모두 묶인 것은?

가. 연금저축보험은 최저보증이율을 설정하고 있어 공시이율이 하락하더라도 55세 이후에 연금을 수령한다면 원금손실 가능성은 없으나, 보험상품의 성격상 사업비가 부과되어 있어 납입액 대비 실질수익률이 평균공시이율보다 적을 수 있고 연금저축펀드보다 기대수익률이 낮다.

나. 연금저축펀드의 적립금은 기본적으로는 가입자가 투자상품을 선택하고 금융회사에 운용지시를 하는 방식으로 운용함에 따라 투자위험을 가입자가 부담하기 때문에 원금손실위험이 있으며 예금자보호가 안 된다.

다. 연금저축신탁은 신탁상품의 성격상 적립금 운용을 보수적으로 하기 때문에 기대수익률은 연금저축펀드보다 낮은 수준이지만, 납입한 원금이 보장되고 예금자보호대상이 되며, 연금저축보험은 원금이 보장되나, 예금자보호가 안 된다.

라. 연금저축펀드와 연금저축신탁은 납입방법을 정기납이나 자유납으로 설정할 수 있어 가입자의 재무 상황에 따라 유연하게 납입할 수 있으나, 연금저축보험의 연금보험료는 정액정기납을 원칙으로 하기 때문에 연금보험료 납입을 연체하는 경우 보험계약의 효력상실 가능성이 있다.

마. 연금저축펀드의 연금지급형태는 확정기간연금과 확정금액연금 두 가지 방식이 대표적이며, 연금저축보험과 연금저축신탁의 연금지급형태는 종신연금과 확정기간연금이 있다.

① 가, 나, 다
② 가, 나, 라
③ 가, 라, 마
④ 나, 다, 라
⑤ 나, 라, 마

정답 | ②

해설 | **〈금융권역별 연금저축 상품의 특성〉**

구분	연금저축보험	연금저축펀드	연금저축신탁
판매회사	증권회사, 은행, 보험회사		은행
납입방식	정액 · 정기납	자유적립식	자유적립식
적용금리	공시이율	실적배당	실적배당
연금수령방법	확정기간형, 종신형	확정기간형, 확정금액형 등 다양	확정기간형
원금보장	보장	비보장	보장
예금자보호	보호	비보호	보호

※ 손해보험회사의 확정기간형은 최대 25년까지이며, 종신형 연금을 생명보험회사에서 취급

★★★
33 **세제적격연금 상품 종류에 대한 설명이 적절하게 연결된 것은?**

> A. 납입방법은 정액정기납을 원칙으로 하기 때문에 납입을 연체하는 경우 계약의 효력상실 가능성이 있다.
> B. 예금자보호대상이 되며 연금지급형태는 확정기간연금형을 기본으로 하고 있다.
> C. 투자위험을 가입자가 부담하기 때문에 원금손실위험이 있으며 예금자보호가 안 되고, 연금지급형태는 확정기간연금과 확정금액연금 두 가지 방식이 대표적이다.

	연금저축신탁	연금저축펀드	연금저축보험
①	A	B	C
②	B	A	C
③	B	C	A
④	C	A	B
⑤	C	B	A

정답 | ③

해설 | A. 연금저축보험에 대한 설명이다.
B. 연금저축신탁에 대한 설명이다.
C. 연금저축펀드에 대한 설명이다.

★★★
34 **다음 가입자 유형에 따른 세제적격연금 상품이 적절하게 연결된 것은?**

가입자 유형	가	나	다
자유로운 납입방식을 원한다.	○	○	–
종신형 연금형태를 원한다.	–	–	○
납입한 원금손실이 발생하더라도 높은 수익을 원한다.	–	○	–
예금자보호가 되는 연금을 원한다.	○	–	○

	가	나	다
①	연금저축신탁	연금저축펀드	연금저축보험
②	연금저축신탁	연금저축보험	연금저축펀드
③	연금저축펀드	연금저축신탁	연금저축보험
④	연금저축보험	연금저축신탁	연금저축펀드
⑤	연금저축보험	연금저축펀드	연금저축신탁

정답 | ①

해설 | **〈금융권역별 연금저축 상품의 특성〉**

구분	연금저축보험	연금저축펀드	연금저축신탁
판매회사	증권회사, 은행, 보험회사		은행
납입방식	정액 · 정기납	자유적립식	자유적립식
적용금리	공시이율	실적배당	실적배당
연금수령방법	확정기간형, 종신형	확정기간형, 확정금액형 등 다양	확정기간형
원금보장	보장	비보장	보장
예금자보호	보호	비보호	보호

※ 손해보험회사의 확정기간형은 최대 25년까지이며, 종신형 연금을 생명보험회사에서 취급

★★★

35 다음 고객 니즈에 맞는 세제적격연금 상품이 적절하게 연결된 것은?

> A고객 : 납입한 원금이 보장되고 납입과 인출이 자유로운 상품을 원한다.
> B고객 : 저축습관을 기르기 위해 정액정기납을 원하며 종신연금을 선택하고 싶다.
> C고객 : 납입액에 대한 세액공제, 운용수익에 대한 과세이연 및 연금수령 시 저율의 연금소득세 과세 등 세제 혜택을 원하며, 예금자보호가 안 되더라도 공격적인 투자를 희망한다.

	A고객	B고객	C고객
①	연금저축보험	연금저축펀드	연금저축신탁
②	연금저축펀드	연금저축보험	연금저축신탁
③	연금저축펀드	연금저축신탁	연금저축보험
④	연금저축신탁	연금저축보험	연금저축펀드
⑤	연금저축신탁	연금저축펀드	연금저축보험

정답 | ④

해설 | **〈금융권역별 연금저축 상품의 특성〉**

구분	연금저축보험	연금저축펀드	연금저축신탁
판매회사	증권회사, 은행, 보험회사		은행
납입방식	정액 · 정기납	자유적립식	자유적립식
적용금리	공시이율	실적배당	실적배당
연금수령방법	확정기간형, 종신형	확정기간형, 확정금액형 등 다양	확정기간형
원금보장	보장	비보장	보장
예금자보호	보호	비보호	보호

※ 손해보험회사의 확정기간형은 최대 25년까지이며, 종신형 연금을 생명보험회사에서 취급

★★★
36 세제적격연금에 관한 다음 설명 중 가장 적절한 것은?

① 연금저축계좌에 납입할 수 있는 금액은 모든 금융기관에 설정되어 있는 연금계좌 납입액을 합산하여 연간 1,500만원이다.
② 세액공제 받은 금액과 운용수익의 인출금액에 대해서는 15.4%(지방소득세 포함)의 이자소득세가 징수되어 세액공제 효과가 상쇄된다.
③ 개인연금저축과 연금저축 상호 간 이체가 가능하다.
④ 연금수령 중인 연금저축계좌는 연금수령 전인 다른 연금저축계좌로 전액 계좌이체할 수 있으나, 반대의 경우는 계좌이체가 허용되지 않으며, 종신연금을 수령 중인 연금저축계좌는 상품의 특성상 계좌이체가 불가능하다.
⑤ 모든 상품이 원금보장을 통한 안정적인 운용이 가능하다.

정답 | ④
해설 | ① 연금저축계좌에 납입할 수 있는 금액은 모든 금융기관에 설정되어 있는 연금계좌 납입액을 합산하여 연간 1,800만원이다.
② 세액공제 받은 금액과 운용수익의 인출금액에 대해서는 16.5%(지방소득세 포함)의 기타소득세가 징수되어 세액공제 효과가 상쇄된다.
③ 2000년 12월 31일 이전 가입한 개인연금저축은 연금저축으로 이체가 불가능하다(이 경우는 개인연금저축 상호 간 이체는 가능함. 금융회사 변경 등).
⑤ 연금저축펀드는 투자위험을 가입자가 부담하기 때문에 원금손실위험이 있으며 예금자보호가 안 된다.

★★★
37 연금저축에 대한 설명으로 가장 적절한 것은?

① 장기간에 걸쳐 진행되는 은퇴저축의 속성상 물가상승에 따른 투자금액의 실질가치 하락위험, 시장변동성에 따른 원금손실위험, 가입자의 수입 감소 또는 중단에 따른 납부중단과 해지 가능성 등 각종 위험에 노출될 수 있으므로, 연금저축을 가입할 때 저축금액과 저축기간 등은 가입자의 장래 추가 저축여력을 고려하여 신중하게 정할 필요가 있다.
② 연금저축펀드는 가입자가 금융회사에서 제공하는 다양한 펀드 및 ETF 등을 선택하거나 포트폴리오를 구성하여 운용지시를 해야 하며, 운용지시를 하지 않은 적립금은 일정 기간이 경과한 후 사전에 선택한 디폴트옵션으로 운용된다.
③ 소득세법상 의료목적, 천재지변, 그 밖의 부득이한 사유로 인출하는 금액에 대해서는 연금소득세가 과세되므로, 연금개시 전 또는 후 연금저축 상품에서 부득이한 사유로 자금을 인출하려는 경우 해당 사유가 확인된 날로부터 1년 이내에 그 사유를 확인할 수 있는 서류를 갖추어 금융회사에 제출하면 된다.
④ 연금저축계좌에서 소득세법상 요건을 충족하는 연금을 수령하는 경우 연금수령한도와 상관없이 연금수령연령에 따라 연금소득세가 차등 과세된다.
⑤ 연금저축은 정액정기납을 원칙으로 하기 때문에 납입을 연체하는 경우 계약의 효력상실 가능성이 있다.

정답 | ①

해설 | ② 연금저축 상품은 사전지정운용제도(디폴트옵션)가 적용되지 않는다.
③ 연금개시 전 또는 후 연금저축 상품에서 부득이한 사유로 자금을 인출하려는 경우 해당 사유가 확인된 날로부터 6개월 이내에 그 사유를 확인할 수 있는 서류를 갖추어 금융회사에 제출하면 된다.
④ 연금저축계좌에서 소득세법상 요건을 충족하는 연금을 수령하는 경우 연금수령연령에 따라 연금소득세가 차등 과세되며, 소득세법상 한도를 초과하는 금액은 연금외수령으로 보아 기타소득세가 부과된다.
⑤ 연금저축보험은 정액정기납을 원칙으로 하지만, 연금저축펀드와 연금저축신탁은 납입방법을 정기납이나 자유납으로 설정할 수 있어 가입자의 재무 상황에 따라 유연하게 납입할 수 있다.

★★★
38 연금저축펀드 적립금 운용에 대한 설명으로 적절하지 않은 것은?

① 연금저축펀드는 위험자산 투자한도가 70%로 제한되어 있어 정기예금 등 원리금보장형 상품에 30% 이상 투자해야 한다.
② 연금저축펀드의 적립금 운용방법은 가입자가 직접 금융회사에 운용지시를 하여 운용하는 방법과 투자일임 · 자문업자와 계약을 체결하고 운용하는 일임 · 자문연계형 운용방법이 있다.
③ 집합투자증권 매입방법은 정액적립식, 자유적립식, 임의식 방식 중 가입자가 선택할 수 있으며, 가입자는 언제든지 매입한 집합투자증권을 환매 또는 매도할 수 있다.
④ 과거수익률을 검토할 때 최소한 3년, 5년 또는 펀드설정일 이후 기간에 대한 수익률 등을 참고한다.
⑤ 펀드설정 후 3년이 지나도 운용규모가 50억원 미만의 소규모 펀드라면 장기투자를 하는 연금저축펀드에 적합하지 않으며, 자금유입이 계속되고 있다면 큰 문제는 없지만 자금유출이 계속되는 펀드라면 계속되는 환매에 따라 펀드수익률에 영향을 줄 수 있으므로 펀드의 자금유입 추세도 검토할 필요가 있다.

정답 | ①

해설 | ① 연금저축펀드는 위험자산에 적립금의 100%를 투자할 수 있다. 가입자가 공격적 위험수용성향을 갖고 있다면 기대수익률을 높이기 위해 위험자산 투자한도가 70%로 제한되어 있는 IRP보다 연금저축펀드를 선택하여 운용하는 것도 한 방법이다. 연금저축펀드의 투자대상에 정기예금 등 원리금보장형 상품은 제외된다.

★★★
39 연금저축펀드 적립금 운용 시 펀드 선택기준으로 적절하지 않은 것은?

① 가입자의 위험수용성향에 적합한 펀드
② 수익률이 비교지수 대비 높은 펀드
③ 위험수준이 동일 유형 대비 낮은 펀드
④ 운용인력 교체가 잦은 펀드
⑤ 펀드평가등급이 상위인 펀드

정답 | ④

해설 | ④ 운용인력 교체가 잦지 않은 펀드

··· TOPIC 3 세제비적격연금

★★★
40 세제비적격연금에 대한 적절한 설명으로 모두 묶인 것은?

> 가. 세제비적격연금은 실무상 보험료 납입액에 대해 세액공제를 받을 수 없는 연금을 말하며, 대표적으로 보험회사의 연금보험과 변액연금보험이 있다.
> 나. 세제비적격 연금보험은 연금저축과 달리 연간 납입한도가 적용되지 않는다.
> 다. 인출 시 보험차익에 대해 매년 이자소득세를 과세한다.
> 라. 연금보험은 가입자가 자금이 필요한 경우 연금개시 전까지 약관에서 정한 일정 한도 내에서 수수료 없이 인출하여 사용할 수 있다.
> 마. 대부분의 연금보험은 종신연금이 기본 형태이며, 이외에 확정기간연금, 조기집중연금, 혼합형연금이 있으나, 상속연금 방식은 선택이 불가하다.
> 바. 연금보험은 연금수급개시 전 피보험자가 사망하는 경우 적립금과 납입보험료 중 큰 금액을 지급하고 계약을 종료한다.

① 가, 나, 다, 마
② 가, 나, 라, 바
③ 가, 다, 라, 마
④ 나, 다, 라, 바
⑤ 나, 라, 마, 바

정답 | ②
해설 | 다. 소득세법상 장기저축성보험 과세제외요건을 충족하는 경우 인출 시 보험차익에 대해 과세를 하지 않아 은퇴기간 중에 연금소득 이외의 자금이 필요한 경우 세제상 불이익 없이 인출하여 다양한 용도로 활용 할 수 있는 장점이 있다.
마. 자녀 등에 상속니즈가 있는 가입자의 경우 상속연금지급방식을 선택하여 사망 시 연금적립금을 상속재원으로 활용할 수 있다.

★★★
41 연금보험에 대한 설명으로 적절하지 않은 것은?

① 연금보험은 납입된 보험료를 공시이율을 적용하여 부리하고 통상 45세 이후부터 연금을 수령할 수 있다.
② 최저보증이율을 설정하여 납입원금과 최저이율을 보장한다.
③ 연금보험은 투자에 따른 위험부담을 회피하고 장기저축을 통해 연금소득을 확보하고자 하는 사람에게 적합한 상품이다.
④ 추가납입보험료는 기본보험료에 비해 사업비가 상대적으로 적게 부과되어 있고, 보장계약보험료가 부과되지 않기 때문에 기본보험료보다 연금적립금 축적비율이 더 높고, 추가납입은 계약 성립 후부터 연금개시 일정 기간 전까지 수시로 납입이 가능하다.
⑤ 연금보험의 보험료 납입 일시중지는 보험계약일로부터 3년이 지난 이후부터 가능하며, 납입일시중지 신청을 하더라도 기본보험료의 보험료 납입기간은 연장되지 않는다.

정답 I ⑤
해설 I ⑤ 연금보험의 보험료 납입 일시중지는 보험계약일로부터 5년이 지난 이후부터 가능하며, 납입일시중지 신청 시 기본보험료의 보험료 납입기간은 납입일시중지기간만큼 연장된다.

★★★
42 변액연금보험의 적립금 운용 옵션에 대한 설명이 적절하게 연결된 것은?

A. 투자성과에 따라 변동된 적립금을 일정 기간 단위별로 가입자가 정한 펀드별 투자비율로 재조정하여 운용하는 옵션이다.
B. 가입자의 신청에 의해 현재 운용중인 특별계정에서 적립금의 전부 또는 일부를 다른 펀드로 변경할 수 있는 옵션이다.
C. 가입자가 보험계약 시 특별계정에 납입되는 보험료를 선택한 펀드별로 일정한 비율을 정하여 운용하는 옵션이다.
D. 일시납 또는 추가납입보험료 등을 일시에 특별계정으로 이체하지 않고 가입자가 정한 단위별로 정한 금액을 이체하는 옵션이다.

	펀드변경 옵션	자동자산배분	펀드자동재배분	정액분할투자
①	A	B	C	D
②	A	D	C	B
③	B	C	A	D
④	B	D	C	A
⑤	D	C	A	B

정답 I ③
해설 I A. 펀드자동재배분 B. 펀드변경 옵션
C. 자동자산배분 D. 정액분할투자

★★★
43 변액연금의 다양한 보증옵션에 대한 설명이 적절하게 연결된 것은?

> 가. 변액연금에서 연금을 수령하는 경우 특별계정의 성과와 관계없이 납입된 원금 또는 연금개시 시점의 적립금을 보증한다.
> 나. 연금개시 이후 특별계정 투자성과에 관계없이 일정 수준의 연금지급을 보증하는 옵션이다.
> 다. 연금개시 이후 특별계정의 투자성과에 관계없이 최저보증이율을 적용한 연금액을 지급하는 옵션이다.

	가	나	다
①	GMDB	GMWB	GMIB
②	GMDB	GMIB	GMWB
③	GMAB	GMWB	GMIB
④	GMAB	GMIB	GMWB
⑤	GMWB	GMDB	GMAB

정답 | ③
해설 | 가. 최저적립금보증(GMAB) 옵션
나. 최저인출보증(GMWB)
다. 최저수입보증(GMIB)

★★★
44 변액연금보험의 각종 옵션에 대한 다음 설명 중 (가)~(다)에 들어갈 내용이 적절하게 연결된 것은?

> • 변액보험은 기간이 경과하면서 포트폴리오를 구성하고 있는 펀드별 상대가치가 변동할 수 있는데, (가) 옵션을 활용하여 가입자의 위험수용성향에 적합한 포트폴리오를 지속적으로 유지하면서 적립금을 운용할 수 있다.
> • (나)는 변액연금에서 연금을 수령하는 경우 특별계정의 성과와 관계없이 납입된 원금 또는 연금개시시점의 적립금을 보증한다.
> • 변액연금의 연금지급보증 옵션은 연금개시 후 투자성과와 관계없이 일정한 연금수준(납입원금의 일정한 비율로 약정된 연금)을 보증(다)하거나 일정한 이율(최저수익률을 보증)을 보증(라)하는 형태가 대표적이다.

	가	나	다	라
①	자동자산배분	GMDB	GMWB	GMIB
②	자동자산배분	GMAB	GMIB	GMWB
③	펀드자동재배분	GMDB	GMIB	GMWB
④	펀드자동재배분	GMAB	GMWB	GMIB
⑤	정액분할투자	GLWB	GMWB	GMIB

정답 | ④

해설 | 가. 펀드자동재배분
나. 최저적립금보증(GMAB) 옵션
다. 최저인출보증(GMWB)
라. 최저수입보증(GMIB)

★★★
45 변액연금보험에 대한 설명으로 적절하지 않은 것은?

① 가입자는 보험회사가 제시하는 다양한 펀드 유형 중 운용방법을 선택 또는 변경하여 적립금을 운용하고 그 운용결과는 가입자가 책임을 지게 된다.

② 특별계정의 투자위험은 가입자가 지게 되어 있으므로 운용성과가 저조하면 원금손실 가능성도 있으므로, 이러한 특별계정의 적리금 변동위험을 완화하도록 보험회사에서는 다양한 최저적립금보증 옵션을 제공하고 있다.

③ GMDB는 변액연금에서 연금을 수령하는 경우 특별계정의 성과와 관계없이 납입된 원금 또는 연금개시시점의 적립금을 보증하는데, 현재 우리나라 대부분의 보험회사에서 취급하는 변액연금에는 GMDB가 부가되어 판매되고 있다.

④ 변액연금의 연금지급보증 옵션은 연금개시 후 투자성과와 관계없이 일정한 연금수준(납입원금의 일정한 비율로 약정된 연금)을 보증(GMWB)하거나 일정한 이율(최저수익률을 보증)을 보증(GMIB)하는 형태가 대표적이다.

⑤ 변액연금은 연금수령기간 중 인플레이션 진행에 따른 실질구매력 하락위험에 대응할 수 있다는 장점이 있다.

정답 | ③

해설 | ③ GMAB는 변액연금에서 연금을 수령하는 경우 특별계정의 성과와 관계없이 납입된 원금 또는 연금개시시점의 적립금을 보증하는데, 현재 우리나라 대부분의 보험회사에서 취급하는 변액연금에는 GMAB가 부가되어 판매되고 있다.

★★★
46 즉시연금의 종류는 적립금 운용형태에 따라 금리연동형 연금과 변액연금으로 구분할 수 있다. 즉시연금의 활용 포인트로 적절하지 않은 것은?

① 금리연동형 연금은 시장 상황과 관계없이 비교적 안정적인 연금을 수령한다는 장점이 있는 반면, 인플레이션 진행에 따라 실질구매력이 하락할 수 있다는 단점이 있다.
② 변액연금은 금리형보다 높은 수익을 추구할 수 있으며, 연금수령기간 중 인플레이션 진행에 따른 실질구매력 하락위험에 대응할 수 있다는 장점이 있다.
③ 금리연동형 연금과 변액연금 모두 원금손실위험이 있다는 단점이 있다.
④ 연금지급방법을 종신형 연금으로 선택할 경우 사망할 때까지 평생 연금소득을 지급받을 수 있어 장수위험에 대비할 수 있다.
⑤ 연금수령방법을 종신형으로 정한 경우에는 인출하는 시기와 관계없이 수령하는 연금에 대해 과세하지 않는다.

정답 | ③
해설 | **〈즉시연금의 활용 포인트〉**

구분	금리연동형 연금보험	변액연금보험
상품특징	• 안정적 연금지급 • 실질구매력 하락위험 • 원금손실 위험 없음	• 금리형보다 높은 수익 추구 • 실질구매력 유지 가능 • 원금손실위험 있음
장수위험 대응	연금지급방법을 종신형 연금으로 선택	
소득세 과세 대응	연금지급방법을 종신형 연금으로 선택	

★★★
47 즉시연금보험에 대한 설명으로 적절하지 않은 것은?

① 금리연동형 연금 방식의 즉시연금은 공시이율을 적용하지만 최저보증이율을 보장하기 때문에 시장 상황과 관계없이 비교적 안정적인 연금을 수령한다는 장점이 있는 반면, 연금지급기간이 종신연금처럼 장기간인 경우 인플레이션 진행에 따라 실질구매력이 하락할 수 있다는 단점이 있다.
② 변액연금은 일시납으로 납입된 보험료를 주식, 채권 등 금융투자상품에 투자하는 방법으로 운용하고 운용성과에 따라 연금수준이 변동되며, 연금수령기간 중 인플레이션 진행에 따른 실질구매력 하락위험에 대응할 수 있다는 장점이 있다.
③ 즉시연금은 취급하는 보험회사의 체계적인 적립금 운용과 연금지급시스템으로 가입자는 안정적인 연금소득을 지급받을 수 있고 심리적 안정을 갖게 된다.
④ 변액연금형 즉시연금은 금리연동형 즉시연금과 달리 기본적으로 종신연금은 선택할 수 없으나, 종신인출보증(GLWB)옵션을 특약으로 선택하는 경우 종신연금을 지급받을 수 있다.
⑤ 즉시연금은 장기저축성보험의 성격을 갖는 보험상품으로 확정연금형 즉시연금도 연금수령기간을 10년 이상으로 정할 경우 이자소득세가 과세되지 않는다.

정답 | ⑤

해설 | ⑤ 연금수령방법을 확정기간형으로 한 경우는 소득세법상 장기저축성보험 과세제외요건(10년 이상 가입)을 충족하지 못한 것으로 보아 연금 또는 일시금을 인출할 때 과세를 하게 된다. 즉시연금에서 연금 또는 일시금을 인출할 때 가입자가 납입한 보험료가 먼저 인출되고, 그 다음 공시이율로 부리된 이자소득이 인출되는 것으로 본다. 따라서 확정연금형 즉시연금은 연금수령기간을 10년 이상으로 정하여도 부리된 이자소득을 원천으로 연금을 수령하는 시점부터는 이자소득세가 과세된다. 만약 연금수령방법을 종신형으로 정한 경우에는 인출하는 시기와 관계없이 수령하는 연금에 대해 과세하지 않는다.

★★★

48 세제비적격연금에 관한 적절한 설명으로 모두 묶인 것은?

가. 연금보험은 납입된 보험료를 공시이율을 적용하여 부리하고 통상 45세 이후부터 연금을 수령할 수 있으며, 최저보증이율을 설정하여 납입원금과 최저이율을 보장한다.
나. 연금보험은 가입자가 자금이 필요할 경우 연금개시 전까지 약관에서 정한 일정 한도 내에서 수수료 없이 인출하여 사용할 수 있다.
다. 보험회사에서는 변액연금의 투자위험을 완화하기 위한 다양한 적립금 운용 옵션을 제시하고 있는데, 펀드자동재배분 옵션은 가입자가 보험계약 시 특별계정에 납입되는 보험료를 선택한 펀드별로 일정한 비율을 정하여 운용하는 옵션이다.
라. 변액연금에서 연금을 수령하는 경우 특별계정의 성과와 관계없이 납입된 원금 또는 연금개시 시점의 적립금을 보증하는 GMAB는 우리나라의 경우 변액보험이 도입된 역사가 길지 않아 아직까지는 활성화되지 않은 상태이지만 우리나라에서도 향후 발전가능성이 높을 것으로 전망된다.
마. 변액연금의 연금지급보증 옵션 중 최저수입보증 옵션은 연금개시 이후 특별계정 투자성과에 관계없이 일정 수준의 연금지급을 보증하는 옵션이다.
바. 즉시연금보험은 일시금을 납입하고 그 다음 달 계약해당일로부터 연금을 지급하는 연금보험으로, 은퇴를 앞두거나 은퇴한 사람이 보유하고 있는 은퇴자산을 연금화하기 위해 유용하게 활용할 수 있다.

① 가, 나, 다
② 가, 나, 바
③ 나, 라, 마
④ 다, 라, 바
⑤ 라, 마, 바

정답 | ②

해설 | 다. 자동자산배분 옵션에 대한 설명이다. 펀드자동재배분옵션은 투자성과에 따라 변동된 적립금을 일정 기간 단위별로 가입자가 정한 펀드별 투자비율로 재조정하여 운용하는 옵션이다.

라. GMAB는 변액연금에서 연금을 수령하는 경우 특별계정의 성과와 관계없이 납입된 원금 또는 연금개시시점의 적립금을 보증한다. 현재 우리나라 대부분의 보험회사에서 취급하는 변액연금에는 GMAB가 부가되어 판매되고 있다.

마. 최저인출보증(GMWB)에 대한 설명이다. 최저수입보증(GMIB) 옵션은 연금개시 이후 특별계정의 투자성과에 관계없이 최저보증이율을 적용한 연금액을 지급하는 옵션이다.

★★★
49 세제비적격연금에 대한 적절한 설명으로 모두 묶인 것은?

가. 연금보험은 적립금 운용에 따른 투자위험은 보험회사가 부담을 하고 연금적립금은 공시이율을 적용하므로 가입자는 지급되는 연금수준이 어느 정도인지를 예측할 수 있다.
나. 대부분의 연금보험은 가입자가 여유가 있을 경우 기본보험료 이외에 금액제한 없이 추가로 납입할 수 있다.
다. 변액연금의 펀드변경 옵션은 가입자의 신청에 의해 현재 운용중인 특별계정에서 적립금의 전부 또는 일부를 다른 펀드로 변경할 수 있는 옵션인데, 가입자는 펀드변경이 가능하므로 보험회사의 적립금 운용에 대한 견제와 효율적인 적립금 운용을 가능하게 한다.
라. 현재 우리나라 대부분의 보험회사에서 취급하는 변액연금에는 GMAB, GMWB, GMIB가 부가되어 판매되고 있다.
마. 변액연금의 연금지급보증 옵션에는 GMAB, GMWB, GMIB가 있다.
바. 즉시연금은 연금수령방법을 종신형으로 한 경우는 소득세법상 장기저축성보험 과세제외요건을 충족하지 못한 것으로 보아 연금 또는 일시금을 인출할 때 과세를 하게 된다.

① 가, 다
② 나, 라
③ 가, 나, 마
④ 가, 라, 바
⑤ 다, 라, 마

정답 | ①

해설 | 나. 추가납입을 금액제한 없이 할 수 있는 것은 아니고 납입기간 중 총납입한도와 1회 추가납입한도를 정하고 있다. 대부분의 보험회사에서는 총납입한도를 기본보험료 총액의 200%(일시납은 100%)까지로 정하고 있다. 다음은 대부분의 보험회사에서 사용하고 있는 추가납입보험료 산정식이다.

- 일시납계약 1회 추가납입한도 = (기본보험료 × 100% + 중도인출금액 계) − 기납입 추가납입보험료 계
- 월납계약 1회 추가납입한도 = {(기본보험료 × 가입경과월수) + 선납보험료} × 2 + 중도인출금액 계 − 기납입 추가납입보험료 계

라. 현재 우리나라 대부분의 보험회사에서 취급하는 변액연금에는 GMAB가 부가되어 판매되고 있다.
마. GMAB는 특별계정의 적립금 변동위험을 완화하도록 보험회사에서 제공하고 있는 최저적립금보증 옵션이다. 변액연금의 연금지급보증 옵션은 연금개시 후 투자성과와 관계없이 일정한 연금수준(납입 원금의 일정한 비율로 약정된 연금)을 보증(GMWB)하거나 일정한 이율(최저수익률을 보증)을 보증(GMIB)하는 형태가 대표적이다. 이외에 투자성과와 관계없이 가입자가 사망할 때까지 연금지급을 보증(GLWB)하는 형태가 있다.
바. 연금수령방법을 확정기간형으로 한 경우에 대한 설명이다. 연금수령방법을 종신형으로 정한 경우에는 인출하는 시기와 관계없이 수령하는 연금에 대해 과세하지 않는다.

■■■ TOPIC 4 개인연금 활용방법

★☆☆

50 개인연금 활용방법에 대한 적절한 설명으로 모두 묶인 것은?

가. 세제적격연금은 과세이연에 따른 투자수익 증대와 연금소득을 확보할 수 있다는 장점이 있지만, 중도인출 제한 등 유동성 제약이 따르게 된다.
나. 연금저축펀드는 납입액에 대한 세액공제 혜택과 운용수익에 대한 과세이연 효과로 동일한 운용방식의 일반 적립식펀드보다 기대수익률이 높은데, 이러한 과세이연 효과는 연금계좌세액공제율이 높을수록, 납입금액이 공제한도 금액에 가까울수록, 납입기간과 거치기간이 길수록, 연금수령기간이 짧을수록 커지게 된다.
다. 가입자의 위험수용성향이 공격투자형이거나 적극투자형인 경우 위험자산에 대한 투자한도 제한을 받지 않는 IRP를 선택하여 투자수익률을 높일 수 있는 반면, 가입자가 납입액에 대한 세액공제는 받고 싶고 원리금보장이 되는 은퇴저축을 희망하고 있다면 연금저축펀드를 선택해야 한다.
라. 적립기간 중 중도인출 가능성이 많은 경우에는 연금저축펀드를 선택하는 것보다 IRP를 선택하는 것이 바람직하다.
마. 금융상품에 대한 지식과 투자경험이 부족하여 장기간에 걸쳐 펀드적립금 관리에 자신이 없는 경우에 금융회사에서 제공하는 TDF를 선택하거나, 일임 · 자문계약을 하여 적립금을 운용하는 것이 바람직하다.

① 가, 나　　② 가, 마
③ 나, 다　　④ 다, 라
⑤ 라, 마

정답 | ②

해설 | 나. 이러한 과세이연 효과는 연금계좌세액공제율이 높을수록, 납입금액이 공제한도 금액에 가까울수록, 납입기간과 거치기간이 길수록, 그리고 연금수령기간이 길수록 커지게 된다.
다. IRP는 적립금의 70%를 한도로 위험자산에 투자할 수 있지만, 연금저축펀드는 적립금의 전부를 위험자산에 투자할 수 있다. 가입자의 위험수용성향이 공격투자형이거나 적극투자형인 경우 위험자산에 대한 투자한도 제한을 받지 않는 연금저축펀드를 선택하여 투자수익률을 높일 수 있다. 반면, 가입자가 납입액에 대한 세액공제는 받고 싶고 원리금보장이 되는 은퇴저축을 희망하고 있다면 IRP를 선택해야 한다. 연금저축펀드 투자대상에는 원리금보장형 상품이 없기 때문이다.
라. 적립기간 중 중도인출 가능성이 많은 경우에는 연금저축펀드를 선택하는 것이 IRP를 선택하는 것보다 바람직하다. 연금저축펀드는 근퇴법에 정한 부득이한 사유에 해당하지 않아도 자유롭게 부분해지가 가능하지만, IRP는 부득이한 사유가 아닌 사유로 인출하기 위해서는 IRP계좌를 해지해야 하기 때문이다.

CHAPTER

06 은퇴자산 축적을 위한 투자관리

출제 비중 : 4~12% / 1~3문항

학습가이드 ■ ■

학습 목표	학습 중요도
Tip TVM 및 공식을 활용한 계산문항이 비중 있게 다루어지므로 이에 대비한 학습 필요	
1. 은퇴 후 목표에 따른 총은퇴일시금 및 연간 은퇴소득수준을 산정할 수 있다.	★★★
2. 투자목표금액 달성을 위한 자산배분을 수행할 수 있다.	★★
3. 성과평가 척도를 활용하여 포트폴리오의 성과를 평가할 수 있다.	★★★

TOPIC 1 은퇴저축 목표 금액

★★★

01 홍창기씨 부부는 은퇴생활을 위해 은퇴저축을 시작하기로 결심하고 은퇴설계 전문가인 CFP® 자격인증자와 상담을 하고 있다. 은퇴설계를 위해 필요한 다음 정보를 확인하고 전통적 접근방식으로 산정한 총은퇴일시금으로 가장 적절한 것은?

- 부부 신상정보
  - 홍창기(45세) : 중소기업 차장, 연봉 60,000천원
  - 김세진(40세) : 전업주부
- 은퇴기간 : 홍창기씨 나이 65세부터 25년
- 은퇴소득목표 : 현재물가기준으로 연 38,000천원
- 경제적 가정
  - 물가상승률 : 연 3%
  - 은퇴기간 중 은퇴자산의 세후투자수익률 : 연 5%
- 국민연금은 홍창기씨 나이 65세부터 현재물가기준으로 매년초에 12,000천원 수령할 것으로 예상(국민연금은 매월 25일에 연금을 수령하게 되지만 설계의 단순화를 위해 매년초에 연간 금액을 수령하는 것으로 가정)

① 521,023천원　② 761,495천원
③ 941,025천원　④ 1,375,344천원
⑤ 1,382,428천원

정답 | ③

해설 | 현재물가기준 연간 부족한 은퇴소득 : 연간 목표은퇴소득 38,000 − 국민연금 수령 예상액 12,000 = 26,000천원

〈미래가치법(은퇴시점 물가기준)에 의한 총은퇴일시금 산정〉

- 은퇴 첫해 은퇴소득 부족금액의 은퇴시점 평가액 : $26{,}000 \times 1.03^{20} = 46{,}959$천원
- 은퇴시점에서 평가한 총은퇴일시금
  PMT(B) : 46,959, N : 25, I/Y : (5 − 3) ÷ 1.03, PV? 941,025천원

〈현재가치법(현재물가기준)에 의한 총은퇴일시금 산정 TVM방식〉

- 매년 부족소득액의 은퇴시점 현가(현재물가기준)
  PMT(B) : 26,000, N : 25, I/Y : (5 − 3) ÷ 1.03, PV? 521,023천원
- 은퇴시점물가기준으로 평가한 총은퇴일시금 : $521{,}023 \times 1.03^{20} = 941{,}025$천원

〈현재가치법(현재물가기준)에 의한 총은퇴일시금 산출 CF방식〉

- 매년 부족소득액의 은퇴시점 현가(현재물가기준)
  CF0 : 26,000, C01 : 26,000, F01 : 24, I : (5 − 3) ÷ 1.03, NPV? 521,023천원
- 은퇴시점물가기준으로 평가한 총은퇴일시금 : $521{,}023 \times 1.03^{20} = 941{,}025$천원

★★★

02 다음 김세진씨의 은퇴시점에 필요한 총은퇴일시금(국민연금 고려)으로 가장 적절한 것은?

〈김세진씨 은퇴설계 관련 정보〉

- 은퇴까지 남은 기간 : 17년
- 은퇴기간 : 30년
- 은퇴나이 : 60세
- 은퇴 후 필요한 연간수입 : 42,000천원(현재물가기준)
- 국민연금 : 연 7,000천원(현재물가기준, 65세부터 수령)
- 세후투자수익률 : 연 5%, 물가상승률 : 연 3%

※ 국민연금은 매년초에 수령하고 은퇴 생활비(필요한 은퇴소득)는 매년초에 필요하며, 국민연금과 생활비(필요한 은퇴소득)는 매년 물가상승률만큼 증액되는 것으로 가정함

① 약 605,124천원
② 약 839,572천원
③ 약 1,387,113천원
④ 약 1,638,214천원
⑤ 약 1,654,547천원

정답 | ③

해설 | • 총은퇴일시금의 현재물가기준 가치
CF0 : 42,000, C01 : 42,000, F01 : 4, C02 : 42,000 − 7,000 = 35,000, F02 : 25, I : (5 − 3) ÷ 1.03, NPV? 839,226천원
• 은퇴시점물가기준으로 평가한 총은퇴일시금 : $839{,}226 \times 1.03^{17} = 1{,}387{,}113$천원

★★★
03 물가상승률을 연 2%로 가정했을 경우와 연 3%로 가정했을 경우 이숙씨가 은퇴시점에 마련해야 하는 금액의 차이로 가장 적절한 것은?(단, 이숙씨는 20년 후 은퇴시점에 현재 100,000천원과 동일한 실질가치를 유지할 수 있는 은퇴자금을 마련하고자 한다.)

① 11,930천원
② 32,016천원
③ 93,227천원
④ 113,314천원
⑤ 125,244천원

정답 | ②

해설 | • 물가상승률을 연 2%로 가정했을 경우 은퇴시점 필요자금 : 100,000천원 × 1.02^{20} = 148,595천원
• 물가상승률을 연 3%로 가정했을 경우 은퇴시점 필요자금 : 100,000천원 × 1.03^{20} = 180,611천원
• 물가상승률 변화에 따른 은퇴시점 필요자금의 차이 : 180,611천원 – 148,595천원 = 32,016천원

★★★
04 가정조건이 총은퇴일시금에 미치는 영향에 대한 적절한 설명으로 모두 묶인 것은?

가. 은퇴자산을 충분히 확보할 가능성이 없더라도 고객이 조기은퇴를 희망한다면, 고객의 의견에 따라 은퇴나이를 결정한다.
나. 일반적으로 은퇴기간은 기대여명을 참고하여 보수적으로 결정하게 된다.
다. 부부 은퇴설계의 경우에는 부부의 사망시기가 서로 상이할 수 있으나 은퇴를 위한 분석에서는 편의상 부부 모두 같은 날 사망한다고 가정하고 부부은퇴기간만 고려할 필요가 있다.
라. CFP® 자격인증자나 고객이 임의적이고 직관적인 물가상승률을 적용하여 총은퇴일시금을 산정한다면 산출된 총은퇴일시금의 의미가 없어지므로, 물가상승률은 장기간에 걸친 소비자물가지수나 선진국의 물가상승률 추이 등 신뢰할 수 있는 통계자료를 참고하여 결정한다.
마. 은퇴기간 중 은퇴자산에 대한 운용수익률은 은퇴자산 축적기의 수익률과 비교하여 보수적으로 적용하는 것이 일반적이다.

① 가, 나, 라
② 가, 다, 라
③ 가, 다, 마
④ 나, 다, 마
⑤ 나, 라, 마

정답 | ⑤

해설 | 가. 은퇴나이는 은퇴기간을 결정하는 요소로 고객과 협의하여 결정을 한다. 고객이 조기은퇴를 희망하지만 은퇴자산을 충분히 확보할 가능성이 없다면, 가능한 공적연금을 수령하는 시기까지 은퇴시기를 연장하도록 제안한다.
다. 부부 은퇴설계의 경우에는 부부은퇴기간과 일방배우자 사망 후 유족배우자의 잔여 은퇴기간도 고려할 필요가 있다.

★★★
05 가정조건이 총은퇴일시금에 미치는 영향에 대한 설명으로 적절하지 않은 것은?

① 은퇴나이는 은퇴기간을 결정하는 요소로 고객과 협의하여 결정을 하는데, 고객이 조기은퇴를 희망하지만 은퇴자산을 충분히 확보할 가능성이 없다면, 가능한 공적연금을 수령하는 시기까지 은퇴시기를 연장하도록 제안한다.

② 부부 은퇴설계의 경우에는 부부은퇴기간과 일방배우자 사망 후 유족배우자의 잔여 은퇴기간도 고려할 필요가 있다.

③ 은퇴기간을 기대수명 또는 기대수명보다 짧게 가정하는 경우 장수위험에 노출될 가능성이 많아지므로, 일반적으로 은퇴기간은 은퇴시점부터 기대여명을 참고하여 보수적으로 결정하게 된다.

④ 물가상승률을 너무 낮은 수준으로 정하고 총은퇴일시금을 산정하면 은퇴소득이 부족할 수 있고, 물가상승률을 너무 높게 정하게 되면 산정되는 총은퇴일시금의 규모가 커지게 되어 다른 재무목표를 위한 지출을 통제해야 하는 등 저축여력의 문제가 발생한다.

⑤ 은퇴기간 중 은퇴자산에 대한 운용수익률은 은퇴자산 축적기의 수익률과 비교하여 높은 수준으로 적용하는 것이 일반적이다.

정답 | ⑤

해설 | ⑤ 은퇴기간 중 은퇴자산에 대한 운용수익률은 은퇴자산 축적기의 수익률과 비교하여 보수적(낮은 수준)으로 적용하는 것이 일반적이다.

★★★
06 다음 정보를 토대로 총은퇴일시금에 대한 설명으로 적절한 것을 고르시오.

- 부부 신상정보
  - 홍창기(45세) : 중소기업 차장, 연봉 60,000천원
  - 김세진(40세) : 전업주부
- 은퇴기간 : 홍창기씨 나이 65세부터 25년
- 은퇴소득목표 : 현재물가기준으로 연 38,000천원
- 연금소득 첫해 인출률 : 은퇴자산의 4.5%
- 국민연금 : 홍창기씨 나이 65세부터 현재물가기준으로 매년초에 12,000천원 수령할 것으로 예상(국민연금은 매월 25일에 연금을 수령하게 되지만 설계의 단순화를 위해 매년초에 연간 금액을 수령하는 것으로 가정)
- 물가상승률 : 연 3%
- 은퇴기간 중 은퇴자산의 세후투자수익률 : 연 5%

① 전통적 접근방식에 의해 산정한 총은퇴일시금은 958,345천원이다.

② 은퇴소득 초기인출률을 적용하여 산정한 총은퇴일시금은 1,131,540천원이다.

③ 초기인출률 4.5%를 적용하는 경우 은퇴자산 지속기간은 약 28년 7개월로 나타난다.

④ 초기인출률 4.15%를 적용하는 경우 총은퇴일시금은 1,043,531천원이며, 은퇴자산 지속기간은 약 31년 11개월로 나타난다.

⑤ 초기인출률 4.9%를 적용하는 경우 총은퇴일시금은 941,025천원이며, 은퇴자산 지속기간은 약 25년 7개월로 나타난다.

정답 | ③

해설 | ① 전통적 접근방식에 의해 산정한 총은퇴일시금 : 941,025천원

- 현재물가기준 연간 부족한 은퇴소득 : 연간 목표은퇴소득 38,000 − 국민연금 수령 예상액 12,000 = 26,000천원
- 은퇴 첫해 은퇴소득 부족금액의 은퇴시점 평가액 : $26,000 \times 1.03^{20} = 46,959$천원
- 은퇴시점에서 평가한 총은퇴일시금

  PMT(B) : 46,959, N : 25, I/Y : (5 − 3) ÷ 1.03, PV? 941,025천원

② 은퇴소득 초기인출률을 적용하여 산정한 총은퇴일시금 : 46,959 ÷ 0.045 = 1,043,531천원

③ 은퇴자산 지속기간

PV : − 1,043,531, I/Y : (5 − 3) ÷ 1.03, PMT(B) : 46,959, N? 28.6199년

④ 초기인출률 4.15%를 적용하는 경우 총은퇴일시금 : 46,959 ÷ 0.0415 = 1,131,540천원

- 은퇴자산 지속기간

  PV : − 1,131,540, I/Y : (5 − 3) ÷ 1.03, PMT(B) : 46,959, N? 31.9424년

⑤ 초기인출률 4.9%를 적용하는 경우 총은퇴일시금 : 46,959 ÷ 0.049 = 958,345천원

- 은퇴자산 지속기간

  PV : − 958,345, I/Y : (5 − 3) ÷ 1.03, PMT(B) : 46,959, N? 25.5942년

★★★

07 **홍창기(45세)씨는 5년 전 10년 동안 운영하던 자영업을 폐업하고 지역에 있는 중소기업에 입사를 하였다. 홍창기씨는 입사와 동시에 DC형 퇴직연금에 가입하고, 적립금은 전액 TDF2050(주식－재간접형)을 선택하여 운용하고 있다. 가입 이후 현재까지 적립금 운용수익률은 연 7.0%이며, 앞으로도 운용수익률은 연 7.0%를 실현할 것으로 예상하고 있다. 홍창기씨는 65세에 퇴직할 예정이다. 퇴직 시 수령하는 퇴직급여는 IRP로 이전받아 인컴펀드(TIF, 세전투자수익률 연 4.5% 예상)로 운용하면서, 은퇴기간 종안 매년 초에 연금을 수령할 계획이다. 홍창기씨가 은퇴하는 65세 시점에서 퇴직급여의 세후평가액으로 가장 적절한 것은?**

> [홍창기씨 퇴직급여 관련 정보]
> • 설계시점 평균임금 : 4,000천원(월)
> • 설계시점 적립금 평가액 : 18,940천원
> • 임금인상률 : 연 5.0%
> • 근속예정기간 : 65세까지 20년
> • 은퇴기간 : 65세부터 20년
> ※ 은퇴기간 중 연령별 연금소득세(이연퇴직소득, 운용수익)는 편의상 매년 741.8천원으로 가정함

① 243,277천원　　② 306,486천원
③ 316,569천원　　④ 318,650천원
⑤ 328,733천원

정답 I ②

해설 I • 퇴직시점에서 예상되는 세전퇴직급여
PMT(E) : 4,000÷1.05＝3,810, N : 20, I/Y : (7－5)÷1.05, PV? 62,867천원
→ (62,867＋18,940)＝81,807천원
→ 81,807×1.07^{20}＝316,569천원
• 은퇴기간 중 연간 수령하는 세전연금액
PV : 316,569, N : 20, I/Y : 4.5, PMT(B)? 23,289천원
• 은퇴기간 중 연간 수령하는 세후 연금액 : 23,289－741.8＝22,547천원
• 은퇴시점에서의 세후평가액
PMT(B) : 22,547, N : 20, I/Y : 4.5, PV? 306,486천원

★★★

08 한가인씨가 은퇴시점에 아래 표와 같은 재무상황일 경우 은퇴시점 은퇴자산의 세후평가금액으로 가장 적절한 것은?

〈은퇴시점 은퇴소득원 유형별 세후평가금액〉
- 납입 완료된 적립식펀드 세후평가금액 1억원
- 세제비적격연금보험 적립금 5천만원
- 납입 완료된 연금저축보험 세후 연금적립금 1억원
- 퇴직연금계좌 세후평가금액 1억원
- 국민연금 세후평가금액 1.5억원

① 1억원
② 2억원
③ 3.5억원
④ 4.5억원
⑤ 5억원

정답 | ③

해설 | • 은퇴설계 시 공적연금은 은퇴자산으로 분류하지 않고 총은퇴일시금 산출 시 반영하는 것으로 한다.
• 은퇴자산 : 납입 완료된 적립식펀드 세후평가금액 1억원 + 세제비적격연금보험 적립금 5천만원 + 납입 완료된 연금저축보험 세후 연금적립금 1억원 + 퇴직연금계좌 세후평가금액 1억원 = 3.5억원

★★★

09 은퇴자산 평가에 대한 적절한 설명으로 모두 묶인 것은?

가. 국민연금 등 공적연금은 대부분의 사람들이 가입하고 있고 수급자가 사망할 때까지 평생 수령하는 연금으로 기본적인 은퇴소득 중 하나이므로, 은퇴기간 중 수령하는 연금액을 은퇴자산에 대한 세후투자수익률을 적용하여 은퇴시점에서 일시금으로 평가한다.
나. 은퇴저축의 미래가치 평가 시 설계시점 현재 해당 금융상품의 적립금액 뿐만 아니라 저축계획에 따라 저축을 하고 있는 경우라면 미래 저축금액을 포함하여 평가한다.
다. 세제적격연금의 은퇴시점 평가액은 은퇴기간 중 예상되는 세전연금액에서 연금소득세 등 세금을 차감한 세후연금액을 산출하여 은퇴시점에서 일시금으로 평가한다.
라. 근로자가 퇴직 시 퇴직급여를 IRP로 지급받아 은퇴기간 중 연금으로 수령할 계획인 경우 연금수령 시 과세되는 연금소득세를 차감한 연간 세후연금액을 은퇴시점에서 일시금으로 평가한다.
마. 부동산자산을 은퇴 전에 매각하여 매각대금의 전부 또는 일부를 은퇴자산으로 사용할 계획이라면 가정한 부동산 가치상승률을 적용하여 은퇴시점에서 세전평가금액을 산정한다.

① 가, 나, 다
② 가, 나, 마
③ 가, 라, 마
④ 나, 다, 라
⑤ 다, 라, 마

정답 | ④

해설 | 가. 은퇴설계 시 공적연금은 은퇴자산으로 분류하지 않고 총은퇴일시금 산출 시 반영하는 것으로 한다.

마. 부동산자산을 은퇴 전에 매각하여 매각대금의 전부 또는 일부를 은퇴자산으로 사용할 계획이라면 설계시점부터 매각을 계획하고 있는 시점까지는 가정한 부동산 가치상승률을 적용하여 순미래가치를 산정하고, 매각시점부터 은퇴시점까지는 투자하는 금융상품의 수익률을 적용하여 은퇴시점에서 세후평가금액을 산정한다.

★★★

10 은퇴자산 유형별 평가방법에 대한 설명으로 가장 적절한 것은?

① 은퇴소득으로 사용하기 위해 저축 또는 투자하고 있는 금융상품은 은퇴시점에서 세금 및 인출 시 발생하는 비용을 차감하지 않은 미래가치로 평가한다.

② 세제적격연금은 은퇴시점의 연금적립금으로 평가한다.

③ 은퇴자산을 즉시연금으로 연금화하는 경우 연금수령 시 과세되는 이자소득세를 차감한 세후연금액을 연금지급금액 산정에 적용되고 있는 공시이율을 적용하여 은퇴시점에서 일시금으로 평가한다.

④ 근로자가 퇴직 시 퇴직급여를 IRP로 지급받아 은퇴기간 중 연금으로 수령할 계획인 경우 연금수령 시 과세되는 연금소득세를 차감하지 않은 연간 세전연금액을 은퇴시점에서 일시금으로 평가한다.

⑤ 예상하는 상속재산은 상속의 확정 여부와 관계없이 설계시점의 공정시장가액을 적용하거나, 보수적인 가치상승률을 적용하여 은퇴시점에서의 가액을 결정한다.

정답 | ③

해설 | ① 은퇴소득으로 사용하기 위해 저축 또는 투자하고 있는 금융상품은 은퇴시점에서 세금 및 인출 시 발생하는 비용을 차감한 순미래가치로 평가한다. 금융상품은 은퇴시점에서 인출하는 것으로 가정하고 관련 인출 시 과세되는 이자, 배당소득에 대해 과세되는 세액을 차감하여 세후평가금액을 산출한다.

② 세제비적격연금에 대한 설명이다. 세제적격연금의 은퇴시점 평가액은 은퇴기간 중 예상되는 세전연금액에서 연금소득세 등 세금을 차감한 세후연금액을 산출하여 은퇴시점에서 일시금(세후 연금적립금)으로 평가한다.

④ 근로자가 퇴직 시 퇴직급여를 IRP로 지급받아 은퇴기간 중 연금으로 수령할 계획인 경우 연금수령 시 과세되는 연금소득세를 차감한 연간 세후연금액을 은퇴시점에서 일시금(세금 공제 후 퇴직급여액)으로 평가한다.

⑤ 금액을 확정하기 어렵거나 예상되는 투자수익률을 예상하기 어려운 골동품, 서화 등 대체자산 등은 설계시점의 공정시장가액을 적용하거나, 보수적인 가치상승률을 적용하여 은퇴시점에서의 가액을 결정한다. 또한 예상하는 상속재산은 상속이 확정된 경우라면 해당 자산별로 은퇴시점가액을 평가할 수 있지만, 확정되지 않은 경우에는 상속 변동 가능성 등을 고려하여 은퇴자산으로 평가하지 않는다.

★★★
11 은퇴자산 유형별 평가방법에 대한 적절한 설명으로 모두 묶인 것은?

> 가. 세제적격연금의 은퇴시점 평가액은 은퇴기간 중 예상되는 세전연금액을 산출하여 은퇴시점에서 일시금으로 평가한다.
> 나. 근로자가 퇴직 시 퇴직급여를 IRP로 지급받아 은퇴기간 중 연금으로 수령할 계획인 경우 연금수령 시 과세되는 연금소득세를 차감하지 않은 연간 세전연금액을 은퇴시점에서 일시금으로 평가한다.
> 다. 부동산자산은 설계시점에서 보유하고 있는 부동산 중 은퇴소득으로 사용할 부동산을 의미한다.
> 라. 부동산자산을 은퇴 전에 매각하여 매각대금의 전부 또는 일부를 은퇴자산으로 사용할 계획이라면 설계시점부터 매각을 계획하고 있는 시점까지는 가정한 부동산 가치상승률을 적용하여 순미래가치를 산정하고, 매각시점부터 은퇴시점까지는 투자하는 금융상품의 수익률을 적용하여 은퇴시점에서 세후평가금액을 산정한다.
> 마. 금액을 확정하기 어렵거나 예상되는 투자수익률을 예상하기 어려운 골동품, 서화 등 대체자산 등의 기타자산은 설계시점의 공정시장가액을 적용하거나, 보수적인 가치상승률을 적용하여 은퇴시점에서의 가액을 결정한다.

① 가, 나, 다　　② 가, 나, 마
③ 가, 라, 마　　④ 나, 다, 라
⑤ 다, 라, 마

정답 | ⑤
해설 | 가. 세제적격연금의 은퇴시점 평가액은 은퇴기간 중 예상되는 세전연금액에서 연금소득세 등 세금을 차감한 세후연금액을 산출하여 은퇴시점에서 일시금으로 평가한다.
나. 근로자가 퇴직 시 퇴직급여를 IRP로 지급받아 은퇴기간 중 연금으로 수령할 계획인 경우 연금수령 시 과세되는 연금소득세를 차감한 연간 세후연금액을 은퇴시점에서 일시금으로 평가한다.

★★★
12 은퇴저축 목표금액에 대한 적절한 설명으로 모두 묶인 것은?

> 가. 은퇴소득 인출률 적용방식은 전통적 접근방식에 의한 방법에 비해 계산과정이 단순하고 고객이 이해하기 쉽다는 점에서 실무적 활용이 용이하지만, 초기인출률을 적용하여 은퇴소득을 인출하는 경우 은퇴자산이 은퇴기간 중에 조기에 소진되지 않도록 금융시장 환경을 고려하여 적절한 자산배분을 해야 한다는 문제가 있다.
> 나. 은퇴자산 평가 시 은퇴자산 유형으로는 국민연금 등 공적연금, 저축 및 투자자산, 세제비적격연금보험, 세제적격연금, 퇴직급여, 부동산자산, 기타자산 등이 있다.
> 다. 은퇴저축의 미래가치 평가 시 저축계획에 따라 저축을 하고 있는 미래 저축금액은 제외하고 설계시점 현재 해당 금융상품의 적립금액만 평가한다.
> 라. 세제적격연금의 은퇴시점 평가액은 은퇴기간 중 예상되는 세전연금액에서 연금소득세 등 세금을 차감한 세후연금액을 산출하여 은퇴시점에서 세후연금적립금으로 평가한다.
> 마. 근로자가 퇴직 시 퇴직급여를 IRP로 지급받아 은퇴기간 중 연금으로 수령할 계획인 경우 연금수령 시 과세되는 연금소득세를 차감한 연간 세후연금액을 은퇴시점에서 세금 공제 후 퇴직급여액으로 평가한다.
> 바. 부동산자산은 설계시점에서 보유하고 있는 부동산 중 은퇴시점에서 즉각 매각하여 은퇴소득으로 사용할 부동산만을 의미한다.

① 가, 나, 라　　② 가, 다, 바
③ 가, 라, 마　　④ 나, 다, 마
⑤ 나, 마, 바

정답 I ③

해설 I 나. 은퇴설계 시 공적연금은 은퇴자산으로 분류하지 않고 총은퇴일시금 산출 시 반영하는 것으로 한다.
다. 은퇴저축의 미래가치 평가 시 설계시점 현재 해당 금융상품의 적립금액 뿐만 아니라 저축계획에 따라 저축을 하고 있는 경우라면 미래 저축금액을 포함하여 평가한다.
바. 부동산자산은 설계시점에서 보유하고 있는 부동산 중 은퇴소득으로 사용할 부동산을 의미한다. 해당 부동산을 은퇴기간 중 특정 시기에 매각하여 은퇴소득으로 사용할 계획이라면 은퇴시점에서 매각하는 것으로 가정하고 은퇴시점까지 해당 부동산의 가치상승률을 반영하여 은퇴시점에서의 순미래가치를 평가한다.

★★★
13 **다음 아이유(40)씨의 은퇴자산을 고려할 때, 은퇴 첫해 소비할 수 있는 은퇴 생활비의 현재물가 기준 금액으로 가장 적절한 것은?**

> • 은퇴기간 : 65세부터 89세말까지 25년간
> • 은퇴자산의 은퇴시점 세후평가금액 : 800,000천원
> • 세후투자수익률 : 연 6%
> • 물가상승률 : 연 3%
> ※ 은퇴 생활비는 매년초 지출되며 매년 물가상승률만큼 증액됨

① 약 15,689천원
② 약 18,520천원
③ 약 21,114천원
④ 약 25,325천원
⑤ 약 30,214천원

정답 | ③
해설 | • 은퇴시점 첫해 생활비
PV : 800,000, N : 25, I/Y : (6 − 3) ÷ 1.03, PMT(B)? 44,209천원
• 첫해 은퇴생활비의 현재물가기준 금액 : 44,209 ÷ 1.03^{25} = 21,114천원

★★★
14 **홍창기(45)씨는 65세가 되면 현재 운영하고 있는 사업을 자녀에게 물려주고 은퇴생활을 시작할 계획이다. 홍창기씨가 은퇴를 하면 국민연금과 연금보험에서 수령하는 연금이 유일한 은퇴소득이다. 추가적인 은퇴저축을 하지 않고 현재 준비하고 있는 국민연금과 연금보험의 연금만으로 은퇴생활을 하는 경우 현재물가기준으로 확보되는 연간 은퇴소득으로 가장 적절한 것은?**

> • 은퇴기간 : 65세부터 20년
> • 국민연금 : 65세부터 매년초에 현재물가기준으로 12,000천원의 연금을 수령하는 것으로 가정
> • 저축하고 있는 연금보험(9년 전에 가입하였으며 앞으로 홍창기씨가 65세 될 때까지 추가로 납입)
>   – 총납입예상기간 : 29년
>   – 납입보험료 : (월) 500,229원
>   – 연금 수령기간 : 65세부터 20년간 매년초에 연금수령
>   – 공시이율은 3.0%이며, 향후 공시이율의 변동이 없다고 가정
> • 물가상승률 : 연 2.0%

① 10,166천원
② 10,235천원
③ 15,107천원
④ 22,166천원
⑤ 22,235천원

정답 | ④

해설 | • 연 3%의 월수익률(이율전환)

ICONV, EFF : 3, C/Y : 12, NOM? 연 2.9595% 월복리÷12 = 월 0.2466%

• 은퇴시점에서 평가한 연금보험의 적립금

PMT(B) : 500.229, N : 29×12 = 348, I/Y : 0.2466, FV? 275,828천원

• 은퇴시점물가기준으로 환산한 연간 연금액

PV : 275,828, N : 20, I/Y : (3 − 2)÷1.02, PMT(B)? 15,107천원

• 현재물가기준으로 환산한 연간 연금액 : 15,107÷1.02^{20} = 10,166천원

• 은퇴기간 중 현재물가기준으로 확보 가능한 연간 은퇴소득 : 10,166 + 국민연금 12,000 = 22,166천원

★★★

15 다음 정보를 토대로 개인사업자인 유재석(42세)씨가 은퇴시점에 부족한 은퇴일시금으로 가장 적절한 것은?

- 은퇴시점 : 유재석씨 나이 65세
- 은퇴시점에 필요한 총은퇴일시금(국민연금 반영) : 500,000천원
- 은퇴시점에서 평가한 은퇴자산 세후평가액
  - 예금 : 31,700천원
  - 주식 : 15,000천원
  - 혼합형펀드 : 36,000천원

① 0원
② 82,700천원
③ 417,300천원
④ 500,000천원
⑤ 582,700천원

정답 | ③

해설 | • 은퇴시점에서 평가한 은퇴자산 세후평가액 : 31,700 + 15,000 + 36,000 = 82,700천원

• 은퇴시점에 부족한 은퇴일시금 : 500,000 − 82,700 = 417,300천원

★★★
16 은퇴저축 목표금액에 대한 적절한 설명으로 모두 묶인 것은?

가. 총은퇴일시금은 은퇴기간 중에 확보된 은퇴자산에서 매년 초에 정한 금액이 인출되고, 잔여 은퇴자산은 세후투자수익률로 증가하는 것으로 가정하고 산출하게 된다. 나. 전통적 접근방식으로 총은퇴일시금을 산정하는 방법은 고객의 입장에서 이해하기 쉽고, CFP® 자격인증자 또한 은퇴설계 과정에 실무적으로 유용하게 활용할 수 있으며, 고객의 은퇴기간 중 위험수용성향을 반영하여 은퇴기간 중 은퇴자산 포트폴리오의 투자수익률 수준을 결정하는 과정에도 활용할 수 있다. 다. 국민연금 등 공적연금은 대부분의 사람들이 가입하고 있고 수급자가 사망할 때까지 평생 수령하는 연금으로 기본적인 은퇴자산 중의 하나이며, 은퇴기간 중 예상되는 세전연금액에서 연금소득세 등 세금을 차감한 세후연금액을 산출하여 은퇴시점에서 일시금으로 평가한다. 라. 은퇴소득으로 사용하기 위해 저축 또는 투자하고 있는 금융상품은 은퇴시점에서 인출하는 것으로 가정하고 관련 인출 시 과세되는 이자, 배당소득에 대해 과세되는 세액을 차감하지 않고 세전평가금액을 산출한다. 마. 만약 현재의 저축여력은 부족하지만 지속적으로 장래의 소득이 증대될 것으로 예상이 된다면, 소득 증가율만큼 증액하여 저축하는 방법 등을 제시함으로써 하루라도 일찍 은퇴저축을 시작하도록 동기부여를 하는 것이 중요하다.

① 가, 나　　② 가, 마
③ 나, 다　　④ 다, 라
⑤ 라, 마

정답 | ②

해설 | 나. 은퇴소득 인출률을 적용하여 총은퇴일시금을 산정하는 방법에 대한 설명이다. 전통적 접근방식은 계산과정이 복잡하지만 물가상승률과 은퇴기간 중 은퇴자산에 대한 세후투자수익률을 반영하여 총은퇴일시금을 산정한다는 장점이 있다. 이 방식에 의한 총은퇴일시금 산출은 은퇴설계 기본정보와 경제적 가정치에 따라 산출값의 적절성 여부가 가려진다. 따라서 은퇴설계 정보와 제반 가정조건에 대해 고객과 충분하게 협의하여 결정한다는 것을 전제해야 한다.

다. 은퇴설계 시 공적연금은 은퇴자산으로 분류하지 않고 총은퇴일시금 산출 시 반영하는 것으로 한다.

라. 은퇴소득으로 사용하기 위해 저축 또는 투자하고 있는 금융상품은 은퇴시점에서 세금 및 인출 시 발생하는 비용을 차감한 순미래가치로 평가한다. 금융상품은 은퇴시점에서 인출하는 것으로 가정하고 관련 인출 시 과세되는 이자, 배당소득에 대해 과세되는 세액을 차감하여 세후평가금액을 산출한다.

★★★

17 은퇴저축 목표금액에 대한 설명으로 적절하지 않은 것은?

① 기대수명이 동일하다면 조기은퇴하는 경우 총은퇴일시금의 규모는 작아진다.

② 설계시점에서 적용하는 은퇴나이별 기대여명은 시간이 갈수록 연장되는 추세를 고려해야 하지만, 은퇴기간을 너무 길게 가정하면 총은퇴일시금의 규모가 많아지게 되어 경우에 따라서는 은퇴저축 동기부여에 실패할 가능성이 있다.

③ CFP® 자격인증자나 고객이 임의적이고 직관적인 물가상승률을 적용하여 총은퇴일시금을 산정한다면 산출된 총은퇴일시금의 의미가 없어지므로, 물가상승률은 장기간에 걸친 CPI나 선진국의 물가상승률 추이 등 신뢰할 수 있는 통계자료를 참고하여 결정한다.

④ 부동산자산을 은퇴 전에 매각하여 매각대금의 전부 또는 일부를 은퇴자산으로 사용할 계획이라면 설계시점부터 매각을 계획하고 있는 시점까지는 가정한 부동산 가치상승률을 적용하여 순미래가치를 산정하고, 매각시점부터 은퇴시점까지는 투자하는 금융상품의 수익률을 적용하여 은퇴시점에서 세후평가금액을 산정한다.

⑤ 만약 현재의 저축여력은 부족하지만 지속적으로 장래의 소득이 증대될 것으로 예상이 된다면, 소득 증가율만큼 증액하여 저축하는 방법 등을 제시함으로써 하루라도 일찍 은퇴저축을 시작하도록 동기부여를 하는 것이 중요하다.

정답 | ①

해설 | ① 기대수명이 동일하다면 조기은퇴하는 경우 은퇴기간이 길어지게 되어 은퇴시점에서 평가한 총은퇴일시금의 규모는 커진다. 반대로 은퇴시기를 늦추게 되면 은퇴기간이 짧아져 총은퇴일시금의 규모는 작아진다.

••• TOPIC 2 은퇴설계와 자산배분

★★☆
18 자산배분 실행절차에 대한 설명으로 적절하지 않은 것은?

① 은퇴저축의 목표수익률은 일반적으로 고객의 위험수용성향, 자산군별 기대수익률 등을 고려하여 결정하게 되는데, 너무 과도하게 설정하면 시장 상황이 악화될 때 투자를 중단하거나 포트폴리오를 빈번히 변경하게 된다.
② 목표수익률은 포트폴리오를 구성하는 자산군별 역사적 평균수익률을 참고하여 결정하는 것이 합리적이며, 역사적 평균수익률은 10년 또는 20년간의 장기수익률을 사용한다.
③ 은퇴저축 포트폴리오의 목표수익률이 7%이고 위험허용범위를 (기대수익률±10%)로 정하였다면, 일정한 시점에서 포트폴리오의 수익률이 −3~17%의 범위를 벗어나는 경우 포트폴리오 조정을 통하여 변동성을 낮추어야 한다.
④ 장기간에 걸친 은퇴저축의 속성상 개별 투자자산을 선택하여 분산투자하는 것보다는 자산군별 펀드 등 간접투자상품을 선택하여 분산투자효과를 최대화하는 것이 바람직하다.
⑤ 자산배분 시 투자위험을 분산하기 위해 상관계수가 높은 자산군을 대상으로 포트폴리오를 구성한다.

정답 | ⑤
해설 | ⑤ 자산배분 시 투자위험을 분산하기 위해 상관계수가 낮은 자산군을 대상으로 포트폴리오를 구성한다.

★★☆
19 펀드 중심의 포트폴리오 구성 시 투자위험에 대한 설명이 적절하게 연결된 것은?

A. 펀드의 투자대상종목 발생회사의 신용상태 악화에 따라 급격히 펀드 재산 가치가 하락할 수 있다.
B. 펀드 투자도 인플레이션, 이자율 등 거시경제지표의 변화에 따른 위험에 노출될 수 있다.
C. 해외펀드의 경우 복잡한 결제과정 및 운용과정에서 발생하는 운용위험이 국내펀드보다 더 높다.
D. 해당 해외펀드의 가치가 상승함에도 불구하고 평가시점에서 원화강세가 이어지면 펀드투자 수익이 감소하거나 원금손실이 발생할 수 있다.

	신용위험	시장위험	펀드운용위험	환율변동위험
①	A	B	C	D
②	B	A	D	C
③	B	D	C	A
④	C	B	A	D
⑤	C	D	B	A

정답 | ①

해설 | A. 신용위험
B. 시장위험
C. 펀드운용위험
D. 환율변동위험

★★☆

20 은퇴저축 포트폴리오 구성 시 고려사항에 대한 적절한 설명으로 모두 묶인 것은?

가. 가입자의 위험수용성향을 반영한다. 나. 포트폴리오 및 자산군별 목표수익률과 위험허용범위를 고려한다. 다. 국내 및 해외의 다양한 펀드로 분산투자를 한다. 라. 펀드재산의 규모, 과거수익률과 표준편차, 위험조정수익률을 검토한다. 마. 국내 및 해외 펀드의 투자위험을 고려한다.

① 가, 나
② 가, 마
③ 나, 다
④ 다, 라
⑤ 가, 나, 다, 라, 마

정답 | ⑤

해설 | 모두 적절한 설명이다.

★★☆

21 은퇴설계와 자산배분에 대한 설명으로 적절하지 않은 것은?

① 자산배분은 주식형자산, 채권형자산, 부동산 등 다양한 자산군을 대상으로 장기적 투자비중을 결정하는 일련의 과정을 말한다.

② 펀드 및 ETF 등 간접투자상품으로 은퇴저축 포트폴리오를 구성하는 경우 포트폴리오 목표수익률을 충족할 수 있어야 하며, 포트폴리오 위험허용범위를 초과하지 않도록 펀드상품을 선택한다.

③ 가입자의 위험수용성향을 고려하지 않고 포트폴리오를 구성하게 되면 시장 상황이 급변하여 은퇴저축 포트폴리오의 자산가치가 하락할 때 기존 포트폴리오를 유지하지 못하거나 투자를 중단할 가능성이 높다.

④ 투자시점 기준 자산배분 방법은 투자자의 위험수용성향을 객관적으로 평가를 할 수 있다면 비교적 용이하게 자산배분을 할 수 있으나, 투자자의 직관에 의존하여 자산군별 투자 비중을 정할 가능성이 많아 객관적 신뢰성이 담보되지 않는다는 단점이 있다.

⑤ 은퇴시점 기준 자산배분 방법으로 자산배분을 하는 경우는 포트폴리오를 구성하고 있는 자산군별 기대수익률의 차이로 투자기간이 경과하면서 최초 결정한 자산군별 투자 비중이 변화하게 되면 리밸런싱이 필요하게 된다.

정답 | ⑤

해설 | ⑤ 투자시점 기준 자산배분 방법에 대한 설명이다. 은퇴시점 기준 자산배분 방법으로 자산배분을 하는 경우는 투자기간 중 자산군별 리밸런싱 없이 은퇴시점에서 목표로 하는 자산군별 투자 비중을 충족할 수 있다는 장점이 있다.

★★☆

22 투자시점의 저축액을 기준으로 자산을 배분하는 방법이 순서대로 나열된 것은?

> 가. 투자목표수익률과 위험허용범위를 결정한다.
> 나. 리밸런싱 시기와 기준을 정한다.
> 다. 투자시점에서의 자산군별 투자 비중을 결정한다.
> 라. 자산배분 대상 자산군을 선정한다.

① 가 – 나 – 다 – 라
② 가 – 다 – 나 – 라
③ 가 – 다 – 라 – 나
④ 가 – 라 – 다 – 나
⑤ 나 – 다 – 라 – 가

정답 | ④

해설 | 가. 1단계 : 투자목표수익률과 위험허용범위를 결정한다.
라. 2단계 : 자산배분 대상 자산군을 선정한다.
다. 3단계 : 투자시점에서의 자산군별 투자 비중을 결정한다.
나. 4단계 : 리밸런싱 시기와 기준을 정한다.

★★☆

23 은퇴시점을 기준으로 자산을 배분하는 방법이 순서대로 나열된 것은?

> 가. 저축액의 자산군별 투자 비중을 결정한다.
> 나. 은퇴시점에서 목표로 하는 자산군별 투자 비중을 결정한다.
> 다. 투자목표수익률과 위험허용범위를 결정한다.
> 라. 자산배분 대상 자산군을 선정한다.

① 가 – 다 – 라 – 나
② 가 – 라 – 나 – 가
③ 다 – 나 – 가 – 라
④ 다 – 나 – 라 – 가
⑤ 다 – 라 – 나 – 가

정답 | ⑤

해설 | 다. 1단계 : 투자목표수익률과 위험허용범위를 결정한다.
라. 2단계 : 자산배분 대상 자산군을 선정한다.
나. 3단계 : 은퇴시점에서 목표로 하는 자산군별 투자 비중을 결정한다.
가. 4단계 : 저축액의 자산군별 투자 비중을 결정한다.

※ 홍창기(45)씨는 은퇴자산 마련을 위해 매월 말 1,000천원씩을 투자하려고 한다. 은퇴저축을 위한 포트폴리오는 주식형펀드와 채권혼합형펀드 2개로 구성한다. 다음 자료를 참고하여 [문제 24~27]의 질문에 답하시오.

- 홍창기씨 위험수용성향 : 위험중립형
- 투자기간 : 20년
- 목표수익률 : 연 5.0%
- 자산군별 기대수익률 및 표준편차

구분	기대수익률	표준편차	상관계수
주식형펀드	6.0%	12.0%	0.2
채권혼합형펀드	4.0%	5.0%	

- 리밸런싱 기준 : 최초 자산배분에 의한 자산군별 투자 비중 ±10% 초과 시 리밸런싱 실행

★★☆
24 투자시점 기준 자산배분 목표가 다음과 같을 경우 은퇴시점 자산군별 투자 비중이 적절하게 연결된 것은?

[투자시점 기준 자산배분 목표]

구분	채권혼합형펀드	주식형펀드	포트폴리오
저축액 투자 비중	50%	50%	100%
목표수익률	4%	6%	5%±0.1%
위험허용범위	±5%	±12%	±8%

	채권혼합형펀드	주식형펀드
①	50%	50%
②	48.78%	51.22%
③	47.45%	52.55%
④	46.03%	53.97%
⑤	44.52%	55.48%

정답 | ⑤

해설 | • 연 4%의 월수익률(이율전환)
ICONV, EFF : 4, C/Y : 12, NOM? 연 3.9285% 월복리÷12＝월 0.3274%
• 20년 투자 시 채권혼합형펀드 평가액
PMT(E) : 500, N : 20×12＝240, I/Y : 0.3274, FV? 181,921천원
• 연 6%의 월수익률(이율전환)
ICONV, EFF : 6, C/Y : 12, NOM? 연 5.8411% 월복리÷12＝월 0.4868%

• 20년 투자 시 주식형펀드 평가액
PMT(E) : 500, N : 20×12=240, I/Y : 0.4868, FV? 226,719천원
• 20년 투자 시 포트폴리오 평가액 : 181,921+226,719=408,640천원
• 주식형펀드 투자비중 : $\frac{226,719}{408,640}=0.5548$
• 채권혼합형펀드 투자비중 : 1−0.5548=0.4452
• 투자기간 말인 은퇴시점에서 자산군별 투자비중은 채권혼합형펀드 44.52%, 주식형펀드 55.48%으로 리밸런싱 기준을 초과하지 않는다.

★★☆

25 투자시점 기준 자산배분 목표가 위 24번 문제와 같을 경우 자산배분 시점 표준편차와 은퇴시점 표준편차가 적절하게 연결된 것은?

	자산배분 시점 표준편차	은퇴시점 표준편차
①	4.95%	5.06%
②	6.49%	6.95%
③	6.49%	7.43%
④	6.95%	6.49%
⑤	6.95%	7.43%

정답 | ⑤

해설 | • 20년 투자 시 포트폴리오 수익률
PMT(E) : −1,000, N : 240, FV : 408,640, I/Y? 월 0.4124%×12=연 4.9494% 월복리
ICONV, NOM : 4.9494, C/Y : 12, EFF? 연 5.0632%
• 자산배분 시점 표준편차
$\sqrt{0.5^2 \times 5^2 + 0.5^2 \times 12^2 + 2 \times 0.5 \times 5 \times 0.5 \times 12 \times 0.2} = \sqrt{48.25} = 6.9462\%$
• 은퇴시점 표준편차
$\sqrt{0.4452^2 \times 5^2 + 0.5548^2 \times 12^2 + 2 \times 0.4452 \times 5 \times 0.5548 \times 12 \times 0.2} = \sqrt{55.2066} = 7.4301\%$
• 투자기간 중 포트폴리오의 연평균수익률은 5.06%로 목표수익률을 충족하고 있다. 또한 투자기간 중 포트폴리오의 표준편차는 6.95~7.43%로 위험허용범위 이내이다.

★★☆

26 **은퇴시점 기준 자산배분 목표가 다음과 같을 경우 주식형펀드의 매월 저축(투자)액과 은퇴시점 평가액이 적절하게 연결된 것은?**

[은퇴시점 기준 자산배분 목표]

구분	채권혼합형펀드	주식형펀드	포트폴리오
은퇴시점 자산배분	50%	50%	100%
목표수익률	4%	6%	5%±0.1%
위험허용범위	±5%	±12%	±8%

	주식형펀드 매월 저축(투자)액	은퇴시점 주식형펀드 평가액
①	445.19천원	201,865천원
②	445.19천원	453,439천원
③	500천원	403,729천원
④	554.81천원	201,865천원
⑤	554.81천원	453,439천원

정답 | ①

해설 | • 연 4%의 월수익률(이율전환)

ICONV, EFF : 4, C/Y : 12, NOM? 연 3.9285% 월복리÷12=월 0.3274%

• 채권혼합형펀드 종가계수

PMT(E) : 1,000, N : 20×12=240, I/Y : 0.3274, FV? 363,842천원

• 연 6%의 월수익률(이율전환)

ICONV, EFF : 6, C/Y : 12, NOM? 연 5.8411% 월복리÷12=월 0.4868%

• 주식형펀드 종가계수

PMT(E) : 1,000, N : 20×12=240, I/Y : 0.4868, FV? 453,439천원

• 주식형펀드 투자 비중 : $\frac{B}{(B+S)} = \frac{363{,}842}{(363{,}842+453{,}439)} = 0.4452$

• 채권혼합형펀드 투자 비중 : 1−0.4452=0.5548

• 채권혼합형펀드 종가

PMT(E) : 1,000×0.5548=554.8141, N : 20×12=240, I/Y : 0.3274, FV? 201,865천원

• 주식형펀드 종가

PMT(E) : 1,000×0.4452=445.1859, N : 20×12=240, I/Y : 0.4868, FV? 201,865천원

• 은퇴시점에서의 포트폴리오 평가액 : 201,865+201,865=403,729천원

• 은퇴시점에서 자산군별 투자 비중 목표를 충족하기 위한 자산군별 투자 비중은 채권혼합형펀드는 55.48%이며 주식형펀드는 44.52%이다. 투자기간 말에 주식형펀드와 채권혼합형펀드 구성 비중은 각각 50%로 나타난다. 이 방법에 의한 자산배분은 자산군별로 가정한 기대수익률과 위험수준이 유지되는 한 투자기간 중 리밸런싱이 필요하지 않다.

★★☆

27 은퇴시점 기준 자산배분 목표가 위 26번과 같을 경우 자산배분 시점 표준편차와 은퇴시점 표준편차가 적절하게 연결된 것은?

	자산배분 시점 표준편차	은퇴시점 표준편차
①	4.95%	5.06%
②	6.49%	6.95%
③	6.49%	7.43%
④	6.95%	6.49%
⑤	6.95%	7.43%

정답 | ②

해설 | • 20년 투자 시 포트폴리오 수익률

PMT(E) : −1,000, N : 240, FV : 403,729, I/Y? 월 0.4037%×12＝연 4.8444% 월복리

ICONV, NOM : 4.8444, C/Y : 12, EFF? 연 4.9534%

• 자산배분 시점 표준편차

$\sqrt{0.5548^2 \times 5^2 + 0.4452^2 \times 12^2 + 2 \times 0.5548 \times 5 \times 0.4452 \times 12 \times 0.2} = \sqrt{42.1642} = 6.4934\%$

• 은퇴시점 표준편차

$\sqrt{0.5^2 \times 5^2 + 0.5^2 \times 12^2 + 2 \times 0.5 \times 5 \times 0.5 \times 12 \times 0.2} = \sqrt{48.25} = 6.9462\%$

• 투자기간 중 포트폴리오의 연평균수익률은 4.95%로 목표수익률을 충족하고 있다. 또한 투자기간 중 포트폴리오의 표준편차는 6.49~6.95%로 위험허용범위 이내이다.

※ 홍창기(45)씨는 은퇴자산 마련을 위해 주식형펀드와 채권혼합형펀드로 포트폴리오를 구성하여 매월 말 1,000천원씩을 투자하려고 한다. 다음 자료를 참고하여 [문제28~29]의 질문에 답하시오.

• 위험수용성향 : 위험중립형
• 투자기간 : 20년
• 투자기간 중 목표수익률 : 연 5.0%±0.1%
• 위험허용범위 : 목표수익률±8%
• 리밸런싱 기준 : 포트폴리오의 위험허용범위를 벗어나는 경우 자산군별 투자 비중 조정
• 자산군별 기대수익률 및 표준편차

구분	기대수익률	표준편차	상관계수
주식형펀드	6.0%	12.0%	0.2
채권혼합형펀드	4.0%	5.0%	

★★☆

28 은퇴저축의 목표수익률을 충족하기 위한 매월 저축(투자)액의 자산군별 투자비중이 적절하게 연결된 것은?

구분	저축액의 자산군별 투자비중		은퇴시점 자산군별 투자비중	
	채권혼합형펀드	주식형펀드	채권혼합형펀드	주식형펀드
①	53.16%	46.84%	47.67%	52.33%
②	51.95%	48.05%	49.19%	50.81%
③	47.67%	52.33%	53.16%	46.84%
④	49.19%	50.81%	51.95%	48.05%
⑤	50.62%	49.38%	50.62%	49.38%

정답 | ①

해설 | • 연 5%의 월수익률(이율전환)

ICONV, EFF : 5, C/Y : 12, NOM? 연 4.8889% 월복리÷12 = 월 0.4074%

• 투자기간 종료시점의 포트폴리오 평가액

PMT(E) : 1,000, N : 20×12 = 240, I/Y : 0.3274, FV? 405,804천원

• 연 4%의 월수익률(이율전환)

ICONV, EFF : 4, C/Y : 12, NOM? 연 3.9285% 월복리÷12 = 월 0.3274%

• 채권혼합형펀드 종가계수

PMT(E) : 1,000, N : 20×12 = 240, I/Y : 0.3274, FV? 363,842천원

• 연 6%의 월수익률(이율전환)

ICONV, EFF : 6, C/Y : 12, NOM? 연 5.8411% 월복리÷12 = 월 0.4868%

• 주식형펀드 종가계수

PMT(E) : 1,000, N : 20×12 = 240, I/Y : 0.4868, FV? 453,439천원

• 주식형펀드 투자 비중 : $\dfrac{(F-B)}{(S-B)} = \dfrac{(405{,}804-363{,}842)}{(453{,}439-363{,}842)} = 0.4684$

• 채권혼합형펀드 투자 비중 : 1 − 0.4684 = 0.5316

• 채권혼합형펀드 종가

PMT(E) : 1,000×0.5316 = 531.6495, N : 20×12 = 240, I/Y : 0.3274, FV? 193,436천원

• 주식형펀드 종가

PMT(E) : 1,000×0.4684 = 468.3505, N : 20×12 = 240, I/Y : 0.4868, FV? 212,368천원

• 은퇴시점에서의 포트폴리오 평가액 : 193,436 + 212,368 = 405,804천원

• 주식형펀드 투자비중 : $\dfrac{212{,}368}{405{,}804} = 0.5233$

• 채권혼합형펀드 투자비중 : 1 − 0.5233 = 0.4767

• 투자기간 중 목표수익률 연 5.0%를 충족시키기 위한 자산군별 투자 비중은 채권혼합형펀드는 53.16%이며 주식형펀드는 46.84%로 산출되었다. 투자기간 말 포트폴리오 내 채권혼합형펀드의 투자 비중은 47.67%이며, 주식형펀드는 52.33%이다. 사례조건에서 정한 기대수익률과 위험수준이 유지되는 한 투자기간 중 리밸런싱은 필요하지 않다.

★★☆

29 **위 조건에서 제시한 은퇴저축 목표수익률 달성을 위한 포트폴리오를 구성하여 투자한 경우 포트폴리오의 변동성이 적절하게 연결된 것은?**

	자산배분시점 표준편차	은퇴시점 표준편차
①	5.0%	5.0%
②	6.68%	7.15%
③	6.68%	12.0%
④	7.15%	6.68%
⑤	7.15%	12.0%

정답 | ②

해설 | • 자산배분시점 표준편차

$\sqrt{0.5316^2 \times 5^2 + 0.4684^2 \times 12^2 + 2 \times 0.5316 \times 5 \times 0.4684 \times 12 \times 0.2} = \sqrt{44.6344} = 6.6809\%$

• 은퇴시점 표준편차

$\sqrt{0.4767^2 \times 5^2 + 0.5233^2 \times 12^2 + 2 \times 0.4767 \times 5 \times 0.5233 \times 12 \times 0.2} = \sqrt{51.1014} = 7.1485\%$

• 투자기간 중 포트폴리오의 표준편차는 6.68~7.15%로 위험허용범위 이내이다. 사례조건에서 정한 기대수익률과 위험수준이 유지되는 한 투자기간 중 리밸런싱은 필요하지 않다.

★★☆

30 **생애주기에 따른 자산배분 절차가 순서대로 나열된 것은?**

가. 포트폴리오 변경주기를 결정한다.
나. 구성된 포트폴리오의 표준편차가 위험허용범위를 벗어나는지 평가한다.
다. 투자기간별 포트폴리오의 위험을 측정한다.
라. 자산배분 대상 자산군을 선정한다.
마. 투자목표수익률과 위험허용범위를 결정한다.
바. 구분된 투자기간별로 자산군별 투자 비중을 정한다.

① 가 – 라 – 마 – 나 – 다 – 바
② 가 – 마 – 라 – 바 – 나 – 다
③ 마 – 가 – 라 – 바 – 다 – 나
④ 마 – 가 – 바 – 라 – 나 – 다
⑤ 마 – 가 – 바 – 라 – 다 – 나

정답 | ③

해설 | 마. 1단계 : 투자목표수익률과 위험허용범위를 결정한다.
가. 2단계 : 포트폴리오 변경주기를 결정한다.
라. 3단계 : 자산배분 대상 자산군을 선정한다.
바. 4단계 : 구분된 투자기간별로 자산군별 투자 비중을 정한다.
다. 5단계 : 투자기간별 포트폴리오의 위험을 측정한다.
나. 6단계 : 구성된 포트폴리오의 표준편차가 위험허용범위를 벗어나는지 평가한다.

★★☆

31 1억원을 세후투자수익률 연 5%를 목표로 은퇴 시까지 30년 동안 투자를 한다고 하자. 포트폴리오 변경주기를 10년 단위로 하는 경우 기간 단위별 세후투자수익률을 10~20년의 기간 중에는 연 5%, 은퇴 직전 10년은 안정적 투자를 위해 연 3%로 고객과 합의하여 결정했다면 투자초기 10년의 기간 동안 설정하여야 할 포트폴리오의 목표수익률로 가장 적절한 것은?

구분	~10년	10~20년	20~30년
목표수익률	?	연 5%	연 3%

① 8.04%
② 7.04%
③ 6.04%
④ 5.04%
⑤ 4.04%

정답 I ②

해설 I • 은퇴시점 포트폴리오 평가액 : 100,000×1.05^{30}=432,194천원
• 20년 시점 포트폴리오 평가액 : 432,194÷1.03^{10}=321,593천원
• 10년 시점 포트폴리오 평가액 : 321,593÷1.05^{10}=197,430천원
• 투자초기 10년의 기간 동안 목표수익률
FV : 197,430, N : 10, PV : −100,000, I/Y? 7.0388%

··· TOPIC 3 은퇴저축 성과평가

★★★

32 포트폴리오 성과평가 척도에 대한 설명이 적절하게 연결된 것은?

A. 포트폴리오의 증권선택 및 자산군 투자 비중 변경 등 전술적 자산배분전략이 효과적이었는지를 평가하는 성과평가 척도로 활용된다.
B. 체계적 위험과 비체계적 위험을 포함한 총위험 대비 초과수익률의 비율이며, 이 비율이 높을수록 포트폴리오의 운용성과가 상대적으로 양호한 것으로 평가한다.
C. 베타계수(β) 1단위당 무위험이자율을 초과하는 수익률이 어느 정도인지를 나타내며, 벤치마크와 비교하여 이 비율이 높을수록 펀드 운용성과가 상대적으로 양호한 것으로 평가된다.
D. 포트폴리오 실현수익률과 벤치마크수익률 간의 수익률 추적오차를 이용하여 성과를 평가하는 척도이다.

	샤프비율	정보비율	트레이너비율	젠센알파
①	A	B	C	D
②	B	C	A	D
③	B	D	C	A
④	C	B	A	D
⑤	C	D	B	A

정답 | ③

해설 | A. 젠센알파(αp) = $(Rp - Rf) - \beta \times (Rm - Rf)$

B. 샤프비율(Sp) = $\dfrac{Rp - Rf}{\alpha p}$ = $\dfrac{\text{포트폴리오 수익률} - \text{무위험수익률}}{\text{포트폴리오 표준편차}}$

C. 트레이너 비율(Tp) = $\dfrac{Rp - Rf}{\beta}$ = $\dfrac{\text{포트폴리오 수익률} - \text{무위험수익률}}{\text{포트폴리오 베타}}$

D. 정보비율 = $\dfrac{Rp - Rb}{\text{tracking error}}$ = $\dfrac{\text{포트폴리오 수익률} - \text{벤치마크 수익률}}{\text{트레킹에러}}$

★★★

33 포트폴리오 성과평가 척도에 대한 설명으로 적절하지 않은 것은?

① 샤프비율은 CFP® 자격인증자들이 은퇴저축 포트폴리오 성과평가 시 많이 활용하고 있는 대표적인 위험조정 성과평가 척도이다.

② 소티노비율은 CFP® 자격인증자들이 실무적으로 은퇴저축 포트폴리오의 성과평가 시 목표수익률 달성 가능성 정도를 비교할 수 있는 성과척도로 활용되고 있지만, 하방위험 기준 표준편차가 극단인 경우 실용성이 떨어진다는 단점이 있다.

③ 트레이너비율은 투자포트폴리오의 비체계적 위험은 분산을 통해 감소시킬 수 있지만, 시장위험이 초과수익에 기여한다는 관점을 반영한 성과평가 척도로, 베타계수(β) 1단위당 무위험이자율을 초과하는 수익률이 어느 정도인지를 나타낸다.

④ 트레이너비율은 분산투자를 통해 비체계적 위험을 최소화할 수 있는 연기금이나 대형 펀드의 성과평가에 많이 활용되고 있는 반면, 은퇴저축과 같은 적립금이 소규모인 포트폴리오는 비체계적 위험이 상당부분 내재해 있어 위험조정 성과평가 척도로 적합하지 않을 수 있다.

⑤ 샤프비율은 포트폴리오의 증권선택 및 자산군 투자 비중 변경 등 전술적 자산배분전략이 효과적이었는지를 평가하는 성과평가 척도로 활용된다.

정답 | ⑤

해설 | ⑤ 젠센알파에 대한 설명이다.

★★★
34 포트폴리오 성과평가 척도에 대한 적절한 설명으로 모두 묶인 것은?

> 가. 샤프비율은 CFP® 자격인증자들이 은퇴저축 포트폴리오 성과평가 시 많이 활용하고 있는 대표적인 위험조정 성과평가 척도이다.
> 나. 트레이너비율은 투자포트폴리오의 비체계적 위험 1단위당 무위험이자율을 초과하는 수익률이 어느 정도인지를 나타내며, 벤치마크와 비교하여 트레이너비율이 높을수록 펀드 운용성과가 상대적으로 양호한 것으로 평가된다.
> 다. 샤프비율은 분산투자를 통해 비체계적 위험을 최소화할 수 있는 연기금이나 대형 펀드의 성과평가에 많이 활용되고 있다.
> 라. 트레이너비율은 포트폴리오의 증권선택 및 자산군 투자 비중 변경 등 전술적 자산배분전략이 효과적이었는지를 평가하는 성과평가 척도로 활용된다.
> 마. 정보비율은 포트폴리오 실현수익률과 벤치마크수익률 간의 수익률 추적오차를 이용하여 성과를 평가하는 척도인데, 여러 가지 형태가 존재하지만 일반적으로 벤치마크를 초과하는 포트폴리오의 초과수익률을 추적오차로 나눈 값을 활용하고 있다.

① 가, 나
② 가, 마
③ 나, 다
④ 다, 라
⑤ 라, 마

정답 | ②

해설 | 나. 트레이너비율은 투자포트폴리오의 비체계적 위험은 분산을 통해 감소시킬 수 있지만 시장위험이 초과수익에 기여한다는 관점을 반영한 성과평가 척도로, 베타계수(β) 1단위당 무위험이자율을 초과하는 수익률이 어느 정도인지를 나타낸다.
다. 트레이너비율에 대한 설명이다.
라. 젠센알파에 대한 설명이다.

★★★
35 다음 정보를 토대로 산출한 두 펀드의 샤프비율이 적절하게 연결된 것은?

구분	국내주식형펀드	TDF2050
연간수익률	4.89%	6.61%
표준편차(σ)	12.3%	7.4%

※ 무위험수익률은 3.0%로 가정

	국내주식형펀드	TDF2050
①	−0.56	0.49
②	0.15	0.49
③	0.15	0.28
④	0.28	0.28
⑤	0.28	0.15

정답 | ②

해설 |

- 국내주식형펀드 $= \dfrac{Rp-Rf}{\alpha p} = \dfrac{\text{포트폴리오 수익률} - \text{무위험수익률}}{\text{포트폴리오 표준편차}} = \dfrac{(4.89\% - 3\%)}{12.3\%} = 0.1537$
- 국내주식형펀드 $= \dfrac{Rp-Rf}{\alpha p} = \dfrac{\text{포트폴리오 수익률} - \text{무위험수익률}}{\text{포트폴리오 표준편차}} = \dfrac{(6.61\% - 3\%)}{7.4\%} = 0.4878$

★★★

36 다음 포트폴리오 A의 성과평가를 위한 샤프비율, 젠센알파, 정보비율이 적절하게 연결된 것은?

> • 포트폴리오 수익률 : 9%
> • 포트폴리오 표준편차 : 5%
> • 포트폴리오 베타 : 0.3
> • tracking error : 1.2%
> ※ 무위험수익률 : 3%, 벤치마크 수익률(시장수익률) : 6.5%

	샤프비율	젠센알파	정보비율
①	0.9	−0.5%	−4.17
②	0.9	+4.5%	−2.08
③	1.2	+4.95%	+2.08
④	1.5	−0.5%	+4.17
⑤	1.5	+4.5%	+4.76

정답 | ③

해설 |

- 샤프비율$(Sp) = \dfrac{Rp-Rf}{\alpha p} = \dfrac{\text{포트폴리오 수익률} - \text{무위험수익률}}{\text{포트폴리오 표준편차}} = \dfrac{(9\% - 3\%)}{5\%} = 1.2$
- 요구수익률 = 3% + 0.3 × (6.5% − 3%) = 4.05%
- 젠센알파$(\alpha p) = (Rp-Rf) - \beta \times (Rm-Rf)$ = 포트폴리오 수익률 − 요구수익률(k) = 9% − 4.05% = 4.95%
- 정보비율 $= \dfrac{Rp-Rb}{\text{tracking error}} = \dfrac{\text{포트폴리오 수익률} - \text{벤치마크 수익률}}{\text{트레킹에러}} = \dfrac{(9\% - 6.5\%)}{1.2\%} = 2.08$

★★★

37 샤프비율과 트레이너비율이 가장 우수한 펀드가 적절하게 연결된 것은?(단, 무위험이자율은 5%이다.)

펀드	평균수익률	표준편차	베타
A	10%	12%	0.55
B	11%	14%	1.12
C	12%	15%	1.45
D	13%	19%	1.65

	샤프비율	트레이너비율
①	A	B
②	B	C
③	C	A
④	C	D
⑤	D	A

정답 | ③

해설 |

• 샤프비율$(Sp) = \dfrac{Rp - Rf}{\alpha p} = \dfrac{\text{포트폴리오 수익률} - \text{무위험수익률}}{\text{포트폴리오 표준편차}}$

• 트레이너 비율$(Tp) = \dfrac{Rp - Rf}{\beta} = \dfrac{\text{포트폴리오 수익률} - \text{무위험수익률}}{\text{포트폴리오 베타}}$

펀드	샤프비율	트레이너비율
A	$\dfrac{(10\% - 5\%)}{12\%} = 0.4167$	$\dfrac{(10\% - 5\%)}{0.55} = 0.0909$
B	$\dfrac{(11\% - 5\%)}{14\%} = 0.4286$	$\dfrac{(11\% - 5\%)}{1.12} = 0.0536$
C	$\dfrac{(12\% - 5\%)}{15\%} = 0.4667$	$\dfrac{(12\% - 5\%)}{1.45} = 0.0483$
D	$\dfrac{(13\% - 5\%)}{19\%} = 0.4211$	$\dfrac{(13\% - 5\%)}{1.65} = 0.0485$

★★★
38 포트폴리오 성과평가에 대한 설명으로 적절하지 **않은** 것은?

① 은퇴저축 포트폴리오에 대한 성과평가 목적은 포트폴리오의 실현수익률을 산출하여 투자기간 중 투자목표를 달성했는지 분석하는 데 있다.
② 포트폴리오 성과평가는 1년, 3년, 5년 등 기간을 정해 정기적으로 실행한다.
③ 일반적으로 포트폴리오의 성과요인은 시장예측능력과 종목선정능력으로 구분할 수 있다.
④ 시장예측(market timing)이란 시장의 흐름과 무관하게 벤치마크보다 높은 성과를 실현할 것으로 예상되는 종목, 즉 상대적으로 저평가되었거나 향후 상승 가능성이 높은 종목을 선택함으로써 성과를 높이려는 운용방법이다.
⑤ 대부분의 일반 고객의 경우 시장예측이나 종목선택을 위한 정보부족 및 전문성이 떨어져 직관적인 판단에 의한 자산배분이나 종목교체를 할 가능성이 많으므로, 은퇴저축 포트폴리오는 위험수용성향에 적합한 자산배분을 바탕으로 다른 다양한 펀드에 분산투자하는 것이 은퇴저축 포트폴리오의 운용성과를 높일 수 있다는 점을 인식해야 한다.

정답 | ④
해설 | ④ 종목선정(stock selection)에 대한 설명이다. 시장예측(market timing)이란 시장의 흐름을 예측하여 저점에서 매수하고 고점에서 매도하는 전술적 자산배분으로 강세시장이 예측되면 주식형자산의 비중을 높이고, 반대의 경우에는 채권형자산의 비중을 높여나가는 전략을 검토한다. 다만, 은퇴저축의 특성상 전술적 자산배분을 빈번하게 하는 것은 바람직하지 않다.

★★★
39 포트폴리오 분석에 대한 적절한 설명으로 모두 묶인 것은?

가. 자산군 투자 비중 분석의 첫 단계는 포트폴리오의 주식형자산, 채권형자산, 대체자산, 유동자산 등 자산군별 투자 비중과 자산배분비율 변화 추이를 분석하는 것이다.
나. 주식형펀드의 경우 보유한 주식의 규모와 가치평가정도에 따라 성과차이가 크며, 채권형펀드의 경우 편입된 채권의 신용등급과 듀레이션에 따라 성과 차이가 크게 나타난다.
다. 스타일 분석은 사전적으로는 좋은 수익률은 나타낼 것으로 예상되는 펀드를 선택하는 판단요소가 되며, 사후적으로 과거 펀드 성과원인을 적절하게 설명해주는 역할을 한다.
라. 스타일 지속성을 보이는 스타일 펀드들에 분산하여 투자하는 전략을 사용하면 시장변화에 따른 투자위험 관리가 용이하며 투자성과를 높일 수 있게 될 것이다.

① 가, 나　　② 다, 라
③ 가, 나, 다　　④ 나, 다, 라
⑤ 가, 나, 다, 라

정답 | ⑤
해설 | 모두 적절한 설명이다.

★★★
40 은퇴저축 성과평가에 대한 설명으로 적절하지 **않은** 것은?

① 포트폴리오에 대한 성과평가는 정기적으로 포트폴리오의 수익률, 위험을 측정하여 투자목표를 달성했는지 판단하는 과정이며, 벤치마크 대비 포트폴리오 운용의 적절성과 성과요인은 점검하는 일련의 과정이다.

② 샤프비율이 높을수록 수익률 1단위당 총위험이 높다는 것으로 평가한다.

③ 소티노비율은 목표수익률 이하로 하락한 하방위험을 기준으로 산출하며, 소티노비율이 클수록 포트폴리오의 목표수익률을 충족할 가능성이 높다는 것을 의미한다.

④ 트레이너비율은 포트폴리오의 실현수익률에서 무위험이자율을 차감한 초과수익률을 베타로 나눈 값으로, 베타계수(β) 1단위당 무위험이자율을 초과하는 수익률이 어느 정도인지를 나타낸다.

⑤ 스타일 분석은 사전적으로는 좋은 수익률은 나타낼 것으로 예상되는 펀드를 선택하는 판단요소가 되며, 사후적으로 과거 펀드 성과원인을 적절하게 설명해주는 역할을 한다.

정답 | ②

해설 | ② 샤프비율은 체계적 위험과 비체계적 위험을 포함한 총위험 대비 초과수익률의 비율이며, 위험 1단위당 무위험수익률을 초과하는 수익률이 어느 정도인지를 나타낸다. 포트폴리오의 샤프비율이 높을수록 포트폴리오 운용성과가 상대적으로 양호한 것으로 평가한다.

CHAPTER

07 은퇴소득 인출전략과 지출관리

출제 비중 : 4~8% / 1~2문항

학습가이드 ■ ■

학습 목표	학습 중요도
Tip 각 인출 모델별 특징과 상호비교 중심으로 학습 필요 Tip 은퇴기간 생활비 등 계산형 문제가 출제될 수 있음	
1. 적절한 은퇴소득을 확보하기 위한 인출전략을 수립할 수 있다.	★★★
2. 주택연금 등을 활용한 은퇴자산의 연금화 방법을 설명할 수 있다.	★★
3. 은퇴 후 지출관리방안에 대해 설명할 수 있다.	★

▪▪▪ TOPIC 1 은퇴소득 인출전략

★★★

01 다음 그림과 같은 인출전략 원리에 대한 설명으로 적절하지 않은 것은?

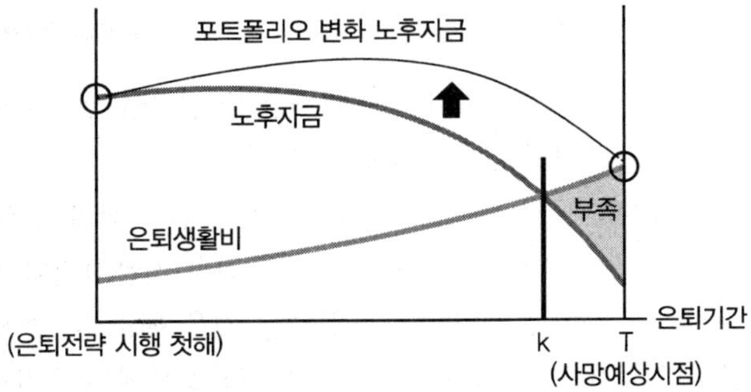

① 이는 은퇴자금으로 사용할 계획이 없었던 자산을 추가함으로써 사망하기 전 노후자금의 소진을 막을 수 있는 방법으로, 실물자산을 처분하거나 자녀에게 상속하려고 남겨둔 자산을 다시 검토하여 은퇴자금에 포함하는 것을 예로 들 수 있다.

② 추가할 수 있는 은퇴자산이 없거나 여전히 부족한 경우에는 은퇴자산 포트폴리오 변화를 통해 수익률을 높이는 방법을 생각할 수 있다.

③ 은퇴자산의 변화곡선 시작점은 동일하지만 은퇴시간이 지남에 따라 은퇴자산의 곡선 기울기가 위쪽으로 볼록해진 후 감소하면서 사망예상시점에 은퇴생활비와 일치하게 되는 것이다.

④ 이를 위해서는 포트폴리오에 위험자산을 포함시켜야 하는데, 이는 은퇴자의 위험수용성향을 고려해야 하므로 이러한 인출전략을 수립하는 과정에서 자격인증자는 고객의 위험수용성향을 반드시 반영하여 적용 여부를 결정하여야 한다.

⑤ 은퇴기간 동안 수익률 변동성 위험에 의해 예상한 수익률을 달성하지 못할 위험에 대해 철저한 관리가 요구된다.

정답 | ①

해설 | ① 은퇴자산 추가에 대한 설명이다. 그림은 은퇴자산 수익률 확보, 즉 은퇴자산 포트폴리오 변화를 통해 수익률을 높이는 방법에 대한 그림이다.

★★★

02 다음은 사망하기 전에 노후자금이 고갈되는 조기 소진 상황이 발생하게 된 그림이다. 이런 경우 최적화된 인출전략 결과에 가깝도록 하기 위한 인출전략 원리에 대한 설명으로 적절하지 않은 것은?

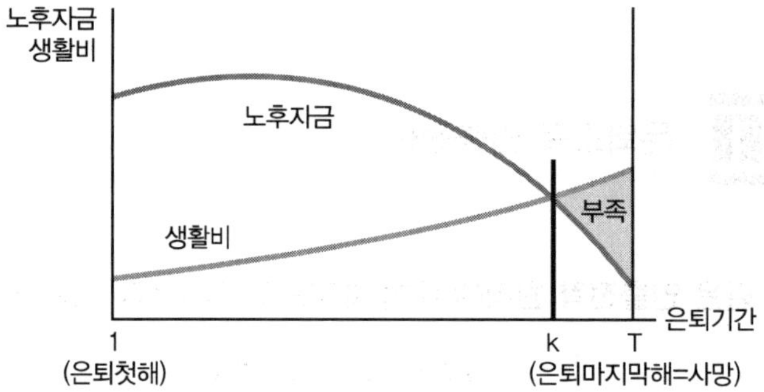

① 인출전략의 핵심적인 목표 중 하나는 은퇴자금 중 일부를 생활비로 사용하더라도 은퇴자금이 사망하기 전에 고갈되지 않도록 하는 것이다.

② 은퇴자산 추가는 은퇴자금으로 사용할 계획이 없었던 자산을 추가함으로써 사망하기 전 노후자금의 소진을 막을 수 있는 방법으로, 실물자산을 처분하거나 자녀에게 상속하려고 남겨둔 자산을 다시 검토하여 은퇴자금에 포함하는 것을 예로 들 수 있다.

③ 추가할 수 있는 은퇴자산이 없거나 여전히 부족한 경우에는 은퇴자의 위험수용성향과 무관하게 은퇴자산 포트폴리오 변화를 통해 수익률을 높이는 방법을 생각할 수 있다.

④ 은퇴생활비 조정 방법은 고객이 매우 절제된 은퇴생활을 해야할 수밖에 없기 때문에 자격인증자가 고객의 지출습관을 면밀하게 검토하고 지속적으로 모니터링하는 과정이 중요하다.

⑤ 인출전략은 은퇴자산에 포함할 자산 점검과 은퇴자가 수용할 수 있는 수준의 생활비, 은퇴자의 위험수용성향에 적합한 포트폴리오 구성을 모두 고려하여야 하며, 은퇴기간 동안 발생할 불확실성을 고려할 때 이러한 조건들을 적용한 인출계획의 성공 가능성이 어느 정도 되는지에 대해서도 함께 고려하여야 한다.

정답 | ③

해설 | ③ 이를 위해서는 포트폴리오에 위험자산을 포함시켜야 하는데, 이는 은퇴자의 위험수용성향을 고려해야 하므로 이러한 인출전략을 수립하는 과정에서 자격인증자는 고객의 위험수용성향을 반드시 반영하여 적용 여부를 결정하여야 한다. 특히 은퇴기간 동안 수익률 변동성 위험에 의해 예상한 수익률을 달성하지 못할 위험에 대해 철저한 관리가 요구된다.

★★★

03 인출전략 기본원칙에 대한 적절한 설명으로 모두 묶인 것은?

가. 안정적인 종신지급
나. 물가변화를 고려한 구매력 유지
다. 수익률 변동성을 반영한 확률적 접근
라. 일상 생활비 이외에 목돈이 필요한 상황을 반영한 인출

① 가, 나
② 다, 라
③ 가, 나, 다
④ 나, 다, 라
⑤ 가, 나, 다, 라

정답 | ③

해설 | 라. 인출전략에서는 비교적 정기적이고 일정한 금액을 인출하는 것을 가정하여 설계되기 때문에 의료비나 여행경비 등과 같이 비정기적이고 목돈으로 일정하지 않은 금액이 필요한 부분을 반영하는 것을 어렵다. 따라서 인출전략에서는 일상적인 생활비를 인출하는 것을 기본으로 하는 경우가 많으며, 목돈이 들어가는 비용은 별도의 투자자산으로 관리하는 것이 좋다.

★★★

04 인출전략 모델에 대한 설명이 적절하게 연결된 것은?

A. 아주 심각한 주식시장 침체기에도 연간 4%로 인출했을 때 33년 이내에 은퇴자금이 소진되는 일은 없었다는 사실을 밝힘으로써 시작된 이후, 인출 관련 연구가 활발히 진행되면서 보다 안전한 인출률을 산출하려는 노력이 계속되고 있다.
B. 인출모델을 설정하는 과정에서 인출 후 남은 은퇴자산에 적용되는 수익률을 하나의 값으로 적용하는 모델이다.
C. 최소 2~5년 정도 생활비로 사용할 은퇴소득을 적립해 두는 계좌를 안전자산 위주로 관리하면서 매월 필요한 생활비를 인출하는 방법으로, 투자포트폴리오는 최소 5년 이상의 장기투자를 함으로써 주식시장의 변동성 위험을 제거할 수 있다고 보았다.

	현금흐름 준비전략	고정수익률 활용 모델	경험에 의한 4% 규칙
①	A	B	C
②	A	C	B
③	B	A	C
④	B	C	A
⑤	C	B	A

정답 | ⑤

해설 | A. 경험에 의한 4% 규칙
B. 고정수익률 활용 모델
C. 현금흐름 준비전략

★★★
05 인출전략 모델에 대한 설명이 적절하게 연결된 것은?

가. 과거 50년 동안의 주식 및 채권 수익률을 사용하여 안정적인 은퇴자산 인출률을 검증한 재무설계사 벤젠의 연구결과, 아주 심각한 주식시장 침체기에도 연간 4%로 인출했을 때 33년 이내에 은퇴자금이 소진되는 일은 없었다는 사실을 밝혔다.
나. 향후 발생하게 될 수익률과 물가상승률의 분포 패턴이 과거와는 다르게 나타날 수 있다는 점과 시뮬레이션 결과를 해석하고 제시할 때 확률적 개념을 포함하기 때문에 바람직하지 않다는 지적이 있기도 하다.
다. 이 모델에서 중요한 것은 가정한 수익률이 매년 지켜져야 하므로, 첫해 인출금액과 지속가능한 인출률을 결정하는 것은 수월하지만 포트폴리오 운영성과와 물가에 변동이 발생할 경우 은퇴자산의 지속성이 보장되기 어렵다는 사실을 인지하여야 한다.
라. 최소 2~5년 정도 생활비로 사용할 은퇴소득을 적립해 두는 계좌를 안전자산 위주로 관리하면서 매월 필요한 생활비를 인출하는 방법으로, 투자포트폴리오는 최소 5년 이상의 장기투자를 함으로써 주식시장의 변동성 위험을 제거할 수 있다고 보았다.

	고정수익률 활용 모델	몬테카를로 시뮬레이션 모델	현금흐름 준비전략	경험에 의한 4% 규칙
①	가	나	라	다
②	가	다	라	나
③	나	가	다	라
④	다	나	라	가
⑤	다	라	나	가

정답 | ④

해설 | 가. 경험에 의한 4% 규칙
나. 몬테카를로 시뮬레이션 모델
다. 고정수익률 활용 모델
라. 현금흐름 준비전략

★★★

06 몬테카를로 시뮬레이션에 대한 설명으로 적절하지 않은 것은?

① 몬테카를로 시뮬레이션은 난수를 통계적으로 가장 최적의 결과값을 얻을 수 있도록 여러 번 반복하여 목표값의 확률분포를 알아내는 방법을 말한다.

② 몬테카를로 시뮬레이션을 활용한 인출모델은 현금흐름에 영향을 미치는 중요한 변수인 수익률과 물가상승률이 인출전략이 적용되는 기간 동안 과거와 유사하게 반복된다고 가정한다.

③ 향후 발생하게 될 수익률과 물가상승률의 분포 패턴이 과거와는 다르게 나타날 수 있다는 점과 시뮬레이션 결과를 해석하고 제시할 때 확률적 개념을 포함하기 때문에 바람직하지 않다는 지적이 있기도 하다.

④ 불확실한 변수들을 여러 시나리오에 적용하고 무수히 많은 반복계산을 통해 최적의 해에 접근해 가는 과정을 거치며 인출전략을 결정하고 추진해야 하는 은퇴자와 자격인증자에게 참고할 수 있는 정보를 제공해 준다는 측면에서도 은퇴자산 인출 연금에서 가장 많이 활용되고 있다.

⑤ 포트폴리오 성공가능성은 인출전략 모델에서 투자수익률의 변동성을 고려하여 시뮬레이션을 수행할 경우 확인할 수 있는데, 위험자산 비중이 높아질수록 높은 인출률이 계산되므로 고객의 위험수용성향을 참고하여 자산 비중을 결정할 수밖에 없다.

정답 I ⑤

해설 I ⑤ 포트폴리오 성공가능성은 인출전략 모델에서 투자수익률의 변동성을 고려하여 시뮬레이션을 수행할 경우 확인할 수 있는데, 변동성을 고려하지 않은 인출모델에서는 위험자산 비중이 높아질수록 높은 인출률이 계산되므로 고객의 위험수용성향을 참고하여 자산 비중을 결정할 수밖에 없다. 그러나 변동성을 포함한 시뮬레이션 인출모델에서는 위험자산의 비중이 높아짐에 따라 인출률도 계속해서 높아지지 않으며 또한 인출률이 높아지더라도 은퇴기간 동안 인출이 지속될 가능성은 오히려 떨어지게 된다. 따라서 인출전략을 결정하는 자격인증자와 고객은 인출전략에서 위험자산 비중을 결정할 때 고객의 위험수용성향을 1차적으로 반영하고, 2차적으로는 해당 포트폴리오의 인출 성공 가능성을 확인하게 함으로써 불확실한 상황에서의 결정을 위한 이중 장치를 마련하게 된다. 또한 고객이 은퇴기간 동안 소득이 부족하지 않기를 원할 것이기 때문에 위험자산에 대한 투자를 늘려 투자수익을 높이려고 하는 경우, 오히려 성공가능성에 대한 위험성이 커진다는 정보를 이용하여 무리한 인출전략을 시행하는 것을 방지할 수 있는 장점이 있다.

★★★

07 인출전략 모델에 대한 적절한 설명으로 모두 묶인 것은?

가. 인출전략의 대상이 되는 은퇴자산은 상속 목적이나 부채상환, 주택자금, 여행자금 등 특별한 재무목표가 있는 자산도 포함하여야 한다.

나. 고정수익률을 활용한 인출모델은 첫해 인출금액과 지속가능한 인출률을 결정하는 것이 수월하며 포트폴리오 운영성과와 물가에 변동이 발생할 경우에도 은퇴자산의 지속성이 보장된다는 장점이 있다.

다. 과거 50년 동안의 주식 및 채권 수익률을 사용하여 안정적인 은퇴자산 인출률을 검증한 재무설계사 윌리엄 벤젠의 연구결과, 아주 심각한 주식시장 침체기에도 연간 4%로 인출했을 때 33년 이내에 은퇴자금이 소진되는 일은 없었다는 사실을 밝힘으로써 경험에 의한 4% 규칙이 시작된 것이다.

라. 몬테카를로 시뮬레이션을 수행하기 위해서는 수익률이나 물가상승률에 대한 과거 자료가 필요한데, 어느 기간 동안의 자료를 활용하는지에 따라 평균수익률과 표준편차가 달라지기 때문에 시뮬레이션 결과에도 차이가 날 수 있다.

마. 최소 2~5년 정도 생활비로 사용할 은퇴소득을 적립해 두는 계좌를 안전자산 위주로 관리하면서 매월 필요한 생활비를 인출하는 현금흐름 준비전략을 제안한 헤롤드 이벤스키는 투자포트폴리오는 최소 3년 이상의 장기투자를 함으로써 주식시장의 변동성 위험을 제거할 수 있다고 보았다.

① 가, 나　　② 가, 마
③ 나, 다　　④ 다, 라
⑤ 라, 마

정답 | ④

해설 | 가. 인출전략의 대상이 되는 은퇴자산은 상속 목적이나 부채상환, 주택자금, 여행자금 등 특별한 재무목표가 있는 자산은 제외하여야 한다.

나. 고정수익률을 활용한 인출모델은 첫해 인출금액과 지속가능한 인출률을 결정하는 것은 수월하지만 포트폴리오 운영성과와 물가에 변동이 발생할 경우 은퇴자산의 지속성이 보장되기 어렵다는 사실을 인지하여야 한다.

마. 이벤스키는 몬테카를로 시뮬레이션을 통해 결정한 투자포트폴리오 배분이라고 하더라도 불확실성이 여전히 존재하기 때문에 투자포트폴리오는 최소 5년 이상의 장기투자를 함으로써 주식시장의 변동성 위험을 제거할 수 있다고 보았다.

★★★

08 인출전략 모델에 대한 설명으로 적절하지 않은 것은?

① 인출기초자산이 2억원인 은퇴자가 연간 수익률 7%를 목표로 하는 포트폴리오를 구성하여 운영하고, 은퇴기간을 30년으로 가정하여 은퇴기간 동안 물가상승률을 2%로 가정한다면 지속가능한 인출이 되기 위한 첫해의 인출금액은 1,226만원이 되며, 초기인출률은 6.1%가 된다.

② 고정수익률을 활용한 인출모델은 첫해 인출금액과 지속가능한 인출률을 결정하는 것은 수월하지만 포트폴리오 운영성과와 물가에 변동이 발생할 경우 은퇴자산의 지속성이 보장되기 어렵다는 사실을 인지하여야 한다.

③ 벤젠은 주식과 채권을 각각 50%씩 포함한 포트폴리오에 대해 주식시장의 침체기를 포함한 수익률을 적용한 연구결과, 아주 심각한 주식시장 침체기에도 연간 5%로 인출했을 때 33년 이내에 은퇴자금이 소진되는 일은 없었다는 사실을 밝힘으로써 경험에 의한 5% 규칙이 시작된 것이다.

④ 인출모델에 몬테카를로 시뮬레이션 방법을 적용하는 것은 불확실한 변수들을 여러 시나리오에 적용하고 무수히 많은 반복계산을 통해 최적의 해에 접근해 가는 과정을 거치며 인출전략을 결정하고 추진해야 하는 은퇴자와 자격인증자에게 참고할 수 있는 정보를 제공해 준다.

⑤ 최소 2~5년 정도 생활비로 사용할 은퇴소득을 적립해 두는 계좌를 안전자산 위주로 관리하면서 매월 필요한 생활비를 인출하는 현금흐름 준비전략을 제안한 헤롤드 이벤스키는 투자포트폴리오는 최소 5년 이상의 장기투자를 함으로써 주식시장의 변동성 위험을 제거할 수 있다고 보았다.

정답 | ③

해설 | ① 지속가능한 인출이 되기 위한 첫해의 인출금액

PV : 200,000, N : 30, I/Y : (7 − 2) ÷ 1.02, PMT(B)? 12,264천원

• 초기인출률 : $\frac{12,264}{200,000} = 6.13\%$

③ 벤젠은 기존에 일반적으로 적용하던 5%의 인출률이 정말 안정적인 인출을 보장해 줄 수 있는지 확인하기 위해 주식과 채권을 각각 50%씩 포함한 포트폴리오에 대해 주식시장의 침체기를 포함한 수익률을 적용하였다. 연구결과, 아주 심각한 주식시장 침체기에도 연간 4%로 인출했을 때 33년 이내에 은퇴자금이 소진되는 일은 없었다는 사실을 밝힘으로써 경험에 의한 4% 규칙이 시작된 것이다.

★★★

09 **다음 정보를 토대로 공적연금이 없는 경우와 공적연금이 있는 경우에 대한 은퇴자산 지속기간과 인출률이 적절하게 연결된 것은?**

- 은퇴자산(인출기초자산) : 400,000천원
- 연간생활비 : 36,000천원(월 3,000천원)
- 연간 공적연금 수령액 : 12,000천원(월 1,000천원)
- 은퇴기간 : 30년
- 은퇴기간 중 물가상승률 : 3%
- 은퇴기간 중 은퇴자산의 세후투자수익률 : 6%

	공적연금이 없는 경우		공적연금이 있는 경우	
	은퇴자산 지속기간	인출률	은퇴자산 지속기간	인출률
①	13.15년	9%	22.23년	6%
②	13.15년	6%	22.23년	9%
③	22.23년	9%	13.15년	6%
④	22.23년	6%	13.15년	9%
⑤	30년	4.9%	30년	6%

정답 I ①

해설 I **[공적연금이 없는 경우]**

- 은퇴자산 지속기간

  PV : −400,000, I/Y : (6−3)÷1.03, PMT(B) : 36,000, N? 13.1506년

- 인출률 : $\frac{36,000}{400,000}=9\%$
- 은퇴자산 지속기간은 13.15년으로, 14년을 채우지 못하며, 은퇴기간 후반기 16년 동안의 생활비가 부족한 것으로 평가된다. 따라서 현재의 인출률 9%는 지속가능한 인출률로서 역할을 하지 못한다.

[공적연금이 있는 경우]

- 은퇴자산 지속기간

  PV : −400,000, I/Y : (6−3)÷1.03, PMT(B) : 36,000−12,000=24,000, N? 22.2252년

- 인출률 : $\frac{24,000}{400,000}=6\%$
- 공적연금을 제외한 인출이 필요한 금액은 연간 24,000천원으로, 은퇴자산 4억원으로부터 인출이 지속될 수 있는 기간은 22.23년이다. 즉, 은퇴기간 후반기 7년 동안의 생활비가 부족한 것으로 평가된다. 따라서 이때의 인출률 6%는 지속가능한 인출률이 되지 못한다.

★★★
10 지속가능한 인출전략을 위한 조정방법으로 인출기초자산을 추가할 경우, 추가 확보해야 하는 인출기초자산과 이로 인해 조정된 지속가능한 인출률이 적절하게 연결된 것은?

> • 은퇴자산(인출기초자산) : 400,000천원
> • 연간생활비 : 36,000천원(월 3,000천원)
> • 연간 공적연금 수령액 : 12,000천원(월 1,000천원)
> • 은퇴기간 : 30년
> • 은퇴기간 중 물가상승률 : 3%
> • 은퇴기간 중 은퇴자산의 세후투자수익률 : 6%

	추가 인출기초자산	지속가능한 인출률
①	89,626천원	4.9%
②	89,626천원	6%
③	400,000천원	4.9%
④	489,626천원	6%
⑤	489,626천원	9%

정답 | ①

해설 | • 필요한 인출기초자산

PMT(B) : 36,000 − 12,000 = 24,000, N : 30, I/Y : (6 − 3) ÷ 1.03, PV? 489,626천원

• 추가해야 하는 인출기초자산 : 489,626 − 400,000 = 89,626천원

• 지속가능한 인출률 : $\frac{24,000}{489,626} = 4.9\%$

• 기존과 동일한 포트폴리오 수익률과 물가상승률을 가정하고 연간 24,000천원을 30년 동안 지속적으로 인출하기 위해서는 은퇴 첫해 또는 인출 시작 시점에 약 489,626천원이 필요하므로, 처음 은퇴자산으로 사용하려던 4억원 이외에 약 89,626천원 정도의 자산을 추가 확보할 수 있어야 한다. 이때의 지속가능한 인출률은 4.9%가 되어 기존 인출률(6%)보다 낮아진다.

★★★
11 지속가능한 인출전략을 위한 조정방법으로 포트폴리오 운용수익률을 조정할 경우, 지속가능한 인출전략을 위해 달성해야 하는 운용수익률로 가장 적절한 것은?

> • 은퇴자산(인출기초자산) : 400,000천원
> • 연간생활비 : 36,000천원(월 3,000천원)
> • 연간 공적연금 수령액 : 12,000천원(월 1,000천원)
> • 은퇴기간 : 30년
> • 은퇴기간 중 물가상승률 : 3%
> • 은퇴기간 중 은퇴자산의 세후투자수익률 : 6%

① 2.92%
② 4.7%
③ 4.9%
④ 6%
⑤ 7.84%

정답 | ⑤

해설 | • 지속가능한 인출전략을 위해 달성해야 하는 K율

PV : −400,000, N : 30, PMT(B) : 36,000−12,000=24,000, I/Y : ? 4.6964%(K율)

• 지속가능한 인출전략을 위해 달성해야 하는 운용수익률 : 4.6964×1.03+3=7.8373%

• 기존과 동일한 물가상승률을 가정하고 연간 24,000천원을 30년 동안 지속적으로 인출하기 위해서는 인출기초자산 4억원의 수익률을 7.84%까지 높여야 하므로 예상했던 목표수익률보다 1.84%의 수익을 더 낼 수 있도록 위험자산에 투자하는 비중을 높여야 하며, 이때의 지속가능한 인출률은 6%로 수치 자체는 현재의 재무상태 평가 당시의 인출률과 동일하다. 그러나 위험자산에 대한 비중을 높이는 만큼 변동성도 높아진다는 위험을 감수할 수 있어야 한다.

★★★

12 지속가능한 인출전략을 위한 조정방법으로 은퇴생활비를 감액할 경우, 인출가능한 은퇴생활비와 지속가능한 인출률이 적절하게 연결된 것은?

> • 은퇴자산(인출기초자산) : 400,000천원
> • 연간생활비 : 36,000천원(월 3,000천원)
> • 연간 공적연금 수령액 : 12,000천원(월 1,000천원)
> • 은퇴기간 : 30년
> • 은퇴기간 중 물가상승률 : 3%
> • 은퇴기간 중 은퇴자산의 세후투자수익률 : 6%

	인출가능한 은퇴생활비	지속가능한 인출률
①	19,607천원	4.9%
②	29,378천원	6%
③	24,000천원	4.9%
④	19,607천원	6%
⑤	29,378천원	9%

정답 | ①

해설 | • 인출가능한 은퇴생활비

PV : −400000, N : 30, I/Y : (6−3)÷1.03, PMT(B)? 19,607천원

• 지속가능한 인출률 : $\frac{19,607}{400,000}=4.9\%$

• 기존과 동일한 포트폴리오 수익률과 물가상승률을 가정하고 30년 동안 지속적으로 인출하기 위해서는 매년 약 19,607천원을 인출하여야 하며, 기존에 인출이 필요했던 금액인 연 24,000천원에서 약 4,393천원 정도를 줄인 금액을 인출하여야 한다. 따라서 이때 지속가능한 인출률은 4.9%로 기존 인출률(6%)보다 낮아지며, 인출기초자산을 추가한 경우의 지속가능한 인출률과 동일한 값이 된다.

★★★
13 인출전략 수립 시 고려사항으로 모두 묶인 것은?

가. 지속가능한 인출금액과 은퇴생활비
나. 위험수용성향과 은퇴자산배분과 포트폴리오 성공가능성
다. 은퇴기간 중 소비수준의 변화
라. 인출전략 관련 위험 관리

① 가, 나
② 다, 라
③ 가, 나, 다
④ 나, 다, 라
⑤ 가, 나, 다, 라

정답 | ⑤
해설 | 모두 인출전략 수립 시 고려사항에 해당한다.

★★★
14 인출전략 관련 위험 중 주식형 자산을 은퇴자산에 포함하는 경우 발생할 수 있는 위험으로 모두 묶인 것은?

가. 수익률 불확실성 위험
나. 수익률 발생순서 위험
다. 구매력 하락 위험
라. 장수위험
마. 예기치 못한 위험

① 가, 나
② 가, 마
③ 나, 다
④ 다, 라
⑤ 라, 마

정답 | ①
해설 | 주식형 자산을 은퇴자산에 포함하는 경우 발생할 수 있는 위험은 수익률 변동성으로 인한 수익의 불확실성과 운용기간 전체에 대한 평균수익률은 같더라도 연도별 수익률의 발생순서에 따라 미래의 자산가치가 달라지는 수익률발생순서위험이 있다.

★★★
15 인출전략 관련 위험 관리에 대한 적절한 설명으로 모두 묶인 것은?

가. 주식형 자산을 은퇴자산에 포함하는 경우 가장 큰 위험이 바로 수익률 변동성으로 인한 수익의 불확실성인데, 특히 투자기간이 짧을수록 기간에 따른 투자수익률의 평준화가 짧아지므로 위험은 더 커진다.
나. 물가상승률은 경제환경과 인출전략을 수립하는 시점을 기준으로 최근 5~10년 정도의 물가 변화 추이를 보면서 자격인증자와 고객이 협의하여 결정한 가정치를 적용할 수는 있으나 인출금액을 늘리거나 또는 지속기간을 늘리기 위해서 임의로 더 낮은 특정 값을 정하는 것은 피해야 한다.
다. 인출전략 시 은퇴기간을 설정할 때에 장수위험을 고려하여 짧은 기간으로 설정하는 것이 좋다.
라. 부부의 은퇴설계를 진행할 때에는 주소득원인 남편의 생존기간을 기준으로 설계하는 것이 바람직하다.
마. 은퇴창업 실패, 금융사기, 중대질병, 자녀에 대한 과도한 지원 등 예기치 못한 위험으로 인해 은퇴자산의 가치가 손실될 위험도 고려하여야 한다.

① 가, 나, 다
② 가, 나, 마
③ 가, 다, 라
④ 나, 다, 라
⑤ 다, 라, 마

정답 | ②

해설 | 다. 계속해서 기대수명이 증가하고 있는 추세를 고려하면 현재 인출전략을 시작하는 은퇴자들이 실제 기대수명 연령에 도달했을 때에도 생존할 가능성이 더 크다. 따라서 인출전략 시 은퇴기간을 설정할 때에 장수위험을 고려하여 너무 짧은 기간으로 설정하는 것은 피하는 것이 좋다.

라. 은퇴기간을 설정할 때에는 부부 중 더 오래 살 것으로 기대하는 사람의 생존기간을 고려하여야 한다. 부부의 은퇴설계를 진행할 때 남편을 기준으로 하는 경우가 있으나 부부의 연령차이, 건강상태, 성별 등을 고려하여 부부가 함께 생존하는 기간은 물론 배우자 혼자 남게 되는 기간을 고려하는 것이 필요하다.

···TOPIC 2 은퇴자산의 연금화

★★☆
16 개인의 재무행동 측면에서 연금퍼즐에 빠지는 원인으로 적절하지 않은 것은?

① 연금상품 계약 시 철회나 취소가 용이
② 자금의 유동성 문제
③ 공적연금에 대한 기대심리
④ 연금상품의 수수료 문제
⑤ 자녀에 대한 유산 상속동기

정답 | ①

해설 | 개인의 재무행동 측면으로는 연금상품 계약 시 철회나 취소가 어려워 연금가입을 하지 않거나 자금의 유동성 문제, 공적연금에 대한 기대심리, 연금상품의 수수료 문제, 자녀에 대한 유산 상속동기 등으로 은퇴자산을 위해 연금을 준비하지 않는 현상을 생각할 수 있다.

★★☆
17 은퇴자산 연금화 방법에 대한 설명으로 가장 적절한 것은?

① 자가연금화 방법은 수령기간을 잘못 예측하거나 과도한 인출을 하게 되더라도 사망 전에 은퇴자금이 소진될 위험이 없다는 장점이 있다.
② 행동재무학자들은 자동적으로 은퇴자금이 인출되게끔 해둠으로써 사람들의 판단이 반영되지 않기 때문에 비이성적인 판단으로 인한 투자손실과 초과 지출로 인한 인출전략의 실패를 막을 수 있다고 생각하였다.
③ 종신형 연금상품의 가장 큰 장점은 장수위험에 대비할 수 있다는 점이므로, 자격인증자들은 연금계좌 자산의 대부분을 종신형 연금으로 선택하도록 제안하는 것이 좋다.
④ 월지급식 펀드는 다양한 상품구조로 되어 있기 때문에 본인의 위험수용성향에 맞는 상품선택이 가능하며 원금손실 가능성이 없고 매월 동일한 분배금을 받을 수 있다는 장점이 있다.
⑤ 즉시연금은 은퇴자가 일시금의 목돈을 이용해 60세 이후부터 매월 일정한 금액을 연금으로 받을 수 있는 상품으로, 현재 생명보험회사에서만 취급하고 있다.

정답 | ②

해설 | ① 자가연금화 방법은 은퇴자 스스로 필요에 따라 인출을 시행하는 방법으로 수령기간을 잘못 예측하거나 과도한 인출을 하게 되면 사망 전에 은퇴자금이 소진될 위험이 있으므로 주의해야 한다. 특히, 인출계획의 성공 여부가 은퇴자의 비합리적인 판단이나 행동재무적인 위험 외에도 은퇴자산의 투자위험, 물가상승률, 수명, 건강상태 등 다양한 시장 · 환경적 요인과 개인적 요인에 의해 영향을 받게 되기 때문에 자기통제오류가 적은 은퇴자들에게 적절하다.

③ 종신형 연금상품의 가장 큰 장점은 장수위험에 대비할 수 있다는 점이지만, 연금을 수령하기 시작하면 중도에 해지가 불가능하기 때문에 급하게 목돈이 필요한 경우 난감한 상황이 발생할 수 있다. 그러나 이러한 제약이 장수위험에 대한 대비 효과를 높이기도 하므로 자격인증자들은 연금계좌 자산 중 일정 부분은 남겨두고 나머지에 대해서만 종신형 연금으로 선택하도록 제안하는 것이 좋다.

④ 월지급식 펀드는 다양한 상품구조로 되어 있기 때문에 본인의 위험수용성향에 맞는 상품선택이 가능하며 가입이나 분배금 지급연령 제한이 없고 수시 환매가 가능하다는 장점이 있다. 다만, 실적배당형 상품으로 자산의 가격변동에 따라 원금손실 가능성이 있고, 투자이익 등에 따라 매월 분배금이 달라질 수 있어 주의가 필요하다.

⑤ 즉시연금은 은퇴자가 일시금의 목돈을 이용해 원하는 기간 동안 매월 일정한 금액을 연금으로 받을 수 있는 상품으로, 현재 생명보험회사에서만 취급하고 있다. 회사마다 다르기는 하지만 최저가입연령과 최저가입금액이 설정되어 있어서 대부분 가입한 다음 달부터 연금을 받을 수 있고, 소득세법상 요건을 충족하는 경우 이자소득세가 비과세되기 때문에 절세상품으로 활용하기에 좋다.

★★☆

18 은퇴자산 연금화 방법에 대한 적절한 설명으로 모두 묶인 것은?

가. 종신연금이나 자동인출방법을 선택하지 않고 은퇴자산에서 필요에 따라 인출하려는 은퇴자는 인출률과 은퇴자산 부족위험을 방지할 수 있는 자산배분에 대한 결정이 매우 중요한 이슈가 되므로, 자기통제오류가 적은 은퇴자들에게 적절하다.
나. 자동인출방법은 매월, 매분기 또는 반기 등 일정 기간마다 은퇴자산 계좌에서 정기적으로 자동인출이 이루어지도록 설정하는 방법으로, 은퇴기간 동안의 생활비 마련을 위해 적합한 방법이며 본인의 니즈에 따라 인출비용과 간격을 결정하면 된다.
다. 생명보험회사 이외에서 연금계좌를 보유한 경우 확정기간형 방식을 활용하되 연금기간을 충분히 길게 설정하는 설계는 종신연금 효과를 기대할 수 있어 은퇴자산의 조기고갈 가능성을 낮출 수 있다는 장점이 있다.
라. 상속연금형 즉시연금은 연금개시 시점의 준비금액은 그대로 유지하여 가입자가 생존하고 있을 때에는 연금을 수령하지 않고 가입자가 사망한 이후에 남아 있는 원금과 이자가 상속된다.
마. 종신연금형 즉시연금은 가입자가 사망할 때까지 연금을 수령하는 방식인데, 예상보다 일찍 사망하는 경우에 대비하여 '최저보증지급기간'을 설정하여 운용하는 경우가 많다.

① 가, 나, 다　　② 가, 나, 마
③ 가, 라, 마　　④ 나, 다, 라
⑤ 다, 라, 마

정답 | ②

해설 | 다. 생명보험회사 이외에서 연금계좌를 보유한 경우 종신형은 아니더라도 확정기간형 방식을 활용하되 연금기간을 충분히 길게 설정함으로써 종신연금 효과를 기대할 수 있다. 이러한 설계는 생명보험사 상품과 달리 중도해지가 가능하고 연금개시 후 조기에 사망하더라도 잔액은 상속된다는 장점이 있다. 그러나 가입자인 은퇴자가 연금인출과 관련된 통제가 가능하기 때문에 과도한 인출이 가능하며 이는 은퇴자산의 조기고갈 가능성을 높일 수 있다는 단점도 있다.

라. 상속연금형 즉시연금은 연금개시 시점의 준비금액은 그대로 유지하고 가입자가 생존하고 있을 때에는 이자를 연금으로 수령하고 가입자가 사망한 이후에는 남아 있는 원금이 상속된다.

★★☆
19 주택연금 신청이 가능한 사례로 모두 묶인 것은?(제시된 정보 외 다른 요건은 모두 충족한 것으로 가정)

가. 이재경(만 58세), 배우자 노지혜(만 52세) : 부부 공동명의 주택
나. 한동근 : 공시가격 11억원의 1주택 소유
다. 이숙 : 보유주택 합산 공시가격이 13억원인 3주택 소유
라. 강희순 : 주거 용도가 아닌 오피스텔(13억원) 소유

① 가
② 가, 나
③ 나, 라
④ 가, 다, 라
⑤ 가, 나, 다, 라

정답 | ②

해설 | 공시가격 등이 12억원 이하의 주택 또는 주거 용도의 오피스텔을 소유한 경우면 누구나 이용할 수 있으며, 다주택자인 경우에도 부부 소유주택의 공시지가를 합산한 가격이 12억원 이하이면 신청할 수 있다. 연령조건과 거주요건은 부부 중 한 명이라도 만 55세 이상이면 되고, 주택연금 가입주택을 가입자 또는 배우자가 실제로 거주지로 이용하고 있어야 한다.

★★☆
20 주택연금에 대한 설명으로 가장 적절한 것은?

① 시가 9억원 이하의 일반주택을 소유한 경우에만 신청이 가능하다.
② 부부 합산 1주택을 소유한 경우에만 신청이 가능하며, 다주택자는 신청이 불가능하다.
③ 부부의 경우 부부가 모두 만 55세 이상이어야 신청이 가능하다.
④ 주택연금은 일정 기간을 정하여 연금을 받는 확정기간방식을 선택할 수도 있는데, 이 방법은 정액형만 선택이 가능하고 초기증액형과 정기증가형은 선택이 불가능하다.
⑤ 주택연금의 경우 부부 모두가 사망 시까지 연금을 수령하기 위해서는 가입자가 사망한 경우 남은 배우자가 승계를 받아야 하는 절차가 있는데, 이 과정에서 공동상속인의 동의가 필요하다는 한계가 있다.

정답 | ④

해설 | ① 공시가격 등이 12억원 이하의 주택 또는 주거 용도의 오피스텔을 소유한 경우면 누구나 이용할 수 있다.
② 다주택자인 경우에도 부부 소유주택의 공시지가를 합산한 가격이 12억원 이하이면 신청할 수 있다.
③ 연령조건과 거주요건은 부부 중 한 명이라도 만 55세 이상이면 되고, 주택연금 가입주택을 가입자 또는 배우자가 실제로 거주지로 이용하고 있어야 한다.
⑤ 주택연금의 경우 부부 모두가 사망 시까지 연금을 수령하기 위해서는 가입자가 사망한 경우 남은 배우자가 승계를 받아야 하는 절차가 있는데, 이 과정에서 공동상속인의 동의가 필요하다는 한계가 있었다. 이를 보완하기 위해 주택연금담보제공 방식을 저당권방식과 신탁방식으로 구분하였는데, 저당권방식은 주택소유권자가 사망한 경우 배우자가 이전등기 절차를 거쳐야 했지만, 신탁방식은 주택소유권자가 신탁등기를 함으로써 가입자가 사망하더라도 남은 배우자는 소유권 이전 없이 자동으로 승계된다.

★★☆

21 주택연금에 대한 설명으로 적절하지 않은 것은?

① 부부 공동명의 주택인 경우 부부 중 한 명이라도 만 55세 이상이면 신청이 가능하다.

② 해당 주택을 전세로 주고 본인은 다른 주택에서 월세를 살고 있는 경우에도 신청이 가능하다.

③ 주택연금으로 주택자산을 연금화할 경우 가장 큰 장점은 평생 동안 매월 연금방식으로 수령할 수 있으면서 자신의 집에서 거주할 수 있다는 점이다.

④ 부부 모두 사망한 후 주택을 처분해서 정산하면 되는데, 만약 연금수령액 등이 집값보다 남는 금액은 상속인에게 돌아가지만, 집값을 초과하여 연금을 수령하였더라도 상속인에게 청구되지 않는다는 점도 큰 장점이다.

⑤ 저당권방식은 주택소유권자가 사망한 경우 배우자가 이전등기 절차를 거쳐야 했지만, 신탁방식은 주택소유권자가 신탁등기를 함으로써 가입자가 사망하더라도 남은 배우자는 소유권 이전 없이 자동으로 승계된다.

정답 | ②

해설 | ② 연령조건과 거주요건은 부부 중 한 명이라도 만 55세 이상이면 되고, 주택연금 가입주택을 가입자 또는 배우자가 실제로 거주지로 이용하고 있어야 한다.

★★☆

22 은퇴한 최우식(58세), 김미순(53세)씨 부부는 국가가 보증하는 주택연금제도를 활용할 계획이다. 다음 정보를 고려할 때 주택연금에 대한 설명으로 가장 적절한 것은?

최우식씨 부부는 주택 A(공시가격 11억원)를 공동으로 소유하고 있으며, 주택A 외에 소유하고 있는 다른 부동산은 없음

① 대상주택은 공시가격 9억원 이하의 주택이어야 하므로, 주택 A 매도 후 공시가격 9억원 이하의 주택을 매수하여야 주택연금 신청이 가능하다.

② 최우식씨 부부는 현재 가입가능 연령에 해당하지 않는다.

③ 만일 최우식씨 부부가 주택 A는 전세로 임대를 주고 주택 B에서 거주 중이라면, 현재 주택 A를 담보로 주택연금 신청이 불가능하다.

④ 최우식씨 부부가 주택연금으로 확정기간방식을 선택하면서 초기증액형을 선택하였다면 초기에는 정액형보다 적게 받고 3년마다 일정수준씩 일정하게 증가하여 받을 수 있다.

⑤ 최우식씨 부부는 주택 A에 실제로 거주지로 이용하고 있다고 하더라도 주택일부를 보증금을 받고 임대하는 경우에는 주택연금 신청이 불가능하다.

정답 | ③

해설 | ① 공시가격 등이 12억원 이하의 주택 또는 주거 용도의 오피스텔을 소유한 경우면 누구나 이용할 수 있으며, 다주택자인 경우에도 부부 소유주택의 공시지가를 합산한 가격이 12억원 이하이면 신청할 수 있다.

② 연령조건과 거주요건은 부부 중 한 명이라도 만 55세 이상이면 되고, 주택연금 가입주택을 가입자 또는 배우자가 실제로 거주지로 이용하고 있어야 한다.

④ 주택연금은 일정 기간을 정하여 연금을 받는 확정기간방식을 선택할 수도 있는데, 이 방법은 정액형만 선택이 가능하고 초기증액형과 정기증가형은 선택이 불가능하다. 종신연금의 경우 수령하는 연금액을 매월 동일하게(정액형) 정할 수도 있지만, 가입 초기 일정 기간 동안은 정액형보다 많이 수령하지만 이후에는 정액형보다 덜 수령하게 되는초기증액형을 선택할 수도 있고, 초기에는 정액형보다 적게 받고 3년마다 일정수준씩 일정하게 증가하여 받을 수 있는 정기증가형을 선택할 수도 있다.

⑤ 신탁방식은 저당권방식에서는 불가능했던 주택 일부를 보증금을 받고 임대하는 것이 가능하기 때문에 거주하면서 임대소득도 얻을 수 있다는 장점이 있다.

★★☆

23 농지연금에 대한 적절한 설명으로 모두 묶인 것은?

가. 농지연금은 영농경력이 5년 이상인 55세 이상의 농지소유자가 소유한 농지를 담보로 노후생활 안정자금을 매월 연금으로 수령하는 제도이다.
나. 농지연금을 받던 농업인이 사망할 경우 배우자 승계가 불가하다는 단점이 있다.
다. 연금을 받으면서 담보농지를 직접 경작하거나 임대할 수 있어 연금 이외의 추가소득을 얻을 수 있다.
라. 9억원 이하 농지는 재산세가 전액 감면되어 절세측면에서도 도움이 된다.
마. 연금채무 상환 시 담보 농지 처분으로 상환하고 남은 금액이 있으면 상속인에게 돌려주고, 부족하더라도 더 이상 청구하지 않는다.

① 가, 다　　② 가, 라
③ 나, 라　　④ 나, 마
⑤ 다, 마

정답 | ⑤

해설 | 가. 농지연금은 영농경력이 5년 이상인 60세 이상의 농지소유자가 소유한 농지를 담보로 노후생활 안정자금을 매월 연금으로 수령하는 제도이다.
나. 농지연금은 주택연금과 같이 부부가 종신토록 연금을 수령할 수 있는데, 농지연금을 받던 농업인이 사망할 경우 배우자가 승계하면 배우자 사망 시까지 계속해서 농지연금을 받을 수 있다. 단, 신청 당시 배우자가 55세 이상이고 연금승계를 선택한 경우에만 가능하다.
라. 6억원 이하 농지는 재산세가 전액 감면되어 절세측면에서도 도움이 된다.

★☆☆
24 은퇴 후 지출관리 방안에 대한 적절한 설명으로 모두 묶인 것은?

가. 은퇴 후 효율적인 지출관리를 위해 일상적으로 반복되는 생활비와 특수의 별도 목적이 있는 자금을 통합하여 관리하는 것이 필요하다.
나. 포트폴리오 성공가능성을 높게 선정할수록 계획하지 않은 인출로 인하여 노후자금이 일찍 소진될 가능성이 더 민감하게 반응하므로, 인출계획은 지속가능한 인출금액 범위 내의 지출이 필요하다.
다. 연금계좌에서 의료목적으로 인출하는 경우에는 연금형태로 인출하는 것으로 간주하여 연금소득세가 적용되므로, 가능한 여러 개의 연금계좌를 의료비연금계좌로 지정하여 유사 시 인출할 수 있도록 활용 계획을 수립하여야 한다.
라. 은퇴 후기에 나타날 수 있는 장기요양 위험 등에 특별한 대책을 마련하지 못한 경우나 은퇴초기에 적은 금액이라도 추가소득을 발생할 수 있는 은퇴자라면 은퇴초기의 소비를 감소하고서라도 은퇴 후기에 더 많은 금액을 인출할 수 있다.
마. 더 건강할 때 더 많은 활동을 원하기 때문에 은퇴 초기에 더 많은 금액을 인출하는 패턴을 원하는 은퇴자들은 은퇴 첫해에 상대적으로 높은 지출수준을 유지할 수 있으나 은퇴말기에 자칫 자금고갈 상황에 닥칠 수 있음을 주의하여야 한다.

① 가, 나, 라
② 가, 다, 라
③ 가, 다, 마
④ 나, 다, 마
⑤ 나, 라, 마

정답 | ⑤

해설 | 가. 은퇴 후 지출관리를 위해 가장 중요하게 생각해야 하는 부분은 노후자금의 지속가능성인데, 이때 지속가능성을 평가하는 과정에서 반영되는 생활비는 일상적으로 반복되는 생활비를 기준으로 한다. 따라서 목돈이 들어가는 여행경비나 규모가 큰 내구재 교체, 자녀의 결혼자금 등 특수의 별도 목적이 있는 자금은 분리하여 관리하는 것이 필요하다.
다. 의료목적으로 인출하는 경우에는 연금형태로 인출하는 것으로 간주하여 연금소득세가 적용된다. 단, 연금수령 요건을 충족한 연금계좌 가입자 본인의 의료비에 한정되며, 미용이나 성형 등의 시술은 제외된다. 또한 1명당 하나의 연금계좌만 의료비연금계좌로 지정하여 인출할 수 있다는 점도 유의하여야 한다.

CHAPTER

08 비재무적 은퇴설계

출제 비중 : 0~4% / 0~1문항

학습가이드 ■ ■

학습 목표	학습 중요도
Tip 구체적인 수치나 연도의 암기보다 특징과 활용 중심으로 학습 필요	
1. 비재무적 은퇴설계의 필요성을 설명할 수 있다.	★
2. 은퇴 후 주거유형을 이해하고 설명할 수 있다.	★

TOPIC 1 비재무적 은퇴설계

★☆☆

01 은퇴설계에 대한 적절한 설명으로 모두 묶인 것은?

가. 은퇴설계는 노후자금을 축적하고 은퇴 후에는 잘 나누어 지출하는 재무적 설계와 함께 은퇴 후 건강유지와 자기계발, 가족 및 사회적 관계 재정립, 주거계획 등과 관련된 비재무적 설계를 포함한다.

나. 건강, 대인관계, 여가생활 등의 비재무적 요소에 대한 만족도보다는 노후자금규모가 은퇴자의 주관적 행복감에 유의미한 영향을 미치므로, 행복한 은퇴생활을 위해서는 재무적 준비에 대한 꼼꼼한 준비가 더욱 더 필요하다.

다. 비재무적 은퇴설계의 영역은 개인적 차원과 사회적 차원으로 구분할 수 있는데 건강, 일, 여가, 자기계발, 주거 등은 개인적 차원에 해당하고, 가족관계, 가족 이외의 대인관계, 사회참여활동 등은 사회적 차원에 해당한다.

① 가　　② 가, 나
③ 가, 다　　④ 나, 다
⑤ 가, 나, 다

정답 I ③

해설 I 나. 은퇴자의 행복한 감정에 영향을 미치는 요인들을 살펴본 한 연구에서 건강, 대인관계, 여가생활 등의 비재무적 요소에 대한 만족도가 정적인 영향을 미치고 있었으나 노후자금규모는 은퇴자의 주관적 행복감에 유의미한 영향을 미치지 않는 것으로 나타났다. 즉, 은퇴생활을 하면서 경제적 준비가 중요하기는 하지만 삶에 대한 행복에 더 큰 영향을 미치는 것은 비재무적 요소라는 것을 의미한다. 따라서 균형 잡힌 행복한 은퇴생활을 위해서는 재무적 준비뿐만 아니라 비재무적 부분도 꼼꼼한 준비가 필요하다.

★☆☆

02 생애말기설계에 대한 설명으로 적절하지 않은 것은?

① 존엄하게 죽음을 맞이할 수 있도록 미리 준비한다거나 죽음 후 이루어지는 장례식에 대해 미리 준비하는 것, 남겨질 유산에 대한 상속문제, 의식불명이 될 경우 연명치료에 대한 결정과 의료치료 범위 등 인생 후반기 및 사후에 발생할 수 있는 재무적, 비재무적 의사결정이 모두 포함될 수 있다.

② 사전연명의료의향서는 19세 이상인 사람이 자신의 연명의료를 시행하지 않거나 중단하기로 하는 결정 및 호스피스에 관한 의사를 전자문서를 포함하여 직접 문서로 작성하는 것을 말한다.

③ 사전연명의료의향서는 보건복지부 지정을 받은 사전연명의료의향서 등록기관을 방문하여 충분한 설명을 듣고 작성했다면 본인이 직접 작성하지 않고 배우자나 직계가족이 작성해도 법적 효력을 인정받을 수 있다.

④ 연명의료계획서는 말기환자나 임종과정에 있는 환자를 대상으로 하되 환자의 요청에 의해 담당의사가 작성할 수 있다.

⑤ 사전연명의료의향서는 상담사에게 설명의무가 있으며 보건복지부에서 지정한 등록기관에 등록되지만 연명의료계획서는 담당의사에게 설명의무가 있고 의료기관윤리위원회가 설치, 등록된 의료기관에 등록된다.

정답 | ③

해설 | **〈사전연명의료의향서와 연명의료계획서 비교〉**

구분	사전연명의료의향서	연명의료계획서
대상	19세 이상의 성인	말기환자 또는 임종과정에 있는 환자
작성	본인이 직접 작성	환자의 요청에 의해 담당의사가 작성
연명의료 중단결정사항	심폐소생술, 인공호흡기착용, 혈액투석, 항암제 투여 여부	
설명의무	상담자	담당의사
등록	보건복지부 지정 사전연명의료의향서 등록기관	의료기관 윤리위원회를 설치 등록한 의료기관

③ 사전연명의료의향서의 효력을 보장받기 위해서는 본인이 보건복지부 지정을 받은 사전연명의료의향서 등록기관을 방문하여 충분한 설명을 듣고 직접 작성해야 하며, 이렇게 등록기관을 통해 작성 · 등록된 사전연명의료의향서는 연명의료 정보처리시스템의 데이터베이스에 보관되어야 비로소 법적 효력을 인정받을 수 있다. 만약 본인이 직접 작성하지 않았거나 자발적 의사에 따라 작성되지 않은 경우에는 효력이 상실된다.

▪▪▪ TOPIC 2 은퇴 후 주거

★☆☆

03 도시에서의 은퇴생활에 대한 적절한 설명으로 모두 묶인 것은?

가. 문화시설이나 문화공간이 많아 여가생활을 하기에 좋으며, 의료시설이나 체육시설, 마트 등 근린생활시설을 이용하는 것이 편하다는 특징이 있다.
나. 노년기가 되어 운전을 할 수 없을 때 대중교통 시스템이 잘 되어 있는 점도 중요한 장점이라고 할 수 있다.
다. 나이가 들면서 한적한 공간을 추가하는 경향을 생각하면 자연환경에 대한 그리움은 도시생활의 단점이 될 수 있으나, 최근에는 도심에도 녹지 조성을 위해 노력하고 있으며 대규모 아파트 단지에서는 단지 내 공원을 조성하고 있어 자연에 대한 그리움은 어느 정도는 해소가 가능할 수 있다.
라. 도시에서의 생활은 전원생활에 비해 생활비가 많이 필요할 것이고 소음이나 사고위험 등에 더 많이 노출될 수 있다는 단점이 있다.
마. 도시에서 은퇴생활을 하려는 경우 여유 있게 노후생활비를 산정하는 것이 필요하며 교통사고 등 상해 관련 위험에 대한 준비가 되어 있는지도 확인하여야 한다.

① 가, 나, 다
② 다, 라, 마
③ 가, 나, 다, 라
④ 나, 다, 라, 마
⑤ 가, 나, 다, 라, 마

정답 | ⑤
해설 | 모두 적절한 설명이다.

★☆☆

04 **은퇴자들이 도시를 벗어나 이주하고자 할 때 가장 선호도가 높은 형태는 도시 근교의 외곽지역으로 이사하는 것이다. 전원에서의 은퇴생활에 대한 설명으로 적절하지 않은 것은?**

① 혼잡한 도시에서 벗어나 자연환경 속에서 생활하면서 스트레스가 줄어들 수 있다는 점은 전원생활의 가장 큰 장점이며, 도시생활에 비해 생활비가 덜 필요하여 경제적으로도 만족감이 높을 수 있다.

② 도시에 비해 상대적으로 문화시설이나 의료시설에 대한 접근성이 떨어질 수 있으며, 은퇴 전 도시생활을 한 경우 평생 익숙하게 적응해 온 공동체로부터의 거리감을 느낄 수도 있고 폭넓은 사교활동에 어려움을 겪을 수도 있다.

③ 도시형 전원주택 단지나 동호회 주택, 또는 도시생활과 전원생활을 병행하는 방법도 생각할 수 있지만, 주택유지비용이 많이 필요하기 때문에 재정적으로 부담이 될 수 있으며 이동수단에 대한 편리성도 확인하여 결정해야 한다.

④ 전원생활을 하고자 할 경우에 간과할 수 있는 부분 중 하나는 노년기 후반이 되어 의료시설을 이용하는 데에 불편함인데, 이러한 이유로 전원생활을 정리하고 도시로 돌아가는 고령자들도 적지 않다.

⑤ 농사를 지을 토지를 마련해야 하기 때문에 자금계획도 사전에 필요하고, 무엇보다 영농기술과 영농기반에 대한 사전 준비와 교육이 반드시 필요하며 관련 정보를 얻으려는 노력이 필요하다.

정답 | ⑤

해설 | ⑤ 귀촌, 귀농생활에 대한 설명이다.

★☆☆

05 은퇴 후 주거유형에 대한 적절한 설명으로 모두 묶인 것은?

가. 실버타운은 노인복지법상 노인주거복지시설의 양로시설과 노인복지주택 중 유료로 제공되는 시설로 시니어전용 주거시설인데, 최근에는 주거 및 생활에 필요한 편의서비스는 물론 의료서비스시설까지 갖춘 형태로 발전하고 있다.
나. 실버타운에는 노후생활을 하는 데 필요한 의료시설, 체력단련시설, 휴양시설 등을 갖추고 있고 식사관리, 생활편의, 건강의료 등의 서비스를 제공하기 때문에 편안하고 건강한 노후생활이 가능하다는 장점이 있다.
다. 실버타운은 어떤 곳에 위치하고 어떤 서비스를 제공하는지에 따라 크게 전원/휴양형, 도시근교형, 도심형으로 구분할 수 있는데, 전원/휴양형은 전원생활이나 휴양이 가능한 지역에 위치하고 있고, 최근에는 요양원이나 요양병원과 함께 운영하는 곳도 늘어나고 있다.
라. 컬렉티브 하우스는 입주자들이 사생활을 누리면서도 공용공간에서는 공동체 생활을 하는 협동주거형태로 노인의 사회적 고립을 줄이고 주변과 활발하게 교류하면서 살 수 있는 조건을 충족시킬 수 있다는 측면에서 핵가족화와 고령화 문제를 극복하기 위한 대안으로 고려될 수 있다.
마. 노인주거복지시설은 생활에 대한 편의를 제공하는 방식에 따라 시설 입소가 이루어지는 양로시설, 주거시설을 분양 또는 임대하여 주는 노인공동생활가정으로 구분된다.
바. 노인의료복지시설은 시설에 입소하는 노인요양공동생활가정과 노인전문병원으로 구분된다.
사. 노인복지법에서는 노인의료복지시설의 입소 대상을 장기요양급여 수급자, 생계급여 수급자 또는 의료급여 수급자로서 65세 이상의 사람, 부양의무자로부터 적절한 부양을 받지 못하는 65세 이상인 사람, 입소 비용을 전부 수납하고 시설에 입소한 60세 이상의 사람으로 명시하고 있다.

① 가, 나, 다, 라
② 가, 나, 다, 사
③ 나, 다, 라, 마
④ 다, 라, 마, 바
⑤ 라, 마, 바, 사

정답 | ②

해설 | 라. 시니어 코하우징에 대한 설명이다. 일본에서는 코하우징과 유사하지만 약간은 다른 세대결합주택으로 컬렉티브 하우스가 많이 있다. 즉, 노인복지시설 안에 어린이집을 같이 운영하여 세대결합의 효과가 있는 주거형태이다.
마. 생활에 대한 편의를 제공하는 방식에 따라 시설 입소가 이루어지는 양로시설, 가정과 같은 주거여건을 제공하는 노인공동생활가정, 주거시설을 분양 또는 임대하여 주는 노인복지주택으로 구분된다.
바. 시설에 입소하는 노인요양시설과 가정과 같은 주거여건을 제공하면서 의료적 도움을 주는 노인요양공동생활가정으로 구분된다.

★☆☆

06 은퇴 후 주거환경에 대한 다음 설명 중 적절하지 않은 것은?

① 은퇴 후에는 생활영역이 축소되어 주거공간이 생활의 중심이 되는데, 은퇴기 후반기가 될수록 환경에 대한 적응 능력이 약화되어 어떤 환경에서 사는지에 따라 삶의 질이 달라진다는 점에서 은퇴자에게 주거에 대한 관리는 중요하다고 할 수 있다.

② 고령자의 경우는 도시와 농촌 거주자 모두 의료시설에 대한 욕구가 가장 컸고 고령진입층은 교통의 편리성과 접근성이 좋은 주택을 가장 선호하는 반면, 경제적 투자가치에 대해서는 모든 집단에서 주택에 대한 욕구가 높게 나타났다.

③ 실버타운은 크게 전원/휴양형, 도시근교형, 도심형으로 구분할 수 있는데, 도심형의 경우는 교통, 쇼핑, 종합병원 등 생활인프라가 잘 갖추어진 도심에 위치하고 있기 때문에 은퇴 전 도시생활이 익숙한 은퇴자들에게 인기가 많은 형태이나 보증금과 생활비가 높다는 점은 단점이 될 수 있다.

④ 시니어 코하우징은 입주자들이 사생활을 누리면서도 공용공간에서는 공동체 생활을 하는 협동주거형태로 노인의 사회적 고립을 줄이고 주변과 활발하게 교류하면서 살 수 있는 조건을 충족시킬 수 있다는 측면에서 핵가족화와 고령화 문제를 극복하기 위한 대안으로 고려될 수 있다.

⑤ 일본에서는 노인복지시설 안에 어린이집을 같이 운영하여 세대결합의 효과가 있는 대안 주거형태로, 컬렉티브 하우스가 많이 있다.

정답 | ②

해설 | ② 도시와 농촌에 거주하는 고령자와 고령진입층을 대상으로 주거환경에 대한 욕구를 조사한 보험연구원 자료에 따르면 고령자의 경우는 도시와 농촌 거주자 모두 의료시설에 대한 욕구가 가장 컸고 고령진입층은 교통의 편리성과 접근성이 좋은 주택을 가장 선호하였다. 그러나 의료시설, 교통의 편리성에 대한 니즈는 그리 큰 차이를 보이는 것은 아니다. 반면, 경제적 투자가치에 대해서는 모든 집단에서 주택에 대한 욕구가 낮게 나타났는데, 이는 어느 지역에 거주하든 고령자 또는 고령진입층에서는 생활하기에 편리한 환경적 요소를 더 중요하게 생각하고 있는 것을 나타낸다.

★☆☆

07 은퇴 후 주거환경에 대한 다음 설명 중 적절하지 않은 것은?

① 은퇴를 하면 집에 머무는 시간이 길어지기 마련이기 때문에 은퇴자에게 주거환경은 생활의 중심이 되고 삶의 질을 결정하는 중요한 요인으로 작용하게 된다.

② 일반 주택과 같은 독립형 거주는 가장 일반적인 거주형태로, 자신의 집에서 생활하면서 주변의 의료시설이나 복지시설, 근린시설을 이용하는 형태이다.

③ 실버타운과 같은 서비스형 거주는 비교적 경제적 여유가 있는 고령자가 입주하여 건강, 여가 등의 필요한 서비스를 제공하는 시설에서 거주하는 형태이다.

④ 노인주거복지시설은 생활에 대한 편의를 제공하는 방식에 따라 가정과 같은 주거여건을 제공하는 양로시설, 주거시설을 분양 또는 임대하여 주는 노인복지주택으로 구분된다.

⑤ 노인의료복지시설은 시설에 입소하는 노인요양시설과 가정과 같은 주거여건을 제공하면서 의료적 도움을 주는 노인요양공동생활가정으로 구분된다.

정답 I ④

해설 I ④ 생활에 대한 편의를 제공하는 방식에 따라 시설 입소가 이루어지는 양로시설, 가정과 같은 주거여건을 제공하는 노인공동생활가정, 주거시설을 분양 또는 임대하여 주는 노인복지주택으로 구분된다.

★☆☆

08 은퇴 후 주거관리에 대한 다음 설명 중 적절하지 **않은** 것은?

① 은퇴 후 주거관리는 안전하고 편리한 은퇴생활을 위해 집 안 내부공간을 어떻게 관리하는 것이 좋은지에 대한 문제라고 볼 수 있는데, 이는 은퇴 후 사망할 때까지 지내는 공간에서 안전하고 편리하게 생활을 할 수 있는 환경을 갖추고 잘 관리해야 한다는 것을 의미한다.

② 에이징인플레이스란 노인의 건강상태나 경제적 여건의 변화에 따라 거주지를 여기저기로 옮기는 것이 아니라 나이가 들고 건강이 악화되어도 자신이 살아왔던 거주지와 지역공동체 내에서 지속적으로 거주하는 생활방식을 말한다.

③ 베리어프리 디자인이란 제품, 환경, 서비스 등을 디자인할 때 장애인, 노인, 어린이, 임산부, 외국인 등 사회구성원 모두를 배려하여 디자인하는 것을 의미한다.

④ 은퇴할 때까지 자가를 마련하지 못한 경우에는 임차를 해야 하기 때문에 추가적인 재정부담이 발생하게 되며, 자가를 마련한 경우에도 주택규모에 따라 유지관리비가 많이 필요하거나 재산세에 대한 부담이 발생하는데, 이러한 상황을 주택과소비라고 할 수 있다.

⑤ 은퇴시기와 자녀독립시기를 감안하여 독립보다 은퇴가 빠른 경우, 주택 소비수준을 낮추려면 크기를 줄이거나 집값이 싼 지역으로 이사할 수 있으며 집값이 싼 지역으로 이사할 때는 생활환경 등을 고려해야 하고, 자녀교육 때문에 거주지역을 옮기기 어렵다면 주택 크기를 줄이는 것도 방법이다.

정답 I ③

해설 I ③ 유니버설디자인에 대한 설명이다. 베리어프리 디자인은 장애인들이 일상생활 중에 부딪히는 장애물을 없애기 위한 디자인이라면, 유니버설디자인은 건축, 시설, 환경사용 시의 어려움을 해결하기 위해 장애인만이 아니라 모두가 사용할 수 있는 보편적인 디자인을 제시하는 것이다.

PART 05

부동산설계

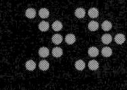

CONTENTS

CHAPTER 01

부동산시장분석

출제 비중 : 10~20% / 2~4문항

학습가이드 ■ ■

학습 목표	학습 중요도
Tip 수요공급에 영향을 주는 다양한 요소에 대한 구체적인 학습 필요	
1. 부동산시장의 특징을 설명할 수 있다.	★★
2. 부동산 용도별 시장분석 내용을 이해할 수 있다.	★★★
3. 부동산정책이 시장에 미치는 효과를 분석할 수 있다.	★★★

TOPIC 1 부동산시장의 특징

★★☆

01 다음에서 설명하는 부동산의 특징으로 가장 적절한 것은?

- 토지는 건물처럼 물리적인 감가가 없다.
- 어떤 지역의 토지의 가치는 그 상황과 여건에 따라 얼마든지 변할 수 있기 때문에 경제적 가치의 내구성과는 구별된다.

① 고정성 혹은 비이동성　② 영속성
③ 이질성　④ 부증성 또는 희소성
⑤ 제도적 제한

정답 | ②
해설 | ② 영속성에 대한 설명이다.

★★☆

02 부동산의 특징에 대한 설명이 적절하게 연결된 것은?

> 가. 위치, 지형, 면적, 지세, 지반, 접근성 등 똑같은 토지는 없다.
> 나. 토지 외에 건축물도 건축기간이 있기 때문에 즉각적으로 공급될 수 없는 비탄력적인 공급곡선을 갖게 되는데 이러한 특성은 단기적으로 수요에 의해 가격이 불안정해지기 쉬운 원인이 된다.
> 다. 지리적 위치를 바꿀 수 없다는 것은 동산과 부동산을 구별하는 근거가 되고 이로 인해 부동산 임장활동의 중요성이 부각된다.
> 라. 파괴도 불가능하기에 내구성을 가지는데 이는 물리적인 내구성에 한정되며, 어떤 지역의 토지의 가치는 그 상황과 여건에 따라 얼마든지 변할 수 있기 때문에 경제적 가치의 내구성과는 구별된다.

	비이동성	영속성	부증성	이질성
①	가	라	다	나
②	나	가	다	라
③	다	나	라	가
④	다	라	나	가
⑤	라	다	나	가

정답 | ④

해설 | 가. 이질성에 대한 설명이다.
나. 부증성 또는 희소성에 대한 설명이다.
다. 고정성 혹은 비이동성에 대한 설명이다.
라. 영속성의 특징에 대한 설명이다.

★★☆

03 부동산의 특징에 대한 설명이 적절하게 연결된 것은?

① 고정성 – 지리적 위치를 바꿀 수 없다는 것은 동산과 부동산을 구별하는 근거가 되고 이로 인해 부동산 임장활동의 중요성이 부각된다.
② 부증성 – 파괴도 불가능하기에 내구성을 가지는데 이는 물리적인 내구성에 한정되며, 어떤 지역의 토지의 가치는 그 상황과 여건에 따라 얼마든지 변할 수 있기 때문에 경제적 가치의 내구성과는 구별된다.
③ 이질성 – 인간의 독점 소유욕을 발생시키고 토지이용을 집약화 시키는 계기가 된다.
④ 영속성 – 부동산의 가격 및 수익은 개별화되며, 사용이나 판매에 있어 대체 가능성이 없게 만드는 원인이 되기도 한다.
⑤ 비이동성 – 부동산은 소유와 이용, 취득과 매각 등 모든 활동에 있어 법규가 있는데 크게 사법과 공법으로 구분된다.

정답 | ①

해설 | ② 영속성에 대한 설명이다.
③ 부증성에 대한 설명이다.
④ 이질성에 대한 설명이다.
⑤ 제도적 제한에 대한 설명이다.

★★☆

04 부동산시장의 특징에 대한 설명으로 적절하지 않은 것은?

① 부동산시장은 사회성과 공공성이 강조되므로 많은 법적 제한이 있으며 표준화가 쉬워 다른 재화에 비해 대체 가능성이 높은 특징이 있다.

② 각 부동산의 유형, 규모, 품질 등에 따라 시장이 나눠지며 지역적인 특성과 가격 차이로 인해 지역시장을 갖게 한다.

③ 신규 공급의 규모는 기존 재고에 비해 매우 작기 때문에 급격한 수요의 증가는 부동산 폭등을 야기하는 원인이 되는 등 즉각적 수급 조정이 어렵다.

④ 부동산 거래는 다른 재화에 비해 높은 거래비용이 수반되므로, 수요가 변동되더라도 즉각적으로 부동산 소비로 이어지지 않는 원인이 되기도 한다.

⑤ 부동산 수요는 분화되거나 계층화되어 있어, 각 공급자들의 분리를 유도하며 각 시장의 전문화된 서비스를 공급하게 되는 유인으로 작용한다.

정답 | ①

해설 | ① 부동산시장은 사회성과 공공성이 강조되므로 많은 법적 제한이 있으며 개별성으로 표준화가 어려워 다른 재화에 비해 대체 가능성이 낮은 특징이 있다.

★★☆

05 D-W모델에서 부동산 자산시장(2사분면)에 대한 다음 설명 중 가장 적절한 것은?

① 모든 조건이 동일한 경우 자산가격은 임대료가 작으면 작을수록 크다.

② 모든 조건이 동일한 경우 자본환원율은 임대료가 작으면 작을수록 크다.

③ 모든 조건이 동일한 경우 자본환원율은 자산가격과 음의 관계이다.

④ 모든 조건이 동일한 경우 자산가격은 자본환원율이 크면 클수록 크다.

⑤ 모든 조건이 동일한 경우 자본환원율은 자산가격이 크면 클수록 크다.

정답 | ③

해설 | 자본환원율은 임대료와 가격과의 비율을 의미하는데 이것은 부동산을 소유하기 위해 투자자들이 요구하는 수익률이 된다. 즉, 부동산에 대한 투자의 수익률이 요구수익률과 같아지도록 주어진 임대료하에서 자산가격이 결정된다.

$$P = \frac{R}{i}$$

(P : 자산가격, R : 임대료, i : 투자수익률)

★★☆

06 공간시장 분석과 자산시장 분석에 대한 다음 설명 중 (가)~(다)에 들어갈 내용이 적절하게 연결된 것은?

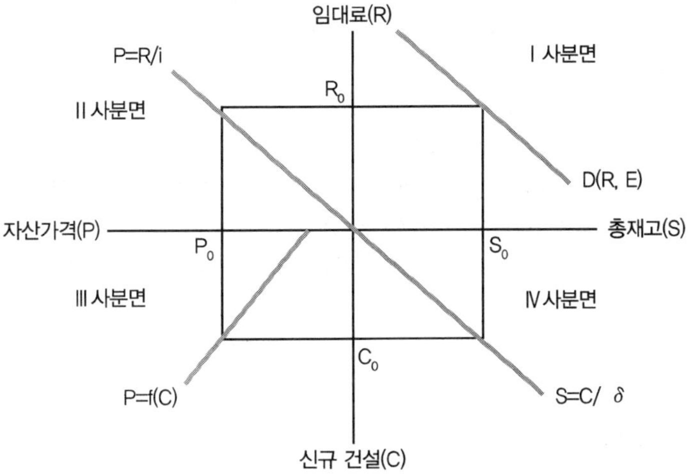

• 만약 가계나 기업에 임대료 수준에 관계없이 일정한 공간에 대한 수요가 있다면 곡선은 거의 (가)에 가깝게 된다. 반면, 공간의 수요가 임대료 수준에 민감하게 된다면 곡선은 (나)에 가깝게 된다.

• 2사분면의 2개의 축은 임대료와 자산가격인데 원점을 지나는 직선은 자산시장에서의 (다)을 나타내고 이는 두 변수의 연결고리가 된다. 이것은 임대료와 가격과의 비율을 의미하는데 이것은 부동산을 소유하기 위해 투자자들이 요구하는 수익률이 된다. 즉, 부동산에 대한 투자의 수익률이 주어진 요구수익률과 같아지도록 주어진 임대료하에서 자산가격이 결정된다.

	가	나	다
①	수평	수직	자본환원율
②	수직	수평	내부수익률
③	탄력적	비탄력적	내부수익률
④	비탄력적	탄력적	자본환원율
⑤	수직	비탄력적	투자수익률

정답 | ④

해설 | • 만약 가계나 기업에 임대료 수준에 관계없이 일정한 공간에 대한 수요가 있다면 곡선은 거의 수직(비탄력적)에 가깝게 된다. 반면, 공간의 수요가 임대료 수준에 민감하게 된다면 곡선은 수평(탄력적)에 가깝게 된다.

• 2사분면의 2개의 축은 임대료와 자산가격인데 원점을 지나는 직선은 자산시장에서의 자본환원율을 나타내고 이는 두 변수의 연결고리가 된다. 이것은 임대료와 가격과의 비율을 의미하는데 이것은 부동산을 소유하기 위해 투자자들이 요구하는 수익률이 된다. 즉, 부동산에 대한 투자의 수익률이 주어진 요구수익률과 같아지도록 주어진 임대료하에서 자산가격이 결정된다.

★★☆

07 부동산 공간시장과 자산시장에 대한 적절한 설명으로 모두 묶인 것은?

가. 만약 가계나 기업에 임대료 수준에 관계없이 일정한 공간에 대한 수요가 있다면 곡선은 거의 수평에 가깝게 되는 반면, 공간의 수요가 임대료 수준에 민감하게 된다면 곡선은 수직에 가깝게 된다.
나. 같은 임대료 수준에서 더 많은 공간의 수요가 있어, 경기가 상승하면 곡선 자체가 아래쪽으로 이동하고 반대의 상황에서는 곡선 자체가 위쪽으로 이동하게 된다.
다. 여타 조건이 일정하다는 가정하에 자산가격이 높아질수록 신규 건설에 대한 이윤이 증가하여 기업은 이윤 극대화를 위해 건설물량을 증대하게 된다.
라. 공간 재고의 균형은 신규 건설량과 감가상각량(멸실 포함)이 일치하는 수준에서 결정된다.

① 가, 나
② 나, 다
③ 나, 라
④ 다, 라
⑤ 가, 나, 다, 라

정답 I ④

해설 I 가. 만약 가계나 기업에 임대료 수준에 관계없이 일정한 공간에 대한 수요가 있다면 곡선은 거의 수직(비탄력적)에 가깝게 된다. 반면, 공간의 수요가 임대료 수준에 민감하게 된다면 곡선은 수평(탄력적)에 가깝게 된다.
나. 경제상황이 변하게 되면 곡선 자체가 이동할 수 있다. 이것은 같은 임대료 수준에서 더 많은 공간의 수요가 있다는 것을 의미하며 경기가 상승하면 위쪽으로 이동하고 반대의 상황에서는 아래쪽으로 이동하게 된다

··· TOPIC 2 부동산 용도별 시장분석

★★★

08 주택수요곡선이 D_0에서 D_1으로 이동하는 요인으로 모두 묶인 것은?

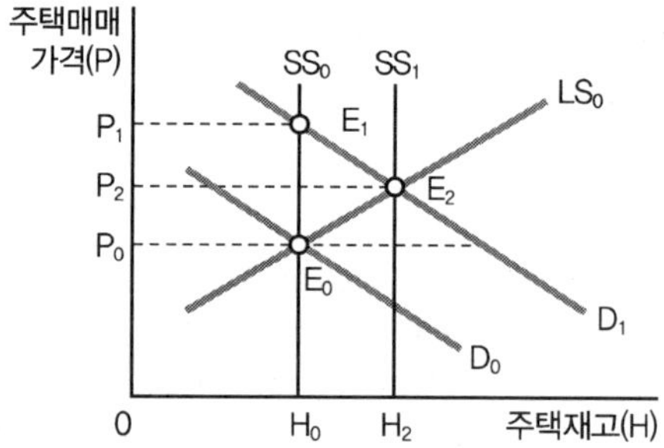

가. 인구증가
나. 소득증가
다. 금리인상

① 나　　　　② 가, 나
③ 가, 다　　　　④ 나, 다
⑤ 가, 나, 다

정답 | ②

해설 | 인구증가나 소득증가 및 금리인하 등 주택수요곡선이 D_0에서 D_1으로 이동하면 단기적으로 주택의 재고는 SS_0로 고정되어 있으므로 단기 균형은 E_0에서 E_1으로 이루어지고 주택의 가격은 P_1으로 상승하게 된다. 이렇게 주택가격이 상승하면 건설회사들은 가격상승에 대응하여 신규 공급을 증가시키고자 할 것이며, 이러한 공급량의 증가는 단기공급곡선을 SS_0에서 SS_1으로 이동시키고 새로운 균형점인 E_2에서 재고량(H_2)과 가격(P_2)이 결정된다. 이렇듯 주택시장의 공급은 단기적으로는 고정(완전 비탄력적)이지만 수요가 증가함에 따라 가격이 올라가고 그 가격에 상응하는 신규 공급물량이 증가하므로 장기주택공급곡선(LS_0)는 우상향하는 형태를 띠게 된다.

★★★

09 주택시장의 장–단기 공급과 수요에 대한 다음 설명 중 (가)~(나)에 들어갈 내용이 적절하게 연결된 것은?

주택시장의 공급은 단기적으로는 (가)이지만 수요가 증가함에 따라 가격이 올라가고 그 가격에 상응하는 신규 공급물량이 증가하므로 장기주택공급곡선은 (나)하는 형태를 띠게 된다.

	가	나
①	고정	우상향
②	완전 비탄력적	우하향
③	완전 비탄력적	고정
④	완전 탄력적	우상향
⑤	완전 탄력적	우하향

정답 | ①

해설 | 주택시장의 공급은 단기적으로는 고정(완전 비탄력적)이지만 수요가 증가함에 따라 가격이 올라가고 그 가격에 상응하는 신규 공급물량이 증가하므로 장기주택공급곡선은 우상향하는 형태를 띠게 된다.

★★★
10 보증금을 투입할 자기자본의 규모를 줄이는 데 활용한 케이스의 수익구조에 대한 설명으로 가장 적절한 것은?

① 완전 월세주택의 투자자의 총소득은 자본이득과 임대소득으로만 이루어진 반면, 보증부월세는 보증금의 규모가 커짐에 따라 임대소득이 감소하며 보증금의 이자소득은 증가한다.

② 현실에서 전월세 전환율은 시장이자율보다 높은 경우가 대부분이므로, 보증부월세나 전세의 경우 완전 월세의 총소득을 보장받기 위해 추가적인 운영소득을 발생시켜야 한다.

③ 매각에 따른 자본이득은 보증금의 규모에 관계없이 동일하게 유지되며 보증금 규모가 증가할수록 전월세 전환율에 따라 임대소득은 증가하게 된다.

④ 레버리지 효과를 고려하면 완전 월세까지 어떤 스펙트럼을 선택하던 자기자본 투자에 대한 수익률은 동일할 수 있다.

⑤ 레버리지 측면에서 본 수익구조를 보면 시세차익을 주목적으로 매매가와 전세가의 차액이 적은 집을 투자하는 소위 갭투자라 불리는 방식은 향후 재계약시 시세가 유지되지 않는다 하더라도 동일한 수익을 얻을 수 있다는 장점이 있다.

정답 I ④

해설 I ① 보증금을 이자수익 및 운영수익을 위해 활용한 케이스에 대한 설명이다.
② 보증금을 이자수익 및 운영수익을 위해 활용한 케이스에 대한 설명이다.
③ 매각에 따른 자본이득은 보증금의 규모에 관계없이 동일하게 유지되며 보증금 규모가 증가할수록 전월세 전환율에 따라 임대소득은 감소하게 된다.
⑤ 레버리지 측면에서 본 수익구조를 보면 시세차익(자본이득)을 주목적으로 매매가와 전세가의 차액이 적은 집을 투자하는 소위 갭(Gap)투자라 불리는 방식이 선호되는 이유도 알 수 있다. 다만, 이 갭투자 방식은 향후 재계약시 시세가 유지되지 않는다면 소위 역전세(신규 전세가가 기존 전세가 보다 낮은 경우)가 발생하여 임대인은 물론 임차인도 금전적 피해가 발생할 수 있다는 사실을 인지하고 여유 있는 자금력으로 접근하는 것이 좋다.

★★★
11 주택수요 감소 요인으로 모두 묶인 것은?

가. 금리 상승
나. 정부의 세금 완화정책
다. 정부의 대출규제 강화

① 나
② 가, 나
③ 가, 다
④ 나, 다
⑤ 가, 나, 다

정답 I ③

해설 I 나. 정부에서는 부동산 경기침체 시 세금 완화정책을 펼치게 되고 부동산시장이 과열되면 세제를 강화하여 수요를 억제하고자 한다.

★★★
12 주택시장에 영향을 주는 다양한 영향요인에 따른 주택가격의 변화 방향이 적절하게 연결된 것은?

가. 금리 하락	나. 신규 택지 조성과 정비사업을 통한 주택의 공급
다. 매매가격 대비 전세가격 상승	라. 인플레이션

	가	나	다	라
①	상승	하락	상승	상승
②	상승	상승	하락	하락
③	상승	하락	하락	상승
④	하락	상승	상승	하락
⑤	하락	하락	영향 없음	상승

정답 | ①

해설 | 가. 금리가 하락하면 시중의 예금금리 하락으로 부동산 등의 대체투자처로 자금이 이동하는 현상이 발생한다. 또한 대출금리의 하락은 자금의 조달비용이 낮아져 구매력을 높이고 레버리지를 일으키려는 수요자가 많아진다. 이러한 수요의 증대는 부동산가격의 상승 요인으로 작용할 수 있다.

나. 공급량을 늘리면 주택가격을 안정화시키는 데 상당한 영향을 준다.

다. 매매가격 대비 전세가격이 상승하면 매수로 전환하는 수요가 증가하여 일반적으로 매매가격이 상승한다.

라. 화폐가치가 하락하여 물가가 상승하게 되면 그에 따라 부동산의 가격도 상승하게 된다.

★★★
13 주택시장에 영향을 주는 다양한 영향요인에 대한 설명으로 적절하지 않은 것은?

① 금리가 상승하면 부동산가격의 상승 요인으로 작용할 수 있다.

② 부동산시장에서의 구매력이란 소득 대비 부동산을 매입할 수 있는 능력을 말하는데 주택시장에서는 주로 PIR(가구소득 대비 주택가격 비율)과 HAI(주택구입능력지수)를 활용하여 측정한다.

③ 연봉 1억인 직장인이 10억원짜리 주택을 매수한다면 PIR이 10이라고 볼 수 있다.

④ 매매가격 대비 전세가격이 상승하면 매수로 전환하는 수요가 증가하여 일반적으로 매매가격이 상승하며, 매매가격과 전세가격의 차이가 줄어들어 전세를 끼고 매입하는 이른바 갭투자가 활성화되어 투자수요를 자극하기도 한다.

⑤ 대출규제가 강화되면 충분한 자기자금을 보유하지 않거나 대출 상환에 적정한 소득이 없는 가구는 주택 매수를 포기하거나 매수 대신 임차를 결정하게 된다.

정답 | ①

해설 | ① 금리가 상승하면 시중의 예금금리가 오르고 시장의 유동성을 흡수하기 시작한다. 또한 기 대출자의 이자상환부담이 증가하고 신규 투자자들도 자금의 조달비용이 높아져 수요가 위축된다. 이러한 수요의 위축은 부동산가격의 하락을 가져오는 요인으로 작용할 수 있다. 반대로 금리가 하락하면 시중의 예금금리 하락으로 부동산 등의 대체투자처로 자금이 이동하는 현상이 발생한다. 또한 대출금리의 하락은 자금의 조달비용이 낮아져 구매력을 높이고 레버리지를 일으키려는 수요자가 많아진다. 이러한 수요의 증대는 부동산가격의 상승 요인으로 작용할 수 있다.

★★★
14 상업지역의 용적률 최대한도의 대소가 순서대로 나열된 것은?

가. 유통상업지역	나. 일반상업지역
다. 중심상업지역	라. 근린상업지역

① 나 > 다 > 가 > 라
② 나 > 다 > 라 > 가
③ 다 > 가 > 나 > 라
④ 다 > 나 > 가 > 라
⑤ 라 > 가 > 나 > 다

정답 | ④

해설 | 〈상업지역의 건폐율과 용적률〉

구분	건폐율	용적률
중심상업지역	90% 이하	200~1,500%
일반상업지역	80% 이하	200~1,300%
유통상업지역		200~1,100%
근린상업지역	70% 이하	200~900%

주) 건폐율 최대한도 : 90% 이하, 용적률 최대한도 : 1,500% 이하

★★★
15 상업용지에 대한 설명으로 적절하지 않은 것은?

① 상업용지는 수익성 토지로서 개발이 가장 활발하고 필요에 의한 변화의 압력이 가장 큰 지역이다.
② 기능관점으로 보면 다양한 용도의 혼합과 많은 유동인구를 위한 공간이며 인본적 관점에서 보면 다양한 도시적 활동이 발생하는 개별적 공간으로서 쾌적성이 중요시되는 공간이다.
③ 용지의 입지를 결정하는 데 도로의 여건이나 구조가 많은 영향을 미치는데, 보도와 차도의 구별 유무, 도로의 포장상태, 일방통행, 교차로 등의 형태에 따라서 변수가 발생하며 용지의 일조권, 유동인구, 경관 등도 영향을 미치게 된다.
④ 통행하는 유형에 따라 그 지역의 다니는 빈도를 파악할 수 있는데 출퇴근 업무 통행은 가장 빈번한 이동이 이루어진다고 볼 수 있으며 주로 1~3km 내외로 짧은 거리를 말한다.
⑤ 상권을 분석하기 위해서는 해당 배후지에 거주하는 주민들의 연령, 성별, 소득, 학력, 선호도 등 주민들의 수준과 해당 지역의 지가 및 임대료 수준, 교통량, 매상고 등 상권의 성숙도를 조사해야 한다.

정답 | ④

해설 | ④ 일상생활에 필요한 물품을 사는 이동거리에 대한 설명이다. 그 외 출퇴근 업무 통행은 주로 직장의 이동을 위한 이동으로 일상생활 통행보다 긴 거리를 말하며 하루에 출퇴근 시 2번 이상 통행하게 되며 주말에는 통행이 없다는 특징이 있다.

★★★
16 상가 투자의 특징에 대한 설명으로 가장 적절한 것은?

① 상가 투자는 공실의 위험과 분양가의 적정성을 판단할 수 있는 정보의 한계가 있어 일반인들은 투자를 꺼려하거나 신중하게 접근하는 측면이 있다.
② 상대적으로 높은 경쟁률로 인해 수익률도 상대적으로 낮다.
③ 주변지역의 시세에 따라 임대가와 매매가가 형성된다.
④ 관리가 어렵다.
⑤ 일반적으로 상가는 다른 유형에 비해 금액 단위가 낮고 개별성이 강해 투자 난이도가 낮은 부동산이다.

정답 I ①
해설 I ② 주거용 부동산에 대한 설명이다.
③ 상권과 입지가 좋으면 높은 수익을 가져다 준다. 일반적인 주거용 부동산은 주변지역의 시세에 따라 임대가와 매매가가 형성된다. 그러나 상가는 내 물건의 경쟁력이 높으면 옆의 상가보다 더 높게 임대료를 책정할 수 있고 임대료가 높아지면 수익률이 높아져 매매가도 상승하는 선순환 구조를 가지고 있다.
④ 관리가 쉽다. 상가는 임차인에게 전용공간만을 제공하는 개념이기 때문에 임차인 스스로 공간 내외부를 수리하고 전용공간에 누수가 나면 스스로 해결해야 한다. 상가는 임차인이 임대인의 상가를 알아서 꾸미고 사용하면서 영업공간의 가치를 상승시켜주는 경우가 많다.
⑤ 일반적으로 상가는 다른 유형에 비해 금액 단위가 높고 개별성이 강해 투자 난이도가 높은 부동산이다.

★★★
17 근린상가에 대한 설명으로 가장 적절한 것은?

① 도심지의 주거 밀집지역이나 택지개발지구의 공동주택 밀집지역에 위치하는 5층 이내의 상가건물이 주를 이루며 생활밀착형 업종 위주로 구성되어 편의점, 베이커리, 병의원, 약국, 미용실, 커피숍, 학원, 휴대폰 대리점 등이 밀집되어 있다.
② 업종은 제한 없이 영업할 수 있으나, 상대적으로 경쟁력이 약해 가까운 거리에 대규모 점포가 입점하거나 유사업종이 진입하면 매출이 낮아지고 임차인들도 자주 바뀔 수 있다.
③ 배후지의 주 동선 및 교통을 이용하는 동선과 연결되는 여부가 중요하며 시기적으로 배후의 아파트 단지의 입주보다 일찍 입점하는 상가가 유리하다.
④ 중심상업지나 테마상가 등에 비해 상대적으로 변수가 없는 장점이 있으나 분양가는 높은 편이다.
⑤ 도보 10분 거리 내에 배후세대가 500세대 이상인 곳이 좋고 구매력이 있는 40~50대 이용 비율이 높은 입지가 경쟁력이 있다.

정답 I ①
해설 I ② 학교 주변의 업종제한지역과 상업지역에만 가능한 위락 업종을 제외한 나머지 업종은 제한 없이 영업할 수 있다.
③ 배후지의 주 동선 및 교통을 이용하는 동선과 연결되는 여부가 중요하며 시기적으로 배후의 아파트 단지의 입주보다 늦게 입점하는 상가가 유리하다.
④ 중심상업지나 테마상가 등에 비해 상대적으로 변수가 없는 장점이 있으며 분양가도 낮은 편이다.
⑤ 도보 10분 거리 내에 배후세대가 1천세대 이상인 곳이 좋고 10~30대 이용 비율이 높은 입지가 경쟁력이 있다.

★★★
18 상가 유형에 대한 설명으로 적절하지 않은 것은?

① 아파트 단지 내 상가는 단지 내에 입주민의 편의를 위해 설치한 상가로 부동산, 슈퍼마켓, 세탁소, 미용실 등의 편의업종이 주로 입점한다.

② 주상복합 및 오피스텔 상가는 가까운 곳에 근린상권이 형성되어 있으면 내부 입주민들의 수요가 유출될 가능성이 높으며 주된 동선에 벗어나 있는 상가는 접근이 어려워 수요가 제한적이므로 장기간 공실 가능성이 높다.

③ 아파트 단지 내 상가의 경우 상가 내 기본 매출이나 상권이 보장되는 일반적인 기준은 500세대 정도로 알려져 있으며, 다른 일반 상가와 마찬가지로 물건의 개별 입지가 중요하고 아파트의 주출입구와 외부도로를 낀 상가가 가장 선호된다.

④ 중심지 상가는 땅값도 높아 분양가도 비싸며 상권이 형성되지 않은 초창기에는 공실 기간도 길어 수익률이 낮아질 수 있으므로, 장기적인 관점에서 접근해야 하며 자금력과 경험이 많은 투자자들이 선호하는 유형이다.

⑤ 테마상가는 동대문 의류상가와 같이 지분등기 혹은 1~2평의 작은 단위의 구좌분양으로 2000년 초반 유행했던 상가 유형으로, 앵커 테넌트의 집객 능력에 의존도가 크다는 특징이 있다.

정답 I ②
해설 I ② 아파트 단지 내 상가에 대한 설명이다.

★★★
19 상가 투자의 특징과 상가 유형에 대한 설명으로 적절하지 않은 것은?

① 상가는 내 물건의 경쟁력이 높으면 옆의 상가보다 더 높게 임대료를 책정할 수 있고 임대료가 높아지면 수익률이 높아져 매매가도 상승하는 선순환 구조를 가지고 있으므로, 임대도 잘 되고 향후 매각이 용이한 우량 물건을 찾아 투자하기 위해서는 명확한 투자목적과 기준을 가지고 좋은 상권에 위치한 물건을 적정한 가격으로 투자해야 한다.

② 아파트 단지 내 상가는 단지 내 고정 고객이 확보되어 있어 수익이 안정적이고 업종 자체가 경기에 큰 영향을 받지 않아 상대적으로 공실 위험이 적다.

③ 근린상가는 배후지의 주 동선 및 교통을 이용하는 동선과 연결되는 여부가 중요하며 시기적으로 배후의 아파트 단지의 입주보다 늦게 입점하는 상가가 유리하다.

④ 주상복합 및 오피스텔 상가는 입주민들이 기본 배후세대가 되므로 상권 형성에 도움이 되고 기존 입지 자체가 괜찮은 상업지라면 상권의 활성화 속도가 빠르지만, 입지가 좋은 곳은 땅값도 비싸기 때문에 분양가 역시 대체로 높아 수익률 저하로 이어질 수 있다.

⑤ 건축법을 적용받는 테마상가는 주택법을 적용받는 다른 상가들에 비해 상대적으로 법적 재제가 엄격하고 제약사항이 많다.

정답 I ⑤
해설 I ⑤ 아파트 단지 내 상가는 입주민의 편의를 위한 시설이기 때문에 주택법을 적용받고 건축법을 적용받는 다른 상가들에 비해 상대적으로 법적 재제가 엄격하고 제약사항이 많다.

★★★
20 상권분석의 요소에 대한 설명으로 적절하지 않은 것은?

① 배후세대의 범위는 상권의 힘에 비례하기 때문에 상권이 강할수록 많은 이들이 이용하는데, 배후세대는 많고 그들이 이용할 상권이 크면 클수록 투자가치는 높다.

② 중심업무지구나 광역상권을 제외한 일반주거용 혹은 업무용 배후세대는 일반적으로 도보 10분 거리를 심리적 · 물리적 한계로 보나, 도보 10분 이내라 하더라도 중간에 광역상권이 있거나 큰 도로가 있는 경우 동선의 단절이 생길 가능성이 높다.

③ 동선은 최단거리를 이용하려는 심리, 어둡거나 안전상에 문제가 있는 곳을 회피하려는 심리, 사람들이 많이 모이는 곳에 동참하게 되는 심리, 막힌 곳보다는 개방감이 높은 곳으로 이동하려는 심리가 작용하여 자연스럽게 생성된다.

④ 상가는 눈에 잘 띄어야 매출이 상승할 가능성이 높으므로, 동선과 닿아 있는 전면의 폭이 넓을수록 노출이 많아 임대료가 올라갈 가능성이 높다.

⑤ 후면상가의 경우 전면에 간판이 있어도 위치를 정확히 파악하기 힘들다면 접근성이 좋지 않고 이는 임대료와 권리금에 반영된다.

정답 I ①

해설 I ① 배후세대는 많고 그들이 이용할 상권이 작으면 작을수록 투자가치는 높다.

★★★
21 **주택보유세의 경제적 효과에 대한 설명이 적절하게 연결된 것은?**

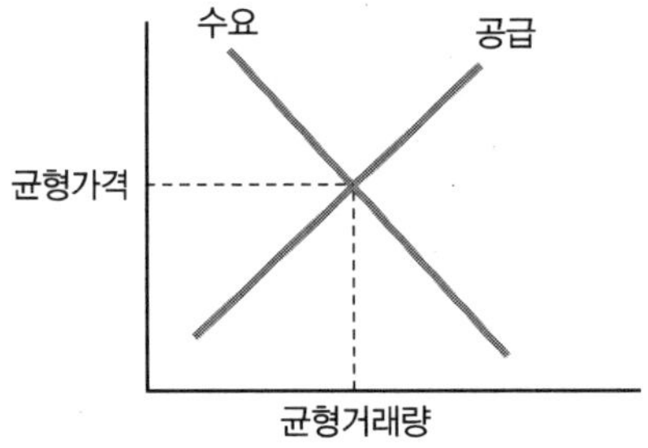

	자가주택시장	임대주택시장
①	주택가격 하락, 균형거래량 감소	균형임대료 증가, 균형거래량 감소
②	주택가격 하락, 균형거래량 감소	균형임대료 감소, 균형거래량 감소
③	주택가격 하락, 균형거래량 증가	균형임대료 증가, 균형거래량 감소
④	주택가격 상승, 균형거래량 감소	균형임대료 감소, 균형거래량 감소
⑤	주택가격 상승, 균형거래량 감소	균형임대료 증가, 균형거래량 증가

정답 | ①

해설 | • 주택 보유세를 부과하면 주택 소유의 사용자 비용이 증가하여 주택에 대한 수요가 감소하게 된다. 따라서 주택가격은 하락하며 균형거래량도 감소하게 된다.
- 주택 보유세가 부과되면 임대주택 소유자의 세후 임대소득이 감소한다. 따라서 임대주택수익률 감소로 임대주택의 공급이 감소하게 된다. 즉, 주택의 공급곡선 자체가 왼쪽으로 이동하게 된다. 따라서 균형임대료는 증가하고 균형거래량은 감소하게 된다.
- 결과적으로 주택 보유세가 강화되면 주택가격은 하락하고 임대료가 상승하게 된다.

★★★
22 **주택거래세의 경제적 효과에 대한 다음 설명 중 (가)~(라)에 들어갈 내용이 적절하게 연결된 것은?**

- 정부가 주택의 매수에 대하여 세금을 부과하면 주택 (가)에 영향을 미치게 된다. (가)자는 주택의 거래가격 외에 추가로 정부에 세금을 납부하게 되므로 (가)곡선은 하향 이동하게 된다.
- 정부가 주택의 매도에 대하여 세금을 부과하면 주택 (나)에 영향을 미친다. 양도세 등의 세금은 주택 (나)자의 비용을 상승시키게 되므로 주택의 (나)곡선은 상향 이동하게 되고 균형거래량도 감소한다.
- 상대적으로 공급이 탄력적이고 수요가 비탄력적인 시장의 케이스에서 세금이 부과되었을 때 공급자의 가격(다)폭은 작지만, 수요자의 가격(라)폭이 커 공급자에 비해 상대적으로 많은 세금을 부담하게 된다.

	가	나	다	라
①	수요	수요	하락	상승
②	수요	공급	상승	상승
③	수요	공급	하락	상승
④	공급	수요	하락	하락
⑤	공급	공급	상승	하락

정답 | ③

해설 | • 정부가 주택의 매수에 대하여 세금을 부과하면 주택 수요에 영향을 미치게 된다. 수요자는 주택의 거래가격 외에 추가로 정부에 세금을 납부하게 되므로 수요곡선은 하향 이동하게 된다. 이에 따라 균형거래량은 감소하고, 주택 매도자들이 받는 가격은 하락하게 되나 반대로 매수자들의 지불가격은 상승하게 된다.

• 정부가 주택의 매도에 대하여 세금을 부과하면 주택 공급에 영향을 미친다. 양도세 등의 세금은 주택 공급자의 비용을 상승시키게 되므로 주택의 공급곡선은 상향 이동하게 되고 균형거래량도 감소한다. 주택매도자들이 받는 가격은 하락하고 주택매수자들의 지불가격은 상승하게 된다.

• 상대적으로 공급이 탄력적이고 수요가 비탄력적인 시장의 케이스에서 세금이 부과되었을 때 공급자의 가격하락폭은 작지만, 수요자의 가격상승폭이 커 공급자에 비해 상대적으로 많은 세금을 부담하게 된다. 공급이 비탄력적이고 수요가 탄력적인 시장의 케이스는 반대로 수요자의 가격상승폭은 작지만, 공급자의 가격하락폭이 커 상대적으로 공급자가 많은 세금을 부담하게 된다.

★★★

23 부동산 조세정책의 경제적 효과에 대한 다음 설명 중 (가)~(라)에 들어갈 내용이 적절하게 연결된 것은?

> • 주택 보유세를 부과하면 주택 소유의 사용자 비용이 증가하여 주택에 대한 (가)가 감소하게 된다. 따라서 주택가격은 하락하며 균형거래량도 감소하게 된다.
> • 주택 보유세가 부과되면 임대주택 소유자의 세후 임대소득이 감소한다. 따라서 임대주택수익률 감소로 임대주택의 (나)이 감소하게 된다. 즉, 주택의 (나)곡선 자체가 왼쪽으로 이동하게 된다. 따라서 균형임대료는 증가하고 균형거래량은 감소하게 된다.
> • 양도세의 부과 효과는 부동산 공급의 동결효과가 있는 경우 공급이 크게 감소한다면 공급곡선이 왼쪽으로 이동함에 따라 거래량을 크게 (다)시킨다. 이런 공급에 따른 (다)현상이 수요감소 효과를 상쇄시키며 결과적으로 가격이 오히려 (라)해 보이는 현상을 초래하게 된다.

	가	나	다	라
①	수요	수요	감소	상승
②	수요	공급	증가	상승
③	수요	공급	감소	상승
④	공급	수요	감소	하락
⑤	공급	공급	증가	하락

정답 | ③

해설 | • 주택 보유세를 부과하면 주택 소유의 사용자 비용이 증가하여 주택에 대한 수요가 감소하게 된다. 따라서 주택가격은 하락하며 균형거래량도 감소하게 된다.

• 주택 보유세가 부과되면 임대주택 소유자의 세후 임대소득이 감소한다. 따라서 임대주택수익률 감소로 임대주택의 공급이 감소하게 된다. 즉, 주택의 공급곡선 자체가 왼쪽으로 이동하게 된다. 따라서 균형임대료는 증가하고 균형거래량은 감소하게 된다.

• 부동산의 동결효과가 없으면 양도세의 부과 효과는 사용자 비용 상승에 따른 수요와 거래량 감소 그리고 가격의 하락으로 이어진다. 그러나 부동산 공급의 동결효과가 있는 경우 공급이 크게 감소한다면 공급곡선이 왼쪽으로 이동함에 따라 거래량을 크게 감소시킨다. 이런 공급에 따른 감소현상이 수요감소에 따른 가격하락 효과를 상쇄시키며 결과적으로 가격이 오히려 상승해 보이는 현상을 초래하게 된다.

★★★
24 부동산 조세정책의 경제적 효과에 대한 설명으로 적절하지 **않은** 것은?

① 주택 보유세를 부과하면 주택 소유의 사용자 비용이 증가하여 주택에 대한 수요가 감소하게 됨에 따라 주택가격은 하락하며 균형거래량도 감소하게 된다.

② 주택 보유세가 부과되면 임대주택수익률 감소로 주택의 공급곡선 자체가 왼쪽으로 이동하게 됨에 따라 균형임대료는 증가하고 균형거래량은 감소하게 된다.

③ 매매시장이나 임대시장 모두 보유세의 부과가 결국 거래량을 감소시킨다는 측면에서는 효과가 동일하나, 조세의 귀착을 볼 때 자가 거주의 경우 부동산의 가격하락을 통해 소유자가 세금을 부담하지만 임대부동산의 경우 임대료 상승을 통해 임차인에게 전가한다는 점에서 차이가 있다.

④ 상대적으로 공급이 탄력적이고 수요가 비탄력적인 시장의 케이스에서 주택 거래세가 부과되었을 때 공급자의 가격하락폭은 작지만 수요자의 가격상승폭이 커 공급자에 비해 상대적으로 많은 세금을 부담하게 된다.

⑤ 부동산 공급의 동결효과가 있는 경우 양도세의 부과 효과는 수요감소 효과를 상쇄시키며 거래량 감소 그리고 가격의 하락으로 이어진다.

정답 | ⑤

해설 | ⑤ 부동산의 동결효과가 없으면 양도세의 부과 효과는 사용자 비용 상승에 따른 수요와 거래량 감소 그리고 가격의 하락으로 이어진다. 그러나 부동산 공급의 동결효과가 있는 경우 공급이 크게 감소한다면 공급곡선이 왼쪽으로 이동함에 따라 거래량을 크게 감소시킨다. 이런 공급에 따른 감소현상이 수요감소에 따른 가격하락 효과를 상쇄시키며 결과적으로 가격이 오히려 상승해 보이는 현상을 초래하게 된다.

★★★

25 부동산 가격규제에 대한 설명으로 적절하지 **않은** 것은?

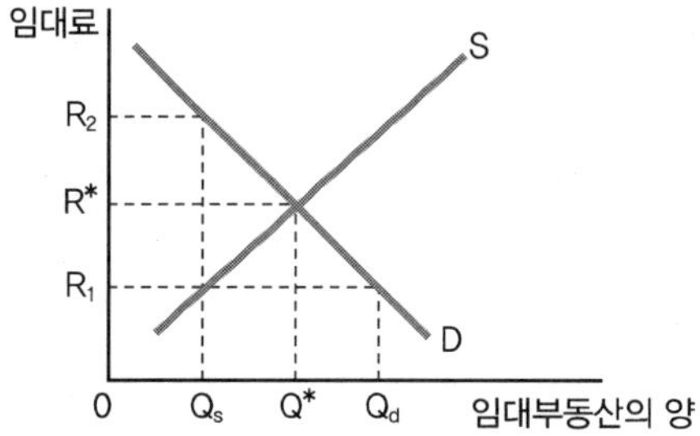

① 가격규제정책은 단기적으로는 시장가격을 하락시킬 수 있다는 효과가 있지만, 인위적인 가격조정으로 인한 부작용도 발생하게 된다.

② 정부에서 정하는 가격 규제의 한도가 시장에서 성립되는 균형가격보다 높은 경우에는 시장에서 형성되는 가격과 공급량에 전혀 영향을 미치지 않는다.

③ 현재 시장에서 형성된 임대료는 100만원이며 정부에서 140만원을 임대료 상한으로 제한한다면 시장에서 형성되는 임대료는 여전히 100만원이며 균형거래량도 변함이 없다.

④ 현재 시장에서 형성되는 임대료는 70만원이며 정부에서 임대료를 50만원으로 제한하여 임대료 상한이 균형가격보다 낮아지게 되면 공급이 감소하고 수요는 증가하여 초과수요가 발생하게 된다.

⑤ 정부가 임대료 상한을 정해 규제하면 임대인의 임대료 수입이 추가로 발생하므로 더 많은 주택이 공급된다.

정답 | ⑤

해설 | ⑤ 정부의 규제가 없으면 초과수요로 인해서 임대료는 다시 상승하지만, 정부의 규제로 임대료 인상이 불가능해지면 초과수요 상태가 지속되어 더 높은 가격을 지불할 능력이 있는 임차인들로 인해 암시장이 형성되는 등 부작용이 발생하게 된다. 또한 주택소유자는 추가적인 비용을 들여 주택을 수선하여도 임대료를 높일 수 없으므로 장기적으로 임대주택의 질이 하락하게 되고 이미 특정 지역의 임대주택에 거주하고 있는 임차인은 다른 곳에서 임대주택을 구하기가 어려우므로 이동에 제약을 받게 된다. 기존 임차인들의 이동이 저하되면 새로운 임차인들은 임대주택을 더욱 구하기 어려워지는 악순환이 발생하게 된다.

★★★
26 분양가상한제의 경제적 효과에 대한 설명으로 적절하지 않은 것은?

① 분양가상한제를 도입하면 정부가 분양가격을 시장균형가격보다 낮은 가격으로 규제하게 되므로, 신규 주택 공급량은 감소하고 수요량은 증가하게 되며 분양시장에 초과수요가 발생한다.

② 초과수요는 할당의 문제가 나타나게 되는데, 정부는 청약가점제 및 청약추첨 등의 방식으로 해결하고자 한다.

③ 가격적인 측면에서 분양가상한제의 본질적인 문제인 분양프리미엄 발생이 발생하는데, 정부는 이런 시장을 규제하기 위하여 상황에 따라 전매기간을 제한함으로써 프리미엄 거래를 제한하기도 한다.

④ 분양가상한제는 장기적으로 주택가격을 하락시키는 요인으로 작용할 수 있다.

⑤ 공사비 절감으로 신규 주택의 질적 저하가 나타날 수 있으며 우연히 당첨된 소수의 수분양자만이 커다란 시세차익을 누리게 된다.

정답 | ④

해설 | ④ 분양가상한제는 건설사들의 분양수익을 감소시켜 신규 주택의 공급을 감소시키는 결과를 초래할 수 있으며 이러한 공급의 감소는 장기적으로 주택가격을 상승시키는 요인으로 작용할 수 있다.

★★★
27 주거복지정책에 대한 설명으로 적절하지 않은 것은?

① 국가는 일종의 가치재인 주택에 대하여 저소득층에게 최소한의 주거서비스를 제공하기 위해 여러 가지 수단을 활용하는데 그중 대표적인 것이 임대주택의 공급과 임대료 보조정책이다.

② 공공임대주택은 정부가 임대주택을 직접 건설하여 일정한 요건을 갖춘 저소득층 가구에게 공급하는 주택이다.

③ 임대료 보조정책은 일정한 요건을 갖춘 가구에게 민간임대주택 임차료의 일정 부분을 정부가 대신 지불하는 정책이다.

④ 두 정책 모두 시장의 가격보다 저렴한 가격으로 주거서비스를 제공한다는 공통점이 있다.

⑤ 공공임대주택은 입주자에게 고정된 입지와 주거서비스가 제공되기 때문에 임대료 보조정책에 비해 효용의 증가 폭이 크다고 볼 수 있다.

정답 | ⑤

해설 | ⑤ 임대료 보조정책은 수혜자가 낮은 임차료를 지불하며 그 가격에 효용을 극대화할 수 있는 입지를 선택할 수 있지만 공공임대주택은 입주자에게 고정된 입지와 주거서비스가 제공되기 때문에 임대료 보조정책에 비해 효용의 증가 폭은 적다고 볼 수 있다.

CHAPTER

02 부동산설계 관련 법

출제 비중 : 20~25% / 4~5문항

학습가이드 ■ ■

학습 목표	학습 중요도
Tip 법률 내용에 대한 깊이 있는 학습 필요 Tip 주택임대차보호법과 상가건물 임대차보호법의 경우 상호비교 중심으로 학습 필요	
1. 국토이용계획 체계를 이해할 수 있다.	★★
2. 토지이용정책에 대해 이해할 수 있다.	★
3. 부동산 매매계약 시 유의사항에 대해 설명할 수 있다.	★★★
4. 주택임대차보호법과 상가건물임대차보호법을 비교하여 설명할 수 있다.	★★★

··· TOPIC 1 국토의 계획 및 이용에 관한 사항

★★☆

01 용도지역 중 도시지역에 속하는 지역으로 모두 묶인 것은?

가. 녹지지역	나. 관리지역
다. 생산관리지역	라. 계획관리지역
마. 농림지역	바. 경관지역

① 가
② 가, 마, 바
③ 나, 다, 라
④ 가, 나, 다, 라, 마
⑤ 가, 나, 다, 라, 마, 바

정답 | ①

해설 | • 용도지역은 도시지역, 관리지역, 농림지역, 자연환경보전지역으로 구분된다.
• 도시지역은 주거지역, 상업지역, 공업지역, 녹지지역으로 구분된다.
• 보전관리 · 생산관리 · 계획관리지역은 관리지역에 해당된다.
• 경관지구는 용도지구의 구분에 해당된다.

★★☆
02 용도지역 중 도시지역에 해당하지 **않는** 것은?

① 제1종 전용주거지역
② 유통상업지역
③ 준공업지역
④ 보전녹지지역
⑤ 생산관리지역

정답 | ⑤

해설 | **〈도시지역의 분류〉**

주거지역	전용주거지역	제1종, 제2종
	일반주거지역	제1종, 제2종, 제3종
	준주거지역	
상업지역	중심상업지역, 일반상업지역, 유통상업지역, 근린상업지역	
공업지역	전용공업지역, 일반공업지역, 준공업지역	
녹지지역	보전녹지지역, 생산녹지지역, 자연녹지지역	

★★☆
03 농림지역에 대한 다음 설명 중 (가)~(나)에 들어갈 내용이 적절하게 연결된 것은?

> 농림지역은 도시지역에 속하지 아니하고 농지법에 의한 (가) 또는 산지관리법에 의한 (나) 등으로서 농림업의 진흥과 산림의 보전을 위하여 필요한 지역을 말한다.

	가	나
①	농업보호구역	보전산지
②	농업보호구역	준보전산지
③	농업진흥지역	보전산지
④	농업진흥지역	준보전산지
⑤	준농림지역	보전관리지역

정답 | ③

해설 | 농림지역은 도시지역에 속하지 아니하고 농지법에 의한 농업진흥지역 또는 산지관리법에 의한 보전산지 등으로서 농림업의 진흥과 산림의 보전을 위하여 필요한 지역을 말한다.

★★☆
04 국토이용계획 체계에 대한 설명으로 적절하지 않은 것은?

① 지속 가능한 국토 이용의 기반을 마련하기 위해 각 용도지역별 특성에 알맞은 행위제한을 함으로써 난개발을 방지하고, 효율적으로 토지를 이용하도록 하였는바, 이를 위해 토지소유자는 용도지역의 지정목적에 맞게 해당 토지를 이용하여야 할 의무가 있다.
② 도시지역은 인구와 산업이 밀집되어 있거나 밀집이 예상되어, 당해 지역에 대하여 체계적인 개발 · 정비 · 관리 · 보전 등이 필요한 지역으로, 전원개발사업구역 및 예정구역, 국가산업단지와 일반산업단지 및 도시첨단산업단지, 택지개발지구 등은 포함되지 않는다.
③ 관리지역은 개발할 곳과 보전할 곳으로 나누기 위해 계획관리지역, 생산관리지역, 보전관리지역으로 세분하였고, 친환경적이고 계획적으로 개발될 수 있도록 하였다.
④ 농림지역은 도시지역에 속하지 아니하고 농지법에 의한 농업진흥지역 또는 산지관리법에 의한 보전산지 등으로서 농림업의 진흥과 산림의 보전을 위하여 필요한 지역을 말하며, 전체 용도지역 중에서 가장 넓다.
⑤ '국토의 계획 및 이용에 관한 법률'에 의하여 4개 용도지역 중 도시 · 군관리계획상 용도지역, 용도지구, 용도구역으로 토지이용을 세분하여 국토를 계획적이고 체계적으로 이용하도록 하고 있다.

정답 | ②

해설 | ② 도시지역은 인구와 산업이 밀집되어 있거나 밀집이 예상되어, 당해 지역에 대하여 체계적인 개발 · 정비 · 관리 · 보전 등이 필요한 지역으로, 전원개발촉진법에 의한 전원개발사업구역 및 예정구역, 산업입지 및 개발에 관한 법률에 의한 국가산업단지와 일반산업단지 및 도시첨단산업단지, 택지개발촉진법에 의한 택지개발지구 등이 포함된다.

★★☆
05 토지거래계약허가에 대한 적절한 설명으로 모두 묶인 것은?

> 가. 토지거래계약허가제는 토지의 투기적 거래와 지가의 급격한 상승이 있거나 그러한 우려가 있는 지역에 시행하게 된다.
> 나. 토지거래계약허가를 신청한 토지에 대한 이용목적과 기타 요건의 적정성을 심사하여 실수요자 중심의 거래가 이루어지도록 유도하여 토지의 투기수요를 억제하고 지가의 안정을 위하는 데 그 목적이 있다.
> 다. 불허가처분 사유에는 토지이용 및 관리에 관한 계획의 부적합, 농업 · 임업인 여부 미충족, 거주지 미충족 등이 있다.
> 라. 토지거래계약허가구역 내에 있는 토지를 거래할 때 대부분 불허가처분이 나지만, 허가처분이 나는 경우도 간혹 있으므로 허가처분이 난 이후에 거래계약서를 작성하는 것이 좋다.

① 가, 나　　② 다, 라
③ 가, 나, 다　　④ 나, 다, 라
⑤ 가, 나, 다, 라

정답 I ③

해설 I 라. 토지거래계약허가구역 내에 있는 토지를 거래할 때 대부분 허가처분이 나지만, 불허가처분이 나는 경우도 간혹 있으므로 거래계약서 작성 시에는 허가처분이 나는 조건으로 계약이 성사됨을 특약 사항에 기재하는 것이 좋다.

★★☆

06 국토종합계획에 대한 적절한 설명으로 모두 묶인 것은?

> 가. 일반적으로 국토계획이라고 하면 국토종합계획을 의미하며, 국토 전역을 대상으로 하여 국토의 장기적인 발전방향을 제시하는 종합계획을 말한다.
> 나. 도종합계획은 해당 도의 관할구역에서 수립되는 시 · 군종합계획의 기본이 된다.
> 다. 국토종합계획은 10년을 단위로 하여 수립하며, 초광역권계획, 도종합계획, 시 · 군종합계획, 지역계획 및 부문별계획의 수립권자는 국토종합계획의 수립 주기를 고려하여 그 수립 주기를 정하여야 한다.
> 라. 국토종합계획은 군사에 관한 계획을 포함한 다른 법령에 따라 수립되는 국토에 관한 계획에 우선하며 그 기본이 된다.

① 가, 나
② 다, 라
③ 가, 나, 다
④ 나, 다, 라
⑤ 가, 나, 다, 라

정답 I ①

해설 I 다. 국토종합계획은 20년을 단위로 하여 수립하며, 초광역권계획, 도종합계획, 시 · 군종합계획, 지역계획 및 부문별계획의 수립권자는 국토종합계획의 수립 주기를 고려하여 그 수립 주기를 정하여야 한다.
라. 국토종합계획은 다른 법령에 따라 수립되는 국토에 관한 계획에 우선하며 그 기본이 된다. 다만, 군사에 관한 계획에 대하여는 그러하지 아니한다.

★★☆

07 수도권정비계획에 대한 설명으로 적절하지 않은 것은?

① 과밀억제권역내 여전히 높은 인구와 산업의 집중도를 완화하기 위해 인구집중유발시설 및 대규모 개발사업 등에 대한 입지를 제한하고, 수도권정비위원회심의 등을 통해 지속적으로 관리한다.

② 서울은 인구가 조금씩 감소하고 있지만, 여전히 인구밀도가 높기 때문에 과밀부담금을 부과하고 서울로의 대학 이전을 제한하는 등 다양한 제도로 관리한다.

③ 성장관리권역 내 공업지역의 공급물량은 권역내 균형발전을 고려하여 배정하고, 수도권 남부지역의 개발 수요를 북부지역으로 유도하며, 공장총량제로 관리중인 산업단지 외의 공업지역도 산업단지와 함께 '공업지역 공급물량'으로 관리하여 계획입지 유도기능을 강화한다.

④ 공장총량제 운영 시 자연보전권역에 대해서는 성장관리방안 수립과 연계하여 공장물량을 배정하는 등 신규 개별입지 공장을 억제하고 계획적으로 관리한다.

⑤ 1,000m^2 이상 공장은 2년 단위 시 · 도별 공장건축 총허용량 범위 내에서 건축 가능하다.

정답 | ⑤

해설 | ⑤ 500m^2 이상 공장은 3년 단위 시 · 도별 공장건축 총허용량 범위 내에서 건축 가능하다.

▪▪▪ TOPIC 2 도시 및 토지이용정책

★☆☆

08 도시 및 토지이용정책에 대한 설명이 적절하게 연결된 것은?

가. 용도지역의 제한을 강화하거나 완화하여 미관, 경관, 안전 등을 도모하기 위한 용도지구의 하나로서 풍수해, 산사태, 지반의 붕괴, 그 밖의 재해 예방을 위해 필요한 지역에 지정하는 용도지구를 말한다.

나. 도시의 무질서한 확산을 방지하고 도시주변의 자연환경을 보전함으로써 도시발전에 대비한 공간을 확보하는 긍정적인 역할을 함에도 불구하고, 처음부터 합리적이지 않게 지정된 경우도 있었고, 엄격한 행위제한으로 주민들의 재산권 침해에 대한 보상규정의 미비로 불만이 지속적으로 제기되기도 하였다.

	가	나
①	방화지구	자연환경보전지역
②	방화지구	개발제한구역
③	방재지구	녹지지역
④	방재지구	개발제한구역
⑤	보호지구	자연환경보전지역

정답 | ④

해설 | 가. 방재지구에 대한 설명이다.
나. 개발제한구역에 대한 설명이다.

▪▪▪ TOPIC 3 부동산 매매계약 시 유의사항

★★★

09 다음 부동산 계약에서 김세진씨가 취할 수 있는 조치로 가장 적절한 것은?

> • 김세진씨는 박소진씨에게 부동산 A를 매도하는 계약을 체결하고 계약금 1억원을 수령하였으나, 김세진씨는 부동산 A의 매매계약을 해제하고 싶어한다.
> • 당사자 사이에 별도의 특약이 없으며, 김세진씨와 박소진씨는 아직 중도금 지급 등 매매계약의 이행에 착수하지 않았음

① 김세진씨는 이미 계약금을 수령했기 때문에 계약해제가 불가능하다.
② 김세진씨는 박소진씨에게 계약금을 상환하지 않고, 언제든지 매매계약을 해제할 수 있다.
③ 김세진씨는 박소진씨에게 계약금 1억원만 상환하면 매매계약을 해제할 수 있다.
④ 김세진씨는 박소진씨에게 계약금의 배액인 2억원을 상환하여야 매매계약을 해제할 수 있다.
⑤ 민법은 계약금에 관하여 당사자 사이의 다른 약정이 없는 한 위약금으로 추정하고 있으므로 김세진씨가 계약을 해지하기 위해서는 위약금을 물어야 한다.

정답 | ④

해설 | 민법은 계약금에 관하여 당사자 사이의 다른 약정이 없는 한 해약금으로 추정하고 있으므로, 별도의 특약이 없다면 당사자 일방이 중도금 지급 등 이행에 착수하기 전까지 매수인은 계약금을 포기하고 매도인은 배액을 상환하여 매매계약을 해제할 수 있다. 위약금은 이행 확보의 수단으로 교부되는 계약금을 의미한다. 계약금이 위약금의 성질을 가지기 위해서는 당사자 사이에 특약이 있어야 한다.

★★★
10 다음 사례에 대한 CFP® 자격인증자의 설명으로 적절하지 **않은** 것은?

> 양관식씨는 10억원짜리 아파트를 매수하기 위해 고승완씨와 9월 1일에 매매계약서를 작성하고 그 자리에서 계약금 1억원을 지불하였다. 계약서에 중도금 4억원은 9월 30일에 지불하기로 하고 잔금 5억원은 11월 30일에 지불하기로 하였다. 9월 20일에 고승완씨가 주변 시세가 많이 올랐다면서 본인이 받은 계약금 1억원만 돌려주며 계약을 해제하겠다고 한다.

① 고승완씨가 계약금 1억원을 다시 되돌려주면 매매계약이 해제됩니다.
② 매매계약금은 매매계약이 체결되었다는 증거금이며, 매매계약 후 계약당사자 일방이 이행에 착수할 때까지 계약을 해제하는 경우 해약금의 성격을 가집니다.
③ 계약당사자 간에 별다른 약정이 없고 매수인이 매도인에게 매매계약금을 교부한 경우 매도인은 매수인에게 매매계약금의 배액을 지불하고, 매매계약을 해제할 수 있습니다.
④ 중도금을 지불하기로 한 날짜가 9월 30일인데, 그 전인 9월 20일에 고승완씨가 계약을 해제하고자 한다면 양관식씨로부터 받은 1억원의 배액인 2억원을 약관식씨에게 지불하고 계약해제를 할 수 있습니다.
⑤ 매도인이 계약을 해제하고자 한다면 1억원이 아니라 2억원을 매수인에게 주어야 하며, 그렇지 않다면 계약을 해제할 수 없습니다.

정답 | ①
해설 | 민법은 계약금에 관하여 당사자 사이의 다른 약정이 없는 한 해약금으로 추정하고 있으므로, 별도의 특약이 없다면 당사자 일방이 중도금 지급 등 이행에 착수하기 전까지 매수인은 계약금을 포기하고 매도인은 배액을 상환하여 매매계약을 해제할 수 있다.

★★★
11 부동산 매매에 대한 설명으로 적절하지 **않은** 것은?

① 계약금은 매매계약의 요소가 아니므로 계약금의 지급이 없어도 매매계약은 유효하게 성립할 수 있다.
② 별도의 특약이 없다면 당사자 일방이 중도금 지급 등 이행에 착수하기 전까지 매수인은 계약금을 포기하고 매도인은 배액을 상환하여 매매계약을 해제할 수 있다.
③ 민법은 계약금에 관하여 당사자 사이의 다른 약정이 없는 한 위약금으로 추정하고 있다.
④ 매매가 성립되면 매도인은 매매 대상물인 재산권 이전의무가 발생하며, 매도인의 재산권 이전의무는 매수인의 대금지급의무와 동시이행관계에 있다.
⑤ 매수인은 계약에 의한 목적물을 인도받음과 동시에 대금지급의무를 갖으며, 만일 대금지급이 지체되면 그 대금의 이자도 지급해야 할 의무가 발생하게 된다.

정답 | ③
해설 | ③ 민법은 계약금에 관하여 당사자 사이의 다른 약정이 없는 한 해약금으로 추정하고 있다. 위약금은 이행 확보의 수단으로 교부되는 계약금을 의미한다. 계약금이 위약금의 성질을 가지기 위해서는 당사자 사이에 특약이 있어야 한다.

★★★
12 매매계약 시 유의사항에 대한 설명으로 적절하지 않은 것은?

① 일반적으로 매도인은 거래대상물건의 소유권을 갖고 있으나 때로는 매도인이 소유권을 갖고 있지 않은 경우가 있으므로 반드시 매도인이 진정한 물건의 소유자인지 확인하여야 한다.
② 매도인이나 매수인으로부터 대리권을 받지 아니하고 법률행위를 하는 경우 그 법률행위는 무권대리가 되어 원칙적으로 무효가 되므로, 가능하면 거래당사자 본인과 계약을 하는 것이 좋으며, 부득이하게 대리인과 계약하는 경우에는 대리권 수여 여부를 철저히 확인해야 한다.
③ 매수하고자 하는 부동산을 직접 방문하지 않더라도 등기사항전부증명서 등 각종 서류를 통해 물건 자체에 대해 꼼꼼히 확인해야 한다.
④ 매매계약서 작성 이후 잔금이 지급될 때까지 시간이 많이 남았다면, 그 사이에 가등기 등 다른 권리가 등기되어 있는지 확인하고, 만일 이런 일이 생길 경우 어떻게 해결할 것인지 미리 계약서에 기재해 두어야 한다.
⑤ 거래당사자가 직접 만나 계약서를 작성해도 되지만, 공인중개사법에 의한 개업공인중개사를 통해 거래하는 것이 좋다.

정답 I ③

해설 I ③ 부동산은 개별성이 매우 강하므로 매수하고자 하는 부동산을 직접 방문하여 꼼꼼히 확인해야 한다. 특히 토지를 매수하는 경우 공법적 제한에 따라 원하는 용도로 활용을 못하는 경우가 발생할 수 있으므로 토지매수목적에 맞게 해당 토지를 활용할 수 있는지 검토해야 한다.

★★★
13 매매계약 시 유의사항에 대한 설명으로 가장 적절한 것은?

가. 법인이 개입되는 경우 계약당사자가 법인인지 법인 대표자인지를 구분할 필요는 없다.
나. 가능하면 거래당사자 본인과 계약하는 것이 좋으며, 부득이하게 대리인과 계약하는 경우에는 대리권 수여 여부를 철저히 확인해야 한다.
다. 매매계약은 구두로 성립할 수 없으므로, 반드시 계약서에 의해 작성되어야 한다.
라. 개업공인중개사를 통해 거래하면 중개보수가 들어가므로, 거래당사자가 직접 만나 계약서를 작성하는 것이 좋다.

① 나
② 나, 다
③ 가, 나, 다
④ 나, 다, 라
⑤ 가, 나, 다, 라

정답 I ①

해설 I 가. 법인이 개입되는 경우 법인이 매도 또는 매수하는 것인지, 법인 대표자가 매도 또는 매수하는 것인지 다시 한번 명확히 하여야 한다.
다. 구두계약도 가능하지만, 부동산은 거액이 오가므로 가능한 문서로 계약사항을 명확히 기재하는 것이 좋다.
라. 거래당사자가 직접 만나 계약서를 작성해도 되지만, 공인중개사법에 의한 개업공인중개사를 통해 거래하는 것이 좋다. 중개보수가 들기도 하지만 다양하고 많은 계약서를 작성해 본 개업공인중개사를 통해 원하는 특약을 계약서에 넣으며 계약하는 것을 추천한다.

★★★
14 부동산 매매에 대한 적절한 설명으로 모두 묶인 것은?

가. 민법은 계약금에 관하여 당사자 사이의 다른 약정이 없는 한 해약금으로 추정하고 있으므로, 별도의 특약이 없다면 당사자 일방이 중도금 지급 등 이행에 착수하기 전까지 매수인은 계약금을 포기하고 매도인은 배액을 상환하여 매매계약을 해제할 수 있다.
나. 일반적으로 매도인은 거래대상물건의 소유권을 갖고 있으나 때로는 매도인이 소유권을 갖고 있지 않은 경우가 있으므로 반드시 매도인이 진정한 물건의 소유자인지 확인하여야 한다.
다. 대리권이 없는 대리인이 한 법률행위여도 거래당사자 및 제3자 보호를 위해 효력을 가진다.
라. 매매계약서 작성 이후 잔금이 지급될 때까지 시간이 많이 남았다면, 그 사이에 가등기 등 다른 권리가 등기되어 있는지 확인하고, 만일 이런 일이 생길 경우 어떻게 해결할 것인지 미리 계약서에 기재해 두어야 한다.
마. 매매계약은 구두로 성립할 수 없으므로, 반드시 계약서에 의해 작성되어야 한다.

① 가, 나, 라
② 가, 다, 라
③ 가, 다, 마
④ 나, 다, 마
⑤ 나, 라, 마

정답 | ①

해설 | 다. 매매당사자가 대리인에게 거래를 맡기는 경우에는 대리권이 있는지 확인하여야 한다. 매도인이나 매수인으로부터 대리권을 받지 아니하고 법률행위를 하는 경우 그 법률행위는 무권대리가 되어 원칙적으로 무효가 되기 때문이다. 그러므로 가능하면 거래당사자 본인과 계약을 하는 것이 좋으며, 부득이하게 대리인과 계약하는 경우에는 대리권 수여 여부를 철저히 확인해야 한다.
마. 구두계약도 가능하지만, 부동산은 거액이 오가므로 가능한 문서로 계약사항을 명확히 기재하는 것이 좋다.

★★★
15 오애순씨는 아파트를 매수하여 이사를 하였는데 누수가 있다는 사실을 알았다. 오애순씨가 집을 살 당시에는 상세히 살펴보았으나 누수 여부에 대해서는 파악하지 못했는데 비가 오게 되어 하자를 알게 되었다. 이에 매도인으로부터의 배상 여부에 대해 CFP® 자격인증자에게 문의하였을 경우, CFP® 자격인증자의 적절한 설명으로 모두 묶인 것은?

가. 오애순씨는 누수 현상에 대해 매도인으로부터 배상을 받을 수 있습니다.
나. 매매계약 당시에 오애순씨가 거래대상부동산에 흠결이 있음을 알지 못했다 하더라도 계약의 목적을 달성할 수 있는 경우에는 '손해배상청구권'만을 행사할 수 있습니다.
다. 누수 현상이 매우 심각하여 계약의 목적을 달성할 수 없는 경우에는 '계약해제권'을 행사할 수 있습니다.
라. 오애순씨의 손해배상청구권 또는 계약해제권은 오애순씨가 그 사실을 안 날로부터 1년 이내에 행사해야 합니다.

① 가, 나
② 다, 라
③ 가, 나, 다
④ 나, 다, 라
⑤ 가, 나, 다, 라

정답 | ③
해설 | 라. 매수인의 손해배상청구권 또는 계약해제권은 매수인이 그 사실을 안 날로부터 6개월 이내에 행사해야 한다.

★★★
16 **부상길씨는 전원주택을 짓기 위해 교외에 토지 500m²를 1m²당 800천원에 구입하였다. 잔금을 지불하고 소유권이전등기를 하고 나서 전원주택의 건축을 위해 토지 실측을 하였더니 490m²이다. 부상길씨가 매도인에게 이야기하였으나 본인도 해당 토지를 매입할 당시에 500m²인 줄 알았기 때문에 책임질 수 없다고 하여 배상 여부에 대해 CFP® 자격인증자에게 문의하였을 경우, CFP® 자격인증자의 적절한 설명으로 모두 묶인 것은?**

> 가. 매매계약 당시에 1m²당 가격을 지정하는 등 수량을 지정한 매매의 목적물이 부족하게 된 경우에는 그 사실을 안 날로부터 6개월 이내에 부족한 부분 또는 멸실된 부분의 비율로 대금의 감액을 청구할 수 있습니다.
> 나. 잔존한 나머지 부분만으로 매수의 목적을 달성할 수 없다면 계약 전부를 해제할 수 있고 손해배상도 청구할 수 있습니다.
> 다. 부상길씨가 490m²만으로 전원주택을 짓고자 한다면 10m²에 대해서 감액청구를 할 수 있으며, 490m²로 전원주택을 지울 수 없다면 계약해제를 할 수 있고 손해배상청구도 할 수 있습니다.

① 가
② 가, 나
③ 가, 다
④ 나, 다
⑤ 가, 나, 다

정답 | ④
해설 | 가. 매매계약 당시에 1m²당 가격을 지정하는 등 수량을 지정한 매매의 목적물이 부족하게 된 경우에는 그 사실을 안 날로부터 1년 이내에 부족한 부분 또는 멸실된 부분의 비율로 대금의 감액을 청구할 수 있다.

★★★
17 **부동산 매매 및 임대차 관련 법에 대한 다음 설명 중 적절하지 않은 것은?**

① 민법은 계약금에 관하여 당사자 사이의 다른 약정이 없는 한 해약금으로 추정하고 있으므로, 별도의 특약이 없다면 당사자 일방이 중도금 지급 등 이행에 착수하기 전까지 매수인은 계약금을 포기하고 매도인은 배액을 상환하여 매매계약을 해제할 수 있다.
② 일반적으로 매도인은 거래대상물건의 소유권을 갖고 있으나 때로는 매도인이 소유권을 갖고 있지 않은 경우가 있으므로 반드시 매도인이 진정한 물건의 소유자인지 확인하여야 한다.
③ 매도인이나 매수인으로부터 대리권을 받지 아니하고 법률행위를 하는 경우 그 법률행위는 무권대리가 되어 원칙적으로 무효가 되므로, 가능하면 거래당사자 본인과 계약을 하는 것이 좋으며, 부득이하게 대리인과 계약하는 경우에는 대리권 수여 여부를 철저히 확인해야 한다.

④ 매매계약서 작성 이후 잔금이 지급될 때까지 시간이 많이 남았다면, 그 사이에 가등기 등 다른 권리가 등기되어 있는지 확인하고, 만일 이런 일이 생길 경우 어떻게 해결할 것인지 미리 계약서에 기재해 두어야 한다.

⑤ 아파트 임대차계약 체결을 하려고 하는데 계약 당일에 해당 아파트 소유자가 지방 출장일이라 소유자의 배우자와 임대차계약을 하려고 하는 경우, 부부는 일상적인 가사에 관해 서로가 서로를 대리할 수 있으므로 소유자의 배우자와 계약을 체결해도 된다.

정답 | ⑤

해설 | ⑤ 부부는 일상적인 가사에 관해 서로가 서로를 대리할 수 있다. '일상적인 가사'란 부부의 공동생활에 통상적으로 필요한 식료품 구입, 일용품 구입, 주택의 월세 지급 등과 같은 의식주에 관한 사무 교육비 및 의료비나 자녀 양육비의 지출에 관한 사무 등을 말한다. 그러나 일상생활비로서 객관적으로 타당한 범위를 넘어선 금전 차용이나 주택의 임대, 부동산의 처분 행위 등은 일상적인 가사의 범위에 속하지 않는다. 그러므로 주택의 소유자와 계약을 체결하는 경우에는 소유자의 주민등록증으로 등기부상 소유자의 인적사항과 일치하는지를 확인해야 한다. 즉, 아파트 소유자의 배우자일지라도 아파트 소유자로부터 그 배우자 자신이 계약체결에 관한 위임을 받았다는 것을 증명하지 못하면 그 계약의 유효함을 보장받을 수 없다. 그러므로 아파트 소유자가 아닌 그 배우자와 임대차계약을 체결해야 할 때에는 반드시 소유 아파트의 임대차에 관한 위임장과 아파트 소유자의 인감증명서를 확인하고 계약해야 한다.

★★★

18 김세진씨는 상가를 매수하고자 한다. 상가 매수 시 유의사항에 대한 설명으로 가장 적절한 것은?

① 계약금에 의한 매매계약 해제 시 매수인인 김세진씨는 본인이 지급한 계약금을 포기하고 계약을 해제할 수 있다.

② 계약서에 해제조건이 없는 경우 상대방이 채무불이행을 하더라도 계약을 해제할 수 없으므로 계약서 작성 시 해제조건에 대해 분명히 명시하여야 한다.

③ 부부 사이에는 부동산 매매에 대한 법정대리권이 있기 때문에 상가 소유자가 남편인 경우 남편의 위임장이 없는 부인과 매매계약을 하더라도 해당 계약은 원칙적으로 유효하다.

④ 상가에 대한 소유권이전청구권가등기, 압류등기는 등기사항전부증명서 을구에 기재되므로 등기사항전부증명서 을구를 반드시 확인해야 한다.

⑤ 부동산의 현황표시와 권리사항은 등기사항전부증명서가 건축물대장보다 우선하므로, 상가 현황과 권리 사항에 대해 건축물대장과 등기사항전부증명서 내용이 서로 다른 경우 등기사항전부증명서를 기준으로 판단한다.

정답 | ①

해설 | ② 해제권은 당사자의 약정이 있는 경우 당연히 약정해제권이 발생하며, 법정해제권도 인정하고 있다.

〈법정해제권의 발생〉

1) 이행지체로 인한 해제권 : 계약이 정기행위가 아닌 경우에 채권자가 상당한 기간을 정하여 최고(이행할 것을 촉구함)를 하고 그 최고기간 내에 이행하지 않으면 해제권이 발생된다. 계약이 정기행위인 경우에는 채무불이행이 있으면 곧 해제권이 발생하고, 최고는 필요로 하지 않는다.

2) 불완전 이행에 의한 해제권 : 추완이란 법률상 필요한 요건을 구비치 않아서 유효가 되지 못한 법률행위에 대해 뒤에 요건을 보충해서 유효가 되게 하는 일을 말한다. 추완으로 완전이행이 가능한 경우에는 완전이행을 최고한 후 최고기간 내에 채무자가 완전한 이행을 하지 않은 때에 해제권이 발생한다. 추완으로 완전이행이 불가능한 경우에는 별도의 최고 없이도 바로 계약을 해제할 수 있게 된다.

3) 이행불능에 의한 해제권 : 이행이 불가능함과 동시에 해제권은 생기고, 이행기가 되지 않은 때에도 이행기를 기다릴 필요 없이 해제할 수 있다.

③ 대리인이 매도인이나 매수인으로부터 대리권을 받지 아니하고 법률행위를 하는 경우 그 법률행위는 무권대리로서 원칙적으로 무효이다. 일정한 경우에는 표현대리로서 인정될 수도 있으나 부수적인 제한도 따른다. 부부 사이에는 일상가사대리권이 있으나 부동산 매매계약은 일상가사대리권 범위에 포함되지 않는다.

④ 갑구에는 소유권과 관련된 내용이 기재(예를 들어 소유권보존등기, 소유권이전등기, 가등기, 가압류등기, 가처분등기, 압류등기, 환매등기, 경매기입등기 등)되는 반면, 을구에는 소유권 이외의 권리(예를 들어 근저당권, 전세권 등)들이 기재된다(단, 유치권, 점유권, 분묘기지권 등은 등기 능력이 없음).

⑤ 등기사항전부증명서와 건축물대장 · 토지대장 · 임야대장의 내용이 서로 상이한 경우, 부동산의 현황표시는 건축물대장 · 토지대장 · 임야대장이 우선시되고 권리사항은 등기사항전부증명서가 우선시 된다.

TOPIC 4 부동산 임대차

★★★

19 임대차의 특징에 대한 설명으로 가장 적절한 것은?

① 부동산 임차인은 당사자 간에 반대약정이 없으면 임대인에 대하여 그 임대차등기절차에 협력할 것을 청구할 수 있으며, 부동산 임대차를 등기한 때에는 그 다음 날부터 제3자에 대하여 효력이 생긴다.

② 임차인은 원칙적으로 임대인의 동의가 없더라도 자유롭게 그 권리를 양도하거나 전대할 수 있다.

③ 임대인이 임차인의 의사에 반하여 보존 행위를 하는 경우에 임차인이 이로 인하여 임차의 목적을 달성할 수 없는 때에는 계약을 해지할 수 있다.

④ 임차인이 임차물의 보존에 관한 필요비를 지출한 때에는 임대인은 임대차 종료 시에 그 가액의 증가가 현존한 때에 한하여 임차인이 지출한 금액이나 그 증가액을 상환하여야 한다.

⑤ 건물, 기타 공작물의 임차인이 그 사용의 편익을 위하여 임대인의 동의 없이 이에 부속한 물건이 있는 때에는 임대차의 종료 시에 임대인에 대하여 그 부속물의 매수를 청구할 수 있다.

정답 | ③

해설 | ① 부동산 임대차를 등기한 때에는 그때부터 제3자에 대하여 효력이 생긴다.

② 임차인은 임대인의 동의없이 그 권리를 양도하거나 전대하지 못하는데, 만일 임차인이 위반하면 임대인은 계약을 해지할 수 있다.

④ 임차인이 임차물의 보존에 관한 필요비를 지출한 때에는 임대인에 대하여 그 상환을 청구할 수 있다. 임차인이 유익비를 지출한 경우에는 임대인은 임대차 종료 시에 그 가액의 증가가 현존한 때에 한하여 임차인이 지출한 금액이나 그 증가액을 상환하여야 한다.

⑤ 건물, 기타 공작물의 임차인이 그 사용의 편익을 위하여 임대인의 동의를 얻어 이에 부속한 물건이 있는 때에는 임대차의 종료 시에 임대인에 대하여 그 부속물의 매수를 청구할 수 있다.

★★★

20 임대차의 특징에 대한 설명으로 적절하지 않은 것은?

① 임대인은 기본적으로 임차인이 임대차계약에 의해 정해진 용도로 사용 및 수익할 수 있도록 임차물을 제공해야 할 의무가 있으며, 그 대가로 임차인으로부터 차임을 받을 수 있는 권리가 있다.

② 임차인이 임차물의 보존에 관한 필요비를 지출한 때에는 임대인에 대하여 그 상환을 청구할 수 있다.

③ 임대물에 대한 공과금 부담의 증감이나 기타 경제사정의 변동으로 인하여 약정한 차임이 상당하지 아니하게 된 때에는 당사자는 장래에 대한 차임의 증감을 청구할 수 있다.

④ 건물, 기타 공작물의 소유 또는 식목, 채염, 목축을 목적으로 한 토지 임대차의 기간이 만료된 경우에 건물, 수목, 기타 지상 시설이 현존한 때에는 임차인은 계약의 갱신을 청구할 수 있다.

⑤ 건물, 기타 공작물의 임차인이 그 사용의 편익을 위하여 임대인의 동의 없이 이에 부속한 물건이 있는 때에는 임대차의 종료 시에 임대인에 대하여 그 부속물의 매수를 청구할 수 있다.

정답 | ⑤

해설 | ⑤ 건물, 기타 공작물의 임차인이 그 사용의 편익을 위하여 임대인의 동의를 얻어 이에 부속한 물건이 있는 때에는 임대차의 종료 시에 임대인에 대하여 그 부속물의 매수를 청구할 수 있다.

★★★
21 임대차의 특징에 대한 설명으로 적절하지 않은 것은?

① 임대차 기간이 만료한 후 임차인이 임차물의 사용 · 수익을 계속하는 경우에 임대인이 상당한 기간 내에 이의를 하지 아니한 때에는 전 임대차와 동일한 조건으로 다시 임대차한 것으로 본다.

② 토지, 건물 기타 공작물에 대하여 임대인이 임차인에게 해지를 통고한 경우에는 6개월이 경과하면 해지의 효력이 발생하며, 임차인이 임대인에게 해지를 통고한 경우에는 1개월이 경과하면 해지의 효력이 발생한다.

③ 임차인이 2기의 차임액을 연체할 때에는 임대인은 계약을 해지할 수 있다.

④ 임차인이 임차물의 보존에 관한 필요비를 지출한 때에는 임대인에 대하여 그 상환을 청구할 수 없다.

⑤ 건물, 기타 공작물의 임차인이 그 사용의 편익을 위하여 임대인의 동의를 얻어 이에 부속한 물건이 있는 때에는 임대차의 종료 시에 임대인에 대하여 그 부속물의 매수를 청구할 수 있다.

정답 | ④

해설 | ④ 임차인이 임차물의 보존에 관한 필요비를 지출한 때에는 임대인에 대하여 그 상환을 청구할 수 있다.

★★★
22 양동명씨의 상가건물 임대차에 대한 CFP® 자격인증자의 설명으로 가장 적절한 것은?

> 양동명씨는 상가건물을 임차하면서 원래는 사무실이었던 것을 음식점으로 운영하기 위해 보일러, 온돌방, 주방 등을 설치하고 페인트칠을 했다. 가게를 닫고 다른 곳에서 새로운 음식점을 차리려고 하는데, 위의 비용을 건물주에게 청구할 수 있는지 궁금해하고 있다.

① 양동명씨가 자신의 사업을 영위하기 위한 비용은 유익비에 해당합니다.

② 양동명씨는 해당 비용을 건물주에게 청구할 수 있습니다.

③ 유익비는 임차인이 임차물의 객관적 가치를 증가시키기 위해 투입한 비용이어야 합니다.

④ 양동명씨가 자신의 사업을 경영하기 위해 시설개수비용이나 부착한 물건의 비용을 지출한 경우에도 유익비로 인정합니다.

⑤ 양동명씨는 건물주에게 비용을 청구할 수 있으나, 건물주가 원상회복을 요구하면 원상복구를 해주어야 합니다.

정답 | ③

해설 | ① 임차인이 자신의 사업을 영위하기 위한 비용은 유익비에 해당하지 않는다.
② 임차인은 해당 비용을 건물주에게 청구할 수 없다.
④ 유익비는 임차인이 임차물의 객관적 가치를 증가시키기 위해 투입한 비용이어야 한다. 따라서 임차인이 자신의 사업을 경영하기 위해 시설개수비용이나 부착한 물건의 비용을 지출한 경우에는 유익비로 인정하지 않는다.
⑤ 임차인은 건물주에게 비용을 청구할 수 없고, 건물주가 원상회복을 요구하면 원상복구를 해주어야 한다.

★★★
23 A주택을 임차한 내역이 다음과 같을 때, 주택임대차보호법상 이광수, 김세진씨 부부가 제3자에 대하여 대항력이 생기는 최초의 날짜로 적절한 것은?

20×5년 2월 11일	이광수, 김세진씨 부부가 임차한 A주택에 입주하고, 부부 모두 당일 전입신고를 함
20×7년 3월 22일	임대차가 종료되었으나 보증금을 반환받지 못하여 임차권등기명령의 집행에 의한 임차권 등기를 경료하고 이사를 감

① 20×5년 2월 11일
② 20×5년 2월 12일
③ 20×5년 2월 13일
④ 20×7년 3월 22일
⑤ 20×7년 3월 23일

정답 | ②

해설 | 임대차는 그 등기가 없는 경우에도 임차인이 주택의 인도와 주민등록을 마친 때에는 그 다음 날부터 제3자에 대하여 효력이 생긴다. 임대차가 끝난 후 보증금이 반환되지 아니한 경우 임차인은 임차주택의 소재지를 관할하는 지방법원, 지방법원지원 또는 시 · 군 법원에 임차권등기명령을 신청할 수 있다.

★★★
24 주택임대차보호법상 A주택의 임대차에 대한 설명으로 가장 적절한 것은?

> 김세진씨는 20×5년 8월 10일 A주택을 전세(보증금 2억원, 월 차임 없음)로 2년간 임차하여 거주하였다. 20×7년 8월 10일까지 김세진씨는 임대인으로부터 임대차 계약 갱신 거절 또는 변경에 관한 아무런 연락을 받지 못한 상황이다. 김세진씨도 임대인에게 계약 관련 아무런 연락을 취하지 않았으며 임차인의 의무를 위반한 적이 없다.

① 김세진씨는 향후 최대 1년간 A주택에 거주할 수 있다.
② 김세진씨는 A주택을 임차할 법적 권한이 없으며 임대인과 임대차계약을 새로 작성해야 A주택에 거주할 수 있다.
③ 김세진씨가 20×7년 10월에 계약해지를 통고한 경우 임대인이 통고를 받은 날로부터 3개월이 경과하면 해지의 효력이 발생한다.
④ 이 경우 김세진씨는 주택임대차법상 최단 기간의 적용을 받으므로 2년 내에는 해지할 수 없다.
⑤ 임대인은 김세진씨의 의사에 반하더라도 향후 언제든지 A주택의 임대차계약을 해지할 수 있다.

정답 I ③

해설 I 기간을 정하지 아니하거나 2년 미만으로 정한 임대차는 그 기간을 2년으로 본다. 임대인이 임대차기간이 끝나기 6개월 전부터 2개월 전까지의 기간에 임차인에게 갱신 거절의 통지를 하지 아니하거나, 계약조건 변경에 관한 통지를 하지 아니한 경우에는 그 기간이 끝난 때에 전 임대차와 동일한 조건으로 다시 임대차한 것으로 본다. 임차인이 임대차기간이 끝나기 2개월 전까지 통지하지 아니한 경우에도 또한 같다. 이때, 임대차의 존속기간은 정함이 없는 것으로 보아 계약해지를 원하는 임차인은 언제든지 임대인에게 계약해지의 통고를 할 수 있다. 임차인은 계약해지를 통고한 경우 임대인이 그 통고를 받은 날로부터 3개월이 경과하면 해지의 효력이 발생한다. 그러나 임대인은 주택임대차법상 최단 기간의 적용을 받으므로 2년 내에는 해지할 수 없다. 다만, 임차인의 2기의 차임을 연체하거나 그 밖에 임차인으로서의 의무를 현저히 위반한 경우에는 임대인은 계약을 해지할 수 있다.

★★★

25 주택임대차보호법에 대한 설명으로 적절하지 않은 것은?

① 주택임대차보호법은 주거용 건물의 전부 또는 일부의 임대차에 관하여 적용하며 그 임차주택의 일부가 주거 외의 목적으로 사용되는 경우에도 적용대상이 되나, 일시 사용을 위한 임대차임이 명백한 경우에는 적용하지 아니한다.

② 임대차가 끝난 후 보증금이 반환되지 아니한 경우 임차인은 대항력을 유지하기 위해서 주민등록을 계속 유지해야 한다.

③ 임대인은 임대차기간이 끝나기 6개월 전부터 2개월 전까지의 기간 이내에 임차인이 계약갱신을 요구할 경우 정당한 사유 없이 거절하지 못한다.

④ 임대차계약 당사자는 약정한 차임이나 보증금이 임차주택에 관한 조세, 공과금, 그 밖의 부담의 증감이나 경제사정의 변동으로 인하여 적절하지 아니하게 된 때에는 장래에 대하여 그 증감을 청구할 수 있으며, 이때 증액 청구는 약정한 차임이나 보증금의 1/20의 금액을 초과하지 못한다.

⑤ 대항력과 임대차계약증서상의 확정일자를 갖춘 임차인은 민사집행법에 따른 경매 또는 국세징수법에 따른 공매를 할 때에 임차주택의 환가대금에서 후순위권리자나 그 밖의 채권자보다 우선하여 보증금을 변제받을 권리가 있다.

정답 I ②

해설 I ② 임대차가 끝난 후 보증금이 반환되지 아니한 경우 임차인은 임차주택의 소재지를 관할하는 지방법원, 지방법원지원 또는 시 · 군 법원에 임차권등기명령을 신청할 수 있다.

★★★
26 주택임대차보호법상 양금명씨의 주택 임대차에 대한 CFP® 자격인증자의 설명으로 가장 적절한 것은?

> 전세금 5억원에 임차한 집에서 10개월째 살고 있는 양금명씨는 임대인이 주변 시세가 많이 올랐다며, 보증금 5,000만원을 더 올려 달라고 한다. 이에 CFP® 자격인증자에게 보증금을 올려주어야 하는지 문의하였다.

① 임대차계약 당사자는 약정한 차임이나 보증금이 임차주택에 관한 조세, 공과금, 그 밖의 부담의 증감이나 경제사정의 변동으로 인하여 적절하지 아니하게 된 때에는 장래에 대하여 그 증감을 청구할 수 있습니다.

② 임대인은 임대차계약 후 또는 보증금의 증액이 있은 후 2년 이내에는 보증금 증액 청구를 임차인에게 할 수 없습니다.

③ 임대인이 2년이 지나서 보증금 증액을 청구한다고 하더라도 보증금의 1/10의 금액을 초과하여 청구할 수 없습니다.

④ 지금은 보증금을 올려주지 않아도 되지만, 계약한 후 2년이 지나고 나서 5억원의 10%인 5,000만원을 넘지 않는 범위에서는 임대인이 임차인에게 증액을 요구할 수 있습니다.

⑤ 만일 계약기간이 2년이 지났고 보증금이 5억원인데 임대인이 보증금 5,000만원의 인상을 계속 요구하는 경우에는 법원에 가서 보증금의 10%인 5,000만원을 공탁하면 그 집에서 계속 거주할 수 있습니다.

정답 | ①

해설 | ② 임대인은 임대차계약 후 또는 보증금의 증액이 있은 후 1년 이내에는 보증금 증액 청구를 임차인에게 할 수 없다.

③ 임대인이 1년이 지나서 보증금 증액을 청구한다고 하더라도 보증금의 1/20의 금액을 초과하여 청구할 수 없다.

④ 지금은 보증금을 올려주지 않아도 되지만, 계약한 후 1년이 지나고 나서 5억원의 5%인 2,500만원을 넘지 않는 범위에서는 임대인이 임차인에게 증액을 요구할 수 있다.

⑤ 만일 계약기간이 1년이 지났고 보증금이 5억원인데 임대인이 보증금 5,000만원의 인상을 계속 요구하는 경우에는 법원에 가서 보증금의 5%인 2,500만원을 공탁하면 그 집에서 계속 거주할 수 있다.

★★★
27 **양은명씨는 임대차계약기간이 만료되어 이사를 가려고 하는데 임대인은 새로운 임차인이 들어오면 그때 보증금을 돌려준다고 한다. 임대인의 말을 듣고 지금 이사를 가도 되는지에 대한 CFP® 자격인증자의 적절한 설명으로 모두 묶인 것은?**

가. 양은명씨가 보증금을 돌려받을 때까지는 임대차가 종료되더라도 임대차관계가 유지되는 것으로 여겨지므로 임대인과 양은명씨는 임대차계약상의 권리의무가 그대로 존속됩니다. 나. 임대차가 종료되었는데도 집주인이 보증금을 돌려주지 않는 경우에는 이사를 가면 대항력과 우선변제권이 없어지기 때문에 보증금을 반환받을 때까지 이사를 가지 않는 것이 좋습니다. 다. 이사를 가야 한다면 임차권등기명령제도를 이용하여 임차권등기를 한 후 임차권등기가 되어 있는 것을 확인한 후 이사를 가시는 것이 좋습니다. 라. 보증금이 큰 경우 관행적으로 임대인은 새로운 임차인으로부터 보증금을 받아야 돌려줄 수 있기 때문에 해당 지역의 개업공인중개사들에게 중개의뢰를 많이 하는 것이 좋습니다.

① 가, 나
② 다, 라
③ 가, 나, 다
④ 나, 다, 라
⑤ 가, 나, 다, 라

정답 | ⑤
해설 | 모두 적절한 설명이다.

★★★
28 **주택임대차보호법상 김세진씨의 A주택 임대차에 대한 설명으로 적절하지 않은 것은?**

• 김세진씨는 20×5년 10월 10일 서울특별시 소재 A주택을 전세(보증금 3억원, 월 차임 없음, 임대차기간 2년)로 임차하여 거주하였다. 임대차기간이 끝난 후 김세진씨는 이사를 가려고 하였으나, 임대인이 아직 보증금을 돌려주지 않고 있는 상황이라 현재 A주택에 계속 거주 중이다. • 김세진씨는 20×5년 10월 10일 A주택 입주와 동시에 주민등록을 마쳤으며, 김세진씨와 임대인은 임대차계약을 갱신하지 않기로 하였었다.

① 임대차 기간이 끝난 경우에도 김세진씨가 보증금을 반환받을 때까지는 임대차 관계가 존속되는 것으로 본다.
② 김세진씨가 임차권등기명령을 받아 등기를 경료하면 이사 및 주민등록을 이전하여도 대항력 확보 또는 우선변제가 가능하다.
③ 김세진씨가 보증금반환청구소송을 제기할 경우, 보증금반환청구소송은 소액사건심판법을 준용하도록 하여 신속한 소송절차가 가능하다.
④ 대항력과 임대차계약증서상의 확정일자를 갖춘 김세진씨는 경매 또는 공매를 할 때에 A주택의 환가대금에서 후순위권리자나 그 밖의 채권자보다 우선하여 보증금을 변제받을 권리가 있다.
⑤ 김세진씨는 최우선변제권이 있는 소액임차인에 해당하기 때문에, 대항요건을 갖추었는지 여부와 관계없이 보증금 중 일정금액을 A주택 경매 시 최우선변제를 받을 수 있다.

정답 | ⑤

해설 | ⑤ 임차인이 비록 확정일자가 늦어 선순위로 변제를 받지 못하는 경우라도 보증금 중 일정액을 다른 담보물권자보다 우선하여 변제받을 권리가 있다. 이 경우 임차인은 주택에 대한 경매신청의 등기 전에 대항력을 갖추어야 한다. 서울특별시의 경우 최우선변제를 받을 권리가 있는 임차인은 보증금이 1억6천5백만원 이하인 임차인으로 하며, 보증금 중 일정액의 범위는 5천5백만원이다.

★★★

29 상가건물임대차보호법에 대한 적절한 설명으로 모두 묶인 것은?

> 가. 사업자등록의 대상이 되는 상가건물의 임대차(임대차 목적물의 주된 부분을 영업용으로 사용하는 경우 포함)에 대하여 적용한다.
> 나. 서울특별시에서 보증금 8억원, 월세 150만원에 상가임대차 계약을 하면 상가건물임대차보호법을 전체적으로 적용받을 수 있다.
> 다. 대항력과 계약갱신요구의 권리, 임차인의 권리금 보호규정에는 보증금의 규모와 상관없이 적용된다.
> 라. 기간을 정하지 아니하거나 기간을 2년 미만으로 정한 임대차는 그 기간을 2년으로 본다.
> 마. 임차인의 차임 연체액이 3기 차임액에 달하는 때에는 임대인은 계약을 해지할 수 있다.
> 바. 임차인의 계약갱신요구권은 최초의 임대차기간을 포함한 전체 임대차기간이 5년을 초과하지 아니하는 범위에서만 행사할 수 있다.

① 가, 다　　② 나, 라
③ 가, 다, 마　　④ 나, 라, 바
⑤ 가, 나, 다, 라, 마, 바

정답 | ③

해설 | 나. 사업자등록의 대상이 되는 상가건물의 임대차(임대차 목적물의 주된 부분을 영업용으로 사용하는 경우 포함)에 대하여 적용하지만 일정한 보증금액 이하(예 서울특별시 9억원)인 임대차에만 적용된다. 보증금 외에 월차임이 있는 경우 차임액은 부가세를 포함한 월차임액에 100을 곱한 금액을 보증금으로 환산하여 적용범위를 정한다.

라. 기간을 정하지 아니하거나 기간을 1년 미만으로 정한 임대차는 그 기간을 1년으로 본다.

바. 임차인의 계약갱신요구권은 최초의 임대차기간을 포함한 전체 임대차기간이 10년을 초과하지 아니하는 범위에서만 행사할 수 있다.

★★★

30 창업초기라 보증금 5,000만원, 월차임 100만원으로 작은 점포를 계약기간 10개월로 하여 상가건물을 임차한 박충섭씨는 곧 기간이 만료되는데 장사가 잘되어 계약기간을 연장하고 싶어한다. 계약기간 연장에 대한 CFP® 자격인증자의 적절한 설명으로 모두 묶인 것은?

가. 상가건물임대차보호법에서는 임대차기간을 정하지 않거나 기간을 2년 미만으로 정한 경우에는 그 기간을 2년으로 봅니다.
나. 박충섭씨는 계약서에 10개월을 계약기간으로 하였더라도 2년의 임대차기간을 주장할 수 있습니다.
다. 장사가 계속 잘되어 계약기간을 연장하고 싶다면 계약갱신요구권을 행사하여 최초 임대차기간을 포함한 10년까지 연장이 가능합니다.

① 다
② 가, 나
③ 가, 다
④ 나, 다
⑤ 가, 나, 다

정답 | ①
해설 | 가. 상가건물임대차보호법에서는 임대차기간을 정하지 않거나 기간을 1년 미만으로 정한 경우에는 그 기간을 1년으로 본다.
나. 임차인은 계약서에 10개월을 계약기간으로 하였더라도 1년의 임대차기간을 주장할 수 있다.

★★★

31 다음 정보를 고려할 때 상가건물 임대차보호법상 백현씨와 관련된 설명으로 가장 적절한 것은?

백현씨는 올해 4월 서울특별시 소재 상가A(사업자등록의 대상이 되는 상가건물임)를 임차하였다. 임차에 따른 보증금은 500,000천원이며, 월차임은 1,000천원이다.

① 상가건물 임대차보호법 적용대상이 되는 보증금 규모인지 여부 판단 시 월차임에 50을 곱한 금액을 보증금에 가산하여 판단한다.
② 만약 백현씨가 임대차 계약 시 임대차기간을 별도로 정하지 않은 경우 임대차기간을 2년으로 본다.
③ 상가 A 임대인이 임대차기간이 만료되기 6개월 전부터 1개월 전까지 백현씨에게 갱신 거절의 통지 또는 조건 변경의 통지를 하지 아니한 경우에는 그 기간이 만료된 때에 전 임대차와 동일한 조건으로 다시 임대차한 것으로 본다.
④ 백현씨는 최초의 임대차기간을 포함한 전체 임대차기간이 5년을 초과하지 아니하는 범위 내에서만 계약갱신요구권을 행사할 수 있다.
⑤ 상가A의 임대인이 조세부담 등 경제적인 여건을 사유로 장래의 보증금에 대하여 증액을 청구할 경우 최대 10% 한도로 가능하다.

정답 | ③

해설 | ① 상가건물 임대차보호법 적용대산 보증금 규모 판단 시 보증금 외에 월차임이 있는 경우 '보증금+(월차임×100)'으로 산정한다. 단, 대항력 규정, 계약갱신 요구 권리, 권리금 보호규정은 상가건물 임대차보호법 적용대상 보증금 규모를 초과하는 임대차에도 적용된다.

② 상가건물 임대차보호법에서 임대차 기간을 정하지 아니한 경우 그 기간을 1년으로 본다.

④ 임차인의 계약갱신요구권은 최초의 임대차기간을 포함한 전체 임대차기간이 10년을 초과하지 아니하는 범위에서만 행사할 수 있다.

⑤ 상가건물 임대차에서 임대인 또는 임차인은 일정 사유로 보증금 또는 차임에 대한 증감을 청구할 수 있으며 증액의 경우 보증금 또는 차임의 5/100의 금액을 초과하지 못한다.

★★★

32 다음 사례에 대한 CFP® 자격인증자의 설명으로 가장 적절한 것은?

> 현 임차인 강인영씨는 임대인 박영범씨와 상가건물을 2년간 임대차계약하면서 전 임차인에게 권리금 4천만원을 지불하였다. 임차인 강인영씨는 2년의 계약기간이 끝나면서 더 이상 임대차계약을 연장하고 싶지 않아서 임대인 박영범씨에게 전 임차인에게 지불하였던 권리금 4천만원을 요구하였다. 임대인 박영범씨는 권리금 4천만원을 임차인 강인영씨에게 주어야 하는 것인지 궁금해 하고 있다.

① 권리금은 임차보증금의 일부입니다.

② 상가건물 임대차계약이 종료되어 상가건물을 이전하는 경우에 박영범씨는 강인영씨에게 그 권리금의 반환 의무를 집니다.

③ 박영범씨는 강인영씨의 권리금 회수 기회를 보호해야 하며, 이를 위반하여 강인영씨에게 손해를 발생하게 한 경우에는 그 손해를 배상할 책임이 있습니다.

④ 현 임차인 강인영씨는 새로운 임차인으로부터 권리금을 지급받거나, 보증금과 같이 박영범씨에게 그 지급을 요구할 수 있습니다.

⑤ 박영범씨와 임차인 강인영씨가 권리금에 대한 별도로 특약하지 않았더라도 박영범씨는 임차인 강인영씨에게 권리금을 주어야 합니다.

정답 | ③

해설 | ① 권리금은 임차보증금의 일부가 아니다.

② 상가건물 임대차계약이 종료되어 상가건물을 이전하는 경우에 임대인은 임차인에게 그 권리금의 반환 의무를 지지 않지만, 상가건물임대차보호법에 따라 임차인의 권리금 회수 기회를 보호하게 됩니다.

④ 현 임차인 강인영씨는 새로운 임차인으로부터만 권리금을 지급받을 수 있을 뿐이고, 보증금과는 달리 임대인에게 그 지급을 요구할 수 없는 것이 일반적이다.

⑤ 임대인과 임차인 강인영씨가 권리금에 대한 별도로 특약하지 않았다면 임대인은 임차인 강인영씨에게 권리금을 주지 않아도 된다.

★★★
33 상가건물임대차보호법에 대한 설명으로 적절하지 않은 것은?

① 임대차는 그 등기가 없는 경우에도 임차인이 건물의 인도와 사업자등록을 신청하면 그 다음 날부터 제3자에 대하여 효력이 생긴다.

② 임대인이 임차인의 권리금회수기회를 방해하여 임차인에게 손해를 발생하게 한 때에는 그 손해를 배상할 책임이 있다.

③ 차임 또는 보증금의 증액 청구의 경우에는 청구 당시의 차임 또는 보증금의 5/100의 금액을 초과하지 못한다.

④ 대항력을 갖추고 관할 세무서장으로부터 임대차계약서상의 확정일자를 받은 임차인은 민사집행법에 따른 경매 또는 국세징수법에 따른 공매 시 임차건물의 환가대금에서 후순위권리자나 그 밖의 채권자보다 우선하여 보증금을 변제받을 권리가 있다.

⑤ 주택임대차의 경우와 같이 최우선변제권이 보증금 전액에 대해 인정된다.

정답 | ⑤

해설 | ⑤ 주택임대차의 경우와 같이 최우선변제권이 보증금 전액에 대해 인정되는 것은 아니며, 소액보증금이 건물가액의 1/2을 초과하는 경우에는 상가건물가액의 1/2에 해당하는 금액에 한한다.

★★★
34 상가건물임대차보호법에 대한 설명으로 가장 적절한 것은?

① 대항력과 계약갱신요구의 권리, 임차인의 권리금 보호규정에는 보증금의 규모와 상관없이 적용된다.

② 임차인의 계약갱신요구권은 최초의 임대차기간을 포함한 전체 임대차기간이 5년을 초과하지 아니하는 범위에서만 행사할 수 있다.

③ 임대인은 임대차기간이 끝나기 3개월 전부터 임대차 종료 시까지 임차인이 주선한 신규 임차인이 되려는 자로부터 임차인이 권리금을 지급받는 것을 방해하여서는 아니 된다.

④ 차임 또는 보증금의 증액 청구의 경우에는 청구 당시의 차임 또는 보증금의 3/100의 금액을 초과하지 못한다.

⑤ 서울특별시 소재 상가건물의 경우 임차보증금이 1억원 이하인 경우 최우선변제권이 인정된다.

정답 | ①

해설 | ② 임차인의 계약갱신요구권은 최초의 임대차기간을 포함한 전체 임대차기간이 10년을 초과하지 아니하는 범위에서만 행사할 수 있다.
③ 임대인은 임대차기간이 끝나기 6개월 전부터 임대차 종료 시까지 임차인이 주선한 신규 임차인이 되려는 자로부터 임차인이 권리금을 지급받는 것을 방해하여서는 아니 된다.
④ 차임 또는 보증금의 증액 청구의 경우에는 청구 당시의 차임 또는 보증금의 5/100의 금액을 초과하지 못한다.
⑤ 최우선변제를 받을 보증금 중 다른 담보물권자보다 우선하여 변제를 받을 수 있는 보증금의 범위는 서울특별시의 경우 6,500만원이며, 이중 최우선변제금액은 2,200만원이다.

★★★

35 상가건물임대차보호법에 대한 다음 설명 중 (가)~(나)에 들어갈 내용이 적절하게 연결된 것은?

> • 차임 또는 보증금의 증액 청구의 경우에는 청구 당시의 차임 또는 보증금의 (가)의 금액을 초과하지 못한다.
> • 보증금의 전부 또는 일부를 월 단위 차임으로 전환하는 경우에는 그 전환되는 금액에 (나)와 한국은행에서 공시한 기준금리에 (다)를 곱한 비율 중 낮은 비율을 초과하지 못하도록 규정하고 있다.

	가	나	다
①	3/100	연 5%	2배수
②	5/100	연 10%	3배수
③	5/100	연 12%	4.5배수
④	9/100	연 10%	4.5배수
⑤	9/100	연 12%	2배수

정답 | ③

해설 | • 차임 또는 보증금의 증액 청구의 경우에는 청구 당시의 차임 또는 보증금의 5/100의 금액을 초과하지 못한다.
• 보증금의 전부 또는 일부를 월 단위 차임으로 전환하는 경우에는 그 전환되는 금액에 연 12%와 한국은행에서 공시한 기준금리에 4.5배수를 곱한 비율 중 낮은 비율을 초과하지 못하도록 규정하고 있다.

★★★

36 상가건물임대차보호법에 대한 설명으로 가장 적절한 것은?

① 사업자등록의 대상이 되는 상가건물의 임대차에 대하여 적용하지만 일정한 보증금액 이상인 임대차에만 적용된다.
② 임대차는 그 등기가 없는 경우에도 임차인이 건물의 인도와 사업자등록을 신청하면 그 다음 날부터 제3자에 대하여 효력이 생긴다.
③ 임차인의 차임 연체액이 2기 차임액에 달하는 때에는 임대인은 계약을 해지할 수 있다.
④ 보증금의 전부 또는 일부를 월 단위 차임으로 전환하는 경우에는 그 전환되는 금액에 연 10%와 한국은행에서 공시한 기준금리에 4배수를 곱한 비율 중 낮은 비율을 초과하지 못하도록 규정하고 있다.
⑤ 대항력을 갖춘 임차인은 민사집행법에 따른 경매 또는 국세징수법에 따른 공매 시 임차건물의 환가대금에서 후순위권리자나 그 밖의 채권자보다 우선하여 보증금을 변제받을 권리가 있다.

정답 | ②

해설 | ① 사업자등록의 대상이 되는 상가건물의 임대차(임대차 목적물의 주된 부분을 영업용으로 사용하는 경우 포함)에 대하여 적용하지만 일정한 보증금액 이하인 임대차에만 적용된다.

③ 임차인의 차임 연체액이 3기 차임액에 달하는 때에는 임대인은 계약을 해지할 수 있다.

④ 보증금의 전부 또는 일부를 월 단위 차임으로 전환하는 경우에는 그 전환되는 금액에 연 12%와 한국은행에서 공시한 기준금리에 4.5배수를 곱한 비율 중 낮은 비율을 초과하지 못하도록 규정하고 있다.

⑤ 대항력을 갖추고 관할 세무서장으로부터 임대차계약서상의 확정일자를 받은 임차인은 민사집행법에 따른 경매 또는 국세징수법에 따른 공매 시 임차건물의 환가대금에서 후순위권리자나 그 밖의 채권자보다 우선하여 보증금을 변제받을 권리가 있다.

CHAPTER

03 부동산투자분석

출제 비중 : 25~35% / 5~7문항

학습가이드 ■ ■

학습 목표	학습 중요도
Tip 가치평가 방법에 사용되는 공식 및 개념에 대한 깊이 있는 학습 필요	
1. 부동산 가격공시제도에 대해 설명할 수 있다.	★★★
2. 부동산의 가치평가방법을 알고 각 방법으로 적정가치를 산정할 수 있다.	★★★
3. 부동산의 투자가치를 분석하고, 투자의사결정을 할 수 있다.	★★★
4. 레버리지효과를 활용하여 자기자본수익률을 측정할 수 있다.	★★★

••• TOPIC 1 부동산가격 발생과 형성

★★★

01 가치와 가격에 대한 설명으로 적절하지 않은 것은?

① 가치는 재화나 서비스를 사용함으로써 느끼는 만족감의 크기라고 할 수 있고, 가격은 이러한 가치를 돈으로 나타낸 것을 의미한다.

② 실제 가격과 가치는 동일한 의미라고 볼 수 있다.

③ 시장가치는 감정평가의 대상이 되는 토지 등이 통상적인 시장에서 충분한 기간 동안 거래를 위하여 공개된 후 그 대상물건의 내용에 정통한 당사자 사이에 신중하고 자발적인 거래가 있을 경우 성립될 가능성이 가장 높다고 인정되는 대상물건의 가액을 말한다.

④ 투자의사결정을 위해서는 투자자가 판단하는 투자가치가 시장가치보다 높은지 판단하는 것이다.

⑤ 부동산의 시장가치가 투자가치보다 낮다면 투자자는 해당 부동산을 매수할 것이다.

정답 | ②

해설 | ② 실제 가격과 가치는 다르지만, 현실에서는 혼용하여 사용하기도 한다.

★★★
02 가치와 가격에 대한 설명으로 가장 적절한 것은?

① 부동산가격은 특정 부동산에 대한 교환의 대가로 부동산시장에서 매수인과 매도인 간에 실제로 지불한 금액을 나타낸다.
② 부동산가치는 현재 발생되는 부동산의 편익을 미래가치로 환원한 값이라고 할 수 있다.
③ 시장가치는 토지 등의 경제적 가치를 판정하여 그 결과를 가액으로 표시하는 것을 말한다.
④ 투자의사결정을 위해서는 시장가치가 투자가치보다 높은지 판단하는 것이다.
⑤ 시장가치가 투자가치보다 높으면 투자자는 부동산을 매수할 것이고, 반대로 낮다면 부동산을 매도할 것이다.

정답 | ①
해설 | ② 부동산가치는 미래에 기대되는 부동산의 편익을 현재가치로 환원한 값이라고 할 수 있다.
③ 감정평가에 대한 설명이다. 시장가치는 감정평가의 대상이 되는 토지 등이 통상적인 시장에서 충분한 기간 동안 거래를 위하여 공개된 후 그 대상물건의 내용에 정통한 당사자 사이에 신중하고 자발적인 거래가 있을 경우 성립될 가능성이 가장 높다고 인정되는 대상물건의 가액을 말한다.
④ 투자의사결정을 위해서는 투자자가 판단하는 투자가치가 시장가치보다 높은지 판단하는 것이다.
⑤ 시장가치가 투자자가 생각하는 투자가치보다 높으면 투자자는 보유하고 있는 부동산을 매도할 것이고, 시장가치가 투자가치보다 낮다면 부동산을 매수할 것이다.

★★★
03 부동산감정평가 절차가 순서대로 나열된 것은?

가. 기본적 사항의 확정
나. 처리계획 수립
다. 대상물건 확인
라. 자료검토 및 가치형성요인의 분석
마. 자료수집 및 정리
바. 감정평가방법의 선정 및 적용

① 가 – 나 – 다 – 라 – 마 – 바
② 가 – 나 – 다 – 마 – 라 – 바
③ 가 – 나 – 다 – 바 – 마 – 라
④ 나 – 가 – 마 – 다 – 바 – 라
⑤ 나 – 다 – 마 – 가 – 바 – 라

정답 | ②
해설 | 가. 기본적 사항의 확정 → 나. 처리계획 수립 → 다. 대상물건 확인 → 마. 자료수집 및 정리 → 라. 자료검토 및 가치형성요인의 분석 → 바. 감정평가방법의 선정 및 적용

★★★

04 **부동산감정평가 절차가 순서대로 나열된 것은?**

> 가. 대상물건의 물적 사항, 권리관계, 이용 상황에 대한 분석 및 감정평가액 산정을 위해 필요한 확인자료, 요인자료, 사례자료 등을 수집하고 정리하는 절차를 말한다.
> 나. 대상물건의 확인에서 감정평가액의 결정 및 표시에 이르기까지 일련의 작업과정에 대한 계획을 수립하는 절차를 말한다.
> 다. 감정평가를 할 때에는 의뢰인과 협의하여 의뢰인, 대상물건, 감정평가 목적, 기준시점, 감정평가 조건, 기준가치, 관련 전문가에 대한 자문 또는 용역에 관한 사항, 수수료 및 실비에 관한 사항을 정한다.
> 라. 가치형성요인이란 대상물건의 경제적 가치에 영향을 미치는 일반요인, 지역요인 및 개별요인 등을 말한다.
> 마. 사전조사는 실지조사 전에 감정평가 관련 구비서류의 완비 여부 등을 확인하고, 대상물건의 공부 등을 통해 토지 등의 물리적 조건, 권리 상태, 위치, 면적 및 공법상의 제한 내용과 그 제한 정도 등을 조사하는 절차를 말한다.

① 가 – 나 – 라 – 마 – 다
② 가 – 라 – 마 – 다 – 나
③ 나 – 다 – 마 – 라 – 가
④ 다 – 나 – 마 – 가 – 라
⑤ 라 – 나 – 가 – 다 – 마

정답 | ④

해설 | 다. 기본적 사항의 확정 → 나. 처리계획 수립 → 마. 대상물건 확인 → 가. 자료수집 및 정리 → 라. 자료검토 및 가치형성요인의 분석 → 감정평가방법의 선정 및 적용 → 감정평가액의 결정 및 표시

★★★

05 **전통적 평가방식을 적용하여 다음과 같은 시산가치가 산정되었다. 이때 시산가액조정 기준에 따라 검토한 결과 원가방식에 60%, 비교방식에 30%, 수익방식에 10%의 가중치를 두는 것이 합리적이라고 판단하였다면, 시산가액조정 후 최종적인 가치로 적절한 것은?**

> • 원가방식에 의한 시산가치 : 2.8억원
> • 비교방식에 의한 시산가치 : 2.5억원
> • 수익방식에 의한 시산가치 : 2억원

① 2억원
② 2.5억원
③ 2.63억원
④ 2.83억원
⑤ 3억원

정답 | ③

해설 | • 원가방식에 의한 시산가치 : 2.8억원×0.6 = 1.68억원
• 비교방식에 의한 시산가치 : 2.5억원×0.3 = 0.75억원
• 수익방식에 의한 시산가치 : 2억원×0.1 = 0.2억원
→ 시산가액조정에 의한 결정가격(상기금액의 합계액) : 2.63억원

★★★

06 전통적 평가방식을 적용하여 다음과 같은 시산가치가 산정되었다. 이때 시산가액조정 기준에 따라 검토한 결과 원가방식에 50%, 비교방식에 25%, 수익방식에 25%의 가중치를 두는 것이 합리적이라고 판단하였다면, 시산가액조정 후 최종적인 가치로 적절한 것은?

• 원가방식에 의한 시산가치 : 2.5억원
• 비교방식에 의한 시산가치 : 2억원
• 수익방식에 의한 시산가치 : 2억원

① 2.16억원
② 2.25억원
③ 2.5억원
④ 3.25억원
⑤ 6.5억원

정답 | ②

해설 | • 원가방식에 의한 시산가치 : 2.5억원×0.5 = 1.25억원
• 비교방식에 의한 시산가치 : 2억원×0.25 = 0.5억원
• 수익방식에 의한 시산가치 : 2억원×0.25 = 0.5억원
→ 시산가액조정에 의한 결정가격(상기금액의 합계액) : 2.25억원

★★★

07 부동산 가격발생요인(가치발생요인)에 대한 설명이 적절하게 연결된 것은?

가. 인간의 욕망이나 필요를 충족시킬 수 있는 재화의 능력을 의미하며 유용성이라고도 한다.
나. 재화에 대한 인간의 욕망의 정도에 비해 그 재화의 충족수단으로서의 공급이 양적으로 유한하여 상대적으로 부족한 상태를 말한다.
다. 특정 재화를 구매하고자 하는 욕망과 구매력이 결합된 개념으로 실질적인 구매력이라고도 한다.

	가	나	다
①	효용	희소성	유효수요
②	효용	유효수요	희소성
③	희소성	효용	유효수요
④	희소성	유효수요	효용
⑤	유효수요	희소성	효용

정답 I ①

해설 I 가. 효용에 대한 설명이다.
나. 희소성에 대한 설명이다.
다. 유효수요에 대한 설명이다.

★★★

08 부동산가격형성에 대한 설명으로 적절하지 않은 것은?

① 일반요인 – 대상물건이 속한 전체 사회에서 대상물건의 이용과 가격수준 형성에 전반적으로 영향을 미치는 일반적인 요인

② 지역요인 – 대상물건이 속한 지역의 가격수준 형성에 영향을 미치는 자연적 · 사회적 · 경제적 · 행정적 요인

③ 개별요인 – 대상물건의 구체적 가치에 영향을 미치는 대상물건의 고유한 개별적 요인

④ 개별분석 – 대상부동산이 어떤 지역에 속해 있는지, 그 지역의 특성은 무엇인지, 그 지역은 지역 내에서 부동산의 가치 형성에 어떤 영향을 미치는지에 대해 분석하고 판단하는 작업

⑤ 최유효이용 – 객관적으로 보아 통상의 이용 능력을 가진 사람이 부동산을 합법적이고 합리적이며 최고 · 최선의 방법으로 이용하는 것

정답 I ④

해설 I ④ 지역분석에 대한 설명이다. 개별분석이란 부동산의 개별요인을 분석하여 그 최유효이용을 판단하는 작업을 말한다.

★★★

09 부동산가격형성에 대한 설명으로 가장 적절한 것은?

① 지역요인은 대상물건이 속한 지역의 가격수준 형성에 영향을 미치는 자연적 · 사회적 · 경제적 · 행정적 요인을 말한다.

② 지역요인으로 인하여 부동산은 다른 부동산과 차별화된다.

③ 유사지역은 감정평가의 대상이 된 부동산이 속한 지역으로서 부동산의 이용이 동질적이고 가치형성요인 중 지역요인을 공유하는 지역을 말한다.

④ 개별요인은 대상물건이 속한 전체 사회에서 대상물건의 이용과 가격수준 형성에 전반적으로 영향을 미치는 일반적인 요인을 말한다.

⑤ 개별분석이란 부동산의 개별요인을 분석하여 그 표준적 사용을 판단하는 작업을 말한다.

정답 I ①

해설 I ② 개별요인으로 인하여 부동산은 다른 부동산과 차별화된다.
③ 인근지역에 대한 설명이다. 유사지역은 대상부동산이 속하지 아니하는 지역으로서 인근지역과 유사한 특성을 갖는 지역을 말한다.
④ 일반요인에 대한 설명이다. 개별요인은 대상물건의 구체적 가치에 영향을 미치는 대상물건의 고유한 개별적 요인을 말한다.
⑤ 개별분석이란 부동산의 개별요인을 분석하여 그 최유효이용을 판단하는 작업을 말한다.

••• TOPIC 2 부동산가격공시제도

★★★

10 표준지의 선정 기준으로 모두 묶인 것은?

가. 표준지 선정 대상지역의 지가수준을 대표할 수 있는 토지
나. 토지의 이용상황, 형상, 면적 등이 표준적인 토지
다. 당해 표준지 선정 대상지역의 일반적인 용도에 적합한 토지로서 그 이용상태가 일시적인 토지
라. 다른 토지와의 구분이 명확하지 않고 유사하다고 인정되는 토지
마. 과세대상이 아닌 필지

① 가, 나
② 다, 라
③ 가, 나, 다
④ 다, 라, 마
⑤ 가, 나, 다, 라, 마

정답 | ①

해설 | 다. 안정성이 있는 토지 : 당해 표준지 선정 대상지역의 일반적인 용도에 적합한 토지로서 그 이용상태가 일시적이 아닌 토지
라. 확정성이 있는 토지 : 다른 토지와의 구분이 명확하고 용이하게 확인할 수 있는 토지
마. 표준지는 과세대상 필지를 대상으로 선정한다. 다만, 국 · 공유지의 토지가 일반 재산이거나 여러 필지로서 일단의 넓은 지역을 이루고 있는 경우에는 국 · 공유지에서도 표준지를 선정한다.

★★★

11 표준지공시지가에 대한 설명으로 적절한 설명으로 모두 묶인 것은?

가. 국토교통부 장관은 토지이용 상황이나 주변 환경, 그 밖의 자연적 · 사회적 조건이 일반적으로 유사하다고 인정되는 일단의 토지 중에서 선정한 표준지에 대하여 매년 공시기준일 현재 단위면적(m^2)당 적정가격을 조사 및 평가한다.
나. 국토교통부 장관은 매년 6월 1일을 기준으로 전국의 모든 토지에 대해 감정평가사가 가격을 조사 및 평가하고 그 결과를 중앙부동산가격공시위원회의 심의를 거쳐 단위면적당(m^2) 가격을 공시함으로써 공시지가에 대한 신뢰성과 공정성을 높이고 있다.
다. 표준지는 토지의 이용상황이나 주변환경 기타 자연적 · 사회적 조건이 유사하다고 인정되는 일단의 토지 중에서 당해 일단의 토지를 대표할 수 있는 토지를 선정하게 된다.
라. 선정된 표준지는 여러 사유를 고려하여 매년 교체하고 적정표준지를 새로 선정한다.
마. 공시된 지가에 이의가 있는 자는 공시일로부터 60일 이내에 서면으로 국토교통부 장관에게 이의를 신청할 수 있다.

① 가, 다
② 나, 라
③ 가, 나, 다
④ 나, 라, 마
⑤ 가, 나, 다, 라, 마

정답 | ①

해설 | 나. 국토교통부 장관은 매년 1월 1일을 기준으로 전국에 일정 토지를 표준지로 선정하고, 이들 표준지에 대해 감정평가사가 가격을 조사 및 평가하고 그 결과를 중앙부동산가격공시위원회의 심의를 거쳐 단위면적당(m^2) 가격을 공시함으로써 공시지가에 대한 신뢰성과 공정성을 높이고 있다.

라. 선정된 표준지는 특별한 사유가 없는 한 교체하지 않는다. 다만, 행정구역의 개편, 도시계획사항의 변경, 토지이용상황의 변경, 개발사업의 시행, 지번 · 지목 및 면적 등 지적사항의 변경, 형질변경 등과 같이 대상토지의 특성 · 지역요인이 변동되었거나 기타사유로 표준지로서 역할을 할 수가 없는 경우에는 적정표준지를 새로 선정한다.

마. 공시된 지가에 이의가 있는 자는 공시일로부터 30일 이내에 서면으로 국토교통부 장관에게 이의를 신청할 수 있다.

★★★

12 공시지가제도에 대한 설명으로 적절하지 않은 것은?

① 국토교통부 장관은 일반적인 토지거래의 지표로 공시지가를 활용하도록 하기 위하여 지가공시 후 공시한 내용을 서울특별시장, 광역시장 및 도지사를 거쳐 시장 · 군수 · 구청장에게 송부하여 일반인에게 열람하도록 한다.

② 공시된 지가에 이의가 있는 자는 공시일로부터 30일 이내에 서면으로 국토교통부 장관에게 이의를 신청할 수 있다.

③ 표준지공시지가는 토지 관련 세제와 개발부담금 등 각종 부담금의 산정기준이 되기 때문에 국민의 재산권에 큰 영향을 끼치므로, 표준지공시지가를 결정 및 공시하기에 앞서 지가열람을 통한 토지소유자 등의 의견을 듣도록 하였다.

④ 국토교통부 장관이 매년 공시하는 표준지공시지가를 기준으로 지가 산정 대상토지의 지가형성요인에 관한 표준적인 비교표 즉, 토지가격비준표를 사용하여 개별공시지가를 산정하게 된다.

⑤ 개별공시지가는 시장 · 군수 · 구청장이 매년 5월 31일까지 결정 · 공시한다.

정답 | ③

해설 | ③ 개별공시지에 대한 설명이다. 표준지공시지가는 토지시장의 지가 정보를 제공하고 일반적인 토지거래의 지표가 되며, 국가 · 지방자치단체 등의 기관이 그 업무와 관련하여 지가를 산정하거나 감정평가법인 등이 개별적으로 토지를 감정평가하는 경우에 그 기준이 되는 등 광범위한 효력을 가지고 있다. 즉, 표준지공시지가는 조세부과나 공공용지의 매수 또는 수용 · 사용에 대한 보상 등을 위하여 지가를 산정할 필요가 있을 때 그 기준이 된다. 또한 감정평가법인 등이 타인의 의뢰를 받아 지가를 감정평가하는 경우에도 그 기준이 된다.

★★★
13 부동산투자분석에 대한 설명으로 적절하지 않은 것은?

① 국토교통부 장관은 매년 1월 1일을 기준으로 전국에 일정 토지를 표준지로 선정하고, 이들 표준지에 대해 감정평가사가 가격을 조사 및 평가하고 그 결과를 중앙부동산가격공시위원회의 심의를 거쳐 단위면적당(m^2) 가격을 공시함으로써 공시지가에 대한 신뢰성과 공정성을 높이고 있다.

② 공시된 지가에 이의가 있는 자는 공시일로부터 60일 이내에 서면으로 국토교통부 장관에게 이의를 신청할 수 있으며, 국토교통부 장관은 이의 신청내용이 타당하다고 인정할 때에는 중앙부동산가격공시위원회의 심의를 거쳐 조정 및 공시하고 이의를 신청한 사람에게 그 결과를 통지한다.

③ 개별공시지가는 시장 · 군수 · 구청장이 매년 5월 31일까지 결정 · 공시하는데, 토지관련 국세 및 지방세의 부과기준이 되며, 개발부담금 등 각종 부담금의 부과기준으로도 활용된다.

④ 건물을 감정평가할 때에는 원가법을 적용해야 하지만, 구분소유권의 대상이 되는 건물부분과 그 대지사용권을 일괄하여 감정평가하는 경우에는 거래사례비교법을 적용해야 한다.

⑤ 건물의 재조달원가는 대상건물의 건축비를 기준으로 구하는 직접법이나 건물신축단가표와 비교하거나 비슷한 건물의 신축원가 사례를 조사한 후 사정보정 및 시점수정 등을 하여 구하는 간접법으로 산정한다.

정답 | ②

해설 | ② 공시된 지가에 이의가 있는 자는 공시일로부터 30일 이내에 서면으로 국토교통부 장관에게 이의를 신청할 수 있으며, 국토교통부 장관은 이의 신청내용이 타당하다고 인정할 때에는 중앙부동산가격공시위원회의 심의를 거쳐 조정 및 공시하고 이의를 신청한 사람에게 그 결과를 통지한다.

★★★
14 주택가격공시제도에 대한 설명으로 가장 적절한 것은?

① 국토교통부 장관은 매년 6월 1일을 기준으로 전체 단독주택 중에서 용도지역 · 건물구조별로 대표성이 있는 주택을 표준주택으로 선정하여, 이들 표준주택에 대한 가격을 한국부동산원에 조사 · 산정 의뢰하고, 산정된 표준주택가격을 중앙부동산가격공시위원회의 심의를 거쳐 공시하고 있다.

② 표준주택가격은 주택시장의 가격정보를 제공하고, 국가 · 지방자치단체 등이 과세 등의 업무와 관련하여 주택의 가격을 산정하는 경우에 그 기준으로 활용될 수 있다.

③ 전국의 단독주택을 대상으로 매년 공시하는 표준주택가격을 기준으로 국토교통부 장관이 산정하여 공시한 주택가격을 개별주택가격이라고 한다.

④ 공동주택가격 공시제도는 토지와 건물을 각각 구별하여 조사 · 산정한 적정가격을 말한다.

⑤ 공동주택가격은 공동주택의 보유세 · 거래세 등의 세액 산출의 기초가 되는 과세표준의 기준으로 활용된다.

정답 | ⑤

해설 | ① 국토교통부 장관은 매년 1월 1일을 기준으로 전체 단독주택 중에서 용도지역 · 건물구조별로 대표성이 있는 주택을 표준주택으로 선정하여, 이들 표준주택에 대한 가격을 한국부동산원에 조사 · 산정 의뢰하고, 산정된 표준주택가격을 중앙부동산가격공시위원회의 심의를 거쳐 공시하고 있다.

② 표준주택가격은 국가 · 지방자치단체 등의 기관이 그 업무와 관련하여 개별주택가격을 산정하는 경우에 그 기준이 되며, 개별주택 및 공동주택의 가격은 주택시장의 가격정보를 제공하고, 국가 · 지방자치단체 등이 과세 등의 업무와 관련하여 주택의 가격을 산정하는 경우에 그 기준으로 활용될 수 있다.

③ 전국의 단독주택을 대상으로 국토교통부 장관이 매년 공시하는 표준주택가격을 기준으로 시장 · 군수 · 구청장이 산정하여 공시한 주택가격을 개별주택가격(또는 개별단독주택가격)이라고 한다.

④ 공동주택가격 공시제도는 토지와 건물을 각각 구별하여 산정하는 방식과는 다르게 일반적인 거래 관행에 맞게 토지와 건물의 가격을 일괄하여 조사 · 산정한 적정가격을 말한다.

··· TOPIC 3 부동산가치평가

★★★

15 직접법이나 간접법으로 산정하는 대상물건의 재조달원가에 감가수정을 하여 대상물건의 가액을 산정하는 감정평가방법으로 가장 적절한 것은?

① 적산법
② 원가법
③ 거래사례비교법
④ 수익환원법
⑤ 공시지가기준법

정답 | ②

해설 | 비용접근법에 대한 설명이다.

★★★

16 준공된 지 3년 된 건물을 평가하고자 한다. 건물의 연면적은 200m^{2}이다. 이 건물의 3년 전 재조달원가는 m^{2}당 1,000천원이었고, 지금은 m^{2}당 1,300천원의 비용이 드는 것으로 조사된다. 이 건물의 내용연수는 30년으로 추정되며, 정액법으로 감가할 예정이다. 이 건물의 가치로 가장 적절한 것은?

① 180,000천원
② 200,000천원
③ 234,000천원
④ 243,000천원
⑤ 260,000천원

정답 | ③

해설 |
• $200m^2 \times 1,300 \times \frac{27}{30} = 234,000$천원

★★★
17 다음 정보를 고려할 때, 원가법으로 평가한 A건물의 가치로 가장 적절한 것은?

〈A건물에 대한 정보〉 • 연면적 : $300m^2$ • 내용연수는 30년이며, 잔존가치는 10%임 • 경과연수 : 10년(완공된지 10년이 지남) • 재조달원가 : 10년전 m^2당 600천원, 평가시점 현재 m^2당 900천원

① 120,000천원 ② 126,000천원
③ 180,000천원 ④ 189,000천원
⑤ 270,000천원

정답 I ④
해설 I • 기준시점 현재의 재조달원가 : 300×900천원=270,000천원

• 감가수정 : 270,000천원×0.9×$\frac{10}{30}$=81,000천원

• 건물의 가치 : 270,000천원−81,000천원=189,000천원

★★★
18 다음 건물을 원가법에 의해 평가했을 때, 이 건물가치로 적절한 것은?

– 평가대상 건물은 3년 전에 완공, 관리 상태는 양호한 편 – 건물 연면적 : $300m^2$ – 건축당시 재조달원가 : 300천원/m^2 – 현재 재조달원가 : 400천원/m^2 – 건물의 내용연수는 20년, 정액법으로 감가, 잔존가치는 20%

① 92,200천원 ② 98,500천원
③ 105,600천원 ④ 102,000천원
⑤ 149,800천원

정답 I ③
해설 I • 기준시점 현재의 재조달원가 : 300×400천원=120,000천원

• 감가수정 : 120,000천원×0.8×$\frac{3}{20}$=14,400천원

• 건물의 가치 : 120,000천원−14,400천원=105,600천원

★★★

19 원가법에 대한 설명이 적절하게 연결된 것은?

> 가. 감가요인 중 건물의 디자인이나 구조 또는 사용된 원자재 등이 시대에 맞지 않아 부동산의 효용이나 유용성을 저해하여 가치에 역효과를 주는 것을 말한다.
> 나. 완공된 지 10년 된 건물을 평가하고자 한다(건물면적 100m^2). 신축 당시 이 건물의 재조달원가는 m^{2}당 1,000천원 이었고, 지금은 m^{2}당 1,600천원의 비용이 드는 것으로 조사된다. 이 건물의 내용연수는 50년으로 추정되며, 정액법으로 감가할 예정이라면, 이 건물의 가치는 (나)이다.
> 다. 건물의 재조달원가는 대상건물의 건축비를 기준으로 구한다.
> 라. 건물의 재조달원가는 건물신축단가표와 비교하거나 비슷한 건물의 신축원가 사례를 조사한 후 사정보정 및 시점수정 등을 하여 구한다.

	가	나	다	라
①	물리적 감가요인	80,000천원	총량조사법	단위비교법
②	기능적 감가요인	128,000천원	직접법	간접법
③	기능적 감가요인	80,000천원	간접법	직접법
④	경제적 감가요인	128,000천원	간접법	직접법
⑤	경제적 감가요인	160,000천원	직접법	간접법

정답 | ②

해설 | 가. 기능적 감가요인 : 대상물건의 기능적 효용 변화에 따른 감가요인

나. $100m^2 \times 1,600천원 \times \frac{40}{50} = 128,000천원$

다. 직접법에 대한 설명이다.

라. 간접법에 대한 설명이다.

★★★

20 원가방식에 대한 설명으로 적절하지 않은 것은?

① 적산법은 대상물건의 기초가액에 기대이율을 곱하여 산정된 기대수익에 대상물건을 계속하여 임대하는 데에 필요한 경비를 더하여 대상물건의 임대료를 산정하는 감정평가방법을 말한다.

② 재조달원가는 대상물건을 일반적인 방법으로 생산하거나 취득하는 데 드는 비용으로 하되, 재세공과금 등과 같은 일반적인 부대비용을 포함한다.

③ 대상물건과 위치적 유사성이나 물적 유사성이 있어 지역요인, 개별요인 등 가치형성요인의 비교가 가능한 사례를 선택하여야 한다.

④ 건물을 감정평가할 때에는 원가법을 적용해야 하지만, 구분소유권의 대상이 되는 건물부분과 그 대지사용권을 일괄하여 감정평가하는 경우에는 거래사례비교법을 적용해야 한다.

⑤ 건물의 재조달원가는 대상건물의 건축비를 기준으로 구하는 직접법이나 건물신축단가표와 비교하거나 비슷한 건물의 신축원가 사례를 조사한 후 사정보정 및 시점수정 등을 하여 구하는 간접법으로 산정한다.

정답 I ③
해설 I ③ 비교방식에 대한 설명이다.

★★★
21 비교방식에 대한 설명으로 가장 적절한 것은?

① 가장 일반적으로 많이 사용하는 방식으로 시장성의 원리에 기초한 감정평가방식의 하나이며, 크게 공시지가기준법, 임대사례비교법, 거래사례비교법이 있다.
② 대표적으로 아파트는 대부분 단지화되어 있기 때문에 거래사례비교법에 의해 부동산의 가치를 산출하는 것이 적절치 않다.
③ 물론 부동산의 가치를 산출했다고 해서 산출된 금액으로 거래되는 것은 아닌데, 매수인 우위시장인 경우에는 평가된 가치보다 높은 가격에 실제 거래될 수도 있으며, 매도인 우위시장인 경우에는 평가된 가치보다 낮은 가격에 실제 거래될 수도 있기 때문이다.
④ 일반적으로 수익형 부동산은 실무에서 대상부동산과 가까운 곳에 위치하고 규모가 비슷한 거래사례 물건을 연면적으로 나누어 단위면적당 가격을 구한 후 대상부동산의 연면적과 곱하는 방식으로 가치평가를 수행한다.
⑤ 거래사례비교법으로 감정평가를 할 때에는 거래사정이 정상이라고 인정되지 않는 거래사례를 수집하여야 한다.

정답 I ①
해설 I ② 대표적으로 아파트는 대부분 단지화되어 있기 때문에 비교할 수 있는 물건이 많다. 그러므로 아파트는 거래사례비교법에 의해 부동산의 가치를 산출해 볼 수 있다.
③ 물론 부동산의 가치를 산출했다고 해서 산출된 금액으로 거래되는 것은 아니다. 매수인 우위시장인 경우에는 평가된 가치보다 낮은 가격에 실제 거래될 수도 있으며, 매도인 우위시장인 경우에는 평가된 가치보다 높은 가격에 실제 거래될 수도 있기 때문이다.
④ 수익형 부동산의 경우 대상부동산과 가까운 곳에 위치하고 규모가 비슷한 거래사례 물건을 연면적으로 나누어 단위면적당 가격을 구한 후 대상부동산의 연면적과 곱하여 부동산의 가치를 참고용으로 산출해 볼 수 있다. 그러나 일반적으로 수익형 부동산은 실무에서 수익환원법 방식으로 가치평가를 수행한다.
⑤ 거래사정이 정상이라고 인정되는 사례나 정상적인 것으로 보정이 가능한 사례, 기준시점으로 시점수정이 가능한 사례, 대상물건과 위치적 유사성이나 물적 유사성이 있어 지역요인, 개별요인 등 가치형성요인의 비교가 가능한 사례의 요건을 모두 갖춘 하나 또는 둘 이상의 적절한 사례를 선택하여야 한다.

★★★
22 거래사례비교법으로 감정평가를 할 때에 수집해야 하는 거래사례로 가장 적절한 것은?

① 다수 공인중개사의 경쟁에 의한 오피스텔 매매
② 법원의 경매처분
③ 정부에 의한 매매
④ 수용으로 인한 매매
⑤ 자선단체에 의한 매매

정답 | ①

해설 | 거래사례비교법으로 감정평가를 할 때에는 거래사례를 수집하여 적정성 여부를 검토한 후 다음의 요건을 모두 갖춘 하나 또는 둘 이상의 적절한 사례를 선택하여야 한다.

- 거래사정이 정상이라고 인정되는 사례나 정상적인 것으로 보정이 가능한 사례
- 기준시점으로 시점수정이 가능한 사례
- 대상물건과 위치적 유사성이나 물적 유사성이 있어 지역요인, 개별요인 등 가치형성요인의 비교가 가능한 사례

★★★
23 거래사례비교법에 대한 설명으로 적절하지 않은 것은?

① 거래사례비교법은 대상물건과 가치형성요인이 같거나 비슷한 물건의 거래사례를 비교하여 대상물건의 현황에 맞게 사정보정, 시점수정, 가치형성요인 비교 등의 과정을 거쳐 대상물건의 가액을 산정하는 감정평가방법을 말한다.
② 정부에 의한 매매는 비교를 위한 적절한 거래사례로 볼 수 없다.
③ 거래사정이 정상이라고 인정되고, 기준시점으로 시점수정이 가능하며, 대상물건과 위치적 유사성이나 물적 유사성이 있어 지역요인, 개별요인 등 가치형성요인의 비교가 가능한 사례는 비교를 위한 적절한 거래사례로 볼 수 있다.
④ 사례물건의 가격변동률을 구할 수 없거나 사례물건의 가격변동률로 시점수정하는 것이 적절하지 않은 경우에는 지가변동률, 건축비지수, 임대료지수, 생산자물가지수, 주택가격동향지수 등을 고려하여 가격변동률을 구할 수 있다.
⑤ 거래사례가격이 매도인의 급매로 10% 저가 거래되었다면 이 거래사례가격을 정상가치로 보정하기 위한 사정보정치는 0.9이다.

정답 | ⑤

해설 |
⑤ 사정보정치 $= \frac{100}{90} = 1.1111$

★★★
24 거래사례비교법에 의해 토지 A의 가치를 산정하고자 한다. 다음 정보를 고려할 때 시점수정치와 개별요인비교치가 적절하게 연결된 것은?

- 시점수정치 관련 정보
  - 1년 전 거래사례 토지는 500,000천원에 거래되었음
  - 1년 전부터 현재까지 지가변동률 : 10% 하락함
- 개별요인비교치 관련 정보
  - 토지 A는 4m 도로에 접한 반면, 거래사례 토지는 2m 도로에 접해 있어 토지 A가 거래사례 토지에 비해 약 20% 정도 우세함

	시점수정치	개별요인 비교치
①	0.9	0.83
②	0.9	1.2
③	1	0.83
④	1.1	1.2
⑤	1.1	1.25

정답 I ②

해설 I • 시점수정치 = 1 − 0.1 = 0.9

• 개별요인비교치 = $\frac{\text{대상}}{\text{사례}} = \frac{(100+20)}{100} = 1.2$

★★★
25 다음 상가를 거래사례비교법으로 평가 시 계산 과정으로 가장 적절한 것은?

- 대상부동산 지역의 상권이 사례부동산보다 5% 열등하다.
- 대상부동산이 사례부동산보다 개별적으로 10% 우세하다.
- 사례부동산은 2,000,000천원에 거래되었다.

① 2,000,000천원 $\times \frac{100}{95} \times \frac{100}{90}$

② 2,000,000천원 $\times \frac{95}{100} \times \frac{100}{90}$

③ 2,000,000천원 $\times \frac{95}{100} \times \frac{110}{100}$

④ 2,000,000천원 $\times \frac{100}{95} \times \frac{110}{100}$

⑤ 2,000,000천원 $\times \frac{105}{100} \times \frac{110}{100}$

정답 | ③

해설 |

- 지역요인비교치 : $\frac{95}{100}$
- 개별요인비교치 : $\frac{110}{100}$

★★★

26 다음 정보를 고려할 때, 거래사례비교법으로 산정한 다음 아파트 A의 가치로 가장 적절한 것은?

> - 인근지역 내 최근 거래사례가격 : 5,000천원/m^2
> - 아파트 A의 면적 : 100m^2
> - 사정보정치 : 거래사례는 매도인의 급매로 5% 저가 거래되었음
> - 개별요인비교치 : 아파트 A는 사례부동산보다 개별적으로 5% 우세함

① 약 432,000천원
② 약 478,000천원
③ 약 500,000천원
④ 약 523,000천원
⑤ 약 553,000천원

정답 | ⑤

해설 |

- 아파트 A의 가치 = 5,000천원 × 100m^2 × $\frac{100}{95}$ × $\frac{105}{100}$ = 552,631,579원

★★★

27 거래사례비교법으로 산정한 다음 부동산의 가치로 적절한 것은?

> - 20××년 9월 10일, 사례부동산(토지)은 m^2당 50천원에 거래되었다.
> - 대상부동산(토지)은 정방형으로 사례부동산보다 개별요인에서 10% 우세하고, 지역요인은 30% 열세하다.
> - 대상부동산(토지)의 면적은 100m^2이다.

① 3,200천원
② 3,850천원
③ 4,260천원
④ 5,000천원
⑤ 5,350천원

정답 | ②

해설 |

- 부동산의 가치 = 100 × 50천원 × $\frac{110}{100}$ × $\frac{70}{100}$ = 3,850천원

★★★
28 거래사례비교법을 이용한 부동산가치평가에 대한 설명이 적절하게 연결된 것은?

- 평가하고자 하는 물건의 거래사례를 찾았으나 매도인의 급매로 8% 저가에 거래된 물건이었다. 거래사례가격이 2억원이었다면 적절한 가격수준은 (가)이다.
- 20××년 1월 1일 거래사례 토지가 3억원에 거래된 경우(단, 지가는 20××년 1분기에 1% 상승하였고, 2분기에는 0.5% 하락하였음) 20××년 7월 1일이 기준시점이라면 적절한 가격수준은 (나)이다.
- 5억원에 거래된 사례부동산을 찾았는데, 대상부동산은 사례부동산보다 10% 정도 우세하다고 판단이 된다면, 적절한 가격수준은 (다)이다.

	가	나	다
①	184,000천원	298,500천원	454,545천원
②	184,000천원	301,485천원	550,000천원
③	200,000천원	303,000천원	500,000천원
④	217,391천원	301,485천원	550,000천원
⑤	217,391천원	298,500천원	454,545천원

정답 | ④

해설 |
가. 사정보정치를 이용한 부동산가치평가 : $200{,}000 \times \frac{100}{92} = 217{,}391$천원

나. 시점수정치를 이용한 부동산가치평가 : $300{,}000 \times \{(1+0.01) \times (1-0.005)\} = 301{,}485$천원

다. 개별요인비교치를 이용한 부동산가치평가 : $500{,}000 \times \frac{110}{100} = 550{,}000$천원

★★★
29 직접환원법을 이용하여 부동산의 가치를 구할 때 사용하는 용어에 대한 적절한 설명으로 모두 묶인 것은?

가. 가능총수익 : 연간 임대료, 연간 관리비 수입, 주차수입과 광고수입, 그 밖에 대상물건의 운용에 따른 주된 수입
나. 유효총수익 : 가능총수익에 공실손실상당액 및 대손충당금을 공제하여 산정한 금액
다. 영업경비 : 용역인건비 및 직영인건비, 수도광열비, 수선유지비, 세금 및 공과금, 보험료, 대체충당금, 광고선전비 등 그 밖의 경비를 합산한 금액
라. 순영업소득 : 대상물건에 귀속하는 적절한 수익으로서 유효총수익에서 대출이자 또는 대출원리금상환액을 공제하여 산정

① 다
② 가, 나
③ 다, 라
④ 가, 나, 다
⑤ 나, 다, 라

정답 | ①

해설 | 〈직접환원법을 이용하여 부동산의 가치를 구할 때 사용하는 용어〉

가능총수익 (PGI ; Potential Gross Income)	보증금(전세금) 운용수익, 연간 임대료, 연간 관리비 수입
유효총수익 (EGI ; Effective Gross Income)	가능총수익에 공실손실상당액 및 대손충당금을 공제하여 산정한 후 주차수입과 광고수입, 그 밖에 대상물건의 운용에 따른 주된 수입을 합산한 금액
영업경비(또는 운영경비) (OE ; Operating Expenses)	용역인건비 및 직영인건비, 수도광열비, 수선유지비, 세금 및 공과금, 보험료, 대체충당금, 광고선전비 등 그 밖의 경비를 합산한 금액
순영업소득(순수익) (NOI ; Net Operating Income)	대상물건에 귀속하는 적절한 수익으로서 유효총수익에서 영업경비를 공제하여 산정

★★★

30 직접환원법에 의한 수익가치에 대한 다음 설명 중 가장 적절한 것은?

① 모든 조건이 동일한 경우 부동산의 수익가치는 순영업소득이 작으면 작을수록 크다.
② 모든 조건이 동일한 경우 자본환원율은 부동산의 수익가치와 음의 관계이다.
③ 모든 조건이 동일한 경우 부동산의 수익가치는 자본환원율이 크면 클수록 크다.
④ 모든 조건이 동일한 경우 자본환원율은 부동산의 수익가치가 크면 클수록 크다.
⑤ 모든 조건이 동일한 경우 자본환원율은 순영업소득이 작으면 작을수록 크다.

정답 | ②

해설 | 직접환원법에 의한 수익가액(수익가치)을 다음과 같이 수식으로 나타낼 수 있다.

$$V = \frac{NOI}{R}$$

V : 수익가액(부동산의 가치), NOI : 순영업소득(순수익), R : 환원율(자본환원율)

★★★

31 직접환원법을 이용한 부동산의 가치로 가장 적절한 것은?

- 연간 순영업소득 : 90,000천원
- 자본환원율 : 12%
- 시장이자율 : 11%

① 700,000천원
② 750,000천원
③ 800,000천원
④ 818,182천원
⑤ 850,000천원

정답 | ②

해설 | • $V = \frac{NOI}{R} = \frac{90,000}{0.12} = 750,000$천원

★★★

32 직접환원법을 이용한 부동산의 가치로 가장 적절한 것은?

> • 연간 순영업소득 : 80,000천원
> • 자본환원율 : 8%
> • 시장이자율 : 10%

① 400,000천원
② 640,000천원
③ 800,000천원
④ 1,000,000천원
⑤ 1,200,000천원

정답 | ④

해설 | • $V = \frac{NOI}{R} = \frac{80,000}{0.08} = 1,000,000$천원

★★★

33 심은하씨는 A부동산을 매수할지 고민 중이다. 다음 정보를 고려할 때, A부동산의 투자가치(직접환원법으로 계산)와 매수 여부 판단이 적절하게 연결된 것은?

> • A부동산 매수시 매매가격 : 300,000천원
> • A부동산의 연간 순영업소득 : 20,000천원
> • 자본환원율 : 5%

	A부동산 투자가치	매수 여부 판단
①	200,000천원	매수하는 것이 유리
②	200,000천원	매수하지 않는 것이 유리
③	300,000천원	매수하는 것이 유리
④	400,000천원	매수하지 않는 것이 유리
⑤	400,000천원	매수하는 것이 유리

정답 | ⑤

해설 |

- A부동산 투자가치 $= \frac{\text{순영업소득}}{\text{자본환원율}} = \frac{20,000}{0.05} = 400,000$천원
- 시장가치 300,000천원이 투자가치 400,000천원보다 낮으므로 A부동산을 매수하는 것이 유리하다.

★★★

34 다음 정보를 고려할 때, 직접환원법으로 계산한 A부동산의 가치로 가장 적절한 것은?

〈A부동산의 연간 수익 및 지출 자료〉

구분	금액
연간 임대료	60,000천원
공실손실상당액 및 대손충당금	4,000천원
기타소득(주차장수입 등)	10,000천원
운영경비	8,000천원

※ 자본환원율 : 8%

① 475,000천원
② 600,000천원
③ 725,000천원
④ 750,000천원
⑤ 800,000천원

정답 | ③

해설 |
- 유효총수익 : 가능총수익 − 공실손실상당액 및 대손충당금 + 기타소득 = 60,000천원 − 4,000천원 + 10,000천원 = 66,000천원
- 순영업소득 : 유효총수익 − 운영경비 = 66,000천원 − 8,000천원 = 58,000천원
- 부동산의 가치 : $\frac{\text{순영업소득}}{\text{자본환원율}} = \frac{58,000}{0.08} = 725,000$천원

★★★

35 **평가하고자 하는 건물의 가능총수익은 연간 120,000천원이며 공실율은 5%이다. 영업경비는 연간 34,000천원이다. 시장추출법에 의한 자본환원율은 8.00%라고 할 때 수익가치로 가장 적절한 것은?**

① 1,000,000천원
② 1,425,000천원
③ 1,500,000천원
④ 1,600,000천원
⑤ 2,280,000천원

정답 | ①

해설 | • 공실손실액 : 120,000×5%=6,000천원
• 유효총수익 : 120,000−6,000=114,000천원
• 순영업소득 : 114,000천원−34,000=80,000천원
• 수익가치 : $\frac{80,000}{0.08}$=1,000,000천원

★★★

36 **부동산가치평가에 대한 설명으로 적절한 설명으로 모두 묶인 것은?**

가. 원가법은 대상물건의 재조달원가에 감가수정을 하여 대상물건의 가액을 산정하는 감정평가 방법을 말하는데, 재조달원가란 대상물건을 기준시점에 재생산하거나 재취득하는데 필요한 적정원가의 총액을 말한다.
나. 할인현금흐름분석법은 대상물건의 보유기간에 발생하는 복수기간의 순수익과 보유기간 말의 복귀가액에 적절한 할인율을 적용하여 현재가치로 할인한 후 더하여 대상물건의 가액을 산정하는 방법이다.
다. 시장추출법은 시장에서 환원율을 추출하는 것으로 자본환원율이라고도 하는데, 대상부동산과 유사한 최근의 매매사례에서 이 비율을 찾아내는 것이다.

① 나
② 가, 나
③ 가, 다
④ 나, 다
⑤ 가, 나, 다

정답 | ⑤

해설 | 모두 적절한 설명이다.

★★★
37 토지의 감정평가에 대한 설명으로 가장 적절한 것은?

① 토지를 감정평가할 때에는 그 토지와 이용가치가 비슷하다고 인정되는 거래사례를 기준으로 한 거래사례비교법을 적용해야 한다.

② 적정한 표준지공시지가가 있는 경우에는 이를 기준으로 할 수 있으며, 표준지공시지가를 기준으로 할 때는 공시지가기준법을 적용해야 한다.

③ 비교표준지 선정은 인근지역에 있는 표준지 중에서 대상토지와 용도지역, 이용상황, 주변환경 등이 같거나 비슷한 표준지를 선정해야 한다.

④ 사정보정은 한국은행이 조사 · 발표하는 생산자물가지수에 따라 산정된 생산자물가상승률을 적용해야 한다.

⑤ 그 밖의 요인 보정은 대상토지의 인근지역 또는 동일수급권 내 유사지역의 가치형성요인이 유사한 정상적인 거래사례 또는 평가사례 등을 고려하여야 하는데, 이때 거래사례는 기준시점으로부터 1년 이내에 거래된 사례이어야 한다.

정답 I ③

해설 I ① 토지를 감정평가할 때에는 그 토지와 이용가치가 비슷하다고 인정되는 부동산공시법에 따른 표준지공시지가를 기준으로 한 공시지가기준법을 적용해야 한다.

② 적정한 실거래가가 있는 경우에는 이를 기준으로 할 수 있다. 실거래가를 기준으로 할 때는 거래사례비교법을 적용해야 한다.

④ 국토교통부 장관이 조사 · 발표하는 비교표준지가 있는 시 · 군 · 구의 같은 용도지역 지가변동률을 적용하여야 한다. 다만, 같은 용도지역의 지가변동률을 적용하는 것이 불가능하거나 적절하지 아니하다고 판단되는 경우에는 공법상 제한이 같거나 비슷한 용도지역의 지가변동률, 이용상황별 지가변동률 또는 해당 시 · 군 · 구의 평균지가변동률을 적용해야 한다. 만일 지가변동률을 적용하는 것이 불가능하거나 적절하지 아니한 경우에는 한국은행이 조사 · 발표하는 생산자물가지수에 따라 산정된 생산자물가상승률을 적용해야 한다.

⑤ 기준시점으로부터 도시지역은 3년 이내, 그 밖의 지역은 5년 이내에 거래된 사례이어야 한다.

★★★
38 부동산 유형별 감정평가에 대한 설명으로 가장 적절한 것은?

① 감정평가방식에는 크게 원가방식, 비교방식, 수익방식이 있으며, 감정평가를 할 때는 대상물건별로 정한 감정평가방법 중 주된 방법을 적용하여 감정평가해야 한다.

② 일반적으로 수익형 부동산은 실무에서 토지에 대해서는 거래사례비교법을, 건물에 대해서는 원가법을 적용하여 가치평가를 수행한다.

③ 토지를 감정평가할 때에는 그 토지와 이용가치가 비슷하다고 인정되는 거래사례를 기준으로 개별공시지가와 비교하는 거래사례비교법을 적용해야 한다.

④ 건물을 감정평가할 때에는 건축시점의 원가를 반영한 원가법을 적용해야 한다.

⑤ 구분소유부동산을 감정평가할 때에는 수익성의 원리에 기초한 수익환원법을 적용하여야 한다.

정답 | ①

해설 | ② 수익형 부동산의 경우 대상부동산과 가까운 곳에 위치하고 규모가 비슷한 거래사례 물건을 연면적으로 나누어 단위면적당 가격을 구한 후 대상부동산의 연면적과 곱하여 부동산의 가치를 참고용으로 산출해 볼 수 있다. 그러나 일반적으로 수익형 부동산은 실무에서 수익환원법 방식으로 가치평가를 수행한다.

③ 토지를 감정평가할 때에는 그 토지와 이용가치가 비슷하다고 인정되는 부동산공시법에 따른 표준지공시지가를 기준으로 한 공시지가기준법을 적용해야 한다.

④ 원가법은 대상물건의 재조달원가에 감가수정을 하여 대상물건의 가액을 산정하는 감정평가밥법을 말한다. 재조달원가란 대상물건을 기준시점에 재생산하거나 재취득하는데 필요한 적정원가의 총액을 말한다.

⑤ 구분소유부동산을 감정평가할 때에는 건물(전유부분과 공유부분)과 대지사용권을 일체로 한 거래사례비교법을 적용하여야 한다.

★★★
39 부동산투자분석에 대한 설명으로 적절하지 않은 것은?

① 국토교통부 장관이 매년 공시하는 표준지공시지가를 기준으로 토지가격비준표를 사용하여 개별공시지가를 산정하게 되며, 시장 · 군수 · 구청장이 결정 · 공시한 개별공시지가는 토지 관련 세제 등의 기초자료로 활용하게 된다.

② 원가방식은 비용성의 원리에 기초한 감정평가방식으로 적산법과 원가법이 있다.

③ 거래사례비교법으로 감정평가를 할 때에는 정부에 의한 매매와 같은 적절한 거래사례를 선택하여야 한다.

④ 직접환원법에서 사용할 환원율은 여러 가지 방법으로 구할 수 있으나, 시장추출법으로 구하는 것을 원칙으로 한다.

⑤ 토지를 감정평가할 때에는 그 토지와 이용가치가 비슷하다고 인정되는 표준지공시지가를 기준으로 한 공시지가기준법을 적용해야 하며, 건물을 감정평가할 때에는 원가법을 적용해야 한다.

정답 | ③

해설 | 거래사례비교법으로 감정평가를 할 때에는 거래사례를 수집하여 적정성 여부를 검토한 후 다음의 요건을 모두 갖춘 하나 또는 둘 이상의 적절한 사례를 선택하여야 한다.

- 거래사정이 정상이라고 인정되는 사례나 정상적인 것으로 보정이 가능한 사례
- 기준시점으로 시점수정이 가능한 사례
- 대상물건과 위치적 유사성이나 물적 유사성이 있어 지역요인, 개별요인 등 가치형성요인의 비교가 가능한 사례

★★★

40 부동산투자분석에 대한 설명으로 적절하지 않은 것은?

① 시장가치는 대상물건이 통상적인 시장에서 충분한 기간 동안 거래를 위하여 공개된 후 그 대상물건의 내용에 정통한 당사자 사이에 신중하고 자발적인 거래가 있을 경우 성립될 가능성이 가장 높다고 인정되는 대상물건의 가액을 말한다.

② 국토교통부 장관은 토지이용 상황이나 주변 환경, 그 밖의 자연적 · 사회적 조건이 일반적으로 유사하다고 인정되는 일단의 토지 중에서 선정한 표준지에 대해 매년 공시기준일 현재 단위면적(m^2)당 적정가격을 조사 및 평가한다.

③ 비교방식은 크게 할인현금흐름분석법, 임대사례비교법, 거래사례비교법이 있으며, 수익환원법의 환원방법에는 크게 직접환원법과 공시지가기준법이 있다.

④ 공시지가기준법에 따라 토지를 감정평가할 때 그 밖의 요인 보정은 대상토지의 인근지역 또는 동일수급권 내 유사지역의 가치형성요인이 유사한 정상적인 거래사례 또는 평가사례 등을 고려하여야 한다.

⑤ 건물을 감정평가할 때에는 원가법을 적용해야 하지만, 구분소유권의 대상이 되는 건물부분과 그 대지사용권을 일괄하여 감정평가하는 경우에는 거래사례비교법을 적용해야 한다.

정답 | ③

해설 | ③ 비교방식은 크게 공시지가기준법, 임대사례비교법, 거래사례비교법이 있다. 수익환원법의 환원방법에는 크게 직접환원법과 할인현금흐름분석법이 있다.

··· TOPIC 4 투자의사결정

★★★

41 다음과 같은 상황에서 투자자의 행동이 적절하게 연결된 것은?

가. 부동산 매도자 : 투자가치 5억원, 시장가치 10억원
나. 부동산 매수자 : 투자가치 5억원, 시장가치 10억원
다. 부동산 매수자 : 투자수익률 6.7%, 요구수익률 5.00%

	가	나	다
①	매도 ○	매수 ×	매수 ×
②	매도 ○	매수 ○	매수 ○
③	매도 ○	매수 ×	매수 ○
④	매도 ×	매수 ○	매수 ×
⑤	매도 ×	매수 ×	매수 ×

정답 | ③

해설 | 가. 시장가치가 투자자가 생각하는 투자가치보다 높으므로 투자자는 보유하고 있는 부동산을 매도할 것이다.
나. 시장가치가 투자가치보다 낮지 않으므로 매수자는 부동산을 매수하지 않을 것이다.
다. 요구수익률보다 투자수익률이 더 높으므로 매수자는 부동산을 매수할 것이다.

★★★

42 다음과 같은 상황에서 투자자의 매도/매수 판단이 적절하게 연결된 것은?

가. 부동산 매도자 : 투자가치 200,000천원, 시장가치 400,000천원
나. 부동산 매수자 : 투자가치 500,000천원, 시장가치 800,000천원
다. 부동산 매수자 : 투자수익률 6.32%, 요구수익률 5.30%

	가	나	다
①	매도 ○	매수 ×	매수 ○
②	매도 ○	매수 ○	매수 ×
③	매도 ○	매수 ×	매수 ×
④	매도 ×	매수 ○	매수 ○
⑤	매도 ×	매수 ×	매수 ○

정답 | ①

해설 | 가. 시장가치 400,000천원이 투자자가 생각하는 투자가치 200,000천원보다 높으므로 투자자는 보유하고 있는 부동산을 매도하는 것이 유리하다.
나. 시장가치 800,000천원이 투자가치 500,000천원보다 낮지 않으므로 부동산을 매수하지 않는 것이 유리하다.
다. 투자수익률 6.32%가 요구수익률 5.30%보다 높으므로 부동산을 매수하는 것이 유리하다.

★★★
43 요구수익률에 대한 적절한 설명으로 모두 묶인 것은?

가. 요구수익률이란 대상부동산에 투자하기 위해 투자자가 요구하는 최대한의 수익률이다.
나. 요구수익률은 무위험이자율과 위험프리미엄을 더하여 구하게 되는데, 무위험이자율은 쉽게 생각하면 은행의 정기예금이자율이라고 생각하면 되고, 위험프리미엄은 부동산이 갖는 일반적인 위험을 생각하여 그에 대한 대가인 추가적인 수익률이라고 보면 된다.
다. 공실 위험이 거의 없고 사람들이 선호하는 업무지역에 있는 부동산은 안정적이기 때문에 요구수익률을 높게 잡아야 한다.
라. 고객의 요구수익률은 부동산 유형별 또는 지역별로 정해진 것이 아니므로 요구수익률을 정할 때는 부동산시장 분위기에 맞게 정해야 한다.
마. 부동산통계정보시스템에서는 매 분기와 연간으로 부동산 유형별 · 지역별로 상업용 부동산 투자수익률이 발표되므로, 투자하고자 하는 부동산의 유형과 지역에 맞는 투자수익률을 참조하여 고객이 목표로 하는 요구수익률을 정하면 좋다.

① 가, 나, 라
② 가, 다, 라
③ 가, 다, 마
④ 나, 다, 마
⑤ 나, 라, 마

정답 I ⑤

해설 I 가. 요구수익률이란 대상부동산에 투자하기 위해 투자자가 요구하는 최소한의 수익률이다.
다. 공실 위험이 거의 없고 사람들이 선호하는 업무지역에 있는 부동산은 안정적이기 때문에 상권이 점점 작아지고 있는 지역의 부동산보다 위험프리미엄이 낮을 수밖에 없게 되는데 이런 경우에는 요구수익률을 낮게 잡아야 한다.

★★★
44 부동산투자분석에 대한 다음 설명 중 (가)~(나)에 들어갈 용어가 적절하게 연결된 것은?

- 일반적으로 (가)은 투자한 금액에 대한 순수익의 비율을 의미한다.
- (나)이란 투자로부터 기대되는 현금유입의 현재가치와 현금유출의 현재가치를 같게 하는 할인율을 말한다.

	가	나
①	투자수익률	요구수익률
②	투자수익률	내부수익률
③	소득수익률	실현수익률
④	자본환원율	요구수익률
⑤	자본환원율	내부수익률

정답 | ②

해설 | • 일반적으로 투자수익률은 투자한 금액에 대한 순수익의 비율을 의미한다.
• 내부수익률이란 투자로부터 기대되는 현금유입의 현재가치와 현금유출의 현재가치를 같게 하는 할인율을 말한다.

★★★

45 **아이유씨는 상가에 투자하고자 한다. 상가는 5년간 보유 후 매도할 예정이다. 다음 정보를 고려할 때, 상가 투자 시 내부수익률(IRR)로 가장 적절한 것은?(단, 세금 및 기타 비용은 없다고 가정한다.)**

〈상가 관련 정보〉
- 취득가격 : 500,000천원
- 임대료 수익 : 연 20,000천원(지금부터 매년말 발생되며, 매년 동일)
- 5년 후 상가 예상 매도가격 : 550,000천원
- 아이유씨의 요구수익률 : 연 8%

※ 임대료 수익 외 기타 수익 없음

① 약 3.51%
② 약 4.82%
③ 약 5.78%
④ 약 6.31%
⑤ 약 7.48%

정답 | ③

해설 | CF0 : −500,000, C01 : 20,000, F01 : 4, C02 : 20,000+550,000=570,000, F02 : 1, IRR? 5.7817%

★★★

46 **김세진씨는 마음에 드는 상가건물을 매입하고자 한다. 이 상가에 현재 8억원을 투자하면 임대료수입으로 1년 후에 60,000천원, 2년 후에 70,000천원, 3년 후에 80,000천원이 발생할 것으로 예상되며, 3년 후 최소 8억원에 매도가 가능할 것으로 예상된다. 현재 김세진씨의 요구수익률이 연 5.00%라고 할 때 IRR과 NPV가 적절하게 연결된 것을 고르시오.(단, 세금과 비용 등은 계산하지 않는다.)**

	IRR	NPV
①	6.73%	80,812천원
②	6.73%	47,904천원
③	7.08%	80,812천원
④	8.68%	47,904천원
⑤	8.68%	80,812천원

정답 | ⑤

해설 | CF0 : −800,000, C01 : 60,000, F01 : 1, C02 : 70,000, F02 : 1, C03 : 80,000+800,000=880,000, F03 : 1, IRR? 8.6807%, I : 5, NPV? 80,812천원

★★★
47 **박미진씨는 오피스건물에 5년간 투자할 계획을 가지고 있다. 현재 2개의 건물이 마음에 들어서 A와 B 오피스건물 중 어느 곳에 투자하면 좋을지 투자판단을 하려고 한다. 투자금액은 모두 50억원이고, 현재 박미진씨의 요구수익률이 연 5.00%라고 할 때 어느 건물에 투자하는 것이 좋은지에 대한 설명으로 적절하지 않은 것은?(단, 세금과 비용 등은 계산하지 않는다.)**

> A. 매년말 임대료 수입으로 200,000천원씩 예상되며, 예상 매도금액은 55억원이다.
> B. 매년말 임대료 수입으로 230,000천원씩 예상되며, 예상 매도금액은 52억원이다.

① A의 IRR은 5.78%이고, B의 IRR은 5.32%이므로 A와 B 모두 5.00%의 요구수익률을 넘으므로 투자할 만하다.
② A가 B보다 IRR이 더 크므로 둘 중에서 하나를 선택하여 투자한다면 A건물에 투자해야 한다.
③ A의 NPV는 123,900천원이고, B의 NPV는 29,920천원이므로 A와 B 모두 NPV〉0이므로 투자할 만하다.
④ A가 B보다 NPV가 더 크므로 둘 중에서 하나를 선택하여 투자한다면 A건물에 투자해야 한다.
⑤ A의 PI는 1.04이고, B의 PI는 1.01이므로 A와 B 모두 PI〉1이므로 투자할 만하다.

정답 I ③
해설 I **〈A건물〉**

- CF0 : −5,000,000, C01 : 200,000, F01 : 4, C02 : 200,000+5,500,000=5,700,000, F02 : 1, IRR? 5.7817%, I : 5, NPV? 175,289천원
- PI : $\frac{5,175,289}{5,000,000}=1.0351$

〈B건물〉

- CF0 : −5,000,000, C01 : 230,000, F01 : 4, C02 : 230,000+5,200,000=5,430,000, F02 : 1, IRR? 5.3193%, I : 5, NPV? 70,116천원
- PI : $\frac{5,070,116}{5,000,000}=1.0140$

★★★
48 투자의사결정에 대한 설명으로 적절하지 않은 것은?

① 내부수익률은 순현재가치가 0일 때의 할인율을 말하며, 내부수익률을 계산하여 투자안의 경제성 및 수익성평가를 하는 방법을 내부수익률법이라고 한다.

② 투자안이 2개 이상일 때 모든 투자안의 내부수익률이 요구수익률보다 큰지 먼저 확인하고, 그중에서 내부수익률이 가장 높은 투자안을 선택하면 된다.

③ 순현재가치값은 투자안에서 발생하는 현금흐름 중 현금유입의 현재가치에서 현금유출의 현재가치를 차감한 값을 말한다.

④ 순현가법은 NPV값을 기준으로 투자안의 경제성과 수익성을 평가하는 기법을 말하는 것으로, 화폐의 시간가치를 반영하기 때문에 부동산투자의 수익성평가에서 매우 많이 사용된다.

⑤ 물론 매년 발생되는 현금흐름을 예측하였다고 하여 그대로 현금흐름이 발생하는 것은 아니지만, 합리적으로 예측한 현금흐름과 적절한 할인율을 사용한다면 내부수익률이 매우 큰 의미를 갖는다.

정답 | ⑤

해설 | ⑤ 물론 매년 발생되는 현금흐름을 예측하였다고 하여 그대로 현금흐름이 발생하는 것은 아니지만, 합리적으로 예측한 현금흐름과 적절한 할인율을 사용한다면 순현재가치가 매우 큰 의미를 갖는다.

★★★
49 이숙씨는 마음에 드는 상가건물을 찾아서 투자하고자 한다. 이 상가에 지금 5억원을 투자하면 임대료수입으로 1년 후에 40,000천원, 2년 후에 42,000천원, 3년 후에 44,000천원 정도 발생할 것으로 기대되며, 3년 후에는 최소한 550,000천원에 매도가 가능할 것으로 예상된다. 화폐의 시간가치를 적용하여 요구수익률을 연 8.00%라고 할 때 IRR과 NPV, PI가 적절하게 연결된 것을 고르시오.(단, 세금과 비용 등은 계산하지 않는다.)

	IRR	NPV	PI
①	8.73%	44,582천원	1.09
②	8.73%	12,240천원	1.09
③	10.24%	44,582천원	1.02
④	11.35%	12,240천원	1.02
⑤	11.35%	44,582천원	1.09

정답 | ⑤

해설 | • CF0 : −500,000, C01 : 40,000, F01 : 1, C02 : 42,000, F02 : 1, C03 : 44,000 + 550,000 = 594,000, F03 : 1, IRR? 11.3533%, I : 8, NPV? 44,582천원

• PI : $\frac{544,582}{500,000} = 1.0892$

★★★

50 CFP® 자격인증자인 김지수씨는 김병규씨가 소유하고 있는 오피스 건물의 투자가치를 평가하고 있다. 대상 부동산의 순영업수익은 첫해 말에 450,000천원, 둘째 해 말에 470,000천원, 그리고 셋째 해 말에 500,000천이 될 것으로 예상하고 있다. 현금흐름의 할인율은 연 14%이다. 3년 후의 예상매도액은 3년 후의 순영업수익을 15% 환원율로 환원하는 것으로 가정할 때, 대상부동산의 투자가치와 이 결과치를 이용한 종합환원율이 적절하게 연결된 것은?

	투자가치	종합환원율
①	4,468,000천원~4,491,000천원	10.1%
②	4,468,000천원~4,491,000천원	11.2%
③	3,321,000천원~3,344,000천원	13.5%
④	3,321,000천원~3,344,000천원	15.1%
⑤	2,227,000천원~2,250,000천원	20.0%

정답 | ③

해설 | • 대상부동산의 투자가치

CF0 : 0, C01 : 450,000, F01 : 1, C02 : 470,000, F02 : 1, C03 : 500,000 + $\frac{500,000}{0.15}$ = 3,833,333, F03 : 1, I : 14, NPV? 3,343,777천원

• 종합환원율 : $\frac{450,000}{3,343,777}$ = 13.46%

★★★

51 투자의사결정에 대한 설명으로 적절한 설명으로 모두 묶인 것은?

가. 내부수익률이란 투자로부터 기대되는 현금유입의 현재가치와 현금유출의 현재가치를 같게 하는 할인율로, 순현재가치가 0일 때의 할인율을 말한다.
나. 투자안이 2개 이상일 때 모든 투자안의 요구수익률이 내부수익률보다 큰 지 먼저 확인하고, 그중에서 내부수익률이 가장 높은 투자안을 선택하면 된다.
다. 순현가법은 NPV값을 기준으로 투자안의 경제성과 수익성을 평가하는 기법을 말하는 것으로 화폐의 시간가치를 반영하기 때문에 부동산투자의 수익성 평가에서 매우 많이 사용된다.
라. 수익성지수법은 투자안의 규모가 서로 다를 때 사용하기 좋은 평가기법이다.
마. 화폐의 시간가치를 고려하여 계산된 투자액의 단위당 효율성을 나타내는 PI는 NPV=0이면 PI=0이 된다.

① 가, 나, 라
② 가, 다, 라
③ 가, 다, 마
④ 나, 다, 마
⑤ 나, 라, 마

정답 | ②

해설 | 나. 투자안이 2개 이상일 때 모든 투자안의 내부수익률이 요구수익률보다 큰지 먼저 확인하고, 그중에서 내부수익률이 가장 높은 투자안을 선택하면 된다.

마. 화폐의 시간가치를 고려하여 계산된 투자액의 단위당 효율성을 나타내는 PI는 NPV〉0이면 PI〉1, NPV〈0이면, PI〈1, NPV = 0이면 PI = 1이 된다.

★★★
52 투자의사결정에 대한 설명으로 적절하지 않은 것은?

① 투자수익률은 대출을 받지 않은 상태에서 전체 자기자본으로 투자한 총투자수익률과 대출을 받은 상태에서 자기자본투자금에 대한 자기자본수익률로 구분해 볼 수 있으며, 자기자본수익률은 다시 세전자기자본수익률과 세후자기자본수익률로 구분해 볼 수 있다.

② 투자수익률이 요구수익률보다 더 클 때 투자를 한다.

③ 순수익 중 자본부분만 가지고 수익률을 구할 수도 있는데, 이렇게 구한 수익률을 자본수익률 또는 자본환원율이라고 한다.

④ 내부수익률은 NPV가 0일 때의 할인율을 말하며, 내부수익률을 계산하여 투자안의 경제성 및 수익성평가를 하는 방법을 내부수익률법이라고 한다.

⑤ 순현가법의 변형된 방법이 바로 수익성지수법인데, 수익성지수로 투자판단을 할 때 투자안이 하나라면 PI〉1인지 확인하여야 하고, 투자안이 2개 이상이라면 수익성지수가 모두 1보다 큰지 확인하고 그중에서 가장 큰 것을 골라야 한다.

정답 | ③

해설 | ③ 일반적으로 투자수익률은 투자한 금액에 대한 순수익의 비율을 의미한다. 이때 순수익에는 부동산으로부터 발생한 소득과 자본이득(자본차익)이 있다. 순수익 중 소득부분만 가지고 수익률을 구할 수도 있는데, 이렇게 구한 수익률을 소득수익률 또는 자본환원율(Cap Rate)이라고 한다. 부동산에 투자한 전체 금액을 '자본'으로 보고, 순수익은 일반적으로 순영업소득(NOI)으로 계산된다. 그러므로 자본환원율을 소득수익률로 본다.

★★★
53 부동산투자를 채택해야 하는 경우로 적절하지 않은 것은?

① 부동산의 투자가치가 시장가치보다 큰 경우

② 요구수익률이 내부수익률보다 작은 경우

③ 초기투자액이 10억원인 투자안의 NPV가 10,000천원인 경우

④ PI(수익성지수)값이 0.8로 산정된 경우

⑤ 목표투자기간보다 회수기간이 짧은 경우

정답 | ④

해설 | ④ 수익성지수로 투자판단을 할 때 투자안이 하나라면 PI〉1인지 확인하여야 하고, 투자안이 2개 이상이라면 수익성지수가 모두 1보다 큰지 확인하고 그중에서 가장 큰 것을 골라야 한다.

★★★

54 **최보윤씨는 연 임대소득이 1억원으로 기대되는 총 10억원짜리 상가건물을 매입하고자 한다. 만일 LTV 70% 조건으로 은행에서 연 7.00%의 고정금리로 대출을 받을 수 있다면 자기자본수익률에 대한 설명으로 적절하지 않은 것은?(단, 세금이나 매입 시 발생하는 부대수수료는 계산하지 않는다.)**

① 최보윤씨가 대출을 전혀 받지 않고 상가건물을 매입한다면 총 10억원을 투자하여 1억원의 임대소득을 얻을 것이기 때문에 부동산투자수익률은 총 연 10.00%로 기대할 수 있으며, 이는 자기자본이 모두 들어간 것이므로 연 10.00%는 자기자본수익률이다.

② 상가를 매입할 때 은행에서 7억원을 대출받으면 최보윤씨는 자기자본 3억원만 있으면 이 상가를 매입할 수 있게 되나, 은행으로부터 대출을 받았기 때문에 대출금에 대한 이자를 매년 지불해야 한다.

③ 주어진 정보에 따라 대출을 받을 경우 이자금액은 49,000천원이다.

④ 최보윤씨는 자기자본 3억원을 투자하여 연 16.33%의 수익률을 올릴 수 있게 되며, 이렇게 나온 연 16.33%의 수익률을 자기자본수익률이라고 한다.

⑤ 만일 최보윤씨가 10억원의 현금이 있다면 3억원만 자기자본금으로 상가건물에 투자하고 은행으로부터 대출을 받아 더 높은 기대수익률을 올릴 수 있고, 나머지 7억원으로 다른 곳에 투자하여 다른 수익을 창출할 수도 있다.

정답 | ④

해설 | ③ 이자금액 : 700,000 × 연 7.00% = 49,000천원

④ 자기자본수익률 : $\frac{(100{,}000 - 49{,}000)}{300{,}000} = \frac{51{,}000}{300{,}000} = 0.17 = 17\%$

- 최보윤씨는 매년 1억원의 임대소득이 예상되므로 매년 49,000천원을 이자금액으로 내더라도 51,000천원(1억원 − 49,000천원)의 소득이 발생된다. 그러므로 최보윤씨는 자기자본 3억원을 투자하여 51,000천원의 소득을 얻게 되므로 연 17.00%($\frac{51{,}000\text{천원}}{300{,}000\text{천원}}$)의 수익률을 올릴 수 있게 된다. 이렇게 나온 연 17.00%의 수익률을 자기자본수익률이라고 한다. 즉, 최보윤씨는 대출을 받지 않았다면 연 10.00%의 수익률을 기대할 수 있는데, 대출을 받음으로서 연 17.00%의 자기자본수익률을 챙길 수 있게 되는 것이다.

★★★
55 **최보윤씨는 연 임대소득이 1억원으로 기대되는 총 10억원짜리 상가건물을 매입하고자 한다. 만일 LTV 70% 조건으로 은행에서 고정금리로 대출을 받을 수 있다면 대출금리에 따라 계산된 자기자본수익률로 적절하지 않은 것은?(단, 세금이나 매입 시 발생하는 부대수수료는 계산하지 않는다.)**

	대출금리	자기자본수익률
①	4%	24%
②	7%	17%
③	10%	10%
④	13%	3%
⑤	16%	4%

정답 I ⑤

해설 I
① 자기자본수익률 : $\frac{(100,000-28,000)}{300,000}=\frac{72,000}{300,000}=0.24=24\%$

② 자기자본수익률 : $\frac{(100,000-49,000)}{300,000}=\frac{51,000}{300,000}=0.17=17\%$

③ 자기자본수익률 : $\frac{(100,000-70,000)}{300,000}=\frac{30,000}{300,000}=0.10=10\%$

④ 자기자본수익률 : $\frac{(100,000-91,000)}{300,000}=\frac{9,000}{300,000}=0.03=3\%$

⑤ 자기자본수익률 : $\frac{(100,000-112,000)}{300,000}=\frac{-12,000}{300,000}=-0.04=-4\%$

★★★
56 **레버리지효과 중 긍정적 레버리지 효과가 발생하는 경우로 가장 적절한 것은?**

① 총투자수익률 > 대출이자율 → 자기자본수익률 > 총투자수익률
② 총투자수익률 > 대출이자율 → 자기자본수익률 = 총투자수익률
③ 총투자수익률 > 대출이자율 → 자기자본수익률 < 총투자수익률
④ 총투자수익률 = 대출이자율 → 자기자본수익률 > 총투자수익률
⑤ 총투자수익률 < 대출이자율 → 자기자본수익률 > 총투자수익률

정답 I ①

해설 I
• 긍정적 레버리지효과
  – 총투자수익률보다 대출이자율이 낮을 때 자기자본수익률은 총투자수익률보다 크게 되는 것을 '긍정적 레버리지효과'라고 한다.
  – 총투자수익률 > 대출이자율 → 자기자본수익률 > 총투자수익률
• 부정적 레버리지효과
  – 총투자수익률보다 대출이자율이 크면 자기자본수익률은 총투자수익률보다 낮게 나오는 것을 '부정적 레버리지효과'라고 한다.
  – 총투자수익률 < 대출이자율 → 자기자본수익률 < 총투자수익률

★★★

57 **최보윤씨는 연 임대소득이 1억원으로 기대되는 총 10억원짜리 상가건물을 매입하고자 한다. 만일 은행에서 연 7.00%의 고정금리로 대출을 받을 수 있다면 LTV비율에 따라 계산된 자기자본수익률로 적절하지 않은 것은?(단, 세금이나 매입 시 발생하는 부대수수료는 계산하지 않는다.)**

	LTV비율	자기자본수익률
①	0%	10%
②	40%	12%
③	50%	15%
④	70%	17%
⑤	90%	37%

정답 | ③

해설 |

① 자기자본수익률 : $\frac{100,000}{1,000,000}=0.10=10\%$

② 자기자본수익률 : $\frac{(100,000-28,000)}{600,000}=\frac{72,000}{600,000}=0.12=12\%$

③ 자기자본수익률 : $\frac{(100,000-35,000)}{500,000}=\frac{65,000}{500,000}=0.13=13\%$

④ 자기자본수익률 : $\frac{(100,000-49,000)}{300,000}=\frac{51,000}{300,000}=0.17=17\%$

⑤ 자기자본수익률 : $\frac{(100,000-63,000)}{100,000}=\frac{37,000}{100,000}=0.37=37\%$

★★★

58 **레버리지효과에 대한 설명으로 적절하지 않은 것은?**

① 대출을 받아 투자하고자 할 때, 레버리지효과를 극대화하기 위해서는 가능한 대출금리가 낮은 곳을 선택해야 하는데, 이렇게 전체수익률보다 자기자본수익률이 더 높아지는 경우를 '긍정적 레버리지효과'라고 한다.

② 총투자수익률 < 대출이자율이면, 자기자본수익률 > 총투자수익률이다.

③ 대출이자율이 낮고 대출 비중이 클수록 레버리지효과는 긍정적으로 크게 나타나지만, 대출 비중이 클수록 위험도 커지게 된다.

④ 부정적 레버리지효과가 나타난다면 타인자본을 이용하는 데 더 많은 대가를 지불하게 되므로 투자를 연기하거나 모두 자기자본을 이용하는 것이 더 좋다는 것을 의미한다.

⑤ 대출을 받기 전에 레버리지효과가 어느 정도인지 확인하려면 전체 부동산 투자수익률과 대출금리, 대출 비중을 알면 자기자본에 대한 투자수익률을 알 수 있으며, 세금이나 부대비용 등을 같이 계산하면 더 정확하게 알 수 있다.

정답 | ②

해설 | • 긍정적 레버리지효과

- 총투자수익률보다 대출이자율이 낮을 때 자기자본수익률은 총투자수익률보다 크게 되는 것을 '긍정적 레버리지효과'라고 한다.
- 총투자수익률 > 대출이자율 → 자기자본수익률 > 총투자수익률

• 부정적 레버리지효과

- 총투자수익률보다 대출이자율이 크면 자기자본수익률은 총투자수익률보다 낮게 나오는 것을 '부정적 레버리지효과'라고 한다.
- 총투자수익률 < 대출이자율 → 자기자본수익률 < 총투자수익률

★★★

59 레버리지효과에 대한 설명으로 적절하지 않은 것은?

① 레버리지효과는 일반적으로 투자금액 중 타인자본, 즉 남의 돈을 이용하여 자기자본에 대한 투자수익률을 높이기 위해 사용하는 것을 의미한다.

② 총투자수익률은 대출이자율과 자기자본수익률의 가중평균이므로 총투자수익률과 대출이자율과의 차이는 자기자본 투자자에게 돌아가는 몫이 된다.

③ 부정적 레버리지효과가 발생하면 모두 자기자본만을 이용하는 것보다 대출을 얻는 것이 더 좋은 선택이라는 것을 말해준다.

④ 총투자수익률보다 대출이자율이 낮을 때 자기자본수익률은 총투자수익률보다 크게 되는 것을 '긍정적 레버리지효과'라고 한다.

⑤ 대출이자율이 낮고 대출 비중이 클수록 레버리지효과는 긍정적으로 크게 나타나지만, 대출 비중이 클수록 위험도 커지게 된다.

정답 | ③

해설 | ③ 부정적 레버리지효과가 발생하면 대출을 얻지 말고, 모두 자기자본을 이용하는 것이 더 좋은 선택이라는 것을 말해준다. 또한 투자를 연기하는 것이 좋다는 뜻이며, 대출을 얻으면 손해를 본다는 것을 의미한다. 즉, 자신의 자본을 이용하는 것에 비해 타인자본을 이용하는 데 더 많은 대가를 지불한다는 뜻이다.

★★★
60 레버리지효과에 대한 적절한 설명으로 모두 묶인 것은?

가. 총투자수익률과 대출이자율과의 차이는 은행에게 돌아가는 몫이 된다.
나. 대출금리를 높게 받으면 받을수록 자기자본수익률은 극대화된다.
다. 총투자수익률이 대출이자율보다 크면 자기자본수익률은 총투자수익률보다 작게 되는 것을 긍정적 레버리지효과라고 한다.
라. 대출이자율이 낮고 대출 비중이 클수록 레버리지효과는 긍정적으로 크게 나타나며, 대출비중이 클수록 위험도 커지게 된다.
마. 대출을 받기 전에 레버리지효과가 어느 정도인지 확인하려면 전체 부동산 투자수익률과 대출금리, 대출 비중을 알면 자기자본에 대한 투자수익률을 알 수 있다.

① 가, 나
② 가, 마
③ 나, 다
④ 다, 라
⑤ 라, 마

정답 | ⑤

해설 | 가. 총투자수익률과 대출이자율과의 차이는 자기자본투자자에게 돌아가는 몫이 된다.
나. 대출금리를 낮게 받으면 받을수록 자기자본수익률은 극대화된다.
다. 긍정적 레버리지효과 : 총투자수익률 > 대출이자율 → 자기자본수익률 > 총투자수익률

★★★
61 레버리지효과에 대한 설명으로 적절하지 않은 것은?

① 부정적 레버리지효과가 발생하면 대출을 얻지 말고, 모두 자기자본을 이용하는 것이 더 좋은 선택이고, 투자를 연기하는 것이 좋다는 뜻이며, 대출을 얻으면 손해를 본다는 것을 의미하는데, 이는 자기자본을 이용하는 것에 비해 타인자본을 이용하는 데 더 많은 대가를 지불한다는 뜻이다.
② 대출을 받기 전에 레버리지효과가 어느 정도인지 확인하려면 전체 부동산 투자수익률과 대출금리, 대출 비중을 알면 자기자본에 대한 투자수익률을 알 수 있으며, 세금이나 부대비용 등을 같이 계산하면 더 정확하게 알 수 있다.
③ 총투자수익률 > 대출이자율이면, 자기자본수익률 > 총투자수익률이 되는 것을 '긍정적 레버리지효과'라고 한다.
④ 순영업수익이 150,000천원인 부동산을 담보대출액 7억원, 자기자본투자액 4억원으로 매수했다고 할 때, 매년의 대출이자상환액이 67,000천원이라면 총투자수익률은 13.6%, 대출이자율은 9.6%로 계산되므로 긍정적 레버리지효과가 발생하여 자기자본 투자자의 수익을 증대시키게 된다.
⑤ 총투자수익률 17%, 대출이자율 14%, 대출비율은 80%인 경우 자기자본수익률은 23%가 될 것이다.

정답 | ⑤

해설 |

④ 총투자수익률 : $\frac{150,000}{1,100,000}=13.64\%$

• 대출이자율 : $\frac{67,000}{700,000}=9.57\%$

• 자기자본수익률 : $\frac{83,000}{400,000}=20.75\%$

⑤ 자기자본수익률 $=17\%+(17\%-14\%)\times\left(\frac{80}{20}\right)=29\%$

또는 $0.8\times14\%+0.2\times A=17\% \rightarrow A=29\%$

★★★

62 작은 규모의 빌딩이 50억원일 때, 매년 4억원의 수익이 발생할 것으로 기대된다. 30억원을 대출받을 수 있고, 대출이자율이 연 6.00%일 때 자기자본수익률로 가장 적절한 것은?

① 6% ② 8%
③ 10% ④ 11%
⑤ 12%

정답 | ④

해설 |

• 전체 총투자수익률 : $\frac{400,000}{5,000,000}=8\%$

• 자기자본수익률 : $8\%+(8\%-6\%)\times\left(\frac{30}{20}\right)=11\%$

• 자기자본수익률 : $0.6\times6\%+0.4\times A=8\% \rightarrow A=11\%$

★★★

63 총투자수익률 연 9.00%, 대출이자율이 연 7.00%, LTV가 60%일 때 자기자본수익률로 가장 적절한 것은?

① 6% ② 7%
③ 9% ④ 11%
⑤ 12%

정답 | ⑤

해설 |

• 자기자본수익률 : $9\%+(9\%-7\%)\times\left(\frac{60}{40}\right)=12\%$

• 자기자본수익률 : $0.6\times7\%+0.4\times A=9\% \rightarrow A=12\%$

★★★

64 김지수씨는 1년 전 상가를 매입하면서 매입가의 60%인 10억원을 연 4%의 이자율로 대출받았으나, 최근 외환위기로 인해 대출이자율이 10%로 상승하였다. 이 부동산의 총투자수익률이 12%로 동일하다면 대출이자율 상승에 따른 자기자본수익률의 변화에 대한 설명 중 가장 적절한 것은?

① 9%p 하락
② 4%p 하락
③ 3%p 하락
④ 3%p 상승
⑤ 9%p 상승

정답 | ①

해설 | • 작년 : 0.6×4%+0.4×A=12% → A=24%
• 올해 : 0.6×10%+0.4×A=12% → A=15%
• 자기자본 수익률의 변화=24%−15%=9%p 하락

CHAPTER

04 부동산투자

출제 비중 : 20~30% / 4~6문항

학습가이드 ■ ■

학습 목표	학습 중요도
Tip 사례집과 연계하여 TVM을 활용한 계산문제에 대한 학습 필요	
1. 부동산 담보금융에 대해 설명할 수 있다.	★★★
2. 화폐의 시간가치를 고려하여 현금흐름을 분석할 수 있다.	★★★
3. 주택임대사업자의 등록절차와 혜택에 대해 알 수 있다.	★★
4. 경매의 절차와 경매대상부동산의 권리분석에 대해 이해할 수 있다.	★★★

▪▪▪ TOPIC 1 주거용 부동산

★★★

01 주택 점유형태 결정에 대한 적절한 설명으로 적절하지 않은 것은?

① 임차는 일반적으로 매매대금 대비 보증금이 저렴한 경우가 대부분이므로 부담하는 이자도 매매에 비하여 저렴하며 보증금의 기회비용 또한 매매 대비 적게 된다.

② 매매는 취득비용을 기본적으로 지출하고 거주하면서 매달 대출이자와 매년 보유세를 부담하게 되며, 집 유지보수비용도 감안해야 하므로 매매 결정 시 향후 벌어들일 차익에 대한 세금 수준도 매매와 임차를 결정짓는데 중요한 요인이 된다.

③ 주택을 구입하는 데 있어 매입가격에 대한 융자비율이 낮을수록, 이자율이 낮을수록 매입이 쉬워지나, 정부는 주택 가격의 안정과 투기억제를 위해 규제지역이나 일정 가격 이상의 주택에 대해서 LTV 등을 강화하거나 다주택자 혹은 임대사업의 담보대출을 제한하기도 한다.

④ 아파트는 가장 선호하는 주택 유형의 하나로서 지금까지의 경험상 아파트 가격은 상승하는 경우가 많았고 이러한 상승폭은 주택 보유에 대한 상대적인 비용을 낮추는 효과를 낳는다.

⑤ 우리나라에서는 일반적으로 2년에 한 번 재계약을 해야 되는 임차에 비하여 주택을 매수하여 거주하면 상대적으로 주거의 안정감을 느낄 수 있다.

정답 | ③

해설 | ③ 주택을 구입하는 데 있어 매입가격에 대한 융자비율(LTV)이 높을수록, 이자율이 낮을수록 매입이 쉬워진다. 그러나 정부는 주택 가격의 안정과 투기억제를 위해 규제지역이나 일정 가격 이상의 주택에 대해서 LTV 등을 강화하거나 다주택자 혹은 임대사업의 담보대출을 제한하기도 한다.

★★★
02 대출금리별 특징에 대한 적절한 설명으로 모두 묶인 것은?

가. 고정금리는 담보대출 취급시점의 금리가 약정기간 동안 동일하게 적용되는 것으로 실세금리 상승기에도 동일한 금리가 적용되므로 추가 이자부담이 없으며 변동금리보다 금리가 낮다.
나. 변동금리는 시장 기준금리의 변동 약정주기에 따라 금리를 변경 적용하는 것으로, 금리 상승기에 상승폭만큼 이자부담이 증가하고 금리 하락기에는 하락폭만큼 이자부담이 감소한다.
다. 혼합형금리는 일정 기간 변동금리 적용 후 잔여기간 고정금리를 적용하는 것인데, 고정금리와 변동금리의 특징을 혼합한 형태로 대출금 신청자의 자금계획 또는 니즈에 맞추어 운용이 가능하다.

① 나
② 가, 나
③ 가, 다
④ 나, 다
⑤ 가, 나, 다

정답 | ①
해설 | **〈대출금리별 특징과 장단점〉**

종류	특징	장단점
고정금리	담보대출 취급시점의 금리가 약정기간 동안 동일하게 적용	실세금리 상승기에도 동일한 금리가 적용되므로 추가 이자부담이 없으나 변동금리보다 금리가 높음
변동금리	시장 기준금리의 변동 약정주기(3~6개월)에 따라 금리를 변경 적용	금리 상승기에 상승폭만큼 이자부담이 증가하고 금리 하락기에는 하락폭만큼 이자부담이 감소
혼합형 금리	일정 기간 고정금리 적용 후 잔여기간 변동금리 적용	고정금리와 변동금리의 특징을 혼합한 형태로 대출금 신청자의 자금계획 또는 니즈에 맞추어 운용이 가능

★★★

03 **대출금을 상환하는 방식에 따른 매기 원리금 상환액의 변화에 대한 다음 그래프에서 (가)~(나)에 들어갈 대출금 상환방식이 적절하게 연결된 것은?**

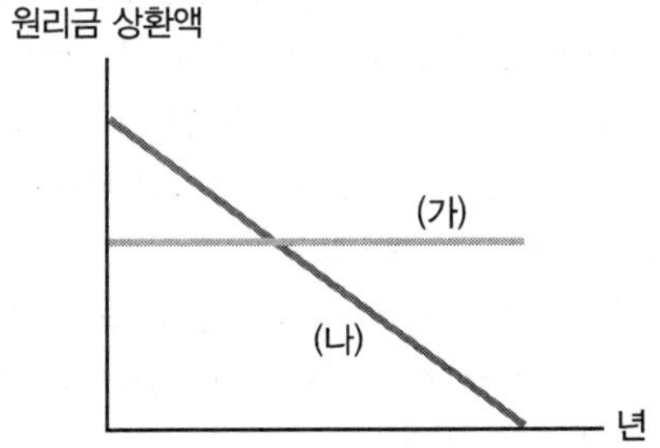

〈원리금 상환액의 변화〉

	가	나
①	만기일시상환	원금균등분할상환
②	원금균등분할상환	원리금균등분할상환
③	원리금균등분할상환	원금균등분할상환
④	점증상환방식	원리금균등분할상환
⑤	원리금균등분할상환	점증상환방식

정답 | ③

해설 | 가. 대출금 원금과 이자 총액을 모두 더하여 약정기간 동안 연(월) 균등하게 상환하는 방식은 원리금균등분할상환이다. 매년(월) 상환하는 금액이 동일하므로 자금계획을 세우기 좋다.

나. 대출금을 대출기간 동안 연(월)별로 균등하게 나누어 상환하는 원금균등분할상환은 매회 원금을 갚아 나가기 때문에 원금상환액에 비례하여 이자불입액이 줄어드는 구조를 가지고 있다.

★★★
04 대출금 상환방식에 대한 적절한 설명으로 모두 묶인 것은?

가. 만기일시상환－대출금을 대출기간 동안 연(월)별로 균등하게 나누어 상환하는 방식으로, 약정기간 중에는 상환에 대한 부담이 없으나, 만기 시 상환 대책을 강구해야 한다.
나. 원금균등분할상환－정해진 기간 동안은 이자만 납부하고, 그 이후는 원리금균등분할상환방식으로 납부하는 방식으로, 일정 기간 동안은 이자만 납부하고 원금은 상환하지 않기 때문에 대출 초기에 자금부담을 완화시킬 수 있다.
다. 원리금균등분할상환－대출금 원금과 이자 총액을 모두 더하여 약정기간 동안 연(월) 균등하게 상환하는 방식으로, 납부 초기에는 이자비중이 높고 원금비중이 낮지만, 점점 원금비중이 높아지고 이자비중은 적어지게 된다.
라. 점증상환방식－시간이 지나면서 소득이 증가할 가능성이 높은 것을 반영하는 것으로 초기에 월 상환금액이 적다.
마. 체증식 상환방식－원금균등분할상환보다 초기 비용부담이 작으나 약정기간 동안의 전체 상환액은 원금균등분할상환 보다 크다.

① 가, 다
② 나, 다
③ 나, 라
④ 다, 라
⑤ 라, 마

정답 | ④
해설 | **〈대출금 상환방식〉**

구분	내용	장단점
만기일시상환	약정기간 중에는 이자만 부담하다 만기일에 전액 현금상환	약정기간 중에는 상환에 대한 부담이 없으나, 만기 시 상환 대책을 강구해야 함
원금균등분할상환	대출금을 대출기간 동안 연(월)별로 균등하게 나누어 상환	원금을 상환하는 데는 효과적이나 매년(월) 상환해야 할 원금을 따로 준비해야 함
원리금균등분할상환	대출금 원금과 이자 총액을 모두 더하여 약정기간 동안 연(월) 균등하게 상환	매년(월) 상환하는 금액이 동일하므로 자금계획을 세우기 좋음. 납부 초기에는 이자비중이 높고 원금비중이 낮지만, 점점 원금비중이 높아지고 이자비중은 적어지게 됨
점증상환방식 (체증식 상환방식)	초기에는 낮은 금액을 상환하고, 매월 상환금액이 증가하는 상환방식	시간이 지나면서 소득이 증가할 가능성이 높은 것을 반영하는 것으로 초기에 월 상환금액이 적음
거치 후 원리금균등분할상환	정해진 기간 동안은 이자만 납부하고, 그 이후는 원리금균등분할상환방식으로 납부하는 방식	일정 기간 동안은 이자만 납부하고 원금은 상환하지 않기 때문에 대출 초기에 자금부담을 완화시킬 수 있음
초기 비용부담	원금균등분할상환 > 원리금균등분할상환	
약정기간 동안의 전체 상환액	원금균등분할상환 < 원리금균등분할상환	

★★★

05 대출금 상환방식에 대한 설명으로 적절하지 않은 것은?

① 만기일시상환은 약정기간 중에는 이자만 부담하다 만기일에 전액 현금상환하는 방식으로, 약정기간 중에는 상환에 대한 부담이 없으나, 만기 시 상환 대책을 강구해야 한다.

② 원금균등분할상환은 대출금을 대출기간 동안 연(월)별로 균등하게 나누어 상환하는 방식으로, 원금을 상환하는 데는 효과적이나 매년(월)상환해야 할 원금을 따로 준비해야 한다.

③ 원리금균등분할상환은 매년(월) 상환하는 금액이 동일하므로 자금계획을 세우기 좋으며, 납부 초기에는 이자비중이 높고 원금비중이 낮지만, 점점 원금비중이 높아지고 이자비중은 적어지게 된다.

④ 점증상환방식은 다른 대출금 상환방식보다 초기에 월 상환금액의 부담이 크다는 단점이 있다.

⑤ 원리금균등분할상환의 경우 원금균등분할상환보다 초기 비용부담이 작으나 약정기간 동안의 전체 상환액은 원금균등분할상환보다 크다.

정답 | ④

해설 | ④ 점증상환방식은 초기에는 낮은 금액을 상환하고, 매월 상환금액이 증가하는 상환방식이다. 시간이 지나면서 소득이 증가할 가능성이 높은 것을 반영하는 것으로 초기에 월 상환금액이 적다.

★★★

06 대출금 상환방식에 대한 적절한 설명으로 모두 묶인 것은?

가. 원금균등분할상환은 매기 납입해야 하는 상환금액이 점차 감소한다.
나. 원리금균등분할상환은 납부 초기에는 원금비중이 높고 이자비중이 낮지만, 점점 이자비중이 높아지고 원금비중은 적어지게 된다.
다. 점증상환방식은 시간이 지나면서 소득이 증가할 가능성이 높은 것을 반영하는 것으로, 초기에는 낮은 금액을 상환하고, 매월 상환금액이 증가하는 상환방식이다.
라. 20년 만기 대출을 10년차에 중도상환할 경우 대출로 인한 전체 상환액은 원리금균등분할상환이 원금균등분할상환보다 높다.

① 가, 나
② 나, 다
③ 다, 라
④ 가, 다, 라
⑤ 가, 나, 다, 라

정답 | ④

해설 | 나. 납부 초기에는 이자비중이 높고 원금비중이 낮지만, 점점 원금비중이 높아지고 이자비중은 적어지게 된다.

★★★

07 **연소득 1억원인 직장인이 10억원의 아파트를 구입하고자 한다. 기존 신용대출(연 5.00%, 1년 만기, 만기일시상환) 1억원인 상태에서 4억원(연 4.00% 월복리, 30년, 원리금균등분할상환)을 대출받고자 한다면, DTI와 DSR이 적절하게 연결된 것은?**

	DTI	DSR
①	6.91%	26.91%
②	22.92%	27.92%
③	22.92%	47.92%
④	27.92%	27.92%
⑤	27.92%	47.92%

정답 | ⑤

해설 | • 주택담보대출 연간 원리금상환액

PV : 400,000, N : 30×12=360, I/Y : 4÷12=0.3333, PMT(E)? 1,910천원×12=22,916천원

• DTI = $\frac{\text{주택대출 원리금상환액}+\text{기타대출 이자상환액}}{\text{연간소득}} = \frac{(22,916+5,000)}{100,000}$ = 27.92%

• DSR 계산 시 신용대출의 경우 만기를 5년으로 잡고 계산하기 때문에 연간 20,000만원 원금상환액이 추가됨

• DSR 계산 시 총원리금상환액 : 22,916+5,000+20,000=47,916천원

• DSR = $\frac{\text{전체부채의 원리금상환액}}{\text{연간소득}} = \frac{47,916}{100,000}$ = 47.92%

★★★

08 **무주택자인 고승완씨는 A주택을 매수하고자 한다. 다음 정보를 토대로 주택담보대출에 대한 설명으로 가장 적절한 것은?(단, 고승완씨는 현재 기존대출이 없다고 가정한다.)**

〈A주택 및 대출 관련 정보〉

- A주택 시세 : 500,000천원(현재 A주택에 담보된 채권 및 기임차보증금 등은 없음)
- 고승완씨 연소득 : 64,000천원
- 고승완씨는 현재 A주택 구입자금으로 200,000천원을 마련하였으며, 나머지는 주택담보대출을 활용하고자 한다.
- 대출은 LTV와 DTI로 계산된 각각의 최대 대출가능금액 중 작은 금액으로 가능하며, 대출이율 연 4% 월복리, 대출기간 20년, 매월 말 원리금균등분할상환 조건이다.
- 주택담보대출 LTV 및 DTI 규제비율 : LTV 40%, DTI 40%

① LTV로 계산된 최대 대출가능금액은 300,000천원이다.

② 고승완씨의 소득이 높을수록 DTI에서 계산된 최대 대출가능 금액이 낮아진다.

③ DTI는 A주택 담보대출금 상환액 중 이자상환액만 고려하여 계산한다.

④ DTI로만 계산된 최대 대출가능금액은 349,787천원이다.

⑤ 고승완씨는 A주택 매수를 위해 추가자금이 필요하다.

정답 | ⑤

해설 | ① LTV로 계산된 최대 대출가능 금액 : 500,000×LTV 40% = 200,000천원

② DTI는 투자자의 연 소득금액에서 '주택대출금의 연간 원리금상환액과 기타대출 이자상환액'이 차지하는 비율로 대표적인 대출자의 상환능력 검증지표이다. 소득이 높을수록 DTI에서 계산된 최대 대출가능 금액이 높다.

③ 총부채상환비율(DTI) = $\frac{(\text{주택대출 원리금상환액} + \text{기타대출 이자상환액})}{\text{연간소득}}$

④ DTI 기준 최대 연간 원리금 상환액 : 연소득 64,000×DTI 40% = 25,600천원

• DTI 기준 최대 월간 원리금 상환액 : 25,600÷12 = 2,133천원

• DTI 기준 최대 대출가능금액

PMT(E) : 2,133, N : 20×12 = 240, I/Y : 4÷12 = 0.3333, PV? 352,047천원

⑤ 최대 대출가능금액 : min(LTV 기준 200,000천원, DTI 기준 352,047천원) = 200,000천원

★★★

09 주택담보금융에 대한 적절한 설명으로 모두 묶인 것은?

가. 금융회사의 대출금리는 금융회사에 예치되는 수신금리, 시중 통화공급 규모, 경기동향에 따른 자금수요 상황, 대출시장에서 금융회사 간의 경쟁 등 여러 요인에 의해 영향을 받는다.
나. 위험프리미엄은 부동산의 수익성 및 환가성이 낮을수록, 동일한 부동산에 대해서도 대출기간이 길어질수록 높다.
다. 사업의 대출금 변제능력을 보는 지표는 LTV이다.
라. DCR은 담보력에 기초한 대출 능력을 보는 지표이다.
마. DTI는 투자자의 연 소득금액에서 '주택대출금의 연간 원리금상환액과 기타대출 이자상환액'이 차지하는 비율로, 대표적인 대출자의 상환능력 검증지표이다.

① 가, 나, 다
② 가, 나, 마
③ 가, 라, 마
④ 나, 다, 라
⑤ 다, 라, 마

정답 | ②

해설 | 다. 사업의 대출금 변제능력을 보는 지표는 부채감당률(DCR)이다. LTV는 담보력에 기초한 대출 능력을 보는 지표로서 총투자금액 또는 감정평가액에 대한 대출금의 비율을 의미한다.

라. LTV에 대한 설명이다. DCR은 대출금의 연간 원리금상환액 또는 대출이자에 대한 순영업소득의 비율로서 '1'을 초과하는 것이 바람직하다. DCR은 주로 수익형 부동산에 활용된다.

▪▪▪ TOPIC 2 수익형 부동산

★★★

10 다음과 같은 현금흐름을 보이는 수익형 부동산을 매수하고자 한다. 만약 매수가격이 1,000,000천원이고, 투자자의 요구수익률이 연 6.00%일 경우 산정한 대상부동산의 IRR과 투자가치가 적절하게 연결된 것은?

연도	세전현금흐름
1	200,000천원
2	220,000천원
3	240,000천원
4	260,000천원
5	300,000천원

	IRR	투자가치
①	5.66%	1,016,109천원
②	5.66%	16,109천원
③	6%	1,016,109천원
④	6.55%	16,109천원
⑤	6.55%	1,016,109천원

정답 I ⑤

해설 I CF0 : −1,000,000, C01 : 200,000, F01 : 1, C02 : 220,000, F02 : 1, C03 : 240,000, F03 : 1, C04 : 260,000, F04 : 1, C05 : 300,000, F05 : 1, IRR? 6.5524%
I : 6, NPV? 16,109천원
• 투자가치 : 16,109 + 1,000,000 = 1,016,109천원

★★★

11 영업소득을 통한 세후현금흐름 산정과정으로 가장 적절한 것은?

① 가능총수익 = 단위당 예상 임대료 × 임대단위수 + 기타수익
② 유효총수익 = 가능총수익 − 공실 및 대손충당금
③ 순영업소득 = 유효총수익 − 부채서비스액
④ 세전현금흐름 = 순영업소득 − 대출원리금상환액
⑤ 세후현금흐름 = 세전현금흐름 − 양도소득세

정답 | ④

해설 | 〈영업소득을 통한 세후현금흐름 산정과정〉

	단위당 예상 임대료×임대단위수
=	**가능총수익(PGI : Potential Gross Income)**
(−)	공실 및 대손충당금(Vacancy & Loss Allowance)
(+)	기타수익
=	**유효총수익(EGI : Effective Gross Income)**
(−)	영업경비(OE : Operating Expenses)
=	**순영업소득(NOI : Net Operating Income)**
(−)	부채서비스액(DS : Debt Service)
=	**세전현금흐름(BTCF : Before−Tax Cash Flow)**
(−)	사업소득세(Taxes From Operating)
=	**세후현금흐름(ATCF : After−Tax Cash Flow)**

★★★

12 영업소득을 통한 세후현금흐름 산정과정에서 추계상 이론적으로 가장 큰 금액이 될 수 있는 소득으로 적절한 것은?

① 유효총수익
② 영업경비
③ 순영업소득
④ 세전현금흐름
⑤ 세후현금흐름

정답 | ①

해설 | 〈영업소득을 통한 세후현금흐름 산정과정〉

	단위당 예상 임대료×임대단위수
=	**가능총수익(PGI : Potential Gross Income)**
(−)	공실 및 대손충당금(Vacancy & Loss Allowance)
(+)	기타수익
=	**유효총수익(EGI : Effective Gross Income)**
(−)	영업경비(OE : Operating Expenses)
=	**순영업소득(NOI : Net Operating Income)**
(−)	부채서비스액(DS : Debt Service)
=	**세전현금흐름(BTCF : Before−Tax Cash Flow)**
(−)	사업소득세(Taxes From Operating)
=	**세후현금흐름(ATCF : After−Tax Cash Flow)**

★★★

13 다음과 같은 순영업소득을 보이는 수익형 부동산을 매수할 때 각 연도별 사업소득세가 적절하게 연결된 것은?

연도	순영업소득	원금상환액	이자상환액
1	243,592천원	13,592천원	30,000천원
2	263,592천원	14,408천원	29,184천원
3	283,592천원	15,272천원	28,320천원
4	303,592천원	16,189천원	27,404천원
5	343,592천원	17,160천원	26,432천원

※ 단, 사업소득세율은 30%, 건물가액은 1,000,000천원, LTV는 50%, 이자율 연 6.00%, 상환기간 20년, 내용연수는 20년으로 원리금균등상환을 가정한다.

	1	2	3	4	5
①	45,000천원	51,000천원	57,000천원	63,000천원	75,000천원
②	49,078천원	55,322천원	61,582천원	67,856천원	80,148천원
③	54,000천원	59,755천원	65,496천원	71,221천원	82,930천원
④	60,000천원	66,000천원	72,000천원	78,000천원	90,000천원
⑤	69,000천원	74,755천원	80,496천원	86,221천원	97,930천원

정답 | ②

해설 | **〈순영업소득을 통한 사업소득세〉**

(단위 : 천원)

구분		매 기간의 사업소득세				
		1	2	3	4	5
	순영업소득	243,592	263,592	283,592	303,592	343,592
(−)	이자지급분	30,000	29,184	28,320	27,404	26,432
(−)	감가상각비	50,000	50,000	50,000	50,000	50,000
=	사업소득세 과세표준	163,592	184,408	205,272	226,188	267,160
(×)	사업소득세율	30%	30%	30%	30%	30%
=	사업소득세	49,078	55,322	61,582	67,856	80,148

※ 감가상각비 : 1,000,000÷20년＝50,000천원

★★★
14 할인현금흐름분석법에 대한 설명으로 가장 적절한 것은?

① 가능총수익은 현재 수익형 부동산에 맞게 완전하게 산정되어야 하며, 공실률은 공실면적을 임대면적으로 나눈 비율로 정의되므로, 현재 공실면적이 없는 경우 공실률을 0%로 하는 것이 합리적이다.

② 기업회계에서 대손충당금은 영업경비에 해당되므로, 부동산 수익 산정 시에는 순영업소득을 산정하기 위한 유효총수익에 차감항목이다.

③ 보증부월세의 경우 보증금으로 대손충당금을 처리하기 때문에 대손충당금을 인정할 필요가 없다.

④ 할인현금흐름 분석을 통한 수익형 부동산의 사업성 분석 시 합리적인 순영업소득과 기간 말 예상 양도가액을 산정하더라도 현실성 없는 할인율을 적용한다면 그 분석 자체가 무의미할 수 있다.

⑤ 할인현금흐름분석법은 가장 이론적인 가치추계방법으로, 특히 세후현금흐름모형은 세금효과를 고려하기 때문에 분석의 정밀도가 높으며, 할인율 및 양도가액의 예측에 있어 주관이 개입될 가능성이 낮다는 장점이 있다.

정답 | ④

해설 | ① 가능총수익은 현재 수익형 부동산에 맞게 완전하게 산정되어야 하며 공실률과 대손상각비를 합리적으로 추정하여야 한다. 공실률은 흔히 공실면적을 임대면적으로 나눈 비율로 정의되는데, 현재 공실면적이 없다 하더라도 잠재공실은 발생 가능하다.

② 기업회계에서 대손충당금은 영업경비에 해당되나, 부동산 수익 산정 시에는 유효총수익을 산정하기 위한 가능총수익에 차감항목이다.

③ 보증부월세의 경우 보증금으로 대손충당금을 처리하기 때문에 대손충당금을 인정할 필요가 없다는 주당이 있으나, 대손이 발생할 경우 보증금 운용수익에 영향을 미치므로 대손충당금을 산정하는 것이 합리적이다.

⑤ 할인현금흐름분석법은 가장 이론적인 가치추계방법으로 시장 형태에 부합하고 다양한 투자분석에 활용된다. 특히 세후현금흐름모형은 세금효과를 고려하기 때문에 분석의 정밀도가 높다는 장점이 있다. 하지만 할인현금흐름분석법은 할인율 및 양도가액의 예측에 있어 주관이 개입될 가능성이 크다는 한계가 있다.

★★★
15 수익률의 종류에 대한 다음 설명 중 (가)~(나)에 들어갈 용어가 적절하게 연결된 것은?

- (가)은 투자자본의 현재가치와 향후 매 기간마다 창출되는 수익의 현재가치를 일치시키는 할인율이다.
- (나)이란 가치산정방법 중 할인현금흐름분석법과 관련되며, 투자된 모든 자본에 대한 수익률로서 부동산투자수익률은 (나)을 의미한다.

	가	나
①	내부수익률	종합수익률
②	내부수익률	종합환원율
③	내부수익률	세후기대수익률
④	요구수익률	종합수익률
⑤	요구수익률	종합환원율

정답 I ①

해설 I • 내부수익률은 투자자본의 현재가치와 향후 매 기간마다 창출되는 수익의 현재가치를 일치시키는 할인율이다.
• 종합수익률이란 가치산정방법 중 할인현금흐름분석법과 관련되며, 투자된 모든 자본에 대한 수익률로서 부동산투자수익률은 종합수익률을 의미한다.

★★★
16 대상부동산의 자기자본수익률은 연 5.00%, 대출수익률은 연 4.00%이며 대출비율(LTV)은 40%일 경우 종합수익률로 가장 적절한 것은?

① 4.3%
② 4.4%
③ 4.5%
④ 4.6%
⑤ 4.7%

정답 I ④

해설 I 종합수익률 : 0.4×4%+0.6×5%=4.6%

★★★

17 5년간 소득수익의 현가는 2억원, 5년 후 양도가액의 현가는 13억원, 부동산 최초 매수가격 10억원인 빌딩의 5년간 소득수익률과 자본수익률이 적절하게 연결된 것은?

	소득수익률	자본수익률
①	20%	20%
②	20%	30%
③	30%	20%
④	30%	30%
⑤	50%	50%

정답 | ②

해설 | • 부동산 수익 : 2억원 + (13억원 − 10억원) = 5억원

• 소득수익률 : $\frac{2억원}{10억원} = 20\%$

• 자본수익률 : $\frac{(13억원 - 10억원)}{10억원} = 30\%$

• 종합수익률 : 20% + 30% = 50%

★★★

18 다음 정보를 토대로 할 때, 직접환원법으로 계산한 부동산의 가치로 적절한 것은?

• 평가대상 부동산의 연간 순영업소득은 7억원
• 부동산 투자 시 지분비율은 60%이며, 지분환원율은 14%
• 최초 대출비율은 40%이며, 대출상수는 12%

① 약 48억원
② 약 51억원
③ 약 53억원
④ 약 62억원
⑤ 약 70억원

정답 | ③

해설 | • 금융적투자결합법에 의한 종합환원율 : 대출비율 × 대출상수 + 지분비율 × 지분환원율
= 0.4 × 12% + 0.6 × 14% = 13.2%

• 부동산의 가치(V) = $\frac{순영업소득(NOI)}{종합환원율(R)} = \frac{700,000}{0.132} = 5,303,030$천원

★★★
19 종합환원율의 산정방법에 대한 적절한 설명으로 모두 묶인 것은?

가. 시장추출법은 대상부동산과 유사한 최근의 매매사례로부터 종합환원율을 찾아내는 것으로 시장으로부터 직접 종합환원율을 추출하는 방법이다.
나. 금융적투자결합법은 대출자와 지분투자자의 요구수익률이 다른 점에서 착안한 것으로 대출자의 대출비율, 대출상수와 지분투자자의 지분비율, 지분환원율의 가중평균을 통해 산출된다.
다. 엘우드법은 금융적투자결합법을 발전시킨 방법으로 부동산 보유기간 동안에 예상되는 소득수익, 부동산 가치의 상승 또는 하락, 지분형성분을 토대로 종합환원율을 산정한다.
라. 부채감당법은 저당투자자의 입장에서 부채감당률에 근거하여 환원이율을 구하는 방법이다.

① 가, 나
② 다, 라
③ 가, 나, 다
④ 나, 다, 라
⑤ 가, 나, 다, 라

정답 | ⑤
해설 | 모두 적절한 설명이다.

★★★
20 종합환원율 산정방법에 대한 설명으로 적절하지 않은 것은?

① 산정방법으로는 시장추출법, 금융적투자결합법, 조성법, 엘우드법, 부채감당법 등이 사용된다.
② 시장추출법은 대상부동산과 유사한 최근의 매매사례로부터 종합환원율을 찾아내는 것으로 시장으로부터 직접 종합환원율을 추출하는 방법이다.
③ 금융적투자결합법은 일반적으로 대출자의 요구수익률이 지분투자자의 요구수익률보다 높다는 점에서 착안하여 종합환원율을 산정한다.
④ 엘우드법은 금융적투자결합법을 발전시킨 방법으로 부동산 보유기간 동안에 예상되는 소득수익, 부동산 가치의 상승 또는 하락, 지분형성분을 토대로 종합환원율을 산정한다.
⑤ 부채감당법은 저당투자자의 입장에서 부채감당률에 근거하여 환원이율을 구하는 방법이다.

정답 | ③
해설 | ③ 금융적투자결합법은 대출자와 지분투자자의 요구수익률이 다른 점에서 착안한 것으로 대출자의 대출비율, 대출상수와 지분투자자의 지분비율, 지분환원율의 가중평균을 통해 산출된다.

★★★
21 수익률에 대한 설명으로 적절하지 않은 것은?

① 이자율은 현재가치를 미래가치로 변환하는 비율이며, 할인율은 미래가치를 현재가치로 변환하는 비율이다.
② 내부수익률은 투자자본의 현재가치와 향후 매 기간마다 창출되는 수익의 현재가치를 일치시키는 할인율이다.
③ 수익의 귀속 주체를 강조하는 측면에서는 종합수익률은 자기 및 타인 자본에 대한 결합수익률로서 자기자본수익률과 대출수익률의 가중평균이 된다.
④ 여러 기간의 다양한 세전 또는 세후현금흐름을 대상으로 수익률을 산정하는 종합환원율과 달리 종합수익률은 한 기간의 순영업소득을 대상으로 수익률을 산정한다.
⑤ 기대수익률이 요구수익률보다 클 경우 투자를 결정하며, 투자 실행 후 실현수익률과 기대수익률을 비교하여 실제 투자결과가 예상치에 비해 어떠하였는지 분석할 수 있다.

정답 | ④
해설 | ④ 여러 기간의 다양한 세전 또는 세후현금흐름을 대상으로 수익률을 산정하는 종합수익률과 달리 종합환원율은 한 기간의 순영업소득을 대상으로 수익률을 산정한다.

★★★
22 수익률의 종류에 대한 설명으로 적절하지 않은 것은?

① 이자율은 현재가치를 미래가치로 변환하는 비율이며, 할인율은 미래가치를 현재가치로 변환하는 비율이다.
② 자기자본수익률은 자기자본의 현가와 매 기간의 현금흐름 현가의 내부수익률이다.
③ 대출수익률은 대출액 현가와 매 기간의 대출 서비스액 및 기간 말 대출복귀액이다.
④ 부동산의 시장가치를 산정하는 수익환원법에서 사용되는 종합환원율은 자본에 대한 수익률과 회수율로 구성된다.
⑤ 세후기대수익률은 대상부동산에 투자하기 위해서 투자자가 요구하는 최소 수익률을 의미한다.

정답 | ⑤
해설 | **〈세후기대수익률 · 요구수익률 · 실현수익률의 비교〉**

<table>
<tr><th>구분</th><th>세후기대수익률</th><th>요구수익률</th><th>실현수익률</th></tr>
<tr><td>의미</td><td>$\frac{\text{투자로부터 기대되는 예상세후 현금흐름}}{\text{투자로부터 기대되는 예상 지출}}$</td><td>• 대상부동산에 투자하기 위해서 투자자가 요구하는 최소 수익률
• 요구수익률 = 무위험률(채무불이행이 없는 이자율) + 위험할증률(부동산이 갖는 일반적 위험)</td><td>$\frac{\text{투자 후 실현된 세후 현금흐름}}{\text{투자시 지출비용}}$</td></tr>
<tr><td rowspan="2">투자 결정 기준</td><td>기대수익률 > 요구수익률
→ 투자결정</td><td>기대수익률 < 요구수익률
→ 투자결정보류</td><td rowspan="2">투자 실행 후 → 요구수익률과 실현수익률의 비교를 통해 실행 결과를 판단한다.</td></tr>
<tr><td colspan="2">부동산시장이 균형을 이루고 있을 경우에는 기대수익률과 요구수익률은 균형을 이루려고 한다.</td></tr>
</table>

★★★

23 **고객이 오피스 투자가치를 의뢰하였으며 조건은 다음과 같다고 가정할 경우 투자가치에 대한 설명으로 적절하지 않은 것은?**

- 매수가격 : 500,000천원
- 가능총수익 : 95,000천원(매년 3%씩 증가)
- 공실률 : 5%
- 대출비율 : 70%
- 대출이자율 : 연 10.00% 연복리
- 대출상환 : 매년말 원리금균등분할상환
- 대출기간 : 30년
- 건물가치 : 350,000천원
- 요구수익률 : 12.00%
- 영업경비 : 38,000천원(매년 4%씩 증가)
- 감가상각 : 40년 정액법
- 예상 보유기간 : 5년
- 예상 양도가액 : 550,000천원
- 양도소득세율 : 30%
- 사업소득세율 : 20%

① 가능총수익에서 공실 및 대손충당금을 제하면 유효총수익이 산출되고, 영업경비를 제하면 순영업소득이 산출되며, 순영업소득에서 부채서비스액을 제하면 세전현금흐름이 산출된다.

② 세전현금흐름과 같이 사업소득세 과세표준은 순영업소득에서 원리금상환액과 감가상각비가 공제된다.

③ 기간말 현금흐름은 예상 양도가액 550,000천원에서 미상환대출잔액 337,010천원과 양도소득세 27,375천원을 제하면 185,615천원이 산정된다.

④ 오피스의 투자가치는 운영기간 중 세후현금흐름의 누적현가합, 기간 말 세후현금흐름의 현재가치, 대출액인 타인자본 350,000천원을 합한 509,584천원이 산정된다.

⑤ 투자대상의 최초 매수가격 500,000천원보다 투자가치가 크기 때문에 투자자는 해당 투자대상에 투자한다면 투자자의 요구수익률을 충족할 수 있다.

정답 | ②

해설 | **〈매 기간의 현금흐름〉**

(단위 : 천원)

구분		매 기간의 현금흐름				
		1	2	3	4	5
	가능총수익	95,000	97,850	100,786	103,809	106,923
(−)	공실 및 대손충당금	4,750	4,893	5,039	5,190	5,346
=	**유효총수익**	**90,250**	**92,958**	**95,746**	**98,619**	**101,577**
(−)	영업경비	38,000	39,520	41,101	42,745	44,455
=	**순영업소득**	**52,250**	**53,438**	**54,645**	**55,874**	**57,123**
(−)	부채서비스액	37,128	37,128	37,128	37,128	37,128
=	**세전현금흐름**	**15,122**	**16,310**	**17,518**	**18,746**	**19,995**
(−)	사업소득세	1,700	1,980	2,268	2,566	2,872
=	**세후현금흐름**	**13,422**	**14,330**	**15,250**	**16,180**	**17,123**

※ 부채서비스액 → PV : 350,000, N : 30, I/Y : 10, PMT(E)? 37,128천원

〈매 기간의 사업소득세〉

(단위 : 천원)

구분		매 기간의 사업소득세				
		1	2	3	4	5
	순영업소득	52,250	53,438	54,645	55,874	57,123
(−)	이자지급분	35,000	34,787	34,553	34,296	34,013
(−)	감가상각비	8,750	8,750	8,750	8,750	8,750
=	**사업소득세 과세표준**	**8,500**	**9,901**	**11,342**	**12,828**	**14,360**
(×)	사업소득세율	20%	20%	20%	20%	20%
=	**사업소득세**	**1,700**	**1,980**	**2,268**	**2,566**	**2,872**

※ 감가상각비 : 건물가치 350,000÷40년＝8,750천원

※ 이자지급분 1기 → AMORT, P1 : 1, P2 : 1, INT? 35,000천원

※ 이자지급분 2기 → AMORT, P1 : 2, P2 : 2, INT? 34,787천원

※ 이자지급분 3기 → AMORT, P1 : 3, P2 : 3, INT? 34,553천원

※ 이자지급분 4기 → AMORT, P1 : 4, P2 : 4, INT? 34,296천원

※ 이자지급분 5기 → AMORT, P1 : 5, P2 : 5, INT? 34,013천원

② 세전현금흐름과 달리 사업소득세 과세표준은 순영업소득에서 이자지급분과 감가상각비만이 공제되며 원금상환액은 공제되지 않는다.

〈기간 말 세후현금흐름〉

구분		금액
	양도가액	550,000천원
(−)	미상환대출잔액	337,010천원
=	**세전현금흐름**	**212,990천원**
(−)	양도소득세	27,375천원
=	**세후현금흐름**	**185,615천원**

※ 미상환대출잔액 → AMORT, P1 : 5, P2 : 5, BAL? 337,010천원

〈양도소득세〉

구분		금액
	양도가액	550,000천원
(−)	취득가액	456,250천원
(−)	양도소득 기본공제	2,500천원
=	**양도소득 과세표준**	**91,250천원**
(×)	양도소득세율	30%
=	**양도소득 산출세액**	**27,375천원**

※ 취득가액 : 500,000－43,750(＝감가상각비 8,750×5년)＝456,250천원

- CF0 : －150,000, C01 : 13,422, F01 : 1, C02 : 14,330, F02 : 1, C03 : 15,250, F03 : 1, C04 : 16,180, F04 : 1, C05 : 17,123＋185,615＝202,738, F05 : 1, I : 12, NPV? 9,584천원 ＞ 0
- 자기자본의 가치 : 9,584＋자기자본 150,000＝159,584천원
- 오피스의 투자가치 : 159,584＋타인자본 350,000＝509,584천

··· TOPIC 3 주택임대사업을 이용한 투자

★★☆
24 주택임대사업자 등록방법에 대한 설명으로 적절하지 않은 것은?

① 신청자 본인이 거주하고 있는 관할 시 · 군 · 구청 주택과에서 주택임대사업자등록 신청서를 작성하여 신청해야 하는데, 평균 5일 정도 소요되며 등록면허세를 납부하면 등록증이 발급된다.

② 임대사업자 등록신청 시 면세사업자로 동시 신청이 가능하며, 세제혜택을 제공받기 위해 민간임대주택에 관한 특별법에 따른 임대사업자 등록과 함께 부가가치세법에 따른 면세사업자로 등록이 필요하다.

③ 사업자등록 신청은 전 단계에서 발급받은 주택임대사업자 등록증과 신분증을 지참한 후 신청자 본인 관할 세무서에 가서 면세사업자등록을 신청하면 되는데, 임대개시 최소 20일 이내에 신청해야 하며 신청 즉시 처리되는 것이 특징이다.

④ 주택 임대목적으로 매입하여 취득일로부터 60일 이내에 주택임대사업자로 등록할 경우 조건없이 취 · 등록세 면제 또는 감면을 받을 수 있다.

⑤ 취 · 등록세 감면 신청 시 발급받은 주택임대사업자 등록증 사본과 신분증이 필요하며 물건지 구청 세무과에서 세액감면 신청서를 작성하여 제출하면 된다.

정답 | ④

해설 | ④ 주택 임대목적으로 매입하여 취득일로부터 60일 이내에 주택임대사업자로 등록할 경우 다음의 조건에 해당하면 취 · 등록세 면제 또는 감면을 받을 수 있다.

- 전용면적 60m^2 이하
- 공동주택을 신축하거나 공동주택(아파트 제외) 또는 오피스텔 최초 분양
- 분양의 경우 취득 당시 가액 수도권 6억원 이하, 비수도권 3억원 이하

★★☆
25 주택임대사업자 혜택에 대한 설명으로 적절하지 않은 것은?

① 취득세 감면 세제혜택은 공동주택을 신축하거나 공동주택 · 오피스텔을 최초 분양한 경우 신청할 수 있으며, 분양의 경우 취득 당시 가액 수도권 6억원 이하, 비수도권 3억원 이하여야 한다.

② 재산세는 민간매입임대주택과 민간건설임대주택 모두 공동주택 2세대 이상이어야 하나 수도권 9억원, 비수도권 3억원 이하에서 감면혜택이 있으므로 유의해야 한다.

③ 임대형기숙사 취득의 경우 취득세 및 재산세가 면제된다.

④ 주택임대사업자가 임대의무기간을 준수하지 않거나 기타 공적인 의무를 이행하지 않으면 세제지원이 추징될 수 있으므로 주의해야 한다.

⑤ 부동산정책에 따라 세제지원이 변경될 수 있으므로 주택임대사업자 등록 시 매번 과세기관에 반드시 확인해야 한다.

정답 I ②

해설 I ② 재산세는 민간매입임대주택과 민간건설임대주택 모두 공동주택 2세대 이상이어야 하나 민간매입임대주택은 수도권에서는 6억원(비수도권 3억) 이하에서, 민간건설임대주택에서는 수도권 9억원(비수도권 3억) 이하에서 감면혜택이 있으므로 유의해야 한다.

★★☆

26 임대사업자의 임대차계약 시 주요 의무사항에 대한 CFP® 자격인증자의 설명으로 적절하지 않은 것은?

① 임대사업자는 임차인에게 임대의무기간, 임대료 증액 제한, 임대주택 권리관계 등에 대해 설명하여야 하며, 지키지 않았을 경우 1,000만원 이하의 과태료가 발생됩니다.

② 둘 이상 임대차계약이 존재하는 다가구 주택 등은 선순위 임대보증금에 대해서도 설명해야 합니다.

③ 임대사업자는 등록 후 지체없이 등록한 임대주택이 임대의무기간과 임대료 증액기준을 준수해야 하는 재산임을 소유권등기에 부기등기해야 하며, 지키지 않았을 경우 500만원 이하의 과태료가 발생됩니다.

④ 임대사업자 임대료, 임대기간 등 임대차계약 사항(재계약, 묵시적 갱신 포함)을 관할 지자체에 신고하여야 하며, 임대차계약 신고 이력이 없는 경우에는 세제 감면이 제한될 수 있습니다.

⑤ 임대사업자가 임대차계약을 체결하는 경우에는 표준임대차계약서 양식을 사용하여야 하며, 양식 미사용 시 임대차계약 신고가 수리되지 않을 수 있습니다.

정답 I ①

해설 I ① 임대사업자는 임차인에게 임대의무기간, 임대료 증액 제한(5%), 임대주택 권리관계(선순위 담보권, 세금 체납 사실 등) 등에 대해 설명하여야 하며, 지키지 않았을 경우 500만원 이하의 과태료가 발생됩니다.

★★☆

27 임대사업자의 임대차계약 후 주요 의무사항에 대한 CFP® 자격인증자의 설명으로 가장 적절한 것은?

① 임대료를 증액하려는 경우 임대료의 10% 범위를 초과하여 임대료를 증액할 수 없습니다.

② 임대차계약 또는 약정한 임대료 증액이 있은 후 2년 이내에는 임대료를 증액할 수 없습니다.

③ 임차인은 증액 비율을 초과하여 증액된 임대료를 지급한 경우 초과 지급한 임대료의 반환을 청구할 수 있습니다.

④ 5년의 임대의무기간 중에 등록임대주택을 임대하지 않거나 무단으로 양도할 수 없으며, 지키지 않았을 경우 임대주택당 3,000만원 이하의 과태료가 발생됩니다.

⑤ 임대사업자는 월 임대료 2개월 연체, 부대시설 고의파손 · 멸실 등 임차인에게 귀책사유가 없는 한 임대차계약을 해제 · 해지 및 재계약 거절을 할 수 없습니다.

정답 | ③

해설 | ① 임대료(임대보증금 및 월 임대료)를 증액하려는 경우 임대료의 5% 범위를 초과하여 임대료를 증액할 수 없습니다.

② 임대차계약 또는 약정한 임대료 증액이 있은 후 1년 이내에는 임대료를 증액할 수 없습니다.

④ 임대의무기간(10년) 중에 등록임대주택을 임대하지 않거나 (본인 거주 포함) 무단으로 양도할 수 없습니다.

⑤ 임대사업자는 월 임대료 3개월 연체, 부대시설 고의파손 · 멸실 등 임차인에게 귀책사유가 없는 한 임대차 계약을 해제 · 해지 및 재계약 거절을 할 수 없습니다.

★★☆

28 임대사업자의 기타 의무사항에 대한 CFP® 자격인증자의 적절한 설명으로 모두 묶인 것은?

가. 오피스텔을 등록한 경우 주거 용도로만 사용하여야 하며, 지키지 않았을 경우 1,000만원 이하의 과태료가 발생됩니다.
나. 임대사업자는 임대차계약이 종료되는 날까지 임대보증금에 대한 보증에 가입해야 합니다.
다. 임대보증금 보증 의무를 지키지 않았을 경우 보증금의 5% 이하에 상당하는 금액의 과태료(상한 2천만원)가 발생됩니다.
라. 관리관청이 임대사업자에 필요한 자료 제출을 요청하거나 관련 검사를 실시할 경우 적극 협조하여야 하며, 지키지 않았을 경우 500만원 이하의 과태료가 발생됩니다.
마. 임대사업자 등록증을 새로 받거나, 내용을 변경할 경우 등록증을 발급받기 전 관할 지자체에 해당 내용을 신고하고, 등록면허세를 납부하여야 합니다.

① 가, 나, 다
② 가, 나, 마
③ 가, 라, 마
④ 나, 다, 라
⑤ 다, 라, 마

정답 | ③

해설 | 나. 임대사업자는 임대사업자 등록이 말소되는 날(임대사업자 등록이 말소되는 날에 임대중인 경우에는 임대차 계약이 종료되는 날)까지 임대보증금에 대한 보증에 가입해야 합니다.

다. 임대보증금 보증 의무를 지키지 않았을 경우 보증금의 10% 이하에 상당하는 금액의 과태료(상한 3천만원)가 발생됩니다.

★★☆

29 **등록 민간임대주택에 거주하는 임차인의 혜택으로 모두 묶인 것은?**

가. 임차인의 거주 안정성 증가
나. 임대료 인상에 대한 부담 감소
다. 임대사업자 임대보증금 보증 가입 의무화
라. 주택임대차분쟁조정위원회 실효성 강화

① 가, 나
② 다, 라
③ 가, 나, 다
④ 나, 다, 라
⑤ 가, 나, 다, 라

정답 | ⑤
해설 | 모두 임차인 혜택에 해당한다.

▪▪▪ TOPIC 4 권리분석을 통한 경공매 투자

★★★

30 **다음 주택A 경매 관련 권리 현황 정보를 고려할 때 권리분석에 대한 설명으로 가장 적절한 것은?(단, '가~라'는 각각 별개의 사례이다.)**

순위	권리	권리자	권리금액
1	임차권(대항력+확정일자)	김세진	50,000천원(임차보증금)
2	근저당권	이숙	20,000천원
3	가압류	최보윤	10,000천원
4	이숙씨의 근저당권으로 임의경매신청		

① 주택A 경매 시 말소기준권리는 근저당권이다.
② 채권은 주택A 경매로 인해 무조건 소멸하므로, 임차권자 김세진씨는 임차보증금을 회수할 방법이 없다.
③ 최보윤씨는 주택A 경매 시 배당요구를 반드시 하여야 배당에 참가할 수 있는 채권자이다.
④ 배당에 있어 가압류는 등기순위와 관계없이 항상 근저당권보다 선순위이기 때문에 주택A 경매 시 배당순위는 가압류가 근저당권보다 앞선다.
⑤ 만약 가압류가 근저당권보다 선순위인 경우(1순위 가압류, 2순위 근저당권, 3순위 근저당권), 말소기준권리는 1순위인 가압류가 되고 근저당권은 모두 소멸된다.

정답 | ①

해설 | ② 말소기준권리보다 선순위인 확정일자 있는 임차권자 김세진씨는 배당 절차에 참여하거나 보증금에 대하여 대항력을 행사할 수 있다. 임차인이 배당요구를 하지 않으면 낙찰자는 보증금을 인수해야 한다.

③ 경매신청등기 이후에 등기한 가압류 채권자는 배당요구를 반드시 하여야 배당을 받을 수 있지만, 경매신청등기 이전에 등기한 가압류채권자는 배당요구를 하지 않아도 배당받을 수 있는 채권자이다.

④ 근저당권이 가압류보다 우선하므로, 근저당권이 가압류보다 배당순위가 앞선다.

⑤ 만약 가압류가 근저당권보다 선순위인 경우(1순위 가압류, 2순위 근저당권, 3순위 근저당권), 말소기준권리는 1순위인 가압류가 되고 가압류채권자와 각 근저당권자는 같은 순위로서 각 채권액에 따라 안분배당을 받되, 2순위 근저당권자는 3순위 근저당권자보다 우선하므로 2순위 근저당권자는 3순위 근저당권자가 받을 배당액으로부터 자기(2순위 근저당권자)의 채권액을 충족시킬 때까지 3순위 근저당권자에 대한 배당액에서 우선적으로 변제받을 수 있다.

★★★

31 **다음 주택A 경매 관련 권리 현황 정보를 고려할 때 권리분석에 대한 설명으로 적절하지 않은 것은?**

순위	권리	권리자	권리금액
1	근저당권	고승완	10,000천원
2	임차권(대항력＋확정일자 없음)	이숙	80,000천원(임차보증금)
3	근저당권	박미진	30,000천원
4	가압류	주민경	20,000천원
5	박미진씨의 근저당권으로 임의경매신청		

※ 배당액 : 30,000천원

① 임차권자 이숙씨는 최초 1순위 근저당권보다 순위가 늦고 확정일자도 받지 않았기 때문에 배당에 있어서 불리한 입장이다.

② 이숙씨가 고승완씨의 근저당권 10,000천원을 대위변제하고 근저당권을 말소하게 되면 말소기준권리는 박미진씨의 근저당권이 되고, 임차인 이숙씨는 말소기준권리인 박미진씨의 근저당권 보다 선순위에 위치하게 되므로 대항력을 취득한다.

③ 이숙씨가 고승완씨의 근저당권 10,000천원을 대위변제하고 근저당권을 말소하게 되면 낙찰자는 배당액 30,000천원과 별개로 대항력 있는 임차인 이숙씨의 보증금 80,000천원도 추가로 인수하게 된다.

④ 이숙씨가 고승완씨의 근저당권 10,000천원을 대위변제하고 근저당권을 말소하게 되면 배당액 30,000천원은 이숙씨에게 10,000천원, 근저당권자 박미진씨에게 20,000천원이 지급된다.

⑤ 이숙씨가 고승완씨의 근저당권 10,000천원을 대위변제하고 근저당권을 말소하게 되면 가압류권자 주민경씨의 권리는 배당 없이 소멸하게 된다.

정답 | ④

해설 | 이숙씨가 고승완씨의 근저당권 10,000천원을 대위변제하고 근저당권을 말소하게 되면 말소기준권리는 박미진씨의 근저당권이 되고, 임차인 이숙씨는 말소기준권리인 박미진씨의 근저당권 보다 선순위에 위치하게 되므로 대항력을 취득한다. 그러므로 낙찰자는 배당액 30,000천원과 별개로 대항력 있는 임차인 이숙씨의 보증금 80,000천원도 추가로 인수하게 되며, 배당액 30,000천원은 근저당권자 박미진씨에게만 지급되고 가압류권자 주민경씨의 권리는 배당 없이 소멸하게 된다.

★★★

32 관습법상 법정지상권에 대한 적절한 설명으로 모두 묶인 것은?

> 가. 동일인 소유의 토지나 건물 중 어느 하나만 경매가 되는 경우 대상토지에는 관습법상 법정지상권이 성립한다.
> 나. '관습법상 법정지상권'이란 동일 소유자의 소유에 속하는 토지와 건물 중의 어느 하나가 매매 · 증여 · 기타의 원인으로 처분되어 각각 소유자를 달리하게 되더라도 그 건물을 철거한다는 특약이 없는 한 건물의 소유자가 관습법상 당연히 취득하게 되는 지상권을 의미한다.
> 다. 관습법상 법정지상권이 성립하려면 토지와 그 지상 건물이 애초부터 원시적으로 동일인의 소유에 속하고 있어야 한다.
> 라. 저당권 설정 당시에는 토지가 나대지였고 저당권 설정 이후 건물을 신축한 상황에서, 토지소유자가 채권자의 채무를 변제하지 못하여 해당 토지가 강제집행이 될 경우 토지소유자의 관습법상 지상권이 인정된다.
> 마. 관습법상 법정지상권이 성립하려면 토지와 건물의 소유권이 달라질 때 건물철거특약이 없어야 한다.

① 가, 나, 다　　② 가, 나, 마
③ 가, 라, 마　　④ 나, 다, 라
⑤ 다, 라, 마

정답 | ②

해설 | 다. 토지와 건물이 동일인의 소유에 속하고 있어야 한다. 이는 대법원 판례에 따라 관습법상 법정지상권이 성립하려면 토지와 그 지상 건물이 애초부터 원시적으로 동일인의 소유에 속하였을 필요는 없고, 그 소유권이 유효하게 변동될 당시에 동일인이 토지와 그 지상 건물을 소유하였던 것으로 족하다.

라. 토지와 건물이 매매나 기타 사유로 소유자가 달라져야 한다. 관련된 판례로는 저당권 설정 당시에는 토지가 나대지였고 저당권 설정 이후 건물을 신축한 상황에서, 토지소유자가 채권자의 채무를 변제하지 못하여 해당 토지가 강제집행이 될 경우 토지소유자의 관습법상 지상권은 인정되지 아니한다. 이는 저당권자가 저당권을 설정할 당시에는 토지에 건물이 존재하지 아니하였고, 토지소유자에게 관습법상 법정지상권을 인정하게 되면 건물로 인하여 토지 경락대금이 낮아질 수 있어 저당권자에게 불리하기 때문이다.

★★★
33 다음 법원의 부동산 경매(강제경매) 절차가 순서대로 나열된 것은?

가. 매수인의 매각대금 납부 나. 채권자에 대한 배당 다. 매각기일 공고 라. 매각실시 마. 채권자의 강제경매 신청 및 법원의 경매개시결정

① 다 – 라 – 가 – 마 – 나
② 다 – 마 – 라 – 가 – 나
③ 마 – 다 – 라 – 가 – 나
④ 마 – 다 – 라 – 나 – 가
⑤ 마 – 라 – 가 – 다 – 나

정답 | ③
해설 | **〈법원경매절차〉**

경매신청 → 경매개시결정(임의/강제) → 경매준비 → 배당요구종기결정 → 경매실시(매각기일) → 매각결정기일 → 매각확정기일 → 대금납부기일결정 → 대금납부기한 → 배당표작성 → 매각대금의 지급 · 배당 → 진행기록송부(보존계) → 경매절차종료

★★★
34 법원경매에서 배당요구종기까지 반드시 배당요구를 하여야 할 채권자로 모두 묶인 것은?

가. 집행력이 있는 판결문 정본을 가진 채권자 나. 주택임대차보호법에 의한 소액임차인 다. 확정일자부 임차인 라. 첫 경매개시결정기입등기 후에 가압류한 채권자 마. 국세 등의 교부청구권자

① 가, 나 ② 다, 라
③ 가, 나, 다 ④ 다, 라, 마
⑤ 가, 나, 다, 라, 마

정답 | ⑤
해설 | 모두 배당요구종기까지 반드시 배당요구를 하여야 할 채권자에 해당한다.

★★★
35 **다음 A주택 경매 정보를 고려할 때, 이에 대한 설명으로 가장 적절한 것은?(단, 각 답지는 각각 별개의 사례이다.)**

〈A주택 경매 [사건번호 20××타경 ×××××] 관련 정보〉
- 최저매각가격 : 230,000천원
- 입찰방법 : 기일입찰
- 배당요구종기 : 20××년 4월 9일
- 매각기일 : 20××년 6월 24일

※ A주택 경매는 아직 실시되지 않음

① A주택 첫 경매개시결정기입등기 후에 A주택을 가압류한 채권자는 배당요구를 하지 않아도 배당받을 수 있는 채권자이다.
② A주택 경매에 참여하고자 하는 경우, 20××년 6월 24일에 입찰하여야 한다.
③ 경매 참여시 입찰보증금은 입찰가격의 5% 이상을 제출하여야 한다.
④ A주택 경매 낙찰자는 매각기일인 20××년 6월 24일까지 매각대금 전액을 납부하여야 한다.
⑤ 대금의 납부 후 매수인은 등기를 통해 경매의 목적인 권리를 확정적으로 취득한다.

정답 I ②

해설 I ① 첫 경매개시결정기입등기 후에 가압류한 채권자는 배당요구종기까지 반드시 배당요구를 하여야 할 채권자이다.
③ 입찰보증금은 입찰가격의 1/10이 아니라 최저매각가격의 1/10 이상을 제출한다.
④ 매수인은 대금지급기한까지 매각대금을 법원에서 발급하는 납부명령서와 함께 은행에 납부하면 된다. 납부할 금액은 낙찰가격에서 입찰보증금을 제외한 금액이다.
⑤ 대금의 납부로 매수인은 민법 제187조에 따라 등기 여부에 관계없이 경매의 목적인 권리를 확정적으로 취득한다.

★★★

36 **김세진씨는 토지A 경매에 참여하고 싶어한다. 다음 토지A 경매 관련 정보를 고려할 때 토지A 분석에 대한 설명으로 적절하지 않은 것은?**

- 경매 방식 : 기일입찰
- 토지A 최저매각가격 : 9억원
- 토지A 등기현황

일자	권리	권리자	권리금액
20×1년 7월	지상권	이숙	
20×2년 5월	근저당권	××은행	4억원
20×4년 4월	근저당권	허영만	3억원
20×8년 8월	허영만씨의 근저당권에 기한 경매기입등기		

① 토지A 경매는 근저당권에 기한 경매이기 때문에 임의경매로 분류된다.

② 토지A 경매는 기일입찰방식이기 때문에, 김세진씨가 경매에 참가하려는 경우 매각기일에 출석해서 입찰표와 매수신청보증을 제출해야 한다.

③ 김세진씨가 경매 참여 시 입찰가격은 9억원 이상이어야 한다.

④ 김세진씨가 경매로 토지A 취득 시 토지A 지상권은 소멸하고 김세진씨에게 인수되지 않는다.

⑤ 김세진씨가 경매에 참여하여 토지A를 낙찰받아 매각대금을 납부하였음에도 종전 토지A 소유자가 감세진씨에게 토지A를 인도하지 않는 경우 대금납부 후 6개월 이내라면 법원에 인도명령을 신청할 수 있다.

정답 | ④

해설 | ④ 말소기준권리란 매각 결과 소멸되는 권리와 인수되는 권리의 기준이 되는 권리를 말하는 것으로 말소기준권리는 (가)압류, (근)저당권, 가등기담보, 경매개시결정등기 중 가장 선순위 권리를 말한다. 지상권은 가장 선순위라 하더라도 말소기준권리에 해당하지 않는다. 토지A 경매 시 말소기준권리는 ××은행의 근저당권이며 말소기준권리보다 후순위 권리들은 경매 시 말소기준권리와 함께 소멸한다.

★★★
37 경매에 대한 설명으로 적절하지 **않은** 것은?

① 말소기준권리란 매각 결과 소멸되는 권리와 인수되는 권리의 기준이 되는 권리로 쉽게 말해 말소기준권리 보다 앞선 권리들은 매각 후 소멸되지 아니하며, 말소기준권리 이후에 설정된 권리들은 말소기준권리와 함께 소멸되는 것을 뜻한다.

② 임의경매란 저당권, 전세권, 담보가등기 등 담보물권을 가진 채권자가 담보권행사에 의해 경매가 진행되는 것을 말한다.

③ 집행법원은 매각기일을 지정함과 동시에 직권으로 매각결정기일을 정하여 공고하는데, 통상 매각기일 후 3일 이내에 매각결정기일이 지정된다.

④ 입찰기일에 최고가매수인이 정해지면 집행법원은 매각기일로부터 1주 이내인 매각결정기일에 이해관계인의 의견을 들은 후 매각의 허부를 결정한다.

⑤ 대금납부의무를 이행하지 아니한 경우 집행법원은 입찰보증금을 몰수하여 배당금에 편입시키고 차순위매수신고인에 대한 매각허가 여부를 결정하며, 차순위매수신고인이 정해지지 않은 경우이거나 차순위매수신고인도 매각대금을 납부하지 않은 경우는 재매각입찰을 실시하게 된다.

정답 I ③

해설 I ③ 통상 매각기일 후 7일 이내에 매각결정기일이 지정된다.

★★★
38 경매에 대한 설명으로 적절하지 **않은** 것은?

① 말소기준권리에 해당하는 것으로는 (가)압류, (근)저당권, 담보가등기, 경매개시결정등기가 있다.

② 강제경매는 채권 발생 당시에는 해당 물건의 경매에 대한 예정이 없었으나 채권자가 판결을 통해 채무자의 재산을 압류하여 경매를 진행하는 것을 말하며, 집행권원이 없었던 자가 판결을 통해 집행권원을 받은 뒤 금전채권의 만족을 얻는 것을 목적으로 하는 강제집행 절차 중 하나이다.

③ 임의경매란 저당권, 전세권, 담보가등기 등 담보물권을 가진 채권자가 담보권행사에 의해 경매가 진행되는 것을 말하며, 강제경매와 달리 그 실행에 집행권원을 요하지 아니하다.

④ 집행력이 있는 판결문 정본을 가진 채권자, 민법, 상법, 기타 법률에 의하여 우선변제청구권이 있는 채권자, 첫 경매개시결정기입등기 후에 가압류한 채권자, 국세 등의 교부청구권자는 배당요구종기까지 반드시 배당요구를 하여야 할 채권자이다.

⑤ 최고가매수인 다음으로 높은 가격으로 입찰에 참가한 자는 차순위매수신고를 할 수 있는데, 이는 최고가매수신고인이 대금지급의무를 이행하지 아니한 경우 차순위매수인의 입찰에 대하여 매각을 허가하여 달라는 신고이다.

정답 | ⑤

해설 | ⑤ 최고가매수인의 입찰가격에서 매수신청보증금액을 공제한 금액을 넘는 가격으로 입찰에 참가한 자는 차순위매수신고를 할 수 있다. 이는 최고가매수신고인이 대금지급의무를 이행하지 아니한 경우 차순위매수인의 입찰에 대하여 매각을 허가하여 달라는 신고이다.

★★★

39 공매부동산에 대한 설명으로 적절하지 않은 것은?

① 유입자산은 이미 법원의 경매과정에서 모든 권리가 말소되었기 때문에 권리의 하자가 없으며 일부 경우를 제외하고는 명도책임을 한국자산관리공사에서 부담한다.

② 유입자산은 매매금액에 따라 1개월에서 최장 5년 기간 내 6개월 균등분할로 구매가 가능하며, 계약체결 후 매매대금의 1/3 이상을 납부하고 근저당권을 설정하는 조건으로 매매대금을 전액 납부하지 않아도 소유권이전이 가능하다.

③ 수탁재산도 이미 법원의 경매과정에서 모든 권리가 말소되고 소유권이 이전되었기 때문에 권리의 하자가 없으며 일부 경우를 제외하고는 명도책임은 매도인이 부담한다.

④ 금융기관 또는 기업체가 매각 위임한 부동산의 경우 공매대행의뢰기관에 따라 1개월에서 5년까지 분할로 구매할 수 있다.

⑤ 국유재산 소유자는 기획재정부이며 매각대금이 1천만원 초과시 3년 이내 분할납부가 가능하다.

정답 | ②

해설 | ② 매매금액에 따라 1개월에서 최장 5년 기간 내 6개월 균등분할로 구매가 가능하며, 계약체결 후 매매대금의 1/2 이상을 납부하고 근저당권을 설정하는 조건으로 매매대금을 전액 납부하지 않아도 소유권이전이 가능하다.

★★★
40 공매와 경매와의 차이에 대한 적절한 설명으로 모두 묶인 것은?

가. 경매의 경우 해당 물건의 담당 지방법원에 참석하여 기일입찰표를 작성하고 입찰하지만, 공매의 경우 한국자산관리공사에서 매각을 진행하며 온비드 홈페이지에서 온라인으로만 입찰이 가능하다.
나. 공매는 인도명령 제도가 있기 때문에 강제집행이 가능하나, 경매의 경우에는 명도 과정에서 점유자와 합의가 되지 않는 경우 명도소송을 통해 매수인이 명도책임을 부담해야 한다.
다. 공매는 최저매각가격의 10%를 보증금액으로 납부하여야 하나 경매의 경우 본인의 입찰가격의 10%를 보증금액으로 납부해야 한다.
라. 공매의 경우 입찰보증금액이 2천만원 이하인 경우에는 반드시 한번에 입금하여야 하고, 2천만원을 초과하는 경우에만 분할납부가 가능하다.
마. 경매는 매각기일에 입찰 및 개찰하는 기일입찰 방식을 주로 택하며, 공매는 입찰기간 내에 입찰하게 하여 매각기일에 개찰하는 기간입찰 방식을 택한다.

① 가, 나
② 가, 마
③ 나, 다
④ 다, 라
⑤ 라, 마

정답 | ②

해설 | 나. 공매는 온라인으로 입찰을 한다는 점에서 경매에 비해 매우 편리하나, 국유재산과 압류재산의 경우 명도책임이 매수인에게 있다는 점이 경매와 다르다. 즉, 경매는 인도명령 제도가 있기 때문에 강제집행이 가능하나, 국유재산과 압류재산의 경우에는 명도 과정에서 점유자와 합의가 되지 않는 경우 명도소송을 통해 매수인이 명도책임을 부담해야 한다.
다. 경매는 최저매각가격의 10%를 보증금액으로 납부하여야 하나 공매의 경우 본인의 입찰가격의 10%를 보증금액으로 납부해야 한다.
라. 공매의 경우 입찰보증금액이 1천만원 이하인 경우에는 반드시 한번에 입금하여야 하고, 1천만원을 초과하는 경우에만 분할납부가 가능하다.

★★★
41 공매를 이용한 부동산투자에 대한 설명으로 가장 적절한 것은?

① 유입자산과 압류재산은 이미 법원의 경매과정에서 모든 권리가 말소되고 소유권이 이전되었기 때문에 권리의 하자가 없다.
② 압류재산과 동일하게 수탁재산의 명도책임은 매수인이 진다.
③ 공매의 경우 해당 물건의 담당 지방법원에 참석하여 기일입찰표를 작성하고 입찰한다.
④ 공매의 경우 본인의 입찰가격의 10%를 보증금액으로 납부해야 한다.
⑤ 공매는 매각기일에 입찰 및 개찰하는 기일입찰 방식을 주로 택한다.

정답 | ④

해설 | ① 유입자산과 수탁재산에 대한 설명이다. 압류재산은 국세징수법 및 지방세징수법 등에 의거하여 국세, 지방세 및 각종 공과금 등의 체납으로 세무서 또는 지방자치단체 등이 체납자의 재산을 압류한 후 체납세금을 징수하기 위하여 한국자산관리공사에 매각을 의뢰한 재산이다. 압류재산의 소유자는 체납자이며 명도책임은 매수인이 진다. 즉, 경매와 달리 공매에는 인도명령이라는 제도가 없기 때문에 점유자와 합의가 되지 않는다면 명도소송을 통해야 한다.

② 압류재산과 동일하게 국유재산의 명도책임은 매수인이 진다. 수탁재산은 이미 법원의 경매과정에서 모든 권리가 말소되고 소유권이 이전되었기 때문에 권리의 하자가 없으며 일부 경우를 제외하고는 명도책임은 매도인이 부담한다.

③ 경매의 경우 해당 물건의 담당 지방법원에 참석하여 기일입찰표를 작성하고 입찰하지만, 공매의 경우 한국자산관리공사에서 매각을 진행하며 온비드 홈페이지에서 온라인으로만 입찰이 가능하다.

⑤ 경매는 매각기일에 입찰 및 개찰하는 기일입찰 방식을 주로 택하며, 공매는 입찰기간 내에 입찰하게 하여 매각기일에 개찰하는 기간입찰 방식을 택한다.

★★★

42 공매를 이용한 부동산투자에 대한 설명으로 가장 적절한 것은?

① 유입자산은 매매금액에 따라 1개월에서 최장 5년 기간 내 6개월 균등분할로 구매가 가능하며, 계약체결 후 매매대금의 1/3 이상을 납부하고 근저당권을 설정하는 조건으로 매매대금을 전액 납부하지 않아도 소유권이전이 가능하다.

② 국유재산은 이미 법원의 경매과정에서 모든 권리가 말소되고 소유권이 이전되었기 때문에 권리의 하자가 없다.

③ 압류재산의 소유자는 체납자이며 명도책임은 매수인이 진다.

④ 최저매각가격의 10%를 보증금액으로 납부하여야 한다.

⑤ 공매의 경우 반드시 한번에 입금하여야 하고, 분할납부가 불가하다.

정답 | ③

해설 | ① 매매금액에 따라 1개월에서 최장 5년 기간 내 6개월 균등분할로 구매가 가능하며, 계약체결 후 매매대금의 1/2 이상을 납부하고 근저당권을 설정하는 조건으로 매매대금을 전액 납부하지 않아도 소유권이전이 가능하다.

② 유입자산과 수탁재산에 대한 설명이다. 국유재산이란 국유재산법 제2조에 따라 국가의 부담, 기부채납이나 법령 또는 조약에 따라 국가 소유로 된 제5조 제1항 각 호의 재산을 말하며, 이 중 국유 일반재산은 국유재산 중 행정재산(공용재산, 공공용재산, 기업용재산, 보존용재산)을 제외한 모든 재산으로 대부 및 매각이 가능한 재산이다. 소유자는 기획재정부이며 매각대금이 1천만원 초과시 3년 이내 분할납부가 가능하다.

④ 경매는 최저매각가격의 10%를 보증금액으로 납부하여야 하나 공매의 경우 본인의 입찰가격의 10%를 보증금액으로 납부해야 한다.

⑤ 공매의 경우 입찰보증금액이 1천만원 이하인 경우에는 반드시 한번에 입금하여야 하고, 1천만원을 초과하는 경우에만 분할납부가 가능하다.

CHAPTER

05 부동산금융

출제 비중 : 0~5% / 0~1문항

학습가이드 ■ ■

학습 목표	학습 중요도
Tip 개념 이해 중심으로 학습 필요	
1. 프로젝트 파이낸싱의 개념을 이해하고 사업수익률을 산정할 수 있다.	★★
2. 부동산 신탁의 종류와 특징에 대해 설명할 수 있다.	★

TOPIC 1 프로젝트 파이낸싱

★★☆

01 프로젝트 파이낸싱에 대한 적절한 설명으로 모두 묶인 것은?

가. 프로젝트 파이낸싱이란 시행사 등 개별 사업주체와 경제적, 법적으로 독립된 회사를 설립한 뒤, 사업주의 신용과 부동산을 담보로 하여 사업에 필요한 자금을 조달하는 금융기법이다.
나. 프로젝트금융투자회사는 사업주가 파산을 하는 경우 사업을 안정적으로 추진하기 어렵다는 단점이 있다.
다. 프로젝트 파이낸싱을 실행하기 위하여 발생한 부채가 사업주 모회사 재무상태표에 차입금으로 표시된다.
라. 일반적인 아파트 건설사업의 경우 해당 프로젝트의 사업부지 및 아파트에 대한 우선수익권 등을 요구하며 통상 관리형 토지신탁계약을 요구한다.

① 라　　② 가, 나
③ 다, 라　　④ 가, 나, 다
⑤ 나, 다, 라

정답 | ①

해설 | 가. 프로젝트 파이낸싱이란 시행사 등 개별 사업주체와 경제적, 법적으로 독립된 회사를 설립한 뒤, 해당 사업의 미래 발생할 현금흐름을 담보로 하여 사업에 필요한 자금을 조달하는 금융기법이다. 사업주의 신용이나 담보가 아닌 해당 사업의 사업성에 따라 채무의 상환 여부가 결정된다.
나. 법적으로 독립된 회사는 사업주가 파산을 하더라도 프로젝트 사업성을 담보로 자금을 조달하였기 때문에 사업을 안정적으로 추진할 수 있는 이점이 있다.
다. 법적으로 독립된 회사이므로 사업주 모회사 재무상태표에 차입금이 표시되지 않는 이점이 있다.

★★☆

02 프로젝트 파이낸싱에 대한 설명으로 적절하지 않은 것은?

① 프로젝트 파이낸싱이란 시행사 등 개별 사업주체와 경제적, 법적으로 독립된 회사를 설립한 뒤, 해당 사업의 미래 발생할 현금흐름을 담보로 하여 사업에 필요한 자금을 조달하는 금융기법이다.

② 사업주의 신용이나 담보가 아닌 해당 사업의 사업성에 따라 채무의 상환 여부가 결정된다.

③ 법적으로 독립된 회사는 사업주가 파산을 하더라도 프로젝트 사업성을 담보로 자금을 조달하였기 때문에 사업을 안정적으로 추진할 수 있는 이점이 있으며, 법적으로 독립된 회사이므로 사업주 모회사 재무상태표에 차입금이 표시되지 않는 이점이 있다.

④ 시공사를 공동 제1순위 우선수익자로, Tranche A 대주들을 공동 제2순위 우선수익자로, Tranche B 대주들을 제3순위 우선수익자로 설정하여 우선수익 한도액은 사업마다 다르지만 각 대주별 대출약정금의 130% 상당액을 설정하기도 한다.

⑤ 부동산사업의 경우 준공리스크가 크기 때문에 법적으로 독립된 회사 및 시공사는 안정적인 사업을 영위하기 위하여 책임준공확약서를 작성하며, 추가적으로 건설공사보험계약을 체결하기도 한다.

정답 I ④

해설 I ④ Tranche A 대주들을 공동 제1순위 우선수익자로, Tranche B 대주들이 공동 제2순위 우선수익자로, 시공사를 제3순위 우선수익자로 설정하여 우선수익 한도액은 사업마다 다르지만 각 대주별 대출약정금의 130% 상당액을 설정하기도 한다.

★★☆

03 프로젝트 파이낸싱에 대한 설명으로 적절하지 않은 것은?

① 프로젝트 파이낸싱이란 시행사 등 개별 사업주체와 경제적, 법적으로 독립된 회사를 설립한 뒤, 사업주의 신용과 부동산을 담보로 하여 사업에 필요한 자금을 조달하는 금융기법이다.

② 법적으로 독립된 회사는 사업주가 파산을 하더라도 사업을 안정적으로 추진할 수 있는 이점이 있으며, 법적으로 독립된 회사이므로 사업주 모회사 재무상태표에 차입금이 표시되지 않는 이점이 있다.

③ 일반적인 아파트 건설사업의 경우 해당 프로젝트의 사업부지 및 아파트에 대한 우선수익권 등을 요구하며 통상 관리형 토지신탁계약을 요구한다.

④ 해당 프로젝트의 사업성이 악화되어 기한의 이익을 상실하는 경우 법적으로 독립된 회사의 사업시행권을 대주단이 지정하는 자에게 사업시행권을 양도해야 하는 포기각서를 요구한다.

⑤ 프로젝트 파이낸싱을 체결한, 법적으로 독립된 회사의 계좌에 대하여 대주단을 근질권자로 하는 예금근질권설정계약을 요구하며, 차주의 주주들로 하여금 차주 발행 주식 전부에 대하여 대주들을 근질권자로 하는 주식근질권설정계약도 요구한다.

정답 | ①

해설 | ① 프로젝트 파이낸싱이란 시행사 등 개별 사업주체와 경제적, 법적으로 독립된 회사를 설립한 뒤, 해당 사업의 미래 발생할 현금흐름을 담보로 하여 사업에 필요한 자금을 조달하는 금융기법이다. 사업주의 신용이나 담보가 아닌 해당 사업의 사업성에 따라 채무의 상환 여부가 결정된다.

★★☆

04 프로젝트금융투자회사(PFV)와 세제혜택에 대한 설명으로 가장 적절한 것은?

① PFV는 회사의 자산을 설비투자, 사회간접자본 시설투자, 자원개발, 그 밖에 상당한 기간과 자금이 소요되는 특정 사업에 운용하고 그 수익을 주주에게 배분하는 회사여야 한다.

② PFV는 본점 외의 영업소를 설치하고 직원과 상근하는 임원을 두어야 한다.

③ PFV는 한시적으로 설립된 회사로서 존립기간이 3년 이상이어야 한다.

④ PFV는 자본금이 10억원 이상이어야 한다.

⑤ 해당 요건을 만족한 PFV를 설립한 뒤 배당가능이익의 80/100 이상을 배당한 경우 그 금액은 해당 배당을 결의한 잉여금 처분의 대상이 되는 사업연도의 소득금액에서 공제한다.

정답 | ①

해설 | ② 본점 외의 영업소를 설치하지 아니하고 직원과 상근하는 임원을 두지 아니할 것

③ 한시적으로 설립된 회사로서 존립기간이 2년 이상일 것

④ 자본금이 50억원 이상일 것. 다만, 사회기반시설에 대한 민간투자법 제4조 제2호에 따른 방식으로 민간투자사업을 시행하는 투자회사의 경우에는 10억원 이상일 것

⑤ 해당 요건을 만족한 PFV를 설립한 뒤 배당가능이익의 90/100 이상을 배당한 경우 그 금액은 해당 배당을 결의한 잉여금 처분의 대상이 되는 사업연도의 소득금액에서 공제한다.

★☆☆
05 부동산신탁에 대한 내용으로 적절하지 않은 것은?

① 토지나 건물 등 부동산재산권을 갖고는 있으나 부동산산업에 전문적인 지식을 갖지 못한 개인이나 기업이 해당 부동산재산권을 전문적으로 관리, 처분, 개발하기 위해 신탁사에게 등기를 이전하고 이를 통해 가치를 창출하는 것이 부동산신탁의 목적이다.
② 관리형토지신탁의 경우 수탁자인 신탁회사가 토지 개발에 소요되는 사업비용의 자금조달주체가 되는 것이다.
③ 을종관리신탁은 부동산 소유자의 예기치 못한 분쟁 등을 예방하여 소유권을 안전하게 보존할 목적으로 이용되며, 갑종관리신탁은 소유한 부동산의 전문적인 관리 및 효율적인 운용을 위하여 활용된다.
④ 처분신탁이란 부동산 소유자가 처분절차에 어려움이 있거나, 특수부동산이나 규모가 큰 부동산으로 매수인이 제한적으로 존재할 경우, 계약일 이후 잔금일까지 기간이 장기일 경우 해당 부동산을 안정적으로 처분하기 위해 활용된다.
⑤ 담보신탁이란 부동산 소유자인 위탁자가 자신의 채권자에 대한 채무를 담보하기 위한 신탁으로 수탁자는 해당 부동산을 관리하고 수익자을 위탁자의 채권자로 설정하는 것이다.

정답 | ②

해설 | ② 사업비용 자금조달주체에 따라 차입형토지신탁(또는 개발형토지신탁)과 관리형토지신탁으로 분류할 수 있다. 차입형토지신탁의 경우 수탁자인 신탁회사가 토지 개발에 소요되는 사업비용의 자금조달 주체가 되는 것이며, 관리형토지신탁의 경우 토지 소유자가 토지 개발에 소요되는 사업비용의 자금조달 주체가 되는 것이다.

★☆☆
06 부동산신탁의 종류에 대한 다음 설명 중 (가)~(라)에 들어갈 내용이 적절하게 연결된 것은?

- 토지신탁은 신탁재산인 토지의 (가)에 따라 임대형토지신탁과 분양형토지신탁으로 구분할 수 있으며, (나)에 따라 차입형토지신탁(또는 개발형토지신탁)과 관리형토지신탁으로 분류할 수 있다.
- 관리신탁은 부동산 소유권만을 관리하는 (다)관리신탁과 이에 더해 임대차관리, 시설관리 등 종합관리업무를 수행하는 (라)관리신탁으로 구분된다.

	가	나	다	라
①	처분 유형	사업비용 자금조달주체	갑종	을종
②	처분 유형	사업비용 자금조달주체	을종	갑종
③	처분 유형	사업비용 자금조달주체	처분	분양
④	사업비용 자금조달주체	처분 유형	갑종	을종
⑤	사업비용 자금조달주체	처분 유형	을종	갑종

정답 | ②

해설 | • 토지신탁은 신탁재산인 토지의 처분 유형에 따라 임대형토지신탁과 분양형토지신탁으로 구분할 수 있으며, 사업비용 자금조달주체에 따라 차입형토지신탁(또는 개발형토지신탁)과 관리형토지신탁으로 분류할 수 있다.
• 관리신탁은 부동산 소유권만을 관리하는 을종관리신탁과 이에 더해 임대차관리, 시설관리 등 종합관리업무를 수행하는 갑종관리신탁으로 구분된다.

★☆☆

07 부동산신탁의 종류에 대한 적절한 설명으로 모두 묶인 것은?

> 가. 토지신탁이란 수탁자가 토지를 이전받은 뒤 해당 토지로 용지를 조성하거나, 건물을 신축하여 임대 또는 분양 등의 방법을 수행하여 그 수익을 수익자로 지정된 자에게 교부하는 것으로 일반적으로 '개발신탁'이라고 부르기도 한다.
> 나. 신탁재산은 독립된 재산으로 인정되므로 토지소유자의 부도, 파산 등의 사유가 발생하더라도 토지개발사업에 직접적인 영향을 미치지 아니하므로 프로젝트 파이낸싱에 활용된다.
> 다. 토지신탁은 신탁재산인 토지의 처분 유형에 따라 임대형토지신탁과 분양형토지신탁으로 구분할 수 있으며, 사업비용 자금조달주체에 따라 개발형토지신탁과 관리형토지신탁으로 분류할 수 있다.
> 라. 처분신탁이란 부동산 소유자가 처분절차에 어려움이 있거나, 특수부동산이나 규모가 큰 부동산으로 매수인이 제한적으로 존재할 경우, 계약일 이후 잔금일까지 기간이 장기일 경우 해당 부동산을 안정적으로 처분하기 위하여 활용된다.
> 마. 상가, 오피스텔 등의 상업용 부동산을 선분양하기 위해서는 사업시행자인 분양사업자가 부동산을 부동산신탁회사에 신탁하고 부동산신탁회사로 하여금 분양대금관리, 공정관리 등을 수행하게 하여야 한다.

① 가, 나
② 다, 라
③ 가, 나, 다
④ 다, 라, 마
⑤ 가, 나, 다, 라, 마

정답 | ⑤

해설 | 모두 적절한 설명이다.

★☆☆

08 분양관리신탁의 대상이 되는 일정 규모의 건축물로 적절하지 않은 것은?

① 분양하는 부분의 바닥면적의 합계가 3,000m^2 이상인 건물

② 오피스텔로서 30실 이상인 것

③ 생활숙박시설로서 30실 이상이거나 생활숙박시설 영업장의 면적이 해당 건축물 연면적의 1/2 이상인 것

④ 주택 외의 시설과 주택을 동일 건축물로 짓는 건축물 중 주택 외의 용도로 쓰이는 바닥면적의 합계가 3,000m^2 이상인 것

⑤ 바닥면적의 합계가 3,000m^2 이상으로서 임대 후 분양전환을 조건으로 임대하는 것(분양전환 시 임차인에게 우선순위를 부여하는 것을 포함)

정답 | ③

해설 | ③ 생활숙박시설로서 30실 이상이거나 생활숙박시설 영업장의 면적이 해당 건축물 연면적의 1/3 이상인 것

★☆☆

09 부동산금융에 대한 설명으로 적절하지 않은 것은?

① 프로젝트 파이낸싱이란 시행사 등 개별 사업주체와 경제적, 법적으로 독립된 회사를 설립한 뒤, 해당 사업의 미래 발생할 현금흐름을 담보로 하여 사업에 필요한 자금을 조달하는 금융기법이다.

② 프로젝트 파이낸싱은 사업주의 신용이나 담보가 아닌 해당 사업의 사업성에 따라 채무의 상환 여부가 결정된다.

③ 토지신탁은 신탁재산인 토지의 처분 유형에 따라 개발형토지신탁과 관리형토지신탁으로 구분할 수 있으며, 사업비용 자금조달주체에 따라 임대형토지신탁과 분양형토지신탁으로 분류할 수 있다.

④ 담보신탁이란 부동산 소유자인 위탁자가 자신의 채권자에 대한 채무를 담보하기 위한 신탁으로 수탁자는 해당 부동산을 관리하고 수익자를 위탁자의 채권자로 설정하는 것이다.

⑤ 상가, 오피스텔 등의 상업용 부동산을 선분양하기 위해서는 사업시행자인 분양사업자가 부동산을 부동산신탁회사에 신탁하고 부동산신탁회사로 하여금 분양대금관리, 공정관리 등을 수행하게 하여야 한다.

정답 | ③

해설 | ③ 토지신탁은 신탁재산인 토지의 처분 유형에 따라 임대형토지신탁과 분양형토지신탁으로 구분할 수 있으며, 사업비용 자금조달주체에 따라 개발형토지신탁과 관리형토지신탁으로 분류할 수 있다.

★☆☆

10 신탁과 세금에 대한 적절한 설명으로 모두 묶인 것은?

> 가. 국세기본법에 따라 과세의 대상이 되는 소득, 수익, 재산, 행위 또는 거래의 귀속이 명의일 뿐이고 사실상 귀속되는 자가 따로 있을 때에는 사실상 귀속되는 자를 납세의무자로 하여 세법을 적용하기 때문에 그 실질 내용에 따라 조세를 부과한다.
> 나. 신탁으로 인한 신탁재산의 취득으로써 위탁자로부터 수탁자에게 신탁재산을 이전하는 경우, 신탁의 종료로 인하여 수탁자로부터 위탁자에게 신탁재산을 이전하는 경우, 수탁자가 변경되어 신수탁자에게 신탁재산을 이전하는 경우에는 취득세를 부과한다.
> 다. 위탁자와 수탁자 간 신임관계에 기하여 위탁자의 자산에 신탁이 설정되고 그 신탁재산의 소유권이 수탁자에게 이전된 경우로서 위탁자가 신탁재산을 실질적으로 지배하고 소유하는 것으로 볼 수 있는 경우 양도소득의 과세문제는 발생하지 아니한다.
> 라. 재산세 과세기준일 현재 재산을 사실상 소유하고 있는 자는 재산세를 납부할 의무가 있지만, 수탁자의 명의로 등기 또는 등록된 신탁재산의 경우에는 위탁자가 신탁재산을 소유한 것으로 보아 납세의무자는 위탁자가 된다.
> 마. 신탁제도를 활용한 투기수요가 부동산시장에 유입되는 것을 차단하기 위하여 신탁재산의 종합부동산세 납세의무자를 종전의 위탁자에서 수탁자로 변경하고, 수탁자의 신탁재산 물적납세의무와 그 납부고지 및 징수 등에 관한 특례를 신설하였다.

① 가, 나, 라
② 가, 다, 라
③ 가, 다, 마
④ 나, 라, 마
⑤ 가, 나, 다, 라, 마

정답 | ②

해설 | 나. 지방세법 제9조 제3항에 따라 신탁으로 인한 신탁재산의 취득으로써 다음 각 호의 어느 하나에 해당하는 경우에는 취득세를 부과하지 아니한다. 다만, 신탁재산의 취득 중 주택조합 등과 조합원 간의 부동산 취득 및 주택조합 등의 비조합원용 부동산 취득은 제외한다.

> • 위탁자로부터 수탁자에게 신탁재산을 이전하는 경우
> • 신탁의 종료로 인하여 수탁자로부터 위탁자에게 신탁재산을 이전하는 경우
> • 수탁자가 변경되어 신수탁자에게 신탁재산을 이전하는 경우

마. 신탁제도를 활용한 투기수요가 부동산시장에 유입되는 것을 차단하기 위하여 신탁재산의 종합부동산세 납세의무자를 종전의 수탁자에서 위탁자로 변경하고, 수탁자의 신탁재산 물적납세의무와 그 납부고지 및 징수 등에 관한 특례를 신설하여 위탁자의 다른 재산에 대하여 강제징수를 하여도 징수할 금액에 미치지 못할 때에는 해당 신탁재산의 수탁자는 그 신탁재산으로서 종합부동산세 등을 납부하도록 개정하였다.

★☆☆

11 신탁과 세금에 대한 설명으로 가장 적절한 것은?

① 법인세법에 따라 신탁재산에 귀속되는 소득에 대해서는 그 신탁의 위탁자가 법인세를 납부할 의무가 있다.

② 지방세법에 따라 취득세 납세의무자는 사실상 취득자이므로, 신탁재산의 잔금을 누가 지급하였는지와 관계없이 취득세 납세의무자는 위탁자이다.

③ 위탁자가 지방세특례제한법 등의 요건을 충족하여 취득세 감면을 받은 후 신탁재산을 수탁자에게 신탁하는 경우 수탁자가 해당 요건을 충족하지 아니하더라도 취득세 감면을 받을 수 있다.

④ 소득세법에 따라 신탁의 이익을 받을 권리의 양도로 발생하는 소득은 양도소득으로 과세되지 아니한다.

⑤ 수탁자의 명의로 등기 또는 등록된 신탁재산으로서 위탁자가 종합부동산세를 납부할 의무가 있으며, 이 경우 위탁자가 신탁재산을 소유한 것으로 본다.

정답 I ⑤

해설 I ① 법인세법 제5조 제1항에 따라 신탁재산에 귀속되는 소득에 대해서는 그 신탁의 이익을 받을 수익자가 그 신탁재산을 가진 것으로 보며, 동법 제5조 제3항에 따라 수익자가 특별히 정하여지지 아니하거나 존재하지 아니하는 신탁 또는 위탁자가 신탁재산을 실질적으로 통제하는 등 대통령령으로 정하는 요건을 충족하는 신탁의 경우에는 신탁재산에 귀속되는 소득에 대하여 그 신탁의 위탁자가 법인세를 납부할 의무가 있기 때문에 실질과세원칙에 따른다고 볼 수 있다.

② 위탁자가 신탁재산의 잔금을 지급하였다면 취득세 납세의무자는 위탁자이지만, 신탁재산의 잔금을 지급 전 신탁자에게 신탁을 한다면 취득세 납세의무자는 달라질 수 있다. 지방세법에 따라 취득세 납세의무자는 사실상 취득자이며, 대법원 2018.03.15. 선고 2017두64798 판결에 따라 수탁자가 위탁자에게 권리의무 승계계약에 따라 권리의무 일체를 승계하였고 잔금을 납부하였으므로 위탁자가 아닌 수탁자가 취득세 납세의무자가 되는 것이다.

③ 위탁자가 지방세특례제한법 등의 요건을 충족하여 취득세 감면을 받은 후 신탁재산을 수탁자에게 신탁하는 경우 수탁자가 해당 요건을 충족하지 아니하면 취득세 감면을 받을 수 없다.

④ 소득세법에 따라 신탁의 이익을 받을 권리(자본시장법에 따른 수익증권 및 투자신탁의 수익권 등 대통령령으로 정하는 수익권은 제외)의 양도로 발생하는 소득은 양도소득으로 과세된다.

★☆☆

12 신탁과 상속세 및 증여세에 대한 설명으로 적절하지 않은 것은?

① 상증법에 따라 피상속인이 신탁한 재산은 상속재산으로 보지만, 신탁계약에 의하여 위탁자가 타인을 신탁의 이익의 전부 또는 일부를 받을 수익자로 지정한 경우에는 수익자의 증여재산가액으로서 해당 신탁의 이익을 받을 권리의 가액은 상속재산으로 보지 아니한다.

② 유언대용신탁이란 위탁자가 원하는 조건으로 신탁자에게 신탁자산을 맡기고 운용 · 배분하는 계약으로, 예를 들어 생전에는 배우자에게 운용 수익을 지급하고 사후에는 직계비속에게 수익권을 배부할 수 있다.

③ 수익자연속신탁이란 신탁행위의 수익자가 사망한 경우 그 수익자가 갖는 수익권이 소멸하고 차례로 타인이 수익권을 취득하는 신탁을 말한다.

④ 유언대용신탁과 수익자연속신탁의 경우 상증법에 따라 원본 또는 수익이 수익자에게 실제 지급되는 날 증여세가 발생한다.

⑤ 위탁자가 사망한 경우 해당 신탁에서 발생한 이익에 대해서는 사전증여재산 및 상증법에 따라 상속세가 과세되기 때문에 유언대용신탁과 수익자연속신탁에서 발생한 원본 또는 수익은 증여세가 과세되지 않는 장점이 있다.

정답 | ④

해설 | ④ 유언대용신탁과 수익자연속신탁의 경우 상증법 제33조 제1항에 따라 원본 또는 수익이 수익자에게 실제 지급되는 날 증여세가 발생하여야 하지만, 상증법 제2조 제6호에 따라 유언대용신탁과 수익자연속신탁은 증여대상에서 명시적으로 제외하였기 때문에 수익자에게 원본 또는 수익이 실제 지급되더라도 증여세가 과세되기 어렵다.

CHAPTER

06 부동산설계 사례

출제 비중 : 5~10% / 1~2문항

학습가이드 ■ ■

학습 목표	학습 중요도
Tip 리파이낸싱, 정비사업 등 부동산설계 사례에 나오는 이론적인 내용에 대한 학습 필요	
1. 대출 상황에 따른 리파이낸싱을 실행할 수 있다.	★★★
2. 재건축사업과 재개발사업의 차이에 대해 설명할 수 있다.	★★★
3. 수익형 부동산의 투자분석 및 투자 시 유의사항을 설명할 수 있다.	★★

TOPIC 1 주거용 부동산 투자사례

★★★

01 박미진씨는 현재 작은 사업을 하면서 5년 전에 대출을 받아 작은 아파트를 구입하여 거주하고 있는데, 최근에 대출금리가 내렸다는 소식을 들었다. 그동안 거주하면서 안정적인 주거환경을 누린 것에 감사했지만 대출이자가 부담스러웠는데, 대출금리가 내렸다는 소식에 리파이낸싱을 검토하고 있다. 다음 정보를 토대로 리파이낸싱을 실행할 경우 매월 절약할 수 있는 대출원리금 상환액으로 가장 적절한 것은?

- 리파이낸싱 기준일 20×5년 5월 1일
- 대출시점 20×0년 5월 1일
- 아파트 구입 당시 주택가격 5억원, LTV 40%로 대출받음, 고정금리로 연 4.50% 월복리, 20년 원리금균등분할상환조건
- 재대출(리파이낸싱) 연 3.00% 월복리
- 상기 대출은 모두 매월 말 원리금 상환
- 주택담보대출을 받은 이후 3년이 지나서 조기상환수수료와 신규 취급수수료 등은 없음

① 115천원 ② 123천원

③ 156천원 ④ 219천원

⑤ 348천원

정답 I ②

해설 I • 최초로 대출받았을 때의 매월 상환해야 하는 원리금상환액
PV : 200,000, N : 240, I/Y : 4.5÷12, PMT(E)? 1,265천원
• 60회차 경과 후 남아있는 대출금 잔액
AMORT, P1 : 1, P2 : 60, BAL? 165,400천원
• 신규 대출 후 잔여대출기간 180개월을 기준으로 연 3.00%의 주택담보대출이율로 재대출하였을 때 매월 말 상환해야 하는 원리금균등분할상환액
PV : 165,400, N : 180, I/Y : 3÷12, PMT(E)? 1,142천원
• 매월 절약할 수 있는 대출원리금상환액 : 1,265－1,142＝123천원

★★★
02 대기업 직장에 다니는 송하영씨는 무주택자(현재 아파트 전세 거주)로 10년 가까이 4억원의 자금을 모았고 현재 8억원짜리 아파트를 매수하고자 한다. 다만, 기존 대출이 있는 관계로 DSR 40% 적용을 받아 추가 대출이 쉽지 않을 것으로 판단하여 CFP® 자격인증자를 찾아와 부동산 상담을 하면서 대출가능규모를 의뢰하였다. 다음 정보를 토대로 DSR 적용에 대한 설명으로 적절하지 않은 것은?

- ××구 8억원 아파트 매수 계획
- 연봉 1억원
- 주택담보대출 4억원(원리금균등, 30년, 금리 4.00% 월복리) 상품 고려
- 2년 만기 전세대출 2억원(만기일시, 금리 3.50% 월복리)
- 1년 만기 신용대출 50,000천원(만기일시, 금리 4.00% 월복리)
- 5년 차량 할부금 30,000천원(원리금균등, 금리 5.00% 월복리)
- 상기 대출은 모두 매월 말 원리금(이자) 상환

① 전세대출 원금상환액은 DSR계산시 포함되지 않는다.
② 은행업감독업무시행세칙 총부채원리금상환비율 부채산정방식에 따르면 신용대출(분할상환 외)은 대출총액÷5로 계산한다.
③ 현재 DSR 규제하에서 송하영씨의 DSR은 48.71%로 4억원의 대출을 받을 수 없다.
④ 현재 다른 대출을 유지한다는 가정하에는 약 280,000천원까지 대출을 받을 수 있다.
⑤ 이자율이 높은 차량대출 전액과 신용대출 10,000천원을 갚는다면 원하던 4억원 전액을 대출받을 수 있으므로, DSR 적용 규제하에서는 고금리의 기타대출 금액을 먼저 상환하는 것이 주택구입에 유리하다.

정답 I ④

해설 I • 담보대출 연간 원리금상환액
PV : 400,000, N : 360, I/Y : 4÷12, PMT(E)? 1,910천원×12＝22,916천원
• 전세대출 이자상환액 : 200,000×0.035＝7,000천원
• 신용대출 연간 원리금상환액 : (50,000÷5)＋(50,000×0.04)＝10,000＋2,000＝12,000천원
• 차량대출 연간 원리금상환액
PV : 30,000, N : 60, I/Y : 5÷12, PMT(E)? 566천원×12＝6,794천원

• 총 원리금상환액 : 22,916 + 7,000 + 12,000 + 6,794 = 48,710천원

• $DSR = \frac{48,710}{100,000} = 48.71\%$

• DSR 40% 적용을 받을 경우 가능한 담보대출 연간 원리금상환액 : 40,000 − 7,000 − 12,000 − 6,794 = 14,206천원

• DSR 40% 적용을 받을 경우 받을 수 있는 담보대출 최대가능액
PMT(E) : 14,206 ÷ 12 = 1,184, N : 360, I/Y : 4 ÷ 12, PV? 247,973천원

• 신용대출 10,000천원을 갚을 경우 신용대출 연간 원리금상환액 : (40,000 ÷ 5) + (40,000 × 0.04) = 8,000 + 1,600 = 9,600천원

• 차량대출 전액과 신용대출 10,000천원을 갚을 경우 총 원리금상환액 : 22,916 + 7,000 + 9,600 = 39,516천원

• 차량대출 전액과 신용대출 10,000천원을 갚을 경우 $DSR = \frac{39,516}{100,000} = 39.52\%$

▪▪▪ TOPIC 2 정비사업 투자사례

★★★

03 재건축사업에 대한 설명으로 적절하지 않은 것은?

① 재건축사업이란 도시 및 주거환경정비법에 따라 정비기반시설이 열악하고 노후 · 불량건축물이 밀집한 지역에서 주거환경을 개선하기 위한 사업이다.

② 내진성능이 확보되지 아니한 건축물 중 중대한 기능적 결함 또는 부실 설계 · 시공으로 구조적 결함 등이 있는 건축물로서 대통령령으로 정하는 건축물은 노후 · 불량건축물에 해당한다.

③ 도시 및 주거환경정비법에 따라 주택단지의 건축물의 재건축사업 입안권자는 재개발사업과 달리 안전진단을 실시하여야 한다.

④ 정비계획의 입안권자가 진입도로 등 기반시설 설치를 위하여 불가피하게 정비구역에 포함된 것으로 인정하는 건축물인 경우에는 안전진단 대상에서 제외할 수 있다.

⑤ 시설물의 안전 및 유지관리에 관한 특별법의 시설물로서 같은 법에 따라 지정받은 안전등급이 D(미흡) 또는 E(불량)인 건축물인 경우에는 안전진단 대상에서 제외할 수 있다.

정답 | ①

해설 | ① 재개발사업에 대한 설명이다. 재건축사업이란 도시 및 주거환경정비법 제2조에 따라 정비기반시설은 양호하나 노후 · 불량건축물에 해당하는 공동주택이 밀집한 지역에서 주거환경을 개선하기 위한 사업이다.

★★★

04 **재건축사업과 관련하여 사업성분석에 필요한 용어에 대한 다음 설명 중 가장 적절한 것은?**

① 공시지가 : 토지에 대해 국토부 장관이 가격을 조사 · 산정하여 공시하는 가격을 말하는데, 단위면적(m^2)당 가격으로 발표하며 기준날짜는 공동주택 공시가격과 마찬가지로 매년 6월 1일이다.

② 감정평가액 : 조합원분양, 일반분양, 상가, 임대주택 등 모든 사업이 완료된 후 사업장이 가지게 된 전체 자산의 총액을 평가하는 것을 말한다.

③ 비례율 : 해당 부동산의 가치가 재개발 · 재건축 이후 얼마나 가치를 가지는지 가늠할 수 있는 비율로서 종후자산평가액에서 총사업비를 빼고 이것을 다시 종전자산평가액으로 나누어서 구한다.

④ 권리가액 : 조합원들이 주장할 수 있는 권리의 가치로서 종후자산평가액에서 비례율을 곱한 금액이다.

⑤ 조합원 분담금 : 조합원 분양가에서 감정평가액을 뺀 금액으로 조합원들이 분양을 받기 위해 추가로 부담해야 하는 금액을 말한다.

정답 I ③

해설 I ① 단위면적(m^2)당 가격으로 발표하며 기준날짜는 공동주택 공시가격과 마찬가지로 매년 1월 1일이다.

② 종후자산평가액에 대한 설명이다. 감정평가액은 공식 자격을 인정받은 감정평가사의 절차에 따라 평가하는 금액으로 공식적인 가치를 갖는다. 재개발 · 재건축에서는 보상의 기준과 조합원의 공식적 자산 금액으로 사용된다.

④ 권리가액 : 조합원들이 주장할 수 있는 권리의 가치로서 감정평가액에서 비례율을 곱한 금액이다.

⑤ 조합원 분담금 : 조합원 분양가에서 권리가액을 뺀 금액으로 조합원들이 분양을 받기 위해 추가로 부담해야 하는 금액을 말한다.

★★★

05 다음 정보를 토대로 ○○동 재건축사업 부동산에 투자하는 윤성빈씨의 추가부담금으로 가장 적절한 것은?

> [○○시 ○○동 재건축사업 부동산]
> - 현재 해당 아파트의 면적은 104m²이며 대지지분은 80m²로 시가는 3억원임
> - 재건축을 위한 용적률은 200%로 재건축 후 분양받을 수 있는 아파트의 면적은 145m²임
> - 재건축사업 아파트 단지의 대지면적은 40,000m²이며, m²당 분양가는 5,000천원, m²당 총공사비(제경비 포함)는 1,760천원으로 예상됨
> - 재건축사업은 지분제를 적용한 사업으로 무상지분율을 산정한 후 조합원별 추가부담금을 결정함
>
> [추가부담금 산정절차]
> - 개발이익 = 총수입 − 총지출
> - 개발이익면적 : $\frac{\text{개발이익}}{\text{m}^2\text{당 분양가}}$
> - 무상지분율 : $\frac{\text{개발이익면적}}{\text{기존대지면적}} \times 100$
> - 추가부담금 : [분양 후 면적 − (대지지분 × 무상지분율)] × 분양가

① 128,000천원 ② 140,800천원
③ 206,600천원 ④ 259,200천원
⑤ 400,000천원

정답 | ③

해설 | • 연면적 : 대지면적 × 용적률 = 40,000m² × 200% = 80,000m²
- 총수입 : 연면적 × m²당 분양가 = 80,000m² × 5,000 = 400,000,000천원
- 총비용 : m²당 총공사비 × 연면적 = 1,760 × 80,000m² = 140,800,000천원
- 개발이익 : 총수입 − 총지출 = 400,000,000 − 140,800,000 = 259,200,000천원
- 개발이익면적 : $\frac{\text{개발이익}}{\text{m}^2\text{당 분양가}} = \frac{259,200,000}{5,000} = 51,840\text{m}^2$
- 무상지분율 : $\frac{\text{개발이익면적}}{\text{기존대지면적}} \times 100 = \frac{51,840\text{m}^2}{40,000\text{m}^2} \times 100 = 129.6\%$
- 추가부담금 : [분양 후 면적 − (대지지분 × 무상지분율)] × 분양가 = [145m² − (80m² × 129.6%)] × 5,000 = [145m² − 103.68m²] × 5,000 = 206,600천원

★★★

06 윤남노씨가 투자하고자 하는 해당 재건축사업 아파트의 경우 전세가율이 비교적 높게 형성되어 있어(70%) 초기투자자금을 줄일 수 있다. 윤남노씨의 경우 초기투자자금은 매매대금과 취득세의 합계에서 전세금을 제한 금액인 93,000천원 정도로 예상된다. 3차년도에 관리처분계획을 통하여 세입자에게 전세보증금을 지급하는데, 이는 해당 부동산 감정가액에 LTV 50%를 적용한 대출을 통하여 조달하며 전세보증금 반환 후 잔액과 윤남노씨의 잔여 현금을 통해 4차년도, 5차년도의 추가부담금을 조달한다. 다음 정보를 토대로 ○○동 재건축사업 부동산에 투자하는 윤남노씨의 IRR과 NPV가 적절하게 연결된 것은?

[○○시 ○○동 재건축사업 부동산]

- 재무목표 : 재건축사업 아파트를 매입 후 사업 실행이 완료된 후 매각하여 요구수익률(연 8.00%) 달성
- 재건축사업 아파트 매입 시 세입자를 구하여 초기투자자본을 최소화하길 희망함
- 현재 해당 아파트의 시가는 3억원임(전세금 210,000천원 포함)
- 투자대상 재건축사업 아파트 분양가(감정가액)는 725,000천원으로 예상됨
- 현시점에 해당 아파트를 매입할 경우 3차년도에 관리처분계획을 통하여 착공 후 3년 뒤인 6차년도에 준공 예정임
- 대출은 감정평가액의 LTV 50%(이자율 6.00%)까지 가능할 것으로 예상됨(분양 감정가액의 LTV를 적용하여 일시 대출받는 것으로 가정함)
- 투자대상 부동산 취득 시 취득세는 1%이며, 매년 보유세는 당해 연도 아파트가격의 0.5%로 가정하여 산정하며 매년 5%씩 상승하는 것으로 가정함(건축물이 철거되고 없는 관리처분 이후부터 준공 시까지의 보유세는 고려하지 아니함)
- 6차년도에 준공이 완료되어 입주 후 매각하는 것을 가정하여 투자분석을 실행함
- 윤남노씨의 추가부담금은 206,600천원으로 3차년도에 관리처분 후 4차년도부터 2년간 50%씩 납부함
- 현금흐름의 유출입은 매년말 발생하는 것으로 가정함
- 양도소득세는 계산의 단순화를 위하여 고려하지 않음

	IRR	NPV
①	16.71%	58,156천원
②	17.61%	61,715천원
③	17.61%	75,627천원
④	18.84%	61,715천원
⑤	18.84%	58,156천원

정답 | ④

해설 | **[재건축사업 아파트 투자 시 현금흐름]**

(단위 : 천원)

구분	투자시점	1차년도	2차년도	3차년도	4차년도	5차년도	6차년도
매매가	(300,000)	−	−	−	−	−	725,000
전세금	210,000	−	−	(210,000)	−	−	−
대출금	−	−	−	362,500	−	−	(362,500)
취득세	(3,000)	−	−	−	−	−	−
보유세	−	(1,500)	(1,575)	(1,654)	−	−	−
추가부담금	−	−	−	−	(103,300)	(103,300)	−
대출금이자	−	−	−	−	(21,750)	(21,750)	(21,750)
현금흐름	(93,000)	(1,500)	(1,575)	150,846	(125,050)	(125,050)	340,750

- CF0 : −93,000, C01 : −1,500, F01 : 1, C02 : −1,575, F02 : 1, C03 : 150,846, F03 : 1, C04 : −125,050, F04 : 2, C05 : 340,750, F05 : 1, IRR? 18.8433%
- I : 8, NPV? 61,715천원

★★★

07 재개발조합 설립인가 시 동의에 대한 다음 설명 중 (가)~(나)에 들어갈 내용으로 가장 적절한 것은?

> 재개발사업의 추진위원회가 조합을 설립하려면 토지 등 소유자의 (가) 이상 및 토지면적의 (나) 이상의 토지소유자의 동의를 받아 정관 등의 사항을 첨부하여 시장 · 군수 등의 인가를 받아야 한다.

	가	나
①	1/2	1/2
②	1/2	2/3
③	2/3	3/4
④	3/4	2/3
⑤	3/4	1/2

정답 | ⑤

해설 | 재개발사업의 추진위원회가 조합을 설립하려면 토지 등 소유자의 3/4 이상 및 토지면적의 1/2 이상의 토지소유자의 동의를 받아 정관 등의 사항을 첨부하여 시장 · 군수 등의 인가를 받아야 한다.

★★★
08 정비사업에 대한 적절한 설명으로 모두 묶인 것은?

가. 비례율은 해당 부동산의 가치가 재개발 · 재건축 이후 얼마나 가치를 가지는지 가늠할 수 있는 비율로서, 비례율이 100%보다 크다면 사업성이 좋은 것으로 판단하는데 종후자산평가액에서 총사업비를 빼고 이것을 다시 종전자산평가액으로 나누어서 구한다.
나. 권리가액은 조합원들이 주장할 수 있는 권리의 가치로서 감정평가액에서 비례율을 곱한 금액이다.
다. 조합원 분담금은 조합원 분양가에서 권리가액을 뺀 금액으로 조합원들이 분양을 받기 위해 추가로 부담해야 하는 금액을 말한다.
라. 재개발사업의 추진위원회가 조합을 설립하려는 때에는 주택단지의 공동주택의 각 동별 구분소유자의 과반수 동의와 주택단지의 전체 구분소유자의 3/4 이상 및 토지면적의 3/4 이상의 토지소유자의 동의를 받아 정관 등의 사항을 첨부하여 시장 · 군수 등의 인가를 받아야 한다.
마. 통상 재개발사업은 세입자 대책이 없어 사업추진이 빠르다.

① 가, 나, 다
② 가, 나, 마
③ 가, 라, 마
④ 나, 다, 라
⑤ 다, 라, 마

정답 | ①

해설 | **〈재개발과 재건축의 차이〉**

구분	재개발	재건축
근거법령	도시 및 주거환경정비법	
사업범위	정비기반시설이 열악한 노후 · 불량 건축물 주거환경 개선, 상업지역 · 공업지역 등에서 도시의 기능회복	정비기반시설이 양호하나 노후 · 불량 건축물에 해당하는 공동주택 주거환경 개선
조합설립 필요동의율	토지 소유자의 3/4 이상 +토지면적의 1/2 이상	주택단지 전체 구분소유자의 3/4 이상+토지면적의 3/4 이상+각 동의 과반수 이상
조합원 자격	토지소유자 또는 건축물의 소유자 (조합설립 동의와 관계없이)	건축물 및 그 부속토지를 모두 소유한 자(재건축사업에 동의한 자만)
안전진단	실시하지 않음	실시함(동법 시행령에 따라 실시하지 않을 수 있음)
임대주택 비율	전체 세대수 또는 전체연면적의 20% 이하(시 · 도 조례에 따라 상이)	상한 용적률과 법적 상한 용적률의 차이의 50%(시 · 도 조례에 따라 상이)
세입자 대책	있음	없음
개발부담금	없음	부과(초과이익환수법)

★★★
09 강북지역에 30년이 지난 아파트를 소유한 상담고객이 주택 재건축사업 추진절차를 궁금해하고 있다. 관리처분계획인가 직전 사업절차로 가장 적절한 것은?

① 정비기본계획수립
② 정비구역지정
③ 조합설립인가
④ 사업시행계획인가
⑤ 조합원 동호수 추첨

정답 | ④

해설 | 〈주택의 재개발 · 재건축의 실무적인 절차〉

> 정비기본계획수립(재건축사업의 경우 안전진단 시행) 및 정비구역지정 → 추진위원회 승인 → 조합설립인가 → 시공자 선정 → 사업시행계획인가 → 관리처분계획인가 → 이주 및 철거 → 조합원 동호수 추첨 → 착공 → 일반분양 → 준공인가 및 입주 → 이전고시 및 청산

★★★

10 주택 재개발사업의 추진 절차가 순서대로 나열된 것은?

> 가. 정비구역지정
> 나. 조합설립인가
> 다. 사업시행계획인가
> 라. 관리처분계획인가
> 마. 이전고시 및 청산

① 가 – 나 – 다 – 라 – 마
② 가 – 나 – 라 – 다 – 마
③ 나 – 가 – 라 – 다 – 마
④ 나 – 다 – 가 – 라 – 마
⑤ 다 – 가 – 나 – 마 – 라

정답 | ①

해설 | 〈주택의 재개발 · 재건축의 실무적인 절차〉

> 정비기본계획수립(재건축사업의 경우 안전진단 시행) 및 정비구역지정 → 추진위원회 승인 → 조합설립인가 → 시공자 선정 → 사업시행계획인가 → 관리처분계획인가 → 이주 및 철거 → 조합원 동호수 추첨 → 착공 → 일반분양 → 준공인가 및 입주 → 이전고시 및 청산

★★★

11 주택 재개발사업의 추진 절차가 순서대로 나열된 것은?

> 가. 추진위원회 승인
> 나. 사업시행계획인가
> 다. 조합설립인가
> 라. 착공 및 준공
> 마. 입주 및 이전고시

① 가 – 나 – 다 – 마 – 라
② 가 – 다 – 나 – 라 – 마
③ 가 – 다 – 라 – 나 – 마
④ 다 – 가 – 나 – 라 – 마
⑤ 다 – 나 – 가 – 라 – 마

정답 | ②

해설 | 〈주택의 재개발 · 재건축의 실무적인 절차〉

> 정비기본계획수립(재건축사업의 경우 안전진단 시행) 및 정비구역지정 → 추진위원회 승인 → 조합설립인가 → 시공자 선정 → 사업시행계획인가 → 관리처분계획인가 → 이주 및 철거 → 조합원 동호수 추첨 → 착공 → 일반분양 → 준공인가 및 입주 → 이전고시 및 청산

★★★

12 **황가람씨는 정년을 앞둔 직장인으로 노후대비 및 추후 자녀의 결혼자금에 도움을 주기 위하여 투자목적으로 재개발사업 주택을 매수할 것을 고려하고 있다. 재개발사업 주택 매입 시 매매가의 30% 수준의 세입자를 구한 뒤 6차년도에 매각 예정이다. 다음 정보를 토대로 ○○동 재개발사업 부동산에 투자하는 황가람씨의 IRR과 NPV가 적절하게 연결된 것은?**

> [○○구 ○○동 재개발사업 부동산]
> • 투자를 고려하고 있는 재개발주택은 대지지분 30m^2, 주택면적은 45m^{2}인 다세대주택으로 매매가격은 630,000천원으로 조사됨
> • 주거밀집지역으로 주택가격의 30% 수준으로 전세가 가능하며 대상사업장의 비례율은 105%로 예상되고 재개발 후 분양받을 수 있는 아파트 면적은 73m^{2}임
> • 현재 진행사항을 고려할 때 재개발사업은 투자시점에 정비구역지정, 2차년도 사업시행인가, 3차년도 관리처분인가를 통해 6차년도에 준공 및 입주가 가능할 것으로 예상됨
> • 재개발사업의 위험을 고려한 황가람씨의 요구수익률은 10.00%임
>
> [추가 가정]
> • 추가부담금 산정을 위한 감정평가 시 2차년도 사업시행인가 시점의 토지의 감정가격은 m^{2}당 18,850천원으로 산정하고 건물의 경우 m^{2}당 500천원으로 산정함
> • 일반분양가는 m^{2}당 17,000천원이며 조합원분양가는 일반분양가의 80% 수준으로 결정함
> • 재개발아파트는 3차년도 분양가를 기준으로 매년 5%씩 상승할 것으로 예상되며 5차년도에 준공되어 입주 후 6차년도에 산정된 가격으로 매각하는 것을 가정하여 투자분석을 수행함
> • 관리처분인가 시 전세금 반환과 추가부담금 전액을 대출(연 6.00%)하는 것으로 고정하며 추가부담금은 4차년도에 전액 납부하는 것으로 가정함
> • 대상물건에 대한 취득세와 보유세, 양도소득세는 고려하지 않는 것으로 가정함
> • 현금흐름의 유출입은 매년말 발생하는 것으로 가정함

	IRR	NPV
①	10.33%	7,383천원
②	10.33%	13,710천원
③	10.62%	7,383천원
④	10.62%	13,710천원
⑤	12.36%	10,731천원

정답 I ④

해설 I **[재건축사업 아파트 투자 시 현금흐름]**

(단위 : 천원)

구분	투자시점	1차년도	2차년도	3차년도	4차년도	5차년도	6차년도
매매가	(630,000)	–	–	–	–	–	1,436,613
전세금	189,000	–	–	(189,000)	–	–	–
대출금	–	–	–	564,400	–	–	(564,400)
추가부담금	–	–	–	–	(375,400)	–	–
대출금이자	–	–	–		(33,864)	(33,864)	(33,864)
현금흐름	(441,000)	–	–	375,400	(409,264)	(33,864)	838,349

• 전세금 : 매매가×전세비율 = 630,000×30% = 189,000천원
• 초기투자비용 : 630,000 − 189,000 = 441,000천원
• 대지 감정가액 : 30m^2×18,850 = 565,500천원
• 건물 감정가액 : 45m^2×500 = 22,500천원
• 권리가액 : (대지 감정가액 + 건물 감정가액)×비례율 = (565,500 + 22,500)×105% = 617,400천원
• 73m^2 조합원 예상 분양가 : 73m^2×17,000×80% = 992,800천원
• 추가부담금 : 조합원 예상 분양가 − 권리가액 = 992,800 − 617,400 = 375,400천원
• 대출금 : 전세금 반환 + 추가부담금 전액 = 189,000 + 375,400 = 564,400천원
• 대출금이자 : 564,400×6% = 33,864천원
• 예상 시세(6차년도) : 73m^2×17,000×1.053 = 1,436,613천원
• CF0 : −441,000, C01 : 0, F01 : 2, C02 : 375,400, F02 : 1, C03 : −409,264, F03 : 1, C04 : −33,864, F04 : 1, C05 : 838,349, F05 : 1, IRR? 10.6246%
• I : 10, NPV? 13,710천원

··· TOPIC 3 수익형 부동산 투자사례

★★☆

13 한동수씨는 노후대비 및 추후 자녀의 대학교 학비에 도움을 주기 위하여 투자목적으로 아파트 단지 상가 매수를 고려하고 있다. 아파트 단지 상가 매수 시 대출은 60%(연 6.00%), 보증금 40,000천원, 월세 800천원 세입자를 구한 뒤 6차년도에 매각 예정이다. 다음 정보를 토대로 ○○동 아파트 단지 상가에 투자하는 한동수씨의 IRR과 NPV가 적절하게 연결된 것은?

[○○시 ○○동 아파트 단지 상가]
• 투자를 고려하고 있는 아파트 단지 상가는 265,000천원임(투자시점에 대출을 받아 일시에 납부하는 것으로 가정함)
• 임대수입은 2년이 지난 시점마다 5%씩 상승하는 것으로 가정하며, 운영비용은 보수적으로 임대수입의 10%로 가정함
• 투자대상 아파트 단지 상가는 초기 분양 후 활성화되어 자본이득에 대한 기대가 있으므로 매년 5%씩 상승하는 것으로 가정함
• 대상물건에 대한 취득세와 보유세, 양도소득세는 고려하지 않는 것으로 가정함
• 대출금은 6차년도 매도하는 시점에 일시상환하는 것으로 가정함
• 한동수씨의 요구수익률은 8.00%임
• 현금흐름의 유출입은 매년말 발생하는 것으로 가정함

	IRR	NPV
①	9.40%	5,982천원
②	9.40%	30,046천원
③	14.84%	5,982천원
④	14.84%	30,046천원
⑤	15.94%	40,036천원

정답 | ④

해설 | **[아파트 단지 상가 투자 시 현금흐름]**

(단위 : 천원)

구분	투자시점	1차년도	2차년도	3차년도	4차년도	5차년도	6차년도
임대수입	–	9,600	9,600	10,080	10,080	10,584	10,584
운영비용	–	(960)	(960)	(1,008)	(1,008)	(1,058)	(1,058)
매매가	(265,000)	–	–	–	–	–	355,125
보증금	40,000	–	–	–	–	–	(40,000)
대출금	159,000	–	–	–	–	–	(159,000)
대출금이자	–	(9,540)	(9,540)	(9,540)	(9,540)	(9,540)	(9,540)
현금흐름	(66,000)	(900)	(900)	(468)	(468)	(14)	156,111

- 대출금 : 265,000×60%=159,000천원
- 대출금이자 : 159,000×6%=9,540천원
- 예상 시세(6차년도) : $265{,}000 \times 1.05^6 = 355{,}125$천원
- CF0 : −66,000, C01 : −900, F01 : 2, C02 : −468, F02 : 2, C03 : −14, F03 : 1, C04 : 156,111, F04 : 1, IRR? 14.8417%
- I : 8, NPV? 30,046천원

★★☆

14 오피스텔에 대한 설명으로 적절하지 않은 것은?

① 오피스텔은 주택법을 적용받는 아파트와는 달리 건축법을 적용받고 지어지며, 청약을 통해 분양권인 상태에서 일반임대사업자로 물건을 등록하면 주택수에 포함되지 않는다.

② 아파트에 비해 전용률이 낮아 실제 전용면적이 작으며 아파트에 비해 관리비가 높은 편이다.

③ 일반적으로 발코니의 설치가 금지되나, 주거용의 경우 발코니를 설치할 수 있다.

④ 다른 용도와 복합으로 건축하는 경우에는 오피스텔의 전용출입구를 별도로 설치해야 한다.

⑤ 각 사무구획별 전용면적이 $120m^2$를 초과하는 경우 온돌·온수온돌 또는 전열기 등을 사용한 바닥난방을 설치하지 아니하여야 한다.

정답 | ③

해설 | ③ 각 사무구획별 노대(발코니)를 설치하지 아니할 것

★★☆

15 **손정윤씨는 근로소득 외 추가적으로 안정적인 현금흐름을 만들고 싶어 하기 때문에 오피스텔에 투자를 고려하고 있다. 현재 1주택을 보유하고 있기 때문에 업무용 오피스텔로 사업자등록증을 내고 운영할 예정이다. 다음 정보를 토대로 오피스텔에 투자하는 손정윤씨의 IRR과 NPV가 적절하게 연결된 것은?**

- 오피스텔 매매가는 현재 160,000천원 수준이고, 매입 시 보증금 10,000천원 및 월세 700천원 수준의 세입자를 구할 것을 고려하며, 오피스텔 담보대출은 매매가의 60% 수준까지 가능한 것으로 가정함
- 투자대상 오피스텔은 자본이득에 대한 기대가 크지 않으므로 매년 3%씩 상승하는 것으로 가정함
- 임대수입은 2년이 지난 시점마다 5%씩 상승하는 것으로 가정하며, 운영비용은 보수적으로 임대수입의 10%로 가정함
- 요구수익률 : 연 7.00%
- 투자대상 부동산의 취득 시 취득세는 4.6%이며, 재산세는 매년 부동산 가액의 0.2%, 양도소득세는 과세표준에 25%로 가정함
- 보유 후 6차년도에는 자녀의 초등학교 입학으로 인하여 매도를 고려함
- 대출금은 6차년도 매도하는 시점에 일시상환하는 것으로 가정함
- 현금흐름의 유출입은 매년말 발생하는 것으로 가정함

	IRR	NPV
①	6.24%	−2,431천원
②	6.24%	392천원
③	7.12%	−2,431천원
④	7.12%	392천원
⑤	8.17%	3,922천원

정답 | ④

해설 | **[오피스텔 투자 시 현금흐름]**

(단위 : 천원)

구분	투자시점	1차년도	2차년도	3차년도	4차년도	5차년도	6차년도
임대수입	–	8,400	8,400	8,820	8,820	9,261	9,261
운영비용	–	(840)	(840)	(882)	(882)	(926)	(926)
매매가	(160,000)	–	–	–	–	–	191,048
보증금	10,000	–	–	–	–	–	(10,000)
대출금	96,000	–	–	–	–	–	(96,000)
취득세	(7,360)	–	–	–	–	–	–
대출금이자	–	(5,760)	(5,760)	(5,760)	(5,760)	(5,760)	(5,760)
재산세	–	(320)	(330)	(339)	(350)	(360)	(371)
양도소득세	–	–	–	–	–	–	(5,297)
현금흐름	(61,360)	1,480	1,470	1,839	1,828	2,215	81,955

- 대출금 : 160,000×60%=96,000천원
- 취득세 : 160,000×4.6%=7,360천원
- 대출금이자 : 96,000×6%=5,760천원
- 예상 시세(6차년도) : 160,000×1.03^6=191,048천원

[양도소득세 산출내역]

구분	금액	비고
양도가액	191,048천원	매매가액에 연 3%씩 6년 상승 가정
취득가액(취득세 포함)	167,360천원	
양도차익	23,688천원	
기본공제	2,500천원	
과세표준	21,188천원	
세율	25%	계산 편의를 위해 단일세율 가정
양도소득세	5,297천원	

- CF0 : −61,360, C01 : 1,480, F01 : 1, C02 : 1,470, F02 : 1, C03 : 1,839, F03 : 1, C04 : 1,828, F04 : 1, C05 : 2,215, F05 : 1, C06 : 81,955, F06 : 1, IRR? 7.1206%
- I : 7, NPV? 392천원

★★☆

16 오피스텔 투자 시 유의사항에 대한 설명으로 적절하지 않은 것은?

① 아파트와 달리 관리비가 매우 높으며, 새로운 임차인을 구하게 될 경우 중개수수료가 추가로 발생하고 최악의 경우 공실이 발생할 수 있기 때문에 최초에 설정한 사업타당성이 무너질 수 있다.

② 주거용으로 오피스텔을 운용하는 경우 추후 주택을 취득할 시 취득세 중과가 발생할 수 있으나, 세입자의 전입신고로부터 자유롭고 임대사업자로 등록할 경우 주거용 오피스텔의 취득세를 최대 면제할 수 있다.

③ 주거용으로 오피스텔을 운용할 경우 업무용에 비해 재산세 세율이 높아지는 효과가 있다.

④ 주거용 오피스텔을 매수하기 전 1세대 1주택자로 종합부동산세 납부 대상자가 아니었으나, 주거용 오피스텔을 매수한 후 주택과 오피스텔의 공시가격 합계액이 9억원을 초과한다면 종합부동산세를 납부할 수 있으므로 해당 내역을 꼼꼼하게 비교하여야 한다.

⑤ 업무용 오피스텔로 운용을 하다 매각을 하더라도 임차인이 실제로 해당 오피스텔을 주거용으로 사용하고 있었다면, 실질과세원칙에 따라 해당 오피스텔은 주택으로 산입되고 기존에 주택이 있다면 양도소득세 중과세율이 적용될 수 있다.

정답 I ③

해설 I ③ 주거용으로 오피스텔을 운용할 경우 업무용에 비해 재산세 세율 자체는 낮아지는 효과가 있다. 주거용 오피스텔의 경우 주택분의 재산세를, 업무용의 경우 토지와 건물분의 재산세 세율을 적용받는다. 지방세법 제110조 및 제111조에 따라 주택의 경우 시가표준액의 60%를 과세표준으로, 세율은 0.1∼0.4%가 적용되며, 토지의 경우 시가표준액의 70%를 과세표준으로, 세율은 0.2∼0.4%가 적용된다. 건물의 경우 시가표준액의 70%를 과세표준으로, 세율은 0.25% 단일세율로 적용되기 때문에 주거용으로 오피스텔을 운용할 경우 재산세의 부담은 적어지는 것이 사실이다. 하지만 종합부동산세법 제7조에 따라 주거용 오피스텔은 기존의 주택과 함께 종합부동산세를 납부할 의무가 발생한다.

PART 06

투자설계

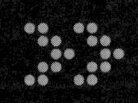

CONTENTS

CHAPTER

01 거시경제와 금융시장

출제 비중 : 7~14% / 2~4문항

학습가이드 ■ ■

학습 목표	학습 중요도
Tip 경제환경을 분석하는 응용형 문제에 대한 학습 필요	
1. 총수요와 총공급모형에 따른 거시경제의 균형을 설명할 수 있다.	★★
2. 이자율과 환율이 결정되는 원리를 이해할 수 있다.	★★★
3. 경기동향을 판단하고 예측하는 방법을 이해할 수 있다.	★
4. 경제정책이 금융시장에 미치는 영향을 이해할 수 있다.	★★★

■■■ TOPIC 1 총수요와 총공급

★★☆

01 총수요곡선에 대한 설명으로 적절하지 않은 것은?

① 총수요는 가계소비, 기업투자, 정부지출 그리고 해외 수요인 순수출(수출－수입)을 합한 금액으로서 국가경제의 지출국민소득과 동일하다.

② 물가가 상승하면 화폐의 실질가치가 하락하고 가계의 자산가치와 가계소비가 감소한다.

③ 정부지출은 물가수준과 상관없이 정부가 재량으로 결정하므로 물가수준이 변동하더라도 정부지출은 변동하지 않는다.

④ 물가가 상승하면 국내금리가 하락하여 원화가치가 상승하고 순수출은 증가된다.

⑤ 물가수준이 상승하면 소비, 투자 및 순수출이 감소하여 총수요량은 감소하고 물가수준이 하락하면 총수요량은 증가한다. 즉, 물가와 총수요량과의 관계를 나타내는 총수요곡선은 우하향한다.

정답 | ④

해설 | ④ 물가가 상승하면 국내금리가 상승하여 원화가치가 상승하고 순수출은 감소된다.

[가계소비와 물가]
- 물가상승 → 가계 지출액 증가 → 가계 화폐보유 증가(저축 감소) → 금리 상승 → 기업투자 감소
- 물가하락 → 가계 지출액 감소 → 가계 화폐보유 감소(저축 증가) → 금리 하락 → 기업투자 증가

[기업투자와 물가]
- 물가상승 → 국내금리 상승 → 원화가치 상승(원화환율 감소) → 순수출 감소
- 물가하락 → 국내금리 하락 → 원화가치 상승(원화환율 증가) → 순수출 증가

총수요곡선

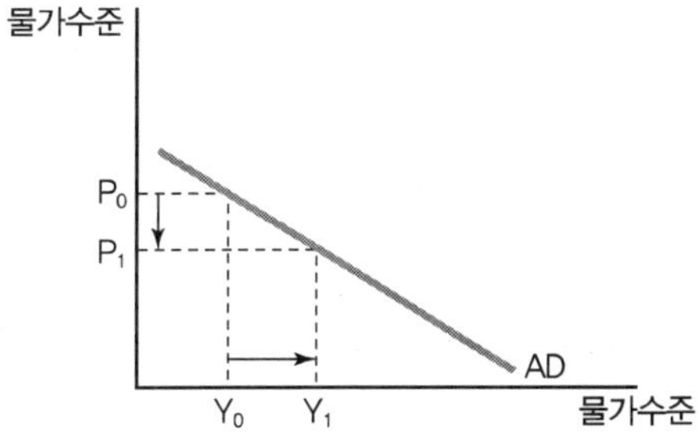

★★☆

02 총공급곡선에 대한 설명으로 적절하지 않은 것은?

① 자연산출량은 자연실업률 또는 완전고용실업률 수준에서의 산출량으로서 잠재산출량 또는 완전고용산출량이라고도 한다.

② 물가수준의 변동은 장기적으로는 실질 GDP에만 영향을 미치는 화폐적 현상이다.

③ 장기총공급곡선은 자연산출량 수준에서 수직인 형태를 취한다.

④ 물가가 상승할 경우 시장에 존재하는 불완전성으로 인해 단기적으로 산출량이 증가하므로 단기총공급곡선이 우상향한다.

⑤ 케인즈학파에 따르면 최소한 단기적으로는 시장에 불완전성이 존재한다고 한다. 시장의 단기적 불완전성을 설명하는 이론으로 임금경직성이론, 물가경직성이론 그리고 착각이론 등이 있다.

정답 | ②

해설 | ② 물가수준이 변동하더라도 총공급량에 영향을 미치는 기술 수준과 생산요소의 양은 일정하므로 총공급량인 실질 GDP는 물가수준과 상관없이 일정하다. 따라서 장기총공급곡선은 자연산출량 수준에서 수직인 형태를 취한다. 장기총공급곡선이 수직이라는 것은 물가수준이 변동하더라도 장기적으로 산출량(실질 GDP)은 자연산출량 수준에서 일정하다는 것을 의미한다. 따라서 물가수준의 변동은 장기적으로는 명목 GDP에만 영향을 미치는 화폐적 현상이다.

장단기총공급곡선

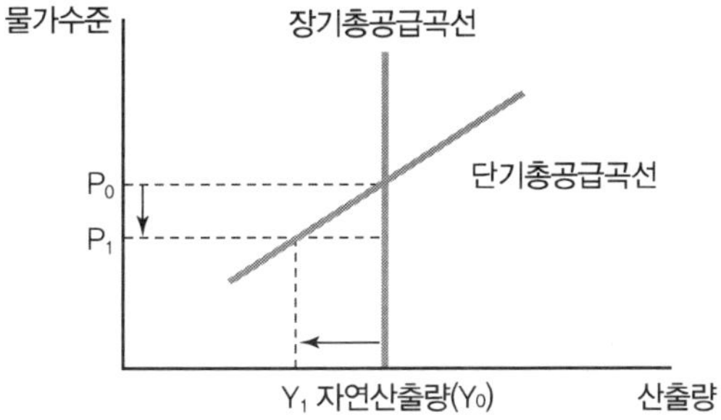

★★☆

03 총공급곡선에 대한 설명이다. 빈칸에 들어갈 내용으로 적절하게 연결된 것은?

> • 임금경직성이론에 의하면 예상보다 물가수준이 더 높게 상승하면 임금상승률이 제품가격상승률보다 낮아지게 된다. 그 결과 단기적으로 산출량이 (가).
> • 가격경직성이론에 의하면 물가가 예상보다 더 높게 상승하더라도 판매가격을 조정하기 위한 비용(메뉴비용)이 발생하여 단기적으로 산출량이 (나).
> • 착각이론에 의하면 물가수준이 예측치보다 더 높게 상승할 때 단기적으로 산출량이 (다).

	가	나	다
①	증가한다	증가한다	증가한다
②	증가한다	감소한다	증가한다
③	증가한다	증가한다	감소한다
④	감소한다	감소한다	감소한다
⑤	감소한다	증가한다	감소한다

정답 I ①

해설 I • 임금경직성이론에 의하면 예상보다 물가수준이 더 높게 상승하면 임금상승률이 제품가격상승률보다 낮아지게 된다. 예상보다 물가수준이 더 높게 상승하면 임금상승률은 제품가격상승률보다 낮아지게 된다. 이에 따라 제품가격상승률이 임금상승률보다 높게 되고 기업은 이윤을 증가시키기 위해 단기적으로 산출량을 증가시킨다.

• 가격경직성이론에 의하면 물가가 예상보다 더 높게 상승하더라도 판매가격을 조정하기 위한 비용(메뉴비용)이 발생하여 일부 기업은 판매가격을 인상하는 것을 늦추게 된다. 따라서 그 기업들의 제품가격은 타 기업보다 낮게 되고 소비자들은 가격이 상대적으로 낮은 그 기업들의 제품을 더 많이 구매하게 되어 단기적으로 산출량이 증가한다.

• 착각이론에 의하면 물가수준이 예측치보다 더 높게 상승할 때 기업은 자사 제품의 판매가격만 증가하는 것으로 착각하여 산출량을 증가시킨다.

★★★

04 다음 중 대부자금이론에 대한 설명으로 적절하지 않은 것은?

① 대부자금이론에서 시장의 균형이자율은 대부자금시장에서 자금의 공급량이 수요량과 일치하는 점에서 발생한다.

② 대부자금에 대한 수요는 가계가 주택을 구입하기 위해 대출을 받거나, 기업이 시설 투자 및 공장 건설에 필요한 자금을 차입하는 등 민간 경제주체가 대부자금 시장에서 자금을 차입하는 것을 말한다.

③ 다른 조건이 동일하고 물가만 상승하는 경우 대부자금시장에서 결정되는 이자율은 정확히 물가상승분만큼 상승한다.

④ 정부가 투자를 활성화시키기 위하여 투자세액공제제도를 도입하면 기업의 실질차입비용은 하락하므로 기업은 투자를 증가시키기 위해 자금의 수요를 증가시키고 수요곡선이 우측으로 이동한다. 이에 따라 균형이자율은 상승하고 민간저축은 증가하게 된다.

⑤ 경기가 회복할 것으로 전망되면 기업의 투자를 위한 자금 수요가 증가하고 이는 대부자금시장에서 수요곡선을 우측으로 이동시킨다. 따라서 공급곡선이 일정하다면 시장의 균형이자율은 상승한다.

정답 | ③

해설 | ③ 시장의 균형이자율은 대부자금시장에서 자금의 공급량이 수요량과 일치하는 점에서 발생한다. 대부자금시장에서 결정되는 이자율은 실질이자율이다. 따라서 다른 조건이 동일하고 물가만 상승하는 경우 대부자금시장에서 결정되는 실질이자율은 영향을 받지 않는다.

대부자금시장

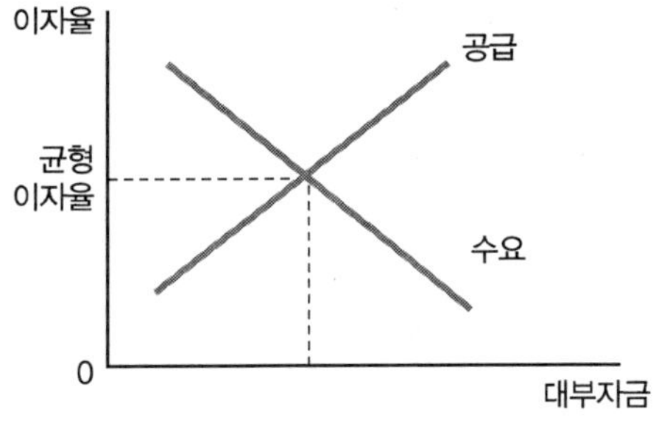

★★★
05 다음 중 유동성선호이론에 대한 설명으로 적절하지 **않은** 것은?

① 이자율이 높을수록 화폐를 보유하는 것에 대한 기회비용이 상승하므로 화폐 보유량은 줄이고 이자가 발생하는 예금에 가입하거나 채권에 투자하고자 한다.

② 화폐의 공급량은 중앙은행에 의해 정책적으로 결정되므로 화폐의 공급량은 이자율과 무관하여 화폐의 공급곡선이 현재 공급량 수준에서 수직선으로 표현된다.

③ 실질소득이 증가하면 실질 소비가 증가하므로 거래를 위한 화폐 수요량이 증가하게 되어 화폐 수요곡선이 우측으로 이동하고, 통화공급량이 일정하다면 단기적으로 이자율은 상승한다.

④ 물가가 상승할 경우 거래에 필요한 화폐의 양이 증가하여 동일한 이자율 수준에서 더 많은 양의 화폐를 보유하려고 한다. 즉, 화폐수요곡선이 우측으로 이동하여 균형이자율이 상승한다.

⑤ 중앙은행이 새로 화폐를 발행하면 화폐공급곡선이 좌측으로 이동하여 이자율이 상승한다. 이자율이 상승하면 가계의 소비와 기업의 투자는 감소한다.

정답 | ⑤

해설 | ⑤ 중앙은행이 새로 화폐를 발행하면 <u>화폐공급곡선이 우측으로 이동하여 이자율이 하락한다.</u> 이자율이 하락하면 가계의 소비와 기업의 투자는 증가한다. 하지만 통화량이 사람들이 보유하기를 원하는 수준 이상으로 증가하면 장기적으로 물가가 상승하게 되고 이는 예상 인플레이션을 높여서 이자율을 상승시키게 된다.

화폐시장의 균형

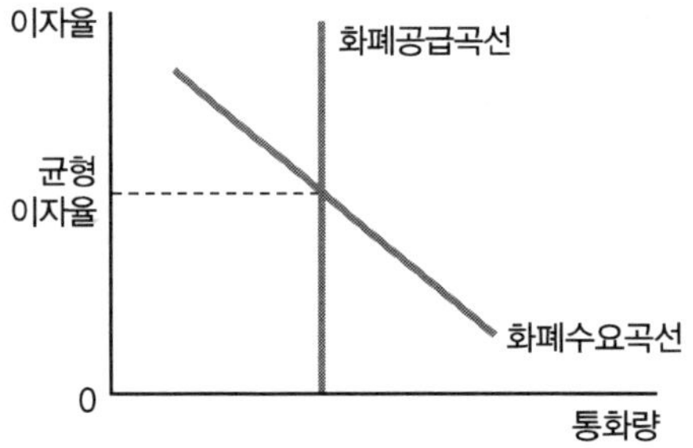

★★★

06 다음 환율결정이론 중 '구매력평가설'에 대한 설명으로 적절한 것은?

> 가. 국가 간 구매력이 비슷하다는 가정하에 환율을 결정하는 이론이다.
> 나. 국가 간 교역이 자유롭다면 동일한 재화의 시장가격은 모든 국가에서 동일하다는 일물일가의 법칙을 전제로 한다.
> 다. 국가 간 자본이동에 기초할 때 미래 예상되는 환율변동은 두 국가 간 이자율 차이와 같다.
> 라. 국내 이자율이 해외 이자율보다 높다면 향후 원달러환율이 하락하는 원화 절상이 예상되고, 반대로 국내 이자율이 해외 이자율보다 낮을 경우 향후 원달러환율이 상승하는 원화절하가 예상된다.

① 가, 다　　② 나
③ 가, 나　　④ 나, 다
⑤ 가, 나, 라, 마

정답 | ②

해설 | 가. 구매력평가설(purchasing power parity theory)이란 환율이 국가 간 구매력의 차이에 의해서 결정된다는 이론이다.
다. 라. 이자율평가설에 대한 설명이다.

★★☆

07 국내 투자자가 1,200만원을 원달러환율 1,200원으로 환전한 후 연 4%의 이자를 지급하는 미국 금융자산에 투자하였다. 기대환율이 1,188원이라면 이자율평가설에 의한 국내 이자율은 얼마인가?

① 2%　　② 2.5%
③ 3%　　④ 4.5%
⑤ 5%

정답 | ③

해설 | 이자율평가설에 의하면 국내 이자율 = 미국 이자율 + 기대 원달러환율 변동률
= 0.04 + (1,188 − 1,200)/1,200 = 0.03 or 3%

▪▪▪ TOPIC 2 경기동향 판단 및 예측

★★☆

08 **경기순환의 원인에 대한 요인으로 짝지어진 것으로 적절하지 않은 것은?**

① 케인즈 : 전쟁 또는 지정학적 변화, 전염병 확산 등으로 공급망이 붕괴할 때와 같이 공급측면의 충격으로 경기변동이 초래된다.

② 실물경기변동이론 : 기술혁신으로 인한 공급측면의 충격으로 인하여 경기 변동이 초래될 수 있다.

③ 프리드먼 : 중앙은행이 통화량을 자의적으로 조절하여 경기순환이 발생한다.

④ 루카스 : 경제주체들이 합리적 기대이론에 의하여 미래를 예측하더라도 정보가 불완전하여 예측에 오차가 발생할 수밖에 없는데 이러한 예측오차로 인하여 경기순환이 초래될 수 있다.

⑤ 기타 견해 : 금융시스템의 붕괴 또는 신용경색(credit crunch)이 경기순환을 유발한다.

정답 I ①

해설 I ① 케인즈 : 수요충격으로서 경제주체들의 미래에 대한 기대가 변화할 때 기업의 투자나 가계의 소비가 급격히 변동하면서 경기순환이 초래된다고 주장한다. 자본주의경제에서는 기업의 미래수익에 대한 기대는 동물적 본능(animal spirit)에 크게 영향을 받으므로 투자는 기업가의 불안정한 기대 변화에 따라 불규칙하게 변동하고 이는 경기순환을 촉발한다.

★★☆

09 **경기동향 판단 및 예측에 대한 설명으로 적절하지 않은 것은?**

① 현재의 경기상황을 판단할 때 동행종합지수를 이용하지만, 현재의 경기국면과 전환점은 동행종합지수보다는 동행지수 순환변동치를 이용한다.

② 동행종합지수의 증가 속도가 추세치 증가 속도보다 빠르면 동행지수 순환변동치는 기준치를 상회한다.

③ 경기순환 국면과 전환점을 예측하는 방법으로 선행지수 순환변동치가 자주 활용된다. 통상 지표가 현재까지와 반대 방향으로 2분기 이상 연속하여 움직이면 이를 경기전환 신호로 본다.

④ 경제심리지수는 기업경기실사지수(BSI)와 소비자동향지수(CSI)의 합성지표인데, 민간(기업과 소비자)의 경제상황에 대한 심리지수를 의미하며 100을 넘으면 부정적 100 미만이면 긍적적임을 의미한다.

⑤ 정확한 경기분석을 위해서는 경기종합지표의 변동뿐만 아니라 당시 경기변동을 주도하는 부문을 파악하여 이를 면밀하게 관찰하면서 다른 경제지표와 경제외적 상황의 움직임도 종합적으로 고려하여 판단할 필요가 있다.

정답 I ④

해설 I ④ 경제심리지수는 기업경기실사지수(BSI)와 소비자동향지수(CSI)의 합성지표인데, 민간(기업과 소비자)의 경제상황에 대한 심리지수를 의미하며 100을 넘으면 긍정적 100 미만이면 부정적임을 의미한다.

★★★

10 **재정정책과 금융시장에 대한 설명으로 적절하지 않은 것은?**

① 재정정책은 국회의 통과를 필요로 하므로 시행하기까지 시간이 많이 소요된다는 점이 단점이다.

② 정부지출이 증가하면 대부자금시장에서 자금 공급이 감소하여(자금 공급곡선의 좌측 이동) 이자율이 상승하게 된다.

③ 구축효과가 발생하면 정부지출이 증가할 때 총수요는 승수효과보다 더 크게 증가하여 재정정책의 효과는 훨씬 더 효과적이게 된다.

④ 정부지출의 증가는 단기적으로 산출량을 증가시키지만, 장기적으로는 물가만 상승하고 산출량은 자연산출량 수준에서 변화하지 않는다.

⑤ 정부가 소득세율을 인하할 경우 총수요는 증가하고 이는 단기적으로 산출량을 증가시킬 수 있다. 하지만 단기산출량이 자연산출량보다 클 경우 장기적으로 물가가 상승하면서 단기산출량도 자연산출량 수준으로 복귀한다.

정답 I ③

해설 I ③ 구축효과가 발생하면 정부지출이 증가하더라도 총수요는 승수효과만큼 증가하지 않게 되어 재정정책의 효과는 제한적으로 발생하거나 아예 무력해질 수 있다.

정부지출 증가 효과

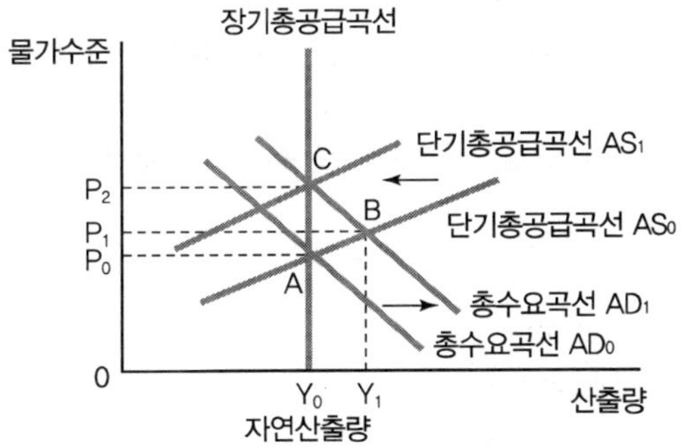

★★★
11 통화정책 관련 용어에 대한 설명으로 적절하지 **않은** 것은?

① 기준금리 : 한국은행이 금융기관과 환매조건부증권(RP) 매매 등의 거래를 할 때 기준이 되는 정책 금리로서 금융통화위원회가 경제 상황을 종합적으로 고려하여 연 8회 조정할 수 있다.

② 지급준비금 : 지급준비율이 인상되면 은행은 더 많은 금액을 법정지급준비금으로 유지하므로 더 많은 신용이 창출되어 통화량은 증가한다.

③ 양적완화 : 중앙은행이 통화량을 증가시키고 시장금리를 낮추고자 공개시장에서 국채 및 주택저당 증권 등 증권을 직접 매입하는 통화정책 중의 하나이다.

④ 수익률곡선통제 : 수익률곡선상 특정 만기의 채권 금리를 일정 수준 이하로 유지하기 위해 해당 만기 국채를 매입하는 것

⑤ 테이퍼링 : 테이퍼링은 중앙은행이 양적완화, 즉 국채를 매입하는 규모를 점진적으로 축소하는 것을 말한다.

정답 I ②

해설 I ② 지급준비금 : 지급준비율이 인하되면 은행은 더 적은 금액을 법정지급준비금으로 유지하므로 더 많은 신용이 창출되어 통화량은 증가한다.

★★☆
12 통화정책 관련 용어에 대한 설명이다. 빈칸에 적절한 내용으로 짝지은 것은?

- (가)는 개인과 기업이 향후 소비와 투자에 관한 의사결정을 수립하는 데 도움을 줄 수 있도록 중앙은행이 미래 통화정책 방향에 대한 정보를 제공하는 것을 말한다.
- (나)는 19명으로 구성된 미국 연준 FOMC 위원들이 연방기금금리 수준에 대한 미래 추정치를 모아 놓은 도표이다.
- (다)는 중앙은행이 중앙은행의 대차대조표(balance sheet)를 축소하여 통화량을 감소시키는 통화정책이다.

	가	나	다
①	포워드가이던스	점도표	양적완화
②	포워드가이던스	대차대조표	양적완화
③	포워드가이던스	점도표	양적긴축
④	지급준비금	대차대조표	양적긴축
⑤	지급준비금	점도표	양적긴축

정답 I ③

★★★
13 통화정책에 대한 설명으로 적절하지 않은 것은?

① 테일러준칙에 따르면 중앙은행은 실제 인플레이션율이 인플레이션 목표치보다 높은 경우 금리를 올리고 반대의 경우 금리를 내린다.
② 테일러준칙에 따르면 실제 성장률이 잠재성장률보다 높으면 금리를 올리고 반대의 경우에는 금리를 인하한다.
③ 테일러준칙은 구체적인 추정치를 쉽게 구할 수 있다는 점에서, 현실적으로 직접 적용이 가능한 장점이 있다.
④ 양적완화는 통화정책의 완화 정도를 추가로 확대하기 위하여 국채매입 등을 통해 장기시장금리의 하락을 유도하는 정책이다.
⑤ 단기적으로는 통화량 증가가 시장금리의 인하를 유도하고 총수요를 증가시켜 실질 GDP나 실업률에 영향을 준다는 것이 지배적인 견해이다. 하지만 통화량의 급격한 증가는 장기적으로 물가만 상승시킬 가능성이 크다는 것이 정설이다.

정답 | ③
해설 | ③ 테일러준칙에 대한 한계는 현실에 적용할 때 발생한다. 테일러준칙을 구성하는 변수들인 균형 실질이자율, 인플레이션 갭, 잠재성장률 등은 현실적으로 추정하기가 쉽지 않다. 또한 어떤 물가지수를 기준으로 인플레이션율을 계산해야 하는지도 명확하지 않다.

★☆☆
14 통화량을 증가시키는 경우 나타날 수 있는 현상으로 적절한 것을 모두 고른 것은?

가. 콜금리 등 단기시장금리의 하락을 유발하고, 장기시장금리와 여수신금리를 인하시킨다.
나. 장기시장금리의 하락은 채권시장에서 채권가격을 상승시키게 된다.
다. 대출금리가 하락하면 투자에 대한 기회비용이 감소하고 시중 유동성이 증가하여 주식과 부동산 같은 자산가격이 상승할 수 있다.
라. 부동산가격이 상승하면 담보가치가 높아서 대출받기 쉬워지고 대출을 통하여 소비를 증가시킬 수 있다.

① 가, 라
② 라
③ 나, 다, 라
④ 다, 라
⑤ 가, 나, 다, 라

정답 | ⑤
해설 | 모두 옳은 설명이다.

CHAPTER

02 현대포트폴리오이론

출제 비중 : 25~36% / 7~10문항

학습가이드 ■ ■

학습 목표	학습 중요도
Tip 응용형 문제와 계산문제가 빈번히 출제되므로 이에 대한 학습 필요 Tip '제4장 주식 및 채권투자'을 이해하기 위한 기초지식에 해당하므로 깊이 있는 학습 필요	
1. 투자포트폴리오 구성을 위한 다양한 통계량과 투자이론을 이해하고 활용할 수 있다.	★★★
2. 최적포트폴리오를 이해하고 포트폴리오 선택에 활용할 수 있다.	★★
3. 자본자산가격결정모형을 이해하고 투자 의사결정에 활용할 수 있다.	★★★
4. 차익거래가격결정의 이론과 배경을 이해하고 활용할 수 있다.	★★
5. 다양한 성과평과 지표를 활용하여 적합한 투자안을 선택할 수 있다.	★★★

TOPIC 1 수익률 통계기초

★★☆

01 확률분포에 대한 설명으로 적절하지 않은 것은?

① 정규분포는 평균을 중심으로 좌우대칭의 모습을 보인다.

② 정규분포하에서 기대수익률이 평균의 $\pm 1\sigma$에 있을 확률은 68.27%, $\pm 2\sigma$에 있을 확률은 95.45%, $\pm 3\sigma$에 있을 확률은 99.73%이다.

③ t분포는 정규분포와 비교하여 두터운 꼬리(fat tail)를 갖는데, 이는 투자분야에서 갑자기 급락하는 블랙스완(Black swan) 현상을 정규분포보다 더 잘 설명한다.

④ 정규분포곡선 아래 면적의 합은 1이다.

⑤ student's－t분포는 표본의 크기가 줄어들수록 정규분포에 수렴하는 특징을 갖는다.

정답 | ⑤

해설 | ⑤ student's－t분포는 표본의 크기가 늘어날수록 정규분포에 수렴하는 특징을 갖는다.

표준정규분포와 확률범위

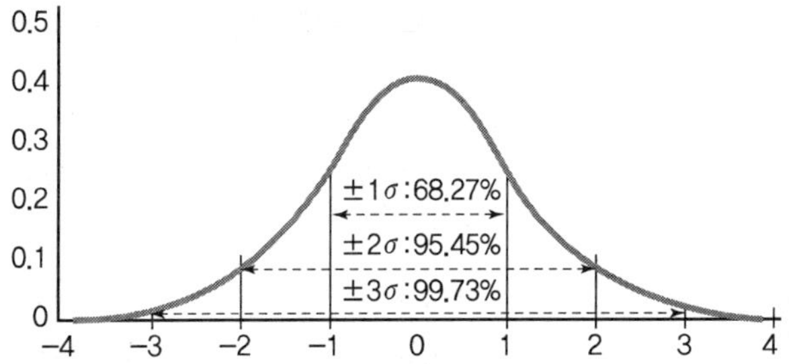

t분포와 정규분포

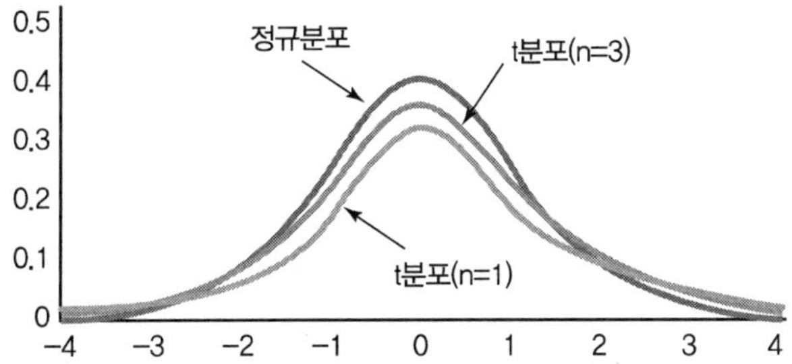

★★★

02 A자산과 B자산의 수익률과 표준편차가 다음과 같을 때 실제 수익률이 위치할 수 있는 구간을 68.26%의 확률로 추정할 경우 적절한 것은?(단, A자산의 비중은 40%이고, 두 자산의 상관관계는 −0.1이다.)

구분	수익률	표준편차
A자산	12%	7%
B자산	5%	3%

① +4.63%~+10.97%
② +1.46%~+14.14%
③ +4.13%~+11.47%
④ +2.40%~+13.20%
⑤ −3.00%~+18.60%

정답 | ①

해설 | • 포트폴리오 수익률＝(40%×12%)＋(60%×5%)＝7.8%

• 포트폴리오 표준편차＝ $\sqrt{(0.4\times0.07)^2+(0.6\times0.03)^2+[2\times0.4\times0.07\times0.6\times0.03\times(-0.1)]}$

＝3.17%

• 68.26%의 범위인 경우 ±1σ

∴ 7.8%±3.17%＝＋4.63%~＋10.97%

★★★

03 포트폴리오의 기대수익률이 10%, 표준편차 5%일 경우, 68.26%인 범위, 95.45%인 범위, 향후 수익률 0% 이하일 확률, 향후 수익률이 20% 이상일 확률로 적절하게 묶인 것은?

	68.26%인 범위	95.45%인 범위	0% 이하일 확률	20% 이상일 확률
①	+5%~+15%	+0%~+20%	2.275%	2.275%
②	+0%~+20%	−5%~+25%	2.275%	2.275%
③	+5%~+15%	+0%~+20%	15.87%	15.87%
④	+0%~+20%	−5%~+25%	15.87%	15.87%
⑤	+5%~+15%	+0%~+20%	0.135%	0.135%

정답 | ①

해설 | • 68.26%의 범위인 경우 $\pm1\sigma$

• 95.45%의 범위인 경우 $\pm2\sigma$

• 99.73%의 범위인 경우 $\pm3\sigma$

★★★

04 기대수익률이 연 10%, 표준편차가 10%인 투자상품에 1년간 투자할 경우 마이너스 수익률이 발생할 확률은 약 몇 %인가?(단, 해당 투자상품 수익률의 확률분포는 정규분포를 가정한다.)

① 약 0%
② 약 10%
③ 약 16%
④ 약 20%
⑤ 약 30%

정답 | ③

해설 | ③ 수익률이 정규분포를 나타낸다면 평균에서 표준편차를 더하고 빼면 일정한 수익률 구간을 생성한다. 평균에서 1배의 표준편차를 더하고 뺀 구간(0~20)에 실제수익률이 위치할 확률은 약 68%이고 나머지 구간에 위치할 확률은 32%이다. 그중 수익률이 0%이하인 준분산 구간의 확률은 32%의 절반인 16%이다.

··· TOPIC 2 포트폴리오이론의 기초

★★★
05 다음 투자포트폴리오에 대한 설명으로 적절한 것은?

투자대상	비중	기대수익률	표준편차
자산A	20%	10%	12%
자산B	30%	6%	8%
자산C	50%	4%	5%

※ 자산간 상관계수는 다음과 같다.
- A와 B = −0.1
- B와 C = −0.2
- C와 A = +0.1

① 자산A와 자산B에 50%씩 투자하는 경우 기대수익률은 3.8%이다.
② 현재 포트폴리오의 기대수익률은 3.8%이다.
③ 자산A와 자산B에 50%씩 투자하는 경우 분산은 45.2%이다.
④ 자산A와 자산B에 50%씩 투자하는 경우 표준편차는 약 8%이다.
⑤ 현재 포트폴리오의 표준편차는 약 3.93%이다.

정답 | ⑤

해설 | ① (0.5A : 0.5B) 포트폴리오의 기대수익률 = (0.5 × 10%) + (0.5 × 6%) = 8%

② (0.2A : 0.3B : 0.5C) 포트폴리오의 기대수익률 = (0.2 × 10%) + (0.3 × 6%) + (0.5 × 4%) = 5.8%

③ (0.5A : 0.5B) 포트폴리오의 분산 = $\{(0.5\times12\%)^2+(0.5\times8\%)^2+2\times0.5\times0.5\times(-0.1)\times12\%\times8\%\}$ = 47.2%

④ (0.5A : 0.5B) 포트폴리오의 표준편차 = $\{(0.5\times12\%)^2+(0.5\times8\%)^2+2\times0.5\times0.5\times(-0.1)\times12\%\times8\%\}^{1/2}=6.87\%$

⑤ (0.2A : 0.3B : 0.5C) 포트폴리오의 표준편차 = $\{(0.2\times12\%)^2+(0.3\times8\%)^2+(0.5\times5\%)^2+2\times0.2\times0.3\times(-0.1)\times12\%\times8\%+2\times0.3\times0.5\times(-0.2)\times8\%\times5\%+2\times0.5\times0.2\times(0.1)\times5\%\times12\%\}^{1/2}=3.93\%$

★★★
06 상관계수 및 회귀분석에 대한 설명으로 적절하지 않은 것은?

① 투자에서는 두 자산수익률 움직임의 방향이 일치하는지 혹은 일치하지 않는지를 측정하는 지표로 공분산(covariance ; Cov)을 활용한다.
② 상관계수(correlation coefficient)는 두 자산수익률의 공분산을 각 자산수익률의 표준편차의 곱으로 나누어 계산한다.
③ 상관계수 값이 양수라면 두 자산의 수익률은 같은 방향으로 움직이는 성향이 있음을 의미한다. 반대로 상관계수 값이 음수라면 두 자산의 수익률은 다른 방향으로 움직이는 성향이 있다.
④ 상관계수가 +1에 가까울수록 두 자산의 수익률은 다른 방향으로 움직이려는 성향이 강함을 나타내고, 반대로 −1에 가까울수록 같은 방향으로 움직이려는 성향이 강하다는 것을 의미한다.
⑤ 회귀분석이란 한 변수 혹은 여러 변수가 다른 변수에 미치는 영향력의 크기를 수학적 관계식으로 추정하고 분석하는 방법이다.

정답 I ④
해설 I ④ 상관계수가 +1에 가까울수록 두 자산의 수익률은 같은 방향으로 움직이려는 성향이 강함을 나타내고, 반대로 −1에 가까울수록 다른 방향으로 움직이려는 성향이 강하다는 것을 의미한다.

··· TOPIC 3 최적포트폴리오

★★★
07 포트폴리오 이론에 대한 설명으로 적절하지 않은 것은?

① 포트폴리오의 기대수익률은 개별자산의 수익률을 포트폴리오의 시장가치 대비 개별자산의 시장가치 비율을 가중한 값으로 계산한다.
② 자산 간의 상관관계로 인해 전체 포트폴리오의 위험이 줄어드는 현상을 분산투자 효과(diversification)라고 한다.
③ 분산투자효과는 상관계수가 1에 가까울수록 전체 포트폴리오의 위험이 낮아져 효과가 커지며, 극단적으로 1이 되었을 때 포트폴리오의 위험이 0이 되므로 가장 커진다.
④ 위험회피적 투자자(risk averse)는 공정한 게임이나 이보다 불리한 투자는 거부한다.
⑤ 위험선호적 투자자는 기대수익이 증가 할수록 효용이 추가로 증가하는데 이를 볼록한(convex) 형태라고 부른다.

정답 I ③
해설 I ③ 분산투자효과는 상관계수가 −1에 가까울수록 전체 포트폴리오의 위험이 낮아져 효과가 커지며, 극단적으로 −1이 되었을 때 포트폴리오의 위험이 0이 되므로 가장 커진다.

★★☆
08 단일지표모형과 효율적포트폴리오에 대한 설명으로 적절하지 않은 것은?

① 단일지표모형에서는 증권수익률의 변동요인을 시장 전체에 연관된 가격변동과 개별 기업의 고유요인과 관련된 가격변동으로 본다.

② 베타계수 값이 1보다 작은 증권은 시장이 상승세일 때 시장지표보다 더 상승하는 경향이 있고 하강국면일 때는 시장지표보다 덜 하락하는 경향이 있다고 해석할 수 있다.

③ 분리속성이란 포트폴리오 선택의 문제는 효율적 투자기회선의 생성, 무차별곡선을 고려하여 위험자산에 대한 자산배분을 수행하는 두 개의 독립적인 작업으로 분리할 수 있다는 뜻이다.

④ 마코위츠모형은 이론적으로 완벽하지만 필요한 정보의 양이 많아 현실적으로 적용하기 어렵다.

⑤ 단일지표모형은 개별 증권 간의 잔차수익률 사이의 공분산이 0이라는 가정이 필요하지만 계산에 필요한 데이터의 양이 줄어든다.

정답 | ②

해설 | ② 베타계수 값이 1보다 큰 증권은 시장이 상승세일 때 시장지표보다 더 상승하는 경향이 있고 하강국면일 때는 시장지표보다 더 하락하는 경향이 있다고 해석할 수 있다.

★★★
09 다음 중 현대포트폴리오 이론에 대한 설명으로 가장 적절하지 않은 것은?

① 수많은 조합을 통해 포트폴리오를 구성할 수 있으며, 상관계수가 1이 아닌 경우 단일자산으로 구성된 것보다 위험이 축소된다.

② 포트폴리오의 기대수익률은 개별자산들의 기대수익률과 자산별 투자비중에 의해 결정되고, 포트폴리오의 위험은 개별자산들의 위험과 자산별 투자비중, 그리고 개별자산 간 상관계수에 의해 결정된다.

③ 지배원리는 동일한 위험 수준을 가지는 투자대상 가운데 기대수익률이 가장 높은 포트폴리오를 찾으면, 그 포트폴리오가 해당 위험 수준에서 가장 효율적인 것이며, 동일한 기대수익률을 가지는 투자대상 가운데 위험 수준이 가장 낮은 포트폴리오를 선택하면, 그것이 해당 기대수익률에서 가장 효율적인 것이다.

④ 단일지표모형은 증권시장 전체의 수익률 변동을 적절하게 나타내주는 어떤 하나의 시장지표가 존재하고 각 증권의 수익률과 이 시장지표 사이에 단순회귀관계가 존재한다는 것을 가정한다.

⑤ 시장이 상승세일 때는 베타 값이 1보다 작은 증권이 유리하고, 하강국면일 때는 베타 값이 1보다 큰 증권이 유리하다.

정답 | ⑤

해설 | ⑤ 시장이 상승세일 때는 베타가 1보다 큰 증권이, 하락세일 때는 1보다 작은 증권이 유리하다.

★★☆
10 자본자산가격결정이론(CAPM)의 기본 가정으로 적절하지 않은 것은?

① 모든 투자자는 자신의 증권거래를 통해서 당해 증권시장의 가격에 영향을 미칠 수 없는 가격 수용자(price taker)이다. 이것은 미시경제학에서 말하는 완전경쟁을 위한 가정이다.
② 모든 투자자는 하나의 동일한 투자기간을 갖는다. 투자기간 이후 발생하는 결과는 무시한다.
③ 투자는 주식, 채권 등 공개시장에서 거래되는 모든 금융자산과 무위험 차입이나 대출에 한정되어지며, 모든 투자자는 무위험의 고정금리로 제약 없이 대출이나 차입을 할 수 있다.
④ 투자자는 세금, 매매수수료(commission), 서비스비용(service charge) 등의 거래비용을 일체 지불하지 않는다.
⑤ 투자자는 각자 위험 회피성향이 다르기 때문에 같은 증권도 미래 현금흐름에 대한 예측이 다르며 합리적인 경제인의 입장에서 자신만의 효율적 투자기회선과 최적포트폴리오를 도출한다.

정답 | ⑤

해설 | ① 완전시장의 가정에 대한 설명이다.
② 동일한 투자기간의 가정에 대한 설명이다.
③ 무위험자산의 존재 가정에 대한 설명이다.
④ 거래비용이 발생하지 않는 가정에 대한 설명이다.
⑤ CAPM은 동질적기대(homogeneous expectation)에 대한 가정을 한다.
모든 투자자는 같은 방법으로 증권을 분석하며, 미래 현금흐름에 대한 예측이 동일하다. 따라서 여러 증권의 기대수익률과 무위험자산의 수익률이 주어지면, 효율적 투자기회선(efficient frontier)과 최적포트폴리오(optimal portfolio)가 동일하다.
※ 보기 외에도 CAPM은 다음과 같은 가정을 한다.
평균－분산 최적화 가정 : 모든 투자자는 합리적이며 지배원리를 반영하는 평균－분산 최적화 전략을 선택한다.

★★★

11 자본시장선(CML)에 대한 설명으로 적절하지 않은 것은?

① 효율적 투자기회선상에서는 무위험자산과 위험자산 포트폴리오의 조합(비율)이 어떻게 변경되는지에 따라 자본배분선의 기울기가 달라지며, 대출포트폴리오 혹은 차입포트폴리오도 가능하다.

② 자본배분선상에 오는 기대수익률과 위험의 조합들은 무위험자산과 위험자산 포트폴리오의 조합을 뜻한다.

③ 자본시장선(CML) 중에서 시장포트폴리오의 우측 직선상에 위치하는 포트폴리오는 차입포트폴리오라고 한다.

④ 시장포트폴리오 M을 포함하는 자본시장선은 변동성 보상비율이 가장 높아서 투자자의 위험선호도와 관계없이 모든 투자자는 위험자산 포트폴리오로 M을 선택하게 된다.

⑤ 이론적으로 시장포트폴리오 M과 동일한 포트폴리오는 현실사회에서는 발견할 수 없다. 따라서 그에 대한 대용치(proxy)로 국내주식의 경우 KOSPI나 KOSPI200 같은 주가지수를 활용한다.

정답 I ①

해설 I ① 효율적 투자기회선상에서는 무위험자산과 위험자산 포트폴리오의 조합(비율)이 어떻게 변경되더라도 자본배분선의 기울기는 동일하다. 즉, 투자 위험(σ_p)을 한 단위 증가시킬 때 얻게 되는 기대수익률의 증가율인 위험보상률이 항상 일정하다. 이 일정한 값을 변동성 보상비율(Reward to Variability Ratio ; RVAR)이라고 한다.

자본시장선

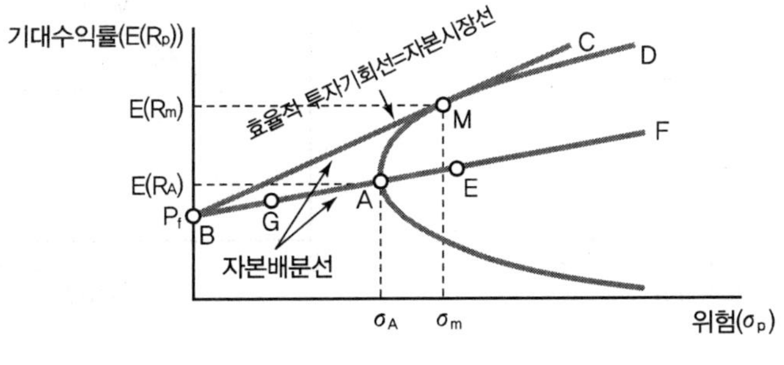

★★★

12 증권시장선(SML)에 대한 설명으로 적절하지 **않은** 것은?

① 포트폴리오 분산투자로 줄일 수 있는 위험은 비체계적 위험이며, 체계적 위험은 베타로 측정한다.

② 기대수익률과 체계적위험(β)의 관계를 나타낸 직선은 증권시장선(SML)이다.

③ 자본자산의 기대수익률을 결정짓는 위험은 체계적 위험(β)이고 체계적 위험이 높으면 기대수익률도 높고, 체계적 위험이 낮으면 기대수익률이 낮다는 의미이다.

④ 시장포트폴리오가 아닌 개별 종목 또는 소수의 종목에 분산투자하는 비효율적 포트폴리오는 증권시장선상에 존재하지 않는다. 증권시장선상에는 오직 효율적인 포트폴리오만 존재한다.

⑤ 증권시장선보다 위에 존재하는 경우 과소평가(저평가) 상태이고 증권시장선보다 아래에 위치하는 경우 과대평가(고평가) 상태라고 판단할 수 있다.

정답 I ④

해설 I ④ 시장포트폴리오가 아닌 개별 종목 또는 소수의 종목에 분산투자하는 비효율적 포트폴리오라고 할지라도 증권시장선상에 존재한다.

※ 자본시장선상에는 개별자산, 비효율적인 포트폴리오는 존재하지 않는다. 자본시장선에는 효율적인 포트폴리오만 존재한다.

자본시장선과 증권시장선

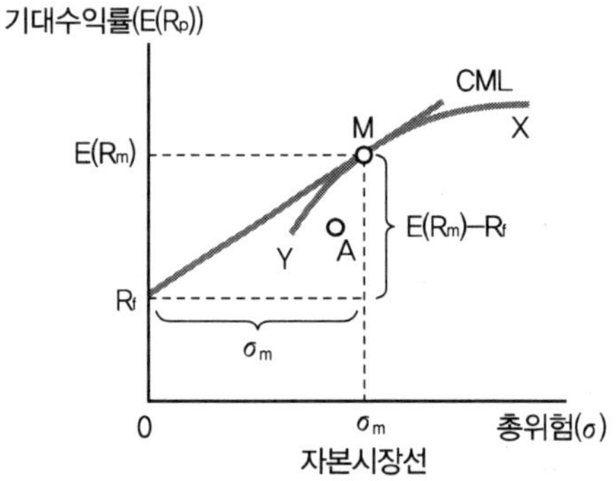

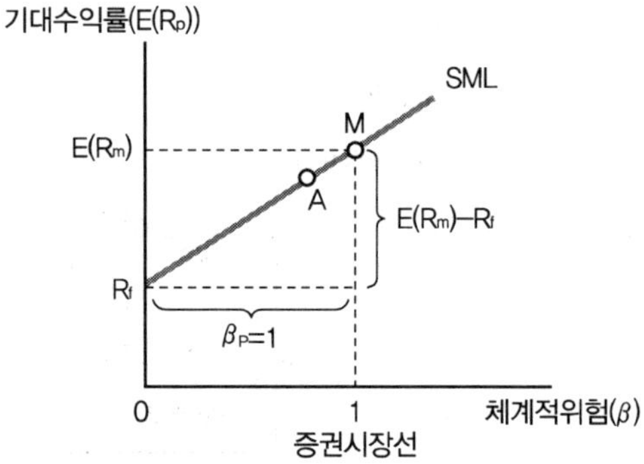

★★★

13 다음 중 증권시장선(SML)보다 위쪽에 위치하는 주식으로 적절하게 짝지어진 것은?

주식	베타계수	주식의 기대수익률	시장기대수익률	무위험수익률
A	1.5	10%	5%	3%
B	−0.3	1.5%		
C	5.0	21%		
D	0.5	3%		
E	1.0	5%		

① E
② B, D
③ A, C
④ B, D, E
⑤ A, C, E

정답 I ③

해설 I

주식	베타계수	무위험수익률	시장기대수익률	요구수익률
A	1.5	3%	5.0	3.0%+(5.0%−3.0%)×1.5=6.0%
B	−0.3			3.0%+(5.0%−3.0%)×(−0.3)=2.40%
C	5.0			3.0%+(5.0%−3.0%)×5.0=13.00%
D	0.5			3.0%+(5.0%−3.0%)×0.5=4.00%
E	1.0			3.0%+(5.0%−3.0%)×1.0=5.00%

주식	주식의 기대수익률	요구수익률	차이	평가
A	10%	6%	4%	과소평가
B	1.5%	2.4%	−0.9%	과대평가
C	21%	13%	8%	과소평가
D	3%	4%	−1.0%	과대평가
E	5%	5%	−	적정평가

증권시장선과 개별 주식

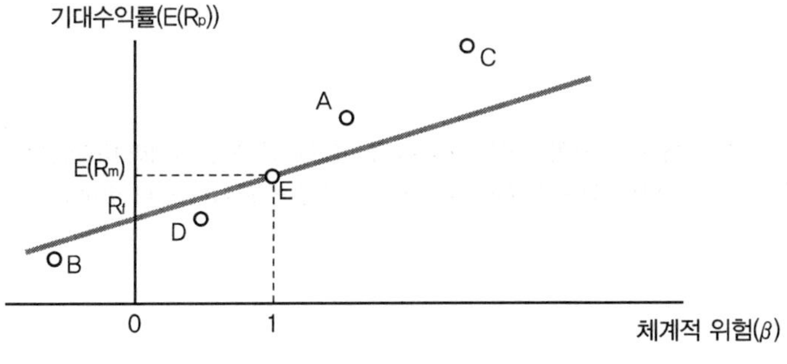

★★★
14 다음 중 포트폴리오 이론에 대한 설명 중 가장 적절한 것은?

① 증권시장선은 효율적인 포트폴리오와 총위험의 관계를 설명한다.
② 자본시장선은 효율적인 포트폴리오 기대수익률과 체계적인 위험과의 관계를 나타낸다.
③ 증권시장선보다 위쪽에 위치한 주식은 현재 주가가 저평가되어 있음을 의미한다.
④ 자본시장선상의 시장포트폴리오 M의 오른쪽을 대출포트폴리오라 한다.
⑤ 위험을 기피하는 투자자의 무차별 곡선은 기울기가 완만하고, 위험을 선호하는 투자자의 무차별 곡선은 기울기가 가파르다.

정답 | ③
해설 | ① 총위험 → 체계적 위험
② 체계적위험 → 총위험
④ 대출포트폴리오 → 차입포트폴리오
⑤ 위험을 기피하는 투자자의 무차별곡선의 기울기는 가파르고 위험을 선호하는 투자자의 무차별 곡선은 기울기가 완만하다.

★★★
15 다음 자본자산가격결정모형(CAPM)에 대한 설명 중 적절한 것으로만 짝지어진 것은?

가. 국채의 경우 표준편차가 '0'이기 때문에 다른 자산관의 상관계수도 '0'이다.
나. 증권시장선은 모든 투자자산의 기대수익률과 총위험의 관계를 나타낸 모형이다.
다. 증권시장선은 모든 효율적 포트폴리오를 대상으로 한다.
라. 자본시장선 상에 존재하지 않은 비효율적인 자산들의 경우에는 자본시장선이 성립되지 않으며 증권시장선만 성립하게 된다.
마. 증권시장선은 체계적 위험과 선형관계를 이룬다.

① 가, 나, 다
② 나, 다, 라
③ 가, 다, 라
④ 다, 라, 마
⑤ 가, 라, 마

정답 | ⑤
해설 | 증권시장선은 자본시장선이 성립하는 균형 상태에서 효율적 포트폴리오뿐만 아니라 비효율적인 포트폴리오나 개별자산을 포함하는 모든 자산의 기대수익률과 체계적 위험의 관계를 나타낸 모형이다.

★★★
16 포트폴리오선택이론과 자본자산가격결정모형에 대한 적절한 설명으로 모두 묶인 것은?

> 가. 포트폴리오 선택이론이란 수많은 포트폴리오 중에서 투자자의 위험수준에 적합한 최적의 포트폴리오를 선택하는 과학적 방법론을 제시해주는 것이다.
> 나. 포트폴리오의 표준편차를 제대로 계산하려면 개별자산 간 수익률의 공분산을 계산하고 수익률 간 상관계수를 알아야 한다.
> 다. 상관계수가 '0'이 아닌 경우 단일자산으로 구성된 것보다 포트폴리오의 위험이 축소된다.
> 라. 포트폴리오의 베타는 개별증권의 베타를 투자비중에 따라 가중평균한 수치이다.
> 마. 국채는 미래 수익률의 표준편차가 0이며 따라서 다른 자산과의 상관계수도 0이다.
> 바. 증권시장선은 총위험인 표준편차와 효율적인 포트폴리오의 기대수익률을 나타낸 선이라고 설명할 수 있으며, 자본시장선은 체계적인 위험과 개별증권이 기대수익률의 균형을 나타낸 선이라 말할 수 있다.

① 가, 나, 다, 라, 마 ② 나, 라, 바
③ 가, 나, 라, 마 ④ 가, 나, 다
⑤ 나, 다, 라, 마

정답 | ③

해설 | 다. 상관계수가 '1'이 아닌 경우 단일자산으로 구성된 것보다 포트폴리오의 위험이 축소된다.
바. 자본시장선은 총위험인 표준편차와 효율적인 포트폴리오의 기대수익률을 나타낸 선이라고 설명할 수 있으며, 증권시장선은 체계적인 위험과 개별증권이 기대수익률의 균형을 나타낸 선이라 말할 수 있다.

★★★
17 증권시장선(SML)을 이용한 투자사업의 타당성 검토에 대한 설명이다. 빈칸에 들어갈 내용으로 적절하게 연결된 것은?

> • A회사는 새로운 사업의 투자를 검토 중이다. 산업의 평균 기대수익률이 15%이고, 무위험이자율은 3%, 베타는 1.5이다. 새로운 사업의 예상수익률은 25%인 경우, 해당 사업의 투자는 (가)고 판단한다.
> • B회사는 올해 2,000억원을 투자하여 베타가 0.3인 신규사업을 추진하고 있다. 현재 무위험이자율은 3%, 시장의 위험프리미엄은 7%라고 할 때, 요구되는 이익은 (나)가 된다.
> • 증권시장선(SML)보다 위에 있는 A주식, 증권시장선상에 있는 B주식, 증권시장선보다 아래 있는 C주식이 있는 경우, 과소평가된 (다)주식에 투자하는 것이 합리적이다.

	가	나	다
①	타당하다	102억원	A주식
②	타당하다	102억원	C주식
③	타당하다	84억원	A주식
④	타당하지 않다	102억원	C주식
⑤	타당하지 않다	84억원	A주식

정답 | ①

해설 | 가. 요구수익률 = 무위험이자수익률 + (사업의 시장수익률 − 무위험이자수익률) × 베타
= 3% + (15% − 3%) × 1.5 = 21.0%
예상수익률 = 25%
∴ 요구수익률 < 예상수익률이므로, 해당사업의 투자는 타당하다고 판단된다.
나. 요구수익률 = 무위험이자수익률 + (사업의 시장수익률 − 무위험이자수익률) × 베타
= 3% + (7%) × 0.3 = 5.1%
요구되어지는 이익 = 2,000억원 × 5.1% = 102억원
다. 증권시장선(SML) 보다 위에 있는 A주식이 과소평가되었으므로, A에 투자하는 것이 합리적이다.

TOPIC 5 차익거래가격결정이론(APT)과 성과평가

★★☆

18 차익거래가격결정이론(APT)에 대한 설명 중 적절하지 않은 것은?

① 차익거래가격결정이론(APT)에서는 포트폴리오가 잘 분산되어 있다면 기업고유위험은 무시할 정도로 작아서 체계적인 위험만 수익률에 영향을 준다고 가정한다.
② 차익거래가격결정이론(APT)에서는 특정 증권이 시장의 균형 가격을 벗어나면 개별 투자자는 최대한 많은 포지션을 취하여 시장가격의 균형을 찾는다.
③ 차익거래가격결정이론(APT)에서는 증권수익률의 움직임이 단일요인이 아니라 다요인(인플레이션, GDP성장률, 정치적 변화, 환율, 이자율, 사회적 구조 등)으로 설명할 수 있다고 전제한다.
④ 차익거래가격결정이론(APT)에서는 기대수익과 위험의 관계를 시장이 균형상태일 때 추가적인 위험부담 없이 차익거래에 의한 초과이익이 가능하다는 전제로 설명한다.
⑤ 차익거래가격결정이론(APT)에서는 현실적으로 관찰 가능한 잘 분산된 포트폴리오의 구성을 전제로 균형가격 결정원리를 설명하므로 CAPM의 이상적인 시장포트폴리오로 가정하는 것보다 현실적이다.

정답 | ④

해설 | ④ 차익거래가격결정이론(APT)에서는 기대수익과 위험의 관계를 시장이 균형상태일 때 추가적인 위험부담 없이 차익거래에 의한 초과이익은 불가능하다는 전제로 설명한다.

★☆☆

19 어떤 주식의 기대수익률이 6%이며 세 가지 경제적인 변수에 의해 영향을 받는다고 한다. 만약 이 주식의 고유한 특성으로 인한 예상하지 못한 수익률 변화가 1.5%일 경우 다요인모형에 의한 이 주식의 수익률로 적절한 것은?

변수	민감도	예상수치	실제수치
1	1.2	3.8%	3.3%
2	0.8	3.5%	4%
3	2	5%	5.5%

① 6.7%
② 6.8%
③ 7.5%
④ 8.3%
⑤ 8.5%

정답 | ④

해설 |

변수	민감도(A)	예상수치(B)	실제수치(C)	예상치 못한 변화(C−B=D)	변화의 영향 (A×D)
1	1.2	3.8%	3.3%	−0.5%	−0.6%
2	0.8	3.5%	4%	0.5%	0.4%
3	2	5%	5.5%	0.5%	1%

- 여러 변수에 의한 수익률의 변화 = −0.6 + 0.4 + 1 = 0.8%
- 자산의 수익률 = 기대수익률 + 여러 변수에 의한 수익률의 변화 + 고유한 특성으로 인한 예상하지 못한 변화
  = 6 + 0.8 + 1.5 = 8.3%

★★★

20 성과평가척도에 관한 설명으로 적절하지 **않은** 것은?

① 트레이너척도는 투자에 대한 위험측정치로 표준편차 대신 체계적 위험인 베타계수를 사용한 평가척도를 제시하였다.
② 샤프척도는 젠센척도와 마찬가지로 대표적으로 펀드의 운용능력을 평가하기 좋은 척도이다. 또한 재무설계사들이 사용하는 자산배분전략 결과도 총위험을 고려하는 샤프척도로 평가하는 것이 바람직하다.
③ 소티노척도는 단지 주식이나 채권 중 일부 자산을 맡아서 운용하는 펀드의 펀드매니저와 같이 자산배분 권한이 없으며 오로지 증권선택능력만을 발휘해야 하는 경우의 평가척도로 적합하다.
④ 소티노척도는 목표수익률 이하로 하락한 수익률만 위험으로 간주하는 하방위험(target downside deviation)만을 위험으로 인식하여 평가한다.
⑤ 트레이너척도는 수많은 자산군에 대해 광범위하게 분산투자함으로써 비체계적인 위험을 충분히 줄이고, 체계적 위험만을 부담하게 되는 대규모 연기금에게 적합한 척도이다.

정답 | ③

해설 | ③ 젠센척도는 단지 주식이나 채권 중 일부 자산을 맡아서 운용하는 펀드의 펀드매니저와 같이 자산배분 권한이 없으며 오로지 증권선택능력만을 발휘해야 하는 경우의 평가척도로 적합하다.
※ 정보비율은 벤치마크와 펀드 간의 수익률 추적오차를 이용하여 성과를 평가하는 척도를 말한다.

★★☆

21 성과평가방법에 관한 설명으로 적절한 것은?

① 트레이너척도는 펀드매니저의 증권선택능력를 효과적으로 측정할 수 있는 좋은 척도가 된다.

② 샤프척도는 트레이너척도와 마찬가지로 펀드의 운용능력을 평가하는 척도로 사용하기 좋다.

③ 트레이너 성과척도는 비체계적 위험 한 단위당 실현된 초과수익률을 의미하며, 그 값이 클수록 투자기간 중 포트폴리오의 성과가 우월하며, 작을수록 성과가 열등한 것으로 평가한다.

④ 샤프척도는 대규모 연기금에게 적합한 평가척도이다.

⑤ 정보비율은 펀드의 수익률과 벤치마크의 수익률 간 차이인 초과수익률을 트레킹에러의 표준편차로 나누어 산출한다.

정답 I ⑤

해설 I ① 젠센척도

② 샤프척도는 젠센척도와 마찬가지로 펀드의 운용능력을 평가하는 척도로 사용하기 좋다.

③ 트레이너 성과척도는 체계적 위험 한 단위당 실현된 초과수익률을 의미하며, 그 값이 클수록 투자기간 중 포트폴리오의 성과가 우월하며, 작을수록 성과가 열등한 것으로 평가한다.

④ 샤프척도와 달리 트레이너척도는 수많은 자산집단에 광범위하게 분산투자함으로써 체계적 위험만을 부담하게 되는 대규모 연기금에게 적합한 평가척도이다.

★★★

22 다음 A포트폴리오의 젠센척도, 샤프척도, 정보비율을 구하여 성과측정을 하고자 한다. 각각의 값으로 적절한 것을 고르시오.(단, 무위험 이자율 : 3.0%, 실현수익률 : 9%, 벤치마크수익률 : 6.5%, 베타 : 0.3, tracking error 표준편차 : 1.2, 표준편차 : 0.5이다.)

	젠센척도	샤프척도	정보비율
①	−0.50	9	−4.17
②	+4.50	9	−2.08
③	+4.95	12	+2.08
④	−0.50	15	+4.17
⑤	+4.50	15	+4.76

정답 I ③

해설 I • 젠센척도 : $R_p - R_f = 9 - 4.05 = +4.95$

• 샤프척도 : $R_p - R_f / \sigma_p = (9 - 3.0)/0.5 = 12$

• 정보비율 : $R_p - R_B / \sigma(e_p) = (9 - 6.5)/1.2 = +2.08$

[참고]

트레이너척도 : $R_p - R_f / \beta_p = (9 - 3.0)/0.3 = 20$

★★★
23 다음 중 샤프척도와 트레이너척도가 가장 우수한 펀드의 순서대로 바르게 나열된 것을 고르시오.(단, 무위험이자율은 5%로 가정한다.)

펀드	평균수익률	표준편차	베타
A	10%	0.12	0.55
B	11%	0.14	1.12
C	12%	0.15	1.45
D	13%	0.19	1.65

① A, B
② C, A
③ B, C
④ C, D
⑤ D, A

정답 | ②

해설 |

펀드	샤프 척도	트레이너척도
A	(10% − 5%)/12% = 0.4167	(10% − 5%)/0.55 = 0.0909
B	(11% − 5%)/14% = 0.4286	(11% − 5%)/1.12 = 0.0536
C	(12% − 5%)/15% = 0.4667	(12% − 5%)/1.45 = 0.0483
D	(13% − 5%)/19% = 0.4211	(13% − 5%)/1.65 = 0.0485

★★★
24 다음 펀드들에 대한 성과평가로 적절하지 **않은** 것은?(단, 무위험이자율은 2%라고 가정하며, 목표수익률은 무위험이자율로 가정한다.)

구분	수익률 (3년 평균, 연환산)	표준편차(3년 평균, 연환산)			베타
		전체	목표수익률	추적오차	
BM	3.30%	2.60%	2.90%	−	−
펀드A	3.78%	3.55%	3.20%	5.00%	1.15
펀드B	3.52%	3.12%	3.50%	3.50%	1.07
펀드C	3.16%	1.95%	2.20%	4.00%	0.96

※ 벤치마크(BM)는 국내채권지수로 한다.

① 펀드A의 젠센척도는 0.29%로 증권선택 능력이 있다.
② 펀드B의 샤프척도는 0.49%로 벤치마크보다 성과가 좋지 않다.
③ 성과평가에 소티노척도를 이용하는 경우, 펀드A가 펀드B보다 성과가 좋다.
④ 성과평가에 트레이너척도를 이용하는 경우, 펀드A가 펀드C보다 성과가 좋다.
⑤ 성과평가에 정보비율을 이용하는 경우, 펀드C가 펀드B보다 성과가 좋다.

정답 | ⑤

해설 | ⑤ 성과평가에 정보비율을 이용하는 경우, 펀드B가 펀드C보다 성과가 좋다.

• 젠센척도

구분	젠센척도
BM	3.30% − 2.00% − 1.00 × (3.30% − 2.00%) = 0.00%
펀드A	3.78% − 2.00% − 1.15 × (3.30% − 2.00%) = 0.29%
펀드B	3.52% − 2.00% − 1.07 × (3.30% − 2.00%) = 0.13%
펀드C	3.16% − 2.00% − 0.96 × (3.30% − 2.00%) = 0.09%

• 샤프척도와 소티노척도

구분	샤프척도	소티노척도
BM	(3.30% − 2.00%)/2.60 = 0.50	(3.30% − 2.00%)/2.90 = 0.45
펀드A	(3.78% − 2.00%)/3.55 = 0.50	(3.78% − 2.00%)/3.20 = 0.56
펀드B	(3.52% − 2.00%)/3.12 = 0.49	(3.52% − 2.00%)/3.50 = 0.43
펀드C	(3.16% − 2.00%)/1.95 = 0.50	(3.16% − 2.00%)/2.20 = 0.53

• 트레이너척도와 정보비율

구분	트레이너척도	정보비율
BM	(3.30% − 2.00%)/1.00 = 1.30%	−
펀드A	(3.78% − 2.00%)/1.15 = 1.55%	(3.78% − 3.30%)/5.00 = 0.10
펀드B	(3.52% − 2.00%)/1.07 = 1.42%	(3.52% − 3.30%)/3.50 = 0.06
펀드C	(3.16% − 2.00%)/0.96 = 1.21%	(3.16% − 3.30%)/4.00 = −0.04

CHAPTER 03

투자성 금융상품 위험등급과 고객의 투자성향

출제 비중 : 4~7% / 1~2문항

학습가이드 ■ ■

학습 목표	학습 중요도
Tip 개념 이해 중심으로 학습 필요	
1. 최대손실예상액(VaR)을 활용하여 투자성 금융상품의 손실위험을 측정할 수 있다.	★★★
2. 고객의 투자성향을 분석하고 적합한 금융상품을 선정할 수 있다.	★

··· TOPIC 1 투자성 금융상품의 손실위험

★★☆

01 최대손실예상액(VaR)에 대한 설명 중 적절하지 않은 것은?

① VaR(Value−at−Risk)는 시장위험을 측정하는 대표적인 지표로서 일정 기간 특정 확률 수준에서 발생할 수 있는 최대손실예상액을 나타낸다.

② 역사적 시뮬레이션 방법(historical method)은 수익률에 대한 특정 확률분포를 가정하지 않고 과거수익률을 사용하여 VaR를 산정하는 방법이다.

③ 현재 포트폴리오가 과거와 큰 차이가 없는 인덱스펀드 같은 경우 과거 KOSPI지수의 일 수익률을 사용하여 VaR를 산출하더라도 차이는 크지 않을 수 있다.

④ 분산−공분산 방법(variance−covariance method)은 수익률이 정규분포를 따른다고 가정하여 VaR를 산정하는 방법이다.

⑤ 과거수익률 분포가 정규분포 대비 왼쪽 꼬리가 두껍거나(fat tail) 길다면 역사적 시뮬레이션 방법에 따른 VaR가 분산−공분산 방법에 따른 VaR보다 작을 것이다.

정답 | ⑤

해설 | ⑤ 과거수익률 분포가 정규분포 대비 왼쪽 꼬리가 두껍거나(fat tail) 길다면 역사적 시뮬레이션 방법에 따른 VaR가 분산−공분산 방법에 따른 VaR보다 <u>클 것</u>이다.

★★☆

02 1일 VaR은 1.21%이다. 시간제곱근규칙을 사용하여 225영업일의 VaR은 얼마인가?(단, 소수점 첫째 자리에서 반올림한다.)

① 18%
② 22%
③ 38%
④ 42%
⑤ 272%

정답 | ①

해설 | 225영업일 VaR = 1일 VaR × $\sqrt{225}$ = 1.21% × $\sqrt{225}$ = 18.15%

··· TOPIC 2 투자성 금융상품의 위험등급

★☆☆

03 투자성 금융상품의 위험등급에 대한 설명으로 적절하지 않은 것은?

① 시장위험등급 산정 시 적용되는 VaR는 직전 3년 동안의 일 수익률을 사용하여 해당 투자성 금융상품을 1년(250영업일) 동안 보유할 경우 97.5% 확률 수준에서 발생할 수 있는 최대손실률이다.
② 국내신용등급과 해외신용등급이 상이한 경우 국외신용등급을 사용하는 것을 원칙으로 하되 해외신용등급만 있는 경우 그 신용등급을 국내신용등급으로 전환할 수 있다.
③ 외국통화로 투자가 이루어지는 상품은 환율변동위험을 고려하여 동일한 위험등급의 국내자산보다 1등급 상향하는 것을 원칙으로 한다.
④ 상품 특성에 따라 유동성위험의 중요성이 매우 높다고 판단되는 경우 판매회사는 위험등급을 상향할 수 있다.
⑤ 채권 등 채무증권의 위험등급은 신용위험등급을 기준으로 분류하는 것을 원칙으로 한다. 단, 외부기관의 보증이 있는 회사채는 보증기관의 신용등급을 기준으로 위험등급을 산정한다.

정답 | ②

해설 | ② 국내신용등급과 해외신용등급이 상이한 경우 국내신용등급을 사용하는 것을 원칙으로 하되 해외신용등급만 있는 경우 한 등급씩 상향하여 국내신용등급으로 전환할 수 있다.

★☆☆

04 투자성 금융상품의 위험등급에 대한 설명으로 적절하지 **않은** 것은?

① 지분증권의 위험등급은 2등급이지만, 해외거래소 상장종목, 국내 비상장주식과 한국거래소가 지정하는 투자주의 · 경고 · 관리 종목은 1등급 상향한다.

② 특정금전신탁의 위험등급은 편입대상자산의 위험등급을 기준으로 분류하는 것을 원칙으로 한다.

③ 투자일임계약상 편입 가능한 투자대상 자산의 최고 위험등급을 해당 투자일임계약의 위험등급으로 간주하는 것을 원칙으로 한다.

④ 투자성 금융상품에 해당하는 변액보험(만기에 원금을 보장하지 않는 변액보험)에 한하여 변액보험 내 펀드별로 위험등급을 부여한다.

⑤ 장내파생상품은 시장위험등급과 신용위험등급 중 높은 위험등급을 기준으로 산정한다.

정답 | ⑤

해설 | ⑤ 장내파생상품은 특성상 원금을 초과하는 손실이 발생할 수 있으므로 위험이 가장 높은 1등급으로 분류된다.

▪▪▪ TOPIC 3 고객의 투자성향 분석

★☆☆

05 위험인지성향에 대한 설명으로 적절하지 **않은** 것은?

① 위험인지성향(risk perception)은 투자하는 상품이나 투자자문 · 일임계약에 노출될 수 있는 실제 위험의 크기와 상관없이 고객이 주관적으로 판단하는 위험의 정도 또는 손실의 크기를 말한다.

② 위험인지성향은 외부의 영향을 받아서 편향이 생길 수 있다. 따라서 객관적인 인지성향을 측정하기 위해서는 고객과 대화하기 전에 객관적인 상황을 바탕으로 자산배분전략을 수립하는 것이 바람직하다.

③ 최신편향 또는 가용성편향이란 고객이 기억하거나 알고 있는 정보 위주로 판단하는 것을 말한다.

④ 사후확신편향이란 어떤 사건이 발생한 후에 그 결과를 마치 예측한 것처럼 생각하는 것을 말한다.

⑤ 결과편향이란 과거 투자결과만 가지고 판단하는 것을 말한다.

정답 | ②

해설 | ② 위험인지성향은 고객이 가지고 있는 다양한 편향으로부터 영향을 받기 때문에, 고객과 대화하거나 설문조사를 통하여 이를 교정한 후 자산배분전략을 수립하는 것이 바람직하다.

★★☆
06 위험수용성향에 대한 설명으로 적절하지 않은 것은?

① 위험수용성향은 고객이 특정 재무목표를 달성하기 위해 기꺼이 수용하고자 하는 위험의 크기 또는 금융의사결정을 할 때 기꺼이 수용하고자 하는 불확실성의 최대치라고 정의할 수 있다.
② 발생한 손실이 위험수용성향을 벗어나면 고객은 공포와 두려움에 휩싸여 포트폴리오에 있는 자산을 모두 매도하여 손실을 확정할 가능성이 크다.
③ 위험수용성향은 개인의 연령, 재무목표의 종류, 과거 투자경험 및 감정 등에 의해 영향을 받는 것으로 알려졌다.
④ 과거에는 위험수용성향을 손실률을 기준으로 파악하는 경우가 많았지만, 최근에는 위험수용성향을 손실률이 아닌 변동성을 기준으로 파악하는 경우가 많아졌다.
⑤ 손실위험 크기를 기준으로 위험수용성향을 파악하고자 할 때 최대손실낙폭(MDD)과 관련된 질문항을 투자자정보확인서에 포함하는 것이 바람직하다.

정답 | ④
해설 | ④ 과거에는 위험수용성향을 변동성을 기준으로 파악하는 경우가 많았지만, 최근에는 위험수용성향을 변동성이 아닌 손실률을 기준으로 파악하는 경우가 많아졌다.

★☆☆
07 고객의 투자성향 분석과 관련된 개념에 대한 설명으로 적절하게 짝지어진 것은?

- (가)은 투자하는 상품이나 투자자문 · 일임계약에 노출될 수 있는 실제 위험의 크기와 상관없이 고객이 주관적으로 판단하는 위험의 정도 또는 손실의 크기를 말한다.
- (나)은 고객이 특정 재무목표를 달성하기 위해 기꺼이 수용하고자 하는 위험의 크기 또는 금융의사결정을 할 때 기꺼이 수용하고자 하는 불확실성의 최대치라고 정의할 수 있다.
- (다)은 재무위험을 감당할 수 있는 능력으로서 재무목표를 달성하는 데 영향을 미치지 않는 최대손실액으로 정의된다.

	가	나	다
①	위험인지성향	위험감수능력	위험수용성향
②	위험인지성향	위험수용성향	위험감수능력
③	위험수용성향	위험인지성향	위험감수능력
④	위험수용성향	위험감수능력	위험인지성향
⑤	위험감수능력	위험수용성향	위험인지성향

정답 | ②

★★★

08 **고객의 투자성향 파악에 대한 설명으로 적절하지 않은 것은?**

① 금융투자협회가 마련한 표준투자권유준칙에서 예시된 설문지는 위험수용성향과 위험 감수 능력을 평가하기 위한 질문이 모두 포함되어 있다.

② 표준투자권유준칙 설문항의 답변을 조합하여 하나의 위험 성향점수를 산출한 후 이에 적합한 금융투자상품을 추천하는 2차원적 관점에서 고객의 투자성향을 판단하도록 하고 있다.

③ 전통적인 접근법의 문제점은 위험수용성향과 위험감수능력은 고객의 투자성향에 대한 다른 척도임에도 불구하고 이를 분리하지 않고 하나의 평균점수를 산정하여 고객의 투자성향을 파악한다는 점이다.

④ 키체스 등 재무설계 전문가에 따르면 위험수용성향과 위험감수능력을 분리하여 2차원적 관점에서 고객의 투자성향을 측정하고 이에 적합한 투자전략을 추천하는 것이 바람직하다.

⑤ 2차원적 투자자 성향 분석방법에 따르면 위험수용성향이나 위험감수능력 중 어느 하나의 값이 낮은 경우 전체 투자기간에 걸쳐 주식 비중이 낮은 보수적 자산배분 전략을 유지하는 것이 바람직하다.

정답 | ②

해설 | ② 표준투자권유준칙 설문항의 답변을 조합하여 하나의 위험 성향점수를 산출한 후 이에 적합한 금융투자상품을 추천하는 1차원적 관점에서 고객의 투자성향을 판단하도록 하고 있다.

CHAPTER

04 주식 및 채권투자

출제 비중 : 21~36% / 6~10문항

학습가이드 ■ ■

학습 목표	학습 중요도
Tip 공식에 대한 암기는 물론, 공식을 활용하여 다양한 사례를 분석할 수 있는 문제에 대한 학습 필요 Tip 현금흐름할인모형과 상대가치평가모형을 연계하여 학습 필요 Tip 채권가격정리, 듀레이션, 채권투자전략은 서로 연결되는 개념이므로 연계하여 학습 필요	
1. 현금흐름할인모형을 활용하여 주식의 가치평가를 할 수 있다.	★★★
2. 상대가치평가모형을 활용하여 주식의 가치평가를 할 수 있다.	★★★
3. 종류별 채권의 매매단가를 산출할 수 있다.	★★★
4. 채권가격정리를 이해하고 기간구조이론을 설명할 수 있다.	★★★
5. 채권의 듀레이션과 볼록성 개념을 이해하고 채권가격 변동성을 분석할 수 있다.	★★★
6. 기본적 분석과 기술적 분석을 통해 증권분석을 수행할 수 있다.	★★★

··· TOPIC 1 주식투자분석

★★☆

01 주식의 가치평가방법에 대한 설명으로 적절하지 않은 것은?

① 현금흐름할인방법은 현재의 현금흐름이 (+)이고 미래 예측 가능성이 높은 경우 가장 쉽게 적용할 수 있는 가치평가방법이다.

② 상대가치평가방법의 장점은 단순하고 쉬워서 빠르게 가치를 비교할 수 있다는 점이다. 반면에 평가자에 따라 잘못 사용되거나 조작의 여지가 많다는 단점이 있다.

③ 상대가치평가방법은 동종산업에서 같은 형태의 비교 가능한 기업을 찾기가 쉽기 때문에, 현실적으로 적용이 쉽고 가장 많이 사용한다.

④ 기업의 특허권이나 영업권 등과 같이 일반적으로 평가하기 어려운 자산의 경우 조건부청구권방법으로 평가하는 것이 유용하다.

⑤ 조건부청구권방법은 옵션의 가격결정모형이 단기에는 비교적 정확한 반면, 장기의 경우 오류의 소지가 많다는 단점이 있다.

정답 | ③

해설 | ③ 상대가치평가방법을 사용하는 데 있어 현실적으로 완전히 같은 형태의 영업을 영위하는 비교 가능한 기업을 찾기는 어렵다는 제약이 따른다.

★★☆

02 주식의 가치평가방법에 대한 설명으로 적절하지 **않은** 것은?

① 현금흐름할인방법은 적자기업, 경기순환 기업, 건설 중인 사업 부문, 무형자산에 대한 평가, 구조조정 중이거나 합병기업과 같이 현금흐름이 (−)이거나 특별한 사유가 포함되는 경우 평가에 어려움이 따른다.

② 산업이나 시장 전체가 고평가되거나 저평가되어 있다면 상대가치를 비교하는 방법도 고평가하거나 저평가한다.

③ 조건부 청구권방법에서는 잔여분의 가치가 설혹 (−)값을 가져도 주식을 보유한 사람에게 추가 부담은 없다.

④ 조건부 청구권방법을 이용하는 데 문제점은 옵션의 가격결정모형이 단기는 비교적 정확한 반면 장기의 경우 오류의 소지가 많다는 점이다.

⑤ 조건부 청구권방법은 영업의 불확실성이 일종의 옵션 변동성과 같은데 옵션가격결정모형이 일정한 변동성을 가정하고 있다는 단점을 가지고 있지만, 현금흐름에서 배당금의 예측오류가 적다는 장점이 있다.

정답 | ⑤

해설 | ⑤ 영업의 불확실성이 일종의 옵션 변동성과 같은데 옵션가격결정모형이 일정한 변동성을 가정하고 있다는 단점을 가지고 있으며, 현금흐름에서 배당금의 예측오류가 많이 발생할 수도 있다는 것이다.

★★★

03 경제적 부가가치(EVA)와 시장 부가가치(MVA)에 대한 설명으로 적절하지 **않은** 것은?

① 기업의 EVA는 영업이익에서 법인세를 공제한 값에서 기업의 총자본조달비용을 차감하여 산출한다.

② EVA에서 자본조달비용은 타인자본뿐만 아니라 자기자본조달 비용도 포함된다.

③ EVA는 채권자 입장에서 본 실질적인 기업가치 증가를 나타내는 지표다.

④ 기업의 주된 목적은 주주 부의 극대화에 있고 주주 부의 극대화는 시장 부가가치를 극대화함으로써 이루어진다.

⑤ 시장 부가가치는 주식의 시장가치와 주주들이 제공한 자기자본 간의 차이를 의미한다.

정답 | ③

해설 | ③ EVA는 주주 입장에서 본 실질적인 기업가치 증가를 나타내는 지표다.

★★☆

04 경제적 부가가치(EVA)에 대한 설명으로 적절하지 **않은** 것은?

① 기업의 EVA는 영업이익에서 법인세를 공제한 값에서 기업의 총자본조달비용을 차감하여 산출한다.

② EVA＝세후영업이익(NOPAD)－평균투하자본(IC)×가중평균자본비용(WACC)이다.

③ EVA는 주주 입장에서 본 실질적인 기업가치 증가를 나타내는 지표다.

④ EVA가 (＋)라는 것은 기업이 자기자본을 투입해 영업을 한 성과가 자본금을 은행에 맡겨두었을 때 기대할 수 있는 이자수익보다 좋지 않았다는 의미다.

⑤ EVA가 높다면 그만큼 자본을 효율적으로 활용하고 있는 기업으로 평가할 수 있으며, 반대로 EVA가 (－)라면 주주이익을 침해했다고 평가할 수도 있다.

정답 | ④

해설 | ④ EVA가 (+)라는 것은 기업이 자기자본을 투입해 영업을 한 성과가 자본금을 은행에 맡겨두었을 때 기대할 수 있는 이자수익보다 좋았다는 의미다.

★★★

05 배당할인모형을 통해 주식A의 현재가치를 구한 것으로 적절한 것은?

• 주식A는 내년 배당금이 1,000원으로 예상되고 내년 초 주가가 20,000원으로 예상된다. 무위험이자율이 3%, 시장수익률이 5%, 베타가 1.5인 주식A의 현재가치는 얼마인지 구하시오.

① 18,048원
② 18,868원
③ 19,048원
④ 19,811원
⑤ 20,000원

정답 | ④

해설 | • 요구수익률(k) = 3% + 1.5 × (5% − 3%) = 6%

• 주식A의 가치 = $\frac{1,000}{(1+6\%)} + \frac{20,000}{(1+6\%)}$ = 19,811원

★★★
06 정률성장배당할인모형을 통해 주식A의 현재가치를 구한 것으로 적절한 것은?

> • 주식A는 올해 배당이 주당 2,000원이었으며 향후 안정적으로 5%의 배당성장률이 기대된다. 무위험이자율이 3%이고 시장 위험프리미엄이 5%, 베타가 1.2인 이 주식의 가치는 얼마인지 구하시오.

① 34,042원
② 38,880원
③ 42,000원
④ 46,340원
⑤ 50,000원

정답 | ⑤

해설 | • 요구수익률(k) = 3% + 1.2 × (5%) = 9%

• 주식A의 가치 = $\frac{2,000}{(9\%-5\%)}$ = 50,000원

★★★
07 매년 2,000원씩 배당을 지급하고 할인율이 5%인 주식A의 현재가치를 구한 것으로 적절한 것은?

① 10,000원
② 20,000원
③ 30,000원
④ 40,000원
⑤ 50,000원

정답 | ④

해설 | 주식A의 가치 = $\frac{2,000}{(5\%)}$ = 40,000원

★★★
08 주식A는 최근 주당 배당금이 2,000원이었으며, 고객의 요구수익률은 연 7%이다. 앞으로 처음 3년간의 기대되는 성장률은 10%이고, 그 이후로는 4%로 일정하게 성장할 것으로 기대된다. 주식A의 가치를 계산한 것으로 적절한 것은?

① 57,204원
② 64,430원
③ 78,560원
④ 81,676원
⑤ 98,879원

정답 | ④

해설 | 주식A의 가치 = $\frac{2,000(1.1)}{(1.07)} + \frac{2,000(1.1)^2}{(1.07)^2} + \frac{2,000(1.1)^3}{(1.07)^3} + \frac{2,000(1.1)^3(1.04)}{(1.07)^3(0.07-0.04)}$

= 81,676원

★☆☆

09 주식A는 기말 주당이익이 1,000원으로 예상되며 재투자수익률이 15%, 요구수익률이 10%이고, 사내유보율이 60%로서 이익의 성장기회를 가지고 있다. 이익평가모형에 따른 주식A의 가치를 구한 것으로 적절한 것은?

① 16,500원
② 30,000원
③ 33,000원
④ 40,000원
⑤ 100,000원

정답 I ④

해설 I • 이익성장률(g) = 내부유보율(RR) × 재투자수익률(ROE) = 0.6 × 0.15 = 0.09

• 주식가치(V) = 성장이 없는 경우 이익의 현재가치 + 성장기회로부터 창출되는 이익의 현재가치(PVGO)

$$= \frac{E_1}{(k)} + \left[\frac{E_1}{(k)} \times \frac{RR \times (ROE - k)}{(k - g)}\right]$$

$$= \frac{1,000}{(0.1)} + \left[\frac{1,000}{(0.1)} \times \frac{0.6 \times (0.15 - 0.1)}{(0.1 - 0.09)}\right] = 40,000$$

★★★

10 기업A는 세전부채비용(발행채권의 현재수익률 적용)을 15%, 자기자본비용은 12%(부채와 자기자본의 비율은 4:6을 목표로 하고 있다. 이때 가중평균자본비용(WACC)을 구하시오.(단, 법인세율은 20%로 가정한다.)

① 12%
② 13.2%
③ 14%
④ 14.6%
⑤ 15%

정답 I ①

해설 I ① 15% × (1 − 0.2) × 0.4 + 12% × 0.6 = 12%

★★★

11 현재 A기업의 주당순이익(EPS)이 5,000원이다. 과거 이익의 성장률을 계산해 본 결과 평균적으로 매년 10%씩 증가한 것으로 확인되었다. 1년 후 주가를 다음의 PER을 활용하여 예측한 것으로 적절한 것은?(각각의 PER를 사용한 주가의 평균값으로 구하도록 한다.)

• 동일산업 평균 PER : 3
• 시장전체 평균 PER : 6
• 과거 10년간의 평균 PER : 9

① 16,500원
② 30,000원
③ 33,000원
④ 45,000원
⑤ 49,500원

정답 | ③

해설 | • 1년 후 추정 EPS : 5,000×1.1 = 5,500

• PER를 이용한 1년 후 미래 주가 추정

– 동일산업 평균 : 5,500×3 = 16,500

– 시장전체 평균 : 5,500×6 = 33,000

– 과거 10년 평균 : 5,500×9 = 49,500

• 1년 후 추정되는 평균 PER를 적용한 주가는 $\frac{16,500+33,000+49,500}{3}$ = 33,000

★★★
12 정률성장배당할인모형을 이용하여 A주식의 가치를 계산한 것으로 적절한 것은?

• 금년도 배당금 : 400원	• 자기자본이익률 : 10%
• 배당성향 : 40%	• 무위험 이자율 : 3%
• 베타 : 1.5	• 시장위험프리미엄 : 6%

① 5,600원 ② 6,667원
③ 7,200원 ④ 8,889원
⑤ 10,080원

정답 | ③

해설 | • 요구수익률(k) = 3% + 1.5×(6%) = 12%

• 배당성장률(g) = (1 – 배당성향)×ROE = (1 – 40%)×10% = 6%

적정주가(V) = $\frac{D_1}{(k-g)} = \frac{D_0(1+g)}{(k-g)} = \frac{400(1.08)}{(0.12-0.06)}$ = 7,200원

★★☆
13 A주식의 베타계수가 1.2이고 현재 무위험수익률은 6%이며 요구수익률은 12%이다. 자기자본이익률은 12%이며, 금년도 순이익이 주당 5,000원, 금년도 배당금액이 주당 2,000원인 A주식의 가치를 정률성장배당모형으로 구하시오.

① 34,622원 ② 35,733원
③ 36,012원 ④ 37,901원
⑤ 39,456원

정답 | ②

해설 | • 배당성향 = 2,000÷5,000 = 0.4

• 내부유보율 = 1 – 배당성향 = 1 – 0.4 = 0.6

• 성장률(g) = 내부유보율×자기자본이익률 = 0.6×12% = 7.2%

• 요구수익률(k) = 무위험수익률 + 베타×시장위험프리미엄 = 6% + 1.2×(12% – 6%) = 13.2%

• 내년도 배당금액(D_1) = 2,000×1.072 = 2,144원

• 적정주식가치(V) = D_1÷(k – g) = 2,144÷(0.132 – 0.072) = 35,733원

★★★
14 요구수익률이 10.7%, 배당성향은 50%이고, ROE가 16%이다. 내년도 주당 순이익(EPS)이 2,000원으로 예상된다. 내년도 순이익에 기초한 적정 PER를 이용하여 적정주가를 구한 것으로 적절한 것은?

① 29,108원
② 31,648원
③ 34,249원
④ 37,037원
⑤ 40,000원

정답 | ④

해설 | • 성장률(g) = (1 − 50%) × 16% = 8%

• 적정 PER = $\frac{V_0}{EPS_1} = \frac{\text{배당성향}}{(k-g)} = \frac{0.5}{(0.107-0.08)}$ = 18.5185

• 적정주가(V) = EPS_1 × 적정 PER = 2,000 × 18.5185 = 37,037원

★★★
15 현재 A기업의 주식 가격이 25,000원에 거래되고 있다. 다음 중 적절한 것은?

• 내년 주당 순이익 : 3,500원	• 자기자본이익률 : 10%
• 무위험 이자율 : 4%	• 위험프리미엄 : 7%
• 베타 : 1.1	• 내부유보율 : 50%

① A기업의 적정 PER = 7.6이다.
② A기업의 적정 주식 가격은 24,000원이다.
③ A기업의 주가는 과소평가 되어 있다.
④ 내부성장률은 6%이다.
⑤ 요구수익률은 11.2%이다.

정답 | ③

해설 | ① 적정 PER = 배당성향/(k − g) = 0.5/(0.117 − 0.05) = 7.46(배)
k = 4% + (7% × 1.1) = 11.7%
g = RR × ROE = 0.1 × 0.5 = 5%
② EPS_1 × PER = 3,500 × 7.46(배) = 26,110원
④ g = RR × ROE = 0.1 × 0.5 = 5%
⑤ k = 4% + (7% × 1.1) = 11.7%

··· TOPIC 2 채권투자분석

★★☆
16 채권의 단가계산에 대한 설명으로 적절하지 않은 것은?

① 할인채는 발행 시에 할인해서 발행하는 채권으로 원금은 만기에 일시상환되며, 만기금액은 항상 액면 10,000원이다.
② 복리채는 액면가액으로 발행되고 이자는 일정기간 단위 복리로 재투자되어 만기에 원리금을 일시에 상환해주는 채권으로 만기상환금액은 발행시점의 시중금리 수준이 반영된 표면금리로 계산되어 확정되어 있다.
③ 이표채는 일반적으로 3개월(혹은 6개월)마다 이자가 지급되고 만기 시에는 원금과 마지막 이자를 함께 지급한다. 대부분의 회사채와 토지채, 금융채 일부가 해당된다.
④ 양도성예금증서(CD)는 은행이 자금예치의 대가로 발행하는 정기예금증서로서 무기명 단기 금융상품이다. 만기 이전에 중도환매가 원칙적으로 불가 하나 유통시장에서 거래를 통하여 유동성을 확보할 수 있다.
⑤ 기업어음(Commercial Paper ; CP)은 기업이 단기운용자금을 조달하기 위해서 발행하는 어음을 의미하며 만기 이전에도 발행기업으로부터 환매가 가능하여, 유동성에 유리하다는 장점이 있다.

정답 | ⑤
해설 | ⑤ 기업어음(Commercial Paper ; CP)은 기업이 단기운용자금을 조달하기 위해서 발행하는 어음을 의미하며 만기 이전에 발행기업으로부터 환매는 불가하나 유통시장의 거래를 통하여 유동성을 확보할 수 있다.

★★★
17 할인채의 매매단가를 계산한 것으로 적절한 것은?

• 이자지급 구분 : 할인채	• 발행일 : 2024. 6. 5.
• 매매일 : 2024. 8. 1.	• 발행금리 : 3.5%
• 만기일 : 2024. 12. 5.	• 매매수익률 : 3.7%

① 9,028원
② 9,604원
③ 9,873원
④ 9,998원
⑤ 10,000원

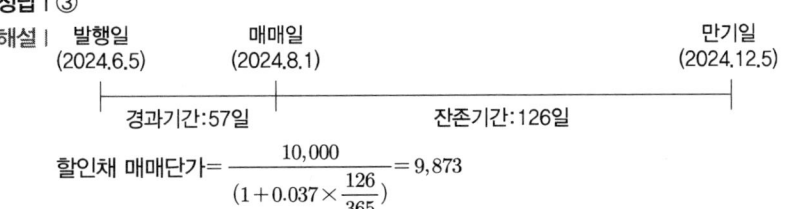

정답 | ③
해설 |
발행일 (2024.6.5) — 매매일 (2024.8.1) — 만기일 (2024.12.5)
경과기간:57일 / 잔존기간:126일

$$\text{할인채 매매단가} = \frac{10{,}000}{\left(1+0.037\times\frac{126}{365}\right)} = 9{,}873$$

★★★
18 채권가격정리에 대한 설명으로 적절하지 않은 것은?

① 채권가격과 채권수익률은 역의 관계이므로, 채권수익률이 올라가면 채권가격은 하락하고, 채권수익률이 하락하면 채권가격은 상승한다.

② 만기가 긴 채권이 짧은 채권보다 일정한 수익률 변동에 대한 가격 변동폭이 크다.

③ 채권수익률 변동에 따른 채권가격 변동폭은 만기가 길어질수록 증가하나 그 증가율은 체감한다.

④ 만기가 일정할 때 채권수익률 하락으로 인한 가격 상승폭이 같은 폭의 채권수익률 상승으로 인한 가격 하락폭보다 크다.

⑤ 표면이자율이 높은 채권이 낮은 채권보다 일정한 수익률 변동에 따른 가격 변동폭이 크다.

정답 | ⑤

해설 | ⑤ 표면이자율이 낮은 채권이 높은 채권보다 일정한 수익률 변동에 따른 가격 변동폭이 크다.

★★★
19 채권수익률의 기간구조이론에 대한 설명으로 적절한 것은?

① 불편기대이론은 장기채권의 수익률은 단기채권들에 예상되는 수익률들의 기하평균과 같다는 것이다.

② 유동성선호이론의 배경에는 단기채권과 장기채권은 완전대체 관계에 있다는 가정이 내포되어 있다.

③ 불편기대이론에서는 투자자가 장기채권보다 단기채권을 선호한다고 주장한다.

④ 미래의 불확실성으로 인하여 투자자가 부담해야 하는 위험은 만기가 길수록 증가하므로 만기가 긴 채권의 이자율은 높게 형성된다는 것이 불편기대이론이다.

⑤ 유동성선호가설에 의한 수익률곡선은 불편기대가설에 의한 수익률곡선보다 낮은 수준에서 그려지며 그 차이는 유동성프리미엄에 기인한다.

정답 | ①

해설 | ② 기대이론의 배경에는 단기채권과 장기채권은 완전대체 관계에 있다는 가정이 내포되어 있다.
③ 유동성선호이론
④ 유동성선호이론
⑤ 유동성선호가설에 의한 수익률곡선은 불편기대가설에 의한 수익률곡선보다 높은 수준에서 그려지며 그 차이는 유동성프리미엄에 기인한다.

★★★
20 채권수익률의 기간구조이론에 대한 설명으로 적절하지 않은 것은?

① 불편기대이론에 의하면 수익률곡선이 상승형의 형태를 보이는 이유는 사람들이 앞으로 이자율이 상승할 것으로 예상하기 때문이다.
② 불편기대이론에 의하면 금리가 상승할 것으로 예측되는 경우 합리적인 투자자는 상환기간이 긴 장기채를 팔고 상환기간이 짧은 단기채를 매입하려고 할 것이다.
③ 불편기대이론은 미래의 단기이자율에 대한 투자자의 동질적인 전망을 기초로 하고 있지만 이자율변동에 대해 중립적인 투자자들을 전제하고 있어 모든 투자자의 행동을 적절히 반영하지 못하고 있다는 점과 미래의 이자율에 대한 확실성의 가정 등이 현실적 타당성을 지니지 못한다는 점에서 비판받고 있다.
④ 유동성선호이론에 따르면 만기가 길어짐에 따라 미래의 불확실성의 증대로 인하여 원금과 이자를 받지 못할 위험이 있고, 만기가 긴 채권일수록 예기치 못한 이자율 변동으로 인하여 채권가격 변동이 커진다는 위험이 있다.
⑤ 유동성선호이론에 따르면 채권의 보유기간 예상수익률은 장기채권일수록 프리미엄만큼 높게 되어 수익률곡선은 기대이론에 의한 수익률곡선보다 항상 유동성프리미엄만큼 상위에 있다.

정답 | ②
해설 | ② 불편기대이론에 의하면 금리가 상승할 것으로 예측되는 경우 합리적인 투자자는 상환기간이 긴 장기채를 매입하고 상환기간이 짧은 단기채를 팔려고 할 것이다.

★★★
21 다음 중 시장분할이론에 대한 설명으로 짝지은 것으로 적절한 것은?

가. 장기채권의 수익률은 미래의 단기채권들의 예상되는 수익률인 선도이자율의 기하평균과 같다. 나. 미래에 대한 불확실정으로 투자자가 장기채권보다 단기채권을 선호한다고 주장한다. 다. 만기가 다른 채권의 이자율은 서로 다른 시장에서의 수요 · 공급에 따라 독립적으로 결정된다고 주장한다. 라. 우상향 이자율 기간구조는 단기시장에서 결정된 이자율이 장기시장의 이자율보다 낮은 경우에 발생한다. 마. 채권의 보유기간 예상수익률은 장기채권일수록 프리미엄만큼 높게 되어 수익률곡선은 기대이론에 의한 수익률곡선보다 항상 유동성프리미엄만큼 상위에 있다.

① 가
② 나, 다
③ 다, 라
④ 다
⑤ 다, 라, 마

정답 | ③
해설 | 가. 불편기대이론에 대한 설명이다.
나. 유동성선호이론에 대한 설명이다.
마. 유동성선호이론에 대한 설명이다.

★★★
22 채권의 듀레이션에 대한 설명으로 적절하지 않은 것은?

① 듀레이션은 채권의 만기까지 각 기간에 들어오는 현금흐름의 현재가치를 기간별로 가중하여 채권투자액을 회수하는 데 걸리는 가중평균 상환기간으로서 채권투자 시 현가 1원이 상환되는 데 걸리는 평균기간을 의미한다.
② 채권수익률이 높으면 듀레이션이 작아지며, 채권수익률이 높은 수준에 있으면 채권가격의 변화 정도도 작아진다.
③ 이자지급을 하는 이표채의 경우 듀레이션은 표면만기보다 항상 작다.
④ 높은 표면이자율의 채권은 듀레이션이 크고 가격변동률도 커지게 된다.
⑤ 일반적으로 만기가 길어질수록 듀레이션은 크고 채권가격의 변동성도 크다.

정답 | ④
해설 | ④ 높은 표면이자율의 채권은 듀레이션이 작고 가격변동률도 낮아지게 된다.

★★★
23 채권의 가격변동성을 분석한 것으로 적절하지 않은 것은?

① 듀레이션은 채권의 만기까지 각 기간에 들어오는 현금흐름의 현재가치를 기간별로 가중하여 채권투자액을 회수하는 데 걸리는 가중평균상환기간으로서 채권투자 시 현가 1원이 상환되는 데 걸리는 평균기간을 의미한다.
② 중도 이자지급이 없는 순수할인채의 경우는 이자율과 관계없이 듀레이션이 만기와 일치하며, 영구채의 듀레이션은 만기와 관계없이 채권수익률에 의해 결정된다.
③ 채권수익률 변동이 있을 때 듀레이션으로 예측한 채권가격은 항상 실제 가격보다 낮게 평가하게 된다.
④ Convexity는 채권가격을 채권수익률에 대하여 2차 미분한 값이라고 생각하면 된다.
⑤ 듀레이션이 2배가 되면 채권가격선의 기울기가 가파르게 되어 채권의 볼록성은 50%로 감소한다.

정답 | ⑤
해설 | ⑤ 채권의 볼록성은 듀레이션이 증가함에 따라 체증적으로 증가한다. 듀레이션이 크다는 것은 채권가격선의 기울기가 가파르다는 것이며, 기울기가 가파를수록 듀레이션만으로 추정한 채권가격과 실제 채권가격 간 차이가 커진다. 만약 듀레이션이 2배가 되면 채권의 볼록성은 2배 이상 증가한다.

채권의 볼록성

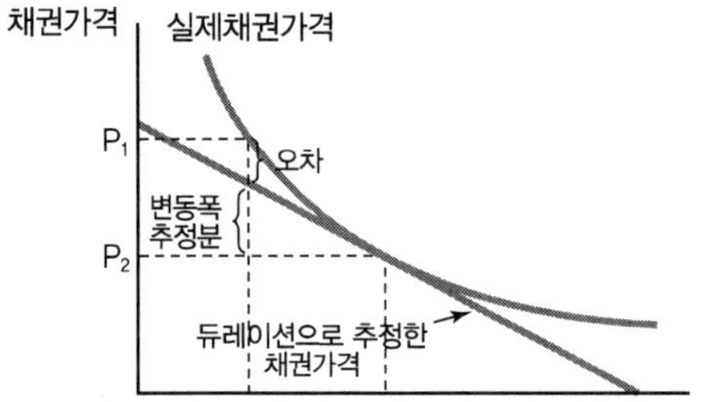

★★★

24 채권의 가격변동성에 대한 다음 분석 중 적절하지 않은 것은?

① 높은 표면이자율의 채권은 듀레이션이 작고 가격변동률도 낮아지게 된다.

② 채권수익률이 높은 수준에 있으면 채권가격의 변화 정도도 작아지는 것은 높은 채권수익률 하에서는 채권가격 중 초기의 현금유입 비중이 상대적으로 높아지고 먼 장래에 발생하는 현금흐름의 비중이 낮아지기 때문이다.

③ 일반적으로 만기가 길어질수록 듀레이션은 크고 채권가격의 변동성도 크다.

④ 채권의 볼록성은 듀레이션이 증가함에 따라 체증적으로 증가한다.

⑤ 듀레이션이 크다는 것은 채권가격선의 기울기가 완만하다는 것이다.

정답 | ⑤

해설 | ⑤ 듀레이션이 크다는 것은 채권가격선의 기울기가 가파르다는 것이며, 기울기가 가파를수록 듀레이션만으로 추정한 채권가격과 실제 채권가격 간 차이가 커진다.

★★☆

25 다음 채권의 수정 듀레이션을 구한 것으로 적절한 것은?

• 표면이자율 5%, 이자지급주기 12개월, 매매수익률 5.5%, 잔존만기 5년, 액면가 10,000원

t	CF_t	$CF_t(1+r)^t$	$t \times CF_t(1+r)^t$
1	500	$473.93 = 500/(1+0.055)^1$	$473.93 = 1 \times 500/(1+0.055)^1$
2	500	$449.23 = 500/(1+0.055)^2$	$898.45 = 2 \times 500/(1+0.055)^2$
3	500	$425.81 = 500/(1+0.055)^3$	$1,277.42 = 3 \times 500/(1+0.055)^3$
4	500	$403.61 = 500/(1+0.055)^4$	$1,614.43 = 4 \times 500/(1+0.055)^4$
5	10,500	$8,033.91 = 10,500/(1+0.055)^5$	$40,169.55 = 5 \times 10,500/(1+0.055)^5$
		9,786.49	44,433.79

① 4.02

② 4.30

③ 4.54

④ 4.88

⑤ 5.23

정답 | ②

해설 |
• 듀레이션 $= \dfrac{44,433.79}{9,783.49} = 4.54$

• 수정듀레이션 $= 4.54/(1+0.055) = 4.30$

★★★

26 표면이자 8%, 분기 이표채, 액면가 10,000원인 1년 만기 채권의 현재 채권수익률이 10%인 경우 이 채권의 가격은 9,844.91원이며 듀레이션은 0.97년이 된다. 만약, 채권수익률이 8%로 하락할 경우 듀레이션을 활용하여 구한 채권가격으로 적절한 것은?

① 187.05
② 9,653.92
③ 9,657.86
④ 10,031.96
⑤ 10,035.90

정답 | ④

해설 | • 수정듀레이션(D_m) = 듀레이션/(1 + r) = 0.97/(1 + 0.1/4) = 0.95
• 채권가격변동률(△P) = (− D_m) × △r = (− 0.95) × (− 0.02) = 1.90%
• 채권가격상승분 = 9,844.91 × 1.9% = 187.05
• 수익률 8% 시 채권가격 : 9,844.91 + 187.05 = 10,031.96

★★☆

27 A채권의 현재 채권수익률이 5.50%인 경우 이 채권의 가격은 9,786.49원이다. 채권수익률이 5.40%로 하락할 경우 채권의 가격은 9,828.72원, 5.60%로 상승할 경우 9,744.48원이다. 해당채권의 유효듀레이션을 구한 것으로 적절한 것은?

① 3.80
② 4.15
③ 4.30
④ 4.56
⑤ 4.82

정답 | ③

해설 | $$\text{유효듀레이션} = \frac{P^{-} - P^{+}}{P^{0} \times 2 \times \Delta r} = \frac{9,828.72 - 9,786.49}{9,786.49 \times 2 \times 0.001} = 4.30$$

★★★

28 현재 5.30%인 A회사채 유통수익률이 시중금리 하락에 따라 1%p 하락한 4.30%가 될 경우 A회사채의 시장가격의 변화로 적절한 것은?

• 현재 채권가격 : 9,918원	• 표면이자율 : 4.5%(3개월마다 이자 지급)
• 발행일 : 20×1년 6월 14일	• 만기일 : 20×4년 6월 14일
• 유통수익률 : 5.30%	• 듀레이션 : 2.81
• 볼록성 : 5.29	

① 277원 상승
② 277원 하락
③ 272원 상승
④ 272원 하락
⑤ 180원 상승

정답 | ①

해설 | • 수정듀레이션(D_m) = 듀레이션/(1 + r) = 2.81/(1 + 0.053/4) = 2.77

• 채권가격변동률($\triangle P/P$) = [(− D_m) × $\triangle r$] + [0.5 × 볼록성 × $(\triangle r)^2$

= (− 2.77) × (− 0.01) + 0.5 × 5.29 × $(-0.01)^2$ = 0.028

• 채권가격상승분 = 9.918 × 0.028 = + 277.35

★★☆

29 재무제표분석에 대한 설명으로 적절하지 않은 것은?

① 재무상태표는 특정 시점의 기업의 재정상태를 알 수 있게 나타낸 보고서이다.

② 자산은 6개월 이내에 현금화할 수 있는 유동자산과 현금화하는 데 6개월을 초과할 수 있는 비유동자산으로 구분된다.

③ 자본은 기업이 소유한 자산총액에서 부채총액을 차감한 잔액으로 주주지분 또는 순자산이라고 한다.

④ 포괄손익계산서는 일정 기간 내에 발생한 모든 수익과 비용을 대비시켜 당해 기간의 순이익을 계산 · 확정하는 보고서로 분기 · 반기 · 연간 단위로 작성된다.

⑤ 매출액에서 매출원가를 차감하여 매출총이익을 계산한다.

정답 | ②

해설 | ② 자산은 1년 이내에 현금화할 수 있는 유동자산과 현금화하는 데 1년을 초과할 수 있는 비유동자산으로 구분된다.

★★☆

30 기술적 분석에 대한 설명으로 적절하지 않은 것은?

① 기술적 분석은 주가의 매매시점을 파악할 수 있도록 과거의 시세 흐름과 그 패턴을 정형화하고 분석하여 향후 주가를 예측하는 데 목적이 있다.

② 상승추세는 고점과 저점이 점차 높아지는 현상을 말하고, 하락추세는 저점과 고점이 점차 낮아지는 것을 의미한다.

③ 추세분석에서 저항선이나 지지선의 돌파시도가 여러 번에 걸쳐 성공하는 경우 추세전환의 신호로 볼 수 있다.

④ 패턴분석에서는 횡보할 때의 모양을 가지고 향후 움직임을 예측하는 것이 일반적이다.

⑤ 추세반전형이란 이전까지의 주가 움직임과 반대 방향의 패턴으로 전환하기 위해서 모양을 형성하는 과정을 의미한다.

정답 | ③

해설 | ③ 추세분석에서 저항선이나 지지선의 돌파시도가 여러 번에 걸쳐 성공하지 못할 경우 추세전환의 신호로 볼 수 있다.

★☆☆

31 지표분석에 대한 설명으로 적절하지 **않은** 것은?

① MACD는 추세추종형의 대표적인 지표로 주가가 한번 형성되면 한 방향으로 진행된다는 특성을 잘 파악하는 특징이 있다.

② MACD가 시그널 아래서 위로 상향 돌파할 때를 매수 신호로, 위에서 아래로 하향 돌파할 때는 매도 신호로 인식한다.

③ 스토캐스틱이 침체권(30%) 이하로 내려갔다가 다시 재상승하는 경우는 매수 신호이며 과열권(70%) 이상으로 올라갔다가 재하락하는 경우는 매도 신호이다.

④ 스토캐스틱 %D선이 %K선을 상향 돌파하여 상승하게 되면 매수 신호이고, %D선이 %K선을 하향 돌파하여 하락하게 되면 매도 신호이다.

⑤ OBV선의 상승함에도 불구하고 주가가 하락하면 조만간 주가 상승이 예상되고 OBV선이 하락함에도 불구하고 주가가 상승하면 조만간 주가는 하락할 가능성이 있다.

정답 | ④

해설 | ④ 스토캐스틱 %K선이 %D선을 상향 돌파하여 상승하게 되면 매수 신호이고, %K선이 %D선을 하향 돌파하여 하락하게 되면 매도 신호이다.

CHAPTER

05 투자전략

출제 비중 : 11~14 / 3~4 항

학습가이드 ■ ■

학습 목표	학습 중요도
Tip 개념(이론)의 특징과 상호비교 중심으로 학습 필요 Tip 파생상품 손익구조에 대한 깊이 있는 이해 필요	
1. 주식투자전략을 이해하고 활용할 수 있다.	★★
2. 채권투자전략을 이해하고 활용할 수 있다.	★★★
3. 위험관리를 위한 파생상품의 활용방법을 이해할 수 있다.	★★★

TOPIC 1 주식투자전략

★★☆

01 액티브전략에 대한 설명으로 적절하지 않은 것은?

① 액티브전략의 비교지수로는 투자 유니버스에 포함되는 종목군에 따라 특정 국가나 지역의 주가지수, 주식스타일지수 또는 특정 섹터 또는 테마지수 등이 사용된다.

② 투자유니버스란 투자 가능한 종목 리스트로서 비교지수에 포함되는 종목 중 운용철학이나 투자목적에 적합하지 않은 종목을 제외하여 구성한다.

③ 패시브포트폴리오(passive portfolio)의 경우에는 시장 국면에 따라 비교지수 수익률을 초과 달성하기 위한 다양한 포트폴리오 구성전략을 실행한다.

④ 액티브쉐어는 모델포트폴리오의 비중과 투자포트폴리오 비중의 차이(절댓값)를 합한 후 2로 나누어 계산한다. 0에 가까울 수록 실제포트폴리오가 모델포트폴리오와 유사하고 100에 가까울수록 모델포트폴리오와 차이가 증가한다.

⑤ 리밸런싱은 기존의 모델포트폴리오에서 주가 변동으로 인하여 발생된 투자비중의 변화를 원래 모델포트폴리오의 투자비중으로 복원시키는 과정이다.

정답 I ③

해설 I ③ 패시브포트폴리오(passive portfolio)의 경우 모델포트폴리오는 벤치마크수익률과의 오차를 최소화하기 위한 포트폴리오 구성이 이루어지며, 액티브포트폴리오(active portfolio)의 경우에는 시장 국면에 따라 비교지수 수익률을 초과 달성하기 위한 다양한 포트폴리오 구성전략을 실행한다.

★★★
02 패시브전략에 대한 설명으로 적절하지 않은 것은?

① 주로 시장이 효율적이라는 전제하에서 초과수익을 얻기 위해 노력하기보다는 시장 평균 수준의 투자수익을 얻으면서 투자위험의 감소를 목표로 하는 투자관리 방법이다.
② 특정한 종목에 대한 분석보다는 시장 전체에 대한 예측을 기초로 패시브하게 운용함으로써 거래비용을 최소화시키는 특성을 지니고 있다.
③ ETF에 투자하면 직접 인덱스 포트폴리오를 구성하는 것보다 거래비용도 낮추면서 더 적은 금액으로 인덱스에 투자하는 것과 동일한 성과를 달성할 수 있는 장점이 있다.
④ 인덱싱전략 중 완전복제법은 가장 간단하고 추적오차를 최소화할 수 있으며, 이를 실행하기 위한 투자자금도 거의 들지 않다는 장점이 있다.
⑤ 다이렉트 인덱싱은 특정 비교지수 수익률을 추구하는 포트폴리오를 구성하여 고객 계좌에서 투자하는 전략이다. 즉, 고객 계좌에서 인덱스펀드나 패시브 ETF가 아닌 개별 종목에 분산투자하여 비교지수의 수익률을 달성하고자 한다.

정답 | ④
해설 | ④ 완전복제법은 가장 간단하고 추적오차를 최소화할 수 있지만, 이를 실행하기 위해서는 일정규모 이상의 투자자금 필요하다.

★★☆
03 스마트베타전략에 대한 설명으로 적절하지 않은 것은?

① 특정 혹은 복수의 성과팩터를 활용하여 비교 지수 대비 초과수익률을 추구하는 인핸스드인덱싱전략이다.
② 단일 혹은 복수의 팩터를 기반으로 구성된 지수에 투자하는 액티브전략과 달리 스마트베타전략은 기업의 미래 실적에 대한 기본적 분석을 바탕으로 포트폴리오를 구성하여 비교지수 대비 초과성과를 추구한다.
③ 스마트베타전략의 지수는 시가총액방식이 아닌 모든 종목의 비중을 동일하게 유지하거나 팩터값의 크기에 비례하여 비중을 결정하여 지수를 구성한다는 점에서 액티브 투자전략이라고도 할 수 있다.
④ 스마트베타전략은 규칙을 기반으로 포트폴리오를 구성하므로 액티브전략과 비교하여 포트폴리오 구성방법이 투명하고 관리비용이 낮은 장점이 있다.
⑤ 스마트베타전략은 퀀트 기반 초과수익을 창출하고자 하는 알파전략과 지수수익률을 달성하고자 하는 베타전략이 혼합된 투자전략이다.

정답 | ②
해설 | ② 기업의 미래 실적에 대한 기본적 분석을 바탕으로 포트폴리오를 구성하여 비교지수 대비 초과성과를 추구하는 액티브전략과 달리 스마트베타전략은 단일 혹은 복수의 팩터를 기반으로 구성된 지수에 투자한다.

▪▪▪ TOPIC 2 채권투자전략

★★★
04 수익률곡선전략에 대한 설명으로 적절하지 않은 것은?

① 수익률곡선전략은 장단기 금리변동에 따른 수익률곡선의 변화를 예상하여 초과수익률을 달성하고자 하는 전략이다.
② 금리가 전반적으로 상승하는 경우 듀레이션을 축소하고 특정 만기의 금리가 상승하는 경우 동 만기의 투자비중을 축소하여 초과수익률을 달성하고자 한다.
③ 불릿전략은 수익률곡선이 평행으로 이동하는 경우 원하는 목표를 달성할 수 있지만, 장단기 금리변동폭이 상이한 경우 예상보다 성과가 저조할 가능성이 있다.
④ 듀레이션이 동일하더라도 수익률곡선이 우상향하고 향후 금리변동이 없다면 바벨전략이 불릿전략보다 높은 수익률을 달성할 수 있다.
⑤ 버터플라이전략은 바벨전략(단기채권 및 장기채권)을 매수(비중 확대)하고 불릿전략(중기채권)을 매도(비중 축소)하는 전략으로서 불릿전략과 바벨전략을 합성한 투자전략과 동일하다.

정답 I ④
해설 I ④ 듀레이션이 동일하더라도 수익률곡선이 우상향하고 향후 금리변동이 없다면 불릿전략이 바벨전략보다 높은 수익률을 달성할 수 있다.

★★★
05 수익률곡선타기전략에 대한 설명으로 적절하지 않은 것은?

① 수익률곡선타기전략은 수익률곡선이 우상향할 때 목표 투자기간보다 잔존만기가 긴 채권을 매수하여 일정 기간 보유한 후 매도하는 것을 반복하여 수익률을 제고하는 매매전략이다.
② 이 전략은 장기채권이 단기채권보다 금리가 높은 상황에서 수익률곡선이 상향 이동하지 않을 경우 바람직한 투자 전략이다.
③ 롤링효과는 시장 전체의 금리수준이 일정하더라도 잔존기간이 짧아지면 수익률이 하락하여 채권가격이 상승하게 되는 현상을 의미한다.
④ 수익률곡선타기전략을 수익률곡선의 기울기가 더 완만한 구간에서 실행할 경우 투자수익률이 더 높아질 수 있는데, 이를 숄더효과라고 한다.
⑤ 상대매매전략은 채권시장의 비효율성 또는 이상현상을 포착하여 저평가된 종목은 매수하고 고평가된 종목은 매도하는 교체매매전략을 말한다.

정답 I ④
해설 I ④ 수익률곡선타기전략을 수익률곡선의 기울기가 더 가파른 구간에서 실행할 경우 투자수익률이 더 높아질 수 있는데, 이를 숄더효과라고 한다.

채권의 롤링효과와 숄더효과

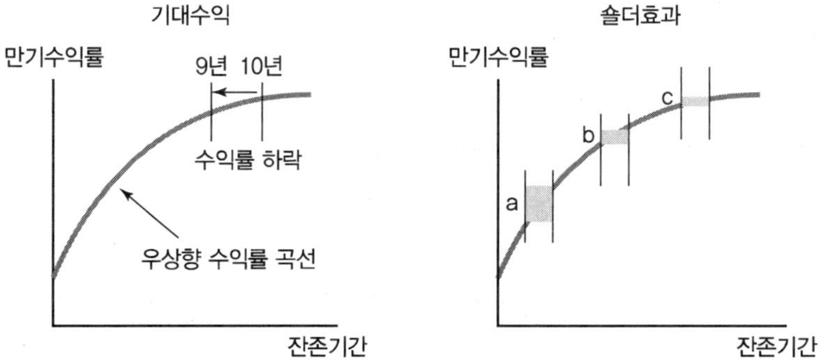

★★☆

06 채권면역전략에 대한 설명으로 적절하지 않은 것은?

① 자산포트폴리오 듀레이션을 부채 듀레이션과 일치시켜 금리변동으로 인한 위험을 헤지하고자 하는 패시브 투자전략의 하나이다.

② 투자하는 채권이 이표채라면 미래 특정 시점에 지급되는 부채의 상환시기와 만기가 동일한 채권에 투자하기 때문에, 만기 전에 수령하는 이자금액도 이자율위험에 노출되지 않는다.

③ 면역전략의 장점은 금리변동에 상관없이 부채 전액을 상환할 수 있다는 점이다.

④ 장단기 금리변동이 상이하여 수익률 곡선의 기울기가 변동하는 경우 면역전략의 효과는 감소한다.

⑤ 부채 듀레이션과 동일한 채권을 매수하기가 쉽지 않고 금리가 변동하는 경우 포트폴리오의 듀레이션을 재조정해야 하므로 거래비용이 증가하는 단점이 있다.

정답 | ②

해설 | ② 투자하는 채권이 이표채라면 만기가 도래하기 전에 수령하는 이자금액은 재투자위험에 노출되므로 이자율위험을 완전히 제거할 수 없다.

★★★

07 현금흐름일치전략에 대한 설명으로 적절하지 않은 것은?

① 자산의 현금흐름을 부채의 현금흐름과 일치시키는 전략으로서 이자율위험을 헤지할 수 있는 가장 완벽한 방법이다.

② 투자기간 중 포트폴리오를 지속적으로 리밸런싱함으로써 자산의 이자율위험을 헤지하는 방식을 취한다.

③ 부채의 현금흐름과 동일한 채권 포트폴리오를 구성하는 것이 현실적으로 어렵다는 단점이 있다.

④ 현금흐름일치전략은 은퇴 후 인출할 연금자산 포트폴리오를 구성하는 데 활용할 수 있다.

⑤ 물가연동국채를 사용하여 사다리전략을 구성하면 물가가 상승하더라도 구매력이 동일한 금액을 매년 인출 하여 생활비로 사용할 수 있다는 장점이 있다.

정답 I ②

해설 I ② 면역전략과 달리 투자기간 중 포트폴리오를 재조정할 필요가 없다는 장점이 있다.

★★★

08 채권투자전략에 대한 설명으로 적절하지 **않은** 것은?

> 가. 수익률곡선은 일반적으로 우상향의 형태를 보이므로, 시장 전체의 금리수준이 일정하더라도 잔존기간이 짧아지면 수익률이 하락하여 채권가격이 상승한다.
> 나. 매년 만기자금만큼 재투자하면 되므로 포트폴리오 관리가 용이하고 금리예측이 필요하지 않다는 장점이 있다.
> 다. 채권 또는 채권포트폴리오의 듀레이션을 투자기간과 일치시키는 것을 말한다.

	가	나	다
①	롤링효과	사다리형 만기전략	인덱스펀드
②	롤링효과	바벨형 만기전략	현금흐름 일치전략
③	롤링효과	사다리형 만기전략	채권면역전략
④	숄더효과	바벨형 만기전략	현금흐름 일치전략
⑤	숄더효과	사다리형 만기전략	채권면역전략

정답 I ③

해설 I 가. 수익률곡선은 일반적으로 우상향의 형태를 보이므로, 시장 전체의 금리수준이 일정하더라도 잔존기간이 짧아지면 수익률이 하락하여 채권가격이 상승하는 데 이것을 롤링효과라 한다.
나. 금리 동향과 관계없이 상환되는 자금을 그 시점에서의 장기채에 재투자만하면 되므로 채권운용에서 가장 어려운 문제인 금리 예측에서 벗어날 수 있다는 점이 사다리형 채권투자전략의 가장 큰 매력이다.
다. 채권면역전략이란 채권 또는 채권포트폴리오의 듀레이션을 투자기간과 일치시키는 것을 말한다.

★★☆
09 선물가격과 기대현물가격 간 관계에 대한 설명으로 적절하지 **않은** 것은?

① 기대가설에 따르면 선물가격은 선물만기일의 기대현물가격과 동일하다. 기대가설에 따르면 선물의 매수 또는 매도 포지션으로부터 이익이나 손실이 발생하지 않는다.
② 기대가설은 선물거래가 지니는 위험프리미엄을 고려한다는 장점이 있다.
③ 정상적백워데이션 가설에 의하면 선물가격은 기대 현물가격보다 위험프리미엄만큼 낮게 된다.
④ 콘탱고 가설에 의하면 선물가격은 만기일의 기대현물가격보다 위험프리미엄만큼 높게 된다.
⑤ 선물만기일 전에는 선물가격과 현물가격은 상이하지만, 만기일에 선물가격은 현물가격으로 수렴한다.

정답 I ②

해설 I ② 미래의 현물가격을 정확히 예측하는 것은 불가능하다. 따라서 기대가설은 선물거래가 지니는 위험프리미엄을 고려하지 않는 한계가 있다.

선물가격과 기대현물가격 간 관계

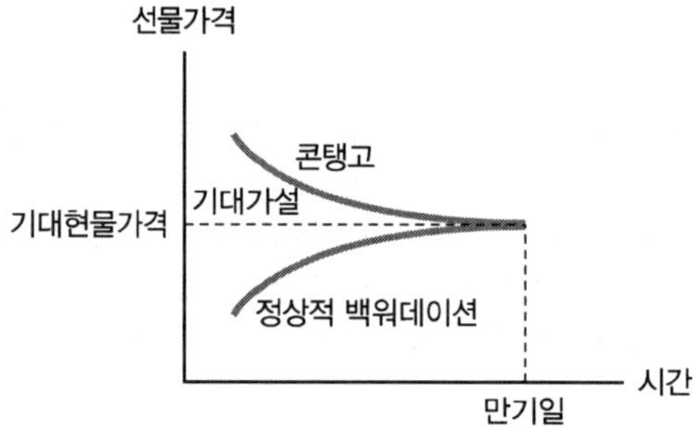

★★☆
10 다음 지문에서 설명하고 있는 선물가격과 기대현물가격 간 관계에 대한 이론으로 적절한 것은?

• 선물가격은 만기일 전까지는 미래의 기대현물가격보다 낮게 형성되지만, 만기일에 가까워질수록 기대현물 가격에 접근한다고 가정한다.
• 케인즈와 힉스 등에 의해 제시된 가설로서 선물시장 참여자들의 대부분은 현물자산을 보유하고 있어서 현물자산의 가격변동위험을 헤지할 목적으로 선물을 거래한다는 전제에서 출발한다.
• 투기자들이 선물을 매수하도록 유도하기 위해서는 선물매도자가 위험프리미엄을 지급하여야 한다.

① 현물－선물 패리티이론
② 기대가설
③ 정상적 백워데이션 가설
④ 콘탱고 가설
⑤ 이자율평형이론

정답 | ③
해설 | 정상적 백워데이션 가설에 대한 설명이다.

★★☆
11 다음 지문에서 설명하고 있는 선물가격과 기대현물가격 간 관계에 대한 이론으로 적절한 것은?

• 선물가격이 선물만기일의 기대현물가격보다 높다고 가정한다.
• 케인즈와 힉스 등에 의해 제시된 가설로서 선물시장 참여자들의 대부분은 현물자산을 보유하고 있어서 현물자산의 가격변동위험을 헤지할 목적으로 선물을 거래한다는 전제에서 출발한다.
• 투기자들이 선물을 매수하도록 유도하기 위해서는 선물매도자가 위험프리미엄을 지급하여야 한다.

① 현물－선물 패리티이론
② 기대가설
③ 정상적 백워데이션 가설
④ 콘탱고 가설
⑤ 이자율평형이론

정답 | ③
해설 | 정상적 백워데이션 가설에 대한 설명이다.

$F_0 = E(S_t) - rp$

F_0 : 현재 선물가격, $E(S_t)$: 선물만기일의 기대현물가격, rp : 위험프리미엄

★★★

12 다음 지문에서 설명하고 있는 선물가격과 기대현물가격 간 관계에 대한 이론으로 적절한 것은?

> • 선물시장 참여자들의 대부분은 미래에 현물자산을 보유하기를 원한다고 가정한다. 따라서 사람들은 현물자산의 가격변동위험을 헤지하기 위해 선물을 매수하기를 원한다.
> • 투기자들이 선물매도에 참여하도록 유도하기 위해서는 선물매수자들이 선물매도자들에게 위험프리미엄을 지급하여야 한다.

① 현물－선물 패리티이론
② 기대가설
③ 정상적 백워데이션 가설
④ 콘탱고 가설
⑤ 이자율평형이론

정답 I ④

해설 I $F_0 = E(S_t) + rp$

F_0 : 현재 선물가격, $E(S_t)$: 선물만기일의 기대현물가격, rp : 위험프리미엄

★★★

13 50억원의 주식 포트폴리오를 보유한 투자자가 선물을 이용하여 위험을 헤지할 때 적절한 헤지 방법과 계약수로 적절한 것은?(단, 현재의 KOSPI200 지수가 150.00이고, 포트폴리오 베타가 1.5라고 가정한다. KOSPI200지수선물의 선물거래승수는 250,000원이다.)

① 선물 100계약 매수
② 선물 100계약 매도
③ 선물 250계약 매수
④ 선물 200계약 매수
⑤ 선물 200계약 매도

정답 I ⑤

해설 I 최적헤지계약수＝베타(β)×포트폴리오금액/(현물지수×선물거래승수)

＝1.5×5,000,000,000원/(150×250,000)＝200

★★★

14 채권의 가격변동성에 대한 다음 분석 중 적절하지 않은 것은?

① 매도헤지란 현물자산의 가격하락위험을 헤지하기 위해 선물을 매도하는 것을 말한다.
② 매수헤지를 하는 경우 현물자산가격이 상승하여 손실을 보더라도 선물매수 포지션에서 발생하는 이익에 의해 상쇄되므로 현물자산의 가격변동위험을 헤지할 수 있다.
③ 최적헤지비율은 상관계수와 선물가격 변동폭의 표준편차 대비 현물가격 변동폭의 표준편차의 비율이 낮을수록 증가한다.
④ 상관계수가 ＋1이고 현물가격 변동폭의 표준편차와 선물가격 변동폭의 표준편차가 동일하다면, 즉 선물의 기초자산이 현물과 동일하다면 최적헤지비율은 1이 된다.
⑤ 무위험이자율평형이론은 거래비용이 존재하지 않고, 국가 간 자본이동이 자유롭고 양국 간 세금 차이가 발생하지 않는다고 가정하여 도출할 수 있다.

정답 | ③
해설 | ③ 최적헤지비율은 상관계수와 선물가격 변동폭의 표준편차 대비 현물가격 변동폭의 표준편차의 비율이 높을수록 증가한다.

최적헤지비율 $= \rho \dfrac{\sigma_s}{\sigma_F}$

- ρ : 현물가격 변동폭과 선물가격 변동폭의 상관계수
- σ_s : 현물가격 변동폭의 표준편차
- σ_F : 선물가격 변동폭의 표준편차

★★★
15 환율변동위험 헤지에 대한 설명으로 적절하지 않은 것은?

① 통화선물은 거래단위나 결제일 등 계약조건이 표준화되어 장내 시장에서 불특정 다수 간에 거래된다는 점에서 일대일 계약에 의해 체결되는 선물환과 차이가 있다.
② 외환스왑 거래는 원화자금은 풍부하지만, 외화자금이 부족한 경우 외환스왑거래를 통해 현물환을 매입함과 동시에 선물환을 매도함으로써 환율변동위험에 노출되지 않으면서 자금과부족을 해결할 수 있다.
③ 통화스왑은 거래당사자가 보유하고 있는 이종통화를 서로 바꾸어 사용하고 만기일에 원금을 다시 교환하는 거래이다.
④ 외환스왑은 주로 1년 이상의 장기거래에 이용되고 원금뿐만 아니라 이자도 교환된다는 점이 통화스왑과 차이가 있다.
⑤ 스왑포인트는 스왑거래를 할 때 적용되는 현물환율과 선물환율의 차이로서 외환스왑 거래의 스왑가격을 말한다.

정답 | ④
해설 | ④ 통화스왑은 주로 1년 이상의 장기거래에 이용되고 원금뿐만 아니라 이자도 교환된다는 점이 외환스왑과 차이가 있다.

외환스왑과 통화스왑의 비교

구분	외환스왑	통화스왑
만기 정산 환율	선물환율	계약 초기 현물환율
정산방법	만기일에 원금과 이자 차이	계약기간 중 이자교환, 만기일에 원금교환
만기	1년 이내	1년 이상

★★☆

16 **한국의 3개월(90일) CD금리와 미국의 3개월(90일) LIBOR가 각각 연 3%와 연 5.0%이고 원달러 현물환율(spot rate)이 1,300원인 경우 무위험이자율평형이론에 따른 90일 스왑포인트로 적절한 것은?(단, 1년은 360일로 가정한다.)**

① －24.76 ② －12.84

③ －6.42 ④ ＋6.42

⑤ ＋24.76

정답 | ③

해설 | • 이론선물환율 $F = S \times (1 + r_p) \div (1 + r_f)$이므로

• 이론선물환율 $F = 1{,}300 \times (1 + 0.03 \times \frac{90}{360}) \div (1 + 0.05 \times \frac{90}{360}) = 1{,}293.58$

• 스왑포인트 $F - S = 1{,}293.58 - 1{,}300 = -6.42$원

→ 스왑포인트가 음수이므로 이론선물환율은 디스카운트 상태이다.

• 약식공식을 이용한 스왑포인트를 계산 : $F - S = 1{,}300 \times (0.03 - 0.05) \times \frac{90}{360} = -6.5$원

→ 원래 공식을 사용할 때와 비슷한 값이다.

★★☆

17 **선물환 또는 통화선물을 활용한 환헤지에 대한 설명으로 적절하지 않은 것은?**

① 미래 일정 시점에 외화를 지급하기로 되어 있는데 향후 원화가 약세를 보일 것으로 전망된다면 매수헤지를 통하여 환위험을 헤지할 수 있다.

② 외화자산에 대한 환헤지를 실행할 때 주의할 점은 초기에 목표 환헤지비율대로 환헤지를 실행하더라도 외화자산가격이 변동하면 실제 환헤지비율은 목표수준에서 이탈할 수 있다는 점이다.

③ 국내 출시된 해외펀드가 환헤지를 실행하는 경우 투자설명서에 기재하는 목표 환헤지비율을 일정 범위(예 80%~400%)로 기재한다

④ 매도 환헤지를 실행할 때 스왑포인트가 양수인 상황에서 환헤지를 실행하면 추가손실이 발생한다.

⑤ 외환시장의 단기경색 등으로 국내금융기관들이 현물 시장에서 미달러화를 조달하기 어려운 경우 Buy&Sell 외환스왑거래를 체결하여 외환 스왑 시장에서 미달러화를 조달하기도 한다.

정답 | ④

해설 | ④ 매도 환헤지를 실행할 때 스왑포인트가 양수인 상황에서 환헤지를 실행하면 추가수익이 발생. 스왑포인트가 양수라는 것은 선물환율이 현물환율보다 높다는 것을 의미하므로 저평가된 현물환을 매수하고 고평가된 선물환을 매도하면 (선물환율 – 현물환율)만큼의 수익이 추가로 발생하기 때문이다.

★★★
18 금리변동위험 헤지에 대한 설명으로 적절하지 않은 것은?

① 금리가 상승하면 채권가격이 하락하고 채권선물가격도 하락한다. 반대로 금리가 하락하면 채권가격이 상승하고 채권선물가격도 상승한다.

② 고정금리채권을 보유한 경우, 금리 상승 시 손실이 발생할 금리변동위험에 대비하기 위해서는 채권선물을 매도하여야 한다.

③ 변동금리채권을 보유한 경우, 금리 하락 시 투자수익률이 하락할 금리변동위험에 대비하기 위해서는 채권선물을 매수하여야 한다.

④ 향후 채권투자 계획이 있는 경우, 금리 하락 시 투자수익률이 하락하므로 채권선물을 매도하는 헤지전략을 취할 수 있다.

⑤ 향후 차입 예정이 있는 경우, 금리 상승에 따른 이자비용 증가의 금리변동위험을 헤지하기 위해서 채권선물을 매도하면 된다.

정답 I ④

해설 I ④ 향후 채권투자 계획이 있는 경우, 금리 하락 시 투자수익률이 하락하므로 채권선물을 매수하는 헤지전략을 취할 수 있다.

금리변동국면별 헤지전략

구분	금리변동위험	헤지전략
고정금리채권 보유	금리 상승 시 손실 발생	채권선물 매도
변동금리채권 보유	금리 하락 시 투자수익률 하락	채권선물 매수
향후 채권투자 계획	금리 하락 시 투자수익률 하락	채권선물 매수
향후 차입 예정	금리 상승 시 이자비용 증가	채권선물 매도

★★★
19 옵션을 활용한 헤지전략에 대한 설명으로 적절하지 않은 것은?

① 커버드콜전략은 현물자산을 보유한 상태에서 콜옵션을 매도하는 전략으로서 현물자산가격이 일정 수준 이하로 하락할 것으로 예상될 때 커버드콜전략을 실행하여 손실을 축소할 수 있다.

② 커버드콜전략의 경우 현물자산가격이 콜옵션의 행사가격 이상으로 상승하면 이익이 최대가 되고 그 이상으로 상승하더라도 이익은 증가하지 않는다.

③ 보호적 풋전략은 현물자산을 매입한 후 현물자산가격 하락으로 인한 손실 또는 이익을 특정 수준으로 고정하기 위해 풋옵션을 매수하는 전략이다.

④ 현물 포트폴리오가 기초자산과 동일하다면, 기초자산가격과 비례적으로 변동하기 때문에 한번 델타중립 포지션을 구성하면, 헤지비율을 조정할 필요가 없다는 점이 델타헤지의 장점이다.

⑤ 포트폴리오 보험은 미리 설정한 최소수익률을 달성하면서 자산가격이 상승할 때 추가수익을 달성할 수 있도록 위험자산과 무위험자산 간 투자비중을 동적으로 조정하는 투자전략을 말한다.

정답 | ④

해설 | ④ 현물 포트폴리오가 기초자산과 동일하다면, 기초 자산가격이 변동할 때 현물 포트폴리오의 가치는 기초자산가격과 비례적으로 변동하지만, 옵션가치는 델타만큼 변동한다. 델타헤지의 한계는 기초자산가격이 변동함에 따라 옵션델타가 변동하므로 수시로 헤지비율을 조정하여야 한다는 점이다.

⑤ 포트폴리오 보험은 미리 설정한 최소수익률을 달성하면서 자산가격이 상승할 때 추가수익을 달성할 수 있도록 위험자산과 무위험자산 간 투자비중을 동적으로 조정하는 투자전략을 말한다. 포트폴리오 보험은 고점매수 · 저점매도를 실행하므로 가치투자의 저점매수, 고점매도와 정반대의 매매전략을 갖고 있다고 볼 수 있다.

커버드콜전략의 만기손익구조

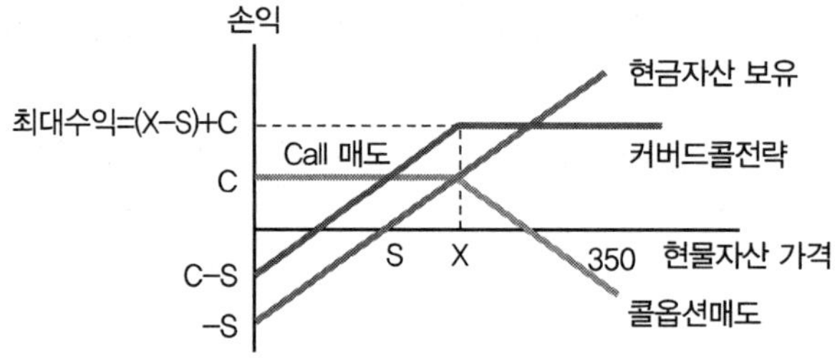

S : 기초자산 현재가격, X : 행사가격, C : 콜옵션

보호적 풋전략의 만기손익구조

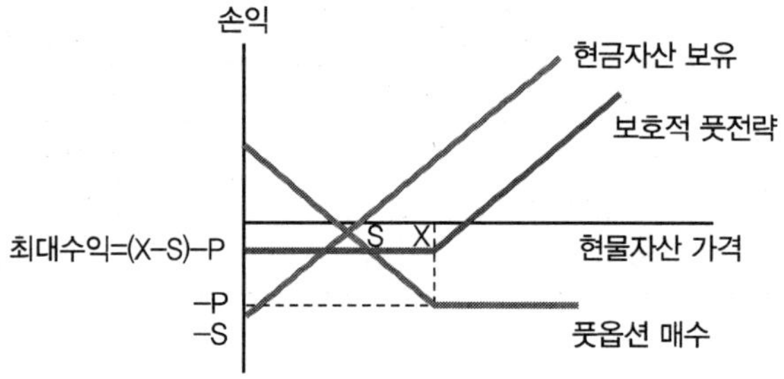

S : 기초자산 현재가격, X : 행사가격, C : 풋옵션 가격

델타헤징을 위한 옵션 매매 계약수

$$\beta \times \frac{V_P}{V_I} \times \frac{1}{\Delta}$$

- β : 포트폴리오 베타
- V_P : 포트폴리오 가치
- V_I : 코스피200지수 가치
- Δ : 옵션 델타

★★★
20 옵션을 활용한 헤지전략에 대한 설명으로 적절하지 않은 것은?

① 커버드콜전략은 강세시장에서 현물자산가격 상승에 따른 이익을 일정 수준으로 제한하는 대신에 가격 하락에 따른 손실의 일정 부분을 헤지하고자 하는 전략이다.

② 커버드콜전략은 현물자산가격이 '현물 매입가격 = 콜옵션 매도 프리미엄' 이하로 하락하면 손실이 발생하고, 그 이상으로 상승하면 이익이 발생한다.

③ 보호적 풋전략은 풋옵션을 매수하기 위한 프리미엄을 지급하지만, 현물자산가격이 하락할 때 손실위험을 제한하고 현물자산가격이 상승하면 이에 비례하여 이익이 증가 하는 장점이 있다.

④ 델타헤지란 일정 기간 가격 변화에 영향을 받지 않는 포트폴리오를 구성하기 위하여 현물 포트폴리오 손익과 옵션포지션 손익이 서로 상쇄되도록 옵션포지션을 조정하는 동태적 헤지 방법이다.

⑤ 포트폴리오 보험은 저점매수, 고점매도를 실행하여 초과수익을 달성한다.

정답 I ⑤

해설 I ⑤ 포트폴리오 보험은 고점매수 · 저점매도를 실행하므로 가치투자의 저점매수, 고점매도와 정반대의 매매전략을 갖고 있다고 볼 수 있다.

CHAPTER

06 자산배분전략

출제 비중 : 4~4% / 1~2문항

학습가이드 ■ ■

학습 목표	학습 중요도
Tip 수리적 이론과 그래프에 대한 이해를 중심으로 학습 필요	
1. 자산배분전략을 수립하는 방법을 이해하고 활용할 수 있다.	★★★

··· TOPIC 1 목표수익률 기준 자산배분전략

★★☆

01 마코위츠의 평균－분산 최적화기법을 사용하여 자산배분전략을 도출하는 과정을 순서대로 연결한 것으로 적절한 것은?

가. 자산배분전략 확정
나. 자산배분에 포함할 자산 선정
다. 자산별 기대수익률, 변동성(표준편차) 및 상관계수 예측
라. 목표수익률에 상응하는 자산배분전략 도출
마. 자산별 투자제약 사항 도출
바. 고객의 목표수익률 결정

① 나 → 다 → 바 → 마 → 라 → 가
② 나 → 다 → 마 → 바 → 가 → 라
③ 바 → 나 → 다 → 마 → 라 → 가
④ 다 → 나 → 바 → 마 → 라 → 가
⑤ 다 → 나 → 마 → 바 → 가 → 라

정답 | ①

해설 | **마코위츠의 평균－분산 최적화기법을 사용한 자산배분전략 도출 과정 순서**

- 자산배분에 포함할 자산 선정
- 자산별 기대수익률, 변동성(표준편차) 및 상관계수 예측
- 고객의 목표수익률 결정
- 자산별 투자제약 사항 도출
- 목표수익률에 상응하는 자산배분전략 도출
- 자산배분전략 확정

★☆☆

02 평균－분산 최적화기법에 대한 설명으로 적절하지 않은 것은?

① 목표수익률을 기준으로 평균－분산이론을 적용하여 자산배분전략을 도출할 때 자산별 기대수익률, 표준편차 및 상관계수를 정확히 예측하는 것이 매우 중요하다.

② 평균－분산이론은 예측한 변수들의 값이 약간만 변동하여도 자산별 투자비중이 급격히 변동하는 등 입력변수의 값에 대한 민감도가 매우 높다는 단점이 있다.

③ 예상수익률을 약간만 조정하여도 최적 자산배분전략이 큰 폭으로 변동하고 이는 수익률을 제고하기보다는 자산배분 비중을 빈번하게 조정하면서 거래비용만 증가시키는 상황을 초래할 가능성이 있다.

④ 평균－분산이론의 단점을 보완할 목적으로 자산별 투자비중 제약을 설정하여 자산별 투자비중의 민감도를 낮추기도 한다.

⑤ 과거수익률에 예측자의 주관적 예측치를 사용하는 모형이나, 반복샘플 효율적 투자기회선 기법을 사용하면 평균－분산이론이 가지고 있는 한계를 근본적으로 극복할 수 있다.

정답 | ⑤
해설 | ⑤ 이러한 기법도 평균－분산이론이 가지고 있는 한계를 근본적으로 극복하지는 못한다.

▪▪▪ TOPIC 2 고객 유형별 자산배분전략

★★★

03 투자성향별 자산배분에 대한 설명으로 가장 적절한 것은?

① 밸런스 자산배분은 투자기간 동안 자산별 투자비중을 일정 수준 이내에서 유지하는 타겟리스크 자산배분의 일종이다.

② 밸런스 자산배분전략은 위험자산 비중이 일정하기 때문에, 노출되는 위험도 최초 배분에 따라 일정하게 관리할 수 있다는 장점이 있다.

③ 표준편차를 잘 예측할 수 있다면, 밸런스 자산배분보다는 리스크패리티 자산배분이 고객의 투자성향에 적합한 자산배분전략이라고 할 수 있다.

④ 연령기준자산배분의 단점은 고객의 투자성향별로 감내할 수 있는 위험수준이 다름에도 불구하고 동일한 연령의 고객들은 동일한 자산배분전략을 실행한다는 점이다.

⑤ 타겟데이트 자산배분에서 은퇴까지의 기간별 주식 비중을 글라이드패스라고도 한다.

정답 | ②
해설 | ② 밸런스 자산배분전략은 위험자산 비중이 일정하더라도 시장 상황에 따라 노출되는 위험이 변동하는 단점이 있다.

★★★
04 생애주기별 자산배분에 대한 설명으로 적절하지 않은 것은?

① 연령기준자산배분은 고객 연령에 따라 자산별 투자비중을 조정하는 전략이다.
② 위험자산인 주식 비중(%)은 100에서 본인의 현재 연령을 차감하여 계산한다.
③ 연령이 증가함에 따라 위험에 대한 태도가 보수적으로 변화하고, 은퇴시기에 근접할수록 근로소득을 창출할 수 있는 기간이 감소하므로 위험관리 차원에서 주식 비중을 낮추는 것이 바람직하다고 본다.
④ 타겟데이트 자산배분은 은퇴시점까지 목표로 하는 노후자금을 마련할 수 있도록 동적계획법을 활용한 최적화기법을 사용하여 자산배분전략을 수립한다.
⑤ 최적화과정에서 투자자의 위험에 대한 태도가 반영된다는 점은 연령기준자산배분의 특징이다.

정답 | ⑤
해설 | ⑤ 최적화과정에서 투자자의 위험에 대한 태도가 반영된다는 점은 타겟데이트 자산배분의 특징이다.

▪▪▪ TOPIC 3 전략적 · 전술적 자산배분전략

★★★
05 전략적 자산배분에 대한 설명으로 적절하지 않은 것은?

① 전략적 자산배분은 고객의 투자목표를 달성하기 위해 투자기간 동안 유지하는 자산별 투자비중이므로, 어떠한 경우에도 한번 설정한 전략을 변경하지 않는다.
② 전략적 자산배분은 고객의 투자성과를 결정하는 가장 중요한 요인으로 알려져 있다.
③ 전략적 자산배분전략이 투자수익률에 미치는 영향은 연구방법에 따라 다르게 나올 수 있다.
④ BHB는 시계열회귀분적, 이보츤, 캐플란은 횡단면회귀분석을 실시하였다.
⑤ 이벤스키, 카츠는 장기평균수익률은 통제 불가능한 요인이므로 전략적 자산배분 기여도에서 제외하였다.

정답 | ①
해설 | ① 전략적 자산배분은 고객의 투자목표를 달성하기 위해 투자기간 동안 유지하는 자산별 투자비중이다. 하지만, 고객의 재무 상황 또는 투자성향이 근본적으로 변화하였거나 자본시장의 구조적 변화로 인하여 자산수익률이 큰 폭으로 변동할 것으로 예상하는 경우 전략적 자산배분전략을 다시 수립하여 실행하는 것이 바람직하다.

★★☆
06 전략적 자산배분에 대한 설명으로 적절하지 않은 것은?

① 브린슨, 후드, 비바우어(BHB)에 의하면 자산배분전략의 수익률 기여도는 91.5%에 달한다.
② BHB의 연구가 전략적 자산배분의 효과를 일정 수준 과소평가했다고 평가할 수 있다.
③ 이보츤, 캐플란은 횡단면 회귀분석을 실시하여, 시계열회귀분석을 실시한 BHB보다 자산배분전략의 수익률 기여도가 낮은 40% 수준이라고 설명한다.
④ 이벤스키, 카츠는 장기추세수익률을 개인이 통제 불가능한 행운요인으로 가정하였다.
⑤ 전략적 자산배분이 투자수익률에 영향을 미치는 가장 큰 요인인 것은 전문가 대부분이 동의하고 있다.

정답 | ②
해설 | ②, ⑤ BHB의 연구가 전략적 자산배분의 효과를 일정 수준 과대평가할 수도 있지만, 전략적 자산배분이 투자수익률에 영향을 미치는 가장 큰 요인인 것은 전문가 대부분이 동의하고 있다.

★★★
07 전술적 자산배분에 대한 설명으로 적절하지 않은 것은?

① 시장의 비효율성 등으로 인하여 단기적으로 예상수익률이 변동할 경우 자산별 투자비중을 전략적 자산배분전략과 달리 가져가서 초과수익을 창출하고자 하는 액티브전략이다.
② 전략적 자산배분 시 사용된 예상수익률보다 수익률이 더 저조할 것으로 예상되는 자산은 비중을 축소하고 수익률이 더 우수할 것으로 예상되는 자산은 비중을 확대하는 형태로 이루어진다.
③ 전술적 자산배분전략을 통하여 단기적으로 목표로 하였던 수익률을 달성한 경우 자산별 투자비중을 다시 전략적 자산배분전략으로 복귀시키는 것이 일반적이다.
④ 단기적으로 초과수익률을 달성하지 못한 경우에는 자산별 투자비중을 전략적 자산배분으로 복귀하지 않는 것이 바람직하다.
⑤ 전술적 자산배분전략이 효과적으로 실행된다면 포트폴리오의 실제 수익률이 전략적 자산배분전략의 수익률을 상회하는 초과성과를 달성하게 되고 이는 고객의 재무목표 달성을 용이하게 하는 장점이 있다.

정답 | ④
해설 | ④ 단기적으로 초과수익률을 달성하지 못하였더라도 전술적 자산배분전략을 실행할 때 존재하였던 시장의 비효율성 등이 사라진 경우에는 자산별 투자비중을 전략적 자산배분으로 복귀시키는 것이 바람직하다.

★★★
08 전술적 자산배분에 대한 설명으로 적절하지 않은 것은?

① 단기 시장전망이 잘못되어 전술적 자산배분의 성과가 저조하면 실제 수익률은 전략적 자산배분 수익률보다 현저히 낮아질 수도 있다.

② 전술적 자산배분전략에서 변경할 수 있는 자산별 투자비중을 전략적 자산배분전략 대비 일정수준 이내가 되도록 투자정책서(IPS)에 기재하는 것이 일반적이다.

③ 전술적 자산배분전략은 고객의 투자목적과 위험에 대한 고객의 태도 및 투자 시 준수하여야 할 제약조건을 반영하고 투자기간 예상되는 자산별 수익률, 변동성 및 상관계수를 예측하여 수립한다.

④ 전술적 자산배분은 단기적으로 자산배분 비중을 조정한다는 점에서 리밸런싱과 유사하다.

⑤ 전술적 자산배분은 초과수익을 달성하려고 의도적으로 자산별 투자비중을 전략적 자산배분 비중과 다르게 가져간다는 점에서 리밸런싱과 차이가 있다.

정답 | ③

해설 | ③ 전략적 자산배분전략은 고객의 투자목적과 위험에 대한 고객의 태도 및 투자 시 준수하여야 할 제약조건을 반영하고 투자기간 예상되는 자산별 수익률, 변동성 및 상관계수를 예측하여 수립한다.

⑤ 전술적 자산배분은 초과수익을 달성하려고 의도적으로 자산별 투자비중을 전략적 자산배분 비중과 다르게 가져가지만, 리밸런싱은 실제 투자비중이 전략적 자산배분 비중으로부터 일정수준 이상 이탈했을 때 이를 다시 전략적 자산배분 비중으로 재조정하는 것이라는 점에서 차이가 있다.

TOPIC 4 목표연계 자산배분전략

★★★
09 부채연계투자에 대한 설명으로 적절하지 않은 것은?

① 부채연계투자(LDI)는 미래에 발생하는 부채의 현금흐름을 반영하여 포트폴리오를 구성하는 전략이다.

② 기관투자자가 운용하는 자금은 지출용도가 확정되어 있는 경우가 많기 때문에 기관투자자들은 부채의 상환일정을 고려하여 자산배분전략을 수립하는 것이 중요하다.

③ 부채연계투자(LDI)는 자산포트 폴리오의 대부분을 부채의 현금흐름에 맞춰 운용하지만, 자산부채관리(ALM)기법과 다르게 나머지는 추가수익을 창출하기 위해 액티브하게 운용하는 투자전략을 실행한다.

④ LDI의 부채헤징 포트폴리오(LHP)는 부채의 현금흐름을 매칭할 수 없는 장기채권을 매수하기가 어려운 경우, LHP를 구성할 수 없다.

⑤ 성과추구 포트폴리오(PSP)는 부채구조를 고려하지 않고 위험조정성과지표인 샤프척도를 최대화하도록 자산배분전략을 수립하여 실행한다.

정답 | ④

해설 | ④ LDI의 부채헤징 포트폴리오(LHP)는 부채의 현금흐름과 비슷한 현금흐름을 발생하도록 채권 포트폴리오로 구성하는 것이 일반적이다. 부채의 현금흐름을 매칭할 수 없는 장기채권을 매수하기가 쉽지 않으면 장외파생상품인 이자율스왑을 일부 활용하기도 한다.

★★★

10 부채연계투자에 대한 설명으로 적절하지 않은 것은?

① 부채연계투자(LDI)는 자산의 위험수준이나 현금흐름을 미래에 상환할 부채의 위험수준이나 현금흐름과 일치시켜 유동성위험을 최소화하는 패시브투자전략이다.

② LDI의 부채헤징 포트폴리오(LHP)에서는 이자율스왑을 일부 활용하기도 한다. 하지만 이자율스왑은 금융시장이 불안정할 경우 장외파생상품의 레버리지 위험에 노출되는 단점이 있다.

③ 성과추구 포트폴리오(PSP)는 부채를 고려하지 않는 자산위주 자산배분전략이라고 할 수 있다.

④ 현대 포트폴리오이론 관점에서 LHP는 부채의 현금흐름을 완전히 헤지하는 포트폴리오이므로 LDI 관점에서 무위험자산이라고 할 수 있다.

⑤ 부채헤징 포트폴리오(LHP)와 성과추구 포트폴리오(PSP) 간 최적 투자비중은 퇴직연금 적립금의 적립비율과 연금제도 운영기관의 위험 대비 수익률의 선호에 따라 결정된다.

정답 | ①

해설 | ① 자산부채관리(ALM)기법은 자산의 위험수준이나 현금흐름을 미래에 상환할 부채의 위험수준이나 현금흐름과 일치시켜 유동성위험을 최소화한다. 반면, LDI는 자산포트 폴리오의 대부분을 부채의 현금흐름에 맞춰 운용하지만, 나머지는 추가수익을 창출하기 위해 액티브하게 운용하는 투자전략을 실행한다.

★★☆

11 프로스펙트이론에 대한 설명으로 적절하지 않은 것은?

① 사람들은 본인이 생각하는 기준점 대비 이익과 손실을 기준으로 가치를 측정한다.

② 동일한 금액이더라도 이익보다 손실을 가치있게 평가하고 본인의 주관적 확률을 기준으로 의사결정을 내리기 때문에 발생확률이 낮은 이벤트를 과대평가하는 경향이 있다.

③ 이득이 발생하면 양(+)의 가치를 갖고 이득이 증가할 때 가치함수의 값도 증가하며 증가하는 폭은 증가한다.

④ 기준점 대비 손실이 발생하면 가치함수는 음(−)의 값을 갖고 손실이 발생할 때 느끼는 가치는 동일한 규모의 이득이 주는 가치보다 크게 생각한다.

⑤ 행동포트폴리오이론에 따르면 사람들은 손실회피(loss aversion) 성향이 있다.

정답 | ③

해설 | ③ 이득이 발생하면 양(+)의 가치를 갖고 이득이 증가할 때 가치함수의 값도 증가하지만 증가하는 폭은 감소한다.

가치함수

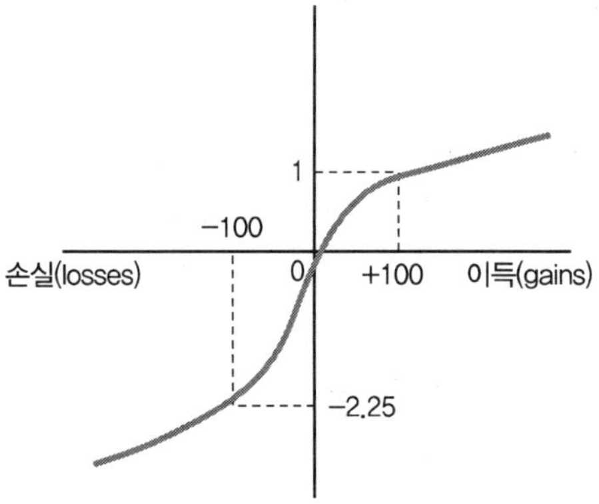

★★☆

12 목표연계투자에 대한 설명으로 적절하지 않은 것은?

① 투자자가 다양한 행동편향에 노출되는 보통사람이라고 가정한다.

② 표준편차로 측정되는 변동성을 투자위험으로 정의한다.

③ 무위험자산은 노령연금 등 생활비와 동일한 현금흐름을 제공하는 연금자산이다.

④ 생애주기 관점에서 적립식 투자를 통하여 목표로 하는 목적자금을 마련할 가능성을 최대화하고자 한다.

⑤ 적립식으로 투자하는 목표연계투자는 평균수익률뿐만 아니라 투자기간 발생하는 수익률순서위험을 반영하여 목표달성 확률을 최대화하는 자산배분전략을 수립한다.

정답 | ②

해설 | ② 현대포트폴리오이론은 표준편차로 측정되는 변동성을 위험으로 정의하지만, 목표연계투자는 생애목표를 달성하는 데 필요한 자금을 마련하지 못하는 것을 위험으로 정의한다.

현대포트폴리오이론에서 대비되는 개념

- 합리적 투자자를 가정한다.
- 현대포트폴리오이론은 표준편차로 측정되는 변동성을 위험으로 정의한다.
- 지급불능위험이 없는 단기국채를 무위험자산으로 정의한다.
- 기본적으로 단일기간의 위험조정수익률을 최대화하고자 한다.
- 위험과 더불어 평균수익률을 기준으로 자산배분전략을 수립한다.

CHAPTER

07 투자설계 프로세스

출제 비중 : 4~7% / 1~2문항

학습가이드 ■ ■

학습 목표	학습 중요도
Tip 투자방법 및 투자계좌에 대한 내용을 상호 비교하여 학습 필요	
1. 투자목표에 적합한 계좌를 선택할 수 있다.	★★
2. 자산별 포트폴리오를 구성하고 리밸런싱하는 방법을 이해하고 활용할 수 있다.	★

▪▪▪ TOPIC 1 자산배분전략 수립

★★★

01 자산배분전략 수립에 대한 설명으로 적절하지 않은 것은?

① 위험수용성향과 위험감수능력을 파악하기 전에 고객의 위험인지성향을 파악하여 필요하다면 위험인지성향을 교정한 후 투자성향을 파악하는 것이 바람직하다.

② 평균매입단가효과란 일정한 금액을 적립식으로 투자하면 평균매입단가가 하락하는 효과를 말한다. 이 평균매입단가효과는 적립식 투자 초기일수록 크다.

③ 평균매입단가효과는 주식시장의 변동성이 심할 때 크게 나타나지만, 주식시장이 상승추세를 지속하면 적립식 투자가 일시금으로 투자하는 것보다 투자수익률이 저조한 단점이 있다.

④ 적립식투자는 수익률순서위험에 노출되지만 일시금투자는 수익률순서위험에 노출되지 않는다.

⑤ 적립식으로 투자하면 주가하락율이 동일하더라도 초기에 주가가 하락한 것이, 나중에 주가가 하락한 것보다 손실금액이 증가한다.

정답 | ⑤

해설 | ⑤ 적립식으로 투자하면 기간이 경과할수록 적립금 잔액이 증가하므로 주가하락률이 동일하더라도 나중에 주가가 하락하면 손실금액이 증가한다.

★★☆

02 투자계좌 선정에 대한 설명으로 적절하지 않은 것은?

① 재무목표가 자본증식이나 주택자금 마련 등 목돈을 마련하는 것이라면 증권사종합계좌나 ISA를 개설하여 투자한다.

② 노후자금을 마련하는 것이라면 연금저축펀드계좌나 IRP계좌에서 투자한다. 투자성향이 매우 보수적인 경우 연금저축펀드계좌보다는 원리금보장상품에도 예치할 수 있는 IRP계좌가 더 적합하다.

③ ISA(개인종합자산관리계좌)는 투자수익 200만원(서민형은 400만원)까지는 비과세이고, 200만원을 초과하는 수익에 대해서는 9.9%(지방소득세 포함)로 분리과세 된다.

④ 연금저축펀드계좌는 연간 1,800만원까지 납입할 수 있고 이 중 600만원(퇴직연금계좌에서 세액공제 받은 금액 합산 기준 900만원)까지 세액공제 혜택을 받을 수 있다.

⑤ 연금계좌에 세액공제를 받지 않고 개인부담금을 납입한 경우 납입액은 나중에 인출하여 주택구입 등 목적자금에 사용하고 운용수익은 은퇴 후 연금으로 인출할 수도 있다. 이 경우 중도인출이 제한적으로 허용되는 연금저축펀드계좌보다는 IRP계좌를 사용한다.

정답 | ⑤

해설 | ⑤ 연금계좌에 세액공제를 받지 않고 개인부담금을 납입한 경우 납입액은 나중에 인출하여 주택구입 등 목적자금에 사용하고 운용수익은 은퇴 후 연금으로 인출할 수도 있다. <u>이 경우 중도인출이 제한적으로 허용되는 IRP계좌보다는 연금저축펀드계좌를 사용한다.</u>

★★☆

03 자산배분전략에 대한 설명이다. 빈칸에 들어갈 내용으로 적절하게 연결된 것은?

- (가)은(는) 생애주기 관점에서 필요한 목적자금을 마련하기 위한 자산배분전략을 수립할 때 자주 사용된다.
- (나)은(는) 목표소득대체율을 달성하는 데 충분한 노후자금을 마련하기 위해 목표연계투자기법을 활용하여 도출한 자산배분전략이다.
- (다)포트폴리오는 투자목표를 달성하기 위한 전략적 자산배분전략 위주로 구성하고 (라)포트폴리오는 특정 섹터나 테마, 이머징마켓이나 프런티어마켓 등 전략적 자산배분에서 투자하지 않는 영역에 투자하여 초과수익을 추구하는 형태로 구성할 수도 있다.

	가	나	다	라	다
①	목표연계투자(GBI)	글라이드패스	위성	핵심	위험수용성향
②	목표연계투자(GBI)	글라이드패스	핵심	위성	위험감수능력
③	글라이드패스	목표연계투자(GBI)	위성	핵심	위험감수능력
④	단기 전술적 자산배분전략	목표연계투자(GBI)	핵심	위성	위험인지성향
⑤	목표연계투자(GBI)	단기 전술적 자산배분전략	위성	핵심	위험인지성향

정답 | ②

★★☆

04 자산배분전략 점검과 관련된 설명으로 적절하지 않은 것은?

① 적립식 투자를 통하여 목적자금을 마련하고자 하는 경우 평균수익률이 동일하더라도 수익률 발생순서에 따라 목표달성 확률이 다를 수 있으므로 목표 달성 가능성을 점검하는 것이 중요하다.

② 역사적 시뮬레이션은 수익률 분포에 대한 통계적 가정을 하지 않고 과거수익률을 사용하여 투자성과를 분석하므로 쉽게 사용할 수 있다.

③ 역사적 시뮬레이션의 단점은 투자기간이 길어질수록 시뮬레이션 횟수가 감소하여 통계적으로 유의미한 결과를 도출하는 데 한계가 있다는 점이다.

④ 몬테카를로 시뮬레이션의 단점은 미래 투자기간에 발생하는 수익률분포가 과거수익률을 추정한 수익률분포와 상이한 경우에 시뮬레이션 결과의 유용성이 떨어진다는 점이다.

⑤ 몬테카를로 시뮬레이션은 과거수익률로부터 특정 확률분포를 가정하지 않는다는 점에서 부트스트래핑보다 유연한 시뮬레이션 기법이다

정답 | ⑤

해설 | ⑤ 부트스트래핑은 과거수익률로부터 특정 확률분포를 가정하지 않는다는 점에서 몬테카를로 시뮬레이션보다 유연한 시뮬레이션 기법이다.

··· TOPIC 2 자산별 포트폴리오 구성 및 리밸런싱

★★☆

05 주식의 포트폴리오 구성에 대한 설명으로 적절하지 않은 것은?

① 패시브 ETF는 실시간 매매가 가능하다는 장점이 있으나, 비용에 있어서는 직접 인덱스 포트폴리오를 구성하는 경우가 유리하여, 투자금액이 크지 않은 경우는 직접 주식의 패시브전략을 수행한다.

② 투자목표에 적합한 액티브전략을 실행하는 펀드를 식별하기 위해서는 자산배분전략을 수립할 때 투자할 주식을 대변하는 지수를 비교지수로 하는 펀드를 선별하여 투자한다.

③ 비교지수가 동일한 복수의 펀드가 있는 경우 과거의 투자성과뿐만 아니라 자산운용 사의 명성 및 투자설명서에 기재된 투자전략을 파악한다.

④ 증권시장선은 포트폴리오를 분석할 때 하나의 지수를 사용하는 반면, 스타일분석은 다양한 스타일지수를 활용하여 분석하기 때문에 투자성과에 미치는 영향을 구체적으로 파악할 수 있다.

⑤ 샤프의 스타일분석이 갖는 또 하나의 장점은 주식형펀드가 투자하는 종목에 대한 정보가 없더라도 펀드의 수익률을 사용하여 스타일을 파악할 수 있다는 점이다.

정답 | ①

해설 | ① 주식의 패시브전략에서 투자금액이 크지 않다면 직접 패시브전략을 실행하는 것이 어렵기 때문에 비교지수를 추종하는 인덱스펀드나 패시브 ETF에 투자하는 것이 바람직하다. 패시브 ETF는 실시간 매매가 가능하고 펀드총보수비용은 매우 낮아서 직접 인덱스 포트폴리오를 구성하거나 인덱스펀드에 투자하는 것보다 유리하다.

★★☆

06 채권의 포트폴리오 구성에 대한 설명으로 적절하지 않은 것은?

① 만기보유전략은 투자기간과 동일한 만기의 채권으로 포트폴리오를 구성한 후 만기까지 보유하여 채권 포트폴리오의 만기수익률을 달성하고자 한다.

② 주식형인덱스펀드처럼 채권지수를 추종하는 채권인덱스펀드의 수도 많아서 포트폴리오 구성이 용이하다.

③ 액티브 채권형펀드(ETF 포함)의 투자목적은 비교지수 대비 초과수익률을 달성하는 것이다.

④ 투자할 채권형펀드를 선정하기 위해서는 성과평가의 기준이 되는 비교지수를 먼저 확정하여야 한다.

⑤ 자산배분전략을 수립할 때 사용한 채권의 비교지수에 적합한 펀드가 존재하지 않는 경우 복수의 채권형펀드나 ETF에 분산투자하여 비교지수에 상응하는 포트폴리오를 구성하여 투자할 수도 있다.

정답 | ②

해설 | ② 주식형인덱스펀드와 달리 채권지수를 추종하는 채권인덱스펀드의 수는 많지 않다. 채권의 유동성은 상대적으로 낮고 거래단위도 커서 채권지수 수익률을 추종하는 포트폴리오를 구성하는 것이 쉽지 않기 때문이다.

★☆☆

07 대체투자자산과 분산투자효과에 대한 설명으로 적절하지 않은 것은?

① 대체투자란 일반적으로 주식, 채권, 부동산과 같은 전통적인 자산에 포함되지 않는 자산 또는 상품으로서 벤처투자, 원자재, 사회인프라, 헤지펀드, 경영 지배를 목적으로 하는 사모투자 등을 말한다.

② 대부분의 투자는 투자금액 등의 제약조건으로 개인투자자보다는 기관투자자에 의해서 이루어지고 있으며 기관투자자들은 대체투자구모를 적극적으로 확대해 왔다.

③ 대체투자는 전통적인 자산군(주식, 채권 등) 수익률과 높은 상관관계를 가진 것이 특징이다.

④ 대체투자는 인플레이션 헤지가 가능하며 인컴수익으로 알려진 절대수익률을 추구한다.

⑤ 대체투자자산을 추가하면 전통자산에만 분산투자하는 경우보다 동일한 기대수익률을 달성하기 위해 노출되는 위험은 감소한다.

정답 | ③

해설 | ③ 대체투자는 전통적인 자산군(주식, 채권 등) 수익률과 낮은 상관관계를 가진 것이 특징이다.

대체투자자산의 포트폴리오 편입 시 효율적 투자선의 변화

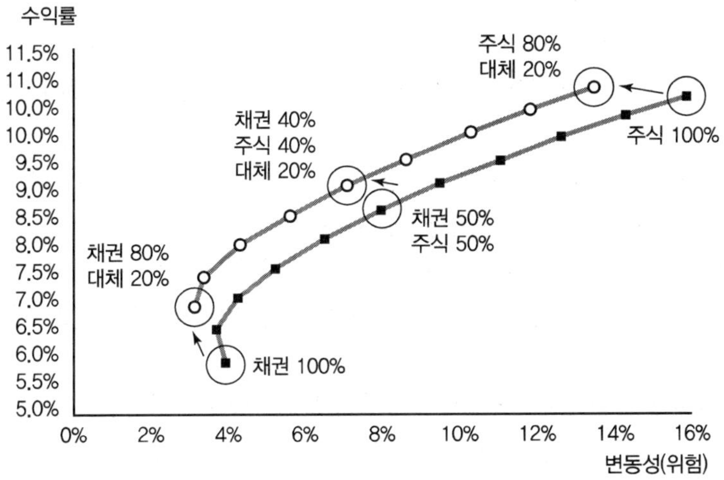

★★★
08 다음 중 대체투자의 특징과 효과로 적절한 것으로 짝지어진 것은?

㉠ 투자수단의 다변화를 통한 포트폴리오 효율성 제고 ㉡ 전통적인 자산군 수익률과의 높은 상관관계 ㉢ 기대수익률을 낮추지 않으면서 위험이 감소되는 효율성 ㉣ 절대수익률 제공 ㉤ 인플레이션 헤지

① ㉠,㉡,㉢
② ㉠,㉡,㉢,㉣
③ ㉠,㉡,㉣,㉤
④ ㉠,㉢,㉣,㉤
⑤ ㉠,㉡,㉢,㉣,㉤

정답 I ④

해설 I ㉡ 전통적인 자산군 수익률과의 낮은 상관관계

★★☆

09 **모니터링에 대한 설명으로 적절하지 않은 것은?**

① 정기적으로 리밸런싱을 실행하는 방법은 거래비용이 상대적으로 크고 포트폴리오를 펀드로 구성할 경우 리밸런싱 대상이 되는 펀드의 환매기간 동안 의도치 않은 위험에 노출될 가능성이 있다.

② 리밸런싱을 실행하는 투자비중 편차의 크기를 정해 놓고 실제 투자비중이 해당 범위를 초과하는 경우 리밸런싱을 하는 것이 더 바람직할 수 있다.

③ 리밸런싱이 갖는 순기능은 가격이 상승한 자산은 매도하여 비중을 축소하고 가격이 하락한 자산은 추가로 매수하는 형태를 취하므로 저점매수 고점매도를 실행하는 효과를 발생할 수 있다는 점이다.

④ 시장상황이 변화하는 경우, 저평가된 자산의 비중을 확대하고 고평가된 자산의 비중은 축소하는 전술적 자산배분전략을 실행하면 초과수익률을 달성할 수 있다.

⑤ 고객의 위험수용성향이나 위험감수능력이 변화한다고 해도 전략적 자산배분을 수정하는 것은 바람직하지 않다. 고객의 재무상태가 큰 폭으로 변동하는 경우에는 전략적 자산 배분을 수정하는 것이 바람직할 수 있다.

정답 | ⑤

해설 | ⑤ 고객의 위험수용성향이나 위험감수능력이 변화한 경우에는 이를 반영하여 전략적 자산배분을 수정하는 것이 바람직하다. 고객의 재무상태가 예상 했던 것보다 큰 폭으로 변동하는 경우 고객의 위험감수능력에 영향을 주어 전략적 자산 배분전략을 수정하는 것이 바람직할 수 있다.

★☆☆

10 **투자정책서(IPS)에 대한 설명으로 적절하지 않은 것은?**

① 고객의 투자전략을 수립하고 실행하는 데 기여하는 담당자별 책임을 명시하고 투자자문 서비스가 제공될 경우 준수해야 할 선관주의 의무를 기술한다.

② IPS에 자산배분전략을 수립하여 제안할 사람과 최종적으로 결정하는 사람을 기재한다. 자산배분전략은 장기적인 계획인 전략적 자산배분은 포함하지만, 단기적으로 변화될 수 있는 전술적 자산배분은 포함되지 않는다.

③ IPS에는 리스크 관리 정책을 기재하고, 투자포트폴리오의 위험 특성을 모니터링하고 보고하는 책임자를 명시한다.

④ 투자목표를 달성하기 위해 수립하는 자산배분전략에 포함되는 자산군을 비교지수와 함께 기재한다. 자산배분전략에 포함되지 않더라도 향후 포함될 가능성이 있는 자산군도 포함한다.

⑤ 리밸런싱을 실행하는 기준은 일정 기간이 지날 때마다 정기적으로 실행할 수도 있고 전략적 자산배분 비중으로부터 일정 수준 이상으로 실제 투자비중이 변동할 때 실행할 수도 있다.

정답 | ②

해설 | ② IPS에 자산배분전략을 수립하여 제안할 사람과 최종적으로 결정하는 사람을 기재한다. 자산배분전략은 전략적 자산배분뿐만 아니라 전술적 자산배분을 포함한다.

CHAPTER

08 대체자산 및 구조화상품

출제 비중 : 4~7% / 1~2문항

학습가이드 ■ ■

학습 목표	학습 중요도
Tip 개념 이해 중심으로 학습 필요	
1. 대체투자자산의 종류와 특징을 이해할 수 있다.	★
2. 구조화상품의 유형별 특징을 설명할 수 있다.	★★

··· TOPIC 1 대체투자상품

★★☆

01 다음 중 헤지펀드의 방향성전략에 해당하지 않는 것을 모두 고른 것은?

가. 주식롱숏전략
나. 글로벌매크로전략
다. 차익거래전략
라. 이머징마켓헤지전략
마. 이벤트드리븐전략

① 나, 다, 라
② 라, 마
③ 다, 마
④ 가, 나, 라
⑤ 마

정답 | ③

해설 | ③ 다. 차익거래전략, 마. 이벤트드리븐전략은 비방향성 전략에 해당한다.

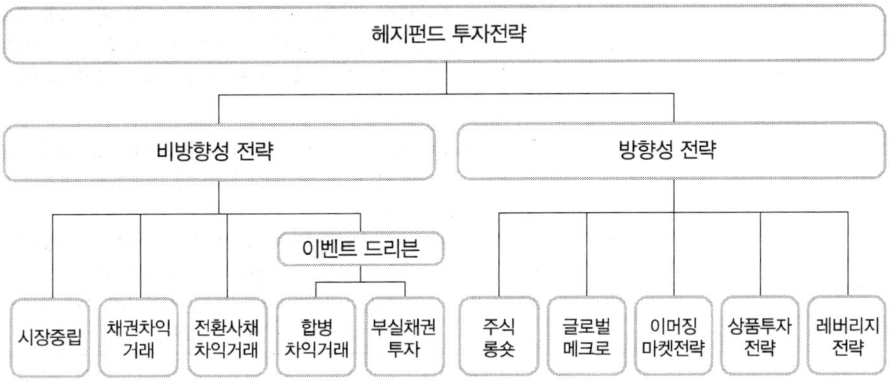

★★☆

02 헤지펀드 개별전략의 특징에 대한 설명으로 적절하지 않은 것은?

① 주식의 롱숏전략은 가격 상승(하락)이 기대되는 종목에 롱(숏) 포지션을 취하여 이익을 추구하는 전략으로 비중에 따라 롱/숏 편중형으로 구분한다.

② 글로벌 매크로전략은 금리, 경제정책, 인플레이션 등과 같은 요인을 고려하여 세계경제추세를 예측하고 포트폴리오를 구성하는 전략으로 개별 기업의 증권가치로부터 투자수익을 추구하는 전략이다.

③ 이머징마켓은 선진국보다 비효율적이고 유동성이 떨어지며, 공매도를 허용하지 않기 때문에 이머징마켓헤지전략은 주로 매수전략을 사용한다.

④ 차익거래전략은 주로 공매도와 차입을 활용하여 시장의 비효율성 및 가격 불일치에 기초하여 시장 변동성 중립 포지션을 활용한다.

⑤ 이벤트드리븐전략은 기업의 합병, 사업 개편, 청산 및 파산 등의 큰 이벤트를 예측하고 가격변동을 이용하여 수익을 창출하는 전략이다.

정답 | ②

해설 | ② 글로벌 매크로전략은 금리, 경제정책, 인플레이션 등과 같은 요인을 고려하여 세계경제추세를 예측하고 포트폴리오를 구성하는 전략으로, 개별 기업의 증권가치보다 전체 자산가치의 변화로부터 투자수익을 추구하는 전략이다.

헤지펀드 개별 전략의 주요 특징

구분		주요 특징
방향성 전략	주식롱숏 전략	• 개별 주식의 방향성을 기대하며, 롱숏비율을 조절하여 방향성 전략으로 활용 • 가격 상승(하락)이 기대되는 종목에 롱(숏) 포지션을 취하여 이익을 추구하는 전략으로 비중에 따라 롱/숏 편중형으로 구분
	글로벌 매크로 전략	• 금리, 경제정책, 인플레이션 등과 같은 요인을 고려하여 세계경제추세를 예측하고 포트폴리오를 구성하는 전략 • 개별 기업의 증권가치보다 전체 자산가치의 변화로부터 투자수익을 추구하는 전략
	이머징마켓 헤지 전략	• 주로 신흥시장에서 거래되는 모든 즈우건에 대해서 포지션 보유 • 어머징마켓은 선진국보다 비효율적이고 유동성이 떨어지며, 공매도를 허용하지 않기 때문에 주로 매수전략을 사용 • 유사한 전략으로 특정 산업군을 롱숏하는 섹터헤지전략이 존재
비방향성 전략	차익거래 전략	• 주로 공매도와 차입을 활용하여 시장의 비효율성 및 가격 불일치에 기초하여 시장 변동성 중립 포지션을 활용 – 전환사채 차익거래 : 전환사채와 주가 간의 가격 불일치를 활용 – 채권 차익거래 : 채권 간의 상대적 가치평가의 비효율성, 스프레드 변화를 활용 – 주식 중립형 : 동일한 규모의 롱/숏 포지션을 통해 베타를 중립화 시킴. 시장에 관계없이 절대수익 추구
	이벤트 드리븐 전략	• 위험을 적극적으로 취하고, 상황에 따라서 공매도와 차입 활용 • 기업의 합병, 사업 개편, 청산 및 파산 등의 큰 이벤트를 예측하고 가격 변동을 이용하여 수익을 창출하는 전략 – 부실채권투자 : 파산신청 중이거나 파산상태의 저평가 채권을 매수하여 채무잔액을 보유하여 기업회생 등의 과정에 적극적으로 참여 – 합병차익거래 : 기업합병과 관련하여 기업인수를 시도하는 기업의 주식을 공매도하고, 매수대상기업의 주식을 매수하는 전략

★★☆
03 부동산투자에 대한 설명으로 적절하지 **않은** 것은?

① 부동산펀드는 1차 시장에서는 개발단계에 차주로 참여하여 고정이자를 수취하는 반면, 2차 시장에서는 이미 완성된 건물을 매입하고 임대수익을 추구한다.

② 부동산펀드는 1차 시장보다 2차 시장에 참여하는 투자가 주를 이루는데 이는 2차 시장은 고정이자뿐만 아니라 개발이익을 누릴 수 있는 기회가 있으며 원금회수에 따르는 유동성위험도 적기 때문이다.

③ 프로젝트 파이낸싱은 투자하고자 하는 부동산 사업 자체에서 발생하는 현금흐름을 담보로 하여 프로젝트를 수행하기 위한 자금을 조달하는 금융기법이다.

④ 프로젝트 파이낸싱의 대주(자금을 대출하는 기관)들은 일반적으로 투자리스크를 분담하기 위해서 몇몇의 금융기관과 공동으로 투자하게 되며, 대출조건에 따라서 확정이자 및 개발이익에도 참여하기도 한다.

⑤ 대주(단)는 신용보강방법인 1순위 수익권 설정, 시행사 디폴트 발생 시 시공사 채무 인수, 시공사 책임준공 등을 기초로 해당 프로젝트의 사업성 및 분양률에 대해 분석 후 참여 여부를 결정하게 된다.

정답 I ②

해설 I ② 부동산펀드는 2차 시장보다 1차 시장에 참여하는 투자가 주를 이루는데 이는 1차 시장은 고정이자뿐만 아니라 개발이익을 누릴 수 있는 기회가 있으며 원금회수에 따르는 유동성위험도 2차 시장보다는 적기 때문이다.

프로젝트 파이낸싱 구조

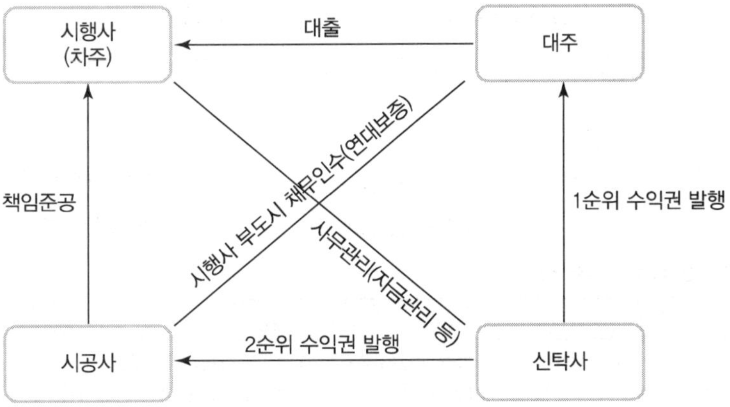

★★★

04 자산유동화증권(ABS)에 대한 설명으로 적절하지 않은 것은?

① 자산보유자가 기초자산을 모아서 이를 유동화전문회사(SPC)에 양도하고, 유동화전문회사는 양도받은 자산을 담보로 ABS를 발행하여 투자자에게 매각한다.

② ABS의 발행에는 자산보유자, 유동화전문회사, 자산관리자와 신용보강기관 등이 참가하게 된다.

③ 내부신용보강이란 신용보증기관의 지급보증이나 은행의 신용공여 등과 같이 제3자의 지급능력에 의존하여 ABS의 신용등급을 높이는 것이다.

④ 실제로 ABS를 발행할 때에는 한 가지 방법만 사용하는 것이 아니라 여러 신용보강장치를 활용하여 원리금 보장을 보다 확실하게 하고 있다.

⑤ 패스스루방식은 기초자산에서 발생하는 현금흐름이 그대로 투자자에게 이전된다.

정답 I ③

해설 I ③ 외부신용보강이란 신용보증기관의 지급보증이나 은행의 신용공여 등과 같이 제3자의 지급능력에 의존하여 ABS의 신용등급을 높이는 것이다. 내부신용보강이란 ABS를 설계할 때부터 위험요소가 경감될 수 있도록 원리금의 지급조건을 조정하거나 자산보유자가 스스로 보증하는 방법이다.

자산유동화의 기본구조

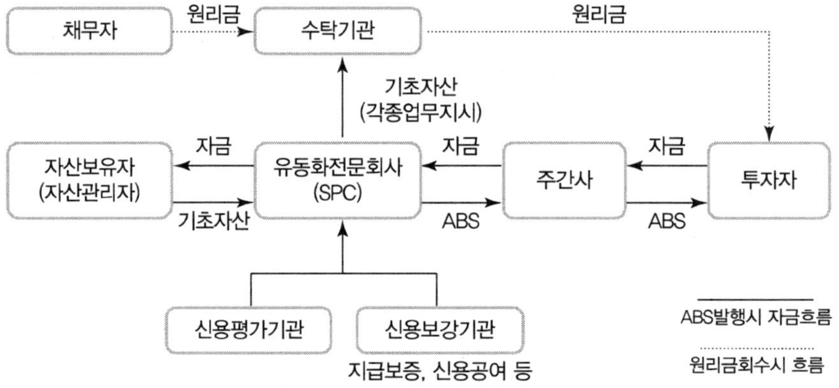

패스－스루 방식과 페이－스루 방식

구분	내용
패스－스루 (pass－through)	• 기초자산에서 발생하는 현금흐름이 그대로 투자자에게 이전 • 투자자가 원리금 상환과 관련된 위험(신용 위험 혹은 조기상환 위험 등)을 직접적으로 부담하게 됨 • 우리나라에서는 일부 사모자산유동화증권을 제외하고는 잘 사용되지 않음
페이－스루 (pay－through)	• 기초자산에서 발생하는 현금흐름을 기초로 하되 유동화전문회사가 적립 조정한 현금흐름을 투자자에게 지급하는 방식 • 현재 우리나라에서 가장 일반적으로 사용되는 형태로 통상적으로 복수 트렌치(multi－tranche)구조로 구성 • 유동화 전문회사가 만기와 이자율 등이 서로 다른 트랜치의 원리금 상환에 사용될 수 있도록 기초자산의 현금흐름을 적립 · 조정

★★☆

05 다음 중 내부신용보강에 해당하는 것을 모두 고른 것은?

가. 선 · 후순위 구조화	나. 현금흐름 차액적립
다. 초과담보	라. 환매요구권
마. 은행의 신용공여	바. 신용보증기관의 지급보증

① 가
② 가, 나
③ 가, 나, 다
④ 가, 나, 다, 라
⑤ 가, 나, 다, 라, 마, 바

정답 | ④

해설 | 마, 바는 외부신용보강 방식에 해당한다.

내부신용보강

구분	내용
선 · 후순위 구조화 (subordination)	원리금 보장에 순위를 정하여 각기 다른 신용등급으로 발행
현금흐름 차액적립 (excess spread)	ABS에 대한 이자지급액이 기초자산으로부터 발생하는 수입보다 다소 작도록 설계하여 유사시 현금상황능력을 보강
초과담보 (over – collateralisation)	SPC가 양도받은 자산의 가치가 유동화를 통한 예상 조달금액을 상회하도록 함으로써 원래의 현금흐름을 유지
환매요구권 (put – back option)	기초자산의 원리금 상환이 어려운 경우 자산보유자가 ABS를 재매입하도록 의무화

★★★

06 주가연계증권(ELS)의 유형별 손익구조에 대한 설명으로 연결된 것으로 적절한 것은?

가. 만기시점에 최종 기준가격이 일정 구간에 도달해 있는지의 여부에 따라 수익률이 둘 중 하나로 결정
나. 기준가격이 일정 구간 내에서 상승(하락)하면 수익률도 상승. 단 만기까지 한 번이라도 상한(하한)을 벗어난 경우 수익률은 고정
다. 만기시점에서의 최종 기준가격에 따라 수익률이 상승하거나 하락, 단 최대수익률은 일정 수준으로 고정

	가	나	다
①	디지털	베리어	클리켓
②	디지털	베리어	유러피안
③	베리어	디지털	클리켓
④	베리어	디지털	유러피안
⑤	베리어	디지털	조기상환

정답 | ②

해설 | **ELS 유형별 주요 손익구조**

유형	손익구조
디지털 (Digital)	만기시점에 최종 기준가격이 일정 구간에 도달해 있는지의 여부에 따라 수익률이 둘 중 하나로 결정 예 Digital Call, Digital Put, Range Digital
클리켓 (Cliquet)	사전에 정한 산식으로 계산된 기초자산의 월별(분기별) 수익률의 누적값에 따라 수익률이 비례적으로 결정 예 Cliquet, Lookback Cliquet, Cliquet Step-Down
유러피안 (European)	만기시점에서의 최종 기준가격에 따라 수익률이 상승하거나 하락함. 단, 최대수익률은 일정 수준으로 고정 예 Bull Spread, Reverse Convertible
베리어 (Barrier)	기준가격이 일정 구간 내에서 상승(하락)하면 수익률도 상승함. 단, 만기까지 한 번이라도 상한(하한)을 벗어난 경우 수익률은 고정 예 Knock-out, Call, Knock-out Put, Straddle
조기상환 (Auto Callable)	• 발행 이후 기초자산가격이 한계가격 미만으로 하락(Knock0in)한 적이 없고 조기상환일의 평가가격이 일정 수준 이상이면 약정 수익률로 상환 • 만기까지 조기 상환되지 않은 경우 만기 평가가격에 따라 수익률이 결정 예 Hi-Five, Step-Down, Jump

MEMO

PART 07

세금설계

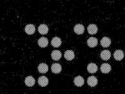

CONTENTS

CHAPTER

01 세금설계 총론

출제 비중 : 7~15% / 2~4문항

학습가이드 ■ ■

학습 목표	학습 중요도
Tip 개념 이해 중심으로 학습 필요 Tip 세금의 신고납부 및 조세구제제도의 경우 제도 내용과 상호비교 중심으로 학습 필요	
1. 세금설계의 개념과 자격인증자의 역할을 이해할 수 있다.	★
2. 세금의 신고, 납부와 국세부과의 제척기간을 설명할 수 있다.	★★★
3. 세무조사와 조세구제제도에 대하여 설명할 수 있다.	★★

▪▪▪ TOPIC 1 세금설계 개요

★☆☆

01 다음 중 세금설계의 개념과 CFP® 자격인증자의 역할로 적절하지 않은 것은?

① 세금설계란 미래에 일어날 거래나 사건들에 대하여 합법적으로 절세할 수 있는 적절하고 일관성 있는 전략을 수립하는 과정을 말한다.

② 세금은 의사결정에 중요한 영향을 미치기 때문에, 세무설계는 다른 재무설계 분야 속에서 실행되는 경우보다, 독립적인 재무설계의 한 분야로서 이루어지는 것이 일반적이다.

③ CFP® 자격인증자는 일반적인 재무설계 수행에 있어서 순현금흐름이나 세후 예상수익률 추정 등의 업무와 관련된 세금설계 분야는 특별히 제한받지 않는다.

④ 조세에 대한 상담이나 자문을 포함한 개별적인 세금설계 또는 재무설계 시 구체적인 절세 대안의 제시 등은 결국 세무대리 업무에 포함될 수 있는 것이기 때문에 관련 법령에 의하여 제한받을 수 있다.

⑤ 절세라 함은 세법에서 인정되는 방법에 의하여 합법적으로 조세부담을 경감시키는 행위이지만 조세회피행위와 탈세행위는 위법한 행위로서 회피 또는 포탈한 세액이 추가 징수되며 가산세가 부과되고 경우에 따라서 조세범처벌법에 의하여 형사처분인 징역형 또는 벌금형에 처해질 수 있다.

정답 | ②

해설 | 세금설계는 별도의 독립적인 재무설계의 한 분야로서 실행되기보다는 다른 재무설계 분야에 포함되어 실행되는 것이 일반적이다.

★☆☆

02 다음 중 CFP® 자격인증자의 역할로 적절하지 않은 것은?

① CFP® 자격인증자는 상담을 위해 제반 세무적 요소인 과세대상 여부, 비과세 요건, 과세체계, 세율구조, 세액공제 및 감면요건, 세금납부시기 등에 관하여 체계적인 학습이 필요하다.

② CFP® 자격인증자는 세금 분석의 전제가 되고 있는 설계 목표나 사실 관계가 조세전문가의 세금분석에서 충분히 반영된 것인지를 판단할 수 있어야 한다.

③ CFP® 자격인증자는 조세회피행위나 탈세행위를 자문하지 않도록 유의해야 한다.

④ CFP® 자격인증자의 세금 관련 지식은 상속을 대비하기 위한 사전증여전략의 실행, 소득 유형 변경을 통한 종합과세 절세 등에 대한 의사결정에 있어서 중요한 역할을 한다.

⑤ CFP® 자격인증자는 조세에 대한 상담이나 자문은 가능하지만, 개별적인 세금설계 또는 재무설계 시 구체적인 절세대안의 제시 등은 결국 세무대리 업무에 포함될 수 있는 것이기 때문에 관련 법령에 의하여 제한받을 수 있다는 점을 명심해야 한다.

정답 | ⑤

해설 | 조세에 대한 상담이나 자문을 포함한 개별적인 세금설계 또는 재무설계 시 구체적인 절세 대안의 제시 등은 결국 세무대리 업무에 포함될 수 있는 것이기 때문에 관련 법령에 의하여 제한받을 수 있다는 점을 명심해야 한다.

★☆☆

03 세금설계에 필요한 주요개념으로 적절하지 않은 것은?

① 초과누진세율이란 과세표준이 증가함에 따라 적용되는 세율이 일정 구간마다 증가하는 구조를 말하는데, 종합소득세는 8단계 초과누진세율 구조를 채택하고 있다.

② 현행 소득세법상의 종합소득세, 퇴직소득세 및 양도소득세는 동일한 세율구조로 되어 있으나, 이 중 단기보유 양도 및 주식, 파생상품 등의 양도소득세는 별개의 세율구조로 되어 있다.

③ 법인세법에서는 각 사업연도소득에 대한 법인세와 청산소득에 대한 법인세에 대해서는 동일한 세율구조로 되어 있으나 토지 등 양도소득이나 미환류소득에 대해서는 별도의 세율구조를 채택하고 있다.

④ 현행 소득세법은 원칙적으로 열거주의 과세방식을 택하고 있기 때문에 세법에서 과세되지 않는 대상으로 열거한 것 외에는 모두 과세대상에 포함된다.

⑤ 소득세는 개인별로 과세하고 또한 소득세율이 초과누진세율 구조로 되어 있기 때문에 일반적으로 소득이 개인별로 분산되면 조세부담이 줄어들게 된다.

정답 | ④

해설 | 현행 소득세법은 원칙적으로 열거주의 과세방식을 택하고 있기 때문에 세법에서 과세대상으로 열거하고 있지 않은 것은 과세대상에 포함되지 않으며, 조세정책 목적으로 세법에서 비과세 항목으로 규정된 것에 대해서도 과세대상에 포함되지 않는다.

▪▪▪ TOPIC 2 세금의 신고납부

★★★
04 수정신고와 기한후신고에 대한 내용으로 적절하지 **않은** 것은?

① 수정신고란 이미 신고한 과세표준 및 세액이 세법이 정하는 방법에 따라 산출한 세액보다 과소(또는 환급세액이 과대)한 경우 또는 이미 신고한 내용이 불완전한 경우에 납세 의무자가 이를 바로잡고자 내용을 정정하여 신고하는 제도를 의미한다.
② 수정신고를 하는 경우에는 납세자 입장에서 가산세를 감면받을 수 있는 데 실익이 있다.
③ 기한후신고란 법정신고기한까지 과세표준신고서를 제출하지 않은 자가 기한후과세표준신고서를 제출할 수 있는 제도를 의미한다.
④ 기한후신고는 이미 기한이 경과한 신고이기 때문에, 경과기간에 따라 가산세를 감면받을 수 있는 실익이 있을 뿐 신고시기의 제한은 없다.
⑤ 수정신고와 다르게 기한후신고를 하더라도 해당 국세의 납세의무를 확정하는 효력은 없다.

정답 | ④
해설 | 기한후신고란 법정신고기한까지 과세표준신고서를 제출하지 않은 자가 관할 세무서장이 세법에 따라 해당 국세의 과세표준과 세액을 결정하여 통지하기 전까지 기한후과세 표준신고서를 제출할 수 있는 제도를 의미한다.

★★★
05 경정청구에 대한 내용으로 적절하지 **않은** 것은?

① 경정청구란 이미 신고한 과세표준 및 세액이 세법이 정하는 방법에 따라 산출한 세액보다 과대(또는 환급세액이 과소)한 경우 과세관청으로 하여금 이를 정정하여 결정 또는 경정하도록 촉구하는 제도를 의미한다.
② 일반적인 경정청구는 과세표준신고서를 법정신고기한까지 제출한 자만 경정청구를 신청할 수 있다.
③ 경정청구는 법정신고기한이 지난 후 5년 이내에 관할 세무서장에게 청구할 수 있다. 다만, 결정 또는 경정으로 인하여 증가된 과세표준 및 세액에 대해서는 해당 처분이 있음을 안 날(처분의 통지를 받은 때에는 그 받은 날)부터 3개월 이내(법정신고기한이 지난 후 5년 이내에 한함)에 경정을 청구할 수 있다.
④ 후발적 사유로 인한 경정청구의 경우에는 그 사유가 발생한 것을 안 날로부터 3개월 이내에 결정 또는 경정을 청구할 수 있다.
⑤ 최초의 신고 · 결정 또는 경정에서 과세표준 및 세액의 계산 근거가 된 거래 또는 행위 등이 그에 관한 소송에 대한 판결에 의하여 다른 것으로 확정된 경우 후발적 사유에 해당한다.

정답 | ②
해설 | 과세표준신고서를 법정신고기한까지 제출한 자 및 기한후과세표준신고서를 제출한 자는 과세표준 및 세액을 과대신고하거나 환급세액을 과소신고한 경우 최초신고 및 수정신고한 국세의 과세표준 및 세액의 결정 또는 경정을 법정신고기한이 지난 후 5년 이내에 관할 세무서장에게 청구할 수 있다.

★★★
06 일반적 경정청구와 후발적 사유로 인한 경정청구에 대한 설명으로 빈칸에 들어갈 내용으로 적절하게 연결된 것은?

> • 과세표준신고서를 법정신고기한까지 제출한 자 및 기한후과세표준신고서를 제출한 자는 과세표준 및 세액을 과대신고하거나 환급세액을 과소신고한 경우 법정신고기한이 지난 후 (가) 이내에 관할 세무서장에게 경정청구를 할 수 있다.
> • 과세표준신고서를 법정신고기한까지 제출한 자 또는 국세의 과세표준 및 세액의 결정을 받은 자는 다음의 사유가 발생하였을 때 일반적인 경정청구기간에도 불구하고 그 사유가 발생한 것을 안 날로부터 (나) 이내에 결정 또는 경정을 청구할 수 있다.

① 가 – 5년, 나 – 3개월
② 가 – 3개월, 나 – 5년
③ 가 – 90일, 나 – 5년
④ 가 – 5년, 나 – 90일
⑤ 가 – 5년, 나 – 60일

정답 I ①
해설 I • 일반적인 경정청구 : 법정신고기한이 지난 후 5년 이내
• 후발적 사유로 인한 경정청구 : 사유가 발생한 것을 안 날로부터 3개월 이내

★☆☆
07 가산세에 적용되는 세율로 적절하게 연결된 것은?

① 일반 무신고가산세 : 40%
② 부정 무신고가산세(역외거래 아님) : 20%
③ 일반 과소신고가산세 : 20%
④ 부정 과소신고가산세 : 30%
⑤ 납부지연가산세 : 3%+1일당 0.022%(법정납부기한의 다음 날부터 납부 일까지)

정답 I ⑤
해설 I ① 일반 무신고가산세 : 20%
② 부정 무신고가산세(역외거래 아님) : 40%
③ 일반 과소신고가산세 : 10%
④ 부정 과소신고가산세 : 40%

★★☆

08 가산세에 대한 내용으로 적절하지 **않은** 것은?

① 무신고가산세는 법정신고기한까지 세법에 따른 과세표준신고서를 제출하지 아니한 경우에 부과하며, 일반적인 경우에는 무신고납부세액의 20%, 부정행위인 경우 40%(역외거래는 60%)를 적용한다.

② 과소신고가산세는 납부할 세액을 세법에 따라 신고하여야 할 세액보다 적게 신고한 경우에 부과하며, 일반적인 경우에는 과소신고납부세액의 10%, 부정행위인 경우 40%(역외거래는 60%)를 적용한다.

③ 법정납부기한까지 국세를 납부하지 않거나 납부해야 할 세액보다 적게 납부한 경우에는 일정금액의 납부지연가산세를 부과한다(3% + 법정기한의 다음날부터 납부기한까지 1일당 0.022%).

④ 과세표준신고서를 법정신고기한까지 제출한 자가 법정신고기한이 지난 후 일정기간 이내에 수정신고한 경우에는 10~90%의 감면율을 적용한다.

⑤ 과세표준신고서를 법정신고기한까지 제출하지 않은 자가 법정신고기한이 지난 후 일정기간 이내의 기한후신고 경우에는 감면율은 적용하지 않는다.

정답 | ⑤

해설 | 수정신고(④), 기한후신고(⑤) 모두 일정기한 내에 신고하는 경우 감면율을 적용한다.

- 수정신고 : 10~90%(신고는 했던 것이니 감면 大)
- 기한후신고 : 20~50%(신고도 안 했던 것이니 감면 小)

→ 감면율은 중요 ×

★☆☆

09 국세부과의 제척기간의 기산일에 대한 설명으로 적절하지 **않은** 것은?

① 과세표준과 세액을 신고하는 국세의 경우 과세표준신고기한의 다음 날을 국세부과제척기간의 기산일로 한다.

② 종합부동산세와 인지세의 경우 과세표준신고기한의 다음 날을 국세부과제척기간의 기산일로 한다.

③ 원천징수의무자 또는 납세조합에 대하여 부과하는 국세는 해당 원천징수액 또는 납세조합 징수액 법정납부기한의 다음 날을 기산일로 한다.

④ 과세표준신고기한 또는 법정납부기한이 연장되는 경우는 그 연장된 기한의 다음 날을 기산일로 한다.

⑤ 공제 · 면제 · 비과세 또는 감면 등에 따른 세액을 의무불이행 등의 사유로 징수하는 경우에는 공제 세액 등을 징수할 수 있는 사유가 발생한 날을 기산일로 한다.

정답 | ②

해설 | 종합부동산세와 인지세의 경우 납세의무성립일을 국세부과제척기간의 기산일로 한다.

★★☆
10 국세부과의 제척기간에 대한 설명으로 적절한 것은?

① 일반적인 국세(상증세는 제외)의 경우 : 7년
② 일반적인 국세(상증세는 제외)를 납세자가 법정신고기한까지 과세표준신고서를 제출하지 않은 경우 : 10년
③ 일반적인 국세(상증세는 제외)를 납세자가 사기나 그 밖의 부정한 행위로 국세를 포탈하거나 환급, 공제를 받은 경우 : 15년
④ 일반적인 상증세의 경우 : 15년
⑤ 상증세의 경우 법정신고기한까지 과세표준신고서를 제출하지 않은 경우 : 15년

정답 | ⑤
해설 | ① 일반적인 국세(상증세는 제외)의 경우 : 5년
② 일반적인 국세(상증세는 제외)를 납세자가 법정신고기한까지 과세표준신고서를 제출하지 않은 경우 : 7년
③ 일반적인 국세(상증세는 제외)를 납세자가 사기나 그 밖의 부정한 행위로 국세를 포탈하거나 환급, 공제를 받은 경우 : 10년
④ 일반적인 상증세의 경우 : 10년
⑤ 상증세이면서 다음의 경우 : 15년
- 납세자가 부정행위로 상속세 · 증여세를 포탈하거나 환급 · 공제를 받은 경우
- 법정신고기한까지 과세표준신고서를 제출하지 않은 경우
- 법정신고기한까지 과세표준신고서를 제출한 자가 거짓신고 또는 누락신고를 한 경우(그 거짓신고 또는 누락신고를 한 부분만 해당)

★★☆
11 국세부과의 제척기간에 대한 설명으로 적절하지 않은 것은?

① 과세표준과 세액을 신고하는 국세의 경우 과세표준신고기한의 다음 날을 국세부과제척기간의 기산일로 한다.
② 종합부동산세와 인지세의 경우 납세의무성립일을 국세부과제척기간의 기산일로 한다.
③ 일반적인 국세의 경우(상증세 제외) 국세부과의 제척기간은 5년이다.
④ 납세자가 사기나 그 밖의 부정한 행위로 국세(상증세 제외)를 포탈하거나 환급 · 공제 받은 경우 국세부과의 제척기간은 10년이다.
⑤ 납세자가 부정행위로 상증세를 포탈하는 경우로서 국외에 있는 상속재산이나 증여재산을 상속인이나 수증자가 취득한 경우 국세부과의 제척기간은 15년이다.

정답 | ⑤
해설 | 납세자가 부정행위로 상증세를 포탈하는 경우로서 다음 중 어느 하나에 해당하는 경우 과세관청은 원칙적인 부과제척기간에도 불구하고 해당 재산의 상속 또는 증여가 있음을 안 날부터 1년 이내에 상증세를 부과할 수 있다. 다만, 상속인이나 증여자 및 수증자가 사망한 경우, 포탈세액 산출의 기준이 되는 재산가액이 50억원 이하인 경우에는 특례부과제척기간을 적용하지 않는다.

① 국외에 있는 상속재산이나 증여재산을 상속인이나 수증자가 취득한 경우 ② 제3자의 명의로 되어 있는 피상속인 또는 증여자의 재산을 상속인이나 수증자가 취득한 경우 ③ 계약에 따라 피상속인이 취득할 재산이 계약이행기간에 상속이 개시됨으로써 등기 · 등록 또는 명의개서가 이루어지지 않고 상속인이 취득한 경우 ④ 등기 · 등록 또는 명의개서가 필요하지 않은 유가증권, 서화, 골동품 등 상속재산 또는 증여재산을 상속인이나 수증자가 취득한 경우 ⑤ 수증자의 명의로 되어 있는 증여자의 금융자산을 수증자가 보유하고 있거나 사용 · 수익한 경우 ⑥ 비거주자인 피상속인의 국내재산을 상속인이 취득한 경우 ⑦ 상속세 및 증여세법 제45조의2에 따른 명의신탁재산의 증여의제에 해당하는 경우 ⑧ 상속재산 또는 증여재산인 가상자산을 가상자산사업자를 통하지 아니하고 상속인이나 수증자가 취득한 경우

★★★
12 국세부과제척기간에 관한 설명으로 가장 적절하지 않은 것은?

① 사기 또는 부정한 행위로 상속세 또는 증여세를 포탈하였다면 제척기간은 재산금액에 관계없이 15년으로서 가장 길다.

② 부가가치세에 대하여 법정신고기한 내에 과세표준신고서를 제출하지 아니한 경우에는 7년간이다.

③ 소득세 부과제척기간의 기산일은 소득세 과세표준의 신고기한의 다음날이 된다.

④ 납세자가 부정행위로 상속세 · 증여세를 포탈하는 경우로서 일정한 경우에 해당하고, 포탈세액 산출의 기준이 되는 재산가액이 50억원을 초과하였다면 당해 재산의 상속 또는 증여가 있음을 안 날부터 1년 이내에 상속세 및 증여세를 부과할 수 있다.

⑤ 부담부증여에 따라 증여세와 함께 부과되는 양도소득세를 누락 신고한 경우에 부과제척기간은 5년이나, 상속세를 누락신고 한 경우에 부과제척기간은 15년이다.

정답 I ⑤

해설 I 부담부증여 시 양도소득세는 상증세와 부과제척기간이 동일하다.

★★★
13 국세부과의 제척기간에 대한 설명으로 빈칸에 들어갈 내용으로 적절하게 연결된 것은?

> 가. 일반적인 상증세의 경우 국세부과의 제척기간은 (　　)이다.
> 나. 납세자가 부정행위로 상속세 · 증여세를 포탈하는 경우로서 일정한 경우에 해당하고, 포탈세액 산출의 기준이 되는 재산가액이 50억원을 초과하였다면 당해 재산의 상속 또는 증여가 있음을 안 날부터 (　　) 이내에 상속세 및 증여세를 부과할 수 있다.
> 다. 국세기본법에 따른 불복청구, 감사원법에 따른 심사청구 또는 행정소송법에 따른 소송에 대한 결정 또는 판결이 있는 경우에는 원칙적인 부과제척기간에도 불구하고 지방국세청장 또는 세무서장은 그 결정 또는 판결이 확정된 날부터 (　　)이 지나기 전까지 해당 결정 또는 판결에 따라 경정이나 그 밖에 필요한 처분을 할 수 있다

① 가 – 5년, 나 – 1년, 다 – 1년
② 가 – 10년, 나 – 1년, 다 – 1년
③ 가–5년, 나 – 6개월, 다 – 1년
④ 가 – 10년, 나 – 6개월, 다 – 3개월
⑤ 가 – 5년, 나 – 3개월, 다 – 3개월

정답 | ②

★☆☆
14 조세징수권 소멸시효에 대한 설명으로 적절하지 않은 것은?

① 조세징수권 소멸시효란 과세관청이 조세징수권을 일정 기간 동안 계속하여 그 권리를 행사하지 않는 경우 그 조세징수권을 소멸시키는 제도를 의미한다.
② 일반적인 경우 조세징수권 소멸시효기간은 5년이다.
③ 5억원 이상의 국세의 경우 조세징수권 소멸시효기간은 10년이다.
④ 세법에 따른 분납기간, 납부고지의 유예, 압류유예기간, 연부연납기간 등의 사유로 소멸시효가 중단되는 경우, 소멸시효기간은 새로 진행하며, 다시 소멸시효 전체 기간을 진행해야 소멸시효가 완성이 된다.
⑤ 소멸시효가 정지되는 경우 이미 진행된 소멸시효의 효력은 잃어버리지 않고 그 사유가 종료한 후 잔여기간만 진행이 되면 소멸시효가 완성된다.

정답 | ④
해설 | ④, ⑤

지문 ④의 언급한 사유들은 소멸시효의 정지에 관한 사유이다.

[소멸시효의 중단]
소멸시효의 진행 중에 과세관청의 납부고지, 독촉, 교부청구, 압류 등의 사유로 과세관청이 권리를 행사하는 경우에는 조세징수권의 소멸시효가 중단된다. 중단이 되는 경우 고지 등에 의한 납부기간, 교부청구 중의 기간 등이 지난 때부터 새로 진행하며, 다시 소멸시효 전체 기간을 진행해야 소멸시효가 완성이 된다.

[소멸시효의 정지]

소멸시효의 진행 중에 과세관청이 조세징수권을 행사할 수 없는 사유가 발생하면 그 기간만큼 소멸시효의 완성을 유예하는 것을 '소멸시효의 정지'라고 한다. 세법에 따른 분납기간, 납부고지의 유예, 압류유예기간, 연부연납기간 등의 사유로 소멸시효가 정지되는 경우 이미 진행된 소멸시효의 효력은 잃어버리지 않고 그 사유가 종료한 후 잔여기간만 진행이 되면 소멸시효가 완성된다.

TOPIC 3 세무조사와 조세구제제도

★☆☆

15 세무조사에 대한 설명으로 적절하지 않은 것은?

① 세무조사는 정기적인 성실도 분석결과 불성실 혐의가 있거나, 신고내용에 탈루나 오류의 혐의를 인정할 만한 명백한 자료가 있거나, 구체적인 탈세 제보가 있는 경우에 진행된다.

② 상증세와 같이 과세관청의 조사결정에 의하여 과세표준과 세액이 확정되는 세목의 경우에는 과세표준과 세액을 결정하기 위하여 세무조사가 실시된다.

③ 세무공무원은 세무조사를 하는 경우에 조사를 받을 납세자에게 조사를 시작하기 20일 전에 조사대상 세목, 조사기간 및 조사 사유 등을 통지하여야 한다.

④ 증거 인멸 등으로 조사 목적을 달성할 수 없다고 인정되는 경우에는 세무조사 사전통지를 하지 않을 수 있다.

⑤ 사전통지를 받은 납세자가 세무조사 연기를 신청하는 사유에 장기출장이나, 사업상 심각한 어려움 등은 해당하지 않는다.

정답 | ⑤

해설 | ⑤ 사전통지를 받은 납세자가 다음 중 어느 하나에 해당하는 사유로 조사를 받기 곤란한 경우에는 관할 세무관서의 장에게 조사를 연기해 줄 것을 신청할 수 있다.

> ① 천재지변
> ② 화재, 그 밖의 재해로 사업상 심각한 어려움이 있을 때
> ③ 납세자 또는 납세관리인의 질병, 장기출장 등으로 세무조사가 곤란하다고 판단될 때
> ④ 권한 있는 기관에 장부, 증거서류가 압수되거나 영치되었을 때
> ⑤ ②부터 ④까지의 규정에 준하는 사유가 있을 때

★★☆
16 다음 중 조세구제제도에 대한 설명으로 적절하지 **않은** 것은?

① 과세전적부심사제도는 과세관청의 처분이 있기 전에 위법 또는 부당한 처분을 미리 방지하는 사전적 구제제도에 해당한다.
② 과세전적부심사제도는 과세예고통지를 받은 자가 과세예고통지를 받은 날부터 3개월 이내에 해당 세무서장 또는 지방국세청장에게 청구할 수 있다.
③ 법령과 관련하여 국세청장의 유권해석을 변경해야 하거나 새로운 해석이 필요한 경우에는 국세청장에게 과세전적부심사를 청구할 수 있다.
④ 이의신청, 심사청구, 심판청구, 모두 해당 처분이 있음을 안 날(처분의 통지를 받은 때에는 그 받은 날)부터 90일 이내에 청구하여야 한다.
⑤ 집행부정지의 원칙에 따라 이의신청, 심사청구 또는 심판청구는 세법에 특별한 규정이 있는 것을 제외하고는 해당 처분의 집행에 효력을 미치지 아니한다.

정답 | ②
해설 | ② 과세전적부심사제도는 다음의 과세예고통지를 받은 자가 과세예고통지를 받은 날부터 30일 이내에 해당 세무서장 또는 지방국세청장에게 청구할 수 있다.

★★☆
17 다음 중 조세구제제도에 대한 설명으로 적절하지 **않은** 것은?

① 국세행정심판전치주의는 법령에 의하여 위법 · 부당한 행정행위에 대한 행정심판이 인정되고 있는 경우에는 그 행정심판의 재결을 거칠 것을 행정소송의 제기 요건으로 하는 제도이다.
② 이의신청은 임의제도이므로, 이의신청을 한 경우에도 국세청에 심사청구를 하거나 조세심판원에 심판청구, 감사원 심사청구가 가능하다.
③ 불복청구를 함에 있어서 이의신청 절차를 거치지 않고 바로 국세청에 심사청구를 제기하거나, 조세심판원에 심판청구 또는 감사원에 심사청구를 제기할 수 있다.
④ 불복청구는 세법에 특별한 규정이 있는 것을 제외하고는 해당 처분의 집행에 효력을 미치지 아니하므로, 가산금 또는 중가산금은 계속 부과되며, 압류한 재산에 대해서는 압류를 해제하지도 않는다.
⑤ 행정소송은 심사청구나 심판청구의 결정서를 받은 날(또는 결정기간 경과일)로부터 90일 이내에 제기하여야 한다.

정답 | ②
해설 | ② 이의신청을 한 경우에는 감사원 심사청구는 제기할 수 없으며, 국세청에 심사청구를 하거나 조세심판원에 심판청구를 제기할 수 있다.

18 다음의 조세구제제도에 대한 설명 중 가장 적절치 않은 것은?

① 과세전적부심사는 원칙적으로 과세예고통지를 받은 자가 과세예고통지를 받은 날로부터 30일 이내에 해당 세무서장 또는 지방국세청장에게 청구할 수 있다.
② 이의신청은 고지서를 받은 날로부터 90일 이내에 신청해야 한다.
③ 조세불복절차를 거치지 않은 경우에도 행정소송을 제기할 수 있다.
④ 국세청에 대한 심사청구와 조세심판원의 심판청구의 결정기간 내에 결정통지를 받지 못한 경우에는 결정전이라도 행정소송을 제기할 수 있다.
⑤ 불복청구에 대한 결정에 대하여 행정소송을 제기하지 않는 경우에는 그 결정이 확정되어 당연무효가 아닌 한, 더 이상 그 결정의 내용을 쟁송에 의하여 다툴 수 없게 되는 효력이 생긴다.

정답 | ③

해설 | "국세행정심판전치주의"에 따라, 행정소송 전에 반드시 조세불복절차를 거쳐야 한다.
국세행정심판전치주의는 법령에 의하여 위법 · 부당한 행정행위에 대한 행정심판이 인정되고 있는 경우에는 그 행정심판의 재결을 거칠 것을 행정소송의 제기 요건으로 하는 제도이다.

★★★
19 다음은 조세구제제도에 대한 설명이다. 빈칸에 들어갈 말로 적절하게 짝지어진 것은?

> 가. 과세전적부심사제도는 과세예고통지를 받은 자가 과세예고통지를 받은 날부터 (　　) 이내에 해당 세무서장 또는 지방국세청장에게 청구할 수 있다.
> 나. 이의신청은 해당 처분이 있음을 안 날(처분의 통지를 받은 때에는 그 받은 날)부터 (　　) 이내에 관할 세무서나 지방국세청에 신청하여야 한다.
> 다. 심사청구 또는 심판청구는 해당 처분이 있음을 안 날(처분의 통지를 받은 때에는 그 받은 날)부터 (　　) 이내에 청구하여야 한다.

① 가 – 90일, 나 – 90일, 다 – 90일
② 가 – 90일, 나 – 3개월, 다 – 3개월
③ 가 – 60일, 나 – 90일, 다 – 90일
④ 가 – 60일, 나 – 3개월, 다 – 3개월
⑤ 가 – 30일, 나 – 90일, 다 – 90일

정답 | ⑤

해설 | 과세전적부심사제도는 과세예고통지를 받은 날부터 30일 이내에 해당 세무서장 또는 지방국세청장에게 청구할 수 있다. 이의신청, 심사청구, 심판청구는 해당 처분이 있음을 안 날(처분의 통지를 받은 때에는 그 받은 날)부터 90일 이내에 청구하여야 한다.

조세불복절차의 흐름

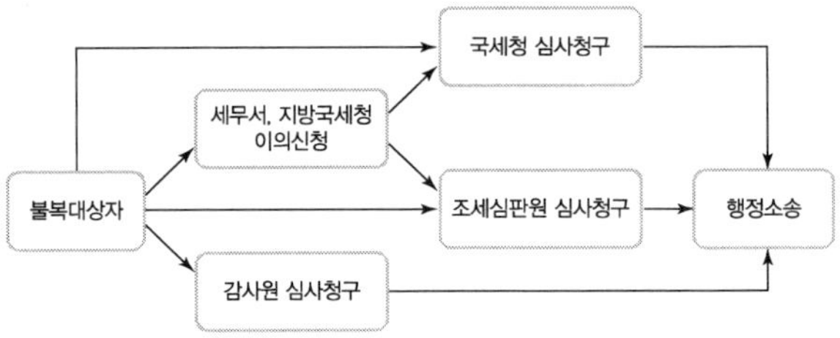

★★★
20 다음 설명 중 적절한 것은?

① 법정신고기한 경과 후 3년 이내에 해당 국세의 과세표준과 세액의 수정신고 또는 경정청구를 해야 한다.

② 법정신고기한 내에 신고를 행하지 못한 경우라도 기한 경과 후 일정기간 이내에 기한후신고만 하면 무신고가산세의 50%를 감면받을 수 있다.

③ 법정신고기한 내에 과세표준신고서를 제출하지 않은 자는 기한후신고를 한 자라도 수정신고는 불가하다.

④ 불복청구인은 이의신청절차를 거치지 않고 국세청에 심사청구를 제기하거나, 조세심판원의 심판청구 또는 감사원에 심사청구를 제기할 수 없다.

⑤ 청구금액이 3억원 이상인 경우에는 국세청장에게 과세전적부심사를 청구할 수 있다.

정답 | ②

해설 | ① 법정신고기한 경과 후 5년 이내에 해당 국세의 과세표준과 세액의 수정신고 또는 경정청구를 해야 한다.

③ 법정신고기한 내에 과세표준신고서를 제출한 자, 기한 후 과세표준신고서를 제출한 자 모두 수정신고가 가능하다.

④ 불복청구인은 이의신청절차를 거치지 않고 국세청에 심사청구를 제기하거나, 조세심판원의 심판청구 또는 감사원에 심사청구를 제기할 수 있다.

⑤ 청구금액이 5억원 이상인 경우에는 국세청장에게 과세전적부심사를 청구할 수 있다.

★★★
21 다음 중 불복절차에 대한 설명으로 가장 적절하지 않은 것은?

① 불복청구는 위법 또는 부당한 처분을 받거나 필요한 처분을 받지 못하여 권리 또는 이익을 침해당한 자가 청구할 수 있다.

② 이의신청을 한 경우에는 조세심판원 심판청구는 제기할 수 없으며, 국세청에 심사청구를 하거나 감사원에 심사청구를 제기할 수 있다.

③ 불복청구를 함에 있어서 이의신청 절차를 거치지 않고 바로 국세청에 심사청구를 제기하거나, 조세심판원에 심판청구 또는 감사원에 심사청구를 제기할 수 있다.

④ 집행부정지의 원칙에 따라 이의신청, 심사청구 또는 심판청구는 세법에 특별한 규정이 있는 것을 제외하고는 해당 처분의 집행에 효력을 미치지 아니한다.

⑤ 불복청구에 대한 결정에 대하여 당사자가 일정한 청구기간 내에 다음 심급에 불복청구를 하지 않거나 일정한 제소기간 내에 행정소송을 제기하지 않는 경우에는 그 결정은 확정된다.

정답 | ②

해설 | ② 이의신청을 한 경우에는 감사원심사청구는 제기할 수 없으며, 국세청에 심사청구를 하거나 조세심판원에 심판청구를 제기할 수 있다.

CHAPTER

02 소득세

출제 비중 : 33~44% / 9~12문항

학습가이드 ■ ■

학습 목표	학습 중요도
Tip 지식형 및 사례형에서 빈번히 출제되므로 깊이 있는 학습 필요 Tip 응용형 문제, 계산 문제가 빈번히 출제되므로 이에 대한 학습 필요 Tip '제5장 금융자산과 세금' 및 '제7장 은퇴소득과 세금'과 연계하여 학습 필요	
1. 소득세 납세의무와 과세원칙에 대해 설명할 수 있다.	★★
2. 개인사업자의 필요경비를 알고 사업소득금액을 계산할 수 있다.	★★★
3. 부동산임대사업자의 과세방법에 대해 설명할 수 있다.	★★★
4. 성실신고 확인제도에 대해 설명할 수 있다.	★
5. 근로소득의 범위와 과세방법에 대해 설명할 수 있다.	★★★
6. 기타소득의 범위와 과세방법에 대해 설명할 수 있다.	★★★
7. 종합소득공제 및 세액공제를 이해하고 계산할 수 있다.	★★★
8. 기부금의 종류와 세제혜택에 대해 설명할 수 있다.	★
9. 종합소득세의 신고와 납부방법에 대해 설명할 수 있다.	★★★
10. 원천징수제도와 연말정산제도에 대해 이해할 수 있다.	★★
11. 비거주자의 소득세 신고 시 유의사항을 설명할 수 있다.	★★

▪▪▪ TOPIC 1 소득세 개요

★☆☆

01 다음 중 소득세에 대한 설명으로 적절하지 않은 것은?

① 소득세는 열거된 소득에 대하여 과세하는 것이 원칙이지만 이자 · 배당 · 사업소득에 대해서는 유형별 포괄주의를 채택하고 있다.

② 납세자의 신고에 의해 과세표준과 세액이 확정되는 신고납세제도를 취하고 있다.

③ 종합과세란 소득을 그 종류에 관계없이 일정한 기간을 단위로 합산하여 과세하는 방식을 말한다.

④ 퇴직소득, 양도소득, 기타소득에 대하여는 다른 소득과 합산하지 않고 각각의 소득별로 분류하여 과세하는데, 이를 분류과세라고 한다.

⑤ 분리과세란 그 소득을 귀속자별 · 기간별로 합산하지 아니하고 그 소득이 발생할 때 각 소득별로 과세하는 방식을 말한다.

정답 | ④

해설 | 퇴직소득, 양도소득에 대하여는 다른 소득과 합산하지 않고 각각의 소득별로 분류하여 과세하는데, 이를 분류과세라고 한다.

→ 기타소득은 300만원 이하인 경우에 선택적으로 분리과세가 가능하고, 종합과세가 원칙이다. 분류과세는 퇴직소득 / 양도소득에만 적용된다.

★☆☆

02 소득세 납세의무에 대한 설명으로 적절하지 않은 것은?

① 거주자는 국내 · 외 모든 원천소득에 대하여 납세의무가 있지만 비거주자의 경우 국내 원천소득에만 납세의무가 있다.

② 공동사업의 경우에도 소득세의 인별과세 원칙에 따라 사업자별로 납세의무를 부담하고, 어떠한 경우에도 연대납세의무를 지지 않는다.

③ 상속의 경우 사망한 피상속인의 종합소득세 납세의무를 상속인이 승계한다. 상속인은 상속세 납부 후 얻게 되는 상속재산의 한도 내에서 피상속인의 종합소득세를 납부해야 한다.

④ 신탁재산이 있는 경우 신탁의 수익자가 신탁재산에 대한 소득세 납세의무를 부담한다. 다만, 수익자가 미정이거나 없는 경우는 신탁의 위탁자 또는 상속인이 납세의무를 부담한다.

⑤ 사업양도일 이전에 양도인의 납세의무가 확정된 사업에 관한 세금에 대하여 양도인의 재산으로 충당하여도 부족한 경우 양수인은 양수한 재산가액을 한도로 납세의무를 부담한다.

정답 | ②

해설 | 소득세법상 인별 과세원칙에도 불구하고, 예외적으로 공동사업 합산과세제도가 있다.

[공동사업 합산과세]

거주자 1인과 특수관계인(생계를 같이 하는 자에 한함)이 공동사업자에 포함되어 있는 경우로서 손익분배비율을 거짓으로 정하는 등의 사유가 있는 경우에는 그 특수관계인의 소득금액은 주된 공동사업자의 소득금액으로 보도록 한다.

★★☆

03 소득세 납세지와 과세기간에 대한 설명으로 적절하지 않은 것은?

① 거주자의 경우 주소지를 원칙적인 납세지로 하며 주소지가 없는 경우에는 거소지로 한다.

② 비거주자의 경우 주된 국내사업장 소재지를 납세지로 하며 국내사업장이 없는 경우에는 국내원천소득이 발생하는 장소로 한다.

③ 소득세의 과세기간은 원칙적으로 1월 1일부터 12월 31일까지로 한다.

④ 사망한 경우에는 1월 1일부터 시작해서 상속개시일이 속하는 달의 말일부터 6개월이 되는 날까지를 1과세기간으로 한다.

⑤ 출국하는 경우에는 1월 1일부터 출국일까지를 1과세기간으로 한다.

정답 | ④

해설 | ④ 사망한 경우에는 1월 1일부터 시작해서 사망한 날까지를 1과세기간으로 한다.

⑤ 출국하는 경우에는 1월 1일부터 출국일까지를 1과세기간으로 한다.(not 다음 날)

★★☆

04 소득세의 과세기간에 관한 설명이다. 괄호 안에 들어갈 내용으로 적절하게 연결된 것은?

> 가. 5월 1일에 사업을 신규로 개업한 A의 과세기간은 (가)부터 12월 31일까지이다.
> 나. 6월 15일에 사망한 B의 과세기간은 1월 1일부터 (나)까지이다.
> 다. 7월 25일에 출국한 C의 과세기간은 1월 1일부터 (다)까지이다.

	가	나	다
①	5월 1일	6월 15일	7월 26일
②	1월 1일	6월 15일	7월 25일
③	5월 1일	12월 31일	7월 25일
④	1월 1일	12월 31일	7월 24일
⑤	5월 1일	12월 31일	7월 26일

정답 | ②

해설 | 가. 5월 1일에 사업을 신규로 개업한 A의 과세기간은 1월 1일부터 12월 31일까지이다.
나. 6월 15일에 사망한 B의 과세기간은 1월 1일부터 6월 15일까지이다.
다. 7월 25일에 출국한 C의 과세기간은 1월 1일부터 7월 25일까지이다.

소득세의 과세기간과 신고 및 납부기한

구분	과세기간	신고 및 납부기한
원칙	① 1월 1일~12월 31일 ② 사업자의 경우 사업장을 신규로 개업하거나 폐업을 하는 경우에도 과세기간에 영향을 받지 않는다.	① 다음 연도 5월 1일~31일 ② 성실신고확인대상사업자[주)]에 해당하는 경우에는 다음 연도 5월 1일~6월 30일 주) 조세특례제한법 제122조의3의 제1항에 따른 성실사업자 또는 소득세법 제70조의2 제1항에 따른 성실신고확인대상사업자로서 성실신고확인서를 제출한 자(이하 '성실사업자')
사망한 경우	1월 1일~사망한 날	상속개시일이 속하는 달의 말일부터 6개월이 되는 날
출국하는 경우	1월 1일~출국한 날	출국일 전일

▪▪▪ TOPIC 2 사업소득과 세금

★★★
05 다음은 음식점을 운영하는 개인사업자(간편장부대상자로 가정함) 이관수씨에 대한 아래 주어진 내용을 참고하여 이관수씨의 20x1년 사업소득금액으로 적절한 것을 고르시오.

〈20x1년 귀속 소득 현황〉
- 서비스업 관련 사업소득 현황
  - 매출액 : 800,000천원(세법상 수입금액과 일치)
  - 매출원가 : 500,000천원(이관수씨 본인의 인건비 40,000천원 포함)
  - 판매비와 일반관리비 : 50,000천원
  - 영업 외 수익 : 13,000천원(고정자산 처분이익 10,000천원 포함)
  - 영업 외 비용 : 20,000천원(소득세 10,000천원 포함)
  - 사업과 관련된 비과세소득은 처음부터 매출액에 반영하지 않았음

① 192,000천원
② 223,000천원
③ 233,000천원
④ 273,000천원
⑤ 283,000천원

정답 | ⑤

해설 | 당기순이익 : 800,000 − 500,000 − 50,000 + 13,000 − 20,000 = 243,000천원
- 총수입금액 불산입액 : 10,000천원
- 필요경비 불산입액 : 40,000천원 + 10,000천원 = 50,000

사업소득금액 : 243,000천원 − 10,000천원 + 50,000천원 = 283,000천원

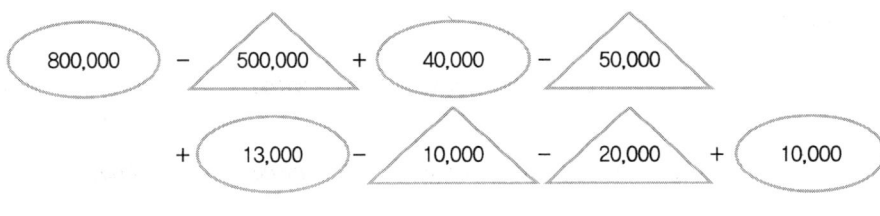

[실전문제풀이]

800,000 − 500,000 + 40,000 − 50,000 + 13,000 − 10,000 − 20,000 + 10,000

= 283,000천원

★★★
06 다음은 도소매업을 운영하는 개인사업자(간편장부대상자로 가정함) 이준범씨에 대한 아래 주어진 내용을 참고하여 이준범씨의 20x1년 사업소득금액으로 적절한 것은?

〈20x1년 귀속 소득 현황〉
- 매출액 : 860,000천원(매출에누리 10,000천원, 매출환입 20,000천원, 매출할인 30,000천원이 포함되어 있다.)
- 필요경비 내역
  - 인건비 : 500,000천원(이준범씨 본인의 인건비 40,000천원, 배우자* 인건비 30,000천원 포함)
    *이준범씨의 배우자는 실제로 사업장에서 근무 중이다.
  - 기업업무추진비 : 70,000천원(세법상 한도를 초과하는 금액 20,000천원 포함)
  - 소모품비 : 13,000천원(가사 관련 구입비용 10,000천원 포함)
  - 공과금 및 세금 등 : 20,000천원(소득세 8,000천원, 주차위반 벌금 · 과태료 2,000천원 포함)
  - 사업용 고정자산 처분이익 : 25,000천원
- 손익계산서상 당기순이익 : 222,000천원

① 217,000천원
② 247,000천원
③ 277,000천원
④ 302,000천원
⑤ 307,000천원

정답 | ③

해설 | 당기순이익 : (860,000 − 10,000 − 20,000 − 30,000) − 500,000 − 70,000 − 13,000 − 20,000 + 25,000
= 222,000천원
- 총수입금액 불산입액 : 25,000천원
- 필요경비 불산입액 : 40,000천원 + 20,000천원 + 10,000천원 + (8,000천원 + 2,000천원) = 80,000천원

사업소득금액 : 222,000천원− 25,000천원 + 80,000천원 = 277,000천원

[실전문제풀이]

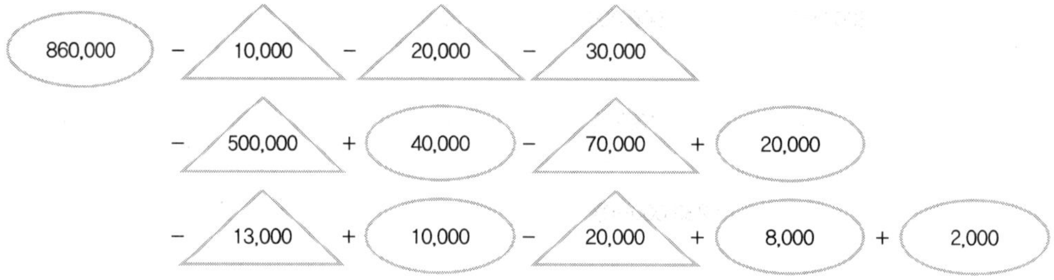

= 277,000천원

★★★
07 사업소득에 대한 설명으로 적절하지 **않은** 것은?

① 사업소득은 영리목적성, 독립성, 계속 · 반복성을 그 특징으로 하며 사업소득이 있는 거주자를 사업자라고 한다.

② 사업소득금액은 해당 과세기간의 총수입금액에서 이에 사용된 필요경비를 공제한 금액으로 하며, 필요경비가 총수입금액을 초과하는 경우 그 초과하는 금액을 결손금이라 한다.

③ 결산서상 당기순이익에 세무조정 후 당기 발생한 다른 사업소득의 결손금과 해당 사업개시일 전 15년 이내의 사업연도에서 발생한 결손금을 공제하여 사업소득금액을 계산한다.

④ 주택 부동산임대업에서 발생한 결손금과 이월결손금은 부동산 임대업에서 발생한 소득금액에서만 공제가 가능하다.

⑤ 법인사업자 대표이사 급여는 법인의 결손금으로 인정되지만 개인사업자에 대한 급여는 필요경비로 인정받지 못한다.

정답 | ④

해설 | 주택 외의 부동산임대업에서 발생한 결손금과 이월결손금은 주택 외의 부동산임대 업에서 발생한 소득금액만 공제 가능하다.
→ 주택 부동산임대업에서 발생한 결손금 · 이월결손금은 일반 사업소득 및 다른 종합소득에서 공제 가능하다.

★☆☆
08 사업소득에 대한 설명으로 적절하지 **않은** 것은?

① 사업소득이 발생하는 사업을 공동으로 경영하고 그 손익을 분배하는 공동사업(출자공 동사업자가 있는 공동사업을 포함)의 경우에는 해당 사업을 경영하는 장소를 1거주자로 보아 공동사업장별로 그 소득금액을 계산한다.

② 공동사업소득금액은 공동사업자에게 소득분배비율에 따라 분배되고 각 공동사업자는 분배받은 소득금액을 자신의 다른 종합소득과 합산하여 종합소득세를 신고납부해야 한다.

③ 경영에 참여한 공동사업자가 분배받은 소득금액은 사업소득으로, 출자만 한 공동사업자가 받은 소득금액은 배당소득으로 과세되며, 공동사업자 간에는 연대납세의무가 있다.

④ 거주자 1인과 특수관계인(생계를 같이 하는 자에 한함)이 공동사업자에 포함되어 있는 경우로서 손익분배비율을 거짓으로 정하는 등의 사유가 있는 경우에는 그 특수관계인의 소득금액은 주된 공동사업자의 소득금액으로 본다.

⑤ 거주자와 특수관계인과의 거래로 소득세 조세부담을 부당하게 감소시킨 것으로 인정되는 경우에는 해당 거래에 대한 납세자의 계산을 부인하고 과세대상금액을 재계산한다.

정답 | ③

해설 | 원칙 : 일반적인 공동사업은 인별과세 → 연대납세의무 없음
경영에 참여한 공동사업자가 분배받은 소득금액은 사업소득으로, 출자만 한 공동사업자가 받은 소득금액은 배당소득으로 과세된다. 이렇게 분배된 소득에 대한 소득세에는 연대납세의무가 없다.(원칙)
※ 예외 : 공동사업합산과세 → 연대납세의무 있음

거주자 1인과 특수관계인(생계를 같이 하는 자에 한함)이 공동사업자에 포함되어 있는 경우로서 손익분배비율을 거짓으로 정하는 등의 사유가 있는 경우에는 그 특수관계인의 소득금액은 주된 공동사업자의 소득금액으로 본다. 이 경우 특수관계인은 거주자의 공동사업에 대한 소득세에 대해 연대납세의무가 있음에 유의해야 한다.

★★☆

09 사업소득 과세방법에 대한 설명으로 적절하지 않은 것은?

① 사업소득은 종합소득에 합산하여 과세하는 것이 원칙이다.

② 사업소득은 원천징수대상 소득이 아니지만, 예외적으로 저술가 · 작곡가 등 일정한 자가 직업상 제공하는 인적용역의 경우에는 3%의 세율로 원천징수한다.

③ 일정한 주택임대소득에 대하여는 분리과세 할 수 있는 특례규정을 두고 있다.

④ 간편장부대상자에 해당하는 보험모집인, 방문판매원 및 음료품배달원에 해당하는 자에게 모집수당 또는 판매수당 등의 사업소득을 지급하는 사업자는 해당 사업소득에 대한 소득세의 연말정산을 해야 한다.

⑤ 근로소득자와 다르게, 연말정산된 사업소득만 있는 자는 종합소득세 과세표준확정신고가 필요하다.

정답 I ⑤

해설 I 연말정산된 사업소득 외의 다른 소득이 없는 경우에는 해당 과세기간에 대한 과세표준확정신고를 하지 않아도 된다.

★☆☆

10 다음 중 사업소득 신고방법에 대한 설명으로 적절하지 않은 것은?

① 사업자는 원칙적으로 장부작성에 의한 신고방법에 의하여야 하지만, 장부를 비치 · 기록하지 않았다면 추계신고방법에 의하여 종합소득세를 신고해야 한다.

② 복식부기의무자가 종합소득세 신고 시 재무상태표 등 필수적인 첨부서류를 제출하지 아니한 경우에는 종합소득세 확정신고를 하지 않은 것으로 본다.

③ 해당 과세기간에 신규로 사업을 개시한 사업자 혹은 직전 과세기간의 수입금액의 합계액이 업종별 일정 기준금액에 미달하는 사업자는 간편장부대상자라고 한다.

④ 간편장부대상자가 복식부기장부에 의하여 사업소득금액을 계산하여 종합소득세를 신고한 경우 산출세액의 10%를 세액공제 받을 수 있다. 다만, 200만원을 한도로 한다.

⑤ 사업자는 결손이 발생한 경우 그 후로 15년 이내 발생한 소득에서 공제받을 수 있다.

정답 I ④

해설 I ④ 기장세액공제 : 간편장부대상자가 복식부기장부에 의하여 사업소득금액을 계산하여 종합소득세를 신고한 경우 산출세액의 20%를 세액공제 받을 수 있다. 다만, 100만원을 한도로 한다.

★★☆

11 추계신고 시 불이익에 대한 설명으로 적절하지 **않은** 것은?

① 필요경비가 총수입금액을 초과하는 경우 결손금이 발생하지만 추계에 의한 신고 시에는 해당 결손금을 인정받을 수 없다.

② 추계에 의한 신고 시 해당 과세기간의 소득금액을 계산할 때 이월결손금공제를 적용받을 수 없다.

③ 실제 지출한 필요경비가 추계신고로 인하여 공제되는 부분보다 오히려 많은 경우에는 추계신고 시에도 증빙이 가능한 실제 지출한 필요경비로 공제받을 수 있다.

④ 간편장부대상자가 복식부기에 의하여 종합소득세를 신고 시에는 기장세액공제를 적용 받을 수 있지만 추계에 의하여 신고 시에는 기장세액공제를 적용받을 수 없다. 또한, 일정한 조세특례제한법상 세액공제 · 감면도 적용받을 수 없다.

⑤ 추계에 의한 신고 시 소규모사업자(신규사업자 및 직전 과세기간의 수입금액이 4,800만원에 미달하는 사업자 등)를 제외하고 장부의 기록 · 보관 불성실가산세가 부과된다.

정답 | ③

해설 | ③ 실제 지출한 필요경비가 추계신고로 인하여 공제되는 부분보다 많다 할지라도 필요경비로 공제받을 수 없으므로 세부담이 많아질 수 있다.

★★☆

12 결손금과 이월결손금 공제에 대한 설명으로 적절하지 **않은** 것은?

① 일반적인 사업소득(주거용 부동산임대업 포함)은 해당 과세기간에 결손금이 발생한 경우 그 결손금을 사업자의 다른 사업장의 사업소득에서 먼저 공제하고 그 결과 공제되지 않은 결손금이 있다면 근로소득 · 연금소득 · 기타소득 · 이자소득 · 배당소득 금액에서 순차로 공제한다.

② 일반 부동산임대업(주거용 부동산임대업 제외)에서 발생한 이월결손금은 다른 소득금액에서 공제하지 않고 일반 부동산임대소득에서만 공제한다.

③ 주거용 부동산임대업에서 발생한 이월결손금은 일반사업소득의 이월결손금과 동일하게 공제한다.

④ 이월결손금은 해당 이월결손금이 발생한 과세기간의 종료일부터 10년 이내에 종료하는 과세기간의 소득금액을 계산함에 있어서 먼저 발생한 과세기간의 이월결손금부터 순차로 해당 소득별로 이를 공제한다.

⑤ 추계신고를 하거나 추계조사결정하는 경우에는 이월결손금 공제규정을 적용하지 않는다. (천재지변이나 그 밖의 불가항력으로 장부나 그 밖의 증명서류가 멸실되어 추계신고를 하는 경우에는 가능)

정답 | ④

해설 | ④ 이월결손금은 해당 이월결손금이 발생한 과세기간의 종료일부터 15년 이내(2008년 이전 발생분은 5년, 2009년부터 2019년까지의 발생분은 10년)에 종료하는 과세기간의 소득금액을 계산함에 있어서 먼저 발생한 과세기간의 이월결손금부터 순차로 해당 소득별로 이를 공제한다.

★★★

13 부동산임대소득에 대한 설명으로 적절하지 않은 것은?

① 1개의 주택을 소유하는 자의 주택임대소득은 비과세한다. 다만, 기준시가 12억원 초과 주택(고가주택) 및 국외 소재 1주택 소유자의 임대소득은 과세한다.

② 부동산임대업의 총수입금액을 구성하는 요소로는 임대료, 관리비, 임대보증금의 간주임대료가 있다.

③ 계약조건에 따라 받기로 한 금액을 임대료로 총수입금액에 산입하되, 선세금에 대하여는 그 선세금을 계약기간의 월수로 나눈 금액의 각 연도 합계액을 그 총수입금액으로 한다.

④ 관리비 등의 명목으로 지급받는 금액이 있는 경우에는 이를 총수입금액에 산입한다. 다만, 임차인에게 직접 부담하게 한 경우는 총수입금액에 산입하지 아니하고, 임대인이 전기료 · 수도료 · 도시가스료 등의 공공요금을 구분징수하는 경우에는 총수입금액에 산입한다.

⑤ 주택의 간주임대료는 3주택 이상이면서 보증금 등의 합계액이 3억원을 초과하는 경우에만 총수입금액에 산입한다.

정답 I ④

해설 I ④ 관리비 등의 명목으로 지급받는 금액이 있는 경우 에는 이를 총수입금액에 산입한다. 다만, 전기료 · 수도료 · 도시가스료 등의 공공요금을 구분징수하거나 임차인에게 직접 부담하게 한 경우는 총수입금액에 산입하지 아니한다.

★★★

14 주택의 간주임대료 계산방법에 대한 설명이다. 빈칸에 들어갈 내용으로 적절하게 연결된 것은?

> [기장에 의한 경우]
> [보증금합계 − (가)]의 적수 × (나) × 정기예금이자율 × 1/365 − (다)
>
> [추계에 의한 경우]
> [보증금합계 − (가)]의 적수 × (나) × 정기예금이자율 × 1/365 − (라)

	가	나	다	라
①	3억원	60%	금융수익	−
②	2억원	60%	금융수익	−
③	3억원	60%	−	금융수익
④	2억원	70%	−	금융수익
⑤	3억원	70%	−	금융수익

정답 | ①

해설 | 간주임대료 계산방법

구분	기장에 의한 경우	추계에 의한 경우
일반적인 부동산	(보증금 등 적수 – 건설비 적수) × 정기예금이자율 × 1/365(윤년은 366) – 임대사업부분에서 발생한 금융수익	보증금 등 적수 × 정기예금이자율 × 1/365(윤년은 366)
주택	(보증금 등 – 3억원)의 적수 × 60% × 정기예금이자율 × 1/365(윤년은 366) – 임대사업부분에서 발생한 금융수익	(보증금 등 – 3억원)의 적수 × 60% × 정기예금이자율 × 1/365(윤년은 366)

- 적수 : 사업연도 중 해당 금액의 매일 매일의 누적 합계액
- 정기예금이자율 : 금융회사 등의 정기예금이자율을 고려하여 기획재정부령으로 정하는 이자율(2025년 현재 3.1%)

*3주택 주택 수 계산 시 주거전용 면적이 1호 또는 1세대당 40m^2 이하인 주택으로서 해당 과세기간의 기준시가가 2억원 이하인 주택은 주택 수에 포함하지 않는다(2026년 12월 31일까지)

★★★

15 다음 사례에서 상가임대업을 운영하는 거주자 이지현씨의 20x1년 귀속 부동산임대업의 총수입금액을 계산하시오.(이지현씨는 장부를 작성하는 방식으로 사업소득을 신고하였고, 1년은 365일로 계산한다.)

[임대차계약서상 관련된 정보]

임대보증금	월 임대료	월 관리비	임대기간
100,000천원	2,000천원	500천원	20x1. 1. 1.~12. 31.

[추가정보]

- 상가는 작년 이전에 80,000천원에 취득하였음(토지 취득비용 30,000천원 포함)
- 자료의 월 관리비 외에 수도 · 전기요금 등으로 공공요금 100천원을 구분징수함
- 기획재정부령으로 정하는 정기예금이자율은 3.1%라고 가정함
- 임대보증금을 은행에 예치하여 발생한 예금이자 500천원이 있음
- 이지현씨는 복식부기의무자로 기장에 의해 신고하기로 하였음

① 30,120,000원
② 30,620,000원
③ 31,050,000원
④ 31,550,000원
⑤ 32,250,000원

정답 | ③

해설 | 1. 임대료 : 2,000,000×12개월=24,000,000원

2. 관리비 : 500,000×12개월=6,000,000원

→ 구분징수하는 공공요금은 총수입금액에 포함하지 않는다.

3. 간주임대료 : (보증금적수－건설비적수)×정기예금이자율×1/365－보증금에서 발생한 금융수익

=(100,000,000×365－50,000,000×365)×3.1%×1/365－500,000

=1,050,000

→ 건설비적수에는 건물에 대한 것만 고려됨(토지x)

4. 총수입금액 : 1+2+3=31,050,000원

★★★

16 **다음 사례에서 상가임대업을 운영하는 거주자 김민정씨의 20x1년 귀속 부동산임대업의 간주임대료를 계산하시오.(김민정씨는 장부를 작성하는 방식으로 사업소득을 신고하였고, 1년은 365일로 계산한다.)**

[임대차계약서상 관련된 정보]

임대보증금	임대기간
1,200,000천원	20x1. 1. 1.~12. 31.

[추가정보]

- 상가는 작년 이전에 150,000천원에 취득하였음(토지 취득비용 50,000천원 포함)
- 보증금에서 발생한 연간 이자수입은 3,000천원임
- 기획재정부령으로 정하는 정기예금이자율은 3.1%라고 가정함
- 김민정씨는 복식부기의무자로 기장에 의해 신고하고 있음

① 29,550,000원　② 31,100,000원

③ 34,100,000원　④ 34,200,000원

⑤ 37,200,000원

정답 | ②

해설 | (보증금적수－건설비적수)×정기예금이자율×1/365－보증금에서 발생한 금융수익

=(1,200,000,000×365－100,000,000×365)×3.1%×1/365－3,000,000

=31,100,000원

→ 건설비적수에는 건물에 대한 것만 고려됨(토지 ×)

★☆☆
17 주택임대소득의 과세특례에 대한 설명으로 적절하지 **않은** 것은?

① 주택임대에 따른 총수입금액의 합계액이 2,000만원 이하인 자의 주택임대소득은 종합소득과세표준에 합산하지 않고 분리과세로 신고 · 납부해야 한다.
② 등록임대주택이란 지자체와 세무서에 모두 임대사업자로 등록하고 임대료 등의 증가율이 5% 초과하지 않은 임대주택을 의미한다.
③ 소득금액 계산 시 등록임대주택은 400만원을 공제, 등록되지 않은 임대주택인 경우 200만원을 공제한다.
④ 분리과세 주택임대소득을 제외한 종합소득금액이 2,000만원을 초과하는 경우에는 400만원(200만원)을 공제하지 않는다.
⑤ 주택임대소득을 분리과세하는 경우 세율은 14%로 과세한다.

정답 | ①

해설 | ① 주택임대에 따른 총수입금액의 합계액이 2,000만원 이하인 자의 주택임대소득은 종합소득과세표준에 합산하지 않고 분리과세로 신고 · 납부할 수 있다.(선택규정)
→ 종합과세와 분리과세 중 유리한 방법을 선택하여 신고 · 납부할 수 있음

주택임대소득의 분리과세계산구조

구분		등록임대주택	미등록임대주택
	수입금액	임대료+관리비+간주임대료	임대료+관리비+간주임대료
(−)	필요경비	수입금액×60%	수입금액×50%
=	소득금액	수입금액−필요경비	
(−)	공제금액	400만원	200만원
=	과세표준	소득금액−공제금액	
(×)	세율	14%	
=	산출세액	과세표준×세율	

★☆☆
18 성실신고확인제도에 대한 설명으로 적절하지 **않은** 것은?

① 수입금액이 일정규모 이상인 사업자에 대하여 종합소득세 확정신고를 진행할 때 세무사 등에게 기장한 장부내용에 대하여 확인을 받고 납세지 관할 세무서장에게 성실신고확인서를 제출해야 한다.
② 성실신고확인서 제출자의 신고 · 납부기한은 다음 연도 5.31.에서 6.30.까지 1개월 연장된다.
③ 성실신고확인서를 제출한 자가 보험료 · 의료비 · 교육비 · 월세를 지출한 경우에는 해당 규정을 준용하여 세액공제 받을 수 있다.
④ 성실신고확인서를 제출한 자가 성실신고확인에 직접 사용한 비용이 있을 경우 해당 비용의 60%를 사업소득에 대한 소득세에서 공제받을 수 있다. 다만, 연간 한도는 120만원을 초과하여 세액공제 받을 수 없다.
⑤ 성실신고확인서를 미제출한 경우, 일정금액의 가산세를 부과하며, 해당 사업자는 수시 세무조사대상으로 선정될 수 있다. 또한, 세무조사 등을 통해 세무대리인이 성실신고확인을 제대로 하지 못한 사실이 밝혀지는 경우 세무대리인에게 징계할 수 있다.

정답 | ③

해설 | ③ 성실신고확인서를 제출한 자가 의료비 · 교육비 · 월세를 지출한 경우에는 해당 규정을 준용하여 세액공제 받을 수 있다.

▪▪▪ TOPIC 3 근로소득과 세금

★★☆

19 다음 중 비과세 근로소득에 대한 설명으로 적절하지 않은 것은?

① 일직료, 숙직료 또는 여비로서 실비변상정도의 금액(자가운전보조금 월 20만원 이내의 금액)
② 식사 기타 음식물을 제공받는 근로자가 받는 월 20만원 이하의 식사대
③ 단체 순수보장성보험 및 단체 환급부보장성보험 중 연 70만원 이하의 보험료
④ 발명진흥법상 지급받는 직무발명보상금으로서 700만원 이하의 금액(단, 개인사업자 및 그와 친족관계에 있는 자와 법인의 지배주주 등 및 그와 특수관계에 있는 자는 제외)
⑤ 근로자 또는 그 배우자의 출산이나 6세 이하 자녀보육 관련 급여로서 받는 월 20만원 이내의 금액

정답 | ②

해설 | ② 식사 기타 음식물을 제공받지 않는 근로자가 받는 월 20만원 이하의 식사대

★★★

20 다음 중 근로소득 과세방법에 대한 설명으로 적절하지 않은 것은?

① 기업이 종업원에게 근로소득을 지급할 때는 간이세액표에 따라서 원천징수 후 지급한다.
② 근로소득만 있는 근로자는 다음 연도 2월분 급여지급 시에 연말정산으로 납세의무가 종결된다.
③ 근로소득 외에 다른 소득이 있거나, 연말정산 시에 미비한 부분이 있는 근로자의 경우 다음 연도 5월에 종합소득세 신고를 진행하여 추가적으로 납부하거나 환급받아야 한다.
④ 일용직근로자는 하루에 20만원씩 근로소득공제를 적용한다.
⑤ 일반적인 근로자의 근로소득공제는 2,000만원을 한도로 하며 1년 미만 근로자의 경우에도 월할 계산하지 않는다.

정답 | ④

해설 | 일용직근로자는 하루에 15만원씩 근로소득공제를 적용한다.

★★★

21 **일용근로자의 과세방법에 대한 설명이다. 빈칸에 들어갈 내용으로 적절하게 연결된 것은?**

> [일용근로자의 소득세 계산구조]
> ① (1일 급여액－근로소득공제) × 세율＝산출세액
> ↳ 1일 (가) 한도 ↳ (나)
>
> ② ①의 산출세액－근로소득세액공제
> ↳ 산출세액의 (다)

	가	나	다
①	20만원	6%	55%
②	20만원	14%	2.7%
③	15만원	6%	55%
④	15만원	14%	55%
⑤	15만원	14%	2.7%

정답 | ③

해설 | **일용직근로자의 소득세 계산구조**

	1일 급여액
(－)	근로소득공제(1일 15만원 한도)
=	근로소득금액(총급여액이 공제액에 미달하는 경우에는 총급여액을 공제액으로 함)
(×)	세율(6%)
=	산출세액
(－)	근로소득세액공제(산출세액의 55%, 한도 없음)
=	원천징수할 세액

또는 (1일 급여액－15만원)×2.7%로 계산하여도 된다.

★★☆
22 다음 중 비과세 기타소득으로 적절하지 않은 것은?

① 종업원 등이 근무 중에 지급받는 직무발명보상금으로서 700만원 이하의 금액(법률에서 정하는 특수관계요건에 해당하지 않는 것으로 가정한다.)
② 국가보안법 등에 의하여 받는 상금과 보로금 등
③ 종교인 소득 중 월 20만원 이하의 식사대
④ 종교인 소득 중 월 20만원 이하의 자가운전보조금 등
⑤ 박물관 또는 미술관에 양도한 서화 · 골동품 양도소득

정답 | ①

해설 | ① 종업원 등이 퇴직한 후에 지급받는 직무발명보상금으로서 700만원 이하의 금액.(단, 개인사업자 및 그와 친족관계에 있는 자와 법인의 지배주주 등 및 그와 특수관계에 있는 자는 제외)

★★★
23 다음 중 기타소득금액의 계산에 관한 설명으로 적절하지 않은 것은?

① 소득세법에서는 기타소득의 범위에 대하여 구체적으로 열거하고 있다.
② 복권당첨금 · 슬롯머신 당첨금품 등은 당연 분리과세되며, 10억원의 복권에 당첨되었다면 복권당첨금을 지급하는 자는 3억원 이하 복권당첨소득은 20%, 3억원 초과 복권당첨소득은 30%에 상당하는 금액을 소득세로서 원천징수해야 한다.
③ 기타소득은 일반적으로 분리과세되며, 연간 기타소득금액의 합계액이 300만원 이하인 경우에는 분리과세 또는 종합과세를 선택할 수 있다.
④ 박물관 또는 미술관에 양도한 서화 · 골동품 양도소득에 대해서는 비과세한다.
⑤ 고용관계 없이 일시적으로 용역을 제공하고 받는 대가(강연료 등)에 대하여는 수입금액의 60%에 상당하는 금액을 필요경비로 인정하며, 실제 소요된 경비가 총수입금액의 60%에 상당하는 금액을 초과하는 경우 추가적으로 그 초과금액도 필요경비로 인정한다.

정답 | ③

해설 | ③ 기타소득은 원칙적으로 종합과세 대상에 해당하기 때문에 다른 종합과세 소득과 합산 하여 종합소득세를 산출한다. 다만 분리과세되는 기타소득 중 선택적 분리과세 대상이면서, 기타소득금액이 300만원 이하인 경우 분리과세를 선택할 수 있다.

★★★
24 다음 중 기타소득에 관한 설명으로 적절하지 않은 것은?

① 기타소득은 이자소득, 배당소득, 부동산임대소득, 사업소득, 근로소득, 연금소득, 퇴직 소득 및 양도소득 외의 소득으로서 법에서 열거하고 있는 것들을 의미한다.
② 거주자가 공익법인이 주무관청의 승인을 받아 시상하는 상금 1억원을 받은 경우, 최소 8,000만원을 필요경비로 인정한다.
③ 주택입주 지체상금을 수령한 경우 기타소득 수입금액의 60%를 필요경비로 인정하며, 60%를 초과하는 실제 필요경비가 있는 경우에는 실제 필요경비를 인정한다.
④ 다수가 순위경쟁하는 대회에서 받는 상금과 부상은 기타소득 수입금액의 80%를 필요경비로 인정하며, 80%를 초과하는 실제 필요경비가 있는 경우에는 실제 필요경비를 인정한다.
⑤ 슬롯머신에 500원씩 10회 투입하여, 10회차 투입에서 500만원의 당첨금품을 수령하는 경우, 필요경비는 총 투입금액인 5,000원이 아닌 마지막 투입시의 500원만 인정된다.

정답 | ③

해설 | ③ 주택입주 지체상금을 수령한 경우 기타소득 수입금액의 80%를 필요경비로 인정하며, 80%를 초과하는 실제 필요경비가 있는 경우에는 실제 필요경비를 인정한다.
→ 80% 필요경비 인정하는 경우 3가지 : 골, 공, 주
① 서화 및 골동품의 양도로 발생하는 일정 금액 이상의 소득 : 80%~90% 필요경비 인정
② 공익법인이 주무관청의 승인을 받아 시상하는 상금과 부상 및 다수가 순위경쟁하는 대회에서 받는 상금과 부상
③ 주택입주 지체상금

기타소득별 필요경비

기타소득	필요경비
• 승마투표권, 승자투표권, 소싸움경기투표권 및 체육진흥투표권 등의 구매자가 받는 환급금	구매자가 구입한 적중된 투표권의 단위투표금액
• 슬롯머신 등을 이용하는 행위에 참가하여 받는 당첨금품 등	당첨 당시에 슬롯머신 등에 투입한 금액
• 공익법인이 주무관청의 승인을 받아 시상하는 상금과 부상 및 다수가 순위 경쟁하는 대회에서 받는 상금과 부상 • 위약금과 배상금 중 주택입주 지체상금	해당 기타소득 수입금액의 80% (실제 소요된 필요경비가 기타소득 수입금액의 80%를 초과하면 그 초과하는 금액도 필요경비로 인정)
• 광업권·산업재산권 등을 양도하거나 대여하고 그 대가로 받는 금품 • 통신판매중개업자를 통해 물품 및 장소를 대여하고 연간 수입금액 500만원 이하의 사용료로서 받은 금품 • 관련법에 따라 공익사업과 관련하여 지역권·지상권을 • 문예·학술·미술·음악 또는 사진에 속하는 창작품에 대한 원작자로서 받는 소득(원고료, 인세 등) • 고용관계 없이 일시적으로 용역을 제공하고 받는 대가(강연료 등)	해당 기타소득 수입금액의 60% (실제 소요된 필요경비가 기타소득 수입금액의 60%를 초과하면 그 초과하는 금액도 필요경비로 인정)
• 서화 및 골동품의 양도로 발생하는 일정 금액 이상의 소득	• 수입금액이 1억원 이하 : 90% • 수입금액이 1억원 초과 : 9,000만원+(수입금액-1억원)×80%(보유기간이 10년 이상인 경우는 90%) • 실제 소요된 경비가 위와 같이 계산한 필요경비를 초과하면 그 초과하는 금액도 필요경비로 인정

★★★
25 다음 중 기타소득에 관한 설명으로 적절하지 않은 것은?

① 슬롯머신 등을 이용하는 행위에 참가하여 받는 당첨금품 등은 기타소득금액의 20%를 원천징수한다.
② 소기업 · 소상공인 공제부금의 해지일시금은 기타소득금액의 20%를 원천징수한다.
③ 연금계좌로부터 연금외수령한 금액은 기타소득금액의 15%를 원천징수한다.
④ 서화, 골동품의 양도로 발생하는 소득은 당연 분리과세한다.
⑤ 당연 분리과세 및 당연 종합과세되는 기타소득을 제외하고 기타소득금액의 합이 300만원 이하이면서 원천징수된 기타소득은 분리과세로 납세의무가 종결됨을 선택할 수 있다.

정답 I ②
해설 I ② 소기업 · 소상공인 공제부금의 해지일시금은 기타소득금액의 15%를 원천징수한다.

★★★
26 기타소득별 원천징수세율에 대한 설명이다. 빈칸에 들어갈 내용으로 적절하게 연결된 것은?

- 승마투표권, 승자투표권, 소싸움경기투표권 등의 구매자가 받는 환급금 : (가)
- 연금계좌로부터 연금 외 수령한 기타소득 : (나)
- 일반적인 기타소득 : (다)

	가	나	다
①	15%	20%	20%
②	20%	20%	20%
③	20%	15%	20%
④	20%	15%	15%
⑤	15%	15%	15%

정답 I ③
해설 I 기타소득별 원천징수세율

기타소득	원천징수세액
• 승마투표권, 승자투표권, 소싸움경기투표권 및 체육진흥투표권 등의 구매자가 받는 환급금 • 슬롯머신 등을 이용하는 행위에 참가하여 받는 당첨금품 등	기타소득금액의 20%(해당 기타소득금액이 3억원을 초과하는 경우 그 초과하는 분에 대해서는 30%)
• 연금계좌로부터 연금외수령한 기타소득	기타소득금액의 15%
• 소기업 · 소상공인 공제부금의 해지일시금	
• 위 외의 그 밖의 기타소득	기타소득금액의 20%

★★★
27 다음 중 기타소득에 관한 설명으로 적절하지 않은 것은?

① 어떤 소득이 성격상 기타소득에 해당하고 동시에 다른 소득에도 해당하는 경우에는 우선적으로 다른 소득으로 구분한다.
② 연금계좌에서 연금 외 수령한 기타소득은 당연 분리과세한다.
③ 뇌물 · 알선수재 및 배임수재에 따라 받은 금품은 당연 종합과세한다.
④ 계약의 위약 또는 해약으로 계약금이 위약금과 배상금으로 대체되는 경우로서 원천징수 대상이 아닌 소득은 선택적 분리과세한다.
⑤ 거주자가 일시적인 강연으로 500만원의 강연료를 수령한 경우, 400만원의 필요경비를 인정하지만, 실제 필요경비가 450만원인 경우에는 실제 필요경비를 인정한다.

정답 | ⑤
해설 | ⑤ 수입금액의 60%를 필요경비로 인정하고, 실제 필요경비가 더 큰 경우 실제 필요경비로 인정한다.

과세방법에 따른 기타소득 종류

구분	기타소득 종류
당연 분리과세	• 복권당첨금 • 승마투표권 등의 환급금 • 슬롯머신 당첨금품 등 • 연금계좌에서 연금외수령한 기타소득 • 서화, 골동품의 양도로 발생하는 소득
당연 종합과세	• 뇌물 • 알선수재 및 배임수재에 따라 받은 금품
선택적 분리과세	• 위 당연 분리과세 및 당연 종합과세 대상이 아닌 것으로 기타소득금액이 300만원 이하이면서 다음에 해당하는 소득 • 원천징수된 기타소득 • 계약의 위약 또는 해약으로 계약금이 위약금과 배상금으로 대체되는 경우로서 원천징수 대상이 아닌 소득

★★☆

28 기타소득 과세최저한에 대한 설명이다. 빈칸에 들어갈 내용으로 적절하게 연결된 것은?

- 승마투표권, 승자투표권, 소싸움경기투표권 등의 구매자가 받는 환급금
  : 투표권 등의 권면의 표시된 금액의 합계액이 10만원 이하이고, 다음 중 어느 하나에 해당하는 경우
  – 적중한 개별투표당 환급금이 10만원 이하인 경우
  – 단위투표금액당 환급금이 단위투표금액의 (가) 이하이면서, 적중한 개별투표당 환급금이 (나) 이하인 경우
- 복권 당첨금 및 슬롯머신 등을 이용하는 행위에 참가하여 받는 당첨금품 등
  : 건별로 (다) 이하인 경우
- 일반적인 기타소득금액 : 건별로 (라) 이하인 경우

	가 / 나	다	라
①	100배 / 200만원	100만원	5만원
②	200배 / 100만원	100만원	5만원
③	100배 / 200만원	200만원	5만원
④	200배 / 100만원	200만원	10만원
⑤	100배 / 200만원	200만원	10만원

정답 | ③

해설 | **기타소득 과세최저한 기준**

기타소득	과세최저한
승마투표권, 승자투표권, 소싸움경기투표권 및 체육진흥투표권 등의 구매자가 받는 환급금	• 투표권 등의 권면에 표시된 금액의 합계액이 10만원 이하이고 다음 중 어느 하나에 해당하는 경우 • 적중한 개별투표당 환급금이 10만원 이하인 경우 • 단위투표금액당 환급금이 단위투표금액의 100배 이하이면서 적중한 개별투표당 환급금이 200만원 이하인 경우
복권 당첨금 및 슬롯머신 등을 이용하는 행위에 참가하여 받는 당첨금품 등	건별로 200만원 이하인 경우
위 외의 그 밖의 기타소득금액	건별로 5만원 이하인 경우

··· TOPIC 5 종합소득세

★★★

29 다음 소득세법상 인적공제 중 기본공제에 관한 설명으로 적절하지 않은 것은?

① 기본공제대상자 판정시 연간 소득금액이란 종합과세되는 종합소득금액, 퇴직소득금액, 양도소득금액의 연간 합계액을 의미한다.

② 맞벌이부부 중 부인이 총급여액 450만원 이외에 다른 소득이 없는 경우 남편이 부인에 대하여 배우자공제가 가능하다.

③ 해당 과세기간 12월 2일 결혼식을 올리고 아직 혼인신고가 안 된 상태라도 배우자가 연간 소득금액이 없거나 연간 소득금액의 합계액이 100만원 이하인 경우 나이나 생계를 같이 하는지의 요건과 상관없이 연 150만원을 공제한다.

④ 35세인 장애인 자녀의 연간 소득금액이 100만원 이하인 경우 개인사업체를 운영하고 있는 아버지가 부양가족공제를 받을 수 있다.

⑤ 배우자 및 자녀의 경우 주민등록표상 동거가족이 아니더라도 생계를 같이하는 사람으로 본다.

정답 | ③

해설 | ③ 배우자공제는 해당 과세기간 12월 31일 현재 법률혼 관계인 배우자로서 연간 소득금액이 없거나 연간 소득금액의 합계액이 100만원 이하인 경우 나이나 생계를 같이 하는지의 요건과 상관없이 연 150만원을 공제한다. 즉, 배우자공제는 법률혼 관계자에게만 적용되므로 배우자공제를 받을 수 없다.

★★★

30 다음 소득세법상 인적공제 중 기본공제에 관한 설명으로 적절하지 않은 것은?

① 거주자의 공제대상 가족이 동시에 다른 거주자의 공제대상 가족에 해당되는 경우에는 그중 1인의 공제대상 가족으로 한다.

② 기본공제대상자인 장인이 과세기간 중 사망한 경우 관련 소득공제가 가능하다.

③ 장애인은 연령 요건을 적용하지 않으며 연간 소득금액 요건만 충족되면 기본공제대상자가 될 수 있다.

④ 과세기간 종료일 전에 사망한 사람에 대해서는 사망일의 전날의 상황에 따르며 과세기간 종료일 전에 장애가 치유된 사람에 대해서는 치유일의 전날의 상황에 따른다.

⑤ 과세기간 중 이혼한 경우 이혼일 전날 상황에 따르므로, 해당 과세기간에는 배우자 공제를 받을 수 있다.

정답 | ⑤

해설 | ⑤ 과세기간 중 이혼한 경우 배우자 공제를 받을 수 없다.

★★☆

31 장애인에 대한 세제혜택에 관한 설명으로 적절하지 않은 것은?

① 기본공제에 있어서 연령 요건을 적용하지 않으며 연간 소득금액 요건만 충족되면 기본공제 대상자가 될 수 있다.

② 기본공제에 해당하는 자가 장애인인 경우 인당 100만원의 추가공제가 가능하다.

③ 장애인전용 보장성보험료(100만원 한도)의 15%를 추가로 세액공제 받을 수 있다.

④ 장애인 관련 의료비는 의료비세액공제 대상 금액 산정 시에 한도를 적용하지 않는다.

⑤ 장애인 특수교육비는 교육비세액공제 대상 금액 산정 시에 한도를 적용하지 않는다.

정답 I ②

해설 I ② 기본공제에 해당하는 자가 장애인인 경우 인당 200만원의 추가공제가 가능하다.

★★★

32 다음 자료는 거주자 김영민씨와 생계를 같이하는 동거가족의 현황이다. 이를 토대로 계산할 경우에 김영민씨의 20x1년 귀속 종합소득세 신고시 공제받을 수 있는 인적공제액으로 적절한 것을 고르시오.

구분	나이	소득	비고
남편	55세	퇴직소득금액 30,000천원	–
본인	50세	부동산임대사업소득금액 30,000천원	–
아들	24세	–	대학생, 장애인
딸	10세	–	초등학생

※ 가족에 대한 인적공제는 본인이 받고 있음

① 5,500천원
② 6,000천원
③ 6,500천원
④ 7,000천원
⑤ 8,500천원

정답 I ④

해설 I 기본공제(본인, 아들, 딸) : 1,500천원×3=4,500천원
추가공제 : 장애인 공제 2,000천원+부녀자공제 500천원=2,500천원
인적공제 합계액: 4,500천원+2,500천원=7,000천원

★★★
33 다음 자료는 거주자 김세진씨(30세)와 생계를 같이하는 동거가족의 현황이다. 김세진씨의 종합소득금액은 2,500만원이다. 자료를 토대로 계산할 경우에 김세진씨의 20x1년 귀속 종합소득세 신고시 공제받을 수 있는 인적공제액으로 적절한 것을 고르시오.

구분	나이	소득	비고
남편	35세	사업소득금액 30,000천원	–
어머니	70세	이자소득 20,000천원	주거의 형편에 따라 별거중임
아버지	68세	사업소득금액 1,500천원	장애인
아들	24세	사업소득금액 1,000천원	대학생
딸	10세	–	초등학생

※ 가족에 대한 인적공제는 본인이 받고 있음

① 5,500천원
② 6,000천원
③ 6,500천원
④ 7,000천원
⑤ 8,500천원

정답 I ②

해설 I 기본공제(본인, 어머니, 딸) : 1,500천원×3＝4,500천원
추가공제 : 경로우대공제 1,000천원＋부녀자공제 500천원＝1,500천원
인적공제 합계액: 4,500천원＋1,500천원＝6,000천원

★★★
34 소득이 없는 어머니(65세)와 자녀(12세)만 가족으로 있는 거주자 최기쁨(여성, 35세)가 받을 수 있는 인적공제액으로 적절한 것을 고르시오.(최기쁨씨의 종합소득금액은 3,000만원 이하로 가정한다.)

① 5,500천원
② 6,000천원
③ 6,500천원
④ 7,000천원
⑤ 8,500천원

정답 I ①

해설 I 기본공제(본인, 어머니, 자녀) : 1,500천원×3＝4,500천원
추가공제 : ~~부녀자공제 500천원~~＋한부모공제 1,000천원
→ 부녀자공제와 한부모공제는 중복 적용되지 않음에 주의
인적공제 합계액: 4,500천원＋1,000천원＝5,500천원

★☆☆
35 다음 중 종합소득공제에 관한 설명으로 적절하지 않은 것은?

① 종합소득이 있는 거주자가 공적연금 관련법에 따른 기여금 또는 개인부담금을 납입한 경우 해당 과세기간의 종합소득금액에서 그 과세기간에 납입한 연금보험료를 공제한다.

② 연금소득이 있는 거주자가 일정 요건에 해당하는 주택담보노후연금을 지급받은 경우에는 해당 과세기간에 발생한 이자비용상당액을 연금소득에서 200만원을 한도로 공제한다.

③ 근로소득이 있는 거주자가 해당 과세기간에 국민건강보험법, 노인장기요양보험법 또는 고용보험법에 따라 부담한 보험료를 해당 과세기간의 근로소득금액에서 공제한다.

④ 주택임차차입금 원리금상환액 소득공제는 근로소득이 있는 거주자 중 과세기간 종료일 현재 무주택자인 경우에만 가능하며, 원리금상환액의 40%를 공제한다.

⑤ 장기주택저당차입금 이자상환액 소득공제는 근로소득이 있는 거주자 중 과세기간 종료일 현재 무주택자인 경우에만 가능하며, 이자상환액을 공제하며 그 한도는 상환기간 및 이자지급방식에 따라 다르게 정하고 있다.

정답 | ⑤

해설 | ⑤ 근로소득이 있는 거주자로서 과세기간 종료일(12월 31일) 현재 주택을 소유하지 않거나 1주택을 보유한 세대의 세대주가 취득 당시 기준시가가 6억원 이하인 주택을 취득 하기 위하여 그 주택에 저당권을 설정하고 금융회사 등 또는 국민주택기금으로부터 차입한 장기주택저당차입금의 이자를 지급한 경우에는 그 과세기간의 근로소득금액에서 공제받을 수 있다.

★★★
36 신용카드 등 사용금액에 대한 소득공제에 대한 설명으로 적절하지 않은 것은?

① 신용카드 등 사용금액에 대한 소득공제는 근로소득이 있는 거주자면서, 신용카드 등 사용금액의 연간 합계액이 해당 과세연도의 총급여액의 25%를 초과하는 경우에만 공제받을 수 있다.

② 국외에서 사용한 신용카드 사용액에 대해서는 신용카드 등 사용금액에 대한 소득공제를 받을 수 없다.

③ 대학등록금, 수업료, 입학금, 보육비용 등은 신용카드 등 사용금액에 소득공제의 대상이 아니지만, 사설학원 수강료는 소득공제 대상이다.

④ 기본공제대상자에 해당하는 배우자, 직계존속, 직계비속 및 형제자매가 사용한 신용카드 등 사용분도 공제대상이 된다.

⑤ 신용카드 등으로 결제한 취학 전 아동 학원비는 교육비세액공제와 신용카드 등 사용액에 대한 소득공제를 중복하여 적용할 수 있다.

정답 | ④

해설 | ④ 기본공제대상자에 해당하는 배우자, 직계존속 및 직계비속이 사용한 신용카드 등 사용분도 공제대상이 된다.(형제 · 자매는 대상이 아님에 주의)

★★★
37 신용카드 등 사용금액에 대한 소득공제에 대한 설명으로 적절하지 않은 것은?

① 신용카드 등으로 결제한 의료비는 의료비세액공제와 신용카드 등 사용액에 대한 소득공제를 중복하여 적용할 수 있다.

② 신용카드 등으로 결제한 취학 전 아동 학원비는 교육비세액공제와 신용카드 등 사용액에 대한 소득공제를 중복하여 적용할 수 있다.

③ 신용카드 등으로 결제한 중 · 고 교복구입비용의 경우 교육비세액공제와 신용카드 등 사용액에 대한 소득공제를 중복하여 적용할 수 있다

④ 중고차 구입 금액의 경우 전액 신용카드 등 사용금액에 포함된다.

⑤ 상품권 등 유가증권 구입비는 신용카드 등 사용금액에 포함되지 않는다.

정답 | ④

해설 | ④ 중고차구입 금액의 10%는 신용카드등사용금액에 포함됨

★★★
38 세액공제와 세액감면에 대한 설명으로 적절하지 않은 것은?

① 종합소득이 있는 거주자의 기본공제대상자에 해당하는 8세 이상의 자녀 및 손자녀(입양자 및 위탁아동 포함)에 대해서 첫째 25만원, 둘째 30만원, 셋째 이상 40만원(2명 초과 1인당 40만원)을 종합소득 산출세액에서 공제한다.

② 해당 과세기간에 출산하거나 입양 신고한 공제대상자녀가 있는 경우 첫째 연 30만원, 둘째 50만원, 셋째 연 70만원을 종합소득 산출세액에서 공제한다.

③ 종합소득이 있는 거주자가 2026년 12월 31일 이전에 혼인신고를 한 경우에는 1회에 한정하여 혼인신고를 한 날이 속하는 과세기간의 종합소득산출세액에서 50만원을 공제한다.

④ 과세기간 종료일 이전에 이혼으로 기본공제대상자에 해당하지 아니하게 된 경우, 12월 말 기준으로 배우자가 아니므로, 의료비세액공제를 적용할 수 없다.

⑤ 의료비세액공제는 대상 금액의 15%(미숙아 · 선천성이상아 의료비는 20%, 난임시술비는 30%)에 해당하는 금액을 해당 과세기간의 종합소득 산출세액에서 공제한다.

정답 | ④

해설 | ④ 보험료 · 의료비 · 교육비 세액공제를 적용할 때 과세기간 종료일 이전에 혼인, 이혼, 별거, 취업 등의 사유로 기본 공제대상자에 해당되지 아니하게 되는 종전의 배우자, 부양가족, 장애인 또는 과세기간 종료일 현재 65세 이상인 사람을 위하여 이미 지급한 금액이 있는 경우에는 그 사유가 발생한 날까지 지급한 금액만을 대상으로 해당 과세기간의 종합소득 산출세액에서 공제한다.

★★★
39 근로소득이 있는 거주자가 공제받을 수 있는 것으로 적절하지 **않은** 것은?

① 주택자금 특별소득공제
② 신용카드 등 사용금액 소득공제
③ 보험료세액공제
④ 의료비세액공제
⑤ 주택담보노후연금 이자비용공제

정답 | ⑤
해설 | ⑤ 연금소득이 있는 거주자가 주택담보노후연금을 지급받은 경우에는 그 지급받은 연금에 대하여 해당 과세기간에 발생한 이자비용상당액을 해당 과세기간의 연금소득에서 200만원을 한도로 공제한다.

★★★
40 세액공제에 대한 설명으로 적절하지 **않은** 것은?

① 보험료세액공제는 12%(장애인 전용 보장성보험료는 15%)에 해당하는 금액을 해당 과세기간의 종합소득 산출세액에서 공제한다. 각 보장성보험료는 연 100만원을 한도로 한다.
② 의료비세액공제에서 산후조리원에 산후조리 및 요양의 대가로 지급하는 비용은 출산 1회당 200만원 이내의 금액이 인정된다.
③ 의료비 세액공제는 기본공제대상자 중 연령 및 소득요건을 충족하지 않은 자를 위하여 의료비를 지급한 경우에도 가능하다.
④ 교육비 세액공제는 해당 과세기간에 공제대상 교육비를 지급한 경우 공제대상 금액의 15%를 세액공제한다.
⑤ 교육비 세액공제는 기본공제대상자 중 연령 및 소득요건을 모두 충족한 자를 위하여 교육비를 지급한 경우에만 가능하다.

정답 | ⑤
해설 | ⑤ 근로소득이 있는 거주자가 그 거주자와 기본공제대상자(연령 요건을 충족하지 않은 자도 가능)를 위하여 해당 과세기간에 공제대상 교육비를 지급한 경우 공제대상 금액의 15%를 세액공제한다.

★★★
41 거주자 오정수씨의 의료비세액공제 공제대상액을 계산하면 얼마인가?

> • 본인(35세) 총급여액 40,000천원
> • 본인과 기본공제 대상자인 부양가족의 의료비 지출내역
>   – 본인의 난임시술비 1,000천원
>   – 배우자의 시력보정용 컨텍트렌즈 구입비용 700천원
>   – 어머니(67세)의 건강검진비 500천원
>   – 아버지(63세)의 보청기 구입을 위해 지출한 비용 300천원

① 1,000,000원　② 1,100,000원
③ 1,500,000원　④ 1,800,000원
⑤ 2,000,000원

정답 | ②
해설 | 의료비 공제액은
1. 일반의료비 : ~~700,000원~~ + 300,000원 − (40,000,000 × 3%) = (−) 400,000원
500,000원(한도)
2. 특정의료비(본인, 장애인, 65세이상, 6세 이하, 중증 · 난치성질환 등) : 500,000원
3. 난임시술비 : 1,000,000원
4. 공제대상 의료비 : 1,100,000원

★★☆
42 거주자 김주연씨의 20x1년 귀속 연말정산시 의료비세액공제에 관한 설명 중 적절하지 않은 것은?

> 〈20x1년 12월 31일 현재 동거가족 현황〉
> – 본인(35세) 총급여액 75,000천원
> – 배우자(31세) 소득 없음
> – 부친(68세) 부동산 임대소득 30,000천원
> – 부친의 건강진단비 3,000천원을 제외한 다른 의료비 지출액은 없다.
> ※ 상기 가족은 모두 생계를 같이 하고 있으며 가족에 대한 인적공제는 김주연씨가 받고 있음
> ※ 상기 의료비는 모두 김주연씨가 지급하였음

① 의료비공제 적용대상이 되는 기본공제 대상자는 나이요건과 소득금액요건의 제한을 받지 아니하므로 부친과 배우자는 의료비공제 대상자에 해당한다.
② 부친은 의료비공제 대상자에 해당하고 65세 이상자이므로 부친에게 지출한 건강진단비 3,000천원은 전액 공제대상 의료비이고, 최종적으로 공제받는 금액도 3,000천원 전액 가능하다.
③ 만약 배우자가 법률혼 관계가 아닌 사실혼 관계에 있다면 배우자로써 공제를 받을 수 없다.
④ 실손의료보험금으로 보전받은 금액이 있다면, 공제대상에서 제외된다.
⑤ 만약 추가로 본인의 의료비를 2,000천원 지출한 경우 공제받을 수 있는 의료비공제액은 2,750천원이다.

정답 | ②

해설 | 의료비 공제액은

0 − (75000 × 0.03) = (−) 2,250

3,000 − 2,250 = 750천원

★★★

43 교육비세액공제에 대한 설명으로 적절하지 않은 것은?

① 본인에 대한 지급한 교육비는 한도없이 세액공제 대상이다.

② 대학생의 경우 세액공제 대상 교육비는 1명당 연 900만원을 한도로 한다.

③ 초등학교 취학전 아동, 초 · 중 · 고등학생의 경우 세액공제 대상 교육비는 1명당 연 300만원을 한도로 한다.

④ 직계존속을 대상으로 지급한 교육비(장애인교육비 포함)은 교육비세액공제 대상에 해당하지 않는다.

⑤ 교복구입비용의 경우 중 · 고등학교 학생만 해당하며 학생 1명당 연 50만원 한도로 교육비 세액공제 대상이다.

정답 | ④

해설 | ④ 직계존속을 대상으로 지급한 일반 교육비는 교육비세액공제 대상에 해당하지 않는다. 다만, 장애인에 대한 교육비는 직계존속도 교육비세액공제 대상에 해당한다.

★★★

44 교육비세액공제에 대한 설명으로 적절하지 않은 것은?

① 근로소득이 있는 거주자가 그 거주자와 기본공제대상자(연령 요건을 충족하지 않은 자도 가능)를 위하여 해당 과세기간에 공제대상 교육비를 지급한 경우 공제대상 금액의 15%를 세액공제한다.

② 초등학교 취학 전 아동의 경우 학원 체육시설에 지출한 교육비도 공제대상 교육비에 해당한다.

③ 학교 등에서 실시하는 방과 후 학교나 방과 후 과정 등의 수업료 및 특별활동비(학교 등에서 구입한 도서의 구입비에 한정하며, 학교 외에서 구입한 도서구입비는 제외한다.)는 공제대상 교육비에 해당한다.

④ 참고서 구입비, 기숙사비 등은 공제대상 교육비에 해당하지 않는다.

⑤ 중 · 고등학교 학생의 교복구입비용은 학생 1명당 연 50만원 한도로 공제대상 교육비에 해당한다.

정답 | ③

해설 | ③ 학교 등에서 실시하는 방과 후 학교나 방과 후 과정 등의 수업료 및 특별활동비(학교 등에서 구입 한 도서의 구입비와 학교 외에서 구입한 초 · 중 · 고등학교의 방과 후 학교 수업용 도서구입비 포함)는 공제대상 교육비에 해당한다.

⑤ 중 · 고등학교 학생의 교복구입비용은 학생 1명당 연 50만원 한도로 공제대상 교육비에 해당한다. → 초등학교 및 유치원 교복구입비는 공제대상이 아님에 주의

★★★

45 **기본공제대상자인 자녀 및 생계를 같이 하고 있는 형제자매를 위해 다음과 같이 교육비를 지출한 경우 교육비세액공제 금액은 얼마인가?**

> • 본인의 대학원 교육비 600만원
> • 취학 전 자녀의 유치원 보육비 130만원
> • 초등학교 자녀의 태권도학원 수강료 200만원
> • 중학생 자녀의 사립중학교 수업료 200만원(기숙사비 30만원 포함)
> • 대학생 처남의 대학등록금 500만원(처남은 소득이 없으며 21세이다)
> • 아버지의 노인대학등록금 400만원(아버지는 소득이 없으며 70세이다)
> • 아내의 대학원등록금 900만원(아내는 소득이 없으며, 35세이다)

① 2,100천원
② 2,145천원
③ 2,400천원
④ 2,700천원
⑤ 3,450천원

정답 | ①
해설 | ①

1. 공제대상 금액 : 본인 600만원+유치원 보육비 130만원+사립중학교 수업료(기숙사비 차감 후) 170만원+처남 등록금 500만원=1,400만원
2. 교육비 세액공제액=1,400만원×15%=210만원

※ 초등학생의 사교육비는 공제대상이 아니며 기숙사비도 공제대상이 아님

★★★

46 **세액공제에 대한 설명으로 적절하지 않은 것은?**

① 근로소득이 있는 거주자로서 특별소득공제, 특별세액공제, 월세세액공제를 신청하지 않은 자에 대해서는 연 13만원을 표준세액공제로 공제한다.
② 근로소득이 없는 거주자로서 종합소득이 있는 사람에 대해서는 연 5만원을 표준세액공제로 공제한다.
③ 간편장부대상자가 종합소득과세표준 확정신고를 할 때 복식부기에 따라 신고한 경우 장부에 의하여 계산한 사업소득금액이 종합소득금액에서 차지하는 비율에 종합소득 산출세액을 곱하여 계산한 금액의 20%에 해당하는 금액을 종합소득 산출세액에서 공제한다. 다만, 공제세액은 100만원을 한도로 한다.
④ 성실신고확인대상사업자가 성실신고확인서를 제출하는 경우에는 성 실신고 확인에 직접 사용한 비용의 60%에 해당하는 금액(한도 120만원)을 공제한다.
⑤ 성실신고확인대상사업자로서 성실신고확인서를 제출한 자는 의료비, 교육비, 월세 세액공제를 받을 수 있다.

정답 | ②
해설 | ② 근로소득이 없는 거주자로서 종합소득이 있는 사람에 대해서는 연 7만원을 표준세액공제로 공제한다.

★★★

47 기부금세액공제에 대한 설명으로 적절하지 않은 것은?

① 사업소득만 있는 거주자(연말정산 대상 사업소득이 아님)는 필요경비 산입방식과 기부금세액공제 중 선택하여 적용받을 수 있다.

② 특례기부금과 일반기부금의 경우 기본공제대상자인 부양가족이 지출한 기부금도 필요경비에 산입하거나 기부금세액공제를 받을 수 있다.

③ 기부금세액공제 대상 기부금에 15% 공제율을 곱한금액을 기부금세액공제 받을 수 있다.

④ 기부금세액공제 대상 기부금이 1,000만원을 초과하는 경우에는 1,000만원을 초과하는 금액에 대해서 30% 공제율을 적용받을 수 있다.

⑤ 공제받지 못한 기부금은 해당 과세기간의 다음 과세기간의 개시 일부터 10년 이내에 끝나는 각 과세기간에 이월하여 공제받을 수 있다.

정답 | ①

해설 | ① 사업소득만 있는 거주자(연말정산 대상 사업소득이 아님)는 필요경비 산입방식만 가능하다.

<table>
<tr><th colspan="2">구분</th><th>공제방법</th></tr>
<tr><td rowspan="2">사업소득만 있는 경우</td><td>일반적인 사업소득</td><td>필요경비 산입</td></tr>
<tr><td>연말 정산 대상 사업소득</td><td rowspan="2">기부금세액공제</td></tr>
<tr><td colspan="2">사업소득 외의 종합소득이 있는 경우</td></tr>
<tr><td colspan="2">사업소득과 다른 종합소득이 함께 있는 경우</td><td>필요경비 산입과 기부금세액공제 중 선택 적용</td></tr>
</table>

★★★

48 근로소득자인 거주자 장유진씨에 대한 기부금 자료이다. 아래 기부금 내역을 참고하여 20x1년 기부금세액공제액을 계산한 것으로 적절한 것은?

- 장유진씨의 종합소득금액은 4,100만원으로 근로소득 외의 소득은 없다.
- 기부금 지출내역
  - 성당에 헌금 500만원 지출
  - 고등학교 동창회에 기부금 300만원 지출
  - 노동조합에 노동조합비 20만원 납부
  - 사회복지공동모금회에 100만원 지출

① 62.4만원
② 72만원
③ 78만원
④ 500만원
⑤ 520만원

정답 | ③

해설 | 1. 기부금의 구분
- 성당에 헌금 500만원 지출 → 일반기부금(종교)
- 고등학교 동창회에 기부금 300만원 지출 → 비지정기부금
- 노동조합에 노동조합비 20만원 납부 → 일반기부금
- 사회복지공동모금회에 100만원 지출 → 특례기부금

2. 한도시부인

	기부금지출금액	한도금액	공제금액
① 특례 :	100만원	4,100만원×100%=4,100만원	100만원
② 일반 :	520만원	(4,100만원−100만원)×10%=400만원	400만원
	20만원(종교외)	(4,100만원−100만원) x 20%=800만원	20만원

∴ 기부금공제 총액=①+②=100만원+400만원+20만원=520만원

3. 기부금세액공제액=520만원×15%=78만원

★★★
49 다음 중 확정신고 의무가 있는 경우는?

① 근로소득과 퇴직소득만 있는 자
② 공적연금소득과 퇴직소득만 있는 자
③ 근로소득과 공적연금소득만 있는 자
④ 연말정산이 되는 사업소득 및 퇴직소득 및 분리과세 이자소득만 있는 자
⑤ 공적연금소득 및 퇴직소득 및 분리과세 이자소득만 있는 자

정답 I ③

해설 I

종합소득에 대한 과세표준 확정신고 의무가 없는 자	비고
① 근로소득만 있는 자 ② 공적연금소득만 있는 자 ③ 연말정산대상 사업소득(보험모집인 등)만 있는 자 ④ 원천징수되는 기타소득으로서 종교인소득만 있는 자 ⑤ 퇴직소득만 있는 자	
⑥ 근로소득 및 퇴직소득만 있는 자 ⑦ 공적연금소득 및 퇴직소득만 있는 자 ⑧ 연말정산이 되는 사업소득 및 퇴직소득만 있는 자 ⑨ 원천징수되는 기타소득으로서 종교인소득 및 퇴직소득만 있는 자	①~④+⑤
⑩ 분리과세 이자소득 · 배당소득 · 연금소득 · 기타소득만 있는 자	
⑪ 위 ①~⑨에 해당하는 사람으로서 위 ⑩의 소득이 있는 자	①~⑨+⑩

★★★
50 소득세 분할납부에 대한 설명이다. 빈칸에 들어갈 내용으로 적절하게 연결된 것은?

- 납부할세액이 (가)을 초과하는 경우 분할납부신청이 가능하다.
- 분할납부를 신청한 경우 (나)이내에 분할납부할 수 있다.
- 납부할 세액이 1,500만원인 경우 분할납부할 수 있는 세액의 한도는 (다)이다.

	가	나	다
①	1,000만원	2개월	750만원
②	1,000만원	1개월	750만원
③	1,000만원	2개월	500만원
④	500만원	1개월	750만원
⑤	500만원	2개월	500만원

정답 | ③

해설 | ③ 납부할 세액이 1,000만원을 초과하는 경우 신청에 의해 다음의 세액을 납부기한이 지난 후 2개월 이내에 분할납부할 수 있다.

분할납부

납부할 세액	분납할 수 있는 세액의 한도
1,000만원 초과 2,000만원 이하	납부할 세액 – 1,000만원
2,000만원 초과	납부할 세액의 50%

★★★
51 거주자 이지상씨의 20x1년도 소득에 대한 정보이다. 이지상씨의 20x1년도 종합소득 과세표준을 계산한 것으로 적절한 것은?

- 근로소득금액 20,000천원
- 사업소득금액 30,000천원
- 일시적인 강연으로 인해 수령한 강연료 10,000천원(실제 필요경비 5,000천원)
- 종합소득공제액 5,000천원

① 40,000천원
② 45,000천원
③ 49,000천원
④ 50,000천원
⑤ 55,000천원

정답 | ③

해설 | ③ 20,000 + 30,000 + (10,000 – 6,000) – 5,000 = 49,000천원

▪▪▪ TOPIC 6 원천징수와 연말정산

★★★
52 금융소득의 원천징수세율로 적절하지 않은 것은?

① 일반적인 이자 · 배당소득 : 14%
② 직장공제회 초과반환금 : 14%
③ 비영업대금의 이익 : 25%
④ 비실명 이자 · 배당소득 : 45%(금융실명제 위반시 90%)
⑤ 출자공동사업자의 배당소득 : 25%

정답 | ②
해설 | ② 직장공제회 초과반환금 : 기본세율(6~45%)

★★☆
53 원천징수에 대한 설명으로 적절하지 않은 것은?

① 완납적 원천징수는 원천징수로 과세를 종결하고 따로 정산을 하지 않는 방식이다.
② 예납적 원천징수의 경우 이미 원천징수된 소득도 합산하여 소득세를 계산한 후 원천징수세액은 기납부세액으로 납부할 세액에서 차감해 주며 근로소득의 경우가 그 대표적인 예이다.
③ 원천징수세액이 1,000원 미만인 경우에는 징수하지 않는다. 다만, 이자소득 및 일정한 사업소득에 대한 원천징수세액은 제외된다.
④ 원천징수의무자는 원천징수한 소득세를 그 징수일이 속하는 달의 다음 달 10일까지 납부하여야 한다.
⑤ 사업소득의 많은 부분과 양도소득을 포함한 대부분의 소득이 원천징수 대상으로 원천징수제도는 소득세에서 광범위하게 활용되고 있다.

정답 | ⑤
해설 | ⑤ 사업소득의 많은 부분과 양도소득을 제외한 대부분의 소득이 원천징수 대상으로 원천징수제도는 소득세에서 광범위하게 활용되고 있다.

★★☆

54 연말정산에 대한 설명으로 적절하지 않은 것은?

① 일용직근로자가 아닌 근로자의 경우 급여를 지급받을 때, 근로소득 간이세액표에 의해 소득세가 원천징수되어 납부된다.

② 원천징수된 세금은 실제로 납부해야 할 근로소득에 대한 세금을 계산한 후 기납부세액으로 공제해주는데, 다음해 2월 이루어지는 연말정산이 이것이다.

③ 간편장부대상자에 해당하는 보험모집인, 방문판매원 및 음료품배달원 등의 일정한 사업소득자는 연말정산으로 소득세 납부의무를 종결할 수 있다.

④ 공적연금소득의 경우 연금소득 간이세액표에 의하여 원천징수 후 다음해 1월에 연말정산이 이루어진다.

⑤ 근로소득 외에 종합소득 합산대상 소득이 있는 경우, 타 소득에 관한 내역을 회사에 제출하면 연말정산 시에 합산하여 연말정산이 가능하고, 연말정산을 진행한 근로자는 다음 연도 5월에 종합소득확정신고를 할 필요가 없다.

정답 I ⑤

해설 I ⑤ 임대소득 등의 사업소득이 있거나 금융소득이 종합과세되는 경우처럼 근로소득 이외의 종합소득 합산대상 소득이 있는 경우에는 별도로 종합소득확정신고를 해야 한다.

TOPIC 7 비거주자의 소득세 과세

★★★

55 거주자와 비거주자에 대한 설명으로 적절하지 않은 것은?

① 거주자와 비거주자의 구분은 국적과는 다른 개념으로 주소나 거소 여부로 판단한다.

② 거주자란 국내에 주소를 두거나 183일 이상 거소를 둔 개인을 말한다.

③ 계속하여 183일 이상 국내에 거주할 것을 통상 필요로 하는 직업을 가진 때에는 국내에 주소를 가진 것으로 본다.

④ 국내에 생계를 같이하는 가족이 있고, 그 직업 및 자산상태에 비추어 계속하여 183일 이상 국내에 거주할 것으로 인정되는 때에는 국내에 주소를 가진 것으로 본다.

⑤ 선박 또는 항공기의 승무원의 경우 대한민국 국적의 선박 또는 항공기의 승무원인 경우 그 승무원의 주소는 국내에 있는 것으로 본다.

정답 I ⑤

해설 I ⑤ 외국을 항행하는 선박 또는 항공기의 승무원의 경우 그 승무원과 생계를 같이하는 가족이 거주하는 장소 또는 그 승무원이 근무기간 외의 기간 중 통상 체제하는 장소가 국내에 있는 때에는 그 승무원의 주소는 국내에 있는 것으로 보고, 그 장소가 국외에 있는 때에는 그 승무원의 주소는 국외에 있는 것으로 본다.

★★★
56 거주자와 비거주자에 대한 설명으로 적절하지 않은 것은?

① 국내에 거소를 둔 기간은 입국한 날의 다음 날부터 출국한 날까지로 한다.
② 국내에 거소를 둔 기간이 1과세기간 동안 183일 이상인 경우에는 국내에 183일 이상 거소를 둔 것으로 본다.
③ 국내에 거소를 두고 있던 개인이 출국 후 다시 입국한 경우에 생계를 같이하는 가족의 거주지나 자산소재지 등에 비추어 그 출국목적이 관광, 질병의 치료 등으로서 명백하게 일시적인 것으로 인정되는 때에는 그 출국한 기간도 국내에 거소를 둔 기간으로 본다.
④ 거주자가 주소 또는 거소의 국외 이전을 위하여 출국하는 날을 비거주자로 되는 시기로 본다.
⑤ 국내에 주소가 없는 것으로 보는 사유가 발생한 날의 다음 날을 비거주자로 되는 시기로 본다.

정답 | ④
해설 | ④ 거주자가 주소 또는 거소의 국외 이전을 위하여 출국하는 날의 다음 날을 비거주자로 되는 시기로 본다.

★★☆
57 비거주자의 과세체계에 대한 설명으로 적절하지 않은 것은?

① 비거주자는 속지주의에 따라 국내원천소득에 대해서만 제한적납세의무를 부담한다.
② 국내사업장이 있는 비거주자와 국내원천 부동산소득이 있는 비거주자에 대해서는 종합과세한다. 다만, 국내사업장과 관련이 없는 소득과 일부 원천징수 소득은 제외한다.
③ 소득세법에서 열거하지 않은 소득에 대해서는 과세하지 않으며, 각 항목별 세부 범위는 거주자의 경우와 유사하나 일치하지는 않는다.
④ 국내원천 퇴직소득과 국내원천 부동산양도소득은 거주자와 동일한 방법으로 분류과세한다. 다만, 비거주자는 부동산양도소득 계산 시 1세대 1주택 비과세 규정을 적용하지 않으며 장기보유특별공제 적용시에도 일반적인 장기보유특별공제율을 적용한다.
⑤ 종합소득공제에서는 거주자의 소득공제규정에 준용하여 기본공제대상자의 인적공제, 특별소득공제가 적용가능하다.

정답 | ⑤
해설 | ⑤ 종합소득공제에서는 본인 이외의 자의 인적공제, 특별소득공제, 자녀세액공제 및 특별세액공제를 적용하지 않는 등 거주자에 비하여 세제혜택이 제한적으로 적용된다.
→ 본인에 대한 공제만 가능

★★★
58 비거주자의 과세체계에 빈칸에 들어갈 내용으로 적절하게 연결된 것은?

• 비거주자의 경우 (가)에 대해서 납세의무를 부담한다.
• 해당 과세기간 종료일 (나) 전부터 국내에 주소나 거소를 둔 기간의 합계가 (다)이하인 외국인 거주자에게는 과세대상소득 중 국외에서 발생한 소득의 경우 국내에서 지급되거나 국내로 송금된 소득에 대해서만 과세한다.

	가	나	다
①	국내외 원천소득	10년	5년
②	국내외 원천소득	5년	3년
③	국내 원천소득	10년	5년
④	국내 원천소득	5년	3년
⑤	국내 원천소득	3년	2년

정답 | ③

해설 | • 비거주자의 경우 국내 원천소득에 대해서만 납세의무를 부담한다.
• 해당 과세기간 종료일 10년 전부터 국내에 주소나 거소를 둔 기간의 합계가 5년 이하인 외국인 거주자에게는 과세대상소득 중 국외에서 발생한 소득의 경우 국내에서 지급되거나 국내로 송금된 소득에 대해서만 과세한다. → 외국인 단기 거주자의 과세특례

••• TOPIC 8 소득세 절세방안

★☆☆
59 소득세 절세방안으로 적절하지 않은 것은?

① 소득별로 과세제외소득, 비과세 소득이 있으며 필요경비를 인정해 주는 소득이 있다. 또한 분리과세할 수 있는 소득도 있기 때문에 자신에게 유리한 소득을 선택할 수 있는 부분이 있다면 절세에 도움을 줄 수 있다.
② 기타소득의 경우 기타소득금액이 300만원 이하인 경우와 주택임대수입금액이 2,000만원 이하인 경우 종합과세와 분리과세 중 자신에게 유리한 방향으로 선택하여 신고할 수 있다.
③ 소득세는 1월 1일 부터 12월 31일까지를 하나의 회계기간으로 보아 모든 소득을 합산하여 과세하므로 소득을 적법하게 기간별로 분산하는 경우 절세에 도움을 줄 수 있다.
④ 복식부기의무자가 기장을 하지 않고 추계방법에 의하여 신고하는 경우에는 비용을 더 크게 인정받아 소득세를 절세할 수 있다.
⑤ 소득을 개인 단위 초과누진세율로 과세하기 때문에 적법하게 소득을 분산한다면 개인 1명에게 소득이 집중되어 높은 세율이 적용되는 것을 방지하여 절세에 도움을 줄 수 있다.

정답 | ④

해설 | ④ 복식부기의무자가 기장을 하지 않고 추계방법에 의하여 신고하는 경우 적법한 신고로 보지 아니하여 신고불성실가산세를 부담한다.

★★☆

60 소득세 절세방안으로 적절하지 않은 것은?

① 종합소득세 세율이 법인세 세율보다 높으므로, 규모가 커지면서 개인사업체에서 법인사업체로 전환하는 것이 항상 유리한 의사결정이 된다.

② 현행 소득세법상 종합소득세 세율은 누진구조로 되어 있기 때문에 동일한 소득에 대하여 명의를 분산하여 신고하면 절세효과가 있을 수 있다.

③ 사업자가 사업부진으로 사업을 폐업하는 경우라도 이를 적자로 종합소득세를 신고하면 사업 폐지 이후 15년간 종합소득금액에서 이월결손금 공제가 되므로 세금신고는 필수적이라 할 수 있다.

④ 종합소득공제와 세액공제제도 세액감면제도의 항목과 그 내용에 대하여 충분히 학습하여야 하며 개정되는 세법 개정안에 대해서도 관심을 가져야 한다.

⑤ 매출을 누락하거나 가공 매입자료를 비용으로 계상하여 납부할 세금을 탈루한 경우 그 사실이 과세당국에 의하여 발각될 경우 사업자는 신고불성실가산세와 납부불성실가산세 등을 추가로 부담해야 하며, 형사적 책임까지 물을 수 있기 때문에 성실하게 신고를 하여야 한다.

정답 | ①

해설 | ① 사업자가 개인사업체에서 법인사업체로 전환하는 데 있어서 단지 종합소득세 세율과 법인세 세율과의 차이만 고려하여 법인 전환 결정을 하면 자칫 잘못된 의사결정이 될 수 있으므로 주의를 요한다.

CHAPTER

03 법인세

출제 비중 : 4~7% / 1~2문항

학습가이드 ■ ■

학습 목표	학습 중요도
Tip 소득세와의 차이 중심으로 학습 필요	
1. 법인세의 계산구조와 납세절차를 설명할 수 있다.	★★★

▪▪▪ TOPIC 1 법인세 개요

★★★

01 법인 유형별 납세의무로 적절하지 않은 것은?

① 영리내국법인의 경우 국내외 모든소득에 대하여 납세의무가 있다.
② 비영리내국법인의 경우 국내외 수익사업 중 열거된 수익사업에서 발생하는 소득에 대하여 납세의무가 있다.
③ 영리외국법인의 경우 국내원천소득에 대하여 납세의무가 있다.
④ 비영리외국법인의 경우 토지 등 양도소득에 대한 법인세 납세의무가 있다.
⑤ 외국의 정부 및 지방자치단체는 법인세 납세의무가 없다.

정답 | ⑤
해설 | ⑤ 외국의 정부 및 지방자치단체는 비영리외국법인으로서 법인세 납세의무가 존재한다.

법인 유형별 납세의무

구분		각 사업연도 소득	토지 등 양도 소득에 대한 법인세	청산소득에 대한 법인세	미환류 소득에 대한 법인세
내국법인	영리법인	국내외 모든 소득	○	○	○
	비영리법인	국내외 수익사업 중 열거된 수익사업에 발생하는 소득	○	×	×
외국법인	영리법인	국내원천소득	○	×	×
	비영리법인	국내원천소득 중 열거된 수익사업에 발생하는 소득	○	×	×
국가 · 지방자치단체		납세의무 없음 (외국의 정부 및 지방자치단체는 비영리외국법인으로서 법인세 납세의무가 존재)			

★★★
02 **세무조정과 소득처분에 대한 설명으로 적절하지 않은 것은?**

① 결산조정이란 결산서상에 비용으로 계상한 경우에만 손금으로 인정되는 세무조정 유형이다. 결산조정항목은 주로 회사 내부적인 계산항목에 속한다. 대표적인 결산조정항목은 감가상각비, 대손충당금, 퇴직급여충당금 등이 있다.
② 신고조정이란 결산서상에 수익, 비용으로 계상한 금액과 세법상의 익금, 손금금액이 다른 경우에는 반드시 세무조정 해야 하는 유형이다.
③ 유보 소득처분은 일시적 차이에 해당하며 사후관리가 필요하기 때문에 자본금과 적립금 조정명세서(을)에서 관리한다.
④ 사외유출된 금액 중에서 출자자인 임원에게 귀속된 경우 배당으로 소득처분한다.
⑤ 사외유출된 금액 중에서 귀속이 불분명한 경우 대표자 상여로 소득처분한다.

정답 | ④
해설 | ④ 사외유출된 금액 중에서 출자자인 임원에게 귀속된 경우 상여로 소득처분한다.

★★★
03 **소득세 절세방안으로 적절하지 않은 것은?**

① 특수관계인과의 거래로 인하여 그 법인의 소득에 대한 조세의 부담을 부당하게 감소시킨 것으로 인정되는 경우에 그 법인의 행위 또는 소득금액의 계산과 관계없이 그 법인의 각 사업연도의 소득금액을 다시 계산한다.
② 법인을 운영하는 사업자가 자기 소유의 법인과 거래를 할 때가 있다. 이러한 거래가 정상적인 거래이면서, 세법상 인정한 시가의 범위에서 거래를 한다면 세법상 문제가 없다.
③ 법인세의 사업연도는 원칙적으로 법령이나 정관에서 규정한 것에 따른다.
④ 법인세의 납세지는 원칙적으로는 법인 등기부상의 본점 또는 주사무소의 소재지로 한다.
⑤ 납세의무가 있는 내국법인은 각 사업연도의 종료일이 속하는 달의 말일부터 3개월(성실신고확인서를 제출하는 경우에는 4개월)이내에 법인세를 신고하여야 한다. 다만, 각 사업연도의 소득금액이 없거나 결손금이 있는 법인의 경우는 그렇지 않다.

정답 | ⑤
해설 | ② 법인을 운영하는 사업자가 자기 소유의 법인과 거래를 할 때가 있다. 이러한 거래가 정상적인 거래이면서, 세법상 인정한 시가의 범위에서 거래를 한다면 문제없지만 정상적이지 않고 세법에서 인정한 시가의 범위에 해당되지 않는 경우에는 조세를 부당하게 감소시키기 위한 특수관계인 간의 부당행위로 보아 과세될 수도 있다.
⑤ 납세의무가 있는 내국법인은 각 사업연도의 종료일이 속하는 달의 말일부터 3개월(성실신고확인서를 제출하는 경우에는 4개월)이내에 그 사업연도의 소득에 대한 법인세의 과세표준과 세액을 납세지 관할 세무서장에게 신고하여야 한다. 이 경우 각 사업연도의 소득금액이 없거나 결손금이 있는 법인의 경우에도 적용한다.

★★★
04 다음 중 법인세에 대한 설명으로 적절하지 않은 것은?

① 사업연도의 기간이 6개월을 초과하는 내국법인은 각 사업연도 중 중간예납기간에 대한 법인세액을 납부할 의무가 있으며 중간예납기간이 지난 날부터 2개월 이내에 중간예납신고 및 자진납부를 하여야 한다.

② 관련법률에 따라 설립된 학교법인이나 직전 사업연도의 중소기업으로서 직전 사업연도의 산출세액을 기준으로 계산한 금액이 50만원 미만인 내국법인은 중간예납세액을 납부할 의무에서 제외된다.

③ 내국법인의 납부할 법인세액이 1,000만원을 초과하는 경우에는 납부기한이 지난 날부터 2개월 이내에 분납할 수 있다.

④ 법인이 그 법인의 주주와의 거래에서 주주가 부당하게 이익을 본 경우라면, 배당으로 소득처분되며, 주주에게는 배당소득세가 과세된다.

⑤ 법인이 그 법인의 주주와의 거래에서 임원이 부당하게 이익을 본 경우라면, 상여로 소득처분되며, 임원에게는 근로소득세가 과세된다.

정답 | ③

해설 | ③ 내국법인의 납부할 법인세액이 1,000만원을 초과하는 경우에는 납부기한이 지난 날부터 1개월(중소기업은 2개월) 이내에 분납할 수 있다.
cf. 소득세의 경우 분납기한이 2개월이다.

▪▪▪ TOPIC 2 법인세와 소득세 비교

★★★
05 법인세와 소득세를 비교한 설명으로 적절하지 않은 것은?

① 법인세는 소득원천설(열거주의 · 유형별포괄주의)에 따르는 반면 소득세는 순자산증가설(포괄주의)에 따른다.

② 법인세의 사업연도는 법령이나 정관 등에서 규정하는 것을 따르는게 원칙이나, 소득세의 경우 매년 1월 1일~12월 31일로 한다.

③ 법인의 대표자 급여 및 퇴직금은 비용처리 가능하나, 개인사업자의 경우 사업주 본인에 대한 급여 및 퇴직금은 비용으로 인정되지 않는다.

④ 법인세 확정신고기한은 사업연도 종료일이 속하는 달의 말일로부터 3개월 이내이고, 소득세 확정신고기한은 다음연도 5월 1일~5월 31일이다.

⑤ 개인사업자는 사업에서 발생한 이익을 사용하는 데 제약을 받지 않는다. 그러나 법인의 경우에는 법인과 대표이사의 관계는 독자적인 경제주체이므로 법인의 이익금 또는 자본금 등은 적법한 절차를 통해서만 인출할 수 있다.

정답 | ①

해설 | ① 법인세는 순자산증가설(포괄주의)에 따르는 반면 소득세는 소득원천설(열거주의 · 유형별포괄주의)에 따른다.

★★★

06 법인 경영자의 소득원과 세금에 관한 설명으로 적절하지 않은 것은?

① 법인체를 운영하는 사업자가 법인으로부터 수령할 수 있는 주요 소득원으로는 근로소득(상여금 포함), 퇴직소득, 배당소득, 해당 법인 주식의 양도소득 등이 있다.

② 정관 · 주주총회 또는 이사회의 결의에 의하여 결정된 급여지급규정에 따른 지급액은 세법상 임원급여로 인정되지만 지배주주 등인 임원에게 정당한 사유 없이 다른 임원보다 초과 지급한 보수는 손금으로 인정되지 않는다.

③ 근로소득세와 퇴직소득세의 계산방법에는 차이가 있으며, 같은 금액을 받더라도 급여로 받는 것보다 퇴직금으로 받는 것이 세부담이 훨씬 적다.

④ 회사가 배당금을 지급하면 주주입장에서는 소득세법상 배당소득으로 과세된다. 배당금의 금액이 아무리 크더라도, 주주는 15.4%(지방소득세 포함)의 세율로 분리과세하여 세부담 측면에서 유리하다.

⑤ 법인을 운영하는 사업자가 사업의 양도를 검토하거나, 외부 투자자로부터 투자를 받기 위해서 보유주식을 양도하여 재원을 마련할 수가 있다.

정답 | ④

해설 | ④ 회사가 배당금을 지급하면 주주입장에서는 소득세법상 배당소득으로 과세된다. 배당금의 금액이 아무리 크더라도, 주주는 15.4%(지방소득세 포함)의 원천징수세율을 적용한 배당소득세액을 차감한 후의 금액을 수령하게 되고 배당소득과 기타의 금융소득의 합계액이 2,000만원을 초과하게 되면 다른 소득과 합산하여 종합소득세를 계산한다.

CHAPTER

04 부가가치세

출제 비중 : 4~7% / 1~2문항

학습가이드 ■ ■

학습 목표	학습 중요도
Tip 부가가치세 관련 제도(영세율, 간이과세 등)에 대한 깊이 있는 학습 필요	
1. 부가가치세법상 사업자와 과세방법에 대해 설명할 수 있다.	★★★
2. 부가가치세의 계산구조를 이해하고 부가가치세액을 계산할 수 있다.	★★★
3. 간이과세가 적용되는 사업자의 부가가치세 납세절차에 대해 설명할 수 있다.	★★

▪▪▪ TOPIC 1 부가가치세 개요

★★★

01 부가가치세의 특징으로 적절하지 않은 것은?

① 징수 주체가 국가이므로 국세에 해당한다.

② 납세의무자와 담세자가 동일한 직접세에 해당한다.

③ 원칙적으로 모든 재화 또는 용역의 공급에 대하여 과세되는 일반소비세에 해당한다.

④ 모든 거래단계에서 창출한 부가가치에 대하여 과세되는 다단계거래세에 해당한다.

⑤ 수출하는 재화와 국외에서 제공하는 용역 등에는 영세율을 적용하며 재화의 수입에 대해서는 내국물품과 동일하게 과세하는 소비지국 과세원칙을 취하고 있다.

정답 I ②

해설 I ② 부가가치세는 납세의무자와 담세자가 구별되는 간접세에 해당한다.

★★★
02 부가가치세의 특징으로 적절한 것은?

① 과세표준에 따른 누진세율을 적용한다.
② 납세의무자의 부양가족, 기초생활비 등 인적사항을 고려하는 인세에 해당한다.
③ 사업자가 납부하여야 할 부가가치세액은 매출세액에서 매입세액을 공제하여 계산하는 전단계 세액공제법을 취하고 있다.
④ 정부부과제도를 취하고 있다.
⑤ 면세제도를 통해 소득이 낮은 저소득층이 상대적으로 더 많은 세부담을 가지는 역진성을 강화한다.

정답 I ③
해설 I ① 10% 단일세율을 적용한다.
② 납세의무자의 부양가족, 기초생활비 등 인적사항을 고려하지 않는 물세에 해당한다.
④ 납세의무자가 과세표준을 신고함으로써 납세의무가 확정되는 신고납세제도를 취하고 있다.
⑤ 면세제도를 통해 소득이 낮은 저소득층이 상대적으로 더 많은 세부담을 가지는 역진성을 완화한다.

★★★
03 부가가치세 납세의무자인 사업자에 대한 설명으로 적절하지 않은 것은?

① 부가가치세법상 납세의무자는 사업자이다. 사업자란 영리를 목적으로 사업상 독립적으로 재화 또는 용역을 공급하는 자를 말한다.
② 사업자에는 개인사업자, 법인사업자와 법인격이 없는 사단 · 재단 또는 그 밖의 단체를 포함한다.
③ 인적독립성과 물적독립성을 갖추어야 한다.
④ 부가가치세 과세대상인 재화 또는 용역을 공급하여야 한다.
⑤ 계속적 · 반복적 의사로 재화 또는 용역을 공급하여야 한다.

정답 I ①
해설 I ① 부가가치세법상 납세의무자는 사업자이다. 사업자란 사업목적이 영리이든 비영리이든 관계없이 사업상 독립적으로 재화 또는 용역을 공급하는 자를 말한다.

★★★
04 부가가치세 납세의무자인 사업자에 대한 설명으로 적절하지 않은 것은?

① 인격에 따라 개인사업자와 법인사업자로 구분할 수 있다.
② 부가가치세 과세 여부에 따라 과세사업자와 면세사업자로 구분할 수 있다.
③ 과세사업자는 일반과세자와 간이과세자로 구분할 수 있다.
④ 간이과세자는 개인사업자만 적용 가능하며 법인사업자는 적용되지 않는다.
⑤ 영세율적용대상 사업자는 과세사업자에 해당하지 않으며, 면세사업자는 부가가치세법상 사업자에 해당한다.

정답 | ⑤

해설 | ⑤ 영세율적용대상 사업자는 과세사업자에 해당하며 면세사업자는 부가가치세법상 사업자에 해당하지 않는다.

★★★

05 부가가치세에 대한 설명으로 적절하지 않은 것은?

① 재화를 수입하는 경우, 개인인 경우에는 부가가치세 납세의무가 없으나, 사업자가 있는 경우에는 수입재화에 대하여 부가가치세를 납부할 의무가 있다.

② 부가가치세 과세기간은 원칙적으로 1.1.~6.30.을 1기 과세기간, 7.1.~12.31.을 2기 과세기간으로 한다. 또한 사업자는 각 과세기간에 대한 과세표준과 세액을 그 과세기간이 종료 후 25일 이내에 신고납부하여야 한다.

③ 신규사업자의 경우 사업개시일~당해 과세기간 종료일을 과세기간으로 한다.

④ 신규사업자가 사업개시 전 사업자등록을 한 경우에는 사업자등록일~당해 과세기간 종료일을 과세기간으로 한다.

⑤ 사업을 폐업한 경우 당해 과세기간 개시일~폐업일을 과세기간으로 하며, 폐업일이 속하는 달의 다음달 25일까지 부가가치세를 신고 · 납부하여야 한다.

정답 | ①

해설 | ① 재화를 수입하는 자는 사업자 여부와 용도 및 목적에 관계없이 수입재화에 대하여 부가가치세를 납부할 의무가 있다.

★★★

06 부가가치세법상 사업자등록에 대한 설명으로 적절하지 않은 것은?

① 사업자는 사업장마다 사업개시일로부터 20일 이내에 사업자등록을 신청하여야 한다.

② 예외적으로 사업장이 둘 이상인 사업자는 사업자단위로 해당 사업자의 본점 또는 주사무소 관할 세무서장에게 사업자등록을 신청할 수 있다.

③ 사업자등록을 하지 않은 경우, 원칙적으로 매입세액을 불공제한다.

④ 사업자등록을 하지 않은 경우, 사업개시일부터 등록 신청일 직전일까지 공급가액의 1%를 미등록 가산세로 부과한다.

⑤ 사업자등록 기한이 지나서 사업자등록을 한 경우에는, 해당과세기간에 대해서는 매입세액 공제가 불가하다.

정답 | ⑤

해설 | ⑤ 공급시기가 속하는 과세기간이 지난 후 20일 이내에 등록 신청 시 매입세액공제 가능하다.

사업자등록과 미등록 시의 제재

<table>
<tr><th>구분</th><th colspan="3">내용</th></tr>
<tr><td rowspan="2">사업자등록 신청</td><td>원칙</td><td colspan="2">사업개시일로부터 20일 이내에 신청</td></tr>
<tr><td>예외</td><td colspan="2">신규사업자는 사업개시일 전이라도 신청 가능</td></tr>
<tr><td rowspan="2">사업자등록증 발급기한</td><td>원칙</td><td colspan="2">사업자등록 신청일로부터 2일 이내</td></tr>
<tr><td>예외</td><td colspan="2">현장 확인 필요 시 5일 이내에서 연장 가능</td></tr>
<tr><td rowspan="3">미등록 시 제재</td><td>미등록 가산세</td><td colspan="2">사업개시일부터 등록 신청일 직전일까지 공급가액의 1%
(사업자등록 신청기한이 지난 후 1개월 이내에 신청하는 경우 가산세의 50%를 감면)</td></tr>
<tr><td rowspan="2">매입세액불공제</td><td>원칙</td><td>매입세액불공제</td></tr>
<tr><td>예외</td><td>공급시기가 속하는 과세기간이 지난 후 20일 이내에 등록 신청 시 매입세액공제 가능</td></tr>
</table>

★★★

07 부가가치세법상 과세거래에 대한 설명으로 적절하지 않은 것은?

① 공급시기는 재화 또는 용역의 공급이 어느 과세기간에 귀속되는가를 결정하는 시간적 기준이다. 공급시기를 기준으로 세금계산서의 발급, 부가가치세의 거래징수, 신고, 납부시기 등을 결정하는 요소가 된다.

② 재화란 재산 가치가 있는 물건 및 권리를 의미하며 재화의 공급은 계약상 또는 법률상의 모든 원인에 의하여 재화를 인도하거나 양도하는 것을 말한다.

③ 일반적으로 역무를 제공하거나 타인의 시설 또는 권리를 사용하게 하는 것에 대하여 용역의 공급으로 보아 과세한다.

④ 재화의 간주공급처럼 용역의 간주공급에 대해서도 과세하며, 용역의 무상공급에 대해서는 용역의 공급으로 보아 과세한다.

⑤ 재화의 수입은 본래 국외거래이므로 과세대상이 될 수 없으나, 소비지국 과세원칙을 구현하기 위하여 수입재화도 국내에서 생산된 재화와 동일하게 취급하기 위하여 과세대상에 포함하는 것이다.

정답 | ④

해설 | ④ 재화의 공급과 다르게 실무상 용역의 간주공급에 대해서는 과세하지 않으며, 용역의 무상공급에 대해서는 용역의 공급으로 보지 않는다.

★☆☆

08 재화 · 용역의 공급시기에 대한 설명으로 적절하지 않은 것은?

① 재화의 이동이 필요한 경우 : 재화가 인도되는 때

② 재화의 이동이 필요하지 아니한 경우 : 재화가 이용 가능하게 되는 때

③ 장기할부조건부 · 완성도기준지급조건부 · 중간지급조건부 거래의 경우 : 대가의 각 부분을 받기로 한 때

④ 통상적인 용역의 공급의 경우 : 역무의 제공이 완료되는 때

⑤ 간주임대료, 월수로 안분한 선세금, 특정용역을 둘 이상의 과세기간에 걸쳐 계속적으로 제공하고 그 대가를 선불로 받는 경우 : 역무의 제공이 완료되는 때

정답 | ⑤

해설 | ⑤ 간주임대료, 월수로 안분한 선세금, 특정용역을 둘 이상의 과세기간에 걸쳐 계속적으로 제공하고 그 대가를 선불로 받는 경우 : 예정신고기간의 종료일 또는 과세기간의 종료일

재화의 공급시기

구분	공급시기
재화의 이용이 필요한 경우	재화가 인도되는 때
재화의 이동이 필요하지 아니한 경우	재화가 이용 가능하게 되는 때
그 밖의 경우	재화의 공급이 확정되는 때
장기할부조건부 · 완성도기준지급조건부 · 중간지급조건부 · 기타조건부 거래의 경우	대가의 각 부분을 받기로 한 때

용역의 공급시기

구분	공급시기
통상적인 공급의 경우	역무의 제공이 완료되는 때
완성도기준지급 · 중간지급 · 장기할부 또는 기타조건부로 용역을 공급하거나 공급 단위를 구획할 수 없는 용역의 계속적 공급의 경우	대가의 각 부분을 받기로 한 때
위의 규정을 적용할 수 없는 경우	역무의 제공이 완료되고 그 공급가액이 확정되는 때
간주임대료, 월수로 안분한 선세금, 특정용역을 둘 이상의 과세기간에 걸쳐 계속적으로 제공하고 그 대가를 선불로 받는 경우	예정신고기간의 종료일 또는 과세기간의 종료일

★☆☆
09 재화 · 용역의 공급시기 및 공급가액에 관한 설명이다. 빈칸에 들어갈 내용으로 적절하게 연결된 것은?

> • 재화를 20x1년 1월 1일에 인도하고 그 대가를 20x1년 3월 1일에 1,000천원, 20x1년 5월 1일에 2,000천원, 8월 1일에 3,000천원으로 분할하여 받기로 한 경우, 부가가치세법상 20x1년 1기의 공급가액은 (가)이다.
> • 재화를 20x1년 1월 1일에 인도하고 그 대가를 20x1년 3월 1일에 1,000천원, 20x1년 9월 1일에 2,000천원, 20x2년 3월 1일에 3,000천원으로 분할하여 받기로 한 경우, 부가가치세법상 20x1년 1기의 공급가액은 (나)이다.
> • 20x1년 6월 15일에 용역을 제공하기 시작하였고, 20x2년 5월 30일에 해당 용역의 제공이 완료된 경우 용역의 공급은 (다)에 귀속된 것으로 본다.

	가	나	다
①	3,000천원	1,000천원	20x1년
②	3,000천원	6,000천원	20x2년
③	3,000천원	6,000천원	20x1년
④	6,000천원	1,000천원	20x2년
⑤	6,000천원	6,000천원	20x1년

정답 | ④

해설 | • 일반적인 재화의 공급의 공급시기는 인도일이다.(20x1년 1기 귀속)
• 장기할부조건부 거래의 공급시기는 대가의 각 부분을 받기로 한 때이다.
• 일반적인 용역의 공급의 공급시기는 역무의 제공이 완료되는 때이다.(20x2년 1기 귀속)

★★★
10 영세율과 면세에 대한 설명으로 적절하지 않은 것은?

① 영세율이란 일정한 재화 또는 용역의 공급에 대해 0%의 세율을 적용하고 그 전단계에서 부담한 부가가치세를 공제 또는 환급함으로써 부가가치세 부담을 완전히 면제하는 제도를 의미한다.
② 영세율제도는 소비지국 과세원칙을 구현하고 외화획득사업을 지원하는 데 그 취지가 있다.
③ 간이과세자는 영세율을 적용받을 수 없다.
④ 면세란 일정한 재화 또는 용역의 공급에 대하여 부가가치세를 면제하는 제도를 의미한다. 이는 저소득층의 역진성을 완화하여 부가가치세의 부담을 경감하는 데 그 취지가 있다.
⑤ 면세제도는 영세율과 달리 매입세액이 공제되지 않기 때문에 불완전면세제도라고 한다.

정답 | ③

해설 | ③ 간이과세자도 영세율을 적용받을 수 있다.

★★★
11 영세율과 면세의 비교 설명으로 적절하지 않은 것은?

① 영세율제도는 소비지국 과세원칙 실현이 목적인데 비해, 면세제도는 세부담의 역진성 완화를 그 목적으로 하고 있다.

② 영세율제도는 주로 수출하는 재화 등에 적용하는데, 면세제도는 기초생활필수품 및 국민후생용역 등에 적용한다.

③ 영세율을 적용받는 사업자는 부가가치세법상 납세의무자에 해당하지만, 면세사업자는 부가가치세법상 납세의무자에 해당하지 않는다.

④ 영세율제도는 불완전 면세이지만, 면세제도는 완전 면세이다.

⑤ 영세율제도는 포기제도가 없지만, 면세제도는 면세포기가 가능하다.

정답 I ④

해설 I ④ 영세율제도는 완전 면세이지만, 면세제도는 불완전 면세이다.

TOPIC 2 부가가치세 계산구조

★★★
12 부가가치세 과세표준에 대한 설명으로 적절하지 않은 것은?

① 부가가치세의 과세표준은 재화 또는 용역의 공급에 따라 거래상대방으로부터 받은 대금·요금 수수료 등 기타 명목 여하에 불구하고 대가관계에 있는 모든 금전적 가치가 있는 것을 포함한 공급가액의 합계액으로 한다.

② 금전 외의 대가를 받는 경우의 공급가액은 자기가 공급한 재화 또는 용역의 시가로 한다.

③ 특수관계인에게 재화 또는 용역의 공급에 대하여 부당하게 낮은 대가를 받는 경우(저가공급)에는 자기가 공급한 재화 또는 용역의 시가를 공급가액으로 한다.

④ 특수관계인에게 재화 또는 용역의 공급에 대하여 부당하게 아무런 대가를 받지 않은 경우(무상공급)에는 자기가 공급한 재화 또는 용역의 시가를 공급가액으로 한다.

⑤ 특수관계인에게 용역을 무상으로 제공한 경우 자기가 공급한 재화 또는 용역의 시가를 공급가액으로 한다.

정답 I ⑤

해설 I ⑤ 용역의 무상공급은 원칙적으로 과세로 보지 아니하나, 특수관계인에게 사업용부동산을 무상으로 임대한 경우 자기가 공급한 재화 또는 용역의 시가를 공급가액으로 한다.

★★★
13 간이과세제도에 대한 설명으로 적절하지 않은 것은?

① 간이과세자는 직전 연도 공급대가의 합계액이 1억400만원에 미달하는 개인사업자를 말한다.
② 과세유흥장소를 경영하는 사업자 및 부동산임대사업자는 직전연도 공급 대가의 합계액이 4,800만원에 미달하는 개인사업자이어야 한다.
③ 간이과세가 적용되지 않는 다른 사업장을 보유하고 있는 사업자의 경우에도 간이과세 대상 공급대가의 사업장은 간이과세를 적용한다.
④ 일반과세자로부터 사업을 포괄적으로 양수한 사업자는 간이과세자가 될 수 없다.
⑤ 간이과세자의 과세기간은 1월 1일부터 12월 31일까지로 한다.

정답 | ③
해설 | ③ 간이과세가 적용되지 않는 다른 사업장을 보유하고 있는 사업자는 간이과세자를 적용하지 않는다.

★★★
14 간이과세제도에 대한 설명으로 적절하지 않은 것은?

① 간이과세사업자가 해당 과세기간에 대한 공급대가의 합계액이 4,800만원 미만이면 그 과세기간의 납부세액의 납부의무를 면제한다.
② 간이과세를 포기한 경우에는 일반과세자에 관한 규정을 적용받으려는 달의 1일부터 3년이 되는 날이 속하는 과세기간까지는 간이과세자에 관한 규정을 적용받지 못한다.
③ 원칙적으로 세금계산서를 발급해야 하지만, 연매출 4,800만원 미만인 경우 영수증만 발급 가능하다.
④ 일반과세를 적용받고자 하는 경우에는 적용받고자 하는 과세기간 개시 10일 전까지 간이과세 포기신고서를 납세지 관할 세무서장에게 간이과세 포기신고를 해야 한다.
⑤ 간이과세 포기신고를 한 사업자가 3년이 경과한 후 간이과세의 규정을 적용받고자 할 때에는 이를 적용받고자 하는 과세기간 개시 10일 전까지 간이과세 적용신고서를 관할 세무서장에게 제출해야 한다.

정답 | ④
해설 | ④ 일반과세를 적용받고자 하는 경우에는 적용받고자 하는 달의 전달 마지막 날까지 간이과세 포기신고서를 납세지 관할 세무서장에게 간이과세 포기신고를 해야 한다.

▪▪▪ TOPIC 3 부가가치세 절세방안

★★★
15 부가가치세 절세방안에 대한 설명으로 적절하지 않은 것은?

① 부가가치세법에서 매입세액으로 공제 받으려면 정당한 세금계산서 등의 적격증빙서류 를 수취하여야 한다. 세금계산서 등에 오류가 있거나 수취가 제대로 이루어지지 않는다면 매입세액을 공제받을 수 없기에 해당하는 금액만큼 납부세액이 증가하게 된다.

② 부가가치세가 면제되는 농산물 · 축산물 · 수산물 · 임산물 등의 원재료를 구입하여 이를 제조 · 가공하여 부가가치세가 과세되는 재화 또는 용역을 공급하는 사업자에 대하여는 의제매입세액공제가 가능하다.

③ 세금계산서 발급의무가 있는 사업자가 재화 또는 용역을 공급하고 그에 대한 세금계산서를 발급하지 않는 경우, 재화 또는 용역을 공급받은 사업자가 관할 세무서장의 확인을 받아 매입자세금계산서를 발행하고 매입세액공제를 받을 수 있다.

④ 수출하는 경우와 같이 영세율이 적용되는 경우에는 면세를 포기하고 일반과세자로 적용을 받는 경우 매입 시 부담한 매입세액을 공제받을 수 있어서 절세에 도움이 된다.

⑤ 간이과세제도는 일반과세에 비하여 부가가치세가 절감되므로 어떤 상황에서도 항상 유리하다고 할 수 있다.

정답 | ⑤

해설 | ⑤ 간이과세제도는 일반과세에 비하여 부가가치세를 효과적으로 절감할 수 있는 방법 중 하나이다. 다만, 업종이나 규모 등에 영향을 받기 때문에 제한적으로 적용받을 수 있다. 하지만 직전 연도 공급대가가 4,800만원 미만인 간이과세자는 세금계산서를 발급할 수 없으며, 일반과세자에서 간이과세자로 과세 유형이 전환될 때 매입세액공제 받은 금액을 추가로 납부하는 등 불리한 점도 있기 때문에 자신의 상황에 맞추어 간이과세제도를 활용하여야 한다.

CHAPTER

05 금융자산과 세금

출제 비중 : 11~19% / 3~5문항

학습가이드 ■ ■

학습 목표	학습 중요도
Tip 응용형 문제, 계산 문제가 빈번히 출제되므로 이에 대한 학습 필요 Tip '제2장 소득세'와 연계하여 학습 필요	
1. 금융상품별 세금에 대해 설명할 수 있다.	★★★
2. 금융소득 종합과세에 대해 설명할 수 있다.	★★★
3. 금융상품을 활용한 절세방안에 대해 이해할 수 있다.	★

TOPIC 1 금융세재 개요

★☆☆

01 다음 중 금융투자상품이 아닌 것을 짝지은 것으로 적절한 것은?

가. 예금	나. 적금
다. 보험	라. 채권
마. 증권	바. 펀드
사. 장내파생상품	아. 장외파생상품

① 가, 나, 다
② 가, 나, 라
③ 가, 나
④ 가, 라
⑤ 가, 나, 마

정답 | ①
해설 | ① 예금, 적금, 보험은 비금융투자상품에 해당한다.

★☆☆
02 금융세제의 특징에 대한 설명으로 적절하지 않은 것은?

① 채권의 이자소득은 과세대상이나 채권 매매차익은 과세대상이 아니다.
② 주식 매매차익(상장주식의 소액주주 매매차익 제외)은 양도소득으로 과세하나 펀드 내 주식 매매차익(상장주식의 소액주주 매매차익 제외)은 배당소득으로 과세한다.
③ 상장주식 매매차익에 대한 양도소득세는 지분율 1% 또는 종목별 보유액 10억원 이상인 대주주에게만 과세한다.
④ 채권 매매차익에 대해서는 직접투자하는 경우와, 간접투자하는 경우 모두 과세대상이 아니다.
⑤ 해외주식평가차익에 대해 직접투자의 경우에는 과세하지 않으나, 간접투자하는 경우에는 과세한다.

정답 I ④
해설 I ④ 채권 매매차익에 대해서 직접투자하는 경우에는 과세하지 않으나, 간접투자하는 경우에는 과세대상이다.

TOPIC 2 금융상품별 세금

★☆☆
03 신탁과 세금에 대한 설명으로 적절하지 않은 것은?

① 신탁과세는 기본적으로 도관이론(conduit theory)의 관점을 기준으로 적용하되 예외적으로 신탁형 집합투자기구 및 합동운용불금전신탁의 경우 실체이론(entity theory)에 따라 신탁 자체를 과세 주체로 하고 있다.
② 도관이론은 신탁 자체는 도관에 불과하기 때문에 신탁재산 또는 수탁자를 납세의무자로 할 수 없고 수익자 또는 위탁자를 납세의무자로 삼아야 한다는 이론이다.
③ 실체이론은 신탁재산 자체가 소득 등의 귀속 단위가 되기 때문에 신탁을 납세의무자로 봐야 한다는 이론이다.
④ 기본적으로 신탁이익에 대하여 도관이론을 적용하여 신탁회사가 수익자에게 이익을 지급할 때 원천징수한다.
⑤ 신탁재산에 귀속되는 시점에 원천징수되지 않은 세금은 도관이론이 적용되는 경우에는 배당소득으로 원천징수한다.

정답 I ⑤
해설 I ⑤ 신탁재산에 귀속되는 시점에 원천징수되지 않은 세금은 <u>도관이론이 적용되는 경우에는 소득의 원천별로 구분하여 수익자에게 원천징수</u>하고, 실체이론이 적용되는 경우에는 신탁이익 지급 시 배당소득으로 원천징수한다.

★★☆
04 채권과 세금에 대한 설명으로 적절하지 않은 것은?

① 채권의 보유기간별로 그 보유자에게 소득을 귀속시켜 과세하는 것을 원칙으로 한다.
② 채권이자는 금융소득이므로 다른 금융소득과 합산하여 2천만원을 초과하는 경우 금융소득 종합과세 대상이 된다.
③ 비과세 또는 분리과세되는 채권의 경우는 종합과세 대상에서 제외한다.
④ 현행 소득세법에서 채권 매매차익은 과세대상 소득이다.
⑤ 채권의 소득금액 계산 시 채권의 양도가액에서 보유기간이자 및 필요경비를 차감하여 계산하며 채권의 취득가액 평가는 개별법을 사용한다.

정답 | ④
해설 | ④ 현행 소득세법에서 채권 매매차익은 과세대상 소득으로 열거되어있지 않으므로 과세하지 않는다.

[정리]
채권의 이자와 할인액에 대해서는 이자소득세를 과세하고, 채권의 매매차익에 대해서는 과세하지 않는다. 다만 집합투자기구를 통해 간접투자하는 채권의 매매차익은 과세한다.

★★☆
05 주식과 세금에 대한 설명으로 적절하지 않은 것은?

① 배당소득을 포함한 연간 금융소득이 2,000만원을 초과하여 금융소득 종합과세 대상이 될 경우에는 배당가산액(Gross-up)을 가산하여 배당소득금액으로 한다.
② 현행 세법에 따르면 주식을 양도할 때 양도차익이 발생하는 경우 양도소득세를 과세한다.
③ 소액주주의 장내 상장주식 양도차익에 대해서는 과세하지 않는다.
④ 대주주(1% 또는 50억원 이상)의 장내 상장주식 양도차익은 과세대상이다.
⑤ 상장주식의 장외거래에 대하여는 대주주만 과세한다.

정답 | ⑤
해설 | ⑤ 상장주식의 장외거래에 대하여는 소액주주 및 대주주 모두 과세한다.

주식 양도차익 과세대상

구분			대주주 기준(지분율 또는 시가총액)	소액주주	대주주
상장주식	장내거래	유가증권시장	1% 또는 50억원 이상	비과세	과세
		코스닥시장	2% 또는 50억원 이상	비과세	과세
		코넥스시장	4% 또는 50억원 이상	비과세	과세
	장외거래	대주주/소액주주 관계없이 과세			
비상장주식					

★★☆

06 주식 양도소득에 대한 세율에 대한 내용이다. 빈칸에 들어갈 내용으로 적절하게 연결된 것은?

> • 중소기업의 소액주주인 경우 : (가)
> • 중소기업 외 기업의 소액주주인 경우 : (나)
> • 중소기업 외 기업의 대주주인 경우(1년 미만 보유) : (다)

	가	나	다
①	10%	10%	20%
②	10%	20%	20%
③	10%	20%	30%
④	20%	20%	30%
⑤	20%	10%	30%

정답 | ③

해설 | **주식 양도소득에 대한 세율**

구분		세율
중소기업	소액주주	10%
	대주주	과세표준 3억원 이하 20% 과세표준 3억원 초과 25%
중소기업 외	소액주주	20%
	대주주 1년 이상 보유	과세표준 3억원 이하 20% 과세표준 3억원 초과 25%
	대주주 1년 미만 보유	30%
국외주식 : 20%(중소기업 주식은 10%)		

★★☆

07 주식을 다음과 같이 양도할 때, 양도소득세의 세율로 적절한 것을 고르시오.(단,각각 별개의 사례이며, 당해 연도 중에는 다른 주식 등을 처분하지 않은 것으로 가정하며, 대주주의 경우 과세표준이 2.5억원인 것으로 가정한다.)

구분	A	B	C	D	E
기업구분	중소기업	대기업	대기업	대기업	중소기업
주주구분	대주주	대주주	대주주	대주주	소액주주
보유기간	6개월	2년	6개월	6년	6년

	A	B	C	D	E
①	20%	20%	30%	20%	10%
②	20%	20%	10%	30%	20%
③	20%	10%	20%	30%	20%
④	10%	20%	30%	10%	10%
⑤	10%	30%	30%	20%	10%

정답 | ①

해설 | ① A : 중소기업 대주주 20%
B : 대기업 대주주 1년 이상 보유 20%
C : 대기업 대주주 1년 미만 보유 30%
D : 대기업 대주주 1년 이상 보유 20%
E : 중소기업 소액주주 10%

★★☆

08 주식 양도 시 세금에 대한 설명으로 적절하지 않은 것은?

① 주식 양도소득에 대한 예정신고는 양도일이 속하는 달의 말일부터 2개월 내에 하여야 한다.
② 국외주식의 양도소득은 예정신고 없이 다음 연도 5월에 확정신고 및 납부를 하여야 한다.
③ 주식 양도소득 과세표준 계산 시에 기본공제(250만원)를 적용한다.
④ 주식 양도소득금액은 양도금액에서 필요경비(취득가액＋양도비 등)를 차감하여 계산한다. 양도비에는 증권거래세, 공증비용, 인지대 등이 포함된다.
⑤ 현행 세제하에서 주식 양도소득에 적용되는 소득세율은 대주주 여부, 중소기업주식 여부 등에 따라 달라진다.

정답 | ①

해설 | ① 주식 양도소득에 대한 예정신고는 양도일이 속하는 반기의 말일부터 2개월 내에 하여야 한다.

★★☆

09 주식 양도 시 세금에 대한 설명으로 적절하지 않은 것은?

① 특정주식의 양도 및 부동산과다보유법인주식은 사실상 부동산을 양도한 것과 동일한 효과가 있기 때문에 부동산의 양도에 준하여 소득세법상 기타자산으로 분류하여 과세한다.
② 부동산과다보유법인주식이란 부동산 및 부동산에 관한 권리의 합계액이 자산총액의 50% 이상인 주식을 말한다.
③ 부동산과다보유법인주식은 업종요건으로 골프장, 스키장, 콘도 등을 건설 또는 취득하여 직접 경영하거나 분양 또는 임대하는 사업을 경영하는 법인이어야 한다.
④ 특정주식은 총발생주식수의 50% 이상을 양도하는 경우 기타자산의 양도에 해당하는 기본세율을 적용한다.
⑤ 부동산과다보유법인주식은 1주만 양도해도 기본세율(비사업용토지과다보유법인주식은 기본세율＋10%)을 적용한다.

정답 | ②

해설 | ② 부동산과다보유법인주식이란 부동산 및 부동산에 관한 권리의 합계액이 자산총액의 80% 이상인 주식을 말한다.

★★☆

10 비상장 대기업의 대주주인 김민정씨가 20x1년 5월 11일에 당해 주식을 취득하여 보유하다가 20x3년 5월 15일에 이를 전부 양도하였다. 다음 자료를 토대로 당해 주식에 대한 양도소득세 산출세액을 구하시오.

> 양도가액 : 1,000,000천원 양도 시 기준시가 : 900,000천원
> 취득 시 부대비용 : 10,000천원 취득가액 : 800,000천원
> 취득 시 기준시가 : 600,000천원
> ※ 김민정씨는 20x3년에 상기 주식 이외에 양도소득세 과세대상 자산을 양도한 적이 없음.

① 37,500천원
② 38,000천원
③ 57,500천원
④ 58,000천원
⑤ 64,967천원

정답 | ①

해설 |

양도가액 :	1,000,000
취득가액 :	800,000
필요경비 :	10,000
양도소득금액 :	190,000
기본공제 :	2,500
과세표준 :	187,500
세율 :	20%
산출세액 :	37,500천원

★★☆

11 비상장 대기업의 대주주인 김영민씨가 20x1년 5월 11일에 당해 주식을 취득하여 보유하다가 20x2년 3월 15일에 이를 전부 양도하였다. 다음 자료를 토대로 당해 주식에 대한 양도소득세 산출세액을 구하시오.

구 분	실지거래가액	기준시가
양도가액	400,000천원	200,000천원
취득가액	확인 불가	100,000천원

취득 시 부대비용 : 10,000천원
※ 김영민씨는 20x2년에 상기 주식 이외에 양도소득세 과세대상 자산을 양도한 적이 없음.

① 37,500천원
② 38,000천원
③ 56,250천원
④ 58,000천원
⑤ 64,967천원

정답 | ③

해설 |

양도가액 :	400,000	
환산취득가액 :	200,000	= 400,000 × 1억원/2억원
필요경비 :	10,000	
양도소득금액 :	190,000	
기본공제 :	2,500	
과세표준 :	187,500	
세율 :	30%	
산출세액 :	56,250천원	

★☆☆

12 집합투자기구와 세금에 대한 설명으로 적절하지 않은 것은?

① 소득세법에서는 실체이론의 입장에서 적격집합투자기구에서 분배하는 소득에 대하여 배당소득으로 과세하는 것을 원칙으로 한다.

② 비적격집합투자기구는 소득의 원천에 따라 이자, 배당, 양도소득 등으로 구분하여 과세한다.

③ 세법상 적격집합투자기구는 자본시장법에 의한 집합투자기구이어야 하고, 매년 1회 이상 결산 및 분배를 하여야 하며, 금전으로 위탁받아 금전으로 환급해야 한다.

④ 집합투자기구 이익의 수입시기는 소득이 집합투자기구에 귀속되는 때가 아니라 투자자에게 소득이 분배되는 때이다. 집합투자기구는 이익을 지급하는 날(원본전입특약이 있는 경우 원본에 전입된 날)에 원천징수의무가 있다.

⑤ 집합투자기구를 통한 간접투자를 할 경우 채권매매 · 평가차익, 해외주식평가이익, 장외파생상품매매이익, 외화자산환차익 등에 대해 과세하지 않기 때문에 직접투자방식에 비해 세제적으로 유리하다.

정답 | ⑤

해설 | ⑤ 집합투자기구를 통한 간접투자를 할 경우 채권매매 · 평가차익, 해외주식평가이익, 장외파생상품매매이익, 외화자산환차익 등에 대해 과세하기 때문에 직접투자방식에 비해 세제적으로 불리하다.

▪▪▪ TOPIC 3 금융소득종합과세와 절세방안

★★★
13 **금융소득종합과세에 대한 설명으로 적절하지 않은 것은?**

① 국내에서 원천징수되지 아니한 국외발생금융소득은 무조건 종합과세한다.
② 비과세 · 분리과세하는 금융소득을 제외한 금융소득의 연간 합계액이 2,000만원을 초과하는 경우에는 배당가산액(Gross-Up)을 더하여 종합과세한다.
③ 출자공동사업자의 배당소득은 종합과세기준금액 판단 시 포함하며 무조건 종합과세한다.
④ 종합소득 산출세액은 종합과세방식으로 산출한 금액과 분리과세방식으로 산출한 금액 중에서 큰 금액으로 한다. 그 취지는 분리과세할 경우에 비해 종합과세로 인해 세부담이 오히려 줄어드는 결과를 방지하는 데 있다.
⑤ 금융소득이 2,000만원 이하인 경우 분리과세방식에 따라 계산한 세액으로 한다.

정답 | ③
해설 | ③ 출자공동사업자의 배당소득은 종합과세기준금액 판단 시 제외하며 무조건 종합과세한다.

★★★
14 **금융소득종합과세에 대한 설명으로 적절한 것은?**

① 국외에서 발생한 금융소득은 무조건 종합과세대상 금융소득으로서 금융소득 종합과세 여부 판단 시에는 금융소득에 포함되지만, 금융소득금액이 기준금액을 초과하지 않는 경우에는 종합과세 되는 금융소득이 아니다.
② 기준금액 초과 여부를 판단할 때에는 Gross-up 금액을 가산한 후의 금액으로 하며, 출자공동사업자의 배당소득은 금융소득종합과세 여부 판단 시에 제외된다.
③ 금융소득 중 비과세 금융소득과 무조건 분리과세대상 금융소득을 제외한 금융소득의 합계액이 금융소득종합과세 기준금액을 초과하는 경우에는 금융소득 전체 금액을 다른 종합소득금액과 합산하여 기본세율을 적용한다.
④ 금융소득을 분리과세하는 경우보다 조세부담이 적어지는 것을 방지하기 위하여 분리과세방식 산출세액과 비교하여 큰 금액을 종합소득 산출세액으로 하는 비교과세방식을 채택하고 있다.
⑤ 종합소득금액에 Gross-up 대상 배당소득이 포함되어 있어 배당세액공제가 적용될 경우 금융소득을 분리과세하는 경우보다 조세부담이 적어질 수 있다.

정답 | ④
해설 | ① 기준금액을 초과하지 않는 경우에도 당해 금액은 종합과세된다.
② 기준금액 초과 여부를 판단할 때에는 Gross-up 금액을 가산하기 전의 금액으로 한다.
③ 금융소득 중 비과세 금융소득과 무조건 분리과세대상 금융소득을 제외한 금융소득의 합계액이 금융소득종합과세기준금액을 초과하는 경우에는 금융소득 전체 금액(비과세 금융소득과 무조건 분리과세대상 금융소득 제외)을 종합과세한다. 그러나 금융소득 전체 금액에 대하여 기본세율을 적용하는 것이 아니고, 기준금액까지는 원천징수세율(14%)을 적용하고 기준금액을 초과하는 금액은 다른 종합소득금액과 합산하여 기본세율을 적용하는 것이다.

⑤ 종합소득금액에 Gross-up 대상 배당소득이 포함되어 있어 배당세액공제가 적용되더라도 최소한 금융소득을 분리과세하는 경우보다 조세부담이 적어지는 것을 방지하기 위하여 종합소득산출세액에서 분리과세 방식 산출세액을 차감한 금액을 한도로 한다.

★☆☆
15 배당가산(Gross-up) 대상이 되는 배당소득으로 적절하지 않은 것은?

① 비상장 내국법인으로부터 받는 배당소득
② 상장 내국법인으로부터 받는 배당소득
③ 법인세법에 따라 배당으로 처분된 금액(인정배당)
④ 자기주식처분이익의 자본전입으로 인한 의제배당
⑤ 집합투자기구로부터의 이익

정답 | ⑤
해설 | ⑤ 법인세가 과세된 소득이 아니므로, Gross-up 대상이 아니다.

배당가산(Gross-up) 대상이 되는 배당소득의 요건(모두 충족하는 경우 가능)

- 내국법인으로부터 받은 배당소득일 것
- 법인세가 과세된 소득을 재원으로 할 것
- 종합과세되고 기본세율이 적용되는 배당소득일 것(즉, 2,000만원 초과분에 해당할 것)

★★★
16 20x1년도의 Gross-up 금액을 계산한 것으로 적절한 것은?

- 국내은행 예금이자 : 20,000,000원
- 외국법인으로부터 받은 배당 : 7,000,000원
- 비상장법인 A로부터의 배당 : 5,000,000원
- 상장법인 B로부터의 배당 : 15,000,000원
- 집합투자기구로부터의 배당 : 3,000,000원

① 2,000,000
② 2,200,000
③ 3,000,000
④ 3,300,000
⑤ 5,000,000

정답 | ①
해설 |

	조건부 · 종합		원천t		기본t		[종합과세되는 금융소득]
E	20						→ 20(이자소득금액)
X	$7^{\text{종}}+3=10$						→ 32
O	5+15=20				20	× 10% = ★2	
	50	−	20	=	30	G-up 금액	⇨ 32(배당소득금액)
출 · 동	0						0
							52

★★★
17 20x1년도의 Gross-up 금액을 계산한 것으로 적절한 것은?

- 국내은행 예금이자 : 10,000,000원
- 직장공제회 초과반환금* : 8,000,000원
- 외국법인으로부터 받은 배당 : 3,000,000원
- 비상장법인 A로부터의 무상주 배당(자기주식처분이익*의 자본전입) : 5,000,000원
- 비상장법인 B로부터의 무상주 배당(자기주식소각이익*의 2년 내 자본전입) : 1,000,000원
- 상장법인 C로부터의 배당 : 25,000,000원
- 집합투자기구로부터의 배당 : 3,000,000원(상장주식 매매차익 1,000,000원 포함)

① 2,000,000　　② 2,600,000
③ 3,000,000　　④ 3,600,000
⑤ 4,600,000

정답 | ②

해설 |

	조건부 · 종합		원천t		기본t		[종합과세되는 금융소득]
E	10						→ 10(이자소득금액)
X	$3^{종}+1+\underline{2}=6$						
O	5+25=30				26	× 10% = ★2.6	→ 38.6 ┐
	46	−	20	=	26	G-up 금액	⇨ 38.6(배당소득금액)
출 · 동	0						0 ┘
							48.6

*직장공제회 초과반환금은 무조건 분리과세 대상이다(기본세율).
*자기주식처분이익 → 법인세 과세재원 → G-up O
*자기주식소각이익 → 법인세 과세x 재원 → G-up X

★★★
18 20x1년도의 종합과세대상 금융소득을 계산한 것으로 적절한 것은?

- 국내은행 예금이자 : 10,000,000원
- 직장공제회 초과반환금* : 8,000,000원
- 외국법인으로부터 받은 배당 : 3,000,000원
- 채권의 매매차익* : 5,000,000원
- 상장법인 A로부터의 배당 : 30,000,000원
- 집합투자기구로부터의 배당 : 4,000,000원(상장주식 매매차익 2,000,000원 포함)
- 출자공동사업자의 배당소득 : 3,000,000

① 2,600,000　　② 38,600,000
③ 46,000,000　　④ 48,600,000
⑤ 51,600,000

정답 | ⑤

해설 |

	조건부 · 종합		원천t		기본t		[종합과세되는 금융소득]
E	10						→ 10(이자소득금액)
X	$3^{종}+1+\underline{2}=6$						→ 38.6
O	5+25=30				26	× 10%=2.6	⇨ 41.6(배당소득금액)
	46	−	20	=	26	G-up 금액	
출 · 동	3						3
							★51.6

*직장공제회 초과반환금은 무조건 분리과세 대상이다(기본세율).

*채권의 매매차익은 과세제외이다.

★★☆

19 금융소득 종합과세에 대한 설명으로 적절하지 않은 것은?

① 종합과세되는 2,000만원 초과 여부 판단 시에는 배당가산하지 아니한금액으로 한다.

② 종합과세되는 금융소득 중 2,000만원의 구성 순서는 [이자소득 → 배당가산 대상인 배당소득 → 배당가산 대상이 아닌 배당소득]으로 규정하고 있다.

③ Gross-Up을 하는 배당소득이 있는 경우에는 Gross-Up을 하기 전의 배당소득금액에 의하여 종합과세기준금액을 판단한다.

④ 출자공동사업자의 배당소득은 무조건 종합과세 대상이므로 금액에 관계없이 종합과세 신고를 해야 한다.

⑤ 종합소득 산출세액은 종합과세방식으로 산출한 금액과 분리과세방식으로 산출한 금액 중에서 큰 금액으로 한다. 그 취지는 분리과세할 경우에 비해 종합과세로 인해 세부담이 오히려 줄어드는 결과를 방지하는 데 있다.

정답 | ②

해설 | ② 종합과세되는 금융소득 중 2,000만원의 구성 순서는 [이자소득 → 배당가산 대상이 아닌 배당소득 → 배당가산 대상인 배당소득]으로 규정하고 있다.
: E → X → O 순서

★★★

20 다음은 이다혜씨의 올해 소득과 관련된 정보이다. 종합소득세 산출세액은 얼마인가?

- 소득은 정기예금 이자수입 40,000,000원만 있음
- 종합소득공제액은 5,000,000원
- 정기예금은 세율 14%를 적용하여 원천징수되었음

[참고]
- 과세표준 1,400만원 이하 : 6%세율
- 과세표준 1,400만원 초과~5,000만원 이하 : 15%세율－126만원 누진공제
- 과세표준 5,000만원 초과~8,800만원 이하 : 24%세율－576만원 누진공제

① 990,000　② 3,790,000　③ 4,540,000
④ 4,740,000　⑤ 5,600,000

정답 | ⑤

해설 | 종합소득세 산출세액 = Max[① 종합과세방식, ② 분리과세방식] = 5,600,000원

① 종합과세방식

: 2,000만원 × 14% + (종합소득과세표준 – 2,000만원) × 기본t

= 20,000,000 × 14% + [{(35,000,000) – 20,000,000} × 15%– 1,260,000]

= 2,000만원 × 14% + (2,000만원 초과분 + G–up + 기타종합소득금액– 종합소득공제) × 기본t

= 20,000,000 × 14% + [{(40,000,000 – 20,000,000) + 0 + 0 – 5,000,000} × 15%– 1,260,000]

= 3,790,000원

② 분리과세방식

: 금융소득 총수입금액*1 × 원천징수세율 + (종합소득과세표준 – 금융소득금액*2) × 기본t

= 40,000,000 × 14% + (35 – 40) × 기본t = 5,600,000원

↳ △5 → 0

= 금융소득 총수입금액 × 원천징수세율 + (기타종합소득금액 – 종합소득금액) × 기본t

= 40,000,000 × 14% = 5,600,000원

*1 금융소득 총수입금액 : G–up이 포함되지 않은 금액

*2 금융소득금액 : 금융소득 총수입금액 + G–up 금액

[실전풀이]

1. 과세표준

	조건부 · 종합		원천t		기본t	[종합과세되는 금융소득]	
E	40					→ 40(이자소득금액)	
X							
O						→ 0	→ 0(배당소득금액)
	40	–	20	=	20		
출 · 동						→ 0	
						40	
						0	타소득금액
						40	종합소득금액
					(–)	5	종합소득공제
						35	과세표준

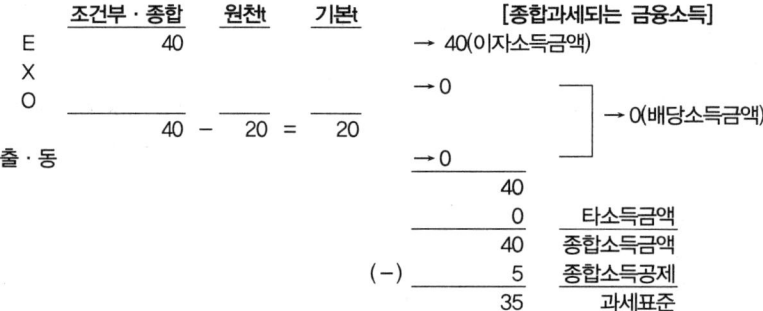

2. 산출세액 : Max[①, ②] = 5.6

① 종합 : 20 × 14% + {35 – 20} × 기본t = 3.79

↳ 15

= 20 × 14% + {(40 – 20) + 0 + 0 – 5} × 기본t = 3.79

↳ 15

② 분리 : 40 × 14% + (35 – 40) × 기본세율 = 5.6

↳ △5 → 0

= 40 × 14% + (0 – 5) × 기본세율 = 5.6

↳ △5 → 0

★★★
21 **다음은 허유진씨의 올해 소득과 관련된 정보이다. 종합소득세 결정세액은 얼마인가?**

> • 소득정보
> – 정기예금 이자수입 : 40,000,000원
> – 외국법인으로부터의 현금배당 : 8,000,000원
> – 내국법인으로부터의 현금배당 : 20,000,000원
> – 사업소득금액 : 12,000,000원
> • 종합소득공제액 5,000,000원
>
> [참고]
> • 과세표준 1,400만원 이하 : 6%세율
> • 과세표준 1,400만원 초과~5,000만원 이하 : 15%세율－126만원 누진공제
> • 과세표준 5,000만원 초과~8,800만원 이하 : 24%세율－576만원 누진공제

① 5,120,000　　② 7,920,000
③ 9,520,000　　④ 9,940,000
⑤ 10,240,000

정답 | ④

해설 | **[실전풀이]**

1. 과세표준

	조건부 · 종합		원천t		기본t	
E	40					
X	8					
O	20				20	× 10% = ★2
	68	–	20	=	48	G–up 금액
출 · 동						

[종합과세되는 금융소득]

→ 40(이자소득금액)
→ 30
→ 0
→ 30(배당소득금액)

	70	
	12	타소득금액
	82	종합소득금액
(–)	5	종합소득공제
	77	과세표준

2. 산출세액 : Max[①, ②] = 10.72
   ① 종합 : 20 × 14% + {77 – 20} × 기본t = 10.72
   ↳ 57
   = 20 × 14% + {(68 – 20) + 2 + 12 – 5} × 기본t = 10.72
   ↳ 57
   ② 분리 : 68 × 14% + (77 – 70) × 기본세율 = 9.94
   ↳ 7
   = 68 × 14% + (12 – 5) × 기본세율 = 9.94
   ↳ 7
3. 배당세액공제 : Min[①, ②] = 0.78
   ① 배당가산액(G–up) : 2
   ② 한도 : 산출세액계산시 ① – ② = 10.72 – 9.94 = 0.78
4. 종합소득 결정세액 : 2. – 3. = 9.94

★★★

22 **다음은 김배당씨의 올해 소득과 관련된 정보이다. 종합소득세 결정세액은 얼마인가?**

> • 소득정보
> – 정기예금 이자수입 : 10,000,000원
> – 집합투자기구로부터의 이익 : 5,000,000원
> – 내국법인으로부터의 현금배당 : 30,000,000원
> – 사업소득금액 : 36,250,000원
> – 근로소득금액 : 56,750,000원
> • 종합소득공제액 : 6,000,000원
>
> [참고]
> • 과세표준 1,400만원 이하 : 6%세율
> • 과세표준 1,400만원 초과~5,000만원 이하 : 15%세율－126만원 누진공제
> • 과세표준 5,000만원 초과~8,800만원 이하 : 24%세율－576만원 누진공제
> • 과세표준 8,800만원 초과~1억 5천만원 이하 : 35%세율－1,544만원 누진공제

① 2,500,000　　② 21,420,000
③ 24,635,000　　④ 24,935,000
⑤ 27,435,000

정답 | ④

해설 | [실전풀이]

1. 과세표준

	조건부 · 종합		원천t		기본t		[종합과세되는 금융소득]
E	10						→ 10(이자소득금액)
X	5						
O	30				25	× 10% = ★2.5	→ 37.5 → 37.5 (배당소득금액)
	45	–	20	=	25	G–up 금액	
출 · 동							→ 0

	47.5	
	56.75	
	36.25	타소득금액
	140.5	종합소득금액
(–)	6	종합소득공제
	134.5	과세표준

2. 산출세액 : Max[①, ②] = 27.435

① 종합 : 20 × 14% + {134.5 – 20} × 기본t = 27.435
↳ 114.5
= 20 × 14% + {(45 – 20) + 2.5 + (56.75 + 36.25) – 6} × 기본t = 27.435
↳ 114.5

② 분리 : 45 × 14% + (134.5 – 47.5) × 기본세율 = 21.42
↳ 87
= 45 × 14% + ((56.75 + 36.25) – 6) × 기본세율 = 21.42
↳ 87　　6.015

3. 배당세액공제 : Min[①, ②]=2.5
① 배당가산액(G-up) : 2.5
② 한도 : 산출세액계산시 ①-②=27.435-21.42=6.015
4. 종합소득 결정세액 : 2.-3.=27.435-2.5=24.935

★★☆
23 금융소득 절세방안에 대한 설명으로 적절하지 않은 것은?

① ISA에 대한 과세특례 요건을 충족한 경우 금융소득 합계액 200만원 또는 400만원까지 비과세하고 초과분은 9%로 분리과세한다.

② 연금계좌세액공제는 연금계좌에 납입하는 자기부담금 합계액을 연 900만원을 한도로 하여 12% 혹은 15%의 세액공제를 적용한다.

③ 금융소득종합과세는 매년 1월 1일부터 12월 31일까지의 개인별 금융소득(이자+배당)을 합산하여 2,000만원 초과 여부를 따진다. 그러므로 어느 한 해에 금융소득이 집중되는 것보다 매년 균등하게 이자를 받는 것이 세금면에서는 유리하다.

④ 배우자 증여재산공제(6억원)는 10년 기간의 금액을 합산한다는 점에 유의해야 한다. 또한 미성년 자녀에게는 10년 단위로 5,000만원의 증여는 증여세가 발생하지 않으므로 금융소득종합과세를 피하는 데 활용할 수 있다.

⑤ 양도소득세를 절감하기 위해서 배우자로부터 증여받은 주식 등의 양도는 증여일로부터 1년이 경과한 후에 하는 것이 좋다.

정답 | ④

해설 | ④ 배우자 증여재산공제(6억원)는 10년 기간의 금액을 합산한다는 점에 유의해야 한다. 또한 성년 자녀에게는 10년 단위로 1인당 5,000만원, 미성년 자녀에게는 10년 단위로 2,000만원의 증여는 증여세가 발생하지 않으므로 금융소득종합과세를 피하는 데 활용할 수 있다.

⑤ 배우자로부터 증여받은 주식을 증여받은 날로부터 1년 이내에 양도할 경우 증여받은 주식 등의 취득가액은 증여받은 날의 시가가 아니라 증여한 배우자가 처음 취득할 당시의 구입가격을 취득가액으로 보아 양도소득세를 계산한다. 양도소득세를 절감하기 위해서 배우자로부터 증여받은 주식 등의 양도는 증여일로부터 1년이 경과한 후에 하는 것이 좋다.

CHAPTER

06 부동산자산과 세금

출제 비중 : 15~22% / 4~6문항

학습가이드 ■ ■

학습 목표	학습 중요도
Tip 응용형 문제, 계산 문제가 빈번히 출제되므로 이에 대한 학습 필요 Tip 부동산 관련 세금의 경우 사례형에서 빈번히 출제됨 Tip 부동산 취득에서 양도까지 발생하는 세금을 하나의 흐름 안에서 볼 수 있도록 학습 필요	
1. 부동산 취득세를 계산할 수 있다.	★★★
2. 재산세와 종합부동산세에 대해 설명할 수 있다.	★★★
3. 부동산 양도소득세를 계산할 수 있다.	★★★
4. 부동산 관련 부가가치세를 설명할 수 있다.	★★
5. 특수관계인에게 양도 시 고려할 사항에 대해 설명할 수 있다.	★★
6. 부담부증여 시 양도소득세를 계산할 수 있다.	★★
7. 상속/증여받은 부동산의 양도소득세에 대해 설명할 수 있다.	★★
8. 가업상속공제가 적용된 자산에 대한 이월과세에 대해 설명할 수 있다.	★

••• TOPIC 1 부동산 취득 시 세금

★★★
01 취득세에 대한 설명으로 적절하지 않은 것은?

① 취득세는 부동산(토지, 건축물), 차량, 기계장비, 항공기, 선박, 입목, 광업권, 어업권, 양식업권, 골프회원권, 승마회원권, 콘도미니엄회원권, 종합체육시설 이용회원권 또는 요트회원권을 과세대상으로 한다.

② 취득세는 취득세 과세대상 자산을 취득한 자에게 부과한다. 개인과 법인뿐만 아니라 사단, 재단 및 그 밖의 단체도 취득세 납세의무가 있다.

③ 취득세 과세물건을 취득한 자는 그 취득한 날부터 90일 이내에 그 과세표준에 세율을 적용하여 산출한 세액을 신고납부해야 한다.

④ 무상취득(상속 제외)의 경우는 취득 일이 속하는 달의 말일부터 3개월, 상속으로 인한 경우는 상속개시일이 속하는 달의 말일부터 6개월 이내에 신고납부해야 한다.

⑤ 취득가액이 50만원 이하(면세점)일 때에는 취득세를 부과하지 아니한다.

정답 I ③

해설 I ③ 취득세 과세물건을 취득한 자는 그 취득한 날부터 60일 이내에 그 과세표준에 세율을 적용하여 산출한 세액을 신고납부해야 한다.

★★★

02 취득세 과세표준에 대한 설명으로 적절하지 않은 것은?

① 취득세 과세대상 자산을 유상거래로 승계취득하는 경우 취득 당시 가액은 사실상취득가격으로 한다.

② 유상승계취득에 있어 특수관계인 간의 거래로 그 취득에 대한 조세부담을 부당하게 감소시키는 행위 또는 계산을 한 것으로 인정되는 경우에는 시가인정액을 취득 당시 가액으로 결정할 수 있다.

③ 무상승계취득하는 경우 원칙적으로 취득 당시의 가액은 시가인정액으로 한다.

④ 취득세 과세대상 자산을 원시취득하는 경우 취득 당시 가액은 사실상취득가격으로 한다. 다만, 법인이 아닌 자가 건축물을 건축하여 취득하는 경우로서 사실상취득가격을 확인할 수 없는 경우 취득 당시 가액은 시가표준액으로 한다.

⑤ 건축물을 건축 또는 개수한 경우와 선박 등 종류를 변경한 경우 및 토지의 지목을 사실상 변경하는 경우에는 그 재산전체의 시가표준액을 과세표준으로 한다. 다만, 신고 또는 신고가격의 표시가 없거나 신고가액이 시가표준액보다 적을 때에는 그 시가표준액으로 한다.

정답 I ⑤

해설 I ⑤ 건축물을 건축 또는 개수한 경우와 선박 등 종류를 변경한 경우 및 토지의 지목을 사실상 변경하는 경우에는 건축 · 개수 · 종류변경 · 지목변경으로 증가한 가액을 과세표준으로 한다. 다만, 신고 또는 신고가격의 표시가 없거나 신고가액이 시가표준액보다 적을 때에는 그 시가표준액으로 한다.

★★☆

03 취득세 세율에 대한 설명으로 적절하지 않은 것은?

① 농지 이외의 부동산을 상속으로 취득하는 경우의 세율은 3.16%(부가세 포함)이다.

② 상속 외의 원인으로 무상취득하는 경우의 세율은 4%(부가세 포함)이다.

③ 농지 이외의 부동산을 매매 등 그 밖의 원인으로 취득하는 경우의 세율은 4%(부가세 포함)이다.

④ 부동산을 원시취득하는 경우의 세율은 3.16%(부가세 포함)이다.

⑤ 조정대상지역에서 시가표준액 3억원 이상인 주택을 증여를 원인으로 취득하는 경우 12%의 취득세율을 적용한다.

정답 I ③

해설 I ③ 농지 이외의 부동산을 매매 등 그 밖의 원인으로 취득하는 경우의 세율은 4.6%(부가세 포함)이다.

취득세 세율

(단위 : %)

구분		취득세	농어촌특별세	지방교육세	계
상속 취득	농지	2.3	0.2	0.06	2.56
	농지 외	2.8	0.2	0.16	3.16
상속 외 무상취득		3.5	0.2	0.30	4.00
원시취득		2.8	0.2	0.16	3.16
매매 등 그 밖의 원인으로 취득	농지	3.0	0.2	0.20	3.40
	농지 외	4.0	0.2	0.40	4.60

※조정대상지역에서 시가표준액 3억원 이상인 주택을 증여를 원인으로 취득하는 경우 12%의 취득세율을 적용한다.

★★★

04 취득세에 대한 설명으로 적절하지 않은 것은?

① 1주택자의 주택 매매취득시 취득가액 6억원 이하는 취득세율 1%를 적용한다.

② 1주택자의 주택 매매취득시 취득가액 6억원 초과 9억원 이하는 취득세율 2%를 적용한다.

③ 1주택자의 주택 매매취득시 취득가액 6억원 초과 9억원 이하는 취득세율 3%를 적용한다.

④ 과밀억제권역 내에서 본점이나 주사무소의 사업용으로 신축하거나 증축하는 건축물과 그 부속토지를 취득하는 경우 취득세율은 표준세율＋중과기준세율(2%)×200%를 적용한다.

⑤ 사치성 재산 등을 취득하는 경우 취득세율은 표준세율＋중과기준세율(2%)×400%를 적용한다.

정답 | ②

해설 | **주택 취득세 표준세율**

주택의 취득 당시 가액	주택 취득세 표준세율
6억원 이하	1%
6억원 초과 9억원 이하	(주택의 취득 당시 가액$\times\frac{2}{3억원}-3)\times\frac{1}{100}$
9억원 초과	3%

▪▪▪ TOPIC 2 부동산 보유 시 세금

★★★
05 **주택(1세대 1주택 제외)에 대한 재산세와 종합부동산세의 비교에 대한 설명으로 적절하지 않은 것은?**

① 재산세와 종합부동산세의 과세기준일은 모두 6월 1일이다.
② 종합부동산세의 경우 12억원 초과하는 경우에만 납세의무가 있다.
③ 재산세의 과세권자는 재산소재지 관할 시장 군수 · 구청장이고, 종합부동산세의 과세권자는 주소지 관할 세무서장이다.
④ 재산세는 개별 자산별로 과세하고, 종합부동산세는 개인별로 전국합산 과세한다.
⑤ 재산세의 과세표준은 공시지가×60% 적용하며, 종합부동산세 과세표준은 (공시가격－9억원)×공정시장가액비율이다.

정답 | ②
해설 | ② 종합부동산세의 경우 9억원 초과하는 경우에만 납세의무가 있다. 12억 기준은 1세대 1주택자인 경우에만 적용한다.

재산세와 종합부동산세 비교

구분	재산세	종합부동산세
과세대상	주택 · 토지(종합 · 별도 · 분리) · 건축물	주택 · 토지(종합 · 별도)
납세의무자	6월 1일 현재 재산소유자	6월 1일 현재 재산소유자 • 주택 : 9억원 초과자(1세대 1주택 : 12억원 초과자) • 종합합산토지 : 5억원 초과자 • 별도합산토지 : 80억원 초과자
과세권자	재산 소재지 관할 시장 · 군수 · 구청장	주소지 관할 세무서장
과세방법	• 주택, 건축물, 분리과세 토지 : 개별과세 • 종합합산 토지 · 별도합산 토지 : 유형별 시 · 군 · 구 관내 합산(개인별)	유형별로 전국 합산(개인별)
과세표준	시가표준액×공정시장가액비율	• 주택 : [공시가격－9억원(1세대 1주택 : 12억원)]×공정시장가액비율 • 종합합산 토지 : (공시가격－5억원)×공정시장가액비율 • 별도합산 토지 : (공시가격－80억원)×공정시장가액비율
세율	• 주택 : 4단계 초과누진세율 • 종합합산 토지 · 별도합산 토지 : 3단계 초과누진세율 • 분리과세 토지, 건축물 등 : 단일세율	• 주택 : 7단계 초과누진세율 • 종합합산 토지 · 별도합산 토지 : 3단계 초과누진세율

★☆☆
06 재산세 및 종합부동산세의 세율에 대한 설명으로 적절하지 **않은** 것은?

① 전 · 답 · 과수원, 목장용지 및 임야의 재산세 : 0.07%
② 회원제 골프장 및 고급오락장용 토지의 재산세 : 0.4%
③ 별도합산과세대상 · 종합합산과세대상 토지의 재산세 : 3단계 초과누진세율
④ 별도합산과세대상 · 종합합산과세대상 토지의 종합부동산세 : 3단계 초과누진세율
⑤ 주택에 대한 종합부동산세 : 7단계 초과누진세율

정답 | ②
해설 | ② 회원제 골프장 및 고급오락장용 토지 : 4%

★★★
07 부동산 보유세의 절세방안으로 설명으로 적절하지 **않은** 것은?

① 토지에 대한 재산세는 동일 시 · 군 · 구에 소재하는 종합합산과세 대상 토지와 별도합산과세대상 토지로 구분 및 유형별로 합산하여 초과누진세율을 적용하므로 공동명의로 보유하게 된다면 재산세를 절세할 수 있다.
② 주택에 대한 재산세도 공동소유하는 것만으로도 절세할 수 있다.
③ 일정 요건을 갖춘 1세대 1주택자가 주택연금에 가입하는 경우 가입주택의 시가표준액이 5억원 이하이면 재산세 25%을 감면받을 수 있다.
④ 종합부동산세 부담에 있어서, 일반적으로 공동명의로 하는 경우에는 과세표준 산정 시 공제하는 금액과 초과누진세율 구조로 인하여 절세효과가 있다.
⑤ 종합부동산세 부담에 있어서, 주택을 공동명의로 보유하는 경우 공동명의 1주택자의 납세의무특례를 검토하여 절세계획을 세워야 한다.

정답 | ②
해설 | ② 주택에 대한 재산세는 물건별로 개별과세하기 때문에, 공동소유로 한다고 하더라도 감소하지 않는다.

··· TOPIC 3 부동산 양도 시 세금

★★★

08 부동산 양도소득세에 대한 설명으로 적절하지 않은 것은?

① 양도가액은 그 자산의 양도 당시의 양도자와 양수자 간에 실지거래가액에 따른다. 그러나 특수관계자와 거래에 있어서 시가보다 낮은 가격으로 양도함으로써 부당행위계산의 부인에 해당하는 경우에는 시가를 양도가액으로 한다.

② 취득 당시의 실지거래가액을 확인할 수 없는 경우에는 매매사례가액, 감정가액 및 환산취득가액을 순차로 적용하여 산정한 가액을 취득가액으로 본다.

③ 취득 당시의 실지거래가액을 확인할 수 없는 경우 기타필요경비는 취득 당시의 기준시가에 필요경비개산공제율을 곱한 금액으로 한다. 이 경우 토지와 건물은 1%의 공제율을 적용한다.

④ 양도소득금액은 양도차익에서 장기보유특별공제액을 차감하여 계산하며 양도소득의 과세표준은 양도소득금액에서 양도소득 기본공제(250만원)를 차감하여 계산한다.

⑤ 장기보유특별공제액은 1세대 1주택인 상황에서 양도하는 주택인 경우 보유기간 공제율 40%와 거주기간 공제율 40%를 합하여 최대 80%를 적용받을 수 있다.

정답 | ③

해설 | ③ 취득 당시의 실지거래가액을 확인할 수 없는 경우 기타필요경비는 취득 당시의 기준시가에 필요경비개산공제율을 곱한 금액으로 한다. 이 경우 토지와 건물은 3%의 공제율을 적용한다.

개산공제방식의 개산공제율

구분	필요경비개산공제율
토지와 건물	3%(미등기 자산은 0.3%)
지상권 · 전세권 · 등기된 부동산임차권	7%(미등기 자산은 1%)
부동산을 취득할 수 있는 권리	1%

★★★

09 부동산 양도소득세에 대한 설명으로 적절한 것은?

① 장기보유특별공제는 토지 및 건물로서 보유기간이 3년 이상인 것에 적용한다. 미등기한 주택의 경우에도 실질과세원칙에 따라 실제로 보유기간이 3년 이상이라면 적용 가능하다.

② 부동산을 취득할 수 있는 권리 중 조합원입주권(조합원으로부터 취득한 것 포함)도 장기보유특별공제의 대상이 된다.

③ 일반건축물을 주택으로 용도변경하여 1세대 1주택이 된 경우 장기보유특별공제액은 보유기간별 공제율 계산 시 비주택 보유기간에 대한 일반 공제율과 주택 보유기간에 대한 1세대 1주택 공제율을 합한 것으로 하되 30%를 한도로 한다.

④ 양도소득금액을 계산함에 있어서 양도차손이 발생한 자산이 있는 경우에는 양도차손이 발생한 자산과 다른 세율을 적용받는 자산의 양도소득금액에서 먼저 공제한 후 같은 세율을 적용 받는 자산의 양도소득금액에서 공제한다.

⑤ 부동산의 양도소득 기본공제는 개인별로 연간 250만원을 공제한다. 다만, 미등기양도 자산에 대해서는 양도소득 기본공제를 적용하지 않는다.

정답 I ⑤

해설 I ① 장기보유 특별공제는 토지 및 건물로서 보유기간이 3년 이상인 것에 적용한다. 다만, 미등기양도자산과 조정대상지역에 있는 주택으로서 양도소득세 중과대상에 해당하는 주택은 제외한다.

② 부동산을 취득할 수 있는 권리 중 조합원입주권(조합원으로부터 취득한 것 제외)도 장기보유특별공제의 대상이 된다.

③ 일반건축물을 주택으로 용도변경하여 1세대 1주택이 된 경우 장기보유특별공제액은 보유기간별 공제율 계산 시 비주택 보유기간에 대한 일반 공제율과 주택 보유기간에 대한 1세대 1주택 공제율을 합한 것으로 하되 40%를 한도로 한다.

④ 양도소득금액을 계산함에 있어서 양도차손이 발생한 자산이 있는 경우에는 양도차손이 발생한 자산과 같은 세율을 적용받는 자산의 양도소득금액에서 먼저 공제한 후 다른 세율을 적용 받는 자산의 양도소득금액에서 공제한다.

★★★
10 부동산 양도소득세에 대한 설명으로 적절하지 않은 것은?

① 양도소득세 과세대상 자산을 양도한 거주자는 양도한 날이 속하는 달의 말일부터 2개월 이내에 납세지 관할 세무서장에게 신고 · 납부하여야 한다.
② 부담부증여 시 채무액에 해당하는 부분으로서 양도로 보는 경우에는 그 양도일이 속하는 달의 말일부터 2개월 이내에 신고 · 납부하여야 한다.
③ 해당 연도의 양도소득금액이 있는 자는 해당 연도의 다음 연도 5월 1일부터 5월 31일까지 납세지 관할 세무서장에게 신고 · 납부하여야 한다. 다만, 예정신고를 한 자는 양도 소득세액이 변동되지 않는 한 확정신고를 하지 않을 수 있다.
④ 당해 연도에 기본세율의 적용대상 자산에 대한 예정신고를 2회 이상 하는 경우로서 거주자가 이미 신고한 양도소득 과세표준과 합산한 기준으로 세율을 적용한 후, 이미 신고한 예정신고 산출세액을 공제하여 예정신고 산출세액을 계산한다.
⑤ 거주자로서 예정신고 또는 확정신고 시 납부할 세액이 1천만원을 초과하는 자는 종합소득세의 경우와 같은 방법으로 납부기한 경과 후 2개월 이내에서 분할납부할 수 있다.

정답 I ②

해설 I ② 부담부증여 시 채무액에 해당하는 부분으로서 양도로 보는 경우에는 그 양도일이 속하는 달의 말일부터 3개월 이내에 신고 · 납부하여야 한다.

★★★
11 송건희씨는 20x1년 2월 취득한 토지를 20x5년 5월에 양도하였다. 해당 양도와 관련한 내용이 다음과 같을 때 송건희씨의 양도소득세 산출세액은 얼마인가?

구분	실지거래가액	기준시가
양도가액	6억원	4억원
취득가액	확인 불가	2억원

- 토지 양도시 기타필요경비 : 20,000,000원
- 토지는 미등기 자산에 해당하지 않고, 송건희씨는 해당 연도에 이 토지 외에 양도한 자산은 없다고 가정한다.
- 과세표준 1억5천만원~3억원이하 : 38%(세율) − 1,994만원(누진공제)

① 46,142천원
② 74,870천원
③ 79,658천원
④ 80,608천원
⑤ 81,026천원

정답 | ③

해설 |

양도가액 :	600,000,000	
취득가액 :	300,000,000	= 600,000,000 × 2억원/4억원(환산취득가액)
기타필요경비 :	6,000,000	= 200,000,000 × 3%*1
양도차익 :	294,000,000	
장기보유특별공제 :	29,400,000	= 294,000,000 × 10%(5년)
양도소득금액 :	264,600,000	
기본공제 :	2,500,000	
과세표준 :	262,100,000	
세율 :	38%	
산출세액 :	79,658,000	

*1 취득가액으로 실지거래가액을 사용하지 않은 경우, 기타필요경비는 취득 당시의 기준시가에 필요경비 개산공제율을 곱한 금액으로 한다.

★★★

12 **변우석씨는 주택을 양도하였다. 해당 양도와 관련한 내용이 다음과 같을 때 변우석씨의 양도소득세 과세표준은 얼마인가?**

- 양도가액 : 18억원
- 취득가액 : 12억원
- 기타필요경비 : 없음
- 주택은 등기된 주택으로서 1세대 1주택 비과세 요건을 갖추었다고 가정한다.
- 보유 및 거주기간 11년
- 과세표준 1,400만원 이하 : 6%세율
- 과세표준 1,400만원 초과~5,000만원 이하 : 15%세율－126만원 누진공제
- 과세표준 5,000만원 초과~8,800만원 이하 : 24%세율－576만원 누진공제
- 과세표준 8,800만원 초과~1억 5천만원 이하 : 35%세율－1,544만원 누진공제
- 과세표준 1억5천만원~3억원이하 : 38%세율－1,994만원 누진공제

① 1,965천원　　② 4,365천원
③ 4,740천원　　④ 18,685천원
⑤ 38,390천원

정답 | ②

해설 |

양도가액 :	1,800,000,000	
취득가액 :	1,200,000,000	
기타필요경비 :	－	
양도차익 :	200,000,000	= 600,000,000 × (18억 － 12억) / 18억
장기보유특별공제 :	160,000,000	= 200,000,000 × 80%(보유 40% + 거주 40%)
양도소득금액 :	40,000,000	
기본공제 :	2,500,000	
과세표준 :	37,500,000	
세율 :	15%	
산출세액 :	4,365,000	

★★★

13 주택과 양도소득세에 대한 설명으로 적절하지 **않은** 것은?

① 주거생활의 안정을 제고하고자 1세대 1주택의 양도로 발생하는 소득에 대해서는 일정한 비과세 요건을 모두 충족하는 경우에 한하여 양도소득세가 비과세된다.

② 조정대상지역에 종전주택을 취득한지 1년 후에 조정대상지역에 있는 신규주택을 취득하는 경우 3년 이내에 종전주택을 양도하는 경우에 1세대 1주택으로 보아 비과세 규정을 적용한다.

③ 60세 이상의 직계존 속을 동거봉양하기 위하여 세대를 합침으로써 1세대가 2주택을 보유하게 되는 경우 세대를 합친 날부터 10년 이내에 먼저 양도하는 주택은 1세대 1주택으로 보아 비과세 규정을 적용한다.

④ 1주택을 보유하는 자가 1주택을 보유하는 자와 혼인함으로써 1세대가 2주택을 보유하게 되는 경우 그 혼인한 날부터 10년 이내에 먼저 양도하는 주택은 1세대 1주택으로 보아 비과세 규정을 적용한다.

⑤ 상속받은 주택과 일반주택(상속개시 당시 보유하고 있는 주택)을 국내에 각각 1개씩 소유하고 있는 1세대가 일반주택을 양도(기간 제한 없음)하는 경우에는 국내에 1개의 주택을 소유하고 있는 것으로 보아 1세대 1주택 비과세 여부를 판정한다.

정답 | ②

해설 | ① 주거생활의 안정을 제고하고자 1세대 1주택의 양도로 발생하는 소득에 대해서는 일정한 비과세 요건을 모두 충족하는 경우에 한하여 양도소득세가 비과세된다.

[1세대 1주택의 양도소득세 비과세 요건]
- 1세대가 국내에 1주택을 소유할 것
- 2년 이상 보유할 것(취득 당시 조정대상지역 주택은 2년 이상 보유 및 거주)
- 미등기양도자산 및 고가주택이 아닐 것
- 주택 양도 당시 조합원입주권 및 분양권(2021.1.1. 이후 취득분)을 보유한 자가 양도하는 주택이 아닐 것(실제 거주목적 등 부득이한 사유로 보유하는 경우 제외)

② 조정대상지역에 종전주택을 취득한지 1년 후에 조정대상지역에 있는 신규주택을 취득하는 경우 2년 이내에 종전주택을 양도하는 경우에 1세대 1주택으로 보아 비과세 규정을 적용한다.
→ 3년 이내의 양도요건은 조정대상지역이 아닌 경우의 조건이다.

★★☆

14 부동산관련 세금 절세방안으로 적절하지 않은 것은?

① 토지 · 건물 등 부동산을 양도 시에는 2년 미만 보유시 높은 양도세율을 적용하고, 2년 이상 보유 시 기본세율을 적용할 뿐만 아니라, 3년 이상의 장기보유의 경우 장기보유특별공제를 적용하므로, 보유기간을 고려하여 잔금청산시기를 결정하면 절세할 수 있다.

② 재산세 및 종합부동산세 등 보유세의 과세기준일이 6월 1일이므로 과세기준일 전에 잔금을 받는 경우에는 양도 부동산에 대한 보유세 부담을 줄일 수 있다

③ 양도차손이 발생하는 경우에는 시세가 상승한 다른 부동산을 동일한 연도에 매각함으로써 양도소득세 부담을 경감하는 방안도 고려할 필요가 있다.

④ 양도소득세는 개인 단위 과세구조로 되어 있으며 초과누진세율을 적용받는다. 따라서 처음 취득할 때부터 공동명의로 하는 경우 양도소득세를 절세할 수 있다.

⑤ 상속받은 주택 1개와 일반주택 1개를 보유하고 있는 경우에, 상속주택을 먼저 양도하는 경우에만 1세대 1주택 비과세 규정을 적용받을 수 있다.

정답 | ⑤

해설 | ⑤ 상속받은 주택 1개와 일반주택 1개를 보유하고 있는 경우에, 일반주택을 먼저 양도하는 경우에만 1세대 1주택 비과세 규정을 적용받을 수 있다.

··· TOPIC 4 부동산 양도와 관련된 특수문제

★★★

15 부동산 취득 시 부가가치세에 대한 설명으로 적절하지 않은 것은?

① 부가가치세 일반과세자가 건물을 분양하거나 매도할 때는 매수자로부터 건축물 부분에 해당하는 공급가격에 대하여 10%의 부가가치세를 징수하게 된다. 따라서 매수자는 실제 부동산 가격 이외에 10%의 매입부가가치세를 추가로 지급하여야 한다.

② 주택의 경우 국민주택규모 이하는 부가가치세가 건물 부분에 대하여도 전부 면세되며, 국민주택규모를 초과하는 주택을 사업자(일반과세자)로부터 분양받거나 구입하는 경우에는 부동산 가격 이외에 부가가치세가 건물가액에 대하여 10%로 부과된다.

③ 부동산을 매수한 자가 임대과세사업자와 같이 부가가치세 일반과세자인 경우에는 사업자등록만 하면, 별도의 절차 없이 매입 부가가치세를 당연히 환급받게 된다.

④ 부가가치세법상 사업을 포괄적으로 양도하면 재화의 공급으로 보지 않기 때문에 부가가치세가 과세되지 않는다.

⑤ 면세사업자 또는 비사업자로부터 부동산을 매수하는 경우에는 부가가치세에 대한 부담이 전혀 없다.

정답 | ③

해설 | ③ 부동산을 매수한 자가 임대과세사업자와 같이 부가가치세 일반과세자인 경우에는 매입 부가가치세를 환급받게 되므로 원가의 부담이 없고 일시적인 자금부담만 발생한다. 매입부가가치세를 환급받기 위해서는 법령에 정한 기간 내에 부가가치세 일반과세자로서 사업자등록을 하여야 하고 세금계산서 수수 및 합계표 제출 등의 절차를 이행하여야만 한다.

부동산 취득 · 양도 · 임대 시 부가가치세

구분	취득과 양도 시		임대 시	
토지	면세		원칙	과세
			예외	주택부수토지는 면세
건물	원칙	과세	원칙	과세
	예외	국민주택규모 이하의 주택은 면세	예외	주택은 면세

★★★

16 부동산 양도 시 부가가치세에 대한 설명으로 적절하지 않은 것은?

① 일반과세자가 사업용 건물을 임대하거나 사업장으로 사용하다가 양도하는 경우에는 부가가치세를 매수자로부터 거래징수하여야 한다.

② 사업의 포괄적 양도 · 양수에 의한 방법으로 부동산을 양도하는 경우에는 부가가치세를 거래징수하지 않는다.

③ 부가가치세법상 일반과세자로서 사업을 영위하던 자가 사업용 부동산 등을 특수관계인 등에게 증여하는 경우에는 부가가치세가 과세되지 않고 증여세만 과세된다.

④ 부동산임대업에 사용되는 모든 자산인 토지, 건물과 부채인 임대보증금을 포괄적으로 인계시키는 부담부증여를 하여 사업의 포괄적 양도 · 양수를 하는 경우에는 부가가치세가 과세되지 않는다.

⑤ 주택임대사업 등 면세사업을 영위하다가 임대사업용 주택 등을 양도하는 경우에는 부가가치세 과세거래가 아니기 때문에 부가가치세를 거래징수할 필요가 없다.

정답 | ③

해설 | ③ 부가가치세법상 일반과세자로서 사업을 영위하던 자가 사업용 부동산 등을 특수관계인 등에게 증여하는 경우에는 개인적 공급이라고 하여 재화의 공급으로 보아 부가가치세를 과세한다.

★★☆

17 배우자 또는 직계존비속(배우자등) 간 증여재산에 대한 이월과세에 대한 설명으로 적절하지 않은 것은?

① 거주자가 양도일로부터 소급하여 3년 이내에 그 배우자 또는 직계존비속으로부터 증여받은 부동산 등의 양도차익을 계산할 때 양도가액에서 공제할 취득가액은 증여한 배우자 등의 실지거래가액으로 한다.

② 이월과세를 적용하는 양도소득세 과세대상 자산은 토지, 건물, 부동산을 취득할 수 있는 권리 및 특정시설물이용권에 한하여 적용한다.

③ 이월과세를 적용할 경우 1세대 1주택 비과세에 해당하는 경우에는 이월과세 규정을 적용하지 않는다.

④ 양도가액에서 공제하는 취득가액은 증여한 배우자등이 취득한 당시의 가액으로 하며, 필요경비는 수증자의 자본적 지출액, 양도비, 증여세와 증여자가 지출한 자본적 지출액을 포함한 가액으로 한다.

⑤ 증여받은 자산에 대한 증여세상당액은 양도차익을 계산할 때 필요경비에 산입하며 양도소득세 계산할 때 적용하는 세율과 장기보유특별공제액 계산 시 보유기간은 증여한 배우자 등이 그 자산을 취득한 날을 취득일로 보고 계산한다.

정답 | ①

해설 | ① 거주자가 양도일로부터 소급하여 10년(2022년 증여분까지는 5년) 이내에 그 배우자(양도 당시 혼인관계가 소멸된 경우는 포함하며 사망으로 혼인관계가 소멸된 경우는 제외) 또는 직계존비속으로부터 증여받은 부동산 등의 양도차익을 계산할 때 양도가액에서 공제할 취득가액은 증여한 배우자 등의 실지거래가액으로 한다.

③ 다음 중 어느 하나에 해당하는 경우에는 이월과세규정을 적용하지 않는다.

- 사업인정고시일부터 소급하여 2년 이전에 증여받은 경우로서 관련 법률에 따라 협의매수 또는 수용된 경우
- 이월과세를 적용할 경우 1세대 1주택 비과세에 해당하는 경우(1세대 1주택 비과세 요건을 충족한 고가주택으로 과세되는 경우 포함)
- 이월과세를 적용하여 계산한 양도소득 결정세액이 이월과세를 적용하지 아니하고 계산한 양도소득 결정세액보다 적은 경우

★★★
18 김삼현씨가 아들에게 시가 8억의 부동산을 4억원에 양도한 경우, 양도소득세와 증여세 과세문제에 대한 설명으로 적절하지 **않은** 것은?

① 김삼현씨의 양도소득세 계산 시에 부당행위계산의 부인을 적용하기 위해서는 시가와 거래가액의 차액이 3억원 이상이거나 시가의 100분의 5에 상당하는 금액 이상인 경우에만 적용한다.

② 세법상 김삼현씨의 양도가액은 시가에 해당하는 8억원으로 본다.

③ 아들은 시가와 거래가액의 차액인 4억에 대하여 증여세납세의무가 발생한다.

④ 아들이 증여세 납세의무가 생기기 위해서는 시가와 거래가액의 차액이 3억원 이상이거나 시가의 30% 이상이어야 한다.

⑤ 추후 아들이 해당 저가취득 자산을 양도하는 경우 취득가액은 저가취득가액인 4억원이다.

정답 | ⑤

해설 | ⑤ 추후 아들이 해당 저가취득 자산을 양도하는 경우 취득가액은 실제 취득가액에서 증여재산가액을 가산하여 계산한다.

[참고]

• 증여재산가액 = (시가 − 양수대가) − Min(시가×30%, 3억원)
= (8억 − 4억원) − Min(2.4억원, 3억원)
= 4억원 − 2.4억원 = 1.6억원

• 추후 아들의 자산 양도 시 취득가액 = 4억원 + 1.6억원 = 5.6억원

★★★
19 아버지가 소유하고 있는 상가C를 딸에게 부담부증여를 할 때, 양도소득세 계산 시 양도차익으로 적절한 것은?(단, 딸이 인수한 아버지의 채무는 객관적으로 입증되는 것으로 가정한다.)

구분	금액	비고
증여가액	400,000,000원	상증세법상 시가
채무액	300,000,000원	
실지취득가액	200,000,000원	
취득 시 기준시가	150,000,000원	
기타필요경비	10,000,000원	실제 발생한 비용

① 140,000천원　　② 142,500천원
③ 177,500천원　　④ 180,000천원
⑤ 183,000천원

정답 | ②

해설 | 양도가액 : 400,000,000×300,000,000 / 400,000,000 = 300,000,000원
취득가액 : 200,000,000×300,000,000 / 400,000,000 = 150,000,000원
기타필요경비 : 10,000,000×300,000,000 / 400,000,000 = 7,500,000원
양도차익 : 142,500,000원

★★★
20 다음 부동산의 부담부증여 시의 양도차익은 얼마인가?

구분	금액	비고
증여가액	400,000,000원	기준시가
채무액	300,000,000원	
실지취득가액	220,000,000원	
양도 시 기준시가	250,000,000원	
취득 시 기준시가	200,000,000원	
기타필요경비	10,000,000원	실제 발생한 비용

① 140,000천원
② 142,500천원
③ 145,500천원
④ 147,500천원
⑤ 148,500천원

정답 | ③

해설 | 양도가액 : 400,000,000×300,000,000 / 400,000,000 = 300,000,000원
취득가액 : 200,000,000×300,000,000 / 400,000,000 = 150,000,000원
기타필요경비 : 150,000,000×3% = 4,500,000원
양도차익 : 145,500,000원

★★☆
21 상속 · 증여받은 부동산의 양도소득세 계산 시 보유기간 기산일에 대한 설명이다. 빈칸에 들어갈 내용에 대한 설명으로 적절한 것은?

구분	상속재산의 경우	증여재산의 경우
양도소득세 세율 적용 시	A	B
장기보유특별공제 세율 적용 시	C	D

*배우자 등 이월과세규정이 적용되는 경우 : E

① A : 상속받은 재산의 경우 양도소득세 세율 적용 시 보유기간은 피상속인이 취득한 날부터 기산한다.
② B : 증여받은 재산의 경우 양도소득세 세율 적용 시 보유기간은 수증자가 증여받은 날부터 기산한다.
③ C : 상속받은 재산의 경우 장기보유특별공제 세율 적용 시 보유기간은 피상속인이 취득한 날부터 기산한다.
④ D : 증여받은 재산의 경우 장기보유특별공제 세율 적용 시 보유기간은 증여받은 날부터 기산한다.
⑤ E : 배우자 등 이월과세규정이 적용되는 경우 양도소득세 세율 및 장기보유특별공제 적용 시 증여자가 당해 자산을 취득 한 날을 기산일로 적용한다.

정답 | ③

해설 | ③ C : 상속받은 재산의 경우 장기보유특별공제 세율 적용 시 보유기간은 상속개시일부터 기산한다.

상속 · 증여받은 부동산의 보유기간 기산일

구분	상속재산의 경우	증여재산의 경우
세율 적용 시	피상속인이 취득한 날	증여받은 날
장기보유특별공제 적용 시	상속개시일	증여받은 날

CHAPTER

07 은퇴소득과 세금

출제 비중 : 7~11% / 2~3문항

학습가이드 ■ ■

학습 목표	학습 중요도
Tip 응용형 문제, 계산 문제가 출제될 수 있음 Tip 연금 관련 세금의 경우 「은퇴설계」와 연계하여 학습 필요	
1. 연금소득 과세체계에 대해 설명할 수 있다.	★★★
2. 퇴직소득 과세체계를 설명할 수 있다.	★★★

TOPIC 1 연금소득 과세체계

★★★

01 공적연금 과세체계에 대한 설명으로 적절하지 않은 것은?

① 공적연금을 연금형태로 수령하는 경우에는 연금소득세를 과세하지만, 일시금 등 연금 외 형태로 수령하는 경우에는 퇴직소득세를 과세한다.

② 법률에 따라 받는 유족연금, 장해연금, 상해연금, 연계노령 유족연금 또는 연계퇴직유족연금에 대해서는 소득세를 과세하지 않는다.

③ 과세대상 연금소득은 과세기준금액에서 과세제외기여금 등을 차감하여 계산한다.

④ 연금소득은 종합소득 과세표준 확정신고 대상이나, 공적 연금소득을 제외하고는 다른 종합소득이 없는 경우에는 연말정산으로 종합소득신고를 갈음하기 때문에 종합소득세 확정신고를 하지 않아도 된다.

⑤ 공적연금관리기관은 연금 지급 시 연금소득 간이세액표에 따라 연금소득세를 원천징수한다. 그 후 원천징수의무자가 해당 과세기간의 다음 연도 2월분의 공적연금 소득을 지급할 때에는 연말정산을 적용한다.

정답 | ⑤

해설 | ⑤ 공적연금소득에 대한 원천징수의무자가 해당 과세기간의 다음 연도 1월분의 공적연금 소득을 지급할 때에는 연말정산을 적용한다.

★★★
02 연금계좌(사적연금) 과세체계에 대한 설명으로 적절하지 **않은** 것은?

① 연금계좌에서 인출할 때 [과세제외금액 → 이연퇴직소득 → 그 외 소득(운용수익 및 소득 · 세액공제 받은 자기부담금)] 순서로 인출하였다고 본다.

② 연금개시 후 연간 연금수령한도 이내에서 인출한 금액은 연금소득세를 적용하지만, 한도를 초과한 금액은 소득의 원천에 따라 퇴직소득세 또는 기타소득세가 적용된다.

③ 연간 연금수령한도는 연금계좌 평가액/(11 – 연금수령연차) × 120%로 계산하는데, 이때 연금수령연차는 실제 연금개시연도를 기산연차로 한다.

④ 공적연금은 무조건 종합과세인 반면, 사적연금소득에 대해서는 1,500만원 이하인 경우 분리과세를 선택할 수 있다.

⑤ 연금계좌에서 그 외 소득을 원천으로 연금수령 시에 1,500만원을 초과하게 되면 전액 다른 종합소득과 합산하여 다음 해 5월에 신고납부하거나 15% 분리과세 중에서 선택한다.

정답 | ③

해설 | ③ 연간 연금수령한도는 연금계좌 평가액/(11 – 연금수령연차) × 120%로 계산하는데, 이때 연금수령연차란 최초로 연금수령할 수 있는 날이 속하는 과세연도(연금개시 여부와는 관계없이 연금수령 요건을 충족한 해)를 기산연차로 하여 그 다음 과세기간을 누적 합산한 연차를 말하며, 연금수령연차가 11년 이상인 경우에는 연금수령한도를 적용하지 않는다. 연금수령연차는 1부터 시작하는 것이 원칙이나 2013. 3. 1. 이전 가입계좌는 6부터 시작한다.

연금계좌에서 연금수령 시 세금

소득원천	세금의 종류	세율	종합소득 합산 여부
이연퇴직소득	연금 소득세	퇴직소득세율 × 70%(60%) (연금실수령연차 11부터는 60%)	합산하지 않음 (무조건 분리과세)
그 외 소득 (운용수익 및 소득 · 세액공제 받은 자기부담금)		원천징수세율 3~5%	종합과세 혹은 분리과세 선택 가능(선택적 분리과세) – 1,500만원 이하 : 종합과세 또는 3~5% 분리과세 – 1,500만원 초과 : 종합과세 또는 15% 분리과세

★★★
03 **연금계좌에서 연금수령 시 원천징수세율에 대한 설명이다. 빈칸에 들어갈 내용으로 적절하게 연결된 것은?**

[그 외 소득을 원천으로 연금수령 시]
• 연령이 75세인 경우 : (가)
• 연령이 67세이고, 종신연금계약인 경우 : (나)

[이연퇴직소득을 원천으로 연금수령 시](실제 수령연차는 10년차로 가정한다.)
• 연금외수령 당시 이연퇴직소득세 $\times \frac{\text{연금외수령한 이연퇴직소득}}{\text{연금외수령 당시 이연퇴직소득}} \times$ (다)

	가	나	다
①	5%	4%	60%
②	4%	5%	60%
③	4%	4%	70%
④	4%	5%	60%
⑤	3%	4%	70%

정답 I ③
해설 I **연금계좌에서 연금수령 시 원천징수세율**

구분			세율	
그 외 소득(운용수익 및 소득 · 세액공제 받은 자기부담금)을 원천으로 연금수령 시	① 연령	70세 미만	5%	①, ②의 요건 동시 충족 시 낮은 세율 적용
		70~79세	4%	
		80세 이상	3%	
	② 종신연금계약(사망일까지 연금수령하면서 중도 해지할 수 없는 계약)		4%	
이연퇴직소득을 원천으로 연금수령 시	연금외수령당시 이연퇴직소득세 $\times \frac{\text{연금외수령한 이연퇴직소득}}{\text{연금외수령 당시 이연퇴직소득}} \times$ 70%(60%) ※ 2020.1.1 이후 연금수령분부터 실제수령연차가 10년을 초과하는 경우 60% 적용			

★★★
04 연금계좌 과세방법에 대한 설명으로 적절하지 않은 것은?

① 이연퇴직소득을 연금외 수령하는 경우 퇴직소득세로 과세하고, 무조건 분류과세한다.
② 그 외의 소득을 연금 외 수령하는 경우 기타소득으로 과세하고, 15% 무조건 분리과세한다.
③ 그 외의 소득을 연금 수령하는 경우 연금소득세로 과세하고, 연령에 따라 3~5%의 원천징수 세율을 적용한다.
④ 연금소득공제는 연 900만원을 한도로 한다.
⑤ 그 외의 소득을 부득이한 사유로 연금 외 수령하는 경우 기타소득으로 과세하고, 15% 무조건 분리과세한다.

정답 | ⑤
해설 | ⑤ 그 외의 소득을 부득이한 사유로 연금 외 수령하는 경우 연금소득으로 과세하고 나이에 따라 3~5% 무조건 분리과세한다.

▪▪▪ TOPIC 2 퇴직소득 과세체계

★★★
05 임원의 퇴직소득에 대한 설명으로 적절하지 않은 것은?

① 임원의 여부는 등기 또는 명칭에 관계없이 실질적인 직무 내용으로 판단하고 있으며, 형식적으로 임원으로 등재되어 있더라도 사용종속관계하에 근로를 제공하였다면 근로자로 볼 수 있다.
② 법인세법상 임원퇴직금 한도초과액은 손금불산입되어 상여로 소득처분된 금액이므로 퇴직소득에 해당한다.
③ 법인세법상 임원의 퇴직소득에 대한 손금산입 한도는 정관이나 정관에서 위임한 규정이 임원퇴직급여규정이 있는 경우 그 규정에 따른 금액으로 하며, 규정이 없는 경우 퇴직 전 1년간 총급여의 10%×근속연수로 계산한 금액으로 한다.
④ 소득세법상 임원퇴직금 한도를 초과하게 되면 그 초과분에 대해서는 근로소득세가 과세된다.
⑤ 임원이 DC형 퇴직연금에 가입한 경우 회사가 납입한 사용자부담금에서 발생한 운용수익도 소득세법상 임원퇴직소득 한도 계산 시 포함하여 계산하여야 한다.

정답 | ②
해설 | ② 법인세법상 임원퇴직금 한도초과액은 손금불산입되어 상여로 소득처분된 금액이므로 근로소득에 해당한다.

★★★
06 퇴직소득의 과세체계에 대한 설명으로 적절하지 **않은** 것은?

① 퇴직소득은 근로기간에 걸쳐서 발생된 소득이기 때문에 결집효과 방지를 위해 현행 소득세법은 퇴직소득을 종합소득에서 제외하여 별도로 분류과세한다.
② 퇴직소득세는 연분연승이라는 독특한 과세체계를 가지고 있기 때문에 동일한 퇴직금이라면 근속연수가 짧을수록 세부담이 감소한다.
③ 동일한 근속연수라면 퇴직금이 클수록 세부담이 증가한다.
④ 퇴직소득을 연금계좌에 이체하는 경우 퇴직소득에 대한 세금의 납부를 인출 시까지 이연해 준다.
⑤ 이연퇴직소득세를 환급하는 경우 퇴직소득금액은 이미 원천징수한 세액을 뺀 금액으로 한다.

정답 | ②
해설 | ② 퇴직소득세는 연분연승이라는 독특한 과세체계를 가지고 있기 때문에 동일한 퇴직금이라면 근속연수가 길수록 세부담이 감소한다.

··· TOPIC 3 은퇴자산 절세방안

★★★
07 은퇴자산 절세방안에 대한 설명으로 적절하지 **않은** 것은?

① 금융소득종합과세는 개인별로 적용되고, 부부인 경우에도 합산되지 않는다. 따라서 금융재산을 가족에게 미리 분산하여 증여한다면 금융소득종합 과세의 부담을 줄일 수 있다.
② 연금계좌는 하루라도 빨리 가입하여 불입하고 최대한 늦게 받을수록 과세이연효과를 극대화할 수 있다.
③ 연금계좌에 자기부담금을 한도까지 납부하는 것이 좋다.
④ 연금으로 수령 시 가능한 연금수령기간을 짧게 하면 과세이연효과를 극대화할 수 있다.
⑤ 사적연금 분리과세 한도 이내라도 연금소득이 크지 않고 다른 종합소득이 없는 경우에는 종합소득 신고가 유리할 수 있다.

정답 | ④
해설 | ④ 연금으로 수령 시 가능한 연금수령기간을 길게 하면 과세이연효과를 극대화할 수 있다.

MEMO

PART 08

상속설계

CONTENTS

CHAPTER

01 상속설계 개관

출제 비중 : 0~4% / 0~1문항

학습가이드 ■ ■

학습 목표	학습 중요도
Tip 개념 이해 중심으로 학습 필요	
1. 상속의 주요 개념과 자격인증자의 역할을 이해할 수 있다.	★

▪▪▪ TOPIC 1 상속설계에서 자격인증자의 역할과 책임

★☆☆

01 다음 중 상속설계에서 자격인증자의 역할에 대한 설명으로 가장 적절하지 않은 것은?

① 상속설계는 피상속인의 생전부터 더 구체적으로는 의사표시가 가능할 때 미리 준비하는 것이 좋다.

② 유류분반환에 대한 다툼은 피상속인의 사후 상속인 간의 문제이므로, 아무리 상속받을 상속인의 수나, 관계 등을 구체적으로 파악하여도, 유류분반환에 대한 다툼을 미리 예측하거나 방지할 수는 없다.

③ 자격인증자는 상속포기와 한정승인 등 소극재산이 적극재산보다 많은 경우 대처방법에 대하여 상속인에게 조언할 수 있어야 한다.

④ 상속인이 미성년자인 경우 최근 개정된 민법에 따른 내용으로 미성년자의 특별한정승인 제도에 대하여도 안내할 수 있어야 한다.

⑤ 유언과 유언신탁은 피상속인의 사망 후 효력이 발생하고, 유언대용신탁은 피상속인 생전에 신탁계약 시 효력이 발생한다.

정답 | ②

해설 | 피상속인을 위한 상속설계에서 피상속인의 의지와 계획을 확인하고 이를 준비하는 데 있어 상속받을 상속인이 몇 명인지, 관계는 어떻게 되는지 여부 등을 구체적으로 파악하여야 이에 합당한 상속설계를 할 수 있다. 또한 상속 비율이 다르거나 상속인에서 배제되는 경우 배제된 상속인들의 유류분을 침해하는지 여부도 확인할 필요가 있다. 유류분을 침해하는 정도의 상속설계가 되는 경우 피상속인의 사후 상속인 간 유류분반환에 대한 다툼이 생길 여지가 있기 때문이다. 따라서 자격인증자는 상속인에 대한 정보를 정확히 파악하고 분쟁을 최소화할 수 있는 방안을 마련해야 한다.

★★☆

02 상속설계에서 자격인증자의 책임과 한계에 대한 설명으로 적절하지 않은 것은?

① 법률과 세무적인 상담에 있어 일정 범위를 넘는 상담은 관련 법정 자격을 갖추지 못한 경우 이에 따른 법적 책임이 수반될 수 있기 때문에 해당 전문가와의 협력이 필요하다.

② 단순상담의 정도를 넘어선 금융투자업자의 권유행위 이상의 상담을 통하여 고객이 이를 신뢰하여 상품가입 등을 하였고 추후 피해를 본 경우 자격인증자는 법적 책임을 질 수 있다.

③ 고객과 자격인증자의 이해관계가 충돌할 경우 자격인증자는 고객의 이익에 부합하는 방향으로 상담 및 상속설계를 진행하여야 한다.

④ 고객과 소속회사의 이익이 충돌할 여지가 있는 경우에는, 소속회사 내부적으로 해결방법을 모색해야 하며, 다른 전문가에게 상속설계를 이관하면 안된다.

⑤ 다양한 전문가와의 네트워크를 유지하여 고객이 필요 시 관련 전문가의 도움을 받을 수 있도록 하는 것이 좋다.

정답 | ④

해설 | 자격인증자가 특정 회사의 임직원인 경우 상황에 따라 특정 회사의 이익과 고객의 이익이 충돌할 수 있다. 이런 경우 법에서 정해지거나 계약에서 정해진 범위 내에서 적절하게 업무를 진행해야 한다. 고객과 소속 회사의 이익이 충돌할 여지가 있는 상속설계는 다른 전문가 등에게 이전하는 것도 고객과의 관계를 유지하면서 이해충돌을 방지하는 방법이 될 수 있다.

CHAPTER

02 상속개시 전 상속설계

출제 비중 : 12~30% / 3~5문항

학습가이드 ■ ■

학습 목표	학습 중요도
Tip 개념 이해 중심으로 학습 필요 Tip 사례형 시나리오에 유언장이 포함될 수 있음	
1. 후견제도를 이해하고 상속설계에 활용할 수 있다.	★★
2. 신탁제도를 이해하고 상속설계에 활용할 수 있다.	★★
3. 법정유언사항과 유언 방식에 대해 설명할 수 있다.	★★★
4. 유언의 효력과 유증에 대해 설명할 수 있다.	★★★

TOPIC 1 후견인을 이용한 자산관리

★★★

01 다음 중 성년후견제도에 대한 설명으로 적절하지 않은 것은?

① 성년후견제도란 질병, 장애, 노령 그 밖의 사유로 인한 정신적 제약으로 후견이 필요한 성인의 법률행위 지원과 권익보호를 위해 마련된 제도이다.

② 특정후견이란 일상생활은 스스로 할 수 있지만 특정한 사안에 대한 일시적인 보호와 지원이 필요한 경우의 후견을 의미한다.

③ 임의후견을 위한 후견계약은 공정증서로 작성하며 그 계약은 등기하여야 하고, 다른 후견과 달리 후견감독인 선임이 필수이다.

④ 성년후견제도의 후견인은 1인 또는 수인도 가능하다.

⑤ 피성년후견인의 행위를 목적으로 하는 채무를 부담할 경우, 성년후견인의 판단으로 채무부담 여부를 결정할 수 있다.

정답 | ⑤

해설 | 성년후견인은 피성년후견인의 행위를 목적으로 하는 채무를 부담할 경우 본인의 동의를 얻어야 하며, 성년후견인과 피성년후견인 간 이해상반되는 행위를 하는 경우 성년후견인은 법원에 피성년후견인의 특별대리인 선임을 청구하여야 한다. 또한 성년후견인이 피성년후견인에 대한 제3자의 권리를 양수하는 경우 피성년후견인은 이를 취소할 수 있다.

★★☆

02 다음 중 미성년후견에 대한 설명으로 가장 적절하지 않은 것은?

① 미성년자의 법정대리인은 원칙적으로 친권자인 부모가 되지만 예외적으로 친권자가 없거나 법률상 친권의 전부 또는 일부를 행사할 수 없는 경우 미성년후견인을 두어야 한다.

② 미성년자의 후견사무는 친권자가 없는 경우 피후견인인 미성년자의 신분 및 재산에 관한 포괄적인 사무를 처리한다.

③ 법인, 미성년자, 피성년후견인, 피한정후견인, 피특정후견인 등 법에서 정해진 결격사유에 해당하는 경우 미성년후견인이 될 수 없다.

④ 미성년후견인은 1인 또는 수인도 가능하다.

⑤ 미성년후견의 경우 미성년후견감독인을 선임할 수 있고, 후견감독인이 선임된 경우 미성년후견인이 금전을 빌리는 행위, 부동산 또는 중요한 재산에 관한 권리의 득실변경을 목적으로 하는 행위 등을 할 때는 후견감독인의 동의를 받아야 한다.

정답 I ④

해설 I 미성년후견인은 성년후견과 다르게 한 명의 후견인만 가능하다.

★★★

03 다음 중 후견제도에 대한 설명으로 적절한 것은?

① 임의후견은 질병, 장애, 노령, 그 밖의 사유로 인한 정신적 제약으로 사무를 처리할 능력이 부족한 성인을 위하여 가정법원 결정으로 개시되는 후견이다.

② 한정후견은 일상생활은 스스로 할 수 있지만 정신적 제약으로 일시적 후원 또는 특정한 사안에 대한 일시적인 보호와 지원이 필요한 경우의 후견을 의미한다.

③ 다른 결격사유가 없다면 법인은 성년후견제도에서 후견인이 될 수 있지만, 미성년후견제도에서 법인은 후견인이 될 수 없다.

④ 성년후견제도에서 후견인은 1인만 가능하다.

⑤ 미성년후견제도와 임의후견제도에서는 후견감독인 선임이 필수이다.

정답 I ③

해설 I ① <u>한정후견</u>은 질병, 장애, 노령, 그 밖의 사유로 인한 정신적 제약으로 사무를 처리할 능력이 부족한 성인을 위하여 가정법원의 결정으로 개시된다.

② 일상생활은 스스로 할 수 있지만 정신적 제약으로 일시적 후원 또는 특정한 사안에 대한 일시적인 보호와 지원이 필요한 경우의 후견은 특정후견이다.

④ 성년후견제도에서 후견인의 수는 1인 또는 수인이 가능하다. 미성년후견제도에서는 1인만 가능하다.

⑤ 임의후견제도에서는 후견감독인 선임이 필수이다. 미성년후견제도에서는 후견감독인 선임을 할 수 있다. (선택사항)

★★☆
04 다음 중 신탁에 대한 설명으로 가장 적절하지 않은 것은?

① 신탁이 실행되면 신탁재산의 소유권은 위탁자에서 수탁자로 이전하는 법률효과가 발생하지만, 위탁자는 여전히 본인의 신탁재산을 보관 · 관리 · 운용 · 처분 등을 할 수 있는 실질적인 권한을 행사할 수 있다.
② 신탁법상 수탁자는 신탁재산을 수탁자의 고유재산과 분별하여 관리하고 신탁재산임을 표시하여야 하는 등 신탁재산의 독립성이 인정된다.
③ 신탁재산은 독립성이 인정되므로, 신탁 전의 원인으로 인한 위탁자의 채권자라고 하더라도 강제집행 등을 할 수는 없다.
④ 위탁자는 특별한 약정이 없는 한 원칙적으로 수탁자에게 이전된 신탁재산의 소유권을 신탁계약의 해지를 통하여 본인 앞으로 이전할 수 있다.
⑤ 민사신탁의 경우 신탁을 영업으로 하는 경우가 아닌 것을 전제로 하며, 신탁법만이 적용된다. 민사신탁은 자본시장법의 적용이 배제되기 때문에 신탁의 대상으로 삼을 수 있는 신탁재산의 범위에 제한이 없다.

정답 | ③

해설 | 위탁자의 채권자라고 하더라도 법률에서 정한 예외 사유에 해당하지 않는 이상 신탁 재산에 대한 강제집행 등을 할 수 없다. 다만, 신탁 전의 원인으로 발생한 권리 또는 신탁사무의 처리상 발생한 권리에 기한 경우에는 예외적으로 신탁재산에 대하여 강제집행이 허용된다(대법원 2007.6.1 선고 2005다5843 판결).

★★★
05 유언대용신탁 등에 대한 설명으로 적절한 것은?

① 유언신탁은 위탁자 사망 후의 수익권 귀속에 대하여 정하는 점에서 유증과 유사하지만, 신탁계약을 통하여 위탁자 생전에도 위탁자의 사후까지 위탁자의 재산관리 등이 가능하다.
② 유언대용신탁을 통하여 부동산을 신탁하면 개별적으로는 보통 부동산관리신탁(을종)을 체결하는데, 이는 신탁회사의 사전 승낙 없이는 신탁부동산에 대한 임대차, 저당권 설정, 전세권 설정 등 소유권 제한 행위가 엄격히 제한된다.
③ 유언대용신탁과 더불어 수익자연속신탁은 위탁자 사망 후 1차 사후수익자, 1차 사후수 익자 사망 후 2차 사후수익자 순으로 수익권을 순차적으로 취득할 수 있게 하는 신탁이다.
④ 위탁자는 신탁계약을 통하여 자신의 의사대로 재산관리 및 재산처분을 할 수 있을 뿐이지, 상속자산의 재산처분을 통제할 수는 없다.
⑤ 유언대용신탁은 엄격한 방식을 요구하기 때문에 유언장에 비하여 위탁자의 사망 후 복잡한 유언집행이나 상속절차가 필요하다.

정답 | ③

해설 | ① 유언신탁이 아닌, 유언대용신탁에 대한 설명이다.

② 해당지문은 일반 부동산담보신탁에 대한 설명이다. 부동산관리신탁계약(을종)의 경우 신탁회사는 등기부상 소유권만을 이전받아서 관리하고, 소유권 이외의 신탁부동산에 대한 임대차 및 유지관리 행위 일체는 위탁자 or 수익자의 책임으로 처리하도록 정해 놓는다.

④ 위탁자는 신탁계약을 통하여 상속자산의 재산처분을 통제할 수도 있다. 따라서 상속인들이 직접 재산을 관리할 수 없는 미성년자이거나 장애자녀인 경우 공신력 있는 신탁회사가 안전하게 재산관리인의 역할을 제공하여 줄 수도 있다

⑤ 유언대용신탁은 엄격한 방식을 요구하는 유언장을 작성하거나 위탁자의 사망 후 복잡한 유언 집행이나 상속절차를 거칠 필요 없이 위탁자가 사망하면 수탁자를 통하여 지정된 사후수익자에게 수익권을 지급하도록 할 수 있다.

★★★

06 신탁의 유형에 대한 설명이다. 빈칸에 들어갈 내용으로 적절하게 연결된 것은?

- (가)은 위탁자의 생전에 신탁회사와 신탁계약을 체결하면서 그 내용으로 위탁자가 사망할 때 수익자가 될 자가 수익권을 취득하는 것으로 약정하거나, 수익자로 지정된 자가 위탁자의 사망 이후에 신탁재산의 원금과 수익을 지급받을 수 있도록 약정하는 것을 의미한다.
- (나)은 피상속인이자 위탁자가 본인의 재산에 대하여 본인의 사후 재산설계를 더 구체적이고 장기적으로 할 수 있도록 하는 신탁이다. 위탁자 사망 후 1차, 2차, 3차 사후수익자 등을 정할 수 있는 신탁이다.
- (다)은 법에서 정한 일정 요건을 충족하는 경우 일반사망보험금을 신탁회사에 신탁하여 위탁자 사망으로 인한 보험금 수령 시 신탁회사에 일정 기간 동안 관리하고 미리 정해진 조건에 따라 사후수익자에게 지급할 수 있는 신탁을 의미한다.

	가	나	다
①	유언신탁	사후수익자지정신탁	보험금청구권신탁
②	유언신탁	수익자연속신탁	보험금청구권신탁
③	유언신탁	수익자연속신탁	사망보험금지급신탁
④	유언대용신탁	사후수익자지정신탁	사망보험금지급신탁
⑤	유언대용신탁	수익자연속신탁	보험금청구권신탁

정답 | ⑤

★★☆
07 다음 중 유언에 대한 설명으로 가장 적절하지 않은 것은?

① 유언은 유언자가 단독의 의사표시만으로 유효한 법적 효력을 발생시키는 법률행위이다. 따라서, 유언의 효력 발생에 있어 수유자의 동의 또는 승낙 여부는 필요하지 않다.
② 유언은 사후에도 본인의 재산을 자신의 의사에 따라 원하는 내용으로 처분할 수 있는 권능을 부여한다.
③ 피성년후견인의 경우 의사능력이 회복된 때에만 유언을 할 수 있고, 의시가 심신 회복의 상태를 유언서의 부기하고 서명날인하여야 한다.
④ 만 17세 이상의 미성년자는 법정대리인의 동의를 얻지 않더라도 단독으로 유효한 유언을 할 수 있다.
⑤ 유언자가 제한능력자인 경우에는 유언에 있어서 법정대리인의 동의가 필요하다.

정답 I ⑤
해설 I ⑤ 유언자가 제한능력자라도 법정대리인의 동의를 필요로 하지 않는다.

★★☆
08 유언능력에 대한 설명으로 가장 적절하지 않은 것은?

① 피한정후견인도 단독으로 유효하게 유언을 할 수 있다.
② 상속결격자라고 해도 유증은 받을 수 있다.
③ 미성년자, 피성년후견인, 피한정후견인, 법인 등은 유언자의 사망 시 존재하고 있는 이상 유증을 받을 수 있다.
④ 유언자가 사망한 때 태아인 경우에도 태아의 수증능력은 인정된다.
⑤ 유언으로 설립되는 재단법인의 경우도 수증능력이 인정된다.

정답 I ②
해설 I ② 상속결격자인 경우는 유증도 받을 수 없다.

★★☆
09 다음 중 법정유언사항에 해당하지 않는 것은?

① 기여분 지정
② 재단법인의 설립
③ 후견인 지정
④ 상속재산 분할의 금지
⑤ 유언집행자의 지정 및 위탁

정답 | ①
해설 | 유언은 10가지 법정 사항에 한하여 할 수 있으며, '재단법인의 설립, 신탁, 인지, 후견인 지정/미성년후견감독인의 지정, 친생부인, 유증, 유언집행자의 지정 및 위탁, 상속재산 분할 방법의 지정 또는 위탁, 상속재산 분할의 금지'가 해당한다.
cf. 법정 사항 아닌 것(유언으로 할 수 없는 것) : 기여분 지정, 유류분 지정, 채무분담, 상속인 지정 불가

★★☆
10 다음 중 법정사항에 해당하는 유언으로 모두 묶인 것은?

가. 사단법인의 설립
나. 친양자 입양
다. 인지
라. 후견인 지정
마. 상속재산 분할 방법의 위탁
바. 상속재산 현황 평가
사. 유류분의 지정

① 가, 나, 다
② 나, 다, 라
③ 다, 라, 마
④ 라, 마, 바
⑤ 마, 바, 사

정답 | ③
해설 | 유언장은 다음 10가지 법정사항에 한하여 작성해야 한다.

• 재단법인의 설립
• 신탁의 설정
• 인지
• 후견인 지정
• 미성년후견감독인의 지정
• 친생부인
• 유증
• 유언집행자의 지정 및 위탁
• 상속재산 분할방법의 지정 또는 위탁
• 상속재산 분할의 금지

★★★
11 다음 중 유언의 종류와 요건에 대한 적절한 설명으로 **모두** 묶인 것은?

> 가. 자필증서 유언의 경우에는 유언자가 서명 또는 기명날인을 선택할 수 있다.
> 나. 적법한 유언은 검인절차를 거치지 않더라도 유언자의 사망으로 효력이 발생한다. 법원의 검인은 유언의 방식에 관한 모든 사실을 조사 · 확인하고 그 위조 · 변조를 방지하는 등 법원의 검증절차에 해당하며, 유언의 유효 여부와는 무관하다.
> 다. 비밀증서 유언은 진정으로 작성된 유언서의 존재는 명확히 해주고 싶지만, 유언 내용은 유언이 효력을 발생할 때까지 비밀로 하기를 원하는 경우에 이용할 수 있다.
> 라. 공정증서 유언은 유언자가 공증인 앞에서 유언 취지를 구수하고 공증인이 이를 필기한 후 유언자에게 낭독하고, 유언자가 정확함을 승인한 뒤 서명날인하여 공증하는 방식이다.
> 마. 구수증서에 의한 유언은 그 증인 또는 이해관계인이 급박한 사유가 종료한 날로부터 7일 내에 법원에 그 검인을 신청하여야 한다.

① 가, 나, 다　　② 가, 나, 마
③ 가, 다, 라　　④ 나, 다, 라
⑤ 나, 다, 마

정답 | ⑤
해설 | 가. 공정증서 유언의 경우에는 유언자가 서명 또는 기명날인을 선택할 수 있지만 자필증서 유언의 경우에는 유언자의 자필서명과 날인을 동시에 요구하고 있으므로 주의하여야 한다.
라. 공정증서 유언은 유언자가 증인 2명 이상이 참여한 공증인의 면전에서 유언 취지를 구수하고 공증인이 이를 필기낭독하여 유언자 및 증인이 그 정확함을 승인한 뒤 각자 서명 또는 기명날인하여야 유효한 유언이 된다.

★★★
12 다음 유언의 종류 중 2인 이상 증인의 참여가 필요한 유언으로 **모두** 묶인 것은?

> 가. 자필증서 유언
> 나. 녹음 유언
> 다. 비밀증서 유언
> 라. 공정증서 유언
> 마. 구수증서 유언

① 가, 나, 다　　② 가, 다, 마
③ 나, 다, 라　　④ 나, 다, 마
⑤ 다, 라, 마

정답 | ⑤
해설 | 가. 자필증서 유언의 경우 증인의 참여가 필요 없다.
나. 녹음 유언 방식의 경우 증인이 1명 이상이면 가능하다.

★★★
13 유언의 변경에 대한 다음 설명 중 적절하지 않은 것은?

① 유언자는 유언과 마찬가지로 일방적인 의사표시로 유언자의 사망 전까지 언제든지 자신이 이미 행한 유언을 없었던 것으로 하는 유언의 철회를 할 수 있다.

② 유언자는 그 유언을 철회할 권리를 포기하지 못하고 만일 유언자가 유언을 철회하지 않는다는 계약을 체결하더라도 그 계약은 무효이다.

③ 유언자가 A아파트와 B아파트를 유증한다고 유언한 후, 고의로 유언증서를 파기하였다면 A아파트와 B아파트를 유증하기로 한 유언 모두를 철회한 것으로 본다.

④ 유언자가 A아파트와 B아파트를 유증한다고 유언한 후, A아파트를 처분하였다면 A아파트와 B아파트를 유증하기로 한 유언 모두를 철회한 것으로 본다.

⑤ 유언이 철회되면 유언은 처음부터 없었던 것이 된다.

정답 | ④

해설 | ④ 만일 유언자가 고의로 유언증서 또는 유증의 목적물을 파훼한 때에는 그 파훼한 부분에 관한 유언은 이를 철회한 것으로 본다. 즉 A아파트를 유증하기로 한 유언은 철회한 것으로 보나, B아파트를 유증하기로 한 유언은 그대로 유효하다.

★★★
14 다음 중 유언에 대한 설명으로 가장 적절하지 않은 것은?

① 유언자가 제한능력자라도 법정대리인의 동의를 필요로 하지 않는다.

② 유언자는 사망 전까지 언제든지 자신이 이미 행한 유언을 없었던 것으로 하는 유언의 철회를 할 수 있다.

③ 전후의 유언이 저촉되거나 유언 후의 생전행위가 유언과 저촉된 경우에는 그 저촉된 부분의 전(前) 유언은 이를 철회한 것으로 본다.

④ 유언자가 유언 후 고의로 유증의 목적물 일부를 파훼한 사실이 있다면 유증의 목적물 전부에 대한 유언을 철회한 것으로 볼 수 있다.

⑤ 유언이 철회되면 유언은 처음부터 없었던 것이 된다. 그리고 유언자는 그 유언을 철회할 권리를 포기하지 못한다.

정답 | ④

해설 | ④ 망인이 유언증서를 작성한 후 유언증서에서 유증하기로 한 일부 재산을 파훼한 사실이 있다고 하여 다른 재산에 관한 유언을 전부 철회한 것으로 볼 수 없다(판례).

★★★
15 다음 중 유언에 대한 적절한 설명으로 모두 묶인 것은?

가. 유언장은 법정 사항에 한해서 작성하여야 한다.
나. 유언자가 자필증서의 방식으로 유언을 한 경우 전문과 연월일, 주소, 성명을 작성하였고, 유언이 유언자의 진의에 의한 것이라면 날인이 없어도 유효하다는 것이 판례이다.
다. 녹음 유언 방식은, 유언자가 유언의 취지와 성명, 연월일을 구술하고 2인 이상의 증인이 정확성과 그 성명을 구술하는 방식이다.
라. 공정증서에 의한 유언은 유언자가 증인 2명이 참여한 공증인의 면전에서 유언의 취지를 구수(口授)하고 공증인이 이를 필기낭독하여 유언자와 증인이 그 정확함을 승인한 후 각자 서명 또는 기명날인하여야 유효한 유언이 된다.
마. 검인절차를 거치지 않더라도 적법한 유언은 유언자의 사망으로 효력이 발생한다.
바. 유언자가 고의로 유언증서 또는 유증의 목적물을 파훼한 때에는 그 파훼한 부분에 관한 유언은 이를 철회한 것으로 본다.
사. 구수증에서 의한 유언에 있어 증인이 제3자에 의하여 미리 작성된, 유언의 취지가 적혀 있는 서면에 따라 유언자에게 질문을 하고 유언자가 동작(예시 : 고개 끄덕임 등)이나 간략한 답변으로 긍정하는 방식은 특별한 사정이 없는 한 구수에 해당한다고 볼 수 없다.

① 가, 나, 다, 라, 마
② 가, 나, 다, 라, 사
③ 가, 나, 다, 바, 사
④ 가, 라, 마, 바, 사
⑤ 나, 다, 라, 마, 바

정답 I ④

해설 I 나. 날인은 타인이 하여도 되지만, 유언자의 날인이 없는 유언장은 자필증서에 의한 유언으로서의 효력이 없다. 공정증서 유언의 경우에는 유언자가 서명 또는 기명날인을 선택할 수 있지만 자필증서 유언의 경우에는 유언자의 자필서명과 날인을 동시에 요구하고 있으므로 주의하여야 한다.
다. 증인의 수에는 제한이 없다.

★★★
16 다음 중 유언에 대한 설명으로 가장 적절한 것은?

① 자필증서 유언 방식은 1인 이상 증인이 참여해야 한다.
② 공정증서 유언과 자필증서 유언의 경우에는 유언자의 자필서명과 날인을 동시에 요구하고 있으므로 주의하여야 한다.
③ 만일 비밀증서에 의한 유언이 그 방식에 흠결이 있을 경우 그 증서가 자필증서의 방식에 적합하다 하더라도 무효이다.
④ 공정증서 유언은 유언의 내용이 타인에게 누설되지 않고, 비용이 적다는 장점이 있다.
⑤ 질병 기타 급박한 사유로 구수증서에 의한 유언을 하였더라도 다른 방식에 의한 유언이 객관적으로 가능한 경우까지 구수증서에 의한 유언을 허용하는 것은 아니다.

정답 | ⑤

해설 | ① 자필증서에 의한 유언은 유언자가 그 전문(全文)과 연월일, 주소, 성명을 자서(自書)하고 날인함으로써 성립하는 유언의 방식이다. 가장 간단한 방법이며, 증인이 필요하지 않다.

② 공정증서 유언의 경우에는 유언자가 서명 또는 기명날인을 선택할 수 있지만 자필증서 유언의 경우에는 유언자의 자필서명과 날인을 동시에 요구하고 있으므로 주의하여야 한다.

③ 만일 비밀증서에 의한 유언이 그 방식에 흠결이 있더라도 그 증서가 자필증서의 요건에 맞추어 쓴 경우 비밀증서 유언으로써의 효력이 인정되지 않는 경우라도 자필증서로써 유효한 유언이 될 수 있다.

④ 유언의 내용이 타인에게 누설되기 쉽고 비용이 든다는 단점이 있다.

★★★

17 다음 중 유언에 대한 설명으로 가장 적절한 것은?

① 자필증서 유언 방식은 1인 이상 증인이 참여해야 한다.

② 공정증서 유언과 자필증서 유언의 경우에는 유언자의 자필서명과 날인을 동시에 요구하고 있으므로 주의하여야 한다.

③ 만일 비밀증서에 의한 유언이 그 방식에 흠결이 있을 경우 그 증서가 자필증서의 방식에 적합하다 하더라도 무효이다.

④ 공정증서 유언은 유언의 내용이 타인에게 누설되지 않고, 비용이 적다는 장점이 있다.

⑤ 질병 기타 급박한 사유로 구수증서에 의한 유언을 하였더라도 다른 방식에 의한 유언이 객관적으로 가능한 경우까지 구수증서에 의한 유언을 허용하는 것은 아니다.

정답 | ⑤

해설 | ① 자필증서에 의한 유언은 유언자가 그 전문(全文)과 연월일, 주소, 성명을 자서(自書)하고 날인함으로써 성립하는 유언의 방식이다. 가장 간단한 방법이며, 증인이 필요하지 않다.

② 공정증서 유언의 경우에는 유언자가 서명 또는 기명날인을 선택할 수 있지만 자필증서 유언의 경우에는 유언자의 자필서명과 날인을 동시에 요구하고 있으므로 주의하여야 한다.

③ 만일 비밀증서에 의한 유언이 그 방식에 흠결이 있더라도 그 증서가 자필증서의 요건에 맞추어 쓴 경우 비밀증서 유언으로써의 효력이 인정되지 않는 경우라도 자필증서로써 유효한 유언이 될 수 있다.

④ 유언의 내용이 타인에게 누설되기 쉽고 비용이 든다는 단점이 있다.

★★★
18 유언의 법적 효력이 발생하는 경우로 모두 묶은 것은?

가. 자필증서에 의한 유언으로 그 전문과 연월일, 주소, 성명을 자서하고 날인하였으나, 인장 대신 유언자의 무인에 의해 날인을 한 경우
나. 비밀증서에 의한 유언으로 그 방식에 흠결이 있으나, 자필증서의 요건에는 맞추어 쓴 경우
다. 증인이 제3자에 의하여 미리 작성된, 유언의 취지가 적혀 있는 서면에 따라 유언자에게 질문을 하고 유언자가 동작이나 간략한 답변으로 긍정하는 방식의 구수증서유언
라. 유언자가 증인 2명이 참여한 공증인의 면전에서 유언의 취지를 구수하고 공증인이 이를 필기낭독하여 유언자와 증인이 그 정확함을 승인한 후 각자 서명하였지만 기명날인은 하지 않은 공정증서 유언
마. 유언자가 유언의 취지, 그 성명과 연월일을 구술하고 이에 참여한 증인이 유언의 정확함과 그 성명을 구술한 녹음 유언

① 가, 나, 마
② 나, 라, 마
③ 나, 다, 마
④ 가, 나, 라, 마
⑤ 가, 나, 다, 라, 마

정답 | ④

해설 | 다. 증인이 제3자에 의하여 미리 작성된, 유언의 취지가 적혀 있는 서면에 따라 유언자에게 질문을 하고 유언자가 동작이나 간략한 답변으로 긍정하는 방식은 구수에 해당한다고 볼 수 없다.
예 고개 끄덕임(대법원 2006.3.9.선고 2005다57899 판결)

★★★
19 다음 중 유언에 대한 설명으로 가장 적절하지 않은 것은?

① 자필증서에 의한 유언의 경우 날인이 요구되는데, 인장 대신 유언자의 무인에 의한 경우에도 유효하며, 인장은 행정관청에 신고한 인감일 필요도 없고 목도장도 가능하다.
② 피성년후견인이 녹음 유언을 할 때에는 의사가 심신회복의 상태를 구술하여 녹음하여야 한다.
③ 구수증서에 의한 유언은 질병이나 그 밖에 급박한 사유로 인하여 다른 방식에 따라 유언할 수 없는 경우에만 인정된다.
④ 구수증서에 의한 유언을 한 경우에는 그 증인 또는 이해관계인이 급박한 사유가 종료한 날로부터 7일 내에 법원에 그 검인을 신청해야 한다.
⑤ 비밀증서로 작성된 유언봉서는 그 표면에 기재된 날로부터 5일 내에 공증인 또는 법원 서기에게 제출하여 그 봉인상에 검인을 받아야 한다.

정답 | ⑤

해설 | ⑤ 비밀증서로 작성된 유언봉서는 그 표면에 기재된 날로부터 5일 내에 공증인 또는 법원 서기에게 제출하여 그 봉인상에 확정일자를 받아야 한다.

★★★
20 다음 중 유언의 종류와 요건이 적절하게 연결된 것은?

가. 자필증서 유언	나. 녹음 유언
다. 비밀증서 유언	라. 구수증서 유언

A. 유언장은 그 표면에 기재된 날로부터 5일 이내에 공증인 또는 법원 서기에게 제출하여 그 봉인상에 확정일자를 받아야 한다.
B. 증인의 수에는 제한이 없다.
C. 그 증인 또는 이해관계인이 급박한 사유가 종료한 날로부터 7일 내에 법원에 그 검인을 신청해야 한다.
D. 작성이 간편하고, 유언이 존재한다는 사실과 유언 내용의 비밀성이 가장 잘 유지될 수 있는 장점이 있으나, 문자를 알지 못하는 자는 이 방식에 의한 유언을 할 수 없을 뿐만 아니라 위조와 변조의 위험이 많아 유언의 유무나 진정성이 유언자의 사후에 쉽게 판명될 수 없다는 단점이 있다.

① 가－B, 나－D, 다－A, 라－C
② 가－B, 나－D, 다－C, 라－A
③ 가－C, 나－B, 다－D, 라－A
④ 가－D, 나－B, 다－A, 라－C
⑤ 가－D, 나－B, 다－C, 라－A

정답 | ④

해설 | 가. 자필증서 유언－D
나. 녹음 유언－B
다. 비밀증서 유언－A
라. 구수증서 유언－C

★★☆
21 다음 중 유언의 효력에 대한 설명으로 적절하지 않은 것은?

① 유언은 유언자가 사망한 때로부터 그 효력이 생긴다.
② 유언에 정지조건이 있는 경우 그 조건이 유언자의 사망 후에 성취한 때에는 그 조건을 성취한 때로부터 유언의 효력이 생긴다.
③ 정지조건이 유언자의 사망 전에 성취되면 유언은 조건이 없는 유언이 되어 유언자의 사망 시 효력이 발생하게 된다.
④ 유언은 상대방 없는 단독행위로 그 효력이 발생하기 때문에 그 효력 발생에 수증자의 동의 여부는 필요하지 않으나, 수증자는 즉시 유증을 포기할 수 있다.
⑤ 유언은 유언자가 언제든지 철회할 수 있다. 심지어 단순 변심 등의 경우도 철회가 가능하다.

정답 | ④

해설 | ① 유언장을 작성한 때부터 효력이 생기는 것이 아님에 주의하여야 한다.
④ 수증자는 유언자의 생전에는 어떠한 권리도 갖지 못하며, 유언의 효력이 발생한 후에 유증을 포기하거나 승인할 수 있다. 즉시 유증을 포기할 수 있다는 지문은 잘못된 내용이다.

★★★
22 다음 중 유언에 대한 설명으로 가장 적절한 것은?

① 민법은 미성년자, 피성년후견인과 피한정후견인 그리고 유언으로 이익을 받을 사람과 그의 배우자와 직계혈족을 증인결격사유로 정하고 있다.
② 전후의 유언이 저촉되거나 유언 후의 생전행위가 유언과 저촉되는 경우에는 그 저촉되는 부분의 전 유언은 이를 철회한 것으로 추정한다.
③ 피상속인이 유언증서에 유증하기로 한 일부 재산을 처분한 사실이 있다면 다른 재산에 관한 유언도 모두 철회한 것으로 본다.
④ 증인결격자가 증인으로 참여한 유언의 효력은 무효가 되므로, 증인결격자를 제외하고 유언의 방식에 따라 필요한 증인의 수를 충족하는 경우라도 유언은 무효가 된다.
⑤ 부담부유증을 받은 자가 그 부담을 이행하지 않은 때에는 그 유증이 무효가 된다.

정답 | ①

해설 | ② 전후의 유언이 저촉되거나 유언 후의 생전 행위가 유언과 저촉되는 경우에는 그 저촉되는 부분의 전 유언은 이를 철회한 것으로 본다.
③ 피상속인이 유언증서에 유증하기로 한 일부 재산을 처분한 사실이 있다고 하여 다른 재산에 관한 유언을 철회한 것으로 볼 수 없다.
④ 증인결격자가 증인으로서 참여한 유언의 효력은 유언의 방식을 갖추지 못한 것으로 원칙적으로 무효가 된다. 다만, 예외적으로 증인결격자를 제외하더라도 유언의 방식에 따라 필요한 증인의 수를 충족하는 경우 나머지 증인으로도 유언의 진정성 등을 보장할 수 있는 경우에는 유언의 효력이 인정된 사례도 있다.(대법원 1977.11.8.선고 76므15)
⑤ 부담부유증을 받은 자가 그 부담을 이행하지 않은 때라도 유증은 효력이 생긴다. 이때 부담의 불이행에 따라 그 유증의 효력이 당연히 소멸되지는 않지만 상속인 또는 유언집행자는 법원에 유언의 취소를 청구할 수 있다.

★★☆
23 2년 전 폐암 진단을 받은 A는 자신이 사망한 후에 공동상속인들 간에 분쟁이 일어날 것을 염려해 미리 적법한 방식에 의하여 유언을 하였다. 그러나 그 후 마음이 바뀐 A는 유언장을 수정하였는데, 그 내용이 다음과 같을 때 가장 적절한 것은?

- 20x1년 9월 18일, 3억원의 상가건물은 장남 B에게, 금융자산 5억원은 배우자 B에게 상속한다는 내용의 유언을 하였음(유언은 자필증서에 의한 유언으로 적법한 요건을 갖추었음)
- 20x3년 10월 3일, 3억원의 상가건물은 장남 B에게, 금융자산 중 3억원은 배우자 B에게, 나머지 2억원은 차남 C에게 상속한다는 내용으로 유언장을 수정하였음

① 20x1년 9월 18일 최초 유언 이후에 문장을 삽입, 삭제, 변경할 때는 A가 자서하거나 날인하여야 한다.
② 새로이 유언할 때에는 반드시 이전의 유언 방식과 같아야 한다.
③ 20x3년 10월 3일 이전에 A가 유언을 철회하지 않는다는 계약을 체결하고, 공증을 받았다면 20x3년 10월 3일에 수정한 유언장 내용은 효력을 갖지 못한다.
④ 만일 A가 금융자산 5억원을 사망 전에 처분하였다면 이전의 유언은 전부 무효가 된다.
⑤ 만일 A가 고의로 유언증서를 파손한다면 유언을 철회한 것으로 본다.

정답 | ⑤

해설 | ① 자필증서에 문자의 삽입, 삭제, 변경을 할 때에는 유언자가 이를 자서하고 날인하여야 한다.

② 유언은 사람의 최종 이사를 존중하는 제도이므로 유언자는 언제든 새로이 유언을 하거나 생전행위로서 유언의 전부 또는 일부를 철회할 수 있다. 반드시 이전의 방식과 동일할 필요는 없다.

③ 유언자는 그 유언을 철회할 권리를 포기하지 못하고 만일 유언자가 유언을 철회하지 않는다는 계약을 체결하더라도 그 계약은 무효다.

④ 전후의 유언이 저촉되거나 유언 후의 생전행위가 유언과 저촉되는 경우에는 그 저촉된 부분의 전(前) 유언은 이를 철회한 것으로 보고 있다.

⑤ 유언자가 고의로 유언증서 또는 유증의 목적물을 파훼한 때에는 그 파훼한 부분에 관한 유언은 이를 철회한 것으로 본다.

★★★

24 다음 중 유증에 대한 설명으로 가장 적절한 것은?

① 포괄적 수증자가 포괄적으로 승계하는 재산으로는 상속재산 중 적극재산에 한하고, 소극재산은 해당하지 않는다.

② 포괄적 수증자는 상속인과 동일하게 유류분이 인정된다.

③ 포괄적 수증자가 상속개시 전에 사망한 경우 대습상속이 발생한다.

④ 상속과는 달리 포괄적 수증자의 경우 상속회복청구권, 재산분리 청구권, 상속재산분할협의권, 상속포기 등은 인정되지 않는다.

⑤ 엄격한 절차를 따르는 포괄유증의 포기와 달리 특정유증의 승인 · 포기는 유증의무자에 대한 의사표시로 충분하다.

정답 | ⑤

해설 | ① 포괄적 수증자는 상속재산에 관하여 그 수증분의 비율에 따라 적극재산뿐만 아니라 소극재산까지도 포괄적으로 승계한다.

② 포괄적 수증자는 유류분이 인정되지 않는다.

③ 상속의 경우 대습상속이 가능하나, 포괄적 수증자가 상속개시 전에 사망한 경우 대습상속이 발생하지 않는다.

④ 상속인과 같이 포괄적 수증자도 상속회복청구권, 재산분리 청구권, 상속재산분할협의권, 상속포기 등이 인정된다.

포괄적 수증자와 상속인의 공통점

상속인과 동일한 권리 의무	권리의무의 내용
상속재산의 포괄적 승계	– 상속재산에 관하여 그 수증분의 비율에 따라 적극재산뿐만 아니라 소극재산까지도 포괄적으로 승계 – 포괄적 수증자의 상속채무 승계 시 원래의 법정상속인은 그 부분에 대하여 상속채무 면제 – 부동산이 포괄적 유증의 대상인 경우 포괄적 수증자는 민법 제187조에 의하여 유언자 사망 시 유증받은 비율만큼 법률상 당연히 부동산의 소유권을 취득(대법원 2003.5.27. 선고 2000다73445 판결)
상속회복청구권	상속회복청구권에 관한 규정 유추 적용
재산분리	상속채권자 또는 수증자의 채권자는 일정 기간 내에 유증된 재산과 수증자의 고유재산의 분리를 법원에 청구 가능

공유관계 및 상속 재산분할	포괄적 수증자가 다수인 경우 공동상속인과 상속재산에 대하여 공유 관계 형성 및 상속재산분할협의 가능
상속포기 등	상속의 승인 또는 포기에 관한 민법 규정을 준용하기 때문에 상속인과 동일한 법정 절차를 거쳐 상속 포기, 한정승인 가능. 참고로 유언자가 사망한 후 언제든지 유증을 승인 또는 포기할 수 있다고 규정한 민법 제1074조는 특정유증의 경우에만 적용

포괄적 수증자와 상속인의 차이점

상속인과 다른 권리 의무	권리의무의 내용
조건과 부담 등의 부관	포괄적 유증에는 조건 또는 부담 등이 가능하지만, 상속은 조건부 상속 등 불가
대습상속	포괄적 수증자가 상속개시 전에 사망한 경우 대습상속이 발생하지 않지만, 상속의 경우 대습상속 가능
유류분	포괄적 수증자는 유류분 인정 안 됨
공동상속분의 양수권	포괄적 수증자는 민법 제1011조에서 정한 공동상속분의 양수권 인정 안 됨

★★★

25 다음 중 유증에 대한 설명으로 가장 적절하지 않은 것은?

① 유증이란 유언으로 아무런 대가를 받지 않고 자기의 재산상 이익을 타인에게 주는 것을 의미한다.

② 유증자는 유증의 일부 또는 전부를 유언 또는 생전행위로서 언제든지 임의로 철회할 수 있다.

③ 사인증여와 유증 모두 재산출연자의 사망으로 그 재산이 무상으로 타인에게 이전되는 법률행위라는 점 때문에 사인증여에는 유증에 관한 규정이 준용된다.

④ 유언자가 상속인들에게 작성 · 교부한 유언증서가 유언으로서의 법적 방식에 맞지 않아 무효라 할지라도, 그 증서에 자신이 사망하는 경우 특정한 재산을 위 상속인들에게 증여한다는 내용이 포함되어 있고 이에 위 상속인들이 동의한 경우에는 사인증여계약이 성립한 것으로 보아 효력이 있다고 볼 수 있다.

⑤ 법정된 요건과 방식에 어긋난 유언이라고 하더라도, 그것이 유언자의 진정한 의사에 합치된다면 유효한 유언으로 볼 수 있다.

정답 | ⑤

해설 | ⑤ 유언을 통한 재산의 이전은 그 방식이 엄격하여 민법에서 정해 놓은 5가지 방식으로 작성된 유언만이 유효한 유언이 된다. 따라서 법정된 요건과 방식에 어긋난 유언은 그것이 유언자의 진정한 의사에 합치하더라도 무효로 본다.

★★★
26 유증에 대한 다음 설명 중 적절한 것은?

① 채무를 면제해주는 것은 유증으로 볼 수 없다.
② 정지조건이 있는 유증은 유언자가 사망한 때부터 효력이 발생한다.
③ 상속은 자연인에게만 가능하지만 유증은 자연인 이외에 법인도 받을 수 있다.
④ 포괄적 유증을 받은 자(포괄적 수증자)라고 상속재산에 관하여 상속인과 동일한 권리의무가 있는 것은 아니다.
⑤ 태아는 유증을 받을 수 없다.

정답 | ③

해설 | ① 유증은 반드시 상속재산에 대하여만 증여하는 것이 아니라, 채무를 면제해주는 것도 유증의 하나이다.
② 유언에 정지조건이 있는 경우에 그 조건이 유언자의 사망 후에 성취한 때에는 그 조건을 성취한 때부터 유언의 효력이 생긴다.
④ 포괄적 유증을 받은 자(포괄적 수증자)는 상속재산에 관하여 상속인과 동일한 권리의무가 있다.
⑤ 태아도 유증을 받을 수 있다.

★★★
27 다음 중 유증에 대한 설명으로 가장 적절한 것은?

① 포괄유증의 승인 · 포기는 조건 또는 기한을 붙일 수 없고 일부 포기도 불가능하지만 특정유증의 승인 · 포기 경우는 일부에 대하여도 가능하다.
② 특정유증 수유자는 상속개시 후 공동상속인과 함께 상속재산의 분할에 참여하여 상속재산을 취득하게 된다.
③ 포괄유증의 승인 · 포기는 별다른 절차 없이 유증의무자에 대한 의사표시로 충분하다.
④ 포괄적 수증자도 상속인과 동일한 권리의무가 있으므로, 대습상속도 가능하고 유류분도 인정된다.
⑤ 유증의무자는 원칙적으로 유언집행자이다.

정답 | ①

해설 | ② 포괄적 수유자는 상속개시 후 공동상속인과 함께 상속재산의 분할에 참여하여 상속재산을 취득하게 된다.
③ 엄격한 절차를 따르는 포괄유증의 포기와 달리 특정유증의 승인 · 포기는 유증의무자에 대한 의사표시로 충분하다.
④ 포괄적 수증자는 상속인과 동일한 권리의무가 있으나, 대습상속과 유류분은 인정되지 않는다.
⑤ 유언자가 사망한 경우에 유증을 실행할 의무 있는 사람을 유증의무자라고 하며, 원칙적으로 상속인이 유증의무자가 된다. 다만, 포괄적 수증자, 상속인 없는 재산의 관리인도 유증의무자가 되고 유언집행자가 있는 경우에는 유언집행자가 위의 사람들을 갈음해서 유증의무자가 된다.

CHAPTER

03 상속개시 후 상속설계

출제 비중 : 24~32% / 6~8문항

학습가이드 ■ ■

학습 목표	학습 중요도
Tip 응용형 문제가 빈번히 출제되므로 이에 대한 학습 필요 Tip 기여분, 특별수익의 경우 다양한 사례의 계산 문제 학습 필요	
1. 상속개시 원인 및 상속개시로 인한 상속절차를 이해할 수 있다.	★★★
2. 법정상속인과 상속순위를 파악할 수 있다.	★★★
3. 상속재산의 범위와 관리방법에 대해 설명할 수 있다.	★★
4. 특별수익 등을 고려하여 최종상속분을 계산할 수 있다.	★★★
5. 상속의 승인 및 포기에 대해 설명할 수 있다.	★★★

••• TOPIC 1 상속개시에 따른 법률관계

★★★
01 다음 상속개시에 대한 설명으로 적절하지 않은 것은?

① 상속은 자연인이 사망한 경우에만 개시되고, 법인이 소멸한 경우에는 해산, 청산의 단계 등을 거쳐 법인격이 소멸하게 된다.
② 상속재산분할에 있어 상속분 산정을 위한 상속재산과 특별수익의 평가시점의 기준은 상속개시 시가 되며, 유류분 산정의 기초가 되는 상속재산의 가액 또한 상속개시 시를 기준으로 판단한다.
③ 동시사망이 추정되는 2인 이상 상호 간에는 상속권이 인정되지 않지만 대습상속은 인정된다.
④ 실종선고는 부재자의 생사가 보통실종은 5년, 특별실종에 대해서는 1년 동안 계속하여 행방을 알 수 없는 경우에 이해관계인이나 검사의 청구에 의하여 가정법원이 선고한다.
⑤ 민법상 상속개시 시기는 실종선고일이 된다.

정답 | ⑤
해설 | ⑤ 민법상 상속개시 시기는 실종기간이 만료한 때가 된다. 반면에, 상증법에 따른 상속개시 일은 실종선고일이 된다.

★★★
02 다음 중 실종선고와 상속에 대한 설명으로 적절하지 않은 것은?

① 보통실종의 실종기간은 부재자가 마지막으로 발견된 때로부터 1년이고, 특별실종의 실종기간은 부재자가 전쟁, 침몰한 선박, 추락한 항공기 기타 사망의 원인이 될 위난을 당하고 그 위난이 종료된 때로부터 5년이다.

② 실종자가 생존하고 있거나 실종기간이 만료한 때와 다른 시기에 사망한 사실 등의 증명이 있는 경우 가정법원에 실종선고취소청구를 통하여 실종선고를 취소할 수 있다.

③ 장례비용은 합리적인 금액 범위 내라면 상속비용에 포함되고, 상속재산의 관리 · 보존을 위한 소송비용도 상속에 관한 비용에 포함된다.

④ 상속재산의 처분에 수반되는 조세부담은 상속에 따른 비용이라고 할 수 없다.

⑤ 상속개시의 장소는 상속개시 당시의 피상속인의 주소지이다. 이를 알 수 없으면 거소를, 거소를 알 수 없으면 사망지를 상속개시의 장소로 본다.

정답 | ①

해설 | ① 보통실종의 실종기간은 부재자가 마지막으로 발견된 때로부터 5년이고, 특별실종의 실종기간은 부재자가 전쟁, 침몰한 선박, 추락한 항공기 기타 사망의 원인이 될 위난을 당하고 그 위난이 종료된 때로부터 1년이다.

★★★
03 다음 사례에서 A의 재산을 상속받을 법정상속인으로 모두 묶인 것은?

- A와 외국인 B는 국내에서 결혼하여 그 슬하에 자녀 C, 그리고 태아 D가 있다.
- 그러던 중 A는 사고로 사망하였다.
- A의 재산으로는 거주하던 주택과 현금이 있다.
- A의 사망으로 충격을 받은 B는 현실을 비관적으로 보고 태아 D를 낙태하였다.

① B
② C
③ B, C
④ B, C, D
⑤ A, B, C, D

정답 | ②

해설 | A의 상속인으로는 그 배우자 B와 자녀 C가 있으나, 배우자 B는 태아 D를 낙태하였으므로, 상속결격자에 해당하여 C가 단독상속인이 된다. 태아 D의 경우 살아서 태어나는 것을 정지조건으로 상속능력이 인정되므로, 태어나지 못한 이상 상속인에 해당하지 않는다.

★★★
04 다음 중 상속결격에 대한 설명으로 적절하지 않은 것은?

① 민법에서 정하여진 일정한 사유가 있는 경우 상속인으로서의 자격을 상실하게 된다. 이를 상속결격이라고 하며 민법에서는 5가지를 규정하고 있다.
② 결격사유가 상속개시 전에 생긴 때에는 결격자는 상속이 개시되더라도 상속을 하지 못한다.
③ 결격사유가 상속개시 후에 생긴 때에는 개시된 상속이 소급해서 무효로 된다.
④ 상속결격의 효과는 결격자뿐만 아니라, 마치, 상속포기를 한 것과 같이 결격자의 직계비속이나 배우자도 대습상속을 받을 수 없다.
⑤ 대법원 판례에서는 선순위 또는 동순위의 상속인이 될 태아의 낙태도 결격사유에 해당한다고 보고 있다.

정답 | ④
해설 | ④ 상속결격의 효과는 결격자에게만 미치므로 결격자의 직계비속이나 배우자는 대습상속을 받을 수 있다.

★★☆
05 다음 중 상속결격에 대한 설명으로 적절하지 않은 것은?

① 고의로 직계존속, 피상속인, 그 배우자 또는 상속의 선순위나 동순위에 있는 자를 살해하거나 살해하려고 한 경우 상속결격으로 인정된다.
② 판례에 따르면, 고의로 직계존속, 피상속인과 그 배우자에게 상해를 가하여 사망에 이르게 한 경우지만, 이 고의가 상속에 유리하다는 인식은 없다는 것이 증명되면 상속인으로 인정된다.
③ 사기 또는 강박으로 피상속인의 상속에 관한 유언 또는 유언의 철회를 방해한 경우 상속결격으로 인정된다. 방해는 했지만 미수에 그친 때에는 결격사유에 해당하지 않는다.
④ 사기 또는 강박으로 피상속인의 상속에 관한 유언을 하게 한 경우 상속결격으로 인정된다.
⑤ 피상속인의 상속에 관한 유언서를 위조 · 변조 · 파기 또는 은닉한 경우 상속결격으로 인정된다.

정답 | ②
해설 | ② 고의로 직계존속, 피상속인과 그 배우자에게 상해를 가하여 사망에 이르게 한 경우에도 판례는 상해의 고의만 있으면 되고, 이 고의에 상속에 유리하다는 인식은 필요하지 않다고 본다.[대법원 1992.5.22 선고 92다2127 판결]

★★★
06 다음 중 상속인 결격사유에 대한 적절한 설명은 모두 몇 개인지 고르시오.

> 가. 고의 또는 과실로 직계존속, 피상속인, 그 배우자 또는 상속의 선순위나 동순위에 있는 자를 살해하거나 살해하려고 한 경우
> 나. 고의 또는 과실로 직계존속, 피상속인과 그 배우자에게 상해를 가하여 사망에 이르게 한 경우
> 다. 사기 또는 강박으로 피상속인의 상속에 관한 유언 또는 유언의 철회를 방해한 경우
> 라. 사기 또는 강박으로 피상속인의 상속에 관한 유언을 하게 한 경우
> 마. 피상속인의 상속에 관한 유언장을 위조 · 변조 · 파기 또는 은닉한 경우

① 1개　② 2개
③ 3개　④ 4개
⑤ 5개

정답 I ③

해설 I 가. 고의로 직계존속, 피상속인, 그 배우자 또는 상속의 선순위나 동순위에 있는 자를 살해하거나 살해하려고 한 경우
나. 고의로 직계존속, 피상속인과 그 배우자에게 상해를 가하여 사망에 이르게 한 경우

★★★
07 다음 중 상속결격으로 인정되는 경우가 아닌 것은?

① 고의로 아버지를 살해하려다 미수에 그친 경우
② 아버지가 상속에 관한 유언을 철회하려는 것을 사기로 방해하였으나, 미수에 그친 경우
③ 고의로 아버지에게 상해를 가하여 사망에 이르게 한 경우(단, 이 고의에 상속에 유리하다는 인식은 전혀 없었다고 가정한다.)
④ 강박으로 아버지가 자식에게 전 재산을 상속하겠다는 유언을 하게 한 경우
⑤ 상속에 관한 아버지의 유언서를 파기한 경우

정답 I ②

해설 I ② 사기 또는 강박으로 피상속인의 상속에 관한 유언 또는 유언의 철회를 방해한 경우에는 상속결격의 사유가 된다. 다만, 이 사유로 상속결격이 되려면 방해 행위에 의하여 유언행위 또는 유언철회라는 결과가 일어나지 않았어야 하고 방해를 했지만 미수에 그친 때에는 결격사유에 해당하지 않는다.

★★★
08 다음 중 상속인의 결격사유에 해당하지 않는 것은?

① 아버지의 상속에 있어, 집으로 귀가하던 중 아버지를 실수로 치어 숨지게 한 아들
② 아버지의 상속에 있어, 아버지에게 그동안 증여를 많이 받은 형을 고의로 숨지게 한 동생
③ 남편의 상속에 있어, 뱃속에 있는 태아를 낙태한 배우자
④ 아버지의 상속에 있어, 고의로 아버지를 살해하려다가 목적을 달성하지 못한 아들
⑤ 아버지의 상속에 있어, 고의로 유언서를 찢어버린 딸

정답 | ①

해설 | 고의가 없이 실수로 직계존속을 사망에 이르게 한 경우에는 상속결격사유가 아니다.

★★★

09 상속결격에 대한 다음 설명 중 적절한 것은?

① 상속인에게 결격사유가 발생하면 재판상의 선고를 받은 후 피상속인을 상속하는 자격을 잃게 된다.

② 고의로 형을 때려서 사망에 이르게 한 동생은 아버지를 상속하는 자격을 잃게 된다.

③ 아버지의 상속에 관한 유언장을 고의로 파기한 아들은 상속이 가능하다.

④ 상속결격자인 경우에도 유증은 받을 수 있다.

⑤ 고의로 아버지를 살해하려 한 자의 자녀와 배우자는 대습상속을 한다.

정답 | ⑤

해설 | ※ 기본서에 없는 지문도 있으나, 기출지문이니 알아두셔야 합니다.

① 상속인에게 법률이 정한 일정한 사유가 발생하면, 재판상의 선고를 기다리지 않고 법률상 당연히 피상속인을 상속하는 자격을 잃게 된다.

② 고의로 직계존속, 피상속인과 그 배우자에게 상해를 가하여 사망에 이르게 한 자는 상속결격에 해당하나, 상속의 선순위나 동순위에 있는 자에게 상해를 가하여 사망에 이르게 한 자는 상속결격이 아니다.

③ 피상속인의 상속에 관한 유언장을 위조 · 변조 · 파기 또는 은닉한 자는 상속결격에 해당한다.

④ 상속결격자는 피상속인에 대하여 상속인이 될 수 없음과 동시에 수증결격자가 되므로 유증을 받을 수도 없다.

⑤ 결격의 효과는 결격자에게만 미치고 결격자의 직계비속이나 배우자가 대습상속을 하는 데에는 지장이 없다.

★★★

10 상속인의 결격에 대한 다음 설명 중 가장 적절하지 않은 것은?

① 상속인에게 상속인 결격사유가 발생하면, 재판상의 선고를 통해서만 피상속인을 상속하는 자격을 잃게 된다.

② 상속인의 결격사유의 하나로 규정하고 있는 '상속에 관한 유언장을 은닉한 자'라 함은 유언장의 소재를 불명하게 하여 그 발견을 방해하는 일체의 행위를 한 자를 의미한다.

③ 상속개시 후에 결격사유가 생기면 유효하게 개시된 상속도 상속이 개시된 때로 소급하여 무효가 된다.

④ 상속결격자는 피상속인에 대하여 상속인이 될 수 없음과 동시에 유증을 받을 수도 없다.

⑤ 결격의 효과는 결격자에게만 미치고 결격자의 직계비속이나 배우자가 대습상속을 하는 데에는 지장이 없다.

정답 | ①

해설 | ① 상속인에게 상속인 결격사유가 발생하면, 재판상의 선고를 기다리지 않고 법률상 당연히 피상속인을 상속하는 자격을 잃게 된다.

★★★
11 다음 중 상속인 결격사유로 상속인이 될 수 없는 사람은 모두 몇 명인지 적절한 것을 고르시오.

> 가. 어머니의 상속에 있어, A는 어머니와 함께 차를 타고 가던 중 운전미숙으로 인해 어머니를 사망에 이르게 하였다.
> 나. 남편의 상속에 있어, B는 남편의 사망 후 생활고로 인해 임신 중인 태아를 낙태하였다.
> 다. 동생의 상속에 있어, C는 동생과 다툼을 벌이던 중 고의로 밀쳐서 사망에 이르게 하였다.
> 라. D는 선순위 상속인인 E와 상속에 있어 말다툼을 벌이다 상해를 가하여 사망에 이르게 하였다.
> 마. 아버지의 상속에 있어, F는 고의로 동생에게 상해를 가하여 사망에 이르게 하였다.
> 바. 아버지의 상속에 있어, G는 아버지의 상속에 관한 유언장을 위조하였다.

① 1명　② 2명
③ 3명　④ 4명
⑤ 5명

정답 | ③

해설 | 보기에서 상속결격에 해당하는 사람은 모두 3명이다.(나, 다, 바)

가. 상속결격X : 고의로 직계존속, 피상속인과 그 배우자에게 상해를 가하여 사망에 이르게 한 자는 법률상 당연히 피상속인을 상속하는 자격을 잃게 되나, 운전미숙으로 인해 어머니가 사망한 경우는 고의가 아니다.

나. 상속결격O : 태아도 상속에 있어서는 권리능력이 있어 정당한 상속인이 되며, 태아의 모친의 낙태행위는 상속의 동순위에 있는 자(태아는 피상속인의 직계비속)를 살해한 것이고, 부인이 나중에 상속을 생각해서 자기가 유리한 지위에 서기 위한 것이 아니라 해도 자기의 태아를 낙태한다는 인식이 있었으므로 부인은 상속결격행위를 한 것이다.

다. 상속결격O : 고의로 직계존속, 피상속인, 그 배우자 또는 상속의 선순위나 동순위에 있는 자를 살해하거나 살해하려 한 자는 법률상 당연히 피상속인을 상속하는 자격을 잃게 된다.

라, 마. 상속결격X : 고의로 직계존속, 피상속인과 그 배우자에게 상해를 가하여 사망에 이르게 한 자는 법률상 당연히 피상속인을 상속하는 자격을 잃게 되나, 상속의 선순위나 동순위에 있는 자에게 상해를 가하여 사망에 이르게 한 자가 상속을 하는 데에는 지장이 없다.

바. 상속결격O : 피상속인의 상속에 관한 유언장을 위조 · 변조 · 파기 또는 은닉한 자는 법률상 당연히 피상속인을 상속하는 자격을 잃게 된다.

★★★
12 다음 중 상속인이 될 수 있는 사람으로 모두 묶인 것은?

> 가. 남편 사망 후 생활고로 인해 임신 중인 태아를 낙태한 부인
> 나. 고의로 아버지를 살해하려고 하였으나 미수에 그친 아들
> 다. 피상속인인 어머니와 함께 차를 타고 가던 중 운전미숙으로 인해 어머니가 사망한 경우의 딸
> 라. 아버지의 상속에 있어 고의로 형에게 상해를 가하여 사망에 이르게 한 동생
> 마. 피상속인이 사망한 지 6개월이 경과한 시점에서 비로소 그 유언서의 존재를 주장한 딸(공동상속인들 사이에 그 내용이 널리 알려진 유언서로 가정한다.)

① 가, 나, 다　　② 가, 나, 마
③ 가, 라, 마　　④ 나, 다, 라
⑤ 다, 라, 마

정답 | ⑤

해설 | 가. 대법원 판례는 선순위 또는 동순위의 상속인이 될 태아의 낙태도 결격사유에 해당한다고 보고 있다.
나. 고의로 직계존속, 피상속인, 그 배우자 또는 상속의 선순위나 동순위에 있는 자를 살해하거나 살해하려 한 경우 상속결격에 해당한다.
다. 고의로 직계존속, 피상속인과 그 배우자에게 상해를 가하여 사망에 이르게 한 경우는 법률상 당연히 피상속인을 상속하는 자격을 잃게 되나, 운전미숙으로 인해 어머니가 사망한 경우는 고의가 아니므로 상속인이 될 수 있다.
라. 고의로 직계존속, 피상속인과 그 배우자에게 상해를 가하여 사망에 이르게 한 자는 법률상 당연히 피상속인을 상속하는 자격을 잃게 되나, 상속의 선순위나 동순위에 있는 자에게 상해를 가하여 사망에 이르게 한 자가 상속을 하는 데에는 지장이 없다.
마. '상속에 관한 유언서를 은닉한 자'라 함은 유언서의 소재를 불명하게 하여 그 발견을 방해하는 모든 행위를 의미하는 것이므로 단지 공동상속인들 사이에 그 내용이 널리 알려진 유언서에 관하여 피상속인이 사망한 지 6개월이 경과한 시점에서 비로소 그 존재를 주장하였다고 하여 이를 두고 유언서의 은닉에 해당한다고 볼 수 없다.

★★★
13 A는 배우자 B, 장남 A1, 장녀 A2, 차남 A3를 두고 사망하였다. 그런데 A3는 형 A1에 대한 아버지의 유언 내용이 맘에 들지 않아 유언서를 훼손하였다. 이때 장남 A1의 상속분으로 적절한 것은?

① $\frac{2}{7}$　　② $\frac{3}{7}$
③ $\frac{4}{11}$　　④ $\frac{4}{45}$
⑤ $\frac{3}{45}$

정답 | ①

해설 | 피상속인의 상속에 관한 유언장을 위조 · 변조 · 파기 또는 은닉한 A3는 상속결격 사유에 해당하므로 배우자 B $\frac{3}{7}$, 장남 A1, 장녀 A2가 각각 $\frac{2}{7}$, $\frac{2}{7}$의 상속분을 가진다.

★★☆
14 다음 사례를 참고하여 피상속인 A의 상속재산에 대한 최종적인 법정상속분으로 가장 적절한 것은?

- A는 배우자 B와 장녀 A1, 차남 A2, 삼녀 A3를 두고 있다.
- 상속개시 후 장녀 A1과 배우자 B는 조문을 다녀오는 길에 장녀 A1의 운전미숙으로 배우자 B가 사망했다.
- 평소 장녀 A1과 사이가 좋지 않던 차남 A2는 A1을 고의로 살해하려 하였으나 실패하였다.
- 사망 당시 A의 재산은 11억원이며, 은행에 대한 채무 2억원이 있다.

	A1	A2	A3
①	–	550,000천원	550,000천원
②	300,000천원	300,000천원	300,000천원
③	550,000천원	–	550,000천원
④	450,000천원	–	450,000천원
⑤	–	450,000천원	450,000천원

정답 I ④

해설 I 운전미숙으로 인한 B의 사망은 고의에 의한 것이 아니므로 A1은 상속결격자가 아니며, A2는 동순위자인 A1을 고의로 살해하려 하였으므로 상속결격이다. 따라서 공동상속인은 A1과 A3만 남게 되며, B의 사망으로 인해 B가 받게 될 상속분도 다시 A1과 A3가 상속하게 된다.

- A1 : 11억원 $\times \frac{1}{2}$(적극재산) − 2억원 $\times \frac{1}{2}$(소극재산 및 가분 채무) = 450,000천원
- A3 : 11억원 $\times \frac{1}{2}$(적극재산) − 2억원 $\times \frac{1}{2}$(소극재산 및 가분 채무) = 450,000천원

★★★
15 상속권의 상실에 대한 설명으로 적절하지 않은 것은?

① 민법의 개정(2026.1.1.부터 시행)으로 피상속인의 직계존속의 상속권 상실이 가능하게 되었다.

② 피상속인은 공정증서에 의한 유언으로 피상속인의 직계존속이 일정한 사유에 해당하는 경우 상속권 상실의 의사표시를 할 수 있다.

③ 피상속인에 대한 부양의무를 중대하게 위반하였다는 이유만으로 상속권의 상실의 사유에 해당하지 않는다.

④ 피상속인의 유언이 없더라도 공동상속인은 상속권 상실의 사유가 있는 피상속인의 직계존속이 상속인이 되었음을 안 날부터 6개월 이내에 가정법원에 그 사람의 상속권 상실을 청구할 수 있다.

⑤ 공동상속인이 없거나 공동상속인에게 상속권 상실의 사유가 있는 경우 상속권 상실 선고의 확정에 의하여 상속인이 될 사람이 이를 청구할 수 있다.

정답 | ③

해설 | 피상속인은 공정증서에 의한 유언으로 피상속인의 직계존속이 다음의 사유에 해당하는 경우 상속권 상실의 의사표시를 할 수 있게 되었다.

> ① 피상속인에 대한 부양의무(미성년자에 대한 부양의무로 한정한다)를 중대하게 위반한 경우
> ② 피상속인 또는 그 배우자나 피상속인의 직계비속에게 중대한 범죄행위를 하거나 그 밖에 심히 부당한 대우를 한 경우

피상속인의 유언이 없더라도 공동상속인은 피상속인의 직계존속으로서 다음의 사유가 있는 사람이 상속인이 되었음을 안 날부터 6개월 이내에 가정법원에 그 사람의 상속권 상실을 청구할 수 있게 되었다.

> ① 피상속인에 대한 부양의무(미성년자에 대한 부양의무로 한정한다)를 중대하게 위반한 경우
> ② 피상속인에게 중대한 범죄행위를 하거나 그 밖에 심히 부당한 대우를 한 경우

★★★

16 다음 중 상속인이 될 수 없는 자로 모두 묶인 것은?

> 가. 적모서자(재혼한 배우자와 재혼 상대방의 자녀)
> 나. 이혼한 배우자
> 다. 사실혼 배우자
> 라. 친양자 사망 시 친생부모
> 마. 친생부모 사망 시 친양자
> 바. 태아
> 사. 이혼 소송 중인 배우자
> 아. 친양자 사망 시 친양부모
> 자. 친양부모 사망 시 친양자

① 가, 나, 라, 마, 아, 자
② 가, 다, 라, 마
③ 가, 나, 라, 마
④ 가, 나, 다, 라, 마
⑤ 가, 나, 다, 아, 자

정답 | ④

해설 |

상속인에 해당하는 자	★상속인에 해당하지 않는 자★
• 태아 • 이성동복(모가 같고 부가 다른), 동성이복(부가 같고 모가 다른)의 형제자매 • 이혼 소송 중인 배우자 • 인지된 혼외자 • 양부모 사망 시 양자 • 친생부모 사망 시 양자 • 친양부모(친양자를 입양한 양부모) 사망 시 친양자 • 양자 사망 시 양부모 및 친생부모 • 친양자 사망 시 친양부모 • 북한에 있는 상속인 • 외국 국적을 가지고 있는 상속인	• 적모서자 (재혼한 배우자와 재혼 상대방의 자녀) • 이혼한 배우자 • 사실혼 배우자 • 친양자 사망 시 친생부모 • 친생부모 사망 시 친양자

★★★
17 다음 중 법정상속인에 대한 설명으로 적절하지 **않은** 것은?

① 직계비속은 양자와 같은 법정혈족이든 친생자와 같은 자연혈족이든 모두 1순위 상속인이 된다.

② 계모자 사이와 적모 · 서자 사이에서는 상속권이 없다.

③ 일반양자는 양부모와 친부모 양쪽 모두에 대한 직계비속으로 1순위 상속인이 된다.

④ 친양자는 친부모에 대하여 직계비속으로 상속권은 있지만 양부모에 대한 상속권은 소멸한다.

⑤ 직계비속의 경우 대습상속 및 유류분권이 인정되고, 직계존속의 경우 대습상속은 인정되지 않지만 유류분권은 인정된다.

정답 | ④

해설 | ④ 친양자의 경우 입양 시 양부의 성과 본으로 변경되고 친부모와의 법적인 관계가 모두 종료되므로 친양자는 양부모에 대하여 직계비속으로 상속권은 있지만 친부모에 대하여 상속권이 소멸한다.

★★★
18 다음 가계도에 대한 설명으로 적절하지 **않은** 것을 고르시오.(각 지문은 독립적인 상황을 가정한다.)

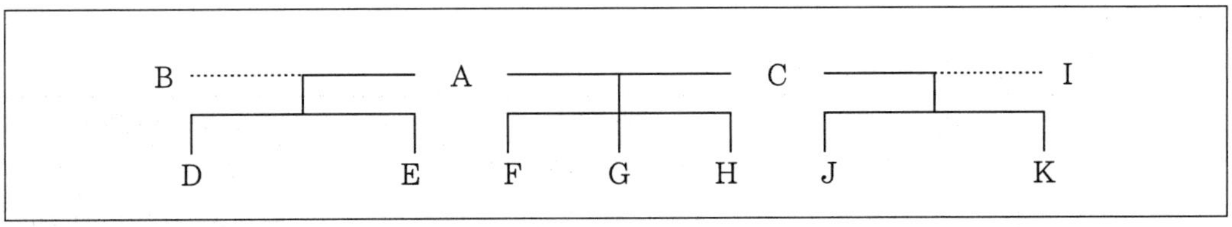

※ A에게는 배우자 C와 자녀 F, G, H가 있고 전혼배우자 B와의 사이에 자녀 D, E가 있으며 C는 전혼배우자 I와의 사이에 자녀 J, K가 있다.

① A가 사망할 경우 상속인은 C, D, E, F, G, H이다.

② A가 J를 A의 성과 본을 따르도록 하는 친양자로 입양한 경우, J는 A의 제1순위 상속인이 되며, 가족관계등록부에도 A의 친생자로 기재되어 양자임을 알 수 없도록 한다.

③ K가 A의 보통 양자로 입양된 경우, K는 A의 제1순위 상속인이 되며, I와의 친자관계가 단절되지 아니하였으므로 I에 대해서도 제1순위 상속인이 된다.

④ B는 A의 재산을 상속하지 못하며, D와 E가 A의 상속개시 전에 사망한 경우에도 대습상속인이 될 수 없다.

⑤ A가 사망할 경우 C의 상속분은 $\frac{3}{17}$이다.

정답 | ⑤

해설 | ⑤ A가 사망할 경우 상속인은 C, D, E, F, G, H이므로, C의 상속분은 $\frac{3}{13}$이다.

★★★

19 다음 가계도에 대한 설명으로 적절하지 **않은** 것을 고르시오.(각 지문은 독립적인 상황을 가정한다.)

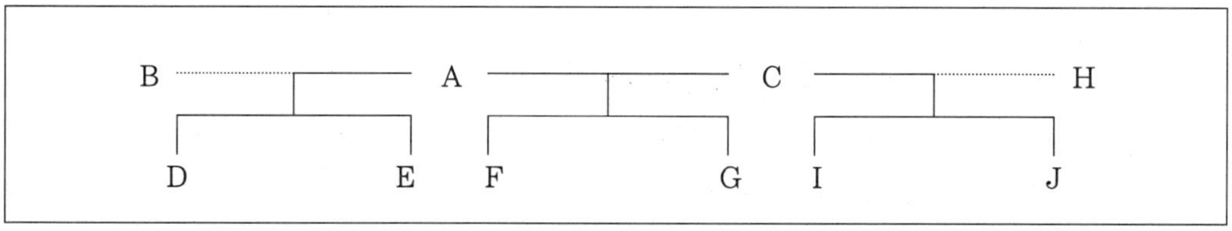

※ A에게는 배우자 C와 자녀 F, G가 있고 전혼 배우자 B와의 사이에 자녀 D, E가 있으며 C는 전혼 배우자 H와의 사이에 자녀 I, J가 있다.

① A가 사망할 경우 상속인은 C, D, E, F, G이다.

② A가 사망할 경우 D의 상속분은 $\frac{2}{11}$이다.

③ C가 D, E를 보통양자로 일반입양한 경우 D, E는 B와 C 모두에게 제1순위 상속인이 된다.

④ A가 I, J를 친양자로 입양한 경우에는 I, J와 H 간의 친족관계는 소멸되지 않는다.

⑤ A가 I를 친양자로 입양한 경우, A가 사망하면 I의 상속분은 $\frac{2}{13}$이다.

정답 | ④

해설 | **일반입양과 친양자입양의 구분**

구분	일반입양	친양자입양
양자의 성과 본	친생부모의 성과 본을 유지	양부의 성과 본으로 변경
친생부모와의 관계	유지(상속권 인정)	종료(상속권 인정 안 됨)
입양의 효력	입양한 때부터 혼인 중의 자로서 신분을 취득하나, 친생부모와의 관계는 친권 이외 유지됨	재판이 확정된 때부터 혼인 중의 자로서의 신분을 취득하며, 친생부모와의 관계는 종료됨

★★★

20 다음 중 상속인에 대한 설명으로 적절하지 **않은** 것은?

① 상속인이 될 형제자매가 상속개시 전 사망하거나 상속결격이 된 경우 그 배우자와 직계비속에게 대습상속이 인정된다.

② 법률상의 배우자만 상속인이 될 수 있고, 사실혼 배우자의 경우 상속권이 인정되지 않는다.

③ 사실상 이혼한 경우에는 이혼한 부부 상호 간에 상속권이 없다.

④ 부부의 일방이 사망한 경우, 생존 배우자가 재혼한 때에는 배우자의 혈족, 사망한 배우자의 혈족의 배우자와의 인척관계는 종료한다.

⑤ 배우자는 대습상속 및 유류분권이 인정된다.

정답 | ③

해설 | ③ 사실상 이혼한 경우에도 법률상 이혼 전이라면 부부 상호 간에 상속권이 인정되고, 법률상 이혼한 부부 상호 간에는 상속권이 없다.

★★★
21 다음 중 대습상속에 대한 설명으로 적절하지 **않은** 것은?

① 대습상속은 상속이 개시되기 전에 상속인이 될 피상속인의 직계비속 또는 형제자매가 사망하거나 상속결격된 경우에 그의 직계비속과 배우자가 사망 또는 상속결격된 자의 순위에 갈음하여 상속하는 것을 말한다.
② 피상속인과 피대습자가 동시에 사망한 경우에도 대습상속은 인정된다.
③ 피대습자가 상속포기를 하는 경우 피대습자의 배우자와 직계비속은 대습상속인이 된다.
④ 상속결격은 상속개시 전의 것뿐만 아니라 상속개시 이후 상속결격이 된 경우도 포함한다.
⑤ 대습상속인은 상속개시 당시에 존재하고 있어야 하는데 태아는 대습상속에 있어서도 출생한 것으로 본다.

정답 | ③
해설 | ③ 상속포기는 대습상속의 사유로 규정되어 있지 않다. 따라서 피대습자가 상속포기를 하는 경우 피대습자의 배우자와 직계비속은 대습상속인이 되지 않는다.

★★★
22 다음 중 대습상속에 대한 설명으로 적절하지 **않은** 것은?

① 대습상속을 하게 되면 대습상속인은 피대습상속인의 상속순위와 상속분을 그대로 상속한다.
② 대습상속의 경우에는 할증과세를 하지 아니한다.
③ 법정상속인인 직계존속과 4촌 이내의 방계혈족의 직계존속이나 배우자에게는 적용이 없다.
④ 대습상속이 인정되기 위해서는 추정상속인이 상속개시 전에 사망하거나 상속포기 또는 결격자가 되어 상속권을 상실해야 한다.
⑤ 대습상속인으로서 피대습자의 직계비속이나 배우자는 상속개시 시에 그 자격을 갖추어야 하며, 태아도 대습상속인이 될 수 있다.

정답 | ④
해설 | ④ 대습상속이 인정되기 위해서는 추정상속인이 상속개시 전에 사망하거나 결격자가 되어 상속권을 상실해야 하며, 상속포기는 대습상속인 인정요건이 아니다.

★☆☆
23 다음 중 상속인의 부존재에 대한 설명으로 적절하지 **않은** 것은?

① 상속인의 존부가 분명하지 않은 때에는 가정법원은 피상속인의 친족 등의 청구에 의하여 상속재산관리인을 선임하고 이를 공고한다.

② 가정법원이 상속재산관리인의 선임을 공고한 날부터 3개월 내에 상속인의 존부를 알 수 없는 경우 관리인은 지체없이 일반상속채권자와 유증받은 자에 대하여 2개월 이상의 기간을 정하여 채권 또는 유증을 받은 사실을 신고할 것을 공고해야 한다.

③ 일반상속채권자와 유증 받은 자에 대한 채권신고를 최고하는 공고기간이 경과하여도 상속인의 존부를 알 수 없는 경우에는 가정법원은 1년 이상의 일정한 기간 내에 그 권리를 주장할 것을 공고하고, 상속인이 나타나지 않으면 상속인의 부존재가 확정된다.

④ 피상속인과 특별한 연고가 있던 자의 청구 등에 의해 상속인의 부존재가 확정된 경우에도 가정법원은 이들의 기여분을 인정하여 상속재산의 일부만을 분여해 줄 수 있다.

⑤ 특별연고자에게도 분여되지 않은 상속재산은 국가에 귀속한다.

정답 | ④

해설 | ④ 상속인이 존재하지 않는 경우 피상속인과 생계를 같이한 자, 피상속인의 요양 · 간호에 노력한 자, 기타 피상속인과 특별한 연고가 있던 자의 청구가 있으면 가정법원이 이들에게 청산 후 남은 상속재산의 전부 또는 일부를 분여해 줄 수 있다

★★★
24 상속에 따른 법률효과에 대한 설명으로 적절하지 **않은** 것은?

① 재산상속이 개시되면 상속인은 피상속인의 재산에 관한 포괄적인 권리 · 의무를 승계한다.

② 상속인이 권리만을 분리하여 승계할 수 없고, 승계할 재산을 특정하여 선택할 수 없다.

③ 상속인이 상속 사실 등을 알지 못하더라도 당연히 승계된다.

④ 피상속인이 사망하기 전에 상속인이 상속을 받지 않겠다는 상속포기의 의사표시를 하는 것으로, 예상치 못한 소극재산의 상속을 방지할 수 있다.

⑤ 상속으로 인하여 재산은 포괄승계되는 것이기 때문에 상속등기 등 별도의 이전 방법이 없어도 당연히 상속인 또는 유증(포괄유증을 의미)을 받는 자에게 이전된다.

정답 | ④

해설 | ④ 피상속인이 사망하기 전에 상속인이 상속을 받지 않겠다는 상속포기의 의사표시를 하더라도 법적으로는 효력이 없다.

★★☆
25 다음 중 공동상속재산에 대한 설명으로 적절하지 않은 것은?

① 공동상속인들 간 상속재산에 대한 분할이 완료될 때까지 공동상속인들은 상속재산을 공유하게 된다.
② 공동상속재산의 관리행위(예 임대차관리 등)는 공유자 전원의 동의가 필요하다.
③ 공동상속재산의 보존행위(예 상속재산의 현상을 유지, 멸실이나 훼손을 방지하기 위한 행위 등)는 공동상속인 각자가 단독으로 가능하다.
④ 공동상속재산의 처분행위(예 매도 또는 근저당권 설정 등)는 공유자 전원의 동의가 필요하다.
⑤ 상속재산에 속하는 개개의 물건 또는 권리는 상속인 전원의 동의 없이 단독으로 처분할 수 없지만 각자의 상속분은 단독으로 처분할 수 있으며 각 공동상속인은 상속재산 전부에 대하여 상속분의 비율로 사용 · 수익할 수 있다.

정답 | ②
해설 | ② 공동상속재산의 관리행위(예 임대차관리, 상속재산의 이용 및 개량행위 등)는 공유자 과반수의 동의로 가능하다.

★★☆
26 다음 중 상속재산에 해당하지 않는 재산으로 모두 묶인 것은?

가. 저작권
나. 위임계약의 당사자 지위
다. 위자료 청구권
라. 채무
마. 수익자가 상속인으로 지정된 생명보험청구권
바. 손해배상 청구권
사. 퇴직연금 · 유족연금의 청구권

① 나, 마, 사
② 마, 사
③ 나, 다, 마, 사
④ 마, 바, 사
⑤ 가, 마, 바, 사

정답 | ③

해설 |

구분	내용	예시
상속재산에 해당 O	적극재산	• 물건 등에 대한 소유권, 점유권, 지상권 등 물권(단, 담보물권은 피담보채권과 분리해서 단독으로 상속되지는 않음) • 일신전속적인 것을 제외한 채권(손해배상청구권, 이혼 시 재산분할청구권 등) • 무체재산권(저작권 등) • 형성권(취소권, 해제권, 해지권, 상계권 등)
	소극재산	• 일신전속적인 것을 제외한 채무, 조세
상속재산에 해당 ×	일신전속적 권리	• 위임계약의 당사자 지위 등 • 위자료청구권(단, 당사자 간에 이미 그 배상에 관한 계약이 성립하거나 소를 제기한 경우면 상속 가능)
	기타 법률 or 계약 등에 의하여 귀속이 결정되는 것	• 생명보험청구권 • 퇴직연금 유족연금의 청구권 등

★★★

27 다음 중 상속재산의 법률관계에 대한 적절한 설명으로 모두 묶인 것은?

가. 피상속인의 일신에 전속하는 권리 · 의무는 상속의 대상이 되지 않고 피상속인의 사망으로 소멸한다.

나. 판례는 상속인을 보험수익자로 지정한 경우 피상속인의 사망으로 상속인이 보험금을 수령하는 경우 이 보험금은 상속재산으로 보고 있다.

다. 상속개시 후 발생한 상속주식의 배당금, 상속부동산의 차임, 예금이자 등 상속재산의 과실 또한 상속재산에 포함된다.

라. 공동상속인 중의 1인이 법정상속분을 초과하여 채무를 부담하기로 하는 약정은 상속인들 간의 약정만으로는 부족하고 채권자의 승낙이 필요하다.

① 가, 라
② 나, 다
③ 가, 다
④ 가, 나
⑤ 다, 라

정답 | ①

해설 | 나. 판례는 상속인을 보험수익자로 지정한 경우 피상속인의 사망으로 상속인이 보험금을 수령하는 경우 상속인의 고유재산으로 보고 있다.

다. 상속개시 후 발생한 상속주식의 배당금, 상속부동산의 차임, 예금이자 등 상속재산의 과실은 상속재산이 아니라 상속인들이 상속분에 따라 취득하는 그들의 공유재산이다.

★★★
28 채권 · 채무의 대한 설명으로 적절하지 않은 것은?

① 일반적으로 일신전속적인 권리 등 특별한 경우를 제외한 나머지 채권과 채무는 상속의 대상이 된다.

② 가분채권, 가분채무인 경우 상속개시와 동시에 당연히 법정상속분에 따라 공동상속인들에게 분할되어 귀속되는 것이 원칙이고, 상속재산분할의 대상도 되지 않는다.

③ 가분채권이더라도 공동상속인 간 법정상속분 이외 고려할 사항들(초과특별수익자의 존재, 기여분의 존재 등)이 있는 경우에는 상속재산분할의 대상이 된다.

④ 보증한도액이 정해진 계속적 보증계약의 경우 보증인이 사망한 경우 보증계약은 당연히 종료된다.

⑤ 상속재산 분할의 대상이 될 수 없는 상속채무에 관하여 공동상속인들 사이에 분할의 협의가 있는 경우라도 이러한 협의는 공동상속인 간의 별도의 채무인수 계약은 될 수 있어도 소급효가 있는 상속재산의 협의분할에는 해당하지 않는다.

정답 | ④

해설 | ④ 보증한도액이 정해진 계속적 보증계약의 경우 보증인이 사망하였더라도 보증계약이 당연히 종료하는 것은 아니고 특별한 사정이 없는 한 상속인들이 보증인의 지위를 승계한다.

★★★
29 다음 사례에서 A의 상속인과 그 구체적인 법정상속분으로 바르게 연결된 것은?

A는 자녀 B, C가 있으며, 자녀 B는 결혼하여 배우자 D와 자녀 E가 있다. A와 B는 함께 여행을 하던 중 항공기 사고로 모두 동시 사망하였다. 한편, A의 부친 F가 생존해 있다. A의 상속재산은 10억원이다.

① B : 5억원
② C : 10억원
③ D : 3억원
④ E : 5억원
⑤ F : 10억원

정답 | ③

해설 | ① B : A와 동시 사망하였으므로 상속인이 될 수 없다.

② C : 10억원 $\times \frac{1}{2}$ = 5억원

③ D : 10억원 $\times \frac{1}{2} \times \frac{3}{5}$ = 3억원

④ E : 10억원 $\times \frac{1}{2} \times \frac{2}{5}$ = 2억원

⑤ F : A의 직계비속이 선순위 상속인이므로, 부친은 상속인에 해당하지 않는다.

TOPIC 2 상속분의 결정

★★★

30 **조부 A, 조모 B, 부 C 그리고 C의 배우자 D와 자녀 C1이 있는 경우 C가 먼저 사망한 후 A가 사망 시 D의 상속분으로 적절한 것은?**

① $\frac{2}{5}$ ② $\frac{6}{25}$

③ $\frac{4}{25}$ ④ $\frac{3}{5}$

⑤ $\frac{3}{10}$

정답 | ②

해설 | C는 피대습자가 되며, A가 사망한 경우 C의 법정상속분을 대습상속인이 되는 D와 C1이 두사람 사이의 법정상속분에 따라 상속한다. 즉, A가 사망할 시 A의 상속재산에 대한 법정상속분은 그 배우자 B가 $\frac{3}{5}$, C가 $\frac{2}{5}$가 되며, C의 상속분인 $\frac{2}{5}$에 대하여 C를 갈음하여 대습상속하는 D는 C1과 공동 상속하여, D는 $\frac{6}{25}$, C1은 $\frac{4}{25}$가 된다. 즉, A 사망 시 상속인들 간 상속분은 B는 $\frac{3}{5}$, D는 $\frac{6}{25}$, C1은 $\frac{4}{25}$가 된다.

★★★

31 **다음 중 특별수익에 대한 설명으로 적절하지 않은 것은?**

① 공동상속인 중에 피상속인으로부터 재산의 증여 또는 유증 등을 받은 상속인이 있는 경우 상속인별로 구체적인 상속분을 산정할 때, 이 부분을 고려해야 한다.

② 특별수익의 가액이 공동상속인 각자의 상속분의 가액보다 크더라도 특별수익자는 특별수익으로 받은 재산을 다른 상속인에게 반환할 의무는 없다.

③ 특별수익으로 인하여 다른 상속인의 유류분을 침해하더라도 상속과는 달리 유류분반환 청구의 대상이 되지 않는다.

④ 특별수익자의 범위는 상속을 승인한 공동상속인에 한정된다. 따라서 상속을 포기한 공동상속인, 공동상속인의 직계비속, 배우자 또는 직계존속이 증여나 유증을 받은 경우에도 이러한 증여 또는 유증은 상속재산 분할 시 원칙적으로 특별수익으로 고려하지 않는다.

⑤ 대습상속인이 대습원인이 발생하기 전에 피상속인으로부터 증여를 받은 경우라면 이는 상속인의 지위에서 받은 것이 아니므로 특별수익에 해당하지 않고, 대습상속인의 지위에서 증여 또는 유증을 받은 경우라면 이는 특별수익에 해당한다.

정답 | ③

해설 | ③ 특별수익으로 인하여 다른 상속인의 유류분을 침해하는 경우에는 유류분반환청구의 대상이 될 수 있다.

★★★
32 다음 중 특별수익에 대한 설명으로 적절하지 않은 것은?

① 대습상속인이 대습원인이 발생하기 전에 피상속인으로부터 증여를 받은 경우라면 이는 상속인의 지위에서 받은 것이 아니므로 특별수익에 해당하지 않는다.
② 대습상속인의 지위에서 증여 또는 유증을 받은 경우라면 이는 특별수익에 해당한다.
③ 피대습인이 대습원인의 발생 이전에 피상속인으로부터 생전증여로 특별수익을 받은 경우 그 생전증여는 대습상속인의 특별수익이 된다.
④ 민법은 생전증여에 대하여 특별수익으로 인정하는 데 있어 상속개시일 10년 이내의 기한을 정하고 있다.
⑤ 상속재산 및 특별수익재산 가액의 평가는 상속개시 당시의 시가로 하고, 특별수익 중 현금의 상속개시 당시의 평가액은 수증당시의 금액에 소비자물가지수를 참작하여 산정한다.

정답 | ④

해설 | ④ 세법과 달리 민법은 생전증여에 대하여 특별수익으로 인정하는 데 있어 그 증여가 언제 있었는지 또는 언제까지의 증여만을 특별수익으로 인정할 것인지 등의 기한을 정하고 있지 않다.

★★★
33 다음 사례에서 B의 상속분으로 적절한 것은?

> A는 가족으로 배우자 B와 자녀 A1, A2가 있다. A가 배우자 B에게 유언으로 현재 거주하는 X주택을 준다는 유증을 남겼다. A의 생전에는 자녀 A1에게 금전 5억원을 증여한 바 있다. A의 상속개시 당시 상속재산으로는 금전 9억원과 A가 B와 거주하는 시가 7억원 상당의 X주택이 있다. A에게 채무가 없고 A의 재산가액이 증여 시와 상속 시가 동일한 것을 전제로 하는 경우 A 사망 시 B의 구체적인 상속분은 어떠한가?

① 1억원
② 2억원
③ 3억원
④ 6억원
⑤ 9억원

정답 | ②

해설 | A의 사망으로 상속인은 B, A1, A2가 되며, B, A1, A2의 법정상속비율은 1.5 : 1 : 1이 된다. 특별수익으로 A1이 A로부터 A의 생전에 증여 받은 금전 5억원과 B가 A로부터 유증으로 받은 7억원 상당의 주택이 있다. 따라서 각 상속인의 구체적 상속분은 아래와 같다.

- B : 2억원
  (상속재산의 가액인 9억원+B가 받은 특별수익의 가액인 7억원+A1의 사전증여 가액인 5억원)× $\frac{3}{7}$(B의 상속분율)−B가 받은 특별수익가액 7억원=2억원
- A1 : 1억원
  [(상속재산의 가액인 9억원+B가 받은 특별수익의 가액인 7억원+C의 사전증여 가액인 5억원)× $\frac{2}{7}$(A1의 상속분율)]−A1이 받은 특별수익가액 5억원=1억원
- A2 : 6억원
  [(상속재산의 가액인 9억원+B가 받은 특별수익의 가액인 7억원+A1의 사전증여 가액인 5억원)× $\frac{2}{7}$(A2의 상속분율)]=6억원

★★★

34 피상속인 최의성씨는 상속인으로 처와 자식으로 수린, 미희, 성의, 병룡이 있다. 최의성씨는 사망 당시 상속재산으로 28억원을 남겼으며, 사망 전 최수린에게 결혼자금으로 3억원, 최미희에게는 사업자금으로 2억원을 증여한 바 있고 처에게는 5억원을 유증하기로 했다. 금번 최의성씨의 사망으로 인한 최수린의 상속이익으로 적절한 것은?

① 2억원② 3억원
③ 6억원④ 9억원
⑤ 12억원

정답 | ③

해설 | 상속재산+생전증여=28억원+3억원+2억원=33억원

	구체적 상속분	특별수익(증여, 유증)	상속이익
처	33억원× $\frac{3}{11}$ −5억원=4억원	5억원	9억원
수린	33억원× $\frac{2}{11}$ −3억원=3억원	3억원	6억원
미희	33억원× $\frac{2}{11}$ −2억원=4억원	2억원	6억원
성의	33억원× $\frac{2}{11}$ =6억원	0	6억원
병룡	33억원× $\frac{2}{11}$ =6억원	0	6억원

★★★

35 다음 사례에서 A1의 상속분으로 적절한 것은?

> A는 가족으로 자녀 A1, A2, A3가 있다. A는 자녀 A1에게 생전에 9억원을 증여하였고 상속개시 당시 상속재산으로는 금전 15억원이 있다. A에게 채무가 없고 A의 재산가액이 증여 시와 상속 시가 동일한 것을 전제로 한다.

① 1억원
② 2억원
③ 3억원
④ 6억원
⑤ 9억원

정답 | ②

해설 | A의 사망으로상속인은 A1, A2, A3가 되며 , 각상속인의 법정상속비율은 1 : 1 : 1이 된다.
이에 따라 구체적 상속분은 다음과 같다.

• A1의 경우 : 0원

24억원(15억원+9억원)× $\frac{1}{3}$(법정상속분율)−9억원(B가 받은 특별수익 가액)= ~~△1억~~ → 0원

이 경우 B는 초과특별수익자로 초과특별수익 1억원이 발생한다. 따라서 구체적인 상속분 계산 시에는 초과특별수익자 A1을 제외하여 다시 구체적 상속분을 계산하되, 초과액 1억원은 나머지 상속인이 법정상속분에 따라 구체적 상속분에서 공제하여 계산한다.

• A2의 경우 : 7.5억원

(15억원 + 9억원) × $\frac{1}{3}$(법정상속분율) − 1억원(A1의 초과특별수익) × $\frac{1}{2}$(A2의 법정상속분) = 7.5억원

• A3의 경우 : 7.5억원

(15억원 + 9억원) × $\frac{1}{3}$(법정상속분율) − 1억원(A1의 초과특별수익) × $\frac{1}{2}$(A3의 법정상속분) = 7.5억원

결국 상속재산 15억원을 B는 0원, C와 D는 7.5억원씩 상속받게 된다.

★★★
36 다음 중 기여분에 대한 설명으로 적절한 것은?

① 기여분은 공동상속인 전원의 협의로 정하며, 협의가 되지 않는 경우 가정법원은 기여의 시기 · 방법 및 정도와 상속재산의 가액, 기타의 사정을 참작하여 기여분을 정한다.
② 피상속인은 유언으로 기여분을 지정할 수 있다.
③ 사실혼 배우자가 피상속인을 특별히 부양한 경우 기여분권자로 인정받을 가능성이 높다.
④ 포괄수유자는 상속인과 동일한 권리 · 의무가 있으므로 기여분도 인정된다.
⑤ 기여분으로 유류분에 부족이 생긴 경우 기여분에 대하여 반환을 청구할 수 있다.

정답 | ①
해설 | ② 기여분은 피상속인이 유언으로 지정할 수 없다.
③ 기여분은 상속인에게만 인정된다.
④ 기여분은 상속인에게만 인정되므로, 포괄수유자는 기여분이 인정되지 않는다.
⑤ 기여분으로 유류분에 부족이 생겼다고 하여 기여분에 대하여 반환을 청구할 수도 없다.

★★★
37 다음 중 기여분의 결정에 대한 설명으로 가장 적절하지 않은 것은?

① 기여분은 가정법원에 신청하여 조정 또는 판결로 결정하는 것이 원칙이다.
② 상속재산의 가액에서 공동상속인의 협의에 의하거나 또는 조정, 심판에 의하여 정해진 기여분을 공제한 것을 상속재산으로 보고 민법상 상속분에 기여분을 가산한 금액이 기여상속인의 상속분이 된다.
③ 기여분은 상속이 개시된 때의 피상속인 재산가액에서 유증가액을 공제한 금액을 넘지 못한다. 즉, 유증이 기여분보다 우선한다.
④ 상속을 포기한자나 상속결격자의 경우도 상속인이 아니므로 기여분은 인정되지 않는다.
⑤ 기여분과 유류분은 서로 관계가 없으므로, 기여분의 가액이 상속재산의 90%가 된다고 하더라도 이는 다른 공동상속인의 유류분을 침해하는 것이 아니다.

정답 | ①
해설 | ① 상속재산분할협의와 마찬가지로 공동상속인 전원의 협의로 정하며, 공동상속인들 사이에 기여분에 대한 협의가 되지 않는 경우 가정법원은 기여의 시기 · 방법 및 정도와 상속 재산의 가액, 기타의 사정을 참작하여 기여분을 정한다.

★★★
38 다음 중 기여분에 관한 적절한 설명으로 모두 묶인 것은?

가. 기여분권리자는 반드시 공동상속인 중 상당한 기간 동안 동거하거나 간호하는 등의 방법으로 피상 속인을 특별히 부양하거나 피상속인의 재산의 유지 또는 증가에 특별히 기여한 자이어야 한다. 나. 며느리는 아무리 피상속인의 재산의 유지 또는 증가에 기여했더라도 기여분을 청구할 수 없다. 다. 기여분은 가정법원에 신청하여 판결로 결정해야 하는 것이 원칙이며 상속인들의 협의에 의해 결정하는 것도 가능하다. 라. 기여분의 가액은 다른 공동상속인의 유류분을 침해하는 것이 아니므로, 기여분과 유류분은 서로 관계가 없다. 마. 포괄수유자는 상속인과 동일한 권리 · 의무가 있으므로 기여분도 인정된다.

① 가, 나, 라 ② 가, 다, 라
③ 가, 다, 마 ④ 나, 다, 마
⑤ 나, 라, 마

정답 | ①

해설 | 다. 공동상속인 전원의 협의로 정하며, 공동상속인들 사이에 기여분에 대한 협의가 되지 않는 경우 가정법원은 기여의 시기 · 방법 및 정도와 상속 재산의 가액, 기타의 사정을 참작하여 기여분을 정한다.
마. 포괄수유자는 상속인과 동일한 권리 · 의무가 있지만 기여분은 상속인에게만 인정되는 제도이므로 상속인과 달리 기여분이 인정되지 않는다. 또한 상속을 포기한 자나 상속결격자의 경우도 상속인이 아니므로 기여분은 인정되지 않는다.

★★★
39 다음 사례에서 C의 상속분으로 적절한 것은?

고령인 A는 부인 B와 자녀 C가 있는 사람으로 중증치매진단을 받았다. 이에 자녀 C는 배우자 D와 결혼한 후 분가하였지만 A의 치매진단 이후 A와 함께 동거하며 A가 사망할 때까지 A의 치료비를 전액 부담하며 A를 극진히 모셨다. A는 결국 사망하였고, A가 남긴 상속재산으로 채무는 없으며 적극재산으로 금전 5억원이 있다. 이때 B와 C는 협의로 C의 기여분을 40%로 정하였다.

① 1.2억원 ② 1.8억원
③ 2억원 ④ 3.2억원
⑤ 3.8억원

정답 | ④

해설 | A의 상속인인 B와 C는 상속재산분할의 전제로 기여분에 대하여 정할 수 있고 B와 C는 C의 기여 분을 40%로 정하였다. 이에 따라 전체 상속재산인 5억원 중 40%인 2억원은 총 상속재산에서 선공제하여 C에게 귀속되고, 남은 재산인 3억원을 B와 C가 각자의 법정비율인 1.5 : 1의 비율로 나눠서 가지게 된다. 결국 C가 가지게 되는 구체적 상속분은 3억2천만원이 된다.

B의 구체적 상속분은 1억8천만원[(상속재산의 가액 5억원 − 기여분 2억원) × $\frac{3}{5}$]이 되며, C의 구체적 상속분은 3억 2천만원[(상속재산의 가액 5억원 − 기여분 2억원) × $\frac{2}{5}$ + 기여분2억원]이 된다.

★★★
40 다음 중 상속분의 양도와 양수에 대한 설명으로 적절하지 않은 것은?

① 상속이 개시되면 상속개시 시부터 상속재산의 분할이 완료될 때까지 공동상속인은 상속 비율에 따른 상속분을 자유롭게 양도할 수 있다.

② 상속분을 양도한 상속인은 상속인의 지위에서 제외되며, 상속분을 양도받은 제3자는 상속인은 아니므로, 재산에 대한 권리 의무만 발생하게 된다.

③ 상속분이 제3자에게 양도된 경우 공동상속인은 양도된 상속분을 양수해 줄 것을 제3자에게 청구할 수 있다.

④ 제3자로부터 상속분을 양수하는 경우 상속인인 양도인으로부터 제3자에게 양도되었던 상속분은 양도인 외의 나머지 공동상속인 전원에게 그 상속분에 따라 귀속된다.

⑤ 양수권은 상속분이 양도된 사실을 안 날로부터 3개월, 그 사실이 있은 날로부터 1년 내에 행사하여야 한다.

정답 | ②

해설 | ② 상속분을 양도한 상속인은 상속인의 지위에서 제외되며, 상속분을 양도받은 제3자는 양도한 상속인을 갈음하여 상속인으로서의 권리의무가 발생하게 된다.

★★★
41 다음 중 상속의 승인과 포기에 대한 설명으로 적절하지 않은 것은?

① 상속인은 상속개시와 동시에 피상속인의 재산에 대한 포괄적 권리 · 의무를 당연히 승계하게 된다.

② 상속개시 전에 절차에 맞게 이루어진 상속포기약정은 자산보다 부채가 더 큰 피상속인의 상속재산이 상속되지 않도록 예방하는 데 효과적이다.

③ 상속인은 상속개시 있음을 안 날부터 3개월 내에 단순승인, 한정승인 또는 상속포기를 할 수 있다.

④ 상속인이 일정 기간 내에 승인이나 포기를 하지 않으면 단순승인을 한 것으로 본다.

⑤ 이러한 3개월의 고려기간은 이해관계인 또는 검사의 청구에 의하여 가정법원이 이를 연장할 수 있다.

정답 | ②

해설 | ② 상속개시 전에 이루어진 상속포기약정은 그와 같은 절차와 방식에 따르지 아니한 것으로 그 효력이 없다.

★★★
42 다음 중 상속의 승인과 포기에 대한 설명으로 적절하지 않은 것은?

① 상속인이 한정승인이나 상속포기를 하였으나 고려기간(상속개시가 있음을 안 날부터 3개월) 내라면 이를 취소 및 변경이 가능하다.

② 상속이 개시된 이후 상속인은 상속재산에 대한 권리의무의 귀속이 확정될 때까지 상속재산을 자신의 고유재산에 대하는 것과 동일한 주의로 관리하여야 한다.

③ 상속인이 피상속인의 채권을 추심하여 변제받은 경우, 이는 처분행위로 보아 단순승인한 것으로 본다.

④ 상속인이 한정승인 또는 포기를 한 후에 상속재산을 은닉하거나 부정소비하거나 고의로 재산목록에 기입하지 않은 때에는 단순승인한 것으로 간주한다.

⑤ 가정법원이 한정승인의 신고를 수리하고 한정승인의 심판을 고지하면, 상속인이 그 심판을 고지받음으로써 한정승인의 효력이 발생한다.

정답 | ①
해설 | ① 상속인이 한정승인이나 상속포기를 하고 나면 고려기간 내에도 이를 취소하지 못한다.

★★★
43 다음 중 상속의 승인과 포기에 대한 설명으로 적절하지 않은 것은?

① 고려기간이 경과한 이후라도 상속인이 상속채무가 상속재산을 초과하는 사실을 중대한 과실 없이 상속개시일부터 3개월의 기간 내에 알지 못하고 단순승인(법정단순승인 포함)한 경우에 그 사실을 안 날부터 3개월 내에 상속재산의 목록을 첨부하여 가정법원에 한정승인 신고를 할 수 있다.

② 미성년자인 상속인이 성년이 되기 전에 상속채무가 상속재산을 초과하는 상속을 단순승인한 경우에는 성년이 된 후 그 상속의 상속채무 초과 사실을 안 날부터 3개월 내에 한정승인을 할 수 있다.

③ 상속포기는 상속인이 고려기간 내 상속재산의 목록을 첨부하여 가정법원에 상속포기의 신고를 하여야 한다.

④ 상속인이 수인인 경우에 일부만 상속포기를 하는 경우 포기한 상속인의 상속분은 다른 나머지 상속인에게 각자의 상속분에 따라 귀속된다.

⑤ 2023년 판례에 따르면 피상속인의 배우자와 자녀 중 자녀 전부가 상속을 포기하면 배우자 단독상속을 하게 된다.

정답 | ③
해설 | ③ 한정승인은 상속인이 고려기간 내 상속재산의 목록을 첨부하여 가정법원에 한정승인의 신고를 하여야 한다. 상속포기는 상속재산 목록 첨부 등 절차가 없다.

★★★
44 다음 중 상속 여부의 선택에 대한 설명으로 적절하지 않은 것은?

① 상속인이 상속채무가 상속재산을 초과하는 사실을 중대한 과실 없이 상속개시일부터 3개월의 기간 내에 알지 못하고 단순승인(법정단순승인 포함)한 경우에 그 사실을 안 날부터 3개월 내에 한정승인 신고를 할 수 있다.

② 상속인으로 피상속인의 직계비속과 형제가 있는 경우 그 직계비속과 형제가 피상속인의 사망사실을 모두 알았으나 선순위 상속인인 피상속인의 직계비속이 모두 상속포기를 하였다면 피상속인의 형제가 선순위 상속인의 상속포기를 알고 자신이 정당한 상속인임을 안 날로부터 3개월 이내에 상속의 포기 또는 한정승인을 할 수 있다.

③ 상속인이 한정승인을 함에 있어 상속재산을 고의로 재산목록에 기입하지 않은 경우에는 상속인이 자동으로 단순승인을 한 것으로 간주한다.

④ 상속인이 상속포기를 한 후에 상속재산으로 자신의 채무를 변제한 경우에는 상속인이 자동으로 단순승인을 한 것으로 간주한다.

⑤ 상속인이 상속재산을 처분하는 경우에는 단순승인을 한 것으로 간주하지만, 상속인들 간에 상속재산분할을 협의하는 것만으로는 단순승인으로 간주하는 사유로 보지 않는다.

정답 | ⑤

해설 | ⑤ 상속재산분할의 협의도 계약으로 처분행위가 된다.

★★★
45 다음 중 상속 여부의 선택에 대한 설명으로 가장 적절하지 않은 것은?

① 상속을 포기한 자는 상속개시 시부터 상속인이 아니었던 것으로 본다.

② 상속개시 있음을 안 날로부터 3개월 이내라는 의미는 상속개시, 즉 피상속인의 사망을 안 날뿐만 아니라 상속인이 자신이 정당한 상속인임을 안 날까지 포함하여 그 날로부터 3개월 이내라는 것이다.

③ 상속인이 단순히 피상속인의 채권을 추심하여 변제받는 것은 상속재산을 유지 · 관리하는 것이므로, 상속재산에 대한 처분행위에 해당하지 않는다.

④ 한정승인을 한 상속인은 상속으로 취득할 적극재산의 한도에서 피상속인의 채무와 유증을 변제하면 된다. 즉, 채무와 책임이 분리되어 상속인은 상속재산의 한도에서만 책임을 진다.

⑤ 미성년자인 상속인이 성년이 되기 전에 상속채무가 상속재산을 초과하는 상속을 단순승인한 경우에는 성년이 된 후 그 상속의 상속채무 초과 사실을 안 날부터 3개월 내에 한정승인을 할 수 있다.

정답 | ③

해설 | ③ 상속인이 피상속인의 채권을 추심하여 변제받는 것은 상속재산에 대한 처분행위가 되며, 상속재산분할의 협의도 계약으로 처분행위가 된다.

CHAPTER

04 상속집행과 분쟁해결

출제 비중 :12~20% / 3~5문항

학습가이드 ■ ■

학습 목표	학습 중요도
Tip 응용형 문제가 출제될 수 있음 Tip 법률 용어, 개념, 상황에 따른 법률관계의 변화 등에 대해 깊이 있는 학습 필요	
1. 상속개시 후 발생하는 상속재산의 분할 방법을 알 수 있다.	★★★
2. 상속분쟁 시 활용할 수 있는 제도에 대해 설명할 수 있다.	★★★

··· TOPIC 1 상속개시 후 상속의 집행

★☆☆

01 유언에 의한 상속의 집행에 대한 설명으로 적절하지 않은 것은?

① 유언의 증서나 녹음을 보관한 자 또는 이를 발견한 자는 유언자의 사망 후 지체 없이 법원에 유언의 증서나 녹음을 제출하여 그 검인을 청구하여야 한다.

② 공정증서에 의한 유언은 검인절차가 필요 없다.

③ 구수증서에 의한 유언은 급박한 사유가 종료된 날로부터 7일 내에 별도로 검인절차를 거쳐야 한다.

④ 법원의 검인은 유언의 방식에 관한 모든 사실을 조사 · 확인하고 그 위조 · 변조를 방지하는 등 법원의 중요한 검증절차이므로, 이를 거치지 않는다면 적법한 유언이어도 효력이 발생하지 않는다.

⑤ 유언자는 유언으로 유언집행자를 지정할 수 있고, 지정 및 위탁의 방법으로 지정된 유언집행자가 없는 때에는 상속인이 유언집행자가 된다.

정답 | ④

해설 | ④ 법원의 검인은 유언의 방식에 관한 모든 사실을 조사 · 확인하고 그 위조 · 변조를 방지하는 등 법원의 검증절차에 해당하며, 유언의 유효 여부와는 무관하다. 따라서 검인절차를 거치지 않더라도 적법한 유언은 유언자의 사망으로 효력이 발생한다.

★★☆

02 상속재산분할에 대한 설명으로 적절하지 **않은** 것은?

① 피상속인은 유언으로 상속개시의 날로부터 5년을 넘지 않는 기간 내에서 상속재산의 분할을 상속재산 전부 또는 일부에 대하여 금지할 수 있다.

② 상속재산분할은 상속세신고 기한(상속개시일로부터 6개월) 내라면 언제든지 할 수 있다.

③ 상속재산분할의 대상은 피상속인의 상속개시 당시 남은 적극재산이 된다.

④ 소극재산은 분할 대상이 되지 않는 것이 원칙이다.

⑤ 사전증여나 유증은 상속재산분할의 대상이 되지 않고 공동상속인의 유류분을 침해하는 경우 반환 대상이 될 뿐이다.

정답 | ②

해설 | ② 상속재산분할은 상속세 신고와 달리 정해진 기간이 없다. 따라서 상속인은 상속이 발생한 이후 언제든지 상속재산분할을 할 수 있다.

★★☆

03 상속재산분할에 대한 설명으로 적절하지 **않은** 것은?

① 가분채무에 대한 상속인들 간의 분할협의는 채권자가 동의하지 않는 한 효력이 없고 채권자로서는 공동상속인에 대하여 그들의 상속분에 따른 권리를 여전히 주장할 수 있다.

② 금전채권과 같은 가분채권은 원칙적으로 상속개시와 동시에 당연히 법정상속분에 따라 공동상속인들에게 분할되어 귀속되지만, 초과특별수익자가 있거나 기여분권리자가 있는 등의 사유가 있다면 상속재산분할의 대상으로 삼을 수 있다.

③ 공동상속인들 협의에 따라 5년 내 기간으로 상속재산의 분할금지약정을 할 수 있다.

④ 상속재산분할은 상속으로 인하여 발생하게 되는 잠정적인 공유관계를 종료시키기 위한 포괄적인 분배절차이다.

⑤ 상속재산으로 적극재산과 소극재산이 있는데 소극재산은 분할대상이 되지 않는 것이 원칙이며, 적극재산에는 사전증여, 유증도 포함된다.

정답 | ⑤

해설 | ⑤ 상속재산으로 적극재산과 소극재산이 있는데 소극재산은 분할대상이 되지 않는 것이 원칙이다. 적극재산에는 사전증여나 유증은 포함되지 않는다. 즉, 사전증여나 유증은 상속재산분할의 대상이 되지 않고 공동상속인의 유류분을 침해하는 경우 반환대상이 될 뿐이다.

★★★
04 상속재산분할에 대한 설명으로 적절하지 **않은** 것은?

① 피상속인은 유언으로 미리 상속재산의 분할 방법을 정하거나 이를 정할 것을 제3자에게 위탁할 수 있다.

② 유언에 의한 분할의 지정이 없거나 무효인 경우 공동상속인은 언제든지 협의에 의하여 상속재산을 분할할 수 있다.

③ 상속재산분할협의는 계약으로 상속을 단순승인하는 법정단순승인 사유로서의 의미를 가진다.

④ 협의에 의한 상속재산의 분할은 공동상속인 전원의 동의가 있어야 유효하고, 공동상속인 중 1인의 동의가 없거나 그 의사표시에 대리권의 흠결이 있다면 분할은 무효이다.

⑤ 상속포기자는 상속인이 아니므로, 상속포기자가 분할협의에 참여하였다면 그 협의의 내용이 나머지 상속인들 사이의 상속재산분할협의에 영향을 미치지 않더라도 그 협의는 무효하다.

정답 | ⑤

해설 | ⑤ 상속을 포기한 사람은 상속포기의 소급효로 인하여 상속인이 아닌 것으로 취급되므로 상속재산분할의 당사자가 아니지만 상속포기자가분할협의에 참여하였더라도 그 협의의 내용이 이미 포기한 상속지분을 다른 상속인에게 귀속시키는 등 나머지 상속인들 사이의 상속재산분할협의에 영향을 미치지 않는다면 그 협의는 유효하다.

★★★
05 상속재산분할에 대한 설명으로 적절하지 **않은** 것은?

① 포괄적유증을 받은 자는 상속인과 동일한 권리의무가 인정되므로 상속재산분할협의의 당사자가 될 수 있지만, 상속개시 후 상속재산분할 전까지 상속분 전체를 양수 받은 자는 상속인이 아니기 때문에 상속재산분할협의의 당사자가 될 수 없다.

② 피후견인과 그의 후견인이 공동상속인이 되는 경우 피후견인을 위한 특별대리인을 선임하고서 한 상속재산분할의 협의는 무효이다.

③ 미성년자와 그의 법정대리인인 친권자가 공동상속인인 경우 미성년자들의 특별대리인을 선임하지 아니하고서 한 상속재산분할의 협의는 무효이다.

④ 피후견인 또는 미성년자가 수인인 경우 피후견인 또는 미성년자 각자마다 특별대리인을 선임하여야 한다.

⑤ 공동상속인 중 소재불명자가 있는 경우 법원의 허가를 얻어 부재자 재산관리인이 부재자를 대신하여 분할협의에 참가할 수 있다.

정답 | ①

해설 | ① 포괄적 유증을 받은 자는 상속인과 동일한 권리의무가 인정되므로 상속재산분할협의의 당사자가 될 수 있다. 또한 상속개시 후 상속재산분할 전까지 상속분 전체를 양수받은 자도 상속인의 지위를 승계한 것이 되므로 상속재산분할협의의 당사자가 된다.

★★★
06 상속재산분할에 대한 설명으로 적절하지 않은 것은?

① 상속재산분할협의는 계약이므로 어떤 내용으로 상속재산을 분할할지 여부는 공동상속인이 정할 수 있다.
② 상속재산분할 협의는 상속인들이 모두 모여서 동시에 할 수도 있지만 상속인 1인이 상속인들의 동의를 순차적으로 받는 방식으로도 가능하다.
③ 상속재산분할은 법정상속분이 아니라 특별수익(피상속인의 공동상속인에 대한 유증이나 생전증여 등)이나 기여분에 따라 수정된 구체적 상속분을 기준으로 이루어진다.
④ 유언에 의한 분할 방법의 지정이 존재하지 않고, 공동상속인 간 상속재산분할협의가 없거나 이루어지지 않은 경우 상속인은 가정법원에 상속재산분할심판을 청구할 수 있다.
⑤ 부동산은 등기가 필수사항이므로, 상속재산인 부동산의 상속재산분할심판이 확정되어도 해당 부동산에 관한 등기가 되어야 비로소 소유권이 이전된 효력이 발생한다.

정답 | ⑤

해설 | ⑤ 상속재산인 부동산의 분할 귀속을 내용으로 하는 상속재산분할심판이 확정되면 민법 제187조에 의하여 상속재산분할심판에 따른 등기 없이도 해당 부동산에 관한 물권변동의 효력이 발생한다.

★★☆
07 다음 사례를 보고 적절한 것을 고르시오

피상속인 A의 상속인으로는 배우자 B, 자녀 C, D가 있다. 피상속인 A의 상속재산으로는 금전 5억원을 은행에 예치 중이었고, 배우자 B와 함께 거주하던 X부동산(8억원 상당)이 있다. A는 사망 전 몇 년 동안 치매기가 있어 자녀 C가 A, B와 함께 거주하며 장기간 부양을 했다. A의 생전에 자녀 중 막내인 D에 대하여 금전 2억원을 증여하였고 배우자에게는 유언으로 X부동산을 유증하였다. B, C, D는 C의 기여분을 1억원으로 하기로 합의하였다. 이 사례에서 분할대상 상속재산(간주상속재산)과 상속인들의 구체적 상속분은 얼마인가?

① 분할대상 상속재산(간주상속재산) : 15억원
② 분할대상 상속재산(간주상속재산) : 12억원
③ B의 구체적 상속분 : 6억원
④ C의 구체적 상속분 : 5억원
⑤ D의 구체적 상속분 : 1억원

정답 | ⑤

해설 | ①, ② 분할대상 상속재산(간주상속재산) = 14억원[피상속인의 사망 당시 상속재산인 5억원 + 특별수익 합계 10억원(B에 대한 유증분 8억원 및 D에 대한 생전증여 2억원) − C에 대한 기여분 1억원]이 된다.

③ B의 구체적 상속분 : 14억원 × $\frac{3}{7}$ − 8억원(유증) + 0원(기여분) = ~~△2억원~~ = 0원

④ C의 구체적 상속분 : 14억원 × $\frac{2}{7}$ − 0원(유증) + 1억원(기여분) + △2억원 × $\frac{1}{2}$(초과특별수익) = 4억원

⑤ D의 구체적 상속분 : 14억원 × $\frac{2}{7}$ − 2억원(유증) + 0원(기여분) + △2억원 × $\frac{1}{2}$(초과특별수익) = 1억원

★★★
08 상속재산분할 시 주의점에 대한 설명으로 적절하지 않은 것은?

① 상속재산 분할에 관한 분쟁을 최소화하기 위하여 피상속인은 유언(또는 유언대용신탁)을 많이 활용한다.

② 상속재산분할협의는 상속인 모두의 협의가 필수이고 한 명이라도 빠진 상속재산분할협의는 무효이다.

③ 피상속인으로부터 공동상속인 중 누군가가 사전증여를 받은 것이 있다면 상속재산분할 시 이를 반영하여 분할한다.

④ 판례에 따르면 아픈 배우자와 장기간 동거하고 간호하였다면 그 사유만으로도 특별한 기여를 한 것으로 보아 상속재산분할 시 기여분이 인정됨이 확실하다.

⑤ 특정 상속인이 사전증여를 아무리 많이 받았더라도 나머지 상속인은 상속재산분할을 통해서는 특정상속인에게 그 증여받은 재산에 대한 반환을 구할 수는 없다.

정답 | ④

해설 | ④ 사안마다 다를 수는 있지만 부부간에는 기본적으로 부양의무가 인정되므로 아픈 배우자와 장기간 동거하고 간호하였다는 이유만으로는 특별한 부양행위를 한 것으로 볼 수 없다는 판례도 있다.
⑤ 맞는 지문이다. 상속개시 당시의 상속재산을 분할할 때 사전증여 받은 상속인은 그만큼을 뺀 나머지를 가져가게 되므로 경우에 따라 공평한 결과가 될 수도 있다. 만약 사전증여로 인하여 법에서 보장하는 상속인의 최소 몫인 유류분이 부족하게 된다면 그 상속인은 유류분반환청구를 통하여 다른 상속인 등이 사전증여 받은 재산에 대하여 반환청구가 가능할 수 있다.

★☆☆
09 상속재산분할의 효과에 대한 설명으로 적절하지 않은 것은?

① 상속재산의 분할은 상속개시 된 때에 소급하여 그 효력이 있다.

② 상속재산분할의 소급효는 분할 전 상속인의 재산을 등기 등으로 권리 변동의 요건을 갖추고 인수한 제3자의 권리를 침해하지 못한다.

③ 협의분할에 의하여 공동상속인 중 1인이 고유의 상속분을 초과하는 재산을 취득하게 된 경우, 이는 다른 공동상속인으로부터 증여받은 것으로 본다.

④ 채무초과 상태에 있는 채무자인 상속인이 상속재산분할협의를 통하여 본인의 상속분을 포기하는 경우, 이런 행위가 채권자를 해하는 사해행위에 해당 되면 채권자는 취소권 행사를 통하여 채무자의 구체적 상속분에 미달하는 부분만큼 상속재산분할협의를 취소할 수 있다.

⑤ 채무자인 상속인이 법적절차를 통하여 가정법원에 상속포기하는 방법으로 채권자를 해하는 결과가 발생하더라도 상속재산분할협의와 달리 채권자취소권의 대상이 되지 않는다.

정답 | ③

해설 | ③ 협의분할에 의하여 공동상속인 중 1인이 고유의 상속분을 초과하는 재산을 취득하게 되었더라도 이는 상속개시 당시에 피상속인으로부터 승계받은 것으로 보아야 하고 다른 공동상속인으로부터 증여받은 것으로 볼 수 없다.

▪▪▪ TOPIC 2 상속분쟁 해결

★☆☆

10 상속회복청구권에 대한 설명으로 적절하지 **않은** 것은?

① 상속회복청구권이란 참칭상속인에 의하여 상속재산의 점유를 침해받았을 때 일정한 기간 내에 그 회복을 청구할 수 있는 권리이다.

② 상속인이 아닌 자가 고의로 상속재산을 점유한다든가 상속결격자가 상속인으로 된 경우 진정한 상속인은 상속회복청구권을 행사할 수 있다.

③ 공동상속인 중 1인이 협의분할에 의한 상속을 원인으로 하여 상속부동산에 관한 소유권이전등기를 마쳤어도 그 협의분할이 다른 공동상속인의 동의 없이 이루어진 것이라면 상속회복청구권을 청구할 수 있다.

④ 진정한 상속인이 아닌데도 불구하고 상속이 아닌 다른 원인으로 그 상속재산을 소유하고 있다고 주장하는 경우에도 상속회복청구권 행사 및 그에 따른 제척기간이 적용된다.

⑤ 상속회복청구권은 그 침해를 안 날로부터 3년, 상속권의 침해행위가 있은 날부터 10년이 결과하면 소멸한다.

정답 | ④

해설 | ④ 자산이 상속인으로 상속받았음을 주장하는 참칭상속인인 경우 상속회복청구의 소의 대상이 되어 제척기간의 적용을 받지만, 상속이 아닌 다른 원인으로 그 상속재산을 소유하고 있다고 주장하는 경우에는 일반적인 반환청구의 소를 제기할 수 있고 이때는 상속회복청구와 같은 제척기간이 적용되지 않는다. → 예 가족관계 증명서의 위조 등

★☆☆

11 상속회복청구권에 대한 설명으로 적절하지 **않은** 것은?

① 상속회복청구권은 재판상으로만 행사 가능하다.

② 포괄적 유증을 받은 포괄적 수증자도 상속회복청구권을 행사할 수 있다.

③ 상속회복청구권은 그 침해를 안 날로부터 1년, 상속권의 침해행위가 있은 날부터 10년이 결과하면 소멸한다.

④ 상속권의 침해를 안 날이란 자기가 진정상속인임을 알고 또 자기가 상속에서 제외된 사실을 안 때를 말한다.

⑤ 판례에 따르면 상속인으로 오인될 여지가 없거나 상속재산을 점유하고 있지도 않은 자가 스스로 상속인이라는 주장만을 하였다 하여 이를 상속회복청구의 소에서 말하는 참칭상속인이라고는 할 수 없다.

정답 | ③

해설 | ① 맞는 문장이다(cf. 유류분반환청구는 재판상 or 재판 외 방법 모두 가능).

③ 상속회복청구권은 그 침해를 안 날로부터 3년, 상속권의 침해행위가 있은 날부터 10년이 결과하면 소멸한다(cf. 유류분반환청구는 안 때~1년, 상속개시일~10년).

⑤ 상속회복청구의 소에 있어 상대방이 되는 참칭상속인이라 함은 재산상속인인 것을 신뢰케 하는 외관을 갖추고 있는 자이거나, 상속인이라고 참칭하여 상속재산의 전부 또는 일부를 점유하는 자 등을 가리킨다.

★★★

12 유류분제도에 대한 설명으로 적절하지 **않은** 것은?

① 공동상속인이 피상속인으로부터 받은 모든 증여는 특별수익에 해당한다.

② 유류분권을 포함한 상속권은 상속이 개시된 이후 발생하는 권리이므로 상속의 사전포기, 유류분의 사전포기는 인정되지 않는다.

③ 상속인 가운데 피상속인의 배우자, 직계비속, 직계존속은 유류분권리자다.

④ 태아 및 대습상속인도 유류분권이 있다.

⑤ 피상속인의 직계비속의 유류분은 그 법정상속분의 1/2이고, 피상속인의 직계존속의 유류분은 그 법정상속분의 1/3이다.

정답 | ①

해설 | ① 공동상속인이 피상속인으로부터 받은 증여가 모두 유류분반환의 대상인 특별수익이 되는 것은 아니고, 어떠한 생전증여가 특별수익에 해당하는지는 피상속인의 생전의 자산, 수입, 생활수준, 가정상황 등을 참작하고 공동상속인 사이의 형평을 고려하여 생전증여가 장차 상속인으로 될 사람에게 돌아갈 상속재산 가운데 그의 몫 일부를 미리 주는 것이라고 볼 수 있는지에 따라 판단된다.

★★★

13 유류분제도에 대한 설명으로 적절한 것은?

① 피상속인의 4촌 이내의 방계혈족이 상속인인 때에는 유류분이 인정된다.

② 상속을 포기한 경우 상속을 받을 권리는 없지만, 유류분권리자는 될 수 있다.

③ 포괄적 유증을 받은 자는 상속인과 동일한 권리의무가 있기 때문에 유류분권도 있다.

④ 유류분 산정의 기초재산에 산입되는 상속재산은 상속개시시에 현존하는 적극재산만을 의미한다.

⑤ 유류분권리자에 손해를 가할 것을 알고 증여를 한 때에도 유류분 산정의 기초재산에 산입되는 증여재산은 상속개시전의 1년간에 행한 것에 한한다.

정답 | ④

해설 | ① 피상속인의 4촌 이내의 방계혈족이 상속인인 때에는 유류분이 인정되지 않는다.

② 유류분권리자는 상속인이어야 하므로, 상속을 포기한 자는 유류분권리자가 될 수 없다.

③ 포괄적 유증을 받은 자는 상속인과 동일한 권리의무가 있지만 유류분권은 없다.

⑤ 유류분권리자에 손해를 가할 것을 알고 증여를 한 때에는 유류분 산정의 기초재산에 산입되는 증여재산은 상속개시 전의 1년 전에 행한 것도 포함된다.

cf. 일반적인 경우 : 증여는 상속개시 전의 1년간에 행한 것에 한한다.

★★★
14 유류분제도에 대한 설명으로 적절하지 않은 것은?

① 유류분 산정의 기초재산에서 공제하는 채무란 상속채무, 즉 피상속인의 채무를 가리키는 것이고 여기에 상속세, 상속재산의 관리 · 보존을 위한 소송비용 등 상속재산에 관한 비용도 포함된다.

② 유류분권리자가 피상속인의 증여 및 유증으로 인하여 그 유류분에 부족이 생긴 때에는 부족한 한도 내에서 그 재산의 반환을 청구할 수 있다.

③ 유류분 이상을 특별수익한 공동상속인은 유류분을 침해받은 것이 없으므로 유류분반환청구권이 인정되지 않는다.

④ 유류분권리자의 유류분 부족액은 유류분액에서 특별수익액과 순상속분액을 공제하는 방법으로 산정한다.

⑤ 유류분권리자의 구체적인 상속분보다 유류분권리자가 부담하는 상속채무가 더 많다면, 즉 순상속분액이 음수인 경우에는 그 초과분을 유류분액에 가산하여 유류분 부족액을 산정하여야 한다.

정답 I ①

해설 I ① 유류분 산정의 기초재산에서 공제하는 채무란 상속채무, 즉 피상속인의 채무를 가리키는 것이고 여기에 상속세, 상속재산의 관리 · 보존을 위한 소송비용 등 상속재산에 관한 비용은 포함되지 아니한다.

★★★
15 다음 사례를 볼 때, 빈칸에 들어갈 말로 적절한 것은?

> 피상속인 A는 사망 당시 상속인으로 자녀 B, C가 있다. A가 사망할 당시 적극재산으로는 금전 8천만원이 있으며, 상속채무로 2천만원이 있다. A는 사망하기 3년 전에 B에게 2천만원을 증여하였으며, 동생인 D에게는 사망하기 7개월 전에 1억원을 증여하였다.

	유류분 산정의 기초재산	B의 유류분액	C의 유류분액
①	1억 8,000만원	3,000만원	3,000만원
②	1억 8,000만원	9,000만원	9,000만원
③	1억 8,000만원	4,500만원	4,500만원
④	8,000만원	4,000만원	4,000만원
⑤	8,000만원	2,000만원	2,000만원

정답 I ③

해설 I
- 유류분 산정의 기초재산 = 8,000만원(적극재산) + 2,000만원(상속인 B에 대한 증여) + 1억원(사망으로부터 과거 1년 내 행해진 제3자 D에 대한 증여) − 2천만원(상속채무) = 1억 8,000만원
- B or C의 유류분율 = $\frac{1}{2}$(법정상속분) × $\frac{1}{2}$(유류분율) = $\frac{1}{4}$
- B or C의 유류분액 = 1억 8,000만원 × $\frac{1}{4}$ = 4,500만원

★★★
16 다음 사례에서 상속인들의 유류분부족액으로 가장 적절한 것은?

> 피상속인 A는 사망 당시 상속인으로 자녀 B, C가 있다. A가 사망할 당시 적극재산으로는 금전 8,000만원이 있으며, 상속채무로 2천만원이 있다. A는 사망하기 3년 전에 B에게 2,000만원을 증여하였으며, 동생인 D에게는 사망하기 7개월 전에 1억원을 증여하였다. 이 경우 B, C의 유류분 부족액은 얼마인가?

	B의 유류분부족액	C의 유류분부족액
①	4,500만원	4,500만원
②	500만원	1,500만원
③	2,500만원	1,500만원
④	500만원	500만원
⑤	1,500만원	1,500만원

정답 I ④

해설 I • 유류분 산정의 기초재산 = 8,000만원(적극재산) + 2,000만원(상속인 B에 대한 증여) + 1억원(사망으로부터 과거 1년 내 행해진 제3자 D에 대한 증여) − 2천만원(상속채무) = 1억 8,000만원

• B or C의 유류분율 = $\frac{1}{2}$(법정상속분) × $\frac{1}{2}$(유류분율) = $\frac{1}{4}$

• B or C의 유류분액 = 1억 8,000만원 × $\frac{1}{4}$ = 4,500만원

유류분부족액 = ① 유류분액 − ② 특별수익 − ③ 순상속액

[B]

①		4,500만원
②		(2,000만원)
③	[(8,000만원 + 2,000만원) × $\frac{1}{2}$ − 2,000만원(증여)] − (2,000만원(채무) × $\frac{1}{2}$) =	(2,000만원)
		500만원

[C]

①		4,500만원
②		−
③	[(8,000만원 + 2,000만원) × $\frac{1}{2}$ − 0원(증여)] − (2,000만원(채무) × $\frac{1}{2}$) =	4,000만원
		500만원

★★★
17 유류분반환청구에 대한 설명으로 적절하지 않은 것은?

① 유류분반환청구권의 행사는 재판상 또는 재판 외에서 상대방에 대한 의사표시의 방법으로 할 수 있다. 이때 반환청구 대상 목적물을 구체적으로 특정하여야 하는 것은 아니다.

② 유류분을 침해하는 유증과 증여가 각각 있는 경우에는, 먼저 수유자에 대하여 반환을 청구하고, 그것으로써도 부족한 때에 한하여 수증자에게 반환을 청구할 수 있다.

③ 유증을 받은 재산 등의 가액이 각자의 고유의 유류분액을 초과하는 공동상속인에 대하여 그 유류분액을 초과한 가액의 비율에 따라서 반환을 청구할 수 있다.

④ 유류분반환청구권의 목적이 된 재산이 이미 타인에게 양도된 경우 그 양수인이 양도 당시 유류분권리자를 해함을 안 때에도 양수인에 대하여도 그 재산의 반환을 청구할 수 없다.

⑤ 통상적으로 증여 또는 유증 대상 재산 그 자체를 반환하면 된다. 다만 불가능하거나, 협의가 이루어진 경우 가액반환이 가능하다.

정답 | ④

해설 | ① cf. 상속회복청구권은 재판상으로만 행사 가능하다.

④ 유류분반환청구권의 목적이 된 재산이 타인에게 양도된 경우 그 양수인이 양도 당시 유류분권리자를 해함을 안 때에는 양수인에 대하여도 그 재산의 반환을 청구할 수 있다.

★★★
18 유류분반환청구에 대한 설명으로 적절하지 않은 것은?

① 유류분반환청구권의 행사는 재판상 또는 재판 외에서 상대방에 대한 의사표시의 방법으로 할 수 있다. 이때 반환청구 대상 목적물을 구체적으로 특정하여야 한다.

② 유류분권리자가 반환의무자를 상대로 유류분반환청구권을 행사하는 경우 그의 유류분을 침해하는 증여 또는 유증은 소급적으로 효력이 상실된다.

③ 기여분을 산정함에 있어서는 상속재산의 가액에서 유증의 가액을 공제하는 방법에 의하므로, 가령 피상속인이 전 재산을 증여 또는 유증하였다면 기여분은 인정될 여지가 없다.

④ 기여분은 유류분에 의한 반환청구의 대상이 아니다.

⑤ 증여 또는 유증을 한 사실을 안 때로부터 1년 내 또는 상속이 개시된 때로부터 10년을 경과한 때는 유류분반환청구권이 소멸된다.

정답 | ①

해설 | ① 유류분반환청구는 소송 외 내용증명 등의 방법을 통한 의사표시만으로도 가능하며 이 경우 그 의사표시는 침해를 받은 유증 또는 증여 행위를 지정하여 이에 대한 반환청구의 의사를 표시하면 되고, 반환청구의 대상이 되는 목적물을 구체적으로 특정하여야 하는 것은 아니다.

④ 기여분은 유류분에 의한 반환청구의 대상이 아니므로 공동상속인 중의 1인에게 다액의 기여분이 주어짐으로써 다른 상속인의 취득액이 유류분에 미달하더라도 기여분은 유류분반환청구의 대상이 되지 않는다.

⑤ cf. 상속회복청구권은 그 침해를 안 날로부터 3년, 상속권의 침해행위가 있은 날부터 10년이 경과하면 소멸한다.

CHAPTER

05 상속세 및 증여세의 이해

출제 비중 : 32~40% / 8~10문항

학습가이드 ■ ■

학습 목표	학습 중요도
Tip 지식형 및 사례형에서 빈번히 출제되므로 깊이 있는 학습 필요 Tip 응용형 문제, 계산 문제가 빈번히 출제되므로 이에 대한 학습 필요 Tip 민법 규정과 상속세 및 증여세법 규정의 차이에 대한 학습 필요 Tip 상속세와 증여세의 경우 사례형에서 「세금설계」의 '부동산자산과 세금' 및 '금융자산과 세금'과 연계되어 출제되는 경우가 많으므로 이에 대한 학습 필요	
1. 상속세 및 증여세의 상호 관계를 설명할 수 있다.	★★★
2. 상속세 과세체계를 알고 상속세를 계산할 수 있다.	★★★
3. 증여세 과세체계를 알고 증여세를 계산할 수 있다.	★★★
4. 상증법상 주요 증여규정에 대해 설명할 수 있다.	★★★
5. 상속/증여재산의 평가방법을 알고 계산할 수 있다.	★★★

••• TOPIC 1 상속세와 증여세 개요

★★☆

01 상속관련 민법과 세법의 차이점에 대한 설명으로 적절하지 않은 것은?

① 민법상 상속재산에는 유증이나 사인증여 등은 포함하지 않지만, 세법상 상속재산에는 유증과 사인증여, 특별연고자 상속재산 분여 개념도 고려한다.

② 민법과 세법에서는 모두 상속개시일 전 10년(상속인 이외의 자는 5년) 이내 상속인에게 증여한 재산을 상속재산에 가산한다.

③ 민법에서와 달리 세법에서는 추정상속재산의 개념이 있다.

④ 사전증여재산의 평가를 할 때 민법에서는 상속개시일 현재 시점을 기준으로 평가하지만, 세법에서는 증여 당시 시점을 기준으로 평가한다.

⑤ 피상속인을 계약자 및 피보험자로 하고 상속인을 수익자로 하는 보험금에 대하여 민법에서는 상속인의 고유재산으로 보지만, 세법에서는 피상속인의 재산이 상속된 것으로 간주하여 상속세 과세가액에 포함된다.

정답 | ①

해설 | ① 사인증여에 대해 민법에서는 피상속인의 사망을 원인으로 하는 양당사자 간의 증여계약으로 본다.

[참고]

상속 관련 민법과 세법의 주요 차이점

구분	민법	세법
실종으로 인한 상속개시 시점	실종기간 만료일(보통실종의 경우 5년, 특별실종은 1년)	실종선고일
추정상속재산	해당 사항 없음	피상속인이 상속개시일 전 1년(2년) 이내 인출한 재산이나 채무부담액이 일정 금액 이상이면 상속재산으로 추정함
사전증여재산의 고려	유류분 산정 시 상속인의 특별수익분은 기간제한 없음(10년 이전 분도 합산), 상속인 외 자의 특별수익분은 1년(단, 증여 당사자 쌍방이 유류분 권리자에게 손해를 가할 것을 알고 증여한 경우에는 기간 제한 없음)	상속개시일 전 10년(상속인 이외의 자는 5년) 이내 상속인에게 증여한 재산을 상속재산에 가산하고, 그 증여재산에 대한 증여세 산출세액은 상속세 산출세액에서 공제
사전증여재산의 평가 시점	유류분 산정 시 특별수익을 합산할 경우 상속개시일 현재 시점을 기준으로 평가	사전증여재산을 상속재산에 합산하는 경우에는 증여 당시 시점을 기준으로 평가한 가액을 상속세 과세가액에 합산
생명보험금 (피상속인을 계약자 및 피보험자로 하고 상속인을 수익자로 하는 보험계약)	상속인의 고유재산으로 봄	피상속인의 재산이 상속된 것으로 간주하여 상속세 과세가액에 포함

★★☆

02 증여관련 민법과 세법의 차이점에 대한 설명으로 적절하지 않은 것은?

① 사인증여는 사망을 원인으로 재산이 이전되므로 민법에서는 이를 상속으로 본다.

② 사인증여에 있어서 법적 형식은 증여지만 피상속인의 사망을 원인으로 한 것이므로 세법에서는 상속세가 과세된다.

③ 민법에서는 증여계약일을 증여시기로 본다.

④ 세법에서 부동산의 경우에는 소유권이전 등기접수일을 증여시기로 본다.

⑤ 피상속인을 계약자 및 피보험자로 하고 상속인을 수익자로 하는 보험금에 대하여 민법에서는 상속인의 고유재산으로 보지만, 세법에서는 피상속인의 재산이 상속된 것으로 간주하여 상속세 과세가액에 포함된다.

정답 | ①

해설 | ① 사인증여에 대해 민법에서는 피상속인의 사망을 원인으로 하는 양당사자 간의 증여계약으로 본다.

증여 관련 민법과 세법의 주요 차이점

구분	민법	세법
증여 시점	증여계약일을 증여시기로 봄	• 주식: 소유권 이전일은 객관적으로 확인된 주식의 인도일과 명의개서일 중 빠른 날 • 부동산: 소유권이전 등기접수일
사인증여의 취급	피상속인의 사망을 원인으로 하는 양당사자 간의 증여계약	법적 형식은 증여지만 피상속인의 사망을 원인으로 한 것이므로 세법에서는 사인증여로 인한 재산의 무상이전에 대해 상속세 과세
증여의제와 증여추정규정	증여계약을 체결하지 않았으므로 증여로 보지 않음	법적 형식에도 불구하고 실질과세 측면에서 증여세를 과세하기 위한 증여의제와 증여추정 규정을 두고 있음

★★☆

03 상속세와 증여세에서 공통적으로 적용되는 규정으로 적절한 것은?

가. 10~50% 초과누진세율 구조
나. 신고세액공제(3%)
다. 분납, 연부연납
라. 유산취득세 방식
마. 실질과세를 위한 규정

① 가, 나
② 가, 나, 마
③ 다, 마
④ 가, 나, 다, 마
⑤ 가, 나, 다, 라

정답 | ④

해설 | **상속세와 증여세의 차이점**

	상속세	증여세
과세방식	유산세 방식(재산을 물려준 피상속인의 전체 재산을 대상으로 과세)	유산취득세 방식(재산을 받은 수증자별 재산을 대상으로 과세)
공제종류	상대적으로 다양함	상대적으로 종류가 적음
사전증여 재산 합산	상속인에게 10년 내 증여한 재산과 상속인이 아닌 자에게 5년 내 증여한 재산을 상속세 과세가액에 포함	동일인으로부터 10년 내 증여받은 재산은 증여세 과세가액에 포함
실질과세를 위한 규정	간주상속재산 규정과 추정상속재산 규정을 두고 있음	증여의제규정(증여 간주)과 증여추정규정(반증이 없으면 증여로 봄)을 두고 있음
연부연납제도	상속세 2천만원 초과 시 10년간 나누어 낼 수 있음(가업상속재산에 대해서는 최대 20년)	증여세 2천만원 초과 시 5년간 나누어 낼 수 있음(가업승계 증여세 과세 특례 재산은 최대 15년)

★★☆

04 다음 중 상속세에 대한 설명으로 적절하지 않은 것은?

① 피상속인이 거주자인 경우 국내외 소재 모든 상속재산에 대해 과세하지만, 피상속인이 비거주자인 경우 국내 소재 모든 상속재산에 대해 과세한다.

② 재산을 무상으로 받은 자가 비영리법인인 경우에도 상속세가 과세된다.(단, 공익법인이 받은 재산은 과세가액 불산입)

③ 영리법인이 상속재산을 받은 경우라면 법인세는 과세되지 않지만 대신 상속세가 과세된다.

④ 무상으로 재산을 받은 영리법인의 주주가 상속인 또는 상속인의 직계비속인 경우에는 그 상속인 및 직계비속의 지분에 해당하는 상속재산에 대해 상속세가 과세된다.

⑤ 상속세 납부의무가 있는 상속인 또는 수유자는 상속개시일이 속하는 달의 말일부터 6 개월 이내(비거주자의 경우 9개월 이내) 신고하여야 한다.

정답 I ③

해설 I ③ 영리법인이 상속재산을 받은 경우라면 상속세는 과세되지 않지만 대신 법인세가 과세된다.

★★☆

05 다음 중 상속의 승인과 포기에 대한 설명으로 적절하지 않은 것은?

① 본래의 상속재산이란 피상속인이 상속개시일 현재 본인 명의로 갖고 있던 재산을 말한다.

② 간주상속재산은 본래의 상속재산은 아니지만 상증법에서 상속재산으로 간주하는 재산으로 보험금, 신탁재산, 퇴직금이 있다.

③ 재산 종류별 상속개시일 전 1년 이내에 2억원 이상인 경우, 2년 이내 5억원 이상인 경우로서 처분대금이나 인출금액 용도가 객관적으로 명백하지 않은 경우 추정상속재산으로 이를 상속재산에 합산한다.

④ 총상속재산가액은 본래의 상속재산가액에 간주상속재산가액과 추정상속재산가액을 합친 가액을 말한다.

⑤ 추정상속재산에 대한 입증책임은 과세관청에 있다.

정답 I ⑤

해설 I ⑤ 일정 요건(가액 요건 + 인출금액 용도의 불명확성)을 모두 충족하면 상속인의 상속재산으로 추정되며, 이에 대한 반대 주장의 입증책임은 상속인에게 있다.

본래의 상속재산, 간주상속재산, 추정상속재산 비교

구분	본래의 상속재산	간주상속재산	추정상속재산
취득원인	상속, 유증, 사인증여 등 법률상 원인	실질적인 취득	취득으로 추정
법적 취지	상속의 본질적 효과	실질과세	공평과세
입증책임	과세관청이 입증책임	과세관청이 입증책임 (납세자의 입증으로 배제되지 않음)	납세자가 추정배제 입증책임 (입증책임이 전환됨)

★★☆
06 다음 중 간주상속재산에 대한 설명으로 적절하지 않은 것은?

① 피상속인 사망으로 받는 보험금 중 피상속인이 보험료를 부담한 것은 상증법상 상속재산에 포함한다.

② 보험계약에서 피보험자의 사망으로 상속인이 가지는 보험금청구권으로 민법상 상속인의 고유재산으로 보는 경우에는 상속세에서도 상속인의 재산으로 본다.

③ 피상속인이 위탁자로서 신탁한 재산가액이나 피상속인이 타인에게서 신탁의 이익을 받을 권리를 소유하고 있다가 이를 상속인 등이 받은 경우 그 가액이 상증법상 상속재산에 포함된다.

④ 피상속인의 사망을 원인으로 지급되는 퇴직금, 공로금, 연금 등의 가액은 상속재산에 포함된다.

⑤ 국민연금법 등 각종 법령에 따른 유족연금, 유족일시금, 재해보상금 등은 상속재산에 포함되지 않는다.

정답 | ②

해설 | ② 민법상으로는 보험계약에서 피보험자의 사망으로 상속인이 가지는 보험금청구권은 상속인의 고유재산으로 보며(대법원 2001.12.28. 선고 2000다31502 판결), 이를 상속재산으로 보지 않는다는 차이점이 있다.
⑤ 국민연금법 등 각종 법령에 따른 유족연금, 유족일시금, 재해보상금 등은 상속재산에 포함되지 않는다. → 비과세에 해당함

★★★
07 다음 사례에서 계산한 추정상속재산으로 적절한 것은?

- A(90세)는 20x3년 4월 30일에 사망하여 상속이 개시되었는데, A가 상속개시일 전에 인출한 예금은 다음과 같다.
- 20x2년 5월 1일~20x3년 4월 30일 인출금액 2.5억원(용도 입증금액 5천만원)
- 20x1년 5월 1일~20x2년 4월 30일 인출금액 3억원(용도 입증금액 0원)
- 20x0년 5월 1일~20x1년 4월 30일 인출금액 2억원(용도 입증금액 0원)
- 상속인이 그 사용용도를 5천만원 밖에 입증하지 못하는 경우 추정상속재산으로 보는 금액은 얼마인가?

① 1.5억원
② 2.5억원
③ 3.9억원
④ 5억원
⑤ 5.5억원

정답 | ③

해설 | 재산종류별로 처분한 금액 등이 상속개시일 전 1년 이내 2억원 이상 or 상속개시일 전 2년 이내 5억원 이상인 경우에 추정상속재산으로 본다.
Max[ⓐ, ⓑ] = 3.9억원
ⓐ [1년 이내 인출금액] : 2.5억원 ≥ 2억원
추정상속재산 : 2.5억원 − 0.5억원 − Min[2.5억원 × 20%, 2억원] = 1.5억원
↳ ≥0이므로 추정상속재산 요건 해당됨
ⓑ [2년 이내 인출금액] : 2.5억원 + 3억원 = 5.5억원 ≥ 5억원
추정상속재산 : 5.5억원 − 0.5억원 − Min[5.5억원 × 20%, 2억원] = 3.9억원
↳ ≥0이므로 추정상속재산 요건 해당됨

★★★

08 다음 사례에서 계산한 추정상속재산으로 적절한 것은?

> • A는 20x3년 4월 30일에 사망하였다.
>
> [A의 부동산 처분내역]
> • 20x2년 12월 1일, 부동산을 4억원에 처분(입증금액 1억원)
> • 20x1년 10월 1일, 부동산을 5억원에 처분(입증금액 3억원)
>
> [A의 예금 순인출금액]
> • 상속개시일 1년 이내 총 1.5억원 인출(입증금액 0.5억원)
> • 상속개시일 2년 이내 총 5억원 인출(입증금액 2억원)
>
> [A의 채무부담내역]
> • 20x2년 10월 1일, 1억원 (입증금액 0.5억원)
> • 20x1년 8월 1일, 2.5억원 인출(입증금액 1억원)

① 2억원　② 3.2억원
③ 4.2억원　④ 5.2억원
⑤ 7.2억원

정답 | ③

해설 | 상속개시일 전 1년 이내 2억원 이상 인출 or 상속개시일 전 2년 이내 5억원 이상 인출한 경우에 추정상속재산으로 본다.

추정상속재산 = 1) + 2) + 3) = 5.2억원

1) [부동산 처분내역]
Max[ⓐ, ⓑ] = 3.2억원
ⓐ [1년 이내 인출금액] : 4억원 ≥ 2억원
추정상속재산 : 4억원 – 1억원 – Min[4억원×20%, 2억원] = 2.2억원
↳ ≥0이므로 추정상속재산 요건 해당됨

ⓑ [2년 이내 인출금액] : 4억원 + 5억원 = 9억원 ≥ 5억원
추정상속재산 : 9억원 – 4억원 – Min[9억원×20%, 2억원] = 3.2억원
↳ ≥0이므로 추정상속재산 요건 해당됨

2)
[예금 순인출액] = 2억원
ⓐ [1년 이내 인출금액] : 1.5억원 < 2억원 → 추정상속재산 해당 ×
ⓑ [2년 이내 인출금액] : 5억원 ≥ 5억원
추정상속재산 : 5억원 – 2억원 – Min[5억원×20%, 2억원] = 2억원
↳ ≥0이므로 추정상속재산 요건 해당됨

3)
[채무부담내역] = 0
ⓐ [1년 이내 인출금액] : 1억원 < 2억원 → 추정상속재산 해당 ×
ⓑ [2년 이내 인출금액] : 1억원 + 2.5억원 = 3.5억원 < 5억원 → 추정상속재산 해당 ×

★★☆

09 다음 사례에서 상속재산에서 차감되는 장례비의 합계금액은 얼마인가?

• 거주자 A의 장례에 대한 지출과 증빙이 다음과 같다.

구분	비용	증빙으로 확인된 금액
장례	600만원	0원
자연장지	1,000만원	300만원

① 800만원
② 900만원
③ 1,100만원
④ 1,600만원
⑤ 2,000만원

정답 | ①

해설 | ⓐ 500만원 + ⓑ 300만원 = 800만원

ⓐ 장례비용 = 500만원
장례비용은 최소 500만원이 공제되며, 증빙으로 확인되는 경우 최대 1,000만원까지 공제 가능하다.

ⓑ 자연장지 비용 = 300만원
자연장지 비용은 증빙으로 확인되는 금액을 500만원 한도로 공제한다.

★★☆

10 다음 사례에서 상속재산에서 차감되는 공과금과 장례비의 합계금액은 얼마인가?

• A는 20x3년 7월 1일에 사망하여 상속이 개시되었다.

구분	내용
토지	평가액 20억원, 20x3년 9월에 당해 연도 귀속 재산세 3,000천원이 부과됨
아파트 관리비	피상속인이 거주하던 주택에서 발생한 전기요금 및 관리비 미납액 500천원(상속개시일 이전 사용분)이 있음
과태료	피상속인이 생전에 미납한 교통위반 과태료 300천원이 있음
장례비	장례식장 비용 8,000천원이 발생하였으나 증빙으로 확인되는 금액은 6,000천원이며, 그 외에 납골당 안치비용 20,000천원이 발생하였음(증빙 있음)
49재 비용	49재 추모비용으로 2,000천원이 발생하였음(지출증빙 있음)

① 13,500천원
② 14,500천원
③ 14,800천원
④ 15,500천원
⑤ 16,500천원

정답 | ②

해설 | ⓐ 3,500천원 + ⓑ11,000천원 = 14,500천원

ⓐ 차감할 공과금 = 재산세 3,000천원 + 아파트 관리비 500천원 = 3,500천원
재산세의 과세기준일은 6월1일로 피상속인에게 납세의무가 있는 세금이므로 상속재산에서 차감한다. 피상속인에게 귀속되는 관리비 등 공과금도 차감되는 항목이나 과태료는 차감대상에서 제외된다.

ⓑ 장례비 = 직접 장례비용 6,000천원(최소 500만원, 증빙이 있으면 최대 1,000만원) + 5,000천원(봉안시설 비용은 증빙 있는 경우 5,000천원까지 공제) = 11,000천원

한편, 49재 비용은 장례비 공제대상이 아니다.

★★★

11 다음 사례에서 상속재산에서 공제 가능한 채무액은 얼마인가?

• 피상속인 A와 관련된 채무 현황은 다음과 같다.

구분	금액	비고
은행 대출금	2억원	채무확인서로 확인됨
동생에게 빌린 차용금	1억원	증빙은 확인되지 않음
보유사업체 직원 퇴직금 상당액	0.5억원	피상속인이 사업상 고용한 직원에 대한 상속개시일까지의 퇴직금상당액임
증여채무	3억원	피상속인이 상속개시일 1년 전에 종교단체에 기부하기로 증여계약을 체결하였음이 확인됨

① 1억원
② 1.5억원
③ 2억원
④ 2.5억원
⑤ 5.5억원

정답 | ④

해설 | 은행대출금은 객관적 증빙으로 확인되므로 공제 가능하다. 사인 간의 채무는 채무부담계약서, 이자지급증빙 등으로 확인 가능해야 공제된다. 피상속인의 사업체에서 고용한 직원에 대한 상속개시일 현재의 법정퇴직금 상당액도 공제 가능하다. 증여채무의 경우 피상속인이 상속인이 아닌 자에게 상속개시일 전 5년 이내에 증여하기로 한 금액은 공제대상에서 제외된다.

∴ 공제 가능 채무액 = 2억원 + 0.5억원 = 2.5억원

★★★
12 상속재산에 가산할 증여재산가액으로 적절한 것은?

A가 2025년 2월 1일 사망하여 상속이 개시되었다. 사전에 증여한 재산이 다음과 같은 경우 상속세 과세가액에 포함되는 재산가액은 얼마인가?

(단위 : 천원)

증여일	수유자	증여재산	증여 당시 평가액	상속개시 당시 평가액
2016년 6월 1일	며느리	토지	500,000	800,000
2019년 9월 30일	사위	오피스텔	800,000	1,000,000
2022년 3월 3일	A영리법인 (주주는 사위 및 며느리로 구성)	주식	1,500,000	2,000,000
2024년 5월 1일	B영리법인 (주주는 자녀와 손자들로 구성)	주식	2,000,000	2,500,000

① 1,300,000천원
② 2,000,000천원
③ 2,500,000천원
④ 3,500,000천원
⑤ 4,500,000천원

정답 | ④

해설 | • 상속재산에 가산할 증여재산가액은 당초 증여일의 증여재산평가가액이다.
• 며느리와 사위는 상속인이 아니므로 상속개시일 이전 5년 전에 증여한 재산은 상속세 과세가액에 포함되지 않는다.
• A영리법인과 B영리법인이 증여받은 재산은 상속개시일 5년 이내 재산이므로 상속세 과세가액에 포함된다. 즉, 법인에게 사전증여한 재산은 그 주주가 누구냐와 관계없이 5년 이내 증여재산인 경우 상속재산에 포함한다.
• 상속세 과세가액 포함 사전증여재산가액 = 1,500,000천원 + 2,000,000천원 = 3,500,000천원

★★★
13 상속재산에 가산할 증여재산가액으로 적절한 것은?

• A가 2025년 5월 25일 사망하여 상속이 개시되었다. 사전에 증여한 재산이 다음과 같은 경우 상속세 과세가액에 포함되는 재산가액은 얼마인가?(손녀의 경우 생존해 있는 딸의 자녀이다.)

(단위 : 천원)

증여일	수유자	증여재산	증여 당시 평가액	상속개시 당시 평가액
2015년 1월 10일	배우자	토지	100,000	150,000
2017년 5월 15일	딸	주택	200,000	230,000
2020년 4월 10일	손녀	상가	300,000	370,000
2020년 11월 11일	아들	아파트	400,000	500,000

① 600,000천원
② 730,000천원
③ 900,000천원
④ 1,000,000천원
⑤ 1,100,000천원

정답 | ①

해설 | • 상속재산에 가산할 증여재산가액은 당초 증여일의 증여재산평가가액이다.
• 상속개시일 전 10년 이내 상속인에게 증여한 자산+5년 이내 비상속인에게 증여한 재산
: 200,000천원(딸 주택)+400,000천원(아들 아파트)=600,000천원

★★★
14 다음 중 상속세에 대한 설명으로 적절하지 않은 것은?

① 일정 규모 내의 금양임야, 농지와 1,000만원 이내의 족보 · 제구에 대해서는 비과세한다.
② 피상속인 또는 상속인이 상속세 신고 기한까지 공익법인에 출연한 재산은 일정 요건을 만족시 과세가액에 불산입한다.
③ 신탁법 규정에 따른 공익신탁을 통해 공익법인에 출연하는 재산가액은 과세가액에 불산입한다. 이 경우 엄격한 적용요건이나 사후관리요건을 두고 있지 않다.
④ 상속개시일 현재 피상속인이 납부할 의무가 있었고 상속인에게 승계된 조세 · 공공요금 등(가산금, 가산세, 벌금 등 포함)을 공제한다.
⑤ 한편, 피상속인이 타인과 증여계약을 체결하였으나 상속개시 당시까지 그 이행이 완료되지 않은 증여채무의 경우 상속재산의 가액에서 차감한다.

정답 | ④

해설 | ④ 상속개시일 현재 피상속인이 납부할 의무가 있었고 상속인에게 승계된 조세 공공요금 등(단, 상속인 귀책사유로 발생한 가산금, 가산세, 벌금 등 제외)을 공제한다.
⑤ 한편, 피상속인이 타인과 증여계약을 체결하였으나 상속개시 당시까지 그 이행이 완료되지 않은 증여채무의 경우 상속재산의 가액에서 차감한다. 다만, 상속개시 전 10 년 이내에 피상속인이 상속인에게 진 증여채무와 상속개시 전 5년 이내에 피상속인이 상속인이 아닌 자에게 진 증여채무는 채무의 범위에서 제외한다.

★★★
15 다음 중 상속세에 대한 설명으로 적절하지 않은 것은?

① 상속인 또는 수유자가 피상속인의 자녀를 제외한 직계비속인 경우 상속세 산출세액에 30%(미성년자가 받거나 받을 금액이 20억원 초과 시 40%)를 할증하여 가산한다.
② 민법상 대습상속으로 받는 경우에도 할증을 적용한다.
③ 상속세 과세표준금액이 50만원 미만이면 상속세를 부과하지 않는다.
④ 상속세 관할 세무서장은 상속세 신고를 받으면 상속세 과세표준 신고 기한부터 9개월 이내에 과세표준과 세액을 결정하여야 한다.
⑤ 상속포기를 한 상속인이 받은 증여재산도 상속세 과세가액에 포함한다.

정답 | ②

해설 | ② 민법상 대습상속으로 받는 경우에는 할증을 적용하지 않는다.
⑤ 증여재산가산액은 사전증여재산을 말하는데 상속개시일을 기준으로 상속인에게 10년 이내에 증여한 재산과 상속인 외의 자(손자, 며느리, 사위, 타인, 법인 등)에게 5년 이내 증여한 재산은 상속재산에 합산한다. 여기에는 상속포기를 한 상속인이 받은 증여재산도 상속세 과세가액에 포함한다.

★★★
16 빈칸에 들어갈 것으로 짝지은 것으로 적절한 것은?

세무서장은 결정된 상속재산의 가액이 (ⓐ) 이상인 경우로서 상속개시 후 상속개시일부터 (ⓑ)이 되는 날까지 상속인이 보유한 부동산, 주식, 그 밖에 주요재산(금융재산, 서화, 골동품, 그 밖에 유형재산 및 무체재산권 등)의 가액이 상속개시 당시에 비하여 크게 증가한 경우에는 그 결정한 과세표준과 세액에 탈루 또는 오류가 있는지를 조사하여야 한다. 다만, 상속인이 그 증가한 재산의 자금 출처를 증명한 경우에는 그러하지 아니하다.

	ⓐ	ⓑ
①	50억원	10년
②	50억원	5년
③	30억원	10년
④	30억원	5년
⑤	30억원	3년

정답 | ④

★★★
17 다음 중 상속세에 대한 설명으로 적절하지 않은 것은?

① 피상속인이 특정법인에게 증여 후 5년 이내에 사망한 경우에는 특정법인에 증여한 재산을 상속재산에 가산한다.
② 상속인이 비거주자인 경우에는 항목별 공제 중 기초공제만 적용받을 수 있다.
③ (기초공제＋그 밖의 인적공제) 금액이 5억원보다 적으면 (기초공제＋그 밖의 인적공제)를 적용받는 대신 일괄공제 5억원을 적용할 수 있다.
④ 상속개시일 현재 상속인이 배우자 혼자만 존재하는 배우자 단독상속의 경우에는 일괄공제를 적용할 수 없다.
⑤ 배우자 상속공제는 최소 5억원에서 최대 30억원까지 가능하다.

정답 | ②

해설 | ① 피상속인이 특정법인에게 증여 후 5년 이내에 사망한 경우에는 특정법인에 증여한 재산을 상속재산에 가산하고 증여세 산출세액 상당액을 상속세 산출세액에서 공제하며, 특정법인의 최대주주 등에게 증여의제된 가액은 상속세 과세가액에 가산하지 않는다(상증, 서일46014－10775, 2002.06.07.).
② 피상속인이 비거주자인 경우에는 항목별 공제 중 기초공제만 적용받을 수 있다.

★★☆

18 다음 중 상속공제에 대한 설명으로 적절하지 않은 것은?

① 원칙적으로 그 밖의 인적공제는 항목별로 중복 적용받을 수 없으나 자녀공제는 미성년자공제와 중복 적용이 가능하며, 장애인공제는 다른 인적공제와 중복 적용을 받을 수 있다.

② 2023.1.1. 이후 상속이 개시되는 분부터는 상속세 자녀공제 및 미성년자공제 대상에 태아도 포함된다.

③ 가업상속공제는 중소기업만 가능하며 최대 600억원까지 공제가 가능하다.

④ 영농상속공제는 영농상속재산 가액에 대해 30억원을 한도로 공제하는 제도이다.

⑤ 상속세 신고 기한 이내에 화재 · 붕괴 · 폭발 · 환경오염사고 및 자연재해 등의 재난으로 인하여 상속재산이 멸실되거나 훼손된 경우에는 그 손실가액을 상속세 과세가액에서 공제한다.

정답 | ③

해설 | ③ 현재 가업상속공제는 중소기업뿐만 아니라 3년 평균 매출액이 5,000억원 미만인 중견기업까지 확대되었다.

⑤ 상속세 신고 기한 이내에 화재 · 붕괴 · 폭발 · 환경오염사고 및 자연재해 등의 재난으로 인하여 상속재산이 멸실되거나 훼손된 경우에는 그 손실가액을 상속세 과세가액에서 공제한다. 다만, 그 손실가액에 대한 보험금 등의 수령 또는 구상권 등의 행사에 의하여 그 손실가액에 상당하는 금액을 보전받을 수 있는 경우에는 공제하지 않는다

★★★

19 다음 정보를 고려할 때 A(50세) 사망에 따른 상속세 과세표준 계산 시 최대한 적용받을 수 있는 '그 밖의 인적공제'의 합계액은 얼마인가?

[A의 동거가족 현황]
- 배우자 : B, 45세
- 장남 : A1, 25세
- 차남 : A2, 16세(19세가 될 때까지의 연수는 3년이라고 가정)
- 부친 : 강일남, 70세, 장애인(기대여명 연수는 10년이라고 가정)
- 모친 : 최혜진, 63세

① 100,000천원
② 130,000천원
③ 180,000천원
④ 280,000천원
⑤ 330,000천원

정답 | ④

해설 |
- 자녀공제 = 2인(A1, A2) × 50,000천원 = 100,000천원
- 미성년자 공제 = 1인(자녀) × 3년 × 10,000천원 = 30,000천원
- 연로자공제(65세 이상) = 1인(부친) × 50,000천원 = 50,000천원
- 장애인공제 = 1인(부친) × 10년 × 10,000천원 = 100,000천원
- 그 밖의 인적공제 합계액 = 100,000 + 30,000 + 50,000 + 100,000 = 280,000천원

★★★
20 다음 사례에서 배우자상속공제액으로 적절한 것은?

> • 상속재산 평가액 : 46억원
> • 채무 인수액 : 5억원(이 중 배우자가 상속받은 금액 : 16억원, 배우자의 채무인수액 : 3억원)
> • 그 외 상속세 조사과정에서 추가된 추정상속재산 3억원과 배우자가 사전증여받은 재산 5억원(당시 증여세 과세표준 0원), 자녀가 사전증여받은 재산 2억원이 상속세 과세가액에 가산됨
> • 상속인은 배우자와 자녀 3명

① 5억 ② 13억
③ 17억 ④ 20억
⑤ 30억

정답 | ②

해설 | 배우자상속공제액 = Min[ⓐ, ⓑ] = 13억원(한도 : 30억)
ⓐ 실제 상속받은 금액 : 16억원 – 3억원(채무인수액) = 13억원
ⓑ 배우자 상속공제 한도액 = [46억원 + 3억원(추정상속재산) + 7억원(사전증여재산) – 5억원(채무)] × 1.5/4.5(배우자 법정상속분) – 0원(배우자 증여받은 당시 증여세 과세표준) = 17억원

★★★
21 다음 사례에서 금융재산상속공제액으로 적절한 것은?

> 거주자 A의 사망으로 상속개시 당시의 금융재산이 다음과 같을 때 상속세 계산 시 적용받을 수 있는 금융재산 상속공제액은 얼마인가?
> • 은행예금 5억원
> • 사망보험금 5억원(납입금의 60%는 피상속인이, 40%는 상속인이 납부함)
> • 주식평가액 5억원(A가 당해 회사 최대주주임)
> • 은행차입금 1억원
> • 임대보증금 2억원
> • A가 금고에 보관하고 있던 현금 1억원이 별도로 있으며, 이를 상속재산에 포함해서 신고하였음

① 1억원 ② 1.2억원
③ 1.4억원 ④ 1.8억원
⑤ 2억원

정답 | ③

해설 | 주식평가액은 최대주주의 주식이므로 금융재산공제 대상이 아니다. 또한 금고에 보관한 현금도 공제대상이 아니다. 임대보증금도 금융부채가 아니므로 순금융재산은 7억원[5억원 + 3억원(= 5억원 ×60%) – 1억원]이다. 따라서 금융재산공제액은 1.4억원(7억원 × 20%)이다.

★★★
22 다음 중 동거주택상속공제에 대한 설명으로 적절하지 **않은** 것은?

① 일정요건을 갖춘 경우에는 주택가액의 100%에 상당하는 금액(한도 6억원)을 상속세 과세가액에서 공제한다.

② 피상속인과 상속인(직계비속 및 배우자)이 상속개시일부터 소급하여 10년 이상(상속인이 미성년자인 기간은 제외한다) 계속하여 하나의 주택에서 동거해야 한다.

③ 피상속인과 상속인이 상속개시일부터 소급하여 10년 이상 계속하여 1세대를 구성하면서 대통령령으로 정하는 1세대 1주택에 해당해야 한다.

④ 무주택인 기간이 있는 경우에는 해당 기간은 1세대 1주택에 해당하는 기간에 포함한다.

⑤ 상속개시일 현재 무주택자이거나 피상속인과 공동으로 1세대 1주택을 보유한 자로서 피상속인과 동거한 상속인이 상속받은 주택이어야 한다.

정답 | ②

해설 | ② 피상속인과 상속인(직계비속 및 상속개시 전에 직계비속의 사망 또는 결격으로 인해 상속인이 된 그 직계비속의 배우자인 경우로 한정함)이 상속개시일부터 소급하여 10년 이상(상속인이 미성년자인 기간은 제외함) 계속하여 하나의 주택에서 동거해야 한다. → 피상속인의 배우자는 불가

★★★
23 다음 사례에서 거주자 A의 상속세 과세표준으로 적절한 것은?

- 피상속인 A에게는 배우자와 성인 자녀 4명이 있다.
- 배우자는 3억원을 상속받았다.
- 상속세 과세가액은 15억원이다.
- 상속세 신고과정에서 감정평가 수수료 1,200만원이 지출되었다.

① 4.88억원
② 4.9억원
③ 4.95억원
④ 5.95억원
⑤ 6.95억원

정답 | ③

해설 | • 상속세 과세표준 = 상속세 과세가액 − 상속공제액 − 상속재산 감정평가수수료
= 15억원 − 10억원 − 500만원 = 4.95억원
• 기초공제(2억원) + 자녀공제(5,000만원 × 4명) < 일괄공제(5억원) → 일괄공제 적용
• 상속공제액 = 배우자상속공제(실제상속 3억, 최소 5억 = 5억) + 일괄공제(5억원) = 10억원
• 상속재산 감정평가수수료 = (1,200만원, 한도 500만원) = 500만원

★★☆
24 다음 중 상속세 세액공제에 대한 설명으로 적절하지 않은 것은?

① 상속세 과세가액이 5억원 이하인 경우 증여세액공제를 적용하지 않는다.
② 사전증여재산이 손자 등 세대를 생략한 증여로 인해 할증세액이 발생한 경우에도 증여세액공제는 적용된다.
③ 상속개시 후 10년 이내에 상속인이나 수유자의 사망으로 다시 상속이 개시되는 경우에는 전(前)의 상속세가 부과된 상속재산 중 재상속되는 상속재산에 대한 전의 상속세상당액을 상속세 산출세액에서 공제한다.
④ 상속세 과세표준을 법정신고 기한까지 신고한 경우에는 상속세 산출세액의 3%를 신고세액공제로 공제한다.
⑤ 외국에 있는 상속재산에 대해 외국의 상속세를 부과받은 경우에 해당 상속재산의 과세표준에 상당하는 상속세 산출세액을 외국에서 부과된 상속세액 범위에서 공제한다.

정답 | ②
해설 | ② 사전증여재산이 손자 등 세대를 생략한 증여로 인해 할증세액이 발생한 경우 할증세액 부분은 증여세액공제를 적용하지 않는다.

★☆☆
25 다음 중 상속세와 관련된 가산세로 적절하지 않은 것은?

① 일반 무신고가산세 : 산출세액×10%
② 일반 과소신고가산세 : 산출세액×10%
③ 부정행위 무신고/과소신고 : 산출세액×40%
④ 역외거래 부정행위로 인한 무신고/과소신고 : 산출세액×60%
⑤ 납부지연가산세 : 미납세액×지연납부일수×$\frac{22}{100,000}$

정답 | ①
해설 | ① 일반 무신고가산세 : 산출세액×20%

★★☆
26 다음 중 상속세 납부에 대한 설명으로 적절하지 않은 것은?

① 납부할 상속세액이 1천만원을 초과하는 경우에는 그 납부할 금액의 일부를 납부기한이 지난 후 2개월 이내에 분할납부할 수 있다.
② 분납은 납부기한 이내에 자진납부할 경우에만 주어지는 혜택이므로 상속세 및 증여세의 조사로 인하여 추징되는 세액에는 적용되지 않는다.
③ 상속세와 증여세의 경우 물납이 허용된다.
④ 납세지 관할 세무서장은 상속세 납부세액이나 증여세 납부세액이 2천만원을 초과하는 경우에는 납세의무자의 신청을 받아 연부연납을 허가할 수 있다.
⑤ 연부연납을 신청하는 경우 납세의무자는 담보를 제공해야 한다.

정답 | ③
해설 | ③ 상속세의 경우 물납이 허용되는데 증여세의 경우 물납이 허용되지 않는다.

★★☆
27 다음 중 상속세 연부연납에 대한 설명으로 적절하지 않은 것은?

① 연부연납 신청서를 받은 세무서장은 일정 기간 내에 그 허가여부를 서면으로 결정 · 통지하여야 하며, 그 기간까지 허가 여부에 대한 서면을 발송하지 아니한 때에는 허가를 하지 않은 것으로 본다.
② 연부연납 기간은 일반적인 경우는 10년이나, 가업상속재산에 대해서는 최장 20년간 적용된다.
③ 연부연납의 기간은 가능한 기간 내에서 납세의무자가 신청한 기간으로 하되, 각 회분의 분할납부 세액이 1천만원을 초과하도록 연부연납기간을 정하여야 한다.
④ 연부연납을 신청하는 자는 연부연납 신청세액(가산금 포함)의 120%(현금, 납세보증보험증권 또는 은행이 발행한 납세보증서는 110%) 이상에 상당하는 담보를 제공하여야 한다.
⑤ 납세담보를 제공한 자는 세무서장의 승인을 얻어 그 담보를 변경할 수 있다.

정답 | ①
해설 | ① 연부연납 신청서를 받은 세무서장은 일정 기간 내에 그 허가여부를 서면으로 결정 · 통지하여야 하며, 그 기간까지 허가 여부에 대한 서면을 발송하지 아니한 때에는 허가를 한 것으로 본다.

★★☆
28 다음 중 상속세 납부에 대한 설명으로 적절하지 않은 것은?

① 관할 세무서장은 납세자가 연부연납 세액을 미납하는 등의 사유에 해당하게 된 경우에는 그 연부연납 허가를 취소 또는 변경하고 관련 세액의 전액 또는 일부를 징수할 수 있다.
② 연부연납 허가일부터 5년 이내에 가업을 폐지하는 등 가업상속공제 추징 사유에 해당 시 허가일부터 5년에 미달하는 잔여 기간에 한하여 연부연납을 변경하여 허가한다.
③ 납세지 관할 세무서장은 일정 요건을 모두 갖춘 납세의무자의 신청이 있는 경우 물납을 허가해야 한다.
④ 국내 소재 부동산은 물납 가능한 재산에 속한다.
⑤ 상속세는 상속인 및 수유자에게 연대납부 의무를 부여하고 있으므로 각자가 받았거나 받을 재산 내에서는 다른 상속인이나 수유자의 상속세를 대신 납부해도 이를 증여로 보지 않는다.

정답 | ③
해설 | ③ 납세지 관할 세무서장은 다음의 요건을 모두 갖춘 경우에는 납세의무자의 신청을 받아 물납을 허가할 수 있다. → 연부연납, 물납은 신청을 통해 허가를 받아야 가능하다.

▪▪▪ TOPIC 2 증여세

★★★

29 다음 중 증여세에 대한 설명으로 적절하지 않은 것은?

① 상증법에서는 완전포괄주의 증여세 과세제도를 시행하고 있다.

② 민법상 증여 또는 상증법상 구체적으로 과세요건을 규정한 것에 해당되지 아니하더라도 사실상 타인으로부터 무상으로 취득한 재산이나 이익이 있는 경우에는 증여세를 과세할 수 있다.

③ 부담부증여의 경우 채무부담분에 대해서는 이를 대가성이 있으므로 양도로 보며, 증여재산에서 채무부담분을 제외한 가액에 대해서만 증여로 본다.

④ 사인증여로 받은 재산은 그 원인이 증여계약에 기인한 것이므로 이를 상속세가 아니라 증여세 과세대상으로 본다.

⑤ 법인의 자산수증이익과 채무면제이익 등에 법인세가 과세되는 경우 그 법인의 주주 · 출자자 등에 대해서는 증여의제로 규정된 경우에 한하여 증여세를 과세한다.

정답 | ④

해설 | ④ 사인증여로 받은 재산은 그 원인이 상속에 기인한 것이므로 이를 증여세가 아니라 상속세 과세 대상으로 본다.

★★★

30 다음 중 증여세에 대한 설명으로 적절하지 않은 것은?

① 무상 또는 현저히 낮은 대가를 주고 재산 또는 이익을 이전받음으로써 발생하는 이익이나 현저히 높은 대가를 받고 재산 또는 이익을 이전함으로써 이익이 발생한 경우 증여세가 과세된다.

② 재산취득 후 재산가치가 증가한 경우 증여세가 과세된다.

③ 증여예시규정 및 증여의제규정 요건을 충족하는 경우 증여세가 과세된다.

④ 사인증여에 의해 무상으로 재산이 이전되는 경우 증여세가 과세된다.

⑤ 증여예시규정과 경제적 실질이 유사한 경우 등 증여예시규정을 준용하여 증여재산가액을 계산할 수 있는 경우 증여세가 과세된다.

정답 | ④

해설 | ④ 사인증여로 받은 재산은 그 원인이 상속에 기인한 것이므로 이를 증여세가 아니라 상속세 과세 대상으로 본다.

★★★
31 다음 중 증여세가 과세되는 재산이 아닌 것은?

① 금전으로 환산할 수 있는 경제적 가치가 있는 모든 물건
② 재산적 가치가 있는 법률상 또는 사실상의 모든 권리
③ 금전으로 환산할 수 있는 경제적 이익
④ 상속세 과세표준 신고 기한 이내에 재분할에 의하여 당초 상속분을 초과하여 취득한 경우 그 이익
⑤ 배우자 등에게 양도한 재산의 증여 추정 또는 재산 취득자금 등의 증여추정에 해당하는 경우의 그 재산 또는 이익

정답 | ④
해설 | ④ 상속인의 상속분이 확정되어 등기된 후 공동상속인 사이의 협의에 의한 분할에 의하여 특정 상속인이 당초 상속분을 초과하여 취득하는 재산가액은 당해 분할에 의하여 상속분이 감소된 상속인으로부터 증여받은 재산에 포함한다. 다만, 다음의 경우에는 재분할한 경우에도 증여로 보지 않는다.

① 상속세 과세표준 신고 기한 이내에 재분할에 의하여 당초 상속분을 초과하여 취득한 경우 ② 상속회복청구의 소에 의한 법원의 확정 판결에 의하여 상속인 및 상속재산에 변동이 있는 경우 ③ 민법 제404조에 따른 채권자대위권의 행사에 의하여 공동상속인들의 법정상속분대로 등기된 상속재산을 상속인 사이의 협의분할에 의하여 재분할하는 경우 ④ 상속세 과세표준 신고 기한 내에 상속세를 물납하기 위하여 민법 제1009조에 따른 법정상속 분으로 등기 · 등록 및 명의개서 등을 하여 물납을 신청하였다가 물납허가를 받지 못하거나 물납재산의 변경 명령을 받아 당초의 물납재산을 상속인 간의 협의분할에 의하여 재분할하는 경우

★★★
32 다음 중 증여세가 과세되는 것은?

① 상속세 과세표준 신고 기한 이내에 재분할에 의하여 당초 상속분을 초과하여 취득한 경우
② 상속회복청구의 소에 의한 법원의 확정 판결에 의하여 상속인 및 상속재산에 변동이 있는 경우
③ 민법에 따른 채권자대위권의 행사에 의하여 공동상속인들의 법정상속분대로 등기된 상속재산을 상속인 사이의 협의분할에 의하여 재분할하는 경우
④ 상속세 과세표준 신고 기한 내에 상속세를 물납하기 위하여 법정상속 분으로 등기 · 등록 및 명의개서 등을 하여 물납을 신청하였다가 물납허가를 받지 못하거나 물납재산의 변경 명령을 받아 당초의 물납재산을 상속인 간의 협의분할에 의하여 재분할하는 경우
⑤ 어느 상속인이 상속재산을 초과하는 채무를 인수하는 경우

정답 | ⑤
해설 | ⑤ 어느 상속인이 상속재산을 초과하는 채무를 인수하는 경우에는 그 초과한 채무를 인수한 자가 다른 상속인에게 재산을 증여한 것으로 보아 증여세를 과세한다.

★★★
33 다음 중 증여세에 대한 설명으로 적절하지 **않은** 것은?

① 상속인의 상속분이 확정되어 등기된 후 협의분할에 의하여 특정상속인이 당초 상속분을 초과하여 취득하는 재산가액은 다른 상속인으로부터 증여받은 재산으로 본다.

② 단순히 재산관리 편의목적 등의 이유로 협의분할로 특정인에게 단독등기 후 그 재산을 매각하여 매각대금 분배 시에는 증여세가 과세되지 않는다.

③ 상속재산을 협의분할하면서 법정상속지분을 초과하여 취득하는 부분에 대하여 다른 상속인에게 대가를 지급하는 경우 대가를 받은 상속인에게 양도소득세를 과세한다.

④ 보험계약자인 피상속인의 사망으로 인하여 수익자로 지정된 상속인이 지급받는 생명보험금을 협의분할에 의하여 지정수익자 외의 자가 분배받은 경우에는 증여세가 과세된다.

⑤ 상속세 과세표준 신고 기한 이후에 재분할에 의하여 당초 상속분을 초과하여 취득한 경우 증여세가 과세된다.

정답 | ②

해설 | ① 상속인의 상속분이 확정되어 등기된 후 공동상속인 사이의 협의에 의한 분할에 의하여 특정상속인이 당초 상속분을 초과하여 취득하는 재산가액은 당해 분할에 의하여 상속분이 감소된 상속인으로부터 증여받은 재산에 포함한다.

② 재산관리 편의 목적 등의 이유로 일단 상속재산 협의분할로 특정인에게 단독등기 후 그 재산을 매각하여 매각대금 분배 시 그 대금을 분배받은 상속인에게 증여세가 과세된다.

④ 보험계약자인 피상속인의 사망으로 인하여 수익자로 지정된 상속인이 지급받는 생명보험금은 수익자의 고유재산에 해당하여 민법에 따른 협의분할 대상이 아니므로, 동상속인 간의 자의적인 협의분할에 의하여 지정수익자 외의 자가 분배받은 경우에는 증여세가 과세된다.

⑤ 상속세 과세표준 신고 기한 이내에 재분할에 의하여 당초 상속분을 초과하여 취득한 경우 증여로 보지 않는다.

★★★
34 다음 중 증여재산의 반환과 재증여에 대한 설명으로 적절하지 **않은** 것은?

① 증여계약 해제 및 증여등기 말소를 구하는 소송을 증여세 신고 기한 이내에 제기하고 법원의 확정판결에 따라 증여자에게 환원된 경우에는 증여세를 과세하지 아니한다.

② 증여세 신고 기한 이내에 반환한 경우 당초 증여분과 반환분 모두 과세하지 않는다.

③ 증여세 신고 기한 경과 후 3개월 이내 반환한 경우 당초 증여분은 과세하고, 반환분은 과세하지 않는다.

④ 증여세 신고 기한 경과 후 3개월 후 반환한 경우 당초 증여분과 반환분 모두 과세한다.

⑤ A가 B에게 금전 1억원을 1월 10일 증여한 후 증여세 신고 기한인 4월 30일 이내에 B로부터 반환받은 경우 당초 증여분과 반환분 모두 과세하지 않는다.

정답 | ⑤

해설 | ⑤ 금전은 시기에 관계없이 당초 증여분과 반환분 모두 과세 대상이다.

거주자 · 비거주자의 증여세 납세의무

증여자	수증자	국내소재 재산	국외소재 재산
거주자	거주자	과세	과세
비거주자	거주자	과세	과세
거주자	비거주자	과세	과세
비거주자	비거주자	과세	과세권 없음

★★★
35 다음 중 증여세가 과세되는 것은?

① 증여받은 재산을 유류분으로 반환하는 경우
② 취득원인무효에 대한 재산상의 권리 말소
③ 이혼 등에 의하여 정신적 또는 재산상 손해배상의 대가로 받는 위자료
④ 재산분할청구권에 의한 재산분할
⑤ 재산을 증여한 후 증여자가 증여세를 대신 납부하는 경우

정답 | ⑤
해설 | ⑤ 재산을 증여한 후 증여자가 증여세를 대신 납부하는 경우 증여세액 상당액을 수증자에게 다시 증여한 것에 해당하여, 당초 증여재산이 반환되더라도 증여자가 대납한 증여세액 상당액의 증여세 납세의무는 취소되지 아니한다.

※ 다음의 경우에는 증여세가 과세되지 않는다.

① 증여받은 재산을 유류분으로 반환하는 경우
② 취득원인무효에 대한 재산상의 권리 말소
③ 이혼 등에 의하여 정신적 또는 재산상 손해배상의 대가로 받는 위자료
④ 재산분할청구권에 의한 재산분할
⑤ 국외 재산 국내 반입의 경우

★★☆
36 다음 중 증여세 납세의무에 대한 설명으로 적절하지 않은 것은?

① 거주자가 비거주자에게 국외에 있는 재산을 증여(유증이나 사인증여는 제외)하는 경우 그 수증자는 증여세를 납부할 의무가 있다.
② 수증자가 증여자의 국세기본법에 따른 특수관계인이 아닌 경우로서 해당 재산에 대하여 외국의 법령에 따라 증여세가 부과되는 경우에는 증여세 납부 의무를 면제한다.
③ 비영리법인이 재산을 증여받은 경우에는 증여세 납부 의무가 있다.
④ 수증자가 영리법인인 경우에는 증여세는 면제되지만, 법인세 납세의무가 있다.
⑤ 수증자가 영리법인인 경우 증여의제 요건에 해당되면, 해당 법인의 주주 등에게 증여세가 부과될 수 있다.

정답 | ①

해설 | ① 거주자가 비거주자에게 국외에 있는 재산을 증여(유증이나 사인증여는 제외)하는 경우 그 증여자는 증여세를 납부할 의무가 있다.

예 국내에 거주하는 부모 등이 국외에 거주하는 자녀 등 비거주자에게 국외 소재 예금 및 부동산 등을 증여하는 경우 증여한 거주자는 국내에서 증여세를 신고 · 납부할 의무가 있다.

★★☆

37 다음 중 증여세에 대한 설명으로 적절하지 않은 것은?

① 증여세는 원칙적으로 수증자에게 납부의무가 있다.

② 수증자의 주소 또는 거소가 분명하지 아니한 경우로서 조세채권의 확보가 곤란한 경우에는 증여자에게 연대납세의무가 있다.

③ 수증자가 증여세를 납부할 능력이 없다고 인정되는 경우로서 체납으로 인하여 체납처분을 하여도 조세채권의 확보가 곤란한 경우에는 증여자에게 연대납세의무가 있다.

④ 수증자가 비거주자인 경우에는 연대납세의무가 있다.

⑤ 증여자가 연대납세의무자로서 수증자의 증여세를 대신 납부한 경우 재차증여에 해당하여 증여세가 과세된다.

정답 | ⑤

해설 | ⑤ 증여자가 연대납세의무자로서 수증자의 증여세를 대신 납부한 경우 재차증여에 해당하지 않는다.

★☆☆

38 다음 중 증여 취득시기로 적절하지 않은 것은?

① 증여재산의 취득시기는 일반적으로 증여에 의해 재산을 취득한 때이다.

② 등기 · 등록을 요하는 자산의 취득시기는 증여 계약일이다.

③ 주식(출자지분)의 경우 취득시기는 인도일이다. 단, 인도일이 불분명하거나 인도 전에 명의개서 시 명의개서일이다.

④ 보험금의 증여(보험금의 납부인과 수령인이 다른 보험 계약)의 경우의 증여 취득시기는 보험사고일(만기일 포함)이다.

⑤ 신탁이익의 증여(신탁의 이익을 위탁자가 아닌 타인이 받는 경우)에서 증여 취득시기는 실제 지급되는 때이다.

정답 | ②

해설 | ② 등기 · 등록을 요하는 자산의 취득시기는 등기 · 등록 신청서 접수일이다.

★☆☆
39 다음 중 증여세가 비과세되는 재산으로 적절하지 **않은** 것은?

① 국가나 지방자치단체로부터 증여받은 재산의 가액
② 국가나 지방자치단체 또는 공공단체가 증여받은 재산의 가액
③ 상증세법상 재산 취득 후 재산가치 증가에 따른 이익
④ 소득세법에 따른 장애인을 보험금 수령인으로 하는 보험의 보험금(연간 4,000만원 한도)
⑤ 사회통념상 인정되는 이재구호금품, 치료비, 피부양자의 생활비, 교육비, 그 밖에 이와 유사한 것으로서 일정한 것

정답 | ③
해설 | ③ 직업, 연령, 소득 및 재산 상태로 보아 자력으로 해당 행위를 할 수 없다고 인정되는 자(예 미성년자 등)가 일정 사유로 재산을 취득하고 그 재산을 취득한 날부터 5년 이내에 개발사업의 시행, 형질변경, 공유물 분할, 사업의 인가 · 허가 등으로 얻은 이익

★★☆
40 다음 중 증여세에 대한 설명으로 적절하지 **않은** 것은?

① 증여재산에 담보된 증여자의 채무를 수증자가 인수하면 그 인수금액은 증여재산가액에서 차감한다.
② 배우자 간 또는 직계존비속 간의 부담부증여에 대해서는 수증자가 증여자의 채무를 인수한 경우에도 그 채무액은 수증자에게 인수되지 아니한 것으로 추정한다.
③ 배우자 간 또는 직계존비속 간의 부담부증여에 대해서는 수증자가 증여자의 채무를 인수한 경우 채무를 입증하는 경우에는 그 채무가 인수된 것으로 인정한다.
④ 증여자의 채무를 수증자가 인수한 경우 부채사후관리대장에 등재하고, 향후 누가 부채를 갚았는지에 대해 정기 또는 수시로 사후관리를 한다.
⑤ 부담부증여에 있어서 증여자의 채무를 수증자가 인수하는 경우에 증여가액 중 그 채무액에 상당하는 부분은 대가성이 있는 것이므로 수증자에게 양도소득세가 과세된다.

정답 | ⑤
해설 | ⑤ 부담부증여에 있어서 증여자의 채무를 수증자가 인수하는 경우에 증여가액 중 그 채무액에 상당하는 부분은 대가성이 있는 것이므로 이를 유상양도로 보아 (증여자에게) 양도소득세가 과세된다.

★★★
41 다음 사례에서 증여세 계산 시 합산되는 과거의 증여재산가액으로 적절한 것은?

• A는 2025년 3월 14일에 어머니로부터 5억원의 아파트를 증여받았다.

증여일	증여자	증여재산평가가액
2015년 1월 10일	어머니	1억
2019년 2월 10일	할아버지	2억
2020년 8월 10일	아버지	3억
2022년 5월 10일	동생	4억
2025년 3월 14일	어머니	5억

① 0원
② 1억원
③ 3억원
④ 4억원
⑤ 5억원

정답 | ③

해설 | ③ 증여세 계산 시 금번 증여 전 10년 내에 동일인으로부터 증여받은 재산을 합친 금액이 1천만원 이상인 경우에는 그 가액을 증여세 과세가액에 합산해서 과세한다. 여기서 동일인이란 같은 사람을 의미하지만 수증자의 직계존속(예 부모, 조부모, 외조부모)인 경우에는 부와 모, 조부와 조모, 외조부와 외조모를 동일인으로 보아 합산해야 한다. 다만, 계모 · 계부는 동일인에 포함하지 않으며, 부와 조부는 동일인에 해당하지 않는다. 한편, 장인과 장모는 직계존속이 아니므로 동일인에 해당하지 않는다.

★★★
42 다음 사례에서 증여세 계산 시 공제받을 수 있는 증여재산 공제액으로 적절한 것은?

• A는 2025년 3월 14일에 어머니로부터 4억원의 아파트를 증여받았다.

증여일	증여자	증여재산평가가액
2013년 1월 10일	할머니	1억원
2013년 7월 10일	할아버지	2억원
2020년 8월 10일	아버지	3억원
2025년 3월 14일	어머니	4억원

① 0원
② 1,000만원
③ 2,000만원
④ 3,000만원
⑤ 5,000만원

정답 I ⑤

해설 I

증여일	증여자	증여재산공제	내용
13년 1월	할머니	3,000만원	2013년 12월 31일 이전 직계존속의 증여에 대한 증여재산공제액은 3,000만원임
13년 7월	할아버지	0원	2013년 1월 할머니와 동일인으로 취급, 증여재산공제 한도 없다.
20년 8월	아버지	2,000만원	• 2014년 1월 1일 이후 직계존속의 증여에 대한 증여재산공제액은 5,000만원림 • 2013년 할머니 증여시 3,000만원 공제받음, 잔여 공제한도 2,000만원
25년 3월	어머니	3,000만원	2013년 할머니 증여로부터 10년이 지나서 공제한도 5,000만원 중 잔여 공제한도는 3,000만원임 (20년 8월 아버지 증여로부터 10년 지나지 않음)

이번 증여에서 사용할 수 있는 증여재산공제액은 3,000만원이나, 10년 내 동일인 합산과세 적용으로(아버지 + 어머니) 증여재산을 합쳐서 증여세를 계산하며, 과거 공제 2,000만원까지 더해져서 총 5,000만원의 공제를 받게 된다.

★★★
43 증여자에 따른 증여재산공제 한도금액으로 적절하지 않은 것은?

① 배우자 : 6억원
② 직계존속(수증자가 미성년자인 경우) : 3,000만원
③ 직계존속(수증자가 성인인 경우) : 5,000만원
④ 직계비속 : 5,000만원
⑤ 기타 친족 : 1,000만원

정답 I ②

해설 I ② 직계존속(수증자가 미성년자인 경우) : 2,000만원

증여자	증여재산 공제액
배우자(사실혼 제외)	6억원
직계존속	① 5,000만원(수증자가 미성년자 : 2,000만원)
	② 혼인 · 출산공제 : 1억원
직계비속	5,000만원
기타친족 (6촌 이내 혈족, 4촌 이내 인척)	1,000만원

★★★
44 증여자에 따른 증여재산공제 한도금액에 대한 설명으로 적절한 것은?

① 배우자(사실혼 포함) : 6억원
② 직계존속(수증자가 미성년자인 경우) : 3,000만원
③ 직계존속(혼인 · 출산 공제의 경우) : 2억원
④ 직계비속 : 5,000만원
⑤ 기타 친족 : 500만원

정답 | ④

해설 |

증여자	증여재산 공제액
배우자(사실혼 제외)	6억원
직계존속	① 5,000만원(수증자가 미성년자 : 2,000만원)
	② 혼인 · 출산공제 : 1억원
직계비속	5,000만원
기타친족 (6촌 이내 혈족, 4촌 이내 인척)	1,000만원

★★★
45 다음 사례에서 A의 증여세 산출세액으로 적절한 것은?

• A는 2024년 4월 29일에 자녀 A1을 출산하면서, 이를 이유로 2025년 5월 10일 아버지로부터 축하금 1억원을 증여받았을 때, 이번 증여에 따른 증여세 산출세액으로 가장 적절한 것은?

증여일	증여자	증여재산평가가액
2017년 7월 10일	어머니	3억원
2021년 6월 10일	외삼촌	5억원
2023년 5월 10일	이모	2억원
2025년 5월 10일	아버지	1억원

① 0원
② 38,000천원
③ 40,000천원
④ 135,000천원
⑤ 222,000천원

정답 | ③

해설 | • 증여세 과세표준 = 3억원(어머니) + 1억원(아버지) − 5,000만원(직계존속) − 1억원(혼인공제) = 2.5억원
• 증여세 산출세액 = 250,000천원 × 20% − 10,000천원 = 40,000천원

★★★
46 다음 사례에서 A의 증여세 신고시 납부세액공제액으로 적절한 것은?

• A는 아버지로부터 2025년 7월 10일 재산을 증여받으려고 한다.
• 과거 아버지로부터의 증여자료는 다음과 같다.

증여일	증여세 과세가액	증여세 과세표준	산출세액
2023년 5월	3억원	2억 5,000만원	4,000만원
2025년 7월	4억원	6억 5,000만원	1억 4,500만원

① 0원
② 38,000천원
③ 40,000천원
④ 135,000천원
⑤ 222,000천원

정답 I ③

해설 I • A의 납부세액공제 = Min(가산한 증여재산에 대한 증여세 산출세액, 공제한도액) = 40,000천원
• 가산한 증여재산에 대한 증여세 산출세액 = 40,000천원
• 공제 한도액 $145{,}000\text{천원} \times \left(\frac{250{,}000\text{천원}}{650{,}000\text{천원}}\right)$ = 약 55,769천원

★★★
47 수익자 B가 받은 보험금 2.5억원 중 증여로 보는 금액은 얼마인가?

• 계약자 : A
• 피보험자 : A
• 수익자 : B
• 피보험자인 A의 사망으로 보험금 2.5억원이 발생하였다.
• 총 보험료 1억원 중 A가 납입한 금액은 6,000만원이며, 나머지는 4,000만원은 B가 납입한 것으로 입증된다.

① 6,000만원
② 1억원
③ 1.5억원
④ 2.1억원
⑤ 2.5억원

정답 I ③

해설 I 증여로 보는 보험금 = $2.5\text{억원} \times \left(\frac{6\text{천만원}}{1\text{억원}}\right)$ = 1.5억원

★★★
48 고가 · 저가양도에 대한 설명으로 적절하지 않은 것은?

① 특수관계인 간 저가나 고가 거래 시 차액이 시가의 30% 이상이거나 3억원 이상인 경우 증여세를 과세한다.

② 특수관계인 간 거래에 대해서는 해당 거래뿐 아니라, 해당 거래 등을 한 날부터 소급하여 1년 이내에 동일한 거래 등이 있는 경우에는 이를 합산하여 금액기준을 적용한다.

③ 특수관계가 없는 자 간의 거래에 대하여도 거래의 관행상 정당한 사유가 없이 현저하게 저가 · 고가 거래를 한 경우에는 증여세가 과세된다.

④ 아버지가 아들에게 시가 1억원 부동산을 5억원에 고가 양도한 경우, 아들에게 증여세가 과세되고 이 때 증여재산가액은 4억원이 된다.

⑤ 개인과 특수관계법인 간에 고가양도나 저가양수 거래가 있는 경우에는 소득세법 또는 법인세법상 부당행위계산부인 규정이 적용된다. 이 경우 이익을 본 거래 당사자에게 소득세나 법인세가 과세된다.

정답 | ④

해설 | ④ 증여재산가액 = (대가 5억원 – 시가 1억원) – Min[1억원 × 30%, 3억원] = 3.7억원

★★★
49 다음 사례에서 저가양도에 대한 설명으로 적절한 것은?

• A는 보유하던 부동산(시가 10억원)을 특수관계에 있는 개인 B에게 4억원에 저가로 양도하였다.

① 증여세 납세의무자는 B이며, 증여재산가액은 6억원이다.

② 증여세 납세의무자는 A이며, 증여재산가액은 3억원이다.

③ 양도세 납세의무자는 A이며, 양도소득세 계산 시 양도가액은 4억원이다.

④ 양도세 납세의무자는 A이며, 양도소득세 계산 시 양도가액은 10억원이다.

⑤ 향후 해당 부동산을 양도 시 인정되는 B의 부동산 취득가액은 4억원이다.

정답 | ④

해설 | • 증여세 납세의무자는 이익을 본 B이며, 증여재산가액은 3억원이다.

증여재산가액 = (시가 – 대가) – Min[시가의 30%, 3억원]

= (10억원 – 4억원) – Min[10억원 × 30%, 3억원] = 3억원

• 양도가액 : 재산을 저가로 양도하여 개인 B가 이익을 본 경우다. 이는 소득세법상 부당행위계산부인에 해당하여 A의 양도소득세 계산 시 양도가액을 10억원으로 하여 양도소득세를 과세한다.

• B의 부동산 취득가액 : 한편, B가 향후 해당 부동산을 양도 시 양도차익 계산을 위한 취득가액은 다음과 같다.

취득가액 = 4억원 + 3억원(저가양수로 인한 증여재산가액) = 7억원

★★★
50 다음 사례에서 고가양도에 대한 설명으로 적절한 것은?

> • 개인 A가 보유하던 부동산(시가 4억원)을 소득세법 및 상증법상 특수관계에 있는 개인 B에 10억원에 고가로 양도하였다.

① 증여세 납세의무자는 B이며, 증여재산가액은 3억원이다.
② 증여세 납세의무자는 A이며, 증여재산가액은 4.8억원이다.
③ 양도세 납세의무자는 B이며, 양도소득세 계산 시 양도가액은 5.2억원이다.
④ 양도세 납세의무자는 A이며, 양도소득세 계산 시 양도가액은 10억원이다.
⑤ 향후 해당 부동산을 양도 시 인정되는 B의 부동산 취득가액은 10억원이다.

정답 I ②

해설 I • 증여세 납세의무자는 이익을 본 A이며, 증여재산가액은 4.8억원이다.
증여재산가액 = (대가 − 시가) − Min[시가의 30%, 3억원]
= (10억원 − 4억원) − Min[4억원×30%, 3억원] = 4.8억원
• 양도가액 : 재산을 저가로 양도하여 개인 A가 이익을 본 경우다. 이는 소득세법상 부당행위계산부인에 해당하여 A의 양도소득세 계산 시 양도가액을 5.2억원으로 하여 양도소득세를 과세한다(실제 양도가액 10억원 − 증여세가 과세된 4.8억원 = 5.2억원).
• B의 부동산 취득가액 : 한편, B가 향후 해당 부동산을 양도 시 양도차익 계산을 위한 취득가액은 다음과 같다.
취득가액 = 4억원(취득 당시의 시가를 취득가액으로 함)

★★★
51 다음 중 증여세가 과세되는 경우로 적절한 것은?

① 특수관계인간 시가 1억원인 부동산을 9,000만원에 양도하였다.
② 비특수관계인간 시가 1억원인 부동산을 8,000만원에 양도하였다.
③ 타인으로부터 금전을 무상으로 대출받았으며, 대출금액에 대한 적정 이자가 연간 1,000만원이다.
④ 타인의 부동산을 무상사용에 따른 이익이 2,000만원이 있다.
⑤ 타인의 부동산을 무상으로 담보로 제공하여 대출을 받았고, 그 이익이 500만원이다.

정답 I ③

해설 I ① 특수관계인 간 거래에 있어서 시가와 대가의 차이가 30% 이상 or 3억원 이상인 경우에 증여세를 과세한다.
② 비특수관계인 간 거래에 있어서 시가와 대가의 차이가 30% 이상인 경우에 증여세를 과세한다.
③ 금전무상대출 등에 따른 이익이 1,000만원 이상인 경우 증여로 보아 증여세가 과세된다.
④ 타인의 부동산을 무상사용에 따른 이익은 5년 합계 1억원 이상인 경우에 증여로 과세한다.
⑤ 타인의 부동산을 무상으로 담보로 제공하여 대출을 받은 경우, 그 이익이 연 1,000만원 이상인 경우 증여로 과세한다.

★★★
52 증여의 추정에 대한 설명으로 적절한 것은?

① 배우자 또는 직계존비속에게 양도한 재산은 양도자가 그 재산을 양도한 때에 그 재산의 가액을 배우자 등이 증여받은 것으로 추정한다.

② 특수관계인에게 양도한 재산을 그 특수관계인이 양수일부터 5년 이내에 당초 양도자의 배우자 등에게 다시 양도한 경우에는 양수자가 그 재산을 양도한 당시의 재산가액을 그 배우자 등이 증여받은 것으로 추정한다.

③ 배우자 등에 대한 양도 시 증여추정에 있어서 양도인과 특수관계인의 양도소득세 결정세액의 합계액이 증여 추정 시의 증여세액보다 클 경우에는 증여로 추정하지 않고 이를 그대로 양도로 본다.

④ 재산취득자 또는 채무자의 직업 · 연령 · 소득 및 재산 상태 등으로 볼 때 재산을 자력으로 취득하였다고 인정하기 어려운 경우 또는 채무를 자력으로 상환하였다고 인정하기 어려운 경우에는 그 가액을 증여받은 것으로 추정한다.

⑤ 재산취득자금 등의 증여추정 규정에 있어 그 금액이 일정 금액 이하에 해당하는 경우와 출처에 관한 충분한 소명이 있는 경우에는 적용하지 않는다.

정답 | ②

해설 | ② 특수관계인에게 양도한 재산을 그 특수관계인이 양수일부터 3년 이내에 당초 양도자의 배우자 등에게 다시 양도한 경우에는 양수자가 그 재산을 양도한 당시의 재산가액을 그 배우자 등이 증여받은 것으로 추정하여 이를 배우자 등의 증여재산가액으로 한다.

★★★
53 재산취득금액과 입증금액이 각각 다음과 같을 때 증여로 추정되는 금액의 총합은 얼마인가?

재산취득액	입증금액
8억원	7억원
9억원	6.5억원

① 0.5억원　② 0.7억원
③ 1억원　④ 2.5억원
⑤ 3.5억원

정답 | ④

해설 |

미입증금액	증여추정금액
1억원 < Min[8억원×20%, 2억원] = 1.6억원	–
2.5억원 ≥ Min[9억원×20%, 2억원] = 1.8억원	2.5억원

··· TOPIC 3 상속재산 및 증여재산의 평가

★★★

54 상속재산 및 증여재산의 시가에 대한 설명으로 적절하지 않은 것은?

① 시가란 불특정 다수인 사이에 자유롭게 거래가 이루어지는 경우에 통상적으로 성립된다고 인정되는 가액을 말한다.

② 시가의 종류에는 해당 재산의 실제 매매가액 이외에도 감정가액, 수용 · 공매 · 경매가액도 포함된다.

③ 상속재산은 상속개시일 전후 6개월, 증여재산은 증여일 전후 6개월 및 후 3개월 이내의 매매 · 감정 · 수용 공매 · 경매가액 등을 시가로 인정하고 있다.

④ 상장주식의 경우에는 평가기준일 전후 각 2개월 간의 종가평균액을 시가로 보며, 둘 이상의 감정기관의 감정가액의 평균액도 시가로 인정된다.

⑤ 시가로 보는 가액이 둘 이상인 경우에는 평가기준일을 전후하여 가장 가까운 날에 해당하는 가액(그 가액이 둘 이상인 경우에는 그 평균액)을 적용한다.

정답 | ④

해설 | ④ 주식의 경우에는 감정가액을 사용할 수 없다.

★★★

55 비상장주식의 보충적 평가 방법에 대한 설명으로 적절하지 않은 것은?

① 비상장주식의 보충적 평가에 있어서는 순자산가치와 순손익가치의 가중평균액으로 평가한다.

② 순자산가치와 순손익가치는 일반적으로는 2 : 3의 비율로 가중평균한다.

③ 총자산 중 부동산자산가액의 비중이 50% 이상, 80% 미만인 법인인 경우에는 순자산가치와 순손익가치를 3 : 2로 가중평균한다.

④ 평가액의 하한은 순자산가치의 80%로 한다.

⑤ 사업개시 전의 법인, 사업개시 후 3년 미만의 법인 또는 휴업 · 폐업 중인 법인의 주식의 경우 순손익가치로만 평가한다.

정답 | ⑤

해설 | ⑤ 사업개시 전의 법인, 사업개시 후 3년 미만의 법인 또는 휴업 · 폐업 중인 법인의 주식의 경우 순자산가치로만 평가한다.

비상장주식의 보충적평가법 사용 시 순자산가치로만 평가하는 경우

① 상속세 및 증여세 과세표준신고기한 이내에 평가대상 법인의 청산절차가 진행 중이거나 사업자의 사망 등으로 인하여 사업의 계속이 곤란하다고 인정되는 법인의 주식 ② 사업개시 전의 법인, 사업개시 후 3년 미만의 법인 또는 휴업 · 폐업 중인 법인의 주식 ③ 법인의 자산총액 중 부동산(다른 법인을 통해 간접 소유한 금액 포함)의 합계액이 차지하는 비율이 100분의 80 이상인 법인의 주식 ④ 법인의 자산총액 중 주식 등의 가액의 합계액이 차지하는 비율이 100분의 80 이상인 법인의 주식 ⑤ 법인의 설립 시 정관에 존속 기한이 확정된 법인으로서 평가기준일 현재 잔여 존속 기한이 3년 이내인 법인의 주식

★★★
56 재산의 보충적 평가방법에 대한 설명으로 적절하지 않은 것은?

① 토지의 경우 개별공시지가에 의해 평가한다.

② 시가가 없는 건물은 고시되는 가격에 의해 평가하되, 공시되는 가격이 없는 건물은 신축가격, 구조, 용도, 위치, 신축연도 등을 고려하여 매년 1회 이상 국세청장이 고시하는 가격으로 평가한다.

③ 임대차계약이 체결된 부동산은 기준시가와 임대보증금 환산가액 중 작은 금액으로 평가한다.

④ 부동산 취득권리 및 특정시설물 이용권의 경우 평가기준일까지 불입한 금액에 프리미엄 상당액을 더한 금액으로 한다.

⑤ 무기정기금은 1년분 정기금액의 20배에 상당하는 금액으로 한다.

정답 I ③

해설 I ③ 임대차계약이 체결된 부동산은 기준시가와 임대보증금 환산가액 중 큰 금액으로 평가한다. → 임대보증금 환산가액 = 임대보증금 + 연간임대료 합계/0.12

★★★
57 다음 사례에서 상증법상 부동산 평가액의 합계는 얼마인가?

A는 다음과 같이 임대용 부동산을 보유하고 있다. 부동산 관련 정보가 다음과 같을 때 상증법상 부동산의 평가액 합계는 얼마인가?

구분	A부동산	B부동산
시가	–	10억원
기준시가	8억원	7억원
임대보증금	1억원	3억원
월임대료	500만원	400만원

① 12억원

② 15억원

③ 16억원

④ 18억원

⑤ 20억원

정답 | ④

해설 | • A부동산 : 시가가 없으므로 기준시가에 의해 평가하지만 임대차계약이 체결된 부동산의 경우에는 임대보증금 환산가액과 비교하여 큰 금액으로 평가한다.

- 임대보증금환산가액 = 1억원(임대보증금) + 6,000만원(연간 임대료합계액) ÷ 0.12 = 6억원
- 부동산의 상증법상 평가액 = Max[기준시가, 임대보증금 환산가액] = Max[8억원, 6억원] = 8억원

• B부동산 : 시가가 있으므로 시가로 평가한다. 즉, 10억원으로 평가한다.

∴ 평가액 합계 = 8억원 + 10억원 = 18억원

CHAPTER

06 가업승계설계

출제 비중 : 0~4% / 0~1문항

학습가이드 ■ ■

학습 목표	학습 중요도
Tip 개념 이해 중심으로 학습 필요	
1. 가업승계 절차를 이해하고 실행할 수 있다.	★

TOPIC 1 가업승계설계의 실행

★★★

01 가업상속공제에 대한 설명으로 적절하지 않은 것은?

① 가업상속공제는 중소 · 중견기업의 원활한 가업승계를 지원하기 위한 제도이다.
② 거주자인 피상속인이 생전에 10년 이상 영위하였어야 한다.
③ 가업영위기간에 따라 최대 600억원까지 공제가 가능하다.
④ 가업상속공제는 법인기업만 적용받을 수 있다.
⑤ 가업상속공제를 받은 이후에도 철저한 사후관리가 있다.

정답 I ④
해설 I ④ 가업상속공제는 개인기업과 법인기업 모두 적용받을 수 있다.

★★★

02 가업상속공제를 받기 위한 요건으로 적절하지 않은 것은?

① 대상기업은 중소(중견)기업으로 개인사업자 및 법인사업자 모두 가능하다.
② 피상속인의 경우 10년 이상 계속해서 일정 지분율을 보유하면서 대표이사 재직요건을 만족해야 한다.
③ 상속인의 경우 18세 이상 자녀나 자녀의 배우자가 증여받아야 한다.
④ 상속인은 상속개시일 전 3년 이상 가업에 종사, 상속세 신고 기한 이내 임원으로 취임, 상속세 신고 기한 후 3년 내에 대표자로 취임 등의 요건을 만족해야 한다.
⑤ 상속개시일로부터 5년 이내 정당한 사유 없이 사후관리 요건을 충족하지 못하는 경우, 상속세 과세가액에 산입하여 상속세를 부과한다.

정답 | ④
해설 | ④ 상속인은 상속개시일 전 2년 이상 가업에 종사, 상속세 신고 기한 이내 임원으로 취임, 상속세 신고 기한 후 2년 내에 대표자로 취임 등의 요건을 만족해야 한다.

★★★
03 가업승계 증여세 과세특례에 대한 설명으로 적절하지 않은 것은?

① 가업상속공제처럼 개인과 법인 모두 가능하다.
② 증여자는 가업주식의 증여일 현재 중소기업 등인 가업을 10년 이상 계속하여 경영한 60세 이상인 수증자의 부모여야 한다.
③ 증여자는 일정 비율 이상의 주식(상장 20%, 비상장 40%)을 10년 이상 계속해서 보유해야 한다.
④ 가업 주식을 증여받은 수증자 또는 그 배우자가 증여세 신고 기한(증여일의 말일부터 3개월)까지 가업에 종사하고, 증여일로부터 3년 이내에 대표이사에 취임하여야 한다.
⑤ 가업승계 과세특례를 적용받은 경우 증여세 신고세액공제는 받을 수 없다.

정답 | ①
해설 | ① 가업상속공제와 달리 법인만 적용 가능하다(개인사업자는 적용 불가).

★★★
04 창업자금 증여세 과세특례에 대한 내용으로 적절하지 않은 것은?

① 증여자는 60세 이상의 부모여야 한다.
② 수증자는 창업자금 증여일 현재 18세 이상인 거주자이어야 한다.
③ 창업자금 증여 가능 재산은 토지, 건물, 부동산에 관한 권리 뿐만 아니라 현금과 예금, 소액주주 상장주식, 국공채나 회사채와 같은 채권 등이 모두 해당된다.
④ 창업자금 증여세 과세특례는 수증인 수에 관계없이 특례적용이 가능하다. 예를 들어 부모가 장남과 장녀에게 50억원씩 창업자금을 증여하는 경우 각각 과세특례 증여 가능하다.
⑤ 증여세 과세특례가 적용된 창업자금은 기간에 관계없이 증여 당시 평가액이 상속세 과세가액에 산입되어 상속세를 다시 정산한다.

정답 | ③
해설 | ③ 증여재산은 양도소득세 과세대상이 아닌 재산이어야 한다. 따라서 창업자금 증여 가능 재산은 현금과 예금, 소액주주 상장주식, 국공채나 회사채와 같은 채권 등이 모두 해당된다.
→ 토지, 건물, 부동산에 관한 권리 등 양도소득세 과세대상인 자산의 경우 해당하지 않는다.

★★★
05 창업자금 증여세 과세특례 등에 대한 내용으로 적절하지 **않은** 것은?

① 합병 · 분할 현물출자 또는 사업의 양수를 통하여 종전의 사업을 승계하거나 종전의 사업에 사용되던 자산을 인수 또는 매입하여 같은 종류의 사업을 하는 경우 창업으로 보지 않는다.
② 개인사업을 법인으로 전환하여 새로운 법인을 설립하는 경우 창업으로 보지 않는다.
③ 창업자금 과세특례를 적용받은 경우에는 증여세 신고세액공제를 받을 수 없다.
④ 상속개시일 이전 10년 이내 증여세 과세특례가 적용된 창업자금만 상속세 과세가액에 산입되어 상속세가 과세된다.
⑤ 가업상속공제나 가업승계 특례증여에 비해 대상 업종이 상대적으로 적다.

정답 | ④
해설 | ④ 증여세 과세특례가 적용된 창업자금은 기간에 관계없이 증여 당시 평가액이 상속세 과세가액에 산입되어 상속세를 다시 정산한다.

★★★
06 가업승계 관련 상속 · 증여세의 납부에 대한 설명으로 적절하지 **않은** 것은?

① 연부연납은 납세자의 신청을 통한 관할 세무서장의 허가를 받아야 가능하다.
② 일반상속재산은 10년간 분할납부 가능한 데 비해, 가업상속재산은 20년간 분할납부(또는 10년 거치 후 10년간 납부)가능하다.
③ 일반증여재산은 5년간 분할납부가 가능한 데 비해, 가업승계 특례증여재산은 10년간 분할납부 가능하다.
④ 연부연납은 상속세 또는 증여세 납부세액이 2,000만원을 초과해야 신청 가능하다.
⑤ 가업승계 증여세 과세특례요건을 충족하는 중소기업으로 과세특례를 적용받지 않은 주식 및 출자지분에 대하여 증여세 납부유예제도가 있다.

정답 | ③
해설 | ③ 일반증여재산은 5년간 분할납부가 가능한 데 비해, 가업승계 특례증여재산은 15년간 분할납부 가능하다(거치기간 없음).

CHAPTER

07 상속증여세 대응전략

출제 비중 : 0~4% / 0~1문항

학습가이드 ■ ■

학습 목표	학습 중요도
Tip 부담부증여 등 다양한 상속, 증여 전략에 대한 이해를 중심으로 학습 필요	
1. 상속세 및 증여세의 주요 절세전략을 활용할 수 있다.	★★

··· TOPIC 1 상속증여세 대응전략 개요

★★★

01 상속증여세 기본 절세전략에 대한 설명으로 적절하지 않은 것은?

① 10년 단위로 계획을 세워 미리미리 증여한다면 상속세와 증여세를 동시에 절세할 수 있다.

② 증여세는 증여자 및 수증자 별로 받은 재산에 대해 과세하므로, 한 자녀에게만 몰아주기보다는 자녀별로 골고루, 자녀 외에도 사위(며느리)나 손자에게도 분산해서 증여하는 것이 효과적이다.

③ 상속세를 절감하기 위해 증여를 실행하는 것이라면 예상 상속세율보다는 낮은 세율 구간에서 증여를 하는 것이 효과적이다.

④ 같은 평가액의 재산이라면 수익가치가 높은 재산을 증여하는 것이 효과적이다.

⑤ 자산가치가 상대적으로 고평가 된 부동산이나 주식을 증여하는 것도 좋은 방법이다.

정답 | ⑤

해설 | ① 동일인에 대한 증여세를 10년간 합산하여 계산, 상속세 계산 시 사전증여재산을 상속인은 10년(비상속인은 5년)간 합산하기 때문에 미리 증여하는 것이 유리하다. 또한 합산되더라도 증여 당시의 가액으로 합산되기 때문에, 가치가 꾸준히 상승하는 재산이라면 절세효과가 있으므로 맞는 설명이다.

⑤ 자산가치가 상대적으로 <u>저평가된</u> 부동산이나 주식을 증여하는 것도 좋은 방법이다. 증여 이후에 증여받은 재산에서 발생하는 수익은 수증자의 몫이 되어 수증자의 재산을 증식시키는 효과가 발생하기 때문이다. 이러한 재산의 예로는 고배당을 받을 수 있는 주식이나 임대수익률이 높은 상업용 부동산을 들 수 있다.

▪▪▪ TOPIC 2 주요 절세전략 및 유류분 대비 방안

★★★

02 절세전략에 대한 설명으로 적절하지 않은 것은?

① 부담부증여의 경우 증여자는 채무액 상당 부분에 대해 양도소득세를 부담하며, 수증자는 나머지 부분에 대해서만 증여세를 부담하게 되므로, 단순증여에 비해 항상 유리하다.

② 국세청에서는 부담부증여 시 수증자가 인수한 채무에 대해 전산으로 사후관리를 하고 있으며 매년 1회 이상 부채에 대해 검증하고 있다. 특히, 미성년자의 부채상환자금에 대해서는 과세당국에서 자금출처를 보다 정밀하게 확인하고 있는 점을 유의해야 한다.

③ 상속세 납부자금 부담 때문에 부동산 매각을 고려하는 경우가 많다. 이 경우에도 부동산을 매각하는 시점에 따라 세금납부액이 달라질 수 있기 때문에 매각 전에 잘 따져보고 의사결정할 필요가 있다.

④ 상속재산이 많은 경우 재산 일부를 사위 · 며느리가 주주인 법인에 유증이나 사인증여를 통해 이전하게 되면 높은 세율의 상속세 대신 법인세만 과세되므로 상속 시 당장 내야하는 상속세 부담을 줄일 수 있다.

⑤ 신탁과 상속포기를 활용하는 방안을 통해 유류분분쟁 등에 대비할 수 있다.

정답 | ①

해설 | ① 반드시 부담부증여가 유리한 것은 아니므로 사전에 단순증여와 부담부증여의 세부담을 비교해 보고 실행 여부를 결정할 필요가 있다.

▪▪▪ TOPIC 3 상속증여세 납부재원 마련 방안

★★★

03 상속증여세 납부재원 마련 방안에 대한 설명으로 적절하지 않은 것은?

① 상속세나 증여세 신고 기한 전에 재산을 매각하게 되면 그 매각 가액이 재산평가액이 되어 상속세나 증여세 부담이 늘어날 수 있다는 점을 주의해야 한다.

② 상속재산이나 증여재산을 담보로 제시하고 대출을 받는 경우, 해당 물건에 대하여 감정평가가 이루어지게 되면 감정평가액이 상속재산 평가액이 반영되어 상속세 부담이 증가할 수 있다.

③ 피상속인이 법인의 임원으로 재직 중에 사망하여 상속이 개시되는 경우 피상속인에게 귀속되는 퇴직금을 상속인이 수령하여 납부재원으로 활용할 수 있다.

④ 퇴직금을 최대한 많이 수령하는 것이 상속세 절세에도 유리하다.

⑤ 피상속인이 법인의 대주주였던 경우 주식을 상속받은 상속인은 배당을 실시하여 상속세 재원을 마련할 수도 있다. 정관에 규정이 있으면 중간배당이 가능하다.

정답 | ④

해설 | ④ 퇴직금은 상속재산에 합산되어 상속세가 과세된다. 그렇더라도 비상장주식 외에 다른 상속재산이 많지 않은 경우라면 퇴직금을 최대한 많이 수령하는 것이 유리할 수 있다. → 퇴직금이 높아지면 납부재원 마련을 하기 위한 자금유동성이 좋아질 뿐 상속세는 증가한다.

토마토패스

CFP® 지식형 핵심정리문제집

초판발행 2025년 09월 15일

저 자 홍영진, 김인회
발 행 인 정용수
발 행 처 (주)예문아카이브
주 소 경기도 파주시 광인사길 79 4층(문발동)
T E L 031) 955-0550
F A X 031) 955-0660

등록번호 제2016-000240호

정 가 40,000원

홈페이지 http://www.yeamoonedu.com

I S B N 979-11-6386-501-8 [13320]